国家出版基金项目
NATIONAL PUBLICATION FOUNDATION

宋會要輯稿

9

劉琳　刁忠民　舒大剛　尹波等校點

上海古籍出版社

宋會要輯稿　職官七三

黜降官　一〇

【續會要】

[1]紹熙元年六月四日，詔權刑部侍郎吳博古、刑部郎中俞澂、大理少卿呂公進各降一官，大理評事史彰祖降兩資。皆以勘潘穎伯等隱落省試代筆條法故也。

十二日，詔知信州鉛山縣張升卿放罷。以守臣梁季珌言其所催官物，移易預借，專事科罰，追擾平民故也。

同日，知閬州新政縣張應回降一官，放罷。以本路提刑朱致知言其貪婪苛虐，不恤百姓，專以科歛納賄爲務故也。

十三日，詔知温州湯碩、知處州喻良能並別與閑慢差遣。以言者論碩多疑自用，下情不通，凡所舉措，十事九錯；良能年老多病，語言蹇澀，詞訴積壓，處事乖方故也。

二十二日，詔新知鄂州陳峴罷新任。以言者論其累政無狀故也。

七月二日，詔國子正江士龍、太社令富瑄，提轄榷貨務都茶場朱軝、禮兵部架閣文字馬先覺並與外任。皆以臣僚論其非才也。

同日，詔武翼郎士珁特降授修武郎，不逭、不退送西外宗正司收管。士珁寄居建寧，縱容男不逭、不退聚集不逞，毆打居民，醞醋屠牛，官司不能禁約。至是，守臣具奏來上，故有是命。

同日，詔知萬州章騆放罷。以本路運判張玠論其傾邪狠愎，并欠四川總領所折估錢不解故也。

同日，詔知肇慶府林次齡降兩官，放罷。以廣東提舉劉坦之[2]言其輒差虞兵監勒石匠深入巖水打硯，致傷損身故，又將常平錢以修門爲名，違法支用，乞賜罷黜，故有是命。

二十一日，詔大理司直王煇放罷，新知靜江府陳賈罷新任。以殿中侍御史林大中言：「煇專事奔競，出入臺諫、給舍之門，以希進用；賈昨爲臺諫，彈論徇私，納賂一節尤爲可鄙，難任郡寄。」故有是命。

二十八日，詔前知撫州趙廱、判官趙公翊、司法周簡並放罷。以本路提舉黃維之言其交通賄賂，皆有實跡，故有是命。

八月一日，詔鎮江府駐劄御前遊奕軍統制丘汝礪放罷。以本司言其率意妄作，恣興工役，不徇分守，職事乖謬故也。

二十一日，詔江東提舉周必正放罷。以監察御史虞儔言其端居廨舍，按部絶希，民間詞訟，書判不行，故有是命。

二十八日，詔知嚴州張埏放罷。以言者論其荒于酒色，郡事付之吏胥，徽、歙（本）〔木〕排過數抽解，鋪兵食錢擅行住支，以資妄費，乞賜罷黜，故有是命。

九月二十五日，詔新知明州蔡戡，司農卿、總領湖廣江西京西財賦梁總，並與祠禄。並以左諫議大夫何澹論其事君而不知尊敬，見得而不知廉恥故也。

二十七日，詔提轄榷貨務錢著放罷。以殿中侍御史林大中言其居官無狀故也。

同日，詔新知興國軍趙不困罷新任。以臣僚言其前知邵武光澤縣，用駔儈之術侵欺官錢，貪殘不法故也。

二十八日，詔新湖北運副李結差主管建 3 寧府武夷山冲佑觀，理作自陳。以右正言鄧馹言其爲縣、爲郡、爲監司，皆刻剥害民之事，累汙白簡，乞罷新命故也。

十月十四日，詔司農寺簿俞言放罷。以監察御史虞儔言其天資浮躁，濟以姦佞，貪穢之行，衆所不齒，故有是命。

二十七日，詔知全州施廣文與宮觀。以本路運判陳傅良言其拖下綱運不曾解發，方且預借民税，重爲困擾，乞賜罷黜，故有是命。

二十八日，詔提舉江南西路常平茶鹽黄維之放罷。以臣僚言其任情蔑法，故有是命。

同日，詔潭州通判曾愨、秀州通判葉籥並放罷。皆以臣僚言其貪殘不孝，故有是命。

十一月一日，詔後軍統制雷世忠、後軍統領王處久、前軍統領楊世雄、選鋒軍統領李顯明各特降一官。坐總轄牧放馬倒斃數多故也。

同日，詔護聖馬軍權軍李世存仍舊充後軍統領。坐虚作買草到場，盗破官錢入己，爲殿前副都指揮使郭鈞所按也。

三日，詔建寧府建陽縣丞徐杲特降一官，放罷。以本路提舉陳杞言其信任人吏連桀，縱容乞覓，侵盗官錢故也。

九日，詔知普州趙伯總特展二年磨勘。以本路運判言其擅支移寄椿米不曾補還也。

二十五日，詔新除國子正王公邁罷新任。以臣僚言其輕儇浮浪，素非令器，所至遺臭，乞賜寢罷故也。

二十九日，詔知循州張晞、知録徐棟、推官趙伯謙、監税李彦昌並先次放罷，内徐棟令本路提刑司取勘聞奏。以本路運 4 判趙伯逷等言，晞信任棟等，恣爲不法，姦贓非一，乞先行罷黜，故有是命。

十二月六日，詔知池州貴池縣王萊降一官，放罷。以臣僚言其暴很不法，凌滅守臣張釜〔二〕，釜乞回避故也。

十二日，詔新夔路提刑陳季習、新知常州曹耜別與閑慢差遣，新知常德府王進之與祠禄。以御史中丞何澹言季習疾病之餘，耜才力不逮，進之素無廉聲故也。

十三日，詔知江陵府閻蒼舒放罷。以御史中丞何澹言其在興元則故縱贓吏，在江陵則貪暴無恥，乞賜罷免，故有是命。

〔二〕滅：似當作「蔑」。

二十一日，詔新知英州鄧噩罷新任。以臣僚言其累任不法故也。

二年正月二日，詔入内内侍省西頭供奉官黄遵特降一官，送吏部與差監撫州鹽礬酒務，日下出門。坐違犯本省約束故也。

九日，詔新除江西提刑譚惟寅罷新任。以臣僚言其頃倅静江，諂事詹儀之，妄作害民，及累任贓汙不法故也。

同日，詔知秀州趙亮夫放罷。以臣僚言其孝行有虧，閨門不肅，律己不廉，治民不恤，乞賜罷黜，故有是命。

同日，詔右監門衛大將軍不嚴特降一官。以臣僚劾不嚴爲太廟奏告官，致齋之夕輒過多才幕次，飲酒至醉，暨翌旦行事，傲側之狀自不支吾故也。

二十一日，詔國子司業樓鑰降一官。坐爲銓試考試官，失覺察賈德言等代筆事故也。

二十五日，詔知盱眙軍霍箎與祠禄。臣僚論其斷阿賈毆死阿鄒公事謬妄，故有是[5]命。

二月十二日，詔福建提刑豐誼、知建寧府陳倚並差主管建寧府武夷山冲佑觀，知建寧府浦城縣趙師逵追一官勒停，巡檢耿懷忠降一官放罷，縣尉方贊特降一資放罷。並坐浦城縣盜發，不即收捕故也。

二十三日，詔池州駐劄御前諸軍都統制李思孝放罷。以殿中侍御史林大中言其專事貪黷，虐士卒而害齊民，軍民疾之如仇讎故也。

二十七日，詔潮州通判趙善伋特降一官，放罷。以本路運判趙伯逿言其合當慮囚，畏暑憚行，令吏人樊珙下縣乞取故也。

三月九日，詔新知通州張仲梓、新知江陰軍吴津並與宫祠。以臣僚言其貪汙也。

二十一日，詔新知利州宇文子震罷新任。以殿中侍御史林大中言其前任淮東總領及知鎮江，贓汙狼籍，嘗遭降官勒停故也。

四月七日，詔知叙州任濬放罷。以本路運判劉光祖言其酷刑貪黷故也。

同日，詔知資州王公邁與閑慢差遣。以本路運判劉光祖言其治郡無狀故也。

二十六日，詔知臨江軍錢宻〔一〕、知邵武軍趙師造並放罷。以臣僚言宻郡政不理，飲燕度日，師造貨賂交通，郡政穢濁，乞並罷黜故也。

五月十二日，詔新江東提刑吕公進與閑慢州郡，新知洋州陳榛與參議官。以臣僚言公進人物闒冗，前爲棘寺官，斷刑輕重失當；榛人物凡俗，在棘寺每斷一案，必須飲酒斗餘，然後下筆輕率故也。

同日，詔廣東提舉劉坦[6]之、知潮州丁允元並放罷。臣僚論其貪酷也。

〔一〕錢宻：雍正《江西通志》卷四六作「錢密」。

十八日，詔知袁州黃劭降一官，不得與親民差遣。劭丁母憂，不行喪禮，執留牌印，支破官錢，盡以入己，及拖下月椿錢不肯解發，皆以妄用，爲本路運副鄭汝諧所奏也。

二十四日，詔新大理司直陳顯公與閑慢差遣。以臣僚言其除授超躐故也。

同日，詔知蓬州馮倓放罷，知懷安軍張遷不許注授州軍差遣。以臣僚言倓累政無狀，專事貪黷；遷冒于貨賄，雖常平錢物亦復侵欺故也。

六月六日，詔新知英州張茂遜差主管台州崇道觀。以臣僚言其貪墨不法，累遭論列故也。

二十二日，詔權發遣澧州萬良耜放罷。以本路運判薛叔似言其賣公庫酒而不入經制，私糴軍糧，刻剥兵士，貪狀寖露故也。

同日，詔大理少卿張縯差主管建寧府武夷山冲佑觀。以御史中丞何澹言：「縯天資傾險，貪得好進，遽爲棘卿，舉動輕肆。年來寺獄屢空，聖朝不欲崇尚虛文，不許拜表稱賀，而縯輒易其名，爲《獄空頌》以獻諛佞。」故有是命。

二十四日，詔前池州駐劄御前諸軍都統制李思孝特降一官。以殿中侍御史林大中言：「思孝軍中兵卒行劫殺人，事發，思孝隱庇，反誣縣尉石應孫鑿空撰造，軍情不安，致其對換閑慢差遣。近池州捕到賊雷二所供，乃知作過者皆軍中所管，其誣罔可見。」故有是命。

同日，詔新知興國軍胡介、新通判紹興府韓杖〔一〕、新知臨安 7 府富陽縣張杰並罷新任。以殿中侍御史林大中論介嗜利無恥，杖貪殘害物，杰劫持濟私故也。

二十八日，詔知徽州趙彦恂降兩官，通判李法言、盧瑢各降一官，並放罷。以本路提刑傅伯壽言「新安火災，彦恂夜飲于法言之居，守倅皆醉，救撲甚緩，而又役使兵卒般挈家屬行李，人力不給，致其蔓延」故也。

七月七日，詔利州東路安撫司參議官、權知金州林樞特降一官放罷，通判陳京特降一官。坐本州遺火延燒官舍故也。

二十一日，詔新知舒州李大卞罷新任。以御史中丞何澹言其累政不以百姓爲念，一意掊歛，以歸私帑故也。

二十五日，詔新湖北提刑張玠罷新任。以殿中侍御史林大中言其驕橫陰險，誕謾私任，不顧是否故也。

八月五日，詔差充平江府許浦駐劄御前水軍統領郭安與罷統領，改撥付殿前司，降一等差遣。以其盜取官場竹木衷私使用，及收受船脚錢入己，爲都統劉震所按也。

七日，詔內侍朱紹祖所爲不法，送永州居住。

十八日，詔知信陽軍張安中別與差遣。以臣僚言其頃知婺源，科罰聚歛，及倅鄂州，與吏通同取受賄賂故也。

十九日，詔江西提刑吳宗旦、鬱林州教授黃奕並放罷。以臣僚言：「宗旦前爲廣西提刑，巡歷本部，奉法不虔，並

〔一〕韓杖：疑當作「韓杕」。韓杕，韓世忠孫。見雍正《江西通志》卷一二六。

緣自欺；奕舊爲宗旦館客，相與評議，輕率妄作，重爲廣西之害。乞並賜罷黜。」故有是命。

二十九日，詔知長寧軍 8 廖唐英放罷。以本路安撫王卿月言其貪墨無厭故也。

九月十六日，詔知南平軍任庭實別與宮觀一次，理作自陳。以本路提刑(毋)〔毌〕丘恪言其昏耄無政，聽從吏胥，招致夷人本軍界玩侮作過故也。

十八日，詔肇慶府通判劉渙放罷。以本路提刑方崧卿言，渙權府日斷李次易等罪，不遵三尺，恣情輕重，故有是命。

十九日，詔邕州駐劄東南第十三正將蕭世弼放罷。以本路運判朱晞顏言其不法三十餘事，及詐作小書自批印紙，又凌轢總管沙世堅，動多悖戾，乞賜罷黜故也。

二十一日，詔大理少卿俞澂差主管建寧府武夷山冲佑觀，理作自陳。以言者論其斷刑之官，而明審不足，輕重不倫，難任(延)〔廷〕平故也。

二十五日，詔知嚴州葉籌放罷。以臣僚言其性本貪汙，濟以苛酷，專事掊克，盡入私帑故也。

十月三日，詔新知台州魏欽緒、新知復州祝大任並罷新任。皆以累任不法，爲臣僚論列故也。

九日，詔知南平軍任庭實降一官，放罷。以制置使京鏜言其與夷酋楊軫私相交結，受其金銀蜜蠟，乃令於禁路往來，因緣生心，致其作過，故有是命。

十八日，詔常州通判陳大光、常熟縣丞傅巖並放罷。以提舉常平言其心術傾險，見於政事，刻薄掊斂故也。

二十日，詔知永州趙善惿降一官放罷。以本路運判陳傅良言其以刻薄之資，行苛擾之政，專務聚斂，公爲欺誕故也。

二十八日，詔主 9 管建寧府武夷山冲佑觀唐叔玠特降一官，放罷。以臣僚言其前知舒州，私鑄鐵錢過於正額之數故也。

十二月三十日，詔內侍楊皓懷姦兇恣，脊杖十五，刺面，配吉州；黃邁私相朋附，杖八十，編管撫州。繼而皓送撫州居住，邁送常州居住。

三年正月四日，詔權發遣茂州王師雄降一官，放罷。本州司户孫粹中、知崇慶府晉原楊孟爲放罷。以四川制置言：「師雄身任邊守，公肆貪汙，暴橫不法；粹中民訴其挾州郡之勢，動輒妄作；孟爲彊很苛虐，視民疾苦，略不加恤。」故有是命。

六日，詔劉煒與宮觀差遣，張濤降兩官，錢之望、許及之降一官。坐部內行使私鐵錢故也。

二月八日，詔知茂州龐觀放罷。都大提舉茶馬司言其「凡遇綱馬到管下驛舍，不批草料，抑令百姓出備，綱馬因此病斃」，故有是命。

十九日，詔知和州張士元放罷。以言者論其以鐵錢科糴粳米，殘虐侵刻，鑿空生事，流毒一方，乞賜罷黜，故有是命。

二十七日，詔前知茂州王師雄降兩官勒停，令見勘官司疾速具案聞奏。以御史郭德麟論其兇暴，直入制置使帳門，公肆毁駡，有臣子諱聞之語。師雄陵犯制帥之罪，當先追勒；其贓汙不法，從所委監司從公勘結，具案聞奏，別賜施行。故有是命。

三月二日，詔淮東提舉司幹官李模降一官，放罷。以臣僚論其恣横兇暴，自使比爲異類故也。

同日，詔承議郎綦松降一官，與遠小監當[10]差遣。松係年五十以上不曾銓試中之人，引赦乞知長林縣。銓曹以其非殘零窠闕，不應注授，松乃直造公廳，高聲無禮，尚書趙汝愚劾之，故有是命。

九日，詔前平江府許浦水軍統制陳緒降兩官，羊滋展三年磨勘。以本軍都統司言，緒等關借官錢，令將官董端等在外販賣私鹽，故有是命。

同日，詔興元府屯駐右軍統制程繪降一官。坐私役軍兵故也。

二十三日，詔階州司理蓋百藥降一官放罷，知福津縣宇文景仁降一官。以本路提刑朱致知奏，百藥昏繆不職，將平人李百三等妄指爲賊栲打，寒凍不恤，致其左脚及指節零落。時宇文景仁權攝獄事，亦縱容栲訊。故有是命。

二十七日，詔持服人承奉郎韓休降兩官，勒停；承奉郎韓杰降一官，展二期叙；承奉郎韓本、宣義郎韓相，各降一官。並坐不辦父彦古葬事，互有論訴故也。

四月十日，詔建康府簽判趙公砬差主管台州崇道觀，江東安撫司指使龔汝弼降兩官。汝弼監本府酒庫，盜酒入己，數目不貲；公砬提舉酒政，首爲不法，公受庫中私餽，並爲守臣劾之，故有是命。

十二日，詔知資州范仲虎差主管台州崇道觀，知榮州張安之降一官放罷。以制置使京鏜奏：「資、榮二州旱饑，仲虎則繆懦無措，安之則貪(狼)〔狠〕不卹，視饑民流離死亡，畧不介意。仲虎却無顯過，安之畧無顧藉。」故有是命。

十九日，詔太學博士祝禹圭與外任。以言[11]者論其專事脣吻，人皆畏之，至其居家，尤無行檢，身嘗出妻，物議所薄，故有是命。

五月二十四日，詔第十二副將、宜州駐劄馬德降兩官，放罷。宜州接界諸蠻，每乘秋冬水淺，出没省地，至春深江漲，方乃寧息。德受帥司檄將帶軍兵上邊巡綽隄備，乃逗留畏縮，去住自由，爲帥臣奏劾，故有是命。

六月一日，詔前知邵武軍趙師造降兩官，司理參軍張令照降一官放罷。師造前知邵武日，按奏建寧知縣韋潛心不法七項，其六無實迹，縱容獄司假作干照，肆爲欺罔，以應元奏。令照奉承郡守之意，昏繆任吏，有同兒戲，全不覺察。並以臣僚論列，故有是命。

十四日，詔大理評事胡興祖放罷，新知隆慶府闞正孫、新知臨江軍黄直中並罷新任。以侍御史林大中言興祖於刑法旨意懵不通曉，四方奏案假手一斷刑法司，每月分己俸以給之；正孫兇險可畏，知嘉州益無繩檢；直中貪鄙，侵欺水脚錢，鬻賣漕試故也。

二十日，詔前（閣）〔閤〕門祇候尉端信降兩官，除名。端信母瞿氏身故，不解官持服，冒請俸給故也。

二十五日，詔温州通判傅頤、坑冶司檢踏官蔣蓋各降一官，放罷。頤被檄往處州審問大辟，其所帶人從販賣私鹽，傅頤全不鈐束，因致捕捉，殺死人命。麗水縣有銀礦，興發争訟未已，蓋輒令坑匠採取，致争鬭殺人。提刑陳倚劾之，故有是命。

七月十九日，詔罷知文州王沇、新知梅州陳友聞、[12]知簡州平泉縣李材甫。以言者論：「沇前知梁山軍，百姓訴旱，不惟却其狀，至有箠撻而遣逐者。制司發米瀘南，俾其賑濟，亦復不肯般取。友聞前爲廣州增城縣，專事科罰以濟貪婪。材甫不受人户申訴旱荒，及人户訴于本州，州申制、漕兩司，共捐一萬緡與減放人户税米，材甫乃申兩司，謂税米若行減放，恐妨其他催科。」故有是命。

二十五日，詔建康府駐劄御前前軍步軍統制王師道與宫觀。坐不覺察本軍軍器，致庫子將帶甲黑布衲襖解典，爲都統趙濟所劾也。

八月二日，詔保寧軍節度推官趙善謙降一官，放罷。本州委善謙措置發泄煮酒，乃與吏人作弊，及借貸官錢入己，守臣趙師龍劾之，故有是命。

六日，詔通判臨安府方傅與宫觀，理作自陳。守臣袁説友言其年來得疾，精神短弱，官事盡廢，盡出吏手，難以協濟郡政故也。

同日，詔邛州臨邛縣尉袁大明降一資放罷。大明被檄爲雅州秋試考官，將重疊押韻卷子作合格取放，本路運判王溉劾之，故有是命。

十三日，詔武岡軍簽判薛大圭放罷。以守臣李浩言其凌上忽下，貪財妄取，故有是命。

十四日，詔武功大夫張彦臣降授武畧大夫，武功大夫、濟州防禦使霍汝翼降授寄資武功大夫、遥郡刺史。皆坐弛慢不職，故有是命。

十八日，詔前襄陽府宜城縣令持服錢遜降兩資，候服闋日與遠小監當差遣。遜居天台，貸米穀與[13]逃軍周念二等，令各持兇器，護送私鹽，藏於其家，爲縣尉捕獲。本路提舉黄唐言之，故有是命。

二十六日，詔入内内侍省内侍高品李元美降兩官，放罷，與轉歸吏部。坐在任不法故也。

二十七日，詔知紹興府新昌縣唐叔翰放罷。以守臣趙不流、提舉黄唐言其繆戾，權移吏胥，違法害民，征歛太亟，刑罰太苛，乞賜罷黜，故有是命。

二十八日，詔入内内侍省西頭供奉官、睿思殿祇候、修内司承受毛居實送真州編管。坐禁中語言不遜故也。

九月二日，詔江東提刑司檢法官向公擇放罷。以臣僚言其貪縱不法、無禮使長故也。

十六日，詔荆湖北路兵馬副都監、澧州駐劄董傳才放罷。以守臣王正功言其貪惏狠傲，侵撓州權，少不如意，即加謗讟，而又恃其兇暴，肆爲不法，故有是命。

十月十八日，詔前隨州隨縣尉邢彦文降一官。坐在任日透漏白鑞、銅錢故也。

二十五日，詔新知袁州呂行己差主管台州崇道觀，理作自陳。以臣僚言其貪婪不法，背公營私，耽樂宴飲，科需掊剋，項目甚多，故有是命。

十一月九日，詔利州兵馬都監馬衍、子新監文州在城商税君錫各降一官，放罷。本路運判楊王休言：「衍癃兇昏愚，非理酷刑，及造誣辭，汙衊長官；君錫抗拒府吏，持仗傷人，乞並罷黜。」故有是命。

十六日，詔太平州采石鎮屯駐本司水軍統制郭師彦降兩官，令本軍自効。以本軍都統趙濟[14]言其不覺察將官田廣科率所部，連遭隊伍之人陳訴，及總領鄭湜言其委有掊克事迹，士卒不堪，頗有斷手自斃者，故有是命。

二十五日，詔直敷文閣、主管建寧府武夷山沖佑觀史彌正落職，罷宮觀。明州有富民厲雄者，迫脅佃户諸百十五自刑，彌正與李唐佐、高伋詐欺雄官會，爲請求守臣高夔，欲從末減，夔因劾之，故有是命。

十二月二日，詔前成都府路提刑王齊輿罷新任江東提刑，瀘州通判張恂、安撫司幹官郭仲溥並放罷，内仲溥降三資。兵馬都監高遹降兩官，放罷，今後不得與親民差遣。並坐瀘州軍亂，措置無策，爲制置使丘崈奏劾也。

十七日，詔保義郎李珙降一官。坐置火樓上，不用心看顧，致延燒民居四百六十餘間，爲察官論列故也。

四年正月十四日，詔右文殿修撰、知明州高夔降一官，與邊郡。以本路提刑陳倚言，本州勘厲雄迫脅佃户身死事，夔姪伋受厲雄錢物一千七百餘緡，既敗露，夔隱而不言故也。

二月八日，詔新知廣安軍趙楙罷新任。以本路運判王溉言楙天資狠戾，至老不衰，專以聲勢氣焰侵凌長吏故也。

三月四日，詔殿前司右軍統領靳周降一官，仍降充左軍正將。以本軍統制張壽昌言，周將本司告報文字不行簽押，用筆毁抹，犯分無理，故有是命。

十七日，詔鎮江府駐劄御前中軍統領馬世福降兩官，充副將。以都統閻世雄言，世福因[15]部押人馬往楚州出戍，輒於戍所一意營私，侵盗官錢，剥斂將士，有害軍政，乞行責降在軍使喚，故有是命。

四月二日，詔新夔路提刑王樸、新差知珍州施次尹並與宮觀，理作自陳。以制置使丘崈言：「樸昏老嗜酒，言語失度，前知閬州，初無治狀，且乏廉聲；次尹素非良士，屢以贓敗，乞並罷新任。」故有是命。

八日，詔隆州通判張兼放罷。本路提刑楊王休言：「兼將經總制轉移項目别置私曆，肆行貪饕，侵欺入己。」故有是命。

十六日，詔淮東副總管、揚州駐劄馬定遠與宮觀。以守臣錢之望言：「舊例，副總管每遇大閱，必擐甲入教場，身先士卒。定遠當春大閱，乃謁告不出，偃蹇失職。」故有是命。

二十五日，詔常德府通判趙善彦降一官，放罷。以本路提刑張垓言其臨事浮躁，侮慢守長，侵盜官錢，以資妄用，乞賜罷黜，故有是命。

五月二日，詔前軍統領田俊邁免根勘，特追兩官勒停；田允濟特降一官。以本軍都統制王宗廉按發俊邁有入己贓，四川制置司體究來上也。

四日，詔祁州團練使、入内内侍省副都知李彦正，明州觀察使、入内内侍省押班楊舜卿，各降一官。坐職事怠慢故也。

五日，詔判太史局吳澤、荆大聲、劉孝榮、周端友各降一官。並以文德殿鐘鼓院供進更鼓差錯、職事不謹故也。

七月八日，詔知容州宋翊與宮觀。以本路諸司言其生事科擾，乞賜罷黜，故有是命。

九日，詔新 16 東南第十一正將、廣州駐劄翁進罷新任。以知宜州沙世堅言進兩爲副將，並以凌鑠恣横敗壞軍律，乞賜罷黜，故有是命。

十九日，詔知邵州胡澄與展二年磨勘；録事參軍、權通判推官柴瓘，司理參軍、權判官李邠，各降一資。以本路提刑言其「兩年之間，兩獄瘐死獄囚至多。如段齊誣告之獄，追逮淹繫殆將一年，死者亦至三人」，故有是命。

八月三日，詔泉州同安縣尉鍾安老追兩資，勒停；録事參軍鄭繼功降兩資，放罷。以本路提刑盧彦德言：「安老將竊盜三人捼作彊盜一十一人，覬圖推賞；繼功鞫獄徇情，輕視人命，輒將竊盜入爲死罪。」故有是命。

同日，詔知西和州喻文然放罷。以四川制置使丘崈言其徇情廢法，故有是命。

二十四日，詔知復州程渭老、新知惠州梁揚名並放罷。以臣僚言其刻薄貪暴故也。

九月十三日，詔知湖州趙充夫放罷。以運判王厚之言其不法故也。

十一月九日，詔池州駐劄御前中軍統制崔公亮降充江州都統司統領。以前軍部將申衍訴其提點諸處營運息錢，惟務峻急以彌縫主帥之意，納錢稍遲，輒加箠決，極其苦楚故也。

十一日，詔知閬州樊漢炳放罷。以侍御史張叔椿言其掊斂贓汙故也。

同日，詔光州通判、權知州事(萬)〔万〕俟侃降一官。坐不覺察姦民越淮作過故也。

五年正月二十一日，詔臨安府通判楊文皐特展二年磨勘，臨安府湖州巡轄馬 17 遞鋪使臣梁青特降一官。並以本界遞兵違滯金字牌時刻故也。

二十九日，詔賀州通判張適、臨江軍通判李鼎之並放罷，內張適永不得與親民差遣。以臣僚言適擅賣官鹽及揩改封樁庫文曆，侵盜官錢入己；鼎之信任吏輩，交通關節，專肆誅求故也。

二月七日，詔新知常德府趙靡與宮觀，理作自陳。以臣僚言其癡騃小子，初不知書，觸事面牆，累汙白簡，難任民寄故也。

十七日，詔興州都統司計議官王公沂放罷。以四川制置使丘密言其因都統吳挺身故，招權生事，率意更易事務，軍中籍籍，幾至生變，乞行罷黜，故有是命。

十八日，詔知贛州信豐縣趙善蒙放罷。以守臣林大中言善蒙上不能律己，次不能決訟，下不能理財，若復付以縣寄，必爲百里之害故也。

四月十三日，詔衡州通判王恭之放罷。以本路提刑言，恭之擅在本廳私置文曆，拘收人户免倍税牙契錢，取撥兑借，動以千計，故有是命。

二十五日，詔知建寧府浦城縣鮑恭叔降兩官，放罷，永不得與親民差遣。以本路提刑趙像之言，恭叔妄將平人毛少直勘作大辟，故有是命。

五月二日，詔知辰州林洪放罷。以臣僚言：「洪本州敘浦縣管下傜賊入省地作過，不能措置，又不即時關報諸司，致其擾害，委爲不職。」故有是命。

二十日，詔四川制置司幹辦公事李協放罷。以制置使言侍酒無禮嫚罵也。

二十八日，詔知鳳【18】州郭謂罷知州事，依舊興元府御前右軍統制，通判郭公緒放罷。以本路諸司言，謂等各持異議，互相矛盾，在州官屬分朋立黨，競爲間諜，郡事廢弛故也。以上《光宗會要》〔一〕。

紹熙五年七月二十四日，知臨安府王厚之放罷。以臣僚論其好任私意，肆爲異説，闇於聽訟，短於治劇。

二十七日，幹辦內東門司符滌別與差遣。以臣僚論其得罪太上皇帝，難令再入泰安宮供奉。

八月五日，拱衛大夫、永州防禦使、入內內侍省押班陳源放罷，與在外宮觀，仍送撫州居住，追三官勒停。親衛大夫、清遠軍承宣使、入內內侍省押班林億年放罷，與在外宮觀，仍送常州居住，降三官。右武大夫、明州觀察使、入內內侍省副都知楊舜卿放罷，與在外任便居住，仍降三官。先是，臣僚言源等離間兩宮，中外切齒，並罷職與祠。既而臣僚再論其翻復宮闈，幾危社稷，物論未平，復有是命。

同日，保安郎郭儀、翰林醫効李九齡、翰林醫痊蔚仲堅各降一官。以監察御史楊大灋言，儀等所進壽皇聖帝脈狀庸謬也。

〔一〕按，以上《光宗會要》「黜降官」門中央官與地方官混編，以下《寧宗會要》復加區分。

二十七日，祕書郎曾三聘放罷。以左司諫黄艾言，三聘徧(諸)〔諂〕宰執、臺諫、侍從之門，傳遞言語。

十月二日，國子監丞劉大臨、軍器監丞曾祕、太府寺丞任清叟、宗正寺主簿李友直並與外任。以臣僚言大臨氣習麤暴，祕資稟凡庸，清叟趨向卑下，友直年老昏耄。

同日，少保、觀文殿大學士、充醴泉觀使、衛國 19 公留正罷職名。以臣僚言正私心既勝，公道不立，潛出國門，不顧君父，曁加召用，徑入都堂，略不遜避。

二十三日，起居郎沈有開與宫觀。以臣僚言其回邪讒諂，阿附勢要。

閏十月二日，尚右郎官豐誼放罷。以右諫議大夫張叔椿言其凡所居官，悉無善狀。

三日，刑部侍郎梁總與郡。以臣僚言其天資猥俗，志趣凡下，在版曹則不肯任責，通國信則所用非人。

十二月九日，中書舍人陳傅良與宫觀。以御史中丞謝深甫言其芘護辛棄疾，依託朱熹。

慶元元年二月五日，殿前司前軍統領楊世雄降兩等差遣。以主帥郭杲言世雄軍律不修，致令士卒爲盜。

二十一日，遣中使以章示右丞相趙汝愚出國門。以臣僚言其任情恣行，恬不疑畏，雖官寺庶僚，折柬交於都堂之上，不顧大臣之體。

同日，右軍統制陳成祖特降兩官。以鎮江都統制閻世雄奏，成祖不即捕捉本軍官兵薛顯等，劫盗居民，故縱不職。

二十四日，朝散大夫、權工部侍郎、知臨安府徐誼放罷。以監察御史劉德秀言，誼素無士行，(河)〔阿〕附權臣，詞狀淹積，盗賊公行。

二十五日，權兵部侍郎章穎與宫觀。以言者論穎反詆臺諫，附下罔上，無所忌憚。

三月二十八日，新除直龍圖閣、湖南運副李祥，國子博士楊簡，並放罷。以臣僚言祥諂事權臣，素無廉聲；簡事事虚僞，初無寸長。

四月二日，宣教郎、太府寺丞呂祖儉朋比罔上，20 送韶州安置〔一〕。

二十七日，權工部郎官田澹放罷。以侍御史楊大灋言其天資陰險，趣操凡陋，論説横議，搢紳共駭。

六月三日，司農寺主簿張鎡放罷。以臣僚言鎡與叔宗尹交争沙灘。

同日，國子博士孫元卿、國子正陳武、太學正袁燮並放罷。以臣僚言太學暗號私取之弊，此三人者實爲之。

十九日，國子司業汪逵放罷。以臣僚昨論三人罷黜，逵輒入奏辨明。

二十六日，武節郎、前軍統領魏知常特降兩官，放罷。坐減尅軍食入己，凡事恣縱，有害軍政。

〔一〕韶：原作「詔」，據《宋史》卷四五五《呂祖儉傳》改。

七月十四日，觀文殿大學士、銀青光禄大夫、提舉洞霄宫趙汝愚落職，朝請大夫、權尚書刑部侍郎鄭湜與郡，朝奉郎、監察御史吳獵宫觀，秉義郎、差知濠州張致遠放罷。以臣僚言：「汝愚自恃有恩，玩侮君上；鄭湜草制，乃深懷薦引之恩，巧作諂佞之語；吳獵不避交通之跡，公然上疏乞止宰相掩攢之行；武臣張致遠受其親密之(指)〔旨〕，朝辭上殿，乞宰相兼樞密使。」故有是命。

二十四日，朝奉郎吳獵罷宫觀，降兩官。以臣僚論獵前居風憲，阿附權臣。

八月六日，壽康宫睿思殿祗候、提轄造作罷孝德降兩官放罷〔一〕。以應奉不謹。

二十三日，左司郎官李謙放罷。以臣僚言：謙都司機務，率意妄作，同列畏其兇燄，弗敢措辭。

同日，内侍徐考叔送郴州居住。坐扇摇宫禁故也。

九月二十八日，權户部侍郎薛叔似放罷。以言者論叔似諂媚權臣，同21惡相濟。

十一月一日，武學博士蔣來叟放罷。以殿中侍御史黄黼奏來叟叨掌殿廬，點檢試卷，擬陳亮試卷在首選，亮引《需卦》，輕侮君父。

二十四日，銀青光禄大夫、提舉洞霄宫趙汝愚責授寧遠軍節度副使，永州安置；朝散大夫徐誼責授惠州團練副使，南安軍安置。以臣僚論汝愚：「昨者太上有疾，故於重華過宫之禮稍失常度，汝愚乃與其徒暴揚君父之失，上書肆言，意在動摇。」

二十五日，少保、觀文殿大學士、充醴泉觀使、衛國公留正褫職，罷祠禄。以臣僚言：「祖宗以來，宗室不得參預機政，正輒破壞成法。當幾危之際，反倚僞學爲助，驅去復來，無廉無恥。」

二年三月十二日，大理寺正羅克開、寺丞陳耆壽、大宗正丞范蓀並放罷。以言者論三人日夕鼓扇，縱飲無度，凌蔑長貳，畧無上下之分。

同日，朝請郎、試太府卿、總領淮東軍馬錢糧葉適降兩官，放罷。以臣僚言適阿附權臣，過從僞黨，誣衊君上。

十三日，吏部侍郎、同知貢舉倪思與郡。以監察御史姚愈言：「思有鄉戚莫泳、莫撫投牒避親，自當照條揭示，就試別院，乃作圓融私取，遂致衆士籍籍。」

六月三日，大理寺正陳景俊罷黜。以侍御史黄黼言景俊頃爲評事，奔走權門，躐遷丞正。

七月十一日，祕書丞、兼司封郎官邵康與閑慢差遣。以臣僚言，康兼禮部郎官，凡撰朝廷箋奏文字，全然荒謬。

二十九日，中書舍人宋之瑞放罷。以侍22御史姚愈言：「之瑞任掖垣之職，蓋以文詞鼓舞天下，而於誥命畧不知有輕重，指非爲是，指是爲非，以亂天下之公論。」

八月十三日，詔權兵部侍郎黄黼放罷，與祠禄。以臣

〔一〕罷：疑是「羅」之誤。

僚言：「黼昨爲臺端，因被御(扎)〔札〕不必言人舊事，同官姚愈等欲與同具奏回天聽，却乃峻拒，續遣人取劄繫銜，潛入一劄小帖『稍符臣等之説』，人皆駭聽。」

十一月二十二日，祕書省正字陳晅令試邑。以臣僚言其舉員已及格，匿不改秩，希求清望官。

十二月九日，大理少卿張濤罷黜。以言者論濤因周樸狂妄，鼓衆上書，鞫之天獄，平昔與僞學之黨同惡相濟。

(二)〔三〕年正月二十八日〔一〕，太府少卿、權户部侍郎沈詵與宮觀。以監察御史張伯垓言：「詵倨傲自尊，每聽吏言，爲之緩急；任情自用，郎官無所容其喙。」

二月二日，左司郎官鄭公顯放罷，與宮觀，理作自陳。以言者論公顯資稟傾邪，專事阿附，自外官得厠周行，又復營私，驀越轉官。

二十五日，昭慶軍承宣使、入内内侍省押班王德謙與在外宮觀，日下出門。仍降三官，改送撫州居住〔二〕。以監察御史張伯垓等言，德謙不循分守，僥求節鉞，破壞成法，畀以外祠。既而臣僚再言，德謙罪惡貫盈，贓汙狼籍，罔上弄權，尚叨外祠，中外洶洶，故有是命。

二十九日，中書舍人、兼直學士院吳宗旦特降三官，送南康軍居住。以臣僚言宗旦居鄉恣横，當官貪婪，阿附王德謙，爲作麻制。

三[23]月二十八日，閤門舍人范珏放罷。以臣僚言：珏素無行檢，每遇飲燕，必擊盞而歌；召試閤職，文理紕繆。

四月二十五日，大理評事滕安展二年磨勘，與在外差遣。坐上殿失儀。

同日，國子録吳仁傑與簽判差遣。坐浮躁嗜進。

二十七日，入内内侍省西頭供奉官梁允中降一官。坐奉大祀執事不恪，監察御史糾察。

閏六月二十二日，少保、衛國公留正責授中大夫、光禄卿，分司西京，邵州居住。内降制：「留正口正而心邪，色厲而内荏。曩要君而固位，專植黨以盜權。」

八月一日，太中大夫、試禮部尚書傅伯壽與宮觀。以其元不曾控陳補外，所言欺罔。

十月十八日，閤門宣贊舍人趙嵩降一官，不理今赦叙復。坐紫宸殿撥引使人喫食差錯失儀。

二十七日，朝奉大夫、提舉江州太平興國宮章穎罷宮祠。以臣僚言：「國之姦逆一曰趙汝愚，二曰留正，而章穎者，正之鷹犬、汝愚之爪牙。」以上《寧宗會要》。

慶元三年十一月二十五日，責授中大夫光禄卿留正、責授寧遠軍節度副使趙汝愚、責授惠州團練副使徐誼、韶州安置呂祖儉復官量移指揮更不施行。以臣僚言此四人

〔一〕三年：原作「二年」。按，重述二年，不合時序；又此下多條，《兩朝綱目備要》、《宋史全文》等書皆記於三年，「閏六月」亦在三年，因改。

〔二〕按，據《兩朝綱目備要》卷五、《宋史全文》卷二九上，王德謙與宮觀在二月，而降三官、撫州居住則在三月，此處連帶叙述，不夠確切。

負罪深重，不應用赦。

十二月二十二日，大理評事薛極降一官。以臣僚言極看詳刑名反覆失錯。

四年正月十一日，武顯郎、右軍統制李輔周特鐫兩官，降充將官。以馬軍司奏，輔周非理科敷管事人周官材植，起造私24宅。

十五日，通判臨安府潘好恭放罷。以臣僚言：「好恭性資貪殘，老而益甚，累經罷黜，略不悛改。」

十八日，內侍霍喆夫追兩官，送吏部與遠小監當，日下押出國門。毛居實、蘇邦佐、任邦俊各特降一官。以喆夫擅取睿思殿庫官物入己，餘並坐不覺察。

二十七日，新除尚左郎官彭演寢罷，差知贛州。以臣僚言演未經作郡，徑除監司，遽叨郎選，故有與郡之命。

二月十四日，中亮大夫、保康軍承宣使、入內內侍省都知霍汝翼與在京宮觀。以臣僚言汝翼蒙蔽男喆夫，盜睿思殿庫官物入己。

同日，朝請大夫、起居郎張貴謨差主管建寧府武夷山冲佑觀。以臣僚言貴謨陰邪姦險，惟務柔佞。

二十四日，太常博士吳時顯放罷。以言者論時顯累政貪汙，不宜置於清選。

四月二十五日，軍器監主簿洪櫝放罷。以殿中侍御史張釜言，櫝人物鄙猥，居家無行，醜聲外聞，人所不齒。

五月十三日，壽康宮提點官楊端友降一官放罷，提舉官張彥臣、提點官王思恭各降兩官。以臣僚言壽康宮門禁不嚴。

六月五日，起復武功大夫、榮州刺史、主管侍衛步軍司公事張國珍特降兩官。坐昨任許浦水軍統制，修葺舟船滅裂。

八月十九日，正侍大夫、昭信軍承宣使、提舉佑神觀、壽慈宮提舉關禮放罷，不許入國門，仍降兩官。先以臣僚言，禮乃王德謙之妻父，同惡相濟，罪狀昭著，今又爲妻之弟傅昌世於未25參部之前經營出給料錢文曆，愈無忌憚，是以罷黜。既而臣僚再論禮欺君罔上，隳廢祖宗成法，故復鐫秩。

九月十二日，司農寺丞張鎡與宮觀，理作自陳。以臣僚言：「鎡本娶劉氏累年，一旦棄之，初無可出之過；繼娶鄭氏，乃其弟婦楊氏之女，天下豈有母子自爲娣姒之理？」

同日，俞茂系已降四轄指揮更不施行。以臣僚論其不曾作邑，巧於干求，破壞成法。

十月二十六日，修武郎、武鋒軍統領官王下鐫一官，降充準備將。以守臣蔡必勝奏下不恤軍務，掊斂酷刑，將士怨憤。

十一月十一日，選鋒軍統制郭公亮鐫三官，降充自效。以主將郭倪奏公亮身爲統制，所部正將楊威通同作弊，有害軍政。

五年正月九日，成忠郎、特添差幹辦儀鸞司潘琡特降一官。坐衩衣出儀鸞司門。

十九日，王益祥、陳與行新除架閣指揮追寢。以監察御史張巖言：「前建康教授王益祥、陳與行同惡相濟，每臨月試，漏題賣鬻，至於冒名破食，掊尅齋用錢，盡以歸己。爲師儒如此，安可當此美擢！」

二月十三日，武畧郎、幹辦皇城司李謙特降兩官。坐牒試武舉人葉拱辰、林善勝，用皇城司印記取會隱諱，供説異同。

三月三日，禮部侍郎胡紘放罷，主管官告院徐似道降一官放罷。以監察御史程松言：「宏辭命題，紘實據斷，今題不合典故，古題出處不一，紘獨指一出以告同列，所取試卷體格非是。似道方登朝行，26輒敢附會胡紘，結爲黨與，蔑視同僚。」

四月二十二日，祕書省校書郎李垕、大理評事錢菶並放罷。以臣僚言：「垕父燾卒外官，朝廷厚加贈送，不滿其欲，兜攬巨商，所過捽辱務官，尤殢郡守。菶曩倅建康，攝郡，交通關節，贓汙弗可勝計。」

五月二十三日，軍器監簿俞亨宗放罷。以右正言陳自强言：「亨宗外事矜持，中懷凶詐，近爲省試點檢試卷官，批鑿鹵莽。」

二十五日，司農寺丞潘子韶放罷。以監察御史程松言：「子韶始與王大過輩俱將使指，分道點檢軍器、倉庾，輒獨走荆鄂襄漢之境。所至受餽，狎暱宴飲，循私騷擾，靡所不至。」

六月八日，知臨安府丁逢放罷，與宮觀，理作自陳。以臣僚言：「逢爲尹京畿，府側居民被火破家，從吏留火衖之請，萬口嗟怨，絶無憂民之心。」

七月二十五日，新除大理評事費埏指揮寢罷。以臣僚言：「埏監雜賣場門，彊買香貨出賣客人，所得掊利以爲馬下支遣，實爲己私。」

八月二十六日，新除大理正高諏之放罷。以臣僚言：「諏之昔任宜春，專任客吏，惟私是營。每造什物，動輒百計，遂致席捲。」

同日，權禮部侍郎何異放罷。以臣僚言：「異頃爲奉常，與張鎡厚密，燕觴狎媟。既留正去國，異在言路，卒無一語之彈。寘之禮侍，尤爲罔上。」

二十八日，後軍統制成彥節追兩官，放罷。坐掊尅軍士，盜用官錢，有壞軍政，以建康都統趙廞奏故也。

九月十四日，右軍統制雷雱特降兩27官，充副將。坐貪婪不法，凌辱士卒，隳壞軍政，以興元都統制田世輔奏故也。

十月十二日，已降六院指揮潘景連，已除架閣指揮楊炎正，新除主管吏部架閣張時舉，並寢罷。以臣僚言：「景連騃儈有餘，貪冒無恥，憑恃豪富，以妻得官；炎正浮躁淺露，使氣傲物，妄以臆説譏詆前輩；時舉天資貪鄙，至老不悛，三爲教官，所至狼籍。」

六年正月九日，大理卿趙師炳放罷，與宮觀，理作自陳。以臣僚言師炳昏繆，精力不逮。

二十六日，安遠軍承宣使、入内内侍省都知甘昪放罷，日下出門，送永州居住，仍降兩官。以臣僚言：「昪輒敢援王德謙例僥求官職，營建大第，工役取辦於内司，花石竊移於御苑。納宮人以爲寵，憑恃威權，浸干國政。」故有是（故）〔命〕。既而以給事中范藝言，昪罪惡既明，責罰未盡，公法之所不容，於是又降兩官。

閏二月五日，司農寺丞許開放罷。以臣僚言：「開天資狼狠，專事吻躁，議論不顧是非，惟務横説，恐亂衆聽。」

三月四日，大理評事向公擇放罷。以臣僚言：「公擇累汙白簡，苟賤無恥，不能守法律己，豈能持法律人？」

二十七日，朝請大夫王斐、朝請郎李正通、奉議郎張穎新除六院指揮寢罷。以臣僚言三人者衆所不齒，所至姦汙。

四月二十五日，中書舍人張伯垓放罷。以侍御史汪義和言：「伯垓叨列中舍，專招鄉人代辭，識者莫不切笑。」

二十六日，權知（閣）〔閤〕門事趙延放罷，與添差總 28 管差遣。以臣僚言：「延典領上閤，妄自（奠）〔尊〕大，資格未及，妄意希求。」

五月四日，復少保、觀文殿大學士、衛國公致仕留正恩命寢罷，復元官致仕。以監察御史林采言：「正懷姦植黨，亂法竄身，伺變欺時，背君負國，惡積罪大。幸免誅流，尚冒觀文學士之大稱，又少保、衛國不當以之賞。」

二十八日，王仁、周正已降六部架閣指揮寢免。以監察御史施康年奏，二人者皆貪黷彊悍，很愎贓汙。

八月二日，祕書丞、兼權司封郎官黄聞放罷。以侍御史陳讜言：「聞資本闒（葺）〔茸〕，貪鄙險躁，冒居清列，不知進退。」

九月二十二日，太常丞、兼權（貪）〔倉〕部郎官陳廣壽放罷，與宮觀，理作〔自〕陳。以臣僚言：「廣壽居鄉則恣横，在朝則貪墨，容臺蘭省，實玷清班。」

二十七日，中軍統制張師旦降兩官，放罷。以侵盜官錢，公務弛廢，鄂州都統制趙淳奏故也。

十月十五日，大理寺丞、新除刑部員外郎錢蓥識趣卑汙〔一〕，懵不更事，成命初頒，士論沸騰。

二十一日，右曹郎官趙善義放罷。坐奉使金國生事。

嘉泰元年二月八日，軍器監王炎放罷。以侍御史陳讜言：「炎心術詭譎，趣向貪鄙，交締僞徒，賡酬詩句。考試上庠，不獨私取知舊，其子亦在選中。」

十二日，少傅、觀文殿大學士周必大特降一官。以監察御史施康年言：「比年以來，僞學之徒無所忌憚，深根固蔕，皆緣必大尚享亞傅之崇爵、祕殿之隆名，望賜鐫褫，俾

〔一〕此處文意未完，據本門行文體例，似應於「錢蓥」下補「放罷以臣僚論其」數字。

中外皆知其倡僞植黨、欺[29]世盜名。」

十三日，右軍統制梁顯特降三官，充副將。坐移易官錢，科抑軍士，專務營私，不顧廉耻，以興元都統制郭杲按劾故也。

三月二十三日，太學博士王克勤、留駿並放罷，與宮祠，理作自陳。以臣僚論二人素無士行，且乏廉稱，並置清華之塗，士論切齒。

四月四日，觀察使、右武大夫、主管侍衛步軍司夏侯恪降兩官，放罷。以臣僚言：「楊浩家遺火，延燒臨安城内民居殆十餘里，恪酣酒未醒，全不指呼救撲，遂成大禍。」

五日，武節郎、御史臺六察點檢文字楊浩特除名勒停，追毁出身文字，免真決，刺面，配萬安軍，永不得放還。以右諫議大夫程松言：「浩家遺漏，其夜舉家張樂飲酒。況於厢巡急欲救撲，其子輒行叱罵箠打，不容入救，遂致延燒，被禍者不知幾萬家，死者不知幾何人，若依常法，則民何負！」故有是命。

五月三日，春官大夫、判太史局吳澤，隨龍春官大夫、判太史局、特差御前祇應荆大聲，夏官大夫、判太史局周端友，各特降一官。以臣僚言：「揆象亦爲重任，必須步占，先事爲詔告，欲人君預聞修省也。今都城遺漏，非小變也，太史自宜前期占聞于朝，而此輩尸位素餐，噤無一語。」故有是命。

二十七日，監惠民藥局夏允中放罷，押出國門。坐安入劄子與朝廷、臺諫，援引文彦博故事，乞令韓侂胄爲相。

同日，太常寺主簿王柵、國子録王保大並放罷。以侍御史陳讜言：「柵公試偶預考[30]官，輒用私意取鄉人爲内舍，文理紕繆；保大每遇私試，全不用心考校試卷，恣情改抹。二人皆非吉士，不宜使玷朝列。」

二十八日，持服保大軍節度使李孝純、持服奉寧軍節度使李孝友各特降一官，其帶恩數依承宣使體例。善輶、善濱並罷率府職。以監察御史施康年言：「孝純淳熙間因作東宫僞印文帖補官吏，孝宗大怒，編置寧國。繼毆人死，鐫秩勒停。光宗登極改正，既登上閤，前愆弗改。孝友者，悖理違禁，兜攬山地爲墳，彊取民山竹木，武康之民銜冤不已。善輶、善濱，寓居括蒼僧舍，寺之田産占爲己有。今冒宗班，尤爲貪酷。乞將四人重鐫，庶俾改過自新。」故有是命。

七月三日，太中大夫、權工部侍郎、兼知臨安府趙善堅與宮觀，理作自陳。以臣僚言：「善堅叨尹京都，初無善政，都城遺漏，遂致燎原，由平時備不先具，羣小騎屋縱煙，訛言恐衆，不能彈壓。」故有是命。

八月二日，前通判臨安府趙彦倓永不得與親民差遣。以臣僚言：「彦倓服闋從吉，仍圖再倅天府，然而貪黷無耻，繆狀顯著，尚何面目而再見吏民！」故有是命。

二十六日，權刑部郎官李直柔、通判臨安府龔準並放罷。以臣僚言：「直柔貪緣棘丞，遂攝刑部，詞訟紛劇，慒然不曉；準今倅天府，尤不循理奉法，遇攝郡事，恣情曲斷。」

十月十二日，入内内侍省睿思殿祇候鄺安仁與轉行遥刺指揮寢罷。以給事中張巖言：「安仁以年勞乞轉 31 遥刺，勘會所理年勞，即不係授武功大夫之後歷過月日，資歷未久，況職事弛慢，兩(增)〔曾〕鐫降。」

十一月三日，殿前司後軍統制劉端仁降三官，放罷。以臣僚言：「端仁比因回禄，内侍等人挈箱籠什物赴教場避火，火勢益熾，端仁坐視不救，止般己物下船。内侍等乘此般下船間，則掩爲己有，人號曰劫火統制。緩急之際，豈不悞國！」故有是命。

二年正月十七日，右武大夫、宜州觀察使、知閤門事、兼樞密都承旨王知新與宫觀，理作自陳。以監察御史鄧友龍言其精神衰憊，貪爵慕禄，老不知止。

二月十二日，中書舍人、兼侍講萬鍾放罷。以殿中侍御史林采言：「鍾所陳二劄，一謂上恭默太過，一謂開掘已成圍田爲不便，皆欺君罔上。」

二十六日，前内侍押班王德謙送新州居住。以監察御史陸峻言其竊弄威柄，姑從竄責，妄誕簧鼓，營求復還。

三月二日，左軍統制王寧降兩官，降充副將。以殿前都虞候郭倪言其多破陣馬，冗占白直，偷減草料，盜取官物。

五月十一日，新除左曹郎官唐弼與宫觀。以殿中侍御史林采言其巧計取官，貪謀致富。

七月十七日，主管官告院胡坦、提轄文思院黄謙並與在外合入差遣。以監察御史張澤言，坦、謙忍恥待遷，不知進退。

九月八日，權工部侍郎、兼户部侍郎沈作賓放罷。以臣僚言其帥浙東則牧御無術，漕畿内則一意徇私，兼貳民曹，受成吏手，久居禁 32 近，無所建明。

十一日，監都進奏院陳士廉放罷。以臣僚言其備論僞學，言無文理，肆矯誣之私説，破臺諫之公論。

十月十二日，吏部郎中彭演放罷。以右正言鄧友龍言其自贛守移帥五羊，支破萬緡，掩爲己有；及帥廣東，所獲以數萬計。

同日，刑部郎官宋思遠放罷。以監察御史朱欽則言其擁麾臨汀，略無善狀；備員外郎，假公行私。

十一月十八日，閤門舍人、充賀金國正旦副使楊明輝降兩官，放罷。以輒受三節人賄賂。

二十日，主管官告院孫祺放罷。以臣僚言其身爲朝士，放債規利。

十二月二十九日，新國子監書庫官趙師蒼罷新任。以殿中侍御史張澤言其因私酒敗獲，必欲求勝，彊横健訟，淩壓官司。

閏十二月十一日，司農寺丞王居安、太學博士解邦俊各與祠禄。以臣僚言：「居安考校私試，所取必占前等，同列莫敢與争； 邦俊横經廣坐，乃謂今時之士急於進取，恥談《中庸》。」

二十八日，新除宗正少卿章良能罷新命。 以臣僚言：「外議咸謂良能外補實因鄧友龍在臺日嘗欲論列，今友龍因此出臺，良能且將復至，已而果然。」故有是命。

三年三月九日，前權鋒軍統制曹知言特追兩官，令本軍自效。 以殿前司言其侵盜官錢。

五月十八日，太常少卿薛紹與宫觀，理作自陳。 以左司諫宇文紹節言其摧頹昏蹇，上誤柬拔。

二十一日，兵部侍郎虞儔與宫觀，理作自陳。 以監察33御史林行可言其嗜進貪得。

二十六日，刑部侍郎曾炎與宫觀，理作自陳。 以監察御史陸峻言其多詐不情，嗜進奔趨。

七月二十一日，軍器監主簿秦城與在外差遣。 以臣僚言其人物凡陋。

八月二十三日，太學博士秦榛、大理評事徐瑄並放罷。以右正言楊炳言，榛懵於考校，瑄同列不和。

九月十九日，禮部侍郎王容與宫觀，理作自陳。 以侍御史陸峻言其反覆無恥。

十二月九日，權兵部侍郎李澄降三官。 先是放罷，既而監察御史商飛卿言其殘虐百姓，偷盜官錢，故有是命。

同日，主管官告院葉初、大理評事費埏並放罷。 以侍御史陸峻言： 初貪刻很愎，(于)〔干〕撓州縣； 埏素乏行檢，不守官常。

十三日，宗正少卿蒲叔獻與郡。 以右正言楊炳言其頃居郎省，有所不屑； 既遷少卿，猶有不滿。

二十日，趙汝鐸已降貳令指揮更不施行〔一〕。 以臣僚言其殘暴姦貪。

四年二月十六日，國子博士楊琛寢罷召試指揮，與外任差遣。 以臣僚言其不謹操檢。

四月四日，刑工部架閣司謙之與在外合入差遣。 以臣僚言：「謙之初以門客補官，宰執爲進呈差遣，孝宗皇帝顧語光宗，曰『切不可啓此倖門』。 今得掌故，已爲躐等，不自揣量，規求(二)〔貳〕令。」

同日，祕書丞、兼權禮部郎官湯璹與在外差遣。 以侍御史陸峻言其攝郎儀曹，憑愚護短也。

二十七日，殿前司護聖步軍正將劉珣、副將張永寧、準備將王道各34特降兩官，正將趙成、副將華鑑、同副將游叔昌、正將郭興祖、李謙、副將閻德各特降一官，更展二年磨勘，統制陳孝慶、統領辛愬、劉元鼎各特降一官。 續詔陳孝慶、辛愬、劉元鼎各更降一官，餘人各降一等職事。 皆坐

〔一〕貳： 原作「二」，據文意改（本書「貳」多寫作「二」）。「貳令」者，謂爲令之副貳。 凡官司正任長官稱「令」，則其副皆可稱「貳令」。 如《宋史》卷一六一《職官志》一：「(中書)侍郎掌貳令之職。」韓愈《藍田縣丞廳壁記》：「丞之職，所以貳令。」此處當指縣丞。 趙汝鐸字振文，陳傅良門人，就諸書所見，只作過主簿、臨安府從事等小官。 下「四月四日」條「貳令」亦當指縣丞。

不能鈐束本軍，至擅離營伍，欲相抵敵。既而臣僚言將佐十二人論罰不侔，故有是命。

六月十一日，殿前司摧鋒軍統制薛琛、權副將周敏、林政、權準備將王良佑各降一官資；正將蕭輝降三官，降充訓練官。皆坐摧鋒軍人杜青、程禮行劫。

十三日，鄭革已降六院指揮、張岷已降提轄雜賣場雜（賣）〔買〕務指揮並寢罷。以臣僚言：革貪險無狀，士論弗齒；岷貪婪之資，不下於革。

八月二日，選鋒軍統制王喜特降兩官，仍更降一資。以御前諸軍都統制趙淳言其盜用官錢。

十七日，忠訓郎、權寄班祗候王彬降一官。以抱駕頭失儀。

九月二十四日，户部侍郎王遘、太府卿兼知臨安府王補之並與宮觀，理作自陳。以臣僚言：遘賦資黠傲，遇事躁浮；補之尹京無狀，措置乖方。

十月十三日，侍立修注官、充賀金國生辰國信使張嗣古降一官，閤門舍人、充賀金國生辰副使陳煥降三官放罷。以嗣古墜笏失儀，煥於射處爭競。

二十七日，大理評事葉正綱放罷。以臣僚言其輕浮兇暴。

十一月五日，殿前司左翼軍統制孫顯忠放罷。以臣僚言其貪饕自恣，專事掊尅，軍士怨嗟，紀律盡弛。

35 二十八日，祕書省正字、兼吴王府教授劉起晦放罷。以臣僚言其弗彊學問，夤緣干進。

十二月十六日，禮部郎官鍾必萬與祠禄。以臣僚言其入居儀曹，移疾廢禮。

同日，中書舍人俞烈、國子祭酒邵康並放罷[一]。以臣僚言烈爲親黨而囑學官，康容私情而廢學政。

二十一日，新除中書舍人莫子純放罷。以臣僚言其場屋之文堆積事類，至其撰述對偶偏枯，冒居清要而不知止。

開禧元年正月二十三日，前知樞密院事許及之特降兩官。以臣僚言其黷貨無厭，流毒一方。

同日，權户部侍郎趙善堅與祠禄。以臣僚言其治郡則政事乖繆，入從則版曹蠹弊。

二月二十八日，刑部郎官滕安、大理正丁煜並放罷。以臣僚言：「安議刑定罪，莫知適平；煜律學荒疎，何以讞疑！」

三月二十一日，兵部尚書張澤與宮觀，理作自陳。以臣僚言其頃居言路，竊賣威權[二]；後爲諫議，妄意政地；暨遷尚書，怨望勃然。

二十五日，大理評事留晉放罷。以臣僚言其方爲縣令，貪虐自恣；及除（延）〔廷〕評，陵轢州郡。

六月十一日，閤門看班祗候陳厚之特降一官。以不赴

[一] 邵：原作「郡」，據《南宋館閣續録》卷九改。
[二] 竊賣：似當作「竊弄」。

起居。

八月十九日，户部尚書、兼知臨安府趙師罼放罷。以臣僚言：師罼專事頰舌，逢迎干進；唯尚嚴酷，以濟貪鄙。

十七日〔一〕，太常丞、兼考功郎官蘇十能放罷。以臣僚言十能貪黷私己，傲慢陵上。

十月三日，工部侍郎、兼知臨安府趙彦勵，中書舍人陳峴，36並放罷。以臣僚言彦勵修怨前官，罪及非辜；峴致憾厮後〔二〕，用意必殺。

二十一日，東南第九將、武經大夫孫忠放罷。以湖南安撫司言忠不遵法制，對衆無禮。

十一月九日，户部員外郎陳鈞放罷。以臣僚言鈞趨操凡猥。

二十五日，宗正少卿王齊輿與宮觀，理作自陳。以臣僚言其志操不立，居鄉有屑爲之醜，居官有避事之譏。

二年正月十一日，館伴使副鄧友龍、譙得遇各降一官，掌儀葛宗裔降兩官。以引接王孚等傳言異同。

十七日，司封郎官傅伯召與郡。以臣僚言伯召撫州之政聚斂貪殘，凌蔑監司。

二月五日，壽慈宮提舉官、正侍大夫、安慶軍承宣使吳回，提點、武功大夫、成州團練使王思誠，右武大夫、和州防禦使宋安世，並於階官上降兩官。以壽慈宮前殿火，回等自劾。

三月十五日，降授武功大夫、文州刺史鄭挺於階官上特追兩官。以互送過錢。

四月三日，户部侍郎丁常任降兩官，放罷。以監察御史毛憲言常任外示柔佞，中實回邪。

十五日，度支郎官王介放罷。以臣僚言介素無行檢，一時中選。

十八日，祕書丞、兼資善堂説書、權金部郎官張聲道放罷。以臣僚言聲道素無賢稱。

十九日，秦檜特追王爵，降充銀青光禄大夫、衛國公，仍令禮部、太常寺改謚。以臣僚言檜力倡和議，誣殺將臣。

二十三日，起居舍人徐似道放罷。以臣僚言似道本無學識，恣行桀傲。

五37月六日，宗正少卿章良能放罷。以臣僚言良能諂諛。

八月四日，禮部尚書兼直學士院易祓、權户部侍郎沈詵並與祠禄，理作自陳。以臣僚言祓甘爲諛佞，詵素無學術。

九月十七日，禮部侍郎倪思放罷。以臣僚言思偃蹇倨傲，不尊朝廷。

十一月十一日，司農卿、兼樞密副都承旨廖俣放罷。

〔一〕十七日：按前條爲八月十九日，不誤（見《咸淳臨安志》卷四八），則此條不應反爲十七日，疑「十七」當作「二十七」。

〔二〕厮後：似當作「厮役」。

以監察御史葉時言俁敢爲欺誕，畧無善狀，先有是命。既而監察御史王益祥復論俁徒事口才，畧無實(周)〔用〕，降兩官。

十二月二日，工部尚書、兼知臨安府趙師䍐放罷。以臣僚言師䍐天資回邪，專務詭詐，屢經論奏。

九日，太常寺主簿王克勤與祠禄，理作自陳。以臣僚言克勤天資早慧，學力不加，井蛙之操，妄自尊大。

三年正月九日，司農寺主簿譚良顯降兩官。以臣僚言良顯素無士檢，口舌媒進。

二月二十一日，國子監主簿許成之、武學博士陳紀並與祠禄。以臣僚言：「成之陵辱郡守，需索無厭，及爲學官，已乖士論；紀涖官臨事，率多鹵莽，今居右序，考校多不留意。」

三月二日，監諸司審計司黃瀛、監左藏庫馮軫並放罷，提轄文思院袁申儒與合入差遣。以臣僚言：「瀛很貪鄙〔一〕，民實受害；軫作邑吳江，受成胥吏；申儒初無實歷，而得美官。」

四月二日，主管殿前司公事郭杲放罷。以臣僚言其闒庸貪黷，專務營私。

五月九日，權户部侍郎林祖洽、司封郎中王公邁並與宮觀，理作自陳。以臣僚言祖洽 38 素乏聲稱，公邁實不副名。

二十二日，冬官大夫劉居仁特降一官。以祕書省言居仁以男奏薦，不循分守，蔑視本省，脱漏朝廷。

六月二十四日，太府寺丞章升之與宮觀，理作自陳。以臣僚言其心術回邪，專事誕謾，以希仕進。

同日，左衛中郎將厲仲方與宮觀，理作自陳。以臣僚言其挾詐懷姦，妄作生事。

八月七日，提轄榷貨務胡衛放罷，提轄左藏東西庫鞏豐與宮觀，理作自陳。以臣僚言衛囑舊同官鞏豐轉託太學生私試，豐自無所守，甘爲人役。

十六日，太常丞趙師淵、諸軍糧料院趙贇夫並放罷。以殿中侍御史葉時言：「師淵外示簡默，中懷險巇，本無技能，妄自摽致；贇夫資稟輕浮，操行駔儈，職業不修，趨競無恥。」

九日，祕書省正字趙汝談放罷。以監察御史王益祥言其妄自標牓，因是濡滯，密圖巧取，志於超躐。

十一月五日，承議郎、直敷文閣、主管佑神觀韓玠，通直郎、直祕閣韓葎，並追毁出身以來文字，除名勒停，送建昌軍羈管。朝散大夫、右文殿修撰、主管佑神觀顧熹追毁出身以來文字，除名勒停，送桂陽軍羈管。以臣僚言侂胄專權誤國，子壻叨竊美官。

十日，奉直大夫、主管武夷山沖佑觀陳景俊追五官，送柳州安置。以臣僚言景俊僞造命書，激成兵端，故有是責。

〔一〕「很」字前或後似脱一字。

既而又言侂胄盗權用兵之罪成於景俊，止從降竄，於理未當，遂追毁出身以來文字，除名勒停，送容州編[39]管。

十四日，吏部尚書陸峻與宫觀，理作自陳。以臣僚言其踐歷朝路，不著直聲，首鼠兩端，專爲拱默。

十七日，新除司農少卿張鎡追兩官，送廣德軍居住。以臣僚言：「鎡立朝則猥賤無恥，居家則瀆亂朋淫。〔蘇〕師旦既斥，每懷觖望。既爲刑人死黨，豈宜寘之卿列！」

十九日，文州刺史鄭挺更追兩官，改送南雄州安置。先是，臣僚言挺姦邪駔儈，與侂胄實爲狎友，追三官，送柳州居住。既而臣僚又論挺引惹邊事，震動一方，故有是命。

同日，禮部尚書易祓追三官，吏部侍郎朱質、太府少卿林行可各追兩官。祓改送融州，質改送惠州，行可改送潮州，並安置。先是，臣僚言其朋姦誤國，各降兩官，祓送辰州，質送筠州，行可送沅州，並居住。至是，臣僚復言祓由蘇師旦諂附侂胄，縱臾兵事，質同惡相濟，行可侂胄所倚信，故有是命。

二十二日，前知樞密院事張巖降兩官，送徽州居住。以臣僚言其尸素聽從，遂開邊隙。

二十七日，正侍大夫、安慶軍承宣使、壽慈宫提舉吴回降三官，送臨江軍居住；中衛大夫、保寧軍承宣使李爽追毁出身以來文字，(降)〔除〕名勒停，送新州編管。以其交結侂胄，分盗壽慈宫金銀等物入己。

十二月一日，起居郎、兼崇政殿説書王居安降一官，放罷。以御史中丞雷孝友言其私附鄧友龍，薦皇甫斌，又與張鎡狎昵。

六日，貴州刺史韓倬胄降三官，送筠州居住。以臣僚言其憑藉[40]聲勢，横行州縣。

八日，寶謨閣待制葉適落職，左衛中郎將厲仲方追三官，送邵州居住。以御史中丞雷孝友言：「適阿附權臣，盗名罔上；仲方姦貪無狀，縱臾出兵，撰爲淮北有流民數十萬欲過淮南，附會侂胄，摇動事機。」故有是命。

嘉定元年正月九日，環衛官戚拱追三官，送道州安置。以監察御史章燮言：「拱初爲楚州，首謀劫漣水軍以開邊釁，其罪惡有十。」

十七日，權户部尚書趙善堅、大常少卿邵康、(堅)〔監〕六部門王驎、大理寺主簿陳燾並放罷。以殿中侍御史黄疇若言：「善堅中懷險側，外事誕謾；康以凡陋之資，行貪饕之政；驎、燾資歷至淺，冒昧登朝。」

二月二十五日，刑部郎官陳廣壽放罷。以監察御史章燮言其專事豪奪，所至貪取。

三月六日，司農寺主簿徐達、主管進奏院周庭藻、幹辦榷貨務都茶場張岷、大理評事鄭定並放罷。以監察御史余崇龜言達才術無長，資歷又淺，庭藻性資殘酷，岷貪鄙很戾，定行賄僥倖。

十六日，國子博士朱著放罷。以右諫議大夫葉時言其豢養膏(粱)〔梁〕。

二十八日，左衛中郎將孫顯忠降三官，送寧國府（君）〔居〕住。以給事中倪思言其爲侂胄腹心，掌忠鋭軍。

四月三日，前殿中侍御史徐柟特追兩官。先是，吏部員外郎徐邦憲擬復元降官，臣僚言邦憲忠於謀國，得罪權臣，柟阿附權臣，誣劾邦憲，故有是命。

九日，軍器監丞施宿、新差審計司陳昭孫並放罷。41 以臣僚言宿躁進，昭孫貪鄙。

五月十四日，權户部侍郎李訦放罷。以臣僚言其涉歷州縣，初無善政，徇私廢公，無所顧恤。

七月十一日，檢正諸房公事胡元衡、新除將作監葉箋並放罷。以臣僚言：「元衡稟資貪暴，用刑慘酷；箋人品凡庸，天資殘忍。」

十八日，將作監丞毛宻、大理正沈紡並别與宮觀。以臣僚言：「宻闒茸不材，考訊大謬；紡職業不修，鞫勘無取。」

八月七日，直華文閣、知臨安府趙善宣，新除侍右郎官李珏並放罷。以臣僚言善宣應酬無取，珏妄自尊高。

同日，太府寺主簿吳竽降一官，放罷。以臣僚言竽性資狡黠，口舌辨利。

十二日，太學博士曹叔遠與祠禄。以臣僚言其趨向凡下，士論所薄。

九月二十一日，國子監丞孫元卿放罷。以御史中丞章良能言其貪冒請求。

二十二日，部郎官常褚放罷〔一〕。以臣僚言其很傲傾邪。

十月二十九日，太常丞、兼權兵部郎官吳漢英，祕書丞、兼權司封郎官曹莊，各與宮觀，理作自陳。國子監丞劉允濟、太學博士耿羽並放罷。以臣僚言漢英凡庸，莊凡猥，允濟險傲，羽躁競。

十一月二十八日，祕書少監王枘放罷。以監察御史范之柔言枘本無學術，妄自尊高。

十二月一日，太常少卿、兼權刑部侍郎章燮放罷。以監察御史林琰言燮濫竊聲譽。

二日，尚右郎官祝禹圭仍舊致仕，司封郎官楊方仍舊與祠。以臣僚言禹圭所爲很愎，嘗遭論列；42 方初無召命，自入修身〔二〕。

八日，贈少保、開府儀同三司致仕韓邈追奪恩命。以臣僚言邈貪鄙傾險，交通賄賂鄧友龍，因之致身通顯。

二十六日，工部郎官曾槃放罷。以臣僚言槃兇很。

二十八日，宗正丞許沆、祕書郎陸埈並放罷。以臣僚言沆急於進取，埈無所忌憚。

二年正月二十二日，國子録黄以寧、大理評事楊垓仲並放罷。以臣僚言以寧輕險，垓仲庸繆。

〔一〕「部」前似脱一字。
〔二〕修身：似當作「修門」。

二十四日，右司郎中張震與宮觀。以臣僚言其非才充位。

二月十八日，新除國子博士朱士挺放罷。以臣僚言其才識庸凡。

四月二十四日，太府寺丞、兼權都官趙筬夫，司農寺丞、兼權户部郎官程覃並放罷。以臣僚言：「筬夫左右侂胄，其陷故相汝愚，實筬夫縱臾之。覃獻稱提官會之術，致科抑估籍，爲民深害。」

同日，祕書省校書郎陳模、祕書省正字張興祖並與祠禄，理作自陳。以臣僚言二人絶無資望，猥玷清要。

五月七日，知閤門事、兼客省四方館事吳衡與在外宮觀。以臣僚言其專事脣吻，簧鼓是非。

二十六日，司農寺丞謝周卿、樞密院編修官吳衍並放罷。以臣僚言周卿豪侈貪黷，衍專事結托。

六月二十七日，國子録李誠之、提轄文思院趙希倧並放罷。以臣僚言：「誠之分教考試，取舍不公；希倧踰越分守，干請朝士。」

七月二十一日，新除帶御器械范仲壬降兩官，放罷。以右正言黄中言仲壬爲茶馬司，奉逆曦。

43 二十四日，司農寺丞秦榛、幹辦諸軍審計司邵困並與祠禄。以臣僚言榛片善未聞，困碌碌庸繆。

九月十九日，太府寺丞陳振放罷。以臣僚言其因委賑濟，出納不明，隱占圍田，與其妻弟。

二十日，閤門舍人、充賀金國登位副使周登放罷。以臣僚言登辟置非人。

十月二十九日，大理正李曼卿放罷。以臣僚言曼卿得罪太湖之民，不可再齒朝列。

三年正月十三日，主管官告院倪千里與宮觀，理作自陳。以侍御史陳晦言千里居心不靜。

二月五日，起居舍人、兼權工部侍郎俞應符與在外合入差遣。以臣僚言應符銜命出疆，將帶膠餌。

同日，權刑部侍郎陳晦放罷。以臣僚言晦學術短淺，操履傾邪，既登言路，私意橫生，是非易位。

同日，祕書省著作佐郎陳舜申、祕書郎林至、祕書省正字周南並放罷。以臣僚言舜申去就不明，至佞諛不顧，南居鄉武斷。

七日，大理寺丞呂祖平、軍器監主簿王中純、監登聞鼓院張攀並放罷。以臣僚言祖平居官無譽，中純學輼空疏，攀職業惰弛。

十一日，太府少卿胡大成、度支郎官傅伯召並與祠禄。以臣僚言大成昏耄，伯召貪刻。

三月二十七日，殿前司左軍統制莫端降兩官，放罷。以監察御史徐宏言端偷盜官錢。

四月九日，步軍司統制李興降兩官，放罷。以監察御史鄭昭先言興偷盜官錢，刻剥士卒。

五月十六日，郭授寢罷帶御器械指揮。44 以臣僚言授非曾歷邊任有功人。

二十一日，武學諭胡應時放罷。以臣僚言應時藝業空疎。

八月四日，監左藏西庫葉知幾降一官，放罷。以臣僚言知幾朝廷所發精縑奇貨，悉行低價估直。

二十八日，大理寺丞沈繹、大理司直楊炎正並與在外差遣。以臣僚言：「繹頃宰畿邑，動違三尺；炎正濫預朝行，處心浮躁。」

九月二十五日，國子博士陳一新、太學正謝汲古並放罷。以臣僚言：「一新狠愎自用，無循〔循〕善誘之功；汲古行實不修，不能使人心悦誠服。」

二十七日，工部郎官陳鑄、閤門舍人林之望並放罷。以臣僚言鑄諂佞庸凡，之望覬倖無饜。

四年閏二月二十七日，户部郎中張訢放罷。以臣僚言訢蘇師旦之黨，持節廣東，縱吏視成，科買規利。

四月二十五日，大理寺丞施槭、費埏並放罷。以臣僚言：「槭得郡永嘉，專務掊歛，進丞祥刑，涉筆唯阿。埏素有心疾，居官妄作，始叨（延）〔廷〕評，便遭繳駁。」

六月一日，度支郎官張慥與閑慢差遣，祕書郎薛紱、諸王宮大小學教授劉公亮並放罷。以臣僚言慥耳聵心懵，紱豪飲無度，公亮貪汙鬻獄。

二十七日，太府寺主簿曾準與祠禄，理作自陳。以臣僚言準懷姦嗜進。

二十九日，太府少卿趙汝淵放罷。以臣僚言汝淵貪墨營私，輕率自恣。

八月二十八日，祕書郎唐吉先、大理評事許震並放罷。以臣僚言吉先素乏聲譽，震躐等冒進。

九月二十七日，前【45】大理評事葉正綱追毁出身以來文字，除名勒停，永不收叙。以臣僚言其代名冒官，爲子不孝。

十二月七日，奉議郎張鎡追毁出身以來文字，除名勒停，永不收叙，送象州羈管。先是，臣僚論鎡不安命義，覬圖非望之福，追五官，送全州居住。既而復言其鑿空妄議，欺天罔人，肆爲陰謀，犯命義之大戒，合正邦刑，故有是命。

二十六日，新除侍右郎官鞏嶸放罷。以臣僚言其提坑冶職，措置乖方。

二十八日，主管官告院滕璘、提轄榷貨務趙希閔並與祠禄，理作自陳。以臣僚言：「璘近因疾恚，殊費支吾；希閔有八九十之親，顧乃廢遠，曾不暇恤。」以上《寧宗會要》。

嘉定五年三月二十八日，太府寺丞湛循與參議官，福建提舉陳紀與宮觀，理作自陳。以臣僚言二人年逾掛冠，希進未已。

二十九日，幹辦諸司糧料院楊圭放罷。以右正言董居誼言其昨宰黄巖，倚任羣胥，交通關節。

四月三日，監登聞檢院汪杲放罷。以監察御史金式言其「昨倅廣信，月糴軍糧，載歸鄱陽，以取倍息。冬夏慮囚，所過受饋，倉司委買銀兩，取其餘直歸己」。

七月二十六日，提轄行在雜賣場呂啟宗、提轄建康府榷貨務都茶場許興裔並與祠禄。以臣僚言：「啟宗昨宰惠安，席捲殆盡；興裔昨宰瑞安，縱吏爲姦，逼人至死，令子弟冒同姓牒試。」

八月二十八日，新除侍右郎官曹彦約放罷。以左司諫鄭昭先言：峒主葉廣等就46降，許國既邀其來，反執而戮之，彦約之奏請於朝〔一〕。

九月一日，吏部架閣薛舜俞放罷。以臣僚言其不事繩檢，爲江西幹官日與營妓狎昵。

十一月六日，司封郎官李直養與祠禄，大理評事楊垓仲放罷。以臣僚言：「直養精神昏憒，職業廢弛；垓仲濫中法科，不知律令。」

六年正月四日，度支郎官魏大中與宮觀。以臣僚言其昨守霅川，受成吏手，姻親撓政，妄言羨餘。

二月一日，新除知大宗正丞林良與宮觀。以臣僚言其向守嘉興，專事掊剋，自奉其私，親舊饋送，多支公帑。

二十五日，新除太常博士徐自明放罷。以臣僚言其向居師儒之職，考校去取，無非私意。

二十八日，前主管殿前司公事郭杲差宮觀指揮寢罷。以給事中曾從龍言其縱臾用兵，締交權門。

同日，刑部員外郎沈紡與宮觀。以臣僚言其向守莆田，詞訴不曉，字畫多誤。

五月一日，監尚書六部門沈謐與祠禄。以臣僚言其嘗爲漕幕，日事燕飲，偶玷今除，人以爲濫。

六月二十八日，太府寺丞張鎬放罷。以右諫議大夫鄭昭先言其試郡潮陽，專事苛歛，運銅下海，爲人所持。

七月一日，大理評事王洪之放罷。以監察御史黄序言其宰長沙日用刑慘酷，科産户買鹽，委用館客，賄賂公行。

八月一日，軍器監程卓、幹辦諸司審計司李□並放罷。以臣僚言：「卓居家牽於多愛，居憂威制鄉曲；□爲臨安北厢，入幕多徇囑託。」

同47日，新除刑部郎官商逸卿與在外差遣。以刑部尚書、兼給事中曾從龍言其比守輔藩，有大辟獄，省部督趣數十次，更無一字回報，先有是命。既而監察御史倪千里復言逸卿分符嘉興，弛謬荒恣，乞罷處州新除。

尚左郎官廖德明放罷〔二〕。以臣僚言其爲廣東憲日，峒寇猖獗，措置乖方；及用爲帥，養病自尊，盜賊公行。

閏九月二十二日，新除大理寺丞趙伯檜放罷。以右諫議大夫鄭昭先言其鄱陽之政急於裒歛，輕信子弟以折辱邑宰，竭民膏血，封殖其私。

十二月四日，監登聞鼓院陳蕃孫、大理評事江模並與祠禄。以臣僚言：「蕃孫曩知撫州，已試無狀，湖、徽兩郡，

〔一〕此處語意未竟，似有脱文。
〔二〕此條原與上條相連，中間當有脱文，上條語意似未盡，而本條則脱月日。

隨與隨奪；模爲其鄉人經營冒試，以選人趁赴朝會。」

十二月二十七日，大理寺丞張革放罷。以臣僚言其比領淮郡，不能撫摩，縱容親隨，交通關節。

七年二月二十八日，兵部郎官宋德之放罷。以侍御史石宗萬言其言行背違，中實貪詐，今以虚名，濫寘郎省。

三月一日，太學録陳殊放罷。以監察御史黄序言其心術回邪，行檢不修。

二日，幹辦諸軍糧料院董與幾放罷。以監察御史倪千里言其事親不孝，居官不廉。

二十五日，殿前司神勇軍統制詹和、步軍司左軍統制張瑜各降一官，放罷。以臣僚言：「和老而貪饕，軍政不修；瑜諛佞姦貪，巧求陞差。」

五月二日，提轄文思院余鑄放罷。以監察御史倪千里言其所至以陰險之術 48 傾陷同列，今登朝列，故態不改。

六月五日，武學諭方震放罷。以臣僚言其考試私意，取放鍾大成預選，士論益喧。

二十九日，新除太常寺主簿胡衛與在外合入差遣。以右正言應武言其居官無重厚之實，居鄉乏循理之稱。

七月二日，左屯衛郎將武師道放罷。以監察御史黄序言其向爲廬州彊勇軍統制，惟務裒剋，以自豐殖。

九月三日，新除軍器監趙汝廈、新除工部郎官周綸並放罷。以殿中侍御史應武言：「汝廈爲郎，偶兼錢穀之寄，仰成吏手，漫不加省；綸爲丞外府，金穀之任畧不究心。」

同日，太學博士陳與行放罷。以殿中侍御史應武言其好行私意，考校不公。

十月二十五日，殿前司護聖軍統制樊榮放罷。以臣僚言其勇略無取，貪汙爲甚，因肆掊剋，無所不至。

十二月四日，太府寺丞盧子文放罷。以監察御史劉棠言其昨守臨江〔一〕，見謂貪黷，逞威妄作，略無忌憚。

二十六日，倉部員外郎留丙放罷。以左司諫黄序言其終日坐曹，懵無剖決〔二〕；有子應神童，不顧分守，必欲求賜出身，廟堂難其請，退輒怨望。

同日，知大宗正丞、兼權刑部郎官徐瑄放罷。以殿中侍御史應武言其爲大宗正丞，蔑視官長；兼攝郎曹，不安分守。

八年二月二十四日，太府寺簿楊恕、大理寺簿任一鶚並與在外合入差遣。以臣僚言：「恕兼轄封樁庫，有估賣籍没金幣之屬，視其物貴價廉者潛鬻請置〔三〕。一 49 鶚試邑莆田，與吏爲伍，朝廷悉蠲下户逋租，創爲青册，追擾如故。」

二十八日，太府寺丞齊礪放罷。以監察御史李楠言其濫丞外府，財賦之劇司，以礪之庸瑣，本末源流豈能深究。

〔一〕臨：原作「監」，據本書方域一一之三九、雍正《江西通志》卷四六改。

〔二〕剖：原作「部」，據文意改。後文職官七三之六一言趙謐「剖決無能，書判多誤」，是也。

〔三〕請置：疑有誤。

（二）〔三〕月二十六日，起居郎李臯降一官放罷。以殿中侍御史應武言其外若誠愨，中實險巇，招納縱横遊説之人，與聞阽危宗社之議。

二十七日，監登聞鼓院董履道放罷。以左司諫黃序言其昨宰仙居，催科嚴峻，保長趁限，訊決無虚日，庫藏充盈，肆爲席捲。

六月三日，太府寺丞韓松與在外合入差遣。以監察御史劉棠言：「以勳閥收用，俾丞外府，然其少年癡騃之習，老未革去。」

七月二日，新除太學正宋倚放罷。以監察御史李楠言其分教廬陵，養士行食，虚籍支破，以自豐殖，課試類出私意，學職率以貨取。

八月二十日，吉州刺史、主管殿前司公事何汝霖與宮觀，理作自陳。以右諫議大夫應武言交結權貴，從事宴遊，招納遊士，干預邪謀，故有是命。既而臣僚復言其貪汙狼籍，密結游士，包藏詭計，復詔降一官，罷宮觀。

二十二日，大理評事樓澄、監登聞鼓院高之問、幹辦諸司糧料院張次賢並與在外合入差遣。以殿中侍御史黃序言：「澄約法斷案，率多疎脱；之問入仕以來，寂無聞稱；次賢才具短拙，治狀無取。」

十月二十七日，武學博士楊宏中放罷，與在外合入差遣。以右諫議大夫應武言其濫得學官，釋50奠差官偶不及，恚怒之氣，叱詈吏胥，不顧同僚。

九年二月二日，監六部門林拱辰與在外合入差遣。以監察御史劉棠言其試邑則貪汙不律，倅郡則狼籍滋甚，躐處班行，可謂僥倖。

二十七日，翁潾新除刑部郎官指揮寢罷。以右諫議大夫應武言：「廣德地狹民貧，不堪重斂，潾爲守絶無可録，惟以掊剋爲理財，以鄙吝爲節約，豈足以勝郎官之任！」

五月二十七日，監行在左藏西庫鄭浦與祠禄。以殿中侍御史黃序言其經營版曹，差檄往福建勸諭和糴，即揭大先牌，以王人自居，州縣官奔趨迎〔一〕，折俎饋遺，安然受之。

六月二十四日，提轄雜賣場魯興文放罷。以右諫議大夫應武言其昨宰鹽官，乖繆之迹不一。

二十五日，提轄左藏西庫江燁放罷。以殿中侍御史黃序言其武斷，摟攬公事，作倅江陵〔二〕，兼攝分司總幹，妄用大軍官錢。

八月二十七日，太學正周勉與在外合入差遣，主管禮兵部架閣文字劉墀與近地見次屬官差遣。以殿中侍御史黃序言：「勉本無才能，繆爲樸魯；墀闒（葺）〔茸〕不振，貪緣薦引。」

十月十七日，趙時侃除職與郡指揮寢罷，與宮觀，理作

〔一〕「迎」字上下似脱一字，如作「迎奉」、「奉迎」之類。
〔二〕作：似當作「昨」。

自陳。以監察御史盛章言其頃尹京畿，姦貪顯恣，使處外藩，得以自肆，貽害又甚。

十年正月二十三日，大理寺丞劉儆、傅（壅）〔雍〕，並先與在外差遣。以右諫議大夫黄序言其二人推勘和州通判葉禾犯贓公事，各持異論，至於互申，乞别差 51 清彊官根勘，候獄事竟日，將二人分别施行，故有是命。

二月七日，太常寺主簿黄民望與宫觀，理作自陳。以監察御史李安行言其職隸容臺，規避拜跪，令吏輩改差選人攝事。

三月二十八日，大理寺丞劉儆特降三官，元降與外任指揮更不施行。以右正言劉棠言其推勘葉禾受財，信任吏胥，鹵莽結勘，抑令虚供，可見不職，先有是命。既而秘書少監、兼權中書舍人黄宜又言：「劉（倒）〔儆〕用意固執，計較符合，則爲故人，乞將劉儆更賜鐫降。」復詔更降一官。

五月二十六日，侍衛步軍司都虞候王佺與宫觀，理作自陳；王璽特降一官，令就鎮江府都統司從軍；步司統制陳師亮降一官，放罷。以監察御史李安行言佺之子璽指求中軍統領，僭越劫持，與師亮結爲死黨，時出怨望語。

十一年正月六日，殿前司神勇軍統制王琪降兩官，放罷。以臣僚言其專爲剋剥，謀辦己私。

六月二日，右領衛將軍、時暫管幹殿前司職事張茂放罷。以臣僚言其撫軍則殊無紀律，處事則頓乏精神，無統御之術，不足倚仗。

七月五日，兵部侍郎黄序與宫觀，理作自陳。以監察御史蔡闢言其浸被超遷，遍歷臺諫，專於嗜利，不顧廉恥。

二十八日，新除大理寺丞黄幹、新除閤門舍人薛伯虎並與祠禄。以侍御史李楠言：「幹之欺謾，已形於倅安豐之日；伯虎之貪墨，已見於守合淝、無爲兩任之内。」

八月七日，新除起居 52 舍人留元剛放罷，與宫觀，理作自陳。以監察御史蔡闢言其出守温、贛，專務苛刻，傲視名德，旁若無人。

十一月十九日，大理評事李祕、閤門祇候陳祖文、閤門看班祇候辛師悳並放罷。以監察御史蔡闢言：「祕獄事闒疎，受成吏手；祖文趨向卑污，放蕩狎遊；師悳夤緣閤屬，招攬外事。」

十二年正月六日，國子監書庫官馮大受與祠禄。以侍御史李楠言其恣行武斷，長惡不悛，兜攬關節，干撓縣政。

二十一日，大理評事閭丘梓、監行在榷貨務大門郭九思放罷。以監察御史王夢龍言：「梓頃典鹺局，歸航發覺本券，充積私橐；九思不守士檢，猖狂之行播于都邑。」

三月二十七日，大理評事葉岃放罷。以侍御史李楠言其賦姿浮蕩，習爲膏（梁）〔粱〕，聲色貨利，日汩其心。

閏三月四日，吏部郎官康仲穎與宫觀。以監察御史王夢龍言其居家則貽誚於鄉曲，爲郡則得罪於士民，庀職小銓，曲意行私。

六月二日，太常少卿蔡闢與宫觀。以監察御史張次賢言其外示威嚴，中實狠愎，凡所彈擊，無非私意。

四日，權工部尚書胡榘、禮部侍郎袁燮並放罷。以合臺言其二人論議不一，各執偏見，一主於和，一主於戰，求勝報怨，殊非體國。

十九日，軍器監黎伯巽、刑部郎中趙彥适並與州郡差遣；兵部郎中高禾、祕書省著作郎陳黼並與參議官差遣；大理正沈繹、大理寺丞蔣誼並與宮觀，理作自陳。以右正言胡 53 衛言：「伯巽以憸佞之質，習傾詐之風；彥适權姦之甥，規避作邑，秋(宮)〔官〕劇曹，豈能平允；禾當華髮之年，有嬰孺之嗜；黼久焉玩愒，憒憒無聞；繹已試罔功，臺疏可考；誼心術回邪，專事口吻。」

二十六日，主管臨安府城南左廂公事呂潚、城北右廂公事汪之綱並放罷。以監察御史張次賢言：「潚縱飲多至達旦，決遣率由吏手；之綱昨宰龍游，罷吏教之斷決，館客代其書判。」

八月九日，殿前司左軍統制張健、神勇軍統領崔震並放罷。以監察御史張次賢言：「健以妾妻逆曦，緣此陞差，出戍揚州，贓濫不法非一；震元係御馬院白身，軍務莫曉，牧馬平江，恣所欲爲。」

十月二十六日，刑部郎中費埏、大理寺丞留碩並與祠祿。以右諫議大夫李楠言：「埏倖中金科，兩玷臺議，躐處郎省，豈所宜得；碩自領左符，受成吏手，今佐詳讞，何所建明？」

十一月三日，刑部郎官應元衮、宗學諭黃克仁並與宮觀，理作自陳。以監察御史張次賢言：「元衮年事浸高，精神昏憒；克仁闒茸無聞，何能諭導？」

十二月十九日，權刑部侍郎何剡與宮觀，理作自陳。以右正言胡衛言其洎登禁近，迺乏廉隅，既苦末疾，間至曹局。

十三年三月六日，禮部郎官陳貴誼與宮觀，理作自陳。以監察御史張次賢言，貴誼以私故久曠職事。

四月二十九日，監尚書六部門張國均與祠祿，三省樞密院主管架閣文字林萬與在外合入差遣。以臣僚 54 言：「國均天資驕騃，氣習凡下；萬文采議論，全無足觀。」

五月二十〔日〕，刑部員外郎徐瑄罷黜。以監察御史羅相言，瑄鎮瀘南日恣爲掊克。

六月二十四日，幹辦諸軍糧料院鄭域與在外合入差遣。以殿中侍御史胡衛言，域涖官所至，罔不狼籍。

八月十九日，新浙西副總管高仁罷新任。以知臨安府陳廣壽言：「近因受詞狀，有高伸論仁不分祖上田產物業，遂行追對，更不肯分析。及送府院對證，方肯供狀願分，其無廉恥可見。」

十月一日，都官員外郎趙建大與宮觀，新除戶部員外郎趙希昔寢罷令赴行在供職之命〔一〕。以監察御史方猷

〔一〕趙希昔：《宋史》卷四〇《寧宗紀》四作「趙希皆」。

言：「建大得疾之後，語言蹇澀，據案閣筆，一辭莫措。希昔守鳳州日，虜犯金牛鎮，一籌不畫，乃先逃遁。」

二十九日，祕書郎、兼莊文府教授柴景望與宮觀，理作自陳。以右正言張次賢言：「景望爲丞胄監，處事懵然；授經上講，語駭聽〔聞〕。」

十一月一日，國子監主簿洪彥華與宮觀，理作自陳；太學正留祺與在外合入差遣。以監察御史方猷言：「彥華私慾交勝，廉隅不立；祺精神昏憒，考校非長。」

十二月十日，殿司右軍統制王寧放罷。以權殿前司職事馮榯言：「寧近因居民遺漏，畏懼退避，輒離地方。」

十一日，殿司步軍統制薄處厚降一官，放罷。以居民遺漏，延燒城外，至步軍寨，處厚却護廨舍，不用心督兵救撲。

十七日，殿司遊奕軍統制陳昺降一官。以遊奕軍兵卲安家 55 遺漏，昺有失提督鈐束，從權殿司職事馮榯言也。

二十七日，太常博士王渫、太學博士周端朝、太學博士〔院〕〔阮〕文子並與在外合入差遣，大理正孫涇降一官放罷。以殿中侍御史張攀言：「渫貪緣立朝，肆言無忌；端朝不安分義，僥求入館；文子職在校文，神氣昏憒；涇往清湘鞫知欽州林千之獄，所申自爲異同。」

十四年七月一日，國子録李方子罷黜。以左司諫王元春言：「方子頃游璧水，有富民范若水從學，視爲奇貨，欲以女妻之。若水因是迄死非命，咸謂方子利其財而致之死。」

八月二日，宗正少卿陳卓、大理少卿樓觀、司農少卿王棟並與祠禄，理作自陳。以殿中侍御史張攀言：「卓兼攝西掖，肆言無忌；觀疲曳安坐，略無愧色；棟循循默默，坐縻廩稍。」

九月三日，大理少卿林岊、倉部郎中趙師懿並與祠禄，理作自陳。以監察御史李伯堅言：「岊爲貳外府，無所可否；師懿歷柳、道二守，政以繆聞。」

二十三日，新除大理寺丞万俟侣與宮觀。以中書門下省言侣年事已高，精神已耄，繳還詞頭故也。

二十七日，太府寺丞趙希蓁、司農寺丞呂昭亮並與宮觀。以殿中侍御史張攀言：「希蓁昨守湖郡，恣行慘刻，公私誅求；昭亮從事燕游，荒廢職業，躁競奔趨。」

十月三日，駕部郎官鄭定，屯田郎官謝周卿，新除秘書丞、兼權右曹郎官陳畏，新除太府寺丞楊若，並與在外合入差遣。以右正言龔蓋卿言：「定昨 56 守嘉興，繆政流傳；周卿持節淮東，政事貪暴；畏每事退縮，縱吏爲姦；若不度衰殘，昧然嗜進。」

四日，諸王宮大小學教授陳無損、太常寺主簿應鏞並與在外合入差遣〔一〕。以左司諫張次賢言：「無損精神昏

〔一〕太常寺：原作「大寺寺」，據本書選舉二一之一七改。

憒，狀貌衰頹〔一〕；鏞容止無度，面目可憎。」

十一月一日，和州防禦使、提舉佑神觀趙不熄與在外宮觀。以監察御史方猷言：「不熄朝參常禮，以疾不趁，本非宗老，且復多病。」

十五年正月二日，工部侍郎王居安、權刑部侍郎陳廣壽並特與宮觀，理作自陳。以臣僚言：「居安江西平寇罔功，貪謬著聞；廣壽尹正神皐無狀，物議厭薄。」

同日，閤門舍人陳大紀罷黜。以臣僚言：「大紀爲公試所考官，畧不經意，工拙易位。」

二月三日，幹辦諸軍審計司王自强、提轄左藏東西庫趙師楷並與宮觀，理作自（程）〔陳〕。以臣僚言：「自强資稟庸俗，券旁之姦，必不能察；師楷識見凡下，出納之吝，必曠厥職。」

同日，新除度支郎官鄭如岡罷新與宮觀（宮觀），理作自陳。以臣僚言其「居家受制悍婦，當官蒙成猾胥，貪黷之狀，擢髪莫數」。

五月二十八日，大理評事俞杲、主管官告院孫密，並與在外合入差遣。以臣僚言：「杲人物闒茸，精神昏憒；密姿稟凡庸，志趣鄙猥。」

七月二日，太常博士牛斗南、司農寺主簿林叔成並與宮觀，理作自陳。以臣僚言：「斗南作邑有貪殘之聲，立朝無靖共之操；叔成爲邑則訊決違法，佐郡則政以賄成。」

八【57】月十五日，權管幹馬步司職事王端理與宮觀，理作自陳。以臣僚言其攝事三衙，爲壻營居，擅役禁旅，失於恭謹。

九月七日，監行在豐儲倉門斯澤罷黜。以監察御史李伯堅言其封彌付之吏手。

十一月二日，大理少卿蓋鑄、將作監喻珪各與祠禄，理作自陳。以臣僚言：「鑄人品猥凡，志趣卑陋；珪容貌鄙俗，識見昏庸。」

二十八日，祕書省著作佐郎、兼權刑部郎官黄灝，太學博士謝興甫，並與宮觀，理作自陳。以臣僚言：「灝已玷白簡，不知懲艾，顧猶妄作；興甫庚辰校藝南宮，私取交朋，不顧法理。」

十六年二月二十二日，司農寺主簿江潤祖特降一官，大理寺主簿黄廡特展一年磨勘。以左司諫李伯堅言其封彌鹵莽。

三月三日，新除兵部郎官施械、新除屯田郎官胡楶並放罷。以臣僚言：「械年事已高，精爽昏憒；楶凡所居官，俱無善狀。」

同日，臨安府通判黄順卿罷黜；鄭伯謙、趙汝戫並與祠（録）〔禄〕，理作自陳。以臣僚言：「省試差官有總轄諸司一員，係以臨安府通判爲之，預差下黄順卿。及期，順卿以

〔一〕頹：原作「憒」。按上句末亦爲「憒」字，而旁批「頹」，據文意當改本句「憒」字，因改。

子弟妨試，託疾求免，改差通判伯謙、汝戩，又復辭難。」故有是命。

十七日，步司左軍統制、時暫照管步司事務成政鐫罷。以臣僚言政宴安公宇，不修軍政。

四月一日，新除起居郎鄭自誠與在外合入差遣。以臣僚言自誠昨守宜春，初無善狀。

同日，户部侍郎沈皥與在外合入差遣。以臣僚言皥官居 58 邇列，苟玩度時。

二日，新除大理寺丞林大章、司農寺丞楊紹雲，並與在外合入差遣。以臣僚言：「大章居鄉則桀驁，治郡則貪汙；紹雲門蔭得官，專事諂佞。」

同日，大理寺丞趙希栞與宮觀，理作自陳。以臣僚言：「希栞生長公族，氣習膏（梁）〔粱〕，率意妄爲，不顧理義。」

八月三日，國子監丞葛從龍、太學録繆師皐並與祠禄，理作自陳。以臣僚言：「從龍姿稟昏愎，氣貌倨驕；師皐斁滅天常，溺愛背親。」

十月二日，太學博士高熙績與祠禄。以臣僚言，熙績考校補試，牢籠私取。

三日，左衛中郎將楊顯、右驍衛郎將黄之穎並放罷。以臣僚言：「顯攝事烝徒，專意掊斂；之穎不安職守，妄意營求。」

十一月三日，校書郎陶崇與在外合入差遣，新城知縣葉嵇服闋日展一年放令參注。以臣僚言：「崇國忌行香，託疾不赴；嵇容縱汪時亨，違法行用錫牌白會事，今丁憂去官。」

三十日，大理寺丞江模與宮觀，理作自陳。以臣僚言，模縱容子弟，爲害鄉曲。

十七年四月一日，幹辦諸司糧料院陳元粹、監左藏東庫莫焕並罷黜。以臣僚言其敗禮犯義，怠廢職業。

同日，禮部侍郎〔一〕、兼中書舍人胡衛與宮觀，理作自陳。以衛南宮贊長，西掖摛文，寖通顯矣，嗜進益切，清議鄙之，爲臣僚論列。

同日，提轄行在左藏庫趙希伋與宮觀。以臣僚言其重罰諸胥，以資妄用，肆貪無忌。

紹熙五年七月二十九日〔二〕，知福州辛棄疾放罷。以臣僚 59 言其殘酷貪饕，姦贓狼籍。

八月五日，廣東提舉吴昭夫放罷。以左司諫黄艾言昭夫公使庫別置曆，送還人多支錢，或詭名借請饋送，皆有實迹。

同日，知太平州蔣繼周放罷。以侍御史章穎言其每與

〔一〕侍：原作「尚」，據雍正《浙江通志》卷一一〇改。下文稱衛「南宮贊長」，「南宮」即禮部，「贊長」謂佐禮部尚書，是亦指禮部侍郎。

〔二〕按，以上爲寧宗朝之中央官，以下爲寧宗朝之地方官。蓋《寧宗會要》此門之體例如此。

（住）〔佳〕郡，皆以不治聞。

十六日，朝請大夫、直龍圖閣、知揚州錢之望可特降直顯謨閣。以侍御史章穎言其收捕茶寇，初無功行，自此擢用，悉以貪聞。

九月二十一日，知衡州余秀實放罷。以湖南提舉吳鎰言其創例科敷，置州用庫，妄破借請，僞作馳送。

二十七日，朝散大夫、集英殿修撰辛棄疾降充祕閣修撰；朝議大夫、焕章閣待制、提舉江州太平興國宮馬大同降充集英殿修撰，罷祠。以御史中丞謝深甫言：「二人交結時相，敢爲貪酷，雖已黜責，未快公論。」

二十八日，中大夫、焕章閣學士、知成都府丘崈降充焕章閣直學士，放罷。以御史中丞謝深甫言：「其蛇虺之毒，虎狼之暴，肆虐以濟貪，怙勢以行詐。到官方一年半，而西蜀軍民、士夫無不怨憤。」

十月二十五日，前辰州通判劉倩特降兩官。以臣僚言倩不孝不廉，不當齒於搢紳。

閏十月八日，知江州沈祖德放罷。以臣僚言祖德素無行檢，敢肆貪殘，與吏爲市，立威科罰。

十四日，紹興府通判馬煇放罷。以臣僚言其狠傲貪刻，淩駕帥、憲，暴虐諸縣。

十九日，利路副總管吳晟、參議官王公邁並放罷。以本路提刑范仲藝言：「晟於禁樂之時，[60]般樂器數（檐）〔擔〕至官所，作樂飲宴；公邁貪鄙之姿，士所不齒。」

二十三日，知威州鄧機放罷，永不得與州郡差遣。以四川安撫制置司言其到官始八閱月，誅求百出，民不堪命。

二十七日，知江陵府袁樞放罷。以臣僚言其狠愎自用，貪虐不恤，立朝治郡，俱無足稱。

十一月五日，知資州張大猷、知隆慶府趙善詔並放罷。以四川總領馮震武言：「大猷縱令子弟、門客妄作，善詔減剋賑濟米斛，致饑民躪踐。」

七日，新知蘄州鄭嗣宗、新知興化軍韓元老並放罷。以殿中侍御史楊大灋言：「嗣宗爲提舉時，席捲鹽錢；元老知真州時，視官庫如私帑。」

同日，新知江州沈瀛放罷。以右諫議大夫張叔椿言，瀛素苦心氣，間遇疾則憒眊，不知所爲。

十二月十二日，朝議大夫、直祕閣、主管建寧府武夷山冲佑觀張縯褫奪職名。以殿中侍御史楊大灋言其傾險貪吝，恃才矜己，累遭臺評，不知悔過。

慶元元年正月二十四日，知袁州鄭南、新知舒州趙公介除命並寢罷。以臣僚言南狠暴貪汙，公介性稟輕儇，素無士行。

二十六日，新知揚州鄭興裔寢罷，依舊在京宮觀。以臣僚言其暴戾殘忍，科罰貪虐，爲邊郡嘗語人曰：「邊郡當以便宜從事，豈問條令，何畏朝省！」

同日，新知南劍州魏欽緒放罷。以臣僚論其殘刻貪婪，背公蠹政。

二月五日，湖北提刑黄掄放罷。以臣僚言掄不顧廉耻，交通關節。

六日，知萬安[61]軍李伯鉉放罷。以廣西諸司奏其殘忍貪婪，擾害黎民，引惹邊事。

二十二日，贛州通判黄渙放罷。以臣僚言渙昨爲太博，謗罵長官，陵轢同列，已汙白簡。

二十四日，建康都統皇甫斌放罷。以臺諫論斌夤緣邊面，遽叨分閫，妄自尊大，求爲殿帥。

同日，知南外宗正司趙公迥召命寢罷。以言者論其素無行檢，老而彌甚，干撓州縣，無復忌憚；況年已七十有四，自應休致。

二十五日，浙西提舉黄灝追兩官，放罷。以臣僚言灝（早）〔旱〕傷之際，措置失宜。

同日，黄萬石不得與親民差遣〔一〕。以諫議大夫張叔椿言，萬石前知濠州，率意妄作，狎妓貪汙。

三月二十四日，徽州通判趙釴夫、建昌軍通判沈稷並放罷。以臣僚論釴夫用刑慘酷，科敷公吏，巧作名色支破官錢；稷因攝郡，政委富室，兜攬公事，商量關節，妄作禍福。

二十六日，知盱眙軍劉荀放罷。以臣僚言其爲守盱眙，郡境大旱，輒以豐熟妄申，致民竄虜境。

同日，福建提刑趙像之、江西提舉趙謐並放罷。以臣僚言：「像之貪黷無厭，難以久處祥刑之任；謐性識不敏，才具非長，剖決無能，書判多誤。」

四月二十七日，淮東提舉陳損之、運判趙師羼並放罷，知揚州錢之望特降直徽猷閣。以臣僚言：「損之盜官鹽販往江上，得錢買貨入蜀；師羼往上江買木結簰，就真州出賣，侵奪商賈之利；之望將備邊樁積之錢糴米，轉賣營運。淮人目爲三客。」

同日，知[62]雷州陳亮弼放罷。以本州三縣耆老告論在任不法事三十餘項，體究得實。

五月二日，興元都統制王宗廉特降一官，放罷。以侍御史楊大灋言其暴戾淫邪，貪黷鄙猥，初無將畧，軍政不曉。

十四日，新除提點坑冶鑄錢耿延年罷新命。以言者論延年凡庸貪猥〔二〕，平生巧於交結，所至畧無寸長。

二十三日，知婺州黄度落職，放罷。以臣僚言：「蘭溪知縣張元弼姦贓不法，罪狀顯著，度爲郡守，坐視不問。」

七月六日，雷州水軍統領何茂椿放罷。坐輕躁恣横，不畏法令，從廣西經畧司所按。

七日，新知常州趙亮夫放罷，新知饒州蕭忱差主管建寧府〔武〕夷山冲佑觀。以臣僚言：「亮夫貪鄙無狀，人所不齒，向守廣德，席捲而去。忱庸繆有餘，且乏廉稱，曩守

〔一〕「黄萬石」上當脱官名。
〔二〕年：原作「無」，據上文改。庸：原作「康」，據文意、字形改。

衢州，郡政盡廢，惟事燕飲。」

二十七日，朝奉大夫、直龍圖閣、知福州詹體仁降兩官，放罷。以臣僚言體仁薄於士行，視勢阿附，反覆傾險。

八月五日，知處州蔣行簡放罷。以臣僚言：「行簡昏繆狠愎，專務慘酷，昧於斷決，郡事廢弛。」

二十三日，新知雅州史勤罷新任。以四川制置使趙彦逾言，勤前知黎州，引惹蠻民侵犯邊境，措置無方。

二十七日，盱眙軍通判孫質永不得與親民差遣，添差嚴州通判任清叟放罷。以侍御史黄黼言：「質素無愧恥，所至贓汙，今倅盱眙，略不悛改。清叟性質貪鄙，趨向凡下，爲仕官亦如營生，貪冒不知進退。」

同日，朝散郎、前63知大安軍宋琚追兩官，永不得與州軍差遣。以琚昨任知軍，受代有日，妄立名色，席捲軍帑，爲利路安撫章森所奏。

十月三日，知南雄州廖倜與宫觀，理作自陳。以廣東運判徐柟按倜癃老昏暗，郡事率皆廢弛，取解不奉詔條，沮抑進士，遂致場屋喧噪。

十四日，前知處州蔣行簡特降兩官，添差通判趙師碩放罷。以監察御史王恬言：「行簡貪汙狼籍，以致罷命，不能悔過，尚且恣横；師碩馹儈無賴，身嘗彫青。」

十六日，成都運判續耆與祠禄，理作自陳。以監察御史張孝伯言，耆感末病，今已踰年，語言步履，不堪勉强。

二十六日，前知漢州張縯罷祠禄，降授祕閣修撰、知福州辛棄疾與落職，知郢州曾三聘、知南劍州黄瀚並與宫觀。御史中丞何澹言：「縯累以受金見之白簡，抆(式)〔拭〕得郡，貪汙如故。棄疾酷虐裒斂，掩帑藏爲私家之物，席卷福州，爲之一(室)〔空〕。三聘居鄉則謀人田産，立朝則專事唇吻。瀚入仕並無資歷，夤緣竟攘見次，破壞成法。」

二十八日，前知揚州錢之望降直徽猷閣，罷宫觀。以諫議大夫李沐言：「之望前知揚州，初無績狀，專事唇吻，尚敢以貧爲請，公議不容。」

同日，鄂州統制史非熊降兩官，統領王喜降一等職事。皆坐全不用心關防養喂戰馬，以致内外結合，中毒倒斃，意欲貨賣，以都統劉忠申奏故也。

二十九日，建康添差通判劉大臨、通判王萬樞各降一官，並放罷。以右諫議64大夫李沐言：「大臨受王萬樞請囑科舉出題，私禱考試官，取其子王逢、王遂，士論甚譁。」

十一月二十六日，知楚州皇甫斌特降兩官。以御史中丞何澹言：「斌不安分守，妄乞創造戰船，不堪使用，專事虚談，以誤時聽。」

二十八日，知永州陸杞放罷。以侍御史黄黼言其趨操凡下，素乏廉聲，治家無法，臨政贓汙。

十二月三日，廣東運判徐柟放罷。以右正言劉德秀言：「柟立朝則人以爲怪僻，在外則又加以貪暴，居家則縱子女沽賣私醞，臨政事則交通賄賂。」

二年正月五日，策選鋒軍統制郇元降充統領官，撥付鎮江都統司，候有（闕）〔闕〕日撥填。以殿司言元輒用子弟干預軍政，紊亂法律。

十二日，添差江州通判楊炤、南安軍通判彭商老並放罷。以臣僚言：「炤（侍）〔恃〕運判吳獵，陵駕州郡；商老賦性慘酷，貪婪贓汙。」

同日，新福建路馬步軍副總管鄭人傑與宮觀。以臣僚言：「人傑始因諂事權門，遂蒙擢舉，所至席卷，老不安分。」

二十一日，許浦駐劄御前水軍副都統制馮建放罷。以臣僚言：「建出自行伍，本無勇畧，多役水軍，興販鹽貨，貪淫不法，敗壞軍政。」

二十六日，正奉大夫、顯謨閣待制、新知婺州軍州事陳峴寢罷新命，與宮觀。以臣僚言：「峴論思回邪，屏翰貪汙，若畀婺女，必致席卷。」

二十八日，武德大夫、澤州刺史熊飛追兩官，罷宮觀。以侍御史黃黼言：「飛向知揚州，贓及鉅萬，按發伏辜，除名勒停。自65蒙叙復，得爲楚州，不悔前過，輕易妄作。」

二十九日，都大主管四川茶馬司楊經除直龍圖閣令再任指揮寢罷，落職與祠。以臣僚言其貪婪狠繆，年迫桑榆，茶馬重寄，不當復遣士人爲之。

二月二十一日，太中大夫、顯謨閣待制、知福州木待問放罷。以言者論待問知寧國日縱親隨輩五人交通關節，部人呼爲五鬼，號待問爲木賊；自拜福州之命，姦贓如故。

三月一日，知瓊州莊方放罷。以其坐視黎賊作過，廣西經畧司按奏故也。

八日，知西和州王愬放罷。以四川制置使趙彥逾等奏愬懦弱無能，不堪倚仗，非守邊郡之才。

二十五日，朝請大夫、主管台州崇道觀沈有開降三官，罷宮觀。以臣僚言：「有開諂媚權臣，罔巇君上，合從竄殛，今尚奉祠。」

四月二十二日，前淮東提舉陳損之寢罷與宮觀指揮。以臣僚言：「損之比因論列放罷，今職名猶舊，已爲輕典，若更與祠祿，則公論不甘。」

二十七日，知廣德軍徐濟川、臨安府通判鄭魏良並放罷。以侍御史黃黼言：「濟川到任以來交（關）〔通〕關節，妄破官錢歸己，掊剋無厭。魏良庸妄小人，貪墨無恥，凡諸縣關請錢物及納諸色等錢，悉有定賂。」

六月二十二日，朝請郎、知吉州楊方降兩官放罷，奉議郎項安世降兩官。以監察御史張伯垓言其適當危疑之時，懷私自營，不顧君上，委之而去，逮其事定，相繼復來。

二十三日，朝散大夫、提舉江州太平興國宮彭龜年落職，並降三官，焕章閣待制、提舉江州太平興66國宮陳傅良罷宮觀。以監察御史呂棐奏：「傅良向者權臣窺伺之謀，則左掠右賣，神出鬼没，輒出不遜之語。龜年附於僞學，贊權臣不軌之謀，厚誣罔上，罪誅莫逃。」

八月十四日，浙東提舉莫漳放罷。以察官呂棐言：

「台州洪水湧發，漂溺居民，衝蕩禾稼，公然坐視，畧無惻隱之心。」

同日，知萬州張亨放罷，且與祠禄。以夔州安撫使(毋)〔毌〕丘恪等奏：「亨無治郡之材，取稟其妻，方敢出廳，訟牒積壓，郡事廢弛。」

九月十九日，朝散大夫、主管建寧府武夷山沖佑觀辛棄疾罷宮觀。以臣僚言：「棄疾贓汙恣横，唯嗜殺戮，累遭白簡，恬不少悛。今俾奉祠，使他時得刺一州，持一節，帥一路，必肆故態，爲國家軍民之害。」

二十七日，通判常州莫櫄、通判建康府林致放罷。以臣僚言：「櫄心恙昏謬，乖錯不恥，目爲顛倅；致陰險傾邪，貪饕鄙猥。」

十月二十六日，江陰軍簽判陳志同放罷。以知軍邵袁然奏志同貪暴不職〔一〕。

二十九日，知慶元府林大中落職，放罷。以臣僚言其爲郡，上下之情不通，民無所(訢)〔訴〕，郡之寓公與大中之素親厚者，皆欲徙居以避。

十一月六日，知無爲軍李洪特降兩官，知平江府雷潨、知楚州熊飛各特降一官。以臣僚奏，御史臺考覈，皆以妄用虧損元交割錢數。

同日，前知台州周曄特降一官。以浙東提刑李大性奏，曄昨擅將常平等米 67 以新易陳，虧少萬數。

十二日，福建運副陳公亮、提舉蔡幼學並放罷。以臣僚言：「公亮素無廉聲，昨漕江西，聞改福漕，席卷公用，郡人駭之；幼學早爲僞學，巧取倫魁，持節閩部，全不事事。」

十七日，知洋州游仲鴻、知金州范仲壬並放罷。以臣僚言二人同惡相濟，貪迂之迹見於所試〔二〕，阿附權臣，妄作威福。

二十九日，新知徽州商侑降一官，放罷。以侍御史姚愈言侑素無行檢，貪汙狼籍。

十二月十三日，趙善詔知巴州指揮寢罷。以臣僚論其狠愎悖慢，累把州麾，皆以懵不曉事爲上司按劾。

二十一日，新除湖北提刑趙謐、新除湖南提舉陳守並寢罷〔三〕。以言者論：「謐昨爲提舉，性識不彊，祠禄未及一年，攫取提刑差遣；守向在朝列，癡騃卑猥，懵不更事，遂干州郡而去，未赴再求監司。乞罷二人新命，使祠禄者須俟滿秩，得郡必至終更。」

二十六日，朝奉大夫、祕閣修撰、提舉南京鴻慶宮朱熹褫職罷祠。以臣僚言熹資本回邪，加以忮忍，汙行盜名，欺君罔世。

三年正月十九日，滁州通判王光國宮觀。以守臣洪槻

〔一〕邵袁然：史籍中多作「邵褒然」，當是。《漢書·董仲舒傳》：「今子大夫褒然爲舉首。」褒然，出衆也。名「褒然」蓋取此，「袁然」則無義。

〔二〕貪迂：似當作「貪汙」。

〔三〕除：原作「降」字殘筆，然據後文所述，陳守先爲郡守，改命監司，乃是升任差遣，不當作「降」，因改。

奏光國每遇國忌、聖節，並皆託疾，不曾趍赴故也。

二十三日，新知衢州潘景珪指揮寢罷，與宮觀。以中書舍人吳宗旦奏：「景珪虎狼之暴，蛇虺之毒，臨政治民，懵不曉事，妄作威福。」

同日，王樞新知江陰軍指揮寢罷，與參議官差遣。以中書舍人吳宗旦言：「樞乃相家之子，素居閑慢之職，68實未親民，遽處以輔郡之任，恐致誤事。」

四月四日，朝奉郎、建昌軍通判欒繼宗降一官。以臣僚言其天資苟賤，肆爲貪暴，交通關節，慘酷害民。

二十六日，訓武郎、知宜州陳表臣特降三官，放罷，永不得與知州軍差遣。以廣西安撫張玠言，表臣不能拊摩，專事掊斂，父艱不即解官。

二十七日，知隆州司馬邈與宮觀，理作自陳。成都運判閭丘泳奏邈縱吏虐民，遇事弛廢。

二十九日，觀文殿學士、正奉大夫、知潭州王藺降充資政殿學士，放罷。以臣僚言：「藺頃在樞府，希覬相位，既遭罷斥，忿忽君上，怨望朝廷。及鎮長沙，與漕臣吳鎰結爲死交，譏謗時政，蔑視法令，交通關節，賄賂公行。」

五月十一日，淮東安撫趙鞏、新廣西運判吳鎰並放罷。以殿中侍御史張釜言：「鞏帥維揚，全不事事，訟牒積壓，獄囚盈滿。鎰賦性多貪，濟以佞邪，比任湖南運判，諂事王藺，日與酣飲，漕計因此一空。」

二十四日，前鄂州都統劉忠罷祠禄。以臣僚言：「忠爲副都統日，刻剥軍兵，侵盜官錢，交結權貴。及陞爲都統制，愈無忌憚，竊取公帑，爲之一空。」以上《寧宗會要》。（以上《永樂大典》卷三八九二）

宋會要輯稿　職官七四

黜降官　二一

【續會要】

1 慶元三年六月二十三日，知宜州留丙放罷。以臣寮言丙乃故相留正之子，素未嘗經歷州郡，究其實歷，係初任監當資序。

十月二日，廣東提舉徐安國、經略雷潨各降一官。以諫議大夫姚愈言：「安國信憑告首私鹽〔一〕，輒遣林墉收捕，墉本海賊林文之子，乘勢報怨，入海劫掠。盜賊既作，殺戮民旅，帥臣雷潨全無措置，但務卑辭招撫。賊徒知其畏懦，恣行殺掠。」

三日，知資州袁倚主管台州崇道觀，理作自陳。以四(州)〔川〕制置使袁説友奏，倚坐視本州旱傷，唯以吟詩度日。

二十二日，知湖州趙善宣放罷。以臣僚言：「善宣天資兇狠，怪僻徇私。昨守常州，專事掊尅；今任湖州，惟務燕飲。」

二十九日，朝散大夫、焕章閣待制、知慶元府林大中寢罷與宮觀指揮。以臣僚論：「大中比任言責，交結僞學，顛倒是非；今帥四明，上下之情不通，民無所訴。」

十一月二十日，知贛州黃艾放罷，知泉州鄧駜與宮觀。以臣僚言：「艾天資乖厲，諂媚故相，暨至贛川，略無善狀；駜内懷狡姦，外肆陰很，締結僞黨，以徼官職。」

同日，直焕章閣、知慶元府衛涇放罷。以臣僚言涇天資輕儇，妄自蹇傲。

十二月九日，權知江州汪大定、權知南康軍陳如晦並放罷。以右諫議大夫姚愈言：「大定庸繆貪汙，惟務酣飲，郡事恬不加意。如晦 **2** 昏繆不振，蠹弊益甚，郡事悉委親戚，詞狀盡付吏手。」

十一日，襲封崇義公柴國器罷見任，勒令歸奉祠廟。以臣僚言：「國器身爲主祭，更不親奉祠事，營求外任，以顯不恭。」

同日，淮東提舉王寧放罷。以殿中侍御史張釜言寧居官貪黷，所至乖疎。

十二日，朝散大夫、知峽州成欽亮放罷。以言者論欽亮凡猥貪墨，加以昏老，濫當郡寄。

四年正月十五日，朝奉大夫、新差權發遣吉州丁常任特降兩官。以江西提舉韓亞卿奏：「常任前任臨江倅日，擅將收糴軍糧錢爲下户代納官物，以釣名譽。」

十八日，知臨(將)〔江〕軍詹掄放罷。以臣僚言：「掄年已衰老，專事販賣生口，前後起發歸鄉幾六七十舟。父母

〔一〕鹽：原作「監」，據《兩朝綱目備要》卷五改。

相別，哭聲震動，聞者慘然。」

二十一日，新差知鎮江府潘景珪放罷，與祠禄。以臣僚言：「景珪兇愎很傲，陰戾貪黷，視郡民如草芥，待僚屬如奴婢。」

二十九日，朝奉大夫、新知徽州商侑降一官，放罷。以臣僚言侑素無行檢，所至貪虐。

二月十四日，權發遣蘄州祝禹圭放罷。以臣僚言：「禹圭得郡蘄春，每出廳，令僚屬公裳相見，號爲六參。用刑慘酷，席捲公帑。」

二十四日，朝請大夫、主管建寧府武夷山冲佑觀鄭如宻放罷。以臣僚言：「如宻昨知荆門軍，未赴中風，其子公庠彊其之官，並不出廳，凡狀牒並公庠代之，不問曲直，非錢不行。根刷坊場，監決流血，人不堪命。」

同日，降授朝散大夫徐安國追兩官，降授【3】朝奉大夫、依前直焕章閣雷㴔與落職，今後並不得與親民差遣。以臣僚言：「廣州大奚山賊劫民旅，蓋安國輕信妄動，差人收捕，愚民懼罪，肆彰兇惡。㴔遽以酒米撫諭，妄申朝廷，兇徒愈熾。」

三月十一日，朝散郎、知吉陽軍梁克和特降一官，永不得與親民差遣。以知静江府張玠言〔一〕：「克和耽於酒色，以知堡趙勍二女抑爲婢妾，凡決民訟，皆付吏手。」

二十三日，新知雅州張炎放罷。以炎子汝礪受新都豪民王元二毆死趙道一金，計囑知縣趙炳作病身死，(逐)〔遂〕致彰露，從制置使袁説友奏也。

四月二十二日，朝奉郎、知高州趙師滲放罷〔二〕，永不得與親民差遣。以右諫議大夫姚愈言，師滲縱意貪婪，用刑慘酷。

二十七日，朝議大夫、知漢陽軍胡介放罷。以監察御史張巖言〔三〕，介所至贓汙，凡經四劾，愈不知悔。

五月十七日，知南恩州李延年放罷，差主管台州崇道觀，理作自陳。以廣東提舉陳宏規奏：「近降指揮，禁絶銅器，搥毁償價。延年公然掊斂州縣錢物，不即搥碎，仍給與之，可見營私。」

二十四日，朝散郎、温州通判林叔秀放罷。以言者論其淩蔑郡守，兜攬民詞，擅自判押，公然取賄。

二十七日，建康府簽判譚良顯放罷。以臣僚言其天資險姦，濟以貪穢，凡所居官，俱無善狀。

六月二十一日，朝請郎、新知辰州魏泳降一官，罷新任。坐上殿劄子内全不書銜，以顯鹵莽。

同日，知雅州朱愿、知崇慶府【4】吳景並放罷，與宫觀，理作自陳。以成都府路監司考察，二人各坐才識昏繆，嗜酒廢事。

〔一〕知：原脱，據下文「八月二十三日」條補。

〔二〕按《宋史・宗室表》有趙師泲而無趙師滲，疑「滲」爲「泲」之誤。「泲」同「濟」。

〔三〕巖：原作「嚴」，據《宋史》卷三九六《張巖傳》改。

七月二十八日，知太平州倪思放罷。以臣僚言：「思雖嘗歷官清要，而人品猥下，在朝則恣縱筆端，臨政則掊斂害民，用刑慘酷。」

八月二十三日，前知賀州錢聞禮降一官，罷宮觀。以知静江府張玠奏，聞禮拖欠逐年上供買馬錢，收買物貨入己。

二十七日，知通〔州〕葛掞、知邵武軍周玭並放罷。以言者論各坐貪婪無耻，昏謬不職。

九月七日，降授朝奉郎、差主管台州崇道觀楊方罷宮觀。以臣僚言方本無學術，濫竊文科，阿附僞學，懷姦誤國。

十月二十七日，太中大夫、顯謨閣待制、知婺州木待問特降兩官。以臣僚言，本州發解士子，有不逞輩挾衆凌辱試官，必欲换題。

十一月三日，權發遣融州李興時特降一官。坐誘引傜人納土，意在邀功。

十一日，新知邵武軍朱俁、知道州蘇森並放罷。以臣僚言：「俁稔惡甚著，罔上狼籍；森民事懵然，惟務掊斂。」

十二日，朝奉郎、通判常州徐杞降一官。坐監試措置無方，以致擁遏，踏死士人。

十七日，修武郎、知萬安軍張湊降一官，放罷。以廣西經略司奏：「湊彊買客人香貨，不還價錢，及科配民丁，計口賣鹽，規圖剩利，以歸私帑。」

二十五日，前知復州洪楀日下令出國門。以臣僚言：「楀治郡酣酒度日，惟聽婦言，專爲營私。」

同日，新知常德府季圭、新知荆門軍孫叔豹並 5 放罷。以臣僚言：「圭向守普州，政事乖繆，喜怒任情，掊尅州縣，不恤饑民。叔豹所至兇饕，貪財害物，昔辟黎州，幾惹蠻變。」

二十六日，知婺州木待問、新除知黎州王溉並與宮觀，理作自陳。以臣僚言：「待問爲守婺郡，子弟寵妾納賂，顛倒是非。溉政事乖繆，諸子狠戾，輒預政事，非賂不行。」

二十七日，新湖北提舉常平劉坦之特寢新命。以臣僚言：「坦之天資狡獪，惟恃口才，以濟其私。頃侍父嶸爲監司，固已竊弄權柄，關節交通，今一路重寄，豈可付之？」

十二月六日，黃灝新差主管建寧府武夷山沖佑觀指揮寢罷。以臣僚言：「灝交結僞黨，專事口舌，比因罷斥，遇郊復官，遂干祠禄，公論弗容。」

十五日，陳謙復直焕章閣、差知袁州指揮寢罷。以中書舍人高文虎論：「謙登朝列則巧附相臣，任總餉則席卷財物，既署示懲而快公論，豈宜更冒此寵！」

二十四日，知邵武軍周玭降一官，永不得與知州軍差遣。以言者論：「玭本州彊盜殺人，法當至死，輒從決配，死者何辜！」

五年正月六日，新差知眉州成繪罷新任。以四川總領權安節奏：「繪前守成州，貪饕無術，今命眉州，必不改前非。」

二月十五日，朝請大夫彭龜年追三官勒停，朝奉郎曾三聘追兩官。以右諫議大夫張釜言二人最爲汝愚腹心，今尚逃憲綱，公論籍籍。

二十三日，新知湖州趙亮夫、新知徽州趙伯檜並放罷，與宮觀，理作自陳。以臣僚言二人6惟務貪婪，所至席捲。

同日，朝請大夫、直祕閣劉光祖特落職，送房州居住。以臣僚言：「光祖在州郡則挾私黷貨，在朝列則阿附罔上。」

二十四日，新江西提舉莫若晦放罷。以監察御史張巖言：「其人品凡庸，自汙不耻，復畀皇華之寵，豈足以慰十州父老之望！」

三月十五日，朝請大夫、知贛州薛叔似與宮觀，理作自陳；孫逢吉差知贛州新命追寢。臣僚言：「二人陰(符)〔附〕故相，恬於無君，(令)〔今〕各與郡，衆論沸騰。」

二十八日，知彭州楊緯、知英德府王正邦並放罷。以臣僚言：「緯凡四爲郡，俱無善稱；正邦掊剋民財，用刑慘酷。」

四月二十三日，知象州朱震、知容州章鎬並與宮觀，理作自陳。以廣西提刑張埏奏：「震率意妄作，科擾屬縣；鎬年齒寖衰，智識愈繆。」

二十五日，福建提舉陳槺放罷。以言者論槺持節閩倉，惟貪貨財，惟事宴飲。

二十七日，知泉州林思齊放罷。以監察御史張巖言：「思齊持節福建，民訟全不介意，若使守泉，民事何所赴愬？」

五月二十三日，太中大夫、顯謨閣直學士、提舉江州太平興國宮樓鑰褫職罷祠。以臣僚言其曩者職在封駁，汝愚拜相，朝路知非，輒於制詞盛稱其美〔一〕。

六〔月〕二十一日，新知興化軍王自中放罷。以臣僚言自中守上饒日偷竊貪汙。

二十三日，前知温州王渙彥特降三官放罷〔二〕，永不得與親民差遣。以臣僚言：「渙彥爲守永嘉，減剋軍糧，幾致生變，豈可復任親民！」

九7月十六日，新知復州徐柟放罷，依舊奉祠。以臣僚言：「柟積惡素著，屢見白簡。將漕廣東，隨行二醫招權納賄，豈宜復守凋郡！」

二十日，新知德安府李謙放罷。以臣僚言其迂僻偏執，殊不曉事，豈可任之千里。

二十七日，福建提舉張經放罷。以臣僚言：「經褊躁乖疎，爲守三衢，民遭漂蕩，坐視莫捄。」

十月二日，前知蘄州祝禹圭新差知郡指揮寢罷。以臣

〔一〕制詞：原作「制祠」，據文意改。
〔二〕官：原作「守」，據文意改。

僚言：「禹圭前知蘄州，傾險刻深，簡傲忿戾，今復與郡，豈改前非！」

七日，新四川安撫制置使、兼知成都府黄由指揮寢罷，除華文閣直學士，與宫觀。以臣僚言其締結僞黨，謟媚權臣，全蜀所領四路，豈可任未歷州郡之人！

十一月十九日，崇慶府鄧如愚、隆慶府姚艮、巴州萬永肩、新州何俊傑並放罷。以臣僚言四人素履既無賢稱，臨政又無善狀，各已衰暮，恬不知退。

同日，知雷州姚筠、廣南提舶趙公紹並罷新任。以右正言程松言：「筠前知賓州，公紹前知鬱林州，各肆姦貪，略無忌憚。」

二十二日，知興化軍錢孜放罷。以言者論孜性資很愎，所治乏廉，用刑慘酷，貪汙不已。

十二月五日，知瓊州萬良耜放罷。以廣西安撫李大異奏：「良耜不理民訟，營私黷貨，差吏入峒騷擾，遂致黎民劫掠。」

六年正月二十三日，利州路轉運判官王沇、提刑洪邃並放罷。以臣僚言：「二人治郡，俱無善狀，暴迹穢聲，播聞西州，今畀蜀節，誠爲失當。」

閏二月五日，知金[8]州陳奕放罷，前知嚴州朱起宗，並永不得與親民差遣。以臣僚言：「奕仕官乖繆，惟務哀刻；起宗居鄉無廉聲，試郡則贓汙。」

五月二十七日，浙東提刑李洪、知房州趙彦洸並放罷。以右諫議大夫程松言二人天資慘酷，所至貪汙。

三十日，新知武岡軍趙公砬放罷。以臣僚言：「志趣貪汙，備見白簡，今武岡小壘，豈堪誅求！」

六月三日，權知南恩州韋翌、知處州高持並放罷。各坐非法慘酷，貪殘生事，以侍御史林采奏故也。

七月十二日，新復焕章閣待制林大中寢罷職名，依舊朝請大夫致仕。以臣僚言：「大中比因阿附僞黨，削職畀祠，今因謝事而還舊班，何以下厭人心！」

九月十二日，太中大夫、提舉江州太平興國宫謝源明罷宫祠。以臣僚言：「源明囊任瑣闈，專務刺探朝廷，既遭白簡，故態不改。」

二十二日，知常州王聞禮放罷。以臣僚言聞禮養痾郡庭，全不事事。

同日，新知建寧府黄由放罷，與宫觀。以臣僚言：「建寧有壯縣七，物繁地大，豈可以不歷州縣者一旦驟臨其上！」

十月十五日，朝請大夫、主管建寧府武夷山沖佑觀萬良耜罷宫觀，通判邵州陳友聞、通判建康府趙善珍並放罷。以臣僚言：「三人各以贓汙，白簡放罷，今良耜復得奉祠，而友聞、善珍復爲郡貳，殊鬱公論。」

十一月三日，新湖南運判劉誠之放罷。以臣僚言：「誠之比爲郡守，席捲而去，監司清職，何以供其誅求！」

二十一日，[9]新知廣州黄夏放罷。以臣僚言夏民訟不理，專事貪饕。

二十二日，新差知巴州李臯指揮寢罷。以臣僚言：「臯操心頗僻，備見彈章。既（枚栻）〔拉拭〕以祠禄，今乃巧求試郡，俾其臨民，殃及千里。」

二十三日，知婺州趙伯瓃放罷。以臣僚言：「伯瓃爲守婺女，訟牒積壓，盜賊旁午。」

二十五日，趙彦豔新任常州指揮寢罷，差主管台州崇道觀，理作自陳。以臣僚言：「彦豔昨任南康，席捲公帑。今常州講行荒政，必得賢二千石，始可分顧憂。」

十二月十五日，新知撫州王沅放罷，與宮觀，理作自陳。坐奏對率畧。

嘉泰元年正月七日，知嚴州毛崈放罷，與宮觀，理作自陳；主管建寧府武夷山冲佑觀徐柟特降一官。以臣僚言：「崈入則繆玷清班〔一〕，出則酖酒弛事；柟奉祠居里，長惡不悛。」

十七日，浙東提刑周珌放罷，差主管建寧府武夷山冲佑觀，任便居住，理作自陳。以臣僚言珌持節一路，不能澄清屬部。

十九日，知彭州史容特降一官，知永康軍趙彦霈特降兩官，並放罷。以容守彭州，用親隨冒請軍糧，交通關節，夾造私醞貨賣，彦霈爲政慘酷，遇事羅織富民，爲四川制置劉德秀奏故也。

二十三日，提點坑（治）〔冶〕鑄錢司徐煇放罷，新差廣東提舉市舶曾慤指揮追寢。以侍御史陳讜言：「煇爲泉司，肆爲侵暴；慤有贖疾，至老益甚，其於貪鄙，尤不可言。」

二月十八日，知瓊州趙彦衜放罷。以殿中侍御史陳讜言：「彦衜恃酒任[10]氣，爲守巴州，羅織富家，掊取財物。今爲瓊州，慘酷尤甚。」故有是命。既而廣西提刑王正功言彦衜姦贓不法，恣横酷刑，遂特降兩官，永不得與知州軍差遣。

同日，降授朝奉郎、郢州通判姜處廣特更降一官，仍照已降指揮放罷，不得與親民差遣。臣僚言：「處廣攝郡，支破官錢，廣造器用，又追漆匠劉振兄鞭箠寄禁，以致溺死。」

三月十三日，瓊州通判曾丰放罷。坐搜求星説，傳習妖祥，扇惑下民，以臣僚言故也。

十八日，新差知鬱林州石如松、新差知欽州徐壽指揮並寢罷，各與祠禄。以給事中張巖奏：「如松贓汙不廉，知過不悛；壽昏懦不曉，素無能聲。」

二十三日，新知崇慶府唐輅、新知達州趙彦建並放罷。以言者論：「輅輕率貪婪，肆爲詆訐，比守利州，任吏信子，有弛郡事；彦建姦險狼籍，爲邑不終，爲倅被劾。」

二十四日，新知泉州宋之瑞指揮寢罷，與祠。以臣僚言之瑞譎詐反覆，附會僞學，貪汙無狀故也。

四月二十二日，新知邕州蔣來叟罷新任。以侍御史陳

〔一〕崈：原作「密」，據上文改。

讜言：「來叟貪汙之迹屢見白簡，今畀邕守，是濟其欲。」

六月七日，朝議大夫、前南外知宗趙不戒降兩官，罷祠禄，永不得與親民差遣。以臣僚言：「不戒前爲南外知宗，憑恃屬籍，彊買市户貨寶，科率僧寺錢糧，騷擾百端，逋欠鉅萬。」

二十九日，知建寧府傅伯壽、權知瀘州陳損之並放罷。以臣僚言：「伯壽浮薄輕猥，今守建寧，有餓虎雄貍之[11]號；損之所至贓汙，今任瀘南，有封豕長蛇之號。」

六日〔一〕，知静江府張貴謨放罷。以臣僚言：「貴謨資本貪刻，所至贓汙。今廣南之地控制民蠻種落，可以廉平服，而不可以貪酷治。」

二十三日，新知衢州陳棅放罷。以給事中張巖言：「棅持節閩部，惟倡優是溺，惟財貨是黷。及被論罷，席捲而歸，詎可復畀千里之寄！」

六月二十六日，四川總領王寧改差湖北路轉運副使新任指揮寢罷。以右諫議大夫程松言：「寧貪刻殘酷，屢遭白簡。鄂渚乃兵民雜居之區，妄作生事則必爲湖北一道之害。」

八月二十三日，新除湖北提刑趙希仁、新知潼川府張縯指揮並寢罷，各與宮觀，理作自陳。以臣僚言二人賦性極鄙，所至姦贓。

九月二十五日，知嚴州潘燾放罷。以臣僚言燾任情廢法，徇私害公。

十月二十三日，中大夫、右文殿修撰、提舉江州太平興國宫潘景珪罷祠禄，與致仕。以臣僚言：「大夫七十而致仕，禮也。今景珪奉祠，年七十有五，尚叨祕殿崇資、珍祠厚禄，恬不省退，乞勒致仕。」

同日，知江陰軍韓元老放罷，與祠禄。以臣僚言：「元老天資贓汙，歷見白簡，老而無厭，所降賑濟錢米，必竊以爲己有。」

二十六日，廣西提刑王正功放罷。以臣僚言正功很愎貪暴，老不自悔。

二十九日，朝請大夫、直敷文閣劉誠之新差主管建寧府武夷山沖佑觀指揮寢罷。以臣僚言：「去歲臣所劾誠之贓物不啻千萬，止罷[12]新任，委是漏網，物論不平。」故有是命。

十一月二十八日，興州駐劄御前副都統王大節降兩官放罷。坐暫攝帥職，治軍無術故也。

十二月二十三日，朝請郎、通判婺州汪德範，朝奉大夫、通判台州林謙，各(持)〔特〕降一官。各坐牒試人數赴兩浙漕司過多，臣僚考劾故也。

二年正月二十三日，新湖南提舉徐安國罷新任。以殿中侍御史林采言其捕鹽無實，激成奚寇之變。

〔一〕按，此六月諸條時次顛倒，疑有誤，此條「六日」亦不知是否爲六月六日。據雍正《廣西通志》卷五一，張貴謨以嘉泰元年知静江府。

三月十日，知安豐軍陳煥放罷。以臣僚言其肆爲掊剋，軍民被毒。

十八日，權發遣郢州王公邁降一官。以臣僚言其與通判王琳同惡相濟，致經常米斛不存，却以朝廷樁積支與戍兵。

二十四日，湖北運使張埏、知鄂州張大猷並放罷。以臣僚言：「埏祥刑閩部，枉直莫分，及漕湖北，蒙成吏手；大猷日耽荒飲，執筆不決，重征苛歛，市井蕭然。」

四月十七日，知楚州崔士威放罷。以臣僚言其本無守邊之才，每有生事之過。

五月二日，新知岳州趙公介罷新〔任〕。以監察御史張澤言其素無行檢，專事狂蕩，至老不改。

十三日，祕閣修撰耿延年罷新除華文閣待制。以右正言施康年言其累遭論列，貪汙無耻。

二十六日，權發遣惠州曾祕與宮觀，理作自陳。以廣東運判吳時顯言其畧不事事，詞訴紛然。

八月六日，淮西總領韓亞卿降一官。以亞卿言知撫州傅伯召、知寧國府宋之瑞、張伯垓、劉三傑拖欠三年解發錢數，詔各降一官，13 亞卿亦以殿最失實，故有是命。

十二日，權發遣撫州傅伯召放罷。以江西提舉張震言其公肆貪惏，敢行兇暴，輕視人命，不有監司。

十九日，知濠州賀錫放罷。以淮西安撫丁逢言錫守邊非材。

二十九日，新知無爲軍沈程與參議官差遣。以臣僚言其贓私苛擾，嘗見劾章，舊習不悛，專輒貪刻。

九月十一日，知泉州倪思放罷。以臣僚言其知貢舉去取差繆，今在泉州，養高自尊。

十月十三日，知潭州趙不迹與宮觀，理作自陳。以臣僚言其以制閫之地爲養痾之所，平時事已廢弛，緩急何所倚仗。

同日，江西提舉張震放罷。以監察御史朱欽則言震處鄉無善行，居官無善政。

十一月十六日，知和州張季樗與宮觀，理作自陳。以臣僚言其軍政不修，民事盡廢，非守邊之材。

十二月二十九日，知瓊州陳顯公放罷。以殿中侍御史張澤言其刻削民財，以資貪黷，百姓怨嗟。

三年正月十一日，朝散大夫、華文閣待制、提舉江州太平興國宮胡紘落職與祠。以殿中侍御史張澤言其心術回邪，動事口吻，奏牘凌犯。

二十一日，知湖州陳鈞、知滁州施廣國並與宮觀，理作自陳。以臣僚言：「鈞嘗倅天府，交通賄賂；廣國不安分義，公肆攘奪。」

二月二十五日，廣西運判王沇與宮觀，理作自陳。以臣僚言其莅官貪殘。

三月二日，廣東運判吳時顯令守本官致仕，理作自陳。知房州田公輔、新知茂州 14 謝伯疇並與宮觀。以臣僚言時顯貪黷瘧□，公輔嗜酒營私，伯疇盜用官錢。

二十七日，新差知嚴州張貴謨罷新任。以臣僚言其傲物害民。

四月二十七日，利路提刑趙善鐻與宮觀。以右正言李景和言其專爲貪黷，肆行兇暴。

五月二日，新知道州沈戩罷新任。以監察御史林行可言其貪婪猥鄙。

十八日，浙西提刑孟綸放罷。以侍御史張澤言其昏繆不職。

六月二十七日，淮南運判朱欽則與宮觀。以監察御史商飛卿言其趣向回邪，黷貨媒進。

七月十七日，新權發遣台州楊樗年罷新任。以侍御史張澤言其老病失儀，慘酷擾民。

十九日，新除四川茶馬吳總別與差遣。以右正言楊炳言其買馬誅求，諸蠻怨怒。

八月十四日，知南劍州朱軏與祠。以侍御史張澤言其昏繆驕騃。

二十七日，前知袁州丘何降一官。以監察御史林行可言，富民易國梁殺害平人，皆何縱弛所至。

二十九日，知道州姜楷、知潭州趙不迹各降一官。以監察御史商飛卿言楷、不迹淹延刑獄，瘐死數多。

九月二十一日，寶文閣學士、太中大夫、提舉江州太平興國宮張抑，中奉大夫、充華文閣待制、提舉建寧府武夷山沖佑觀趙不迹，並落職，罷宮觀；朝議大夫、提舉隆興府玉隆萬壽宮虞儔罷宮觀。以右正言楊炳言，抑貪刻荒縱，不迹貪姿狡儈，儔貪猥深險。

二十三日，江東提舉常平劉述、福建提舉市15舶曹格並放罷。以監察御史林行可言，述借法濟貪，格移易乳香。

十一月二十一日，新差知邛州郭公緒罷新任。以成都運判趙善宣言：「公緒前知茂州，將椿積諸司備邊錢轉入軍資公使庫，數目差互。」

十二月三十日，朝請大夫余茂寢罷差知處州指揮，與祠禄。以臣僚言其貪聲著聞故也。

四年正月十三日，前内侍甘昺改送婺州居住。尋詔降一官，送信州居住。先是，臣僚論其怙惡不悛，既而言者欲乞改置遐方以懲奸慝，故有是命。

二月二日，馬司左軍統制鄭彦降充（絳）〔統〕領官。以樞密院言其縱兵作過，（散）〔敗〕壞軍律。

三月九日，新江東提舉吳洪罷新任。以臣僚言其武斷鄉曲，罔括民利。

二十三日，知綿州趙綱、知榮州胡亮並放罷。以臣僚言綱凶傲淫貪，亮貪冒無耻。

同日，知南外〔宗〕正事趙彦禔放罷。以臣僚言其愚闇輕信，越職妄作，憑誣以瀆聖明，興獄以虐無辜。

二十九日，建康都統董世雄放罷，仍罷召赴行在指揮。以臣僚言其掊剋自豐，結怨軍伍。

四月十一日，前知臨江軍王潤孫特降兩官。以監察御史商飛卿言其臨江旱澇，自以逼替，全不用心。

五月四日，淮東提舉陳茂英放罷。以臣僚言其巽懦無立，將帶館客，交通貨賄。

九日，新知無爲軍沈程罷新任。以侍御史陸峻言其已經勒停，既冒改秩，復叨假守。

十二日，知嘉興府張瑄、知湖州汪泳並與宮觀，理作自陳。以右16正言楊炳言：「瑄既昏老，事日廢弛；泳權出吏手，民不勝苦。」

六月十七日，新知嘉興府傅伯召罷新任，仍舊祠祿。以臣僚言其任撫州日，提舉張震按其貪惏，虐百姓，陵監司。

七月十一日，通直郎、主管台州崇道觀陳公顯特降兩官，罷宮觀。以言者論其貪虐暴橫。

同日，新知信州張貴謨、新知嘉興府彭演並罷新任。以臣僚言二人貪虐黷貨，殘刻害民。

二十七日，廣東提刑陳映〔一〕、知撫州陳耆壽、知嚴州陳棟並放罷。以臣僚言：「映（還）〔遷〕延獄事，動違法守；耆壽奉行荒政，謾不經意；棟禱雨設宴，蠲税復督。」

八月二十六日，新知彭州何友諒罷新任，權發遣大寧監魏良忠放罷。以臣僚言：「友諒天資傾險，濟以貪黷；良忠受官不明，貪汙暴刻。」

二十八日，新知處州汪逵罷新任，與祠禄；新差知處州歐陽伋罷新任，與合入差遣。以臣僚言：「逵闕次當上，方命丐祠；伋資歷未深，遽得留郡。」

九月七日，建康都統李爽特降一官；統制李紹祖、統領曹威、正將劉鐸、準備將郭貴誠各特降兩官，仍降一等職事。皆坐官兵何興等夤夜行劫。

二十一日，知榮州胡亮特降兩官。以臣僚言其有旨放罷，乃以未被受爲辭，公然治事，經涉累月。

二十四日，新知漳州曾祕、新知岳州王樞並與宮觀，理作自陳。以臣僚言：「祕試郡惠陽，害及良善，已經按罷；樞入簿軍器，分符江陰，皆遭論駮。」

十月二十八日，寶謨閣學士、通17奉大夫、提舉隆興府玉隆萬壽宮黃由罷宮觀，降充寶文閣直學士；新除顯謨閣直學士、通議大夫與宮觀楊輔罷宮觀，降充敷文閣直學士。以臣僚言：「由以儒學自專，欺罔一世，以身率家，曾不知檢；輔出藩入從，（苦）〔皆〕無善狀，四勤温詔，偃蹇不行。」

十一月十九日，前殿司左翼軍統制、特添差福建路兵馬鈐轄韓俊降兩官，放罷。以殿前副都指揮使郭倪言其侵盜官錢。

十二月十四日，新知江州葉端衡罷新任，朝議大夫（至）〔致〕仕魏欽緒（徒）〔徙〕令他郡寄居。以臣僚言：「端衡爲

〔一〕映：原作「暎」，二字同，今據下文統一作「映」。

守興化，行以慘酷；欽緒寓居衢之常山，搏噬良民，陵轢縣道。」

二十三日，朝散大夫、主管建寧府武夷山沖佑觀郭公緒降兩官，罷宮觀，永不得與監司、州郡差遣。以臣僚言：「公緒前知茂州，侵用樁積備邊庫錢引，乞重賜鐫褫。」故有是命。

開禧元年正月二十一日，江東提刑翁點寢罷召命。以臣僚言其貪鄙無耻。

二十四日，知衢州章穎與宮觀，理作自陳；中大夫莫子經特降兩官。以臣僚言穎哀斂取贏，子經悖慢不恭。

二月五日，知興化軍陳衡與祠禄，理作自陳。以臣僚言其庸凡衰老，治無善狀。

同日，前湖南提舉徐安國特追三官，前降致仕指揮更不施行。後省看詳到新荊湖北路轉運副使雷潨所奏事理，以安國曩爲廣東提舉，不遵指揮寬奚人淹造之禁，致其反側不安，且張皇事勢，疑誤朝廷，一島萬人，俱遭屠戮，寃[18]無所訴，故有是命。

三月二日，寶謨閣待制、知鎮江府辛棄疾降兩官。以通直郎張謨不法，棄疾坐繆舉之責也。

四月二日，知隨州李謙、太府少卿湖廣總領傅伯成並放罷。以臣僚言：「謙徇私挾忿，欲以妄開邊隙歸過於人；伯成同惡相濟，貽書朝路，扇揚浮言，沮撓國論。」

二十四日，差知常州錢文子放罷。以監察御史婁機言其昨知台州，傷大體以修小怨，挾公器以濟私忿。

五月十一日，寶謨閣待制、知紹興府林采與宮觀。以臣僚言其日晏坐府，詞訟淹延，有賊首一人，初申鬬死湖中，復申梟首號令，前後異辭，敢於欺罔。

二十七日，前知臨江軍王潤孫寢罷宮觀指揮。先是，臣僚言其餓殍流移，坐視不恤，有旨放罷。既而得祠，復被論列，故有是命。

六月十八日，知楚州戚拱降一官，放罷。以治郡無狀。

十九日，貴州刺史、侍衛馬軍都虞候李珪降兩官，放罷。以臣僚言其貪而好財，刻以剥下，精神昏憊，軍無紀律。

七月七日，知建寧府倪思放罷。以臣僚言其蠲放租税，沽譽小民，不通世務，寬縱私販。

十二日，奉議郎樂思兼降兩官。以臣僚言其初經監司按罷，表裏部胥，以爲無罪；後遭臺論，又没而不言，徑赴臺參，干求差遣。

二十六日，湖南提刑張經放罷。以言者論其資稟凡下，臨事乖方。

八月三日，權發遣和州耿與義放罷；果州團練使、新差知和州趙延與宮觀，理作自陳。以臣僚[19]言：「與義獄訟紛紜，曲直貿亂；延律己乏廉聲，莅官無善狀。」

閏八月一日，湖南提舉胡澄、新湖南提舉莫若晦、張顧並與祠禄，理作自陳。以臣僚言：「〔澄〕年已七十；若晦資稟巽懦，殊乏風望；顧年齡遲暮，了無聲稱。」

同日，江西提刑趙謐、新江西提刑張震並與祠禄，理作自陳。以臣僚言，謐舊汙白簡，震揚己取名。

□日〔一〕，新廣南提舉市舶陳寔、新福建提舉市舶黄敏德、楊槫年並與祠禄，理作自陳。以臣僚言，寔庸闇巽懦，敏德貪饕鄙猥，槫年癃老疾病。

九月一日，新知岳州黄何〔二〕、新差知岳州胡朝穎各與宮觀，理作自陳。以臣僚言，何昏耄，朝穎貪鄙。

十月十一日，利路提刑張孝仲與郡，知蘄州錢蜜與祠禄，新知袁州趙彦建放罷。以臣僚言，孝仲貪饕無耻，蜜猥俗無能，彦建贓汙無狀。

同日，知汀州陳鑄降一官。以左司諫易祓言其身任撫摩之職，不思惠養之政，乃圖上旱禾，首倡諂諛。

二十一日，知夔州、兼本路安撫吳柄與宮觀。以夔路運判范蓀言柄不奉法令〔三〕，不恤百姓。

二十七日，新知平江府王容罷新任。以臣僚言其參主文衡，復權要之私囑，壞貢舉之成憲。

十一月九日，知榮州胡亮更特降一官，知建寧府倪思、知歸州趙彦珖各特降一官。以臣僚言亮已經臺評，猶且治事；思妄自尊大，縱己害民；彦珖以帥臣迴避故也。

十二日，前成都潼川府夔州利州路安撫制置使、兼知成都府謝源【20】明先罷召命，仍特降一官。以臣僚言其違慢法令，肆情妄作。

十二月九日，淮東提舉葉宗魯寢罷召命。以臣僚言其貪猥嗜利。

十一日，前淮西總領葉籈特降兩官。以妄用公使、激犒庫錢物。

十八日，知西外宗正事趙公介罷直祕閣新命。以臣僚言其輕獧無行，因宗子伯戢等飾詞過譽而得之。

二年正月十八日，淮南路計度轉運副使葉籈放罷。以監察御史毛憲言：「籈寅緣故相，守其鄉郡，專事聚斂；總領財賦，多支過錢數。」

十七日，知慶元府李景和放罷。以臣僚言其徇私廢公，不能防制其子交通關節，所斷失當。

二十三日，新知饒州毛嘉會、新知全州楊簡並罷新任。以臣僚言，嘉會抱病臺參，幾致顛仆，簡性姿怪僻。

二十四日，知漢州楊子方放罷。以權成都府路提刑劉崇之言其彊狠自恃。

二月十二日，知贛州章穎罷任與祠。以臣僚言其比歲臺臣論其剥刻。

二十二日，直祕閣、權發遣嚴州孫叔豹落職放罷。以臣僚言其凶暴貪黷，故有是命。既而臣僚復論其科罰掊

〔一〕「日」上有闕文。
〔二〕何：原作「河」，據下文改。《兩朝綱目備要》卷七載嘉泰初有太府寺丞黄何，當即此人。
〔三〕蓀：原作「孫」，據《宋史》卷一七三《食貨志》上一改。

取，更降三官。

三月十三日，權知池州陳謨追三官。先是，江東提舉宇文紹彭言其縱子弟交通關節，有旨放罷，既而臣僚復論，故有是命。

二十五日，知南康軍趙善沛降兩官，放罷。以江東提刑李珪言，善沛挾情廢法，漫上忽下，專事掊剋，以資妄用。

同日，前知處州徐邦憲降兩官，罷與郡。以臣僚言其狂[21]悖可駭，不根之語搖動人心。

二十六日，知建昌軍趙仁夫放罷。以江西提舉卓洵言其素無治行，且乏廉稱，精神昏眊。

四月十九日，淮東總領趙不儳放罷。以臣僚言：「不儳公然欺弊，致難稽考，蠹根不去，財賦無由明白。」

二十七日，知嚴州高似孫與宮觀，理作自陳。以臣僚言其廉聲不聞。

五月十一日，前四川總領陳曄追三官，送沅州安置。以四川安撫制置司言其糴到粟麥，不能覺察，以致麄惡不堪支遣，有誤軍計。

十六日，知惠州劉渙放罷，永不得與親民差遣。以廣東運判黃景説言其昏繆任吏，貪饕鄙猥。

十八日，淮東運判孟猷特降三官。以猷應辦軍前，輒先般家口歸平江。

二十八日，知衢州王淹放罷。以臣僚言其才品凡下，素乏能稱。

二十九日，通議大夫、寶謨閣待制、提舉江州太平興國宮婁機罷祠。以臣僚言其居鄉善譽不聞，子弟干撓郡政。

六月二日，江州都統王大節、統制官王澤，並追毀出身以來文字，除名勒停，大節袁州安置，澤編管永州。以御史中丞鄧友龍論列，大節爭功害國，澤率衆奔潰，故有是命。既而臣僚復言迎敵不進，軍無紀律，大節改送封州，澤改送新州。

三日，知綿州沈稷放罷。以四川宣撫制置使程松言其天資貪鄙，初無善狀。

七日，池州都統郭倬、主管侍衛馬軍職事李汝翼各特降三官。以鎮江府都統郭倪申新析官兵回歸事因，先有[22]是責。尋各更追五官，倬送郴州〔一〕，汝翼送靖州，並安置。

九日，知雅州蘇肅之放罷。以四川宣撫使程松言其番酋焚掠，恬然坐視，公肆跳梁，殊無忌憚。

十一日，江陵副都統皇甫斌特降三官。以斌遣軍策應失利自劾，先有是命。既而湖北京西宣撫使薛叔似言其輕信寡謀，軍民怨詈，更追五官，送南安軍安置。

十二日，四川總領趙善宣特降三官，放罷。以被旨收糴米斛應副大軍，支遣違慢。

十三日，知峽州洪楀降兩官，放罷。以知夔州程驤言其貪聲秕政，老而益肆。

〔一〕倬：原作「特」，按此當指上文「郭倬」，因改。

二十六日，朝請大夫鄧友龍降三官，送興化軍居住。友龍以御史中丞宣撫江淮，召歸，先與宫觀，繼有是責。越明年十一月，臣僚復論友龍首開邊釁，幾致誤國，再追五官，南雄州安置。既而又論侂胄盜權用兵之罪始於友龍，止從降竄，於理未當，遂除名，改循州安置。

七月二日，安遠軍節度使、（兵）〔與〕在外宫觀蘇師旦特追三官，送衡州安置。以言者論師旦僥倖節鉞，出於微賤，公肆蔽欺，專營貨利。既而臣僚又言，特追出身以來文字，除名勒停，送韶州安置。

四日，新除江西提舉劉炳罷新命。以臣僚言其資望甚淺，超躐郎選。

八月十九日，前建康府都統李爽更追兩官，送南雄州居住〔一〕。先是，有旨降三官，送汀州居住，既〔而以〕其交結致身，士卒奔潰，故有是命。

二十一日，左軍統制、兼知均州竇夔降三官，罷知均州，降充本軍正將。以23御前諸軍都統制趙淳言其軍民歛怨。

十月十三日，知真州、宣撫司參議官常褚放罷。以臣僚言，褚境内有警，彷徨失措。

十四日，朝請大夫、直寶謨閣、福建路轉運判官趙善閶降兩官，落職；奉直大夫、主管建寧府武夷山沖佑觀田公僅降三官，放罷。以臣僚言善閶、公僅奉承蘇師旦，各於境内收買木植，州縣搔動。

同日，新提點坑冶鑄錢公事陳景俊與宫觀，理作自陳。以侍御史徐柟言其罔冒亂法〔二〕，巧於經營。

二十一日，朝議大夫丁常任降三官；奉議郎、直焕章閣、主管建寧府武夷山沖佑觀張鎡落職，罷宫觀。以臣僚言：「常任碌碌庸流，徒務貨殖；鎡内行不修，且復輕儇。」

同日，知常德府常御孫放罷。以湖北提刑陳杲言其專事口吻，狠（復）〔愎〕自用。

十一月十二日，知江陰軍林孔昭追兩官，放罷。以臣僚言其初與泰州，意在辭難，懇求避免。

二十一日，知閬州楊興降兩官，放罷。以知興元府劉甲言其貪虐，所在狼籍。

十二月三日，知隨州雷世忠特貸命，追毀出身以來文字，除名勒停。以京西宣撫司言其棗陽失守，虜騎之至，望風逃遁。

十七日，浙東提刑魯誼、江東提刑沈坦並與宫觀，理作自陳。以臣僚言：「誼人品庸下，謬甚且貪；坦天資險狡，濟以貪婪。」

二十三日，鎮江都統郭倪降三官。以怯懦寡謀，有辜委寄，故有是命。既而責授團練副使，送南康軍居住。

〔一〕南：原無，據《宋史》卷三八《寧宗紀》二補。
〔二〕徐柟：原作「徐相」，據《宋史》卷三八《寧宗紀》二改。

二十六日，新浙東提刑24葉籈追寢新命〔一〕。以臣僚言其巧爲營圖。

三十日，端明殿學士、湖北京西宣撫使薛叔似，寶謨閣待制、湖北京西宣撫副使陳謙，並落職罷祠。先是與祠，既而臣僚言叔似既叨隆委，歸過朝廷，謙首植私黨，幾致軍變。

開禧三年正月二十八日，端明殿學士、簽書樞密院事、與宮觀丘崈落職〔二〕，依舊宮觀。以殿中侍御史徐柟言，崈宣撫江淮，專輒自任，賞罰失當，措置乖方，委用非人，詔與宮觀。既而右正言朱質復言臨淮、濠、梁、安豐皆襟喉之地，崈專輒寡謀，無故委棄，開掘瓦梁堰，費財擾民，故有是命。

同日，池州都統陳孝慶追三官，放罷；環衛官王瑛放罷。以臣僚言孝慶恣殺攘功，瑛病聾無用。

二月六日，權發遣鬱林州鮑壯猷放罷。以知静江府王容等言其流毒于民，郡縣不任其苦。

八日，福建路總管、兼延祥水軍統制商榮追毁出身以（米）〔來〕文字，除名勒停，送柳州安置〔三〕。以臣僚言其大奚山及海州之敗，軍士喪亡，船米兵器多有遺失。

三月九日，前四川宣撫使程松更降三官，送筠州居住。以臣僚論列，降三官，落職，罷宮觀。既而臣僚又言其猶未被受，已離置司，全蜀重寄，委而去之，故有是命。尋詔責授散官，送澧州安置〔四〕。

二十日，知涪州文梓降兩官，放罷。以四川宣撫使程松言其任吏刻剥，救荒（蔑）〔滅〕裂。

二十七日，前夔路運判李埴特降兩官，放罷。以臣僚言，逆曦負國，埴乃潔身以自解，舉部25封而棄之。得旨，李埴首以逆曦反狀來上，宜加寬宥，故有是命。

同日，前四川總領劉崇之追三官，送道州居住。以臣僚言：「逆曦陰結虜好日久，崇之不能預爲之圖，迨徐景望以僞命至，始封納牌印。」

四月三日，前四川都大茶馬吳（總）〔揔〕責授楚州團練副使，特許於湖廣州軍從便居住。以臣僚言：「（總）〔揔〕與挺，親兄弟也，則曦爲親姪，縱有世讎，何不言於逆曦未敗之前？」故有是命。

二十九日，淮南運判富嘉謀放罷。以其挈家登舟，因致淮民驚擾。

五月七日，權發遣雷州林几與宮觀。以知静江府（王）王容言其不能奉行朝廷賞給，以激寨兵之變。

九日，廣東提刑張埏、湖南提刑彭演並與宮觀。以臣僚言二人所至貪墨。

六月二十四日，知靖州吳沆降兩官，放罷。以臣僚言

〔一〕籈：原作「薽」，據本書職官七四之二〇改。
〔二〕崈：原作「密」，據《宋史》卷三九八《丘崈傳》改。
〔三〕柳：原作「郴」，據《兩朝綱目備要》卷一〇、《宋史》卷三八《寧宗紀》二改。
〔四〕置：原脱，據《兩朝綱目備要》卷一〇補。

其守昭、潭日肆爲姦利。

七月二十二日，直龍圖閣、與宮觀項安世落職罷祠。以臣僚言其陰險凶殘，居家則武斷一鄉，執喪則冒哀求郡。

二十七日，朝請大夫胡衮特追兩官，永不得與知州(官)〔軍〕差遣。以臣僚言其攝事真州，侵欺官錢，收入私帑。

八月三日，知化州湯時中、知雷州趙伯東各降兩官，放罷。以臣僚言：「時中專事騙脅，詐婚求財；伯東天資麄暴，濟以姦貪。」

七日，知房州于革降兩官，押回本任。以湖北京西宣撫使宇文紹節言其不俟受代，率然去官，先有是命。既而京西運判張孝忠言其在郡否政十事，追三官放罷，令 26 京西提刑司拘管，理對有無侵欺官錢申省。

二十六日，知濠州周用追毁出身以來文字，除名勒停，送本軍自効。以建康都統田琳言其斥堠不明，致使虜人衝突。

九月九日，奉使金國通謝國信所參議官方信孺特追三官，送臨江軍居住。以信孺輒將帶去與虜有差私覿物，擅作大臣送遺，輕率有失事體。

十一日，成都提刑陳邕更降三官，放罷。初降兩官，又以四川宣撫副使安丙言其遵稟逆曦之令〔一〕。

十五日，前知施州薛瑊、前知達州陳彭壽並罷與郡指揮。以監察御史黃疇若言其當逆曦之亂，各棄城去，更不堅守。

十月二日，江西提刑杜穎與宮觀，理作自陳。以殿中侍御史葉時言其人品凡猥，天資庸鄙。

十一日，新知隆興府黃由與宮觀，理作自陳。以監察御史黃疇若言其數遭臺評，皆劾其居家曖昧私過，難以委寄。

十八日，知常州湯璹降三官，送贛州居住。以樞密院言其朝廷命令，奉行不謹，如北來人合支錢米，拖下閱月，以致詞訴。

十一月十七日，責授團練副使郭倪改送梅州安置。以臣僚言其迎合侂胄，竊據兵權。

同日，鎮江同統制郭僎送連州安置。先是追官，至是臣僚言其謀慮疎繆，喪失兵馬。

十二月二日，知贛州陳子沖、知泉州方銓、知湖州周夢祥並放罷，知處州王庭芝特降一官。以臣僚言：子沖與韓侂胄叙親；銓躐取美官，貪鄙尤甚；夢祥與周筠序譜； 27 庭芝厚結堂(史)〔吏〕以爲囊橐。

四日，朝散大夫、主管建寧府武夷山沖佑觀卓洵放罷。以臣僚言其辭免召命，嘗試朝廷。

八日，浙東提刑吳鑄別與閑慢差遣。以監察御史章燮言其膏(梁)〔粱〕之態，貪淫顯著。

九日，改差知崇慶府李臯降兩官，放罷。以臣僚言，逆

〔一〕川：原作「州」，據《宋史》卷四〇二《安丙傳》改。

曦叛命之初，皇將漕夔路，不能糾率討賊及守要害。

同日，銀青光禄大夫、提舉臨安府洞霄宮許及之降兩官，送泉州居住；通議大夫薛叔似降兩官，送福州居住；武德大夫皇甫斌更追五官，勒停，改送英德府安置。以右諫議大夫葉時言：「及之謟事侂胄，親爲優伶下俚之事。叔似迎合侂胄，妄開兵端，及之贊之，叔似成之。斌謀啓邊釁，軍師失律，削官安置，近在南安，大罪薄罰，何以示懲！」故有是命。

十三日，知夔州蔣介追毁出身以來文字，除名勒停。以四川宣諭使吳獵言其趨僞召於逆賊，拜僞詔於公堂。

嘉定元年正月八日，知建寧府張時修、知泉州陳升、廣西提刑陳昕、新江西提舉趙公升、新差廣西提刑李絪〔一〕、林會並放罷。以監察御史章燮言：「時修因陳自强親黨，躐取會府，爲囊橐計；升厚(路)〔賂〕蘇師旦、周筠，躐等得郡；昕老而益貪，姦贓不戢；公升輕儇浮躁，倚勢作威；(網)〔絪〕賂蘇師旦，遂得吉州；會前任廣郡，初無廉聲。」

十七日，知隨州林璋降三官，送永州居住。以京西湖北宣撫使宇文紹節言其虜騎犯城，望風先遁，退屯紫山，居民驚散。

28 同日，朝奉大夫、提舉隆興府玉隆萬壽宮李澄追三官，勒停，送南康軍居住；江西運判陳纘追兩官，勒停。以臣僚言：「澄交結周筠，姦濫贓汙；纘廣行苞苴，席捲公帑。」

二月九日，華文閣學士、提舉江州太平興〔國〕宮高文虎，龍圖閣待制、提舉隆興府玉隆萬壽宮沈作賓，落職罷祠；新知江陰軍高似孫降一官，罷新任。以左諫議大夫傅伯成言，文虎詭譎傾邪，作賓掊剋謟諛，似孫謟事侂胄，故有是命。既而臣僚復言似孫無君之心三事，又追五官。

十四日，責授順昌軍節度副使、澧州安置程松責授果州團練副使，送賓州安置。朝散大夫廖俣降兩官，送衢州居住。以殿中侍御史黄疇若言：「松當吳曦(判)〔叛〕逆，輕棄全蜀；俣徒事誕謾，縱(史)〔臾〕兵事。」

三月四日，寶謨閣待制、知潭州毛憲落職，放罷。以臣僚言：「憲與蘇師旦厚，其子廷試，經營策題，既得爲編排文字，遂優批分數，獲膺首選。」

十七日，江東提刑蘇林、廣東提刑張焕並放罷。以殿中侍御史黄疇若言林素無行檢，焕凡庸躁(兢)〔競〕。

二十一日，浙東安撫司參議官沈程與祠。以知紹興府李珏言其素附姦黨，老無顧藉。

二十二日，新知湖州丁大同、新差知湖州徐煇、新知台州趙公介、新差知台州陳鈞並放罷。以監察御史章燮言，大同貪饕俗惡，煇贓汙狼籍，公介輕儇凡下，鈞治郡無

〔一〕絪：原作「綑」，下文又作「網」。按，據下文，此人先任知吉州。考本書職官七四之三五有「前知吉州李絪」，《宋史》卷四九四《蠻夷傳》一亦有「吉守李絪」，俱作「絪」字，因知此條之「綑」、「網」均爲「絪」之訛。因改。

善狀。

四月十三日，寶謨閣直學士、提舉江州太平興國宮楊炳落寶[29]謨閣直學士，寶謨閣待制、提舉隆興府玉隆萬壽宮林采落寶謨閣待制。以右諫議大夫葉時言，炳、采專意阿附。

十七日，寶文閣直學士、提舉隆興府玉隆萬壽宮李沐落職，罷祠；知寧國府朱欽則、新知寧國府潘燾並放罷。以臣僚言：「沐不卹公議，彈劾善良；欽則鄙盭尤甚，在郡掊剋；燾昏繆不才，見於臺章。」

十九日，陳自强責授復州團練副使，改送雷州安置。以其朋姦誤國，黷貨徇私，罪大責輕，公論未厭故也。

二十一日，故簽書樞密院事、觀文殿學士傅伯壽追三官，落職。以監察御史章燮言其首爲讒諂，阿附權臣，指故相爲跋扈。

閏四月二日，中奉大夫、直祕閣張埏落職，罷祠。先是與祠，既而臣僚言其老不知止，故有是命。

三日，水軍統制王整追兩官，勒停。以沿海制置司言其貪黷掊剋。

八日，新知寧國府林祖洽罷新任，與宮觀。以臣僚言其歷官雖久，本無可稱。

九日，江東提刑許開、湖北提舉趙伯檜、知臨江軍龔準並放罷，朝奉郎韓安卿降兩官。以臣僚言開狠傲凌物，伯檜人品凡下，準操行回邪，安卿以驕騃之資濟膏（梁）〔粱〕之習。

十九日，知撫州高商老、知常德府呂昭遠並放罷。以臣僚言商老老益昏繆，昭遠鄙野狠暴。

五月二十一日，知江州陳謙放罷。以臣僚言其貪汙、諂佞，躁競，有三不美。

二十三日，知郴州趙彦棪更降兩官，永不得與親民差遣。先是降兩官放罷，既[30]而臣僚言其養寇殘民，故有是命。

同日，廣西提刑趙亮夫與宮觀，理作自陳。以臣僚言其三經彈奏。

同日，直祕閣、湖南提刑黃瓌落職。先是，有旨放罷，既而臣僚言其峒寇竊發，措置乖方，奏報稽緩，亡師失將。

二十六日，新知寧國府王益祥與祠。以臣僚言其初以鄉相〔一〕，獲登權門。

六月五日，新差知衡州潘景連、趙彦紆、蘇森並與祠祿。以臣僚言景連貪黷駔獪，彦紆豢習膏（梁）〔粱〕，森通譜系於蘇師旦而志在速化，雖辱及父祖不計。

十六日，淮南運判張穎、淮南運判張縉並放罷。以臣僚言：「穎素無行檢，徒事輕儇；縉庸鄙不學，僥倖苟得。」

〔一〕鄉：原作「卿」。按本書職官七五之六：監察御史李楠言王益祥「以鄉曲攀陳自強之援」，是此處「卿相」當作「鄉相」。王益祥，福州人（見《淳熙三山志》卷三〇），陳自強亦福州人，嘉泰、開禧間爲右丞相，故云「鄉相」。

同日，前參知政事衛涇罷宮觀。以臣僚言其廟堂之上，惟是徇私。

同日，直寶謨閣、京西運判張孝忠落職，放罷；司農寺丞、京西湖北宣撫司參議官譚良顯降兩官，放罷。以臣僚言孝忠凶悖回邪，良顯淫汙貪墨。

十九日，知靖州葉卨、新知常州趙彦拯並放罷。以臣僚言「卨專事科罰，以豐府庫；彦拯頃知永州，諸司論罷」故也。

七月二日，寶謨閣直學士、提舉江州太平興國宮張澤落職，罷祠。以臣僚言其爲侂胄心腹。

十七日，司農卿、湖廣總領趙善恭降一官，放罷。以臣僚言其猥凡巧佞，素乏廉聲，先有是命，既而復降一官。

八月九日，權知濠州王大昌、新權知循州鍾大猷並放罷。以臣僚言：「大昌初無長才，惟巧圖進；大猷特科得官，不自愛重。」

十四 31 日，新知崇慶府杜源追毁出身以來文字，除名勒停，送賀州編管。以臣僚言：「源三倅名郡，荐領麾符，表賀吳曦，爲臣(判)〔叛〕逆。」

十六日，新知温州留駿、新知全州黄謙並與宮觀，理作自陳。以臣僚言駿耄昏，謙傾險。

十月十六日，權發遣隆慶府閻伯永放罷。以利路提刑胡澥言其專事掊克。

二十八日，前京西運判張孝忠、前淮南運判張穎各降兩官。以監察御史章燮言：孝忠以前官積累，互送不明；穎招軍取媚，費用萬數。

同日，知肇慶府湯況、知宜州洪公巽並放罷。以監察御史余崇龜言，況見謂闒茸，公巽專事奔趨。

二十九日，朝請大夫黄瀚追兩官。以臣僚言瀚(荀)〔苟〕徇私情，廢格詔令。

同日，知廣德軍趙師日放罷，知常州劉董與宮觀，理作自陳。以殿中侍御史黄疇若言，師日爲政怪誕，董政出吏手。

十一月二十四日，寶謨閣學士、知福州倪思落職，放罷，特降兩官；中大夫李沐更追三官。以殿中侍御史陳晦言思輒肆險論，任意誣衊，脅持朝廷，得旨鐫秩；既而臣僚復論沐陰附侂胄，陷害忠良，與思情好最爲欵密。

十二月八日，顯謨閣直學士、通議大夫、知建寧府謝源明放罷。以右正言黄中言其陰險反覆，朋邪害正。

二十二日，寶謨閣待制、差知建寧府陳讜與宮觀，理作自陳。以臣僚言讜莅官臨政，了無績效。

二年正月二十二日，知江陰軍葉延年、知興化軍趙善櫄並放罷。以臣 32 僚言：「延年性資駔獪，巧於爲姦；善櫄不學短闒，何以臨民？」

二十四日，知湖州王炎放罷。以臣僚言其救荒無策。

二月七日，新知處州丁煜罷新任。以臣僚言其庸猥貪饕。

八日，新知汀州趙不謭罷新任。以給事中鄒應龍言其貪黷苟賤。

十五日，寶謨閣直學士、提舉江州太平興國宮宋之瑞，寶謨閣待制、提舉江州太平興國宮李景和，並落職；江西提刑徐似道、浙東提舉魯玕，並放罷。以左司諫劉榘言，之瑞貪猥，景和很暴，似道輕猥，玕交通賄賂。

二十二日，新湖南提舉張大猷、新知湖州吳洪並罷新任。以臣僚言大猷昏耄貪暴，洪在官無廉稱。

二十四日，知袁州佘端誠、知江州韓松、新知全州王潤孫、新知岳州張惠卿並放罷。以臣僚言端誠志趣猥下，松(駿)〔騃〕不更事，潤孫懵不曉事，惠卿昏老貪饕。

二十八日，新除利州路提刑宋德之、成都運判錢文子各降一官。以四川宣撫副使安丙言：「德之當候合符，宜緩而速；文子不須候代，當行而止。」

三月一日，前淮東提舉趙善諰放罷。以臣僚言其引用韓侂胄專政日起復召赴行在指揮，徑入國門。

十六日，寶謨閣待制、新知潭州施康年落職，罷宮觀。先是詔與宮觀，既而臣僚言其黨附權臣，躐取官職，故有是命。

二十二日，朝散郎胡元衡降兩官〔一〕。以監察御史林琰言其爲憲浙西，受孫元卿之囑。

二十三日，權發遣梧州陳宇降兩官，33 放罷。以廣西提刑郭斌等言，其一郡之政聽之子弟，表裹胥吏，交通關節。

二十五日，淮南運判張孝仲放罷。以臣僚言朝廷方備營屯之謀，而孝仲乘時私買淮田，不能體國。

同日，右文殿修撰陳子沖、直寶謨閣魯誼並落職，直龍圖閣、新知泉州張嗣古落職放罷。以侍御史陳晦言三人皆權臣之所親厚，得罪公議。

二十六日，知德慶府曾丰降一官，放罷。以左司諫劉榘言其嘗宰浦城，民訴姦贓；辟知德慶，一意聚斂。

四月二十六日，直寶謨閣、福建路轉運判官李浹放罷。以臣僚言其受成吏手，養高自尊。

五月七日，知吉州薛璆、知信州司馬遵並放罷。以臣僚言：「璆和糴侵欺，遵郡政乖謬，而二州稱提官會，並緣命令，罔利虐民。」

六月十四日，差知處州王益祥與祠禄。以臣僚言其輕薄凡庸，汙迹姦狀，備見前論。

二十四日，右軍統制韓全降兩官，放罷。以江淮制置使何澹言其刻剥軍糧，役使軍士，致其下陳國忠等部領老幼越城逃遁。

二十七日，知蘄州曾梁、知黄州金僎並放罷。以臣僚言梁掊剋斂民，僎素無廉稱，不能安集邊淮。既而臣僚又言，梁科抑敷取，爲政不恤，復降兩官。

〔一〕胡：原作「故」，據本卷職官七四之三九改。

同日，池州都統秦世輔追三官，送郴州居住。以臣僚言其掊剋太過，軍情怨憤，幾致嘯呼。

七月二十八日，直華文閣、四川茶馬趙綱，新知南雄州張萃並放罷。以臣僚言：「綱褻狎官妓，掊剋兵糧；萃貪緣[34]得官，昏鄙不才。」

八月二日，新提舉福建市舶徐大節、新知新州韋翌、新知潯州高可行並罷新任。以臣僚言大節誅求邊民，翌屢經彈劾，可行賄賂公行。

二十三日，新知撫州王公邁罷新任。以臣僚言，權臣用事，公邁締交諂媚。

九月十七日，知安慶府林仲虎降兩官。先是，江淮制置使楊輔言其盜賊入城，不能捍禦收捕，有旨放罷；既而三省復言，故有是命。

二十五日，前淮東提舉趙善諰勒令宮觀，朝散大夫薛元肅日下押出國門。以臣僚言：「善諰已爲議者擊去，復求美除；元肅已遭臺評，干求差遣。」

十月一日，權發遣復州范珏放罷。以湖北提舉曹彥約言其在任不職。

十八日，新權發遣辰州吳芝與祠禄，理作自陳。以臣僚言其癃老偏廢。

十一月二十二日，新廣東提刑常褚、新知吉州施宿並罷新任。以臣僚言，褚謀身姦邪，宿邀功避事。

十二月九日，知衡州陳士廉放罷。以湖南提刑胡溓言其朋附二檢，妄指正人以爲僞學。

三年正月四日，新知德慶府黄庸、新知瓊州李若水並放罷。以監察御史林琰言：「庸納賂求進，取媚權臣；若水知循州，虧陷錢物。」

同日，知岳州曹格、知昌州王騊並與祠禄。以監察御史范之柔言：「格昏耄已甚，郡事不理；騊實歷四考，便任專城。」

二月四日，知南安軍趙師傳放罷。以江西運判胡槻言其盜方萌芽，不以時撫安，已出而熾，亦不措置勦捕，使[35]疋袍洞之寇平欺縣道〔一〕。

七日，資政殿大學士、通奉大夫、新知瀘州費士寅與宮觀。以臣僚言其頃在二府，無所建明；比守潼川，不屑意郡事。

八日，知歸州王茹放罷。以湖北運判范子長言其根括逃田，創納糯米，增置酒場，重征舟楫。

九日，知鎮江府俞烈與宮觀。以臣僚言其虧陷椿積米斛。

二十一日，水軍統制李福放罷。以鎮江都統畢再遇言其虛作名色，支出官錢。

二十五日，新特改差浙東兵馬鈐轄劉玉寢罷新命。以

〔一〕疋袍洞：按明王守仁《王文成全書》卷一六、卷三二記江西南安府境有皮袍洞，當即此疋袍洞，「疋」似宜作「皮」。

臣僚言其奔競躁進。

三月四日，新改除福建提舉葉宗魯、江東提舉張聲道並與宫觀，理作自陳。以臣僚言宗魯罷軟，聲道庸鄙。

九日，新知袁州丁大（椿）〔椿〕罷新任。以臣僚言其懵不更事。

十日，新知廣德軍鄭擢放罷。以臣僚言其武斷（卿）〔鄉〕曲，開置坊場。

十四日，泉州左翼軍統制王去疾降兩官，放罷。以侍御史劉棨言其懵然謀略〔一〕，惟事掊剋，紀律不明，將士慢弛。

十七日，前知吉州李絪降三官，送澧州居住。以侍御史劉棨言其用猾吏謀，徧科諸邑，（盧）〔廬〕陵被寇，絪實貽禍。

二十一日，新知梅州張大任罷新任。以臣僚言其昏耄貪鄙。

同〔日〕，新除宫觀陳子沖罷宫觀。以臣僚言其朋比貪黷。

四月十九日，淮西運判徐煇、浙東提舉孟植並放罷。以監察御史徐宏言煇營私益甚，植曠瘝厥職。

同日，知處州林孔昭、知江陰軍蘇十能並放罷。以臣僚言：「孔昭督迫蠲税，減 36 剋軍食；十能老而昏憒，獄以賄（命）〔成〕。」

二十二日，摧鋒軍統制俞端特降兩官，勒回殿司自効。以侍御史陸峻言其紀律不修〔二〕，肆行刻剥。

二十四日，太中大夫、提舉隆興府玉隆萬壽宫陸峻〔三〕，宣奉大夫、提舉江州太平興國宫趙善堅，並罷祠禄。以臣僚言：「峻久居瑣闥，專事暗默，封駁之事，了無所聞。善堅濫尹天府，苛刻益甚，回禄之變，措置乖繆。」

〔一〕然：疑當作「無」。

〔二〕陸峻：原作「陵峻」。「陵」爲「陸」之誤似無可疑。此「陸峻」，王德毅《宋會要輯稿人名索引》附《校勘記》改爲「陸埈（峻）」，並以「陸峻」入索引。今按，「陸峻」在本書中共出現三十處，其實並非一人，考本書所載事迹并參以他書，至少可釐爲四人。陸峻甲，字申伯，海鹽人，乾道五年登進士。嘉泰中歷祕書郎、著作郎、監察御史、侍御史（見《南宋館閣續録》卷八、本書職官六之七二、七四之一五等），嘉泰四年至開禧元年爲中書舍人兼侍講（見本書選舉五之三〇、崇儒七之二七），開禧中歷刑部侍郎、禮部尚書、吏部尚書兼給事中（見《南宋館閣續録》卷九、本書刑法六之四四等）。陸峻乙，字子高，崇德人，紹熙元年進士。慶元中爲滁州教授，開禧、嘉定間歷校書郎、祕書郎、通判和州。嘉定五年知和州，七年放罷，九年卒（劉宰《漫塘文集》卷二八有墓誌銘，又見本書選舉二之二八、選舉二一之二三、職官七五之三）。陸峻丙，慶元二年爲祕書郎（本書選舉二二之一二），慶元四年爲侍御史（本書禮一四之一一六、二七之一一）。陸峻丁，慶元末至嘉泰初爲太常博士（本書禮四九之九六、選舉二一之八），嘉定三年爲太常少卿（本書禮四九之八二）。此條之「陸峻」嘉定三年爲侍御史，其任官年代與以上四陸峻皆不同。疑不能定，「峻」字姑仍其舊。

〔三〕陸峻：原作「陵峻」。按「峻」下文作「峻」，據改。「陵」亦當作「陸」。《慶元黨禁》載，開禧三年十一月，宋朝執韓侂胄，誅之。「權吏部尚書兼給事中陸峻、工部侍郎兼知臨安府趙善堅聞之失色，相與耳語，同列叱之。」是二人同朝、同附韓侂胄。因此，開禧三年十一月陸峻與宫觀（見本書職官七三之三九）。其事與此條暗合，是此條之陸峻即前校記中之陸峻甲也。

五月六日，權知楚州譚良顯與宮觀，理作自陳。以知揚州畢再遇言其務逞己意，沮壞機謀。

十三日，權發遣安豐軍史天錫放罷。以臣僚言黷貨虐民。

二十一日，湖北提舉趙善石放罷，新知汀州洪植、新知歸州王相並罷新任。以臣僚言：「善石行部湖外，所過騷然，賑糶米場，吏卒容私；相衰弱昏眊，語言失次；植爲軍器簿，見挂臺評。」

二十六日，建康副都統制、兼知濠州何汝霖免知濠州，知南康軍晁百談放罷。以臣僚言汝霖民訟不決，百談郡政不理。

二十九日，新知簡州韓子庚降一官，罷新任。以四川宣撫安丙言其「前任廣安軍，盜用錢物，聖旨委成都提刑李興宗結勘。興宗具申，實知子庚素來介潔，並無上件事實。如以興宗爲朋比欺罔，乞同賜罷黜。」遂降此命，仍劄下提刑司免根勘。

六月二十三日，知梧州鄭炎放罷，新知惠州李椆再與祠祿。以臣僚言：「炎專務科罰，以營己私；椆姦貪之跡，公論不容。」

二十六日，新知南外宗正事趙公介罷 37 新任，仍舊祠祿；中奉大夫、提舉建寧府武夷山沖佑觀魯誼，朝散郎、主管台州崇道觀周夢祥，並罷宮觀。以臣僚言：「公介曩爲別駕，明犯清議；暨在西外，貪黷狼籍。誼將漕江東，彊置木植〔一〕；攝事總餉，盜用官錢。夢祥附會周筠，（目）〔自〕架閣而得召試；守吳興日，朝廷有抄估侂胄家產之命，遲回數日，方肯差官。」

七月三日，知隆興府魏良忠追兩官，知閬州趙奎降兩官，知開州張晉放罷。以臣僚言：「良忠頃入（京）〔荆〕襄帥幕，虜至不告而遁；奎冒受祖澤，政以賄成；晉年垂八十，貪榮嗜利。」

十三日，知廉州陳朴放罷。以廣西運判楊方言其酷虐，難以臨民。

二十四日，知衢州孫子直降一官。以浙東提刑譙令憲言其防患弭盜之術有所未究，是致兇徒相挺爲患。

二十八日，權發遣藤州趙善滲、權知賀州徐嗇各降一官，並放罷。以廣西運判楊方言其皆（泰）〔忝〕郡寄，不恤官物，致本司失陷漕計米。

八月二日，朝奉大夫、主管建寧府武夷山沖佑觀王公邁，承議郎、主管建寧府武夷山沖佑觀王庭芝，並罷宮觀。以臣僚言：「公邁歸投權臣，僭越倫等；庭芝武斷州縣，結托權要。」

三日，通奉大夫、龍圖閣待制致仕宋之瑞落職，降一官；朝奉大夫許開降一官。以（官）〔臣〕僚言：「之瑞與權臣爲狎友，乃逞私辯；開困挫彭龜年而右豪户，士夫

〔一〕置：似當作「買」。

切齒。」

五日，廣西提刑郭賨放罷。以臣僚言其試邑雩都，惟貨是黷；自司臬事，庇護贓吏。

38 十一日，敷文閣直學士、前知成都府吴獵罷召命，落職。以臣僚言其縱臾用兵。

二十六日，中大夫、提舉隆興府玉隆萬壽宫丁常任，中奉大夫、集英殿修撰、主管武夷山沖佑觀俞烈，並罷祠禄。以臣僚言：「常任奴事權要，詭祕其跡；烈廢放之餘，不能服寬大之澤。」

二十七日，知惠州沈自中降兩官，放罷。以廣東提刑廖德明言其用刑慘酷，誣執平民。

九月七日，新知常州趙善鐻罷新任。以臣僚言其顓務掊克。

二十七日，知泰州翁潾、新知沅州劉鉅並放罷。以臣僚言潾苛賦重斂，鉅居官碌碌。

二十八日，權發遣鬱林州裴松罷改知辰州新任。以廣西運判楊方言其用殺人之威，行聚斂之政，市井流移，商旅斷絶。

十月四日，權發遣象州章時言放罷。以廣西運判楊方言其任吏害民，難堪郡寄。

五日，權發遣賓州尹埏降兩官，放罷。以廣西運判楊方言其專恣貪汙。

二十五日，知昭州趙善資放罷。以臣僚言其繆舉欺罔。

十一月十二日，新差知常州常建與祠禄，理作自陳。以臣僚言其行椎剥之政。

十四日，知漳州錢密特降一官。以漳州士子凌辱試官。

十二月三日，前知南安軍郭應龍罷宫觀。先是有旨宫觀，既而臣僚言其貪功寡謀，坐受賊欺。

四年正月二十二日，夔路運判王顧問、湖北提刑周棟並放罷。以臣僚言：「顧問爲守道州，聚斂自豐；移節江西，不舉荒政。棟試邑繁昌，39 受成吏手；旋得（川）〔州〕麾，其政愈繆。」故有是命。

二十三日，新差主管建寧府武夷山沖佑觀王處久〔一〕，初經鐫謫，以韓侂胄姻親，遂得叙用。昨掌步旅，軍士陞差惟賄是視；提兵江面，有武藝者反不得行。

二十八日，新知重慶府趙善辰、新知達州史震並放罷。以臣僚言：「善辰嘗宰南部，黷貨無厭；震凡宰縣邑，聚斂繁苛。」

二月十四日，保康軍承宣使、提舉佑神觀畢再遇降一官。以臣僚言再遇以一朝之忿，戕乃弟之命，斲喪天倫，蔑棄王憲，故有是命。既而復被論列，遂罷宫觀。

〔一〕此條文意不全，按本類文字慣例，「王處久」下脱黜降内容及「以臣僚言」之類，文末似脱「故有是命」。

二十七日，朝奉郎、主管台州崇道觀胡元衡，朝散大夫、主管建寧府武夷山沖佑觀薛元肅，並罷祠禄。以臣僚言：「元衡治無善狀，招權鬻獄；元肅既遭臺評，乃復入京營求除命。」

二十八日，權發遣臨江軍解邦俊與宫觀。以江西提刑李珏言其前政任内折納縣用苗米，乃追典押勒招侵盜，供攤平民，人言籍籍。

閏二月二十七日，知漳州錢蓍放罷。以臣僚言：「通判林寅爲漳州監試，致士子鼓譟，科舉停廢，興起大獄，知州錢蓍不能禁約。」

二十八日，新知廣德軍錢思忠、新知英德府施廣求並放罷。以臣僚言：「思忠惟吏是任，郡事廢弛；廣求試邑上虞，侵用公帑，及倅辰州，科買騷擾。」

四月二日，新知永州潘涓罷新任，新知南劍州黄聞與祠禄。以臣僚言涓招軍受賞，聞立朝險躁。

五月二日，新知南劍州沈埴、新知巴州何友40諒並放罷。以臣僚言埴政無廉聲，友諒任吏横斂。

六月二十八日，知通州王百度放罷，新知永州陳廣壽罷新任。以臣僚言百度闒茸繆庸，廣壽居鄉豪横。

四年七月十七日，夔路提刑李垩降一官，放罷。以臣僚言其素無行檢。

二十六日，知信州李昌放罷，知饒州歐陽伋與宫觀，知南劍州虞旂孫與遠小軍壘。以臣僚言：「昌賑捄無策，致民作過；伋頃宰會稽，事以賄成；旂孫僥倖朝行，嘗遭論列。」

同日，新知信州陳守、新知饒州姜楷並與宫觀，理作自陳。以言者論二人皆癃老多病。

八月二十五日，知成州雷雲降一官，放罷，永不得與親民差遣。以利路提刑毛璞言雲苛刻肆行，公事付之吏手。

同日，新辟差知横州謝庭玉、新知賀州周廷藻、知化州張岷並放罷。以臣僚言：「庭玉公行劫奪〔一〕，恣爲淫穢；廷藻專事貪相〔二〕，爲之管幹；岷作邑於貪相之（卿）〔鄉〕，貪緣遷進。」

九月七日，知岳州黄涣與宫觀，理作自陳。以湖北安撫李大性言其率意妄作，抗拒諸司，故有是命。既而湖北運判王允初復論，遂罷宫觀。

十四日，權發遣階州趙寅特追兩官，放罷，永不得與州郡差遣。以利路提刑毛璞言其姦貪刻虐，軍民嗟怨。

二十二日，知廉州長幼厚〔三〕、知貴州江邦佐各降一官。以不遵聖旨，不放牛税，從廣西運判楊方之請也。

二十八日，中大夫、提舉臨安府洞霄宫李壁今後永不收叙。以臣僚言其阿意詭41隨，縱臾開邊。

〔一〕玉：原作「王」，據上文改。
〔二〕廷：原作「庭」，據上文改。
〔三〕長幼厚：按本書職官七五之八有嘉定八年「知新州張幼厚」，其時代、資序相近，似當改「長」作「張」。

十月三日，新知襄陽府王居安與宮觀。以臣僚言居安，朝廷責之平盜，涉日費財，不能效尺寸之功。

十四日，知撫州林岊、知建昌軍周燧並與宮觀，理作自陳。以江西運判胡槻言：「岊號清流，使居學館，或能稱職，而强以民事，實非所長。燧以寬柔之資，當劇繁之郡，諸縣玩侮，羣吏縱横。」

十一月二十五日，新京西路副總管郭倓放罷。以臣僚言：「倓貪暴驕騃，父任殿巖，恃其聲勢，侵漁士卒，招權納賄。」故有是命。

十二月二十三日，知合州黄子持放罷。以四川制置使安丙言：「合州富商殺叔之妾，計囑官吏，更不經縣結勘，徑自本州，曲意誣蔑，以死者爲無冤。」

二十四日，新知太平州葉簣、新差知太平州方銓、新知池州吴衡、新差知池州薛揚祖並與宮觀，理作自陳。以臣僚言，簣貪刻著聞，銓嗜利傾險，衡驕騃輕儇，揚祖連年抱病。

二十六日，果州團練使、權知池州趙延放罷。先是臣僚論列，既而江東運判胡瀶言其違法收税，蔑視監司。

五年正月二十六日，沿海制置司水軍統制李俊民放罷。以臣僚言其軍政不修，恣爲掊尅。

二月一日，成都提刑林絜己與宮觀，前知靖州葉禹勤歸田里。以臣僚言：「絜己守嘉定日，召怨蠻人，改畀憲節，有訴邊寨侵刻，悉不爲理，以致羣起入省地剽掠。禹分符渠陽，權臣用兵，諸郡例有招軍之令，禹急於奉承，乃擒捕市人爲之。」

三日，新提舉 42 福建市舶黄士宏罷新任。以臣僚言其頃知沅州，政以賄成，民冤莫伸。

五〔日〕，知叙州史師道追兩官，放罷。以四川制置大使安丙言其黨庇蠻夷作過，不堪倚仗。

十二日，江州水軍統制陳定顯放罷。以江西安撫李珏言(言)其減剋戍兵錢米以充私用，輒取娼妓置之軍中。

二十九日，知嘉定府許沆放罷，新知嘉定府張方别與差遣。臣(臣)僚言：「嘉定府有夷都蠻大入省地作過，沆不能隄備；代沆者張方，除再任教官外别無履歷，在朝二年即分符竹，恐未能控制。」故有是命。

三月八日，知永州沈圻、知邵州傅伯崧並放罷，永不得與親民差遣。以湖南提舉樂章言：「圻委任郡吏龍寅爲腹心，夏輸正色外，每匹勒納錢八百文。伯崧，郡民李如勣身死無子，兄如翺有子當繼，伯崧乃謂如勣户絶，籍没，不與繼立。」

五月四日，權知黔州蔡南放罷。以四川制置大使安丙言其縱田、冉兩族人入省地劫掠，又受田祖周等沙板，違法造筏。

六日，知撫州林合降一官，放罷，更追兩官。先是，監察御史金式言其支撥新會到郡，樁留官庫，更不與民换易。既而江西安撫李珏復言其將朝廷給降新會侵移他用，故有是命。

三十日，新知金州勾廷永放罷，知高州黄鳳追三官，永不得與親民釐務差遣。先是，右正言董居誼言：「廷永嘗爲宣司屬官，因被檄刷見諸郡錢物，乘時妄作，剗刷靡遺。鳳守昌化時，有銀綱因43風濤失陷，仍妄稱被劫。」既而廣西提刑崔與之復言鳳治郡亡狀，勒主客户納錢買鹽，發賣收利，故有是命。

六月二十日，池州中軍統制郭與特降兩官，放罷。以主管馬軍公事許俊言其不卹士卒，掊刻接受。

二十七日，知道州徐杞放罷。以殿中侍御史徐宏言其昨守南安，邊事將開，迎合希進，多刺禁軍，坐費廩給。

七月二日，新知雷州薛伯虎别注合入差遣。以臣僚言其作郡太驟，繳還録黄。

五日，主管建寧府武夷山沖佑觀趙公介罷祠禄。以臣僚言其素無行檢，四玷臺評，干撓州縣，惟利是嗜。

同日，知興國軍趙師勉降一官，放罷。以江西運副王補之言其不遵朝命秤提官會。

二十八日，主管建寧府武夷山沖佑觀蘇林、沈坦並罷宫觀。以臣僚言：「林屈意與蘇師旦通譜，辱及其先；坦奉祠于家，横恣益甚。」

八月三日，前提舉隆興府玉隆萬壽宫倪思降兩官。以監察御史石宗萬言其彊愎自用，濫竊虚名，居鄉無狀。

十三日，知藤州姜安行降一官，放罷。以知静江府李訦言其每年合解上供并經總制錢，並不依限起發，科罰販賣，無非規利。

二十七日，前主管台州崇道觀吕昭遠再與祠禄。以殿中侍御史徐宏言其精神衰憊，言語周章，若使臨民，必無善政。

九月十二日，知雷州鄭公明放罷。以廣西提刑崔與之言其三次般運銅錢下海博易番貨。

二十七日，知和州富嘉謀、44知安豐軍許成之並放罷。以江淮制置使黄度言：「嘉謀遺火延燒，掩覆不盡以聞；成之新會初行，移書往問，其報迷錯，如醉夢中語。」

二十九日，趙善鑛罷宫觀。以臣僚言其任官所至，屢以貪敗。

十月四日，新知邵州陳振、新知漳州張煒並罷新任。以臣僚言：「振昨倅會稽，招攬事權，妄作威福；煒昨守毗陵，在官之錢乃欲以爲儲積，欺罔朝廷。」

三十日，王處久差主管台州崇道觀指揮寢罷。以臣僚言，處久以侂胄姻婭，躐司禁旅，同惡相濟。

十一月五日，前江州副都統制吕春降兩官。以右正言石宗萬言其支犒軍錢悉減其半，將校張汶出戍，從而侵凌其妻。

十三日，華文閣直學士、新知婺州李大異褫職，罷新任。以臣僚言其守建寧日，養痾閉閤，從容子弟預政，故有是命。

二十四日，宮觀李沐叙復元官指揮寢罷。以臣僚言予祠已幸，不可盡復，繳還録黄。

十二月九日，王容、陳謙並罷宮觀。以臣僚言：「容事親弗悦，事君不忠；謙貪墨窮侈，諂事權貴。」

二十四日，新知永州芮及言、新知象州江邦佐並罷新任。以臣僚言：「及言嘗貳輔藩，交通獄掾，招權鬻獄；邦佐試郡貴陽，增價鬻鹽，掩有餘利。」

二十九日，提舉隆興府玉隆萬壽宮趙師羃罷宮觀，王容叙復元官指揮寢罷。以臣僚言：「師羃頃以多貲，交結權臣；容不忠不孝，已罷其祠，叙復元官併乞寢罷。」

六年正月四日，徐宏新除祕閣修撰、【45】知袁州指揮寢罷。以臣僚言其向爲臺官，每爲親故營薦捄護，率有定價。

二十三日，前知欽州陳經降一官。以知静江府李訦等言：「鄉民結黨，嘯集作過，經坐視不捕，亦不申聞諸司。」

二十九日，葉時新除徽猷閣直學士、知婺州指揮並寢罷；周虎特追五官勒停，送徽州居住，仍追贓入安邊庫。以臣僚言：「時權姦用事之日，冒居言路；虎以私喜怒繩治軍人，去替之日，以修戰艦妄破官錢數萬，掩爲己有。」

二月二日，新知新州趙伯東罷新任。以監察御史金式言其昨守雷州，多破官錢收買商貨，航海以歸。

同日，新知辰州曾絜放罷。以監察御史黄序言其嘗爲萬州，席捲公帑。

十七日，曾臬差(官)〔宮〕觀指揮寢罷。以給事中曾從龍言，近世贓吏，臬其尤著。

二十八日，新知崇慶府羅植罷新任。以監察御史黄序言其曩守嘉定，迎拜逆曦僞詔，蜀士咸切齒之。

三月二十一日，史彰祖差知沅州指揮寢罷。以臣僚言其更化之初，臣僚論列，公論不容。

二十八日，江東運副孟猷、提舉廣東市舶常御孫並與祠禄。以臣僚言：「猷守婺女日，假託修城，多破官錢；御孫守常德日，侵欺官錢，不恤荒政。」

四月二日，知湖州趙崇規放罷。以監察御史黄序言其信任配吏，溺惑愛妾，鬻獄受賕。

十五日，前殿中侍御史林琰奪職罷宮觀，徐宏更降一官。以監察御史倪千里言：「琰昨任臺諫，一向徇私；宏過惡暴著，實【46】駭聽聞。」

二十六日，祕閣修撰、知隆興府王補之褫職放罷。先是，右諫議大夫鄭昭先言其爲總餉時盜用公帑，取媚權姦。既而臣僚復言權姦用事之時，考校法科，輒徇私囑。

二十七日，鄭擢罷宮觀，更降一官。先是，殿中侍御史石宗萬言其奉祠里居，漁奪鄰里，不能安居。既而臣僚復言擢既罷宮觀，愈無顧藉，故有是命。

二十八日，知岳州曾寧降一官，放罷。以湖北提刑宋德之言其昏惑顛倒，用刑差誤。

六月二十九日，知貴州林采放罷，新知靖州王宗度與宮觀。以殿中侍御史石宗萬言：「采嘗宰湘陰，受賂狼藉」，宗度得疾沈綿，政必廢弛。」

七月一日，權發遣建昌軍豐有俊放罷。以臣僚言其峻急苛猛，千里騷然，秤提官會，科擾尤多。

四日，潼川運判費士戣、利路運判李嗣文並與宫觀。以臣僚言士戣衰病廢事，嗣文資淺望輕。

同日，知池州傅伯召、新知峽州汪必進並放罷。以臣僚言：「伯召向守臨川，科罷民錢〔一〕，今爲池陽，年邁荒耗。必進厠跡列院，楮幣更革之初，將指巡行，妄作威福。」

二十五日，知真州徐景、知盱眙軍陳師文並放罷。以殿中侍御史石宗萬言，景殘忍不恤，師文臨事乖繆。

同日，知富順監何綮降一官，放罷，永不得與親民差遣。以臣僚言其貪黷無狀，肆爲大言。

同日，知襄陽府楊九鼎令赴行在奏事指揮寢罷。以給事中曾從龍言其爲國藩籬，悠悠歲月，茫無端緒，47先有是命。既而臣僚復言，九鼎舉動乖方，自失威望，乞更賜褫職，故有是命。

二十八日，權發遣吉陽軍謝學禮放罷，仍不得與州軍差遣。以廣東提刑方信孺言其與土人義兵統領陳維翰往來甚密，求婚不從，生事科擾。（以上《永樂大典》卷三八九三）

〔一〕科罷：似當作「科罰」。

黜降官　一二

【續會要】

1 嘉定六年八月二日，知鎮江府俞應符放罷。以臣僚言其比知寧國，託名修城，多破官錢，先有是命。既而監察御史倪千里復言其守京口，苛刻聚斂，乞褫祕閣修撰職名。

四日，魏大有改知荆門軍指揮寢罷，且與祠禄。以臣僚言大有氣貌麤俗，舉止踈狂，必無和平之政。

十四日，前知常德府趙師垂降一官，知常德府鮑粹然降一官放罷。先是，知常德府鮑粹然申，師垂前任妄支錢物，貪黷可見。既而給事中曾從龍復言，見任知府鮑粹然以交承之誼，持告訐之私，其間張皇失實，先有是命。既而湖北提舉尤棐復言，粹然故意滅裂，不肯從秤提約束，昨妄申前政，以爲得計，輕視監司，很愎愈甚，復詔粹然更降兩官。

二十四日，新改知永康軍薛紱、新知興國軍丁大(椿)〔椿〕、新知融州翟昀並與祠禄〔一〕。以右諫議大夫鄭昭先言：「紱輕儇不靖，簧鼓是非；大(椿)〔椿〕貪鄙很愎，寅緣媒進；(盷)〔昀〕氣習膏粱，見謂庸懦。」

二十六日，新知南外宗正事趙善恭罷新任，趙彥珖與宮觀。以殿中侍御史石宗萬言：「善恭爲桂林日，盡刷官庫金打造刻漏三副，遺遺權姦、貪相及蘇師旦；下政彥珖居鄉龍斷，居官貪鄙。」

九月一日，王駒差知盱眙軍指揮寢罷。以給事中曾從龍言其入仕以來屢汙白簡。

十一日，知隆慶府張子 2 里、新知隆慶府楊仲修並與祠禄。以監察御史黃序言：「子里曩爲筠州通判，侵權撓政，賄賂公行；仲修愚闇不才，臨事踈繆。」

閏九月十七日，陳士廉差知容州指揮寢罷。以臣僚言其素乏行檢，士論不容。

二十三日，前江陵府副都統制雍政追還轉兩官。以殿中侍御史石宗萬言：「政元係秉義郎，因除江陵軍帥，照例轉修武郎。政以貪刻上負朝廷，而所與之官豈宜虛辱？」故有是命。

十月五日，新知興化軍葉嗣昌降兩官，罷新任。以監察御史黃序言其葬父母不從儀制，娶妻棄之空房，與弟爭財，至於經郡。

二十二日，提舉福建市舶趙不熄更降一官。先因臣僚言其多抽番舶，抄籍誣告，得旨降兩官放罷。既而給事中

〔一〕昀：原作「盷」，後文職官七五之一八有「知南恩州翟盷」，又作「盷」，皆不成字，實應作「昀」，因避理宗趙昀諱而缺筆。雍正《廣東通志》卷二六有知韶州翟昀，即此人。

曾從龍復乞更行鐫降，永不得與監司、郡守差遣。

二十六日，吳機更降一官。先是，江西運判趙崇憲言其知吉州日，夏税冬苗多取於民，收换官會反爲民害，得旨放罷。既而中書舍人董居誼復言機採之物議，猶以爲輕，乞更與鐫降。

十二月二十七日，江東提刑葛嶠與宮觀。以臣僚言其行部之日不務澄清，風采披靡。

二十九日，潼川運判樊士迪、知安慶府張嗣古並罷。以臣僚言：「士迪前守嘉定，輸納取贏，類試受囑；嗣古權臣之甥，佚罰得郡。」

同日，直祕閣、知夔州鮮于申之放罷。以臣僚言其自至夔門，專事貪暴。

七年正月六日，知衡州胡坦與宮觀，知融州盧炳放罷。以 3 監察御史黄序言，坦昏愚懦弱，炳兇很姦貪。

同日，新知鬱林州趙粹夫罷新任。以監察御史倪千里言其素行亡狀，貪心益肆，巧圖躐取。

二十一日，直祕閣施宿罷職，與祠禄。以中書舍人范之柔言其昨任淮東運判，刻剥亭户，規圖出剩，以濟其私。

二月二日，知寧國府趙善宣放罷。以監察御史倪千里言其素無才術，且乏廉稱。

十四日，知巴川蹇似之放罷〔一〕。以其結納逆曦，交通夷酋，從利路提刑楊熹請也。

二十八日，前知揚州趙師石轉官指揮寢罷，福建運判費培與宮觀，理作自陳。以侍御史石宗萬言：「師石比帥維揚，略無施設，刻剥軍人，邊事曾不講究。培頃將漕淮右，刷具不當催理之欠，立限急如星火，一路騷然。」

二十九日，俞灝新除湖北提舉指揮寢罷，與祠禄；權發遣和州陸峻放罷。以右正言應武言：「灝昏老謬庸，殊乏風采；峻性本貪狠，外飾儉素。」

三月一日，知南康軍魏寶先放罷，新知南康軍陳模與祠禄。以監察御史黄序言：「寶先苛刻重征，交通關節；模依附貪相，徑由學館，濫叨郡紱。」

八日，淮東提舉謝周卿放罷。以監察御史倪千里言其假守黄州，帑藏充盈，妄用無藝。

十三日，摧鋒軍統制陰明放罷。以其御軍無律，退縮怯懦，不能任事，從知廣州洪伋請也。

二十五日，權發遣高郵軍應懋之與宮觀，理作自陳。以本軍城壁、樓櫓、釣橋損壞，牒本軍計料，顧乃藐然相 4 視，從知（楊）〔揚〕州崔與之請也。

二十七日，知贛州王渥與宮觀。以侍御史石宗萬言其才術駔儈，一意掊斂。

四月六日，張澤差宮觀指揮寢罷。以監察御史倪千里言其侂冑擅權，夤緣姻黨，躐居諫長，侂冑既敗，乃僅黜職罰祠，今又巧於經營，再畀祠廪，故有是命。

〔一〕巴川：似當作「巴州」。巴川乃縣名，此門極少載縣官降黜。

同日，孟猷、王庭芝並罷宮觀。以監察御史黃序言二人皆以貪婪致富，得罪公議。

八日，知安豐軍郭紹彭放罷。以監察御史倪千里言其才望素輕，牧御無術。

同日，新浙西安撫司參議官方椷降一官，罷新任。以監察御史黃序言其頃守連州，郡政廢弛。

三十日，將作監丞、新添差通判太平州周槩放罷。以右正言應武言其齷齪無取，經營薦進。

五月十七日，知信州趙不摭降一官，放罷。以其一意聚斂，蠹國害民，從江東提刑王益祥請也。既而諸司論列，復詔更降一官。

二十七日，新知常德府勾廷永、新知循州陳撣並罷新任。以右諫議大夫鄭昭先言：「廷永叨入宣幕，憑藉聲焰，藐視同列；撣一意掊斂，以自封殖。」

六月十一日，知藤州楊炎正與宮觀。以其不申鹽額，營私自便，嘗除掌故、司直，遭論觖望，從廣西運判陳孔碩請也。

七月五日，知潯州蕭天與、知廉州呂知柔並放罷。以監察御史黃序言：「天與科買並不償直，違法擾民非一；知柔交通關節，賄賂公行。」

同日，新知綿州郭公燮罷新任。以監察御史倪千里言〔其〕識趣既[5]卑，侵盜無藝。

八月二日，知嘉定府洪偲與祠祿，新知重慶府劉光、新知隆慶府何友諒並罷新任。以監察御史黃序言：「偲性根貪鄙，前任重慶，凡事任情；光老益貪殘，比守忠州，贓汙狼籍；友諒心術傾險，昨知忠州，政出一切。」

九日，新知廉州趙善質、新知容州史天錫並與宮觀，理作自陳。以善質比守昭州，尤無善狀，旋玷臺評；天錫昨守安豐，姦狀益著，劾章可覆。從廣西諸司申請也。

十三日，趙善諟罷宮觀。以禮部尚書、兼給事中曾從龍言其持節廣東，黷貨媚姦，更化以來，奉祠家居，可謂漏網故也。

同日，江公亮罷宮觀。以禮部尚書、兼給事中曾從龍言其臨川之政碌碌無聞，百姓王蒙者苦於兑會折閱，拆開提舉司申省文字，以撫州兑會實價書於其後，朝廷行下根究，而公亮任情徇私。

九月二十七日，知賓州趙師愳、知郴州張仲舒並放罷。以殿中侍御史應武言：「師愳爲倅江州，非法科斂；仲舒向知澧州，欺罔侵盜。」

二十八日，新知江陰軍王子洙、新知興國軍吳衍並與祠祿，理作自陳。以右正言黃序言：「子洙起廢而得澄江，需索迓從，必欲豐侈；衍吏職登第，一意趨媚，不忘故態。」

十月六日，湖南提刑張聲道放罷，別與待闕州郡差遣。以監察御史倪千里言其起廢得知永州，有大辟阿易公事翻異，聲道自本州持憲節，更不避嫌，倚權妄作。

同日，知夔州樂章降一官，放罷。以監[6]察御史李楠言其向將指湖湘，益無善狀，曲庇周司户狎妓、侵盜官庫錢米事。

十一月三日，新知嘉定府劉參放罷。以監察御史李楠言其任敘州日，聘女市銀，以重秤而多取；墁飾舊城，僥覬勞賞。

八日，趙不愧罷祠禄，不熄、不摭候依條該叙官日，各展一期叙。以監察御史倪千里言：「其三人者，刻剥民財，盜竊公帑，充斥私家，如出一律。」故有是命。

十二月十六日，新差知蓬州王文孫特降一官。以其任金州通判，全不體念朝廷，驅磨遞角，公然違慢，從利州路轉運判官任處厚請也。

十八日，葉宗魯知筠州指揮寢罷，與祠禄，理作自陳。以禮部尚書、兼給事中曾從龍言其持節淮東，席捲(監)〔鹽〕課，以實囊槖，物論至今不已。

二十八日，江東提刑王益祥放罷。以監察御史李楠言其以鄉曲攀陳自強之援，以姦回逢侂胄之惡，荐更麾節，殊(廉乏)〔乏廉〕稱。

同日，林行可罷宮觀，陳乞奏薦指揮寢罷。以臣僚言：「曩者公論謂權姦之罪成之於終者，行可是也。而竄責獨得善地，量移獨先衆人，未幾放還，便謀叙復。」故有是命。

八年正月九日，新知汀州周章罷新任，知房州廖視放罷。以臣僚言：「章前任廣南市舶，番商到岸，以納事例多者爲先，就陞庾節，昏繆貪婪；視到郡之初，多令私僕販運紗布，貪汙酷毒。」

十五日，鄂州都統制王益降三官，放罷。以臣僚言其軍政不修，貨利是殖。

二十八日，新知金州張[7]孝忠、新知融州趙崇祉並罷新任。以殿中侍御史應武言，孝忠向爲京西運判，所爲不法，再玷臺評，崇祉頃以苞苴交結權臣，驟得典郡，先有是命。既而監察御史李楠復言，崇祉所爲貪横，畧無忌憚，尋詔更降一官。

二月三日，知夔州李廷忠放罷。以監察御史劉棠言其爲夔漕日虚破官錢，專委書司招納賄賂。

同日，知肇慶府趙彦越放罷。以監察御史李楠言其貪黷益甚，專任吏魁，刬剥平民。

三月二日，知贛州王柟放罷。以監察御史李楠言其起牧大邦，投老益昏，縱容館客、親戚交通關節。

四日，李沭罷宮觀。以監察御史劉棠言其懷私罔上，朋邪害正，爲侂胄(膺)〔鷹〕犬，誣詆汝愚。

二十八日，提舉廣南市舶林迪放罷。以臣僚言權臣、貪相用事，迪爲奔走。

四月三日，知臨江軍孟導與宮觀，新知萬州虞剛簡罷新任。以臣僚言，導好貨慘刻，剛簡悖禮傷教。

九日，陳鈞知撫州指揮寢罷。以中書舍人任希夷言其屢經彈劾，(于)〔干〕進不已。

十一日，顯謨閣直學士、提舉隆興府玉隆萬壽宮謝源明特贈四官，依條與致仕遺表恩澤指揮寢罷。以禮部尚書兼給事中曾從龍言〔一〕，更化之初，言者首論其罪，與高文虎同科，文虎贈官、遺澤已爲臣僚論駁，今源明幸終牖下，豈容復冒濫恩故也。

十二日，曾㮚差宮觀指揮寢罷。先是㮚自陳得祠，既而兼給事中曾從龍論駁，故有是命。

二十五日，知真州龔[8]維蕃降一官，別與待闕州郡差遣。以淮東提舉吴囦言真州城外居民遺漏，維蕃措置無術。

二十六日，新辟差知成州欒繼宗罷新任。以臣僚言其貪酷之號已播遐邇，垂老之年豈足倚(伏)〔仗〕。

五月四日，陳邕罷宮觀。以監察御史李楠言其「逆曦之變，捧頭鼠竄，公朝未忍遽棄，畀以祠禄，邕不知義命，經營規進」，先有是命。既而湖南安撫使安丙復言邕(胃)〔冒〕法犯禁，黷貨殺人，乞將邕移徙他州，尋詔令潭州將邕移徙袁州居住。

六月十一日，新知徽州林琰罷新任，與宮觀。以江東運副真德秀言其昔爲臺諫，容子壻請囑。

二十日，知新州張幼厚放罷。以廣東諸司言其貪鄙老繆，縱其子興販蜜蠟，取兵官之少妾。

二十八日，新潼川運判張鈞、知邛州韓子庚並放罷。以左司諫黄序言：「鈞因峽中敗舟掩取諸商附帶之貨。運判張師夔以憂去，鈞亟取牌印，陰有經營易節之意，今果有此除。子庚專事酷虐，斷決任私。」

七月二日，王容新差提舉江州太平興國宮指揮寢罷。以監察御史劉棠言其毁訾正人，以媚權姦。

二十七日，提舉臨安府洞霄宮李壁降三官〔二〕，罷宮觀；前起居郎李臯更降兩官。以殿中侍御史黄序言：「壁權臣腹心，罪惡貫盈，鐫秩謫居，未幾自便，復官奉祠，遂爲全人。臯乃壁之親弟，其反復傾險，大率相似。」

八月二日，新知武岡軍丁大同罷新任。以監察御史劉棠言其癡騃貪黷，[9]資歷亦未應格。

九月二十三日，知廣州洪伋放罷〔三〕。以監察御史劉棠言其前任廣帥，攔截蕃舶，脅取民財。

同日，知婺州林拱辰、知湖州林岳並與宮觀，理作自陳。以臣僚言：「拱辰每每卧病，間一出廳；岳輕脱無郡守氣象。」

二十五日，知德安府趙希混放罷。以知江陵府趙方言其和糴米斛而用市斛大量，出剩(嬴)〔贏〕，落糴本，掩爲已有。

二十八日，楊炳罷宮觀〔四〕。以殿中侍御史黄序言其

〔一〕尚書：原脱，據《宋史》卷二一三《宰輔表》四補。
〔二〕壁：原作「璧」，據《宋史》卷三九八《李壁傳》改。下同。
〔三〕伋：原作「及」，據本卷職官七五之三改。
〔四〕炳：原作「柄」，據下文改。

當權臣用事，趨媚無耻，更化以來，一時阿附之人悉從竄斥，獨炳漏網，故有是命。

十月八日，知彭州李杞、前知榮州杜沂孫並放罷。以四川安撫制置使董居誼言：「杞齒髮既老，施爲舛繆；沂孫以鄙猥之資，行委靡之政。」

九日，新知袁州尤棐罷新任，與宫觀。以監察御史李楠言其昨守衡陽，悉意迎逢監司以逭責譴，夤緣得節，風采蔑聞。

同日，知汀州、新除刑部郎中鮑瀞之與宫觀，理作自陳。以福建運判俞建言其秤提楮券，奉行滅裂，百事廢弛，全無紀綱。

二十七日，知澧州劉燧降兩官放罷，新知歸州陳士表罷新任。以右諫議大夫應武言：「燧與通判陳士表不和，於其既去，搜抉其短，具申朝省，必欲快一己之私。燧嘗爲畢再遇上客，再遇狠戾暴虐，專殺作威，皆燧助成。士表昨爲澧州倅日，與燧不和，乃不能遠避形迹。」故有是命。

二十九日，新知袁州郭贇罷新任，新知邵州唐吉先與祠禄。以殿中侍御史[10]黄序言：「贇頃守德慶，椎剥虐取，繼叨憲節，益甚於前。吉先由學官而丞寺監，遷祕書郎，乃以不得三丞爲恨，大肆怨望；得次邵陵，已有薄淮陽之意。」

十一月八日，知普州虞方簡、新知普州郭光選並放罷。以監察御史李楠言：「方簡所爲乖繆，兜攬關節；光選知榮州日，薦剡皆有定價，縱子弟交通關節。」

同日，徐宏、王益祥並罷宫觀。以監察御史李楠言：「宏凡所居官，惟貨是殖；益祥阿事權姦，躐登顯達。」

二十九日，淮南運判王大昌放罷。以殿中侍御史黄序言：「淮東漕臺實兼司臬，責任匪輕，以大昌庸繆，豈能勝任？」

十二〔月〕三日，知瓊州趙遵夫放罷。以監察御史劉棠言其自以去天益遠，肆爲貪汙，愈無顧藉。

五日，知成州高遠放罷，前知眉州勾龍叔恭罷宫觀，仍各追三官；故奉議郎毛午所奏毛掞恩澤，特追毀元補文字。以四川安撫制置使董居誼言：「遠舊爲逆曦環衛，受恩最深，事敗之後，夤緣漏網。叔恭昨守眉州，一聞僭僞，附和恐後。午不恤大義，逆曦之變，竟受僞命之宣。已而身亡，乃叨恩澤及其子，聞者皆爲不平。」故有是命。

三十日，新知湖州趙伯檜罷新任，前知廣州洪伋褫職。以右諫議大夫應武言，伯檜貪鄙輕僥，伋貪汙淫濫。

九年正月九日，知肇慶府趙彦柟、知南恩州孫次韶並放罷。以監察御史李楠言：「彦柟創賣官紙，痛革私酤，利孔無遺，殘民特甚。次韶年事已高，懦巽無立。」

同日，魯誼、[11]趙不熄、葉嗣昌並罷宫觀。以監察御史劉棠言：「誼人品庸俗，苟且亡耻；不熄性習貪鄙，嗜利無厭；嗣昌狼籍之狀，具有白簡。」

二十五日，權發遣均州徐夢龍與祠禄。以京西安撫儲用言其受才迂僻，臨事乖疏，希賞繕修，專事科歛，防托江面，殆類兒戲。

二月二日，權發遣寧國府張忠恕與宮觀。以江東運副真德秀言其「曩守霅川〔一〕，汙穢無檢，爲憲臣所劾；及來宛陵，貪恣益甚」。

二十九日，權知廣安軍李中孚與宮觀，理作自陳。以潼川提刑魏了翁言其精神昏憒，受成吏胥，賊盜肆行。

三月二日，知靖州歐陽伋放罷。以監察御史劉棠言其不足以膺牧養之寄。

十四日，知房州劉無欲放罷，與祠禄。以京西儲用言其「近攝郢州〔二〕，供帳什物必欲依正官應辦，無不被擾；今付以專城之寄，民冤何訴！」

十五日，江州副都統李謙放罷。以臣僚言其馳私書，爲其子弟公行請託，故有是命。先是，檢詳諸房文字葛洪申：「準省劄差充呈試淸彊官，已遵稟前去監試，中途忽有投下李謙劄子，啓封乃是計囑其子該呈試人李溥、泳、淮三人，合行繳申。」尋詔特降兩官。

同日，徐瑄差知寧國府指揮寢罷，與待闕小郡差遣。以兼給事中范之柔言其爲郎憲部，用心深刻，遇事褊躁故也。

四月十九日，鎮江都統制馮榯特降一官，權統領官王明特降三資，權正將王錡、胡涇各特降兩官資。皆坐失鈐束官兵陳彥、王用、蔡12青、孫旺四人盜取百姓錢物作過，從兵部侍郎兼中書舍人石宗萬請也。

二十七日，新知臨江軍丁大椿與宮觀，理作自陳。以兼中書舍人任希夷言其貪鄙狠愎，懵不更事故也。

二十八日，知涪州楊炎震放罷。以殿中侍御史黃序言其內虧孝行，外著貪聲。

同日，知處州趙筠夫與宮觀。以右諫議大夫應武言其出守括蒼，謬政百出，哀刻聚斂，民訟不決。

五月六日，新知資州馬琰罷新任。以監察御史劉棠言其行己不顧廉隅〔三〕，當官惟務貪刻。

二十二日，知信陽軍趙善培特降一官。以京湖制置趙方言其不能區處歸附人安業，致有逃竄。

六月二十一日，知廣德軍魏峴與宮觀。先是，知廣德軍魏峴言本軍教授林庠不職，得旨放罷。既而江東運副真德秀復言：「乞將臣併賜鐫斥，以懲差委失當之罪，臣見今待罪。」尋詔真德秀無罪可待，魏峴與宮觀。

閏七月二日，新知嘉定府袁柟改差知重慶府指揮寢罷。以監察御史李楠言其闒茸貪殘。

五日，利州副都統制王守中特降一官。以爲將帥掊剋不職，從兵部侍郎兼中書舍人石宗萬請也。

〔一〕守：原作「寸」，據《西山文集》卷一二改。
〔二〕用：原作「司」，據上文九年正月「二十五日」條改。
〔三〕己：原作「以」，據文意改。蓋「己」訛作「已」，又訛作「以」。

八日，知徽州詹阜民與宮觀。以淮東總領所言：「徽州乞倚閣去年未解錢米，及點檢得所申賑濟錢米帳狀，並是恣爲欺弊。」

二十一日，知沅州劉公亮放罷。以其措置無策，防守不嚴，致傜人乘間劫殺，難以存留在任。從知江陵府趙方請也。

二十[13]四日，知簡州梁公明放罷。以簡州顯惠神君誕辰，士民從年例獻樂，至黄昏有雨，遊人争過浮橋，以致橋船損壞，溺死人衆，守臣梁公明不能禁約，何以逃罪。從成都提刑周居信、知成都府董居誼請也。

二十六日，知饒州林潔己放罷。以殿中侍御史黄序言其兹守鄱陽，不聞善政，但根括諸邑財賦，利孔無遺。

八月二日，新知常德府林良罷新任。以監察御史李楠言其試郡而謬盭隨見，居鄉而横肆貪殘。

十八日，知容州鄭光展二年磨勘。以靈山縣令高渥、權北流縣令張次良違法科擾，有恃而然，乞將鄭光責罰。從知静江府趙崇憲請也。

九月四日，前江東提舉李道傳與四川州郡、監司差遣。以監察御史李楠言其持節庾臺，講行荒政，動輒舛謬，昧於體國。

二十七日，知嘉興府鄭元鼎與祠禄，理作自陳；通判嘉興府趙師雍放罷。以殿中侍御史黄序言：「元鼎詞訟積壓，財賦失陷；師雍多詐不情，接受關節。」

十月三十日，知紹興府葉箋放罷。以殿中侍御史黄序言其老而且繆，郡事廢弛。

同日，知通州趙贊夫放罷，李□別與待闕州郡指揮寢罷。以右正言李楠言：「贊夫輕猥駔儈，嗜進無耻；□設心傾險，所爲苟賤。」

十一月九日，知潮州林大章放罷。以監察御史盛章言其外示深沉，中實貪鄙，出守潮陽，肆行無忌。

十二月十四日，謝廷玉、丁大椿、鄭擢並罷宮觀。以監察御史劉棠言[14]廷玉四經鐫斥，大椿三被論斥，擢七汙白簡，各不悛改。

同日，知襄陽府儲用與宮觀，理作自陳。以監察御史盛章言其弈棋廢事，飲酒自娱。

二十七日，新知泰州李駿、知安豐軍孫涇並放罷。以殿中侍御史李楠言：「駿比守盱眙，築城一事略不介意，給降錢米輒擅移侵。涇自以習知疆埸，顧乘極邊一障，而初無規畫，氣餒多懼。」

十年正月二十三日，知英德府趙師嶠放罷，更降一官。先是，廣東提刑陳光祖言其兇狠貪婪，一切不恤。既而兼權中書舍人黄宜復言其狼籍滋甚，無復悛改。

二十四日，徐宏差宮觀指揮寢罷。以兼權中書舍人莊夏言其挾權妄作威福，凡所彈擊，率快私怨。

二十八日，知西外宗正事趙汝厦放罷。以右正言劉棠言其爲郎領錢穀之任，昏懵無以稽考；爲監止於勸課工程，亦漫不加省。

同日，廣西提刑劉湛之召赴行在指揮寢罷。以殿中侍御史李楠言其鄙陋無長，貪婪好貨，持節廣右，州縣被害。

二十九日，新知忠州蔣孝聿罷新任。以殿中侍御史李楠言其氣習膏粱，留情聲色，慵惰不立，妄誕爲欺。

二月二十一日，江州副都統制張威降一官放罷。以臣僚言其專務姦貪，剋剝戰士，忌嫉偏裨。

三月二十三日，都大提點坑冶章棶降一官放罷。以監察御史李安行言其爲湖南運判日，與帥臣安丙嫌隙，因以公事互有奏陳。

四月二日，前淮東提舉吳囦放罷，15王益祥宮觀指揮寢罷。以監察御史李安行言：「囦内則失於闒茸弛縱，外則好於苞苴結託；益祥稟資回邪，素行貪黷。」

二十五日，湖南提刑孫衿赴行在奏事指揮寢罷。以右諫議大夫黄序言其出守漢陽，席捲賊贓；假節湖南，愈無顧忌。

二十六日，新知珍州卑嶧與祠禄〔一〕。以兼給事中任希夷言其嘗守威州，貪黷無厭；今復任守珍，豈不生事。

五月二日，知廬州趙伸夫落職〔二〕，罷宮觀。先是，兼權中書舍人莊夏言：「近者浮光告急，制司就近撥合肥之兵以援浮光，趙伸夫畏懦退縮，占護不發，乞寢宮觀，仍更鐫降。」既而殿中侍御史李楠復言伸夫立志不彊，臨事不武，故有是命。

四日，廣東市舶提舉陳穎放罷。以監察御史盛章言其賦性貪婪，老而益甚。

同日，廣東提刑陳光祖放罷。以監察御史李安行言其守英德惟有貪酷，守邕州殊乏綏懷；既叨憲節，富民訴母，母被逐出，絶滅天理。

十三日，知嘉定府王騆與宮觀，理作自陳。以其用刑慘酷，長惡不悛，受賂鬻獄，侵用官錢，從成都提刑周居信請也。

十九日，知黔州李整放罷，永不與州郡差遣。以其貪叨傲慢，毒害于民，從夔路安撫朱著、運判楊九鼎請也。

二十二日，淮南運判喬行簡、知真州洪偲並與宮觀〔三〕，理作自陳。以行簡久任澄清，不聞風采；偲識見卑猥，惟事遊宴。從江淮制置使李珏請也。

二十九日，知漳州張聲道與祠禄，主管建寧16府武夷山沖佑觀胡棨罷宮觀。以殿中侍御史李楠言：「棨作守臨漳〔四〕，繆而且貪；聲道繼之，貪殘益甚。」

同日，新知廣安軍詹大椿與祠禄。以右正言劉棠言其蠢憒怪僻。

六月七日，趙崇規差知汀州指揮寢罷，仍舊宮觀，理作

〔一〕卑：疑是「單」之誤。
〔二〕伸：原作「仲」，據下文改。
〔三〕偲：原作「思」，據下文改。
〔四〕作：似當作「昨」。

自陳。以兼權中書舍人莊夏言其守湖州日，寵妾專權，交通關節。

二十三日，知韶州曾棠、前知封州葉桂並放罷，内葉桂特降一官。以棠心術陰險，專務刻剥，桂貪婪結托，滅公恣私。從廣東提舉趙伯鳳請也。

七月十一日，謝周卿差知蘄州指揮寢罷。以兼權中書舍人莊夏言其一意聚斂，以豐囊橐。

十九日，林琰罷宫觀。以兼權中書舍人莊夏言其爲臺諫，倚勢作威，容子壻交通關節。

八月四日，建武軍節度使王喜罷宫觀。以兼給事中任希夷言其奉祠居家，凌侮軍帥。

九月二十七日，前知階州王大椿降兩官，永不得與祠禄及州郡、兵官等差遣。以右諫議大夫黄序言其躐綰郡符，聽軍人郭偉妄言提轄官王握、劉顯祖謀亂，不由推問，登時誅戮，如杜氏一門被禍尤慘。

二十九日，前江州副都統制李謙特降三官，送邵武軍居住。以臣僚言其肆爲貪墨，用意乖繆，先有是命。既而給事中任希夷又言謙造言惑衆，具見前後論疏，復詔特追三官，送漳州居住。

十一月二日，起復知西和州張彧放罷。以臣僚言其考校徇私，貪黷無止。

五日，新知建昌軍楊圭罷 17 新任。以監察御史李安行言其兇險貪叨，得倅合肥，凌忽帥守。

二十二日，方(桶)〔桷〕罷宫觀。以兼權中書舍人莊夏言其「嘗守連山，席捲郡帑，以舉削分授婦人，尋有降官、罷新任之命。朝廷行下覈實，遷延未正其罪，不可使之端坐而受厚禄」故也。

二十八日，前知漳州林大章罷宫觀。以殿中侍御史李楠言其昨守潮陽，低價糴軍糧，高價折納，密報按罷，計會郵傳遲行，劄到而帑庾罄矣。積賄既多，不當更竊祠廪。

十二月二日，前知潼川府劉光祖、前知遂寧府許奕各降一官。以監察御史盛章言此二人牒試冒濫。

八日，知常德府虞易簡放罷。以其挈累遊桃川，復迂道訪醫，出城十日而歸，府印但留空室中。從湖北運判張忠恕請也。

二十七日，〔知〕雅州趙彦吶降一官，放罷。以殿中侍御史李楠言其墮巖番姦計，砂平大肆忿毒，焚禁門，掠貲貨，虜寨官，殺兵丁，實爲厲階。

二十八日，知象州林槱放罷。以右正言劉棠言其貪猥無耻。

十一年正月二十四日，通判嘉定府竇籥放罷。以殿中侍御史李楠言其暫攝州麾，公行貪黷。

二月二日，李□罷宫觀。以監察御史盛章言其作邑分符，叨除列院，俱遭罷斥。

同日，新知臨江軍趙不摭罷新任，與宫觀。以監察御史李安行言其所至貪酷聚斂。

五日，劉垕令赴行在奏事指揮寢罷。以監察御史蔡鬫言其慘酷貪黷〔一〕。

二十四日，知道州龔維蕃、新知[18]道州林至並與祠禄。以右諫議大夫黄序言，維蕃碌碌凡才，〔至〕傾險貪婪。

二十六日，前福建運司主管文字韓括特降一官，放罷。以其乘前漕臣魏大中艱棘去官之後，將簽廳擬斷公事僞作大中押字書判，從行名件不一。從漕臣趙彦倓請也。

四月二十七日，廖視再與祠禄。以殿中侍御史李楠言其好賄淫刑，祝鼇周歲，亟造京畿，以僥膴仕。

五月六日，方信孺别與州郡差遣指揮寢罷，仍降兩官。以兼給事中任希夷言其舉措乖方，輕率妄作。

八日，知南恩州翟昫放罷〔二〕。以其賄賂公行，公帑赤立，從廣東運判楊宜中請也。

十二日，知資州李耆崗、盤石縣令宇文之寅並放罷。皆坐造橋鹵莽，以致溺死人命，從潼川提刑丁必稱請也〔三〕。

十三日，新知蓬州費昌運罷新任。以其作守大安軍〔四〕，盜用錢米掩爲己有，從利路運判鄒孟卿請也。

十六日，辟差知天水軍黄炎孫降兩官，放罷。以臣僚言其捐棄官守，偷生誤事，先有是命。既而中書舍人黄宜又言，乞將炎孫重賜追奪，屏之遠方，復詔特追三官，送辰州居住。

十七日，劉先差宫觀指揮寢罷。以中書舍人莊夏言其當官貪暴，居鄉恣横。

二十八日，趙善培褫職〔五〕，依舊宫觀。以右諫議大夫黄序言其分閫既無勳業之著聞，易地又乏方畧之展布。

六月五日，新改知處州呂祖平與祠禄。以監察御史盛章言其屢試郡符，益無善狀。

七月[19]三日，成都運判梁綸特降兩官，昨降與待闕州郡差遣指揮寢罷。以兼給事中任希夷言其輕信浮言，妄自驚擾。

十二日，知潼川府許奕與宫觀，（成都）〔潼川〕提刑丁必稱放罷。以侍御史李楠言蓦關、大散、皁郊之擾〔六〕，西和、成州之變，不究虚實，輒以上聞。

二十九日，知雷州毛當時放罷。以右正言李安行言其稟性無常，奉道行法；淫刑濫罰，所不忍聞；海商得志，劫盜紛然。

同日，知吉州鄭寅與祠禄。以左司諫盛章言其氣習膏

〔一〕鬫：原作「闞」，據本書職官七五之二〇、《後村集》卷四三《玉牒初草》改。

〔二〕昫：原作「畇」，因避理宗諱而缺筆，今改。參見前文職官七五之一校記。

〔三〕潼川：原作「成都」。劉克莊《後村集》卷四三《玉牒初草》記此事作「潼川路提刑兼提舉」，據改。資州及盤石縣屬潼川府路，而不屬成都府路。下文七月「十二日」條同。

〔四〕作：似當作「昨」。大安：原作「太安」，據《宋史》卷八九《地理志》五改。

〔五〕據《後村集》卷四三，趙善培官銜爲「前知江陵府、直祕閣」。

〔六〕皁：原作「皁」，《後村集》卷四三作「卓」，均誤，當作「皁」。皁郊，堡名。《宋史》卷四〇《寧宗紀》四：嘉定十一年正月「戊子，金人圍皁郊堡」。即此所謂「皁郊之擾」也。《方輿勝覽》卷六九：「皁郊堡，在天水縣東北四十里。」

（梁）〔粱〕，政由内出，訟之黑白，以賄變遷。

八月七日，前知濠州趙伯熊赴行在奏事指揮寢罷。以監察御史王夢龍言其宴安自封，沈湎無度。

二十六日，前知黄州謝汲古令赴行在奏事指揮寢罷。以侍御史李楠言其行污姦淫，苟賤無恥。

二十九日，新除廣東提刑趙伯鳳與宫觀，理作自陳。以中書舍人莊夏言其一意聚歛，不恤民怨。

九月十九日，知澧州張革放罷。以監察御史蔡闢言其向守高沙，政以賄成。

二十六日，新監鄂州户部糧料院趙善穃與閑慢差遣〔一〕。以其（衹）〔抵〕官不申總司，徑在江州界借印交割，不安分守，邈視其長，從湖廣總領綦奎請也。

十月二日，知光化軍潘景伯令赴行在奏事指揮寢罷；鄂州中軍統制司儀降三官，送金州居住。以左司諫盛章言：「景伯材術不足以備器使，威望不足以壓衆志；儀軍政不嚴，輕犯紀律。」

二十六日，葉嗣昌差宫觀指揮寢 20 罷。以中書舍人莊夏言其居家則不孝其親，不友其弟；當官則交通關節，賄賂公行。

十一月八日〔二〕，知西和州楊克家特追三官，送道州居住〔三〕；知成州羅仲甲降三官，送常德府居住。二人皆坐棄城逃竄之罪，從四川制置使董居誼請也。

十九日，淮西安撫司參議官陳璧與祠禄。以監察御史王夢龍言其叨居議幕，反謂淹回，猖狂妄行，招權納賄。

二十二日，新知邕州鄭肅與宫觀，理作自陳。以其守柳與藤，疲庸無施，受成吏手，鹽課乖繆，從廣西運判曾焕請也。

十二月一日，新改差知（楊）〔揚〕州應純之放罷〔四〕。以侍御史李楠言其在山陽規模不立，紀律不嚴，節制而人不稟承，賞予而人不感悦。

九日，雄勝統制侯汝楫更降兩官，令江淮制置司送軍前自效。以臣僚言其御軍則不知正身率下，臨敵則不知捐軀報國。

十五日，知賓州聶溥特降一官，放罷。先是，廣西經畧鄒應龍言其擅將本司差辟上林縣令姜大鈞按劾，不顧分守，尋詔特降一官。既而廣西提刑吳純臣復言溥用刑慘甚，復有是命。

十二年正月二十一日，新通判滁州趙師耀罷新任。以監察御史蔡闢言其賦性貪婪，濟以慘刻。

〔一〕穃：原作「䅵」，按字書無此字，據《宋史》卷二三一《宗室世系表》一七改。衛涇《後樂集》卷一三有趙善稌，「稌」與「穃」同。
〔二〕十一月八日：按，《宋史》卷四〇《寧宗紀》四記此事於十月八日丙午，誤，《後村集》卷四三《玉牒初草》亦載於十一月八日丙子，與《會要》合。
〔三〕州：原脱，據《後村集》卷四三補。
〔四〕純：原作「鈍」，據《後村集》卷四三改。

二十九日，知婺州趙懇夫放罷〔一〕。以右正言李安行言其職叨撫字，譽乏廉平，政尚苛刻，民訟不決。

同日，知武岡軍林拱辰降一官，放罷。以侍御史李楠言〔其〕居官則流毒郡邑，在家則貽害鄉閭。

三十日，21新通判臨江軍趙彥伸罷新任。以左司諫盛章言其卑猥貪叨，瓜戍未及，隔年索迓，預借俸給。

二月二十七日，前四川制置使董居誼召赴行在指揮寢罷。以侍御史李楠言其邊淮繹騷，懵若不聞，寇戎壓境，搏手無策，先有是命。既而又言其「出蜀掩公家之積以爲己有，橫斂虐取，四蜀怨嗟。鐫官褫職，嚴示懲戒，雖祠祿亦未可輕畀」，尋詔特降三官，仍落職。

三月二十八日，前知雷州毛當時放罷。以右正言李安行言其收匿罷命，治事自如，蔑視臺綱，盡廢邦憲。

閏三月二十八日，新知常德府馮愉、通判鎮江府黃士特各降一官，放罷。以臣僚言：「愉守閬州，專以酒政虐民；洎守左綿，貪暴特甚。士特桀驁倚勢，凌轢同列，侵權撓政，靡所不爲。」

四月六日，通判雷州石應孫放罷。以守臣偶遭論罷，應孫不候省劄及上司公文，遂用通判印記權領州事；縱悍僕干預郡事，賄賂公行。從廣西諸司請也。

八日，成都提刑周居信令赴行在奏事指揮放罷。以監察御史蔡闢言其自拜召命，遷延不行，一聞邊事之急，倉皇解印，不忠之罪莫甚。

九日，知池州葉凱降一官，放罷。以監察御史王夢龍言其苛慘姦貪，席捲惟意。

二十七日，前四川總領王鈆降三官，昨降令赴行在奏事指揮寢罷。以左司諫盛章言其任情徇己，蠹國害民。

五月二十九日，前廣東提刑趙伯鳳降一官，罷宮觀。以左司諫盛章言：「22易節憲臺，後省繳駁，潛匿省劄，治事如故，妄作威福，偃然自如。」

六月十九日，林岡、韓仁甫、韓信甫、王驎、王駒、葉嗣昌、葉嗣立各降一官，內林岡服闋後未得參部放行注授，王驎、王駒、葉嗣昌永不得與州郡差遣。以右正言胡衛言：「岡乃祖洽之子，身後遺澤分房之法岡無所預，逼父遺囑，彊母營求。仁甫、信甫戚里諸孫，家廟貲產，鬩牆分爭，交訴天庭。驎、駒前(後)〔從〕臣之子，互訐閨門之私，分納短卷〔二〕。嗣昌、嗣立前執政之子，弗顧手足之親，嚚訟求勝，十年弗已，而嗣昌營私專利，悖慢非一。」故有是命。

二十日，江淮制置使李玨候服闋日褫奪職名。以右諫議大夫李楠言：「適殘虜寇邊，付以重地，既得邊報，不亟啓行，遷延畏縮。俟虜既退，僅至維揚而返。泗上之役，實玨逼使，損國威重，啓狄輕心。」

二十六日，權知英德府陸三省與祠祿，新知英德府鄭

〔一〕知婺州：《後村集》卷四四《玉牒初草》作「知雅州」。
〔二〕短卷：原作「短巷」，據文意改。

湜罷新任。以監察御史徐鼂年言：「三省竭澤苛征，以自豐殖；湜老繆貪叨，屢經論罷。」

七月三日，前四川制置董居誼更降兩官，送永州居住。以兼給事中宣繒言其「虜騎衝突，倉皇無策，我師失利，乃用輕儇之人爲將帥，掊刻軍士，以致潰散之卒反爲虜人鄉道，降官罷職，罰未當罪」故也。

二十一日，池州都統制武師道放罷。以臣僚言其憒而無知，懦而不武，豈足以勝總戎御衆之任。

八月九日，前通判盱眙軍尤爚罷祠禄。以監察御史徐鼂年言其「常時 23 節義自許，俾貳邊郡，就攝軍事，顧乃見敵在前，終日憂懼，形於涕泣。平居大言，事至一籌莫措，幾致誤國。」

二十七日，新知惠州陳士元罷新任。以右諫議大夫李楠言其居家恃彊吞併，結怨閭里；在官貪汙狼籍，流毒生民。

二十八日，新通判臨江軍趙善䕷〔䅷〕與祠禄。以左司諫盛章言其「試邑鉛山，以科斂被按；爲屬浙漕，以納賂抨彈；（泊）〔洎〕倅黃州，以貪黷遣斥。需次鄂州糧料，別與閑慢差遣，豈可不爲他日之慮？」

同日，江州通判趙希惠、新台州通判韓休卿並放罷。以右正言胡衛言：「希惠（令）〔今〕倅九江，貪（惏）虐益甚；休卿莅官所至，率無聲稱。」

九月二十九日，毛當時罷宮觀。以左司諫盛章言其頃守雷州，嘗爲臺臣論奏；今居鄉邑，長惡不悛。

十月二十九日，淮東提刑、兼知揚州洪伋別與州郡差遣。以右正言胡衛言其自爲譸張，舉措失宜，始至既已退縮，稍久必誤國事。

十一月五日，前都大主管川秦茶馬監牧公事趙彦縇召赴行在指揮寢罷，與宮觀，理作自陳。以監察御史徐鼂年言〔其〕以死損之馬支破價錢，及都統司取馬，動以無馬却之。

十二日，新廣西提刑万俟佀與宮觀，理作自陳。以監察御史徐鼂年言〔其〕苛刻峭深，迹其歷任，廣西敗績尤多。

三十日，新知桂陽軍左慕與祠禄。以左司諫盛章言其爲士之日干預邑政，有「左押禄」之號；及玷周行，率多兜攬，有「左水功」之名。

十二月□日〔一〕，新通判 24 常德府楊圭、新通判郴州趙汝璔並罷新任。以監察御史張次賢言：「二人者居家有醜行，居官無善狀，得倅名邦，未厭公論。」

二十三日，新通判饒州徐習罷新任。以殿中侍御史盛章言其頃倅永嘉，大商漏舶乳香直以萬計，所犯非輕。

二十五日，前知瓊州楊炎正降一官，罷宮觀；知貴州陳士廉放罷。以監察御史徐鼂年言：「諸黎猖獗，炎正撤兵不備，羣黎大肆劫掠。士廉專事欺誕，賊首嘯聚，本州副

〔一〕十二月□日：原作「十二月日」，今加「□」。

吏何彬實爲謀主，士廉必欲出脱其罪，竟從輕典。」

十三年正月二十三日，焕章閣學士、太中大夫、提舉南京鴻慶宮黄疇若，直寶謨閣、主管亳州明道宮留元剛，並褫職罷祠。以殿中侍御史胡衛言：「疇若出帥西蜀，貪汙狼籍；今以西清奉真祠，尚（快快）〔怏怏〕於（炳）〔柄〕用之弗及。元剛嘗守永嘉，惟務酣飲，繼守章貢，狂暴益著。」

二月二日，邵武軍通判施寅放罷，通判婺州劉泳之罷新任。以寅庸鄙貪黷，連遭罷黜，泳之貪叨聚斂，亦遭按罷，此二人豈可使貳名藩。從監察御史徐龜年論列故也。

嘉定十三年二月十八日，潼川運判程遇孫鐫罷，知遂寧府李壁與宮祠。以殿中侍御史胡衛論「程遇孫攝郡，臨事逃遁；壁被命已久，既聞驚報〔一〕，不即赴郡。且互申宣司，一則失小臣之節，一則失大臣之體，私争而緩國事」故也。

二十七日，王鉁降兩官，送撫州居住。以右正言王元春言：「董居誼、王鉁姦貪誤國，西蜀幾危。[25]居誼既坐遷謫，王鉁僅從鐫罷，同罪異罰，人誰不疑？」故有是命。

同日，江東提舉徐僑、新知潮州危稹並罷免。以僑僥倖通顯，士論弗歸，稹自登朝，脅取錢物，爲正言王元春論列。

四月三日，新知温州徐澄、新知興化軍張擢並寢罷新命。以監察御史羅相論：「澄筮仕以來，俱無善狀；擢動形怨望，公肆譸張。」

五日，知湖州陳汶與宮觀，理作自陳。坐到官以來專於哀刻，恣行慘虐，爲監察御史徐龜年論列。

二十六日，新通判平江府林清之降一官放罷，永不得與親民差遣；湖州通判朱晞顔與祠禄。以殿中侍御史胡衛言：「清之寄居湖州，素號武斷，適通判家于清之新治，由是交託，日有造請，晞顔以此施於清之，欲其報於他日。」

同日，新知常德州劉學裘〔二〕、知興國軍王潤孫並罷免，永不得與知州軍差遣，内劉學裘降一官。以左司諫王元春論列：「學裘人品猥下，所至贓汙；潤孫久閑得壘，急欲爲姦。」又論：「學裘初任楚州寶應縣，絶無措置，虜犯清河，學裘宵遁，邑民被誤，未經行遣。」

二十七日，知廣州留恭罷黜。坐每遇點舶，恣行掇拾，緣此舶舟稀少，爲右正言張次賢論列故也。

六月一日，知循州周用亨罷黜。以用亨身爲郡守，一切嗜利，以肆其欲，爲知廣州留恭按劾。

十一日，前知筠州趙盛、新知全州富嘉謀並罷黜。以監察御史羅相言：「盛席捲府庫，稛載而歸；嘉謀曩事權姦，因兹驟用。」

七月[26]三日，被召京西提舉蕭必簡與祠禄指揮寢罷。

〔一〕驚報：似當作「警報」。
〔二〕常德州：宋無此州名，有常德軍，即鼎州，自乾道元年即升爲府，疑當作「常德府」。

以左司諫王元春言，必簡不恤國事，無補公家。

十日，漣水總轄忠義季先特添差福建兵馬鈐轄、漳州駐劄指揮寢罷。以其斷役亡命，叨竊官資，專恣擅殺，輒刊樞密院印，僞稱聖旨，擅行國書，爲臣僚彈奏。

十九日，前通判隆興府秦鎬降一官，放罷。以殿中侍御史胡衛論列：「鎬冒倅大藩，需求遍於屬邑，請謁逮於諸胥。」

九月二日，新知常州蓋鈞罷新任，降授朝請郎王騶降元秩。以殿中侍御史胡衛論列：「鈞昨守滁陽，修城虚破，未加罪斥，乃望陞擢；騶蔑棄天倫，僅降一階，念咎不萌，榮圖方切。」

同日，江東提刑葛洪與宫觀，理作自陳。坐很愎自用，妄作威福，爲左司諫王元春論列。

四日，權發遣德安府趙淏與宫觀，理作自陳。以右正言張次賢言：「淏因兄淳嫵媚權姦，僥倖邊郡，倚仗委難。」

七日，知江陵府趙綸降一官。以監察御史方猷言其昨守信陽，朝廷委以築城，職事不謹。

十九日，知合州郭公辰放罷。以其民事、郡政並不經意，從潼川提刑曹叔遠論奏故也。

二十四日，權發遣蓬州李耆壽降兩官，放罷。以其貪饕如狼，殘暴如虎，不足以當二千石之寄，從利路提刑楊師復論奏故也。

十月一日，新知撫州王庭芝罷黜。以監察御史羅相論奏，庭芝居鄉無善狀，治郡乏廉聲。

二十三日，權知峽州吳衍與宫觀，理作自陳。以衍近得風疾，書[27]押皆用木雕手記，今既病發，與吏爲市，湖北提刑趙綸論奏故也。

十一月三日，新知衢州袁申儒與宫觀，理作自陳。以左司諫王元春言剖符儀真，絶無善狀。

六日，知太平州、新除江東提刑陳貴謙與宫觀，理作自陳。以右正言張次賢論列：「爲郡兩年，無功可稱，有過可指，僥倖漏網，尚可使之冒一路之節？」

十二月三日，前知邕州鄭肅罷宫觀，知昭州吳騏罷見任。以監察御史羅相言：「肅守郡貪婪，祠廪將滿，出入修門，期遂所求；騏倍其鹽直，抑配編民，館客鄉人，交通關節。」

八日，知南安軍尚振英降一官。先是，振英乞祠，詔與宫觀，既而江西提刑留筠言其老懦昏暗，臨事乖方，故有是命。

二十一日，新權知高州趙善宕罷新任。以善宕寄居福州乾元寺，縱其子汝位行打百姓王濟致死，帖問不即伏辯，且遷延欲爲之任計，爲福建提刑朱端常按劾故也。

二十七日，知贛州柴中行罷黜。以右正言張次賢言其託病，全不出廳，舉措狂率，實駭聽聞。

二十八日，知肇慶府趙希閔、通判趙希逖各降一官，放罷。以左司諫王元春言其二人互申情犯故也。

二十九日，通判海州王邁罷黜，仍送道州居住。以淮東制置賈涉按劾其無尺寸之功，攫非常之賞，指韋避事，不畏簡書。

十四年正月二十九日，通判袁州蘇枘罷黜。坐年事衰頽，受成吏手，爲江西提舉蕭舜咨論列故也。

二月五日，新沿28海(置制)〔制置〕司參議官唐慤、新嘉興府通判李仁方罷黜。以監察御史羅相言：「慤生平黷貨，老益貪婪，在鄉專肆把持，恣爲不法。仁方飲宴天子苑囿，打傷園吏，試邑分寧，貪殘不卹。」

同日，知光州陳孝嚴罷黜。以監察御史方猷言其自交郡符，了無善狀，大言無當，每事乖繆。

二十九日，廣東提舉吳季真罷黜，前知建昌軍王衡仲罷祠禄。以季真百端榷剥，嗜利無厭，衡仲晚得一郡，政以賄成，爲殿中侍御史張攀按奏。

四月四日，湖北運判，兼知鄂州游九功與宮觀，理作自陳；權知興國軍陳球別與一等州郡差遣。以言者論：「九功雖無顯過，亦非真材，徒自矜夸，妄自標致；球年事已高，精神昏耄，當此多事，恐亦非才。」

七日，興化軍通判章伯奮罷黜，徽州通判葉巘罷新任，新興國軍通判韓休卿與祠禄。以殿中侍御史張攀言〔一〕：「伯奮作宰福清，姦貪狼籍；巘止有一母，仕宦所至，未嘗奉親以行；休卿以權姦親姪，夤緣改秩，凡倅三郡，治無善狀。」

二十一日，知潯州憲罷黜〔二〕，永不得與親民差遣。以憲叨綰郡符，肆行貪墨，爲廣西運判沈實按奏。

同日，差知漢陽軍王驎別與差遣。以湖廣總領何炳言：「驎倅辰陽，政無善狀，忽畀沔陽，緩急誤事。」

同日，饒州通判朱獻臣、嚴州通判黄簡並罷黜。以右正言張次賢言：「獻臣居官所至，積有貪聲；簡曩宰會稽，政以賄成。」

七月三日，新知洋州勾廷永罷新命。以監29察御史方猷言，廷永居官所至，榷剥百姓，傾陷同僚。

六日，淮南運判、兼知無爲軍陳師文降一官，放罷。以殿中侍御史張攀言：「兩淮制司調發援兵，餉餽取辦西漕，師文恬不加意，措置乖方。」

二十三日，太中大夫李珏落職，仍降一官；王好生更追兩資，送賓州羈管；李任罷新任。以珏性資很愎，志趣貪婪，縱容其子内機李任、屬官王好生專權擅政，交通關節，從中書省檢會監察御史羅相之請也。

二十七日，追官人朝請大夫李澄特與叙一官、差主管江州太平興國宮指揮寢罷。以中書門下省言，澄人品猥凡，趣操卑下，黷貨驕淫，見諸白簡，不與(諸)〔書〕行録黄，故有是命。

〔一〕御史：原作「衛使」，據上文二月二十九日條改。
〔二〕「憲」上脱姓氏。

二十八日，前知蘄州余琢與宮觀，理作自陳。以琢凡所居官，碌碌無聞，爲殿中侍御史張攀論列。

九月十五日，主管華州雲臺觀魏大有、主管建寧府武夷山沖佑觀黃渙、主管建康府崇（僖）〔禧〕觀趙伯熊、主管台州崇道觀徐習並罷宮觀，内魏大有令臨安府日下押歸本貫居住。以監察御史方猷言：「大有近司憲事，追擾州縣；渙徒肆口吻，專事劫持；伯熊荒飲無度，再玷風聞；習昨倅永嘉，每事操切。」又言：「大有遷居錢塘門外，密伺朝廷，冀投閑隙，他日必爲不靖。」故有是命。

十月二日，淮南西路兵馬副都監、安慶府駐劄楊溥放罷，仍追兩官；知安慶府陳伯震降一官。以溥乘州郡之疑懼，燒毁屋舍民居，三千餘家生計一時煨燼；30伯震郡守也，豈可佚罰。從淮西制置司申也。

十四日，知建昌軍汪檝放罷，通判臨江軍周溥特降一官。以檝貪不知止，懦不能立；溥嗜利無恥，交通關節。爲江西提刑孫德輿論列。

十一月六日，徐宏復祕閣修撰、主管建康府崇禧觀指揮，仍俾奉祠，祕閣修撰未與復職。以宏心術傾險，給事中程卓不與書讀録黃故也。

十二月七日，知永康軍杜植特與宮觀。以其愚蔽自用，久病簡出，繆政多端，民被其害，爲知成都府崔與之論列故也。

閏十二月五日，新台州通判趙希閎罷新任。以殿中侍御史張攀言其試邑衡陽，虐政横令，民弗能堪。

六日，前成都提刑江公亮與宮觀，理作自陳。以監察御史方猷言：「公亮獲叨憲節，怙勢妄作，獄貨是寶，輕重失當。」

十五年二月三日，新知德安府徐晞稷、新知建昌軍范擇能並與祠禄。以臣僚言：「晞稷專事誇誕，殊無誠實；擇能天資闒茸，人品凡（康）〔庸〕。」

四日，知湖州趙希蒼與宮觀，理作自陳，陳自明降一資，罷新任。以臣僚言：「希蒼因廣化寺（遣）〔遺〕漏，株連蔓引，勘究僧祖慶，追逮寄居陳知録自明之婢。其陳自明敢加抗辱，豈非希蒼有以自取？乞將希蒼畀祠，其自明亦賜行遣，以存州郡之體。」故有是命。

二十八日，知石泉軍劉參、知涪州胡酉仲並放罷，新知合州安伯恕罷新任。以四川宣撫崔與之言：「參貪婪深刻，濟以駔儈；酉仲兇很貪殘，勇爲不義；伯恕輕31浮躁競，濟以姦險。」

三月四日，知封州薛賢放罷，新知英德府陳紀罷新任。以臣僚言：「賢，民有作爲之歌曰〔一〕：『得母凶書更不看，公然匿服亟之官。下車聚斂如行劫，貪虐姦淫不一端。』紀守藤州日，其郡多出白藤，置局敷買，百姓作《買藤歌》，有『條條皆性命，束束是冤魂』之語。」故有是命。

〔一〕作：疑衍。

七日，主管建康府崇禧觀徐宏罷宮觀，秘閣修撰柴中行落職罷宮觀。以臣僚言：「宏資稟至下，行誼尤虧；中行心顯好利，政以賂成。」

四月四日，知梅州楊承祖、知梧州方孺並罷黜。以臣僚言：「承祖稟資貪婪，操行傾險；孺素無行檢，專事刻剥。」

五月四日，廣東經畧留筠與宮觀，知南雄州陳士會罷黜。以臣僚言：「筠居官所至，政以賄成；士會外示質樸，中實詭詐。」

六日，虞易簡新差知永州指揮寢罷。以其蜀人，墳墓、親黨在焉，乃安居于都城，故鄉之義安在，中書省不與書讀録黄故也。

十七日，漳州通判方灼罷見任，新邵武軍通判唐棐罷新任，漳州知録許彦莱鐫黜。以臣僚論列：「灼出倅漳浦，徇私忘公，本州知録許彦莱脱誤宗女之親，曲爲蓋庇，竟成抑塞；棐待次于寓居吴門〔一〕，黨庇小人，攔占他人墓道；彦莱隱下休妻一節，詭脱宗親。」

二十一日，權發遣賓州王邦寧降一官，放罷。以到官未久，所爲狂悖，殊駭物聽，取隨直兵級錢以供私用，爲臣僚論列。

七月七日，添差嘉興府通判謝直與祠禄，理作自陳；新福建 32 提舉茶司幹官葉嗣立罷新任；海州教授黃更放罷。以臣僚論列：「直宴飲無節，狎媟官妓；嗣立昔爲帥幕，固已無狀，庚臺贊畫，豈容濫吹；更娶海鹽蔡家寡婦常氏，席捲其家財，陵轢其妻子〔二〕。」

二十五日，張聲道知饒州指揮寢罷。以其前知岳州謬戾殊甚，無以服人，爲湖北運判李鼎論列。

二十六日，知温州王夢龍與宮觀，理作自陳。以臣僚論列：「夢龍領郡再歲，殊乏良稱，粃政日傳，公論籍籍。」

八月十日，權知涪州胡酉仲、新差知南平軍杜簡各降一官〔三〕，前南平軍教授勾子甲降一資，内杜聞罷新任，勾子甲放罷。先是，四川制置使崔與之言酉仲貪酷不法，乞將罷黜，詔從之。既而本路提刑（廉）〔兼〕提舉虞剛簡論列酉仲、聞、子甲三人皆以任根括之事，刷錢入己，故有是命。

九月二日，新知漢陽軍王捄、新知桂陽軍曹儤罷新任。以臣僚言：「漢陽、桂陽皆係風寒之地，捄輕儇不靖，儤凶暴爲虐，恐致誤事。」

十月五日，知興化軍陳與行罷黜，新通判吉州史復祖罷新任。以臣僚論列：「與行昨倅婺女，暫攝郡事，巧爲名色，席捲公帑；復祖宰邑上元，交通關節，及倅豫章，狼籍尤甚。」

九日，新通判撫州施槁、新通判温州曾黯並罷新任。

〔一〕于：疑衍。
〔二〕妻：疑衍。
〔三〕簡：下文兩作「聞」字，必有一誤。

以臣僚論列：「槁囊倅邵陽、長沙，了無廉稱； 黜試邑淮甸，紕政滋彰。」

十一月五日，降授中大夫李珏復元官、與宮觀指揮寢罷。先是，臺臣凡再上章，珏服闋日僅從鐫褫，至是33復元官，與宮觀。臣僚論其敗軍、誤國大罪有三，去秋方降鐫褫之命，甫及一年，便與叙復，幾于罰不傷其毫毛，故有是命。

十七日，前知泉州宋均特降一官，前兼權知南劍州趙崇亢、知南劍州陳宓各特展二年磨勘。以諸路提刑司比較各路州軍嘉定十四年分行使會價，數内福建路泉州、南劍州折閲最甚，故有是命。

十二月三日，知建昌軍孫格與宮觀，理作自陳。以臣僚言：「格年事既高，貪刻亡藝，民被其毒，怨咨滿路。」

九日，新知邵州高之問、新知全州曾絜並與宮觀，理作自陳。以之問猥鄙無庸，見於顏面，絜凡所居官，畧無善狀，爲臣僚論列故也。

十八日，知建昌軍孫格罷宮觀，新知峽州鄭緝與宮觀，理作自陳。以言者論格志在貪求，畧無畏愧； 緝嗜貨營私，敢於殘黷。先是臣僚論格，與宮觀，理作自陳，故有是命。

十六年正月二十二日，通判福州鄭伯衍、前通判澧州湯顯祖並與宮觀，理作自陳。以臣僚言：「伯衍性資跌宕，舉措乖疎； 顯祖天性昏庸，所爲乖僻。」

二月二十七日，知崇慶府黃瑾與祠禄，知漢州綿竹縣宇文景遷、隆州籍縣令楊漢卿並放罷。以成都提刑張方言：「（僅）〔瑾〕禽鳥爲娛，荒怠郡政； 景遷性質儇躁，習尚驕浮； 漢卿到官逾年，蔑無善狀。」

五月四日，知岳州虞斿孫與川蜀州郡差遣，知道州曾棠與宮觀。以臣僚言：斿孫累典名郡，俱無善狀； 棠已玷臺評，桀傲尤甚。

六月34七日，福建提刑馮多福與宮觀，理作自陳。以臣僚言多福身爲監司，不知奉法循理。

八日，廣東運判張從之、廣東提刑陳疇並罷黜。以臣僚言：「從之淺汙嗜利，矜妄非材； 疇猥鄙殉賤〔一〕，庸懦不立。」

七月五日，知黎州虞方簡、知漢源縣韓圭各特降兩官，放罷。以方簡到任之初，政事更張，以激禁卒之變，韓圭陰加縱臾，從成都諸司之請也。

同日，廣東提舉周縝罷黜。以臣僚言縝懦不任事，且訥於言。

七日，權瓊州通判顏戣降三官，機宜李揩降三資，並放罷。以二人傾陷長官，幾至召釁，從廣西經畧胡槻之請也。

八月三日，新知（彬）〔郴〕州王驎、新知永州郭繼道並與

〔一〕「殉」字不可通，疑當作「苟」，本書中屢言「苟賤」，如職官七二之一二：「（杜）貪孫苟賤無耻。」

祠祿，理作自陳。以臣僚言：「驎歷任雖多，資考則淺；繼道年齡寖高，精神已耗。」

五日，前通判泉州潘灝伯未許赴吏部參選，仍不得干堂僥求差遣；前通判建昌軍、新差知梅州趙汝諴罷新任。以臣僚論列：「灝伯鄙惡之俗溢於面目，貪酷之性，恣行不悛；汝諴在鄉素無行檢，居官貪暴尤甚。」

七日，新重慶府通判趙善錡、新邛州通判賈子諟、新知鎮江府金壇縣曾彝並罷新任。以三人居鄉不法，無所忌憚，爲臣僚論列。

十二日，知太平州王元春罷黜。以江東安撫余嶸言：「元春言無顧忌，行素險薄，家政不理，醜穢彰聞。」

十九日，新知漢州何友諒與祠祿。以四川制置崔與之言：「黎州禁軍之變，已將知郡虞方簡按劾去訖。尋行體訪，緣前[35]知黎州何友諒垂滿之際，給帖補排軍五六十人，失之太濫；方簡到官，悉拘收文帖，又失之太遽。此曹包羞懷忿，變所由生。」故有是命。

二十四日，知武岡軍司馬遵放罷，令湖南安撫司差官時暫兼權。先是，湖南安撫司言武岡軍兵士蔣宗等出城劫掠事，既而安撫真德秀論列遵回糴軍糧虧損時直，遂致此曹觖望，故有是命。

九月十一日，步司中軍統制、權池州副都統張亨罷黜。以蘄黃之擾，亨提師救援，不善布置，以至奔潰，爲臣僚論列。

十月三日，新知永州留碩、新知臨江軍任一鶚並與祠祿，理作自陳。以臣僚言：「碩襲貴養驕，懵無學術；一鶚愎志險心，敢於妄作。」

二十三日，道州通判謝棐伯降一官。以其監縣吏陪納赦放經總制錢及民戶租欠，爲湖南運判陳德豫論列。

十一月二十三日，知英德府曹滋放罷。以廣東提刑何坦言：「滋不知戒得，肆意貪殘，專恃酷刑，鉗制衆口。」

十七年正月五日，京東河北節制司幹辦公事丁大忠、知楚州山陽縣兼京東河北節制司幹辦公事周大猷並放罷，內丁大忠降一官。以大忠自入制幕，惟務豐殖，侵用官錢；大猷身居邑宰，不安分守，干求帥司入幕兼僉，爲臣僚論列。

十八日，朝散大夫趙贊夫與祠祿，理作自陳；安邊所準備差遣、兼措置天賜鹽場徐沖罷黜。以臣僚言：「贊夫留連都城，經營差遣；沖借過朝廷鹽本錢，以資妄用。」

二十一[36]日，新知英德府陳士廉與宮觀，理作自陳。以中書門下省言其昨守貴州，惟務貪酷，不與撰述詞頭故也。

二十四日，平海軍節度判官、兼南外宗正簿陳億放罷。以百姓論訴宗子送僉廳者，億必委曲出脫百姓，困辱宗子，擬筆之詞，文理紕繆，爲知南外宗正事善軿論列。

三月二日，通判潭州方强、通判蘄州劉棨並罷黜；新通判温州潘景夔、新通判筠州盧景裴並罷新任。以臣僚言：

「强沉湎于酒，全不事事；窽妄自尊大，專務黷貨；景夔武斷鄉曲，占據寺觀；景裴試邑東莞，受賂妄作。」

四月八日，江西運判趙彦紓與宫觀，理作自陳；通判衢州袁聘儒罷黜。以臣僚論列：「彦紓司庾閩嶠，全不事事，今兹將漕，昏繆如故；聘儒乘醉行刑，胡亂書判。」

九日，湖北運管胡杙放罷，鄂州司法陳有聲降一資。以吏部舉覺：「杙陳乞寶賞，越次超轉，冒法罔上；有聲徇情廢法，更不取索杙真本告命點對，遽與保明。」

黜降官 内外任（一）

慶元元年九月四日，朝散大夫、通判臨安府鄭魏良，朝散郎、添差通判臨安府王補之，朝請郎、通判紹興府徐疇各特降一官。以牒試各及二十餘人。

二十一日，知重慶府項安世放罷（二），秘書省正字劉孟容與添差差遣。以臣僚言：「安世專事脣吻，一意阿附；孟容以嘗游故相之門，徑自冗散而除正字。」

三年六月二十三日，朝請大夫、提舉江州太平興國宫鄭湜罷祠；從義郎、（鹽）〔監〕騏驥 37 院張熙特追兩官，送辰州居住。以臣僚言：「湜昨來條奏三劄，力詆太上，傳寫誇示；熙以《上皇帝書》録成副本，遍謁從官，自誇敢言。」

五年八月七日，工部尚書、兼給事中謝源明放罷，新湖北提舉呂行己罷新命，太學正陳晦放罷，與合入差遣。以臣僚言：「源明居八位之崇，妄求序遷，傾險暴戾，學問空疎。晦回邪頗僻，凡源明之不靖，晦實縱臾之。行己之姦貪，載在白簡，與源明爲姻家，一力推輓，任私意以紊朝綱，莫此爲甚。」

六年四月九日，朝請大夫、主管建寧府武夷山沖佑觀劉坦之，朝散大夫、幹辦行在諸司糧料院趙彦衛並放罷。以監察御史林采言：「昔台州之民，洪水蹂踐，死于非命，坦之爲守，彦衛爲倅，坐視不恤。今或祠禄，或六院，公論未當。」

嘉泰三年正月二十一日，尚書刑部員外郎奚士遜、知邵武軍芮立言各降一官。以士遜前知温州，不按治知平陽縣祝鑰，立言不按治知邵武縣朱元龜，各爲獄事故也。

十一月二十八日，新知信州高似孫與祠禄，新差監都進奏院陳宋興與在部合入差遣。以臣僚言：「似孫倅徽陵轢，守喪寓居，干撓郡政；宗興憑藉聲援，肆行貪黷。」

四年十一月十三日，軍器監丞程準與祠禄，知澧州游少游放罷。以臣僚言準天資狂易，少游行素狂怪。

開禧元年七月二日，新知隆興府辛棄疾，太府卿、兼權兵部侍郎、兼國用司參議官陳景思，並與宫觀，理作自 38

（一）此當是李心傳《續總類會要》補《寧宗會要》之缺漏，别立一細目。「内外任」原作大字，據文意改。所謂「内外任」指以下黜降官含内任（中央官）與外任（地方官）。因《寧宗會要》此門分内外任（見上文），而此所補因條目不多，不再分别，故特注明。

（二）安世：原倒，據《宋史》卷三九七《項安世傳》乙。

陳。以臣僚言：「棄疾好色貪財，淫刑聚(劍)〔斂〕；景思薦進駔吏，鍛鍊平民。」

三年十二月八日，直祕閣、知鎮江府錢廷玉降兩官〔一〕，新知贛州黃瀚降一官，並放罷；監都進奏院黃棨放罷。以監察御史章燮言：「廷玉初以用兵之議縱臾侂胄，瀚密與田澹結爲死黨，朝趨侂胄之室，暮造自强之門，棨乃瀚之子。」故有是命。

嘉定元年正月九日，大理卿奚士遜降兩官；江西運副陳景思、福建提刑張嗣古並放罷；新福建提刑曾楶罷新任；直秘閣、知鎮江府錢廷玉落職，更追三官，勒停，送宜州羈管。以右諫議大夫葉時言：「士遜洊更麾節，俱無廉稱；景思、嗣古本無才望，超遷驟進；楶凶暴貪殘，贓汙著聞；廷玉迎合侂胄，縱臾兵事。」

二年正月十八日，殿前司遊奕軍統制延通、鎮江遊奕統制郭超、沿海水軍統制王益、殿前司右軍統領劉珣各追三官，勒停，通南安軍、超潭州、益漳州、珣興化軍，並安置。以臣僚言其敗兵之由，皆超等所致故也。

閏四月二十一日，司農少卿趙不㦖、前知廣州陳樸並放罷。以臣僚言：「不㦖交結周筠，納貨貪相；樸民事不理，枉無所愬。」

十二月二十六日，大理寺丞林合、將作監丞趙彥倓、知温州呂友直並放罷。以臣僚言合敢爲倨傲，彥倓簠簋不飾，友直縱容僞會故也。既而友直追三官。

四年五月二十四日，國子監丞陳璧、閤門看班祗候朱揚祖、知石泉(陽)〔縣〕李鍚各降一官。以臣僚言 39 璧誕謾，揚祖心術憸邪，鍚素無操檢。

六月一日，新知金州陳煥、閤門看班祗候蔡儀並放罷。以臣僚言：「煥得郡安豐，剥刻百姓，權臣弄兵，妄陳利便；儀寅緣閤職，干擾朝路。」

九月二十五日殿前司神勇軍統制郭仲、澉浦水軍統制范希周並放罷，永不與軍中差遣。以臣僚言：「仲軍兵作鬧，不能彈壓；希周將校受財，容情隱庇。」

五年三月十八日，新除太常寺主簿汪必進與在外差遣。以中書舍人范之柔言不宜寘清選，繳還詞頭故也。

八月九日，鎮江副都統制盧彥降兩官，殿前司前軍統制趙賢道降一官，放罷。以監察御史金式言：「彥山陽臨敵，身實遁藏；賢道前爲遊奕統制，侵用寄(椿)〔樁〕等庫錢。」

六年閏九月一日，提轄雜買務雜賣場朱拱臣、前知(彬)〔郴〕州錢衢並放罷，監尚書六部門劉褒、知萬州王百揆並與祠禄。以右正言應武言：「拱臣假手場屋，竊取科第；衢遇事乖張，恣意妄爲；褒居鄉無月評，居官無政績；百揆天資庸謬，世事闊疎。」

七年十月一日，祕書丞林夢英、鎮江都統制劉元鼎並

〔一〕鎮：原作「錢」，據下條改。

與宮觀，理作自陳。以臣僚言：「夢英凡所居職，畧無可(犯)〔紀〕；元鼎溺于酒色，軍政漫不加省。」

十二年四月十三日，知黄州趙伯搏、通判楚州陳疇、新除大理寺丞梁丙並放罷，梁丙特降兩官。以臣僚言：「伯搏以疾爲諉，郡政不修；疇山陽列戍委之監州，參贊乖謬，重勞顧憂；丙守山陽，貽禍邊甿，重傷國體。」

十三年 40 十二月三日，房州通判陳宋烈、雷州通判方世京並罷黜，新臨安府通判崔端學罷新任。以監察御史方猷論：「宋烈貪聲日至，無補於郡；世京昨宰玉山，賄政滋彰；端學分倅婺女，粃政尤多。」

黜降官雜録〔一〕

慶元二年三月二十六日，臣僚言：「國家贓吏之罰，固亦不輕，責罰未幾，遇赦復叙，故態復作，民罹其害。朝廷若不忍終棄，乞專降指揮下省部，將曾犯贓罪被劾降官、罷任之人，只許奉祠。如監司、州郡私意按劾，送有司根勘，委無實跡者不在此數。其有巧圖干堂者，必下吏部取索脚色。部吏或敢隱匿所犯，則坐以故出入罪，許人糾告。贓吏奉祠，約其中制，以六年爲闕，京官二年、選人三年爲任，任滿注授，又復如初。著爲定令，庶幾貪汙者知所警懼而不敢自肆。」從之。

嘉泰三年十一月十一日南郊赦文：「官員犯罪，先次放罷，後來結斷，止是杖笞公罪，爲有再得指揮，仍舊放罷。吏部見理後來年月、降罰名次，可特與理先降指揮年月施行。」開禧二年、嘉定二年明堂赦並同。

四年正月二十九日，臣僚言：「乞詔二三大臣，凡贓吏罪狀顯然，雖聖恩寬大，未欲盡加之以法。官無崇庳之間，惟得罪于民者，永不得與親民差遣；得罪於士卒者，永不得與管軍差遣；已降官勒停者，不得援例收叙。其或倖求冒進，則臺諫、給舍當任其責。」從之。

八月二十八日，臣僚言：「監司、郡守例有都下百司人爲之承受，遇有章疏、罷黜之命，則稽留省劄，亟遣一 41 介星馳以報。洎罷命之至，則已席捲庫藏，竄易簿書，雍容而去耳。將以懲姦，適以助姦。自今以始，應臣僚論按監司、郡守，得旨放罷，其省劄乞於尚書省開拆房當時發黑牌急遞前去，罷監司則以付置司之州，罷守臣則以付州之倅。仍命本處即於内引明具承受日時，批回本省，置籍稽考。」從之。

嘉定四年五月二十四日，臣僚言：「祖宗以來，委任臺諫，凡所抨彈，率蒙俞允，非徒以重臺諫，乃所以尊朝廷也。今部法乃有應被論罷、不經取勘者，半年以後即許參部，授小遠一般差遣。臺諫論列未數月，而到部例當臺參，即與之分庭講禮，此何異猫鼠之同穴也！凡彈劾放罷之人，率以二年爲限，方許授祠禄。既滿，然後取旨除授。今乞行

〔一〕官：原作「實」，徑改。

下吏部，照累降指揮，務在遵守。廟堂進擬宮觀及差遣等人，間有曾經臺論列，今後亦乞考究所論月日施行。」從之。

七月二十六日，臣僚言：「乞明詔大臣，繼今臺諫彈劾及監司、守臣按劾官吏，如有貪汙實迹、取受錢數，乞行追勘(佑)〔估〕籍。其或州縣之吏，致煩臺評，監司、守臣失覺察之罰務在必行，勿爲具文。庶幾大小之臣知所畏懼，貪墨之風稍息矣。」從之。

十一年八月二日，臣僚言：「嘗閱近日彈劾之疏，其間巧於誅求，情狀百出，不復縷數。且繩貪之禁，昭如日星，而盜臣弗戢，無他，麗於罪罟者僅一二，而網漏吞舟者皆是也。臣觀年來贓吏之罰，小則不過罷黜，甚則 42 祇從鐫降，未幾受引赦原，率復如故。欲乞申嚴國憲，繼自今始，其有已從罷免者不必姑畀祠廪，既從鐫褫者不必例與叙復，見行竄斥者不必遽令近徙，永不許與親民者不必與之改正，已甚則施杖配之嚴刑〔一〕、估籍之法。至于所該保任恩命，並與寢閣，斷在必行，不以赦免。自今贓汙狼籍之人，監司、郡守不察，致爲臺諫論列，併坐其失職之罪。庶使中外相維，紀綱振舉，大小之吏咸知所儆。」從之。

十五年八月五日，臣僚言：「今天下之長吏，上而爲監司，次而爲守、倅、縣令，皆民命之所寄，財計之所係也。幸而得賢，信之任之可也；不幸而不賢，毒民已甚，去之惟恐不早，法令之行又胡可緩乎！今乃有罷命已聞而省劄踰月不下者焉，有報罷已發而復令候替起離者焉，有已得祠禄而仍使時暫權攝者焉。知其去而未即去，則背公營私之意將益自放而無顧藉矣。乞明考吏之法，嚴傳命之期，凡郡縣官吏以罪罷者及已得祠者，並令交割與以次官，即日離任。如此，則餘毒無得以復肆，而郡縣根本庶可以復固。」從之。

十七年正月五日，臣僚言：「乞行下諸路帥臣、監司，應今後幹官有闕，許令選辟或申奏差注，並不得以見任知縣、縣令兼充，其見兼職官(今)〔令〕日下解罷。如有違戾，其歷過作縣月日並不理爲考任。」從之。臣僚言：「縣令撫字宅
生，受察於人，尚知謹畏。苟使之入幕，則憑恃聲勢，妄作威福，悖理傷道，靡
所不爲，是縱虎兕而出柙也。」（以上《永樂大典》卷三八九四）

〔一〕刑：似當作「行」，屬下讀。

宋會要輯稿　職官七六

收叙放逐官一

【宋會要】

[1] 太祖建隆元年正月五日，太祖即位赦書：「應貶降、責授及勒停官，並與恩澤。」

乾德元年十一月十六日，南郊赦書：「諸貶降官吏未量移者與量移，已量移者與復資，已復資者與叙用，餘者委刑部分析貶降緣由聞奏聽旨。除名合叙理者，於南曹投狀，準格處分；勒停官各與降資叙用。」開寶元年十一月二十四日、四年十一月二十七日、九年四月四日南郊赦，並同此制。

二年二月七日，尚書刑部言：「准舊《刑統》，晉天福六年敕：『准《長定格》，特敕停任及削官人，及曾經徒流、不以官當者，經恩後本官選數赴集。』況除名罪重於停任及不以官當者，自今望准《長定格》（長定格）經恩後并年限滿，依所降資品理選數，候合格日赴集。又准乾德元年赦書，諸除名人合叙理准格敕處分者，當部自前出給雪牒，皆坐前敕。昨據大理寺送到新《刑統》、《編敕》，並無上件敕文。本寺言，詳定之時，檢詳上件敕文引《長定格》該係銓選公事，又別無刑名，不在編集之數。伏緣當司元敕先經兵火散失，舊《刑統》又廢不行，赦書又云准格敕處分，欲望許於舊《刑統》內寫録敕格施行。」從之。

太宗太平興國元年十一月二十二日，即位赦書：「諸貶降、責授官量與升陟，在外未量移者與量移，已量移者與復資，已復資者與[2]叙用。先是不赴西川、嶺南諸處州縣官等並與叙用，諸司勒停罷職掌府史並與收叙，配流人內有曾任職官者量與叙用，除籍爲民終身不齒、詿誤連累削任免所居（宮）〔官〕者並與叙用。」

三年十一月十五日，南郊赦書：「諸除名貶降人等，委刑部分析緣由聞奏，別聽敕裁；追任并勒停官未經洗雪，令刑部投狀引見。」

六年十一月十七日，南郊赦書：「諸貶降官未量移者與量移，已量移者與復資，已復資者與叙用。配流人內有曾任職官已經恩赦放還者，委所司具元犯以聞。」雍熙元年十一月二十一日南郊赦書同此制。

雍熙二年四月八日，中書門下言：「有嘗任職官譴謫在外者，昨經赦宥，望令歸闕，責其後效。」帝不許，謂宰相曰：「朝廷致理，當任賢良，君子小人，宜在明辨。大抵人君宜先自正其身，亦如治家，長不正家亦亂矣〔一〕。故聽邪言則骨肉至親坐成離間，豈能致肥家睦族之道歟？大小雖殊，其致一也。今海島瓊、崖逐處，甚有竄謫之人，郊禋

〔一〕長：《長編》卷二六作「身」。

以來，豈不在念？蓋此等爲行巇嶮，若小得志，即結朋黨，恣其毁譽，如害群之馬〔二〕，豈宜輕議哉！」

三年十月一日，有司言：「追官削籍人經赦宥復叙用，或未踰歲月，復有罪犯，蓋長惡不悛，宜在刑故無小。今後凡有此等，乞具前後所犯罪由，奏取進止，庶申懲誡，以警無良。」從之。

端拱元年正月十七日，籍田赦書：「應諸貶降官未量移者與量移，已量移者與復 3 資，已復資者與叙用。除名、免官、免所居官及停見任、永不與官人，並於刑部投狀，具元犯取旨。」二年八月八日星變御樓赦、淳化四年正月二日南郊赦，又令使臣於三班、差遣院投狀，具事由磨勘引見，至道三年正月十日南郊赦，並同此制。

三月二十九日，少府監言：「本監配役人、前太常丞郭冕等九人以會赦上請。」特詔免其居作而終身不齒，以冕等皆贓吏也。

淳化元年四月二十日，有司言：「舊制，除名人再經叙用者，簿尉判司滿四任十考無殿犯，即擬令録。若犯贓追削不至除名者，會赦即以常選論，貪污之人得以僥倖。請自今應曾犯贓削任停免人，並同除名例注擬。」從之。

十一月十七日，詔：「兩京及諸道州府胥徒、府史等，或受賕亡命會赦免罪者，所在不得收叙，違者重致其罰。」

二年六月二十二日，詔：「京朝官犯贓至死，會赦再叙用者，不得更任京朝官；犯贓不至死者，別聽進止。」

四年九月五日，詔：「諸道州府新除行軍防團副使、上佐、文學、參軍及禁錮人等，令轉運使自今本州闕官，次補承乏，以責其效，俾之自新。或勤幹有聞，當再與叙用。其行軍副使並先奏聽旨。」

至道三年四月一日，真宗即位赦書：「諸貶降、責（受）〔授〕官量與升陟，在外未量移者與量移，已量移者與復資，已復資者量與叙用。應不赴西川、廣南州縣官所起遣不赴京者，並與叙用；配流人内有曾任職官、已經赦恩 4 放還者，量與叙用；除名、追官、停任人，并終身不齒及因詿誤連累、自來未敢求任人，並於刑部投狀。行軍司馬、防團副使、上佐官、司士參軍、衙前編管人等，並仰發遣赴京，於逐處投狀，降資叙用；除名、追官、停任、衙前編管人，並仰依格勑施行。内有年老疾患、不堪任使者，並仰引見取旨。經恩已放令逐便者，並許於刑部投狀，量與叙用。停職諸色人等未曾叙用者，仰於刑部投狀，引見取旨。」咸平二年十一月七日、五年十一月十一日南郊赦，並同此制。

六月五日，詔：「經赦叙用京朝官，如歲滿舉職，當行優奬；苟弛慢踰矩，無所悛改，則永棄之不齒。」

真宗咸平三年二月，詔刑部：「自今京朝官犯除名人，依律令施行。其餘應犯免官、免所居官，及官當并本犯至免官特除名，不至免所居官特免官，及以官當徒用官不盡，

〔二〕群：原作「郡」，據《長編》卷二六改。

及用官盡合降等叙用者，即並依見今入官資叙，於犯罪時本官上准律又降一等、二等叙。若本犯不至追官而特追官，及不至勒停而特勒停，告身見在者，更不降等，只依本官上叙。所有自京朝官爲行軍司馬、副使、上佐及縣令、簿、尉者，或是犯罪後因叙理除授，或是直責降而未經叙用者，緣律令別無條例，臨時奏取勑裁。內有贓罪及情理重者，旋取進止。」

五年十一月十一日，詔：「應曾任京朝官，因負犯降黜，見在幕職州縣官，及使臣降充三司大將、軍將者，如後來任用別無贓 5 罪，候到闕，委逐處投狀，磨勘引見，別取進止。應充替及未得與官諸色違礙選人〔一〕，並仰於南曹投狀，依例施行。」景德二年十一月十三日南郊、大中祥符元年十月二十六日東封、五年十月二十五日聖祖降、七年二月十六日恭謝赦，並同此制。

景德元年正月一日，改元赦書：「應貶降官未量移者與量移，已量移者與叙用。未復舊資，經咸平赦未得恩澤者，除犯贓外，仰逐處勘會聞奏，當議叙遷。除名、追官、停職任者，並令刑部投狀，分析事由，磨勘引見。因公事(受)〔授〕行軍司馬、副使、上佐、司士、文學參軍，配在衙前編管人，逐處分析聞奏。追官、停任元無贓者，該咸平二年赦叙理。降却見存官者，仰逐處勘會聞奏。文武官歷任已來曾犯私罪，內有情理輕者，每經磨勘，常負罪名，終身爲玷，深可憐憫，特議辨明。宜令審刑院、刑部、大理寺同將私罪分輕重條件聞奏，當議並與洗滌。先因負犯叙理及因奏不理與監當者，如後來能守廉勤，稍有勞績，當議却與親民。如自前不因過犯見監臨者，候得替如無遺闕，優與親民任使。」大中祥符元年十月二十六日東封、七年二月十六日恭謝、八年正月一日告上聖祖號赦，叙復監當同此制。

七月，詔刑部：「自今應有諸軍官員叙理，如內有已及舊職名，即比元初軍分較近下者，申樞密院取指揮。」

二年正月一日赦書：「應貶降及負犯官，未量移者與量移，已量 6 移者與叙用。除名、追官、停職任及放逐便人，並令於刑部投狀，具元犯磨勘引見。因負犯(受)〔授〕行軍司馬、副使、上佐官、司士、文學參軍，逐處具元犯及逐人(卿)〔鄉〕貫聞奏，委中書門下量所犯輕重取旨。命官、使臣配在衙前編管者，並發遣赴闕，於刑部投狀磨勘，具元犯引見。」十一月十三日南郊、大中祥符元年正月六日天書降、十月二十六日東封、四年二月二十八日汾陰、七年二月六日天書降、十月二十六日東封、四年二月二十八日二月十六日恭謝、八年正月一日告上聖祖號、天禧二年八月十五日册太子〔二〕、三年八月三日天書降、十一月十九日南郊、乾興元年二月一日御樓赦，並同此制。

〔一〕充替：似當作「衝替」。

〔二〕「天禧」及「八月」，原無，據《長編》卷九二所記，真宗立太子、大赦天下事，在天禧二年八月甲辰，是月庚寅朔，甲辰爲十五日，與此處合，據補。

六月，詔：「刑部引叙理人，自今仰將進讀過劄子送中書、樞密院、流内銓，仍别謄本充底。所有進入内奉御批劄子，即依舊例施行。」

十一月十三日，詔：「應京朝官、使臣有申奏，經勘斷并訪聞多酒慢公，不和不公，不經勘斷，非次衝替，未得磨勘差遣者，内監當候一任滿，别無私罪，得替到闕，年限合該磨勘者，並與依例引見；短使差遣者，並特與監當差遣。」

三年二月，詔刑部：「應諸色叙理人貼黄叙法時，不以用官盡與不盡，内追官及三任者，並降先品二等叙；追一官、一任、兩任者，並降先品一等叙。餘依先降勅命施行。」

大中祥符二年七月，詔前三班奉職王襲特補開封府散教練使。先是，襲鼇務饒州，以非法繫郡 7 民四輩于屋枋上，坐是勒停。以該赦恩叙用，帝以其虐民，不可復寘班列，故有是命。

五年十月二十五日，聖祖降赦書：「應貶降、責（受）〔授〕官量與升陟，未量移者與量移，已量移者與叙用。文武官因公罪追削，雖叙歷官未嘗復舊資者，更與特加叙用。其已經叙用人，前犯贓私罪不至重者，後經十年别無贓罪者，旋取進止。除名、追官、停任、放逐便人，並令於刑部投狀，依例磨勘引見。因公事授行軍副使、上佐官、司士、文學參軍并命官、使臣配在衙前編管人，仰逐處明具負犯因依，家便去處，分析聞奏，並與加恩。内不犯贓罪及雖犯入己贓情理輕者，當議特與叙用。」

六年正月二日，詔：「叙理使臣犯入己贓徒以上罪，叙用已至本職降兩資者止；若犯入己贓杖罪及元斷徒以上，該恩特停官者，叙用至元職降一等止。縱逢赦命，不得叙進。」

十五日，中書門下言：「命官犯罪配諸州衙前者，若承前經赦止放從便，昨赦恩内許令叙理。今請以贓重及情理蠹害者授諸州參軍，餘授判司，京朝官、幕職、令録簿尉，等第甄叙。」從之。

十七日，刑部言追官人内有因公事於罪人重瘡上決罰致死，帝頗憫之。宰臣王旦曰：「如此行事，故宜遐棄，然方諸贓吏，亦以可恕，欲與判司。」可之。

二十五日，詔：「應援赦叙理選人〔一〕，如曾犯贓及酷刑害命者〔二〕，令流内銓責其再犯當永不叙用知委狀〔三〕。」初，太宗朝貶黜再用人，皆責改過 8 狀，以示儆誡，至是申明之。

二月二日，詔：「自今犯罪已叙用未復資人，遇赦，情輕者更與叙用。」

十一月十一日，詔：「文武官犯私罪該赦叙理者，依大中祥符

〔一〕援：原作「授」，據《長編》卷八〇改。
〔二〕命：原作「民」，據《長編》卷八〇改。
〔三〕狀：原無，據《長編》卷八〇補。

二年四月詔旨磨勘，中書、樞密院具所犯輕重取旨。」

三月十日，中書門下言：「貶降官覃慶叙理，如上佐、文學參軍官自來稍遷及量添請俸，或移授别郡，仍從其便。今有已添料錢及無可遷改者，或不願遷易者，欲與等第加階。」詔勿至朝散。

天禧元年七月十四日，詔曰：「朕纘承大寶，在宥中區。念失職之人，自罹嚴憲；舉滌瑕之典，用廣深仁。勉務矜修，式期甄叙。其上佐、文學參軍等，如因累降授〔一〕，後能改過，不擾州縣，經十年以上無罪犯者，所在保明申奏，當議裁度叙用。若年七十以上及久疾者，亦具析以聞，當令從便。內有彊惡不悛，須至羈管者，亦具名聞。」

三年九月二十一日，詔：「應犯贓罪叙用，注授廣南、川峽幕職州縣官，委逐路轉運、提點刑獄司（嘗）〔常〕切覺察，如更犯贓罪，永不録用。」

四年二月五日，户部員外郎、兼太子右諭德魯宗道言：「代州寨主吳太初以捕獲私鹽決訖撤去〔二〕，殿直田夢澤於公廨課子弟種麥半畝，並以贓罪，不許叙用。竊以內外群官此類甚衆，望委刑部自今臣僚除故違枉法受贓外，因事計贓情可憫者，並奏減。」從之。

八月六日，刑部言：「請自今犯贓罪配隸、經恩從便者，並俟一周年，遇赦宥方得叙理。」從之。

五年正月 9 十七日，詔：「命官、使臣犯贓，諸司職掌人吏因罪停職，累經赦宥，不該叙理，情輕者許於刑部及所在投狀，當議收叙。」

乾興元年二月二十日，仁宗登極赦：「應諸貶降〔三〕、責授官量與升陟，未量移者與量移，已量移者與叙用。配流人內有曾任職官、已經恩赦放還者，量與叙用；除名、追官、勒停職任人，并終身不齒及因詿誤連累、自來未敢求仕者，並許於刑部投狀，依例磨勘引見。行軍司馬、防團副使、上佐官、司士、文學參軍、衙前編管人，仰逐處具負犯因依聞奏〔四〕。停職諸色人等未曾叙用者，並仰於刑部投狀，引見取旨。」

仁宗天聖元年九月十二日，雷州司户參軍寇準授衡州司馬。

二年二月十五日，詔曰：「朕嗣膺先搆，勤恤庶邦，眷言負譴之流，彌軫納隍之念。頃覃慶澤，未副予衷。矧外歷於歲年，俾特加於甄叙。應乾興元年二月十九日以前，諸路行軍司馬、節度防團副使、别駕、長史、司士、文學參軍、散衙前編管人〔五〕，除已與叙用授官外〔六〕，餘並具犯由及貶降後來有無過犯、及因公事降移度數以聞。內雖改轉

〔一〕降：原作「除」，據《宋大詔令集》卷二一五改。
〔二〕撤：原作「撒」，據《長編》卷九五改。
〔三〕降：原脱，據本門類似赦文（如後嘉祐八年四月二日條）文例補。
〔四〕聞奏：原脱，據本門類似赦文文例補。
〔五〕散：原在「參軍」上，據《宋大詔令集》卷二一六乙。
〔六〕官：原作「言」，據《宋大詔令集》卷二一六改。

依舊安置者，亦依此分析，當議等第量與叙用遷改。」

十一月十三日，南郊赦書：「應京朝官先因負犯及因轉運、提刑司奏降充監當，元不犯贓，後來能守廉勤、無過犯者，當議却與親民差遣。降黜見在幕職州縣官吏，及使臣降充三司軍大將，後來任用別無贓罪，候到闕，於逐處投狀，特與勘會施行。[10]幕職州縣官元非枉法受贓，別因過犯帶『違礙』二字至今滿十年者，特與除落。仍(令)〔今〕後似此但及十年者，並與除落，依常選人例注官。行軍司馬、上佐官、司士、文學參軍，刑部勘會元犯以聞，配流編管人具元犯奏聞。已經恩放逐便者，於刑部投狀，降責授文武職官及三班使臣，並特與叙用，已叙用者更與叙用，仍各具情理輕重取旨。除名、追官、停職任人，並於刑部投狀，具元犯聞奏，依例施行。」五年十一月十七日南郊赦，除落「違礙」字減爲七年。八年十一月十九日南郊赦、十年八月二十八日宮城火赦〔一〕、明道二年二月一日藉田赦、景祐二年十一月十五日南郊赦，增「京朝官不因贓罪追停、已經叙用及降官未復舊資者，仰具元犯聞奏；其已復舊官者，自復官後及三周年，特與磨勘」。寶元元年十一月二十八日南郊赦，又增「三周年無贓私罪，特與磨勘」。慶曆元年十一月二十日南郊赦，增「降監當人元不犯贓，後來經一任二年以上，能守廉勤無過者，令審官院隨合入遠近資序，就移久闕官處親民差遣」。四年十一月二十五日南郊赦、七年十一月二十八日南郊赦、皇祐二年九月二十七日明堂赦、五年十一月四日南郊赦、至和三年正月十一日帝不豫赦，增「京朝官因事衝替，令審刑院詳定元犯情理輕重以聞，當議特與除落」。嘉祐元年九月十三日恭謝赦、四年十月十二日祫饗赦，增[11]「應合該磨勘選人歷任有公私過犯、隔住磨勘者，如後來任滿，舉主數足，令流内銓具歷任聞奏，當議量所犯輕重，特許磨勘。命官、使臣歷任曾犯私罪至徒經今十年，贓罪至杖經今二十年，或元因詿誤、或法重情輕可憐憫者，仍被坐後來別不犯贓私罪，有三人以上奏舉，並許自陳，當議委官定奪。今後不礙選舉差注内，如選人如奏舉人多，即許依杖以下考第」。七年九月七日明堂赦，又增「應命官使臣歷任以來曾犯贓私罪杖，内有情理輕者，被坐後來經今二十年更不曾犯贓私罪，今後並特與依無過犯人例施行。」餘並同前制。

三年十二月十五日，崖州司户參軍丁謂量移雷州司户參軍。宰臣言：「謂本以罪惡竄于荒裔，今不經恩宥，非次量移，雖洪慈寬貸，而衆論疑惑，不知所因，未敢即行。」帝曰：「謂貶黜海外已是數年，特令生還嶺内也〔二〕。」八年十二月，復徙道州。

四年三月二日，中書門下言：「近負罪安置之人多輒

〔一〕火：原作「大」，據《宋大詔令集》卷一五二改。

〔二〕嶺内：《長編》卷一〇三、《宋宰輔編年録》卷五均作「嶺表」，當是，雷州猶在嶺表也。

離本處，詣闕妄求叙用。欲肇自今擅離官次者，准律斷遣。」從之，仍下諸路告諭。

六年二月二日，詔：「今後閤門祗候因過犯降充却因叙用差使者，更不支賜。」

七年八月四日，詔：「命官今後犯正入己贓該赦叙用者，不復任親民。內受所監臨贓數少情輕者，別奏取旨。幕職官仍不得更差知縣，州縣官不注令録。除犯枉法外，如叙用後經三次赦恩，別無贓私罪者，奏取旨。如再犯[12]贓罪，永不録用。（今）〔令〕逐路轉運司體量轄下官員，歷任犯贓罪，年七十以上，疾病不任釐務者，具事狀以聞。」

景祐元年八月十四日，星變赦：「京朝官不因贓罪，非特差替，合降差遣者，並却與親民，三班使臣且與短使。未得與差遣者，並仰於三班院投狀，依例施行。」

慶曆二年七月十四日，臣僚言：「命官犯罪或年七十以上，乞臨時取旨，量其歷官勞績，情理輕重，或授以分司、致（任）〔仕〕，或放歸田里。犯罪勒停，經恩叙理，令刑部不許接狀。」詔今後命官、使臣犯罪及叙理，如內有年七十以上者，具所犯情理輕重取旨。

五年十月九日，升祔赦書：「應得替幕職州縣官并諸色違礙及衝替未得與官人，三班使臣且與短使、未得與差遣者，並仰於南曹、三班院投狀，依例施行。貶降、追停及除名、編管人等，未量移者與量移，已量移者與叙用，仍各具情理輕重者旋取進止。」

十一月十七日，度支郎中、集賢校理曾公亮言〔一〕：「自來赦勅指揮，因公事授行軍司馬、副使、上佐官、司士、文學，並具負犯因依，本貫州縣分析聞奏，候到刑部勘會申奏。自來刑部執用此文，須見本州奏到，方乃施行。緣貶降官內有因經恩移授及勒停除名人叙授者，朝廷多許就別州或本鄉居住，不勒到任，至該叙者所居州軍非（非）〔本〕人所任之處，又無到任月日，不敢接狀；却詣本任州軍官司，又爲本人元不到任，亦不接狀，遂致詣闕進狀。雖[13]蒙批送刑部，本部又爲本州不見到任月日及所授因依，不合赦勅，亦上奏罷。使其歷訴無地，甚可哀憫。亦有頻進狀者，或蒙特旨刑部施行，然已遲滯，動經時歲。請自今上件官合該勅聞奏者，如在別州軍居住，元勅許者，並於所住州軍接狀施行。」從之。

嘉祐四年十一月四日，命天章閣待制兼侍講錢象先、盧士宗，右司諫、祕閣校理吳及定奪該恩叙雪人。是後每降赦，即命官定奪，用此制。

八年四月二日，英宗登極赦：「應貶降、責授官量與升陟〔二〕，在外未量移者與量移，已量移者與叙用，已叙用者更與叙用。流配人內有曾任職官、已經恩赦放還者，量與叙用；除名、追官、停任、終身不齒及因詿誤連累，自來未

〔一〕曾：原作「魯」，據《長編》卷一五六改。
〔二〕責：原作「素」，據前多條赦文文例改。

敢求任人等，並許於刑部投狀。行軍司馬、防團副使、上佐官、司士、文學參軍、衙前編管人等，並仰逐處分析聞奏，當議等第施行。曾配在衙前、經恩已放逐便者，並許於刑部投狀，量與叙用。停職諸色人等未敢叙用者，仰並於刑部投狀，依例施行。」治平二年十（十）一月十六日南郊赦，增「京朝官先因負犯及不理奏降充監當，元犯贓罪後來能守廉勤，無過犯，候監當及二年，却與合入親民差遣。貶降、責授文武職官及三班使臣，並特與叙用，仍各具情理輕重取旨。京朝官不因贓罪追停、已經叙用及降官未復舊資者，仰具元犯聞奏。諸色選人因事合殿實選者，如所犯在今日以前，不【14】限已未施行，並與放免。諸色違礙及衝替未得與官人等，并三班使臣且與短使、未得與差遣，並仰於南曹、三班院投狀，依例施行。幕職州縣官元非枉法受贓，別因過犯帶『違礙』二字至今滿七年，特與除落。曾任京朝官降黜見（在）〔任〕幕職州縣〔官〕、使臣降充三司軍大將，如後來任用別無贓罪，候到闕，於逐處投狀，特與勘會施行。」餘如前制。

六月二十五日，樞密院言：「以即位赦叙官人，已叙官即不與覃恩，與覃恩即不與叙轉。」從之。

英宗治平二年九月二日，詔：「廣西路攝官犯贓罪杖以下，雖會赦所授牒，後不得復攝。」

治平四年正月二十九日，神宗登極赦：「應貶降、責授官量與升陟，在外未量移者與量移，已量移者與叙用，已叙用者更與叙用。流配人內有曾任職官已經恩赦放還者，量與叙用；除名、追官、停任、終身不齒及因詿誤連累，自來未敢求仕人，並許於刑部投狀。行軍司馬、防團副使、上佐官、司士、文學參軍、衙前編管人等，並仰逐處分析聞奏，當議等第施行。曾配在衙前經恩已放逐便者，並許於刑部投狀，量與叙用。停職諸色人等未曾叙用者，仰並於刑部投狀，依例施行。」

神宗熙寧元年十一月十八日，南郊赦書：「應貶降官未量移者與量移，已量移者與叙用，已叙用者更與叙用。其降授文武職官及三班使臣，並特與叙用，已叙用者更與叙用，仍各具情理輕重取旨。除名、追官、停職【15】任人并使臣等，並令刑部投狀，分析元犯因依聞奏，依例施行。京朝官不因贓罪追停已經叙用及降官未得舊資者，仰具元犯奏聞。諸色選人因事合殿實選者，如所犯在今日以前，不限已未施行〔一〕，並與放免。諸色違礙及衝替未得與官人等，并三班使臣且與短使、未得與差遣者，並仰於南曹〔二〕、三班院投狀，依例施行。應幕職州縣官元非枉法受贓，別因過犯帶『違礙』二字至今滿七年者，特與除落。曾任京朝官，因負犯降黜，見任幕職官，及使臣降充三司軍大將，如後來任用別無贓罪，候到闕，於逐處投狀，特與勘會施行。

〔一〕未：原無，據前治平二年十一月十六日南郊赦文補。
〔二〕曹：原作「京」，據前治平二年十一月十六日南郊赦文改。

因公事授行軍司馬、副使、上佐官、司士、文學參軍，並具到任月日，負犯因依，并本貫家便去處分析聞奏。候到，令刑部子細勘會元犯申奏，委中書門下別取進止。京朝官、使臣不因贓罪降監當，後來別無贓私罪，候及二年，與復差遣。官員歷任内曾犯私罪至徒經今十二年、贓罪杖已下二十年、有五人奏舉，公罪杖已下經今六年、有三人奏舉者，許今後不礙選舉差注。其犯公罪徒、私罪杖已下被坐經今十二年，公罪杖已下七年，有二人奏舉（杖已下七年有二人奏舉）者，今後與依無過人例施行。已上並須情理稍輕及被坐後來各不犯贓私罪者。如情理稍重，贓罪各加舉主三人，餘罪各加舉主二人，並聽於所屬自陳，當議委官定奪施行。内選人犯私罪徒、贓罪杖得不礙選 16 舉差注者，若舉主、考第比無過人例合磨勘者奏裁，當議特許添舉主員數磨勘。」四年九月十日明堂赦、七年十一月二十五日、十年十一月二十七日南郊赦，但云「見貶責命官、使臣未量移者與量移，諸色選人因事合殿實選並與放免，未得與差遣使臣並許於所隸投狀，依例施行」，而叙用別著定法，赦條不復頒下。

二年正月二十一日，刑部言：「追官人前内殿崇班劉信臣充滄（洲）〔州〕栢家寨巡檢日，於當直兵士數外占役禁軍，並不教習武藝，計庸官減外徒三年、勒停，遇南郊合叙左侍禁。」詔可，永不與親民差遣，今後有犯法役禁軍、有妨教閱者，雖經恩已叙復，並依此施行。

（三年十月三日）〔六年三月十三日〕〔一〕，樞密院定到《武臣犯贓罪經恩叙理法》，合據情理輕重，許至某官止，仍不得親民，比舊稍峻。凡二十門。詔依此施行。先是，武臣犯贓經赦叙復舊官，後更立年考陞遷。上諭曰：「若此，何以戒貪吏？」令新其條制。至是，都承旨曾孝寬等議定上之，大約倣中書文臣叙法而少有增損，比密院舊叙例爲寬云。

〔二年〕閏十一月十八日〔二〕，詔：「應文武臣今後因罪犯降差遣，經赦合該牽復者，如元犯情理輕，責降後有所轄監司〔一〕〔二〕員同罪奏舉，元犯情理重有所轄監司一員同罪奏舉，即與依赦牽復。如係在京無監司處，只用所轄官爲舉主。内有元係職司及路分差遣，仍更委中書、樞密院體量（理）〔履〕歷、才行取旨。所有兩省内 17 臣準此。若在京勾當無所轄官司，即許本省都知、押班依此奏舉。」初令中書議法進呈，上以爲責降官在京有無監司處，乃改降是詔。

八年十一月，詔中書門下：「（進）〔近〕降赦，並依南郊例，應叙復官者具名以聞〔三〕。」

〔一〕六年三月十三日：原作「三年十月三日」，據《長編》卷二四三、《宋史》卷一九九《刑法志》一改。蓋因抄者之誤，《大典》編者遂誤置於此。

〔二〕二年：原無。按，熙寧中閏十一月唯有熙寧二年，因補。此條本承前「二年正月」條。

〔三〕以聞：原作「是詔」，蓋因上條末二字而誤，據文意改。

〔元豐〕七年五月一日〔一〕，涇原路經畧司言：「自今沿邊將官、城寨使臣坐事衝替者，乞再下本司審察〔二〕，軍前得力人量事大小於酬獎折除，或展年、降官，依舊在任。」從之，令尚書吏部立法。

六月十三日，詔：「沿邊主兵官，雖因罪衝替、差替，若在任幹當得力，藉材不可輕去，許經畧司保明奏裁。」

十一月九日，詔：「自今執政官罷黜及一期，中書省檢舉取旨。」以尚書刑部言「知汝州、中大夫蒲宗孟已滿一期，宗孟前執政，未敢準待制以上條檢舉」故也。

八年正月九日，以年穀屢豐，赦書：「應命官停降并未復舊官者，並特與理三期。」

三月二日，册皇太子赦書：「應命官停降並未復舊官者，特理三期；其未與差遣並與短使等人，並仰於所屬投狀，依例施行。」

六日，哲宗即位赦書：「應貶降、責授官量與升陟，在外未量移者與量移，已量移者與叙用，已叙用者更與叙用。應流配人内有曾任職官已經恩赦(過)〔放〕還者，量與叙用。應除名、追官、停任人等，曾編管、羈管經恩已放逐便者，並許於刑部投狀，量與叙用。應停職諸色人等未曾叙用者，仰依例施行。」

二十六日，刑部言：「叙用人不得併叙兩官，今爲連遇三[18]赦，乞依赦叙用，便與盡三赦合叙之官。」從之。

二十九日，刑部言：「差使、借差殿侍停降，并軍員降配，雖非命官，緣各有叙法，係赦書該説不盡，欲乞並與依三次赦恩理期收叙。」從之。

四月二十一日，刑部言：「叙用人連遇三赦，合叙三官，唯遇第一赦人多有赦前已歷歲月，及赦内稱特理三期，而文武臣僚叙法乃有一期二期一叙者。欲應赦前合叙期限已滿之人，偶未投狀，該前項第一赦者，先具期限，次具赦恩〔三〕，各與叙用。若該第一次赦恩所叙期限未滿，即以赦恩叙訖，仍留實歷過年月後叙收使，并文武臣僚合一期二期一叙者，赦文雖稱與理三期，止合每赦與叙一官，即不在收留赦文内剩期之限〔四〕。」從之。

二十七日，尚書省奏：「刑部言，今年正月九日赦書，叙法未復舊官者，滿三期聽一叙。即已得正官者，每叙轉一官。如選人到銓日，及一年限即更與叙用。按選人常叙，如未復舊資，須一任回到吏部日，及年限方許再叙。今非次赦恩，特理三期，欲不以到部爲限，並與併叙外，内見任人據所叙官資與寄理，仍支所叙官俸。」從之。

五月二十一日，尚書省奏：「刑部言，合叙用人年七十

〔一〕元豐：原無，此承前當爲熙寧七年，然考《長編》所載，本條及以下諸條爲元豐七年事。因補。
〔二〕司：原作「月」，據《長編》卷三四五改。
〔三〕具：原無，據《長編》卷三五四補。
〔四〕「赦」原作「叙」，「剩」原作「乘」，並據《長編》卷三五四改。

以上者，各乞除叙法所得名目致仕〔一〕。内贓罪人仍不再叙，未復舊官人願未叙者聽。」從之。

元祐元年四月十二日，吏部言：「衝替大小使臣經昨來三赦遞減，有只用一赦或兩赦減至輕者，尚有展年。昨來申請隨所減[19]至輕展年聲説未盡，見妨磨勘。欲將大小使臣三赦前犯贓私公罪衝替事理稍重及私罪輕〔二〕，用三赦各遞減至便與差遣之人〔三〕，只將本罪條添展，便與磨勘。内私罪差替之人，該今來三赦無可遞減，更不添展〔四〕。」從之。

九月六日，明堂赦恩：「應見貶謫官未量移者與量移。」元祐四年九月十四日明堂赦、七年十一月十四日南郊赦、紹聖二年九月十九日明堂赦〔五〕，並同此制。元符元年十一月二十四日南郊赦，增「元祐餘黨及別有特旨之人」。三年正月十一日以非次赦，應合牽復、叙用、量移、移放人〔六〕，並依赦格疾速檢舉施行。

三年六月二日，詔：「待制以上落職期滿及責降官情理重應檢舉者，今後並量元犯取旨。」從左司諫韓川、御史盛陶請也。

七月二日，詔：「今後監司及帶職人因罪追降官資、差遣或落職，并特旨責降人，並檢舉申都省。其不應檢舉取旨之人，若與應檢舉人同犯責降者依此。」

六年八月二十四日，三省言：「責降英州別駕、新州安置蔡確母明氏乞依元祐四年明堂赦文及呂惠卿移宣州安置二年例，量移確一内地。按條，前任執政官罷執政後，因事責降散官，令刑部檢舉。又《刑部令》，應檢舉人理期數，准法散官及安置之類以三期。」詔開封府告示。其後給事中朱光庭言：「確母明氏乞量移男確一内地，奉聖旨令開封府告示叙復期數。謹案確罪惡比於四凶，既竄豈有復還之理？量移[20]乃刑部常法，豫先告示，理極不可。」詔今月二十四日指揮勿行。

七年二月六日，刑部言：「兩犯贓罪杖，各經勒停，若與一犯人同期叙用，輕重未稱。欲乞兩犯正入己贓罪杖並經勒停〔七〕，於初叙用上展二期叙。武臣准此。犯在今來展期已前者，聽依舊法叙之。」

八年八月二十五日，詔：「應今月二十三日赦前停降并未復舊官人，特與理三期叙，内合依條檢舉人，取旨量輕重施行。」

紹聖二年四月三日，吏部言：「應使臣本犯至死及連累私罪情重者，永不與叙用，使人知戒懼，各厲廉隅，庶以

〔一〕除：原無，據《長編》卷三五六補。
〔二〕小：原無，據《長編》卷三七五補。
〔三〕便：原作「使」，據《長編》卷三七五改。
〔四〕展：原無，據《長編》卷三七五補。
〔五〕紹聖：原作「紹興」，按此處前後皆列哲宗赦事，不應作「紹興」。且據《宋史》卷一八《哲宗紀》二，紹聖二年九月辛亥「大饗明堂，赦天下」，是月癸巳朔，辛亥正爲十九日，年月日、事件皆與此合，因改。
〔六〕移：原脱，據《長編》卷五二〇補。
〔七〕杖：原作「狀」，據《長編》卷四七〇改。

少清流品。」詔吏部、刑部同立法以聞。

九月十一日，觀文殿大學士、降授通議大夫、知陳州范純仁言：「呂大防等竄謫江湖，已更年祀，未蒙恩旨，久困拘囚。其人等或年齒衰殘，或素縈疾病，倘或不諳水土，客死他鄉，不唯上軫聖懷，亦恐有傷和氣。伏願宸衷獨斷，盡屏猜嫌之跡，特垂曠蕩之恩，皆因大禮赦文，放令逐便，使得自新改過。」詔范純仁立異邀名，沮抑朝廷已行之命，可落觀文殿大學士，知隨州。

四年九月七日，詔：「今月五日赦前犯事經斷人應合叙用者，依該非次赦恩與叙。應文武官不因贓罪降充監當者[一]，如後來無贓私罪，候到任實及二年，與依條牽復差遣。應見貶謫文武官，除元祐餘黨及別有特旨人外，未量移者與量移。未得與差遣使臣，並仰於所屬投狀，依例施行。應衝替命官，量情輕重，21各以罪降，係事理重與減作輕，係輕者便與差遣[二]。使臣比類施行。」

元符元年三月十九日，刑部言：「犯罪未叙及已叙未復舊官而再犯罪者，自後犯日別理期叙。」從之。

四月二十一日，刑部立到《武臣降叙格》：第二等贓盜姦私罪，借、奉職初叙守闕軍將，再叙軍將，殿直初叙軍將。第三等贓罪，借、奉職初叙軍將。從之。

五月二十一日，詔：「自今除名、勒停應叙用人，不許帶勳，賜。」

三年正月十三日，徽宗即位赦書：「應貶降、責授官量與陞陟，在外未量移者與量移，已量移者與叙用，已叙用者更與叙用。應流配人内有曾任職官已經恩赦放還者，量與叙用；應除名、追官、停任人等，并終身不齒及放歸田里，并因詿誤連累，自來未敢求仕人等，並許於刑部投狀。散官編管人等，並仰逐處分析聞奏，當議等第施行。除名、追官、停任人等，曾編管、羈管經恩已放逐便者，並許於刑部〔投狀〕，量與叙用。停職諸色人等未曾叙用，仰並於刑部投狀，依例施行。」

二月二十五日，詔：「熙河路追、停、降官不用叙法人，已經大赦，聽依常法收叙。」

二十六日，詔：「責（拔）〔授〕武安軍節度副使、永州安置范純仁爲左中散大夫、光禄卿、分司南京、鄧州居住，責（受）〔授〕信州團練副使、道州安置呂希純爲朝奉（即）〔郎〕、少府少監、分司南京、唐州居住，責授鼎州團練副使、潭州安置王覿爲朝奉郎、光禄少卿、分司南京、和州居住，責授岷州團練副使、道州安置韓川爲承議郎、少22府少監、分司南京、隨州居住，責授隰州團練副使、郴州安置劉奉世爲左朝議大夫[三]、少府少監、分司南京、光州居住，責授舒州團練副使唐義問爲奉議郎、尚書屯田員外郎、分司南京、安

[一] 者：原作「官」，據《長編》卷四九一改。
[二] 「係事理重與減作輕係」九字原脱，據《長編》卷四九一補。
[三] 郴：原作「彬」，據《宋史》卷三一九《劉奉世傳》改。

州居住。降授朝奉郎、尚書屯田員外郎、分司南京、和州居住呂希哲爲朝奉郎〔一〕、管勾亳州明道宫，降授朝散郎、少府少監、分司南京、隨州居住呂希績爲朝請郎、管勾西京嵩山崇福宫，朝散大夫、尚書户部員外郎、分司南京、衡山居住呂陶爲朝散大夫、提舉成都府玉局觀，鼎州團練副使、筠州安置鄭佑爲朝議大夫、提舉江寧府崇禧觀，並任便居住。責授瓊州別駕、昌化軍安置蘇軾移廉州，責授化州別駕〔二〕、循州安置蘇轍移永州，責授新州別駕、梅州安置劉安世移衡州，追官勒停(仍)〔人〕、雷州編管秦觀移英州，放歸田里人、涪州編管程頤移峽州〔三〕。朝散郎、管勾江州太平觀、均州居住范純粹爲朝請郎、知信州，承議郎、添差監復州在城鹽酒税張耒通判黄州。除名勒停人鄒浩爲宣德郎、添監袁州酒税，責授平江軍司馬、南安軍安置黄隱爲奉議郎、添監江州酒税，涪州別駕、戎州安置黄庭堅爲宣義郎、添差鄂州在城鹽税，保静軍司馬、邵州安置賈易〔爲〕承議郎、監信州茶鹽酒，勒停人王回爲奉議郎、監泉州税。」

四月十五日，皇子生赦書：「應官員犯罪及因事安置、編管、羈管并指定居住已曾量移者，詳酌移放。所有前降今後更不用期降數赦恩移叙指揮更 23 不施行。」

五月二日，刑部言：「檢會近降四月十五日赦書，内別無責降、停廢官員等叙用明文，切慮有經本部投狀乞叙之人，未審許與不許收叙，亦未見得合理幾期〔四〕。」詔各與理當三期收叙，仍今後應遇非次赦恩依此。

七月十一日，刑部奏：「正月十三日登極赦書：『應除名、追官、停任人并終身不齒及放歸田里人等，並許於刑部投狀。』契勘除名、追官、停任人，刑部雖各有叙法十一等，内第一等永不叙收，第三等至六等止叙散官，其終身不齒及放歸田里人係叙法之所不載。元豐大赦後，曾有投狀人，刑部爲無叙法，並送看詳訴理所斷遣〔五〕。本所奏請得叙者止一二人，餘皆不行。今來大赦後投狀者，若止隨常格不與收叙，則赦書指揮殆成虚文。況此兩色犯狀未必重於除名，偶因當時特旨異名，叙格闕漏，遂使不霑霈澤。今欲乞並依特除名叙法，内本應除名者自從重并除名，永不收叙與止叙散官者，如經部投狀，並從本部取索元犯看詳，逐旋申取朝廷指揮。所貴久廢仕官之人，又與恩恤。」從之。

建中靖國元年三月二十一日，刑部奏：「臣切見自來

〔一〕呂：原脱，據《九朝編年備要》卷二五補。

〔二〕以上二句，「昌化軍」至「化州別駕」十六字原脱。按，責授瓊州別駕者乃蘇軾，非蘇轍。據《九朝編年備要》卷二五，此次牽復二十餘人中有蘇軾，是此處脱蘇軾。兹據《宋史》蘇軾、蘇轍傳等文獻及上下文例補此十六字。

〔三〕頤：原作「移」，據《九朝編年備要》卷二五改。

〔四〕期：原作「其」，據下文改。

〔五〕所：原無。按下句言「本所」，則此句「看詳訴理」下應有「所」字。元祐初置看詳訴理所，爲熙豐變法中被罪者除雪，後罷。元符初復置看詳訴理所，改正元祐中除雪不當者，重真之罪。詳見《宋史》卷二〇〇《刑法志》二「詔獄」條。

大禮赦書内〔一〕，例各有除落命官過犯等指揮。自去年正月十三日頒降登極赦書後來，不住有官員赴部陳乞除落過犯，本部爲赦文所不該載，不敢比類施行。欲望特詔有司，許依大禮赦書施行。内十年以上者，仍各與減五年；不及十年，各與24減三年。所貴非常之澤，廣被遠邇。」詔許依大禮赦書施行，其理年仍各減三分之一。

十一月二十三日，南郊改元赦：「應見貶責官未量移者與量移，承務郎以上及使臣不因贓罪降充監當官，後來別無贓私過犯，候到任及二年，與依條牽復差遣。」崇寧三年十一月二十六日南郊赦、崇寧四年九月五日九鼎成赦、大觀四年南郊赦，並同此制。（以上《永樂大典》卷三八六六）

收叙放逐官 二

【宋會要】

25崇寧二年四月二十一日，親謁原廟赦：「應見貶謫命官除元祐姦臣及到貶所未及年外，未量移者與量移，合叙用人依該非次赦恩與叙。銜替命官係事理重者與減作稍重，係稍重者減輕，輕者便與差遣。使臣比類施行。」

三年六月十六日，詔：「元符末姦黨並通入元祐籍，更不分三等。應係籍姦黨已責降人，並各依舊。除今來入籍人數外，餘並出籍，今後臣僚更不得彈劾奏陳。令學士院降詔。」

四年十二月二十四日，詔：「應元祐及元符末係籍人等，今既遷謫累年，已足懲誡，可復仕籍，許其自新。所有朝堂石刻已令除毁訖，如外處有立到姦黨石刻，亦令除毁，今後更不許以前事彈糾。常令御史臺覺察，違者具彈章以聞。」

五年正月十四日，星變赦：「應合叙用人，依該非次赦恩與叙。」大觀四年五月二十一日星變赦同此制。

大觀元年正月一日，改元赦：「應合叙用人與理當三期叙，應落職、降職及與宫觀或放罷直替，并曾任在京職事官監察御史以上、開封府推官及監司人，令吏、刑部限一季逐旋申尚書省取旨外，其未復舊官并未復舊差遣人，並令吏、刑部不候投狀，各限兩月。内贓罪及私罪情重人與依例叙復，其公罪并私罪稍重情輕人，並量輕重申尚書省取旨。」

十月26十七日，刑部言：「九月二十八日赦書：『應官員除名、追官、停任、停職未經叙用，并不因贓罪已經叙用及降官資未復舊，并貶謫已量移者，並與叙用，已叙用者更與叙用。』即是叙格内應六期、三期、一期並無等可降展年人，依上件赦條皆得與叙外，惟有本期之外更有特旨展期之人，未委合與不合依無等可降展年人與叙期。勘會除名係用六期收叙，特勒停係一期叙，今若一等并許叙用，即

〔一〕禮：原作「體」，據下文改。

無輕重之别。」詔合叙用人並理當三期。

二年正月一日，受八寶赦：「元祐之初，姦臣乘間，得罪放廢。言念歲月之久，屢更赦宥，除懷姦睥睨，報怨不臣，公肆誣詆，罪在宗廟，朕不敢貸，其尚繫貶所，或情輕法重，例被放棄，或非身自犯，因人得罪，或止緣貪冒〔一〕，附會朋比〔二〕，或志非謗誣，言有近似，或緣辨理〔三〕，語類譏訕，或止因職事，偶涉改更，凡此之類，可各具元貶責罪犯，審量其情，分輕重等第，取情輕者與落罪籍，特與甄叙差遣。」

三月二十八日，三省言〔四〕：「檢會今年正月一日八寶赦書：『元祐之初，姦臣放廢，言念歲月之久，屢更赦宥，可議等第，取情理輕者與落罪籍，特與甄收差遣。』具到孫固、陸佃、王存、蔣之奇、趙瞻、安燾、顧臨、張問、朱師服〔五〕、錢勰、王欽臣、楊畏、李之純、王汾、馬默、周鼎、向紃、李昭玘、歐陽棐、陳察、梁士能、楊彦璋、李賁〔六〕、鍾正甫、許端卿、趙彦若、賈易、姚勔、呂希績、歐陽中立、葉伸、陳郛、朱光裔、蘇嘉、吳儔、常立、李茂直〔七〕、司 27 馬康、都貺、鄧忠臣、廖正一、呂希哲、秦希甫、張（來）〔耒〕、杜純四十五人，編寫成册。」詔除孫固、安燾、賈易外，餘並出籍。續奉聖旨，孫固爲係神宗隨龍人，王珪初懷猶豫，終能協濟，特與出籍。續詔葉祖洽、郭知章、上官均、朱紱、种師極、錢景祥並出罪籍。

三年正月一日，中書門下後省、左右司狀：「檢會係籍定人内陳衍等不可貸外，蔡克明等二十五人，編類册内别無事狀，慮别有照應文字，乞降下。詔張茂則、馮説出籍，餘並依舊。契堪張士良一名，崇寧三年籍内有姓名，崇寧五年二月内御寶批，爲係哲宗隨龍人，特許任便居住。三月内係籍人分三等指揮内無姓名。今來刑部具到前項指揮内，即無張士良出名，未委合與不合出籍，乞明降指揮。」張士良出籍〔八〕。

二月三日，中書省、尚書省送到門下中書後省、左右司狀：「承朝旨看詳孫固等共一百五十六人出（藉）〔籍〕，并今來看詳到王古等外，所有其餘係籍人并承朝旨不出籍人姓名一本，合取自朝廷指揮。」詔趙君錫、孔平仲、周遵道、張恕、胡良、程頤並出籍。

六月三十日，詔：「比閲元祐罪籍，除詆誣先烈，得罪宗廟，朕不敢貸外，緣事放廢，閲日滋久，宜與湔洗，復置周行。文臣張商英、謝文瓘、徐勣、路昌衡，内臣譚扆、竇越、

〔一〕貪冒：原脱，據《宋大詔令集》卷一四九補。
〔二〕朋：原作「明」，據《長編紀事本末》卷一二四改。
〔三〕辨：原作「辦」，據《長編紀事本末》卷一二四改。
〔四〕言：原無，據《長編紀事本末》卷一二四補。
〔五〕師：原作「思」，據《長編紀事本末》卷一二四改。
〔六〕賁：原作「基」，據《長編紀事本末》卷一二四改。
〔七〕李：原作「季」，據《長編紀事本末》卷一二四改。
〔八〕句首似脱「詔」字。

趙約、曾肅、黄卿從、蘇舜民〔一〕、閻守懃、鄧世昌、鄭居簡、王化臣、王紱、張祐，可依已出籍例施行。」

七月四日，詔：「朕祇紹先猷，遹追成憲，任賢使能，小大並進。其〔28〕或自抵譴訶，名麗謫籍，曠日滋久，庶有革心。《傳》不云乎：『過而能改，善莫大焉。』除元祐姦黨及得罪宗廟朕不敢貸外，自餘並棄瑕滌垢〔二〕，量才試用，責其後效，許以自新。應曾任待制已上職任人，往咎宿愆，已經黜責〔三〕，朕則究知本末，今再加識擢，官司勿復以聞，臺諫官亦不得輒有彈奏。其如尚或不悛，覆出爲惡，怙終飾非，申述辨雪，與夫背公死黨，陰懷報復，沮害良善，欲成其私，無循省悔過之心者，邦有常刑，必罰無赦。布告中外，咸體朕意。仍牓朝堂。」

十一月，詔：「命官見在責籍，可特與牽復，仍與宮觀差遣。」

四年三月二十五日，詔：「罪廢之人，不忍終棄，昨者稍加甄叙，尚慮懷姦沮法，命監司俟一年保奏。今兹閲月浸久，頗聞各安所守，更不候一年之淹，各與等第差遣，以責來效。其曾任侍從官，於去年十二月以前牽復與知州人，内有未帶職、未復待制以上職名人，並特免監司保明，三省條具，將上取旨。」

政和元年六月十四日，臣僚言：「失入徒罪已上及用刑不法之吏，雖遇赦宥，許其叙復，乞不令任提點刑獄、親民差遣。」從之。

七月十一日，帝疾康寧德音：「應文武官自大觀元年後來至今日前，因臣僚彈擊、不曾體量取勘及特旨責降，不以大小臣僚，自責降後不以曾與未嘗牽叙，見在罪籍者，並仰於所屬投狀申刑部，本部具元責因依申尚書省，量事體輕重取旨牽復。文臣曾任待制以上，武臣觀察〔29〕使以上，尚書省限十日檢舉取旨。如已經叙官之人，更與牽復，無致漏落。」

二年二月五日，臣僚言：「去年十二月十一日赦文，大小臣僚現在罪籍者，量事體輕重〔四〕，仰刑部具元責因依申尚書省，取旨牽復。今文臣曾任待制以上、武臣觀察使以上已行檢舉，其餘小官經隔歲月，未見施行。小大之臣，不應有異，乞詔有司類聚取旨。」詔限半年。

十二(年)〔月〕一日〔五〕，中書省言：「十一月二十五日受元圭赦書：『應合叙用人自降責已及二年〔六〕，理爲非次赦恩，許當三期與叙。』契勘叙用之人理期年限不等，政和

〔一〕蘇舜民：原作「蘇舜卿」，據馬純《陶朱新録》、《長編紀事本末》卷一二二等書所載《元祐姦黨碑》改。
〔二〕滌：原無，據《宋大詔令集》卷一九六補。
〔三〕經：原作「繩」，據《宋大詔令集》卷一九六改。
〔四〕量：原作「體」，據上條改。
〔五〕十二月一日：「月」原作「年」，按政和無十二年，又下文所述「受元圭」事在政和二年十一月，此奏當爲同年十二月上，因改。然「一日」可疑，因下文引「政和二年十二月四日」詔，時間先後不合，二者當有一誤。
〔六〕合叙：原作「合赦」，據文意改。

二年十二月四日詔，一期、再期合叙用人並許叙用〔一〕，三期以上合叙用人〔二〕，並與理當二期。」詔應合叙用人，自責降已及一年，理爲非次赦恩，許當三期與叙。

三年十一月六日，南郊赦：「應官員除名、追官、勒停、落職未經叙用，并不因贓罪已經叙用及降官資未復舊，并貶謫已量移者，並與理當三期叙用，已叙用者更與叙用。」

四年五月十二日，北郊德音：「應追官、降官、降資、勒停未該叙用者，緣今次首行夏祭之禮，其理爲一赦。及拘管人情輕，具犯由申，當該特與放免。」政和七年五月十四日北郊德音、八年九月十日皇帝元命之月德音，並同此制。

五年二月十四日，立皇太子赦：「應昨元符末上書邪下之人，趣操頗僻，在所擯廢，累經赦宥，有指揮改官陞任之類，例作過犯之人。可自今後遇改官關陞注30授，與依無過人例，及於家狀内更不聲説，仍許與在部人衮同注授，唯不得注在京差遣，以示寬宥。」

三月十七日，詔：「建立太子，慶及海宇，與常例不同。應見責降官文武臣僚並與牽復，仰刑部限十日條具聞奏。如敢用情漏落，以違御筆論。」

四月十一日，吏部奏：「見降任監當、衝替放罷等未復資任小使臣，開具下項。檢會四月十日御筆指揮，今來叙復，有司差注拘礙常格，可特依下項：編管人依法，除名勒停人降二等，追官勒停人降一等，勒停人降遠處衝替，並與本等差遣。無等可降，與次等；又無次等，與本等遠處差遣。奉御筆，第二項不候任滿依今來已降處分，第六項依令，餘並依今來已降處分施行。衝替人係依《元豐令》降等，除依今降赦書施行外，其降官衝替已依今來御筆。復官人及特旨未得差遣，若會赦及贓罪到部一年，各依事理重法，亦依《元豐令》施行。差替人前任因體量，准朝旨，不候任滿，差人抵替交替。罷任人係依差替人例，及放罷人自來亦依差替人例，並依《元豐令》與本等差遣。若以老疾或謬懦差替，依稍重法，係合降等，候滿一任即復本等。降任監當人遇赦，許候到任及二年牽復人，即合依《元豐令》牽復。比較賊盜馬數，并在京倉庫、監渡官透漏，并武藝等出身，因事停替，并押綱官失押伴蕃蠻應降等差遣人，合候一任滿復本等差遣。追降官勒停并特勒停，除依31今赦叙官人外，其叙法差遣係以任數復本等。若任數滿即合復本等之官不赴任，係依《元豐令》降等，候滿一（一）任監當復本等。無等可降，到部降一等名次，與遠小處。」

十五日，吏部言：「勘會承直郎已下拘礙差替等人，已依處分本等差注外，有赦前因勒停已叙用并衝替事理，及監當虧額、并十年不到選除資、已未替之人，於考功條法並合候一任回復資。其逐等人該今赦，即未有許與不許復資指揮。」詔便與叙復。

〔一〕合叙：原作「合赦」，據文意改。
〔二〕合叙：原作「合赦」，據文意改。

二十三日，尚書省言：「勘會已降指揮收叙大使臣承務郎以上人，法寺係以贓論罪，元斷刑名不等，今來自合分别，難以一例收叙。及臣僚内有追降官未復舊官，已後别以泛恩改轉過者，依法並合計在叙法之外，竊慮有司爲見元降指揮無可收叙，不爲補叙，使被責之人未能均被恩霈。」詔：「如有似此，刑部續次條具。元犯死罪貸命人，令刑部依格與叙，元犯流罪人降三官、元犯徒罪人降兩官叙，元犯杖笞人與叙舊官。應已叙文武官，如追降官未復舊官，已後别以泛恩改轉過者，令刑部依法補叙。如内有磨勘不同之人，比折補叙施行。其礙（正）〔止〕法人，許回授本宗有官有服親。」

五月五日，刑部尚書慕容彦逢等言：「本部奏尋醫、侍養、持服條法，未合牽復之人，及係伎術官并進武、進義校尉之人，未審合與不合條具。奉聖旨，並依本部法施行，更不條具。緣尋醫、侍養、持服人將來 32 參選、服闋，依本部法合收使，已遇赦恩；并伎術官、進武、進義校尉，雖不係文武臣僚，如停降官資或編配、羈管，該遇許當期及移放赦恩，依本部格法各合叙用，移放。今相度，欲乞將應依本部格法許叙用、移放不係合條具之人，亦與用今次赦恩理當三期，依法叙用。内編配、羈管於本赦未有該載人，理爲一赦移放。」從之。

六年正月二日，都省言：「檢會政和四年四月九日奉聖旨，今後御筆及特斷並非在者，並不得理元斷月日。」詔應犯罪人若御筆特令叙復及今通理磨勘者，並合理元斷月日，餘依已降指揮。

十月十九日，刑部奏：「爲恭上昊天玉皇上帝聖號册寶禮畢肆赦内，未有官員被罪理當期限指揮，奉詔與理三期〔一〕。勘會諸色有叙法公人遇非次赦，已有海行條減三期，今承上件朝旨，被罪官員與當三期，緣下班祗應并將校等，於本部條格皆有叙法，未審合與不合亦與理當三期。」詔與理三期。

十二月九日，尚書省言：「奉上帝册寶赦，罪廢之人咸得自新，聖恩甚厚，然有司檢舉，隨事擬定，慮有未盡，今具下項：一、與合入差遣人或見今差遣比本等已優，謂如知縣資序人經責降，見已作通判，今令與合入差遣，即合罷通判，却作知縣之類〔二〕。願且依舊者，聽。一、應叙復之人不礙大禮赦恩，即庶官大夫以上應奏薦者皆不礙，内復待制以上合具辭免，未即受告，恐有司拘礙，未得奏 33 薦。」詔第二項自不礙奏薦，申明行下。

七年四月二十五日，刑部言：「今年九月六日，恭上昊天玉皇上帝聖號册寶禮畢肆赦，官員被罪，奉詔與理當三期。緣編配、羈管等命官依法係赦數，今來未審合與不合用赦恩，與理爲一赦移放。」從之。

〔一〕奉：原作「奏」，據文意改。
〔二〕此注原抄作正文，據文意改爲小注。

八年正月六日，受定命寶赦：「勘會昨元符末上書邪下人，已依無過人例外，其邪中人累經赦宥，可今後改官、關陞，注授依無過人例，家狀内更不聲説，仍許與在部人衮同注授。應官員、諸色人犯罪，可並與理三期敘。」

六月十五日，詔：「任監察御史已上及監司以上差遣因事責降人，已復知州軍差遣，今後更不敘復。」

二十八日，詔：「迺者荷天眷祐，錫以珍符，備成九寶，加恩海内，即與常赦不同。應左降官除永不移放人外，並與敘復；曾任監察御史以上及監司以上差遣、因事責降人，並特與敘復合入差遣；或已敘復而尚降差遣者，並令三省審度，與合入差遣。令刑部限一月，依前色目逐一檢舉敘復。」

重和元年十一月(七)[一]日〔一〕，太乙宫成改元赦：「應官員、諸色人犯罪合敘用者，並與理當三期敘用。其官員降名次，公吏人降名次，原情至輕，可令刑部比附降官、降資人，並與敘免〔二〕。應落職、降職及與宫觀，或放罷、直罷并曾任在京職事官監察御史以上、開封府曹官及監司人，除已該今年正月赦敘復外，其未敘復人，令刑部限一月，逐旋申尚書省取旨。」

34 宣和元年十一月十三日，南郊赦：「應元祐被罪責降人有未經敘復者〔三〕，仰刑部檢舉，具元犯聞奏，當議特與敘復。」

二年六月十日，刑部言：「五月二十五日德音：『應官員、諸色人犯罪，可並與理當三期。』本部勘會，官員停降官資係理期限敘復，今來德音内即無敘用、移放明文。」詔命官理爲一赦〔四〕。

七月十一日，御筆：「應該遇去年冬祀、今歲夏祭赦宥人，可依下項，令吏部限一月檢舉。曾任太中大夫以上官職未復官職(即)[及]已復未有差遣人，並取旨。曾任監察御史以上職事官及監司、見降資任差遣者，並與牽敘。落職人取旨。見流配、編管、羈管、安置、責授散官者，並放移、放牽敘，内情重及永不放還、永不敘復并係監察御史以上職事官及監司得罪者，並取旨。勒停、衝替、放罷、降官、降資人，並與牽敘。見降授監當之類者，並令吏部注授合入差遣。」

三年正月十八日，詔：「士大夫職業不脩，行義不立，自抵罪辜。比緣赦宥，雖數與甄敘，尚慮朝廷失於訪求，有司限於檢舉，使沉英有流滯之嘆，微罪遏自新之路，殆非俱收並蓄、棄瑕用材之意。應實有材望、曾經任用之人，非有顯過而被譴斥替移，有雖不該檢舉，並行採訪，具名取旨，

〔一〕一日：原作「七日」，據本書禮五四之一三、《宋史》卷二一《徽宗紀》三改。
〔二〕敘免：似當作「敘用」、「敘復」、「放免」之類。
〔三〕有未：原作「未有」，據文意乙。
〔四〕命官：原作「明官」，無義。按後三年「九月三日」條云：「今來編配、羈管、安置等命官，緣法係以情理輕重理赦數移放，今取朝廷指揮。詔與理爲一赦。」與此處文意合，因改。

量材授職。」

二月二十八日，罷方田買鈔免夫錢赦：「應官員昨緣隨逐出塞被責見被罪之人，限一月許經所在官司陳首，並與免罪，具元犯保明申樞密院，量輕重叙復。其責[35]降未叙舊官人，並特與叙復。比降指揮，士大夫實有材望、曾經任用之人，非有顯過而被譴斥替移，不該檢舉，並行採訪，具名取旨，各已採訪甄叙。仰諸路監司、郡守更切詢求實有才望之人，具名保明聞奏，當議量才甄用。見責降及流配、編管、羈管、安置、責授散官并(勤)〔勒〕停、衝替、放罷、降官資及降授監當之類差遣人等，除已依昨降御筆檢舉，已後未經檢舉者，仰吏、刑部限一月，並依宣和二年七月十一日所降指揮檢舉牽復。昨緣陝西奉行鐵錫錢一等行使平定物價指揮，并因諸路方量及根括冒佃大荒地土，應當(月)〔司〕違犯抵罪編管、羈管、安置人，並放令逐便。內命官及落職、停替、降官、降資、放罷人，並與叙用元舊官職，依無過人例施行。」

八月十二日，德音：「應緣賊及因軍興致罪停降、編配之類，並與當三期叙復、移放。應官員緣賊及因軍興被罪差衝替、放罷者，並許經所屬自陳，保明聞奏，當量情理重輕，特與牽復。」

九月三日，刑部奏：「八月十三日德音〔一〕：『應緣賊及因軍興致罪停降、編配之類，並與當三期叙復、移放。』本部勘會，官員停降官資係理期限叙用，編配諸色人係理年限移放。今來編配、羈管、安置等命官，緣法係以情理輕重理赦數移放，今取朝廷指揮。」詔與理爲一赦。

四年十一月十五日，南郊赦：「應編管、羈管人並放逐便，除名、勒停、降官資人並與叙復，衝替、放罷人與牽復本等[36]差遣。上書邪等文臣，除邪下人已降指揮免展磨勘外，其邪上及尤甚未有聽許磨勘指揮〔二〕，緣已累該赦宥，今後特與磨勘。應使臣且與短使〔三〕、未得與差遣者，並仰於所屬投狀，依例施行。」

五年五月，吏部奏：「勘會大觀元年宗祀及政和三年冬郊赦文，內追降官資、勒停未叙用人理當三期，已申明將私罪情輕并公罪添展年季人許免展了當。今來刑部承指揮，應追降官資、勒停未叙用人，該宣和四年冬祀赦，許理當三期叙用外，有不因贓罪添展年季之人，未有許免展指揮。」詔私罪情輕并公罪添展磨勘人，並與免展。

六年八月十八日，以收復燕雲大赦：「應命官曾經擢用及帶職人見今罷黜者，並令刑部看詳，當議特與甄叙。內曾任待制以上未復職名、復職未盡者依此。未有差遣之人與宮祠，已任宮祠者與郡。曾任監察御史、開封府曹官、監司以上，未有差遣特與差遣。應元符末上書人，久掛罪

〔一〕十三日：按前條云「十二日」，二者必有一誤。
〔二〕及：原作「人」，據下「六年八月十八日」條改。按崇寧元年所定元符臣僚章疏姓名正邪等次內有「邪上」一等，又有「邪上尤甚」一等。
〔三〕且：原作「具」，據本書職官七六之一二改。

籍，所當寬貸，使得以自新。除邪中、邪下人已許依無過人例外〔一〕，其邪上及尤甚人未有指揮。元符上書人員與依無過人例不礙注授内外差遣，其脚色并應干文字更不聲說。」

十月二十八日，中書省言：「勘會帶職以上責降官該遇今年八月十八日赦恩，已降指揮復職叙官，依舊宫祠。數内有見係責降宫觀，未有改作自陳指揮。」詔並改作自陳。

七年五月九日，德音：「京東、河北路州縣，應停替 37 （應停替）命官見充効用、捉殺之人，如委有勞効，仰安撫、提刑司疾速據功力輕重保奏，當議特與牽叙，其優異者仍厚與推賞。應命官緣兩路軍興、盗賊得罪停降人，許當三期叙用。衝替、放罷人許經所屬自陳，保明（開）〔聞〕奏，當議量情理輕重，特與牽復。」

十一月十九日，南郊赦文：「有曾任太中大夫、觀察使以上官，仍别作等差，務從優異。應合叙用人，並與理當三期。命官編管、羈管、責授散官、安置人理爲一赦。」

十二月二十五日，欽宗登極赦：「應貶降、責授官並與牽叙，在外未量移者與量移，已量移者與叙復，叙用者更與叙用。應流配人元係命官已經恩赦放還者，量與叙用。應除名、追官、停廢人等，并終身不齒及放歸田里，並因註誤連累，自來未敢求仕人等，並許於刑部投狀，具元犯聞奏，當議特與甄叙。」

靖康元年二月十二日，金國講和赦文：「應合叙用人並與當三期，命官編配、羈管、責授散官人理爲一赦。」

高宗建炎元年五月一日，赦：「應停降諸色人等未經叙用及永不收叙人，並特與叙元職名，已還補者額外收補。又命官流配、編管、羈管人永不移放者，並放逐便；除名、追降官資及勒停、責授散官安置或終身不齒、放歸田里及永不收叙人，並與叙官；落職人與復舊職；析資及降等差遣人，與復本等（遣差）〔差遣〕。合檢舉者，刑部限三日檢舉。惟蔡京、童貫、王黼、朱勔、李邦彦、孟昌齡、梁師成、譚稹 38 及其子孫，皆誤國害民之人，更不收叙。」

六月十三日，赦：「應係籍及上書人，其未責降以前官職應得遺表或致仕恩澤者〔二〕，亦令吏部、刑部條具，申尚書省取旨。」

十三日〔三〕，赦：「應將士實有戰功，緣罪停廢之人，並特與牽復，令所在官司發赴行在，當議量材選用。」

十一月九日，刑部尚書郭三益言：「本部依赦勑檢舉命官元犯，申取朝廷指揮。緣昨經延燒，案籍不全，及大理寺簿書拘轄不盡，切慮檢舉漏落，欲望遍下諸路州軍告示，應官員赦前犯罪未叙官職、未放逐便人，經所在州軍自陳。

〔一〕依：原作「於」，據文意改。
〔二〕表：原作「美」，據《梁谿集》卷一七九《建炎時政記》中改。
〔三〕十三日：此條與上條爲同一文，按通例應作「同日」。

本州具録元犯全文保明，自被斷後更有無再犯，繳申刑部，檢舉施行。」從之。

二年二月八日，詔：「宇文虚中應詔奉使絶域，可特與復中大夫，乘遞馬發赴行在。」

十一月二十二日，赦：「應衝替命官，係事理重者與減作稍重，係稍重者減作輕，係輕者便與差遣。差替、放罷者依無過人例。使臣比類施行。其緣公犯罪衝替，重降作輕，稍重者便與本等差遣。」三年二月十六日德音、紹興元年正月一日改元赦、九月十八日明堂赦、二年九月四日彗星赦、四年九月十五日明堂赦、七年九月二十二日明堂赦、十二年九月十三日徽宗梓宫還赦、十三年十一月八日南郊大禮赦、十五年四月十二日彗星赦、內「差遣」下增「展年者與免展」。十六年十一月十日南郊赦、十九年十一月二十四日南郊赦、二十二年十一月十八日南郊赦、二十五年39十一月十九日南郊赦、二十八年十一月二十三日南郊赦、三十一年九月二日明堂赦，並同此制。

同日，赦：「應合叙用人並與理當三期，命官編配、羈管，責授散官、安置人理爲一赦。勘會責授散官、安置、居住、羈管人，往往在道，故作稽留，不赴貶所，除已降指揮將經過容留不即催督州軍知、通行遣外，其虔奉責命已到貶所降及半年人，該遇今來赦恩，雖止合理爲一赦，可特令所屬州軍保明詣實，申本路監司覆實聞奏，特議移貸。」三年四月八日赦同上制，惟因苗傅、劉正彦得罪人不在此限。

同日，赦：「應捕盜官始因不職停廢，或勒留捕賊，或本處別委捉殺，後來立到功効重于本罪過名之人，仰所屬保明，當議以功補過，特與甄復。」

同日，赦：「應承務郎以上及使臣不因贓罪降充監當者，如後來別無贓私過犯，並與牽復。」

三年二月十六日，德音：「責授散官、安置、居住、編管、羈管人，可限德音到日，不以已未到貶所，並特與放令逐便。元係永不收叙放還之人，仰所屬條具以聞。內李綱靖康中覆師太原，罪在不赦，更不放還。」

四月十日，刑部言：「措置到舉叙案掌行命官叙復，移放、編管內有已曾經部陳乞未經結絶之人，欲出榜曉示，重別陳乞。并該遇昨來赦降責降官內，有係本部一面檢舉，雖已檢舉尚未得指揮及見行檢舉未了之人，乞從本部徧下諸路，令逐官具元斷指揮全文及40責降後來有無過犯，具朝典文狀，召本色官二員委保，經所在州軍自陳，從本處保明申部，以憑依赦施行。」詔命官供報過犯隱漏并委保不實官依條斷罪外，仍並勒停。餘從之。

五月二十八日，詳定一司勑令商守拙言〔一〕：「本部行司別無叙用條格，乞將犯罪依條合追官資勒停，并贓罪及犯贓應斷私罪杖笞入格法叙用之人，候取到東京條法日，與依條格叙用外，將犯公罪徒不至追官，并犯公私罪杖笞

〔一〕定：原作「令」，據《宋史》卷一六一《職官志》一改。

特旨勒停，及特旨追降官資不勒停之人，與先次引赦叙復。」從之。

十一月三日，德音：「勘會二月十六日德音及四月八日赦，其責降、落職人，刑部自合檢舉，經今半年，人吏舞文玩法，並不檢舉。仰三省具前刑部官各降一官，吏人送御史臺，從杖一百科斷。（乃）〔仍〕限一月盡檢舉申尚書省取旨，如違，官員竄責，人吏決配。如因渡江刑部無籍可考，令鏤版遍下諸路，委知、通出榜曉示，聽逐官自陳，已身故者許本家赴所在州軍繳申尚書省。」越明年六月十五日，臣僚援此有請，復詔：「曾任宰執并侍從官責降，亦不以曾未牽復，並仰檢正同都司取索條具。文臣舊曾帶職并武臣觀察使、管軍以上，及應合本部檢舉人，並仰刑部疾速檢舉申尚書省。餘官遵依德音指揮施行，不得抑塞留滯。合本部檢舉施行人，仰都司、檢正不住檢舉施行盡絶，毋令漏落。」

四年二月二十三日，德音：「應合叙用人，並[41]與理當三期。」

同日，德音：「應命官、諸色人編管、羈管，刺面不刺面配本城牢城，情理輕者並放逐便。內情重及永不移放，並配沙門島、吉陽、昌化、萬安軍、瓊州及散官安置人，仰所屬具元犯因依聞奏，當議移放。」

八月三日，詔：「責降、落職人經赦未曾牽叙等官，展限一月，召保自陳，令所在州軍勘檢，仍保明自責降後來有無過犯及事故申部。候到，令刑部限一日（截會）檢會申尚書省。如自陳及委保不實，依已降指揮斷罪。內曾任侍從官以上，令見寄居州軍勘會其元犯事因及責降後來有無過犯及事故申刑部。候到，令本部限一日關檢正、都司，照會元降指揮施行。應承受會問官司，並仰疾速回報，不得故有留滯。」

二十四日，詔責授團練副使李邦彦可特授銀青光禄大夫。

紹興元年正月一日，德音：「應合叙用人並與理當三期，內合檢舉者，令刑部限一季逐旋具申尚書省。」

三月二十六日，刑部言：「蔡懋元係中奉大夫、尚書左丞，責授散官；王襄任資政殿大學士、正議大夫，責授寧遠軍節度副使。今該紹興元年正月一日德音，續奉詔許理爲一赦，合依指揮取旨。」詔蔡懋、王襄並令刑部依赦與叙。本部勘會蔡懋、王襄係執政官，於本部即無叙用專法，自來係朝廷叙用。詔蔡懋、王襄並與復元官。

五月二十二日，刑部言：「欲將該遇建炎元年赦勅陳乞除落過犯理元斷日月之人，立限[42]半年，如限外投狀者，不許受理。及今後如遇所降赦內有應命官、諸色人許除落過犯指揮，並乞依許雪過犯二年外投狀不許受理條限施行。」從之。

八月五日，詔責授寧遠軍節度副使汪伯彦復正議大夫，提舉臨安府洞霄宮。後二十六日，又詔通議大夫、提舉臨安府洞霄宮許翰，中大夫、提舉臨安府洞霄宮李邴，並復端明殿學士。皆以正月一日德音檢舉也。

二十八日，刑部尚書胡直孺言：「勘會官員因罪責授散官安置，已放後依條理一期入格叙用，其命官因罪勒停或責授散官[一]、分司、州軍居住，已放後未有立定期限入格叙用條法。緣安置與居住事體頗同，今相度，欲將命官因罪勒停或責授散官、分司、州軍居住已放後，比類安置人已放後理一期入格叙用。」從之。

九月十八日，明堂赦：「應合叙用人並理當三期，其永不收叙人仰經所屬自陳，具元犯申刑部看詳，取旨叙用。命官編配、羈管、責授散官、安置人理爲一赦，居住人令所屬具元犯因依聞奏，取旨移放。其應合檢舉叙復人，仰刑部限一月逐旋開具申尚書省，如稽違漏落，委御史臺彈劾。」四年九月十五日明堂赦、七年九月二十二日明堂赦、十年九月十日明堂赦[二]、十二年九月十三日徽宗梓宮還赦、十三年十一月八日南郊赦、十六年十一月十日南郊赦、十九年十一月十四日南郊赦、二十二年十一月十八日南郊赦、**43** 二十五年十一月十九日南郊赦、二十八年十一月二十三日南郊赦、三十一年九月二日明堂赦，並同此制。

同日，明堂赦：「應命官、下班祇應、副尉因罪，特旨及依法令該展期或展年磨勘、降資、殿降名次、展年參選、罰短使之類者，並特與放免。」四年九月十五日明堂赦、七年九月二十二日明堂赦、十年九月十日明堂赦、十二年九月十三日徽宗梓宮還赦、十三年十一月八日南郊赦、十六年十一月十日南郊赦、十九年十一月十四日南郊赦、二十二年十一月十八日南郊赦、二十五年十一月十九日南郊赦、二十八年十一月二十三日南郊赦、三十一年九月二日明堂赦內，並同此制。

同日，赦：「應承務郎以上及使臣，不因贓罪降充監當及特旨與監當人，如後來別無贓私過犯，並與牽復差遣。或不因罪犯乞折資監當之人，若無規避，願理元資序者，聽。」四年九月十五日明堂赦、七年九月二十二日明堂赦、十年九月十日明堂赦[三]、十二年九月十三日徽宗梓宮還赦、十三年十一月八日南郊赦、十六年十一月十日南郊赦、十九年十一月十四日南郊赦、二十二年十一月十八日南郊赦、二十五年十一月十九日南郊赦、二十八年十一月二十三日南郊赦、三十一年九月二日明堂赦內，並同此制。

同日，赦：「應命官犯私罪徒經今十二年，贓罪杖以下經今二十年，有五人奏舉；公罪徒、私罪杖以下經今六年，**44** 或元因詿誤，或法重情輕、理可矜憫，並有三人奏舉者，許今後不礙選舉差注。其犯公罪徒、私罪杖以下經今十二年，公罪杖以下經今七年，有二人奏舉者，今後與依無過人例施行。以上並須情理稍重及被坐後來各不犯贓私罪者。

[一] 命官：原無「官」字，據下文補。
[二] 十年：原作「十五年」，據《文獻通考》卷七五删。
[三] 十日：原作「十三日」，據《文獻通考》卷七五删。

如情理（稍）重、贓罪，各加舉主二人，餘罪各加舉主二人，並聽於所屬自陳。內承直郎以下犯私罪徒、贓罪杖得不礙選舉差注者，若舉主、考第比無過人例合磨勘者，奏裁。應犯罪赦後猶合收坐及猶勒停還俗之類，如非情理深重，特依今赦施行。」四年九月十五日明堂赦、七年九月二十二日明堂赦、十二年九月十三日徽宗梓宮還赦〔一〕、十三年十一月八日南郊赦、十五年四月十二日彗星赦、十六年十一月十日南郊赦、十九年十一月十四日南郊赦〔二〕、二十二年十一月十八日南郊赦、二十五年十一月十九日南郊赦、二十八年十一月二十三日南郊赦、三十一年九月二日明堂赦內，並同此制。

十月六日，刑部言：「檢準《元豐刑部格》，文臣責授散官安置已放後，一期入格叙用。其武臣責授散官安置已放後，即未有立定期限，今欲依文臣條法叙用。」從之。

十二月八日，詔：「責降、落職等人曾任宰執并侍從官，不以曾未牽復，依已降赦敕檢舉，各霑恩宥。令見寄居州軍勘會其元犯事因及責降後來有無過犯事故，申刑部施行。」

二年三月十七日，刑部員外郎張45杓言：「勘會文臣帶職人緣罪追降官、落職，或不曾降官落職特勒停之類，本部自來先叙復官訖，其職名然後理期檢舉。近有官員經部陳狀，稱元係帶職，因罪勒停，不曾追降職名，乞將官、職一併牽復。檢準元豐叙法，止稱合叙見存官與差遣，即無該載併叙職名。及別理期叙職名之人，自來或例先叙盡元官，後再理期檢舉職名。緣無指定明文，是致合叙官員得以陳詞，欲依本部自來體例舉叙，責憑遵守。」從之。

五月三日，詔：「朱勝非與復宣奉大夫，差提舉萬壽觀，兼侍讀。（令）〔令〕見住州軍差兵級五十人，逐州交替，津遣前來赴行在。」是月二十九日，復觀文殿學士、知紹興府，充兩浙東路安撫使。

十八日，都省言：「責授中大夫余深元任特進、觀文殿大學士，該遇明堂大禮赦，未曾牽復。」詔與復元官。

九月十二日，刑部言：「紹興二年九月四日赦文內，應官吏因罪停降並理當二期叙用，其追官及責授散官安置、居住及放逐便，並應合理期叙用人，未審合與不合准此？」詔應合叙用人，並與理當三期。

十三日，尚書省言：「刑部自來將依赦文檢舉人，多不依時檢舉，致久未霑恩。」詔委刑部郎官張杓、韓應胄專一監督檢舉，須管依限盡絕。如出違日限，仰御史臺依降赦文覺察彈劾，當重行典憲。

三年七月二十九日，刑部員外郎蘇恪言：「命官經本部陳乞叙用，依條召保官三員；及乞除落特旨過46名，并依無過人例，若元犯無可稽考，依指揮召保官二員。所有

〔一〕還：原無，據前多條文例補。
〔二〕十四日：原作「二十四日」，據《宋史》卷三〇《高宗紀》七删。

保官若不批書印紙，竊慮其間有身死事故及有妄冒之人，無由見得。欲乞今後經本部陳乞前件事理，召到保官，乞依吏部及紹興條令審驗保官見任付身，批書印紙。若無印紙，即批書見在付身。其在外州軍陳乞之人，令依此勘驗批書訖，保明申部。所貴隔絶冒濫。」從之。

四年二月十六日，吏部侍郎陳與義言：「竊觀元祐黨籍及元符上書人，其碩大光明者既以盡録，亦有姓名不熟於人，而多故之後，無籍以考。洎紹興之元，下詔訪求，有黄策者以蔡京所書黨碑及國子監所印黨籍、上書人姓名録白來上，付在有司，而遭罹火災，又已不存。間有其子孫應令自陳者，乃以胥吏私抄之本定其是非，一字之間，予奪隨之。乞詔令吏部尋訪其本，繳申左右司審驗訖，送本部照使。」從之。

五年二月十二日，詔資政殿大學士、銀青光禄大夫李綱復觀文殿大學士。先是，建炎三年二月十六日德音，綱於靖康年首結余堵，覆師（大）〔太〕原，罪在不赦，更不放還。十一月三日德音，緣累經赦，令任便居住。四年七月二十五日，與復元官。紹興元年八月二十六日，復資政殿大學士。至是，盡復與元職。

同日，詔范宗尹復觀文殿學士，依舊知温州；秦檜復資政殿大學士，張澂〔一〕、路允迪復資政殿學士，内路允迪依舊致仕，葉夢得復左中大夫，並依舊宫祠。

閏二月 47 二十二日，刑部侍郎胡交修言：「官員自渡江以前責降之人，爲亡失案籍，本部無憑檢舉。於建炎三年、紹興元年再降指揮，從官自待制以上，職事官監察御史以上，并餘官各爲一等。從官所在州軍保明，監察御史以上自陳不召保，餘官自陳及召保官，作三等申省。契勘内有臺諫官、左右御史〔二〕、卿監、都司、檢正、檢詳官，爲已各經朝廷優加擢用，不肯自陳，本部無緣檢舉，致經恩霈，遂有不獲霑及之人。乞將上件官許免自陳，亦令所在州軍勘會元任官職、責降月日、因依、自責降後已未經叙復，保明詣實，申尚書省，降付本部依赦檢舉，庶幾少助朝廷加惠縉紳、崇養廉耻之意。」從之。

五月十三日，刑部言：「命官緣罪追降官資未該叙復，或該叙復未曾陳乞間，再因事追降官資，本部依條告示，自後犯日別理期叙，其已理月日不許收使。近有官員降官，該遇去年九月十五日明堂赦恩，合該叙復，已曾陳乞，緣爲權住行遣常程文字，未叙復間再有降官，即未該叙復，若行一例告示，難以杜絶詞訴。今欲將該遇紹興四年九月十五日明堂大（體）〔禮〕赦恩合該叙官，已曾陳乞，文字到部，偶緣權住行遣常程文字，致復再有降官之人，與引已遇赦恩施行。」從之。

〔一〕澂：原作「徵」，據《建炎要録》卷八五改。

〔二〕左右御史：按宋無此官稱，且「御史」已包含在上述「臺諫官」内，不應重出，故此必有誤，俟考。

〔七年〕閏十月七日〔一〕，詔：「端明殿學士、左中大夫致仕翟汝文，端明殿學士、左光禄大夫、提舉鳳翔府上清宮宇文粹中，端明殿學士、左通奉大夫、提舉西 48 京嵩山崇福宮王孝迪，並復資政殿學士，内翟汝文依舊致仕。」

九年正月五日，赦：「應命官衝替、差替、放罷、直替人，並特與復本等差遣。」

同日，赦：「應命官、諸色人合叙用者，與理當三期，内依法及特旨展期者，並與免展。除名人更與理當三期。特旨永不收叙人與本等叙格叙用，永不收叙人與用次等格叙用。其永不收叙已經叙用并依法叙用人已至止法者，更與叙用一次。見丁憂、尋醫、侍養人，亦聽理爲三期。官員因罪與監當，或遠小、或廣南監當，或直注差遣，并依法合降差遣及注遠小處差遣人，並與注本等差遣。或不因罪犯乞折資監當之人，若無規避，願理元資序者，聽。」

同日，赦：「應命官曾經朝廷擢用及曾帶職人，見今罷黜者，並令刑部看詳所犯輕重并被罪月日遠近，申尚書省取旨，當議特與甄叙。内任待制以上（永）〔未〕復職名及復職未盡者依此。未有差遣之人與宮祠，已任宮祠者與郡。曾任監察御史、監司以上，未有差遣特與差遣。張邦昌〔二〕、劉豫僭號背國，原其本心，實非得已，其子孫、宗族、親屬有官者，並許依舊參部注授差遣，無官者仍許應舉。軍興以來州縣官（陳）〔曾〕經失守投降之人，不以存亡，但經赦宥，並與叙復，子孫依無過人例。靖康圍城僞命及因苗傅、劉正彦作過，名在罪籍，見今拘管、編置者，並放逐便。停降未經叙用，並與收叙。」至是十七日〔三〕，右諫議大夫李誼言〔四〕：「竊詳赦文 49 令刑部看詳申省取旨者，蓋欲使恩無泛濫，人無僥倖也。然刑部看詳不過以法，至於法之所不載，非有司所能盡也。考其人，論其事，斟酌而行之，是在朝廷而已。儻惟一切不問，均爲甄收，則忠邪不分，功罪無别〔五〕，名器不尊，法制不立，小人之幸，君子之不幸。臣以爲宜依所降赦文，以輕重遠近爲差。若左右賣國，反覆事君，虧墮名教，姦贓狼籍，並不在甄叙之列。其餘罪在丹書，名存白簡，重者未及一年〔六〕，輕者未及半年，並未許甄叙。其例一定，則恩皆有節，上無二三之嫌，下無異同之論。」詔令三省銓量取旨〔七〕。

九日，詔資政殿大學士、左正議大夫、提舉臨安府洞霄宮汪伯彦復觀文殿學士。先是，七年八月三日，上謂輔臣曰：「元帥舊僚往往淪謝〔八〕，惟伯彦實同艱難。朕之故人，所存無幾，伯彦宜與牽叙。」張浚奏：「《詩》之《伐木》，

〔一〕七年：原脱，據《建炎要録》卷一一六補。
〔二〕昌：原作「倡」，據《宋史》卷四七五《張邦昌傳》改。
〔三〕「是」字疑爲衍文。
〔四〕「言」上原有「用」字，據《建炎要録》卷一二五删。
〔五〕功：原作「公」，據《建炎要録》卷一二五改。
〔六〕一年：《建炎要録》卷一二五作「二年」，當是。
〔七〕銓：原作「詮」，據《建炎要録》卷一二五改。
〔八〕淪：原作「論」，據《宋史》卷四七三《汪伯彦傳》改。

燕朋友故舊。自天子至於庶人，未有不須友以成者，則故舊固不可忘。陛下念舊如此，實甚盛之德，但伯彦無所因而牽敍，則必致紛紛，恐非徒無益也。臣等商量，俟因大禮取旨復職，更得親筆數字，爲明元帥府舊勞，庶幾内外孚信。」上以爲然。俟到九月，當復職與郡，秦檜因奏：「漢高祖於故人不若光武之厚。」上曰：「高祖所用固多豐沛故人，而光武亦多南陽之舊也。」至十月二十二日，復資政殿大學士，（王）〔至〕是復元職也。

同日，張浚復左宣奉大夫，提舉臨安府洞霄宫，任便居住；劉大中、王50庶並復端明殿學士，依舊宫祠。

六月十七日，詔：「新復州軍官員、諸色人元係僞齊斷遣，經紹興九年正月五日赦文，不以輕重，並依無過人例。」

二十四日，三京淮北宣諭方庭實言：「訪聞劉豫深文密網，濫及無辜，忠臣義士多被殺戮，或因貶竄流落失所，或掛罪籍未經昭洗，情實可憫。望委應新復路分提刑多方採訪，並取索大理寺、開封府元斷罪案牘看詳，其忠義顯著之人具名聞奏，優加褒贈。應官員犯罪未經叙雪之人，並具元犯申取朝廷指揮，並特與改正除落，以慰中原人心。」從之。

十五年五月十七日，刑部言：「契勘横行副使應叙，於諸司法，使即係右武郎至正侍郎；因罪勒停，許依武功大夫至武翼大夫格法叙用。緣横〔行〕正使帶遥郡之人未有該載，本部欲將横行正使應叙之人，依横行副使格法叙用。」從之。

十七年十月二十二日，詔：「四川命官因（非）〔罪〕停降，遇恩合該叙復人，見係宣司一面施行，令依舊歸還省部。」

十八年十一月八日，刑部言：「四川安撫司昨來便宜斷遣之人，不住經省部陳乞叙用，賫到元便宜斷遣并後來便宜叙用等付身，内多節署，不見得所犯情節，無以參照輕重。蓋緣當時不曾經省部照會，是致刑寺無由稽攷。今欲關報吏部等處，如有四川便（便）宜斷遣經陳乞之人，若刑寺别無照應，勒令陳乞人結罪供具，先次施行。案後行下，如有違礙，即行改正。仍行51下四川安撫制置使司，將前後便宜依法斷遣之人盡數抄録子細情犯、元斷年月日指揮，保明申部。候到，下大理寺看詳，所斷如依得條法，即行注籍。」從之。

二十年八月一日，詔特進、提舉江州太平興國宫、和國公、連州居住張浚移永州，左朝散郎、提舉江州太平興國宫、南安軍居住孫近移處州，降授中大夫、提舉江州太平興國宫、歸州居住（萬）〔万〕俟卨移沅州，左中大夫、提舉江州太平興國宫、江州居住李若谷移饒州，左中大夫、興國軍居住段拂移南康軍，降授左奉議郎、筠州居住李文會移江州居住。

二十五年十二月一日，詔降授左朝請大夫、提舉臨安府洞霄宫、郴州居住折彦質，左中大夫、提舉江州太平興國宮、南康軍居住段拂，並令任便居住；責授建寧軍節度副使、昌化軍安置李光移郴州。

二十六年五月十六日，詔：「靖康間責降，見存未叙復人，可令刑部依二十五年大禮赦文施行。」

八月十八日，尚書省言：「昨牽郊祀赦恩叙復人，刑部除已節次叙復外，竊慮武臣檢舉申尚書省取旨〔一〕。」詔令刑部將見責降未叙復武臣檢舉申尚書省。

二十五日，吏部言：「檢會舊法，經赦應牽復人責降任内有舉主一人，聽牽復。元犯情重者，有監司一人，准此。其在京無監司者，止用所轄。紹興五年續降指揮，使臣陳乞前任因公私罪衝替，到部合降入監當及遠小監當，依赦牽復本等人，將 52 責降已經注、未曾赴任間該遇赦恩，許令召大使臣一員委保，責降後來别無贓罪過犯，與依赦牽復，即與舊法抵捂。今欲遵依舊法施行。」從之。

二十八年十一月二十三日，南郊赦：「勘會四川宣撫制置司便宜斷過降官資、未被（授）〔受〕朝廷付身之人，多緣逐司不曾攢類申奏，在路失墜，致有累遇赦恩尚未叙用，理宜矜恤。可依已行便宜批鑿因依，添召保官二員，經所在州軍陳乞保明申部，依赦叙用。」

三十年十一月十七日，宰執進呈陳俊卿論任用人材，乞略去小過。上曰：「大凡用人，當隨材因任，則舉無遺材。惟中有顯過者，若復進用，却恐論者紛紛。」又曰：「贓污之吏，不可復用，蓋其天性貪墨，使在州縣，必難悛革。」

紹興三十二年六月十三日，孝宗登極赦：「應命官因臣僚一時論列放罷，刑寺拘於常法，以章内所言約作過犯，致使常掛罪籍，實可憐憫。如有似此之人，可並與除落，依無過人，並與叙元官。」

十一月二十三日，臣僚言：「祖宗時，贓罪削籍配流者，雖會赦不許放還叙用。近覩登極赦，命官除名、追降官資及勒停并永不收録人，並與叙元官〔二〕。有司失於條陳，槩行叙復，甚失祖宗痛繩贓吏之意。乞自今應官吏嘗經勘斷犯入己贓、永不收叙人，並不許收叙。必謂經赦可叙，（正）〔止〕合叙散官，不可徑叙元官。如有已放行收叙者，即爲改正。」從之。

孝宗隆興元年正月十六日，刑部侍郎路彬等言：「近有旨，應官吏經勘斷犯入己贓永不收叙人，並不許收叙；其有已放行者，並與改正。竊慮官吏有雖犯贓入己、不至永不收叙者，及未（審）曾經勘斷、53 止是約作贓罪者，乞依已降赦恩與叙元官。」詔刑部將犯贓罪入第一等人不許收叙外，其餘並依常法。

二十一日，吏部侍郎、兼權尚書凌景夏言：「乞將選人停替、降資在覃霈已前者，許依前後郊恩減降；如元犯私

〔一〕此句文意不全，當有脱文。

〔二〕自本條之首至「元官」，原無，則原文前半段爲六月登極赦，中間「乞自今」顯爲臣僚語，後「從之」則分明爲皇帝批復臣奏之語，前後矛盾。今考《建炎要録》卷二〇〇所載，後文乃十一月二十三日乙卯臣僚奏，據以補足。

罪已經刑部除落過名，亦許放行參選注授。」從之。緣登極赦文該載不盡故也。

二年二月三日，詔左中大夫、提舉江州太平興國宮董德元復端明殿學士致仕。尋有旨復職指揮更不施行，以言者論其朋附大臣，共成支黨，肆其欺誕，誣害善良故也。

同日，詔責授左朝奉大夫、祕書少監、分司南京周麟之復左中大夫致仕。從所請也。

八日，詔瓊州編管人王權與量移吉州，尋復武義大夫、廣南西路兵馬都(鈴)〔鈐〕轄、清江府駐劄。以西南兇賊王宣、鍾玉等嘯聚作過故也。至乾道二年五月八日，復蘄州防禦使。十月十八日，復均州觀察使。八年十月，復武康軍承宣使。九年閏正月，再復清遠軍節度使致仕。

八月二十六日，詔左朝奉郎、提舉江州太平興國宮宋樸復龍圖閣學士致仕。

乾道元年正月一日，大禮赦：「應承務郎以上及使臣不因贓罪降充監當、特旨與監當人，如後來別無贓私過犯，並與牽復差遣。或不因罪犯乞折資監當人，若無規避、願理元資序者，聽。」三年十一月二日、六年十一月六日、九年十一月九日大禮赦，並同此制。

同日，赦：「應(充)〔衝〕替命官，係事理重者與 54 減作稍重，係稍重者減作輕，係輕者並與差遣。差替放罷者依無過人例。使臣比類施行。其緣公私罪衝替〔一〕，重降作輕，稍重者例與本等差遣。」二年十一月二日、六年十一月六日、九年十一月九日大禮赦，並同此制。

同日，赦書：「勘會官員犯罪先次放罷，後來結斷止係杖笞公罪，爲有再得指揮仍舊放罷，吏部見理後來年月降罷名次，可特與理先降指揮并年月施行。」三年十一月二日、六年十一月六日、九年十一月九日大禮赦，並同此制。

同日，赦：「應命官及主兵官犯贓合檢舉移放、叙復人，更候一郊取旨。」

同日，赦：「勘會四川宣撫制置司便宜斷過降官資未被(授)〔受〕朝廷付身之人，多緣逐司不曾攢類申奏，或申奏在路失墜，致有累遇赦恩，尚未叙用，理宜矜恤。可依已行便宜批鑿因依，添召保官二員，經所在州軍陳乞，保明申部，依條叙復。」三年十一月二日、六年十一月六日大禮赦〔二〕，並同此制。

同日，赦：「應命官犯私罪徒經今十二年，贓罪杖以下經今二十年，有五人奏舉，公罪徒、私罪杖以下經今七年〔三〕，或元因詿誤、或法重情輕，理實可矜，並有三人奏舉者，許令今後不礙選舉差注。其公罪徒、私罪杖以下經今十二年，公罪杖以下(今經)〔經今〕六年，有二人奏舉者，今後與依無過人例施行。若公私罪不至勒停，特旨勒停，加

〔一〕緣公私罪：本書職官八之六六作「緣公犯罪」。
〔二〕六日：原作「九日」，據上三條及《宋史》卷三四《孝宗紀》二改。下條同。
〔三〕「經今二十年」至「私罪仗以下」原脱，據本書職官八之四八補。

舉主一員。公罪徒合該勒停之人，與增展二年，并加舉主二員，亦許依無過人例施行。以上並須情理稍輕〔一〕，及被坐後55來各不犯贓私罪者。如情重、贓罪，各加舉主三人，餘罪各加舉主六人，並聽於所屬自陳。內承直郎以下犯私罪徒、（賜）〔贓〕罪杖得不礙選舉差注者，若舉主、考第比無過人例合（勘）〔磨〕勘者，奏裁。」三年十一月二日、六年十一月（九）〔六〕日大（體）〔禮〕赦，並同此制。

同日，赦：「勘會命官因罪勒停應叙，在法須親身到部授狀，內有身在川、廣之人，緣地理遥遠，無力到部，諸軍命官勒停自效，在軍執役。可令添召保官一員，委保正身别無僞冒，經所在州軍陳乞，具録元犯見存付身，限五日保明申部，依條叙復。」三年十一月二日、九年十一月九日大禮赦〔二〕，同此制。

八月十二日，册皇太子赦：「勘會乾道元年正月一日已降赦文，衝替命官事理重者減作稍重，稍重者減作輕，輕者便與本等差遣。其今赦已前除犯贓罪并私罪徒外，衝替之人可依此施行。」

十二月二十一日，詔責授果州團練副使、信州安置李顯忠與叙復正任觀察使。已而改叙防禦使，任便居住。先是，顯忠再以赦量移，至是有旨復正任觀察使，臣僚論其「冒干貨賄，不恤士卒。符離之戰，軍士、戰馬之死亡，兵器甲冑之散失，莫知其數。褫官竄責，尚爲輕典，遽爾收叙，人言謂何」，於是止叙防禦使。

二年六月十八日，臣僚言：「姦猾之吏，舞文弄法，百姓畏之，甚於監司、守令。其有罪惡貫盈、人所共憤，偶罹憲網，不可逃罪者，則又有賄賂飾詞以求叙雪。縣之罷者56訴于州，州之罷者訴于監司，監司之罷者訴于刑部，獲叙雪者十常七八，既斥復來，愈無忌憚。乞自今凡胥吏已經斷勒或嘗犯枉法贓並不許訴雪，官司亦不得爲受理。如違，許人陳告，估籍家貲，重寘典憲，庶使姦猾斂迹。」從之。

三年閏七月十七日，詔降授郢州防禦使、荆湖北路馬步軍總管、荆南駐劄姚仲復宜州觀察使。

十一月〔二日〕〔三〕，大禮赦：「應合叙用人並理當三期。命官編配、羈管、責授散官安置、居住人，并見拘管、編管、羈管、居住臣僚家屬，具元犯因依聞奏，（聖）〔取〕旨移放。內合理赦數人與理爲一赦。其應合檢舉叙復人，仰刑部逐旋（問）〔開〕具申尚書省。仍限一季，如稽違漏落，委御史臺彈劾。」六年十一月六日、九年十一月九日大禮赦，並同此制。內九年減去「其應合檢舉叙復人，仰刑部逐旋〔開〕具申尚書省，仍限一季，如稽違漏落，委御史臺彈劾」。

同日，赦：「勘會命婦犯罪編管、羈管、拘管人，緣未有立定移放條法，可自赦到日與依諸色人例移放。」六年十一

〔一〕輕：原作「重」，據本書職官八之四八改。
〔二〕十一月：原作「十二月」，據《宋史》卷三四《孝宗紀》二改。
〔三〕二日：原脱。按下條言「同日」，是《會要》此條必有日分，兹據《宋史》卷三四《孝宗紀》二補。此爲南郊赦。

月六日、九年十一月九日大禮赦，並同此制。内增入「命官編管遇赦合移放人，州軍分明開説到本處有無過犯，保奏施行，如或漏落，當議行遣」；内减去「緣未有立定移放條法」。

二十五日，詔左中大夫、提舉江州太平興國宮陳誠之復端明殿學士，依舊宮祠。

十二月二十二日，詔追官勒停人、前左朝奉大夫、建昌軍居住王佐可令自便。至六 57 年十一月，始叙元官，與牽復本等一資序。

四年正月四日，詔責授靖州團練副使、南安軍安置邵宏淵可令自便(一)。以宰臣蔣芾言：「宏淵老將，雖符離失律，而真州之功可録。」故有是命。

三月十四日，詔左中大夫、充秘閣脩撰、提舉江州太平興國宮劉章，左朝議大夫、集英殿脩撰致仕黄中，並復敷文閣(侍)〔待〕制。

十七日，詔降授楚州團練使、提舉台州崇道觀士穆與叙復和州防禦使。

八月十日，詔叙容州防禦使、浙東總管、紹興府駐劄李顯忠復隨州觀察使。

五年正月二十四日，詔責授團練副使宋貺與復右朝奉大夫(二)。至七年八月，復右太中大夫、集賢殿脩撰。九年五月，復右正議大夫。

十月二日，詔降授果州團練使、池州駐劄御前諸軍都統制王琪與叙復郢州防禦使，軍職如故。有旨：「王琪再董戎行，治軍有律。」故有是命。

十一月十一日，詔前右承議郎、郴州編管尹機與復右宣教郎。先是，有旨復機元官，臣僚論其「姦猾巧佞，其來有素。符離之役，雖主將貪鄙，實機爲之，如誅首謀，死有餘責，豈宜一旦遽復元秩」，故有是命。

二十日，詔降授安德軍承宣使成閔可復慶遠軍節度使，差充鎮江府駐劄御前諸軍都統制。

六年十一月六日，大禮赦：「應内外文武臣僚偶因臣僚一時論列及監司、守倅按發，見在責籍，未經牽復、移放人，竊慮有司失於檢舉，理合矜恤。可令吏、刑部同大理寺限一月，將前項人開具職位、姓名、元犯因依申朝廷，當議參酌，取旨施行。」九年 58 十一月九日大禮赦，同此制。

同日，赦：「勘會命官犯罪遇赦并編配、安置人在道遇赦，有故住滯，未至貶所，與引赦移放。」九年十一月九日大禮赦，同此制。

七年五月二十四日，權吏部侍郎張津等言：「命官因罪編置，每遇大赦合量移一分，自本貫州郡至貶所，計地里爲分數。内有本貫江北人，紹興五年降旨，並自元勘結州郡至貶所(細)〔紐〕計地里。緣其間雖係江北户貫，而犯罪

(一) 宏：原作「洪」，據下文及《宋史》卷三三《孝宗紀》一改。

(二) 「團練」上似脱一州名。

事發廼在嶺外者，自來貶謫亦在嶺南，若自編配州郡再移元勘所，則是該恩之後復令深入瘴煙之地，與不霑恩霈無異。乞將本貫江北合量移人，止以臨安府至貶所地里分數，次第量移，庶幾不至虛被恩宥。」從之。

六月十九日，詔左朝奉郎、提舉江州太平興國宮鄭仲熊，左朝奉大夫致仕汪勃，左朝奉郎致仕巫伋，並復龍圖閣學士，內汪勃、巫伋仍依舊致仕。並以該赦檢舉故也。

九年七月十六日，詔復蘄州防禦使、御前武鋒軍都統制、兼知楚州陳敏，特與復光州觀察使致仕。

十月二十五日，詔責授楚州團練副使史正志敘左朝請郎。

十一月十九日，大禮赦：「應追官勒停人，如本犯係公罪，在任不曾經取勘，已去官經隔歲月，止緣監司、州軍不檢照見行去官敕條便行劾奏，獲旨被罪，可與改正復元官。」

同日，赦：「勘會諸軍將（師）〔帥〕昨緣一時被罪貶竄，未及敘錄身亡，其間亦未曾經爲國顯立忠効之人，致使 59 亡没之後，終掛罪籍。可令刑部開具元任官職及所犯取旨。」

十二月十八日，刑部言：「承今歲郊赦：『應追官勒停人，如本犯係公罪，在任不經取勘〔一〕，及已去官經隔歲月，監司、州軍不檢照條敕便行劾奏，獲旨被罪，可與改正復元官。』檢照去法，命官犯罪去官事發及犯公罪流以下勿論。如依今歲赦文，便與改正敘復，緣其間所按項目多寡不一，須經大理寺約定刑名，方議裁處。乞自今並令本部取索印紙，將所犯參照，如係公罪流以下、不經取勘及去官按劾被罪之人，從本部申朝廷，依前降指揮施行。」從之。（以上《永樂大典》卷三八六七）

追復舊官

【宋會要】

60 哲宗元祐四年五月二十日，故朝散大夫、右司郎中李師中追復天章閣待制。師中在先朝坐上書責授和州團練副使，本州安置，卒。至是，其子偁訴於朝，乃有是命。

紹聖元年四月十三日，三省言：「蔡確男渭狀爲確訴冤，稱吳處厚繳進安州所作小詩並無譏斥之意，皆梁燾等陰使之。到新州貶所五年，兩經大霈，更不量移，舉族銜冤，莫大於此。」詔蔡確累經恩赦，追復右正議大夫。

六月十七日，右正議大夫蔡確特追復觀文殿學士。

元符三年五月二十三日，徽宗即位未改元。詔：「朕嗣位三月〔二〕，三下恩書〔三〕。徽纆桁楊〔四〕，棲置弗用；流竄放

〔一〕經：原作「輕」，據上文「十一月十九日」條改。
〔二〕三：原作「五」，據曾肇《曲阜集》卷三改。
〔三〕「三」下原有「日」字，據《曲阜集》卷三删。
〔四〕纆：原作「纏」，據《曲阜集》卷三改。

逐，係踵生還。尚念故老元臣，嘗位丞弼〔一〕，或奪爵身後，或殞命貶中。霈澤之行，豈限存歿，不有追復，孰慰營魂！故降授太子少保致仕、潞國公文彦博，可追復河東節度、管内觀察處置等使、太師、開府儀同三司、太原尹、潞國公；追貶萬安軍司户參軍王珪，〔追〕復金紫光禄大夫、守尚書左僕射、兼門下侍郎、岐國公，贈太師，謚文恭；故責授蘇州團練副使、循州安置呂大防，追復光禄大夫；故責授鼎州團練副使、新州安置劉摯，追復中大夫；故左朝議大夫致仕韓維，追復資政殿大學士、太子少傅；故責授雷州別駕、化州安置梁燾，追復左中散大夫；追貶朱崖軍司 61 户參軍司馬光，追貶昌化軍司户參軍呂公著，並追復太子太保；故太中大夫鄭雍，追復資政殿學士；追貶雷州別駕王巖叟，追貶海州別駕孔文仲，並追復朝奉郎；故責授昭州別駕、化州安置范祖禹，追復朝奉大夫；故責授安遠軍節度副使、澧州安置趙彦若，追復龍圖閣學士、中大夫；故左朝議大夫錢勰、故朝散大夫顧臨，並追復龍圖閣學士；故左朝請大夫、少府少監、分司南京趙君錫，追復天章閣待制；故中大夫、寳文閣待制李之純，追復寳文閣直學士；故朝散郎孔武仲，故承議郎、尚書水部員外郎、分司南京姚勔，並追復寳文閣待制；故左朝議大夫盛陶，追復龍圖閣待制；故左中散大夫趙卨，追復太中大夫、端明殿學士，贈左光禄大夫；故朝請郎孫覺，追復朝散大夫、龍圖閣直學士；故朝散郎杜純，追復集英殿修撰；追貶柳州別駕朱光庭，追復朝散郎；追貶唐州團練副使李周，追復朝請郎、集賢殿修撰；追取出身文字人高士英，追復承議郎；故責授果州團練副使、汀州安置孫〔陞〕〔升〕，追復朝請郎〔二〕。」

十一月二日，詔追復少府少監、分司西京、陳州居住吳安持爲寳文閣待制。

徽宗崇寧三年七月七日，詔追復降授中大夫蔣之奇爲右正議大夫。

五年正月九日，詔追復舒州團練副使章惇爲左朝議大夫。

大觀四年六月一日，詔章惇依王珪例追復特進，子孫并與差遣。

七月八 62 日，詔追復曾布爲光禄大夫，安燾、李清臣並爲正奉大夫，黃履爲正議大夫〔三〕，豐稷、王古並爲朝散大夫，曾肇爲朝請大夫，王覿爲朝散郎，劉安世爲承議郎。其餘除曾任侍從官以上外，不以存亡，未曾復舊官者，並令刑部開具申尚書省取旨。

十九日，詔故朝請大夫董敦逸追復集賢殿修撰，故朝散大夫朱紱追復集賢殿修撰，故朝請郎朱師服追復朝奉大夫。

〔一〕丞：原作「承」，據《曲阜集》卷三改。
〔二〕按，據《宋史》卷一九《徽宗紀》一，此日詔復官者三十三人，上文只列二十七人，或是未全録，或是別有詔書。
〔三〕履：原作「復」，據《宋史》卷二一《徽宗紀》三改。

十月二十七日，詔追復光禄大夫曾布、龍圖閣學士蔣之奇，並與資政殿學士。

政和三年七月六日，詔故右光禄大夫、知樞密院孫固追復贈開府儀同三司〔一〕，故宣奉大夫致仕韓忠彦特追復觀文殿學士，追復資政殿學士、光禄大夫曾布再追復觀文殿大學士，追復正奉大夫李清臣再追復資〔政〕殿學士，追復正奉大夫、贈金紫光禄大夫安燾再追復觀文殿學士，追〔復〕正議大夫黄履再追復資政殿大學士。

八年六月七日，詔追復朝奉大夫范祖禹爲徽猷閣待制。

宣和二年七月三日，詔：「追復官職人、除落職人除特旨蔭補外，應陳乞給使不得援例。」

高宗建炎元年六月九日，詔：「劉鞈能死節，不爲敵用，與追復銀青光禄大夫，仍贈資政殿學士。」

十三日，赦書：「應舊係籍及上書人，朝廷累降指揮檢舉叙復，至今經隔年月，尚未結絶，並給還元帶官職、贈謚、碑額等，已經給還而未定者，並依元初指揮。其未責降以前官職應得遺表 63 或致仕恩澤者，亦令吏、刑部條（其）〔具〕，申尚書省取旨。」

二年正月八日，詔：「諸係籍及上書人，許其家子孫將父祖未責降以前官職告勑録白，仍召朝官三員委（係）保，經所在州軍保明聞奏，當議與合得贈謚、碑額。其致仕、遺表等恩澤，條具取旨。」

五月十二日，詔：「蘇軾立朝履歷，最爲顯著，特先次追復舊官，仍與合得致仕、遺表恩澤。」蘇軾元係端明殿學士、兼翰林侍讀學士、左朝奉郎、定州安撫使，繼被貶責，至宣和間追復龍圖閣待制，及是孫符請于朝，遂有是命。

三年九月二十六日，詔延康殿學士、知真定府沈積中特追復資政殿學士、通奉大夫。以積中昨知真定府日，力陳不可取燕山，童貫惡其言，置獄根究，又致其罪，遂致追奪故也。

同日，詔宣德郎、直龍圖閣鄒浩追復龍圖閣待制。

十一月三日，德音：「前諫議大夫宋齊愈所犯合寘於法，既經登極大赦，理合以赦原，祇緣憎惡之私，致抵極刑，可追復元官，仍與一子恩澤。」

四年五月十九日，詔趙野特追復舊官職，仍與致仕、遺表恩澤各一名。野位門下侍郎，以資政殿學士出爲北道總管，被罪遷謫，至密州爲兇賊所害，二子猶白丁，生理蕭然，臣僚以爲言，故有是命。

八月二十二日，詔故朝散郎毛注特與追復左諫議大夫。以注男欽望陳乞依德音牽復故也。

十月十三日，吏部言：「朱紱元係責降，不曾陳乞致仕，身亡之後，昨降指揮追 64 復待制，依條已與遺表恩澤二人外，緣係元祐黨人，理宜優恤。」詔特與致仕恩澤一名。

〔一〕府：原作「封」，據《宋史》卷三四一《孫固傳》改。

依遺表降等格推恩。以紱子朱宗陳乞，故有是命。

二十二日，詔：「耿南仲追復宣奉大夫，依條與致仕、遺表恩澤，特贈觀文殿學士。令所屬量行應副葬事，依條借官屋居住，候服闋日拘收。如願添差親屬差遣，照管孤遺，即具狀申尚書省。」

十一月十二日，詔：「故司空、平章軍國事呂公著，特贈太師，追封晉國公；故觀文殿大學士、左正議大夫范純仁，特贈太師，追封許國公，給還元謚；觀文殿大學士、左正議大夫呂大防，特贈太師，追封宣國公，賜謚令有司擬定申尚書省。應合得恩例，並各依元任官職給還，令逐家具名陳奏。」先是，手詔欲褒贈公著等，宰執進呈，上曰：「此事議論已久，緣軍旅事多，終是行遺未盡。內中收得元祐黨碑一本，待降出，可全録付所司，令一一契勘，合褒贈者皆追與之。時方艱難，雖似不急，實可以收人心、召和氣。」至是乃舉行焉。

紹興元年二月六日，詔呂希純與追復寶文閣待制，仍給還依條合得恩澤。希純舊爲朝奉大夫、中書舍人，與今職名，告命不存，以元祐黨籍，其子能問召保自陳，故有是命。

三月二十七日，詔陸佃特追復資政殿學士。以佃子宰陳乞未盡職名故也〔一〕。

十月四日，刑部言：「乞遍下諸路州、軍、府、監，出榜曉諭，令元符元應詔上書之家，依元祐黨籍人例，令本 65 家録白元犯年月、因依及出身告敕或干照文字，經所在州軍自陳，驗實繳連，依赦保明聞奏。」

十二月二十六日，臣僚言：「伏覩近頒明堂赦書，檢舉漏落下元祐黨籍及元符末上書人，爲姦臣蒙蔽分爲三等，號曰邪人，並一例盡行檢舉録用。然吏部尚闕會刑部、大理寺，檢會過犯罪名。且黨籍人并上書人，赦書既稱以忠爲邪，深爲矜恤，即合除落罪名。欲望明降指揮，若止因元犯合約罪名者，許令刑部、大理寺止約係『難議書罪』，庶得名實正而德音益昭著矣。」從之。

二年〔閏〕四月二十六日〔二〕，詔劉珏特追復朝散大夫，與兩資恩澤〔三〕。以珏昨任資政學士，權同知三省、樞密院，從衛昭慈聖獻皇后到洪州，虜人侵犯，與滕康措置失當，落職宮觀，其弟亘有請於朝，故有是命。

七月二十三日，右承議郎、廣南運判范正國言：「乞給還父純仁元遺表例外特給恩澤一名，及御書『世濟忠直之碑』爲神道碑額。」勘會范正國陳乞例外恩澤，別無干照見

〔一〕佃子宰：「子」原作「調」，文意不通。按陸宰爲陸佃之子，陸游之父，因改。

〔二〕「閏」字原脱。據《建炎要録》卷五一載：紹興二年正月辛丑，「朝散大夫、分司西京劉珏卒於梧州。訃聞，官其二子。」李心傳原注：「閏月丙辰方追復原官。」按「追復原官」即此條「追復朝散大夫」，「閏月丙辰」即此年閏四月二十六日。可證此處「四月」上脱「閏」字，因補。

〔三〕兩資恩澤：按劉珏已卒，不得云「與兩資恩澤」。《建炎要録》及《宋史》卷三七八《劉珏傳》均云「官其二子」，則「兩資」似當作「兩子」。

得外，所乞給還神道碑額，詔依。

三年五月五日，詔資政殿大學士吳敏上遺表，特贈左銀青光禄大夫，追復觀文殿大學士。

六日，詔追復觀文殿大學士、正議大夫、贈太師、追封宣國公吕大防，特追復左光禄大夫。

八月十五日，詔王覿特追復龍圖閣學士，仍與致仕恩澤一名。子昭(又)〔乂〕自言係元祐黨籍故也。覿元以舉趙諗不當降職寶文閣待制，有司難之，66至是追復，特出上恩。

二十四日，詔故責授海州團練副使朱師服〔一〕，可特追復朝請郎，充集英殿修撰。至五年六月十三日，又詔追復寶文閣待制。師服紹聖初爲中書舍人，後以黨籍貶責，至是其孫兩經陳乞，故有是命。

四年七月十三日，詔故威武將軍曲端，故武功大夫、達州刺史趙哲，並特與追復舊官。

五年八月八日，前朝請大夫梁頤吉言：「乞特賜出給先父燾追復資政殿學士、中大夫告命。」從之。

十月十五日，右太中大夫、充徽猷閣待制、提舉台州崇道觀湯東野上遺表，詔追復徽猷閣直學士，贈官與恩澤，以係曾勤王也。

七年三月二十五日，詔前朝散郎王毅可特追復承議郎。以毅初緣上書得罪，爲其子倫奉使金國，有請于朝，故有是命。

四月十九日，都省言：「何灌宣和末退師之後，父子死於國事，情有可矜，兼其子薊奉使有勞〔二〕，理宜量行追復。」特與追復正侍大夫、忠正軍承宣使〔三〕。

八年五月七日，詔：「左太中大夫、降充徽猷閣待制、提舉江州太平觀黄叔敖上遺表，特追復徽猷閣學士，贈四官，與致仕、遺表恩澤。」

九年六月十九日，中書門下省言：「左朝請郎、試御史中丞廖剛奏：『竊觀近年賞罰，間有不當於人心而天下皆以爲言者。如詹懷親獲苗傅，厥功可謂大矣，反得罪以死，遂破其家；徐秉哲大索宗室，係累以獻於金人，厥罪可謂大矣，乃得死於牖下。臣謂懷雖已不幸，尚當録67其子孫；秉哲雖已死，猶合籍没其家，追奪其子孫恩澤，以快天下之憤。』」勘會徐秉哲別作施行外，詔詹懷追復舊官，特贈修武郎、閤門祗候。

十年二月八日，詔故禮部侍郎、兼侍講周常特追復寶文閣待制。以其子仲自陳，因論救鄒浩及乞參用元祐法度、人材，連忤蔡京，枉遭貶責，故有是命。

十一年二月七日，詔故左諫議大夫、集賢殿修撰鮮于侁可特追復太中大夫、集賢殿修撰。以元祐黨籍，其女孫

〔一〕副：原無，據《建炎要録》卷六七補。
〔二〕薊：原作「蘇」，據《宋史》卷三五七《何灌傳》改。
〔三〕正侍大夫：《宋史》卷三五七《何灌傳》作「履正大夫」。忠正軍：原作「中正軍」，據《宋史》本傳改。

自陳，乃有是命。

二十五年十一月二十五日，宰執進呈降授均州觀察使致仕范訥上遺表，上曰：「朕向識之，乃庸人，全不知兵。今既云亡，可與追復一官。」

二十六年正月九日，右正言凌哲言：「大禮肆赦，凡命官編置、流竄之人，輕者原放，重者量移，或乃盡復原官，還其職任。然尚有負罪越在異土者，未蒙檢舉施行。欲望特命大臣，檢會昨來臣僚坐罪死於貶所者，量其原犯事因，條具以聞，或復其官爵，或禄其子孫，誠聖政之不可闕者。」有旨依。於是詔故責授清遠軍節度副使、吉陽軍安置趙鼎追復特進、觀文殿大學士，故責授左朝散郎、秘書少監、分司南京、贛州居住孫近追復資政殿學士、左通議大夫，故勒停人前左朝議大夫、南劍州居住胡思可追復左朝議大夫，故責授濠州團練副使、封州安置鄭剛中追復資政殿學士、左朝奉大夫，故左太中大夫、提舉江州太平興國宮、永州居住汪68藻追復顯謨閣學士。先是，宰執進呈死於貶所之人，上曰：「遷謫之人自郊祀赦降及節次檢舉，盡行牽復，士大夫翕然稱快。」魏良臣等奏曰：「仁澤漏泉，天下幸甚。」又奏孫近亦已死於貶所，上爲之惻然，故有是命。是年五月八日，進呈御史臺看詳責降及事故宰執并侍從官十五人情犯，分爲五等。上曰：「朕嘗細閱，甚當，可依此議定，便批旨下。」遂詔趙鼎特與致仕恩澤四名；孫近特與致仕恩澤三名；汪藻特與致仕恩澤二名；劉大中、李若谷、段拂並追復資政殿學士〔一〕，特與恩澤二名；程昌禹追復徽猷閣待制，特與致仕恩澤二名；范沖追復龍圖直學士；王居正、趙開並追復徽猷閣待制，特與恩澤一名；黃龜年特與致仕恩澤一名；李朝正、高閌、游藻、呂本中並特與恩澤一名。

三月十七日，詔：「(作)〔昨〕降郊赦，責降未叙之人施行未盡，可將原因臣僚論列之人委御史臺，元係按法勘鞫之人委刑部，各看詳聞奏，務盡至公，以洽恩宥。」

六月十二日，詔：「鄭剛中近已追復元官職，可特與致仕恩澤二名；左宣教郎石公揆特與追復直龍圖閣，孫覿特與復左朝奉郎。」先詔刑部看詳元犯，至是來上，故有是命。

七月二十四日，詔故前右朝散郎韓參，故前右承(義)〔議〕郎万俟允中，故前左奉議郎吳元美，並復元官。並以無辜坐罪而死故也。〔詔曰〕：「朕比詔有司，將一時無辜士大夫咸與洗濯，以申冤情，爾三人不幸皆死矣。夫69故官可復，罪籍可蠲，而死者不可復生，哀哉！尚期有知，服我休命。」

二十七年七月五日，詔黃潛善曾任副元帥，與汪伯彥事體一同，可追復元官，與恩澤一名。初，有旨潛善追復左光禄大夫、觀文殿大學士，與恩澤三名，以臣僚論列，再有是命。

〔一〕拂：原作「弗」，據《建炎要録》卷一七二改。

二十八年三月二十八日，詔追復敷文閣直學士洪皓可特追復徽猷閣直學士。從其子起居舍人遵請也。

二十九年二月二十九日，詔：「頃在謫籍文武臣僚未經量移叙復、死於貶所者，令有司檢舉元犯因依，具職位、姓名聞奏，當議輕重，別加恩典。」

閏六月十七日，詔黄潛厚追復元官通議大夫，特與恩澤一名。紹興初，有倏一赦取旨指揮，未遇赦身亡，至是追復。

同日，詔王庶追復資政殿學士、左通議大夫，特與恩澤二名。庶由知潭州落職宫觀，繼命貶責道州安置，是年身亡，故有是命。

三十一年三月十八日，詔李光追復左中大夫〔一〕、資政殿學士，特與致仕、遺表恩澤各一名。光初以參知政事罷，繼而貶責，由昌化軍量移，未幾自便，死於江州。至是，其家進狀陳乞恩澤，故有是命。

八月三日，詔左朝議大夫李彌遜特追復敷文閣待制。彌遜元任徽猷閣直學士，後與趙鼎、王庶、曾開同章奪職。至是，其子弟援例自陳，故有是命。

三十二年四月三日，贈左正議大夫、充秘閣修撰曾開特追復敷文閣待制。初，開以寶文閣待制落職，既没之後，追復未70盡，其子連援李彌遜例自陳，故有是命。

孝宗紹興三十二年未改元。七月十三日，詔岳飛特追復少保、武勝定國軍節度使。先是，有詔：「飛起自行伍，不踰數年，位至將相，而能事上以忠，御衆有法，屢立功效，不自矜誇，餘烈遺風，至今不(漏)〔泯〕。去冬出戍鄂渚之衆師行不擾，動有紀律，道路之人歸功於飛。雖坐事已殁，而太上皇帝念之不忘，今可仰承聖意，追復元官，以禮改葬，訪求其後，特與録用。」故有是命。

十一月三日，詔故追復少保、武勝定國軍節度使岳飛妻前楚國夫人李氏，特與復楚國夫人；男前左武大夫、忠州防禦使雲，追復舊官；前忠訓郎、閤門祗候雷〔二〕，追復舊官職。

隆興元年正月十九日，詔故左太中大夫、追復敷文閣待制曾開可更追復寶文閣待制。以其子言復職未盡故也。

五月十五日，詔司馬康特追復右諫議大夫。康元祐五年爲左司諫，卒贈右諫議大夫，後以黨籍追贈官。至是，康孫伋上章自陳，故有是命。

二年八月二十七日，詔故中書舍人呂本中特追復敷文閣待制〔三〕，與一子恩澤。以臣寮言本中問學淳正，行義修

〔一〕復：原脱，據《建炎要録》卷一八九補。

〔二〕雷：原作「雲」。按岳雲已見上句，不應重出，考《宋史》卷三六五《岳飛傳》，飛有五子，惟岳雷之銜與此處吻合，因改。

〔三〕呂本中：「呂」原作「李」，考宋無名「李本中」之中書舍人，而《宋史》卷三七六《呂本中傳》所載事迹與此合；又《宋名臣言行録》別集上卷七呂本中小傳云「隆興二年追復敷文待制」，亦與此合。是「李」爲「呂」之誤無疑，因改。

明，太上皇帝擢爲中書舍人，因忤秦檜罷黜，流落至死，迄無職名，故有是命。

十二月十六日，詔故吏部侍郎吴秉信特追復敷文閣待制。秉信自正任吏部侍郎除右文殿修撰、知常州，未赴卒。至是，其子晉卿上章自陳，乞追還秉信合得職名，故有是命。

【71】乾道元年十一月二十六日，詔故龍神衛四廂都指揮使、閬州觀察使、京西湖北路馬步軍都總管、鄂州駐劄御前諸軍都統制張憲特追復元官，四子各補承信郎。其子敵萬自陳，當建炎、紹興間，憲從岳飛與金人戰，屢立奇功，中坐飛事身死。今飛已蒙朝廷褒恤，録及子孫，惟憲尚掛罪籍，乞援飛例追復元官，給還恩數。故有是命。

三年二月七日，詔故左承議郎、充秘(閤)〔閣〕修撰、前知宣州李若虚特追復元官職，仍與一子文學恩澤。先是，若虚嘗爲岳飛幕屬，飛死，言者指爲飛黨，坐落職編管徽州，死於貶所。至是，其孫機引飛已復官陳乞，故有是命。

四年三月十六日，詔故權禮部侍郎高閌特追復集英殿修撰。尋有旨追復敷文閣待制。以臣寮言閌不附秦檜，終身不得職名故也。

九月十一日，詔故宜州觀察使、荆湖北路副都總管姚仲追復保寧軍節度使、龍神衛四廂都指揮使。

十月五日，詔故右承議郎、試司農少卿高穎追復元官，與一子恩澤。穎紹興初嘗爲岳飛幕屬，飛死，例坐竄責，歿於貶所。至是，其妻引飛已復官陳乞，故有是命。

五年十一月三日，詔故左承議郎馮方特追復左朝散郎，與致仕恩澤。

十六日，詔故責授汝州團練副使邢倞特追復左中大夫。倞靖康間爲司農少卿，充北使館伴，與李綱同謀結余堵〔一〕，致金人再興師，(軍)朝廷以倞淺謀召禍，謫散官安置英州，死於貶所。至【72】是，其家屬引李(剛)〔綱〕已牽復陳乞，故有是命。

六年十一月十七日，詔符行中特追復左朝散大夫，充敷文閣待制。先是，紹興二十六年，行中以敷文閣待制奉祠，言者論其交結秦檜，致身侍從，頃帥(城)〔成〕都，將朝廷已放逋負復行催促，廢格詔命，蜀人怨之，(致)〔於〕是落職罷宫觀。已而言者論列不已，次年遂責授散官，南雄州安置，死於貶所。至是，其子愿上章辨訴故也。

二十四日，詔故勒停人前右朝請大夫、直秘閣郭淑可追復元官，與一子恩澤。先是隆興二年，淑知盱眙軍，值虜騎渡淮，委城先遁，有旨特勒停，送静江府編管。至是，家屬訴于朝，謂淑不能守禦而先期保護百姓出城，中嘗蒙恩自便，不幸身亡，故有是命。

七年六月二十四日，詔左朝奉大夫致仕汪勃追復龍圖

〔一〕綱：原作「剛」，據《宋史》卷三五八《李綱傳》改。下同。

閣學士〔一〕。

十二月二十四日，詔故責授果州團練副使戚方可特追復舒州觀察使。

九年九月五日，詔故除名勒停人前右宣教郎盧仲賢特追復元官，與一子承信郎。先是隆興元年，仲賢以樞密院計議官往金國軍前議事，已而以將命失指，爲言者論列，有旨追毀出身以來文字，除名勒停，送郴州編管。至是，其家屬訴於朝廷，謂和議再成，始於仲賢，當來所議適用、地界、歲幣、歸附四事，今皆如約，故有是命。（以上《永樂大典》卷三八六九）

【宋會要】〔二〕

73 淳熙元年七月二十五日，詔故降授左朝奉郎、直秘閣查籥特與追復朝散郎。以籥乾道七年十月，知台縣望具（折）〔析〕總領所支錢物失實〔三〕，降一官放罷。至是遇赦，特與追復。

五年八月十八日，詔故右朝散郎王循友特追復元官，與恩澤一名。以其妻言，循友昨知建康府日斷配作過逃〔四〕。制書有云：「緬懷故將，録乃舊功。」

嘉定元年二月八日，詔故復資政殿學士、太中大夫趙汝愚特復觀文殿大學士、銀青光禄大夫。以更化之後，改正《實録》，明辨讒誣，故有是命。

三月二十五日，詔故降充銀青光禄大夫、衛國公秦檜追王爵指揮更不施行〔五〕。先〔是〕開禧二年四月，臣僚論列，遂追王爵，至是復有此命。

四月十三日，詔故國子司業、湖南安撫劉焞特復集英殿修撰，依前朝大夫〔六〕。以四川宣撫副使安丙言焞高明端亮，嫉惡如仇，爲人誣衊，乞與牽復職名，故從其請。

十年正月十三日，詔項安世特與追復直龍閣。先是其子新監潭州南嶽廟寅孫自陳〔七〕：「父安世頃蒙先朝擢寘館閣，忠誠許國，不欺不疑。慶元之初，因應旨上言，指權臣竊政之漸，首遭廢黜。開禧之末，始以王命起守鄂州。自謂偶罹艱棘，獲効臣子之忠，不意權臣忌功，反肆誣衊，罷官褫職，三被重劾，於其廢殞前一日，猶有鐫官之命。先父不幸被疾，竟負謫以死，以故職名未復，罪籍未除，死者

〔一〕勅：原作「勑」，據本書職官七七之七五改。
〔二〕原稿此下批有「追復」一題，此乃《大典》卷一九八二四「復」字韻原目，與前題意同，今不取。
〔三〕知台縣望：此四字當誤。查籥自乾道三年末以户部郎中任四川總領，此處蓋謂某官查得其失，因而罷官。
〔四〕斷配作過逃：此下當有脱文。《中興小紀》卷三六云「嘗斷配秦檜族人，檜銜之」，可參考。
〔五〕「追王爵」三字，原抄稿有，但被圈去，反使文意史實皆不明，今復其舊。《宋史》卷四七三《秦檜傳》：「嘉定元年，史彌遠奏復王爵。」是也。
〔六〕朝大夫：「朝」下當脱一字。宋大夫有「朝請」、「朝奉」、「朝議」諸名目，不知脱何字。
〔七〕寅孫：原作「寅縣」，據趙希弁《郡齋讀書附志》卷上、《明一統志》卷六二改。

負冤，生者抱痛。欲望哀念久鬱，甄録舊勞，特賜追復貼職。」故有是命。

十五年十月 74 十九日，詔施宿特與改正，追復朝請大夫。以其女安人施氏自陳〔一〕：「故父宿昨任淮東提舉日，但知盡忠報國，討究弊源，撙節浮費，不顧怨仇，悉皆痛革。是以取怨于僚屬，有忤於交承。不幸身死，謗議起于讎人，誣合傾擠，死及百日，（勿）〔忽〕致臣僚論父鹽政及修城事。於父死一年之後，行下抄籍，一家骨肉星散，狼狽暴露，故父靈柩亦皆封閉，寡妻弱子無所赴愬。念故〔父〕係孝宗朝諫官施元之長子〔二〕，把麾持節，廉直素著。昨來獄司勘作八十餘萬緡，逮至抄（佑）〔估〕，自高曾以生生之計，升斗之租總不及五萬緡，可見當來冤枉。又蒙公朝軫念無辜，撥錢津葬，節次蒙恩，始有生意。去年八月内明堂赦恩及今年正月内受寶大赦，念妾等存殁銜冤，迄今九載，已蒙朝廷給還家業，所有父宿元官職及身後轉一官並坐前已陳乞致仕恩澤，未蒙照赦改正給還，情實迫切，乞詳所陳施行。」故有是命。（以上《永樂大典》卷一九八二四）

〔一〕女安人：原作「安人妾」，按後文云「故父宿」，則施氏分明爲施宿女，兹據文意改。
〔二〕施元之：原作「施子之」。按施宿爲施元之子，見《直齋書録解題》卷二〇《注東坡集》條，據改。

宋會要輯稿　職官七七

起復

【宋會要】 1 宋朝之制，文臣諫舍以上、牧伯刺史以上丁父母憂者，皆卒哭後恩制起復，牧伯以上仍加將軍階。內職遭喪者，但給假而已。其願終喪制者亦聽，惟京朝、幕職州縣官皆解官行服，亦有特追出者。慶曆初，始詔三司副使已上非領邊寄，聽解官終制，然經卒哭亦降制起復，須上表乞終喪，乃詔可。嘉祐初，復許閤門祗候使臣、內殿崇班、太子率府率、正刺史以上解官行服，惟軍職邊任給假百日追出。供奉官以下願行服亦聽。宗室初同此制，熙寧初，自副率以上並解官行服焉。

太宗太平興國六年二月二十五日，詔曰：「三載通喪，百王達禮。近朝以降，急於用人，凡鍾艱疚之臣，多行抑奪之命。而起復臣僚等，或速於陳力，或志切感恩，未滿十旬，便赴朝謝。念忠勤之節，誠則可嘉；於敦勸之風，竊恐未盡。自今並許百日後來赴朝謝，其料錢即自敕下日支給。」

雍熙二年十一月二十一日，詔曰：「三年之制，謂之通喪，聖人垂教，百代不易。向者臣僚居喪，多從抑奪，蓋切於爲理而急于用人，求便一時，誠非永制。方敦孝治，以厚時風，宜從欒棘之心，俾守苴麻之禮。自今京官、幕職州縣官有丁父母憂者，並放離任；京官見奉使差委者，候替離任；常參官奏取進止。」先是，應御前及第并江浙人任在北州縣官丁憂者，並不令離任；職事官及見任川廣、江 2 浙、河東幕職州縣官丁憂者，亦不聽離任。自是遂解官，然朝官間亦有特追出者。

端拱二年八月二十六日，詔：「京朝官丁憂，多是轉運使或本州舉留，比至替迴，已終喪紀。自〔今〕應在外充知州、軍、監并通判官者，如有以次官處，便放離任持服。監臨物務有同監者准此。如只一員者，疾速奏聞，差人充替。（戃）〔儻〕或舉占，並科違制之罪。其幕職州縣官丁憂者，並所在放離任，員闕速具奏聞注填。」

至道（一）〔二〕年十月二十八日〔一〕，太常博士、直史館梁顥，太常丞、直集賢院趙安仁，各丁憂，特勑追復本職。自（芝）〔茲〕轉運、直館多特恩追出者。

真宗景德元年十月二十四日，有司言，左司諫、知制誥

〔一〕二年：原作「一年」。按，史書稱「元年」，無稱「一年」者。考《長編》卷三八及《宋史》卷二八七《趙安仁傳》，至道元年十月十二日乙酉，太宗出九絃琴、五絃阮示近臣，趙安仁以獻賦頌被奬，遷太常丞，則遷太常丞乃在十月十二日以後。丁憂又在其後，特敕起復又在其後。是此條事不可能爲元年十月。而至道三年三月太宗崩，亦不可能爲三年。據此，此「一」字應是「二」字之缺筆，因改。

晁迥起復本官，准故事合綴本班之末。特詔叙班仍舊。

三年四月二十八日，詔：「川峽官丁父母憂者，除州軍長吏奏取旨〔一〕，餘許解官行服。」

大中祥符六年六月十七日，故莊宅副使劉仁霸子大理評事中象免持服，僉署澧州判官事〔二〕。仁霸知澧州，綏撫蠻人有政績，至是卒，荆湖轉運使陳世卿言中象久隨父在任，頗諳溪洞事，故以命之。

七年八月十六日，三司言：「户部判官、虞部員外郎袁成務丁父憂，望（持）〔特〕免持服。」宰臣言淳化中寇準爲三司推官，嘗有此例，特詔從之。

九年正月十九日，樞密使王欽若言：「編修《册府元龜》官太常博士、秘閣校理聶震丁所生母憂，嫡母尚在，望特免（特）〔持〕服。」詔禮儀院參詳以聞。禮儀院言：「按周制，3 庶子在父之室，則爲其母不禫。晉解遂問蔡謨曰：『庶子喪所生，嫡母尚存，不知制服輕重。』答云：『士之妾子服其母，與凡人喪母同。』鍾陵胡濟所生母喪，自有嫡兄承統〔三〕，而嫡母存，疑不得三年，問范宣，答曰：『爲慈母且猶三年〔四〕，況親所生乎？嫡母雖尊，然厭降之制，父所不及。婦人無專制之事，豈得引父爲比而屈降支子〔五〕？』南齊褚淵遭庶母郭氏喪，葬畢，起爲中軍將軍。後嫡母吳郡公主薨，葬畢，令攝職。若此，則震當解官行服，心喪三年；若特有奪情之命，望不以追出爲名。自今顯官有類此者，亦請不稱起復，第遣攝職〔六〕。」詔震依舊赴宣徽院編修。時議謂震難於抑奪，故止遣釐職，蓋從宜之制也〔七〕。

五月四日，殿中侍御史張廓言：「京朝官丁父喪者，多因陳乞與免持服。且忠孝恩義，士大夫所守，苟失節悖禮，何能立身？今執事盈庭，無金革之事，中外之官不可習以爲例。伏望自今竝依典禮，令解官行服。」詔從之。其官秩當起復及武臣、内職，悉如舊制。

七月二十三日，引進使、英州團練使、知秦州曹瑋以母亡奏聞。中書言：「秦州邊要，慮有闕事，準咸平二年王超丁憂，翌日降制起復，今請速追瑋出。」即日授起復雲麾將軍。

天禧三年十月三日，工部侍郎、知禮儀院楊億丁母憂。宰臣言：「冬至郊祀，億典司禮樂之任，望不俟卒哭起復。」從之。

五年二月二十一日，知雜御史劉燁言：「伏以三年之喪，天下經制，百行之本，孝子大倫，苟執禮以無聞，在履行

〔一〕吏：原作「史」，據《長編》卷六二改。
〔二〕署：原作「事」，據《長編》卷八〇改。
〔三〕有：原脱，據《長編》卷八六、《宋史》卷一二五《禮志》二八補。
〔四〕「問范宣」至「猶三年」，原脱，據《長編》卷八六、《宋史》卷一二五《禮志》二八補。
〔五〕支：原作「之」，據《通典》卷九四改。
〔六〕第遣攝職：原無，據《長編》卷八六、《宋史》卷一二五《禮志》二八補（「攝」《宋史》作「釐」）。
〔七〕宜：原作「官」，據《長編》卷八六改。

而有闕。4伏見内外京朝官丁父母憂者，不即時奔喪持服，傷壞風教，紊缺典章。欲望自今官司不得妄有占留〔一〕，奏求追出。其例當起復者，則依舊制。」詔益、梓、夔、利四路長吏依舊奏取旨〔二〕，餘官丁憂輒有封奏求免持服者，並論其罪。

八月十一日，樞密直學士、給事中、知并州馬元方丁母憂，詔即日起復，仍給假半月往潞州奔喪。以元方任邊郡，故不俟卒哭而奪情焉。

仁宗天聖元年二月十二日，詔：「秘書少監王隨去年八月丁母憂，可依（利）〔例〕起復，差知潤州。」先是，隨謫宜丁憂，因中書奏陳，故有是命。

六年六月二十六日，編勑官國子博士董希顔丁父憂歸鄉，編勑司奏：「希顔精習法令，編録有緒，望特追出。」從之。

八年正月（一）〔二〕十一日〔三〕，三司言：「内殿崇班、勾當南作坊張繼恩，右班殿直、監税場李中孚，並爲母亡，準式請假。據檢法官定到天禧元年勑，於準式假内量給日限，即令赴職。竊詳上件勑文蓋是期以下喪，即未見爲父母喪不解官之文，望付禮官詳定。」太常禮院言：「按令之諸喪，斬衰三年、齊衰三年者並解官；齊衰杖期及爲人後者爲其父母，如庶子爲後爲其母，亦解官，申其心喪；母出及嫁，爲父後者雖不服，亦申心喪〔四〕。皆爲生己者。其繼並心（養）〔喪〕。母如改嫁或歸宗經三年以上，繼絶及父爲長子、夫爲妻，並不解官，假同齊衰期。又詳後唐應順元年勑，内諸司使副帶西班正官者，及供奉官、殿直、承旨5等，宜過卒哭後舉追赴職；帶東班官者只以檢校官充職，服闋日授前官。諸司使副至二班使臣遭父母喪〔五〕，蓋是例不解官，即無給假日限。今詳父母之喪至重，欲請自今並依舊制，過卒哭後許赴朝參供職。」從之。

慶曆元年十月十九日，詔：「三司副使自今丁父母憂，並如兩制例起復。」初，三司副使張錫丁母憂，而三司使姚仲孫爲請，特起之，故以爲例。

五年八月九日，前龍圖閣直學士、起居舍人田況起復爲秦鳳路馬步軍都總管、經略安撫使、兼知秦州，仍遣内侍賜手詔以敦諭之。況固請終父喪，從之。

七年十月三日，詔令田況召見，況言（褿）〔禫〕制未滿，欲依起復例服飾。又緣不帶起復官，詔服素紗巾、黑帶入見。

英宗治平二年二月二十九日，以前禮部侍郎、樞密副使吳奎起復故官職，召奎子大理評事璟見於延和殿，面喻

〔一〕得：原作「曰」，據《長編》卷九七改。
〔二〕吏：原作「史」，據《長編》卷九七改。
〔三〕二十一：原作「一十一」，據《長編》卷一〇九改。
〔四〕申：原作「由」，據《宋史》卷一二五《禮志》二八改。
〔五〕二班：似當作「三班」。

詔賜奎，令起復〔一〕。奎固辭，從之。

神宗熙寧三年十一月十九日，詔：「今後丁憂服闋，除見在任西府、中書檢舉施行外，大兩省待制以上、武臣正刺史以上，御史臺、中書門下省、閤門檢舉聞奏，或降詔書，或降劄子外，小兩省及文武京朝（京）〔官〕丁憂服闋，令中書門下省、御史臺、閤門檢舉，牒報本人，赴御史臺、閤門參見訖，關所司依自來朝參朝見體例施行，更不別給授前官告敕。其未出官之人，仍不用參見之例。」

四年正月二十六日，持服前推忠協謀佐理功臣、光禄大夫、6行禮部尚書、同中書門下平章事、集賢殿大學士陳升之可特起復。升之請終喪，許之。

二月十七日，中書門下言：「臣僚有丁憂合解官之人，或因朝廷任使，不許持服，每降指揮，並云『與免持服』，仍入銜位。看詳朝廷辭令，不可不正。人臣之在憂恤，以君命奪情，使之從政，蓋非其所欲，不當謂之『免』也。欲今後臣僚有喪，如因事任不令解官，即降指揮不許持服，仍不須入銜。」從之。

九年九月二十五日，知桂州石鑑言：「前知邕州蘇緘久任邕州〔二〕，威惠得所，既没於賊，人頗思之。男將作監丞子元通曉邊事，雖見持服，欲乞（持）〔特〕起復，差通判邕州。」詔子元改殿中丞起復，權發遣邕州通判，仍賜緋。

元豐元年五月七日，起復樞密直學士、起居舍人〔三〕、僉書樞密院事曾孝寬乞終喪，許之；給半俸，又辭，從之。

哲宗元祐元年閏二月十八日，隨州觀察（史）〔使〕、駙馬都尉錢景臻〔四〕，皇叔祖建雄軍節度觀察留後、同知大宗正事宗景，並起復。

三年二月一日，起復建雄軍節度觀察留後、同知大宗正事宗景落起復。

十一月二日，詔：「皇伯祖前彰化軍節度、涇州管内觀察處置等使、檢校司空、開府儀同三司、持節涇州諸軍事、涇州刺史、判大宗正事、上柱國、高密郡王、食邑七千八百户、食實封二千四百户宗晟，可特起復如故。」

四年五月六日，前鎮安軍節度觀察留後、檢校司空、駙馬都尉王師約起復。

七月二十二日，詔知7樞密院事安燾母亡，候卒哭起復。燾力辭，許之。

十二月二十八日，詔通州防禦使、駙馬都尉郭獻卿起復。

六年八月十九日，前榮州防禦使、駙馬都尉曹詩起復如故。

閏八月二十三日，前隨州管内觀察使、檢校司空、駙馬

〔一〕按，據《長編》卷二〇四，詔奎起復在二月二十九日，召璟見延和殿在五月辛酉。此處連帶叙述，時間概念不清。
〔二〕知：原脱，據《宋史》卷四四六《蘇緘傳》補。
〔三〕居：原作「復」，據《長編》卷二八九改。
〔四〕錢：原無，據後六年「閏八月二十三日」條補。

都尉錢景臻特起復如故。

紹聖元年八月十四日，詔：「范純粹已差知延安府，不得輒有辭免。候大祥畢，更不候禫除，速赴本任。」

元符元年八月二十一日，詔：「文武臣僚除管軍及邊任取旨起復外，餘並罷。」初，三省言駙馬都尉郭獻卿卒哭當起復，上曰：「非從事金革而起復者〔一〕，雖有故事，非古也，其除之。」乃降是詔。

徽宗崇寧二年十月十八日，起復鄭僅依前朝請郎、直龍圖閣、陝西路轉運副使。

大觀三年正月二十一日，制曰：「斷恩之義，蓋堅許國之誠。以皇叔持服前定國軍節度、同州管内觀察處置等使、持節同州諸軍事、同州刺史、食邑六千四百户、食實封一千五百户、普安郡王仲忽，可特起復，依前官知西外宗正事，管勾宗子學事〔二〕，勳、食邑、食實封如故。」

四年九月十一日，詔：「殿中省尚藥典御馮珣見丁父憂，爲將來冬祀大禮闕人祗應，可特起復，依舊供職。」

政和三年七月十一日，起復王憲依前安静軍節度使、提舉西京嵩山崇福宮。

四年六月二十二日，起復徽猷閣(侍)〔待〕制宗昇爲京西路都轉運使。

五年二月十四日，中書省言：「檢會今月十二日奉御筆，發8運使李偃起復，仍舊不許辭避，候指揮到，當日赴任。如(注)〔住〕滯，論如違御筆。」

六年十月四日，詔前翰林學士承旨、朝請郎、知制(語)〔誥〕王黼起復，除宣和殿學士、提舉寶籙宮。

七年三月二十二日，起復宣和殿學士、提舉寶籙宮、兼侍講、修國史王黼奏乞終喪，詔不允，毋復重陳。

四月二十三日，御筆：「持心喪人朝散大夫、將作少監趙士諵可起復，除少府少監。」

五月七日，詔：「持心喪前從事郎宋晚特與起復，添差京畿運司。」

九月二十二日，臣僚言：「竊見起復中大夫、直秘閣、知温州徐詔美，昨以家憂，奪情從政。近降詔，以詔美不治郡事，懵然無狀，則其闒茸非才固已不逃於聖鑒。然罷郡職而猶曰『依前起復監西嶽廟』。夫起復所以待非常之材，闒茸非起復之人，嶽廟非起復之任。且(令)〔今〕詔美歸(路)〔終〕喪制，候服闋日依今來詔命，庶協師言。」詔：徐詔美依舊持服，候〔服〕闋日依已降指揮。

十月二十五日聖旨，中大夫王仲薿起復知越州。

十一月七日，持服前少保、太宰、兼門下侍郎鄭居中可(持)〔特〕起復如故。八年九月乞終〔制〕，詔從之。

八年二月二十六日，詔：「丁憂人前朝請大夫、權提點

〔一〕革：原作「草」，據《長編》卷五〇一改。

〔二〕宗子學事：原作「宗正學士」，而宋無此學士名目。考《宋史》卷一六四《職官志》四《大宗正司》條，有「詔以知大宗正事仲忽提舉宗子學事」一語，據改。

淮南東路刑獄劉燾可特起復，差遣依舊。」

六月二十三日御筆：「持服人王敏文特起復，除利州路轉運判官。」

七月二十九日，詔：「丁憂人前翰林學士、朝奉郎、知制誥馮熙載起復，依舊供職。」

九月十一日，起復延康殿學士、光禄 9 大夫、河東經略安撫使姚祐，臣僚言其奪民墓地，詔與宮觀。

宣和元年二月十五日，詔：「持服前中大夫、徽猷閣〔侍〕〔待〕制、淮南江浙等路發運使詹度特起復，差遣如故。」

四月三日，詔：「丁憂人前朝散郎、充顯謨閣待制齊阜民可〔持〕〔特〕授起復提舉上清寶籙宮。」

十一日，臣僚上言：「臣子之大節二，忠孝而已。在家則致孝于親，在朝則致忠於君，君、親一也，不敢有擇焉。故三年之喪，雖天下之通喪，間起復以從王事，則欲辭而不可，亦分所當然。聖王雖以義掩恩而奪其罔極之報，亦未嘗不以恕用情，而權其輕重之宜。故近歲唯責任之專，聲望隱然，其身不可一日去朝廷之上，則不得已而起之，然猶親頒宸翰〔一〕，鐫諭丁寧，至于再四，陛下所以厚臣鄰者，委曲盡矣。自去年已來，浮淺薄惡之人不體朝廷之意，乃欲倣傚，以此爲俗。偶持權利者，又輒爲人陳乞，而欲示恩親舊，深可嘆駭。謹取其甚者一二言之。栲栳之役，都壕寨張燮乞起博州司録康翼爲部役官。部役之材，如翼者不乏也，事係祖宗陵寢，故從之。今功成行賞矣，翼自合居廬終制，乃聞治裝將起博州新任。昨來聖旨起三陵部役官耳，非起博州司録也，於翼安乎？近措置東南錢事朱尹乞起迪功郎陸元佐爲幹當官。尹當辟者纔三人，諒不難得，必欲起元佐，何耶？此乃人主爲國，不得〔已〕而爲之者也，今人臣乃以此市恩，顯言而不忌，大非臣所諭也。10 不惟如此，少府供奉尚方，最爲繁重，近起趙士珉爲少監。士珉凡甚，正〔史〕〔使〕身不居憂，猶當論列，今至奪情以任，此何示天下乏才之甚耶！又有甚者，起復本以從王事也，才不才姑置未論。今乃有起而任宮廟者，修職郎賈儁是也；有起而待闕者，拱州通判趙士源是也。既不執喪則非所以爲孝，又不任事則非所以爲忠，視俸禄之幾何而廢君親之大義，進退皆無所據，其傷風教甚矣。此五人者，或留或去，何繫朝廷之重輕，然不抑而正之，恐浸相倣傚，不止於此。伏望睿斷，先勒令持服。仍詔三省，應文臣起復者，並具名進入，斷自睿〔裹〕〔衷〕。察其方倚以事功、決不可去者，勉令在職，其餘並遣終喪。使天下曉然知朝廷起復皆緣國事，非以爲恩，而明倫厚俗之教未嘗不謹於天下，淺夫鄙人洗心易慮，率改薄而從忠，臣下不勝幸甚。」詔康翼等五人除宗室外，前降免持服等指揮更不施行，餘依奏，令中書省具名進入。

二年四月十二日，詔：「知大宗正事仲涣可〔持〕〔特〕與

〔一〕頒：原僅存右部「頁」，茲據文意、字形補。

起復朝見，先次日下供職。」

四月十七日，起復范致虛爲資政殿學士、知鄆州。

二十七日，起復王鼎爲尚書吏部侍郎。

五月二日，制：「持服人劉敷起復檢校少保，依前（響）〔嚮〕德軍節度使，充中太一宮使，進封開國公，加食邑五百户，食實封二百户。」

同日，制：「持服人劉敏起復，可特授岳陽軍節度使、管勾皇城司，進封彭城縣開國子，食邑五百户，食實【11】封三百户。」

六月十一日，詔：「持服人前檢校太傅、河東節度使、中太一宮使、直保和殿、明堂提舉、兼在京神霄玉清萬壽宮副使、安定郡開國公、食邑三千八百户、食實封一千三百户梁師成，可（持）〔特〕起復，依前官職，食邑、實封如故。」

七月十四日，詔：「文臣如故事，非因邊防勿起復。」

二十三日，資政殿學士、太中大夫、新知東平府范致虛奏〔一〕：「伏覩七月十四日奉聖旨：『今後文臣起復，除因邊防依故事外，餘更不起復。』臣近蒙聖慈起復，授臣前件職任，三具表剳辭避，一奉詔書，兩次御翰不許辭免，勿更有請。臣惶恐上道，扶病造朝，今已起發赴官。今月十九日，伏覩前項聖旨指揮，雖有『今後』之文，緣臣依上件指揮，終是不該起復之人，在臣私義，不得不自陳列。伏念臣行年幾六十，又素羸，連年喪禍，憂患叢心，臣衰志謝〔二〕，動舉廢忘，乞依今月十四日聖旨，賜臣殘骸，使還窮里。」從之。

八月二十日，詔：「丁憂人薛嗣昌起復，降授奉直大夫，復龍圖閣待制，與郡。」

九月十日，詔：「丁憂人李勵起復朝請（即）〔郎〕、直秘閣，提舉陝西都平貨務。」

三年正月十八日，御筆：「右武大夫、明州觀察使、（有）〔直〕睿思殿、勾當翰林書藝局高中立爲祖母身亡，係長孫，本局不可闕官，已解官（扶）〔持〕服，特與免持服，先次供職。」

二十二日，御筆：「武功大夫、京西洛口都大提舉曹矖近爲母（士）〔亡〕，可特與免持服，立便依舊供職。」

二十四日，詔：「持服人【12】前朝奉大夫、户部侍郎虞奭，特起復龍圖閣直學士、知杭州。」明日，改知鎮江府。

四月五日，以起復正奉大夫王華爲延康殿學士〔三〕、河南尹。

九月十四日，以隨龍人起復通侍大夫、成〔州〕防禦使、提舉萬壽觀郭偉階官，爲和州防禦使。

二十二日，江浙淮南等路宣撫司申：「據辛興宗、昌宗、企宗、道宗四人狀申，爲父叔獻物故，乞解官持服。伏

〔一〕致：原作「政」，據《宋史》卷三六二《范致虛傳》改。

〔二〕臣：疑誤。

〔三〕王華：按徽宗朝大臣不見有王華，疑是「王革」之誤。王革歷官開封尹、户部尚書，爲蔡京黨羽。

望聖慈特免逐人解官，依舊任使。」奉御筆，並特起(得)〔復〕仍舊。

四年正月七日，詔起復太尉、江東節度使、充中太一宮使、兼神霄玉清萬壽宮副使、直保和殿、明堂提舉、安定郡開國公梁師成，可特授起復開府儀同三司、淮南節度使，依前充中太一宮使、兼神霄玉清萬壽宮使，直保和殿、明堂提舉，食邑如故。

五月十七日，制：「持服人常德軍節度使、充上清寶籙宮使、直睿思殿、在京神霄玉清萬壽宮提點、食邑一千六百户、食實封四百户譚稹〔一〕，可(持)〔特〕起復，依前常德軍節度使、上清寶籙宮使、直睿思殿、在京神霄玉清萬壽宮提點，食邑、食實封如故。」

二十三日，詔：「起復常德軍節度使、充上清寶籙宮使、直睿思殿〔二〕、廣平郡開國(候)〔侯〕、食邑一千二百户、食實封四百户譚稹，可特授起復太尉、武信軍節度使、充寶籙宮使、在京神霄玉清萬壽宮副使、直睿思殿，加食邑五百户，食實封二百户。」

五年正月十三日，御筆：「高俅父亡持服，俅係隨龍，見領軍職，不合丁憂。可降敕照會，13 仍令掛服訖出參治事。」

三月九日，詔：「訪聞宣教郎、知秦州成紀縣魚洗勸農有(訪)〔方〕，催科無擾，境内獄訟並無留滯。到任未滿，遽以憂去，縣人願留。可特令起復，終滿此任。」

十八日，御筆：「前保和殿大學士、通議大夫、上清寶籙宮使佃係隨龍之人〔三〕，可特起復，不許辭免。」

十月二十九日，臣僚言：「伏覩鄜延路經略安撫使薛嗣昌奏辟延安府官二員，承務郎何麟充司録，宣教郎張伋充士曹。何麟既免持服，張伋見丁母憂，乞起復舊官差注。今西陲晏然，非興師之時，司録、士曹非金革之任，何麟、張伋非身繫重輕之人，今嗣昌乃以此市恩〔四〕，臣恐此風滋長，所損不細。望揆理原情，正嗣昌妄舉之罪。」詔何麟等指揮更不施行，嗣昌罰銅十斤。

六年四月九日，持服人前通奉大夫、尚書左丞李邦彦特起復如故。靖康元年二月二十九日，邦彦以觀文殿大學士、中太一宮使乞持餘服，從之。

六月一日，詔丁憂人前降授中奉大夫、充檢校閣待

〔一〕稹：原作「禎」，據下條及《宋史》卷二二《徽宗紀》四改。

〔二〕直：原脱，據前條及本條後文補。

〔三〕佃：按此爲人名而不見姓氏，且遍考諸書，宣和間無名佃者任保和殿大學士、上清寶籙宮使，是必有脱誤。查《寶真齋法書贊》卷二載：高伸「宣和四年十二月辛丑自保和殿學士、提舉上清寶籙宮、兼侍讀爲保和殿大學士」。《名賢士族言行類稿》卷二〇引朱勝非云：「高伸者因其兄俅（按：《建炎要録》卷一謂伸爲俅之兄，與此異）隨上皇，寵居八座，父死奪情。」二書所述高伸時代、官銜與此條合，「隨上皇」即此所謂「隨龍」；「父死奪情」即此所謂「起復」。且「伸」與「佃」字形極近。據此，此「佃」字極有可能爲「高伸」之脱誤。

〔四〕嗣：原脱，據前後文補。

制〔一〕、知慶陽府王似特起復還任。
三日，御筆：「丁憂人前同知入内内侍省事董懿可起復，依舊差遣。」
七月二十四日，起復武信軍節度使譚積爲檢校少保。
八月二十二日，詔：「持服前朝請（即）〔郎〕、提舉兩浙西路鹽香茶礬事李弼孺，可特起復，差遣依舊。」
十月十七日，起復程唐爲寶文閣學士、太中大夫。
七年二月二十六日，詔：「承議郎、前知衛州王晟可特起復，充淮南西路提點刑獄公事。」
三月一日，詔：「（待）〔持〕服宣義郎李邦獻 14 可特起復宣義郎、直秘閣、管勾萬壽觀。」
十月十四日，詔：「持服前中大夫、直徽猷閣、知相州韓肖胄可特起復〔二〕，依舊知相州。」
十一月一日，詔：「持服前中奉大夫、殿中監王義叔丁祖母憂，特令起復，差遣依舊。候卒哭日供職，不許辭免。」
十一日，起復王麟依前朝奉大夫、直寶（入）〔文〕閣、知洛州。
二十八日，前朝請大夫元孺起復知絳州。
七年十一月二十八日，臣僚言：「訪聞起復奉議郎、通判懷州王據居官守己，素乏聲稱。竊惟朝廷清明，人才衆多，何必起復一汙濫不才之人而用之耶！」詔王據已降起復仍舊通判指揮更不施行。以上《續國朝會要》。

國朝之制，文臣諫舍以上、牧伯刺史以上丁父母憂者，皆卒哭後恩制起復，内職遭喪者但給假而已，其願終喪制者亦聽，惟京朝、幕職州縣官皆解官行服，亦有特追出者。惟軍職邊任給假百日追出〔三〕。供奉官以下願行服亦聽。宗室初同此制，熙寧初，自副率以上並解官行服。至元符元年八月，詔文武臣僚除管軍及邊任取旨起復外，餘並罷。建炎兵興以來，文武臣僚凡任邊防帥臣、郡守、通判、總管、（鈴）〔鈐〕轄、都監、都統、統制、統領、將副并帥司屬官、隨軍轉運，及一時用兵處監司、郡守、通判，率循舊例，皆取旨起復，更不録外，其非此例而特起復及事畢而許持餘服者載焉。

【宋會要】

15 高宗建炎四年六月二十二日，起復朝奉郎、御營使司幹辦官胡㠓，依所乞持餘服。
八月十五日，詔皇叔持服前檢校少保、光山軍節度使〔四〕、知大宗正事士㒟特起復。制曰：「方兹眷倚，遽以憂聞。用大宗率小宗，當念維城之重；以家事辭王事，豈爲許國之忠？況值從戎，固難遂服。」
十月十六日，臣僚上言：「先王沿情制禮，父母之喪，

〔一〕檢校閣：按宋代無此閣名，「檢校」二字誤，俟考。
〔二〕肖：原作「蕭」，據《宋史》卷三七九《韓肖胄傳》改。
〔三〕追：原作「供」，據本卷職官七七之一改。
〔四〕光：原作「尢」，據《宋史》卷二四七《趙士㒟傳》改。

三年不從政。後世爲從權奪服之舉者，必須執政之臣，仍偶金革之變，在朝廷不可闕斯人，斯人亦不得已而後起焉，以移孝爲忠，以狥國家之急務也。宣和間，京、黼用事，隳廢禮典，一時大小之臣，凡遭父母之喪者，謂之小撓，更無戚容，莫不前期干求，指日起仕，而苫塊之禮不復行于有位。以至于今，丁時多故，率皆貪生苟得而不知伏節死義者，未必不由此爾。陛下紹承大統，國步多難，若以時方右武而間行奪情之制，固未爲失；但比日以來，所起之士多非金革之故〔一〕，幾習宣和之風。且如沿江諸帥，修飭武備以捍戎人，起權邦彦知江州、姜仲謙知建康府〔可〕也，若以邦彦爲六路發運使，仲謙爲湖北轉運使而起復，此何理耶！方面守臣，訓練兵政，保捍生靈，起向子諲知潭州亦可也〔二〕，幕職之官如南康軍簽判姜仲恩、虔州簽判盧彦樞，如是之類而亦起復，此何理耶！奪喪者聖王之典，起復者朝廷之權，命自上出，起之可 16 也；若權江西鹽香夏廙、臨江軍通判王道、權袁州帥司屬官鄭好仁，皆夤緣請托於權三省樞密院而起復。陛下方以至孝治天下，以大義責臣僚，凡搢紳之流，宜篤孝廉之行，豈容無耻，薄於所生，叨冒廩禄，不自知愧！此風一扇，名節委地，而望其以身許國，以死守官，不可得也。乞一切罷去。仍令三省，繼自今不緣金革之事，勿起衰（經）〔絰〕之人，御史臺常切覺察，彈劾以聞。」詔權邦彦係專委催發諸路錢糧、應副行在大軍支遣外，餘並罷。

十一月四日，起復朝請大夫、樞密院幹辦公事王佾乞持餘服。詔係優卹死事之家，特令依舊供職。

紹興元年六月十日，江南東路安撫大使司參謀官下幹辦官、起復迪功郎董弇言賊馬寧息，乞先次罷任，依舊終滿喪制。從之。

十三日，持服人前寧遠軍節度使、充醴泉觀使孟忠厚，特起復鎮潼軍節度使、開府儀同三（使）〔司〕，充醴泉觀使，進封東海郡開國侯，加食邑五百户，食實封二百户。制曰：「忠於事上，膺兩宮奉御之榮；學以忘憂，爲四姓小侯之冠。自正齋壇之拜，尤高戚畹之稱。（芝）〔兹〕用奪衰麻之制，還旄鉞之權。」

二年五月三日，詔：「新知江州胡舜陟特起復〔三〕，限三日起發，不許辭免。」

二十四日，詔：「承議郎范同特與起復，隨都督諸軍事呂頤浩充主管機宜文字。」以頤浩言同儒學登科，熟知兵事，見今持服，乞起復隨出師也。

十一月二十三日，詔右朝請郎、直秘閣、前利州路轉運判官王純（持）〔特〕起復。從江東安撫大使、知 17 建康府趙鼎請也。

〔一〕非：原作「兆」，據《建炎要録》卷三八改。
〔二〕潭：原作「譚」，據《建炎要録》卷二八改。
〔三〕胡：原作「明」，據《建炎要録》卷六一改。

三年五月二十三日，詔：「知岳州范寅敷特起復，依舊知州事，不許辭避。」以荆湖北路安撫使劉洪道言，水賊楊么長船直抵州岸，寅敷領兵掩殺，累獲勝捷。至是，寅敷丁母憂，特有是命。

七月二十日，内降制，持服左宣奉大夫、守尚書右僕射、同中書門下平章事、兼知樞密院事朱勝非特起復。制曰：「鎮國家有不撓之風，致狼心之自擾；措宗社于再安之地，殆桑蔭之不移。進退亦復何常，名實久而自正。雖閱時之易遠，豈求舊之敢忘？下環詔以趣歸，復鼎司之重任。朝有偉望，士無間言。方指日以仰成，遽執喪而去位。載考流風於典籍，皆從變禮之情文。是用參合國章，俾還揆路。」

八月十八日，草土朱勝非言〔一〕：「奉詔起復，已行起發。若到國門，或有被受拜賜詔命及入城朝見，并赴堂治事、聚堂見客、私第接見賓客，未審各合着是何衣服，乞下有司檢照典故，明降指揮，庶有以遵守。」閤門□書《閤門令》〔二〕：諸臣僚起復或在緦麻以上親喪假應入殿者，權易吉服。（未）〔朱〕勝非朝見入殿并日逐趁赴朝殿，合依上件令文，竝合依舊章服。太常寺勘會：「省記得宣和年間曾降旨，起復臣僚趨朝治事竝服吉服。（常）〔當〕時鄭居中、李邦彦係起復，並服吉服。所有今來（未）〔朱〕勝非若到國門拜受詔命，并赴堂治事、聚堂見客、私第接見賓客，並合服吉服。如於私第接見賓客，許服縿公服〔三〕，皂帶，不佩魚，（僕）〔幞〕頭不用 18 光漆。」從之。又言：「竊見《紹興令》，有丁憂在職日給假條格，大小祥各七日，朔望各一日，禫五日。欲乞依上條給假，内朔望仍乞趨赴遥拜二聖，及朝參訖退作假。遇給假内，除内降及軍期急速機密文字外，常程文字權免書押。」詔依，餘朔望日奏事畢退作假。

四年二月七日，起復右儒林郎、充都督府準備差遣李季言：「准詔（持）〔特〕免持服。今軍事寧息，乞解官，許持餘服。」詔依。

九月二十四日，制起復左宣奉大夫〔四〕、守尚書右僕射、同中書門下平章事、兼知樞密院事（未）〔朱〕勝非，依所乞持餘服。

六年八月五日，都督府參議軍事、兼權川陝宣撫副使邵溥起復尚書禮部侍郎，依舊都督府參議軍事。

九月十四日，（楊）〔揚〕州言：「據持服前右朝請大夫陳（桶）〔桷〕，前任京東宣撫處置使司參謀官、兼都督行府轉運使，在任準告落職，差監澧州在城酒稅。竊緣昨蒙朝廷起復，爲是軍期，今來新任係遠闕監當，合待次赴官，不合起復，乞許依舊持服，候服闋日前去。」從之。

十月五日，詔左中奉大夫、前知榮州李平仲起復，充成

〔一〕朱：原作「未」，據上條改。下同。
〔二〕□書：似當作「檢會」。
〔三〕縿：原作「慘」，據本卷職官七七之二四改。
〔四〕左：原作「在」，據前三年「七月二十日」條改。

都潼川府夔州利州等路安撫制置大使司檢法官，填創置闕。以成都潼川府夔州利州等路安撫制置大使、兼知成都府席益言，平仲曾任法寺官，深曉法，本官丁母憂，乞起復，專一詳斷諸州獄案故也。

七年十一月十八日，詔持服游輔特起復左朝奉郎，依舊充臨江軍使，兼知潮州程鄉縣。制曰：「方時多艱，禦侮之寄，非人不可。爾却敵摧堅，有功百里，以憂去任，亦既

19 踰時，其奪苦塊之情，勉從軍旅之事。」

八年正月十一日，詔：「資政殿學士、左中大夫、成都潼川府夔州利州等路安撫制置大使、兼知成都府席益起復，依舊充四川安撫制置大使，兼知成都府，令入內內侍省差內侍一員星夜前去宣押之任。候主管職事訖回，赴行在所。」

五月九日，詔：「知夔州、兼主管本路安撫使司公事馮康國特起復，依已得旨疾速起發前去川陝宣撫司軍前撫諭，商議軍事，仍不得辭免。」

十一年八月三日，制：「持服檢校少傅、寧國軍節度使，充醴泉觀使張中孚特起復檢校少傅、寧國軍節度使，差兩浙東路馬步軍副都總管，紹興府駐劄。持服龍神衛四厢都指揮使、清遠軍承宣使、提舉佑神觀張中彥特起復龍神衛四厢都指揮使〔一〕、清遠軍承宣使，添差福建路馬步軍副都總管，建州駐劄。」特恩也。

二十八日，詔：「川陝軍旅事重，胡世將可特起復，候指揮到，不拘常制，日下供職，不許辭避。」

十二年十一月十九日，詔：「持服前德慶軍節度使、提點皇城司、充金國報謝副使錢愐特起復〔二〕，依前官充金國報謝副使。」

十六年三月一日，詔：「軍官起復，自古有從權之宜。近來却有非軍中職任之人，規圖從軍，申乞起復，殊失禮制，宜行戒飭。今後非見從軍不許起復，如有規求，重行黜責。仍令御史臺覺察彈奏。」先時，宰執進呈殿前司起復李邦光充正將〔三〕，上曰「從軍起復，一時權宜，然 20 慮不能無弊。若元在本軍方可，或在外計會，不可不禁止」故也。

十七年七月十二日，詳定一司敕令所言：「准詔修立：諸遭喪應解官，而臨時竄名軍中、規免執喪者，徒三年；所屬知情容庇，或爲申請起復者，徒二年。」先是，宰執(佳)〔進〕呈殿前司乞武翼郎、訓練官董彥起復事，上曰：「須見在軍中，不免從權，許令起復；若旋行竄名〔四〕，規免執喪，有害風教，可指揮禁止。」至是修立成法（門）。

二十三年閏十二月十日，詔持服前武功大夫、貴州防禦使、帶御器械冀彥明可特與起復。以被差奉使而母亡故也。

〔一〕張：原無，據《建炎要録》卷一四一補。
〔二〕愐：原作「栢」，據《建炎要録》卷一四七改。
〔三〕李：原作「孝」，據《建炎要録》卷一五五改。
〔四〕旋：原作「施」，據《中興小紀》卷三三改。

二十六年正月十四日，執政進呈，上曰：「士大夫起復非美事，所以敦孝行，厚風俗，唯軍中人乃可爾。」以上《中興會要》。

孝宗隆（興）〔興〕元年正月十五日，詔起復右宣義郎吳擴除司農寺丞。

八月二十日，詔建康府駐劄御前前軍統制蕭鷓巴起復，仍舊管軍。從宣撫使張浚請也。

九月十一日，詔馬軍司前軍第十一將準備將雷世賢起復，仍舊從軍。從本司請也。

二年閏十一月十六日，詔敷文閣直學士沈介起復，除權兵部尚書、湖北京西路制置使。明年二月，介以邊城罷警，請解官終喪，不許。

十二月十八日，詔起復蕭琦子汝翼、汝諧差充忠毅軍統領將官。從其家所請也。

乾道元年六月二日，詔：「起復武節大夫劉滁爲浙東路兵馬（鈴）〔鈐〕轄，紹興府駐劄，填新置闕，專一措置訓練係將不係將禁軍，葺治器械。」

21 三年六月八日，詔吳挺起復知金州〔一〕，充開達州駐劄御前諸軍都統制。

四年十月十二日，詔前尚書右僕射蔣芾起復，授左僕射。後以芾懇辭，有旨依所乞。

十一月四日，樞密院奏：「武翼郎、步軍司後軍訓練官宋邦達以母喪乞依條解官持服。本軍契勘，武翼郎宋邦達係本軍入隊訓練官，難以解官持服，乞起復。今依舊從軍入隊訓練官使唤。」從之。制詞曰：「禮有之，三年之喪，金革之事，無辟也。爾職在戎行，乃以不幸，遭罹家難，稽于古訓，命爾往復故官。夫人道莫大於忠孝，爾于養親者已無及，則於許國者，可不勉歟！」

六年三月六日，詔王抃起復右武大夫、均州防禦使、知閤門事，兼客省四方館事。時尚書省勘會，三衙〔招〕到三等官兵，合委官措置，故有是命，仍專一措置揀選。

十二月二十四日，詔葉衡起復知廬州。七年正月八日，臣僚言：「昨詔葉衡起復，衡必以草土控辭。合肥爲淮西重鎮，難久闕帥，乞令婺州長吏至衡家申諭詔旨，敦遣起發。」從之。制略曰：「奪情之典，實自從戎；樞筦之司，最關軍務。近起復葉衡，出帥淮西，可改除敷文閣待制、樞密都承旨〔二〕。」

〔七年〕三月五日〔三〕，詔劉珙起復同知樞密院事。五月，宣撫荆襄，同知院事如故。

十二日，詔四川宣撫使司參議軍事賈和仲起復，依舊在任。從宣撫使王炎請也。

八年十二月二十二日，詔池州駐劄御前前軍統制王世

〔一〕挺：原作「挻」，據《宋史》卷三六六《吳璘傳附子挺傳》改。
〔二〕承：原作「丞」，據《宋史》卷一六二《職官志》二改。
〔三〕七年：原無，據《宋史》卷三四《孝宗紀》二、《宋宰輔編年録》卷一七補。

雄起復〔一〕，授左千牛衛將軍。制略曰：「乃22父起太行之師，誓平胡虜；難兄當靈壁之戰，亦死邊陲。是用奪三年愛母之情，加千牛備身之號。」以上《乾道會要》。

淳熙元年九月二十一日，詔武功大夫、楚州團練使、充金州駐劄御前諸軍都統制郭鈞起復，依舊管軍。以鈞丁母憂，乞解官持服，特有是詔。

十二月六日，詔韓彥古起復，依前朝奉大夫，充秘閣修撰，差知平江府。

二年十月十四日，詔武翼郎馬琥起復知叙州。琥丁母憂，以樞密院言叙州沿邊，故有是〔食〕〔命〕。

六年五月十六日，起復知柳州雷溧奏乞俟賊平後〔解〕職持服。詔：「柳寇平後，欲守、令諳知風俗，撫存細民，所請宜不允。」

十二年四月十三日，詔持服前檢校少保、定江軍節度使、侍衛親軍步軍副指揮使、興州駐劄御前諸軍都統制、兼知興州吳挺起復。

七月十二日，詔持服前武翼郎、權發遣盱眙軍高震起復。

十三年七月七日，詔持服前武節大夫、鎮江府駐劄御前諸軍副都統制熊飛起復。

九月二十六日，詔：「恭奉太上皇帝聖旨，前右武大夫、忠州防禦使、提舉佑神觀、提點德壽宮張尹起復。」

十五年十月四〔日〕，詔持服前武功大夫、成州團練使、權知金州秦嵩起復。

淳熙十六年八月九日，詔持服左武大夫、保信軍承宣使、重華宮同提點關禮與起復，依舊重華宮同提點。恭奉至尊壽皇聖帝聖旨，故有是命。

紹〔興〕〔熙〕二年十二月八日，詔持服前武功大夫、文州刺史〔二〕、前軍統制、兼23知鳳州、總轄緣邊屯戍軍馬郭謂特與起復。

開禧二年四月二十四日，詔項安世特起復朝奉郎，差知鄂州，填見闕。以項安世元知荊門軍，丁母憂故也。

二年九月十二日，詔：「楊九鼎丁母憂，特與起復，依舊知無爲軍，日下還任。」

嘉定二年五月四日，詔持服史彌遠特起復正議大夫〔三〕、右丞相、兼樞密使、兼太子少師。制曰：「門下：朕登用英髦，圖回正理。矢文德，洽四國，方益懋於有爲；補袞職，事一人，顧孰先於已試。眷言次輔，克著茂勳，屬當銜恤之時，宜舉奪情之典。爰敷制命，誕告路朝。持服前正議大夫、右丞相、兼樞密使、兼太子少傅、奉化郡開國公、食邑三千一百户、食實封壹仟户史彌遠〔四〕，蘊識精明〔五〕，

〔一〕世：原作「也」，據本書兵二三之四改。
〔二〕文州：原作「之州」，據《止齋集》卷一一改。
〔三〕史：原無，據《宋宰輔編年録》卷二〇補。
〔四〕史：原作「使」，據《宋宰輔編年録》卷二〇改。
〔五〕蘊識：原無，據《宋宰輔編年録》卷二〇補。

存心寬裕，器業夙推于世美，謀猷允酌于時宜。攄進善之誠，已密扶于國本；厲匪躬之操，遂肅振於皇綱。聿開更化之規，力佐彌兵之議〔一〕。周旋兩地，黽勉百爲。宗社再安，方陲底定。甫擢司於宰事，悵遽服於私艱。覽元子之建言，即都城而賜第。既終襄奉，久佇來歸。朕欽念治幾，渺若巨川之難濟；惕懷民瘼，懍乎朽索之易危〔二〕。匪資心膂之良，曷效彌縫之力！載疇爾績，實簡予衷。與其適居處之安，備于咨訪；豈若正廟堂之任，期以贊襄。惟藝祖之委信元臣〔三〕，若累朝之優隆近弼，雖云有故，亦俾從權。茲順考於舊章，肆特疏於新渥。復還揆路，庸懋巖瞻。總乃樞庭，名式崇於使領；翼予儲極，位獨亞於師承。以昭眷遇[24]之殊，以示倚毗之切。於戲！保邦制治，朕惟篤意於任賢；移孝爲忠，卿尚勉思於體國。公道行則羣情可協，吉士進則庶職可修〔四〕。往全致主之功，抑有顯親之譽〔五〕。」先是，彌遠以所生母之喪歸葬，有詔起復，且賜第行在，候葬事畢疾速前來賜第居止。繼詔慶元守臣以禮催趣。彌遠屢辭，不允，至是赴闕。如都堂治事，聚堂見客，並從吉服；私第接見賓客，服緦公服，皂帶，不佩魚，幞頭不用光漆〔六〕。乃用紹興三年朱勝非之例。繼又奏乞祠祭行香及將來人使到闕筵宴等，特許權免趁赴，從之。

十一月十四日，詔：「起復胡榘依前直秘閣、江西運判，填見闕，不許辭免，仍免回（辟）〔避〕田宅，日下交割職事，時暫於吉州置司，應辦軍前財賦。」榘先以平峒寇之賞直秘閣，故有是命。

十三年三月二十六日，詔：「陳孝嚴丁母憂，特與起復，依舊知光州。」

八月二十六日，詔：「姚子材丁父憂，特令起復，依舊充湖廣總領所幹辦公事。」以總領何炳言：「子材服勤五年，供億無（閣）〔闕〕，邊圉繹（驗）〔騷〕，戍未（撤）〔撤〕警，餽糧給餉，正藉協（禪）〔殫〕，乞從權奪服，令子材仍舊專一應辦錢糧。」故有是命。

十四年二月七日，詔：「張己之丁母憂，特起復，依舊四川宣撫使參議官。」從宣撫使安丙之請也。

七月二十七日，詔：「趙范丁父憂，特與起復通直郎，依舊直秘閣，特差充京湖制置司主管機宜文字；趙葵特與起復承事郎，差充京湖〔制〕置司準備差遣。」（以上《永樂大典》卷一九八二五）

陳乞侍養

【宋會要】

〔一〕佐：原作「任」，據《宋宰輔編年録》卷二〇改。

〔二〕索：原作「素」，據《宋宰輔編年録》卷二〇改。

〔三〕之：原作「文」，據《宋宰輔編年録》卷二〇改。

〔四〕可：原作「事」，據《宋宰輔編年録》卷二〇改。

〔五〕譽：原作「舉」，據《宋宰輔編年録》卷二〇改。

〔六〕漆：原作「滲」。天頭原批：「前頁朱勝非事内『服緦公服』，『緦』作『慘』字；『光滲』，『滲』作『漆』。」按，作「漆」是，據本卷職官七七之一八改。

25 真宗大中祥符七年八月十五日，以秘書監、分司西京楊億知汝州。時億以疾愈求朝謁，因有是命。御史姜遵疏其「頃居近列，擅去闕庭，所宜屏迹衡茅，盡心甘旨，忽求領郡，深屬要君。請罷分符，用懲著位」。真宗曰：「億本以屬疾而省母病，素無終焉侍養之請，昨求歸朝，特授郡寄耳。」即命宰臣召遵諭之。

仁宗慶曆元年六月，詔：「選人乞侍養者，須及三年方聽于所在給文憑，赴流内銓注官。」

二年十二月，詔：「京朝（京）〔官〕請侍養而親疾愈者，一年仍聽朝參。」

五年四月二日，舒州團練使李端（願）〔愿〕請解官侍養，詔但令奉朝請，凡所差任皆免之。

六年七月二十三日，屯田郎中、諸王宮侍講楊中和以母親年老乞解官侍養，許之。

八年十一月，端明殿學士、知應天府李淑請解官侍養〔一〕，從之。

嘉祐六年十月十八日，知□州康衛昔言：「准詔，侍禁何黄中乞致仕，令具析黄中侍養本末。伏見本人勳臣之後，操履甚堅，棄官就養垂二十年。」詔除率府率致仕。

神宗熙寧二年五月，詔：「大使臣尋醫、侍養，依京朝官例。其皇城使、嘉州團練使劉永壽先乞侍養，候及二年許朝參。」先是永壽侍養，候及一年，其母王氏以爲言，有司以近制京朝官、選人尋醫、侍養，須及二年方許朝參入選，緣大使臣本有條約，故降是詔。

三年十一月八日，詔：「京朝官等乞尋醫、侍養，依致仕條只令逐州軍勘會，如別無規避，即具保明〔二〕，本處放離任訖，各申所屬差人承替。通判以上差遣，即候朝廷指揮。」

四年十一月，詔：「三班使臣尋醫、侍養，比文臣例，候二周年方得朝參。」

元豐二年六月九日，詔大理評事、崇文院校書、同知太常禮院元耆寧許侍養。崇文院校書初無補外者，上以絳故〔三〕，特以禮院易監嵩山中嶽廟。既而以御史何正臣言，遂罷。

十七日，詔京東路轉運判官、尚書屯田員外郎劉定權發遣河北西路提點刑獄，代太常博士、集賢校理丁執禮歸館供職，以便親養。從執禮請也。

三年正月十九日，審官東院言：「大理寺丞申天規昨乞長告訪求其父，今已迎歸侍養，乞許天規不候歲滿朝見。」從之。天規少失其父，至是訪得之，年百歲矣。

閏九月八日，詔太常博士王伯虎放令侍養。先是御史何正臣言：「伯虎委親閩南已八九年，獨與妻孥遊宦京師，伏望永棄田里，以戒天下之爲子者。」因詔福建路轉運司考實以聞，本路言伯虎不迎侍父母有實

〔一〕李淑：原作「李潡」，據《長編》卷一六五改。
〔二〕具：原作「其」，據《長編》卷二一七改。
〔三〕絳：原作「終養」，據《長編》卷二九八改。按元耆寧乃元絳子，絳爲名臣，故特許耆寧補外侍養。若作「終養」，則不必破例優異。

故也。

六年六月二十四日，尚書吏部言：「新授岷州大潭縣主簿余宗道母八十七歲，宗道有疾，乞侍養，準敕應注陝西見闕，不得乞尋醫、侍養長假。」詔依宗道所乞。

八年十二月十一日，龍圖閣直學士、知滑州盧秉以父疾，聽【26】解官侍養。

哲宗元祐元年四月十四日，詔：「今後殿侍係歸明傜人，尋醫、侍養各不限年，許參班。內有已授差遣或在任人，却依元路分與合入差遣。」

三年正月二十四日，詔守司空、開府儀同三司、鎮江軍節度使致仕韓絳男朝散大夫、衛尉少卿宗師，爲直秘閣、提舉鳳翔府太平宮。以絳致仕，宗師請便親養故也。

徽宗大觀三年六月二十三日，閤(官)〔門〕言，五月二十六日，宣義郎劉得臣垂拱殿朝見拜跪艱難。詔劉得臣令尋醫。

四年閏八月十八日，詔西上閤門使、榮州防禦使童師敏爲病尋醫，可特與見任官轉出，差提點醴泉觀。

政和三年八月二十六日，尚書省言：「訪(問)〔聞〕河北路走馬承受焦公衍到博州與弟子姦濫等事，下京西轉運司差官體量，並無姦(濫)等事，元係前權知博州辛朴具到。」詔朴令尋醫。

宣和元年六月二十五日，詔郴州安置孟揆放還，令侍養。七月十八日，盛并、盛升並勒停，令貶所侍養。以父盛(彰)〔章〕貶單州團練副使、筠州安置也。

二年八月二十日，朝散郎、充徽猷閣待制、提舉醴泉觀、同修國史葉著言：「臣近嘗具奏，以臣父邵在遠，侍下闕人，乞賜改授臣在外一合入差遣，以便侍養。」詔依所乞，差知信德府。

三年六月九日，尚書省言：「檢會拱衛大夫、廉州防禦使楊師道奏，又監察御史未敢奏聞〔一〕。五月二十七日，夏季土旺祀黃帝，有攝太祝、(官)〔宣〕教郎方里於獻官奠酒訖，讀祝文差漏，多不成句。」詔方里令尋醫。

十七日，秦鳳等路提點刑獄司言：「勘會在任命官尋醫、看親，自有成法，所屬驗實無規避申奏，方許離任。本司今點檢原州等處命官任內贓污不法，官司按舉，逐官托故離任，本州放令離任，或縱令逃竄，方行按發。比至被旨取勘，却申稱已離任，乞行收捉。欲望今後命官犯罪，所屬故縱放令離任，其知、通與犯人一等科罪，仍於案後收罪聲說取旨。」詔：「今後命官犯罪，所屬故縱放令離任科罪等已別作施行外，仰刑部行下諸路提刑司，每名各立賞錢三百貫文，召人收捉。」

四年三月七日，温州言：「檢會奉詔處分，兩浙、江東

〔一〕此九字原作正文大字，今據文意改爲小字。又其下空格，「五月二十七日」另作一條，今據文意合爲一條。

路知州、通判、應州縣等，並不得陳乞尋醫、致仕、侍養并請假離任。已陳乞及離任者，令本路監司疾速勾還本任；託疾致仕者，令中書省記録，候賊平日取旨。緣目下討蕩賊寇，漸已平息，不（任）〔住〕據管下官員乞致仕、尋醫、侍養、請假及省罷，未審將來大軍解嚴、班師之後，合與不合依常法施行。」詔盜賊並已平静，自合依常法疾速申明行下。

高宗建炎元年五月一日赦：「應命官尋醫、侍養，並許召保注授。」

紹興六年八月二十八日，守秘書省著作郎張九成言，父七十歲，常苦心氣不寧，乞許侍養。詔除直徽猷閣、兩浙東路提點刑（嶽）〔獄〕公事。

九年三月十五日，少保、27鎮南軍節度使、充醴泉觀使呂頤浩乞許歸養疾。詔除其長子抗直徽猷閣[一]，添差浙東提舉茶鹽，迎侍歸台州調治。

三十二年正月十三日，詔：「應百官有親年已高而不迎侍及歸養者，令在外監司按劾，在内令臺諫糾彈。」從臣僚請也。

孝宗紹興三十二年六月十三日，登極赦：「應命官尋醫、侍養，並許召保注授。」

乾道元年八月十一日，立皇太子赦：「應命官因患尋醫、侍養，未滿而已安居及半年已上，特許參選。」

二年九月六日，詔：「建康府上元知縣李允升犯贓，帥守王佐容縱尋醫，特追兩官勒停，建昌軍居住。」

十二月六日，吏、刑部准批下新差藤州馬陞劄子：「乞自今後因監司、郡守按劾及百姓論訴、已經體究事在有司者，不許尋醫。」逐（郡）〔部〕看詳，欲依所乞。從之。

六年三月十八日，臣僚言：「本臺令節文：『諸尋醫已除籍官年滿乞朝參者，體量委無疾病注籍訖，牒吏部、閤門。』又令：『諸體量官員因疾者，牒（依）〔醫〕官局差人診視，具實狀申所屬。』竊見右承奉郎江深前任監福州古田縣水口鎮，因病尋醫，合至乾道五年十月滿一年，未曾陳乞赴臺引驗。近奉旨差充瓊州瓊管司主管機宜文字，係堂除，其江深隱匿向來尋醫一節，冒授新任，乞罷差遣，以爲慢令之戒。」從之。

四月一日，吏部侍郎陳良祐劄子：「契勘迪功郎、前監廣州亭頭場鹽税馮侗狀，昨於紹興三十一年七月赴部參選，就殘零闕注授前件差遣。未赴任間，尋醫不赴，今已痊安，乞赴部參選。准本部告示，合候銓試中到部。據本人狀稱，係在隆興元年四月内條具銓試指揮之前已注授差遣，尋醫不赴，即非緣罪犯罷任之人，乞放行參選。本部檢照右迪功郎曹塤於紹興三十年參選，就殘零闕注藤州司法參軍，未赴任間，丁母憂不赴，亦係在銓試指揮之前注授。續奉旨，曹塤令吏部放行參選，今後如有似此之人，依此。今本部未敢依曹塤例放行。」詔依陳良祐劄子内事理，令參

[一] 徽：原作「錢」，據《建炎要録》卷一二七改。

部。今後如有到任尋醫人，不許援例。（以上《永樂大典》卷一一八二六）〔一〕

致仕 上

【宋會要】28 國朝凡文武官致仕者，皆轉一官，或加恩其子孫。觀察使、防禦團練使、刺史及内職三班即换環衛，幕職州縣官改京朝官。升朝官父在者，遇慶恩授致仕官，其不仕者，文官始大理評事，武官始副率，再經恩累加焉。祖在而求回授者亦聽。皆不給俸。亦有子居要近，加賜章服者。

太祖建隆二年四月，（穎）〔潁〕州團練使范再遇爲左金吾衛大將軍致仕。再遇本江南僞泗州刺史〔二〕，周顯德中，太祖率兵直壓其壘，再遇以城降，累遷至團練使。至是請老，仍别降璽書勞問。

三年八月，詔大理卿劇可久爲光禄卿致仕。可久年過七十，無請老之意，故特有是命。

乾德元年閏十二月，詔曰：「羣官列位，自有通規；舊德來朝，所宜加禮。且表優賢之意，用敦尚齒之風。自今一品致仕官曾帶平章事者，每遇朝會，宜綴中書門下班。」先是，太子太師致仕侯益等來陪郊祀〔三〕，益等皆嘗爲使相，帝優待之，特降是詔。

二年二月，詔：「自今應藩鎮帶平章事求休致者，每遇朝會，宜令綴中書門下班。」先是，鳳翔府節度使、兼中書令王晏自藩鎮致仕，故有是詔。

開寶三年三月，以草澤王昭素爲國子博士致仕。昭素通經業，居酸棗縣，年踰八十不仕。帝聞其善講説，召對便殿，命講《易》。以衰老求還鄉里，故有是命。

六年29五月，以兵部侍郎、參知政事劉熙古爲户（尚部）〔部尚〕書致仕，足疾故也。

六月，以太子詹事楊昭儉爲工部尚書致仕。

九年六月，以國子博士周維簡爲虞部郎中致仕，仍以其子繕爲盩厔縣主簿。

太宗太平興國元年，天雄軍節度、兼侍中李繼勳授太子太師致仕，朝會許綴中書門下班。

二年七月，前翰林學士、禮部侍郎魚崇諒授金紫光禄大夫、兵部侍郎致仕。

閏七月，以布衣孫守彬爲左領衛將軍致仕。

八年七月，檢校太師、行右金吾衛上將軍、判街仗事、郢國公王彦超授太子太師致仕，依舊給本官俸料。雍熙二

〔一〕《大典》卷次原缺，陳智超據《永樂大典目録》擬於卷一一八二六（「養」字韻「事韻」目），姑從之。
〔二〕州：原作「洲」，據《馬氏南唐書》卷四改。
〔三〕侯益：原作「侯孟」，據《長編》卷四改。

年〔一〕，王彥超進封邠國公，謂人曰：「吾聞朝廷之制，七十致仕，吾今六十九矣，當自知止足之分。」於是年冬末預修求致政表，凡僕隸之冗食者皆罷遣之〔二〕。明年，果遂其請，以太子太保致仕。彥超歷仕累朝，領節制者九，所至雖無異政，而能以富貴知止，人以此多之。出《書林事類》。　王彥超歷數鎮節制，罷爲金吾上將軍，與李昉、宋白善。一日，昉、白詣之，時彥超年六十九歲，謂昉，白曰：「人言七十致仕，出何書？」昉曰：「《禮》：大夫七十而致仕，若不得謝，賜之几杖，杖於朝。蓋筋力尚可從政，時君所賴也。」彥超曰：「我前朝舊臣，於時無用，豈可（食）〔貪〕爵位而昧廉恥。」遂託白草求致仕表，來年假開日（之上）〔上之〕。再表得請，以太子太保致仕，給上將軍俸。居常白衣出入故舊家，僕從簡省，無童騎。性嗜張進酒、軟骨魚，30 語親舊曰：「有此二物，吾當不召自往矣。」張進者，建州人，隸内酒坊，善釀，味絶美，品在法酒之亞，善飲者多好之。出楊内翰《談苑》。　《吳虔裕傳》：虔裕性簡率，發言多輕肆，右金吾上將軍王彥超告老得休致，虔裕嘗語人曰：「我縱僵仆殿階下，斷不學王彥超七十便致仕。」人傳以爲笑。《悦生隨抄》。

雍熙二年三月十九日，以前天威軍掌書記事高頔爲左補闕致仕，仍賜錢十萬，擢其子南金高第。以南金舉學究，自陳其父年八十四，無存養者，乞賜一第。太宗以問侍臣，宋琪以頔廉介有行對。帝曰：「吾早知其爲人，惜已不能從政，不可（疆）〔彊〕起之。」即拜是命。

端拱元年閏五月，以青州録事參軍麻希夢爲工部員外郎致仕。希夢年九十五，齒髮不衰，帝聞而召至闕下，對於便殿，面賜金紫，因有是命。端拱初〔三〕，太宗詔訪高年，前青州録事參軍麻希夢年九十餘，居臨淄〔四〕，召至闕下，延見便殿〔五〕，賜坐，語極從容。詢及人間利害，對之甚詳，多蒙聽納。他日，訪以養生之理，對曰：「臣無他術，唯清心寡欲，節聲音，薄滋味，故得至此。」詔以爲尚書工部郎中致仕，賜金紫。工部好學，善訓子孫。子景宗，興國中登進士甲科，孫温基、温舒，祥符中相繼舉進士第，爲天下第三人，而天下稱麻氏教子有法。出江少虞《類苑》。

淳化元年五月，詔：「應曾任文武職事官恩許致仕者，並給半俸，以他物充，於所在州縣支給。」

十一月，以水部員外郎何允昭爲駕部 31 員外郎致仕。從其子殿中丞、直史館士宗之請也。

至道元年三月，前和州歷陽縣主簿李夤授著作佐郎。夤子虚己任殿中丞，太宗知其能政，命知遂州，仍賜五十萬，令養其祖母，又以夤年高，特有是命。

五月，前崇儀副使王得一爲左衛大將軍致仕。

七月，鴻臚卿慎知禮爲工部侍郎致仕。

真宗咸平元年正月，審刑院詳議官、監察御史韓見素爲刑部員外郎致仕。見素薄於榮利，時方年四十八，表求休致。真宗以其年尚少，惜之，宰相言：「近世朝行之中躁競好進者多，知止求退者少，如允所請，亦是激勸風俗。」遂授焉。

十一月，以職方郎中沈繼宗爲將作少監致仕。繼宗列官中外，以貴家子擢出任，稱疾假滿，故有是命。

〔一〕雍熙二年：誤。據《宋史》卷二五五《王彥超傳》，其爲邠國公在太平興國六年，預修求致仕表在七年，八年得請。又本條小注原作正文書寫，以其非《會要》之文，今改爲小字。
〔二〕冗：原無，據《宋史》卷二五五《王彥超傳》補。
〔三〕本條小注原作正文書寫，據文意改。
〔四〕淄：原作「緇」，據《事實類苑》卷四三改。
〔五〕便殿：原倒，據《事實類苑》卷四三乙。

二年閏三月，以草澤陳廣爲將作監丞致仕，賜袍、笏。廣獻《喜雨詩》，復上書言事，帝召見，問其願仕否，對曰：「臣年七十四，筋力衰耗，乞歸田里。」故有是命。

三年八月，殿中丞、國子監直講崔頤正以本官致仕，仍舊直講。頤正老，且病目，不任朝請，以耆(遂)〔宿〕儒，故遂其優閑而不罷講誦之職。

四年(五)〔三〕月〔一〕，以翰林學士、吏部郎中朱昂爲工部侍郎致仕。帝以昂久在左右，特加優禮。舊制，致仕官止門謝，昂特召對于便殿，命坐久之，賜銀器二百兩、帛三百匹。詔行日給以驛券，(今)〔令〕本府歲時省問，如有章奏，許附驛以聞。命其子太祝正辭知江陵府公安縣，使得就養。發日，又賜(晏)〔宴〕於玉津園，翰 32 林學士、侍讀侍講學士、知制誥、三館秘閣官皆預，仍詔賦詩餞行。朱昂晚以工部侍郎懇求歸江陵〔二〕，逾年方允，止令謝於殿門外，後詔賜坐。時方劇暑〔三〕，恩旨寵留，詔秋涼進程。時吳淑贈行詩有「漢殿夜涼初閣筆，渚宮秋晚得懸車」之句〔四〕，尤爲中的。錫燕玉津園，中人傳詔，令各賦詩爲送。若李承旨維有「清朝納禄猶强健，白首還家正太平」，陳文惠公堯佐「部吏百函通爵里，送兵千騎過荊門」之句，四十八篇皆警絶一體，朝論榮之。弟協亦同隱，皆享眉壽，家林相接，謂之渚宮二疏。荊帥陳康肅堯咨表其居爲東西致仕坊。八十二薨，門人請謚正裕先生。出《皇朝類苑》。

五年五月，詔文武官七十以上求退者許致仕，因病及歷任有贓犯者聽從便。時主客郎中謝泌言，自今求致仕者，如有清名及粗展勞効，乃可聽許，故因泌奏而有是命。

九月，倉部員外郎〔五〕、武信軍節度掌書記郭成範爲司封員外郎致仕，以其子太廟齋郎韜玉爲壽州霍丘縣主簿。成範在惟吉府中，老病赴朝，踣於殿門，閤門使以聞，詔特原之。成範因求致仕，且述家貧，願得一子食禄給養，帝憫然許之。

十二月，進士李咸信授將仕郎，守將作監丞致仕。咸信即知樞密院王欽若妻父也，欽若爲言，故有是命。

景德二年三月二日，以都官員外郎致仕潘華爲屯田員外郎〔六〕。華即江南内史舍人佑之子，以疾致政，至是上書闕下，求復朝列，帝憫 33 佑忠鯁，故命華以舊官。

四月九日，以虞部員外郎、安定郡王府翊善董溽爲都官員外郎致仕，賜其子經同進士出身〔七〕。

大中祥符二年正月，詔差定賜文武致仕官帛數：大將軍三十匹，將軍、郎中二十匹，員外郎十五匹，率府副率、國子博士而下十匹，大理寺丞而下七匹。以東封赦書恩例也。

二月，以許州參軍王中正爲左武衛將軍致仕〔八〕，仍給

〔一〕三月：原作「五月」，據《長編》卷四八改。
〔二〕本條小注原作正文書寫，據文意改。
〔三〕「劇」下原有「坐」字，據《事實類苑》卷四四删。
〔四〕渚：原作「諸」，據《事實類苑》卷四四改。下同。
〔五〕倉部：原作「蒼部」，據《宋史》卷四五七《戚同文傳》改。
〔六〕都官：原作「都管」，據《宋史》卷一六三《職官志》三改。
〔七〕同進：原倒，據本書選舉九之五乙。
〔八〕武：原無，據《長編》卷八八、《九朝編年備要》卷七補。

全俸。

四年三月，以龍圖閣待制王（曉）〔曙〕兄序爲國子監助教致仕。序年七十餘，（曉）〔曙〕乞推恩也。

五年八月，以左僕射張齊賢爲特進、守司空致仕。

六年七月六日，景福殿使、新州觀察使劉承規爲安遠軍節度觀察留後〔一〕、左驍衛上將軍致仕。兩使留後非致政之官，至於上將軍，國朝以來罕曾除拜，帝以承規逮事三朝〔二〕，有勤効，故授之，仍賜手詔撫諭。

九年正月，詔京朝、幕職州縣官求致仕者，令審官院、吏部銓檢勘歷任，具有無贓犯以聞。

十月，禮部郎中、新授京西轉運使胡則言父年七十八，任國子博士致仕，乞加朝散階，許之。

天禧元年七月十七日，以祠部郎中胡旦爲秘書少監致仕，又以其子粲書試祕書省校書郎。旦自陳目疾，求授其子官，故特有是命。

八月，（楊）〔揚〕州言：「虞部員外郎致仕周令瓌年踰九十，無人供侍，有孫男化元見任海州東海縣尉，乞移授（楊）〔揚〕州判司簿尉，以慰衰殘。」許之。

四年正月，以户部侍郎致仕馮起爲兵部侍郎，太常少卿 34 致仕劉翼爲司農卿，將作少監致仕柴德芳爲將作監，並依前致仕，仍詔許入辭。舊例門辭，中書取旨，特有是命。

五月十日，以静難軍節度使、檢校太傅王嗣宗爲檢校太尉、左屯衛上將軍致仕。嗣宗病蹇，不能履地，凡再表，願一朝覲即歸田里。及至京，彷徨累月，求再領許州，朝議以其耄疾，特有是命。孫集賢冕〔三〕，天禧中直館幾三十年，江南端方之士也，節槩清直。晚守姑蘇，甫及引年，大寫一詩於廳壁，詩云：「人生七十鬼爲鄰，已覺風光屬别人。莫待朝廷差致仕，早謀泉石養閑身。去年河北曾逢李，見素。今日淮西又見陳。或云陳莊〔四〕。二公被差者也。寄語姑蘇孫刺史，也須抖擻老精神。」題畢，拂衣歸九華，以清節高操羞百執事之顏〔五〕。朝廷高其風，許再任，詔下已歸，竟召不起。王冀公欽若，里閈素交也〔六〕。冀公天禧中罷相，以宫保出鎮餘杭，艤舟蘇臺，歡好款密，醉謂孫曰：「老兄淹遲日久，且寬衷，當别致拜聞。」公正色答曰：「二十年出處中書，一素交潦倒江湖〔七〕，不預一點化筆，殆事權他屬〔八〕，出廟堂數千里爲方面，始以此語見悦，得爲信乎？」冀公愧謝，解舟遂行。見宋江少虞《類苑》。

仁宗天聖三年二月，翰林學士、權三司使公事李諮言：「父兵部員外郎致仕文捷年七十有五，乞臣外任，以便侍養。」詔不許，特賜文捷金紫。天聖三年，左正言孔延魯法當遷官，願不遷而爲其父尚書祠部郎中致仕勉求紫章服。35 上曰：「子爲父請，可從也。」特賜勉紫章服。宰相王欽若等曰：「延魯所陳足以厚風俗，陛下從其請，實資孝治也。」《宋朝事實》。　孫宣公奭以太子少傅致仕，居於鄆。一日，置宴

〔一〕「軍」上原有「將」字，據《宋史》卷四六六《劉承規傳》删。
〔二〕逮：原作「建」，據《長編》卷八一改。
〔三〕本條及下條小字注，原皆作正文書寫，據文意改。
〔四〕陳莊：《湘山野録》卷上作「陳李」，似是。
〔五〕百執：原倒，據《事實類苑》卷四三乙。又「顏」原作「類」，據上引改。
〔六〕素交：原倒，據《事實類苑》卷四三乙。
〔七〕交：原作「後」，據《事實類苑》卷四三改。
〔八〕他屬：原倒，據《事實類苑》卷四三乙。

御詩廳，仁宗嘗賜詩，刻石所居之廳壁。語客曰：「白傅有言：『多少朱門鎖空宅〔一〕，主人到老不曾歸〔二〕。』今老夫歸矣。」喜動于色。復顧石守道〔三〕，諷《易·離卦》九三爻辭，且曰：「樂以忘憂，自得小人之志；歌而鼓缶，不興大耋之嗟〔四〕。」公以醇德奥學勸講禁中二十餘年〔五〕，晚節勇退，優遊里中，終始全德，近世少比。江少虞《類苑》。

四年四月，吏部言：「據太子中舍致仕曹湛等乞依赦文叙服色，緣致仕官每遇覃恩轉官加恩，與常朝官事體並同，未敢聞奏。」詔依例磨勘以聞。

九月，監察御史曹修古言：「伏聞七十致仕，載在禮經。中代以還，貪榮尤甚。昔唐太宗患其如此，故特下詔書，再三責諭〔六〕，仍令內外文武官年在致仕抗表去職者，宜在本品見任之上，蓋欲其知恥而退也。近年以來，中外臣僚有年僅八十尚未辭官，既心力之盡衰，何職務之能濟？鍾鳴漏盡，未晤夜行之非；日暮途遠，多作身後之計。或貪財暴法，或見姓書名，以此臨民，何以致理！自今除元老勳賢詢議軍國自有典章外，其內外文武官年七十者，乞下御史臺及諸路轉運司告報逐官，並許上表自陳，特與轉官致仕，仍依唐制本品在見任官之上。不自陳乞者，委審官、三班、吏部勘會歲數以聞，特與36致仕。然不獨示誡貪之道，亦足崇養老之風。」詔御史臺榜朝堂門，及下諸路轉運司。

十月，都官郎中熊同文以老病自陳乞致仕，有男若思、若山各乞一末科出身，庶需禄仕，以養殘朽。詔同文守本官致仕，男一人特與齋郎，仍今以後郎中休致者准此例。

五年十二月，以禮部尚書、集賢院學士晁迥爲太子少保致仕。迥判西京留司御史臺代還，三上表求休致，不允。又請對便殿自陳，仁宗勉從之，（乃）〔仍〕給全俸。又詔次子太常博士宗操特賜緋章服。

七年八月，太子少保致仕馮亮言：「分司、致仕官無例申發章奏，咸平中朱昂致仕歸荆南，許附遞，乞依昂例。」從之。

景祐三年六月，御史知雜司馬池言：「乞應文武臣僚年及七十者，並令自乞致仕，仍舊敕與一子官，如分司官給全俸。若不自陳，乞御史臺糾察以聞，特令致仕，更不與子官及全俸。其已曾陳乞有詔特留者，不在此限。所貴減冗員，勵曠職。仍乞文臣下審官院〔七〕，依舊逐旋供報年幾〔八〕、家狀赴臺。武臣下樞密、宣徽院准此。其外處以敕到日爲始，限滿不陳乞者，亦許御史臺糾舉。」詔牓朝堂。

寶元二年六月，詔：「朝官嘗犯贓而乞致仕者，自今止

〔一〕空：原作「宮」，據《事實類苑》卷四三改。
〔二〕老：原作「了」，據《事實類苑》卷四三改。
〔三〕顧：原作「願」，據《事實類苑》卷四三改。
〔四〕大耋之嗟：原作「大耄之嘆」，據《事實類苑》卷四三改。按「大耋之嗟」，《周易·離卦》爻辭。
〔五〕醇：原作「諄」，據《事實類苑》卷四三改。
〔六〕諭：原作「論」，據《長編》卷一〇四改。
〔七〕審官院：原作「官審員」，據《長編》卷一一八乙改。
〔八〕旋：原作「漸」，據《長編》卷一一八改。

與轉官，更不推恩子孫。」

慶曆二年六月，權御史中丞賈昌朝言：「臣僚年七十而筋力衰者，並優與改官令致仕；年雖七十而未衰及別有功狀、朝廷固留任使者，勿拘此令。若工部侍郎俞獻卿等，乞並與 37 致仕。」詔在京者令中書體量，在外者進奏院告示之。又言：「近嘗擇其耄衰，先具論奏聞，中書召見詢問，多不願退。切覩荆王府翊善王渙早以年德選在宮僚，三載于兹，不聞曠職，近以懇求解職，今自請致仕。引分知退，深可褒稱。乞賜俞允，仍優加禮秩，使不願退者足以愧老，將自陳者足以勸廉。候王渙致仕後，録其制詞，告示中外。」詔特除渙秘書監致仕。

三年五月，特令河陽三城節度使、同中書門下平章事楊崇勳爲左衛上將軍致仕。初，崇勳判成德軍，而部民行賂於其親吏任昭敏、李咸新，使告其子内殿承制宗誨，求免所犯罪。事覺，宗誨等皆編管諸州，故有是命。明年十二月，就改太子太保。

六月，詔：「曾任兩府乞致仕者，自今須再上章，乃聽除之。」以資政殿學士韓億爲太子少傅致仕，因有是詔。

五年閏五月九日，右領軍衛大將軍致仕高士寧言：「臣咸平年中應舉及第，後來自贊善大夫换右職，自西上閤門使、達州刺史除致仕，乞特許换文資官。」詔除殿中監致仕。

九月，詔文武官已致仕而所舉官犯罪，嘗連坐者，除之。慶曆五年〔一〕，工部侍郎、知河陽任布爲太子少傅致仕。《宋續通鑑長編》。

仁宗慶曆中，司徒呂夷簡因請老，戊辰〔二〕，授太尉致仕。《續通鑑長編》。張安壽曰：呂申公夷簡平生朝會，出入進止皆有常處，不差尺寸。慶曆中爲上相，首冠百僚，起居誤忘一拜而起，外間讙言呂相失儀， 38 是天奪之魄，殆將亡矣。後十四日，忽感風疾，遂致仕，以至不起。《涑水記聞》。皇祐二年，仁宗始祀明堂，范文正守杭州，而杜正獻致仕居南都，蔣侍郎希魯致仕居蘇州，皆年耆體康〔三〕。范公建言〔四〕，朝廷闊禮，宜召元老舊德陪位于廷，於是詔南都起杜公，西都起任安惠公陪祀〔五〕，供帳都亭驛以待焉。二公卒不至，加賜衣帶、器幣，賜一子出身。自後前兩府致仕者，大禮前率有詔召之，然亦無至者，禮畢皆賜衣帶、器幣焉。《百川學海・春明退朝録》。皇祐中，明堂大享，時世室亞獻無官僚，惟杜祁公衍以太子太師致仕南京，仁宗詔公歸以侍祠。公已老，手染一疏以求免，但直致數句，更無表章鋪叙之飾〔六〕，止以奇牋妙墨臨帖行書，親寫陳奏。《宋類苑》。仁宗時，士遜拜太傅、鄧國公致仕，詔朔望朝見及大朝會綴中書門下班，與一子五品服。士遜辭朝朔望。間遣中使勞問，御書飛白「千歲」字賜之，士遜因建千歲堂。嘗請買城南官園，帝以賜士遜。宰相得謝蓋自士遜始。《宋史・張士遜傳》。仁宗時，張存以吏部侍郎致仕，凡十五年，積遷禮部尚書，卒年八十八，謚恭安。《宋史・張存傳》。仁宗時，得象以司空致仕，薨。故事，致仕官乘輿不臨奠，至是，帝特往焉。《宋史・章得象傳》。

皇祐三年七月五日，詔：「應外任少卿監以下年踰七

〔一〕本條小注原作正文書寫，據文意改。
〔二〕按此乃慶曆三年九月戊辰，見《長編》卷一四三，《大典》節引不當。
〔三〕康：原作「重」，據《春明退朝録》卷下改。
〔四〕「范」下原有「康」字，據《春明退朝録》卷下删。
〔五〕安惠：原作「公惠」，據《春明退朝録》卷下改。按安惠，任中師謚。
〔六〕表：原作「牋」，據《湘山野録》卷上改。

十，的然精神昏昧、不任釐務者，仰轉運、提點刑獄、府界提點具事狀以聞。在京則委御史臺、審官院准39此。內有曾經館閣、臺諫及提點刑獄以上職任者〔一〕，只令中書裁處。待制以上並是朝廷選擢，歷更清要，進退之間，務全大體。如或引年得謝，自當優加恩禮，不須預爲定制。」

十二月二十四日，詔：「應文武臣僚年七十以上未致仕者，更不許考績。或於國有功，於民有惠，理當旌賞者，不在此限。」

四年二月一日，詔：「自今應曾任中書、樞密院臣僚，不循例引退，言事官亦不得輒有彈奏。」

五年九月，中書〔言〕：「檢會自來因事方乞致仕者，所有合得與子恩澤，內殿崇班更不推恩，諸司副使則於所得上降等安排。今後副使致仕，歷任無贓罪、子孫並未有官者，許奏子孫或弟姪一名，內殿崇班、承制更不推恩。副使以下雖犯贓，但曾立戰功，或因捉獲（疆）〔彊〕惡賊，用疇獎改官者，并係隨龍及化外人之子，並依舊例。」從之。

嘉祐元年九月，賜致仕大卿監以上及曾任近侍之臣粟、帛、羊、酒。

三年十二月，詔：「年七十而居官犯罪，或以不治爲所屬體量，若銜替而求致仕者，更不推恩子孫。」

四年二月，太子中允、天章閣侍講、管勾太學胡瑗爲太常博士致仕，特賜絹百匹。嘉祐七年三月乙卯〔二〕。以參知政事孫抃爲觀文殿學士、同群牧制置使。抃以進士高第累官至兩制，性醇厚，無他才。上以其久任翰林，擢爲樞密副使。多病，志昏。醫官自陳勞績求遷，吏以文書白抃，抃見吏衣紫，誤以爲醫官，因引手於案上，謂曰：「抃40數日來體中不佳，試爲診之。」聞者傳以爲笑。及在政府，百司白事，但對之拱默，未嘗聞一言。是時樞密使張昪屢以老乞致仕〔三〕，朝論以抃次補樞密使，恐必不勝任。殿中侍御史韓縝因進見，極言其不才，當置之散地。抃初不知。後數日中書奏事退，宰相韓琦、曾公亮獨留身在後，抃下殿，謂參知政事歐陽修曰：「丞相留身何也？」修曰：「豈非奏君事耶？」抃曰：「抃有何事？」修曰：「韓御史言君，不知耶？」抃乃頓足摘耳，曰：「不知也。」因移病請退，朝廷許之。《涑水記聞》。嘉祐中，有劉諷都官，簡州人，亦年六十三致仕，夫婦徙居賴山。范景仁有詩送之，云：「移家尚恐青山淺，隱几惟知白日長。」時有朱公綽送諷詩云：「疏草焚來應見史，橐金散盡只留書。」皆爲時人所傳誦。《溫公詩話》。張文懿既致仕，而安健如少年。一日，西京看花回，道帽道服，乘馬張蓋，以女樂從人入鄭門。監門官不之識也，且禁其張蓋，以門籍請書其職。文懿以小詩大書其紙末云：「門吏不須相怪問，三曾身到鳳凰池。」監門官即以詩進，仁宗遣中使錫以酒餼問勞。《三槐王氏雜録》。

英宗治平元年七月，以太子賓客掌禹錫爲尚書工部侍郎致仕。禹錫老病不任事，爲御史所彈，帝憫憐其博學彊記，執政召至中書，示以彈文，使自請，而有是命。

八月，詔：「自今大卿監未嘗任大兩省以上官，因病老疾，仍乞致仕者，恩澤減舊之半。」

治平四年五月八日，神宗未改元。〔樞〕41密院言：「年七十致仕，雖有著令，而臣僚少能自陳。近日內外大使臣

〔一〕諫：原作「練」，據《長編》卷一七〇改。
〔二〕本條小字原作正文書寫，據文意改。
〔三〕昪：原作「昇」，據《宋史》卷二一一《宰輔表》二改。

多致監司體量昏老疾病，到闕尚乞繁難差遣者，近已將老病昏昧及歷任中不曾顯立勞効及有過犯者，並直除致仕，及令尋醫。欲今後有年七十已上大使臣得替并體量、差替、衝替者，並令赴院體(亮)〔量〕。如精神筋力堪任勾當，即與閑慢監當差遣；委是年老，昏昧病患，及有體量事迹，具姓名取旨，直除致仕。其合得子孫恩澤，即依至和中詔約施行。有曾經朝廷選任近上委寄或曾著勞効者，取旨。仍仰閤門曉示。」從之。

六月八日，詔皇城使、果州團練使何誠用，惠州防禦使馮承用，右騏驥使、嘉州團練使劉保吉〔一〕，左藏庫使、昭州刺史鄧保壽，並特致仕。以誠用等皆年七十已上至八十餘歲，猶在仕故也。

二十八日，詔劾内殿崇班郭繼勳增加歲數責罪。以其陳乞楚州監當，言出職日自增十歲也。

八月十四日，詔以太子中允致仕郝戩除兩使職官，候一任回與磨勘。先是，翰林學士呂公著言：「戩前任興國軍通山縣令日，爲父樵年老，遂乞致仕，欲封父一官。不期樵卒，遂扶護還蔡州西平縣本鄉，於墓側負土培墳，不避霜雪，行誼鄉里所重，搢紳所推。今父服已除，齒髮未衰，乞賜旌用。」故有是命。《孝義傳》〔二〕：郝戩調通山令，年未五十，以父樵老不第，上書請致仕，爲父求官。執政諭使赴官而後請，曰：「如是則可升朝籍，遇恩及親矣。」42 於是留妻子於家，獨奉父行。踰歲竟謝事，得太子中允以歸。出《宋史》。　張文定嘗云：在翰林當章郇公致仕麻，命下，同宋景文往賀之，因語之曰：「昨日受朝宣旨，上眷遇之意甚厚，何遽去？」公曰：「不可待不厚時引去。」張文定三入翰林，慶曆五年二月，初以知制誥除學士，此時章文獻爲丞相。明年，文定除中丞，十一月還復翰林。七年八月，以知滁州罷，此時章文獻判陳州。明年，郇公致仕。治平末，張公乃三入爲承旨，此時郇公之薨久矣，不(致)〔知〕何由當郇公致政麻也。郇公罷相時，文定初爲學士，然以言罷，無言上眷厚也。出《舊聞證誤》〔三〕。《張文定父子》：張文定以司空致仕，歸洛，得唐裴度午橋莊，有池榭松竹之勝，日與親舊觴詠其間。其子宗誨以秘書監致仕。嘗出謁，其子言曰：「昔賀秘監以道士服東歸會稽，明皇賜以鑑湖，以爲休老之地。今洛下雖無鑑湖，然嵩少伊瀍，天下佳景，雖非朝廷所賜，皆閒逸之人所有爾。大人盍(以)〔衣〕羽服以優遊，何必更事請謁乎！」語宗誨曰〔四〕：「吾作白頭老監，秘書而眠〔五〕，何必學賀老作流沙之服。」時以爲名言。出《洛陽志》。

熙寧元年二月二十六日，以醴泉觀使、定國軍節度使李端愿爲太子少保致仕。端愿以目疾屢請休退，故事多除大將軍致事，上命討閱唐制，優加是命。

十二月，特詔殿中丞致仕張師温與舊官參選。先是，

〔一〕吉：原作「言」，據《宋史》卷一七〇《職官志》一〇改。

〔二〕本條小注原作正文書寫，據文意改。

〔三〕按，清四庫館臣所輯《永樂大典》本《舊聞證誤》無此文，蓋漏輯。

〔四〕按《澠水燕談録》卷三、《東都事略》卷三一、《宋史》卷二六五《張齊賢傳》附《張宗誨傳》等均以此爲宗誨與其子之對話，故此句無「語」字。而《古今事文類聚》新集卷二九與此處所引《洛陽志》則以此爲張齊賢與宗誨之對話，故有「語」字。以事理言之，當以《澠水燕談録》等爲是。宗誨以祕書監致仕，故云「吾作白頭老監」，齊賢則未嘗爲祕監也。

〔五〕眠：原作「服」，據《澠水燕談録》卷三、《東都事略》卷三一改。又「祕」，《澠水燕談録》作「枕」，似是。

翰林學士王安石等言：「師温前任光州定城縣令，因弟死43鄉里而母病伏枕，即宜乞休致。今齒髮方壯，累有臣僚奏舉，使之爲吏，足以長民，望令參選注官。」故有是命。

二年四月，樞密院言：「見在外任年七十已上大使臣，即令逐路轉運、提刑體量以聞。及今日已後直除致仕者，更不與子孫恩澤。」從之。

五月一日，以觀文殿學士、吏部尚書、知徐州趙槩爲太子少師致仕。故事，再請則許致仕。槩再請，上弗許，至是三請，許之，優耆舊也。趙槩以太子少師致仕〔一〕，居睢陽十五年，猶以讀書著文、憂國愛民爲事，集古今諫諍，爲《諫林》一百二十卷奏之。上甚喜，賜詔曰：「士大夫請老而去者，皆以聲迹不至朝廷爲高，得卿所奏書，知有志愛君之士，雖退休山林，未嘗一日忘也。當置坐右，以時省閲。」神道碑。重出見《自警編》。《蔡寬夫詩話》云：文忠與趙康靖公槩同在政府，相得歡甚。康靖先告老歸睢陽，文忠相繼謝事歸汝陰。康靖一日單車特往過之，時年幾八十矣。（劉）〔留〕劇飲，踰月日，於汝陰縱游而後返。前輩掛冠後能從容自適，未有若此者。文忠嘗賦詩云：「古來交道愧難終，此會今時豈易逢。出處三朝俱白首，凋零萬木見青松。公能不遠來千里，我病猶堪釂一鍾。已勝山陰空興盡，且留歸駕爲從容。」因牓其游從之地爲會老堂。明年，文忠欲往睢陽報之，未果行而薨。兩公名節固師表天下，而風流襟義又如此，誠可以激薄俗也。出《漁隱叢話》。《富公乞致仕手録》：富44公除泰寧軍節度、同平章事、判河南府，曾公亮遷昭文殿大學士、監修國史，陳升之遷工部尚書、同平章事、集賢〔殿〕大學士。先是，富公以介甫得君專恣，常稱疾不入，旬日一入見，三日復謁告，如是數矣。遂不復預政事，求退，章數十上，稱病家居。宣出上殿，復歸卧；又出上殿，於是押入中書，不視事，復歸。如是者以十數，上乃聽之，然意頗不樂，故不復得司空、侍中。上將許富公辭位間，乃曰：「卿即去，誰代卿者？」富公薦文公，上默然，良久曰：「王安石如何？」富公默然。陳公履歷深於介甫，而素與介甫相表裏，故先用之。宋興以來，宰臣有以侍郎爲之，而無左右丞爲之者，禹玉當制〔二〕，奏言故事左右丞不爲宰相，故陳公特遷尚書。上又詔文公位在陳公之上，文公辭以「國朝樞密使無位於宰相之上者，獨曹利用嘗位於王曾、張知白上。臣忝文臣，粗知禮義，不敢亂朝廷尊卑之序」。上不許。出司馬温公《傳家續集》。《每言國事》〔三〕：富文忠公弼雖居家，而朝廷有大利害，知無不言。交趾叛，詔郭逵等進討，公言海嶠險遠，不可責其必進，願詔逵等擇利進退，以全王師。契丹來争河東地界，上詔問公，公言熙河諸郡皆不可守，而河東地界決不可許〔四〕。出《言行録》。杜祁公衍七十歲，一日請老，自尚書左丞知兗州，除太子少師致仕。故事，曾爲宰相未有以三少致仕者，又兩制以上須兩章乃可，祁公一章即聽，蓋當時宰相不喜45之也。予爲翰林學士，雖獲罪，猶五章始得報。見《東齋記事》。杜祁公休退，居南都，客至無不見，止服衫帽。嘗曰：「七十致政，可用高士服乎？」見《（北）〔百〕川學海》。杜祁公嗜好吟咏，致政後作《林下書懷》詩曰：「從政區區到白頭，一生寧肯顧恩讎。雙凫乘鴈常深愧，野馬黄羊亦過憂。豈是林泉堪佚老，只緣蒲柳不禁秋。始終幸會承平日，樂聖惟能擊壤謳。」然余不見野馬黄羊事，後讀《唐・張説傳》乃見之〔五〕，則所謂「吾肉非黄羊必不畏喫，血非野馬必不畏刺」是也。見宋江少虞《類苑》。楊惟忠、邢焕以節度使致仕，告由舍人院出。綦崇禮言〔六〕：「祖宗時凡節鉞臣僚得謝，不以文武並納節，别除一官致仕。熙寧

〔一〕本條小注原作正文書寫，據文意改。

〔二〕禹玉：原作「禹偁」。考《宋宰輔編年録》卷七所載，陳升之拜相乃王珪當制，珪字禹玉，因改。

〔三〕按，此爲《古今事文類聚》前集卷三二此條之標題。以下一條實抄自該書所引《言行録》。

〔四〕許：原作「行」，據《三朝名臣言行録》卷二改。

〔五〕讀：原作「續」，據《事實類苑》卷三六改。

〔六〕綦：原無，據《宋史》卷三七八《綦崇禮傳》補。

間，富弼以元勳，始令特帶節鉞致仕。其後繼者曾公亮、文彥博，他人豈可援以爲例？」詔自今如祖宗典故。出《悅生隨抄》。

十二月，四方館使、嘉州團練使劉几言，乞還文資致仕，詔改秘書監致仕。几以嘗在文資，故有是請也。

三年六月，知青州(毆)〔歐〕陽修言：「前知嘉州峨眉縣賀恂，青土之逸民也。少舉進士，慶曆中及第，注峨眉令。未行間，以祖母老疾，遂侍養，因之不復仕宦。迨今二十餘年，守道安貧，行著鄉里。伏見推恩致仕官優以俸給，恂乞一朝官致仕。」詔除大理寺丞致仕。

十二月二十五日，編修中書條例所言：「人臣非有罪惡致仕而去，人君視遇之如在位之時，禮也。近世致仕者並與轉官，蓋已謂士多昧利而少知退之人，欲加優恩，以示勸獎。推行已久，且合依例施行。至 46 於舊例，兩省正言以上官、三班使臣、大使臣、横行正任等，並不除爲致仕官，及致仕帶職者，並須落職，却與優轉官資。看詳別無義理，緣此之故，但致恩例不均。如諫議大夫以不可改給事中，並轉工部侍郎，乃是超轉兩資。又如吏部尚書只除太子少保，工部尚書亦除太子少保，乃是超轉六資。至如知制誥、待制，官卑者止除卿監。緣知制誥、待制待遇非與卿監爲比，今他官致仕皆得遷官，此獨因致仕更見退抑。以至供奉官、侍禁本是八品〔一〕，除率府副率，並同六品。諸司副使、承制、崇班七品，除將軍，乃是三品。至於節度使除上將軍，防禦、團練使、刺史並除大將軍，緣諸衛名額不一，至有刺史除官却高於防禦(史)〔使〕者。今若令文武官帶職人致仕者〔二〕，並許依舊帶職，只轉一官，及文臣正言、武臣借職已上，皆除爲致仕官，即不致恩例重輕不等。以至選人(今)〔令〕録已上並除朝官，經恩皆得封贈、蔭補數世之親，例得贖罪、免役。又京官致仕亦並轉一官，若光禄寺丞致仕〔三〕，有出身除祕書省著作佐郎，無出身除大理寺丞，而令録〔四〕、職官却除太子中允或中舍，殊未允當。及進納出身人例除京官，至有經覃恩遷轉至陞朝官者，類多是兼併有力之家，却免州縣諸般色役及封贈父母。如京官之制，除衙前外，亦免自餘色役，尤爲僥倖。兼條制繁雜，無所適從，如録事參軍，或除衛尉寺丞，或除大理評事，或除奉禮郎，恩例既如此不同，可以因緣生弊。今定：進納人只比 47 流外人例，除佐官致仕。以上俸禄並乞下三司編修敕令所，先次將舊例比附裁定。其刺史以上使印及節度使旌節，仍令所司收納。其年未七十、非因過犯而致仕之人，却聽仕宦。舊有例而無條，今亦修定。凡文臣京朝官以上，武臣借職以上，各轉一官，帶職仍舊。內舊條許不轉官乞親屬恩澤者，依舊條。選人並依本資序轉合入京朝官，進

〔一〕「奉」原作「俸」，「侍」原作「直」，據《長編》卷二一八改。
〔二〕職：原脱，據《長編》卷二一八補。
〔三〕若：原作「爲」，據《長編》卷二一八改。又「致仕」至下文「大理寺丞」原脱，據《長編》卷二一八補。
〔四〕而：原作「若」，據《長編》卷二一八改。

納及流外人，判司簿尉除司馬，令録除别駕。在京諸司勒留官，依簿尉。以上親賢勞舊合别推恩者，取旨。歷任有入己贓，不得乞親戚恩澤，仍不轉官。其致仕官除中書、密院外，並在見任官之上。及致仕三年以上，元非因過犯，年未及七十，不曾經叙官及陳乞得親屬恩澤，却願仕官，并許進狀叙述，并有人薦舉者，各依原資序授官。其才行爲衆所知，朝廷特有任使，不拘此法。」並從之。

四年六月十一日，以觀文殿學士、兵部尚書、知蔡州歐陽修爲太子少師、觀文殿學士致仕。帶職致仕自修起。歐文忠《内制集序》歷記其爲學士時事〔一〕，幸藏其藁以爲退歸談笑之資。略云：「涼竹簟之暑風，曝茅簷之冬日，睡餘支枕，顧瞻玉堂，如在天上。時覽所載，以誇田夫野老。」士大夫爭誦之，蓋願欲爲公而不可得也。然公屢請得謝，歸不及年而薨，未必能償此志。而余向者辱出公後，亦獲掛名於石刻之末，暑風冬日，享之此地乃十有一年〔二〕，如公所云，實飽之矣。但比歲戎馬 48 之餘，觸事興念，不能盡終前日之志爲可恨。每念爲學士者不爲不多，未必皆知此適，如公知之而不及享，余享之而不久，則天下如意事豈易得耶？出葉夢得《避暑録話》。歐陽文忠公在蔡州，屢乞致仕，門下生蔡承禧因間言曰：「公德望爲朝廷倚重，且未及引年，豈容遽去也？」歐公答曰：「脩平生名節爲後生描畫盡，惟有進退以全晚節，豈可更俟驅逐乎？」初，公在亳已六請致仕，比至蔡，逾年復請。四年，以觀文殿學士、太子少師致仕。公年未及謝事，天下益以高公。公昔守潁上，樂其風土，因卜居焉。及歸而居室未完，處之怡然，不以爲意。出《自警編》。歐陽文忠公與韓子華、吳長文、王禹玉同直玉堂，嘗約五十八歲即致仕，子華書於柱上。其後過限七年，方踐前志，作詩寄子華曰：俗諺云，也賣弄得過裏。其詩曰：「人事從來無處定，世途多故踐言難。誰知潁水閒居士，十頃西湖一釣竿。」《墨莊漫録》。歐陽文忠公自歷官至爲兩府，凡有建明於上前，其詞意堅確，持守不變，且勇於敢爲，王荆公嘗歎其可任大事。及荆公輔政，多所更張，而同列少與合者。是時歐陽公罷參知政事，以觀文殿學士知蔡州，荆公乃進之爲宣徽使，判太原府，許朝覲，意在引之執政，以同新天下之政。而歐陽公懲濮邸之事，深畏多言，遂力辭恩命，繼以請老而去，荆公深歎惜之。見魏泰《東軒筆録》。熙寧四年，呂誨表乞致仕，49 有曰：「臣本無宿疾，偶直醫者用術乖方，不知脈候有虚實，陰陽有逆順，診察有標本，治療有後先，妄投湯劑，率任情意，差之指下，禍延四肢，寖成風痺，遂難行步。非徒憚跖盭之苦，又將虞心腹之變。勢已及此，爲之奈何。雖然，一身之微固未足卹，其如九族之托，良以爲憂。是思逃禄以媮生，不俟引年而還政〔三〕。」於戲！獻可之論可謂至矣。《道山清話》〔四〕。

十二月五日，以知潭州、鎮寧軍節度觀察留後劉涣爲工部尚書致仕。然鋭於進取，方開拓洮、岷，討安南〔五〕，涣既老，猶露章請自效，不報。卒年八十一。出《宋史·劉涣傳》。

五年六月十八日，詔守太傅、兼侍中致仕曾公亮令入謝。故事，致仕官不入謝，上以公亮舊相，迨事三朝，故令入謝，仍依見任支賜，優老臣也。曾魯公公亮自嘉祐秉政，至熙寧中尚在中書，年雖甚高，而精力不衰，故臺諫無非之者。惟李復圭以爲不可，作詩曰：「老鳳池邊蹲不去，饑烏臺上噤無聲〔六〕。」未幾，魯公亦致仕而去。出《自警編》。范蜀公自翰林學士以本官户部侍郎致仕，仍居京師。同天節，乞隨班上壽，許之，遂著爲令。韓康公元祐二年以司空致仕，太皇太后受册，

〔一〕此條及後二條小字注，原作正文書寫，據文意改。
〔二〕乃：原作「方」，據《避暑録話》卷上改。
〔三〕政：原作「致」，據《道山清話》改。
〔四〕本條末脱出處，經查，現存典籍唯《道山清話》與此全同，姑據以補。
〔五〕討：原作「封」，據《宋史》卷三二四《劉涣傳》改。
〔六〕噤：原作「禁」，據《自警編》卷五改。

乞隨班稱賀，而降詔免赴。二者不同如此。出洪邁《容齋三筆》。　范蜀公乞致仕，章四上，未允。第五章言：「臣所懷有可去者二。」謂言青苗不見聽，一可去；薦蘇軾、孔文仲不見用，二可去。章既上，遂得請。景仁曰：「吾前舉蘇軾充諫官，後舉孔 **50** 文仲賢良方正，可謂無負朝廷矣。」乃上奏乞致仕，仍乞不遷官，以贖二人之罪。又景仁五章請致仕，且辯蘇軾、孔文仲之無罪，語頗侵介甫。介甫怒，故不遷官，且命蔡仲遠爲責詞，有「詆欺要君」之語。介甫猶不快，更命王勝之，介甫自加改定，極其醜詆。《范景仁乞致仕録》。　范公景仁既退居，有園第在京師，專以讀書賦詩自娛。客至，無貴賤皆野服見之，不復報謝。故人或爲具召之，雖權貴不拒也，不召則不往見之。或時乘輿出遊，則無遠近皆往。嘗乘籃輿歸蜀，與親（樂舊）〔舊樂〕飲，賑施其貧者。周覽江山，窮極勝賞，期年然後返。年益老而視聽聰明，支體尤堅。嗚呼！曏使景仁枉道希世以得富貴，蒙屈辱，任憂患，豈有今日之樂耶！則景仁所失甚少，所得殊多矣。《詩》云「愷悌君子，神所勞矣」，又曰「樂只君子，遐不眉壽」，景仁有焉。元祐初，首以詔起公，曰：「西伯善養，二老來歸；漢室卑詞，四臣入侍。爲我强起，無或憚勤。」天下望公與温公同升矣，公辭曰：「六十三而求去，蓋以引年；七十九而復來，豈云中禮？」卒不起。出《自警編》。　《王素傳》：素累官至工部尚書，仍故職致仕。故事，雖三公致仕亦不帶職，朝廷方新法制，素首以學士就第。卒年六十七，謚曰懿敏。出《宋史》。　陳恭公執中初罷政判亳州，年六十九。遇生日，親族往往獻《老人星圖》以爲壽，獨其姪世脩獻《范蠡遊五湖圖》，且贊曰：「賢哉陶朱，霸越平吳。名遂身退，扁舟五 **51** 湖。」恭公甚喜，即日表納節。明年，累表求退，遂以司徒致仕。《自警編》。　張鄧公致仕，居京師，呂申公奏請率二府賀之。公即席賦詩，有「人間此會應無比，何必東山訪謝安」之句。出《類説》。

元豐三年閏九月十九日，詔：「自今致仕官領職事官，許帶致仕。若有遷轉，止轉寄禄官；若止係寄禄官，即以本官致仕。其見任致仕官，除三師、三公、東宮三師三少外，餘並易之。」

二十六日，前忠武軍節度推官、知滁州來安縣孫侔爲通直郎致仕。侔上言尋醫已二十二日，乞致仕，特除之。

十一月二十七日，詔：「太子少師致仕李端愿，故獻穆大長公主之子，自致仕後特給節度俸見錢之半，餘人不得援例。」初，端愿以太子少保致仕，詔給節度使俸錢之半。至是，驅磨請受官以謂非前任兩〔府〕不當得見錢，增請錢萬餘緡。端愿自陳，故有是詔。

五年四月七日，大名府安撫司言：「宣德郎致仕常昇依京官致仕例，給以半俸。」從之。昇以母李年百有十歲，昇累歷資任，以母老不能之官，遂求致仕。家素貧，遇歲饑無以爲養，故有是命。

八月二十五日，詔江西提舉鑄錢、朝議大夫錢昌武致仕。坐妄奏江東提舉鑄錢李朶處置乖方，當徒二年，會赦，而昌武年七十二，故有是命。

同日，詔恩州總管、信州團練使孫吉，滄州總管、辰州團練使劉閲等，並以年高令致仕。

十一月五日，詔：「承務郎及使臣已上致仕，嘗以戰功遷 **52** 官者，俸錢、衣賜並全給。餘歷任無公私罪事理重及贓罪，給半。因過犯若老疾體量致仕者，不給。非戰功而功狀顯著，奏裁。」元豐五年〔一〕，文潞公以太尉留守西都。時富韓公以

〔一〕本條及下條小字注，原作正文書寫，據文意改。

司徒致仕，文潞公慕白樂天九老會，乃集洛中公卿大夫年德高者爲耆英會。以洛中風俗尚齒不尚官，就資聖院建大厦曰耆英堂，命閩人鄭奂繪像堂中。時富韓公年七十九，文公與司封郎中席汝言皆七十七，朝議大夫王尚恭年七十六，太常少卿趙丙、祕書監劉几、衛州防禦使馮行己皆年七十五，天章閣待制楚建中、朝議大夫王慎言皆年七十二〔一〕，太中大夫張問、龍圖閣直學士張燾皆年七十。時宣徽使王拱辰留守北京，貽書潞公，願預其會，年七十一。獨司馬温公年未七十，文公素重其人，用唐九老狄兼謩故事請入會，温公辭以晚進，不敢班文、富二公之後。文公不從，令鄭奂自幕後傳温公像〔二〕，又之北京傳王公像，於是預其會者凡十三人。文公以地主攜妓樂就富公宅作第一會，至富公會送羊酒，餘不出。餘皆次爲會。洛陽多名園古刹，有水竹林亭之勝。諸老鬚眉皓白，衣冠甚偉，每宴集，人隨觀之。文公又爲同甲會，司馬郎中旦、程太中珦、席司封汝言，皆丙午人也，亦繪像于資聖院。其後司馬公與數公又爲真率會，有約，酒不過五行，會食不過五味，唯菜無限。楚正議違約增飲食之數〔三〕，罰一會。皆洛陽盛事[53]也。洛之士庶又生祠潞公於資聖院，温公取神宗送潞公判河南詩隸于牓，曰竚瞻堂。塑公像其中，冠劍偉然，都人事之甚肅。出《自警編》。　元豐末，文潞公致仕歸洛，入對，時年幾八十矣。神宗見其康强，問：「卿攝生亦有道乎？」潞公對：「無他，臣但能任意自適，不以外物傷和氣，不敢做過當事，酌中恰好即止。」上以爲名言。出《石林燕語》。　《告老辭闕》：元豐七年春，文太(史)〔師〕告老，奏乞赴闕，親辭天陛，庶盡臣子之誠。既見，神宗即日賜宴，顧問温密。留京師一月，凡對上者五，錫燕者三，賜詩再，顧問不名，稱曰太師，寵數優異，近世無比。按文潞公本傳云：熙寧六年拜太師致仕，元祐元年復以太師平章軍國重事，五年復以太師、河東節度使致仕，位將相五十餘年，偏歷公輔，年九十二歲而薨。詳見「七换節鉞」下。　貢父劉公作給事中時，鄭穆學士表請致仕，狀過門下省，劉公謂同舍曰：「宏中請致仕，爲年若干也？」答者曰：「鄭年七十三矣。」劉公遽曰：「慎不可遂其請。」問曰：「何故也？」劉曰：「且留取伴八十四底。」時潞公年八十四，再起平章事。或云潞公聞之，甚不懌。宏中，穆字也。張文潛《明道雜誌》。　宰相致仕，從容進退，享有高壽，其最著者六人〔四〕：張鄧公八十六，陳文惠八十二，富韓公八十一，杜祁公八十，李文定七十七，龐(穎)〔潁〕公七十六。文潞雖九十二而晚節不終，士論惜之。張鄧公仍自相位得謝，尤爲可貴。見葉夢得[54]《避暑(録)話》。　呂許公以太尉致仕，張鄧公、曾魯公並以太傅致仕，陳恭公以司徒致仕，李相昉、張相齊賢、章郇公、宋鄭公、富韓公並以司徒致仕。出《百川學海》。

七年五月二十九日，詔：「文臣中大夫、武臣諸司使以下致仕，更不加恩。」《元絳傳》：絳以太子少保致仕，神宗眷眷命之曰：「卿可營居京師，朕當資金幣，且便者寧仕進。」絳曰：「臣有田廬在吳，乞歸鬻之，即築室都城。得望屬車之塵幸矣，敢冀賜耶！」既行，追賚白金千兩，敕以蚤還。絳至吳，踰歲以老病奏，恐不能奉詔。三年而薨，年七十六。贈太子少師，謚曰章簡。出《宋史》。　《何郯傳》：神宗時，郯以尚書右丞致仕，卒年六十九。見《宋史》。　故事，職事官以告老得謝，受命即行，不入謝辭，爲其致爲臣而去也。神宗初，李少保柬之自侍讀致仕，上特召對延和殿，命坐賜茶，退，偕講讀官燕餞於資善堂〔五〕。後數日，李侍郎受繼去，亦用柬之故事，召對賜燕。二人皆英宗經筵舊臣，故禮之特厚，非常例也。當時謂之二李。柬之，文定公子，素忠謹樂易。受亦謹慎長者云。出《石林燕語》〔六〕。　真宗朝，張齊賢、王嗣宗、馮起致仕皆謝辭，起乃自鄆入覲，此云「不入謝辭」，非也。治平四年四月，李柬之致仕，九月李受致仕，此云「後數日」，非也。咸平三年翰林學士朱昂，慶曆八年翰林(院)侍讀學士楊偕，皆以致仕召對賜宴；又元豐七年文潞公

〔一〕慎：原作「某」，據《自警编》卷五改。
〔二〕「自」下原有「暮」字，據《自警编》卷五删。
〔三〕楚正：原作「腆豐」，據《自警编》卷五改。
〔四〕最：原作「再」，據《避暑録話》卷下改。
〔五〕偕：原作「皆」，據《石林燕語》卷三改。
〔六〕按，原無此五字，今爲與下文《燕語考異》相區别，以臆添入。

既致仕入覲，仍賜晏，則召對賜宴非特二李也。富鄭公 55 謝致仕恩命云：「已蒙指揮，特放朝謝，兼以病發〔一〕，無由暫至闕下，一對天光。」宇文紹奕《燕語考異》〔二〕。　李柬之、李受自侍從請歸老，先公時在經筵，因而奏曰：「柬之等尚可陳力，而亟請歸，近年士大夫貪冒爵禄，年踰禮經而〔不〕知止者多矣，望陛下稍加恩數，以勵風俗。」已而詔就資善堂會經筵官賜餞，内出珍果名花，巨觥酌勸，時人榮之，比之二疏。見《濟美集》。　宋李受字益之，其先自長沙徙江州，登天聖五年進士第，累官至龍圖閣學士、給事中，引年乞歸廬州，以刑部侍郎致仕。詔王珪、司馬光、范鎮、呂公著、傅卞、宋敏求、楊繪、王獵、孫思恭餞飲資善堂，又賦詩送之，内出金花異果，賜賚甚富。（温退公）〔温公退〕居於洛十七年，荆公罷政歸金陵亦十餘年。温公不唯天下重望歸之，其心樂道，真得退居之適；荆公不唯〔得〕罪公議，其心負愧良多，身雖逸而心無一日之樂。觀二公出處，可以爲鑒。見《經鉏堂雜誌》，霅川倪思正父。　范忠文公與司馬文正公平生智識、談論、趣向，除議樂一事不同外，其餘靡所不同。元祐初，温公起爲相，忠文獨高卧許下，凡累詔皆力辭不已。其最後表云：「六十三而求去，蓋不待年；七十五而復來，誰云中理？」朝廷從之。當是時，中外士大夫莫不高公此舉，而人至今以爲美談也。王荆公當國，郭祥正知邵州武崗縣，實封附遞奏書，乞以天下之計專聽王安石處畫，凡議論有異於 56 安石者，雖大吏亦當屏黜。表辭亦甚辯暢，上覽而異之。一日，問荆公曰：「卿識郭祥正否？其才似可用。」荆公曰：「臣頃在江東嘗識之，其爲人才近縱横〔三〕，言近捭闔，而薄於行，不知何人引薦而聖聰聞知也〔四〕。」上出其章以示，荆公心恥爲小人所薦，因極口陳其不可用而止。是時祥正方從章惇辟，以軍功遷殿中丞，及聞荆公上前之語，遂以本官致仕。出《曲洧舊聞》〔五〕。　韓忠憲公平日常語子弟曰：「進取在於止足，寵禄不可過溢。年若至六十，可以退身謝事，歸守父母墳墓，則是忠孝兩全矣。」及公薨，其子康公服既闋，將造朝，自誓於墓前曰：「仕宦至六十，決當乞歸田里，洒掃墳壠，期於不墜先訓。」及熙寧中以觀文（文）殿學士守南陽，年五十九矣，遽欲謝事。又以自來大臣引年往往不即賜可，徒奏牘累上，旋復視事，故先手疏具出遺誡及誓於墓之事於上，且曰：「昔晉王羲之爲會稽太守，去郡不仕，亦嘗自誓於父母墓前，朝廷以其誓苦，不復召之。臣今志願雖與羲之頗殊，然誓於先臣墓前則無異矣。東晉故不足以比隆聖時，所以保全臣下一節，斯亦可尚。臣區區之志，中外士大夫多有知者，即非臣今日輕有去就，妄干退閑也。」然章屢上，終不允，迄不得如其志。及元祐初方致仕，時年七十五矣。故士大夫以退爲難。出《却掃編》〔六〕。

哲宗元祐二年七月二十八日，詔端明殿學士、光禄大夫、提舉嵩山崇福宫范鎮遷銀青光 57 禄大夫，仍前職致仕。從其請也。

四年八月十七日，詔：「應乞致仕而不願轉官者，授勅後本州二百日内取索陳乞文狀，保明繳奏。如遞鋪違滯致出限者，更展五分日限。限滿不到而亡殁，委所屬保明詣實以聞，當與推恩。中大夫至朝奉郎及諸司使〔七〕，〔許〕陳乞本宗有服親一人蔭補恩澤；横行、諸司副使見有身自蔭補人，及内殿承制、崇班、（閤）〔閤〕門祇候見理親民，并承議、奉議郎，許陳乞有服親一人恩例；中大夫、中散大夫、諸司使帶遥郡者，蔭補外準此。即朝奉郎以上及諸司

〔一〕發：原作「廢」，據汪應辰《石林燕語辨》（《儒學警悟》本）改。
〔二〕按，以上引文今見汪應辰《石林燕語辨》，而不見於《石林燕語考異》。
〔三〕近：原作「僅」，據《東軒筆録》卷六改。下句同。
〔四〕聞：原作「問」，據《東軒筆録》卷六改。
〔五〕按以上引文，「以爲美談也」以上今見《曲洧舊聞》卷三，而「王荆公當國」以下則見於《東軒筆録》卷六，恐《大典》誤也。
〔六〕按原稿脱注出處，今查此文出於宋徐度《却掃編》卷下，因添此四字。
〔七〕郎：原作「朗」，據《長編》卷四三一改。

使〔一〕，雖未授勑而身亡者，在外以乞致仕狀到門下省日，在京以得旨日，亦許陳乞有服親一人恩例。」

六年五月六日，監察御史徐君平言：「文臣致仕以年七十爲斷，而武臣年七十者猶與近地監當，至八十乃致仕。願許其致仕之年如文臣法而給俸。」從之。

七月六日，三省言：「張方平元係宣徽南院使、檢校太傅、太子少師致仕，元豐官制行，廢宣徽使，元祐三年復置，儀品恩數如舊。」詔張方平依舊帶宣徽南院使致仕。

十二月十四日，户部言：「乞今後應致仕官有戰功、曾經轉兩官以上者，並許支給全俸。」從之。

十五日，詔：「今後應歸明人乞尋醫、侍養、致仕之類，令所在具奏聽旨。」哲宗元祐六年〔二〕，國子祭酒鄭穆三上表陳乞致仕〔三〕，詔穆提舉洞霄宮。給事中范祖禹言：「穆雖年過七十，精力尚强。自爲布衣，閩中士人稱四先生，穆其58一也。平生歷官，多掌學校；在王府十餘年，持身清謹，未嘗有過；擢居左省，議論不苟；復爲祭酒，多士矜式。旋觀其人，始終無闕。年耆德茂，力求引去，在穆進退誠爲可榮，而爲朝廷計則可惜也。願留穆舊職，以示朝廷貴老尊賢之美〔四〕。」不報。太學生千餘人詣丞相府請留〔五〕，亦不報。見《續通鑑長編》。

紹聖三年四月十五日，吏部言：「官員乞致仕，比及奏晝出告，必有住滯，以致身亡，枉有隔礙恩澤。兼不轉官，不須出告。」詔：「文武官該轉官致仕依舊外，其餘守本官致仕者，並降敕〔六〕，更不給告。內因致仕合該乞恩澤人，更不具鈔，令尚書省通書，三司入熟狀〔七〕，仍不候印晝。其不該恩澤人，依舊具鈔。」

五月二日，詔自今應官員丁（夏）〔憂〕中不許陳乞致仕。從吏部請也。

八月二十三日，朝散郎致仕鄒極言：「準告落致仕，除倉部員外郎，伏望許臣依前守本官致仕。」從之。

四年二月二日，資政殿學士、太中大夫、提舉江寧府崇禧觀王存表乞致仕。制曰：「存在元祐之初，論事附會，可特授右正議大夫，依前職致仕，其蔭補恩澤并陳乞恩例，各只與一名。」《蘇頌傳》〔八〕：紹聖四年，頌拜太子少師致仕。方頌執政時，見哲宗年幼，諸臣太紛紜〔九〕，常曰：「君長，誰任其咎也耶？」每大臣奏事，但取決於宣仁后，哲宗有言，或無對者。惟頌奏宣仁后，必再稟哲宗；有宣諭，必告諸臣以聽聖語。及貶元祐故臣，御史周秩劾頌，哲宗曰：「頌知君臣之義，無輕議此老。」徽宗立，進太子太保，爵累趙郡公。建中靖國元年夏59至〔一〇〕，自草遺表，明日卒〔一一〕，年八十二。詔輟視朝二日，贈司空。出《宋史》。蘇魏公爲宰相，因爭賈易復官事，持之未決。御史楊畏論蘇故稽詔令，

〔一〕郎：原作「朗」，據《長編》卷四三一改。
〔二〕本條小字注原作正文書寫，據文意改。
〔三〕表：原脱，據《長編》卷四五八補。
〔四〕尊：原作「貪」，據《長編》卷四五八改。
〔五〕「千」上原有「五」字，又「丞」原作「承」，並據《長編》卷四五八删改。
〔六〕降：原作「絳」，據《宋史》卷一七〇《職官志》一〇改。
〔七〕狀：原無，據《宋史》卷一七〇《職官志》一〇補。
〔八〕此條及下條小字注，原作正文書寫，據文意改。
〔九〕紜：原作「紛」，據《宋史》卷三四〇《蘇頌傳》改。
〔一〇〕中：原作「明」，據《宋史》卷三四〇《蘇頌傳》改。
〔一一〕明：原作「中」，據《宋史》卷三四〇《蘇頌傳》改。

蘇即上章乞退〔一〕，請致仕。呂微仲語蘇：「可見（於）上辯之，何遽去？」蘇曰：「宰相一有人言，便爲不當物望，豈可更辯曲直？」宣仁力留之，不從，乃罷以爲集禧觀使。自熙寧以來，宰相未有去位而留京師者，蓋異恩也〔二〕。紹聖初，治元祐黨人，凡嘗爲宰執者無不坐貶，惟子容一人獨免。元祐宰相韓縝，執政李清臣、許將，紹聖以前皆無他，李、許仍再執政。此云「紹聖初治元祐黨人，嘗爲宰執者無不坐貶，惟子容獨免」，非也。出《儒學警悟》。

元符元年九月十五日，詔朝散大夫張壽特令致仕。壽前知夔州〔三〕，例得對，上察其老不任事〔四〕，故有是命。《李公麟傳》：公麟爲中書門下後省删定官、御史檢法，元符三年病痺，遂致仕。既歸老，肆意於龍眠山巖壑間。

徽宗建中靖國元年六月八日，詔朝奉郎、祕閣校理致仕李潛，通直郎致仕〔五〕，並落致仕，乘驛赴闕引對。皆以曾（筆）〔肇〕、鄒浩薦其學行故也。

崇寧四年閏二月六日，尚書省言：「朝請、朝散、朝奉郎因病致仕，須親（授）〔受〕敕，方許任子。有不幸地遠、不及親（授）〔受〕者，乞身亡在合給勑之後，亦聽奏補。」從之。

大觀二年三月七日，詔致仕官年八十以上應給俸者，悉以緡錢充。

三年七月二十八日，吏部言：「宣奉大夫致仕韓忠彦言：『近陳乞致仕，蒙恩授宣60奉大夫致仕。伏覩臣僚致仕蔭補格，太中夫夫以上二人。臣有弟之子極、弟之孫顯冑，欲望於文資內安排。』本部契勘，太中大夫以上見責降充宮觀而蔭補，依法並取裁。緣本官係因入籍叙復，差提舉西京崇福宮，合依條取裁。」詔韓忠彦許依陳乞致仕恩澤。

政和三年二月五日，淮西提刑司言：「朝散郎致仕劉淮夫昨監江寧府（猶）〔酒〕務，貪汙不職，監司欲行追按，乃託母老申乞致仕，尋乞（備）〔借〕補其子漵爲假將仕郎。未幾，干請求薦再任，兩浙監司乃薦淮夫緣母致仕爲孝，除落致仕。詔並令鄰路提刑司體量詣實聞奏。本司今體量，本官任內輪差雜作兵士量酒，容縱乞沽酒人錢，與監官下虞候等分受入己，並不鈐束。江東運司方欲按劾，本官託母年老陳乞致仕。」

四年三月二十五日，中書省言：「勘會朝奉大夫、寶文閣待制、提舉江寧府崇禧觀楊畏，今年正月十九日奉聖旨轉一官致仕。吏部供到楊畏去年十二月二十五日身亡，係未降告已前身亡，依條即不該給付，緣鄭僅、呂公雅體例。」詔依例許給付本家。出《宋史》〔六〕。徽宗政和六年〔七〕，何執中致仕，以太傅就第，朝朔望，恩數如舊。上曰：「自相位得謝，古難其人，本朝數十年無此事」。執中曰：「惟張士遜以太傅鄧國公就第。」《宋編年備要》。

〔一〕章：原作「馬」，據《宋史》卷三四〇《蘇頌傳》改。

〔二〕異：原作「思」，據《石林燕語》卷一〇改。

〔三〕前知：原作「春」，據《長編》卷五〇二改。

〔四〕句首原有「日」字，據《長編》卷五〇二删。

〔五〕據下文「並」字，此處當脱一人名。

〔六〕按，《宋史》並無以上文字，此文以數目紀日，頗似《會要》文，疑此三字乃《大典》誤衍。

〔七〕本條小字注，原作正文書寫，據文意改。

〔六年〕七月九日〔一〕，廣南東路提舉學事孫璘言〔二〕：「乞命諸州應致仕居鄉者並許赴貢士宴〔三〕，擇其年彌高者而惇事之，使長61幼有序，獻酬跪伏有禮，人知里選之法、孝悌之義。」從之。

七年正月六日，詔：「劉正夫已除開府儀同三司致仕，所有見破應干使臣、祗應人從等，並依舊。餘依何執中致仕所得指揮施行。」

五月九日，高郵軍言：「父老僧道等狀，伏見寄居中散〔致〕仕李演係知樞密院李諮之子，演三十七歲任虞部員外郎，更不下磨勘轉官。元豐中官制改朝奉郎，至五十七致仕，退居鄉里，累經朝廷恩霈，及叙封至中散大夫，見年九十。切見百姓王慶爲年九十，近蒙朝廷賜『耆德處士』之號，況李演係樞臣之子，逮事五朝，親與（元）〔玄〕孫五世相見，顯屬美事，乞加褒賞。」詔李演轉一官，賜米麪各十石，可中奉大夫致仕。

八月一日，安化軍節度使、開府儀同三司致仕劉正夫特授安静軍節度使，充太一宫使，依前開府儀同三司，落致仕，進封康國公。

宣和二年六月八日，詔：「太師、魯國公蔡京可依所乞，守本官致仕，依舊神霄玉清萬壽宫使，在京賜第居住，其恩禮、俸給之屬及見破官吏、人從等，並依舊，仍朝朔望。」詳見「優禮」（明）〔門〕。

三年二月二十八日，詔：「應命官昨緣病患陳乞致仕，後來所患已安，堪任釐務，願再仕之人，緣年限未滿未許陳乞者，許經所在官司自陳，保明申吏部，特與再仕命官。」

三月二十四日，詔：「資政殿學士致仕王襄，帷幄舊弼，緣疾去朝，今已痊安，特落致仕，知淮寧府。」

七月二十四日，詔湖州進士吳62伯彊爲承事郎致仕。以江浙宣撫司奏，伯彊素有行誼，鄉里所推，昨方臘侵擾，率衆保城，卒獲按堵，故旌寵之。

四年三月七日，温州言：「檢會奉御筆處分，兩浙、江東路知州、通判，應州縣等並不得陳乞尋醫、致仕、侍養并請假離任，已陳乞及離任者，令本路監司疾速勾還本任，託疾致仕者令中書省記録，候賊平日取旨。緣目下討蕩賊寇漸已平息，本州據管下官員陳乞致仕、尋醫、侍養、請假及省罷，未審將來大軍解嚴班師之後，合與不合依常法施行，伏乞明降指揮，以憑遵守施行。」詔盜賊並已平静，自合依常法，疾速申明行下。

七年正月七日，寶文閣學士、太中大夫、守太子詹事、兼太子侍講李詩等言：「宣和六年八月十八日赦書節文：『應命官因疾病陳乞致仕，今已痊安，不以年限滿未滿，許召保官三員，委保自陳，特令再任。』臣等切見朝請大夫致

〔一〕六年：原無，據《宋史》卷一七〇《職官志》一〇補。
〔二〕事：原作「士」，據《宋史》卷一七〇《職官志》一〇改。
〔三〕者：原無，據《宋史》卷一七〇《職官志》一〇補。

仕傅裕之昨任知平定軍，因病陳乞，所患久已痊安，筋力尚壯，伏望許令再仕。」詔與落致仕。

三月二十六日，臣僚言：「川路文武陞朝官以疾陳乞致仕，依條有司勘驗，入遞聞奏，在法須候奏狀計程到闕〔一〕，方授致仕恩澤。間有暴疾淪歿，其家匿喪不舉，以俟程限，殯殮失時。欲望聖慈出自宸衷，川路臣僚陳乞致仕，以申狀到所屬，就許令授致仕恩澤，庶使遠方存歿受賜。」從之。

□月七日，尚書省言：「勘會河北東路在任文武官因病患(曾)〔陳〕乞致仕，緣 63 下(屬所)〔所屬〕審實，偶致身亡，不曾給降致仕敕牒，或已給敕未祗受間身亡之人。」詔並與理元陳乞月日，依條推恩，今後依此。

八月二十一日，詔：「侍從薦文武官落致仕，自有成法，比來臣僚或以不法而求去官，或因營私而憚煩使，託言疾病，暫求致政，夤緣干請，復爲再任之圖，甚非立法之本意。應今後從臣薦舉致仕官再仕，須究見事實，元非詐冒，方得論列。宜各遵守，毋致違戾。」

九月十二日，詔中大夫、右文殿修撰致仕陳知質落致仕，知隆德府。以宇文虛中言其風力强敏，齒髮未衰也。「十一月丙子〔二〕，太傅王黼致仕，用中丞何㮚疏也。未幾，㮚亦奉祠。」文縝罷在十月庚午，此誤也，當附九月甲戌黼罷太宰時。《舊聞證誤》〔三〕。

十一月十一日，寶文閣學士、中大夫、太子詹事、侍講、修國史耿南仲等言：「竊見朝奉郎致仕朱褒昨差提舉催促東南路(本)〔木〕栰，未赴任間省罷，後來因病陳乞致仕。今來日久，已痊安，筋力尚壯，尚可宣力，未應謝事。伏望特降睿旨，許令再仕。」從之。

十二(月)〔日〕〔四〕，中書舍人譚世勣等言：「伏見朝請大夫致仕晁説之昨任知成州日，諸司列薦治狀，未召赴審察，以疾陳乞致仕。今來年未七十，精明强健，可使復起，付之事任。欲望與落致仕，再授合入差遣。」詔與落致仕。

十九日，南郊制：「應官員因病疾陳乞致仕，今已痊安，不以年限滿與未滿，許經所屬自陳，召保官二員委保，特令再仕。其因 64 致仕受過恩例，依條施行。」

二十三日，制以保静軍節度使致仕种師道落致仕，爲檢校少保、静難軍節度使、河東北路制置使、兼都統制。

高宗建炎元年五月一日赦：「應文武致仕官並賜粟、帛、羊、酒，曾任太中大夫、觀察使以上官者倍賜。」

同日，赦：「應官員因疾病陳乞致仕，今已痊安，不以年限滿與未滿，許召保官二員，委保自陳，特令再仕。」

十二日，詔吳給特落致仕〔五〕，依舊監察御史。

〔一〕闕：原作「關」，據文意改。
〔二〕本條小字注原作正文書寫，據文意改。
〔三〕按，此條今本《舊聞證誤》漏收。
〔四〕日：原作「月」。按下條南郊在十一月，知此條「十二月」當作「十二日」，因改。下兩條皆爲十一月事。
〔五〕給：原作「洽」，據《建炎要録》卷五改。

十九日，詔：「今後文武官非疾病危篤及篤疾、廢疾不能任職者，不得陳乞致仕。」以時方艱難，士大夫多乞致仕以避事，故有此詔。

六月十三日赦：「應緣靖康元年邊事，文武官因病陳乞致仕，朝廷不從所乞。內有身亡之人，特許依條陳乞致仕恩澤；及陳乞致仕，緣道路不通不曾被受致仕敕命者，亦許所在州軍保明，特與依條推恩。」

十九日，詔知筠州楊允降三官致仕。以允昏耄，貪禄忘歸故也。

七月八日，詔曹大同特落致仕，除淮南西路提點刑獄公事。

四年五月一日，詔翟汝文落致仕，召赴行在指揮勿行。先是，有旨汝文落致仕，而言者以爲從官乞身，自有典禮，若不得謝，並宜再三固自懇祈。昨汝文以其家奴狀申越州，騰奏朝廷，謂已危惙，必於見從，黃潛善庇護不問，遂令致仕。慢上廢法，實害名教。故寢前命。

十日，户部侍郎葉份等言：「朝散大夫（彊）〔强〕行父博學多聞，清修有立，兩爲郡倅，皆有能[65]聲。昨在宣城，當方臘擾攘之時，備著勞効。居官行己，無毫髮之（庇）〔疵〕，不緣事故、疾病，慨然請老，欲望許令再仕。」詔依，其已得致仕恩澤，令吏部依條施行。

八月二十四日，詔宣教郎致仕周虎臣除太常博士。初，虎臣以通仕郎改宣教郎致仕，吏部以法止復舊官，二十七日，詔特與宣教郎，蓋優恩也。

紹興元年六月五日，詔：「趙應之自淮南遠赴行在，備歷艱險，可特落致仕，於遥郡上轉行一官。」

七月十三日，武功大夫、榮州團練使致仕李正彦特落致仕，與在外宫觀。

八月十九日，詔朝議大夫致仕周諝特授中大夫，依舊致仕。以其子從事郎淵言：「父諝元豐中上言乞修京城，神祖籍（寄）〔記〕姓名，欲加擢用，而蔡京以父諝爲范純仁之甥，王覿之壻，陳瓘妻兄，遂同入元祐黨籍，未霑聖澤。」故有是命。

三年正月二十五日，翰林學士、知制誥綦崈禮言：「近者楊惟忠、邢煥皆以節度使致仕，即不曾鏁院降麻。緣節度使除拜、移改、加恩之類，並須宣制，豈有見帶節鉞致仕而獨不然，此一時之闕典也。臣嘗記祖宗時，凡節將臣僚得謝，不以文武並納節，别除一官致仕，如仁宗朝張耆授太子太師，楊崇勳授太子少保，神宗朝李端愿授太子少保致仕，皆武臣也，惟熙寧間富弼以元勳舊相，始令特帶節鉞致仕，弼猶力辭不敢當者久之。其後相繼者則曾公亮〔一〕、文彦博也，他人豈可援以爲例耶？近歲以來致仕者，[66]不問何人，不復納節換官，亦恐有違舊制。乞令三省、樞密院

〔一〕其：原作「相」，據《建炎要録》卷六二改。

討論舊典施行〔一〕。」從之。三月二十一日〔二〕，樞密院奏：「檢討典故下項：慶曆三年五月，特令河陽三城節度使、中書門下平章事楊崇勳爲左衛上將軍致仕。初，崇勳判成德軍，而部民行賂其子宗誨，求免所犯罪，事覺，故特令致仕。熙寧元年二月二十八日，以醴泉觀使、定國軍節度使李端愿爲太子少保致仕。端愿以目疾請休退，故事多除上將軍致仕，上命討閱唐制，優加是命。三年，上御集英殿策進士。午漏，上移御需雲便坐，延輔臣賜茶，曾公亮陟降殿陛，足跌仆於地，上遽命左右掖起之。明日以病告，久之，進司空，以河陽三城節度使兼侍中、集禧觀使，五日一朝會。及討夏人，起公亮知永興軍。召還，復爲集禧觀使，納節請老，以太傅兼侍中致仕。」詔今後帶節鉞致仕，令三省、樞密院遵依祖宗典故。

四年五月十三日，吏部言：「右承直郎徐師直乞將磨勘功賞於致仕合改官上收使。本部契勘，承直郎無出身、不及六考致仕，合改宣教郎。今本官所乞蓋爲父年八十三，故欲以朝官致仕，庶幾經大禮日可以叙封。緣本部不曾行過似此體例。」詔與改轉右通直郎致仕。

五年二月十五日，詔左中大夫翟汝文復端明殿學士，依舊致仕。

九月二日，詔武功大夫、前涇原路走馬承受公事致仕薛紘可差充川陝宣撫使司幹辦公事。從川陝67宣撫使吳玠請也。

六年四月十日，詔：「左朝奉（朗）〔郎〕、前權通判吉州徐文中，昨緣虜寇侵犯吉州，迎敵，脇間中槍，守本官致仕。今已痊安，理宜憫恤，可特落致仕。」

七年五月二十六日，右司諫王縉言：「近降指揮，內侍致仕李淙令再仕，提舉江州太平觀。道路籍籍，皆謂李淙乃童貫之壻，宣和間倚貫聲勢，罪惡不可具言。常奉使東南，淮（淛）〔浙〕騷動，市井小人尚能言之。靖康間納官，建炎間致仕，已是寬恩，今又再仕，何耶？欲望追寢前命。」詔李淙前降再仕差宮觀指揮更不施行。

六月二十六日，兵部尚書、兼都督府參謀軍事呂祉等言：「降授左朝散郎致仕王次翁天資孝友，履行清修，年未六十，浩然休退，乞與落致仕，召寘朝列，必有可觀。」詔王次翁特令再仕。

十二月十四日，詔端明殿學士、左中大夫致仕翟汝文落致仕，特授依前左中大夫，充資政殿學士，提舉臨安府洞霄宮。先是，朝廷授汝文資政殿學士，依前致仕，汝文懇辭，故有是命。

八年八月二十五日，資政殿大學士、左通議大夫、提舉臨安府洞霄〔宮〕張守言：「右承務郎致仕丁駿昨任建康府

〔一〕施：原作「旋」，據《北海集》卷二八改。
〔二〕原稿自此句別作一條，今審其內容，實與上文同爲一事，因連爲一條。

上元縣主簿〔一〕，到官未幾，致政而歸，恬静安貧，不改其操，學行、吏事皆有可觀。今年方五十四，心力甚壯，並無疾恙，若俾復從禄仕，不惟可以崇廉退之風，亦見聖朝無遺逸之士與難致〔之〕士。」從之。

十二月五日，泉州言：「左朝散大夫、充徽猷閣待制、提舉江州[68]太平觀、持服江常疾病危篤，乞候服闋日守本官致仕。」詔江常候服闋日守徽猷閣待制，於舊官上轉一官致仕。

九年四月十三日，少保、鎮南軍節度使、充醴泉觀使、成國公呂頤浩以疾乞除一寄禄官致仕。詔頤浩除少傅，依前鎮南軍節度使、成國公致仕。

十一年七月十七日，昭慶軍節度使、開府儀同三司、充萬壽觀使韋淵奏：「近以久嬰痼疾，有妨舉動，乞守本官致仕，蒙恩許依徽宗皇帝舅陳永成例，免赴朝參，仰見聖主敦睦九族之意。然方國步多艱，費用百出，與崇寧間事體不同，所有見依兩府例合破請給、人從，各乞減半。仍每遇痼疾發動，許從便往外郡尋訪醫藥，往來並免奏聞。如經由州縣，除有内外親戚許相見外，並不許接見監司、守令及餘賓客。」詔所請恩例、請給、人從減半不允，餘依所乞。

十二年三月九日，左朝奉郎、試中書舍人、兼侍講、兼實録院修撰王鈇以疾乞守本官致仕，詔王鈇與轉一官，依前中書舍人致仕。

五月二日〔二〕，起復端明殿學士、川陝宣撫副使胡世將乞致仕，詔除資政殿大學士，依簽書樞密院事恩例致仕〔三〕。

十五年正月二十四日〔四〕，資政殿大學士、降授左通議大夫、充江南東路安撫制置大使、兼知建康府〔五〕、兼行宮留守司公事張守以疾乞守本官致仕，詔與復元官，依舊職名致仕。

十六年正月十八日，觀文殿學士、左通議大夫、提舉臨安府洞霄[69]宮葉夢得乞致仕，詔除節度使致仕。《葉夢得傳》〔六〕：夢得知福州，兼福建安撫使。海寇朱明猖獗，夢得或招或捕，遂平寇五十餘群。然頗與監司異議，上章請老，特遷一官，提舉臨安府洞霄宮。尋拜崇信軍節度使致仕。《宋史》。

三月四日，端明殿學士、左朝奉大夫、新知湖州秦梓乞致仕，詔除資（殿政）〔政殿〕學士，依參知政事恩數致仕。

十八年八月八日，左太中大夫范同以疾危乞致仕，詔復資政殿學士致仕。初，同任參知政事，以罪罷，未得職名，故有是命。

十九年七月五日，左朝奉郎、提舉江州太平興國宮邊

〔一〕駮：原作「駁」，據《建炎要録》卷一二一改。
〔二〕五月二日：按，據《建炎要録》卷一四四，胡世將卒於紹興十二年三月二十三日丙辰。
〔三〕密：原作「蜜」，據《宋史》卷三七〇《胡世將傳》改。
〔四〕二十四日：按，據《建炎要録》卷一五三，張守卒於正月十五日辛酉。
〔五〕建：原作「逮」，據《宋史》卷三七五《張守傳》改。
〔六〕本條小字注原作正文書寫，據文意改。

知白以疾乞守本官致仕〔一〕，詔復敷文閣待制致仕。以知白曾任權吏部侍郎，因臣僚論罷，未曾得職，故有是命。

二十年四月十五日，詔武功大夫、和州團練使、兼閤門宣贊舍人、斡(辨)〔辦〕皇城司劉伯濟守本官，依前兼閤門宣贊舍人致仕。

二十一年八月五日，太傅、鎮南武安寧國軍節度使、充醴泉觀使、咸安郡王韓世忠乞致仕，詔除太師致仕。

二十五年十月二日，詔左朝散郎致仕朱敦儒與落致仕〔二〕，其陳乞過恩澤免追奪，日後致仕更不推恩。

二十一日，詔太師、尚書左僕射、同中書門下平章事、兼樞密使秦檜可特授依前太師、進封建康郡王致仕，少傅、觀文殿大學士、充萬壽觀使、兼侍讀秦熺可特授少師、依前觀文殿大學士、嘉國公致仕，(乃)〔仍〕令所司擇日備禮册命。熺，檜之子也，以檜疾 70 篤，故有是命。

十二月十九日，詔責授果州團練副使致仕胡寅可特復徽猷閣直學士〔三〕、左承議郎致仕。

二十五日，詔敷文閣待制劉一止落致仕，召赴行在。一止懇免，續詔除敷文閣直學士，依舊致仕。

二十六年十二月二日，詔左朝奉郎喻樗、右朝散郎陳掞、右朝請郎邢繹並落致仕，與內外差遣。

二十七年三月二十七日，詔左金紫光禄大夫、守尚書右僕射万俟卨特授特進、觀文殿大學士致仕。時卨以疾篤乞致仕，故有是命。

四月七日，少師、保寧軍節度使、信安郡王孟忠厚乞致仕，詔除太保、依前保寧軍節度使、信安郡王致仕。

七月二十一日，敷文閣學士、左朝奉大夫、成都潼川府夔州利州路安撫制置使、兼知成都軍府事蕭振以病亟乞本官職致仕，詔與轉一官致仕，賜銀絹五百匹兩。

九月二十一日，詔顯謨閣直學士、左通議大夫康執權落致仕，特授左太中大夫，依前顯謨閣直學士，與郡。

二十八日，三省言：「直秘閣致仕鄭南政和初曾任司業，掛冠已久，今九十三歲，年德俱高，搢紳推重，乞加甄奬，以示貴老尚德之義。」詔除秘閣修撰，依舊致仕。

二十九年閏六月三日，秘閣修撰張九成乞致仕，與復敷文閣待制致仕。

三十年正月十四日，左宣教郎、守尚書司封員外郎鮑彪自言年七十，衰老不任職事，乞守本官職致仕。從之。吏部郎官楊朴等七人言： 71 「彪年雖及格，而精力不衰，特乞掛冠，清節可尚，願加旌異。」詔特轉一官，仍賜章服。

二月十八日，左中奉大夫、試吏部尚書、兼侍讀張燾乞致仕，詔除資政殿學士致仕。未幾，復命轉一官，與支真俸。朝廷方欲用燾，而燾以衰病力辭，故有是寵。

〔一〕官：原作「公」，據《建炎要録》卷一六〇改。
〔二〕敦：原作「郭」，據《建炎要録》卷一六九改。
〔三〕「復」上原有「授」字，據《建炎要録》卷一七〇删。

五月十八日，入内内侍省幹（辨）〔辦〕西京應天啓運宫、寄資武顯大夫、吉州刺史董壽隆爲病乞致仕，詔特與歸吏部，守本官致仕。

二十五日，詔沈該落致仕，復觀文殿大學士，知明州。

六月十六日，少傅、瀘川軍節度使〔一〕、充中太一宫使、榮國公錢忱（言）乞致仕，詔除少師致仕，仍特支真俸。續有旨，恩數、人從並依執政致仕條例。

三十二年三月十六日，閤門言：「知閤門事趙述言，今月十六日紫宸殿接使人書，足弱久跪，身倒失儀。」詔趙述年過七十，累乞致仕，可從所乞。

紹興三十二年六月十三日孝宗即位未改元。登極赦：「應文武致仕官並賜粟、帛、羊、酒，即曾任太中大夫、觀察使以上官者倍賜。應文臣承務郎、武臣承信郎以上，并内臣及致仕官，並（興）〔與〕轉官，合磨勘者仍不隔磨勘。」乾道元年正月一日大禮赦、三年十一月二日大禮赦、六年十一月六日大禮赦、九年十一月九日大禮赦並同。

同日，赦：「應命官引年致仕之人，令監司、郡守於所部搜訪節行才識、精力未衰者，具名以聞，當議量材任用。其因疾病致仕，如已痊安，不以 72 年限滿與未滿，許召官二員委保自陳，特令再仕。」

十月二十七日，詔：「趙述係故韓王趙普五世孫，可落致仕，與轉防禦使、在京宫觀，免奉朝請。」

十一月五日，吏部狀：「勘會今年六月十三日赦，文臣承務郎以上并致仕官，並與轉官。近據諸州軍申到文字，其間有元係白身，因年八十以上該遇大禮，或因顯仁皇后昨來慶壽，有子在官，并無官特恩封叙承務郎以上致仕官，乞依今赦轉官。緣似此之人，赦内即不該載，本部未敢具鈔。」詔依赦施行。（以上《永樂大典》卷一三四六二）

致仕 下

【宋會要】

73 孝宗隆興元年六月八日，詔沈該改除觀文殿學士，依舊致仕。以右諫議大夫王大寶論列，故有是命。

七月五日，資政殿大學士、左太中大夫、提舉萬壽觀張燾以疾甚告老，詔與轉一官，依舊資政殿大學士致仕。已而燾又辭所轉官，從之。

十月二十四日，詔：「文臣太中大夫、武臣正任觀察使以上，今後引年或特乞致仕，於所出劄子内帶説合得恩澤資數，如遇收使，即繳連申朝廷陳乞，候批鑿已收使因依訖給還。餘官並令繳連末後付身，從吏部批鑿因依、押印訖給還。若州軍申發文字在今降指揮月日之前，許先次給降付身，案後委知、通取索末後付身，批鑿已收使因依，具狀

〔一〕瀘川軍：原作「潼川軍」，據《建炎要録》卷一七七、《宋史》卷八九《地理志》五改。

保明申吏部。」從吏部尚書淩景夏之請也。

二年四月二日，臣僚言：「承議郎自來無申乞致仕之限，以其無利害也。身没之後，子孫匿喪以待時，及合該磨勘日，則寅緣保明，轉員外郎下致仕，故其子孫濫霑恩澤。乞今後承議郎已下或遇身亡，必令即時申所在州軍縣鎮照會。如隱匿，許人陳告，重賞，其保明官司及保官並寘典憲。」從之。

七月二十一日，臣僚言：「臣聞皇祐中，御史知雜司馬池嘗言：『乞應文武臣僚年及七十，並令自乞致仕，依舊與一子官。若不自陳，許御史臺糾察，特令致仕，更不奏子。[74]其已陳乞，有詔特留，不在此限。』先是天聖中，御史（臺）曹修古亦謂：『臣僚年近八旬，尚未辭官，心力盡衰，何職能治？自今除元老勳賢詢議軍國自有典章外，其內外官年七十者，乞下御史臺及諸路轉運司，許自陳，特與轉官致仕。不自陳者，勘會歲數以聞，特與致仕。』今見行之法，年至七十則不許磨勘轉官，其次雖保亦不許爲；至於子孫出仕者，皆得陳爲恩澤，指射差遣。其限之以法，待之以恩，可謂兩盡矣，獨未嘗責令致仕，如曹修古、司馬池所請也。此無他，一則貪望蔭補，二則苟竊祠禄。豈有磨勘轉官不許，乃許奏薦者耶？豈有子孫尚得陳爲恩例，自乃貪仕不得已者邪？欲望取其成法，裁以中道。其內外臣僚年七十不陳乞致仕者，除合得致仕或遺表恩澤外，更不許遇郊奏補；所差宮觀於合得次數未滿者，更許陳乞一次。」從之。

二十八日，詔資政殿大學士、左通議大夫致仕賀允中可落致仕，除提（舉）萬壽觀，兼侍讀。

八月三日，左奉議郎、諸王宮大小學教授詹叔善言，現年七十，於條合該致仕。詔詹叔善引年知止，足勵士風，可依例致仕，特與一子上州文學。

五日，詔：「文武官七十致仕，緣郊祀在近，自降指揮後，已未致仕人合該奏薦子孫，並聽更陳乞一次。」

十二日，崇信軍節度使、開府儀同三司趙密乞守本官致仕，詔特除少保，依前崇信軍節度使致仕。

二十二日，左中奉大[75]夫、充集英殿修撰、知宣州許尹乞致仕，詔除敷文閣待制致仕。

二十三日，顯謨閣直學士、左通議大夫張闡乞致仕，詔除龍圖閣學士，轉一官致仕。

九月十日，詔少師、保信軍節度使、魏國公張浚依所乞，守少師、保信軍節度使致仕。

二十三日，詔少保、崇信軍節度使致仕趙密可落致仕，權殿前司職事，餘如故。

十月七日，殿中侍御史晁公武言：「臣切見今年董德元復職致仕，臣僚論列德元當時致仕、遺表承務郎六人，委是僥倖，將來執政在謫籍者援例，無杜絶。已降指揮，將德元復職寢罷，合得恩澤只依見存階官蔭補。今未半年，宋樸、汪勃、章复果相繼陳乞致仕〔一〕，朝廷並與復龍圖閣學士，將來三人致仕，遺表恩澤，當補承務郎十八人。兼七月中臣僚言章，乞將内外臣僚年七十不陳乞致仕者，不許遇郊奏補。續奉旨：『郊祀在近，自降指揮後，已未致仕人合該奏薦者，並更聽奏薦一次。』三人依上件指揮，計冒受恩澤二十一人，其汎濫如此。謹按宋樸、汪勃、章复執政之時，其無善狀與董德元一體，同罪異罰，何以慰公論？欲望睿旨，將(來)宋樸、汪勃、章复復職指揮，依董德元例寢罷，合得恩澤只依見存階官上蔭補。今年遇郊禮奏薦，係未復職，亦乞依條施行。」從之。

十四日，詔左通議大夫、知樞密院事、兼參知政事賀允中依所乞，除資政殿大學士，依舊致仕。

閏十一月一日，臣僚言：「趙【76】密除少保，依前崇信軍節度使，落致仕，權殿前司職事，依楊存中除少保日合得恩數。臣取會省部條格，即無三少初除恩數。向來楊存中係(時)〔特〕降指揮，(令)〔今〕趙密元因致仕得除少保。議者謂當納還三少，始合禮法；恕者則謂其權掌禁兵，若三衙曰歸，密必依舊請老，雖不納少保可也。今後省放行，恐貽清議。」從之。

九日，臣僚言：「信州奏，左中大夫余堯弼乞守本官致仕，詔復龍圖閣學士致仕。臣伏見章复因致仕復龍圖閣學士，言者論列，併與汪勃、宋樸奪之，纔數月爾。今堯弼託疾請老，亦得此職，是复失之於前而堯弼得之於後，一予一奪，有損陛下總核之政。所有録黄，未敢書行。」從之。

乾道元年正月十日，吏部狀：「准批下故左朝請大夫木輗男師魯等狀：『故父昨知龔州，至紹興四年八月成資滿罷。方起離間，遭廣西草寇驅虜迫脅，驚憂致疾，陳乞致仕不及。今乞依紹興七年閏十月十三日指揮，放行蔭補。』本部勘當，依昨降紹興七年閏十月十三日指揮，朝議大夫至朝奉大夫因金人或盜賊驅虜，被害身亡，應陳乞致仕不及之人，並依條蔭補。今木師魯所陳無連到限内陳乞干照真本，兼本部經(大)〔火〕，案牘不存，無憑契勘已未陳乞收使了當。欲令本家召見任職事官二員結罪委保，并繳連限内陳乞干照。候到，開具申省。」詔特與放行合得恩澤。

二月十七日，利州觀察使、主管侍衛馬軍【77】司公事張守忠乞守本官致仕，詔特與轉威武軍承宣使致仕。

二十九日，詔少保、尚書左僕射、同中書門下平章事陳康伯，可特授少師、觀文殿大學士、魯國公致仕。

三月二十二日，〔臣僚言〕：「左朝散郎章复隆興二年九月内陳乞致仕，續准尚書省劄子，復龍圖閣學士致仕。未授告間，臣僚論列，復職指揮更不施行。其致仕告敕至今未授，合與不合獲霈赦恩？」送吏、刑部同共看詳，申尚書省。逐部勘會：「依條，中大夫至朝奉郎乞致仕不願轉

〔一〕章复：按此人，史書中多作「章夏」，本書中則「夏」、「复」兩出，未知孰是，今且仍舊。

官者，合得致仕蔭補恩澤一名。若曾任侍從官以上，罷任不帶職及落職牽復人，其致仕恩澤依赦從寄禄官蔭補。照得本官係曾任侍從以上落職未牽復人，其寄禄官見任朝散郎，合得致仕蔭補恩澤一名，乞朝廷詳酌指揮。」詔章复許守本官致仕。

二十五日，鼎州觀察使、隴右郡王趙懷恩上遺表，詔守本官致仕，依條與致仕、遺表恩澤。

五月二十四日，詔敷文閣直學士、左朝請大夫致仕王大寶落致仕，除禮部尚書。

六月六日，左中大夫、同知樞密院事王剛中以病篤乞致仕，詔守本官致仕。

八月二十六日，左朝議大夫黄中除集英殿修撰，守本官致仕。

十月十三日，朝奉郎致仕宋樸狀：「昨於（龍）〔隆〕興二年八月内陳乞致仕，准尚書省劄子復龍圖閣學士致仕。後因臣僚論列，寢罷復職指揮，其致仕敕命合從朝廷出給施行。」詔宋樸許守本官致仕。

二78年六月十二日，中書門下省言：「臣僚集議白劄子，内一項非泛補官，如宗室戚里女夫及捧香異姓恩澤陣亡人女夫、異姓上書獻頌文理可采、隨奉使異姓補官及給使減年補官之類，止當禄及其身，若今更冒世賞，愈見冗濫。欲乞上項人如轉至合奏薦官，候將來致仕日與一名恩澤，已曾奏薦人更不奏薦。」從之。

二十一日，左朝奉〔郎〕巫伋乞守本官致仕，詔巫伋復端明殿學士致仕。次日，侍御史王伯庠言：「伏覩聖旨，巫伋復端明殿學士，以巫伋嘗在樞庭，降此恩命。然巫伋初以秦檜擅權，曲意奉事，叨竊禄位，無補國家。陛下聖度如天，猶以大臣之禮待之，如使伋以祕殿隆名終於牖下，則致仕、遺表恩澤當得數人。方陛下循名責實之時，而附下罔上之人冒恩如此。欲望特賜寢罷，以爲人臣黨附權臣之戒。」詔除龍圖閣直學士致仕。二十五日，王伯庠再章，詔守本官致仕。

八月二十三日，少保、寧武軍節度使、新興郡王吳蓋致仕〔一〕。

九月六日，詔内侍關洙特落致仕，免參部，差幹辦内藏庫，填見闕。

十一月六日，太傅、寧遠昭慶軍節度使楊存中乞守本官致仕。詔楊存中除太師，依前寧遠昭慶軍節度使、和義郡王致仕。

十二月二十九日，左朝散郎、集英殿修撰何俌乞守本官致仕，詔除敷文閣待制致仕。

三年正月十二日，詔武功大夫、和州防禦使鄧拱特落致仕，與免參部，差幹辦内東門79司，填見闕。

六月十三日，詔太傅、奉國軍節度使、四川宣撫使吳璘

〔一〕吳蓋：原無，據《松隱集》卷三五補。

除太師，依前奉國軍節度使、新安郡王致仕。

十月二十八日，詔端明殿學士、左中大夫、提舉臨安府洞霄宮楊椿除資政殿學士致仕。

十一月二日，郊祀赦：「應見任并致仕陞朝官服緑，大夫以上服緋，洎事至今日以前及二十年，歷任無贓濫若私罪徒以上情理稍輕者，並許於所屬投狀磨勘，改賜章服。」六年十一月六日大禮赦、九年十一月九日大禮赦並同。

四年正月六日，中書門下省言：「白劄子：契勘隆興二年七月，因臣僚言年及七十不肯致仕者，不許遇（赦）郊祀奏補。當年八月指揮，文武官年七十，緣郊禮在近，自降指揮後，已未致仕人合該奏薦，並更聽陳乞一次。今次郊禮，其内外從官以上年及七十已未致仕，亦已放行，止有庶官即無指揮。今相度，欲將年及七十人，曾經奏薦及該遇前郊放行一次之人，並遵依隆興二年七月指揮，更不許奏補。其平生未曾奏薦文臣，方始轉至大夫及帶職員郎及武臣武翼郎以上，初應奏薦偶及七十歲之人，欲乞放行一次奏補。」從之。

二十九日，詔左正奉大夫葉顒除觀〔文〕殿學士致仕。

三月十二日，吏部侍郎周操言：「據故右中奉大夫、直秘閣李弼儒男李迎狀，陳乞故父致仕及非降黜中身亡恩例兩次。本部契勘，本官生前任右中奉大夫、直徽猷閣，因事落職，後來止復 80 直秘閣致仕身亡，即係未曾復至元職名。除非降黜中身亡恩例有礙條法外，其所乞致仕蔭補外恩例，依格承務郎以上得減一年磨勘，承直郎以下合作免試；若係責降，不許陳乞。（昭）〔照〕得本官雖係落職未復盡職名之人，緣致仕恩澤已依近降指揮放行蔭補了當，其致仕恩澤陳乞不依。本部切詳致仕蔭補及恩例，俱因致仕所得，既致仕恩澤不作責降已許行蔭補，即難以不與致仕恩例。今欲落職之人如合該蔭補恩澤，即與放行致仕恩例，餘依見行條法施行。」從之。

十二月九日，故武德大夫劉滌男植奏，故父奉使北界身亡，乞合得恩澤。吏部勘當，依條諸歿於王事者，臨時取旨推恩，即不許陳乞致仕、遺表恩澤。詔劉滌特贈武功大夫、忠州刺史，依條與致仕恩澤外，更與一名承信郎。

二十四日，詔武義大夫關洙與罷幹辦内藏庫，（特）〔本〕官致仕。

五年三月十九日，詔右朝請大夫致仕錢億年可落致仕，除權發遣利州路提點刑獄公事。

八月十八日，吏部尚書汪應辰言：「伏覩乾道元年三月指揮，太中大夫以上，其間有生前責降、身後承指揮給還致仕、遺表恩澤，止得蔭補，依條自無恩例，吏部自合遵守成法。又乾道四年三月吏部申請，勘會依條中大夫至中散大夫蔭補外，聽陳乞親戚一名恩澤。今欲將落職之人如合該蔭補，即與放行致仕恩例。臣契勘得吏部兩次所請，一則 81 太中大夫以上，身後雖盡復職名，却無恩例；一則中大夫以下，雖落職或復職不盡，却得恩例。輕重不倫，前後相戾。」詔令吏部將中大夫以下放行致仕恩例指揮更不施行。

十月十二日，詔：「武義大夫、權主管殿前司公事王逵已守本官致仕，爲係權主管殿前司公事，除依條合得恩澤外，更特與恩澤一名。」

十一月二十四日，左朝奉郎、試右諫議大夫單時乞致仕，詔特轉一官，依前試右諫議大夫致仕。

六年正月二十四日，詔黄中落致仕，除權兵部尚書、兼侍讀。

閏五月三日，殿中侍御史徐良能言：「伏見右朝議大夫傅寧臺參，爲宮觀滿回。謹按寧老曠宿蠹，衆所鄙棄，官年七十有五而實年過之。既滿宮觀，便合休致，然猶造朝營求差遣。欲望聖慈，特令致仕。」詔依。

八月二十六日，吏部狀：「准付下故右朝請郎富橚致仕恩澤，蔭補男琡；又准付下江州奏，故右朝請郎司馬備致仕恩澤，蔭補男逸，並於文資内安排事。勘會近降集議指揮内一項，契勘非泛補官之人轉至合奏薦官，候將來致仕日與一名恩澤，已曾奏薦人更不奏薦。照得富橚初補，因宣和五年六月御筆：『富弼輔佐三朝，年禩未久，家世零替，其曾孫橚與補將仕郎。』司馬備元名宗召，改今名，初補，建炎三年七月二十八日得旨，係太師司馬光之姪〔一〕，見今在朝無人食禄，特與補迪功郎。本部契勘，逐官雖係特旨補官，緣並是 82 先朝元老之家所乞致仕恩澤，伏乞朝廷詳酌指揮。」契勘富橚、司馬備係富弼、司馬光之後，兼補授非非泛七色之數，有旨依條放行致仕恩澤。

十一月六日，郊祀赦：「内應見任及致仕文武陞朝官、禁軍都虞候以上，守藩方馬步軍都指揮使，父母妻並與封叙，已封叙者更與封叙；亡殁者與封贈，已封贈者更與封贈。如祖父母在，願回授者聽。應選人陳乞關陞、致仕，通理任嶽廟差遣。如在乾道四年十一月九日以前罷任並出違條限之人，其考第並許收使。并特奏名文學乞致仕之人曾任嶽廟，如任滿在前項指揮之後，與理爲權官任數，許揍理考任，放行致仕。」九年十一月大禮赦同。

七年二月二十七日，詔太傅、保康軍節度使、大寧郡王吴益除太師，依前保康軍節度使、大寧郡王致仕。

六月十九日，詔左朝奉大夫汪勃、左朝奉郎巫伋並復龍圖閣學士，依舊致仕。

七月四日，詔左朝奉郎、試太子詹事王十朋除龍圖閣學士致仕。王十朋字龜齡〔二〕，温州樂清人，累官至侍講。後告老，以龍圖閣學士致仕，命下而卒，年六十。紹熙三年，謚曰忠文。《宋史》。

八月二十六日，詔武功大夫、榮州刺史劉奭與落致仕，特添差兩浙西路兵馬鈐轄。

二十七日，詔御前忠佐馬步軍都軍頭、高州刺史趙勝

〔一〕按，此文有誤，據《建炎要録》卷一〇四，司馬備（宗召）乃司馬光之「族曾孫」。此「姪」字下或脱「曾孫」二字。
〔二〕本條小字注原作正文書寫，據文意改。

特授右千牛衛將軍致仕。

十月六日，詔太尉曹勛落致仕，提舉皇城司，特令趁赴六參起居。

十[83]一月二十九日，侍衛步軍司奏：「武經大夫、本司訓練官劉昌奏，爲母李氏身故，乞解官持服。本軍闕官管幹，申朝廷將劉昌特與起復，依舊管幹軍馬外，今據本將申，劉昌忽中風，病勢危篤，乞守本官致仕。本將保明，乞施行。」詔候服闋日守本官致仕。

十二月八日，中書門下省言：「在法，陳乞致仕應蔭補者，若歷任無入己贓，及不曾犯私罪徒，但生前曾乞致仕，雖亡歿在出勑前[一]，聽依致仕蔭補法。訪聞諸軍將應蔭補官以病乞致仕者，其家匿喪以俟致仕文字，或經旬月，殮殯失時，深可憐憫。」詔諸軍因疾病陳乞致仕之人，仰本軍即時保明申所屬，縱亡歿在出勑前，聽依上條蔭補。

八年四月六日，詔：「右武大夫、保康軍承宣使梁珂因多病乞致仕，今已痊安，爲係藩邸人數，可落致仕，與在京宮觀，免奉朝請。」

五月二十六日，右中奉大夫、權尚書兵部侍郎翟紱乞致仕，詔特轉一官，依前權尚書兵部侍郎致仕。

十二月二十日，詔左武大夫、鄂州觀察使致仕陳子常落致仕，充入內內侍省東頭供奉官，幹辦御藥院。

九年正月十七日，左朝散郎、守起居郎劉季裴乞守本官致仕，詔除秘閣修撰致仕。

閏正月二十七日，詔復武康軍承宣使王權特復清遠軍節度使致仕。

七月七日，詔王之奇復資政殿學士致仕指揮更不施行，以臣僚論列故也。

同日，詔左奉議郎、大理寺丞邵説特與轉[84]左朝奉郎致仕，依條與致仕恩澤。以差出措置遞角，在路得疾也。

九月十二日，吏部狀：「嘉州奏，承右宣教郎孫茂狀，爲母親王氏年高，乞致仕侍養。本部照得本官見年六十六，母王氏見年九十六，所乞致仕雖有建炎元年指揮，文武官非疾病危篤不能任職者不得陳乞致仕，今本官乞致仕侍養母親，別無規避，今欲依條格放行，轉官致仕。」從之。

淳熙二年十二月十七日，慶壽赦：「應文武已乞致仕年七十已上人，並特與轉行一官，選人循一資，無資可轉與改初等京官。應命官引年致仕，其間有才識過人而體力精彊者，令監司、郡守於所部搜訪，具名以聞，當議量材任用。」

四年三月二十五日，詔迪功郎、前添差遂寧府府學教授雍山特改宣教郎，賜緋致仕。以山節操益堅，行義彌著，恬退不仕，故有是命。

五年十二月二十六日，詔迪功郎、監潭州南嶽廟龔明之與改宣教郎致仕，仍賜緋。明之，平江人。是年以慶恩赦，知府事

[一] 在出：原倒，據後文乙。

單夔保奏〔一〕，明之鄉里推其年德，宜被褒寵，故有是命。

六年十月二十六日，奉議郎、金部員外郎鹿何年未六十，自乞休致，詔除直秘閣致仕。何年五十四，未覺衰老而止足，遽求休致，上以其志可嘉，故有是命。

八年六月一日，詔潼川府司户參軍王昂特改承務郎致仕。昂以進士出身，年踰六十，始得一第，不願出仕，從其請也。

九年九月十三日，明堂赦：「昨降指85揮，因殺金平、和尚原、大儀鎮、明州城下、順昌府立功，轉官至敦武郎，乞致仕，並理爲戰功，（故）〔放〕行致仕恩澤。尚慮其間有因前項補授出身或轉資之人，皆係親冒矢石，見陣立功，可轉官人，特與放行致仕恩澤。」《李燾傳》〔二〕：淳熙十一年春，燾乞致仕，優詔不允。上數問其疾增損，給事中宇文价傳上旨，燾曰：「臣子戀闕，非老病，忍乞骸骨？」因叩价時事，勉以忠藎。病革，除敷文閣學士致仕。命下，喜曰：「事了矣。」口占遺表云：「臣年七十，死不爲夭，所恨報國缺然，願陛下經遠以藝祖爲師，用人以昭陵爲則。」辭氣舒徐。卒，年七十。上聞，嗟悼，贈光禄大夫。出《宋史》。

十三年正月一日，慶壽赦：「應文武已致仕年七十以上人，並特與轉行一官，選人循一資，無資可轉人與改初等京官；年八十人各更與加轉一官資。應選人、使臣年七十以上願致仕者，於合致仕官上與轉一官，八十以上轉兩官。應文武致仕陞朝官年七十以上，並與依格支賜羊、酒、粟、帛；其年八十并曾任太中大夫、觀察使以上，仍與倍賜。」（以上《永樂大典》卷一三四六三）

〔嘉定〕86（十）四年九月九日〔三〕，迪功郎、新成都府司户參軍史公亮、迪功郎、新綿州司户參軍史天應〔四〕，並不願出仕，〔乞〕以其官封贈父母。詔史公亮、史天（錫）〔應〕並特依所乞，各特循從事郎致仕。（以上《永樂大典》卷次原缺）〔五〕

〔一〕單：原作「箄」，據《吳郡志》卷一一改。
〔二〕本條小字注原作正文書寫，據文意改。
〔三〕「嘉定」原脱，「四年」上原有「十」字，據本書職官六一之三六、《續宋編年資治通鑑》卷一四、魏了翁《鶴山集》卷七三《承奉郎致仕李公僑墓誌銘》補、刪。
〔四〕史天應：原作「史天錫」，據《鶴山集》卷七三改。詳見本書職官六一之三六校記。
〔五〕原稿此條單作一頁，未標《大典》卷次。但本書職官六一之三六記同一事之條文，末注云「互見『致仕』門」，即指本條。則本條亦當在《大典》卷一三四六三「致仕」目，但不知何以單獨分出。

宋會要輯稿　職官七八

罷免上

【宋會要】1太祖建隆四年九月十八日，宣徽南院使、兼樞密副使、左羽林軍大將軍李處耘，責授檢校司空、淄州刺史。先是，李重進(判)〔叛〕，命歸德節度石守信爲揚州行營都總管，處耘爲都監。至是，制書以處耘「動恣胸襟，每事率易，既乖倚注，合正刑章」，故有是命。

乾德二年正月十六日，司徒、兼侍中、昭文館大學士范質罷爲太子太傅，司空、兼門下侍郎、同中書門下平章事、監修國史王溥罷爲太子太保，樞密使、右僕射、兼中書侍郎、集賢殿大學士魏仁浦罷，仍舊爲右僕射。制書以質等「位隆三事，所宜勉輔於沖人〔一〕；日有萬機，安可久煩於舊德。俾令就第，用解持衡」，故有是命。

五年正月二十〔五〕日〔二〕，樞密副使、左衛大將軍王仁贍責授右衛大將軍。先是，命忠武節度王全斌、武信節度崔彥進及仁贍征孟昶。至是，制書以仁贍「全辜委任，頗恣貪殘，殺戮降兵，驚(騷)〔擾〕生衆」，故有是命。

開寶五年九月十七日，樞密使李崇矩罷爲鎮國軍節度使〔三〕。趙普爲相，崇矩以女妻普子承宗，厚相交結。太祖聞之，頗怒。有鄭伸者，客崇矩門下僅十年，崇矩知其險詖無行，待之漸衰。伸怨恨，因上書告崇矩陰事，崇矩不能自明，帝釋不問，故有是命。

六年(七)〔八〕月二十三日〔四〕，左僕射、兼門下侍郎、同中書門下平章事、昭文館大學2士趙普罷爲河陽三城節度使〔五〕、檢校太傅、同平章事。先是，普秉政既久，屢爲趙玭、雷德驤等告訐，又嘗以隙地私易尚食蔬圃〔六〕，及廣營邸店以規利。太祖知其事，每優容之。普復與樞密使李崇矩結爲婚姻，未幾崇矩門人鄭伸訟其陰事，出爲華州節度。普既無援，復爲德驤子有鄰告中書堂吏不法事〔七〕，詞連及普，故有是命。

太宗太平興國六年十一月十二日，樞密使楚昭輔罷爲左驍衛上將軍。昭輔以足疾家居僅周歲，不求解職，會郊祀畢，故有是命。

七年四月七日，中書侍郎、兼兵部尚書、同中書門下平

〔一〕沖：原作「中」，據《宋宰輔編年録》卷一改。

〔二〕二十五：原脱「五」字，據《長編》卷八、《宋宰輔編年録》卷一、《宋史》卷一《太祖紀》一補。

〔三〕鎮：原作「欽」，據《長編》卷一三改。

〔四〕八月：原作「七月」，據《長編》卷一四、《宋宰輔編年録》卷二、《宋史》卷一《太祖紀》一改。

〔五〕城：原脱，據《宋史》卷二一〇《宰輔表》一補。

〔六〕嘗：原作「賞」，據《長編》卷一四改。

〔七〕德驤子：原作「子德驤」，據《長編》卷一四乙。

章事盧多遜責授兵部尚書。先是，多遜與秦王結構姦謀，罷爲兵部尚書，奉朝請。繼以屬吏，詔文武常參官集議於朝堂。太子太師王溥等議，請削奪在身官爵，準法誅斬。詔削奪官爵，配隸崖州，充長流百姓。

二十日，左僕射、兼門下侍郎、同中書門下平章事、監修國史沈倫責授工部尚書。制書以盧多遜包藏逆節，倫與之同列，曾不先覺，稔其醜跡，上黷朝經，復謝病引年，貪榮竊位，故有是命。

八年正月十四日，樞密使、檢校太師、兼侍中、臨淮郡公曹彬罷爲天平軍節度使。彬爲弭德超所譖，制書以彬「兩朝備罄於腹心，終日不離於幃幄。折衝千里，雖藉樽俎之籌；節制百城，宜分旄鉞之任」，故有是命。

四月二十三日，宣徽北院使、樞密副使弭德超削奪在身官爵，配瓊州禁錮。制書以德超「詬 3 罵同列，指斥朕躬，爲臣若斯，於法何逭」。先是，德超嘗給事晉邸，後遷至酒坊使。因乘間以急變聞，云樞密使曹彬秉政歲久，能得士衆。帝頗疑之，出彬爲天平軍節度，驟進用德超。初，譖彬事成，期得樞密使，及是大失望，居常快快，詬王顯等曰〔一〕：「我爲國家言大事，有安社稷功，但得綫許大名位。汝等何人，反在我上！」又大罵曰：「汝輩當斷頭，我度帝無執守，爲汝輩所眩惑。」顯等告之〔二〕，帝怒，命御史知雜滕中正就第鞫之，德超具伏，故抵於罪。

七月十八日，中書舍人、參知政事郭贄責授祕書少監。制書以贄「啓沃蔑聞，尸素斯極。飲酒過量，自貽沈湎之譏；發言無稽，寔彰容易之態」，故有是命。

雍熙二年十二月十七日，門下侍郎、兼刑部尚書、同中書門下平章事宋琪罷爲刑部尚書〔三〕。制書以琪「識非遠大，望闕具瞻，曾無端謹之稱〔四〕，但有恢諧之誚」，故有是命。

是日，宣徽南院使、兼樞密副使柴禹錫罷爲左驍衛大將軍。制書以禹錫「不能盡瘁於事，傾輸乃誠〔五〕，苟且因循，辜予委遇」。先是，帝謂輔臣曰：「禹錫爲性險巧，昨朕欲廣宮城，禹錫有別第在表幟中，上言願易闤闠中官邸店，朕聞之恍然不樂。自此知朕薄其爲人，恐罷此職，乃潛與宋琪相結，爲琪來請流人盧多遜第〔六〕，朕即賜之。多遜犯罪(藉)〔籍〕没，琪爲宰相，復請居之，不避惡名，與鍾離意何相遠耶！卿等觀之，豈大臣之體乎？」故有是命。

四年四月七日，樞密副 4 使、右諫議大夫張宏罷(爲)御史中丞。帝以河北用兵之際，宏但守位而已，御史中丞趙昌言多上北邊利害，故兩换之。

〔一〕「等」字原在下句「我」下，據《宋宰輔編年録》卷二移正。
〔二〕顯：原無，據《長編》卷二四補。
〔三〕同：原作「中」，據《宋宰輔編年録》卷二改。
〔四〕謹：原作「惧」，據《宋宰輔編年録》卷二改。
〔五〕傾：原作「輕」，據《宋宰輔編年録》卷二改。
〔六〕爲：原作「謂」，據《宋宰輔編年録》卷二改。

端拱元年二月十日，中書侍郎、兼工部尚書、同中書門下平章事李昉罷爲右僕射。先是，布衣翟馬周擊登聞鼓，訟昉任宰相，屬北戎入寇，不憂邊思職〔一〕，但賦詩飲酒。籍田禮方畢，帝召翰林學士賈黄中草制罷相，令詔書切責。黄中言：「僕射百僚師長，舊宰相之任，今自工部尚書拜〔二〕，乃爲殊遷，非黜責之義。若以文昌務簡均勞爲辭〔三〕，斯爲得體。」帝然之，故制書以昉「踐臺閣之通班，素高問望；處鈞衡之大任，久展謨猷。用資鎮俗之清規，式表尊賢之茂典」云。

三月十五日，樞密副使、工部侍郎趙昌言責授崇信軍節度行軍司馬〔四〕。制書以昌言「訏謨之効，未見於盡忠；險詖之蹤，頗聞於立黨〔五〕。交結非類，玷辱清朝」。先是，昌言與陳象輿、梁顥、董儼、胡旦皆同年生，厚善，日夕會於私第，故京師有「陳三更、董半夜」之言。又有傭書人翟潁者，姦險誕妄，素與旦親狎，旦乃作大言狂誕之辭，使潁上之，仍爲潁改名馬周，以爲唐馬周復出也。其言多排毀時政，自薦可爲天子大臣，及力舉數十人皆公輔之器，令昌言内爲之助〔六〕。會京尹許王捕馬周繫獄窮治〔七〕，以狀聞。帝怒，杖馬周脊，流海島，昌言等並加貶黜。

淳化二年三月二十六日，户部侍郎、參知政事辛仲甫罷爲工部尚書。時呂蒙正以長厚居相位，王沔任事，仲 5 甫從容其間而已，至是以足疾罷。

九月一日，户部侍郎、參知政事王沔，給事中、參知政事陳恕，各罷守本官。沔與恕不叶，爲寇準所詆而罷。帝嘗語恕以户部使樊知古所部不治，恕密以語之〔八〕，知古訴於帝，帝怒恕泄禁中之語，故罷之。

三日，中書侍郎、兼户部尚書、同中書門下平章事、監修國史呂蒙正罷爲吏部尚書。制書以蒙正「任當補職，而曷嘗有聞；智類挈瓶，而一無所守。但務引援於親昵，不思澄汰於品流。竊禄偷安，匿瑕藏垢，政之有缺，悔不可追」，故有是命。

七日，樞密使王顯罷爲崇信軍節度使〔九〕。制書以顯「參幃幄之籌，曾無補職之効；居負乘之地，實有致寇之虞〔一〇〕。殖固黨私，紊撓綱紀，蔽賢傷善，固寵偷安，實貪性之使然，於盡瘁而何有」，故有是命。

四年六月九日，吏部尚書、同中書門下平章事張齊賢罷爲尚書左丞。制書以齊賢「好談功名，力不逮心，名浮於

〔一〕思職：原無，據《宋宰輔編年録》卷二補。
〔二〕自：原作「日」，據《宋宰輔編年録》卷二改。
〔三〕若：原作「務」，據《宋宰輔編年録》卷二改。
〔四〕侍郎：原無，據《宋宰輔編年録》卷二補。
〔五〕聞：原作「間」，據《宋宰輔編年録》卷二改。
〔六〕言：原脱，據《宋宰輔編年録》卷二補。
〔七〕「許」原作「陳」，「繫」原作「擊」，據《宋宰輔編年録》卷二改。
〔八〕恕：原作「怒」，據《宋宰輔編年録》卷二改。
〔九〕密使：原作「密院」，據《宋宰輔編年録》卷二改。
〔一〇〕有：原脱，據《宋宰輔編年録》卷二補。

實。況多居於假告〔一〕，特宜解於樞衡」，故有是命。

十五日，宣徽北院使〔二〕、樞密副使、知院事張遜責授右衛將軍，樞密副使、左諫議大夫寇準罷守本官〔三〕。制書以遜「結置朋黨，交構是非。貝錦之詞〔四〕，聿彰於萋菲；挈瓶之智，已極於滿盈」；以準「雖頗彰於勤瘁，而自掇於悔尤。交構是非，頗瀆公上」。先是，遜與準不叶，奏事多矛楯。帝欲罷之，會遜等歸私第，溫仲舒與準並轡，有狂民舞蹈於馬前，街使王賓與遜厚善，因奏言民迎準馬首舞蹈。既而準自 6 辨，云實與仲舒同行，遜執賓奏斥準，詞氣悖厲，因互發其私。帝怒，故貶遜而罷準。

十月十七日〔五〕，左僕射、兼中書侍郎〔六〕、同中書門下平章事、監修國史李昉罷爲右僕射。制書以昉「自處機衡，曾無規畫。壅化源而斯久〔七〕，辜物望以何深」。先是，召翰林學士張洎草制，授昉左僕射罷相。洎上言曰：「昉因循保位，近霖霪百餘日，陛下焦勞惕厲，憂形於色，昉居輔相之任，職在燮理陰陽，乖戾如此，而晏然自若，無歸咎引退之意。矧中臺僕射之重，百僚師長，右減於左〔八〕，位望輕重不侔，因而授之，何以勸人臣之盡節？宜加黜削，以儆具臣。」帝以昉耆舊，不欲譴黜，但令以右僕射奉朝請焉。是日，給事中、參知政事賈黃中、李沆，樞密副使、左諫議大夫溫仲舒，並罷守本官，奉朝請，以政事稽留不決，故有是命。

至道元年正月十六日，給事中、參知政事趙昌言罷爲戶部侍郎、知鳳翔府。先是，以劍南殘寇未殄，詔昌言按督之。後旬餘，召宰臣於北苑門，曰〔九〕：「昨令昌言入蜀，朕思之，有所未便。且蜀賊小寇，而昌言大臣，未易令前進，且令駐鳳翔，止遣內侍衛紹欽賫朕手書指揮軍事，亦可濟矣。」詔書追及，昌言已至鳳州，留候館殆百餘日〔一〇〕。及賊當殄滅〔一一〕，王師振旅，故有是命。

二十一日，右諫議大夫、同知樞密院事劉昌言罷爲給事中。先是，度支都監趙贊以姦詐狡惡伏法，昌言任河南通判日常保舉贊，相厚善。贊之逐也，昌言心不自安。 7 帝因言及近侍中亦有與之交通者，昌言蹶然出位，頓首稱死罪〔一二〕。帝曰：「卿勿憂也。」然頗惡之，因罷。

〔一〕「告」及下「特宜」，原無，據《宋宰輔編年録》卷二補。
〔二〕「北」上原有「院」字，據《宋宰輔編年録》卷二删。
〔三〕官：原作「守」，據《宋宰輔編年録》卷二改。
〔四〕貝：原作「具」，據《宋宰輔編年録》卷二改。
〔五〕十七日：原作「十五日」。按，李昉罷相，《長編》卷三四、《宋大詔令集》卷六五、《宋宰輔編年録》卷二、《宋史》卷五《太宗紀》二等均在十月十七日辛未，據改。
〔六〕中書：原無，據《宋宰輔編年録》卷二補。
〔七〕壅：原作「擁」，據《宋宰輔編年録》卷二改。
〔八〕左：原作「在」，據《宋宰輔編年録》卷二改。
〔九〕曰：原作「外」，據《宋史》卷二六七《趙昌言傳》改。
〔一〇〕候：原作「侯」，據《宋史》卷二六七《趙昌言傳》改。
〔一一〕殄：原作「疹」，據前「殘寇未殄」意改。又「當」似應作「黨」。
〔一二〕首：原無，據《宋史》卷二六七《劉昌言傳》補。

四月(一)〔七〕日〔一〕，吏部尚書、同中書門下平章事呂蒙正罷爲右僕射，給事中、參知政事蘇易簡罷爲禮部侍郎。制書以蒙正「彌綸大體，固未叶於康哉；而勵翼小心，亦動觀於勤止。頗鬱隆平之望，宜均勞逸之功」。既而帝召蒙正諭曰：「僕射師百僚，朕以中書政事煩多，俾均勞逸。」蒙正頓首謝。易簡與昌言不叶，數忿争於帝前。先是昌言出使劍南〔二〕，中路罷知鳳翔府，至是易簡亦有是命。

二年七月十六日〔三〕，給事中、參知政事寇準罷守本官。先是，郊祀行慶，中外官吏皆進秩，準率意輕重，其素所喜者多得臺省清秩，所惡及不知者即序進焉。廣州左通判馮拯任右正言，右通判彭惟節任太常博士，惟節序於拯下。及改秩爲員外郎，拯得虞部，惟節得屯田，反在拯上。惟節自以素居拯下，如舊不易位。會奏報，準覆視，怒其亂班制，下詔書切責之。拯憤曰：「帝日閲萬機，安察見此細事，蓋寇準弄權耳。」因上疏極言，并及嶺南管内官吏除拜不平凡數事，條列以聞。嶺南東路轉運使康戩又上書言除拜不平事，因言：「呂端、張洎、李昌齡皆準引，端心德之，洎曲奉準，昌齡畏愞，皆不敢與準抗，故得以任胸臆，亂經制，皆準所爲也。」帝大怒，準適祀太廟攝行事，召呂端等詰責之。端曰：「臣等皆陛下擢用〔四〕，待罪相府，至於除拜專恣，實[8]準所爲也。準剛强自任，臣等忝備大臣〔五〕，不與忿争，慮傷國體。」因再拜請罪。會準入對，帝説及馮拯事，準抗言與端等同議除拜。帝曰：「若庭辨是非，又深失執政之體。」準猶力争不已。帝先已惡準，因歎曰：「雀鼠尚知人意，況人乎！」翌日，又抱中書簿領(諭)〔論〕曲直於〔帝〕前，帝不悦，至是遂罷。

三年正月十一日，給事中、參知政事張洎罷爲刑部侍郎。先是，洎參知政事，蓋寇準推挽之，洎奉事準甚謹，政事無所參預。會議靈州事不稱旨，恐懼，欲自固權寵。帝已嫉準專恣，恩寵衰替，洎恐一旦同罷免，因奏事大言準退後多誹謗，準但色變，不敢自辨，帝由是大怒，準旬日罷。未幾，洎被病家居，滿百日，力疾請對，方拜而踣，表請解職，故有是命。

五月十一日，户部侍郎、參知政事李昌齡責授忠武軍節度行軍司馬。制書以昌齡「擢列台司，預聞國政，恣行請託，深亂朝經」，故有是命。

八月七日，宣徽南院使、知樞密院事趙鎔罷爲壽州觀察使。鎔有心疾，故有是命。

〔一〕七日：原作「一日」，據《長編》卷三七、《宋宰輔編年録》卷二、《宋史》卷五《太宗紀》二改。

〔二〕劍南：原作「建南」，據前「至道元年正月十六日」條改。

〔三〕十六日：《長編》卷三七、《宋宰輔編年録》卷二、《宋史》卷五《太宗紀》二均繫於七月二十八日丙寅。

〔四〕擢：原作「逐」，據《長編》卷四〇改。

〔五〕忝：原作「添」，據《長編》卷四〇改。

真宗咸平元年〔正〕〔十〕月三日〔一〕，右僕射、兼門下侍郎、同中書門下平章事、監修國史呂端罷爲太子太保。制書以端「體力未康，保頤是切，不欲重煩於機務，庶諧養畜於精神」，故有是命。

三年十〔一〕月二十二日〔二〕，門下侍郎、兼兵部尚書、同中書門下平章事張齊賢罷爲兵部尚書歸班。制書以齊賢「酣醟盃觴，歆傾冠弁，瀆茲朝著，悖我盛儀」。先是，冬至朝會，御史臺彈奏 9 齊賢酒醉失儀，故有是命。

〔五年十月〕二十五日〔三〕，兵部侍郎、同中書門下平章事、集賢殿大學士向敏中罷爲户部侍郎歸班。制書以敏中「翼贊之功未著，潔廉之操蔑聞。喻利居多，敗名無耻。始營故相之地，終興嫠婦之詞。對朕食言，爲臣自昧」。先是，故相薛居正子惟吉妻柴氏無子，惟吉有子安上、安民，〔其〕〔甚〕富。柴素與二子不叶，既寡，盡畜其父金帛，計直三萬緡，并其書籍綸告，以謀改適張齊賢。安上詣京府訴其事，柴復訟宰相向敏中賤貿居正故第〔四〕，又嘗求娶己不許，以是教安上誣告母，且陰庇之。帝以問敏中，敏中言實以錢五百萬貫貿安上居第，近妻喪，不復議婚媾，未嘗求婚於柴。帝亦不復問。柴又伐鼓，訟益急，遂并其狀下憲司鞫之。安上兄弟素不肖，頃嘗競財貨，遂有詔不許其貿易祖父貲産，而敏中乃違命貿其第，令安上月出息錢二千。御史府索要契驗〔五〕，敏中所書字非一體。敏中又議娶故駙馬都尉王承衍女，密約已定，未納采。帝詢於王氏，得其實，因面責敏中以不直，罷之。

景德三年二月二十五日，中書侍郎、兼工部尚書、同中書門下平章事、集賢殿大學士寇凖罷爲刑部尚書〔六〕。制書以凖「先帝舊臣，虛懷厚禮，眷言機務，不欲重煩」。既而帝謂輔臣王旦曰：「寇凖以國家爵賞過求虛譽，無大臣體，罷其重柄，亦庶保其終吉也。」

大中祥符七年六月二十一日，樞密使、吏部尚書、檢校太尉、同中 10 書門下平章事、監修國史王欽若，樞密使、户部尚書、檢校太傅、兼群牧制置使陳堯叟，並罷本官。宣徽北院使、兼樞密副使馬知節罷爲潁州防禦使〔七〕。制書以欽若「舉封嶽之上儀〔八〕，嘗資先置；按禮神之嚴蹕，莫匪從行。式遂養恬，用符均逸」；堯叟「汾〔睢〕〔脽〕親祭，經晝惟寅，宜就安閑，以厲久次」。先是，內殿崇班王懷信以平蠻之勞，樞密院議行賞等級，頗異同稽緩，詔促之。欽若等

〔一〕十月：原作「正月」，據《長編》卷四三、《宋宰輔編年録》卷三、《宋史》卷六《真宗紀》一改。
〔二〕十一月：原脱「一」字，據《長編》卷四七、《宋宰輔編年録》卷三、《宋史》卷六《真宗紀》一補。
〔三〕五年十月：原無，據《長編》卷五三、《宋史》卷六《真宗紀》一補。
〔四〕貿：原作「質」，據《長編》卷五三改。下同。
〔五〕索：原作「素」，據《長編》卷五三改。
〔六〕寇：原作「冠」，據《宋宰輔編年録》卷三改。
〔七〕潁州：原作「穎」，據《宋史》卷二一〇《宰輔表》一改補。
〔八〕嶽：原作「岱山」，據《宋宰輔編年録》卷三删改。

議於帝前，而知節恚忿，詆訐（政朝）〔朝政〕。既而不暇奏稟〔一〕，超授懷信官，餘悉加等進秩。帝怒，故并罷之。

八年四月十三日，樞密使、兵部尚書、同中書門下平章事寇準罷爲武勝軍節度使。制書以準「再當機要，俄貿歲時，寵待老成，永言勤止」。先是，準數與三司使林特忿争，帝謂宰臣王旦曰：「準年高歷事，朕以爲能改前非，今觀所爲，更非疇昔。」旦曰〔二〕：「既欲人懷惠，又欲人畏威，此正大臣畏避之事，準傲然不顧，以爲己任，非至仁之主，安能全之也？」

天禧（二）〔三〕年六月九日〔三〕，左僕射、兼中書侍郎、同中書門下平章事、充景靈宫使王欽若罷爲太子太保，判杭州。制書以欽若「再司衡軸，能率典彝，言念勤庸，俾諧優逸」〔四〕。先是，内府周懷政以帝崇奉禋祀，遂與妖人朱能輩僞造靈命〔五〕，冀圖恩寵，日進藥餌。欽若屢言其妄，復密陳規諫。懷政懼得罪，因共誣構〔六〕，言捕獲金、商州道士譙文易，蓄禁書，有神術，欽若素識之。帝不復辨詰，故有是命。

四年六月十六日，右[11]僕射、兼中書侍郎、同中書門下平章事、充景靈宫使、集賢殿大學士（冠）〔寇〕準罷爲太子太傅、萊國公歸班〔七〕。制書以準「再謀揆政，專委國權，興議交喧〔八〕，朝章失序，加以罔思兢慎，不肅門庭，交結匪人，虧傷大體」。故有是命。

十〔一〕月二十二日〔九〕，吏部尚書、同中書門下平章事、充玉清昭應宫使、昭文館大學士丁謂〔罷爲〕户部尚書歸班，吏部侍郎、兼太子少傅、同中書門下平章事、充景靈宫使、集賢殿大學士李迪罷爲户部侍郎歸班。制書以謂「遽致同列〔一〇〕，面興忿詞，寔駭予聞，有傷國體」；以迪「當旅對之揚廷，忽抗言而興忿，駭予聞聽，厥有彝章」〔一一〕。先是，迪因奏對，言：「謂姦邪弄權，中外無不畏懼，臣願與同下憲司置對。」且言：「昨林特男在任非理決罰人致死，其家詣闕訴冤，寢而不理，蓋謂所黨庇〔一二〕，人不敢言。」又曰：「寇準無罪，朱能事不當顯戮，東宫官不當增置。」又錢惟演亦謂之姻家，臣願與惟演俱罷政柄，望陛下別擇賢才

〔一〕而：原無，據《長編》卷八二補。
〔二〕旦：原作「且」，據《宋宰輔編年録》卷三改。
〔三〕三年：原作「二年」，據《長編》卷九三、《宋宰輔編年録》卷三、《宋史》卷八《真宗紀》三改。
〔四〕諧：原作「階」，據《宋宰輔編年録》卷三改。
〔五〕妖：原作「沃」，據《長編》卷九三原注改。
〔六〕共：原作「其」，據《長編》卷九三原注改。
〔七〕班：原脱，據《宋宰輔編年録》卷三補。
〔八〕據《宋宰輔編年録》卷三，自「興議交喧」以下制詞，乃七月寇準降知相州責詞，非六月罷相制。
〔九〕十一月：原作「十月」，據《長編》卷九三、《宋宰輔編年録》卷三、《宋史》卷八《真宗紀》三補「一」字。
〔一〇〕謂：原作「爲」，據文意改。
〔一一〕厥：原作「決」，據《宋宰輔編年録》卷三改。
〔一二〕謂：原作「爲」，據《長編》卷九六改。

爲輔弼〔一〕。」又曰：「曹利用、馮拯亦有朋黨。」利用進曰：「以片文隻字遭逢聖世，臣不如迪；奮空拳，捐軀命，入不測之虞，迪不如臣。」帝顧丁謂曰：「中書有不當事耶？」謂曰：「願以詢臣同列。」帝顧任中正，中正等曰：「中書供職之外，亦無曠闕事。」頃之，謂、迪等退，帝怒甚，命付御史按劾。利用、拯進曰：「大臣下獄，不惟深駭物聽，況丁謂本無忿（兢）〔競〕之意，而與迪置對，亦未合宜。」帝曰：「曲直未分，安得不令辨對？」既而意稍解〔二〕，乃曰：「朕當即[12]有處分。」乃詔謂、迪各降秩一級，謂知河南府，迪知鄆州。尋（後）〔復〕留之。先是，迪與寇準同在中書，事之甚謹。準既得罪，謂等頗輕之，迪不能堪。至是，輔臣例兼官，迪以舊人當遷尚書。又故事，兩省侍郎無兼左右丞者，蓋謂深欲抑迪，擬兼左丞，故迪益憤。又謂素善林特，既議改特爲詹事，明日晨朝待漏，又欲以特爲樞密副使，仍領賓客。迪曰：「特去歲遷右丞，今年改尚書、入東宮，皆非公選，物議未息，況已奏除詹事，不可也。」因詬謂，皆不答。同列極意和解，皆不聽，遂力爭於帝前，期必與謂俱罷。翌日，帝御承明殿〔三〕，召丁謂詢其紛競之故。謂從容陳叙，且言：「李迪本自喧哱，臣不當與之俱罷〔四〕。」賜對久之。於是遣入内都知張景宗、副都知鄧守恩傳詔〔五〕，送謂赴中書，令依舊視事，仍命與馮拯、曹利用俱進秩，領宮官；以迪知鄆州，放朝辭〔六〕，即時赴任。

乾興元年六月二十二日，仁宗即位未改元。司徒、兼侍中、充玉清昭應宮使〔七〕、昭文館大學士丁謂降太子少保，分司西京。制書以謂「罔念嘉猷，密交姦孽。山園擅易，曾靡敷陳；簡札潛通，備彰欵昵。私營器用，竊役工徒。證佐甚明，僻違斯顯」。先是，帝召宰臣馮拯、曹利用、任中正、錢惟演、王曾、張士遜至承明殿，諭以「丁謂身爲宰輔，與雷允恭交結，情寔難知」。因示文字一紙，乃謂託允恭令後苑巧工造酒器〔八〕，并出造金盃盤，頗極妙麗。復示允恭欵狀，嘗告謂求勾當皇城司及管三司衙將，謂[13]私許之，并知移徙山陵皇堂，曲庇不言等事。又語拯等：「自來謂每附允恭入奏公事，皆言已與中（樞）〔書〕、密院參議允當，所以皆可其奏。近因欺罔彰敗，方知動多虛矯。且營奉陵寢，臣子所宜盡心，眩惑多端，幾悮大事。所爲如此，（主）〔何〕副國家倚注之心？」拯等奏曰：「自先帝登遐〔九〕，朝廷政事只是謂潛與允恭商量，一一自稱於内庫厚達〔一〇〕，得聖旨，

〔一〕弼：原作「弱」，據《長編》卷九六改。
〔二〕解：原作「懈」，據《長編》卷九六改。
〔三〕承：原作「丞」據《長編》卷九六改。
〔四〕臣：原作「百」，據《長編》卷九六改。
〔五〕恩：原作「思」，據《長編》卷九六改。
〔六〕放：原作「故」，據《長編》卷九六改。
〔七〕昭：原作「宮」，據《宋史》卷二一〇《宰輔表》一改。
〔八〕託：原作「記」，據《宋宰輔編年録》卷四改。
〔九〕遐：原作「還」，據《長編》卷九八改。
〔一〇〕内庫厚達：意不可解，疑當作「内宮稟達」。該句及下句《長編》卷九八作「稱得旨禁中」。

臣等莫辨真虛，須至依稟。雖或事有疑慮，情涉阿私，莫敢指陳，無由申訴。今者伏賴皇太后、皇帝察其姦詐，俾臣等獲(由)〔申〕忠欵，盡達聖聰，邪正洞分，上下無壅，斯乃宗社之靈，天下之幸也。」又語拯等曰：「丁謂罪狀既露，須至降黜，卿等同議如何，只今擬定。」於是就殿隅共議，請除少保、分司，仍令御史臺遣人監伴往彼，當日進發。中書召當直舍人草詞，不降内制，仍詔御史臺榜示朝堂，傳告諸路。七月，貶授將仕郎，守崖州司户參軍，員外置，同正員。仍布告中外。

二十九日，兵部尚書、參知政事任中正降太子賓客〔一〕，知鄆州。制書以中正「罔念匪躬之格訓，輒興傅下之詭詞，志在朋姦，道殊中立」。先是，内出御劄云：「中正與丁謂交分最深，務相朋助，不顧治道。昨雷允恭事敗，中正累對人言合議寬恕。交狀彰顯，宜微懲責，仍令御史臺催促進發。」

十一月一日，樞密使、兵部尚書、充祥源觀使錢惟演罷爲檢校太傅〔二〕、保大軍節度使。制書以惟演「頃露由衷，懇祈遜職。宅予憂之尚 14 默〔三〕，從乃欲之未皇。雖幃幄宣謀，靡愆於慎重；而葭莩聯戚，終避於嫌疑」，故有是命。

仁宗天聖五年正月十九日，樞密副使、刑部侍郎晏殊罷，守本官知宣州。先是，從幸玉清昭應宫，怒公人祗應不到，揮笏折齒，臺憲官連上封章，以殊爲性褊率，失大臣體。帝以殊東宫舊僚，先朝任用，止令罷職，出典外藩，故有是命。

七年正月十三日，樞密使、保平(章)〔軍〕節度使、守司空、兼侍中、充景靈宫使、兼群牧制置使曹利用罷，判鄧州，餘官如故。制書以利用「幃幄之謀，每存信厚；將相之任，咸副仰成。歲月兹多，封章荐至，顧乃奉身之請，式符知止之言」，故有是命。二十五日，再降授銀青光禄大夫、檢校司空、左千牛衛上將軍、知隨州，仍令内侍、御史臺吏伴送至州。二月十四日，降充崇信軍節度副使〔四〕、房州安置。先是，利用姪汭以蔭爲左侍禁，領趙州兵馬司，州民告汭謀不軌〔五〕，遣使鞫治，悉抵法。又利用領景靈宫使，令樞密吏貸宫中官錢，詐爲見數，故再及於貶。

二月七日，禮部尚書、同中書門下平章事、集賢殿大學士張士遜罷爲刑部尚書、知江寧府。初，曹利用將得罪，士遜嘗爲解其事，太后怒，帝以士遜東宫舊臣，乃進秩而罷之。

六月二十七日，門下侍郎、兼吏部尚書、同中書門下平章事、充玉清昭應宫使、昭文館大學士王曾罷爲吏部尚書、知兖州。制書以曾「分職靈宫，潛心妙道。雖欽崇匪懈，克

〔一〕賓客：原倒，據《宋宰輔編年録》卷四乙。
〔二〕「觀」下原有「察」字，據《宋宰輔編年録》卷四删。
〔三〕默：原作「然」，據《宋宰輔編年録》卷四改。
〔四〕副使：原倒，據《宋宰輔編年録》卷四乙。
〔五〕汭：原作「納」，據上文改。軌：原作「執」，據文意改。

守於虔15誠；而警備或虧，適罹於炎火。顧夙(霄)〔宵〕而增懼，念典法之有常」，故有是命。

明道二年十月二十六日，門下侍郎、兼兵部尚書、同中書門下平章事、昭文館大學士張士遜罷爲山南東道節度使、同中書門下平章事、判許州，樞密使、山南東道節度使、檢校太尉楊崇勳罷爲河陽三城節度使、同中書門下平章事、判陳州。制書以士遜「久司魁柄，克著(勤)〔勳〕庸，式均勞逸之恩，特優進退之禮」；崇勳「納忠宣力，久竭於誠明；作翰均勞，式頒於命數」。先是，百官詣洪福院上莊懿皇太后謚册，退而奉慰，士遜乃過崇勳園飲，日中不至，群臣離立以俟。權御史中丞范諷彈奏之，遂以士遜爲左僕射，崇勳爲使相，俱罷。及告謝，士遜乃位崇勳下，帝問其故，士遜對曰：「臣官僕射而崇勳使相，故位當在下。」於是更命士遜爲使相。時士遜已罷，而翰林學士承旨盛度草制，猶用士遜舊銜，有司奉行制書，不復追改，論者非之。

景祐二年二月十三日，工部尚書、同中書門下平章事、集賢殿大學士李迪罷爲刑部尚書、知相州。制書以迪「姻聯之內，險詐成愆，靡先事而上言，顧爲臣而有隱，何以更居衮職〔一〕，以肅朝章」。初，帝御延和殿，召宰臣呂夷簡、參知政事宋綬決范諷獄〔二〕，以迪素黨諷，獨不得召。既惶恐還第，翌日遂降是命。

四年四月二十二日，右僕射、兼門下侍郎、同中書門下平章事、昭文館大學士呂夷簡罷爲鎮安軍節度16使〔三〕、同中書門下平章事、判許州，右僕射、兼門下侍郎、同中書門下平章事、集賢殿大學士王曾罷爲右僕射、充資政殿大學士、判鄆州，吏部侍郎、參知政事宋綬罷爲左丞、充資政殿學士〔四〕，禮部侍郎、參知政事蔡齊罷爲户部侍郎、知(穎)〔潁〕州。時曾與呂夷簡議論既不合，而政事多依違不決，因各上章求退，綬多同夷簡，而齊間有所異，用是皆罷免。曾止遷僕射知青州，既入謝，求改鄆州，乃下學士院貼麻，加資政殿大學士判鄆州。初除僕射，不云「判州」而云「知州」，當制學士之失。

五年三月一日，門下侍郎、同中書門下平章事、昭文館大學士王隨罷爲檢校太傅、同中書門下平章事、彰信軍節度使，户部侍郎、同中書門下平章事、集賢殿大學士陳堯佐罷爲檢校太傅、同中書門下平章事、淮康軍節度使、判鄭州，户部侍郎、參知政事韓億罷守本官歸班，禮部侍郎、參知政事石中立罷爲户部侍郎、資政殿學士。制書以隨「蹈厲精而宣力，久結疾以愆和，叠貢奏函，懇辭魁柄」；堯佐「遽因災異，繼有奏陳，援漢家賜策之文，探羲《易》勞謙之旨」。時災異屢發，諫官韓琦言隨久被病，而堯佐復高年，

〔一〕衮：原作「充」，據《宋宰輔編年録》卷四改。
〔二〕政：原作「正」，據《宋宰輔編年録》卷四改。
〔三〕鎮安軍：原作「鎮海軍」，據張方平《樂全集》卷三六《呂公神道碑》、《宋史》卷三一一《呂夷簡傳》、《東都事略》卷五二《呂夷簡傳》改。
〔四〕殿：原無，據《宋宰輔編年録》卷四補。

政事不修，韓億子綜爲群牧判官，不當請以其兄綱代之，又石中立詼諧無大臣體，故并罷之。

寶元二年五月二十三日，宣徽北院使、定國軍節度使、知樞密院事王德用罷爲武寧軍節度使，赴本鎮。制書以德用「樞機之[17]務，夙夕靡渝，俾偃息以攸寧，諒出處之奚間」。時權御史中丞孔道輔言德用貌類藝祖〔一〕，宅枕乾崗，不可以處樞近，故罷之。

十一月十日，武寧軍節度使〔二〕、知樞密院事盛度罷爲尚書右丞、知揚州，尚書左丞、參知政事程琳降授光禄卿、知（穎）〔潁〕州〔三〕。初，權知開封府鄭戩發使院行首馮士元姦贓及私藏禁書事〔四〕，而士元嘗爲度侵借民居。又琳欲創第，而故樞密副使張遜第在武成坊，其曾孫偕纔七歲，宗室女所生也，貧不自給，而乳媪擅出券鬻之。琳密使人諭以偕尚幼，須得御寶許鬻，人乃敢售。其乳媪以宗室女故入宮見莊惠太后，既得御寶，而琳乃市取之，令弟琰同士元市材木。士元既杖脊配沙門島，而府判李宗簡輒私發公案，欲營救之〔五〕。府推官王逵即白於戩，遂奏，移鞫御史臺，詞及度、琳，故有是命。

康定元年三月二十四日，工部侍郎、知樞密院事王鬷罷守本官、知河南府，右諫議大夫、同知樞密院事陳執中罷守本官、知青州，給事中、同知樞密院事張觀罷守本官、知相州。制書以鬷「歷典事任，積揚誠節，方咨上畧，以壯遠猷，而羌醜弗懷，疆事遄警，雖諮諏之備至，顧績用而未彰」；以執中「特越常均，超居大任，屬叛羌之俶擾，嘗更歲以預謀，廣心失虞，前慮或闕，久當重任，曷厭群言」；以觀「甄其業履之純，副乃臣鄰之重。遘戎渠之背惠，屬師壘以宣威，慮事授方，頗失于素。念封陲之守，資備[18]禦之長，難狗苟安，以虧成筭」。故皆有是命。

二年五月二十三日，右諫議大夫、參知政事宋庠罷守本官、知揚州，樞密副使、右諫議大夫鄭戩罷守本官、充資政殿學士、知杭州。時宰相以庠、戩洎三司使葉清臣皆同時及第〔六〕，又與知開封府吳遵路素相善，而並據要地，以爲朋黨，故出之。

慶曆二年七月六日，樞密副使、給事中任布罷爲工部侍郎、知河陽。初，子遜妄疏時政而并及其父不才，臺諫官繼有奏論，故罷之。

四年九月十二日，刑部尚書、同中書門下平章事、集賢殿大學士、兼樞密使晏殊罷爲工部尚書、知（穎）〔潁〕州。制書以殊「罔念艱疚〔七〕，頗圖晏安，廣營產而殖私，多役兵而

〔一〕用：原無，據《宋宰輔編年録》卷四補。
〔二〕武寧：原倒，據《宋宰輔編年録》卷四乙。
〔三〕此下原有「軍事度」三字，據《長編》卷一二五删。
〔四〕贓：原作「賊」，據《長編》卷一二五改。
〔五〕救：原作「求」，據《長編》卷一二五改。
〔六〕司使：原倒，據《宋宰輔編年録》卷四乙。
〔七〕艱：原作「難」，據《宋宰輔編年録》卷五改。

規利，致乃公論，達於予聞」，故有是命。

五年正月二十九日，吏部侍郎、同中書門下平章事、兼樞密使、集賢殿大學士杜衍罷爲尚書左丞、知兗州。制書以衍「自居鼎輔，靡協巖瞻，頗彰朋比之風，難處訏謨之地。顧群議之莫遏，須朝渥之尚優」，故有是命，仍放朝辭。

三月五日，樞密副使、右諫議大夫韓琦罷爲資政殿學士、知揚州。以董士廉上書論水洛城也。

七年三月二十一日，工部侍郎、同中書門下平章事、昭文館大學士賈昌朝罷爲同中書門下平章事、武勝軍節度使、判大名府，樞密副使、右諫議大夫吳育罷爲給事中歸班。制書以昌朝「夙夜盡瘁，勤勞國事，帷幄倚其籌謀，天下仰其風采。剡封來上，還政爲言，【19】特徇乃誠，俾均日逸」。先是，育與昌朝數爭事帝前。是歲春大旱，帝經筵問高若訥，若訥陳《洪範》肅時雨若，今大臣爭事而不肅，故旱，遂皆罷之。

四月一(月)〔日〕[一]，工部侍郎、同中書門下平章事陳執中降授給事中，參知政事宋庠降授左諫議大夫，工部侍郎、參知政事丁度降授中書舍人，以自春不雨故也。十一日[二]，執中復舊官。十七日[三]，庠、度復舊官。

八年五月二十四日，樞密使、河陽三城節度使[四]、同中書門下平章事夏竦罷樞密使，判河南府[五]。初，衛士之變，領皇城司者皆坐逐，獨楊懷敏降官，領入内都知如故。臺諫官數言竦素結懷敏而曲庇之。時京師同日無雲，而震者五[六]，帝方坐便殿，急召翰林學士。俄頃，學士張方平至，帝連言天變若此，蓋夏竦姦邪所致。方平請撰駁辭，帝意遽解，曰：「且以均勞逸命之。」

皇祐元年八月二日，工部尚書、同中書門下平章事、昭文館大學士陳執中罷〔爲〕兵部尚書、知陳州。制書以執中「德佑于朝，公心推于衆，間以江道演溢，版民流移，叠露章言，懇祈退避」，故有是命。初，執中以尚書左丞罷，既而帝以爲恩禮薄，下學士院貼麻，改命之。

三年三月九日，工部尚書、同中書門下平章事、集賢殿大學士宋庠罷爲刑部尚書，充觀文殿大學士，知河南府。時言者以庠在相位，於國家無所建明，故出之。

十月二十二日，禮部尚書、同中書門下平章事、昭文館大學士文彦博罷【20】爲吏部尚書，充觀文館大學士、知許州。制書以彦博「左右罄於一心，夙夜經於庶務。荐中奏述，懇避寵榮」。先是，侍御史唐介言彦博陰結禁中，且薦富弼爲相，朝廷已責介春州別駕，而彦博自請罷重任，故有是命。

〔一〕按，《長編》卷一六〇記此事於三月二十八日，略異。
〔二〕日：原作「月」，據《長編》卷一六〇改。
〔三〕按，《長編》卷一六〇記宋庠、丁度復官與陳執中同日（十一日乙卯）。
〔四〕城：原作「郡」，據《宋宰輔編年録》卷五改。
〔五〕判河南府：原作「判河陽」，據《長編》卷一六四改。
〔六〕震：《太平治迹統類》卷六作「雹」。

五年閏七月五日，户部侍郎、同中書門下平章事、昭文館大學士龐籍罷守本官、知鄆州。制書以籍「不能厲以正方，繩於群下，親聯交構〔一〕，私謁彰聞〔二〕。逮有司之訊詞，合杜門而待罪，乃行蔽斷，仍失重輕。故公議之弗容，在人言之莫遏」，故有是命。初，齊州人皇甫淵獲賊〔三〕，於法當得賞錢，淵上書請易一官，乃賂道士趙清貺及堂吏〔四〕，而清貺，籍甥也，紿爲白籍〔五〕。既而淵數詣待漏院自陳，籍乃勒淵歸齊州。有小吏告清貺等受贓事，籍即捕下開封府，而清貺及堂吏皆以贓配南方。清貺未至配所死，上言者以籍陰諷開封府杖殺清貺以滅口，又言事當付樞密院，而不當中書自行，故罷之。然謂籍陰諷開封府失寔也。

至和元年七月七日，禮部侍郎、同中書門下平章事、集賢殿大學士梁適罷守本官、知鄭州。制書以適「出入五年，周旋二府，苛慝比作，變異重仍。加復嘖有煩言，達於予聽，曾淑聲之莫建〔六〕，在清議之弗平」，故有是命。

嘉祐元年八月十四日，樞密使、護國軍節度使狄青罷爲護國軍節度使、同中書門下平章事、判陳州。時言者以青家犬生角，又夜有火光，中外以爲疑，故罷之。

三【21】年六月七日，吏部尚書、同中書門下平章事、昭文館大學士文彦博罷爲河陽三城節度使、同中書門下平章事、判河南府，樞密使、山南東道節度使、同中書門下平章事賈昌朝罷爲鎮安軍節度使、右僕射、兼侍中、充景靈宮使。時御史郭申錫、張伯玉數攻彦博〔七〕，〔彦博〕内不自安，連上疏乞罷。諫官陳升之恐賈昌朝代之〔八〕，因摭昌朝在樞密院多引用親舊使臣〔九〕，又治大第，設兩客位以待内臣數事，繼以爲言，遂并罷之。

六年四月二十七日，樞密副使、右諫議大夫陳升之罷爲資政殿學士、知定州。知諫院唐介等交上章彈奏升之素與勾當御藥院王世寧連姻，而圖柄臣；又知開封府，嘗於豪民家市馬而賤償其價。帝出其奏示升之，升之請下有司辨虚寔，遂家居不出，自求罷去。帝遣中使以手詔出之，介等復居家待罪，頃復出之。如是者數四。帝顧謂輔臣曰：「凡除拜二府，朕豈容内臣預議耶？」而介等言不已，故兩罷之。

七年三月八日，禮部侍郎、參知政事孫抃罷爲觀文殿學士〔一〇〕、兼翰林院侍讀學士、同群牧制置使。以御史韓縝言其昏昧不任事也。

〔一〕親聯交構：原作「交聯親構」，據《宋宰輔編年録》卷五乙。
〔二〕謁：原作「遏」，據《宋宰輔編年録》卷五改。
〔三〕賊：原作「贓」，據《宋宰輔編年録》卷五改。
〔四〕士：原作「王」，據《宋宰輔編年録》卷五改。
〔五〕紿爲白籍：原作「始以爲自籍」，據《宋宰輔編年録》卷五改。
〔六〕「淑」原作「俶」，「建」原作「逮」，據《宋宰輔編年録》卷五改。
〔七〕攻：原作「考」，據《宋宰輔編年録》卷五改。
〔八〕代之：原作「中書」，據《宋宰輔編年録》卷五改。
〔九〕朝：原作「宗」，據《宋宰輔編年録》卷五改。
〔一〇〕抃：原作「忭」，據《長編》卷一九六改。

治平四年〔八〕〔九〕月二十〔四〕〔六〕日〔一〕，神宗即位未改元。禮部侍郎、參知政事吳奎罷爲户部侍郎、資政殿大學士、知青州。制書以奎「比者論斥臺憲之臣，頗失執政之重。親被手詔，目爲内批，稽留成命，至淹三日，非所以恭於奉上而俾民不迷者也。爰從免罷，以申薄責」，故有22是命。

九月二十八日，檢校太傅、同簽書樞密院事郭逵罷爲宣徽南院使〔二〕、知鄆州。初，召逵赴闕，御史張紀、唐淑問具言：「逵自進用以來，人言至今不已，況聞王綯親奉德音〔三〕，中外側耳，日俟聖斷。若用范仲淹兩府出使例，落僉書，且在陝西任使，於逵亦未爲損。」又同知諫院滕甫言：「國初邊將雖累著功効，所官不過刺史、防、團，所授不過沿邊巡檢，故能得其死力，此聖王駕馭將帥之術也。乞罷逵僉書之命。」而逵亦屢乞郡，故有是命。

十月七日〔四〕，開府儀同三司、守司空韓琦罷爲守司徒、檢校太師、兼侍中、判相州。制書以琦「在成功而弗處，實有大以能謙。荐上奏封，懇辭政柄。顧倚毗之厚，詔諭數頒；而精懇之堅，辭誠難奪」，故有是命。

神宗熙寧元年十二月二十三日，右諫議大夫、樞密副使邵亢罷爲給事中、知越州。以言者論亢不才，引疾辭位，故有是命。

三年四月十九日，右諫議大夫、參知政事趙抃罷授資政殿學士、知杭州。先是，王安石用事，議論不協，臺諫、侍從多以言求去。抃上疏言：「非宗廟社稷之福，臣恐天下自此不安矣。」章九上求去，故有是命。

七月四日，行尚書刑部侍郎、充樞密院使呂公弼罷爲吏部侍郎、觀文殿學士、知太原府。公弼在樞密六年。先是，王安石變法，公弼數言宜務安静。又與韓絳議論不協，孫嘉問竊公弼論事奏草以示安石，故命罷之。

四年三月二十二日，吏部侍23郎、同中書門下平章事、昭文館大學士韓絳罷，守本官知鄧州。制書：「屬者羌渠陸梁，戎侯騷動，輟自貳公之列〔五〕，往定安邊之圖。而聽用匪人，違盭初詔，統制亡狀〔六〕，綏懷寡謀，擅興征師，深入荒域。卒伍駭擾，横罹轉戰之傷；丁黄馳驅，重被齎餉之役。邊書旁午，朝聽震驚。」故有是命。

六年四月二十六日，樞密使、守司空、兼侍中文彦博罷守司徒、判河陽。制書以彦博「秉國大鈞，絶席廟堂之上；經時常武，運籌樽俎之間。惟吾老臣，多所更踐，懇辭機

〔一〕九月二十六日：原作「八月二十四日」。按吳奎之罷，《宋史》卷一四《神宗紀》一、又卷二一一《宰輔表》二、《宋宰輔編年録》卷七均記於九月二十六日辛丑，據改。
〔二〕使：原脱，據《宋宰輔編年録》卷七補。
〔三〕聞：原作「問」，據《宋宰輔編年録》卷七改。
〔四〕十月七日：《宋史》卷一四《神宗紀》一、又卷二一一《宰輔表》二、《宋宰輔編年録》卷七等皆作「九月辛丑」，與吳奎罷參政同日，疑此誤。
〔五〕貳：原作「二」，據《宋宰輔編年録》卷七改。按絳爲參知政事，實爲副相，故云「貳公」。
〔六〕統：原作「討」，據《宋宰輔編年録》卷七改。

務，往殿近藩」，故有是命。

八年正月七日，右諫議大夫、參知政事馮京罷，守本官知亳州。制書以京「參決機務，爲日茲久。予違汝弼，何憚不爲。國有刑人，大夫不養，義當共疾，遏絶庶頑。而乃啓導奬進，陰爲主宰〔一〕」，故有是命。

十月三日，給事中、參知政事呂惠卿罷，守本官知陳州。制書以惠卿「向以經術文辭入侍左右，不次拔擢，俾預機政，而乃不能以公滅私，爲國司直，比阿所與，屈撓典刑，言者交攻〔二〕，深駭朕聽」，故有是命。

九年十月二十三日，尚書左僕射、同中書門下平章事、昭文館大學士、兼門下侍郎王安石罷爲檢校太傅，依前尚書左僕射、同中書門下平章事、判江寧府。制書以安石「引疾自陳，丐閑甚確，宜仍揆路之秩，載加衮鉞之榮」，故有是命。

十年二月十八日，尚書禮部侍郎、樞密副使王韶罷爲觀文殿學士、户部侍郎、知洪州。韶在樞府四年，自陳母 24 老乞外，故有是命。

元豐二年五月十七日，尚書工部侍郎、參知政事元絳罷，守本官知亳州。先是，太學生虞蕃上書訟博士受財不法，逮繫諸生，詞連絳子耆寧，故有是命。

三年九月十六日，尚書工部侍郎、同知樞密院薛向罷，守本官知（穎）〔潁〕州。先是，知諫院舒亶言：「開封府界提舉官陳向，近於樞密院議養馬事，樞臣薛向等論議喧悖，中外傳播囂然。」詔：「薛向論事反覆，無大臣體。」故有是命。既而御史滿中行言：「向黜守（穎）〔潁〕州，責命已行，曾不知懼，偃然自若，乞重加貶竄。」又詔改知隨州。

四年正月二十三日，樞密使、正議大夫、兼群牧制置使馮京罷爲光禄大夫、觀文殿大學士、知河陽。京自請守藩，故有是命。

三月十三日〔三〕，太中大夫、參知政事章惇罷，守本官知蔡州。以大理寺劾惇父俞及弟愷占民田，故有是責。

五年五月十日〔四〕，正議大夫、樞密副使、權發遣宣徽院呂公著罷爲光禄大夫、資政殿學士〔五〕、知定州。先是，乞補外，帝遣使封還其奏，至是再有請，故有是命。

六年七月十三日，知樞密院、太中大夫孫固罷爲通議大夫、觀文殿學士、知河陽。以引疾求去位，故有是命。

八月十八日，太中大夫、守尚書左丞蒲宗孟罷，守本官知汝州。以繕治西府違法，御史楊畏言其狥私壞法，無復綱紀，大臣如此，何以輔人主、正百（百）〔官〕，詔御史中丞與楊畏根究以聞，故有是責。

〔一〕主：原作「王」，據《宋宰輔編年録》卷八改。
〔二〕言：原作「交」，據《長編》卷二六九改。
〔三〕按，《長編》卷三一一、《宋史》卷一六《神宗紀》三均繫於三月十六日。
〔四〕按，《長編》卷三二五、《宋史》卷一六《神宗紀》三均作四月二十六日丁丑，此作五月十日，當誤。
〔五〕政：原作「正」，據《宋宰輔編年録》卷八改。

十月十一日，詔：「宰臣、執政官25因罪降黜，守本官以下，應緣前兩府恩例，止依本官；候有遷除職名〔一〕，即依舊例。」

七年七月十七日，中大夫、尚書左丞王安禮罷爲端明殿學士、知江寧府。初，張汝賢彈奏王珪與安禮陳乞子姪差遣事〔二〕。上以珪子仲端已退所乞差遣〔三〕，其安禮子枋、姪游差遣有條許用例奏鈔，汝賢格不下，又疏安禮素行貪汙。上既罪汝賢，安禮亦求去，故有是命。

哲宗元祐元年閏二月二日，尚書左僕射、正議大夫、兼門下侍郎蔡確罷爲觀文殿學士、知陳州。時司馬光、呂公著、蘇軾、蘇轍、呂大防、劉摯、王巖叟相繼進用，確遂連表乞解機務，故有是命。

二十三日，正議大夫、知樞密院事章惇罷，守本官知汝州。制書以「比議役書，本俾參訂。當其敷納，初不建明〔四〕；迨於宣行，始興排沮〔五〕。務從含貸，益至喧呶。鞅鞅非少主之臣，硜硜非大臣之節。稽參故實，稍屈典刑，其解政機，往臨郡寄。」初，左司諫王巖叟言：「惇兇燄日熾，惡德不悛。近簾前争役法，詞氣不遜。」又稱：「天下之人共以免役爲害，陛下一日復差法，中外欣悦，而惇獨爲異論，妄生沮難，動摇人情。」右正言朱光庭亦言惇謀，乞行顯詘，故有是命。

四月二日，正議大夫、守尚書右僕射、兼中書門下侍郎韓縝罷爲觀文殿學士、知(穎)〔潁〕昌府。制書以縝「至誠屢抗於封章，自訟恐妨於賢路。異乎矜功要名而去者，尤得難進易退之體焉。是用遷秩崇階，陞華禁殿，陪敦邑賦，增衍26户封。而況鄭壁近邦〔六〕，于門故里〔七〕。爲國藩輔，曾侍燕閒之餘〔八〕；乃心王家，勿忘啓沃之志〔九〕。」故有是命。

九月二十四日，正議大夫、中書侍郎張璪罷爲資政殿學士、光禄大夫、知鄭州。璪執政凡六年，至是乃罷，從其請也。

二年四月二十七日，通議大夫、守尚書左丞李清臣罷爲資政殿學士、知河陽。清臣累表請補外，故有是命。

七月二十二日，正議大夫〔一〇〕、守門下侍郎韓維罷爲資政殿大學士、知鄧州。以御史論其多除用親屬也。

四年三月(十)八日〔一一〕，中大夫、守尚書右丞胡宗愈罷

〔一〕遷：原作「選」，據《長編》卷三四〇改。
〔二〕陳：原作「仍」，據《長編》卷三四七改。
〔三〕退：原作「選」，據《長編》卷三四七改。
〔四〕建：原作「諫」，據《宋宰輔編年録》卷九改。
〔五〕排：原作「誹」，據《宋宰輔編年録》卷九改。
〔六〕壁：原作「璧」，據《宋宰輔編年録》卷九改。
〔七〕于：原作「守」，據《宋宰輔編年録》卷九改。
〔八〕閒：原作「間」，據《宋宰輔編年録》卷九改。
〔九〕忘：原作「志」，據《宋宰輔編年録》卷九改。
〔一〇〕正：原作「政」，據《宋宰輔編年録》卷九改。
〔一一〕八日：原作「十八日」，按《長編》卷四二三、《宋史》卷一七《哲宗紀》一、又卷二一二《宰輔表》三均記於三月八日己卯，據删「十」字。

爲資政殿學士、知陳州。以言者論宗愈自爲御史中丞，論事建言多出私意，與蘇軾、孔文仲各以親舊相爲比周〔一〕，力排不附己者，操心頗僻，豈可以爲執政；宗愈亦力求罷免，故有是命。

六月五日，太中大夫、守尚書右僕射、兼中書侍郎范純仁罷爲觀文殿學士、知（穎）〔潁〕昌府。制書以「方倚成而熙績，遽引疾而退身。言雖重違，禮實增厚。加殿中之近職，涖寰內之大州」〔二〕。

同日，中大夫、尚書左丞王存罷爲端明殿學士、知蔡州。存執政凡二年，至是蔡確以詩得罪，存與宰相范純仁留身簾前，合力固争，以爲不可貶確，又謂不宜置之死地。既而確再貶新州，存與純仁皆罷去。

五年十二月一日，太中大夫、守尚書右丞許將罷爲資政殿學士、太中大夫、知定州。先是，將累表陳乞外任〔三〕，上批：「可特除資政殿學士，轉一官知定州〔四〕，所命詞作
27 自陳均勞逸」云〔五〕。

六年十一月一日，太中大夫、守尚書左僕射、兼中書侍郎劉摯罷爲觀文殿學士、知鄆州。制書以摯「樊侯無吐茹之嫌〔六〕，資之補衮〔七〕；傅説有朝夕之誨，倚以濟川。亟辭揆叙之繁，深服謙光之益。抗章不已，陳義甚高，易退之風，勉從厥志」，故有是命。

七年五月〔二〕十四日〔八〕，樞密直學士、簽書樞密院事王巖叟罷爲端明殿學士、知鄭州。以御史楊畏、監察御史黄慶基言巖叟「天資至險，强狠自用，廢法徇私，竊弄威福」，而巖叟遂稱疾，章再上，故有是命。

八年三月七日，光禄大夫、尚書右僕射、兼中書侍郎蘇頌罷〔爲〕觀文殿大學士、集禧觀使。制書以頌「擢從政路，進執宰衡，曾未期年，屢求歸老」。初，侍御史賈易坐言事出，既叙復爲京西路轉運副使，經郊祀恩赦，乃與知蘇州范謂對移。頌言易論〔事〕不避權貴〔九〕，號爲敢言，更赦除州非是。論於簾前，未決，而御史楊畏、來之邵劾頌稽留制書，頌即抗章待罪，堅以老病爲辭，故有是命。

十四日，太中大夫、中書侍郎范百禄罷爲資政殿學士、知河中府。先是，右僕射蘇頌以稽留詔書罷政，言者論百禄寔位中書，豈有同罪異罰之理；且百禄援引親黨，與蘇軾、蘇轍結爲朋比，徇私害政。故有是命。

紹聖元年三月四日，右光禄大夫、守尚書左僕射、兼門下侍郎呂大防罷爲觀文殿大學士、知（穎）〔潁〕昌府。制書

〔一〕舊：原作「書」，據《宋宰輔編年録》卷九改。
〔二〕州：原作「洲」，據《宋宰輔編年録》卷九改。
〔三〕外任：原作「在外」，據《宋宰輔編年録》卷一〇改。
〔四〕一：原無，據《宋宰輔編年録》卷一〇補。
〔五〕均：原無，據《宋宰輔編年録》卷一〇補。
〔六〕嫌：原作「謙」，據《宋宰輔編年録》卷一〇改。
〔七〕衮：原作「究」，據《宋宰輔編年録》卷一〇改。
〔八〕二：原脱，據《長編》卷四七三、《宋宰輔編年録》卷一〇補。
〔九〕頌：原作「訟」，據《宋宰輔編年録》卷一〇改。

以大防「夙夜百爲，憂勞一致。改元而後，與政歷九年之間；【28】有國以來，首相踵三人之久。懇祈避寵，難抑能遷」，故有是命。

二十六日，太中大夫、守門下侍郎蘇轍罷，守本官知汝州。先是，轍以劄子論事，上曰：「人臣言事何所害，但卿昨日以劄子奏，謂機事不可宣於外，請祕而不出，今日乃對衆陳之。且引漢武帝事以上比先帝，引諭甚失當。」詔蘇轍除端明殿學士、知汝州。詔詞曰：「文學風節，天下所聞。擢任大臣，本出朕意，事有可否，固宜指陳〔一〕，而言或過中，引義非是。」上批：「蘇轍引用漢武故事比擬先帝，事體失當，所進入詞語不著事寔。朕進退大臣非率易也，蓋義不得已。可止散官知汝州，仍別撰詞進入。」「始則密奏以指陳，終於宣言而眩聽。至引漢武，上方先朝，欲以窮奢黷武之姿，加之經德秉哲之主〔二〕。言而及此，其心謂何！」此別撰詞也。

五月十一日，樞密直學士、簽書樞密〔院〕事劉奉世罷爲端明殿學士、真定府路安撫使、兼知成德軍。奉世再乞罷政，故有是命。

二年十月二日，太中大夫、守尚書左丞鄭雍罷爲資政殿學士、知陳州。雍累請罷政故也。明年，蹇序辰言雍在元祐間與棄地之謀，落資政殿學士。

三年正月九日，太中大夫、知樞密院事韓忠彥罷，守觀文殿學士、知真定府〔三〕。忠彥執政凡七年，至是自請解政，故有是命。

四年正月十二日〔四〕，正議大夫、守中書侍郎李清臣罷，守資政殿大學士、知河南府。清臣再執政凡三年，與宰相章惇數争議不合〔五〕，【29】清臣力請罷政，故有是命。

元符元年四月十四日，中大夫、同知樞密院事林希罷〔六〕，守本官知亳州。以希私積怨憤，志在中傷，故有是命。

二年閏九月十二日，通（義）〔議〕大夫、守尚書右丞黃履罷，守本官知亳州。以履朋比懷姦〔七〕，動摇國政，命令已出，退有後言，故有是命。

三年五月，（徽宗即位未改元。）右正議大夫、尚書左丞蔡卞罷授資政殿學士〔八〕、知江寧府。以言者論（抃）〔卞〕傅會經義，變亂名寔，以繼述神考爲名，以纂紹王安石爲主，欺罔天下，罪不容誅，故有是命。未幾，復落職，提舉（抗）〔杭〕州洞霄宮。又以少府監分司南京。

〔一〕固：原作「故」，據《宋宰輔編年録》卷一〇改。
〔二〕「經」原作「至」，「主」原作「上」，據《宋宰輔編年録》卷一〇改。
〔三〕真：原作「直」，據《宋宰輔編年録》卷一〇改。
〔四〕十二日：按，《長編》卷五〇〇李燾原注、《宋宰輔編年録》卷一〇、《宋史》卷一八《哲宗紀》二均載於正月二十五日庚戌，疑此誤。
〔五〕議：原作「義」，據《宋宰輔編年録》卷一〇改。
〔六〕樞密：原作「諫」，據《宋宰輔編年録》卷一〇改。
〔七〕比：原作「伹」，據《長編》卷五一六改。
〔八〕卞：原作「忭」，據《宋宰輔編年録》卷一一改。

九月八日，特進、尚書左僕射、兼門下侍郎章惇罷守本官，依前特進、知越州。前是，侍御史陳次升言：「惇自登揆路，專任阿私，殘人害物，古所未有。奉使山陵，措（致）〔置〕乖謬。至鄭州力士飢餓，不能承重，靈駕抵暮方得安（洎）〔泊〕；至鞏縣遇雨，則先之幕次，更不隨從。奉使如此，罪安可赦？」左正言陳瓘言：「惇獨幹政柄，首尾八年，迷國悞朝，罪不可掩。又奉使無狀，率職不虔，致哲宗皇帝大昇轝陷於泥淖之中，露宿野次。伏見唐李珏爲文宗山陵使，會秋大雨，梓宮陷濘不前，罷爲太常卿。雖然因他事貶昭州刺史而罷相，實坐奉使之罪。今惇之罪，正與珏同。」章累上不已。上初以惇簾前異議，姑務含容，嘗謂言者：「朕之初政，不欲以己事責人。」故自夏初以來章疏，皆寢不下。至是，以言者論惇奉使失職，事干泰陵，始有是30命。

徽宗建中靖國元年六月二十八日，中大夫、尚書右丞范純禮罷，守本官知（穎）〔潁〕昌府。坐言語謬悞，爲言者所（談）〔論〕，上章待罪，故有是命。

七月二十七日，左正議大夫、知樞密院事安燾罷爲觀文殿學士、知河南府。燾執政八月而罷。

崇寧元年五月六日，左光禄大夫、尚書左僕射、兼門下侍郎韓忠彦罷爲觀文殿大學士、知大名府[一]。既而忠彦特落職，差遣如故。以言者前後論忠彦懷怨引黨，欲復爲元祐之弊，盡變神考法度故也。

二十五日，中大夫、尚書左丞陸佃罷，守本官知亳州。制書以佃「元符之末，遷叙過優，處之安然，殊不引避」，故有是命。

閏六月九日，銀青光禄大夫、尚書右僕射、兼中書侍郎曾布罷爲觀文殿大學士、知潤州。制書以布「遽露誠悃，祈解政機。雖眷倚之彌加，覽封章之屢至，眷其有守，寔亦重違」，故有是命。

七月二十六日[二]，通議大夫、同知樞密院事章楶罷爲資政殿學士，充中太一宮使。制書以楶「方資經制之良，遽爽節宣之適，章屢却而復上，志愈堅而不回」，故有是命。

十月十二日，右正議大夫、知樞密院事蔣之奇罷爲觀文殿學士、知杭州。以言者論之奇嘗議棄湟州地，故有是命。

二年八月二日，通議大夫、尚書左丞張商英罷，守本官知亳州。制書以商英「秉國政機，議論反覆，加之自取榮進，貪冒希求。元祐之初，詆訾先烈，臺憲交章，豈容在列」，故有是命。

三年31八月五日，特進、門下侍郎許將罷爲資政殿大學士、知河南府。以言者論其反覆取容也。

四年正月，金紫光禄大夫蔡卞罷爲資政殿學士、知河

[一] 名：原作「明」，據《宋宰輔編年録》卷一一改。
[二] 二十六日：按，據《宋史》卷一九《徽宗紀》一、《宋宰輔編年録》卷一一，章楶罷在七月十七日庚子，疑此「二」字衍。

南府。制書：「朕體貌大臣〔一〕，始終顧遇。矧惟樞庭之長，夙推舊德之良，祈解政機〔二〕，用蕃寵數。」故有是命。

五年十二月(日)〔二〕日〔三〕，中大夫、中書侍郎劉逵罷，守本官知亳州。以言者論「逵操行儇浮，性資邪險，愚視一相，淩轢同列」故也。

大觀元年正月，右光禄大夫、門下侍郎吳居厚罷爲資〔政〕殿學士，充太一宮使。制書以居厚「參贊政機，屢更歲籥，茲舉引年之義〔四〕，數形避位之言〔五〕，封奏繼(求)〔來〕，悃誠莫奪」，故有是命。

(四)〔五〕月〔六〕，中大夫、中書侍郎鄧洵武罷，守本官知隨州。以宋喬年父子與洵武議不合，會妖人張懷素獄興，其徒有與洵武聯姻者，蔡京以爲言，遂貽罷免。

(九月)〔二年八月〕〔七〕，正奉大夫、中書侍郎梁子美罷爲資政殿學士、知鄆州。以言者論子美在河北措置糴便不寔，故有是命。

三年四月，右光禄大夫、中書侍郎林攄罷，守本官知滁州。以言者論攄不學無術，狠愎專恣，故有是命。

六月，同知樞密院事管師仁罷，守資政殿學士、充佑神觀使。師仁執政僅兩月〔八〕，引疾乞罷，故有是命。

四年五月二十六日，太師致仕、楚國公蔡京降授太子少保致仕。臣僚奏：「京頃居相位，擅作威福，權傾中外。輕錫與以蠹國用，託爵禄以市私恩。謂財利爲有餘積〔九〕，皆出誕慢；務誇大以興事功，肆爲 32 搔擾。援引小人，結爲死黨；假借姻婭，布滿要途。以至交通豪民，興置産業。役天子之將作〔一〇〕，營建居第；用縣官之人力，般運花石。乃至名爲祝聖壽而修塔〔一一〕，以壯臨平之山勢；託言灌民田而決水，以符興化之讖辭〔一二〕。至妷俁之告變〔一三〕，而謬爲心疾；受孟翊之訛言，而與之官爵。趙真興輔之以妖

〔一〕貌：原作「懇」，據《宋宰輔編年録》卷一二改。
〔二〕解：原作「觧」，字書不見此字，據文意改。
〔三〕二日：原作「日日」。按《宋史》卷二〇《徽宗紀》二：「十二月戊午朔……己未，劉逵罷。」則當爲二日事，因改。
〔四〕義：原作「美」，據《宋宰輔編年録》卷一二改。
〔五〕言：原作「嫌」，據《宋宰輔編年録》卷一二改。
〔六〕五月：原作「四月」，按《宋史》卷二〇《徽宗紀》二、又卷二一二《宰輔表》三、《宋宰輔編年録》卷一二均記於五月五日丙戌，據改。
〔七〕二年八月：原作「九月」，承上似爲大觀元年九月，然《宋史》卷二〇《徽宗紀》二、卷二一二《宰輔表》三、《宋宰輔編年録》均記於大觀二年八月丙申，據以改補。
〔八〕執、僅：原皆作「及」，據《宋宰輔編年録》卷一二改。
〔九〕積：原脱，據《長編紀事本末》卷一三一補。
〔一〇〕子：原作「下」，據《宋宰輔編年録》卷一二改。
〔一一〕壽：原脱，據《宋宰輔編年録》卷一二補。
〔一二〕讖辭：原作「懺語」，據《長編紀事本末》卷一三一改。
〔一三〕俁：原作「娛」，據《長編紀事本末》卷一三一、《東都事略》卷一〇五、《宋宰輔編年録》卷一二、陳東《少陽集》卷二改。「妷」同「姪」，俁蓋蔡京之姪，其告變事未詳。

術〔一〕，張大成竊議其姦慝〔二〕，駭動遠邇，聞者寒心。稽之古人，有一于此，必加嚴刑，而京兼有之，乃復泰然，無復忌憚。謂宜暴白京罪，明正典憲，以爲人臣之戒。」故有是命。

二十八日，門下侍郎余深罷爲資政殿學士、知青州。深執政僅兩月，引疾乞罷，故有是命。

(七)〔六〕月〔三〕，中大夫、守尚書右丞薛昂罷守資政殿學士、知江寧府，從所請也。

(七)〔十〕月〔四〕，右光禄大夫、知樞密院事鄭居中罷〔五〕，守觀文殿學士、中太一宮使。制書：「眷言中宮，時惟族屬，具陳悃愊，力抗封章。」故有是命。

政和元年八月二十七日，通奉大夫、尚書右僕射、兼中書侍郎張商英罷爲觀文殿大學士、知河南府。時臣僚言商英嘗作《嘉禾頌》、《司馬光祭文》，毁訾先烈；中宮選立，初無建明，陰懷異意；令唐庚以己意諷臺諫，排(繫)〔擊〕良善，規變政體；縱中書吏漏泄命令等罪，故有是命。

九月十八日，中大夫、同知樞密院事王襄罷，守本官知亳州。以襄身爲大臣，妄薦近侍，故有是命。

(二)〔三〕年正月〔六〕，宣奉大夫、知樞密院事吳居厚罷爲武康軍節度使、知洪州。以居厚上章告老，故有是 33 命，從優禮也。

四月，太中大夫、守尚書右丞鄧洵仁罷，守資政殿學士知亳州。以臣僚言洵仁締交黄經臣，附張商英，故有是命。

七年十(二)月〔七〕，中大夫、中書侍郎侯蒙罷，授資政殿學士、知亳州。以蒙上章乞罷，故有是命。

宣和三年十一月十六日，中大夫、中書侍郎馮熙載罷爲資政殿學士、知亳州。以言者論其不省墳墓故也〔八〕。

五年正月，中大夫、尚書左丞王安中罷爲慶遠軍節度使、河北燕山府宣撫使〔九〕、兼知燕山府。安中執政踰三年，會收復燕山，安中請行，故有是命。

欽宗靖康元年二月十八日，太保、領樞密院事蔡攸降授太中大夫、提舉亳州明道觀。以臣僚言：「攸憑籍世禄，濟以姦回，平日迷國亂常之罪不勝誅矣。方王師平燕，童貫爲宣撫使〔一〇〕，而攸副之，提數十萬之師，挫於殘破之虜，

〔一〕趙真興：《長編紀事本末》卷一三一、《三朝北盟會編》卷五〇、《東都事略》卷一〇五、《宋宰輔編年録》卷一二均作「趙真欲」，當是。
〔二〕慝：原作「意」，據《宋宰輔編年録》卷一二改。
〔三〕六月：原作「七月」，據《宋史》卷二〇《徽宗紀》二、卷二一二《宰輔表》三、《宋宰輔編年録》卷一二改。
〔四〕十月：原作「七月」，據《宋史》卷二〇《徽宗紀》二、卷二一二《宰輔表》三、《宋宰輔編年録》卷一二改。
〔五〕居中：原倒，據《宋宰輔編年録》卷一二乙。
〔六〕三年：原作「二年」，據《宋史》卷二一《徽宗紀》三、卷二一二《宰輔表》三改。下條亦三年事。
〔七〕十月：原作「十一月」，據《宋史》卷二一《徽宗紀》三、又卷二一二《宰輔表》三、《宋宰輔編年録》卷一二删。
〔八〕墓：原作「基」，據《宋宰輔編年録》卷一二改。
〔九〕「燕」原作「安」，「宣」原作「安」，據《宋史》卷二二《徽宗紀》四、《宋宰輔編年録》卷一二改。
〔一〇〕童：原作「章」，據《宋宰輔編年録》卷一三改。

乞正刑名。」故有是責。其後再貶海島云。

是月，中大夫、尚書左丞蔡懋罷爲資政殿學士、大名尹、大名府路安撫使。懋執政凡一年，至是宣和舊臣皆已去位，適大名闕帥，故有是命。宣奉大夫、守尚書右丞宇文粹中罷爲資政殿學士、知江寧府。粹中執政踰一年，初命以右丞扈從上皇東幸，已而除李綱以補其缺〔一〕。至是，上皇還闕，乃有是命云。正奉大夫〔二〕、尚書右丞李棁罷〔三〕，守本官提舉亳州明道宮，以奉使無狀故也。通議大夫、中書侍郎王孝迪罷爲資政殿學士、提舉醴泉觀。孝迪執政一月罷，以曾祖名政，自 34 陳乞罷所受職官，改延康殿學士。未幾，出知廬州，繼又落職，提舉亳州明道宮。

四月，通議大夫、門下侍郎趙野罷爲資政殿學士、知襄陽府。以言者論野輔政無狀，故有是命。

是月，中大夫、簽書樞密院事宇文虛中落職，提舉亳州明道宮。虛中在樞密府凡兩月〔四〕，以奉使無狀，故責及之。

八月，太中大夫、同知樞密院事許翰罷爲延康殿學士〔五〕、知亳州。（瀚）〔翰〕在樞密府，將移文督責种師中，使之出師以贖過。師中素剛，不受迫促，遽興師決戰，以至敗績。又言者論（瀚）〔翰〕任御史中丞日，未嘗一言及蔡氏，於是落職宮祠云〔六〕。

九月十五日，太中大夫、知樞密院事李綱罷爲觀文殿學士、知揚州。綱執政凡九月，既宣撫河東，未幾朝廷易相，綱即軍中上言乞罷，故有是命。繼而言者又論其專主用兵之議，元無神筭奇畫，及命以宣撫之任〔七〕，敗軍覆將，耗用邦財不可數計。臣僚又言綱冒内禪之功以自名；用姚平仲以至挫衄；收括取金銀榜，使怨歸公上；兵既安動，暫行罷免，陰使其黨默諭士庶，使之伏闕，幾至變亂〔八〕；假爵禄以市私恩，推守禦之賞至數千人〔九〕；陰與吴敏黨庇蔡氏；不能逆詐，輒以蠟書結余覩，使金人復加怨憤〔一〇〕；命以宣撫，抗拒君命，乞納告身；逮至澤潞，不務持重，以至挫敗等十罪。又言其所上章疏多高自稱譽，跋扈不恭，乞行黜責。於是以保靖軍節度副使，建昌軍安置。

十一月，中大夫、知樞密院事馮 35 澥罷，授資政殿學士〔一一〕、太子賓客。以奉使金人軍前議和，及還，方有是命。

〔一〕缺：原作「處」，據《宋宰輔編年録》卷一三改。
〔二〕正奉：原倒，據《宋宰輔編年録》卷一三乙。
〔三〕按，據《宋史》卷二三《欽宗紀》、又卷二一二《宰輔表》三、《宋宰輔編年録》卷一三，李棁罷在三月二日戊辰，此記於二月，誤。
〔四〕在：原作「凡」，據《宋宰輔編年録》卷一三改。
〔五〕翰：原作「瀚」，據《宋宰輔編年録》卷一三改。下同。
〔六〕宮祠：原作「宮詞」，據《宋宰輔編年録》卷一三改。
〔七〕宣撫：原作「撫宣」，據《宋宰輔編年録》卷一三乙。
〔八〕幾至：原作「既」，據《宋宰輔編年録》卷一三改。
〔九〕賞：原作「黨」，據《宋宰輔編年録》卷一三改。
〔一〇〕使：原作「便」，據《宋宰輔編年録》卷一三改。
〔一一〕授：原作「資」，據《宋宰輔編年録》卷一三改。

罷免 下〔一〕

高宗建炎元年五月三日，銀青光祿大夫、尚書左僕射、兼門下侍郎張邦昌罷爲太保、奉國軍節度使、同安郡王，五日一赴都堂參決大事。至六月四日，責授昭化軍節度副使，潭州安置。制曰：「以死償節者，臣子之宜；求生害仁者，聖人所嫉。倘或志存於軀命〔二〕，則將義薄於君親。邦昌身受國恩，位登宰輔。方宗社有非常之變，乃人臣思自盡之時，而不能抗虎狼强暴之威，徒欲爲鼠雀偷生之計。陷於大惡，所不忍言。雖天奪其衷，坐愚至此；然君異於器，代匱可乎！宜大正於典刑，用肅清於名分〔三〕。尚以本繇於逼脅，惻然姑示於矜容。黜以散官，投之遠服。其體好生之德，毋忘自訟之心。」

四日，太中大夫、門下侍郎耿南仲罷爲觀文殿大學士、提舉杭州洞霄宮。初，欽宗即位，南仲自以東宮舊臣，謂當柄用，而吳敏、李綱越次而進，位居其上。南仲積不平，因每事異議，主和甚堅。及虜再入寇，議遣大臣詣軍前，南仲首以老爲辭。欽宗怒，固遣之。南仲既出城，即自歸大元帥府。上薄其爲人，及登極，因其自請，故有是命。未幾，言官交章論其主和悞國，罪不可貸，因落觀文殿大學士。其後論者不已，乃以散官安置臨江軍。

六（月）〔日〕〔四〕，中大夫、尚書左丞馮澥罷爲資政殿學士、知潼川府。澥執政僅半年，更圍城之變，一時大臣皆北行，而澥獨留。其後隆[36]祐太后命澥奉迎上於南京，及上即位，堅請罷，故有是命。

七月十五日，太中大夫、尚書右丞呂好問罷爲資政殿學士、知宣州。以自乞罷政，故有是命。

八月二十五日〔五〕，銀青光祿大夫、守尚書左僕射、兼門下侍郎、充御營使李綱罷爲觀文殿大學士、提舉杭州洞霄宮。制書以綱「欲盡括郡縣之私馬，將竭取東南之民財。茲遣防禦之師，寔爲渡河之援，每敦促其速進，輒沮抑而不行。尚緣注意之求，特狥乞身之請」，故有是命。

二年五月二日，通議大夫、尚書右丞許景衡罷爲資政殿學士，提舉臨安府洞霄宮。景衡嘗建言，請車駕渡江駐蹕，言者論其失，故有是命。

三年二月二十日，光祿大夫、尚書左僕射、兼門下侍郎、御營使黃潛善罷爲觀文殿大學士、知江寧府，正議大夫、尚書右僕射、兼中書侍郎、御營副使汪伯彥爲觀文殿大

〔一〕原稿正文相連，此乃據眉批分卷。
〔二〕於：原無，據《宋宰輔編年録》卷一四補。
〔三〕名：原作「明」，據《宋宰輔編年録》卷一四改。
〔四〕日：原作「月」。按《宋史・高宗紀》一記，馮澥罷乃五月乙未，是月庚寅朔，乙未正是六日，因改。
〔五〕按，李綱之罷，《建炎要録》卷八、《宋史》卷二四《高宗紀》一繫於八月十八日乙亥，《宋史》卷二一三《宰輔表》四、《宋宰輔編年録》卷一四則繫於二十日丁丑，俱與此異。

學士〔一〕、知洪州。皆以潛（抵）〔邸〕舊恩，相輔無謀，致倉卒南渡，言者論其罪惡故也。

三月三日，中大夫、尚書左丞葉夢得罷爲資政殿學士、提舉中太一宫〔二〕、兼侍讀、提領户部財用、車駕巡幸頓遞使。夢得執政十四日罷，而有〔是〕命，力辭不就職，遂出知洪州，兼江西制置使。復辭，於是提舉西京嵩山崇福宫。

二十五日，中大夫、尚書左丞盧益罷爲資政殿學士、提舉西京嵩山崇福宫。四年八月二十五日，以中大夫〔三〕、資政殿學士特降兩官。以言者論益自處州奉迎隆祐太后 37 旋歸，所至擾民故也。

四月一日，通奉大夫、中書侍郎王孝迪罷爲資政殿學士、提舉西京嵩山崇福宫。孝迪再執政一月而罷。

六日，宣奉大夫、尚書右僕射、兼中書侍郎朱勝非罷爲觀文殿（學）〔大〕學士、知洪州。中大夫、門下侍郎顔岐罷爲資政殿學士、提舉南京鴻慶宫。簽書樞密院事路允迪罷爲提舉醴泉觀、兼侍讀。中大夫、尚書右丞張澂罷爲資政殿學士、知江州。是年七月八日，勝非落職提舉亳州明道宫〔四〕；（内）澂落職，責授祕書少監，分司南京〔五〕，居住衡州；允迪罷制置使職事，提舉江州太平觀。坐苗、劉之變，不能式遏故也。

八月五日，中大夫、參知政事李邴罷爲資政殿學士、提舉（抗）〔杭〕州洞霄宫。邴以扈從隆祐皇后往洪州故也。

四年二月二十二日，通議大夫、守尚書右僕射、同中書門下平章事、御營使杜充罷爲觀文殿大學士、提舉江州太平觀。詔以充「總諸將萬夫之屯，當長江一面之寄，乃因奔北，惟事退藏，止罷要權，猶從優數」，故有是命。

五月十四日，中大夫、參知政事王綯罷爲資政殿學士、提舉萬壽觀，兼侍讀。綯執政不及一年，至是乞罷政，而有是命，從優禮也。

二十三日，中大夫、同知樞密院事、兩浙西路宣撫使周望罷爲提舉江州太平觀。六月三日〔六〕，責授祕書少監，分司南京，衡州居住。臣僚言：「望脱身避寇，縱兵大掠，致賊騎復破吳門。又擁重兵，坐視臨安陷没而不赴援。」詔罷職宫觀。言者又論其罪大責輕，故 38 有是命。

八月二十五日〔七〕，詔朝散大夫滕康、朝散大夫劉珏，並特責授祕書少監，分司南京，滕康永州居住，劉珏衡州居住。臣僚言康權知三省、樞密院事，珏爲權同，聞警急之報，了無憂國之心，至使太后乘流涉險，爲虜騎之所追迫，

〔一〕伯彦：原倒，據《宋宰輔編年録》卷一四乙。
〔二〕「宫」下原有「使」字，據《宋宰輔編年録》卷一四删。
〔三〕大：原作「書」，據《宋宰輔編年録》卷一四改。
〔四〕宫：原作「言」，據《建炎要録》卷二五改。
〔五〕京：原作「宫」，據《宋宰輔編年録》卷一四改。按《建炎要録》卷二五作「分司西京」。
〔六〕「罷爲」以下十三字原脱，據本卷後文職官七八之三九「五月二十三日」條補。參見該條校記。
〔七〕二十五日：《建炎要録》卷三六繫於十八日戊子。

乞再行竄逐，故有是命。

十〔一〕月五日〔一〕，朝奉大夫、端明殿學士、簽樞密院事趙鼎罷，授依前職提舉臨安府洞霄宮。詔以鼎乞宫(詞)〔祠〕，故有是命。

紹興元年正月十三日，中大夫、參知政事謝克家罷爲資政殿學士、提舉臨安府洞霄宮。克家以疾求去，故有是命。

七月二十九日，通議大夫、守尚書右僕射、同中書門下平章事、兼知樞密院事范宗尹罷爲觀文殿學士〔二〕、提舉臨安府洞霄宮。制書以「輕用人言，妄裁官簿。以廟堂之尊，而負天下之謗；以人主之孝，而暴君親之非」，因其乞身，故有是命。

八月十五日，中大夫、參知政事張守罷爲資政殿學士、提舉臨安府洞霄宮，以引疾求退云。

十一月十七日，中大夫、同知樞密院事富直柔罷爲提舉臨安府洞霄宮。臣僚論其狥私植黨，乃乞罷故也。

二年六月十三日，中奉大夫翟汝文罷參知政事。詔以祖宗以來，宰相、參政通治三省事，汝文專恣故也。

八月二十七日，左通奉大夫、守尚書右僕射、同中書門下平章事、兼知樞密院事、提舉修政局秦檜罷爲觀文殿學士、提舉江州太平觀。九月一日，落職，宫觀仍舊。制書以
39 「憑恃其黨，排斥所憎〔三〕。進用臣鄰，率面從而稱善；稽留命令，輒陰訹以交攻」故也。未幾，臣僚累章論列，遂落職。

三年九月七日，尚書左僕射、同中書門下平章事呂頤浩罷爲鎮南軍節度使、提舉宫觀。九日，又罷節度使，除觀文殿大學士，宫觀如故。頤浩初以言章求出，既罷相建節，言者復論其制詞優厚〔四〕，無一字貶黜，乃罷節除職。

四年正月二十九日，左中大夫、端明殿學士、同簽書樞密院事、充大金軍前通問使韓肖胄罷知温州。肖胄在樞庭近半年，及使還，有是命，從所請也。

二月，左中大夫、參知政事席益罷爲資政殿學士、提舉江州太平觀。以言者論其去歲議遣大臣使虜，獨以母老爲辭；近者虜使對(楊)〔揚〕榻前，獨無一言之助，故有是命。論者不已，遂落職云。

三月十五日，檢校少保、定國軍節度使、知樞密院事張浚罷爲資政殿學士、提舉臨安府洞霄宮。以臣僚論其輕失五路故也。

〔建炎四年〕五月二十三日〔五〕，同知樞密院事、淮南兩

〔一〕十一月：原作「十月」，據《建炎要録》卷三九、《宋宰輔編年録》卷一四補。

〔二〕尹：原作「允」，據《宋宰輔編年録》卷一五改。

〔三〕斥：原作「恨」，據《宋宰輔編年録》卷一五改。

〔四〕優：原作「厚」，據《宋宰輔編年録》卷一五改。

〔五〕建炎四年：原無，按周望罷同知樞密院事乃建炎四年五月事，已見本卷前文。此後周望並未再入樞府。此條或是《中興會要》另一門之文，《大典》誤編於此。今加四字，以免混淆。

浙等路宣撫使周望罷爲提舉江州太平觀。六月三日，責授祕書少監，分司南京，衡州居住。以言者論其悞國敗事故也。

〔紹興四年四月〕二十五日〔一〕，左中大夫、端明殿學士、簽書樞密院事徐俯罷爲提舉臨安府洞霄宮，官職依舊。制以「奏章俄上，引疾甚堅」故也。

五年閏二月三日，左朝散大夫、端明殿學士、簽書樞密院事胡松年罷知宣州。以松年爲簽書數月求去故也。

六年二月 40 二十〔五〕日〔二〕，中大夫、參知政事沈與求罷爲資政殿學士、知明州。以累章請求外，故有是命。未幾，改提舉臨安府洞霄宮。

十二月九日，左正奉大夫、守尚書左僕射、同中書門下平章事、兼知樞密院事、都督諸路軍馬〔趙〕鼎罷爲觀文殿大學士、兩浙東路安撫制置使、知紹興府。制書以「粵惟入輔之初，密贊親征之議，捷方奏而求去，章屢却而復來」故也。

十三日，左朝議大夫、端明殿學士、簽書樞密院事折彥質罷爲提舉臨安府洞霄宮〔三〕，依前官職。以彥質屢乞解罷機政，故有是命。

七年九月十三日，特進、尚書右僕射、同中書門下平章事、兼樞密使〔四〕、都督諸路軍馬張浚罷爲觀文殿大學士〔五〕、提舉江州太平觀。時以酈瓊之亂故也。

八年正月十一日，左中大夫張守罷參知政事，除左通議大夫、資政殿大學士，加食邑五百户，知婺州。守累章乞祠，故有是命。

三月九日，左中大夫〔六〕、參知政事陳與義罷爲左太中大夫、充資政殿學士、知湖州。與義在政府一年，與張守相繼告退，詔除便郡，而特轉官加恩，亦一時之異數也。

十月四日，參知政事劉大中罷爲資政殿學士、知處州。以大中累章乞罷機政。既而臣僚論列，復罷授宮觀。

二十一日，特進、尚書左僕射、同中書門下平章事、兼樞密院使趙鼎罷，授檢校少傅、奉國軍節度使、充兩浙東路安撫制置大使、兼知紹興府。制書以「虜曾攻於合肥，決漢相 41 親征之計；民未安於建業，贊商盤舊士之遷。正資一德以相扶，亦賴同心而共濟。遽乃抗章請去，力挽莫回」，故有是命。

十一月二十二日，左通議大夫、樞密院副使王庶罷爲

〔一〕按此條時間，原稿只作「二十五日」，承上條似爲紹興四年五月二十五日，但《建炎要録》卷七五、《宋史》卷二一三《宰輔表》四、《宋宰輔編年録》卷一五等均繫於四月二十七日丙午，今據補六字，「二十五日」仍舊。

〔二〕二十五日：原脱「五」字。按，《中興小紀》卷二〇、《建炎要録》卷九八、《宋史》卷二一三《宰輔表》四、《宋宰輔編年録》卷一五均繫於二月二十五日癸亥，據補。

〔三〕折：原作「析」，據《宋宰輔編年録》卷一五改。

〔四〕「樞密」下原衍「院」字，據《建炎要録》卷一一四删。

〔五〕督：原脱，據《宋宰輔編年録》卷一五補。

〔六〕「中」下原衍「議」字，據《建炎要録》卷一一八删，宋無「中議大夫」之官名。

資政殿學士、知潭州。庶在政府九月〔一〕，抗章請外，故有是命。其後以言者論列，落職宮觀。久之，責授嚮德軍節度副使，道州安置云。

九年十二月十五日，左中大夫、參知政事李光罷爲資政殿學士、提舉臨安府洞霄宮。光在政府歲餘，論事不合，求去，詔與郡。言者攻之，遂奉祠。再二年，再坐彈章，於是責授建寧軍節度副使，藤州安置。

十年五月六日〔二〕，左太中大夫、簽書樞密院事韓肖胄罷爲資政殿學士、知紹興府。肖胄再入西府歲餘而罷，從所請也。

十一年七月八日〔三〕，左通議大夫、參知政事孫近罷爲資政殿學士、提舉臨安府洞霄宮。近以臣僚累章論列，求罷，得祠。明年正月，再以言者落職。既而責授左朝散郎、祕書少監，分司南京，漳州居住〔四〕。十四年，降三官，移居南安軍云。

八月九日，少保、樞密副使岳飛罷爲武勝定國軍節度使，依前少保，充萬壽觀使，仍奉朝請。臣僚累章論飛，大率謂：「昨來被旨起兵，則故稽嚴詔〔五〕，畧至龍舒而不進；兹者銜命出使，則堅執偏見，欲棄山陽而不守。」飛以故累上章乞罷，始降詔不允，再請，遂有是命。

十月二十八日，揚武翊運功臣〔六〕、太保、樞密院使、英國公韓世忠罷爲横海武寧安化軍 42 節度使，依前揚武翊運功臣，充醴泉觀使，仍奉朝請，連進福國公〔七〕。制曰：「比繇外閫之嚴，入斡中樞之柄〔八〕。予深注意，日觀前箸之籌〔九〕；爾亦聳聞〔一〇〕，固已側席而坐。乃忽陳於悃愊，願遂即於燕申〔一一〕。」故有是命。

十一月五日，左太中大夫、參知政事范同罷爲提舉西京嵩山崇福宮〔一二〕。臣僚言，同初執政即爲遷葬之謀，由信州至建康，所過搔擾郡縣；又謂，朝廷收天下兵柄歸之宥密，同乃貪天之功以爲己有，故有是命。其後再坐論列，遂責降分司云。

〔一〕九月：原作「十月」。按王庶以此年三月五日庚寅除樞密副使，至是凡九月，因改。

〔二〕按韓肖胄罷簽書樞密院事，《中興小紀》卷二八、《建炎要録》卷一三五、《宋史》卷二九《高宗紀》六在四月二十八日壬申，《宋史》卷二一三《宰輔表》四、《宋宰輔編年録》卷一五則記於「二月」；而此又作「五月六日」，未知孰是。

〔三〕按，孫近罷參政，《中興小紀》卷二九、《建炎要録》卷一四〇以及《宋史・高宗紀》、《宰輔表》、《宋宰輔編年録》等均記於十一年四月十一日己卯，而此云「七月八日」，相去甚遠，疑誤。

〔四〕漳州：原作「潭州」，據本書職官四六之九、《建炎要録》卷一四四改。

〔五〕故：原作「固」，據《宋宰輔編年録》卷一六改。

〔六〕揚：原作「楊」，據《宋宰輔編年録》卷一六改。

〔七〕福：原作「對」，據《宋史》卷三六四《韓世忠傳》改。

〔八〕斡：原作「幹」，據《宋宰輔編年録》卷一六改。

〔九〕箸：原作「著」，據《宋宰輔編年録》卷一六改。

〔一〇〕聳：原作「聲」，據《宋宰輔編年録》卷一六改。

〔一一〕即：原作「節」，據《宋宰輔編年録》卷一六改。

〔一二〕參知：原作「范同」，據《宋宰輔編年録》卷一六改。

十二年八月六日，簽書樞密院事何鑄罷爲依前端明殿學士、左朝奉大夫、提舉江州太平觀。以臣寮論鑄首董岳飛之獄，閲日滋久，初無一言叙陳；既而以樞臣使虜，自謂議獄不合，遂致遠行，故有是命。後（有）〔又〕落職，分司，徽州居住云。

十一月五日，安民靖難功臣、太傅、樞密使、益國公張俊罷爲鎮洮寧武奉寧軍節度使〔一〕，依前靖難功臣〔二〕、太傅，進封清河郡王，充醴泉觀使，仍奉朝請。制書以「自陛宥密之司，尤切安危之寄。適鄰封之敦睦，幸寰宇之小康，而乃數貢誠忱，力求閑退」，故出。

二十二日，少保、樞密院使、信安郡王孟忠厚罷爲少傅、鎮潼軍節度使，依前信安郡王、判福州。制書以「官以孤少之貴，位以樞廷之崇，庶俾同寅，用期至治。曾坐席之未暖，遽封囊而請閑」故也。

十三年閏四月二十八日，左太中大夫、參知政事王次翁罷爲資政殿學士、提舉臨安府 43 洞霄宮。次翁以老自請故也。

六月十七日，程克俊罷簽書樞密院事，依前端明殿學士、左朝奉郎、提舉臨安府洞霄宮。克俊以久嬰末疾自請故也。

十四年二月二十五日，左通奉大夫、參知政事（萬俟）〔万俟〕卨罷爲提舉江州太平觀。以臺諫交章論列，詔除職與郡，已而給舍駁奏，故有是命。

五月十四日，資政殿學士、左朝奉大夫、簽書樞密院事、同提舉詳定一司勑令樓炤罷爲提舉江州太平觀，職名仍舊。以臣僚論列故也。

十二月二十二日，端明殿學士、左朝奉郎、簽書樞密院事李文會罷，守本官提舉江州太平觀，令筠州居住。初以臺諫交章論列，罷政與祠。既而又論文會嘗薦冒品官人陳洵武於奉使王師心，濫轉四資，洵武坐送大理寺取勘，文會遂貶高安云。

十五年十月四日，端明殿學士、左朝奉郎、簽書樞密院事、兼修玉牒楊愿罷爲提舉江州太平觀，職名仍舊。以愿自陳故也。

十七年二月二十七日，左中大夫、參知政事李若谷罷爲資政殿學士、提舉江州太平觀。尋落職，令江州居住。若谷初以論罷得外祠，言者再乞奪職，徙之遠地，故有是命。

三月十二日，端明殿學士、左朝奉郎、簽書樞密院事何若罷，依舊職名提舉江州太平觀。以累章引疾乞罷故也。

十八年二月六日，左太中大夫、參知政事段拂罷爲資政殿學士、提舉江州太平興國宮〔三〕。尋落職，依舊宮觀，

〔一〕俊：原作「浚」，據《宋宰輔編年録》卷一六改。
〔二〕臣：原作「成」，據《宋宰輔編年録》卷一六改。
〔三〕「太平」下原有「觀」字，據《宋史全文》卷二一下删。

興國軍[44]居住。臣寮言：「建炎間，建康府通判楊邦乂伏節死義，而拂攝倅事，恬不知恥，何以躐居政府！」遂除職與祠。言者不已，乃落職，依舊宮觀，（與）〔興〕國軍居住。

四月十三日，左中大夫、知樞密院事、兼提舉祕書省秦熺罷爲左通奉大夫、觀文殿學士、提舉萬壽觀、兼侍讀、兼提舉祕書省。以熺自請父子共政，當避嫌疑故也。

八月十一日，端明殿學士、左朝奉郎、簽書樞密院事汪勃罷爲端明殿學士、提舉江州太平興國宮。勃在西府踰一年，坐劾章，乃以親老歸養爲請，故有是命。

二十一年十一月十四日，左中大夫、參知政事余堯弼罷爲資政殿學士、提舉在外宮觀。尋落職，依舊宮觀。以臣寮論其無所建明，初除職與祠；又論，乃落職宮觀云。

二十二年四月十二日，端明殿學士、左朝奉郎、簽書樞密院事巫伋罷爲端明殿學士、提舉江州太平興國宮。尋落職，以臣寮論其緘嘿，罷政奉祠〔一〕；再論，遂落職。

九月二十二日，端明殿學士、左朝奉郎、簽書樞密院事章复罷爲端明殿學士、提舉江州太平興國宮。尋落職。以臣寮論其受命以來無所建明，詔以舊職奉祠；及再論，黜之。

二十三年十月十三日，端明殿學士、左朝奉大夫、簽書樞密院事、兼權參知政事宋樸罷爲端明殿學士〔二〕、提舉江州太平興國宮。尋落職，依舊宮觀。初，臣僚論列，依舊宮觀；既而言者不已，故落職云。

二十四年六月十一日，端明殿[45]學士、左朝奉郎、簽書樞密院事史才罷爲端明殿學士、提舉江州太平興國宮。尋落職。以臣僚論列罷政，仍舊職奉祠；及再論，遂黜之。

十一月十六日，左朝奉郎、端明殿學士、簽書樞密院事魏師遜罷爲端明殿學士、提舉江州太平興國宮〔三〕。尋落職，依舊宮祠。初以臣僚論列，罷政奉祠，仍舊職；再論，遂黜之。

二十五年四月九日，左中大夫、參知政事施鉅罷爲資政殿學士、提舉江州太平興國宮。既而落職，依舊宮觀。臣僚言鉅昨因國忌行香，擁蓋入景靈宮門，衆論大喧，始送其卒于有司，以故除職宮觀；再論，黜之。

六月三日，端明殿學士、左朝奉郎、簽書樞密院事鄭仲熊罷爲端明殿學士〔四〕、提舉江州太平興國宮。臣僚言，仲熊一入樞府即拱嘿結舌，及歸私第即戒門杜賓，陰令姪時中交通。沈長卿以謗訕嘗逮棘寺〔五〕，仲熊力爲營救〔六〕，故有是命。

十二月十二日，左中大夫、參知政事董德元罷爲資政

〔一〕祠：原作「事」，據《宋宰輔編年録》卷一六改。
〔二〕樸：原作「璞」，據《宋宰輔編年録》卷一六改。
〔三〕宮：原作「軍」，據《宋宰輔編年録》卷一六改。
〔四〕書：原作「樞」，據《宋宰輔編年録》卷一六改。
〔五〕嘗：原作「黨」，據文意改。
〔六〕仲：原作「中」，據上文改。

殿學士、提舉江州太平興國宮。尋落職，依舊宮祠。以臣僚論列其附會權臣故也。

二十六年二月十九日，左中大夫、參知政事魏良臣罷爲資政殿學士〔一〕、知紹興府。臣僚論良臣不公之跡，故有是命。

八月二十六日〔二〕，左中大夫、參知政事程克俊罷爲資政殿學士、提舉臨安府洞霄宮。克俊以疾請，故有是命。

二十七年九月十一日，左中大夫、參知政事張綱罷爲資政殿學士、知婺州。綱執政一年而【46】罷，從所請。

十一月二十六日，左中大夫、知樞密院事湯鵬舉罷爲資政殿學士、提舉在外宮觀。尋落職，罷宮祠。臣僚論其在言路賣直，除職奉祠；言者不已，卒落職。越明年二月二十六日，再論列，乃罷宮觀云。

二十九年六月十六日，左中大夫、知樞密院事陳誠之罷爲資政殿學士、知泉州。尋落職，罷宮觀。臣寮論其進以附會，無所建白，除職與郡，再落職奉祠云。

二十六日，特進、尚書左僕射、同中書門下平章事、監修國史、兼提領編修玉牒所沈該罷爲觀文殿學士、提舉臨安府洞霄宮。既而落職，依舊致仕。臣寮論該在政府數年，曾無建明，於是罷政。初以職名宮觀，既而落職致仕，亦該連請謝事也。

三十年六月二十三日，左中大夫、知樞密院事王綸罷爲資政殿大學士〔三〕、知福州。綸在樞密府踰三年，引疾乞罷，故有是命。未赴鎮間，改除提舉臨安府洞霄宮云。

八月七日，左太中大夫、參知政事賀允中罷爲左通議大夫、資政殿大學士致仕。允中在政路期年，上章告老，遂遷秩超職云。

十二月一日，左金紫光禄大夫、尚書左僕射、同中書門下平章事湯思退罷爲觀文殿學士、提舉江州太平興國宮。尋落職，依舊宮祠。先是，十月癸亥，日方過中，天無雲而有雷聲，人情駭異。至是，臣寮言：「本朝慶曆八年，京師一日無雲而震，仁宗皇帝謂張方平曰：『夏竦姦邪，天變如此。』亟命草麻黜之。今日【47】之變，其在大臣。」乃交章論罪思退，卒詔落職云。

三十一年七月十九日〔四〕，左中大夫、同知樞密院事周麟之罷〔與〕在外宮觀，後責授左朝奉大夫、祕書少監，分司南京，筠州居住。臣寮論麟之辭使虜之行，於是罷政與祠；言者不已，乃有是命。

〔一〕殿：原無，據《宋宰輔編年録》卷一六補。
〔二〕二十六日：按《建炎要録》卷一七四、《宋史》卷三一《高宗紀》八、《宋宰輔編年録》卷一六均作八月二十二日辛卯。
〔三〕王：原作「罷」，據《宋宰輔編年録》卷一六改。
〔四〕按，周麟之罷政，《建炎要録》卷一九一書於七月十七日戊子，原注云：「《會要》稱麟之七月十九日罷政，後責筠州，亦恐差誤，當是十七日戊子罷政，十九日庚寅乃責筠州也。」

三十二年三月一日〔一〕，左中大夫、參知政事楊椿罷爲資政殿學士，在外宫觀。尋降爲端明殿學士。臣寮論椿爲執政無所建明，〔初〕〔除〕職奉祠，再論，降之。已上《中興會要》。

孝宗紹興三十二年十月六日，未改元。詔：左通議大夫、知樞密院事葉義問除資政殿學士、提舉江州太平興國宫，任便居住。尋降充端明殿學士，依舊宫祠。既而落職，送饒州居住。先是，殿中侍御史張震、右正言周操交章論列，乞行貶責，義問亦上章求解機務，遂除資政殿學士、提舉江州太平興國宫〔二〕。既而右諫議大夫劉度論其「邊隅有警，奉詔督視，强愎自用，暗於機事，驅迫李横，喪師長寇」，乃降端明殿學士，依舊宫祠。御史中丞辛次膺又極論義問，乞鐫職遠竄，於是落職，饒州居住。

隆興元年二月二十二日，詔左通議大夫、同知樞密院事黄祖舜除資政殿學士、知潭州。制書：「祖舜亟由禁闥，晉貳樞庭，遽抗封章，力辭位著。」故有是命。

三月十八日，詔左太中大夫、同知樞密院事、新除參知政事張燾除資政殿大學士、提舉萬壽觀，兼侍讀。制書以燾「一代宗儒，四朝舊德，陋辭榮而謝事，至引疾以卧家。要當就 48 見以決疑，何可乞身而遽去」，故有是命。

五月十五日，詔：左通奉大夫、守尚書右僕射、同中書門下平章事史浩，可特授觀文殿大學士、知紹興府。制書以浩「屬予纂序之初，積以潛藩之舊，甫經半載，躐至中台，荐形懇欵之辭，蔑副挽留之意」，故有是命。

六月九日〔三〕，詔左通議大夫、參知政事汪澈除資政殿學士、提舉臨安府洞霄宫。尋落職，台州居住。以右諫議大夫王大寶論其宣諭荆湖，措置乖繆故也。

十九日，詔左中大夫、參知政事辛次膺除資政殿學士、提舉臨安府洞霄宫。制書以次膺「凜列朝之正色，懷復君之大忠。逮朕纂承，首加趣召，方資勵翼，莫（逐）〔遂〕挽留」，故有是命。

十二月三日，詔特進、尚書左僕射、同中書門下平章事、兼樞密院使陳康伯除少保、觀文殿大學士、判信州。制書以康伯「當國家多事之時，專廊廟萬幾之寄。心如金石，動在旂常。朕方委任而責成，爾亦勤勞而匪懈。久煩幾務，屢抗封章，諭旨莫回，陳辭益固」，故有是命。

（三）〔二〕年四月二十三日〔四〕，詔：降授特進、尚書右僕射、同中書門下平章事、兼樞密院使、魏國公張浚特授少師、保信軍節度使、判福州。制書以浚「提江淮表裏之封，盡顯總統；佩將相安危之寄，式重倚毗。三年于兹，庶績用乂。叠覽指瑕之劾，且披請老之章」，故有是命。

〔一〕按，楊椿罷政，《建炎要録》卷一九八、《宋史》卷三二《高宗紀》九書於閏二月二十四日辛卯。

〔二〕江州：原作「太州」。按太平興國宫在江州，本卷中已累見，徑改。

〔三〕按，《宋史》卷三三《孝宗紀》一書於六月四日癸亥。

〔四〕二年：原作「三年」，據《宋宰輔編年録》卷一七改。以下五條亦爲二年事。

七月四日，左中大夫、同知樞密院事洪遵除端明殿學士、提舉江州太平興國宮。制書以遵「自 49 托不能，所請甚力」，故有是命。

十月十五日，詔左通議大夫、知樞密院事賀允中除資政殿大學士致仕。允中以衰老不能拜跪，上章乞依前官致仕，故有是命。

十一月十日，詔特進、尚書左僕射、同中書門下平章事、兼樞密院使湯思退，特授觀文殿大學士、提舉江州太平興國宮。尋有旨落職，永州居住。以諫議大夫尹穡〔一〕、侍御史晁公武論其挾術自營，不爲國計，謀謨乖剌，措置顛倒，自壞邊備，一意議和。如罷築壽春城，散萬弩營兵〔二〕，輟修海舡，毀拆水櫃，甚至徹海、泗、唐、鄧之戍，使虜人乘虛侵軼邊境。及除都督，逗遛不行，縱敵悮國，一至於此。故有是命。

閏十一月五日，詔左中大夫、參知政事周葵除資政殿學士、提舉臨安府洞霄宮。制書以葵「粤自(强)〔疆〕陲之警，浸勤夙夜之憂，正賴同寅，用圖再造，倏爾易退，確乎弗移」，故有是命。

二十四日，詔左中大夫、參知政事王之望除端明殿學士、提舉江州太平興國宮。制書以之望「復往視師〔三〕，久不聞問。國人皆曰可殺，謂尚出於私心；臺評以汝爲傾，殆弗(宮)〔逭〕於公議」，故有是命。

乾道元年二月〔二〕十九日〔四〕，詔少保、尚書左僕射、同中書門下平章事、兼樞密院使陳康伯特授少師、觀文殿大學士、魯國公致仕。制書以康伯「膺兩朝眷注之恩，積四載經綸之業，勳在王室，澤潤生民。朕茲垂拱以仰成，公乃逡巡而避寵」〔五〕，故有是命。

六月六日，詔左中大夫、同知樞密 50 院事王剛中致仕。制書以剛中「夙宵無倦，勞役過差，用爽節宣，(寑)〔寖〕成沉痼。斯有掛冠之請，且遂安車之榮」，故有是命。

八月十七日，詔通議大夫、參知政事、兼權知樞密院事錢端禮除資政殿大學士、提舉萬壽宮，仍奉朝請。制書以端禮「方隆眷注，期厎乂寧，屬元良肇舉於曠儀，顧姻婭難居於膴仕」，故有是命。

二十二日〔六〕，詔左中大夫、參知政事、兼同知樞密院事虞允文除端明殿學士、提舉江州太平興國宮。制書以允文「召從岳牧，乃登廟堂，雖眷倚之意彌堅，而丞弼之勳空

〔一〕尹：原作「伊」，據《宋宰輔編年録》卷一七改。

〔二〕萬：原作「方」，據《宋宰輔編年録》卷一七改。

〔三〕之望：原倒，據《宋宰輔編年録》卷一七乙。

〔四〕二十九日：原作「十九日」，按，《宋史》卷二一三《宰輔表》四、《宋宰輔編年録》卷一七均載陳康伯罷左僕射致仕在二月戊申即二十九日，因補「二」字。據《宋史》卷三三《孝宗紀》一，康伯卒於二十八日丁未，致仕詔實爲卒後所降。

〔五〕「公」原作「法」，「避」原作「被」，據《宋宰輔編年録》卷一七改。

〔六〕二十二日：按，《宋史》卷三三《孝宗紀》一書虞允文罷政在八月十一日丁亥，《宋史》卷二一三《宰輔表》四則在十三日己丑，此「二十二日」疑是「十二日」之誤。

著。方責成於治効，(儀)〔乃〕自速於煩言」，故有是命。

二年三月三十日，詔左通議大夫、守尚書右僕射、同中書門下平章事、兼樞密使洪适特授觀文殿學士、提舉江州太平興國宮。制書以适「亟升樞筦，旋秉國鈞。方本朝循名責實之秋，蓋大臣同心輔政之日，何未凝于懿績，遽有嘖於煩言」，故有是命。

四月二十二日，詔左通議大夫、樞密使汪澈除觀文殿學士、提舉臨安府洞霄宮。制書以澈「比自外服，越還本朝，進(外)〔升〕樞筦之崇，旋正使名之重。載披奏牘，祈解近司」，故有是命。

(八月五日)〔五月八日〕〔一〕，詔左中大夫、參知政事、兼權知樞密院事葉顒除資政殿學士、提舉臨安府洞霄宮。制書以顒「既付之政事之煩，又委以樞機之寄，正當公心而及物，直己以正人，尚稽庶績之熙，遽至煩言之責」。故有是命。

八月十六日，詔左中大夫、同知樞密[51]院事、兼權參知政事林安宅可筠州居住。是歲五月，林安宅爲右諫議大夫，與侍御史王伯庠論列參知政事葉顒姪元璘請求周良臣贓事，下臨安府送獄勘鞫，至是獄始具，案驗皆無寔跡，故有是命。

三年十一月九日，詔左正議大夫、守尚書左僕射、同中書門下平章事、兼樞密使葉顒提舉江州太平興國宮。制書以顒「亟由外服，擢冠中台〔二〕，馴奸至日之和，忽駭冬雷之咎」，故有是命。

同日，詔左宣奉大夫、守尚書右僕射、同中書門下平章事、兼樞密使魏杞提舉江州興國宮。制書以杞「度越彝章，超登鼎輔〔三〕。當雷在地中之(侯)〔候〕，駭冬興離治之時，咎證不虛，師言未厭」，故有是命。

四年八月二十二日，詔左中大夫、同知樞密院事、兼參知政事劉珙除端明殿學士〔四〕、知隆興府。制書以珙「委以連城，見牧人御衆之略；陪于大政，有同寅協恭之風。明謨雖賴于贊襄，遠服正深于憂顧」，故有是命。

(十)〔七〕月十二日〔五〕，詔左正議大夫、守尚書右僕射、同中書門下平章事、兼樞密使蔣芾解官持母服，從所請也。

五年三月十九日，詔左中大夫、參知政事、兼同知樞密院事王炎除四川宣撫使。制書：「乃睠坤維，方資明使，載頒渙綍，仍預政機，勉爲朕行，徒得君重。」故有是命。

六年五月十九日，詔左光祿大夫、守尚書左僕射、同中

〔一〕五月八日：原作「八月五日」。按《宋史》卷三三《孝宗紀》一、卷二一三《宰輔表》四、《宋宰輔編年録》卷一七均記葉顒罷政在五月八日庚戌。此作「八月五日」，乃是月日互倒，因改。

〔二〕冠：原作「寇」，據《宋宰輔編年録》卷一七改。

〔三〕超：原作「招」，據《宋宰輔編年録》卷一七改。

〔四〕珙：原作「洪」，據《宋宰輔編年録》卷一七改。下同。

〔五〕七月：原作「十月」。按蔣芾以母喪去官，《宋史》卷二一三《宰輔表》四、《宋宰輔編年録》卷一七、《宋史全文》卷二五上均在七月，後二書並云十月詔起復，芾辭。則此「十月」應爲「七月」之誤，因改。

書門下平章事、兼樞密使陳俊卿特授觀文殿學士、知福州。制書以俊卿「疊貢封囊，願還 52 印綬〔一〕。既屢形於優詔，曾莫奪於忱衷。惟時委寄之隆，豈有中外之間」，故有是命。

七年三月十四日，詔明州觀察使、新除簽書樞密院事張説特授安慶軍節度使、提舉萬壽觀。制書以説「祈避要途，務安素守」，故有是命。

八年九月十二日，詔特進、左丞相、兼樞密使、華國公虞允文特授少保、武安軍節度使〔二〕，充四川宣撫使。制書以允文「方觀績用之優〔三〕，乃上封章之力。重違其請，誠難輟於弼諧〔四〕；庸聽其歸，蓋雅資於綏撫。」故有是命。

九年正月七日，端明殿學士、左朝散郎、簽書樞密院事王之奇除資政殿學士、知（楊）〔揚〕州。制書以之奇「矧惟乃父，嘗佐光堯，雖内處於籌帷，亦外静於邊境。勉孜成績，追配前聞」，故有是命。

十月十二日，詔左宣奉大夫、右丞相、兼樞密使梁克家特授觀文殿大學士、知建寧府。制書以克家「方共熙於庶績，乃願釋於繁機。屢貢奏封，力陳疾疢。閑平津之（閣）〔閤〕，弗爲朕留；圖申伯之居，勉從爾志」，故有是命。

十二月六日，詔左中大夫、同知樞密院事沈复（徐）〔除〕資政殿學士、知荆南府。制書以复「結知既深，責望斯大，輟從輔弼，往義蕃宣。職兹眷篤之誠，勉副倚毗之意」，故有是命。

淳熙元年六月二十九日，中奉大夫、參知政事姚憲除端明殿學士、在外宫觀。既而有旨，令南康軍居住。先是，憲乞罷參知政事，請祠，遂除端明殿學士、在外宫觀。已而臣寮交章論憲貪緣冒寵，致身政路，交通臺諫，53 僥圖相位，乞行貶責，故有是命。

八月五日，安慶軍節度使、知樞密院事張説除太尉、提舉隆興府玉隆觀，依前安慶軍節度使。制書以説「峻升掌武之階，夙任本兵之寄，何乃奏封之上，願從散地之居」，故有是命。

十一月十二日，昭慶軍節度使、簽書樞密院事楊倓知荆南府。制書以倓「移疾抗章，避煩上印」，故有是命。

二十三日，光禄大夫、右丞相曾懷除觀文殿大學士、提舉臨（江）〔安〕府洞霄宫。先是，六月，右司諫詹亢宗、殿中侍御史季棠論列懷六事，罷免。既而懷上章自辯，令吏部侍郎趙粹中同大理寺官根究，無實，亢宗、棠俱降官罷。七月，懷復相。至是乞解機政，故有是命〔五〕。（以上《永樂大典》卷一一四二四）

〔一〕願：原作「顧」；綬：原作「紋」。並據《宋宰輔編年録》卷一七改。
〔二〕安：原脱，據《宋宰輔編年録》卷一七補。
〔三〕方：原作「萬」，據《宋宰輔編年録》卷一七改。
〔四〕難：原作「雖」，據《宋宰輔編年録》卷一七改。
〔五〕本條「侍郎」以下文字，原與本書瑞異三之四六之一段互爲錯簡，今據文意及《宋宰輔編年録》卷一八所載史實移併。參彼處校記。本條之後至淳熙十五年尚有闕文。

【宋會要】61 淳熙十六年五月八日，詔少保、左丞相、益國公周必大特授觀文殿大學士、依前少保、判潭州。尋罷職任，以少保、益國公充醴泉觀使，在外任便居住。已而臣僚言其不公、不平、不正十事，乞賜罷斥，詔以必大弼諧初政，求去甚力，已授前職判潭州。繼而殿中侍御史范處義又言之，遂有是命。

紹熙元年十二月六日，詔樞密使王藺放罷。先是，藺丐祠得請。未幾，御史中丞何澹言其「兇暴出於天資，忿戾形於面目。覬覦相位，不得則忿怒；脅持臺諫，不從則謗罵。雖處西府，必欲奪東府之權，又容縱其弟萊所在暴横，乞賜罷黜」，故有是命。

五年正月二十一日，詔特進、右丞相葛邲特授觀文殿大學士，依前特進，判建康府。制書：「休休有容，本務彌縫而藏用；謙謙自牧，乃希明哲以保身〔二〕。雖疊聞議者之言，顧敢替相臣之禮？勉留備至，懇退彌堅。朕審其累奏之莫回，念其在公之盡瘁，用頒宸旨，（捭）〔俾〕釋宰司。書殿隆名，班特高於儒學；帥藩要地，任增重於居留。體貌斯全，眷懷惟厚。」

嘉泰三年正月十日，詔少保、右丞相、冀國公謝深甫特授觀文殿大學士，依前少保、判建康府，改封益國公，加食邑一千户，食實封四百户。以深甫累章求退，詔依所乞也。

二十四日，詔正奉大夫、參知政事張巖除資政殿學士、知平江府。以巖累章求退，詔依所乞也。

二月二日，詔新除端明殿學士、通議大夫、簽書樞密院事傅伯壽依舊端明殿學士，在京宮觀，兼侍讀、修國史，應合得恩數並依執政體例，仍免奉朝請。伯壽以病乞去位，詔依所乞也。

九月五日，詔宣奉大夫、參知政事袁説友除資政殿學士，與宮觀。以臣僚論列，章不出，説友亦再上章丐祠，依所乞也。

四年四月十一日，詔銀青光禄大夫、知樞密院事、兼參知政事許及之放罷。以監察御史商（非）〔飛〕卿論列，故有是命。

八月二十八日，詔中奉大夫〔三〕、參知政事張孝伯放罷。以臣僚論列，故有是命。

開禧元年三月二十六日，詔通奉大夫、參知政事、兼〔知〕樞密院事費士寅除資政殿學士、知興元軍府事、充利州東路安撫使。以臣僚論列，章不出，士寅亦再上章求去，故有是命。

〔二〕希：原作「晞」，據《宋宰輔編年録》卷一九改。
〔三〕奉：原作「順」。按宋代無中順大夫，原稿職官七八之六五本條重文作「中奉大夫」，是，據改。

九月（十）四日〔一〕，詔端明殿學士、太中大夫、簽書樞密院事劉德秀除資政殿學士、提舉臨安府洞霄宮。德秀以病乞去位，詔從所乞也。

二年三月二十四日，詔中大夫、參知政事、兼同知樞密院事錢象祖降兩官，送信州居住。以臣僚論列，故有是命。

三年十月六日，詔光祿大夫、知樞密院事張巖與宮觀。先是除資政殿大學士、知福州，巖抗章乞祠，故從之。

十一月三日，詔韓侂冑罪惡貫盈，合行誅戮，是日誅韓侂冑。陳自强罷右丞相、兼樞密使，62 特授醴泉觀使，在外任便居住。續詔陳自强謫授武泰軍節度副使，永州居住。蘇（帥）〔師〕旦決脊，黥隸昌化軍，未行間，令廣東提（行）〔刑〕躬親處斬。王容送臨安府〔二〕，史達祖等送大理寺根究。以皇子榮王奏：「今日之事，有繫國家安危大計，甚可慮者，不敢不亟陳於君父之前。臣伏見韓侂冑久任國柄，輕信妄爲，遽啓兵端，使生靈無辜殞於鋒鏑之下，不可勝計。死者冤痛，生者愁苦，海内之民無不切齒於侂冑。蓋其權勢足以鉗天下士大夫之口而不敢言，臣而不言，死有餘罪。若不令其退避省愆，必致上危宗社，重貽君父之憂。欲望聖慈特發睿斷，罷韓侂冑平章軍國事，與在外宮觀，安邊繼好，保邦息民，寔在此舉。陳自强專意阿附，備位無補，望并賜罷黜。乞速付三省施行。」從之。給事中雷孝友繳奏：「韓侂冑植黨擅權，稱兵首亂，乞明正典刑。陳自强昏繆無恥，曲意逢迎，乞遠加貶竄。」御史中丞衛涇言：「韓侂冑專權擅朝，干分敗常，自知無所容，乃擅啓兵端，覬立邊功以自固。納吳曦之賂，復授以西帥，曦竟挾虜以叛。親信奴隸蘇師旦，至秉旄鉞。納賄賂，用庸將，皇甫斌敗於唐州，李汝翼敗於符離，商榮敗於東海，郭倪敗於儀真，兩淮四十年生聚遂成丘墟，南北數百萬生靈之命皆韓侂冑一人殺之也。陳自强本無寸長，侂冑念舊汲引，由州縣小官不數年爲次相，每對客言：『自强受恩之深，只得順從。』自强之罪亦不勝誅。伏望將侂冑、自强重賜施行。」小帖子言：「蘇師旦雖已竄謫，未正典刑。内臣王容違太皇遺旨，盜内帑以奉侂冑；堂吏史達祖、耿檉〔三〕、董如璧繼師旦用事，共爲姦利，乞送大理寺根勘，依法施行。」左司諫王居安奏：「乞將韓侂冑顯行誅戮，以正元惡之罪；陳自强遠竄，以爲朋奸誤國者之戒。」小帖子：「乞盡籍侂冑家財，專爲備邊之用。」故有是命。

十七日，詔中大夫、參知政事、兼同知樞密院事李壁降兩官，送撫州居住。以臣僚論列，故有是命。

嘉定元年六月八日，詔中大夫、參知政事衛涇與在外

〔一〕四日：原作「十四日」。按《宋史》卷三八《寧宗紀》二、又卷二一三《宰輔表》四、《宋宰輔編年録》卷二〇記罷簽書均在九月四日丁亥，「十」字當爲衍文，因删。
〔二〕王容：原稿職官七八之六六本條重文作「王瑢」。下同。
〔三〕檉：原作「聖」，據原稿職官七八之六七重文改。

宮觀〔一〕。以御史中丞章良能論列，故有是命。

十六日，詔端明殿學士、朝請大夫、簽書樞密院事林大中特授朝議大夫、守端明殿學士、簽書樞密院事致仕。大中以病乞去位，詔從所乞也。

八月(十)四日〔二〕，詔資政殿學士、通奉大夫、新除同知樞密院事丘崈特授(政)〔正〕議大夫、守同知樞密院事致仕。崈以病急乞謝事，詔從所乞也。

十二月一日，特進、左丞相、兼樞密使、兼太子少師錢象祖除觀文殿大學士、判福州。以象祖累章求退，而臺臣亦有論列也。

三年十二月二日〔三〕，詔正議大夫、參知政事婁機除職與郡。機以病屢乞休致，故有是命。

六年正月十六日，詔端明殿學士、正奉大夫、簽書樞密院事宇文紹節特轉兩官，除資政殿學63士、守簽書樞密院事致仕。以紹節上遺表，故有是命。

四月十二日〔四〕，詔光禄大夫、參知政事樓鑰除資政殿學士、知太平州。以病屢上章乞解機政，故有是命。

七年正月十日，詔通奉大夫、參知政事章良能特轉三官，除資政殿大學士、守參知政事致仕。以良能上遺表，故有是命。

八年二月十八日，詔正議大夫、知樞密院事、兼參知政事雷孝友除觀文殿學士、知福州、充福建路安(府)〔撫〕使。以病屢上章乞去位，故有是命。

十年三月二十三日，詔觀文殿學士、知潭州、湖南安撫使安丙除崇信軍節度使、開府儀同三司、充萬壽觀使。以監察御史李安行論列，乞畀以真祠，故有是命。

十二年四月二十六日，詔正奉大夫、參知政事曾從龍放罷。先是，自陳乞解機政，得旨除職，與宮觀。既而侍御史李楠論列，故有是命。

十四年八月三日，詔端明殿學士、通議大夫、簽書樞密院事、兼權參知政事任希夷除資政殿學士、知福州。以病上章丐閑，故有是命。

十二月十日，詔正奉大夫、知樞密院事、兼參知政事鄭昭先除資政殿大學士、知隆興府。以病屢上章乞去位，故有是命。（以上《永樂大典》卷一七五九五、又卷一一四二五）〔五〕

〔一〕涇：原作「徑」，據《宋史》卷二一三《宰輔表》四改。

〔二〕四日：原作「十四日」。按《宋宰輔編年録》卷二〇作八月四日辛未，即丘崈卒之當日（見《宋史》卷三九《寧宗紀》三、《宋宰輔編年録》卷二〇），是也，據删「十」字。

〔三〕二日：《宋史》卷三九《寧宗紀》三、卷二一三《宰輔表》四、《宋宰輔編年録》卷二〇均記於四日戊午。

〔四〕按，樓鑰罷政，《宋史》卷三九《寧宗紀》三、《兩朝綱目備要》卷一三記於三月二十二日癸亥，此作四月十二日，疑誤。

〔五〕按，上文出《大典》卷一七五九五「罷」字韻「罷免」門。而原稿緊接又於職官七八之六四至七八之六八收録《大典》卷一一四二五「免」字韻「罷免」門之文，標爲「宋續會要」（亦即李心傳《續總類國朝會要》）。其文除錯字外，與上文全同。同在一卷之中，不宜重收，今删去正文，僅於此補標《大典》卷次。

宋會要輯稿　職官七九

戒飭官吏

【宋續會要】

■1 淳熙元年二月二十三日，詔：「訪聞諸路州郡循習舊弊，巧作名色饋送〔一〕，及虛破兵卒，以接送爲名，多借請受，并假名權攝支請供給之類；又聞諸司與列郡胥吏、牙校月有借請。蠹耗財賦，重困民力，致令歸正、揀汰之人拖下請給。仰諸路帥臣、監司常切覺察。」

七月三日，詔曰：「朕惟天下治亂繫乎風俗之媺惡，風俗媺惡繫乎士大夫之好尚。蓋士大夫者，風俗之表，而天下所賴以治者也。故上有禮義廉耻之風〔二〕，則下有忠厚醇一之行；上有險怪媮薄之習，則下有乖争陵犯之變。如形聲影響之應〔三〕，不可誣也。成周盛時，在位皆節儉正直，天下化之。至漢孝宣行綜核之政，詔天下舉廉吏，欲得其真，故吏多稱職，民亦安業。朕甚慕之，嘉與學士大夫共繇此道。蓋嘗戢姦貪，黜浮靡，躬節儉以示天下，而歷紀逾久，治効未進。意在位者未能率德改行以厚風俗，故廉士失職，貪夫長利，將何以助朕興化致理、無愧於古虖！今朕端本於上，丁寧訓告，罔有不至。部使者、郡守，其爲朕察郡邑廉吏來上，朕將甄奬，待以不次，風厲天下焉。或持禄養交，崇飾虛譽，應詔不以實，使積行之君子壅於上聞，時汝之辜，必罰毋貸。」

二年五月二十四日，詔：「州縣迎送條制，除在法許迎送外，其餘非因職事相干，止許就■2館舍相見。如州縣官輒敢出城而監司不覺察者，必正其罪。監司輒自迎送，亦準州縣之法。」從臣僚請也。

五年八月二日，詔曰：「朕祗荷高穹眷佑，祖宗垂休，獲承太上之慈訓，脩明治道，夙夜不敢荒寧。比年以來，五穀屢登，蠶絲盈箱，嘉與海内共(亨)〔享〕阜康之樂。尚念耕夫蠶婦終歲勤動，賈賤不足以償其勞，而郡邑或弗加䘏，使倍蓰以輸其直，甚亡謂也。其令諸路監司戒所部，應民税除折帛折變自有常制外〔四〕，當輸本色者，毋以重賈彊之折錢。若有故違，按劾以聞，當寘于法。」

六年三月二十四日，詔曰：「朕躬節儉以先天下，無暴征，無苛取，期吾元元躋于富庶之域。郡國之間，宜若公私交裕矣，今顧不然，豐年樂歲，中外少事，或未免於匱乏。州迫於縣，縣迫吾民，其故安在？無乃賦入寡而用度衆歟？吏二千石有能不能歟？將輕費妄用，莫知撙節歟？

〔一〕饋：原作「館」，據《宋史全文》卷二六上改。
〔二〕義：原作「儀」，據《宋史全文》卷二六上改。
〔三〕形：原作「刑」，據文意改。
〔四〕折變：原脱「折」字，據《宋史全文》卷二六下補。

朕既深居九重，無以偏察，故分道置臺，寄耳目于爾漕臣〔一〕。職當計度，欲其計一道盈虛而經度之也；職在按察，欲其蚤正素治，毋使至於病民也。厥或異此，朕何賴焉！且汝不聞《黍苗》之詩乎：『我任我輦，我車我牛。』謂美召伯能成轉餫之功也。後世以是名官，寧無意耶？曰『陰雨膏之』，言能養民如膏雨也。其卒章曰『王心則寧』，言家給人足，乃能安王之心也。汝等得不深思古誼，視所部爲一家，周知其經費而通融其有無，廉察其能否而裁抑其耗蠹？數者備矣，郡計無 3 患乎不足。郡計足則屬邑寬，屬邑寬則民力裕，民力裕則吾宵旰之慮釋。國有信賞，於汝何吝。若乃有餘者取之，不足者聽之，逮其乏事然後從而劾之，斯亦晚矣。是則黜罰之行〔二〕，奚獨郡守而已〔三〕。諸道轉運〔四〕，其明知朕意。」

八月四日，詔：「外路諸州，自今違戾稽遲朝省文書，大事令本部將當職官劾奏，小事將人吏行下斷遣。」以臣僚言：「吏部有監司州郡保明差遣恩澤等事，辟差不合格，坐條法行下，而本司復爲隱落再申者；有在任未滿，不應指射差遣，而本州亦行保明者；有已注官，待闕間身故，而復欲改奏他人者。刑部有改正過名，符下本州，至於三年而未回申者；有勘鞫公事，累經翻異，故作淹延者；有定奪詞〔訢〕〔訴〕違限日久，致其人經臺省陳不已者。乞革其弊。」故有是命。

九月二十五日，詔諸路州縣，應監司使命經從，秪令於門外相見。其諸司屬官及應沿檄被差過往之人，並不許迎送。

八年五月十九日，詔：「自今州縣官到任後，守臣非有的實差使，並不得輒作名色差出。」

七月二十一日，詔：「帥臣、監司以勸農爲名，自當朝夕諮訪，以待上問。比者數命諸道條具雨暘豐歉之候，乃或泛言某郡某縣大略如何，或云見行取會，顯屬文具。仰自今行下所部，令諸縣五日一申州，州十日一申帥臣、監司。纔候指揮到日，帥臣、監司即時開具聞奏。其或不盡不實，並當黜罰。」

同日，詔：「近太史奏星緯失次，4 當虞水旱。（命）〔令〕聞諸路有連歲饑饉去處，稍失存恤，則愚民無知，未免流爲盜賊。其餘雖豐熟州縣，亦須過爲警備。全在帥守、監司預行措置，銷患未形，通融有無，撙節支費，繩治貪刻之吏，賑濟失業之民，尤不可忽者。如兵將勇怯，巡尉能否，仰隨所隸詳加考察，常令訓齊士伍，整治器械。恩威既著，姦（究）〔宄〕自消。能寬顧憂，當議顯賞；一或違戾，必罰無赦。指揮到日，令守臣具結罪知稟狀申逐路帥臣、監司類聚，同結罪保明以聞。」

〔一〕漕：原缺，據《宋史全文》卷二六下補。
〔二〕行：原作「刑」，據周必大《文忠集》卷一〇四、《咸淳臨安志》卷四改。
〔三〕已：原脱，據《文忠集》卷一〇四、《咸淳臨安志》卷四補。
〔四〕道：原脱，據《文忠集》卷一〇四、《咸淳臨安志》卷四補。

九年四月九日，詔：「自今文武臣再任，不得講到罷禮數，并不得令府庫更新製造應干物色。」

十年六月二十八日，詔曰：「朕履四海之籍，託公王之上，深惟民之未贍，惻怛在心，躬節儉之化，薄征賦之科，冀與宇内共臻富庶之域。惟吏或不良，無以宣德明恩，若乃貪饕無饜，與貨爲市，漁奪百姓，侵牟下民，有一於斯，足秕邦政。天下之大，郡邑之衆，假勢放利，實繁有徒。若此，朕雖有愛民勤政之誠，焦勞於上，仁恩利澤何由而下究哉！朕嗣服之初，蓋嘗考法祖宗嚴贓吏之禁，其持心不移，覆出爲惡者，既已逮治一二，厲在位矣。歲月既久，法以延緩〔一〕，贓過之吏狃習寬政，日甚歲劇。朕聽朝不怡，惟斯民未有愿志。今縱未能建化致理，厝之至寧，重以貪吏肆爲螟蠹，朕甚自愧。夫飾法設刑，至於刻其肌膚，鞭逐而分竄之，所以懲小民之無良。今列官處職，姦法不忌，是與盜無異也。國有5憲法，朕不敢廢。惟古今用法之弊，率爲貴者順意，賤者生情，故晉世劉友伏誅，而山濤等不問，避貴施賤，朕無取焉。今將澄革弊風，閑明邦典，特申播告，期之自新。或罔革心，刑茲無赦，不以秩位之高下，形勢之重輕，朕將一施之。咨示中外，朕言維服。可自今命官犯自盜枉法贓罪抵死者，籍没家財，取旨決配，並依隆興二年九月已降詔書施行，必無容貸。」

淳熙十六年二月十六日，詔曰：「朕惟唐虞盛時，内有百揆四岳，外有州牧侯伯，是以庶政惟和，萬邦咸寧。蓋天下之大，非一人之所能獨爲也。以堯、舜之聖，猶責成於臣下，況後世乎？朕始嗣位，涉道尚淺，夙夜兢業，罔知攸濟。咨爾中外小大之臣，皆壽皇聖帝長養封殖以遺朕者，布政之初，嘉與群公卿士厲精有爲，輔成治效。夫設官分職，正以任事，一官不稱其任，則一事不得其理。苟不能輸忠竭誠，率作興事，將何以副朕倚毗之意，報壽皇付託之恩哉！繼自今其共乃職，悉乃心，毋因循以玩日，毋怠忽以荒政，勉自淬礪，各迪有功。儻以稱職聞，吾將有以褒顯之；其或不率，邦有常刑。布告在位，使明知朕意。」

十八日，詔：「今日户口雖衆，而人生實艱。州縣官吏有貪墨虐民者，令監司按劾；監司有黷貨營私者，令内臺糾察。其有贓罪顯著，朕當遵祖宗、壽皇聖帝成法，重寘典憲。」

二十五日，詔：「訪聞監司、守臣多事掊斂，以充苞苴，結託求進。可令御史6臺常切糾察，如有違戾，必罰毋赦。」

三月十五日，詔：「訪聞内外諸軍管兵官多有刻剥軍兵，掊斂財賄，專事結託，以爲進身之計。如有違戾去處，令御史臺奏劾，當重行降責。」

四月二十九日，監察御史虞儔言：「近年以來，士大夫狃於故習，以法令爲文具，視官府如傳舍，入局既晚而出又

〔一〕延：原作「挺」，據《宋史全文》卷二七上改。

早，甚者至於無故而不入，職事廢弛，期會稽違。蓋其念慮所存，不過欲伺候執政之府，奔走臺諫之門，爲身謀而已。乞申敕百工，各司其局，毋或後時以入，毋或先時以出，不惟職事之間得以修舉，而奔競之風亦庶幾少戢。」從之。

紹熙元年正月二十一日，臣僚言：「古者以例而濟法，後世因例而廢法。夫例者，出格法之所不該，故即其近似者而倣行之。如斷罪無正條，則有比附定刑之文；法所不載，則有比類施行指揮。雖名曰例，實不離於法也。沿襲既久，行法者往往循私忘公，不比法以爲例，而因事以起例，甚者自有本法，亦捨而弗用。轉相攀援，姦胥猾吏皆得以制其出入，而法始廢矣。乞令有司檢照紹興以來臣僚不許援例之奏，申嚴主典違制科罪、長吏免所居官指揮，明示中外，其有法者止當從法，其合比附、比類者不得更引非法之例。令御史臺覺察，必罰無赦。如此，則祖宗成法得以遵守於無窮矣。」從之。

五月二十四日，臣僚言：「近日以來，求之朝廷，則去來頗多，議論不一，未得爲安靖；求之風俗，則人 7 懷私心，士尚口舌，未得爲和平。欲乞守安靖以戒朝廷之紛擾，而亦不使失之偷惰；貴和平以銷風俗之乖戾，而亦不使失之詭隨。其有不勤職業，不安命義，務爲不靖以攪亂是非者，必罰無赦，則議論定，公道自行，善類可安，實事可舉。」詔：「安靖而不爲偷惰，和平而不爲詭隨，（比）〔此〕誠臣下之美事。凡厥攸司，各宜遵守，以副朕意。」

十月二十七日，左諫議大夫何澹言：「近時以來，中外臣庶不循分守，不安義命，人欲遂其私意，不問法之可行。在法不許援例，今援正例足矣，而又攀緣不可行之例焉。在法不許换易差遣，今换易本等足矣，而又必欲陞等差遣焉。孤寒之士待七八之次猶有不得禄者，今有一恩例，則連綿添差，不間一任。到部之人等候一年半歲方得一闕，今一有勢力，則見任未滿已得再任，不肯失一兩月之俸。異時無軍功人，假一優異之恩賞而轉行，猶自有説，今不假優異之恩賞矣。異時無優異恩賞人，累數賞而作一官陳乞，已是冒濫，今不復累賞陳乞矣。如此之類，不止一端。欲乞下臣此章，警戒中外，今後有毁法破例之事，不得干請。又其甚者，許臺諫糾治，則人稍知廉隅，不爲紀綱法度之蠹〔一〕。」從之。

二十九日，制曰：「朕承基緒之重，兢業圖治，嘉與萬方百姓共臻康阜，故修明憲度，昭著可稽，發施命令，寬恤是務，庶幾遠邇均被實惠。郡縣之吏，與朕共此者也，所宜蚤夜究心，嚮公遵職，8 格敷德意，致之于民。今乃不然，法易遵而不知奉，令數下而不知行。或者徇情自肆，格詔而弗頒，使國章不得盡孚，王澤無繇下及。吏之慢弛，莫此爲甚，將何以（朕）〔副〕朕經理庶政、愛養斯民之意虖！夫端本于上，既申飭告教，而下弗祗若，咎安可逃？其各亟

〔一〕綱：原作「網」，據文意改。

體朕懷，奉法遵令，布宣明旨，無或不虔。儻敢狃于故習，尚有違戾，當置重典，示以必罰。」

二年三月四日，臣僚言：「列職郡縣，或以二年爲任，或以三年爲任。逮其滿也，復有補填月日，少者一月，多者兩月，至期交代，夫復何辭。今士大夫嗜利無耻，有以舉主未圓求那展者，有以差委爲名苟遷延者，巧僞百出，不可(彈)〔殫〕舉。甚至遠迓之屬，占吝不以時遣，致使合赴上者以待闕之日久，仰禄之心切，富者挈累裹糧而趨，貧者徒步匍匐而往。廉耻道喪，一至於是。欲乞明敕州縣之吏，或虧廉耻，必加按劾，庶幾有所警懼。」從之。

八日，權禮部尚書李巘言：「今郡縣之間，蠹耗日滋。長吏躬持廉節，爲之表率，尚恐不能補敝，況復飾僞嗜利，貪墨而不知耻，則將何以制其下乎！乞申戒郡守，無得輒以公帑之物更互送餽，以爲己利。仍令監司常切覺察，如有違戾，重寘于憲。」詔：「互送之弊，誠爲蠹耗，今後監司、郡守輒敢違犯，在内令御史臺彈劾，在外許監司互察，並以贓論。常切遵守。」

十月十六日，詔：「朕惟爲政之道，莫先於養民，故自即位以來，宵旰在念，蠲除甚賦〔一〕，頒 9 宣寬條，嘉與四方臻于安富〔二〕。郡守、縣令，最近于民者也，里閭利病無不周知，年穀豐歉無不親睹，獄犴枉直無不偏閲，凡吾民之休戚皆繫焉。誠能廑身率職，拊循惠愛，以承休德，庶幾乎政平訟理之效。今采之人言，乃聞科斂先期，競務辦集，而民之虛實不問也；追呼相繼，敢爲椎剥〔三〕，而民之安否不恤也。財計之外，治理蔑聞，苟免幸進，狃于故習，甚不稱朕委屬之意。夫邦財有常，固在經理，而非必掊克督趣以爲能也。民生至重，尤貴綏輯，顧不若賦輸期會之争乎？知本末先後之誼〔四〕，此朕所貴於守令者，可不勉哉！繼自今各脩乃政，圖乃庸，以軫恤爲心，以牧養爲務，俾民安業，愁歎不生，時予汝嘉。其或奉行弗虔，邦有常憲。播告遐邇，明示朕懷。」

紹熙五年八月十三日，詔曰：「朕惟廉吏民之表，而爲國之蠹、民之病者，莫污吏若也，不有誅賞，疇示勸懲！繼自今諸道監司刺舉之官，於郡邑文武任職之臣，廉必聞，污必糾，毋憚大吏，毋縱私昵。賞不爾靳，法不爾私，期吏稱民安，副朕意焉。」

九月十四日，詔：「訪聞州縣以權勢親戚過往干託，輒於鄉村差借人夫，顯屬違法。仰監司常切覺察，按劾以聞。」

同日，明堂赦：「今來赦文寬恤事件，仰監司督責郡縣，自赦到，限一季將遵行過名件結罪申奏。或故違隱而不舉，令御史臺彈劾聞奏。」

〔一〕甚賦：原倒，據《宋史》卷一七四《食貨志》上二乙。
〔二〕臻：原作「轃」，據《宋史》卷一七四《食貨志》上二改。
〔三〕椎：原作「推」，據《宋史》卷一七四《食貨志》上二改。
〔四〕知：原無，據《宋史》卷一七四《食貨志》上二補。

十一月七日，臣僚言：「爲治之要，當以重名器、抑僥倖10爲先。蓋名器重則爵賞公，而無濫授之私；僥倖抑則私謁杜，而絶妄求之患。乞下臣此章，戒敕内外之人，審名器之重而不可以妄求，知僥倖之抑而不可以輒啓。凡非憲章所在，皆却而不受。如有干求違戾者，許諫官、御史彈奏，則紀綱日張，聖治日新，實社稷無疆之休。」從之。

二十二日，都省言：「紹熙二年五月七日指揮，行在諸百官司並合輪官吏宿直。」詔：「今後並須日輪官吏宿直，非實有疾故，各不許請官代宿，人吏亦不得募人承〔替〕。其倉場庫務等處，仍仰所轄官司常切鈐束，不時檢察。如有違戾，重行責罰。在法，權與正同，其六部兼權郎中亦合通輪宿直。」既而十二月九日，臣僚言：「省部寺監等處，當其宿直，非特吏人敢爲承替，而所輪之官亦輒託事故，代以吏人者有矣。百官當其入局既已甚晚，及其出局，又乃託故爭先而去，吏牘不省，吏姦不察，視公家職事若將浼焉。乞賜戒敕，俾凡百官吏各恭其職而宿直必親，各司其局而出入必時，關報有程而毋致稽違，文書唯謹而毋致滅裂。苟或不然，則取其尤者重加責罰。」從之。嘉泰二年三月四日，臣僚言：「復嚴入局宿直之制，乞申飭攸司，自今以往非遇假日不許自便。如遇單忌或係當宿之日，亦皆如期入局。其有畔官離次、踵習弊風者，委自御史臺覺察以聞。」從之。

慶元元年五月十四日，詔曰：「朕惟風俗者，治忽之樞機；士大夫者，風俗之權11輿。昔有周文、武之隆，在位皆節儉正直〔一〕，小大之臣咸懷忠良，下至庶民，無有淫朋，無有比德也。於虖，何其熾歟！朕甚慕之，夙興夜寐，嘉與宇内之士臻於斯路。今也不然，在廷薦紳之徒，間有懷背公死黨之心，蔑尊君親上之誼，陰佞諛側媚以奉權彊，陽詭僻險傲以（鈞）〔釣〕聲譽，鼓倡横議，貪利逞私，使毁譽是非棼然殽亂。於虖，朕之所託材器職業稡於群下，顧迺如此，豈朕訓導之方有所未至歟？抑士湛於流失之久，不能以自振歟？將名實未辨，好惡異情而致是歟？殆曩者任事之臣，奮私昵黨，輕朕之爵禄怵之使然，欲以固其權也，長此安窮！夫仁行而從善，義立而俗易，朕既明絀陟、寬誹訕以示天下矣，人之倚乃身，迂乃心，往不可悔。自今至於後日，洒濯厥衷，存公去私〔二〕，可否從違，各當於理，則予汝嘉，丕克羞爾。其有不吉不迪，習非怙終，則邦有常刑，朕不敢貸，汝悔身何及！《書》不云乎：『格則承之庸之，否則威之。』咨爾多士，明聽朕言，毋忽！」

二年正月二十四日，臣僚言：「比年以來，州郡、監司務相蒙蔽，或市私恩，或植私黨，或牽自己之利害，或受他人之囑託，見贓不劾，聞暴不刺。乞令諸州專察屬縣，監司專察諸州，臺諫則總其舉擿。如令、丞、簿、尉有罪而州不

〔一〕皆：原無，據《兩朝綱目備要》卷四補。
〔二〕公：原作「心」，據《兩朝綱目備要》卷四改。

按察以聞，則犯者亦論如律，而監司亦量〔經〕〔輕〕重與之降黜。州之僚屬則併責之守倅之按察，監司之僚屬亦併責之監司之按察，而其坐罪亦如之。如此，則上下交制，小大相維，姦贓暴虐無所逃罪，朝廷特舉其大綱，而天下 12 無不治，斯民無不被賜矣。」從之。

四月三日，右諫議大夫劉德秀言：「乞自今四蜀之有除授，莫若以其告劄悉付制司。蓋制司月有所遞平安奏者，自此至彼，例不過一月。却自制司發下所屬，近者不過數日，遠者不過半月，彼可以朝被命而夕治行。二廣之有罷黜，不獨止付罷黜之人，宜遍下諸司，使互相覺察。州郡則即日差次官攝事，諸司則即日以他司兼權，則被黜者不得懷姦挾私以逞矣。」從之。

二十四日，知饒州湯碩言：「恭惟陛下恭儉憂勤，奉己甚約，視民如傷，夙興夜寐，惟恐一夫不被其澤。凡所播告，厥旨丁寧，然州縣之吏間有不能奉承德意、尚爲民害者，曰擅科，曰預借不給鈔，曰重催。夫近郡猶無忌憚，況於遠方之民，誠恐無所伸訴。乞行下諸路監司常切覺察，不容州縣違戾，體訪以聞，將官吏重寘典憲。監司失於舉發，亦坐失職之罪。」從之。

十月十四日，臣僚言：「近日監司、帥守到任之後，甫及半考，或幾一年，觀風問俗，巡歷未周，承宣流化，撫字未徧，即致書當路，自述勞績，干求廟堂，經營召命。其間復有嘗遭論列者，自應杜門省愆，痛自悛悔，朝廷不忍終棄，亦必拔拭而用之。今也彈劾之墨未乾，輒敢遣人徧通中都書問，曲致私禱，力求監司、帥守差遣，苟圖進身。乞下臣此章，明諭大臣，布告中外，使監司、帥守勉修職業，杜絕私請。如政績昭著，必俟終更，然後進用，或增秩因任，13 使之終惠百姓，不得移書干進。其有曾經論列罪罷之人，率以二年爲限，方許授以祠禄。俟其果有悛心，次第用之，亦未爲晚。其或尚敢違戾，令御史臺彈〔劾〕奏聞，重寘典憲。」從之。

四年正月十五日，詔曰：「朕聞隆古盛時，有國令典，三載考績，庶務交修，咸事靖共，率循檢押，以浮躁爲戒，以趨競爲慙，迄成久任之功，坐底丕平之治。淳風既逸，素尚莫聞，士有橫翔捷出之心，人無宿道嚮方之志，類於官曹之視，殆猶傳舍之然。至使端人，深愧澆習。朕每觀此，爲之喟焉。度德量能，固欲持衡之審；蘊才負藝，盍虞躍冶之嫌〔一〕。豈上之教令所未明，抑下之陶染所難革？繄衆瞻聽，迺時薦紳。其繼自今，各揚厥職，毋憚積日而累月，庶幾趨事以赴功。茲或罔從，必罰無赦。故此詔示，宜體至懷。」既而十八日，臣僚言：「近日以來，士大夫不顧廉隅，不安分守，不修職業，趨競浮躁，務在速得。或踴躍自獻而不以爲耻，或宛轉請囑而不以爲非。甚者計日數月，攀援舊例，恬不知怪，致煩明詔戒飭。宸翰一頒，中外聳動，小

〔一〕躍冶：原作「躍治」，據文意改。典出《莊子·大宗師》。

大之臣自宜洗心滌慮，翕然丕變，以無負君父丁寧之意。其或尚狃舊習，不知悛改，趨競浮躁，巧圖嗜進，公違隆指，自觸憲章，即令大臣具名取旨，重加黜責。間有僥冒而得之者，給舍、臺諫各揚乃職，必行論奏，毋容漏網。庶幾聖訓不爲虛文，朝廷自此清明，臣職自此修舉，風俗自此醇厚。」從之。

五月十二日，詔[14]曰：「朕惟真僞邪正，雜糅未明，雖帝王猶有不能以化天下。舜之命官曰：『朕堲讒説殄行，震驚朕師。』周公作《立政》曰：『勿用憸人，其惟吉士。』夫讒説不至於殄行，憸人不得與吉士並進，此虞、周所繇昌也，朕甚慕之。間者權臣擅朝，僞邪朋附，協肆姦宄，廢棄典章，包藏禍心，神人共憤。賴天之靈，宗廟之福，朕獲承慈訓，膺受内禪，以執天下之正，陰謀壞散，國勢復安。嘉與士大夫厲精更始，凡曰淫朋比德，幾其自新。而歷載臻兹，弗迪厥化，締交合謀，窺伺罅隙，毁譽舛逆，流言間發，將以傾國是而惑衆心，甚至竊附於元祐之諸賢，而不思實類乎紹聖之姦黨。惟我國家秉德康寧，其有不若德格則承之庸之，不汝瑕殄。今惟自作弗靖，胥譸張以爲幻，意者漸于流失之俗而不可復返與？將狃於國之寬恩而罰有不及與？何其未能洗濯以稱朕意！夫善惡之習異，是非之義公，人情當知所擇也。朕既深詔二三大臣與夫侍從言議之官，益維持正論，明示天下矣。諭告所抵，宜各改視易聽，毋使姦僞之徒復借疑似之説，巧爲蔽欺以惑亂世俗。若其餘習未泯，淫辭(覆)〔復〕出，遂非而不悔，怙終而不悛，邦有常刑，必罰無赦。布告天下，其審朕言，毋忽！」

八月二十四日，臣僚言：「比年以來，州縣官吏奔競躁進，相師成風，囑託請求，恬不知耻，賄賂雜沓於往來之市，竿牘旁午於貴要之門。上下玩習，不以爲怪。故作縣未幾即求薦，以圖院轄；作倅未幾即求薦，[15]以圖作州；作州未幾即求薦，以圖持節。既得節矣，復圖職名；得職名矣，復圖召命。撰造政績，欺罔朝聽，超躐資序，攫取美官。乞下臣此章，風厲中外，俾内之執事者公心任怨而勿徇其囑託之私，外之守令、監司勤身奉職而勿狃於躁進之習。庶幾州縣小大之臣，各懷固志，展布四體於職分之所當爲，而無復鄉來媮惰之態。事業既舉，姦弊自銷，財計足而民力紓，有不難致者。儻或狃於舊習，干進不已，在内委臺諫彈劾，在外委監司、帥臣覺察。其監司、帥臣自相違戾，仍許遞互糾劾，以姓名聞，並寘典憲。若朝士受其囑託，與之經營，亦一例坐罪。」從之。

十月二十七日，臣僚言：「今日州縣之間，職業之不舉，官守之不嚴，皆任子之爲也。乞戒敕監司、帥守，毋或一切觀望，使州縣小臣不安分守，越職離次。其見今離去職任者，限一月還任。郡以旬申監司，監司以月申臺部，各結罪保明有無監當、簿尉等託故離任，不在官所。其有違戾，因事發覺，並與獄廟，或坐以擅離職任之罪。監司、帥守依前觀望，應副干求，輒擅差移，則併加責罰。仍令御史臺按劾聞奏。」從之。

六年九月二十二日，臣僚言：「比年以來，更迭之制不明，(寢)〔寖〕成內重之弊。乞明詔大臣，檢舉高宗皇帝、孝宗皇帝兩朝詔旨，常切遵行，俾中外之官更出迭入，以均其任。庶幾植立廉耻之風，勉知進退之節，興起治功，實非小補。如或持禄固位，慢令 16 廢法，次第按劾。」從之。

嘉泰元年四月二十七日，臣僚言：「在法，監司、守倅於寄居州郡自合迴避。至於監司屬官本路寄居者，近降指揮亦不許注授。乞今後不以文武官，並不許於寄居州郡作釐務差遣，著爲定法。應見任人，並乞限一月於別郡兩易一等差遣。如已授未上，願就兩易或別注授者，聽。如此，則文武官寄居本州者，皆不能爲本州之官。」從之。

十一月二十二日，詔：「士風躁進，殊不爲耻，近日尤甚。自此尚或不悛，須指名彈奏，當議黜責。可牓朝堂。」

二年正月二十四日，江西提刑彭演奏：「乞戒敕守令近民之官，凡專事聚斂者，自今以始，洗心易慮，無以掊克而取民無藝，無以苛酷而陷民非辜。如或不改前非，復用虐政，以(政)〔致〕監司按劾，臺諫論列，重寘典憲。至於朝廷除授之際，能牧養者，雖無奇效，必加旌異；事苛刻者，縱有微才，必加抑退。」從之。

二月十二日，翰林學士陳宗召言：「乞戒謁見之繁，嚴書尺之制，使群下盡力率職，緝熙事功，表倡遠方。」從之。

三年六月二十七日，監察御史商飛卿言：「今日之弊，正在於職業之不修而婾惰之俗成，氣節之不立而頽靡之風熾。乞明賜訓敕，自今以始，侍從之臣必責以朝夕論思，日月獻納，擇其盡忠無隱者進之，其依阿固位者黜之。以聳動百執事之觀聽，庶幾士氣漸振。」從之。

十二月九日，侍御史陸峻言：「伏覩慶元二年臣僚獻議，朝廷昨令所 17 在官司遇有替移，即以見在錢物之數交與承替之人，合併而申之。數年之間，未聞有已替之人錢物不迭元交之數者，於是截自紹熙二年以來，諸州、諸司、總領所申到之數，委御史臺考覈，其有不及元交之數者，舉摘聞奏。越明年，臣僚具奏，欲責其交承之際，究見無拖欠官兵俸給，有無未發綱運外，見在錢物實迭元交之數而又增多，則厚與推賞。或實拖欠而假借虛申，則重寘典憲。臣所謂將以救弊而反以滋弊者，已可見矣。乞自今州郡凡已籍爲見在之數者，無望其復過是數，以啓其希進用之心。或偶過之，亦姑聽之。蓋爲守而賢，必不專意於聚斂；如其不賢，則利己病民，其弊如前，所陳者將無所不至矣。其他諸司、總領所悉視此以行，庶民力少寬，得以培植邦本。失今不治，日甚一日。乞布告中外，使咸知以體國愛民爲本，而不萌希賞嗜進之心。」從之。

十八日，臣僚言：「民力之寬自州郡始，郡計之足自裁節浮費始。乞下諸路州縣，應涉浮費，悉從減省。仍許令監司常切覺察。」從之。

二十七日，詔：「監司察吏治之臧否，郡守任斯民之休戚，朕所選任覃惠愛於幽遠者也。賢不肖渾殽，古所不免，貪侈相尚，莫甚兹世。且互送無藝，申飭屢矣，曾不知畏，更甚於前，巧爲名色，動以千百計，無遠弗及。此往彼來，前者習於所聞，後來視以爲例。公庫不給，資以經常，又其甚者，必至朘民膏血而後已。帑藏空乏，18 職此之由，是豈朕所望於士大夫之所爲哉！自今以往，痛加勉飭，外則監司互察，内則臺諫風聞。一或麗此，必罰無赦。」

四年四月二十三日，詔：「朕惟選舉之法，所以公天下，而權要之臣顧先徇私以撓吾禁，請囑之書，旁午於道。彼幸利求容者，亦無爲國得人之意，專待形勢親黨之需，奔競日滋，寒畯見遺。乃者訓敕屢申，曾不知畏；今當必行，以儆中外。其有輒遣私書及受私書不以聞者，並重寘于理無貸。」

開禧二年正月十一日，臣僚言：「乞申飭諸路監司，尊守見行條法。自今至于後日，每歲必偏歷本部，考察吏治，詢訪民隱。先職業，後財賦，以息誅求；省燕游，却送餽，以警貪濁。以公守法，以己率人。其或奉行不虔，必罰無貸。」從之。

六月二十八日，臣僚言：「乞戒飭諸路州縣，不得妄以軍須運糧和糴爲名，並緣爲欺，害及細民。仰諸路監司覺察，如監司隱蔽，令御史臺併與彈治。其闕(兩)〔雨〕州縣去處，須管體認朝廷寬恤百姓之意。」從之。

十月二十三日，臣僚言：「乞行下三衙、沿江、蜀道，戒飭主帥，自今以後，各盡職業，毋得傚學文臣好尚。仍乞密諭宣撫、總漕，其容接武臣則勉以忠義，激以勇果，而無責其禮文言語之末節。或有薦舉，則當先求智勇藝能之士，而矯飾清談、虚名無實之人，俾不得濫厠於其間。」從之。

十二月二十五日，詔：「令諸路監司、帥臣，各行下所部州縣，除實有才業，因監司、帥守公行 19 檄委管幹供職人外，自餘假借名色營求差檄者，日下勒令還任。今後如有求檄告假之人，仰州縣覈實，保明申監司，從監司更切審實，如委無(許)〔詐〕冒規避，申取朝廷指揮，方得離任。若經營關節，擅離任所，許監司、帥守按劾，重寘典憲。」

三年三月十七日，詔：「朕猥以眇冲，嗣承基緒，上思天命之匪易，下念民生之多艱，宵旰靡皇，淵冰是懼。屬邊陲之俶擾，當兵戍之屢興，徭役滋繁，黎元騷動。未能安田里之業，寧不奸陰陽之和？冬春以來，雨澤尚闕，深惟其故，寔軫朕心。備殫寅畏之誠，期荅昊穹之戒。尚慮州縣官吏奉行弗至，民間疾苦不得上聞。繄于守令、監司，咸思消變之道，體朕修省，究心撫摩。如有違戾詔敕，敢事煩苛，並緣軍興，過有科擾，日下嚴行禁戢。凡犴獄淹滯，逮繫非辜，刑罰失平，幽枉未達，常切覺察，以稱朝廷欽恤之意。」

十一月四日，詔曰：「朕德不明，信任非人，韓侂胄懷姦擅朝，威福自己，劫制上下，首開兵端，以致兩國生靈肝腦塗地。興言及此，痛切于衷。矧復怙惡罔悛，負國彌甚，疎忌忠讜，廢公徇私，氣焰所加，道路以目。今邊戍未解，怨毒孔滋，凡百搢紳，洎於將士，當念前日過舉皆侂胄欺（岡）〔罔〕專恣，非朕本心。今既罷逐，一正權綱，各思勉旃，爲國宣力，飭兵謹備，以圖休息，稱朕意焉。」

同日，詔：「韓侂胄怙權擅朝，殘民誤國，已行罷斥。其專政之久，中外搢紳洎於將帥，凡百才望勳績之人，自20應爲朝廷之用者，彼乃指國名器，掩爲私恩。朕方丕示至公，維賢能是急。繄爾有位，其各悉心盡忠，毋或不安，益修厥職，以副朕意。」

十二月八日，臣僚言：「比者權臣專恣，盜權誤國，自預政以來，變亂百事。乞明詔大臣，凡立政用人，興事出令，必以維持紀綱，遵守法度。內而百（事執）〔執事〕，外而監司、帥守，各思振舉，無出於紀綱法度之外。一或戾此，糾劾以聞。」從之。

十八日，臣僚言：「比年以來，賄賂公行，廉耻道喪。乞布告中外，戒飭百僚，其有被彈劾與民户之論訴，以貪墨聞于上者，必付之有司，勘贓定罪，取其伏辯，遵用祖宗之法意而斟酌行之，立爲定制。庶幾貪吏畏戢，而人不被害矣。」從之。

嘉定元年正月二十一日，臣僚言：「竊見彈劾罷免之人，率以二年爲限，許授宮觀，任滿然後除授，書之甲令，炳如日星，固當恪守奉行。乞明詔大臣，自今除授，凡曾經論列廢放者，並照前項指揮。其有公議不容之人，輒敢抵冒求進，許給舍、臺諫論奏，重行鐫責，庶幾少戢倖進之風。」從之。

四月二十六日，詔：「朕端居法宮，慨念蜀道，敢泄邇而忘遠，庶一視以同仁。自叛將之既誅，與斯人而更始。已講休兵之策，冀臻徹戍之期。惟是師徒屢更征役，暴露久矣，夙宵惕焉。每資督餉之臣，仍飭列屯之帥，究心調度，加意撫循。然而養兵於無事之時，在國家而靡吝；效命於多虞之日，乃吏士之當爲。儻饋運之或愆，及勤勞之弗21卹，（岡）〔罔〕孚朕志，豈逭官常。凡爾在行，亦宜深體。其有狃於姑息，不知紀律之遵；妄肆讙譁，幾失等威之辨。流傳易惑，關繫匪輕。爰頒一（扎）〔札〕十行之書，用嚴三令五申之制。各思戒儆，毋抵憲章。」

二年八月六日，太學博士柴中行言：「今日之贓吏，多從輕典，大不過鐫秩罷任，少須歲月，晏然如初。宜如祖宗之法，量其罪之輕重，從杖、配之刑而籍其家財，庶爲貪贓之戒。」從之。

四年二月一日，宰執進呈監察御史徐宏言，乞戒臣下以禮自飭，以肅朝綱等。上曰：「其中論及畢再遇事，彼愚人全不知體，只合帶親隨數十人，而敢死軍亦帶來，幾七八百人。」雷孝友等奏〔一〕：「軍容不入國，仰賴陛下聖度包容，處置合宜，保全臣下。」上又曰：「所以令彭輅去，使盡

〔一〕孝：原作「存」，又圈去，據《宋史》卷二一三《宰輔表》四補。

帶歸軍中。」

八月二十五日，詔：「中外官僚遇國忌行香而爲患請假者，必先差醫官驗視，然後給放。講官惟上講免行香，其餘不免。外官到闕，先令赴臺參，出給關子收執，以憑參部。」以臣僚奏請，故有是詔。

五年二月二十九日，臣僚言：「設官分職，各有定名，小不得以踰大，僞不可以亂真。乞戒敕中外，自今後官稱不問崇卑，除實歷内任人外，止以本職階官爲定。其書問止用一幅，徑述事節。或有違戾，令御史臺、監司彈劾，亦厚風俗之一策也。」從之。

四月二十一日，臣僚言：「郡守、縣令，職在牧民，民之疾苦，盍加之意。今也不然，苛征橫擾，復且無藝。乞戒飭諸路監司、守令，使之22洗心滌慮，體國愛民，凡前日之非，一切革去。庶幾天下之民，得安田里。」從之。

六月二十九日，臣僚言：「官各有職，職各有局，自宜恪恭乃事，奔走惟謹，而近日之在朝行者，偷惰特甚。乞風示中外，自今後百官不以職事之繁簡，並依時入局。其有兼職人，亦合間日赴局治事，非假日亦不許出城宴飲，仍不得差借妓樂之類。應文武已有差遣之人，並不許輒入國門。如敢違戾，專令御史臺密切覺察，重行黜責。庶幾人知定守，官無廢事，以副陛下責實之意。」從之。

四月二日〔一〕，臣僚言：「檢準本臺《彈奏格》，應臣僚不合辭免恩命輒具辭免者，彈奏。士大夫之不顧法守，繆爲辭遜，未有甚於今日者。内而職事官之補外，及外之由麾而得節，或予内除，此皆朝廷量才器使，初不以爲私恩。夫既知其官不應辭，則朝聞命而夕引道，宜也。今乃奏疏祈免，闔門待報。若自知其不能，則未聞有終辭者也；若以遜爲美德，則玩熟見聞，亦未有高其能遜者也。陵節躐等而不嚴著定之令，連章累牘而徒溷中書之務，此其弊不可不革，未容以細故忽也。乞攽示中外，繼自今如有不合辭免而輒具辭免者，所司不許收接。仍令御史臺依格彈奏。」從之。

二十七日，臣僚言：「竊惟官吏之崇虚譽而生民之被實禍，莫大於攢積之説。且攢積之名，果何所始乎？其殆將以易羨餘之名乎？昔者有羨餘之獻，蓋掊克者甘心爲之。今或以爲寛剩，或以23爲支用不盡，往往多避羨餘之不美，改易名目以爲欺罔。孝宗皇帝以爲，今之財賦豈得有餘，並却而不受，今又變而攢積。臣嘗推究其由，亦有數端：一曰以科抑而攢積，二曰以受納而攢積，三曰以預借而攢積，四曰以重催而攢積，五曰以贓罰而攢積，六曰以酒税而攢積。乞戒約諸郡，不許循前數弊，妄稱攢積，重爲民害。或有違犯，許人户經御史臺越(訢)〔訴〕，容臣按劾以聞。」從之。

七年十一月二十五日，江東運副真德秀奏：「祖宗盛

〔一〕四月：依時序，當有誤。

時，選用監司，付以事權者，蓋欲其公於刺舉，使貪懦者無所容而廉能者有以勸，責任之意蓋不輕也。自嘉泰、開禧以來，公道不行，請囑日盛。陛下更新大化，公道昭明，浸還乾道、淳熙之舊矣〔一〕，獨薦紳間親故請託之弊未能盡革〔二〕。乞戒諭中外士大夫，相與維持公道，使將指承命者得以展澄清之志，而賢不肖有所甄別，其於治道豈小補哉！」從之。

十二月二十五日，臣僚言：「國家竭財力以養兵，非一日矣，而爲將帥者不體此意，專事刻剥。乞賜嚴戒，中外諸軍截自今日，凡饋遺晏會之禮一切勿講，受者以違制論，多者取旨。仍敕中外士大夫，輒有以私書干謁諸軍者，計所得以贓論。其諸軍從來合有財賦，令專爲激犒士卒之用。或尚敢循習掊刻，致有彰露，必罰無赦。」從之。

八年正月十六日，詔：「朕以眇躬，獲承丕緒，兢業祗懼，罔敢荒寧。歷載于茲，治不加進。深惟寡昧，不足 24 以章列聖之洪業休德，志勤道遠，安敢諉責於下。顧天下之大，非一人所能自爲也。在昔周文王、武王，治内治外，功成可歌。茲固二后憂勤之所致，則亦有熊羆之士，不二心之臣，用能保乂王家，端命于上帝。今文武獻臣布列中外，皆朕所以共天位、治天職者，而廼狃於荒俗，鮮克自奮。士大夫不修職業而玩愒以苟安，將帥不務拊循而掊剋以自殖，體國之意少，謀己之意多，將何以副朕厲精庶政、興起事功之志乎！蓋聞齊人烹阿、封即墨，而群臣莫敢飾詐；漢宣示信賞必罰，而文學法理之士咸精其能。繼自今，其改志易慮，毋蹈故常，精白一心，恪共乃職，則予汝嘉。其或不悛，罰及爾身，後不可悔。播告在位，明聽朕言。故茲詔示，想宜知悉。」

九月二十七日，臣僚言：「朝廷張（宜）〔官〕置吏，上下相維，乃有立意本善而流弊滋甚者，諸路監司差官饋送之弊是也。路凡幾州，州凡幾縣，而監司不能偏歷，故遣其所屬而互察之。承其命者，固當體其分遣之意。今乃不然，分布四出，惟利是圖，饋遺既足，他皆不問。曰下馬錢，曰發路錢，曰折送錢，曰特送錢，批（勝）〔券〕既足則又有夫脚錢。間遇州郡稍有事力，使其當之，猶或庶幾。惟是小小縣道，率皆迫蹙，豈宜堪此！一遇貪婪之徒，則又有意外無厭之需，稍不滿欲，多端羅織。其間或有不法事件，不過增加饋遺，雖有過愆，置而不言，爲監司亦何從而察之耶！此官吏之弊習，25 而郡邑受患之最深者。乞下諸路，自今後應差官吏，須擇清廉介潔之人，除批券之外，其餘饋送並不許接受，分文皆以贓論。」從之。

十一年七月二十八日，臣僚言：「臺諫，天子耳目之官，所以振肅紀（綱）〔綱〕，使堂陛益尊。其出言非，固當奉身丐去；或出言是，聖君當垂聽而賜之行。則公道以明，

〔一〕舊：原作「書」，據《西山文集》卷四改。
〔二〕弊：原作「私」，據《西山文集》卷四改。

官邪自革。臣伏見近者臺諫按劾贓吏，已蒙朝廷罷黜，未幾公然略無忌憚，詣闕自陳。公朝不忍拂其請，爲下所屬會實，因假勢要，曲意保明來上，得旨特與改正，自後駸駸顯達。蓋被論者既無過，則論之者宜得罪，是非不兩立也。乞特降指揮，繼今凡以贓罷，未許遽求改正，文狀未可輕授。檢會元劾章疏犯罪重輕，爲之處分，庶乎人懷畏心，莫不潔己奉公，而萬物吐氣矣。」從之。

十二年八月七日，臣僚言：「臣觀淳熙、紹熙間，班行序進率二三載，未聞下之人以遲速而窺其上，上之人未嘗爲人擇官、求悦于下也。謗木諫鼓，導人使言〔一〕，一謀一猷，皆國之利，但存忠實，何繇厭聞！乃有奏篇甫上，〔從〕否未決，游談聚議，遽謂禍機，致使勇者或過於言，怯者或沮於言，是就睽而去泰，可不懼歟！乞詔大臣，申儆在列，洪開誠心，各乎至意，俾之修職業以俟簡知，攄言論以備擇用，豈特一時集嘉靖之福哉！」從之。

十三年正月二十一日，臣僚言：「臣聞善爲國者，不慮事功之難成，而憂士大夫之心術不正。陛下自更化以來，親用正人，26尊禮儒術，凡海内知名之士收拾略盡，庶幾乎濟濟之風矣。而人實不易知，知人亦未易。緣飾於外，類若醇正；察其所安，或至回邪。託名靖退而志在要君，謬曰輸忠而心實觖望。外侮稍息，隨時經理可也，而虛張邊報者惟恐事之不符；年穀順成，社稷靈長之福也，而過談災異者惟恐言之不驗。或首鼠兩端爲附會之地，或奔赴旁蹊爲進用之階。背公營私，貪榮獵譽，陰拱默視，喜禍幸災。異議扇騰，一唱百和，人心摇於下，國論惑於上，當此時而欲求治安，不可得也。愛君憂國者，當如是乎！昔孔子作《春秋》，不誅人顯過而誅人隱慝。顯過易見，隱慝難知。易見者人得而議焉，罰得而加焉；難知者非聖人直筆之公，則天下受欺，而懲惡之義廢矣。故曰『《春秋》成而亂臣賊子懼』。臣願陛下體《春秋》誅心之法，風厲群工，俾之洗濯肝膽，各揚乃職，以濟國事。厥或包藏禍心，〔不〕務靖共，臺諫論列以聞。如此，則百官正而遠近莫敢不一於正矣，其於治道實非小補。」從之。

三月十四日，臣僚言：「設官分職，皆以〔治〕民。統一路曰監司，臨千里曰郡守，澄清牧養，若不相侔，然譬諸手足臂指，勢分上下，而脈絡貫通，同護元氣，豈有一人之身自扞格哉！今駕軺車者，六條問事，多不經意，符移峻急，惟自行（喜其）〔其喜〕怒之私。或寄勘公事，示之意向，以輕爲重者；或薦舉人才，連番累牘，以貪爲廉者。沽激則過於生事，罷軟則殆成具文。至於27巡歷，又不過舉行故典，凡民生之休戚，獄訟之繁簡，每無與焉。大抵養尊自營，下情不通，此今日監司之大弊也。分符竹者，承流宣化，視爲迂闊，財賦之外，他無所用其心。二税自有定額，

〔一〕導：原稿本作「遵」，又被圈去。按，據文意，當作「導」，以形近而訛作「遵」，今補。

不容於不催，而支移折變，日累歲增，民始病矣。（權）〔榷〕酤筭商，素號郡計，不容於不理，而求多計贏，創爲措置，民又病矣。書生則懼乏興，俗吏則多貪黷。大抵妄作者或淩駕其上以爲高，乏勢者又矯枉過正，曲媚取容，此今日郡守之大弊也。乞下臣此章，風厲于外，俾監司以澄清爲任，體州郡之事力而大爲之防；郡守以牧養爲心，凡所以取諸民者，皆寓吾之不得已而勿過爲之制。存舉職之公，去庇局之私，體國爲民，相勉以正，庶幾積久之弊或可漸革。」從之。

二十八日，臣僚言：「竊謂國家多事之時，上自公卿大夫，下至一命之士，不擇事而安，相與勠力，以集事功，則殘虜可滅，中興可期。今陛下博延人物，而臨事有乏才之歎；士大夫布滿中外，而緩急無任事之人。不務忠赤，交相爲婾，知〔有〕己而不知有君，知有家而不知有國，知有利達而不知有命義。位高者以經濟自負，而希榮乎卿相；秩卑者以事功自許，而雅意於本朝。或私相標牓，謂某人足以辦某事也，某人足以任某責也。一旦蒙被推擇，未至負荷之難，而退縮畏避，巧於求免，怨望百出，簧鼓多端。或謂議論不合而欲以此去我也，或謂事勢已急而欲以此禍我也。以[28]故宣威之命，竟成中輟。西蜀謀帥，歷時未定；三邊官守，兼攝猶多。相師成風，恬不知怪。借曰陳力就列，不能者止，辭尊居卑者誰歟？辭富居貧者誰歟？臣見食浮於人矣，未見人浮於食也。陛下以禮義廉恥遇其臣，而士大夫不知砥節礪行以報君上。彼蓋曰辭難而獲禍，不過罷免爾，尋既復用矣，無毛髮之傷，而有終身之利，何憚而不爲欺，何爲不方命耶！君猶父也，子之從命，惟所東西，則患有所不當避，利有所不當擇者。太祖皇帝征澤潞，中書舍人趙逢憚太行之險，僞傷足留懷州。異時太祖曰：「此人得非不肯上山者乎！侍從之臣，自便如此。」付御史按鞫，貶之。有天下者以慶賞刑威役使群動，非可以姑息爲也。扈從辭勞，猶不少怠，況多事之時，推擇任使，一失機會，利害匪輕。臣願陛下酌權時之宜，嚴避事之罰，有一于此，重加竄謫。寬裕溫柔之中而濟之以發强剛毅之政，庶乎知所戒懼而不敢易紀律也。」從之。

四月二十六日，臣僚言：「臣聞朝廷之根本在州縣，州縣之根本在田里。民生窮蹙日甚一日矣，衣食給足者，祖居無二三，父居無五六。富民大家保數世而不失者，抑幾何人！士大夫類曰抑强扶弱，而不知安富卹貧，亦所以爲政也。田里貧則國家貧，田里富則國家富，田里之財即國家之財也。在州縣得數十潤屋之民，鄉井有所丐貸，官府有所倚辦。歲稔之和糴，年饑之勸糶，軍興之助邊，鬻[29]爵度牒，令下輒應，莫之敢速〔一〕。使田里之間等是窮户，則自救不贍，焉能佐公上之急哉！監司、帥守政墮一偏，疾視太過，指爲奇貨，寧有怨心？開告訐之門，興羅織之

〔一〕莫之敢速：此句似與前述文意相反，「速」疑當作「違」。

獄，或因事文致，或事外掊拾，不没入其貲産不已也。若惡逆犯盜，囊橐亡命，法固不容矣，而今豈有是哉！昔之有力者勢儗王侯，今不過等第户而已；昔之武斷豪奪、淩駕州縣者，今不過儉嗇自潤、避遠官府而已。富者怨之府，寧免有争，一涉公門，即落機穽，捶楚之下，頃刻破家。田里皇皇，重足而立，以財掇禍，寧若速貧，此何等氣象耶！陛下選用帥守，欲得豈弟循良；選用監司，必不使一路哭也。而臣耳目聞覩，苛政實多。借使没入之財盡歸公上，涓滴之水何補江河，而四方萬里銜寃茹痛之民，呼天茫茫，生不如死。自昔召水旱之災，激盜賊之變，靡不由兹。臣願陛下覽臣此章，戒飭監司、帥守，不得非法估籍民財。應日前已施行者，罰不當罪，即（似）〔便〕斟酌給還；如罪罰相當，即以簿録實數申聞朝廷，令項（椿）〔樁〕管，不得移兑分文。彼無所利焉，自不爲矣。培（垣）〔植〕根本，感召和氣，莫急於此。」從之。

五月二十三日，臣僚言：「臣聞方今之弊，士大夫循私情，廢公法，膏粱得志，寒畯失職，請託之風熾，僥倖之門開，以應副爲疏通，以守正爲怪僻。徇私之弊，至此極矣！乞下臣此章，風厲百辟，居中者勿私於子弟親戚，在外者勿牽於權勢貴要，一洗徇私之習，率爲奉 30 法之吏，小大相維，以輔成中興之功，豈不偉歟！其或怙終不悛，蠹俗亂政，臣當不避仇怨，論列以聞。」從之。

十月一日，臣僚言：「監司耳目之寄，郡守師帥之官，非振飾吏治不足以惠民，非刺舉公心不足以飭吏。孰臧孰否，孰廉孰貪〔一〕，選部内稱職之尤者拔而舉之，則百吏莫不激勸；摘部内不職之尤者劾而黜之，則百姓莫不震悚。吏治咸飭，民瘼自蘇。臣奮由諸生，粗知田里疾苦，切泛觀州縣間靖共者少，弛慢者多，奉法循吏者少，循私廢公者多。或以贓濫聞，或以酷虐聞，而上官甘心庇之，藐若不知也。而巧於結托依附者，則虚張聲勢，妄作威福，恣爲猖獗而不卹，玩三尺律如無法，視按察官如無人。清明之朝，詎應有此！臣嘗思其故矣，監司、郡守牽於親故之私情，奪於權要之請囑，調亭容隱，但欲市恩，口銜議請，噤不得發。且不獨不繩其罪，又從而勉彊薦進之。刺舉若斯，果將誰欺！夫擁麾乘傳，所職何事，而忍附下罔上，至於委靡敗壞如此哉！乞下臣此章，風厲内外，繼自今郡縣官吏各宜洗心滌慮，修舉職業。或罪惡具有顯狀，而監司、郡守故爲蒙蔽，不以上聞者，臣當不避仇怨，併將按劾，（懼）〔具〕寘典憲。」從之。

十一月二十九日，臣僚言：「頃見臣僚奏疏，庶官除授不當辭免，禁絶未幾，循習猶故。然置而不問者，猶曰辭遜美事也。近年士大夫愈不識體，監司、郡守無故丐祠。大臣侍從殿藩，滿歲不嫌有請；自餘麾節，合俟終更。臣不敢以士夫引退爲 31 非，察其本心，不過備禮。果若疾病多

〔一〕以上四「孰」字原皆作「熟」，徑改。

故，勇決祈閑，直致其辭，疇曰不可，何至鋪敘猥瑣，陳述功能。或一路剖決之微，或一郡出納之細，不曰驅馳得疾，則曰繁劇損心，求退乃所以求榮，自遜乃所以自薦。豈獨識者笑之，而溺於流俗者亦自笑也。褻瀆天聽，希望朝廷，(敬)〔弊〕莫大乎是。乞下臣此章，戒飭監司、郡守，恪恭職業，任滿外聽差除。若在任(債)〔績〕效彰彰，自膺褒擢，特不許備禮丐祠。若有迫切情悰，願就退閑，簡潔陳情，乞與從欲。其或不畏物議，彊(䀨)〔聒〕自如，臺諫抨彈，懲一戒百，所以長誠實、革欺誕，美風俗也。」從之。

嘉定十四年正月一日，臣僚言：「國家寄耳目於一臺，嚴紀綱於三院，所以糾正官邪，振風厲采。蓋朝廷正則百官正，百官正則萬民莫敢不一於正，其意微矣。臣竊謂今日民不安業者，原於吏不稱職，萬事之失其序，百司庶府徇私忘公者之過也。臣以得於所聞，未敢指斥言之，試爲陛下陳其略。夫位至法從，亦通顯矣，公朝之所以待遇不爲不至，乃身在外，尚得附奏言事。況鳴玉曳履於赤墀，而獨不聞有己見上殿，循循嘿嘿，苟安歲月，獻納論思之義安在哉！北扉西掖，所以(伐)〔代〕王言，常處一代鴻碩。雖擇其平時有文名者，而詞采骫骳，體製淺陋，人所指目，即何以聳動四方之觀聽哉！三館二著，號爲清官，雖曰儲英俊之望，豈容不宿其業？今謂之編修、檢討，而足跡不至史館。中祕專修會要，著庭32專類日曆，而實未嘗考見首尾，大(帥)〔率〕視成於吏手。職其讎校，而所校者何書？名爲是正，而所正者何字？唐人云『祕書不校勘，著作不修撰』，蓋謂是也。學校所以長育人材，涵養士氣，師儒之官雖用名流，而心術不正者豈得爲無有。觀其命題立意，多涉險怪，校文取士，未免朋私。近者省闈專考本經，而中選多其故舊。用心若是，何以表率諸生，主監公論？無怪乎士氣不振、人才之不如古也。列寺有卿，諸曹有郎，其選至重，去侍從一間耳，而闒茸廢疾者猶得以俎豆其間，職業弛惰蓋可知也。外而監司，剌舉廼其職也，今乃以不按吏爲美名，以不摘姦爲省事。近者支郡守倅互申，至于再三，監司曾無一言以辯曲直，寧不負朝廷之委寄乎？餉臺總諸道之財賦，邊事方興，督迫誠不容緩，而乃一意營私，殊不體國，截留綱解，歸之私家，方且以乏興爲辭，奏劾郡守，寧無愧乎！乞下臣此章，風厲中外，俾小大之臣洗心滌慮，淬厲職業。如或狃於故習，莫能自新，臣當次〔第〕彈劾以聞。」從之。

二十八日，臣僚言：「臣蒙恩親擢，供職甫及旬浹，吏有鉗紙尾具數十州白臣，『云本臺公費告匱，他無窠名，盍取之諸郡。』臣問之其名謂何，吏云以修造爲詞，久例也。臣駭然，竊謂憲臺所以糾逖官邪，官之失德，寵賂章也，苞苴互饋，且猶有禁，安有身爲臺臣，書盈赤之紙，假修造之名，公取之諸郡邪？臣非敢故欲破前人已行之例以沽33譽掠美，誠以職在執憲，詎容舉例而廢法。況臣自入臺，即移文諸路監司、帥守，約以日後並不發一(出)〔書〕一劄，近地諸司已有依應到臺。緣此求書干擾州郡之人，其請遂塞。今廼因公費而有求，則是躬言之躬蹈之也。兼臣訪聞上而省部，下而寺監，與州郡有干涉者何止一司，則假名色而被需索者，又不知幾郡。其間公帑之積至有一二千緡，果何爲哉？非飾厨傳則侈饋遺而已。州郡錙銖以上悉取諸民，何忍以無名之財，供不給之費乎！乞下臣此章，戒飭諸郡，除苞苴互饋已有明文禁戢，自全格遵守外〔一〕，凡百官府或以公劄邀取緡錢者，並不許供送。其有觀望不遵約束，容臣覺察按劾以聞。臣照得仕於朝而補外者，有所謂光局錢，法雖不載，蓋有未忘舊者，自以恩意相遺爾，非若邀求而得也。」從之。

二月三日，臣僚言：「臣聞公道明則國維張，私情勝則公道泯。士大夫以身體國，豈當以私情蠹公道哉？臣謂欲扶公道，先遏私情；欲遏私情，先禁囑託；欲禁天下之囑託，又當先自近始。乞下臣此章，明詔中外，各宜洗去舊習，咸與惟新，毋徇私情，以害公道。其或不悛，臣當不避仇怨，次第糾劾以聞。」從之。

二十三日，臣僚言：「臣嘗考祖宗盛朝，待下有禮，度越前代，而刑憲之用未嘗敢輕，於貪墨得譴者一毫不貸。爲縣令坐贓則棄市，監榷酤坐贓則棄市，掌官邸坐贓則棄市。其次如知齊州犯法則配隸 34 沙門，知漣水軍坐枉法則配隸深、廣。淳化、天聖間，所以懲貪黷、戒侵盜者，其法蓋如此其重也。世變益降，夷、齊之行少而跖、蹻之行多。比年以來，固有出鎮坤維，肆加掊斂，席卷而行，而爲蜀士之所暴揚，欲行邀截者。又有分帥江淮，私自豐殖，滿載而歸，而爲關津之所誰何，莫掩衆目者。罪重罰輕，未快輿論。夫當邊聲未静，萬竈雲屯，木牛流馬，日慮不及，爲臣子者正當同心盡瘁，勵節守操，以寬宵旰之憂顧，乃仍習故態，上不體國，下不恤民，惟欲以自肥其家，其可得乎！陛下仁德高古，贓吏坐罪率不致死，輕者僅從罷黜，重者或止鐫降，此已爲從厚之至。若其所受之贓，詎可亦縱而不之問哉！欲望聖慈俯鑒此章，應有以贓敗者，無止於降官罷任，並須研窮事實，追没入官，仍用估籍其家，重行貶竄，庶幾望法知懼，揉貪爲廉。」從之。

九月二日，臣僚言：「臣聞讒説震驚，虞庭所疾；譸張爲幻〔二〕，《周書》戒之。欺誑之俗，自昔帝王之所必懲也。今陛下茂建皇極，大明公論，士大夫所當精白一心，以承休德。乞下臣此章，風厲中外，俾士大夫其各洗心滌慮，勵職修業，毋以利口爲賢，則風俗一變，忠實著矣。其或狃於故習，怙終不改，臣當糾劾以聞。」從之。

十月二十九日，臣僚言：「仰惟祖宗建置臺諫，所以糾逖官邪，扶持國論，權蓋重矣。內以嚴堂陛之分，外以折姦雄之萌，百僚斂手待抨，四夷聞風知畏。臺諫重然 35 後朝

〔一〕自全格遵守：似當作「自合恪意遵守」或「自合恪遵」。
〔二〕幻：原作「幼」。按《尚書·無逸》云：「民無或胥譸張爲幻。」據改。

廷尊，其意深也。今日公朝之待臺諫，固無異於祖宗時，而士大夫風俗寖不如祖宗之舊。位至通顯，過惡暴白，迫於公論，詎容但已？不自知過，陰肆中傷，以圖報復。外郡倅貳(一)〔貪〕污狼藉，爲諫臣所劾，尚不退聽，偃然在任，巧爲辭說，以蓋愆尤。自居班列，職業不修，自懼弗克，乃宣言於外，某與某官有隙，行將及我。是殆欲鉗制臺諫，壅塞言路，此何等風俗邪！州縣微官，或遭論罷，輒入修門，多方營求，況大吏乎？近(旬)〔甸〕監司、帥守，職事相關，期會或久而不報，況遐方乎？紀綱陵夷，風采消委，漸不可長。昔在神宗朝，監察御史彭汝礪論都檢正俞充〔一〕，有旨問充事迹得之何人，汝礪卒不對，且謂臺諫漏言則外之是非得失無復知矣。人主之尊，且不欲以是責臺臣，未聞庶僚公然欲與臺諫(辦)〔辨〕是與非也。慮其攻己，則先設隄防以拒其來；聞其有言，則廣行營救以反其罪。糾彈之司若遭恐脅，慮成姦謀，此御史陳堯臣諄諄言之於先朝也。臣待罪風憲，學術膚淺，豈能望昔人萬一，然臺綱所繫，責任非輕，臣若顧忌而不言，是臣負陛下也。乞下臣此章，申儆在位，今後臺諫凡有所論列，尚敢不畏公議，拯姦護惡，過自緣飾，許臣彈奏，重寘典憲。」從之。

十五年二月五日，臣僚言：「竊觀比年臣僚之陳請，睿旨之申嚴，所以爲斯民慮者至詳且悉。監司屬官不許令州縣官兼攝，縣令闕員惟以佐官就權，所以杜干請、36清官曹也，比聞復有並緣差委者。監司不許差專人下州，州不許差專人下縣，〔縣〕不許差專人下鄉，所以革貪殘爲民擾也，比聞復有違戾弗卹者。保正不許催科，今則以追欠户爲名，實使之催科。官坊不得抑勒民户酤買，今則以婚葬爲名，又從而彊抑。諸州禁軍專令教閱，不許借事私役，而邇來未免借事私役。淮之萬弩手，湖北之義勇，京襄之保捷，惟習爲兵，不許雜役差使，而邇來未免雜役差使。玩法慢令，相視而傚，豈容遵行之吏不謹如是哉！乞下臣此章，下部檢照已行申嚴戒飭，攽示監司、諸郡，俾之洗心滌慮，一意奉行。如復因仍，不革前弊，内而御史臺，外而監司，常切覺察，違者彈劾以聞。」從之。

九月二日，臣僚言：「臣聞立法所以爲民，其始也未嘗不善，(未)〔末〕流一失，則善意泯而弊獨存，是非法之罪，有諸負法之罪也。諸有財產而男女孤幼，官爲抄劄寄庫，謂之檢校，俟該年格則給還之，法非不善也。今檢校之財一入州縣，則視同官物，季給所須則多方要阻，年及有請則故意占吝，而必待宛轉，或支移他用者有之，或侵欺規隱者有之。此檢校之法弊也。應民户紛争未決之財并取贖未定之訟，其財皆寄於官，謂之寄庫，俟已定奪則給還之，法非不善也。今州縣之間，幸其在官則睨爲己有，兩訟既決，財合有歸，而遷延不給。逮其陳訴明白，越月踰時，物已羽化，或稱前官用過者有之，或指爲37交割之數者有之。此

〔一〕察：原無，據《宋史》卷三四六《彭汝礪傳》補。

寄庫之法弊也。已檢校而輒支用者，論如擅支朝廷封樁錢物法。乞嚴飭有司，申明前禁，應檢校、寄庫錢物，官司不得妄自侵移，合給還而不給還者，許民户經臺省越訴，其官吏必罰無貸，庶幾不失立法之初意。」從之。

十二月二十四日，臣僚言：「(頓)〔頃〕蒙聖恩，備司稟院，嘗露朴忠，以國忌行香不許宴集具之于疏。夫朝臣作假，不曰感冒，則曰足疾，自應臥痾，以俟參告。人不得而謁己，則名之曰謁禁；己不得而謁人，則名之曰禁謁。今乃不然，指是以爲常例，假是以爲避免，呵導出入，公然弗顧。或置馬於郊坰，或擁嬖於邸第，甚者宴集以盍簪，提攜以賞勝。上欺君父，恬不知怪，豈所謂夙夜在公之義哉！乞申嚴儀制，凡遇給假之官，必與禁謁、謁禁二者並行，無或違戾，庶幾法令不爲虛設，而在位無懷私罔上之風。」從之。

嘉定十六年四月二日，臣僚言：「賦税者，生民之膏血也，豈容苛歛以爲虐！朝廷嘗以帑絹有餘，間令輕價折納，而州縣並緣增直益數以取贏者有之。夏秋之苗税，自有合收定額，而州縣折麥折秫以求多者有之。甚而和糴軍儲米穀，一切科敷以辦，而民不聊生矣。刑獄者，生民之司命也，豈容任情以變遷！有刃傷四十餘痕，不俟州縣結正，遽移監司勘鞫而歸之於是刑者。有命官贓證已明，上司反怒詞首之告訐，而先損之於捶楚者。甚而視賂批判，貽書請囑，而38民無所訴矣。科舉以取士，薦削以陞改，國家之重事也。有親(孫)〔身〕居母之制，而牒就監補中選者；有子弟赴監補，而申省部以無人就試者。有臺郡以空頭舉狀，而邀索高價，公然求售；有小吏求舉不遂，而撰造謗語，傷陷上官。或爲試官，作暗記以私取；或爲舉將，待納賄而論薦。士論宜其未平。内外更迭，比嘗申嚴矣，有職居學館，宛轉懇祈，言之至再至三，欲弗上補外之章。官吏被劾，罪顯著矣，有隱迹近地，巧肆經營，欲必遂請求之願。官聯宜其未肅。至若巨鎮大閫，監司帥守，貪婪之極，知利而忘禮義，知得而廢廉耻。國家方此大有爲之時，儻不亟申飭警，使之丕變，他日必致誤國。乞下臣此章以風厲之，使弊習一新，誠非小補。或頑不之卹，昧不之革，臣當奮不顧身，摭取其尤以聞。」從之。

同日，臣僚言：「陛下臨政願治，不輟視朝，大臣勤勞庶務，未嘗暇逸，而内之百執罔不偷惰。祠祭行事，必恭必親可也，率是簡慢，視以爲常。輪當部宿，必躬必謹可也，託故批曆，或委之吏輩。此何理哉！外之州縣官，財貨竭於民力而不究其源流，獄訟聽於吏姦而不悉其顛末。詔旨之下，徒掛牆壁；簿書期會，若將浼焉。比年以來，士大夫不安義命，爭欲速化，身已通顯，多歷年所，未見有急流勇退者。郡守奏事，雅意本朝，知縣滿秩，有已赴部注擬差遣之人宿留不歸，必欲干求造化，爲改圖計者。殊不知朝廷之官爵，可以39才德取而不可以計取，當以勞効得而不可以例得。然何以奔走天下之士，而使之有趨事赴功之意！

其寡廉鮮耻有如此者。或造戰船，或修城（璧）〔壁〕，防閑不至，動是擾民。或及帑藏之交承，或言歲事之豐歉，據所申似若可信，求其實殆不其然。且督兵出戰也，小有勝捷，僞冒希賞，竄名其間者不可勝計。州縣常平義倉米，乃斯民之命脈所在，多是以新易陳爲名，支移借兑，謂無作有，指虛爲實。才遇水旱，貴糴則鄰邦禁遏，勸分則誰肯樂從，未免束手無策，餓殍之民鮮有不委填溝壑。其誕謾不實有如此者。國家以仁恕待天下，讞議覆奏，惟恐過差。今之爲監司、郡守者，或振風采於一時，或作威福於頃刻，以徒斷爲輕典，黥配爲常科，拘鎖土牢，殞於非命，械繫妻子，旁及無辜。估籍或加於平民，戮辱忍及於善類。甚至不顧三尺，妄寘人於死地，莫不冤之。其慘酷不法有如此者。願陛下以孝宗皇帝爲法，深懲而痛革之。仍下臣此章，儆戒中外，各思勉勵，一洗舊習。有或不悛，臣當不避仇怨，次第奏劾，以正士風。」從之。

五月一日，臣僚言：「仰惟陛下自臨御以來，互送之禁未嘗不嚴，而諸路帥臣、監司、郡守、諸軍主帥狃於故習，未嘗悛革，其爲名色，不一而足。凡有隨分可慶之事，必致厚餽，互相博易，雖子弟館客亦皆有之。有疊組于臺于郡者，率是併送，若曰折會，則亦自支破，安然受之而不慙。到官稍久，則尺書交馳，此 40 往〔彼〕來，視以爲報。甚至以私帑縑帛之屬發下公使庫以充人事，折納價錢，與盜何異，實爲蠹耗財計之大端。蠹財即所以蠹民，蠹民即所以蠹國。今州縣間民生困窮，溪壑之欲乃如是其無（壓）〔厭〕，雖季申御史臺稱無違戾，實爲文具。臺諫亦未嘗懲治一二，此風所以尤熾。乞下臣此章，戒敕諸路帥臣、監司、郡守，内之三衙，外之戎閫，自今以往，一切互送並行住罷。仍申嚴舊法行下，郡守令通判並職官，監司、軍帥令本司屬官，連銜具有無互送，責朝典狀月申御史臺，考覈其實。如有違戾，即行彈奏，並以贓論，鐫降罷黜，庶幾可以止絶貪黷之風。」從之。

九月二日，臣僚言：「臣聞事有狃於積習而人不自知，弊有忽於細微而害實滋甚者，州縣官以官價市物是也。夫謂之成價者，以物有價，不容私自增減也。物有貴賤高下之直，初無官市公私之分。今之仕于州縣者，廼獨不然。自一命以上，不問官之崇卑，率曰例有市價〔一〕；不問物之貴賤，率曰例有官價。至於公帑宅庫收買一切土宜之物，例用官價，庫吏又從而乞取，人情怨嗟，豈世所宜有哉！每市一物，皆是市價，而州縣猥以官價攫取於民，生於都邑之外者，抑何其不幸邪！臣豈敢以其事之積習、弊之細微而不以告？乞備臣此章，行下諸路監司，戒飭所屬州縣鎮場務，仍鏤牓徧貼，使民通知，自今爲始，並不得以官價買物。如有違戾，外許監司按劾，内則臺諫糾察，重寘典憲。」從之。

〔一〕價：原作「買」，據文意改。

十[41]〔一〕〔七〕年三月二日，臣僚言：「仰惟陛下博施濟衆，仁覆天下，常賦之外，一毫不以妄取。柰何今之爲邑者，類無善狀。近甸之内，有務富其家而飢其民，漁肉有所不卹者；有容縱其吏而極其歛，重復有所不顧者。人皆聲苦，無所控（訢）〔訴〕。臣當更加體訪，不避仇怨，次第彈擊。其所在最爲民害者有二：一曰科罰，二曰預借。何謂科罰之害？《書》曰：『輕重諸罰有權。』所謂權者，聖人之意，蓋原其情之可憫，不忍加之以刑，故用法以示懲。雖曰懲之，猶必權其罪之輕重，謂不如是則傷民之財，甚於傷民之肌體。其忠厚惻怛，尤於罰而致謹焉。今也不然，士夫廉節不立，嗜利如飴。民麗于罪，自有成法，苟黷貨無厭，則一切用罰。或諭之以修造，或彊之以打酒，或令寄納税契錢，其爲名色不一，公然白取，以資妄用。此之囊橐日豐，彼之元氣日耗。罪懲非〔辜〕，人極于病，可不念哉！乞下臣此章，戒飭諸路監司、郡守，常切約束覺察，如有縣令循習不悛，科罰預借，敢爲民害者，即仰按劾，重寘典憲。」從之。（以上《永樂大典》卷三九〇〇）

宋會要輯稿 選舉一

貢舉 一

【宋會要】

1 太祖建隆元年二月二十日〔一〕，中書舍人扈蒙權知貢舉，合格進士楊礪已下十九人。

二年二月十日，工部尚書竇儀權知貢舉，合格進士張去華已下十一人。

三年三月十九日，翰林學士王著權知貢舉，合格進士馬適已下十五人。

四年二月二十二日，樞密直學士薛居正權知貢舉，合格進士蘇德祥已下八人〔二〕。

乾德二年三月二日，翰林學士承旨、禮部尚書陶穀知貢舉，合格進士李景陽已下八人。

三年二月十五日，知制誥盧多遜權知貢舉，合格進士劉察已下七人。

四年二月十七日，禮部員外郎王祜權知貢舉，合格進士李肅已下六人。

五年二月十三日，知制誥盧多遜權知貢舉，合格進士劉蒙叟已下一十人。尋詔參知政事薛居正於中書覆試，皆合格，並賜及第。

乾德六年，取進士柴成務等十一人。

開寶二年二月二十日，樞密直學士趙逢權知貢舉，合格進士安德裕已下七人。

三年三月三日，知制誥扈蒙權知貢舉，合格進士張拱已下八人。續詔取十五舉未及第司馬浦已下七人，特賜進士出身。

四年二月二十四日，知制誥盧多遜權知貢舉，合格進士劉寅已下十人。

五年閏二月三日，知制誥扈蒙權知貢舉，合格進士安守亮已下十一人。《文獻通考》：開寶五年，初歲取進士不過十數人，知貢 2 舉奏合格人姓名而已。至是，禮部試到進士安守亮等十一人及諸（料）〔科〕十七人，上召對講武殿，始下制放榜，新制也。

六年二月二十八日，翰林學士李昉權知貢舉，合格進士宋準已下十一人。後下第人徐士廉打鼓論榜〔三〕，詔於講武殿重試〔四〕，通放二十六人，貶試官李昉秩。御試自此始。

七年三月，詔權停貢舉。

八年二月二十四日〔五〕，以知制誥王祜權知貢舉，知制

〔一〕按，以下日分爲奏上合格進士之日。
〔二〕祥：原作「詳」，據《文獻通考》卷三二改。
〔三〕後：原作「係」，據《文獻通考》卷三〇改。
〔四〕詔：原作「語」，據文意改。
〔五〕按，以下日分爲任命知舉官之日。

誥扈蒙、左補闕梁周翰、祕書丞雷德驤並權同知貢舉。合格奏名進士王式已下二百九十人〔一〕。

九年三月，詔權停貢舉。

太宗太平興國二年十月二十一日，詔曰：「朕昨以振舉滯淹，詳求俊乂，乃以清閟之宴，親校賢能之書。中我懸科，幾乎數百，所宜暫停貢舉，且使進修。其禮部貢舉，宜權罷一年。今年諸州已得解舉人，將來特免解。仍令有司頒行天下。」

五年正月八日，以文明殿學士程羽權知貢舉，御史中丞侯陟、中書舍人郭贄、宋白、殿中丞陳鄂、尚書博士邢昺權同知貢舉。合格奏名進士某乙已下若干人。

六年三月，詔權停貢舉。

八年正月七日，以中書舍人宋白權知貢舉，知制誥賈黄中、呂蒙正、李至、直史館王沔、韓丕、宋準、司封員外郎李穆、監察御史李範、祕書丞楊礪權同知貢舉。合格奏名進士王禹偁已下若干人。

雍熙二年正月十八日，以翰林學士賈黄中權知貢舉，右散騎常侍徐鉉、知制誥趙昌言、韓丕、蘇易簡、宋準、禮部郎中張洎、直史館范杲、宋湜、戴貽慶權同知貢舉。合格奏名進士陳充已下四[3]百五十八人。

三年三月，權停貢舉。《文獻通考》：雍熙四年，先是上閲試舉人，累日方畢。宰相屢〔請〕以春官之職歸有司，如唐故事，乃詔歲命春官知舉。

端拱元年三月二十三日，以翰林學士宋白權知貢舉，知制誥李沆權同知貢舉。准詔令放合格進士、諸科程宿已下一百二十人。《文獻通考》：端拱元年，禮部放進士程宿以下二十八人，諸科一百一十人。牓既出，而謗議蜂起。上意其遺材，遽召下第人覆試於崇政殿，得進士馬國祥以下及諸科凡七百人，以試中爲目，用白詔紙書其名氏以賜之，令權知諸縣(溥)〔簿〕尉。六月，又命右正言王世則等召諸下第進士及諸科於武成王廟重試，得合格數百人。上覆試詩賦，又拔進士葉齊以下三十一人，諸科八十九人，並賜及第。容齋洪氏《隨筆》曰〔二〕：太宗雍熙二年、端拱元年，禮部放進士之後，慮有遺材，至於再試、再放。雍熙(後)〔復〕試，凡百七十六人。端拱覆試，諸科因此得官者至於七百，一時待士，可謂至矣。然太平興國末，孟州進士張雨光以試不合格，縱酒大罵於街衢中，言涉指斥，上怒斬之，同保九輩永不得赴舉。恩威並行，至於如此。

二年正月十一日，以知制誥蘇易簡、宋準權知貢舉。合格奏名進士陳堯叟已下三百六十八人。

淳化元年三月，詔權停貢舉。

三年正月六日，以翰林學士承旨蘇易簡權知貢舉，翰林學士畢士安、知制誥呂祐之、錢若[4]水、王旦權同知貢舉。合格奏名進士孫何已下若干人。《文獻通考》：淳化三年，是歲諸道舉人凡萬七千餘人，蘇易簡知舉。殿試始令糊名考校，内出《卮言日出賦》題〔三〕，試者不能措辭，相率叩殿檻上請。有錢易者，日未中，三題皆就，以

〔一〕天頭原批：「一本作『取進士王嗣宗等三十一人』。」按，《補編》頁四三二「進士」門有一條云：「開寶八年，取進士王嗣宗等三十一人。」批語指此。

〔二〕齋：原作「齊」，徑改。「容齋洪氏」即洪邁。

〔三〕「出」下原有「詩」字，據《文獻通考》卷三〇刪。

其輕俊，特命黜之〔一〕。得孫何以下三百餘人，諸科八百餘人。就宴賜御製詩三首、箴一首。又詔刻《禮記·儒行篇》賜近臣及京朝官受任於外者，併以賜何等。初，內殿策士，例賜御詩以寵之。至陳堯叟，始易以箴。至是，詩、箴並賜。舊制：三史、《通禮》各試三十場，每場墨義十道。制自今只試墨義十五場，餘十五場抽卷，令面讀，能知義理、分辨其句〔二〕、識難字者爲合格，不可者落。自端拱元年試士罷，進士擊鼓訴不公後，次年蘇易簡知貢舉，固請御試。是年又知貢舉，既受詔，徑赴貢院，以避請求，後遂爲例。容齋洪氏《隨筆》曰：淳化三年，太宗試進士，出《卮言日出賦》題，孫何不知所出，相率叩殿檻，乞上指示之。上爲陳大義。景德二年，御試《天道猶張弓賦》。後禮部貢院言：「近進士惟鈔畧古今文賦，懷挾入試，昨者御試以正經命題，多懵所出。」則知題目不示以出處也。大中祥符元年，試禮部進士，內出《清明象天賦》等題，仍録題解，摹印以示之。至景祐元年，始詔御藥院〔三〕：「御試日，進士題目，具經史所出，摹印給之〔四〕，更不許上請。」按：藝祖、太宗皆留意於科目，然開寶八年，王嗣宗爲狀元，止授秦州 5 司理參軍，嘗以公事忤知州路冲〔五〕，冲怒，械繫之於獄。然則當時狀元所授之官既卑，且不爲長官所禮，未至如後世「榮進素定」、「要路在前」之説也。至太平興國二年，始命第一、第二等進士及九經授將作監丞、大理評事，通判諸州，其次皆優等注擬，凡一百三十人。淳化二年試士，第一甲至三百二人，皆賜及第。太宗時，惟此二年科目恩數最爲優渥。《涑水記聞》言(大)〔太〕平興國之事，以爲太祖幸西都，張齊賢以布衣獻策，帝善之，歸語太宗曰：「吾幸西都，得一張齊賢。我不欲官之，汝異日可收以自輔。」是牓齊賢中選，適在數十人後。及注官，乃詔盡與超除。如此，則是通榜恩數之厚，是太宗欲曲爲張齊賢之地。馬永卿《語録》載淳化二年之事〔六〕，則以爲武當山道士鄧若拙嘗出神，見二仙官相語曰：「來春進士榜有宰相三人，而一人極低，如何？」對曰：「高低不可易也，獨甲科可易，不若以第二甲爲第一甲。」道士覺，以告人。既而唱名，上適有宮中之喜，因謂近臣〔七〕：「第一甲多放幾人，言止則止。」遂唱第一甲，上意亦忽忘之，至三百人方悟。是年榜三百五十三人，而第一甲三百二人，第二甲五十一人。丁謂第四人，王欽若第十一人，張士遜第二百六十人。後丁謂、王、張皆爲宰相。如此，則是黃甲人數之多，是神物欲曲爲張士遜之地。二説頗涉偏私詭異，故李大性所著《典故辨疑》深言其不然。愚以爲太宗寤寐英賢如恐不及，6 時出特恩，以示獎勵，故初無一定之例。有如太平興國二年、三年，第一等、第二等並授通判，而五年則前二十三名授通判，八年則第一甲授知縣，雍熙二年第一等爲節察推官，淳化三年則止前四名授通判，則累科授官之崇庳，無定例也。分甲取人，始於太平興國八年，然是年第三甲五十四人，第二甲一百五十七人，反三倍於第三甲之數。端拱元年、二年，則又不分甲。淳化三年第二甲五十一人，第一甲三百二人，反六倍於第二甲之數。則累科分甲人數之多少，無定例也。好事者徒見二張致身宰輔，而不擢高科，而二科恩例適爾優厚，故必以爲曲爲二人之地耳〔八〕。

四年三月，詔權停貢舉。

五年三月，詔權停貢舉。

至道元年三月，詔權停貢舉。

二年三月，詔權停貢舉。

真宗咸平元年二月十九日〔九〕，以翰林學士楊礪權知

〔一〕黜：原作「出」，據《文獻通考》卷三〇改。
〔二〕辨：原作「卞」，據《文獻通考》卷三〇改。
〔三〕始：原作「姑」，據《文獻通考》卷三〇改。
〔四〕給：原作「結」，據《文獻通考》卷三〇改。
〔五〕知：原脱，據《文獻通考》卷三〇補。
〔六〕卿：原作「鄉」，據《文獻通考》卷三〇改。
〔七〕謂：原作「爲」，據《文獻通考》卷三〇改。
〔八〕故：原重此字，據《文獻通考》卷三〇删。
〔九〕二月：本書選舉一九之二作「正月」，疑是，宋代貢舉之年命知舉官多在正月。

貢舉，知制誥李若拙、直昭文館梁顥、直史館朱台符權同知貢舉，準詔放合格進士孫僅已下五十一人。《文獻通考》：真宗咸平元年，詔禮部放榜，得進士孫僅已下五十人，高麗賓貢一人。自淳化五年停舉，凡五年，至是始行之。其年密州發解官坐薦送非人，當入金，特詔停任。因詔告（諭）〔諭〕諸路，以警官吏。容齋洪氏曰：按《登科記》，孫僅榜五十人，自第一至十四人，惟第九名劉燁爲河南人，餘皆貫開封府。其下二十五人亦然。不應都人士中選如是其多，疑外方寄名託籍〔一〕，爲進取之便耳。

二年正月十日，以禮部尚書[7]温仲舒知貢舉，御史中丞張詠、知制誥師頏權同知貢舉。準詔合格進士孫暨已下七十一人。

三年二月三日，以翰林學士王旦權知貢舉，知制誥王欽若、直集賢院趙安仁權同知貢舉。旦知樞密院，復命史館湛〔二〕。合格奏名進士李庶幾已下五百四十七人。

五月二十四日，詔權停貢舉一年。

五年正月十一日，以吏部侍郎陳恕、翰林學士師頏權知貢舉，主客郎中謝泌、屯田郎中楊覃權同知貢舉。合格奏名進士王曾已下七十八人。

六年五月四日，詔曰：「貢闈之設，用采時髦。言念遠方，歲偕上計，未遑肄業，遽已飭裝。頗聚學之勤〔三〕，有異育材之旨。宜令禮部，權停今年貢舉。」

景德二年正月十四日，以翰林學士趙安仁權知貢舉，右諫議大夫晁迥、龍圖閣待制戚綸、直昭文館陳充、直史館朱巽權同知貢舉。合格奏名進士劉滋已下四百九十二人。

六月一日，詔曰：「今歲薦闢禮闈，並臻時彦。四方之士，充賦斯來；兩河之間，後期可念。既升名于貢部，乃射策于廣庭。則有詞旨優長，經義精富〔四〕，悉登上第，允叶旁求。復有淹回歲時，潦倒場屋，嗟其晚暮，亦用甄收。重念貢舉之門，因循爲弊〔五〕，躁競斯甚，謬濫益彰〔六〕。至有屬詞未識於師資，專經不曉于章句，攘竊古人之作，懷藏所習之書，假手成文，遥口授義。衆已慙于醜行，自猶振于屈聲。匪徒黜落以貽羞，固亦詐欺而有咎。士之干禄，豈有然乎〔七〕！其貢[8]舉宜令權住二年。且使各務服勤，更專學術，無失大成之義，將符虚佇之懷。仍委禮部貢院，今後科場，精加考試。比者亦有州郡全無解送，如其實負苦辛，何以使之淹滯？不能貢士，是謂曠官。將來秋賦，有敢顧避全不解人，必行朝典。」

四年十二月二十二日，以翰林學士晁迥權知貢舉，知制誥朱巽、王曾、龍圖閣待制陳彭年權〔同〕知貢舉。合格奏名進士鄭向已下并諸科八百九十一人。

大中祥符二年五月七日，詔曰：「俊造之科，賢能所

〔一〕託：原寫作「記」，又右上加一點，不成字，據《文獻通考》卷三〇改。

〔二〕此注原作正文，據文意改。又「史館湛」文意不明，據《宋史》卷四四一《洪湛傳》、《長編》卷四五，似當作「直史館洪湛」。

〔三〕據下文對句，「頗」下當脱一字。

〔四〕富：《玉海》卷一一六作「當」。

〔五〕循爲：原倒，據《玉海》卷一一六乙。

〔六〕濫：原作「滋」，據《玉海》卷一一六改。

〔七〕有然：《玉海》卷一一六作「若是」。

出。臨軒校藝，既搜采以居多；隨計干名，亦勞費之斯甚。有妨肄業，詎稱求（財）〔材〕？當務敏修，副茲虛竚。宜權罷今年貢舉。」

三年五月四日，詔權停貢舉。

五年正月四日，以翰林學士晁迥權知貢舉，樞密直學士劉綜、知制誥李維、龍圖閣待制孫奭權同知貢舉。合格奏名進士某乙已下一百九十人。

六年五月二日，詔權停貢舉。

八年正月十三日，以兵部侍郎、修國史趙安仁權知貢舉，翰林學士李維、知制誥盛度、劉筠權同知貢舉。合格奏名進士高餗已下八十九人〔一〕。

五月四日，詔權停貢舉。

天禧元年五月四日，詔權停貢舉。

三年正月九日，以翰林學士錢惟演權知貢舉，樞密直學士王（曉）〔曙〕、工部侍郎楊億、知制誥李諮權同知貢舉。合格奏名進士程戡已下二百六十四人。

四年五月四日，詔權停貢舉。

五年五月三日，詔權停貢舉。

乾興元年五月九 9 日，仁宗已即位，未改元。詔曰：「朕以初紹慶基，祗若彝憲。惠綏邦域，誠渴佇於群材；睠奉山園，屬將臻於同軌。顧攀號之罔極，實論辨之靡遑。言念時髦，阻從鄉賦。勿軫淹滯之歎，愈思飭勵之方。勉俟詳延，體茲敦諭。宜令禮部貢院，權住貢舉一年。」

仁宗天聖二年正月十四日，以御史中丞劉筠權知貢舉，知制誥宋綬、陳堯佐、龍圖閣待制劉燁權同知貢舉〔二〕。合格奏名進士吳感已下二百人。

三年五月二日，禮部貢院言：「今年貢舉，乞賜指揮。」帝曰：「去歲放及第人數不少，然而覽其程試，多未盡善。今宜權罷貢舉，各令勵志修學。」宰臣王曾奏曰：「前來遠郡下第舉人方到鄉里，今若復許隨計，何暇温習事業？」即降詔曰：「朕祗紹丕基，思皇群士，用廣得人之路，庶資致治之方。前歲肇闢禮闈，洽臻鄉秀，遵先朝之舊制，至考藝於有司。將辨等威，俾崇進取。朕親臨軒陛，面錫科名。其或久困詞場，累從賓薦，軫其淹滯，悉示甄收。在於搜揚，斯亦至矣。聿周歲序，將及計偕，言念學古之流，或切干名之志，非愈加於修勵，則曷副於詳延。暫罷貢書，更期肄業，勉務日新之益，慰茲虛佇之懷。其貢舉宜令禮部貢院更權住一年。」

五年正月十二日，以樞密直學士劉筠權知貢舉，龍圖閣直學士馮元、知制誥石中立、龍圖閣待制韓億權同知貢舉。合格奏名進士吳育已下四百九十八人。

〔一〕八十九人：疑誤。按此所謂「合格奏名進士」乃經省試合格奏上者。而據《長編》卷八四，當年殿試登第者一百九十七人，不應省試合格者少於殿試錄取者（南宋則不然，因有類省試等不在省試進士之內，因此省試合格人數少於最後及第進士人數）。

〔二〕燁：原作「爗」，據《宋史》卷二六二《劉溫叟傳附子燁傳》改。

六年五月十二日，詔權停貢舉。

八年10正月十二日，以資政殿學士晏殊權知貢舉，御史中丞王隨、知制誥徐奭、張觀權同知貢舉。合格奏名進士歐陽修已下四百一人。

九年三月，詔權停貢舉。

明道元年三月，詔權停貢舉。

二年三月，詔權停貢舉。

景祐元年正月十六日，以翰林學士章得象權知貢舉，知制誥鄭向、胥偃、李淑、直史館同修起居注宋郊權同知貢舉。合格奏名進士黃庠已下六百六十一人。

二年三月，詔權停貢舉。

五年正月十三日，以翰林學士丁度權知貢舉，翰林學士胥偃、侍讀學士李仲容、知制誥王堯臣、鄭戩並權同知貢舉。合格奏名進士范鎮已下四百九十九人。

寶元二年三月，詔權停貢舉。

康定元年三月，詔權停貢舉。

慶曆元年三月，詔權停貢舉。

二年正月十二日，以翰林學士聶冠卿權知貢舉，翰林學士王拱辰、蘇紳、知制誥吳育、天章閣待制高若訥並權同知貢舉。合格奏名進士楊寘已下五百七十七人。

三年三月，詔權停貢舉。

四年三月，詔權停貢舉。

六年（六）〔正〕月十四日〔一〕，以翰林學士孫抃權知貢舉，御史中丞張方平、龍圖閣直學士高若訥、集賢校理同修起居注楊偉、錢明逸並權同知貢舉。合格奏名進士裴煜已下七百一十五人。

七年三月，詔權停貢舉。

皇祐元年正月十二日，以翰林學士趙槩權知貢舉，翰林侍讀學士張錫、天章閣待制王贄、張揆、天章閣侍講趙師
11民並權同知貢舉〔二〕。合格奏名進士馮京已下六百三十七人。

五年正月十二日，以翰林學士承旨王拱辰權知貢舉，翰林學士曾公亮、翰林侍讀學士胡宿、知制誥蔡襄、王珪並權同知貢舉。合格奏名進士徐無黨已下六百八十三人。

嘉祐二年正月六日，以翰林學士歐陽修知貢舉，翰林學士王珪、龍圖閣直學士梅摯、知制誥韓絳、集賢殿修撰范鎮並權同知貢舉。合格奏名進士李寔已下三百七十三人。

十二月五日，詔禮部貢院，自今間歲一開科場。

四年正月十一日，以翰林學士胡宿權知貢舉，翰林侍讀學士呂溱、知制誥劉敞並權同知貢舉。合格奏名進士劉摯已下二百人。

六年正月八日，以翰林學士王珪權知貢舉，翰林學士范鎮、御史中丞王疇並權同知貢舉。合格奏名進士江衍已

〔一〕正月：原作「六月」，據《長編》卷一五八及本書選舉一九之一一改。

〔二〕侍講：原作「侍讀」，據《宋史》卷二九四《趙師民傳》改。

下二百人。

八年正月七日，以翰林學士范鎮權知貢舉，知制誥王安石、天章閣待制司馬光並權同知貢舉。合格奏名進士孔武仲已下二百人。

英宗治平二年正月九日，以翰林學士馮京權知貢舉，翰林侍讀學士范鎮、知制誥邵必並權同知貢舉。准詔放合格奏名進士彭汝礪已下二百一十三人。

三年十月六日，詔禮部貢院，今後每三年一開科場。以上《國朝會要》。

治平四年正月二十五日，神宗已即位，未改元。以龍圖閣直學士司馬光權知貢舉，知制誥韓維、邵亢並權同知貢舉。准詔放合格進士許[12]安世已下三百六人。

神宗熙寧三年正月九日，以翰林學士承旨王珪權知貢舉，御史中丞呂公著、知制誥蘇頌、直集賢院同修起居注孫覺並權同知貢舉。合格奏名進士陸佃已下三百人。

六年正月九日，以翰林學士曾布權知貢舉，知制誥呂惠卿、天章閣待制鄧綰、直舍人院鄧潤甫並權同知貢舉。合格奏名進士邵剛已下四百八人。

九年正月八日，以翰林學士鄧綰權知貢舉，知制誥鄧潤甫、集賢校理同修起居注蒲宗孟並權同知貢舉。合格奏名進士張嵫已下四百二十六人。

元豐二年正月九日，以翰林學士許將權知貢舉，知制誥蒲宗孟、天章閣侍講兼直舍人院沈季長並權同知貢舉。合格奏名進士三百四十八人。

五年正月九日，以翰林學士李清臣權知貢舉，知制誥舒亶、侍御史知雜事滿中行並權同知貢舉。合格奏名進士四百八十五人。

八年三月二十六日，以兵部侍郎許將、給事中陸佃、秘書少監孫覺並權知貢舉。准詔放合格奏名進士焦蹈已下四百八十五人。先差尚書户部侍郎李定權知貢舉，給事中兼侍講蔡卞、起居舍人朱服權同知貢舉，以貢舉院火，至是再差也。

哲宗元祐三年正月，以翰林學士、知制誥蘇軾權知貢舉，吏部侍郎孫覺、右諫議大夫孔文仲權同知貢舉。合格奏名進士五百二十三人。

六年正月九日，以翰林學士、知制誥范百禄權知貢舉，天章閣待制吏部侍郎顧臨、國子司業孔[13]武仲權同知貢舉。合格奏名進士五百一十九人。

紹聖元年正月十八日，以兵部尚書鄧温伯權知貢舉，翰林學士范祖禹、户部侍郎王覿、侍御史虞策權同知貢舉。合格奏名進士五百一十三人。是年二月八日，鄧温伯就院除尚書左丞，以范祖禹爲知貢舉。

四年正月十四日，以翰林學士林希權知貢舉，刑部侍郎徐鐸、起居郎沈銖同知貢舉。合格奏名進士五百六十九人。

元符三年二月十四日，徽宗已即位，未改元。以尚書吏部侍郎徐鐸權知貢舉，給事中趙挺之、寶文閣待制何執中、起居郎吳伯舉同知貢舉。准詔放合格奏名進士李釜已下五百五十八人〔一〕。

徽宗崇寧二年正月十八日，以兵部尚書安惇權知貢舉，尚書吏部侍郎劉拯、尚書吏部侍郎鄧洵武、尚書兵部侍郎范致虚權同知貢舉。合格奏名進士五百三十八人。

三年，貢士知舉官闕。合格貢士一十六人。

四年，貢士知舉官闕。合格貢士三十五人。

五年正月五日，以兵部尚書朱諤知貢舉〔二〕，御史中丞侯蒙、吏部侍郎白時中、大司成薛昂同知貢舉〔三〕。合格奏名進士六百七十一人。

大觀元年，貢士知舉官闕。合格貢士四十人。

二年正月二十三日，以吏部尚書余深知貢舉，給事中蔡薿、中書舍人霍端友同知貢舉。合格貢士五十一人。

三年正月六日，以兵部尚書薛昂知貢舉，吏部侍郎慕容彦逢、禮部侍郎李圖南、給事中霍端友、中書舍人俞㮚〔四〕、右諫議 14 大夫蔡居厚、侍御史劉安上、符寶郎宇文粹中同知貢舉。合格奏名進士六百八十五人。

四年正月十九日，以工部尚書李圖南知貢舉，尚書吏部侍郎慕容彦逢、尚書禮部侍郎霍端友並同知貢舉。合格貢士一十五人。

政和元年正月十九日，以尚書吏部侍郎兼實録修撰同修國〔吏〕〔史〕姚祐知貢舉〔五〕，中書舍人兼實録修撰同修國史充議禮局詳議官宇文粹中、尚書禮部侍郎潘兑並同知貢舉。合格闕。

二年正月八日，以翰林學士蔡薿知貢舉，尚書吏部侍郎慕容彦逢、給事中宇文粹中、起居舍人張漴並同知貢舉。合格奏名進士七百一十三人。

三年正月十九日，以試兵部尚書俞㮚知貢舉，給事中宇文粹中、試中書舍人張漴並同知貢舉。合格貢士一十九人。

四年正月二十三日，以吏部尚書兼侍讀修國史張克公知貢舉，吏部侍郎霍端友、兵部侍郎同修國史宇文粹中同知貢舉。合格貢士一十七人。

五年正月六日，以户部尚書兼侍讀王甫知貢舉，刑部尚書兼侍讀慕容彦逢、給事中同修國史翟汝文、大司成同修國史馮熙載同知貢舉。合格奏名進士六百七十人。

六年閏正月二十二日，以刑部尚書慕容彦逢知貢舉，尚書禮部侍郎張漴、起居舍人宇文黄中同知貢舉。合格貢士一十一人。

七年正月二十一日，以兵部尚書蔣猷知貢舉，大司成

〔一〕李釜：《文獻通考》卷三二、《吳郡志》卷二八作「李崟」。

〔二〕諤：原作「鍔」，據本書選舉一九之二一、《宋史》卷三五一《朱諤傳》改。

〔三〕薛昂：原作「薛昇」，據本書選舉一九之二一、《宋史》卷三五二《薛昂傳》改。

〔四〕俞：原作「余」，據《宋史》卷三五四《俞㮚傳》改。

〔五〕姚祐：原作「姚祜」，據《宋史》卷三五四《姚祐傳》改。

王孝迪、中書舍人李[15]邦彦、太常少卿賈安宅並同知貢舉。合格貢士二十二人。

八年，貢士知舉官闕。合格進士七百八十三人。

宣和元年正月二十一日，以御史中丞陸德先知貢舉，給事中趙野、起居郎李綱同知貢舉。合格進士五十四人〔一〕。

二年正月二十二日，以禮部尚書王孝迪知貢舉，給事中盧襄、中書舍人梅執禮同知貢舉。合格貢士六十六人。

三年正月十二日，以翰林學士趙野知貢舉，尚書兵部侍郎黄齊、給事中郭三益同知貢舉。合格奏名進士六百三十人。

六年正月二十三日，以翰林學士承旨、兼侍講、修國史宇文粹中知貢舉，尚書吏部侍郎同修國史王時雍、中書舍人沈思、何㮚、王綯、左司諫高伯振並同知貢舉。合格奏名進士八百五人。以上《續國朝會要》。

高宗建炎二年、紹興二年，以軍興道梗，權宜諸路類試。事見「雜録」。

紹興五年六月二十六日，以翰林學士孫近知貢舉，給事中廖剛、中書舍人劉大中同知貢舉。合格奏名進士樊光遠以下二百一人。

八年四月二十七日，以翰林學士、知制誥朱震知貢舉，給事中張致遠、起居舍人勾龍如淵同知貢舉。合格奏名進士黄公度已下二百一十二人。

十二年正月二十四日，以給事中程克俊知貢舉，中書舍人王鈇、右諫議大夫羅汝楫同知貢舉。合格奏名進士何溥已下二百五十四人。

十五年正月二十四日，以右諫議大夫何若知貢舉，權吏部[16]侍郎陳康伯、秘書少監游操同知貢舉。合格奏名進士林機以下二百三十人。

十八年二月十二日，以權吏部侍郎邊知白知貢舉，權禮部侍郎周執羔、右正言巫伋同知貢舉。合格奏名進士徐履以下二百三十二人。

二十一年三月七日，以禮部侍郎陳誠之知貢舉，殿中侍御史湯允恭、右正言章夏同知貢舉。合格奏名進士鄭聞已下二百三十七人。

二十四年正月九日，以御史中丞魏師遜知貢舉，權禮部侍郎湯思退、右正言鄭仲熊同知貢舉。合格奏名進士秦塤以下二百六人。

二十七年正月九日，以御史中丞湯鵬舉知貢舉，中書舍人王綸、起居郎趙逵同知貢舉。合格奏名進士張宋卿以下二百四十三人。

三十年正月九日，以御史中丞朱倬知貢舉，右諫議大

〔一〕進士：參前後文疑當作「貢士」。《文獻通考》卷三二記徽宗朝進士數，進士則載，貢士則不載，此條即未載。

夫何溥、起居郎黄中同知貢舉。合格奏名進士劉朔以下二百五十四人。以上《中興會要》。

孝宗隆興元年正月九日，以翰林學士承旨洪遵知貢舉，兵部侍郎周葵、中書舍人張震同知貢舉。合格奏名進士木待問以下五百六十人。

乾道元年二月二十九日，詔曰：「開學校以育一時之英，設科舉以來四方之俊，悉從大比，率用三年。宜安里選之公，各就秋闈之賦，出胸次藴藏之富，應司存程度之嚴。與計吏以偕來，造大廷而親策，用副虚心之待，豈惟好爵之縻。當體至懷，勿云故事。」

二年正月九日，以中書舍人蔣芾知貢舉，17 權户部侍郎林安宅、起居舍人梁克家同知貢舉。合格奏名進士何澹以下四百九十二人。

四年三月一日，詔曰：「蓋聞治道以得賢爲首，非博採而精鑒之，賢奚由進。惟我祖宗以來，建學設科，以風厲四方之多士，取其尤賢者，寘之公卿大夫之列。二百餘年間，治效昭然，視漢、唐有光矣。朕祗承洪業，夙夜不敢康，惟豪傑之士，所在而有，常懼其逸遺也。三年賓興，著在令典。有司其爲朕選擇可者，令偕計吏，升于春官。朕將進之大廷，詢以言而試以事焉。布告天下，使明知朕意。」

五年正月九日，以吏部尚書、兼侍讀、兼權翰林學士汪應辰知貢舉，給事中兼侍讀兼直學士院梁克家、右諫議大夫兼侍講陳良祐同知貢舉。合格奏名進士方恬以下三百九十人。

七年三月一日，詔曰：「朕稽列聖之詒謀，本右文而爲治，每在虚己，務在得人。遵三年大比之常，庶博收於儒效；舉四海來遊之彦，顧敢後於賓興〔一〕？要使無失職之嗟，期各懋濟時之畧。既嘉言之罔伏，宜庶績之咸熙。可令有司，精覈多士，俾偕秋計，較藝春官。且將親策于廷，以盡求賢之道。布告天下，明體朕懷。」

八年正月九日，以翰林學士、知制誥、兼侍讀王曮知貢舉，中書舍人兼同修國史兼實録院同修撰趙雄、侍御史李衡同知貢舉。合格奏名進士蔡幼學以下三百八十九人。以上《乾道會要》。（以上《永樂大典》卷一〇六四一）

【宋續會要】

18 孝宗淳熙元年二月二日，詔曰：「蓋聞君唯急於求賢，國莫彊於得士。校其行藝，在周嘗謹於賓興；試以文辭，至唐尤備於科舉。永念累朝之制，具存三歲之常。翕受群英，明熙庶績。朕祗承體緒，丕闡大猷。純化懿綱，將踵帝皇之盛；通儒碩學，尚虞巖穴之遺。肆因大比之期，率用有司之典。爰加詔諭，咸俾朋來。業有爾勤，爵無予吝。諒渾涵於素藴，當淬勵於宏圖。考諸鄉而獻書，黨聞

〔一〕賓：原作「兵」，據文意改。

定論〔一〕；造於庭而親策，敢緩詳延。布告多方，使知朕意。」

二年正月九日，以翰林學士知制誥兼太子詹事兼侍讀王淮知貢舉，給事中胡元質、侍御史范仲芑同知貢舉。得合格奏名進士章穎以下二百四十四人。

四年二月一日，詔曰：「朕惟四術以造士，三年而興賢。崇化厲俗，未有或先於此者。粵予涼菲，寤寐髦雋。郡國詔書，凡五下矣，期無愧於前聞，有補於當世，此豈爲虛文也哉？興言大比，今復其時，乃飭攸司，申諭朕志。其各以賢能之書來上，朕將親策于廷，使在吾選中者，皆足以章明治教，振宣事功。豈惟予一人以寧，時爾多士，亦與有無窮之聞。」

五年正月七日，以權禮部尚書范成大知貢舉，試尚書刑部侍郎兼侍講程大昌、試右諫議大夫蕭燧同知貢舉。得合格奏名進士黄渙以下二百二十六人。

七年二月二日，詔曰：「蓋聞人材衆而邦國寧，儒術行而治化[19]美。思皇多士，周並命於六卿；間出異人，漢旁開於數路。洪惟聖代，丕闡文風，既通才碩學之攸興，乃鉅德元勳之相望。逮予菲質，率是彝章。屬覽有司之陳，當修貢士之制。爰加詔諭，咸俾言揚。獻賢能之書，儻精求而上達；陳治安之策，庶延進以周詢。豈襲虛文，尚圖實用。布告中外，明識朕懷。」

八年正月八日，以吏部尚書、兼侍讀、兼修玉牒官王希呂知貢舉，禮部侍郎鄭丙、侍御史黄洽同知貢舉。得合格奏名進士俞烈以下三百人。

十年三月一日，詔曰：「國家側席俟賢，闢門籲俊。三年大比，倣周制之賓興；百郡群招，集漢科之茂異。咸副明明之選，用隆濟濟之風。歲屬啓於舉闈，求彌先於藝實。俾升名於外府，仍論秀於春官。朕將延對大庭，周詢上務，庶博收於翹彦，期協濟於功榮。咨爾庶邦，體予至意。」

十一年正月九日，以户部尚書、兼侍讀王佐知貢舉，中書舍人兼侍講王藺、右正言蔣繼周同知貢舉。得合格奏名進士邵康以下二百四十六人。

十三年二月四日，詔曰：「周以三年而考藝，禮重賢能之興；漢由數路而得人，制嚴郡國之選。粵我朝之取士，參前代之設科。崇太常講勸之功，廣司馬論升之法。網羅該備，秀茂群臻。自朕初元，再涉周星之紀；若時常憲，八登鄉老之書。菁菁方喜於人材，濟濟蓋生於王國。屬當大比，敢後旁招。飭秋計以偕來，即春官而明試。公卿多文學之士，要皆出於[20]此塗；英俊陳治平之原，將更勤於親策。勉修素業，期副至懷。」

十四年正月二十日，以翰林學士、知制誥、兼侍講、兼修國史洪邁知貢舉，權刑部尚書兼侍講兼太子詹事葛邲、右諫議大夫陳賈同知貢舉。得合格奏名進士湯璹以下二

〔一〕黨：似當作「儻」。

百七十九人。

十六年正月二十六日，詔曰：「國家以科目取士，以三歲賓興，得人之盛，視古亡愧。朕謹守成法，靡所變更，故於大比之年，首下詳延之令，非直應故事、爲文具而已。夫奔軼絶塵之才或窘於聲律，窮經嗜（右）〔古〕之士或昧於世務，宜令有司，考覈其長。吏二千石以時勸駕，俾預計偕。朕將試之春官，親策于庭，拔其尤異，縻以好爵。布告天下，使明知之。」以上《孝宗會要》。

淳熙十六年二月四日，登極赦：「應舉人除犯徒已上及真決人外，其餘因事殿舉及不得入科場之人，雖有不以赦降原免指揮，可並許應舉。」

八月二十九日，臣僚言：「四川進士及宗子該遇覃霈補授，觀其所陳之詞，多係當得之人；求其所據之籍，則無可考之迹。蓋緣四川去朝廷遠，貢籍不以時至，或全舉不申，或累年未到，或有正解之名而無免解之數，與行在省試之籍不同。移文取會，動淹歲月，待報之人，未免失所。乞下川蜀，將省部見行取會文字日下供報。其合發貢籍，遵依條令，速申省部。」從之。

九月二十一日，右諫議大夫何澹言：「竊惟國家三歲一舉士，事體不輕。四方士子，衝冒嚴寒，引試 21 之時，春令尚淺，間遇風雪，則筆硯冰凍，終日呵筆，書字不成，縱有長才，莫克展布。年高之人，至有不能終場者。今欲展半月，定以二月一日引試。」從之。紹熙三年亦如之。

十一月二十五日，詔：「自今歲試闈，六經義並不許出關題，亦不得摘取上下經文不相貫者爲題。」先是，以國子祭酒沈揆言：「六經自有大旨，坦明平正（道），不容穿鑿。關題既摘經語，必須大旨相近。今秋諸郡解試，有《書》義題用『在璇璣玉衡，以齊七政』，關『舞干羽于兩階，七旬有苗格』者。據此題目，判然二事，畧不附近，豈可相關！謬妄如斯，傳者嗤笑。此則關題之弊。有《易》義題云：『時乘六龍，以御天也；雲行雨施，天下平也。』至此當止矣，而試官復摘下文『君子以成德爲行』相連爲題。據此一句，其義自連下文，若止已上四句爲題，有何不可？此則命題好異之弊。」宰執進呈，上曰：「出題礙理，誠不可不革。見説近時科場文格卑陋，將來省試，須是精擇試官。」故有是命。

紹熙元年正月十四日，詔：「臨安府免解人，令禮部貢院令項考校，具終場人數，取旨量行取放。元審實不當官趙汝忱，降兩資放罷。」既而以臣僚言：「近年士風不競，廉耻汨喪。京師首善之地，士子該登極恩例，十百爲羣，詣臺省陳乞恩澤，遂至兩終場而得免者數百人，係學籍而得免者又數百人，例皆計屬府學學司詐爲干照，皆得預免，畧無廉耻。始進若此，萬一得試春闈，而又爲有司收録，則士類豈不羞與爲伍？」故有是命。

二十四日，以吏部尚書、兼侍講鄭僑知貢舉，右諫議大夫兼侍講何澹、權尚書吏部侍郎陳騤同知貢舉〔二〕。得合

〔二〕部：原作「禮」，據《宋史》卷三九三《陳騤傳》改。

格奏名22進士錢易直以下五百五十七人〔一〕。

五月二十四日，臣僚言：「貢舉條制，最爲嚴密。向使有司一一舉行，必無輕犯條制者。謂如結保，必須相識。使其人果是庸繆，或假手以得解，或多貲以經營，或挾人以同行，爲相識者豈不知之？然而同保之罰不行，故輕易與之結保，此當嚴者一也。保官必須批書印紙，使其人果僞冒，或不相諳委，或所牒（大）〔太〕多，自合審細。然而保官之罰不行，故輕易與之爲保，此當嚴者二也。所差簾外官，如封彌、監門必得精明稍有力量之人，庶可檢柅吏姦。內封彌官尤爲緊切，仍須兩員，同共機察。臣竊聞封彌官亦有周旋親故之弊，或取他人文卷之佳者，改移入親故卷內。若得兩員，庶相牽制，此當嚴者三也。所差巡邏之人，必令皇城司揀選不生事而亦不敢爲姦弊者，庶免反爲道地，此當嚴者四也。其謄録人，自今須十名爲一甲，並要親身，不許和顧代名。如有代名之人，許甲內自陳。其不首者，他日事發，並同犯人坐罪。」從之。

七月十八日，辛執進呈禮部侍郎兼直學士院兼權給事中李巘、中書舍人羅點、起居舍人兼權中書舍人莫叔光看詳國子司業計衡奏：「士子科舉，一於經義則或不足於詞藻，一於詩賦則或不根於理致，乞照紹興十三年國子司業高閌條具太學課試及科舉三場之制。臣等謂兩科之分，其來已久。紹興十三年、二十七年，臣僚申請兼科取士，非不23詳盡，然皆行之一舉，隨即分科。蓋緣人材各有所長，難以求備，勉强取辦，終不能精。彊其所劣，併喪所長，雖平時場屋有聲之人，亦復未免指誚。臣等竊謂宜如舊便。」上曰：「士人各有所長，亦不必拘兼經。」

二年七月十六日，禮部尚書李巘言：「乞下四川，自今試院開牓，即時專委官編輯貢籍，詳著本人姓名及三代年甲，曾與不曾終場〔二〕，係與不係試下，明白該載，發赴省部，毋得稽緩。庶幾別無隱漏差誤之患，免致徒有取會往來之勞。」從之。

十一月二十七日，南郊赦：「應舉人因事殿舉及不得入科場之人，除犯徒罪以上及（貢）〔真〕決未曾改正、編管未放逐便人外，可並許應舉。其枉被刑責人，若元斷官司不爲保奏，仰諸路監司遇有訴理，委官索案看定。如實係枉斷，即令所屬依條保奏施行。」

三年二月一日，詔曰：「周家選士，命鄉大夫賓興而獻其書〔三〕；漢室舉賢，詔郡太守身勸而爲之駕。在禮甚重，得人宜多。眷惟本朝，率用此制，每當三年之大比，特下一札以詳延。肆朕纂承，加意搜攬。念庠序作成之久，必有俊髦；而巖穴幽隱之間，豈無遺逸。茲申諭旨，各俾言揚，充秋賦以朋來，升春官而論定。大廷親策，冀聞忠讜之

〔一〕錢易直：原作「湯璹」，按湯璹爲淳熙十四年進士，已見前文。據《文獻通考》卷三二，是年，省元爲錢易直，因改。
〔二〕與：原作「舉」，據文意改。
〔三〕鄉：原作「卿」，據《周禮注疏》卷一〇改。

陳；好爵爾縻，共赴功名之會。庶圖實用，式副虚懷。」

四年正月二十四日，以吏部尚書、兼侍讀趙汝愚知貢舉，給事中黄裳、左司諫胡瑑同知貢舉。得合格奏名進士徐邦憲以下三百九十六 24 人。

三月八日，吏部尚書兼侍讀趙汝愚、給事中黄裳、左司諫胡瑑知貢舉畢，同班奏事，上宣諭曰：「聞今年取得人甚好。」汝愚等奏曰：「今年所取省試前名，偶多得四方知名之士。臣等在貢院，多用論策參考，是以多得老成。」上曰：「少年輕俊之人，往往會做得文字。朝廷取人，當先器識，所取文字，須是典實。」汝愚等奏曰：「朝廷設科之意，本是要取人才。但看文字氣骨如何，若大體好，雖有小疵，却自可略，即是得人也。」上以爲然。以上《光宗會要》。《文獻通考》：光宗初，建議者云：「省闈試士，春令尚淺，天寒晷短。間遇風雪，則硯冰筆凍，書字不成。縱有鉅材，莫克展布。請展至二月朔，而殿試則於四月初選日。」從之。（以上《永樂大典》卷一〇六四四）

【宋續會要】〔一〕

25 慶元元年正月二十六日，内降詔曰：「古者以德行道藝興賢，然惟用於長治；後世以經術辭章取士，顧乃任於公卿。今之選舉，已非古之詳；古之官使，孰與今之寵。士生斯世，何患遺才。粤兹訪落之初，尤急親賢之務。屬當大比〔二〕，申飭攸司。方側席興見晚之嗟，諒彈冠起觀光之志。其爲勸駕，以副虚懷。」

二年三月九日〔三〕，以吏部尚書葉翥知貢舉，吏部侍郎倪思、右諫議大夫劉德秀同知貢舉，得合格奏名進士莫子純以下三百八十八人。

四年二月一日，詔曰：「朕惟立國之經，尤重取人之制。攷其德行，周莫盛於賓興；較以文辭，唐益嚴於貢舉。肆膺基統，丕迪訓謨。嘗循三歲之彝，庸廣羣材之彙。黜浮崇雅，雖加覈於實能；言古驗今，顧未皇於親覽。將謹臨軒之始，或多在野之遺。爰飭有司，式稽大比。俾朋偕於秋賦，期悉上於春官。英俊陳治平之原，佇躬垂問；郡國選博習之士，尚副詳延。咨爾多方，體予至意。」

五年三月一日，以禮部尚書黄由知貢舉，吏部侍郎胡紘、侍御史劉三傑同知貢舉。得合格奏名進士蘇大璋以下二百五十四人。

嘉泰元年二月一日，詔曰：「周室興賢之典，必攷德以爲先；唐家進士之科，與明經而並列。粤惟我宋，稽合前猷，内闡膠庠之規，外分郡國之學。於平時而教詔，至大比

〔一〕此下原標「舉士十一」，乃是《永樂大典》之標目（見《永樂大典目録》卷二八），而非《宋會要》之目次。今詳下文與前「貢舉」内容相同且緊連，不必另標目次，故删。後有類此者則徑删，不復出校。

〔二〕屬：原作「孰」，據文意及下文開禧「三年二月一日」條改。

〔三〕按此條及以下同類條文之日分當是指禮部奏上省試合格進士之日。如此條葉翥等三人，在此年三月之前已差知貢舉（見《兩朝綱目備要》卷四）。又下文嘉定元年以後任命知舉官各條，本門均作三月一日，而本書選舉二一記同一事之各條則皆在正月，是正月乃任命知舉官之時，三月乃奏名之時。

以言揚。繇立制之兼詳，故得人而獨盛。逮[26]于菲質，率厥舊章。念凡科目之求，實乃公卿之選。思得潔修之士，嘗再下於詔書；急聞切直之言，既一加於親策。茲屬予恭默之際，敢忘爾功名之圖。矧天相於邦家，必世多於髦儁。薰陶寖久，藴蓄宜豐。雖於數路以旁招，取以三年而非數。列郡將嚴於勸駕，迨司毋怠於程能。偕計吏而來，當深明於世務；有好爵之與，斯無靳於爾縻。其以至懷，孚于衆聽。」

二年三月一日，以禮部侍郎木(侍)〔待〕問知貢舉，起居郎王容、右正言施康年同知貢舉。得合格奏名進士傅行簡以下三百二十五人。

四年二月二日，詔曰：「蓋聞自昔帝王，勤于求賢而逸於得人，故自即位以來，三下賓興之詔，英材輩出，爲國之光。永惟祖宗之洪業，任大而守重。非賢不乂，聖有格言；得士者昌，古有明訓。旁搜博取，使巖穴幽隱畢爲時用，乃當今之上務。三年大比，彝制具存。其勑有司精擇，拔其尤者，令偕計吏，升於春官。朕將延對大廷，俾陳治安之策而施行之。布告天下，使明知朕意。」

開禧元年三月一日，以禮部尚書蕭逵知貢舉，中書舍人陸(俊)〔峻〕、右諫議大夫李大異、禮部侍郎兼直學士院李壁同知貢舉。得合格奏名進士林執善以下二百五十九人。

三年二月一日，詔曰：「朕宵旰庶政，寤寐群英。念治今日者匪借異代之賢，而習先聖者宜明當世之務。粤從臨御，屢俾搜揚。矧茲多事之時，莫若得人之急。惟道德之富，庠序之[27]所作成；賢能之書，鄉閭之所推擇。屬當大比，其悉上聞。佇陳治平之元，式赴功名之會。彊學待問，諒樂罄於忠嘉；量材授官，庶協圖於康濟。咨爾多士，體予至懷。」

嘉定元年三月一日，以吏部尚書兼翰林學士樓鑰知貢舉，兵部尚書倪思、中書舍人蔡幼學、右諫議大夫葉時同知貢舉。得合格奏名進士宋倚以下二百七十三人。

三年二月一日，詔曰：「朕惟我祖宗張設科目，以網羅天下之彦，厖臣碩輔，多此塗出，庶幾虖三代選舉之意。朕以涼菲，獲承丕緒，所與共天位、治天職者，非一時賢士大夫虖？故自踐阼以來，凡數下賓興之詔，思得英傑，協圖康功。然而士氣堙鬱，未獲盡伸；文體萎薾，未克復古。朕方注懷人物，加意作成。惟淵源醇正之學是崇，惟直亮鯁切之言是用。四海之士，聞風興起，既有日矣。今茲大比，爾多士其各抒所韞，試於有司。賢書來上，朕將親策於廷，以備器使。《詩》不云虖：『鳶飛戾天，魚躍於淵。豈弟君子，遐不作人。』朕之激昂士類，蓋與周之先王同出一揆。爾多士其可不勉自澡濯，以副朕招徠之意虖！」

四年三月一日，以吏部侍郎汪逵知貢舉，吏部侍郎劉榘、禮部侍郎曾從龍、左司諫范之柔同知貢舉。得合格奏名進士周端朝以下二百五十五人。

六年二月一日，詔曰：「朕寤寐髦儁，協濟治功。即位以來，下賓興之詔凡六矣。濟濟多士，布列中外，因其材而器使之，蓋庶幾古 28 者敷奏明試之意，豈直爲文具、循故事而已哉！夫上以實用求，下必以實材應。今茲大比，群有司其精加考覈，令與計偕。經術惟正論是崇，詞章惟典雅是尚，毋爲曲學，毋事虛文。朕將試之春官，拔其尤者，親策於廷。異時出長入治，皆繇此其選焉。各務搜揚，以稱朕意。」

七年三月一日，以刑部尚書曾從龍知貢舉，禮部侍郎范之柔、左諫議大夫鄭昭先、刑部侍郎劉爚同知貢舉。得合格奏名進士姚宏中以下二百七十人。

九年二月一日，詔曰：「周當大比，必登鄉老之書；唐設衆科，尤貴進士之選。非賢不乂，振古如茲。仰惟列聖之詒謀，聿嚴三歲之成法。肆菲凉之嗣服，賴髦儁以圖功。將再紀於周星，七放於詔旨。思皇多士，爲王國以克生；欽乃攸司，俾文闈之精覈。經術宜通於緼奧〔一〕，詞章毋尚於浮華。偕秋計以朋來，升春官而論定。大廷親策，樂聽讜言。好爵爾縻，庶收實用。式佇觀光之盛，更資勸駕之勤。告爾多方，體予至意。」

十年三月一日，以兵部尚書黄疇若知貢舉，工部尚書任希夷、右諫議大夫黄序、禮部侍郎袁燮同知貢舉。得合格奏名進士陳塤以下二百六十九人。

十二年正月十五日，詔曰：「國家迪三歲之彝章，籲四方之衆俊。大比重賓興之舉，踵周家選士之規；名臣由科目而升，邁唐室得人之盛。肆朕纂圖之久，深勤側席之思。已八啓於文闈，悉朋來於時彦。屬當秋賦，俾與計偕。 29 爰申飭於攸司，其益加於精擇。必得賢能之實，一惟程度之公。爾遂觀光，克赴功名之會；朕將親策，樂聞忠讜之言。豈惟好爵之與縻，庶獲群材而並用。叶圖康濟，迄底隆平。咨爾庶邦，體予至意。」

十三年正月二十二日，詔將臺諫同知貢舉一員改作監試。詳見「雜録」。

三月一日，以吏部侍郎宣繒知貢舉，右諫議大夫俞應符充監試，禮部侍郎楊汝明、起居舍人李安行同知貢舉。得合格奏名進士丘大發以下二百七十人。

十五年二月一日，詔曰：「漢崇經術，群士並興；唐重詞章，名臣輩出。於皇昭代，參用前猷。設科目以待天下之賢，法雖殊於里選；用文藝而考人才之人，制猶近於言揚。肆朕丕承，屢當大比，矧事功方新之日，政英髦思奮之秋。命方國以傍搜，飭有司而精覈，先器識而黜浮華之習，尚理義而振萎薾之風。毋以議論正大爲迂，毋以指陳剴切爲激。俟登名於天府，將親策於昕庭。庶得光明俊偉之材，式副寤寐招徠之意。」

十六年三月一日，以吏部侍郎程珌知貢舉，左諫議大夫朱端常監試，權刑部侍郎朱著、起居舍人鄭自誠同知貢

〔一〕奥：原作「粵」，據文意改。

舉。得合格奏名進士王胄以下三百六十一人。以上《寧宗會要》。（以上《永樂大典》卷一〇六四五）

宋會要輯稿　選舉二

貢舉 二〔一〕

❶太祖開寶五年閏二月三日，禮部奏名合格進士安守亮及諸科二十八人。帝召對於講武殿〔二〕，始下詔放榜，新制也。

八年三月十八日，賜及第進士王嗣宗等錢百千，令宴樂。

太宗太平興國二年正月八日，宴新及第進士呂蒙正等於開寶寺，仍賜御詩二首以寵之。故事，吏部放榜後，敕下之日，醵錢於曲江，爲聞喜之飲。近代多於名園佛廟。至是，官爲供帳，爲盛集焉。

初十日，賜新及第進士、諸科緑袍鞾笏。時未命官，先解褐，非常制也。

三月二十三日，詔：「新及第進士呂蒙正以下，第一等爲將作監丞，第二等爲大理評事〔三〕，並通判諸州，各賜錢二十萬。同出身以下，免選，注初等幕職、判司簿尉。」

（二）〔三〕年九月初二日〔四〕，賜新及第進士胡旦已下緑袍鞾笏。自是以爲定制。

十一月二十日，以新及第進士胡旦、田錫、趙昌言、李蕤並爲將作監丞，崔策等七十人並爲大理評事、通判諸州事及諸州監當。

五年閏（正）〔三〕月十四日〔五〕，賜新及第進士宴於迎春苑。

五月初一日，以新及第進士蘇易簡二十三人並爲將作監丞，充諸道通判，餘爲大理評事、知縣。顔明遠、劉昌言、張觀、樂史以見任官❷赴舉，並授節度掌書記。

八（月）〔年〕四月初二日〔六〕，賜新及第進士宴於瓊林苑。自是遂爲定制。

七月初五日，以新及第進士王世則等一十人並爲大理評事〔七〕、知縣、録事參軍，又以第二等進士吳鉉爲大理評事、史館勘書。鉉常重定《切韻》，及殿試日捧以獻。既中第，因令隸史館校定書字。

雍熙二年三月二十日，賜新及第進士御製詩二首。

四月十二日，以新及第進士第一等梁顥等二十一人爲

〔一〕原抄稿題爲「貢舉」，其下又批「進士科」，天頭又批有「進士及第宴賜」。按，「貢舉」蓋《會要》之題，「進士科」乃《大典》此卷之事目，但並不確切。今仍以「貢舉」爲題，並加編碼。大抵「貢舉一」記歷屆貢舉之知貢舉官名與及第進士人數，「貢舉二」則記歷屆新及第進士之恩賜與除官。

〔二〕召：原作「詔」，據《長編》卷一三改。

〔三〕事：原作「士」，據《補編》頁三三五改。

〔四〕三年：原作「二年」，據《補編》頁三三五改。

〔五〕閏三月：原作「閏正月」，據《長編》卷二一改。

〔六〕年：原作「月」，據《補編》頁三三五改。

〔七〕「新」原無，「等」原作「第」，據《補編》卷三三五補改。

節度觀察推官，第二等、第三等、諸科三等人令吏部依常調注擬。

端拱二年三月二十五日，賜新及第進士御製箴一首。

四月初八日，以新及第進士第一人陳堯叟、第二人曾會並爲光禄寺丞、直史館，第三人姚揆爲（穎）〔潁〕州團練推官。後數日，以揆恩命未優，改曹州觀察推官。

淳化三年三月初九日，賜新及第進士御製詩、《儒行箴》各一首。

十五日，詔賜新及第進士及諸科貢舉人《儒行篇》各一軸〔一〕，令至治所著於壁〔二〕，以代座右之誡〔三〕。

3 二十二日〔四〕，詔：「第一人孫何、第二人朱台符爲將作監丞；第三人路振、第四人丁謂爲大理評事，仍通判諸州；第五人任隨已下，吏部流内銓注初等職事官并兩畿簿尉；賓貢王彬、崔罕並授秘書省校書郎，放歸高麗〔五〕。」

真宗咸平元年五月十六日，以禮部及第進士孫瑾、黄宗旦、朱嚴並爲防團推官，餘悉授判司簿尉。

二年五月九日，詔禮部新及第進士孫暨等特免選注官。時帝問宰相選幾何，張齊賢曰：「進士五選集，禮、傳、法、經、學究五選或七選集。」特令各免選與官。

三年四月二十三日，**4** 賜新及第進士御製五七言詩二首。自此後，每放榜即賜詩。

二十七日，以新及第進士第一人陳堯咨、第二人周起、第三人胡用、第四人宋巽、第五人李穎、鎖（聽）〔廳〕人李繹並爲將作監丞、通判諸州，第一等四十二人并九經關頭爲大理評事、知縣，第二等節察推官，第三等初等幕職〔六〕，餘判司簿尉、試銜〔七〕，令歸鄉守選。

六月五日，宴新及第進士齊革等於瓊林苑〔八〕，帝作詩賜之。十日，賜以緑袍鞾笏。

五年四月十八日，以新及第進士第一人王曾、第二人陳知微、第三人李天錫、第四人王隨、第五人孫冲並爲將作監丞、通判諸州，夏焕等三十三人、九經高丙並爲大理評事、知縣。（以上《永樂大典》卷五六九六）

5 景德二年四月十四日，宴新及第進士李迪等於瓊林苑，召附牓王矩預焉。是晚驟雨，特旨聽宿苑中。詔以迪爲將作監丞，第二人夏（候）〔侯〕麟、第三人李諮爲大理評事，並通判諸州，第一等并九經第一人試祕書省校書郎、知縣，第二等以下判司簿尉。其河北特放及第第一至第三人

〔一〕賜：原脱，據《補編》頁三三六補。
〔二〕治：原脱，據《補編》頁三三六補。
〔三〕原稿此條之後尚有「三人九經」至「張觀以下授官」凡四百餘字。此乃是下文「（咸平）五年四月十八日」條至「（大中祥符）七年九月十一日」條之重文，且脱去首尾。此既是錯簡，又是贅簡，今删。
〔四〕按：《補編》頁三三六此條直接於「十五日」條之後，又《長編》卷三三載此條事亦與上兩條相連。可證所删之四百餘字乃是錯簡。
〔五〕放：原作「於」，據《宋史》卷四八七《外國傳》三改。
〔六〕初等：原脱「等」字，據《補編》頁三三六補。
〔七〕試銜：原作「試御」，據《補編》頁三三六改。
〔八〕革：原作「華」，據《長編》卷四七、《文獻通考》卷三〇改。

與節察推官，餘如第二等注官。

六月初八日，賜新及第進士范昭〔一〕、馬至已下御製詩各一首。

大中祥符元年三月十六日，詔應登科人並庭賜緑袍鞾笏。先是謝恩日釋褐，今特優之。

五月初六日〔二〕，以新及第進士第一人姚曄爲將（車）〔作〕監丞，第二人祖士衡、第三人鄭向爲大理評事，並通判諸州，第四、第五人爲節察推官，餘如景德二年之例。

大中祥符二年七月十一日〔三〕，遣入内都知鄧永遷賜新及第進士梁固等宴于瓊林苑，帝作五言六韻詩賜之。時學士楊億請朝假，諭旨令赴。

二年七月十九日，以新及第進士第一人梁固爲將（軍）〔作〕監丞，第二人宋程、第三人麻温舒爲大理評事、通判諸州，第四、第五人爲節察推官，餘爲試校書郎、知縣、判司簿尉。

四年十二月初一日，以新及第進士第一人張師德爲將作監丞，第二人丁度、第三人陳寬爲大理評事、通判諸州，餘授官如東封之例。

五年四月初八日，詔新及第進士徐奭已下，授官、守選如元年之制。

七年九月十一日，詔新及第進士張觀以下，授官如汾陰之制。（以上《永樂大典》卷一〇六五二）

❻ 八年四月十一日，詔新及第進士蔡齊已下，授官、守選如五年之制。

天禧元年四月四日，詔新及第進士王整已下，授官、守選如大中祥符之制。

四年九月二十三日，翰林學士劉筠等試到諸州軍續解進士姚隨等十九人、奉職周普等二十九人、借職何從易等八人，當授諸州長、馬，特補借職，並與家便差遣。帝曰：「此皆孤寒之士，應舉年深，俾之效官，必能幹事。」

仁宗天聖二年四月七日，宴新及第進士于瓊林苑，詔翰林、龍圖閣直學士、直館已上並赴。

八月，詔新及第進士第一人宋郊爲大理評事、通判（盧）〔廬〕州，第二人葉清臣、第三人鄭戩爲奉禮郎、僉書諸州兩使判官公事，第四、第五人節察推官，餘初等職官、判司簿尉。

五年四月十八日，詔新及第進❼士王堯臣等五人爲將作監丞、通判諸州，第一甲三十人并九經第一人爲大理評事、知縣，第二甲節察推官，第三甲初等幕職官，餘判司簿尉，并續放進士孟楷等。餘試銜〔四〕，令守選，長（吏）〔史〕

〔一〕昭：原作「照」，據已删之重文及《玉海》卷三〇、《宋史全文》卷五改。

〔二〕初六日：已删之重文作「初一日」。

〔三〕此條原貼在下頁（選舉二之六），有屠寄眉批云：「添『二年之例』下。」又文末注云：「寄案，此條徐輯《大典》無卷數。」今按，此條又見於本書禮四五之三三「宴享」門，出《大典》卷一六七五一。今姑予保留，並依屠寄批語移於此。

〔四〕銜：原作「御」，據《補編》頁三三七改。

已下各歸逐處。

二十一日，賜新及第進士《中庸》一篇〔一〕。

八年四月初二日，詔新及第進士第一人王拱辰爲將作監丞；第二人劉沆〔二〕、第三人孫抃爲大理評事，並通判諸州；第四、第五人爲大理評事，並僉書節度判官事；餘至第二甲，並銓注職官；第三甲以下皆判司簿尉。

四日，賜新及第進士《大學》一篇。自後與《中庸》間賜，著爲例。

景祐元年四月十八日，詔新及第進士第一人張唐卿、第二人楊察、第三人徐綬並爲將作監丞、通判諸州；第四人苗振、第五人何中立並大理評事〔三〕、僉書諸州節度判官事；第六人已下並爲祕書省校書郎、知縣。第二甲爲兩使職官〔四〕，第三甲爲初等職官，第四甲爲試銜、判司簿尉，第五甲爲判司簿尉。九經第一人爲國子監主簿、知縣，第三人初等職官。餘注判司簿尉。鏁廳及第高賦等二十六人遷官有差。

五年四月十一日，詔新及〔第〕進士第一人呂溱爲將作監丞，第二人李絢、第三〔人〕祖無（澤）〔擇〕爲大理評事、諸州通判，第四人石揚休、第五人王异爲兩使職官，第六人司馬光已下初等職官。第二甲試（御）〔銜〕簿尉，第三甲判司簿尉，第四甲特免選，判司簿尉〔五〕。

慶曆二年四月二十三日，詔新及第進士第 8 一人楊寘爲將作監丞，第二人王珪爲大理評事，第三人韓絳爲太子中允，並通判；第四人王安石爲校書郎，第五人曾公定爲奉禮郎，並僉書諸州判官事；第六人已下兩使職官。第二甲初等職官，第三甲試銜知縣，第（三）〔四〕甲試銜簿尉，第五甲判司簿尉。鏁廳人第一甲京朝官轉官，選人進下京官；第二甲京官家便推官〔六〕，後任升陟，選人兩使推官；第三甲京官僉書諸州判官，選人初等職官；第四甲京官家便知縣，後任僉書諸州官，選人試銜知縣；第五甲京官家便知縣，選人試銜知縣。九經第一人兩使推官，諸科並注判司簿尉。

六年五月一日，以新及第進士第一人賈黯爲將作監丞；第二人劉敞、第三人謝仲弓並爲大理評事、通判諸州；第四人張谿、第五人孫坦爲祕書省校書郎，並僉書兩使判官公事；第六人已下爲兩使推官。第二甲爲初等職官，第三甲并諸科並爲判司簿尉，第四甲已下并諸科、同出身並守選。

皇祐元年四月初七日，以新及第進士第一人馮京爲將

〔一〕進士：原脱，據《補編》頁三三七補。
〔二〕沆：原作「沉」，據《宋史》卷二八五《劉沆傳》改。
〔三〕何：原作「作」，據《補編》頁三三八改。
〔四〕使：原脱，據《補編》頁三三八補。
〔五〕尉：原脱，據《補編》頁三三八補。
〔六〕家：原作「下」，據《補編》頁三三八改。

作監丞，第二人沈遘〔一〕、第三人錢公輔爲大理評事〔二〕、通判諸州，第四人李育〔三〕、第五人文同爲兩使職官，第六人而下並爲初等幕職官。第二甲爲試銜大縣主簿、尉，第三甲爲判司簿尉，第四甲與諸科爲判司簿尉，第五甲守選。

三年五月初一日，以新及第進士第一人鄭獬爲將作監丞，第二人楊繪、第三人滕甫並爲大[9]理評事、通判諸州，第四人雍子方、第五人宇文之奇並爲兩使職官，第六人而下并九經及第並爲初等幕職官。第二甲爲試銜大縣主簿、尉，第三甲、第四甲試銜，並判司、主簿、尉，第四甲已下及諸科，同出身並守選。

嘉祐二年五月四日，以新及第進士第一人章衡爲將作監丞，第二人竇卞、第三人羅愷並爲大理評事、通判諸州，第四人鄭雍、第五人朱初平（並）並爲兩使幕職官，第六人已下及九經及第並爲初等幕職。第二甲爲試銜大縣簿、尉，第三、第四甲試銜判司簿尉，第五甲及諸科，同出身並守選。

四年五月初三日，以新及第進士第一人劉煇爲大理評事、僉書河中府觀察判官公事，第二人胡宗愈、第三人安燾爲兩使幕職官，第四人劉摯、第五人章惇並試銜知縣，第六人已下并九經明經及第並爲試銜大郡判司、大縣主簿。第二甲並試銜判司、主簿、尉〔四〕，諸科並判司簿尉，第五甲并諸科，同出身並守選。

六年四月二十二日，以新及第進士第一人王俊民爲大理評事、僉書武寧軍節度判官公事〔五〕，第二人陳睦兩使幕職官，第三人鏁廳將作監主簿王陟臣爲太常寺奉禮郎、簽書高郵軍判官廳公事，第四人任貫、第五人黄履並爲試銜知縣，第六人已下、明九經及第並爲試銜大郡判司、大縣主簿、尉，第二甲至第四甲並爲試銜判司簿尉，第五甲并諸科，同出身並守選。

八年四[10]（四）〔月〕十一日〔六〕，以新及第進士第一人許將爲大理評事、僉書奉國軍節度判官廳公事，第二人陳軒、第三人左仲通爲兩使幕職官，第四人范祖禹、第五人龔原試校書郎、知縣，餘進士、明經、諸科及第人皆以爲判司簿尉，出身人皆守選。

英宗治平二年二月，詔：「南省合格進士，已降敕及著白襴，重戴，絲鞭，其進士二十四日於興國寺東經藏院，諸科於相國寺東經藏院期集，擇日於（閣）〔閤〕門賜緑袍謝恩。」

三月初九日，知貢舉馮京等引新賜及第進士彭汝礪已

〔一〕遘：原作「達」，據《補編》頁三三八改。
〔二〕事：原脱，據《補編》頁三三八補。
〔三〕李：原作「季」，據《補編》頁三三八改。
〔四〕按，此處只述第二甲、第五甲，不見第三、第四甲，據下條文例，「第二甲」下當脱「至第四甲」四字。
〔五〕寧：原脱，據《補編》頁三三九補。
〔六〕月：原作「四」，據《補編》頁三三九改。

下詣垂拱殿見謝恩，退詣東上(閣)〔閤〕門釋褐，仍詔罷聞喜宴。

十一日，詔彭汝礪、薛向、賈昌朝、宋煥爲初等幕職官，杜常等及明經、諸科皆以〔爲〕判司簿尉，出身人守選。

治平四年神宗即位未改元。三月二十二日，以新及第進士許安世、何洵直、郭儀並與防禦、團練推官，黄降并明九經及第并注試銜判司簿尉，諸科及第并注判司簿尉，進士第四甲等、明經、諸科、出身並令守選。

神宗熙寧二年十二月九日，詔：「(令)〔今〕後制科入第五等、進士第一人及第者，一任回，更不與升通判差遣及不試充館職，並令審官院依例與差遣，餘如嘉祐詔書。」

三年三月，詔新及第進士葉祖洽已下，授官、守選如嘉祐八年之制。

四年三月一日，詔應進士第一、第二等賜及第，第三等出身。

六年三月，詔新及第進士余中以下〔一〕，授官、守選如三年之制。

十八日，詔：「**11**新及第進士賜錢三千貫，諸科七百貫，各充期集支費。」進士、諸科舊以甲次高下率錢期集，貧者或稱貸於人，過爲浮費，至是始賜之〔二〕。

二十三日，詔新及第進士、諸科等舉人聞喜宴，差近上内臣一員押賜。

二十四日，詔：「新進士、諸科并特奏名賜同出身及授試監簿、長史、文學、助教等，並放謝辭正衙。如便欲歸鄉，不願赴聞喜宴者聽。」

四月八日，詔新及第進士、諸科及第人入謝，免銀。故事，既賜第，詣閤門謝恩，進銀百兩，至是罷之。

八年七月二十三日，詔：「今後進士及第，自第一名以下，並試律令大義、斷案，據等第注官。」議具「試法」。

九年三月二十一日，詔新及第進士徐鐸以下，授官、守選如六年之制。

二十三日，詔賜新及第進士錢百貫文，諸科錢二百貫文，印造小録等支用〔三〕。以修貢舉敕式練亨甫奏，熙寧六年敕賜及第進士期集錢三千貫，(諧)〔諸〕科七百貫。今罷期集，又特賜之。

二十六日，詔：「新進士於舊法不該守選人，特與免試，注合入官。候回日，依近降指揮施行。」

四月五日，詔貢院：「新賜進士、諸科期集錢，如的確合用不足，仰本院公用錢相貼支用。」

元豐二年三月二十八日，詔新進士依舊式賜錢五百千爲宴集費外，特賜千緡〔四〕；諸科三百千。

四月十二日，詔：「新賜進士及第，自第四甲以上，依

〔一〕余中：原作「余忠」，據《補編》頁三三九改。
〔二〕賜：原作「廢」，據《補編》頁三三九、《長編》卷二四三改。
〔三〕印：原作「即」，據《補編》頁三四〇改。
〔四〕「爲宴」二句原脱，據《長編》卷二九七補。

熙寧九年推恩，諸科正及第、明經出身〔一〕，依熙寧六年推恩。命御史中丞蔡確同判流内銓官注擬〔二〕。」

五月二十八日，詔進士、諸科新及第人免試刑法。

八年五月十日，詔：「科場推恩，依治平四⑫年故事。正奏名進士、諸科，吏部給敕牒；特奏名，中書給勑告、勑牒。」

哲宗元祐三年三月二十七日，增賜釋褐進士錢百萬〔三〕、酒五百壺，爲期集費。

四月二日，以御試中選進士杜藻昭憲太后族孫，特授初等職官，令占射差遣。

五月十一日，進士及第李常寧爲宣義郎、僉書鎮海軍節度判官廳公事，呂益柔爲承事郎、僉書保信軍節度判官廳公事，龔(史)〔夬〕爲承事郎、僉書河陽節度判官廳公事〔四〕。

四年正月十三日，詔賜聞喜宴，許帶職人並赴。從崇政殿説書顔復請也。

六年六月九日，詔及第進士馬涓爲承事郎〔五〕、簽書雄武軍節度判官，朱紱爲忠正軍節度推官，張廷堅爲成都府觀察推官。

紹聖元年四月四日，詔：「今次科場第一人與宣義郎、簽書大郡判官公事〔六〕，第二、第三人承事郎、知縣，第四、第五人兩使職官，第一甲(初入)〔入初〕等職官，第二甲以下依見行推恩條。」以及第進士畢漸爲左宣義郎、簽書山南東道節度判官，趙諗左承事郎〔七〕、知彭州九隴縣令，岑穰爲左承事郎、知(穎)〔潁〕昌府長葛縣。

二年十月九日，太常少卿王子韶言：「奉禮(部)〔郎〕陳覺民於熙寧七年選中國子監上舍生登科，是時第五甲賜同學究出身。欲望用丁執古等免省試陞甲恩例改賜本官出身。」詔陳覺民特依陞甲例，與當年第四甲同進士出身。

四(月)〔年〕二月二十三日〔八〕，三省言：「特奏名進士，自今第一等上同諸科出身，第一等中、下假承⑬務郎，第二等上、中、下京府助教，依舊注官，兩等通不過二十人〔九〕。第三等上、中、下上州文學，第四等上、中、下下州文學，遇赦，見年六十已下、堪釐務者，許自本州縣保明申轉運司，本司保明申吏部，召陞朝官三員奏舉，注權入官，所取通不得過八十人。第五等上、中、下下州助教，犯不考式攝助教以上，更不許出官。特奏名、諸科，第一等假承務郎，第二

〔一〕自「第四」至「明」，原脱，據《長編》卷二九七補。
〔二〕銓：原作「選」，據《長編》卷二九七改。
〔三〕釋褐：原脱，據《補編》頁三四〇補。
〔四〕河陽：原作「河南」，據《補編》頁三四〇、《長編》卷四一〇改。
〔五〕馬涓爲承事：原作「馮涓爲承奉」，據《補編》頁三四〇、《長編》卷四五九改。
〔六〕郡：原作「都」，據《補編》頁三四〇改。
〔七〕郎：原脱，據《補編》頁三四〇補。
〔八〕年：原作「月」，據《補編》頁三四〇改。
〔九〕十：原作「三」，據《補編》頁三四〇改。

等京府助教，依舊注官，兩等通不得過十五人。第三、四等推恩及餘，悉如特奏名進士例。」從之。

元符三年徽宗已即位，未改元。四月二十一日，詔：「特奏名進士、諸科補授諸州助教，許遇赦召保注權入官，如文學例。」

徽宗崇寧元年十月二日，詔：「今後特奏名進士、諸科，並依紹聖四年二月二十三日指揮并《元符令》施行。內州助教改爲諸州參軍，仍依州助教，不許出官。」

政和二年四月二十四日，禮部言：「《崇寧貢舉通用令》：諸舉人已唱第，賜聞喜宴於瓊林苑。諸貢士已推恩，賜聞喜宴於辟雍。係貢士并宗子上舍，與進士同榜釋褐，所有賜宴，恐合就瓊林苑，并差押賜官。」詔用四月二十九日於瓊林苑賜宴，差鄭詳押賜。是歲罷賜御製詩〔一〕。

六月二十二日，中書言：「文林郎劉敦詩奏：大觀二年貢士第二名及第，已依進士第二名恩例授文林郎訖〔二〕。伏望比附進士上三名一任回改官條例。勘會故事，進士及第一任替回，自來未有推恩條例。今擬貢士及第一任回，第三至五人，各循一 14 資。」從之。

五年三月二十三日，詔貢進士何㮚等依令賜錢一千五百貫外，特添賜錢五百貫文。是歲何㮚除校書郎。第一人除校書郎自㮚始〔三〕。

六年四月二十日，詔賜臧瑀以下聞喜宴於辟雍，知舉官慕容彥逢押宴〔四〕。

八年四月五日，詔上舍唱名訖，准令賜錢一千七百貫文，可添賜錢七百貫文。

五月九日，詔《同年小録》上用「第一人皇子嘉王楷〔五〕，字德遠」。

宣和元年四月二十三日，禮部奏：「據辟雍申，契勘貢士等已推恩了當，所有賜日分并押宴官，伏乞朝廷速賜施行。」

三年五月十三日，賜及第貢士聞喜宴于瓊林苑，特降中使賜御製詩。先是政和二年罷賜御製詩，至是復賜〔六〕。

六年四月十八日，詔狀元沈晦以下及第，依令賜錢一千七百貫文，添賜錢五百貫文。

二十六日，賜狀元沈晦以下聞喜宴於瓊林苑。以上《續國朝會要》〔七〕。

高宗皇帝建炎二年九月十六日，詔狀元李易以下，依例賜錢一千七百貫文。自後每舉皆同此賜〔八〕。

二十一日，李易等言，乞權罷聞喜宴，從之。自後五舉皆

〔一〕此注原無，據《補編》頁三四一補。
〔二〕林：原脱，據《補編》頁三四一補。
〔三〕此注原無，據《補編》頁三四一補。
〔四〕慕容彥逢：原誤作「慕容彥逵」，據《摛文堂集》附録《慕容彥逢墓誌銘》改。
〔五〕嘉：原作「加」，據《補編》頁三四一改。
〔六〕此注原無，據《補編》頁三四一補。
〔七〕此注原無，據《補編》頁三四一補。
〔八〕此注原無，據《補編》頁三四一補。

免宴〔一〕。

十月，詔以進士及第第一名李易爲左宣教郎、簽書江陰軍判官廳公事。第二、第三人爲左宣義郎，第四、第五人爲左儒林郎，第一甲第六人以下爲左文林郎，第二甲並爲左從事郎。

紹興二年四月十五日，詔同進士出身人與特免銓試一次。

五月六日，詔：「張九成係類試第一名，合陞一甲，唱名又係第一甲第一名，可特轉一官，授左宣教郎、簽書鎮東軍節度判官廳公事。」

同日，詔：「正奏名進 15 士范寅賓、楊愿、孫朝彦、張庭寔、嚴習已、王宣哲係有官人，未曾推恩，各與轉一官。內選人循一資，仍占射差遣。」

六月七日，臣僚言：「伏見今歲廷試人，如同進士免銓試，文學免歸本貫，許於行在次第保明參選，又減其舉官之數〔二〕，諸州助教依文學出官，皆援（楊）〔揚〕州初牓恩例。其甚至於有官人登科，盡令循轉官資、占射差遣，皆前此所未有〔三〕。欲乞今後科舉廷試恩數，並依舊制。」從之。

七月九日，臣僚言：「伏見近詔特奏名進士第一名添爲教官格。今年新榜第一等四人賜進士及第、同進士出身，並權許指射教官一次，尤爲僥倖，欲望追寢，以厭公論。」從之。

十二月十七日，知樞密院事、宣撫處置使張浚言：「遵依詔旨，選官就成州鏁院類試陝西路發解舉人，考到合格周模等一十三人，已恭依便宜聖訓，（等）〔第〕一名特賜進士出身，餘並特賜同進士出身訖。」詔依，令尚書省給降敕牒。

五年四月二十三日，權吏部侍郎、兼權尚書晏敦復等言：「本選舊法，初及第出身擬官格：上舍第二、第三人文林郎，上舍第四、第五人從事郎。紹興二年閏四月集注，黄甲正奏名第二人至第五人，皆依舊法擬官。欲乞將格內『上舍』字改作『進士』字。」從之。

七月十九日，殿中侍御史謝祖信言：「前此陛下策多士於維揚〔四〕，將入助教人並依下州文學特理選限。紹興二年復援此例。其後星變肆赦，又以不曾赴試者亦許自陳，緣此 16 冒恩者衆。至如前牓，有官人登科循轉官資，同進士出身並免銓試，皆非舊典，實啓倖門。今選人在部，未有差遣者近六百人，緣椿留黄甲窠闕，無可注擬。今若在末甲人與免銓試助教人，復依下州文學恩例注官，則加小惠於新進〔五〕，而在部之人何罪焉？乞下侍郎左選〔六〕，除指留黄甲窠闕外，將其餘一面注擬在部選人，庶免留滯之

〔一〕此注原作大字，據《補編》頁三四一改作小字。
〔二〕又：原作「人」，據《補編》頁三四一改。
〔三〕此：原作「次」，據《補編》頁三四一改。
〔四〕前此：原作「此次」，據《補編》頁三四二改。
〔五〕小：原作「惠」，據《補編》頁三四二改。
〔六〕左：原作「尤」，據《建炎要録》卷九五改。

歎。」從之。

九月五日，上御射殿，宰執呈黃中策卷第一，係有官人。上曰：「故事如何？」沈與求曰：「臣聞皇祐元年沈文通考中御試進士第一人，係有官人。仁宗曰：『朕不欲以世冑先天下寒俊。』遂以馮京爲第一，文通第二。」上曰：「可用此故事。」遂擢汪洋爲第一。

十九日，勅賜進士及第汪洋言名係遠祖諱〔一〕，乞改名。詔改名應辰。

二十四日，勅賜進士出身鄭厚言，乞辭免唱名日循兩資陞擢差遣恩命〔二〕。詔不許〔三〕。

十月，賜新及第進士汪應辰以下《中庸篇》〔四〕。十二年〔五〕，賜陳誠之以下《周官》。

五日，臣僚言：「准令，初入官人所在州保明正身〔六〕，給公據赴任，經所屬令次第五甲出身人參選，權免出給公據，止許結保參部。」從之。

六日，詔以及第進士第一人汪應辰〔爲〕左承事郎、簽書鎮東軍節度判官廳公事。

十一月十九日，詔：「川、陝類試過省第一人，特賜進士及第，與依行在殿試第三人恩例，餘並賜同進士出身。仍令川陝宣撫司開具姓名申尚書省，給勅牒。」十八年八月八日，禮部言：「四川省 17 試高等人，爲見先有推恩等第，慮御試却致低甲，往往在路遷延，不肯前來赴試。欲將四川類試合格人，第一等並賜進士出身，餘並賜同進士出身。今後依此。」從之。

八年七月十三日，吏部言：「今年六月十六日，勅禮部將貢院省榜正、特奏名進士等分爲五甲，乞朝廷給降勅牒。」從之。

同日，禮部言：「依條格，初及第擬官，進士第一人左承事郎、簽書節度或觀察判官廳公事。今來黃公度係與李釜牓事體一同，本部案牘燒毀，無憑契勘。會得李釜同榜人倉部員外郎高儻稱，元符三年狀元李釜〔七〕，係就吏部黃甲榜上注授定州觀察判官。是時未有選人七資法，第二、第三名各得初等職官，第四、第五名各得初等令、録，其元注擬差遣，各已遺忘。」詔黃公度特補左承事郎、簽書平海軍節度判官廳公事。

九年正月五日，新復河南州軍赦：「自祖宗朝，諒陰中特奏名進士五等人，並許出官。今來紹興八年特奏名進士試在第五等人，並與特依下州文學恩例施行。」

七月二十六日，左迪功郎趙善時狀：「係無官宗子應

〔一〕賜：原無，據《補編》頁三四二補。
〔二〕辭：原作「詞」，據《補編》頁三四二改。
〔三〕不：原作「下」，據《補編》頁三四二改。
〔四〕新及：原作「進士」，據《補編》頁三四二改。
〔五〕此注及下文「十一月十九日」條小注原作正文書寫，據《補編》頁三四二改。又此條及以下多條之上皆有眉批，欲移併條目，乃因屠寄等人不察此二條爲小注，誤以爲年代混亂所致，今不取。
〔六〕明：原作「名」，據《補編》頁三四二改。
〔七〕釜：原作「谷」，據上文及《補編》頁三四三改。

舉過省。竊見沈晦牓，初罷三舍，改科舉，宗子無官應舉，補修職郎。今若只補迪功郎，是與庶姓進士一同，望特賜改正。」從之。其後有司以渡江散失條法，每舉循例推恩。

十二年五月二日，詔以及第進士第一人陳誠之爲左承事郎、簽書鎮東軍節度判官廳公事。

同日，詔及第進士 18 秦熺許用第一人恩例，轉三官，爲左朝奉郎、添差通判臨安府，仍賜章服。熺本第一甲第一人〔一〕，以父檜辭免，除爲第二人〔二〕，以省試上十名，與第一人恩例。吏部言熺元係右通直郎，已用舉主、考第關陞知縣資序，故有是命。

九月十四日，詔：「川、陜類試正奏名，來行在趁赴殿試不及，賜同進士出身人，與免銓試。」從禮部侍郎施(垌)〔坰〕之請也。

十五年五月四日，詔以及第進士第一人劉章爲左承事郎、簽書鎮東軍節度判官廳公事。

十七年十一月，禮部侍郎周執羔言：「舊制，御試進士已唱第畢，賜聞喜宴於瓊林院。舍法行，改賜于辟廱。宣和間，復置科舉，而瓊林之宴亦因以復焉。車駕移蹕以來，士子申陳免賜，因循六大比矣。乞舉行舊制〔三〕，賜聞喜宴于禮部貢院。」從之。

十八年五月二十七日，詔以及第進士第一名王佐爲左承事郎、簽書平江軍節度判官廳公事，第二人董德元爲左承事郎、簽書鎮南軍節度判官廳公事。德元本係第一名，以有官降充第二名，故有是命。

六月三日，詔御書石刻《儒行篇》，就聞喜宴賜進士及第王佐以下，人各一本。自是每舉遣内侍就聞喜宴賜焉。二十一年，賜趙逵以下《大學》。二十四年，賜張孝祥以下《臯陶謨》。二十七年，賜王十朋以下《學記》。三十年，賜梁克家以下《經解》。

二十四年四月三日，詔：「秦塤轉三官，兼實録院修撰，許陳乞親屬章服一名〔四〕。」塤第一甲第二人〔五〕，19 以兩府親屬，依第一名恩例。吏部乞用秦熺例取旨，〔故〕有是詔。

十五日，詔以及第進士第一人張孝祥爲左承事郎、簽書鎮東軍節度判官廳公事。

二十七年三月十四日，詔正奏名進士、從義郎趙不息母曾氏，特封咸安郡夫人。以其子殿試合得兩官恩例爲請也。

四(二)〔月〕二十七日〔六〕，詔以及第進士第一名王十朋爲左承事郎、簽書建康軍節度判官廳公事。

三十年四月二十四日，詔以及第進士第一名梁克家爲

〔一〕甲：原作「一」，據《補編》頁三四三改。
〔二〕第：原作「二」，據《補編》頁三四三改。
〔三〕制：原作「治」，據《補編》頁三四三改。
〔四〕乞：原作「訖」，據《補編》頁三四三改。
〔五〕第：原作「等」，據《補編》頁三四三改。
〔六〕月：原作「二」，據《補編》頁三四三改。

左承事郎〔一〕、簽書平江軍節度判官廳公事，第二名許克昌爲左承事郎、簽書奉國軍節度判官廳公事。克昌係第一名，以有官降充第二人，故有是命。以上《中興會要》〔二〕。

壽皇聖帝隆興元年五月一日，詔新及第進士第一人木待問補左承事郎、簽書諸州節度判官事，第二人黄洽、第三人丘崈、四川類試第一人趙雄並左文林郎、兩使職官，第四人鄭伯英、第五人袁樞並從事郎、初等職官，第六人以下至第四甲並左迪功郎、諸州司户簿尉，第五甲守選。

乾道二年三月十七日，禮部言：「今次御試進士，龍飛恩例，所有等第合推恩數。檢照崇寧二年典故，進士霍端友以下分爲五甲，第一、第二甲並賜及第，第三、第四並賜進士出身，第五甲賜同進士出身。第一人宣義郎，第二、第三人承事郎，第一甲兩使職官，第二甲初等職官，特奏名第一人賜進士及第。建炎二年，特奏名三人，張鴻舉賜及第，黎克俞〔三〕、20丘山並賜同進士出身。伏乞朝廷詳酌指揮。」詔正奏名第一甲第一名宣義郎，第二、第三人並承事郎，第一甲並文林郎，第二甲並從事郎，特奏名第一等第一名賜進士出身。

五月，詔：「新及第進士第一人蕭國梁、第二人趙汝愚並補左宣義郎，第三人趙熚左承事郎〔四〕，並簽書諸州節度判官事；第四人陳孔光、第五人楊甲以下，並左文林郎、兩使職官。第二甲並左從事郎、初等職官〔五〕，第三甲至第五甲並左迪功郎、諸州司户簿尉，第三甲免試注官。」汝愚本第一人，以宗室且有官，故降居次，仍與第一人恩例。

五年四月十八日，詔：「新及第進士第一人鄭僑補左承事郎、簽書諸州節度判官事，第二人石起宗、第三人汪義端並左文林郎、兩使職官，第四人賈光祖、第五人史俞並左從事郎、初等職官，第六人至第四甲並左迪功郎、諸州司户簿尉，第五甲守選。」

八年四月十五日，賜進士聞喜宴于禮部貢院。詔用四月二十六日〔六〕。是日，賜及第進士御書《益稷》篇。先是二十日，上特以御書《益稷》篇宣示宰執，梁克家奏：「《益稷》首載治水播奏艱食事，末載君臣更相訓敕之意。學者因宸翰以味經旨，必知古人用心矣。」上語曰：「如所載『無若丹朱傲』等語，見古者君臣警戒之深。」虞允文曰：「舜與臯陶賡歌之辭，舜則曰『（肱）〔股〕肱喜，元首起』，臯陶則曰『元首明，股肱良』，又繼以『元首叢脞，股肱惰』之語。君臣之間，相稱譽，21相警戒，自有次序如此，所以能致無爲之治也。」上曰：「然此篇首以『民之粒食』，則知務農爲治之本。至於告臣鄰之言則曰：『庶頑讒説，若不在時，（候）

〔一〕郎：原脱，據《補編》頁三四三補。
〔二〕此注原無，據《補編》頁三四四補。
〔三〕克：《補編》頁三四四作「堯」，似是。
〔四〕承：原作「郎」，據《補編》頁三四四改。
〔五〕初：原脱，據《補編》頁三四四補。
〔六〕十：原作「月」，據《補編》頁三四四改。

〔侯〕以明之，撻以記之。』又曰：『格則承之庸之，否則威之。』是古之聖人待天下之人，未嘗不先之以教，及其不格，則必以刑威之。今爲書生者，多事虛文而忽兹二事，是未究聖人之用心也〔一〕，因欲使知之。」允文等曰：「此陛下作成人材，救革時弊，理意深遠，非臣等智慮所及。」

五月一日，詔：「新及第進士第一人黄定補左承事郎、簽書諸州節度判官事〔二〕，第二人黄艾、第三人劉卞並左文林郎，兩使職官，第四人王圭、第五人夏蹈中並左從事郎、初等職官，第六人以下至第四甲並左迪功郎、諸州司户簿尉，第五甲守選。」以上《乾道會要》〔三〕。

淳熙二年三月二日，詔禮部貢院：「下第舉人，進士貢士八舉、曾經省試，年四十以上，五舉、曾經省試，年五十以上，内河北、河東、陝西舉人，於逐項舉數内特與各減一舉。」

同日，詔：「進士貢士，曾經紹興十八年以前到省，前後實得兩解貢或并免解共及兩舉，更不限年，令禮部勘會，并特與奏名，許就殿試。」

四月四日，詔：「新及第進士第一人詹騤補承事郎、簽書諸州節度判官事，第二人羅點、第三人鄧馹並文林郎、兩使職官，第四人段昌世、第五人李掞並從事郎、初等職官，第六人以下至第四甲並迪功郎、諸州司户簿尉，第五甲守選。」

七日，詔特奏名[22]内願射射者聽，仍依正奏名比擬推恩。國子監將正奏名逐等推恩：「比擬應射藝精熟、能全中者聽旨。第五等同射入上等，第一名循一資，餘免銓試，内文學免待郊出官；入中等，一任回不依名次注官，内文學候到部日收使；入下等，一任回陞一年名次〔四〕，内文學候到部日收使。第射入上等，與依下州文學恩例；入中等，與帶階官，注應格嶽廟一次；入下等，與帶階官，注破格嶽廟一次。」從之。

五月九日，詔：「特奏名射不合格人，如係第五等助教，並與换下州文學，不理選限。」先是，宣（俞）〔諭〕執政曰：「特奏名第五等若不出官，與助教無異，因射而與之，亦有名。」故有是命。

十日，賜進士聞喜宴于禮部貢院。是日，賜新及第進士御製詩一首。

十二月十七日，慶壽赦：「應太上皇帝潛藩州軍進士，赴淳熙二年特奏名，試在第五等，緣陞降（閣）〔格〕該載不盡，未霑恩霈，令禮部保明，特與陞等恩例。應淳熙二年特奏名進士，試在第五等人，如年七十以上，特與差破格嶽廟一次。應淳熙二年特奏名進士，已授諸州文學應出官人，與減陞朝官舉主一員，便與放行參選。淳熙二年赴特奏名

〔一〕未：原作「亦」，據《補編》頁三四四改。
〔二〕諸：原無，據《補編》頁三四五補。
〔三〕此注原無，據《補編》頁三四五補。
〔四〕任：原作「冂」（「回」字之缺筆），據上文改。

試進士[一]，如係歸正人，試在第五等，特與陞等恩例。」

五年四月一日，詔：「静江府、崇慶府、嚴州並係太上皇帝潛藩，其正奏名、特奏名進士，依例陞等陞名。」

十一日，詔：「新及第進士第一人姚穎補承事郎、簽書諸州節度判官事，第二 23 人葉適、第三人李寅仲並文林郎、兩使職官，第四人徐元德、第五人姚祖賡並從事郎、初等職官，第六人以下至第四甲並迪功郎、諸州司户簿尉，第五甲守選。」既而右丞相史浩言：「以殿試第一名姚穎合得差遣，具前舉詹騤例奏陳，擬承事郎、簽書寧國軍節度判官廳公事。蒙宣諭不欲令其待闕，併前三名皆與添差。（續）〔續〕奉御筆添『仍釐務』三字。緣姚穎係臣親戚，實有妨嫌，不敢擬進。欲望聖慈許姚穎依舊注寧國軍簽判，待闕。其餘第二、第三名，若在部受闕，却待遠次，欲依已得指揮，特與添差。」詔依。又臣僚言：「照對添差恩，依從來止爲宗室戚里著在令甲，續又以此優卹歸正官及職事官補外者。祖宗舊法，第一名堂除簽判，第二、第三名赴吏部注授職官。自南渡以來，每舉依此遵守。乞申敕攸司，不得違戾成法。」從之。

二十四日，賜進士聞喜宴於禮部貢院。是日，賜新及第進士御書《旅獒》篇。

六年二月二十九日，臣僚言：「乞將特奏名人，每三名取一名，實在第四等以前，第五等人止許納敕再試一次。特奏名係潛藩州軍進士及五路人，久在學校，曾充職事人，並與正奏名恩例，止與陞名。」從之。

九月十六日，明堂赦：「昨禮部貢院下第進士，應紹興二十一年以前到省一舉，年五十（五十）上者，已降指揮，令本貫州縣驗實，結罪保明，申乞推恩。慮其間有本貫阻隔，致未霑恩。如有似此之人，許 24 依開封府、國子監進士已降指揮，於所在州縣召見任承務郎以上二員，結除名罪委保，當職官同罪保明[二]，申禮部驗實以聞。」以後郊赦并十三年正月一（同）〔日〕慶壽赦同。

八年三月十二日，詔：「新及第進士第一人黄由補承事郎、簽書節度判官事，第二人王奭、第三人張伯源並文林郎、（並）〔兩〕使職官，第四人陳希點、第五人孫元卿並從事郎、初等職官，第六人以下至第四甲並迪功郎、諸州司户簿尉，第五甲守選。」

二十八日，禮部言：「淳熙五年已納敕之人，係在六年詳議止許納敕一次指揮之前。如今來唱入第五等，欲自淳熙八年，更與納敕一次。」從之。

十一年三月二十一日，宰執進呈赴特奏名試孫時敏等狀，乞特奏名人不限納敕次數。上曰：「可許納敕三次，自今舉爲始。」

五月五日，賜進士聞喜宴於禮部貢院。

[一] 試：原無，據下「十一年三月二十一日」條文例補。

[二] 同罪保明：原作「除罪保名」，據後選舉二之二八紹熙二年十一月條相同文例改。

二十四日，詔：「新及第進士第一人衛涇補承事郎、簽書諸州節度判官事，第二人陳棅〔一〕、第三人王公邁並文林郎、兩使職官，第四人邵康、第五人林瑑並從事郎、初等職官，第六人以下至第四甲並迪功郎、諸州司户簿尉，第五甲守選。」

十三年三月二十四日，詔：「太學上舍生大職事劉愚等八人，兩陞甲一陞名黃櫄〔二〕，不願釋褐，願赴十四年殿試之人。一陞甲兩陞名林彌明，一陞甲章斯才等八人，不充職事潘子直，並與釋褐，賜進士出身，給降敕牒袍笏。以禮部國子監檢會十三年慶壽赦恩來上，故有是命。內願赴十四年殿試者聽。」

十四年五 25 月四日，賜進士聞喜宴於禮部貢院。

九日，詔：「新及第進士第一人王容補承事郎、簽書諸州節度判官事，第二人陳元、第三人王居安並文林郎、兩使職官，第四人蕭逵、第五人李協並從事郎、〔諸〕〔初〕等職官，第六人以下至第四甲並迪功郎、諸州司户簿尉，第五甲守選。」

雜録〔三〕

淳熙十一年三月二十一日，臣僚言：「國家〔言〕〔間〕歲科舉，集草茅之士，親策於庭，所以求言者爲甚廣，其間豈無一事之可行？然有司一時考試，往往多以文末爲尚〔四〕，考在前列者始經御覽。其間有言及州郡軍民利病實跡，偶文詞不稱，寘之下列。文雖不工，而事則可行，往往壅於上聞，陛下亦無自而知之，遂失求言之本意，誠爲可惜。乞自今御試正、特奏名卷子，有〔倫〕〔論〕及州郡軍民利害事實，令初考、覆考、詳定所各節録緊要處，候唱名日，各類聚以聞。仍自今爲始，庶幾幽枉必達，有以副陛下取士求言之實。」從之。

二十七日，侍御史劉國瑞言〔五〕：「今月二十三日，御試進士，薄暮有未納卷者三人。尋聞奉旨賜燭，仰見陛下所以待遇士子之禮至深至厚。然三人者，豈不知貢舉之法不許見燭，而宮廷之内自有火禁〔六〕？一時特恩，假以須臾，猶之可也。而最後一名，乃遷延至一更四點，方納試卷，則其慢令〔亦〕云甚矣。此而不懲，竊恐玩習成風，寖隳法制，理合彈奏。乞下御試所，將最後納卷之人，取旨責罰降黜施行，庶使後來知有警懼。」從之。

26 四月五日，上諭宰執曰：「殿試上三名，舊皆待闕。

〔一〕第：原作「自」，據同類文字通例改。
〔二〕黃櫄：原作「黃穮」，據雍正《福建通志》卷三四、《閩中理學淵源考》卷一三、《雲谷雜記》卷四改。
〔三〕按，此二字原夾在正文中。疑此只是《淳熙會要》之細目，僅領淳熙十四年以上條文。自淳熙十六年光宗即位以後各條，審其内容皆爲及第進士之恩賜及除官，與本門上文各條並無不同。至於歷朝之貢舉雜録，自在選舉三以下各卷。
〔四〕末：原作「未」，據文意改。
〔五〕國瑞：原闕，據本書選舉四之四三補。
〔六〕火：原作「大」，據本書選舉四之四三改。

朕今欲亟試以民事，可並與添差差遣。前此臣僚乞寢罷上三名添差，意亦未盡，卿等可議來。」於是王淮等進呈訖，上曰：「朕既試以藝文，亟欲觀其政事。今歲殿試上三名，可特與添差差遣，仍釐務。」淮等奏：「往日指揮，乃唱名後，所以有嫌。今先期降旨，不知何人得之，人亦何言？」上曰：「瓜田不納履，李下不整冠，事亦須避嫌。若先降指揮，何嫌之有？」

十二年十一月二十二日，郊祀赦：「特奏名文（文）學，依法遇赦日年已六十者[一]，許二年内參選，注權入官。其年六十三歲以上，如有舉主三員，可權差破格嶽廟一次。」十三年正月一日慶壽赦、十五年九月八日明堂赦同。

同日，郊祀赦：「應進士年五十以上，五舉到省，合赴淳熙十一年特奏名殿試人，緣事赴試不及，若將來殿試唱名入第四等以上，合補授文學之人，雖係年六十以上，與理淳熙十一年年甲，用今年赦恩，召保參選，特差嶽廟一次。」十三年正月一日慶壽赦、十五年九月八日明堂赦同。

十三年四月八日，國學特奏名王世則等狀：「伏覩淳熙十三年正月一日慶壽赦恩内一項，應淳熙十一年赴特奏名試在第五等，如係國學、臨安府進士，特與差嶽廟一次，諸州進士與破格嶽廟。今來世則等各係赴淳熙十一年特奏名試在第五等之人，並準敕授福州助教，已經禮部繳納所授助教訖。今來各不願赴淳熙十四（日）〔年〕殿試者聽[二]。」

十四年四月二十 27 五日，宰執進呈特奏名進士習射射儀，王淮等奏，人數比之前舉頗多。上曰：「若人數增多，甚好。前此初行進士射射，人亦云云，以爲兒戲。今却人皆相尚，亦可喜。」淮等奏：「射者古人常事，後世乃廢而不講。今射者增多，亦激勸所致。」

淳熙十六年二月四日，登極赦：「應臨安府府學大小職事並本府曾得解進士，與免解一次。已曾免解人，候登第日，與陞甲。如就特奏名試，亦與陞等。學生並賜束帛。内該乾道九年以前領尹日在籍之人，令本府取索學籍，開具姓名年甲，結罪保明，申禮部參酌取旨。應臨安府本貫進士，在乾道九年領尹以前，兩經秋試終場人，仰本府取索元初簿籍，開具人數、縣分、年甲，結罪保明，令禮部審實，申尚書省。」

同日，赦：「榮州、恭州係潛藩，舉人理宜推恩。可令禮部照應紹興三十二年體例，條具取旨。」

同日，赦：「應太學、國子學、武學生見在籍人，並與免文解一次。已係免解人，候登第日，與陞甲。如就特奏名試，亦與陞等推恩。上舍已係免省人，特與先次釋褐，賜進士出身。内願赴將來殿試者，與堂除差遣一次。仍令禮部

[一] 遇：原作「過」，據文意改。
[二] 此文疑有脱誤，蓋文末「聽」字當爲他人、他司建白，或詔敕批答之語，豈可自請自許。

檢照紹興三十二年體例，開具人數，申尚書〔省〕。」

同日，赦：「應合該特奏名人，令禮部照應紹興三十二年推恩體例，條具取旨。」

同日，赦：「應國學進士，已經紹興三十二年六月覃恩免解，今該再免之人，許理年赴將來特奏名試。」

閏五月十六日，禮部、國子監28言：「赦書内應太學、國學、武學生見在籍人，有未霑被恩例者，本監開具下項：一、見在籍見充小職事内舍生永免解，各已有陞甲王璞、韓桶〔一〕、繆景仁、陳詠、虞舜卿，内韓桶又有占射差遣一次恩例。一、見在籍内舍生係永免，各有陞甲劉序、陳一新、張應、許濬、張大中、劉怡、蕭國馨、王仁、潘宗昭。一、見在籍外舍國子生係永免解，各已有陞甲人應瓚等一百一人。照得逐人於本來赦内未有霑被。」詔候將來殿試唱名〔人〕〔日〕，再與陞甲恩例，作陞名收使。

紹熙元年四月十八日，詔：「特奏名進士試在第五等，不應出官者，爲該龍飛恩例，並與陞等推恩。」

二十五日，詔：「新及第進士第一人余復補宣義郎，第二人曾漸、第三人王介補承事郎，並簽書諸州節度判官廳公事；（第）第四人陸峻以下並補文林郎、兩使職官。第二甲並補從事郎、初等職官，内陳用之爲犯廟諱舊諱，特補下州文學；第三甲、第四甲、第五甲並迪功郎、諸州司户簿尉。」

五月十五日，賜進士聞喜宴于禮部貢院。是日，賜新及第進士御製詩一首。

二年十一月二十七日，南郊赦：「禮部貢院下第進士，應隆興元年以前到省一舉，年五十五以上者，已降指揮，令本貫州縣驗實，結罪保明，申乞推恩。尚慮其間有本貫阻隔，致未霑恩之人，許於所在州縣，召見任承務郎以上二員結除名罪委保，當職官同罪保明，申禮部驗實以聞，與補諸州助教。」

同29日赦：「昨該遇登極恩赦，用舉數推恩補授文學之人，與依龍飛特奏名；諸州助教依下州文學恩例之人，已得指揮，減陞朝官舉主一員，其舉官添舉一人。」

同日，赦：「應進士年五十已上，五舉到省，合赴紹熙元年特奏名殿試人，緣事赴試不及，若將來殿試唱名入第四等，以上舍補授文學之人，雖係年六十以上，與理紹熙元年年甲〔二〕，用今年赦恩，召保參選，特差嶽廟一次。」

四年五月四日，詔：「新及第進士第一人陳亮補承事郎、簽書諸州節度判官廳公事，第二人朱質、第三人黄中並文林郎、兩使職官，第四人滕强恕、第五人楊琛並從事郎、（如）〔初〕等職官，第六人以下至第四甲並迪功郎、諸州司户簿尉，第五甲守選。」

〔一〕桶：似當作「桷」，本書「桷」字多訛作「桶」。據《淳熙三山志》卷三一，紹熙四年及第進士有閩縣人韓桷，當即此人。

〔二〕紹熙：原作「紹興」，據上文改。

二十三日，賜進士聞喜宴于禮部貢院。是日，賜新及第進士御製詩一首。

紹(興)〔熙〕五年七月七日〔一〕，登極赦：「應臨安府府學大小職事并本府曾得解進士，各與免文解一次。已係免解人，候登第日與陞甲。如就特奏名試，亦與陞等。學生並賜束帛。應合該特奏名人，令禮部照應淳熙十六年推恩體例，條具取旨。」

同日，赦：「應國學進士已經淳熙十六年二月覃恩免解，今該再免之人，如淳熙五年補中，至紹熙五年，計十五年以上在籍，許理年赴特奏名試。」

同日，赦：「應太學、國子學、武學生見在籍人，並與免文解一次。已係免解人，候登第日與陞甲。如就特奏名試，亦與陞等推恩。上舍 30 已係免省人，特與先次釋褐，賜進士出身。內願赴將來殿試者，與堂除差遣一次。仍令禮部檢照淳熙十六年體例，開具人數，申尚書省。」

同日，赦：「應潛藩州軍舉人，禮宜推恩。可令禮部照應淳熙十六年體例，條具取旨。」

九月十四日，明堂赦：「應舉人因事殿舉及不得入科場之人〔二〕，除犯徒罪以上及真決未曾改正、編管未放逐便人外，可並許應舉。其枉被刑責人，若元斷官司不爲保奏，仰諸路監司遇有訴理，委官索案看定，如實係枉斷，即令所屬依條保奏施行。并應因罪押赴州軍聽讀人，令所屬具元犯審定，保明聞奏。候到，比類命官編、羈管人，理年放還。」自後郊祀、明堂大禮赦，亦如之。

慶元二年五月十二日，詔：「新及第進士第一人鄒應龍，本係第二名，爲上一名有官，特賜第一甲第一人。第二人從事郎莫子純，本係第一名，爲係有官人，特與第一名恩例。並補承事郎、簽書諸州軍節度判官廳公事；第三人夏明承補文林郎，第四人徐應龍補從事郎，第五人宋德之補文林郎，兩使職官；內第五名宋德之爲係四川類試第一名，與依第三人恩(係)〔例〕；孔煒元係第五名，與還第五名恩例。第六人以下至第五甲並迪功郎、諸州司户簿尉。」

五年五月七日，詔：「新及第進士第一人曾從龍，本係第二名，爲上一名有官，特賜第一甲第一人。又該龍飛恩例。第二人許奕〔三〕，本係第一名，爲係有官，特與第一名恩例。又該龍飛恩例。並特補宣義郎，第三名魏了翁，爲該龍飛恩例。特補承事郎，並簽書諸州軍節度判官廳公事；第四人凌次英以下，爲該龍飛恩例，並補文林郎。第二甲並補從事郎、兩 31 使職官；第三甲、第四甲、第五甲並迪功郎、諸州司户簿尉。」內第五甲免銓試。

二十八日，賜進士聞喜宴于禮部貢院。是日，賜新及第進士御製詩一首。

嘉泰二年五月二十六日，詔：「新及第進士第一人傅

〔一〕熙：原作「興」。天頭原批：「據上下文，『紹興』疑『紹熙』之誤。」今改。

〔二〕舉人：原脱「人」字，據同類文字補。

〔三〕第二人：原無，據上條例補。

行簡特補承事郎、簽書建康軍節度判官廳公事，第二名喬嚞、第三名謝汲古並文林郎、節察推判官，第四名陳殊補從事郎、防團推判官，第五名何應龍補文林郎，爲係四川類試第一名，與依第三名恩例。第六名以下、第二甲、第三甲、第四甲、第〔五〕甲並迪功郎、諸州司户簿尉。」

開禧元年五月二十二日，詔：「新及第進士第一人毛自知特補承事郎、簽書鎮東軍節度判官廳公事，第二名趙甲、第三名求淳並文林郎〔一〕、節察推判官，第四名張寅之、第五名謝興甫並從事郎、防團推判官，第六名以下、第二甲、第三甲、第〔四〕甲、第五甲並迪功郎、諸州司户簿尉。」

六月八日，賜進士聞喜宴〔于〕禮部貢院。是日，賜新及第進士御製詩一首。

嘉定元年五月三日，詔成肅皇后〔凡〕〔几〕筵未除，聞喜宴權行免賜。

二十二日，詔：「新及第進士第一人鄭自誠特補承事郎、簽書平江軍節度判官廳公事，第二名孫德輿、第三名黄桂並文林郎、節察推判官，第四名周必賢、第五人趙汝謚並從事郎、防團推判官，第六名以下、第二〔名〕〔甲〕、第三甲、第四甲、第五甲並迪功郎、諸州司户簿尉。」

四年五月二十四日，詔：「新及第進士第一人趙建大特補承事郎、簽書昭慶軍 32 節度判官廳公事，第二名姚瑶、第三名孫望之並文林郎、節察推判官，第四名沈敏、第五名張翀並從事郎、防團推判官，第六名以下、第二甲、第三甲、第四甲、第五甲並迪功郎、諸州司户簿尉。」

六月十五日，賜進士聞喜宴于禮部貢院。是日，賜新及第進士御製詩一首。

七年五月二十一日，詔：「新及第進士第一人袁甫特補承事郎、簽書建康軍節度判官廳公事，第二名汪介、第三名李方子並文林郎、節察推判官，第四名趙涯、第五名王伯大並從事郎、防團推判官，第六〔名〕以下、第二甲、第三甲、第四甲、第五甲並迪功郎、諸州司户簿尉。」

六月二十一日，賜進士聞喜宴于禮部貢院。是日，賜新及第進士御製詩一首。

十年五月八日，詔：「新及第進士第一人吴潛特補承事郎、簽書鎮東軍節度判官廳公事，第二名孫挾〔二〕、第三名費西之並文林〔郎〕、節察推判官，第四名王邁、第五名閻鏞並從事郎、防團推判官，第六名以下、第二甲、第三甲、第四甲、第五甲並迪功郎、諸州司户簿尉。」

二十六日，賜進士聞喜宴于禮部貢院。是日，賜新及第進士御製詩一首。

十三年六月十五日，詔：「新及第進士第一人劉渭特補承事郎、簽書建康軍節度判官廳公事，第二名董洪、第三

〔一〕求淳：《赤城志》卷三三與此同，雍正《浙江通志》卷一二六、一三八作「裘淳」。
〔二〕「挾」字疑誤。

名任友龍並文林郎、節察推官，第四名林彥掞〔一〕、第五名任鳴雁並從事郎、防團推判官，第六名以下、第二甲、第三甲、第四甲、第五甲並迪33功郎、諸州司户簿尉。」

二十七日，賜進士聞喜宴于禮部貢院。是日，賜新及第進士御製詩一首。

十五年正月初十日，（王）〔玉〕寶赦文：「應太學、武學及宗學生見在籍（文）〔人〕，並與免文解一次。已係免解人，候登第日，與陞甲。已陞甲者，更與陞甲。如就特奏名試，亦與陞等推恩。上舍已係免省人，特與先次釋褐，賜進士出身。内願赴將來殿試者，與堂除差遣一次。舊籍宫學生，見赴宗學私試人，特與倍賜束帛。仍仰禮部開具人數，申尚書省。」

同日，又赦文：「應臨安府府學大小職事并本府曾得解進士，並各與免解一次。已係免解人，候登第日，與陞甲。如就特奏名試，亦與陞等。學生并賜束帛。」

十六年六月十四日〔二〕，詔：「新及第進士第一人蔣重珍特補承事郎、簽書建康軍節度判官廳公事，第二名蔡仲龍、第三名趙發並文林郎、節察推判官，第四名程必東、第五名高宣並從事郎、防團推判官，第六名以下、第二甲、第三甲、第四甲、第五甲並迪功郎、諸州司户簿尉。」

六月四日，賜進士聞喜宴于禮部貢院。是日，賜新及第進士御製詩一首。（以上《永樂大典》卷五六九六）

〔一〕掞：原作「挾」，據雍正《江西通志》卷五〇、八〇改。

〔二〕六月：疑當作「五月」。據《宋史》卷四〇《寧宗紀》四：嘉定十六年五月六日戊申，殿試賜蔣重珍等及第出身。補官稍後，但不應遲至六月十四日。又據《南宋館閣續録》卷五，賜新及第進士御製詩在六月，則下條年月似不誤，倒推此條，亦不應爲六月。

宋會要輯稿　選舉三

貢舉雜録　一

❶太祖建隆三年九月一日，詔曰：「國家懸科❷取士，爲官擇人。既擢第於公朝，寧謝恩於私室？將懲薄俗，宜舉明文。今後及第舉人，不得輒拜知舉官子孫弟姪，如違，御史臺彈奏。應名姓次第放榜時並須據才藝高低，從上安排，不得以隻科爲貴。兼不得呼春官爲恩門、師門，亦不得自稱門生。除賜宴外，不得輒有率斂。並依後唐長興元年六月敕處分。」

四年正月二十八日，詔：「禮部貢舉人，今後朝臣不得更發公薦，違者重寘其罪。」故事，每歲知舉，將赴貢闈，臺(閤)〔閣〕近臣得公薦所知者，至是禁止之。

乾德四年二月二十二日，知貢舉王祜言進士〔一〕、諸科合格者一十五人。帝恐其遺才，復令於不中選人内取其優長者，第而升之。

六年三月十日，詔曰：「取士之道，責實爲先。今歲闢禮闈，明懸科級，賢良之選，務在得人，世禄之家〔二〕，尤宜篤學。如聞搢紳之内，朋比相容，論才苟爽於無私，擢第即成於濫進。自今應諸色舉人内有父兄骨肉食禄者，委禮部貢院於奏名之時，並別具開析，當議更與覆試。貴於公道，無所屈焉。」先是王祜知貢舉〔三〕，擢進士陶邴中第。邴乃翰林學士承旨穀之子〔四〕，翌日詣(閤)〔閣〕門謝，帝曰：「如聞穀不能訓子，安有登進士第者？」遽命中書覆試，因降是詔。

開寶二年十月六日，詔曰：「漢詔吏民明當世之務，習先聖之術者，縣次給食，令與計偕，蓋優賢之道也。朕開設禮闈，敷求俊乂，四方之士，歲貢而來。眷惟遐遠之鄉，慮迫道途之費，爰稽古典，用示朝恩。自今應西川、山南、荆湖等道所薦送舉人，並給往來公券。仍令樞密院定例施行。」

三年正月❸十九日，詔：「諸道州府察民有孝悌彰聞，德行昭著，擅鄉曲之譽，爲士庶所伏者，(藉)〔籍〕滿萬五千户〔五〕，聽舉一人。有奇才異行者，不拘此限。其所舉人，自閭里縣邑至郡國官吏，第加審察，連書事狀以聞。仍爲治裝，速令詣闕。朕將親問其策，以寘于位。」

三月一日，詔禮部貢院：閲貢士十五舉已上，曾經終場者，具名以聞。

〔一〕祜：原作「祐」，據《長編》卷七改。
〔二〕禄：原作「録」，據《長編》卷九改。
〔三〕祜：原作「祐」，據《長編》卷九改。
〔四〕穀：原作「榖」，據《宋史》卷一五五《選舉志》一改。下同。
〔五〕「萬」字疑衍，《長編》卷一一、《九朝編年備要》卷二、《玉海》卷一一六等均作「五千户」。

七(月)〔日〕〔一〕，詔曰：「漢詔有云：『結童入學，白首空歸。』此蓋愍乎耆年無成，而推恩於一時也。朕務於取士，期在得人，歲命有司，大開貢部。進者俾升上第，退者俟乎再來。而禮闈相繼籍到十五舉已上貢士司馬浦等一百六人，皆困頓風塵，潦倒場屋，學固不講，業亦難專，非以特恩，終成遐棄。浦等宜各賜本科出身，今後不得爲例。」

十一日，詔：「凡選官才，須敦士行。應特放出身人等，本貫州縣察訪向來行止，如涉乖惡，並條析以聞。」

六年四月，詔：「應考試官以舉人所對義卷明下通不，如有通數少者，(遂)〔逐〕場便須駁放，不得虛至終場。今後凡中外文武官僚薦囑舉人，便即主司密具聞奏，其被薦舉人，勒還本貫重役，永不得入舉場。其發薦之人，必行勘斷。犯者許逐處官吏及諸色人陳告，如得實，應幕職及令、録當與升朝官，判、司、簿、尉即與本處令、録。其諸色人賞絹五百匹，以犯事人家財充，不足，以係省絹添支。」

八年十月十三日，詔曰：「周室薦賢，必由鄉里；漢庭取士，或按版圖。當察行以議年，務興【4】廉而舉孝。朕嘗觀舊史，慨慕前王，匪敢荒寧，咸求俊乂。尚慮幽遠難於自進，隱逸泥於所安，宜令郡國下屬邑令佐，令佐下鄉里耆艾〔二〕，察民有孝悌力田，奇才異行，或文經武略，堪任用者，年二十已上，五十已下，第加銓擇，具以名聞。仍速遣詣闕，當親視臧否，以進退之。如鄉邑無可塞詔者，亦以實告。或不盡稱薦，壅於上聞者，當寘於理。」

太宗太平興國三年九月二日，詔：「自今廣文館及諸州府、禮部試進士律賦，並以平側次用韻。」

七年九月八日〔三〕，詔曰：「郡國貢士，有司掄材，朕必親臨殿庭，躬校能否。宴見紬繹，日旰忘勞，亦既策名，即令解褐，不限選調，皆授以官。隆儒之風，可謂至矣。而有矯情飾詐，盛貌深衷，口誦周、孔之言，身爲桀、跖之(言)〔行〕，乃至臨蒞，多觸憲章。或假手以干名，或挾書而就試，漸成澆薄，宜用澄清。應西京及諸道貢舉人等，自今所在長吏慎擇部内清彊官一人，精加考試，取版籍分明，爲鄉里所推譽者，須所試詩賦雜文合格，即許解送。仍令禮部，自今諸道解到貢舉人，依吏部選人例，每十人爲保。內有行止踰違，爲佗人所告者，並當連坐，永不在赴舉之限。」

八年十二月二十三日，詔曰：「朝廷比設貢舉〔四〕，以待賢材，如聞緇褐之流，多棄釋老之業，反襲褒博，來竊科名。自今貢舉人内有曾爲僧道者，並須禁斷。其進士舉人只務雕刻之工，罕通緗素之學，不曉經義，何以官人。自今宜令【5】禮部貢院特免貼經，只試墨義二十道，較其能否，

〔一〕七日：原作「七月」，按《長編》卷二一、《太平治迹統類》卷二七、《燕翼詒謀録》卷一等並書此詔於三月九日庚戌。又據《長編》，下條亦爲同日詔。故知此處「月」當爲「日」之誤，雖日分與《長編》小異，但決非「七月」。
〔二〕佐：原脱，據《長編》卷一六補。
〔三〕按，《長編》卷二三繫此詔於九月二十六日甲寅。
〔四〕「比」下原有「較」字，據《太宗皇帝實録》卷二七删。

以定黜陟。其諸科舉人，於本業外別試法書墨義十道〔一〕，著爲定制。」

雍熙二年正月二十四日，詔曰：「國家設俊造之科，啓公平之路，務要藝實，以副勤求。近年舉人，動盈萬計，姦僞之迹，朋結相連。或丐於他人，或傳以相授，紛然雜亂，無以辨明。考覈既難，妄冒滋甚。宜令知舉官專察之，如有謬濫，具以名聞。」又詔禮部貢院：「應九經諸科舉人，並令參雜引試人，貼科目字號，間隔就坐，稀次設席。輪差官二人在省門監守，分差官於廊下察視，勿容朋比，私相教授。犯者永不得赴舉。主司務求藝實，不得以曾經御試，一例放過。」

〔四年〕十二月一日〔二〕，詔曰：「貢舉之任，宜在精詳。委於有司，誠爲舊典。可依往例，命官知貢舉。應取解舉人，限來年三月一日已前到京；其未取解者，許至秋取解。」

三十日，詔：「諸科舉人，省試第一場十不者殿五舉，第二、第三場十不者殿三舉，其三場内有九不者並殿一舉。其所殿舉數，並於試卷上朱書，封送中書，請行指揮及罪發解試官、監官。義卷子頭上如有虚書舉數場第及詐稱曾到御前者〔三〕，並駁放殿舉。應合保並五人已上爲一保。監官、試官如受請求財物，並准枉法贜論。進士以德行爲基，文章爲業，苟容欺詐，何稱科名。近年多有詐他人之述作，竊自己之聲光，用此面欺，將爲身計。宜加條約，以誡輕浮。今後如有倩人撰述文字應 6 舉者，許人告言，送本處色役，永不得仕進。同保人知者殿四舉，不知殿兩舉。受倩者〔四〕，在官停任，選人殿三舉，保人殿五舉，諸色人量事科罪。」

端拱元年三月二十三日，翰林學士知貢舉宋白言：「考試貢舉人内，有墨義十不者，請責罰舉送官，以誡濫進。」從之。

淳化三年正月六日，命翰林學士承旨蘇易簡等同知貢舉，受詔即至貢院視事，不更至私第，以杜請託。

至道三年五月十六日，詔：「今歲貢舉，〈宣〉〔宜〕令有司精較能否。或因循，如覆試有不合格者，當行嚴責。」

真宗咸平元年二月三日，詔曰：「春官取士，抑惟舊章，舉而復之，所委甚重。冀從精擇，以盡至公。宜令禮部貢院考試畢日，録合格人姓名以聞，當議降敕放榜賜及第。如覆試有謬濫，知舉官重行朝典。」

九日，詔曰：「久停貢舉，頗滯時才。言念士倫，不忘勤恤。宜令禮部貢院，據合格人數内，進士放五十人，諸科共放百五十人，來年不得爲例。」

二年三月十日，禮部貢院言：「考試舉人畢，請御試。」

〔一〕本：原脱，據《太宗皇帝實録》卷二七補。
〔二〕四年：原無，據《太宗皇帝實録》卷四二、《長編》卷二八補。
〔三〕「義」字上疑有脱文，如「大義卷子」、「經義卷子」之類。
〔四〕倩：原作「情」，據文意改。

帝以諒陰中不許，謂輔臣曰：「今歲舉人頗衆，若依去年人數，慮單平者有所遺落。進士可增及七十，諸科可增及百八十人〔一〕。」尋以孫槩等二百五十名聞。詔除學究杜銓、董希顔、侯世賢、王大雅、元用涉、李佑賢一舉終場落下，自餘並賜及第。

三年二月二十六日，詔：「河北經戎虜侵軼州軍舉人，除已赴禮部試外，有實曾請解及經禮部試者，委貢院籍名7以聞，當議別試。」

三月一日，詔貢院所試及格舉人内，有權要親族者，具名以聞。

四月，詔新及第進士、諸科舉人等，給假兩月寧親。

景德元年九月十七日，令御史臺諭館閣、臺省官，有以簡札貢舉人姓名囑請者，即密以聞，當加嚴斷。其隱匿不言，因事彰露，亦當重行朝典。

二年二月二十三日，禮部貢院言：「昨考試諸科舉人，就座搜獲懷挾書册節義者十七人，準例扶出，準條殿兩舉。其三場内九不者計四百九十二人，亦合準條殿一舉。」詔特免之，令諸州告諭，精勤習業，將來復犯九不，即通計前數殿之。

三月十日，禮部貢院言：「新及第舉人，自今欲令狀元用一節呵道，餘止雙控馬首。遇常參官，斂馬側立。」詔可。近歲及第進士，導從過多，車服侈靡，故因是奏抑損之。

十三日，命權知貢舉趙安仁等，復於尚書省考試河北舉人赴常期不及者。其不合格而曾預防城者，進士、特奏名、諸科各進二場；至三場者許終場；應五舉及經御試并年五十者，並奏名。雖不防城，應七舉，年六十者，亦如之。瀛州城守有勞者，即赴殿試。以去冬河朔用兵，舉人赴常期不及，故特命延限別試。

十二月五日，禮部貢院言：「昨詳進士所納公卷，多假借他人文字。或用舊卷裝飾，重行書寫，或被傭書人易換文本，是致到省無憑考校。請自今並令親自投納，仍於試卷上親書家狀。如將來程試與公卷全異，及所試文字與家狀書體不同，並駁放之。或多假借他人文字，8辨認彰露，即依例扶出，永不得赴舉。其知舉官，亦望先一月差入貢院，考較公卷，分爲等第。如事業殊異者，至日更精加試驗。所冀抱藝者不失搜羅，躁進者難施僞濫。」從之。

三年二月七日，詔貢舉人因事殿舉及永不得入科場，非被杖者，並許復應舉。

〔四年〕閏五月十五日〔二〕，龍圖閣待制陳彭年言：「請令有司詳定考較進士詩賦、雜文程式，付禮部貢院遵行。又請許流内選人應宏詞拔萃科，明經人投狀自薦舉，策試經義，以勸儒學。」詔：「貢舉考試進士程式，宜令彭年與待制戚綸、直史館崔遵度、姜嶼議定，餘令彭年各具條制

〔一〕諸：原作「經」，據《長編》卷四四改。

〔二〕四年：原無，按閏五月在景德四年，因補。《長編》卷六五書此條事在閏五月二十七日壬辰。下文「二十九日」條據《長編》卷六七亦是四年事。

以聞。」

二十五日，詔榜貢院門曰：「國家儒學斯崇，材能是選。眷惟較藝，務在推公。而近歲有司罔精辨論，尚存請託，有失擬倫，其何以待八方英秀之流，闢四海孤寒之路？慮遺賢俊，深軫予衷。今鄉賦咸臻，禮闈方啓，俾司文柄，慎擇春官，用革弊源，別申條制，靡間單平之選，庶無徼幸之人。咨爾衆多，咸體予意。」

二十九日，帝問宰臣等天下貢舉人幾何，王旦曰：「萬三千有餘人。」帝曰：「約常例奏名幾何？」曰：「大約十取其一而已。」帝曰：「當落者不啻萬人矣。必慎擇其有司。」旦曰：「至於封印卷首，若朝廷差官，於理亦順，然須擇素有操執者。凡進士、諸科試卷，悉納封印院糊名，送知舉官考校，仍頒其式。知舉官考定等級後，復令封之。俟覆考畢，參校其得失。」《文獻通考》：景德四年，令禮部糊名考較。先是，上嘗問輔臣以天下貢[9]舉人數，王旦曰：「萬三千有餘，約常例奏名十一而已。」上曰：「若此，則當黜者不啻萬人矣，典領之官，必須審擇。晁迥兢畏，當以委之。」且謂滕元晏少交遊，命迥等知貢舉，元晏等封印卷首。凡封卷首及點檢詳試別命官，皆始此。先糊名用之殿試，今復用之禮部也。初，陳彭年舉進士，以輕俊爲宋白所出。於是彭年與迥等更定條制，設關防，不復揀擇文行。雖杜絶請託，然寘甲科者多非人望，自彭年始也。

大中祥符元年正月二十一日，詔禮部貢院：「諸科舉人，雖初舉而藝業可取者，與量進場第。」帝因謂宰臣王旦等曰：「今歲舉人頗以糊名考較爲懼，然有藝者皆喜於盡公。」旦曰：「諸路發解，拘限程制，慮遺才儁，當稍寬之。」馮拯曰：「進士比來省試，惟以詩賦進退，不考文論。且江浙舉人專業詞賦，以取科名。今歲望令於詩賦合格人内，兼考策、論。」帝曰：「大凡文論可見其才識，南人喜誦詩賦，及就公試，或攘剽舊語，主司能辨之乎？」旦曰：「古人（驚）〔警〕句非後進所及，苟竊用之，無不辨也。」。

三月十九日，知貢舉晁迥等言：考較得合奏名進士百六十七人，諸科七百二十四人，免解進士合奏名百八十六人。又具諸科終場粗通《毛詩》學究二十二人，四通三史五人，一通准格合落。帝以三史習者少，《毛詩》卷帙稍多，並特令奏名。《文獻通考》：大中祥符元年，南省下第舉人周叔良等百二十人訟知貢舉官朋附權要，抑塞孤寒，列上勢家子弟四十餘人，文字淺近，非合奏名。上曰：「貢舉謗議，前代不免。朕今召所謂勢家子弟者別坐就試。」既而叔良等所陳皆妄，命配隸許州。

四年五月二十七日，翰林學士晁迥等言：「准詔詳定禮部貢院條制，請進士就試日，不得張燭，亦不得將入茶擔火燎，湯茶官備。試詩賦日，止許將入《切韻》、《押韻》、《韻畧》，餘書悉禁，仍預於貢院納書案。有司於試前一日排定坐次，榜名告示。至日，監門據姓名引入，依此就座，不得移易。或舉人有所請問，主司即與解説。舉人並不得寄應，仍不得分人田土，虚立户名。違[10]論如法。如有久在鄉縣，實無户籍，許召命官一人保明行止非妄冒者，聽具本貫家狀，於開封府投納收試。文武升朝官以上骨肉願於國學請解者，許陳本貫，投狀試補。舊是寄應舉人，今欲歸本貫者，不得叙理前舉。其《開寶通禮義纂》，望改爲疏。自今所試墨義，每場問正經五道，義疏五道，通六爲合格。」並從之。

十一月五日，詔貢院：「河中府進士五舉，餘州軍諸科終場七舉者，並特奏名。」

十二日，詔：「自今知貢舉及發解試官，更不得乞上殿及進呈題目。並令門辭，差官伴入院鎖宿。」

十二月三日，詔曰：「眷彼設科，存乎舊制。惟禮經之奧義，暨傳學之繁文，念其研習之勤，特蠲條對之數。自今三禮、三傳，宜各減一場，仍以五通爲合格。」

五年(三)〔二〕月十二日〔一〕，詔曰：「凡干科試，即預士流，雖膺刈楚之求，未著贖刑之典。或緣詿誤，永阻進趍，特示矜寬，庶從甄別。自今貢舉人但曾預南省試者，犯公罪特聽收贖。」

十五日，詔：「貢院所試諸科舉人，如聞解衣搜閱，慮其挾藏書册，頗失取士之體，亟宜止之。」

二十四日〔二〕，詔貢院録諸州發解所試詩、賦、論題以聞。舊制，諸州試題，止貢院具録省視，慮命題重復。帝以將親臨試，亦恐重復，始命録奏，自後用爲常例。

三月十六日，詔禮部奏名人有隱匿服紀者，令自陳，勿赴殿試。

四月六日，詔禮部貢院取前後詔勑經久可行者，編爲條例。本院言：「舊條，諸科舉人，第一場十否，殿五舉；第二、第三場十否，殿三舉；九否，殿11一舉。進士文字乖舛，詞理紕繆甚者殿五舉，其次殿三舉。懷挾書策，舊例入省門搜獲者，不計多少，扶出，殿二舉。今參詳諸科懷挾書策，比對義十否者情理稍重。其進士所挾，未必全是所試文字〔三〕，則情理稍輕。請自今南省就試日，有懷挾至省門及到鋪搜獲者，進士殿二舉，諸科殿五舉。諸科舊場第雖高，並降從第一場，仍於所試卷上明標所犯。其同保殿舉，更不施行。」從之。先是，直史館劉鍇請應挾書赴試者，并同保人殿一舉。是歲試諸科，以挾書扶出者十八人，計同保九十三人，而十二人當奏名，有司以聞。帝特令赴殿試，因詔重定此制焉。

八年二月十二日，詔禮部貢院於考試不該奏名人內，檢勘進士實應六舉，諸科實應九舉以上者，並特與奏名。候將來一例考試，量事業等第録用，不願者亦聽從便。先是，帝謂宰相曰：「如聞科場舉人有累舉不第，年齒已高，無家可歸者，深可矜憫。宜令廣示搜羅，特與奏名。」故有是詔。《文獻通考》：祥符八年，始制謄録院。時懷、衛、濱州以部內官屬少進士登科者，因聚數州進士都試之。乃詔自今諸州發解，如乏試官，宜令轉運司選鄰州官充，不得移舉就他州併試。

三月二十四日，詔曰：「朕親選英髦，擢登甲乙，冠群材而爲重，在優待以攸宜。特異等威，著于彝矩。自今第一人及第，宜令左金吾司差七人導從，許出兩節。每御試，即預差在殿門外祇候，永爲定式。」初，帝以蔡齊單族，且聞傭召僕隸，故有是詔。

天禧元年九月二十八日，右正言魯宗道言：「進士所

〔一〕二月：原作「三月」，據《長編》卷七七改。

〔二〕屠寄眉批：「二十四日一條列三月十六日條後。」按，此二十四日乃二月二十四日，不當移。

〔三〕試：原脱，據《文獻通考》卷三〇補。

試詩賦不近治道，諸科對義惟以念誦爲工，罔究大義。」帝曰：「前已令進士兼取策、論，諸科能通經者别加考校，宜申論之。」

三年三月五[12]日，詔：「南省下第舉人，如曾至御前，及諸科終場内七舉已上者，並赴御試。」

十八日，中書門下言：「大中祥符八年御試舉人，曾詔諭兩制、三館臣僚精審考較，及申明罰典。今亦欲依此告諭。」從之。（以上《永樂大典》卷一〇六四一）

【宋會要】〔一〕

[13]仁宗天聖元年七月七日，學士院言：「准中書批送汝州并鎮海軍狀，稱天禧四年勅：『〔令〕〔今〕後舉人有周〔基〕〔朞〕尊長已上服，依元條不得取應，其緦麻服並特許應舉』者。看詳除周朞尊長已上不許取應，即周親卑幼已上，並得應舉。又緣勅文只指定緦麻服並特令應舉，其有周朞卑幼及大功、小功等服即未有明文，詔送兩制定奪。臣等看詳，欲乞依天禧四年晁迥等元定奪，有周朞尊長已上服不得取應外，有周〔基〕〔朞〕卑幼并大功已下服，並許應舉。」從之。

十月十二日，禮部貢院言：「舊制，諸州解發舉人試卷并家保狀、試紙等，置庫編排封鏁，合差官與主判官同加檢勘。」從之。

十二月十二日，中書門下言，乞定科場條貫，詔兩制與孫奭同共詳定以聞。既而上言：「殿舉人舊實殿一舉，後遂以一年理爲一舉。緣數年一開舉場，其間更值恩赦，遂使懲沮之典，虚有其名，負犯之徒，不妨進取。欲今後殿三舉以下，即依舊例。其殿五舉者，須實殿兩舉後，方許更理一年爲一舉。又，曾犯刑責之人，不得收試。大凡無官蔭者，笞以上皆決，不復更踐科場，有官蔭者，流以下皆贖取應，並無妨礙，輕重之間，恐未允當。欲〔令〕〔今〕後有官蔭舉人，身犯徒以上罪，雖贖及雖逢恩宥，並不許應舉。如敢罔冒，以違制罪之。同保[14]人殿五舉，有保官者與同罪。又，下等舉人好撰匿名文字，謗讟主司，或私相期集，搆合詞訟。欲〔令〕〔今〕後委是知舉官等第不公，許令單名實封指論，更不得期集，連名進狀。如輒撰無名文字，私相傳布，令開封府及巡檢人擒捉，重行斷決。如不獲主名，其文字隨處焚毁，勿送官司。」從之。

二年正月十二日，帝問：「今年新舊舉人甚衆，將來合放人數多少？」宰臣王欽若曰：「已令禮部貢院具合格等第、字號、人數聞奏。」帝曰：「久罷科場，慮遺賢俊。令貢院精加考試藝業，候將來特放進士二百人，諸科三百五十人。」

二十二日，故尚書令、南平王高從誨孫進士輔元有兄亡，係周親服制，取應不得。詔以王公之後，禄仕殆絶，特

〔一〕此下原批標題爲「科舉條制」，並注云：「此門與職官貢院互見，詳畧不同。」按，下文内容仍屬貢舉雜録，年代相接，《大典》卷次亦相連，故不取。

令送貢院試。

二十三日，詔：「今年貢舉，依咸平二年南省榜體例施行。仍除不合格係駁放等外，先具考試到合格等字號人數以聞，聽旨。」權知貢舉劉筠奏差覆考官，及別令近上臣僚詳定，帝曰：「朝廷文柄，已是選委近臣，若別令覆考，乃是過有規避。」但令筠等依公考試。

二月四日，考試巡鋪官左正言孔延魯言：「進士就試以前，欲令主司先曉諭不得上請，仍雕印試題，分明解説，在逐人卷子內，依此給散。」帝以文闈取士，條約已多，只令依舊例施行。

三月一日，詔禮部考試官劉筠等，以「執經肄業，不善屬文，特令取其所長，以廣仕路。仰應經學對策不得者，與免退落。」

二十四日，禮部貢院言天禧三年勑免解進士宋説等二十四人，詔：「除及第、事故外，昨 15 經南省落下者，進士六舉已上，諸科八舉已上，分爲兩等奏聞。」

四年五月二十三日，詔曰：「朕博采俊髦，詳觀典策。得人之盛，漢業斯隆；多士以寧，周文載郁。國家推崇治本，恢振儒風，命鄉里以薦能，籠英雄而入彀。顧惟冲昧，寅嗣基圖。三后在天，具存於遺訓；萬邦作乂，尤賴於羣材。矧茲取士之方，並有酌中之制。向暫停於秋賦，已再易於歲時。言念孤平，尚多遺滯，特頒恩詔，用廣明揚。應諸道州、府、軍、監貢舉人等，內進士曾實應三舉，並諸科實應五舉已上者，特免取解外，宜令禮部貢院准舊例指揮逐處，依前後勑條考試舉送，須是藝業精修，士行無玷。勿使權豪之黨，假左右以爲容；寒俊之流，或滯淹而興歎。」

五年正月十六日，詔：「貢院將來考試進士，不得只於詩賦進退等第，今後參考策、論，以定優劣。諸科所對經義，亦不得將重複文句及抽拆經注，令數字對答，致有非理黜落。仍榜諭舉人。」

二月二日，權知貢舉劉筠等言：「準詔免解進士五舉已上，諸科七舉已上，雖不合格，未得退落。緣諸科於逐場有九否、十否者，未敢去留。」詔十否者駁放，仍候貢舉畢日以名聞。

三月二十三日，詔：「今年省試下第舉人，進士 16 五舉，年五十以上，及曾應淳化年舉者；諸科七舉，并六舉終場，年六十以上者；並進士、諸科曾經先朝御試者，令貢院檢會以聞。」

四月十八日，詔曰：「設科取士，有國之令猷；側席待賢，前王之格訓。洪惟三后，勤御萬邦，備存籲俊之方，俱顯得人之盛。朕緬懷先烈，載舉舊章，俾鄉老以薦能，委春官而辨等。洎夫親臨軒陛，精校藝文，既吹一一之竽，盡刈翹翹之楚。尚念縣區至廣，群士畢臻，或累朝積隨計之勞，或十上阻(千)〔干〕名之志，是用各分等級，咸被搜揚。雖振發滯淹，已布非常之澤；而考覈名實，必思經久之規。將永革於因循，宜特申於誨諭。應諸(通)〔道〕貢舉人等，今後並須服膺翰墨，勵志典墳，當企慕於儁賢，勿坐希於僥倖。

其或靡務激昂而自奮，正期華皓以見收〔一〕，人將謂何，朕所不（敢）〔取〕。苟敦修之未至，諒黜落以無疑。預形告戒之言，庶盡詳延之旨。凡爾多士，宜知朕意。」先是，中書門下言：「昨以天下舉人至多，所試詞業，罕及格式。聖造曲成，不遺片善，念其久在場屋，齒髮已衰，其中擇舉多年甲高者，並列官常，俾榮鄉里。然慮隳學之徒，不務進修，坐候歲月，恐爽激勸之理。欲乞特出詔旨，敦諭四方。」故有是詔。

七年正月二日，詔曰：「國家稽古御圖，設科取士，務求時儁，以助化源。而褒博之流，習尚爲弊，觀其著撰，多涉浮華。或磔裂陳言，或會粹小説，好奇者遂成於譎怪，矜巧者專事於雕鐫。流宕若兹，雅正何在。屬方開於貢部，宜申儆於詞場。當念文章所宗，必以理實爲要，探典經之旨趣，究作者之楷模，用復温純，無陷媮薄。17 庶有裨於國教，期增闡於儒風。咨爾多方，咸體朕意。」

景祐元年正月二十二日，詔曰：「朕以紹隆先構，總攬宏綱，務恢致治之源，彌切思皇之念。矧以幅員至廣，文物寖昌，秀茂頗多，計偕尤衆。間者俾敦修於儒業，遂連罷於貢闈。顧場屋湮滯之人，洎衡泌孤貧之士，爰加軫憫，特示甄收，用旌稽古之勤，式闡右文之化。其今年南省就試進士、諸科，宜令禮部貢院於十分中許解送二分，并曾經先朝御試及後來殿試，進士三舉，諸科五舉，并進士五舉、年五十已上，諸科六舉、年六十已上者，雖所試不合格，特許別作一甲奏名。其二分人内，如合格人數不足，不得將文藝紕繆之人充數。」《文獻通考》：石林葉氏曰：「唐禮部試，詩賦題不皆有所出，或自以意爲之，故舉子皆得進問題意，謂之上請。本朝既增殿試，天子親御殿，進士猶循禮部故事。景祐中稍厭其煩瀆，始詔御藥院具試題，書經史所出，模印給之，遂罷上請之制。」王氏《揮麈録》曰〔二〕：「韓忠獻億景祐中參仁宗政事，天下稱爲長者。四子仲文綜、子華絳、持國維、玉汝縝俱禮部奏名，忠獻啓上曰：『臣子叨陛下科第，雖非有司觀望，然臣既備位政府，豈當受而有之，天下將以謂由臣致此〔三〕。臣雖不足道，使聖明之政，人或議之，非臣所安也。臣教子既已有成，又何必昭示四方，以爲榮觀哉！乞盡免殿試唱第，幸甚。』誠懇再三，上嘉歎而允所請。忠獻既薨，仲文、子華、玉汝相繼再中科甲，獨持國曰：『吾前已奏名矣，當遵家君之言，何必布之遠方耶！』不復更就有司之求。故文潞公薦持國疏云：『曾預南宮高薦，自後不出仕宦。』其後仲文知制誥，子華、玉汝皆登宰席，持國賜出身，至門下侍郎，爲本朝之甲族云。」按，嘉祐二年御試，方令禮部所奏進士俱免黜落，如已前蓋有過省而殿試不中者矣，故韓忠獻諸子仲文、子華、玉汝，必再中甲科而後可以言登第。若嘉祐二年以後，則凡預禮部正奏名，皆爲有出身之人矣。

三月一日〔四〕，詔：「貢院所試進士，除詩、賦依自來格式考定外，其策、論亦仰精研考校，如 18 詞理可采，不得遺落。賦如欲不依次押官韻者聽。」

（十一月）〔二月十一日〕〔五〕，詔諸科舉人實應七舉者，不限年，別作一項奏名。

〔一〕正：似當作「止」。
〔二〕麈：原作「塵」，據《文獻通考》卷三一改。
〔三〕由臣：原作「臣由」，據《文獻通考》卷三一乙。
〔四〕三月：疑當作「二月」，三月自在下文。下條爲二月十一日，正承此條而省去「二月」二字。
〔五〕二月十一日：原作「十一月」，據本書選舉一一之三〇、《補編》頁二六〇補改。《長編》卷一一四記於二月十日辛丑。

三月十六日，太子少傅致仕晁迥言：「孫男仲衍、仲約，昨開封府得解，貢院試畢，值期周服。今牓出，並預奏名。欲望許令祇赴御試。」詔候將來科場，便許就御試。

十七日，禮部貢院言：「門引不到舉人陳之奇等二十七人，拜扶出舉人張容、劉渭，勘會並合該勑命特奏名人數，當院未敢曉示，亦未敢退落。」詔容、渭特許就御試，餘不行。

十八日，命知貢舉、翰林學士、禮部侍郎章得象等就南省編排特奏名進士、諸科人等，分爲三等聞奏。

十九日，詔：「南省特奏名進士只試論一首、詩一首，諸科對義五道，内年老者特與免試。」

四月三日，詔：「御前放舉人内，除合格正奏名外，特奏名恩澤人，令貢院曉示，候謝恩畢，同出身試銜人取便歸鄉，守選長史、文學、助教即令歸鄉。如願赴（晏）〔宴〕者聽。」

六日，禮部貢院言：「進士黄庠昨第一人奏名，爲患不赴御試，乞賜召試，將來科場，便就御試。」《文獻通考》：景祐四年，賈昌朝言：「有親戚仕本州及或爲發解官〔一〕，及侍父祖遠宦，距本州二千里，宜勑轉運司選官類試，以十率之，取三人。」詔近臣議，而丁度等謂舊制限十月二十五日上名于省，幾二千里而赴試，或有不及，願寬其期一月。聽如昌朝説，由是諸路始有別頭試。其年詔開封府、國子監及別頭試，封彌謄録如禮部。

五年正月八日，知制誥（季）〔李〕淑言：「切見近日發解進士，多取別書、小説、古人文集，或移合經注以爲題目，競務新奥。臣以爲朝廷崇學取士，本欲興崇風教，19 反使後進習尚異端，非所謂化成之義也。況考校進士，但觀詞藝優劣，不必嫌避正書。至如近日學者編經史文句，別爲解題，民間雕印，多已行用。考試之時，不須一一迴避。其經典子書之内，有《國語》、《荀子》、《文（仲）〔中〕子》，儒學所宗，六典通貫，先朝以來嘗于此出題，只是國庠未有印本。欲望取上件三書，差官校勘刻板，撰定音義，付國子監施行。自今應考試進士，須只於國子監有印本書内出題。所貴取士得體，習業有方，稍益時風，不失淳正。如允所請，兼乞編入貢舉條貫施行。」詔可。

二十九日，中書門下言：「檢會先詔，貢院考試進士，多只采詩賦，未盡銓擇。今後更於策、論相兼，考定優劣。諸科對義，不得將重複文（局）〔句〕抽拆經注，令字數對答，非理黜落。」詔以諭貢院。

四月二十一日，詔曰：「科舉之設，本至公而擢材；仕進之階，先力學而干禄。厚民崇術，莫切於斯。朕撫御邦圖，周爰治道，奉若祖宗之法，謹夫俊造之求，考藝有程，得士斯衆。昨舉賓興之典，以期計偕之來，申命攸司，載嚴明試。迨臨軒而親校，固刈楚之必精，尚軫湮沉之徒，特恢優裕之路。惟貢薦而屢絀，自遲暮而無成，審覆不誣，甄采咸及。然念溥率之廣，褒博滋多，或狃於寬恩，則墮其素業，

〔一〕仕：原作「事」，據《長編》卷一二〇改。

靡篤温知之習，寖成苟簡之風。思洽政醇，用頒詔諭。貢舉人等，自今當研覃古義，景慕前良，爲學務於資深，屬詞尚乎體要，宗師雅正，斥去浮華，勉事厥修[20]之勤，勿貽將落之誚。若仍累舉之叙，限年以牧，蓋匪經常之規，無懷僥倖之望。儻聲實之非允，豈名級之可希。咨爾群儒，宜悉朕意。」

寶元二年十一月四日，翰林學士丁度等言：「准詔詳定侍讀學士李淑言：『昨充殿試詳定官，切見初考用朱，覆考用墨，等第下計點抹數，誤書等第，衆官參詳，小有差錯，只令用印。』知制誥鄭戩言：『南省引試，都堂垂簾，兩邊釘幕，小試官不得輒上都堂，諸色人非指使呈覆簽押文字不得到都堂上，如違嚴斷。進士引試，依舊寫劄所出去處注疏一處曉示，不令上請。或疑慮須得上請，止在廳砌下，不得逼近簾帷。』直賢院王皡言：『舊例舉人試卷塗注乙字，並卷後計數，不得揩改。(說)〔脫〕誤三字爲一點，三點爲一抹，降一等；三抹九點，準格落。賦少九字、論少三十六字，並不考。臣昨覆考進士試卷，各有塗注脱誤三四十字以上，尋依例書鑿點抹，等第發過。切以祗奉御試，頗涉不恭，欲乞自今後誤多者，依少字例落下不考〔一〕。』並請依所奏施行。」從之。《文獻通考》：慶曆四年，臣僚上言改更貢舉進士所試詩、賦、策、論先後，詔下兩制詳議。知諫院歐陽修言：「凡貢舉舊法〔二〕，若二千人就試，常額不過選五百人。每年到省就試及取人之數，大約不過此〔三〕。是於詩、賦、策、論六千卷中每一人三卷。選五百人，而日限又迫，使考試之官追廢寢食，疲心竭慮，因勞致昏。故雖有公心，而所選多濫，此舊法之弊也。今臣所請者，寬其日限，而先試以策而考之。擇其文辭鄙惡者、文意顛倒重雜者、不識題者、不知故實畧而不對所問者，限以事件若干以上。誤引事跡者，亦限件數。雖能成文而理識乖誕者，雜犯舊格不考式者，凡此七等之人先去之，計於二千人可去五六百。以其留者次試以論，又如前法而考之，又可去其二三百。其留[21]而試詩賦者，不過千人矣。於千人而選五百，則少而易考，不致勞昏。考而精當，則盡善矣；縱使考之不精，亦選者不至大濫。蓋其節抄剽盜之人，皆以先經策、論去之矣。策、論逐場旋考，則卷子不多，考官不致勞昏，去留必不誤。比及詩〔四〕、賦，皆是已經策、論，粗有學問，理識不至乖誕之人。縱使詩賦不工，亦可以中選矣。如此可使童年新學，全不曉事之人，無由而進。此臣所謂變法必須隨場去留，然後可革舊弊者也。其外州解送到，且當博採，祇可盡令試策。要在南省精選。若省榜奏人至精，則殿試易爲考矣。故臣但言南省之法，此其大槩也。其高下之等，仍乞細加詳定，大槩當以策、論爲先。」按，詩賦不過工浮詞，論策可以驗實學，此正理也。今觀歐公所陳，欲先考論、策，後考詩、賦，蓋欲以論、策驗其能否，而以詩、賦定其優劣，是以粗淺視論、策，而以精深視詩、賦矣。蓋場屋之文，論、策則蹈襲套括，故汗漫難憑，詩、賦則拘以聲病對偶，故工拙易見。其有奧學雄文，能以論、策自見者，十無一二，而紛紛鵠袍之士，固有頭場號爲精工，而論、策一無可採者。蓋自慶曆以來，場屋之弊已如此，不特後來爲然也。故歐公之言，欲先試論、策，擇其十分亂道者先澄汰之，不特使之稍務實學，且使司衡鑑者所考少則易精。又既工論、策，則不患其不長於詩、賦。縱詩、賦不工，而所取亦不害爲博古通經之士矣〔五〕。

〔一〕少：原作「小」，據文意改。
〔二〕句首原有「請」字，據《文獻通考》卷三一删。
〔三〕按，此乃文中之注，原作大字，今據歐陽修《文忠集》卷一〇四改爲六號小字。以下仿此。
〔四〕比：原作「此」，據《文獻通考》卷三一改。
〔五〕經：原作「精」，據《文獻通考》卷三一改。

又按，祖宗以來試進士，皆以詩、賦、論各一首，除制科外，未嘗試策。天聖間，晏元獻公請依唐明經試策，而不從。寶元中，李淑請并詩、賦、策、論四場通考，詔有司施行。不知試策實始於何年，當考。　初，保寧軍推官胡瑗教授湖州，科條纖悉備具，諸生信愛，如其子弟。至是下湖州取其法，著爲學令。是冬，詔罷日限，以余靖言廣學舍所以待有志之士，去日限所以寬食貧之人。或者謂仲淹既去，而執政意皆異，故有是詔。

康定二年五月十三日，詔〔二〕：「應先因隨侍外任，應舉得解，（令）〔今〕還本貫，或先無户今有户，先有户今無户，并鄉貫移徙者，許經貢院陳狀，召勾當事京朝官一員委保得實，與通叙舉數場第。」「詳勑意，蓋爲先因隨侍外任，今還本貫；或本鄉先無户，今置到税産；先有産税，今已賣盡。該此三事，即許通叙舊舉。今來不曉勑意，却將鄉貫移徙又作一節施行，是又舉人隨處立户，不須土著，深恐未便。今請於『并』字下 22 添云『如此鄉貫移徙』，蓋語意明然，免致公私誤認。」從之。

慶曆二年正月七日，詔：「川、廣合該解發及諸處免解舉人，慮地遠到闕稽遲，令貢院如未引試日前續次到者，並收試。」

二月五日，知制誥富弼言：「國家緣隋唐之制，設進士之科，采天下賢俊。雖至公之道過於隋唐，而得人之實或有未至。自咸平、景德年後，條約漸密，然省試有三長，殿試有三短。南省主文者四五人，皆兩制宗匠。又選館閣有辭學者數人，以助主文考校。復有監守、巡察、糊名、謄録，上下相警，不能容毫釐之私，此一長也。又一日試詩賦，一日試論，一日試策，詩、賦可以見辭藝，策、論可以見才識，四方之士得以盡其所蘊，此二長也。又貢院凡兩月餘日研磨差次，必俟窮功悉力，然後榜出，此三長也。可謂至公至精矣。以此姓名高下，遂放及第，辭藝才識高者得高科，下者得下等。高科者待以好爵，下等者歸于常調，朝廷既不失其實，舉人又各足其志矣。洎至殿試，號爲親臨，然所差考校之官，多不精慎，此一短也。又只試詩、賦與論，併在一日，不能盡人之才，此二短也。又考校不過十日，不暇研磨差次，怱怱而定，此三短也。向之省試至公至精也，乃混淆而不復見！今捨其所長，用其所短者，或云省試放榜則恩歸有司，殿試放榜則恩由主上，是盡棄取士之實，而沽此虚名也。普天率土，豈有恩不出天子者耶！況殿試非古，始於唐 23 武后之初年爾，此安足爲後世法？歷代取士，悉委有司，獨後漢文吏課牋奏而副之端門，亦未聞天子再試也。往時無糊名、謄録之制，主文可以專取捨，遂有殿試以防主文。今無以容其私，殿試復何爲哉？臣欲乞自今歲以後，只令南宮放榜。必恐恩歸有司，則請如天聖二年，令南宮考定高下，以混榜引於殿庭，依次唱名賜第，則與殿試同矣。」詔曰：「國家申命邇臣，往司貢部。關防之制已

〔二〕按，此處似有脱文。詳本條文意，蓋是某人或官司之奏，先引詔語，再加分析、建白，末後從之。今姑以此意進行標點（據《補編》頁四七四，此下所引詔乃是嘉祐三年正月二十四日敕）。

極於至公，優劣之殊或經於審定。矧責成之素重，固練實以無差。宜服故常，庶臻精要。俟辨等之來上，即延對以賜科。用洽茂恩，著爲彝式。」

九日，詔：「近已依富弼上言，更不臨軒親試。今已鏁院，令貢院且依舊例奏名，殿試仍許解二分人數。將來科場，别奏取旨。」

四年三月十三日，翰林學士宋祁等言：「近準敕詳定貢舉條制者。伏以取士之方，必求其實；用人之術，當盡其材。今教不由於學校，士不察於鄉里，則不能覈名實；有司束以聲病，學者專於記誦，則不足盡人材。此獻議者所共以爲言也。臣等參考衆説，擇其便於今者，莫若使士皆土著而教之於學校，然後州縣察其履行〔一〕，則學者修飭矣。故爲立學合保薦送之法〔二〕。夫上之所好，下之所趨也。今先策、論，則文辭者留心於治亂矣。簡其程式，則閎博者得以馳騁矣〔三〕。問以大義，則執經者不專於記誦矣。其詩賦之未能自肆者雜用今體，經術之未能亟通者尚依舊 24 科，則中常之人皆可勉及矣。此所謂盡人之材者也。故爲先策、論過落，簡詩賦考式，問諸科大義之法〔四〕，此數者其大要也。其州郡封彌謄録、進士諸科帖經之類，皆細碎而無益者，一切罷之。凡其爲法者，皆申之以賞罰而勸焉。如此則養士有素，取材不遺，苟可施行，望賜裁擇。諸路州府軍監除舊有學校外，其餘並各令立學。如本處修學人及二百人已上處，許更置縣學。若州縣未能頓備，即且就文宣王廟，或係官屋宇爲學舍。仍委本路轉運司及本屬長吏，於（慕）〔幕〕職、州縣官内奏選充教授，以三年爲一任。在任有人同罪保舉者，得替日依例施行。若少文學官可差，即令本處舉人衆舉有德行藝業之人，在學教授。候及三年，無私過，本處具教授人數并本人履業事狀，保明聞奏，當議等第特授恩澤。内有由本學應舉及第人多處，亦與等第酬賞。如任滿本處舉留者，亦聽本官從便。其學校規令，宜令國學詳定聞奏，頒下施行。如僻遠小郡，舉人不多，難爲立學處，仰轉運司體量聞奏。初入郡學人，須有到省舉人二人委保是本鄉人（事）〔氏〕，或寄居已久，無不孝不悌踰濫之行，即不曾犯刑責，或曾經官司罰贖情理不重者，方得入學。應取解逐處在學本貫人，並以入學聽習，至秋賦投狀日前及三百日以上，舊得解人百日以上，方許取應。秋賦投狀日，並依本州軍舊制。内有親老，别無得力弟兄侍養，致在學日數不足 25 者，除依例合保外，别召命官一員或到省舉人三名委保詣實，亦許取應。其隨親屬之官者，許就近入學，候歸鄉取解，據在學實日及無過犯，給與公憑。進士、諸科舉人，每三人爲一保，所保之事有七：一、隱憂匿

〔一〕後：原作「其」，據歐陽修《文忠集》卷一〇四改。
〔二〕「故爲」句：歐陽修《文忠集》卷一〇四作「故爲學制合保薦送之法」，《長編》卷一四七作「故爲設立學舍保明舉送之法」。
〔三〕以：原無，據歐陽修《文忠集》卷一〇四補。
〔四〕大：原作「文」，據歐陽修《文忠集》卷一〇四改。

服；二、曾犯刑責；三、不孝不悌，迹狀彰明；四、故犯條憲，兩經贖罰，或未經贖罰，爲害鄉里；五、（藉）〔籍〕非本土，假户冒名；六、祖父犯十惡四等以上罪；七、身是工商雜類，及曾爲僧道者，並不得取應。違者本人依條行遣，同保人殿兩舉。其保狀式，具此七事外，餘並令禮部貢院重行删定。國子監、開封府取解舉人，須五人爲一保，仍（遂）〔逐〕保内要曾到省舉人二人。外處取解舉人，仰本處知州、通判、職官、録事參軍、令佐常切採訪，内有犯前項條貫及犯各保狀内違礙者，並不得解送。如不舉察，或顯可保明，妄加抑退者，並科違制分故失定罪。國子監、開封府發解就試人數既多，其進士、諸科卷子並依舊封彌謄録外，諸州發解已令知州、通判、職官、令、録等保明行實，更不封彌謄録，仰試官、監官與長吏通考文藝。其試官委轉運司於本處及鄰州選差清白有文學、通經術之人。進士並試三場：先試策二道，一問經史，二問時務；次試論一首；次試詩、賦各一首。三場皆通考去留。舊試帖經墨義，今並罷。詩、賦、論於九經、諸子、史内出題，其策題即通問歷代書史及時務，並不得於偏僻小處文字中。策每道限五百[26]字以上，論限五百字以上，賦限三百六十字以上，詩限六十字。五言六韻。賦每韻不限聯數，每聯不限字數。賦官韻有疑混聲，疑者許上請。詩、賦、論題目，經史有兩説者，許上請。詩韻中字體及聲韻同者，各許依本字下注意便用。三點當一抹，降一等。塗注一字，並須卷後計數，不得揩洗。每場一卷内塗注乙五字已上爲一點，十五字以上爲一抹。策、論、詩、賦不考式十五條：策一道内少五字；論、詩、賦不識題；策、論、詩、賦文理紕繆；不寫官題；用廟諱御名；論少五十字；詩、賦脱官韻；詩賦落韻；用韻處脱字亦是〔一〕。詩失平側；脱字處亦是。重疊用韻；小賦内不見題意，通而詞優者非。賦少三十字；詩韻數少剩；詩全用古人一聯；詩兩韻以前不見題意。通者非。抹式十二條：誤用事；連脱三字；誤寫官題，須是文理無失，但筆誤者非；詩賦重疊用事；詩賦不對，詩賦初用韻及用鄰韻引而不對者非，及詩賦末兩句亦不須對；小賦四句不見題意，通者非；全用古人一聯賦語，别以一句對者非；賦少二十字；詩用隔句對；策一道内全用古今人文字十句以上；策一道内全用經書子史語五十字以上；對策以他辭裝，或首尾與題意不相類。點式四條：借用字；詩賦脱一字；詩偏枯；詩重疊用字。省試進士、諸科舉人合保，並依發解條。如妄冒過省，及第入官而事發者，本人除名，保人殿兩舉，已及第未得與官，已[27]入官者停見任。已上入學取解到省，保人如不實者，事發日官員坐私罪，舉人殿實舉。應出策、論、詩、賦題并考校式，並依發解條格。進士試三場，並依舊封彌謄録。先試策三道，一問經旨，二問時務。次論一道，次詩、賦各一道。舊試帖經墨義，今並罷。初場引試策，先次考校，内有文辭鄙

〔一〕此注原作正文大字，據文意改。以下至「抹式十二條」注文同。

惡者，對所問不備者，謂十事不對五以上。誤引事迹者，謂十事誤引五以上。雖能成文而理識乖繆者，雜犯不考式者，凡此五等，並更不考論。次場論内有不識題者，文辭鄙惡者，誤引事者，十事誤用三以上。雖成文而理識乖繆者，雜犯不考式者，凡此五事，亦更不考詩、賦。第三場詩、賦畢，將存留策、論卷子上與詩、賦通考定去留，合格薦名者出榜告示。舊制以詞賦聲病偶切之類立爲考試式，舉人程試一字偶犯，便遭降等，至使才學博識之士，臨文拘忌，俯就規檢，美辭善意，鬱而不伸。如唐白居易《性習相近遠》，獨孤綬《放馴象》，皆當時南省所試，其對偶之外，自有意義可觀，非如今時拘檢太甚。今後進士依自來所試賦格外，特許依倣唐人賦體。鏁廳舉人自今更不限舉數，許令取應。如及第、出身後，即不別推恩。諸科舉人，九經五經，並罷填帖，六場皆問墨義。其餘三禮、三傳已下諸科，並依舊法。九經舊是六場十八卷，帖經、墨義相半，今作六場十四卷，並對墨義。第一場《春秋》、《禮記》、《周易》、《尚書》各五道，爲二卷。第二場《周禮》、《儀禮》、《公羊》、《穀梁》各五道，爲四卷。第 28 三場《毛(經)〔詩〕》、《孝經》、《論(論)〔語〕》、《爾雅》各五道，爲二卷。第四場《禮記》二十道，爲二卷。第五場《春秋》二十道，爲二卷。第六場《禮記》、《春秋》各十道。爲二卷。五經舊是六場十一卷，帖經、墨義相半。(令)〔今〕作六場七卷，並對墨義。第一場《禮記》、《春秋》共十道，爲一卷。第二場《毛詩》、《周易》各五道，爲二卷。第三場《尚書》、《論語》、《爾雅》、《孝經》各三道，爲一卷。第四場、第五場《春秋》、《禮記》逐場各十道，爲二卷。第六場《禮記》、《春秋》共十道。爲一卷。立《開寶通禮》科，國家本欲使人習學儀典，不至廢墜，却聞各傳誤本，惟習節義，殊非崇禮之意。委有司抄録正本，差官考校，令禮部貢院勘會，有人應《通禮》，州軍賜一本，許本科舉人抄寫習讀。將來舉場只於官本中問義外，諸科舉人依舊制場各對墨義外，有能明旨趣、願對大義者，於取解到省家狀内具言願對大義。除逐場試墨義外，至終場并御試，各於本科經書内只試大義十道，直取聖賢意義解釋對答，或以諸書引證，不須具注疏。九經、三禮、三傳、《毛(經)〔詩〕》、《尚書》科願對大義者，每道所對與經旨相合，文理可采者爲通，五通爲合格。其中深曉經義，文理俱優者爲上等。三史科願對大義者，每道所對與史意相合，文理可采者爲通，五通爲合格。其中深明史義，文理俱優者，仍爲上等。明法科願對大義者，並立甲乙罪犯，引律令斷罪。每道所斷與律令相合，文理可采者爲通，五通爲合格。其中深明律意，文理俱優者，仍爲上等。舉人 29 講通三經以上，進士非紕繆，諸科無九否者，過落外許自陳牒，具言曾於某處講説某經，召舉人三人保明，即依前項別試大義十道，以五通爲合格。仍令講誦，與所對大義相合者，具奏取旨。御試舉人試卷，並依舊封彌謄録。進士試策一道，限五百字以上，(成)〔試〕賦一道。諸科試墨義十道，對大義者即問大義十道。出題目并考試條格，並依省試。對大義入上等并合格人及試中講説及等者，所授恩〔擇〕〔澤〕等第，當議在對墨義及第人之上。」詔曰：「夫儒者通乎天地人之理，而兼明古今治亂之源，可謂博矣。然學者不得騁其説，而有司務先聲病章句以牽拘之，則吾豪雋奇偉之士何以奮焉？士有純明朴茂之美，而無斆學養成之法，其飭身勵節者，使與不肖之人雜而並進，則夫懿德敏行之賢何以見焉？此取士之甚弊，而學者自以爲患，議者屢以爲言。朕慎於改更，比令詳酌，仍詔宰府加之參定，皆以謂本學校以教之，然後可求其行實。先策論則辨理者得盡其説，簡程式則閎博者可見其材。至於經術之家，稍增新制，兼行舊式，以勉中人。其煩法細文，一皆罷去。明其賞罰，俾各勸焉。如此則待士之意周，取人之道廣。夫遇人以〔簿〕〔薄〕者，不可責其厚。今朕建學興善，以尊子大夫之行，而更制革弊，以盡學者之材，其於教育之方，勤亦至矣。有司其務嚴訓導，精察舉，以稱朕意。學者其思進德修業，而無失其時。【30】凡所科條，可爲永式。宜令禮部貢院頒下。」

六月二十六日，詔：「進士、諸科點檢考試，及經科出義官，不得預先見逐甲所引諸科姓名，如要人數照會，即聽具數關報。經科舉人如有過落不當，具考試覆考官〔一〕，於知舉官下減等定罪。」

五年三月二十三日，詔禮部貢院：進士所試詞賦〔二〕、諸科所對經義，並如舊制考較之。先是，頒行宋祁等所定科場新制，既而上封者言其非便也。

六年正月二十二日，禮部貢院請自今進士並如諸科例〔三〕，印所出經義題〔四〕。從之。

二十三日，御史中丞賈昌朝言：「省試舉人策目已不謄録，則今後入試，不須盡寫問目，庶令不輟翰墨之功，詳爲條對。」奏可。

二月二十八日，權同知貢舉張方平言：「文章之變，蓋與政通；風俗所形，斯爲教本。今設科選才，專取辭藝。士惟性資之敏，而學問以充之，故道義積乎中，而英華發於外。然則以文取士，所以叩諸外而質其中之藴也。言而不度，則何觀焉。切以禮部條例定自先朝，以考較升黜，悉有程式。自景祐初，有以變體而擢高第者，後進競相趍習。比來文格，日失其舊，各出新意，相勝爲奇。及建太學，而直講石介課試諸生〔五〕，因其好尚，遂以成風，以怪誕詆訕爲高，以流蕩猥煩爲贍，逾越規矩，或誤後學。朝廷惡其然也，故下詔書，丁寧誡勵，而學者樂於放逸，罕能自還。今貢院考所試，賦有至八百字以上，每句有十六、十八字者，論有一千二百字以上，策有置所問而【31】妄肆胸臆，條陳他事者。以爲不合格，則辭理粗通；如遂取之，則上違詔書

〔一〕具：似當作「其」。
〔二〕詞賦：似當作「詩賦」。
〔三〕「自」原作「目」，「諸」原作「請」，據《長編》卷一五八改。
〔四〕經：原無，據《長編》卷一五八補。
〔五〕石：原作「后」，據《長編》卷一五八改。

之意，輕亂舊章，重虧雅俗，驅扇浮薄，忽上所令，豈國家取賢斂材，以備治具之意耶？其舉人程試有擅習新體而尤誕漫不合程式者，已准格考落外，切慮遠人未盡詳知，欲申前詔，牓於貢院門。」從之。

八年四月八日，詔：「科場舊條皆先朝所定，宜一切無易。」時禮部貢院言：「四年，宋祁等定貢舉新制。會明年詔下且聽，須後舉施行。今秋賦有期，緣新制諸州軍發解，但令本處官屬保明行實，其封彌謄録，一切罷之。竊見外州解送舉人，自未有封彌謄録以前，多采虛譽，苟試官別無請託，亦只取本州曾經薦送舊人，其新人百不取一。自封彌以後，考官不見姓名，即須實考文藝，稍合至公。又新制進士先試策三道，次試論，次試詩、賦。先考策，論定去留，然後與詩、賦通定高下。然舉人每至尚書省不下五七千人，及臨軒覆較，止及數百人。蓋詩賦以聲病雜犯，易爲去留，若專取策論，必難升黜。蓋詩賦雖名小巧，且須指題命事。若記問該富，則辭理自精。策論雖有問題，其間敷對，多挾他說。若對不及五通，盡黜之，即與元定解額不敷。若精麤畢收，則濫進殊廣。所以自祖宗以來，未能卒更其制。兼聞舉人集經史疑義可以出策論題目凡數千條，謂之《經史質疑》。至於時務，亦有抄撮之要〔一〕，浮僞滋甚，難爲考校〔二〕。又舊制以詞賦聲病偶切之類，立爲考式，今特許倣唐人賦體，及賦不限聯數，每聯不限字數。且古今文章，務先體要，古未必悉非。嘗觀唐人程試詩賦，與本朝所取名人辭藝，實亦工拙相半。俗儒是古非今，不爲通論。自二年以來，國子監所試監生，詩賦即以汗漫無體爲高，策論即以激訐肆意爲工。中外相傳愈濫，非惟漸誤後學，實恐將來省試，其合格能幾何人。伏以祖宗以來，得人不少，考校之藝，固有規程，不須變更，以長浮薄。請並如舊制。」故降是詔。

十四日，禮部貢院言：「勘會近年舉人文字違限者，多是書鋪預先收錢物，直至正月後舉人到京，臨鏁院催促，方始送納。緣試逼擁併，雖精加點檢，尚慮差悞。欲乞〔令〕後須得依條限送納，如自慢易，先次駁放，書鋪人乞行重[32]斷。諸州軍舉人，如得解後有攬同解舉人家狀試卷赴京，須依格限送納。如是緣路遺棄元供文字，諸色人嚴斷，元攬舉人駁放。書鋪送納舉人試卷文字，並具所納舉人州府姓名單狀，赴院點對。如有文字差誤，勘會元納書鋪人姓名，牒開封府施行。本院投名充傭筆書寫人，並依元定人數，不得夾帶不係元雇人數入院。如違，知情并犯人並行嚴斷。勘會慶曆五年科場，諸州軍舉人並不依條限投納家保文卷。緣自來承例，乞展日限。欲乞今來於十一月二十五日限外，與量展半月，更不重疊。展限内不來投納，即先駁放，更不在收試之限。」詔依所奏。

皇祐五年十一月四日，詔：「應貢舉人，自來南省鏁院後，知舉官當面引保。近制未鏁院前先於貢院引驗，期會逼迫，奔走不逮，遠方之人深爲非便。自今引保依舊例。」

至和二年十月十五日，判禮部貢院王珪言：「竊惟貢舉之法，盛于有唐。自貞觀迄於開元，文章最隆。其較藝有千餘人，而所收者無幾〔三〕。咸亨、上元中，嘗增其數，然無及百人者。國初取士之科，皆襲唐制。興國中，始大擢貢士。其後寖以益廣，無有定數。故近年以來，官吏猥濫，

〔一〕亦有抄撮之要：《長編》卷一六四作「亦抄撮其要」，似勝。
〔二〕難：原作「若」，據《長編》卷一六四改。
〔三〕無：原作「毋」，據《華陽集》卷七改。

溢于常員，甚非國家所以取人之意。前詔禮部，應進士、諸科奏名，皆以四百人爲額。茲誠聖慮所欲革仕進之弊而敦治原之要也〔一〕。伏慮將來群士皆至闕下，一有扇摇，而言者輒議衝改。望申飭有司，令固守之。」33又言：「天下發解諸科人，不及禮部元額，蓋元額至多僅七千餘，因循不曾詳定。緣進士已有定額，請自今南省考送毋得過進士之數。」並從之。

嘉祐二年十二月五日，詔曰：「國家致治之原，莫先乎得士；鄉里興賢之法，必歸乎考行。惟選舉之失實，乃古今之共患。爰自比歲，尤異所聞。悼我諸生，頗淪薄俗，或先敦孝悌而敢爲傲逸〔二〕，或不勤文藝而專務剽襲。及乎應詔而起，覆試有程，負累者姦利相成，寡聞者懷挾交濟，條制雖密，朋比莫懲。且四年設科，時頗淹久，慮興遺滯之歎，殊匪招來之勤。將革弊端，宜更著令。自今間歲一開科場，天下進士、諸科並解舊額之半。開封府、國子監以皇祐四年所解人數五分爲額，鏁廳及試官親戚舉人亦準此。使來者既寡，則察之差易，防檢得盡其公，事業毋以相貿。且人貴土著，俗重鄰成，（益）〔蓋〕出處之與同，於舉措而必審。三代取士，莫或異斯。又業經爲儒，要在傳道，徒能口誦名數，而或心昧指歸，摘句摛文，有乖舊學。矧明經之所舉，歷前世而已效。比緣其故，用廣于求。其鏁廳子弟，宜淬勵風操，毋狃習於輕墮，毋馳騖於躁浮。播告之條，尚體吾意。應天下舉人，並令歸本貫，令本縣令佐察其行實，以上于州。知州、通判審覆，以上于轉運司。既選官考試解發，而不如所保者，其知州、通判、令佐皆坐之。其得解人，令就本處，二人以上爲一保。如止解一人處，許召本州命34官一員保之，隨試卷上禮部貢院。其明經科，並試三經，謂大經、中經、小經各一也。以《禮記》、《春秋左氏傳》爲大經，《毛詩》、《周禮》、《儀禮》爲中經，《周易》、《尚書》、《穀梁傳》、《公羊傳》爲小經。其習《禮記》爲大經者，許以《周禮》、《儀禮》爲中經〔三〕；習《春秋左氏傳》者，許以《穀梁傳》、《公羊傳》爲小經。每經試墨義、大義各十道，仍帖《論語》、《孝經》十道，分八場，以六道爲合格。又試時務策三道，以文詞典雅者爲通，其出身與進士同。罷説書舉人。諸州進士增試策三道，諸科舉人增問大義一場。其高第人恩例，令中書門下裁損以聞。」初，言者以爲四年一下詔，中下之人往往廢學，而才學之士不幸有故，則滯留以至老死〔四〕。諸科誦數，而不知義理。又舉人至京師始結保，多欺冒隱匿，請令就鄉里結保，及使州縣察視之。下兩制詳定，而降是詔。《文獻通考》：時上書者言：「四年一貢舉，四方士子客京師以待試者六七千人，一有喧噪，其徒衆多，勢莫之禁。且中下之士往往廢學數年，才學之士不幸有故，一不應詔，淪沉十數年，或累舉滯留，遂至困窮，老且死者甚衆。以此毀行冒法干進者，不可勝數。宜間歲一貢舉，中分舊數而薦之。」王洙侍邇英閣，講《周禮》至「三年大比大考，州里以賓鄉大夫廢

〔一〕「茲」原作「慈」，「所」下原有「以」字，據《華陽集》卷七改刪。
〔二〕先敦：似當作「莫敦」。
〔三〕「中」下原有「小」字，據《長編》卷一八六刪。
〔四〕老：原作「走」，據《長編》卷一八六改。

興」，帝曰：「古者選士如此。今率四五歲一下詔，故士有抑而不得進者。爲今之計，孰若裁其數而屢舉也。」下有司議，而議者乃合奏曰：「臣等謂易以間歲之法，無害而有利，不足疑也。使舉子不幸有疾病喪服之故者不致久沉，且程文偶不中選，旋亦遇貢舉，則無滯才之嘆。而天下所薦舉數既減半，禮部主司易以詳較，得士必精矣。近年挾書、代筆、傳義者多，因使權貴富豪之子得以濫進。蓋由人衆，有司無繇檢察〔一〕；若人少，則諸僞濫勢自不容，使寒苦藝學之人得其塗而進。」於是詔間歲貢舉，進士、諸科悉解舊額之半。增設明經試法：凡明兩經或三經、五經，各問大義十條，兩經通八、三經通六、五經通五爲合格，兼以《論語》、《孝經》策時務三條。出身與進士等，而罷説書舉。其還鄉里而寓户他州以應選者，嚴其法。每秋賦，自縣令佐察行義保任之，上于州。州長(二)〔貳〕復審察得實，然後上本道使者。類試已保任，而後有缺行，則州縣皆坐罪。若省試而文理紕繆，坐元考官。時以科[35]舉既數，則高第之人倍衆，其擢任恩典，宜損於故〔二〕。容(齊)〔齋〕洪氏《隨筆》曰：「本朝自太平興國以來，以科舉羅天下士。士之策名前列者，或不十年而至公輔，呂文穆公蒙正、張文定公齊賢之徒是也。及嘉祐以前，亦指日在清顯。東坡《送張子平序》以謂，仁宗一朝，十有三榜，數其上之三人凡三十有九，其不至於公卿者五人而已。蓋爲士者知其身必達，故自愛重，而不肯爲非。天下公望亦以鼎貴期之，故相與愛惜成就，以待其用。至嘉祐四年之制，前三名始不爲通判，第一人才得評事、簽判，代還升通判，又任滿始除館職。王安石爲政，又殺其法。恩數既削，得人衰矣。觀天聖初榜，宋鄭公郊、葉清臣、鄭文肅公戩、高文莊公若訥、曾魯公公亮五人連名，二宰相，二執政，一三司使。第二榜，王文忠公堯臣、韓魏公琦、趙康靖公槩連名。第三榜，王宣徽拱辰、劉相沆、孫文懿公抃連名。楊寘榜〔三〕，寘不幸即死，王岐公珪、韓康公絳、王荆公安石連名。劉煇榜，煇不顯，胡右丞宗愈、安門下燾、劉忠肅公摯、章申公惇連名，其盛如此。治平以後，第一人作侍從，蓋可數矣。」沈氏《筆談》曰：「舊制，天下貢舉人到闕，悉皆入對，數不下三千人，謂之群見。遠方士皆未知朝廷儀範，班列紛錯〔四〕，有司不能繩勒。見之日，先設禁圍于著位之前〔五〕，舉人皆拜于禁圍之外，蓋欲限其前列也。至有更相抱持，以望黼坐者。有司患之，近歲遂止令解頭入見，然尚不減數百人。嘉祐中，予忝在解頭，別爲一班，最在前列，目見班中唯從前一兩行稍應拜起之節，自餘亦終不成班綴而罷，每爲閤門之累。常言殿庭中班列不可整齊者，唯有三色，謂舉人、蕃人、駱駝。」又曰：「禮部貢院試進士日〔六〕，設香案于階前，主司與舉人對拜，此唐故事也。所坐設位供張甚盛，有司具茶湯飲漿。至試學究，則悉徹帳幕氈席之類，亦無茶湯，渴取飲硯水，人人皆黔其吻。非故欲困之，乃防氈席及供應人私傳所試經義〔七〕，蓋常有敗者，故事爲之防。歐文忠有詩：『焚香禮進士，徹幕待經生。』以爲禮數重輕如此，其實自有謂也。」按，沈公所記典故，皆源於唐時，宋朝因之，至嘉祐時猶然。後來天下所解進士，非中選禮部待對親策之日〔八〕，不得覲清光。而禮部試士之時，雖無所謂五經學究，然其所以待進士者，禮亦殺於祖宗之時矣。

三年三月十一日，禮部貢院言：「奉詔再詳定科場條制：應天下進士、諸科解額各減半，明經、別試而係諸科解名，無諸科處許解一人〔九〕。開封府進士二百一十人，諸科一百六十人；國子監進士一百人，諸科一十五人。明經各一十[36]人。並爲定額。禮部奏名進士二百人，明經、諸科

〔一〕檢：原脱，據《長編》卷一八六補。
〔二〕此下《文獻通考》卷三一有「乃詔曰」云云，當録之。
〔三〕楊：原作「陽」，據《文獻通考》卷三一改。
〔四〕紛：原作「分」，據《夢溪筆談》卷九改。
〔五〕圍：原作「闈」，據《夢溪筆談》卷九改。下句同。
〔六〕日：原脱，據《夢溪筆談》卷一補。
〔七〕經義：原作「義經」，據《夢溪筆談》卷一乙。
〔八〕待：原作「侍」，據《文獻通考》卷三一改。
〔九〕許：原作「詳」，據《長編》卷一八七改。

不得過進士之數。別頭試每路百人解十五人，五人以上解一人，不及五人送鄰路試。明經試大經、中經、小經，試墨義、大義各二十道，貼小經十道，試二三道，共爲八場，仍不理場第。御試明經大義十道，大經四，中經、小經各三。凡户貫及七年者，若無田舍而有祖父墳者，並聽。」從之。

七月二十九日，詔：「應明經舉者，内三禮、三傳科兼習中、小二經。」

閏十二月十一日，詔曰：「朕惟國之取士，士之待舉，皆不可曠久，亦不可以汎冗。汎冗則課校不審，曠久則賢雋或至滯留。是用立間歲之期以勵其學，約貢舉之數以精其選，著爲定法，申勑有司。而高第之人，往嘗不次而用，若猶例進〔一〕，終致溢員，故增其任以養其才，緩其進以圖其效〔二〕。此天下之士所同欲，而朕果於必行也。若夫高才異行，施於有政，忠謀嘉猷〔三〕，具諸行事，已試之狀，爲衆所推，必有非常之恩，以示至公之道。咨爾多士，體朕意焉。自今制科入三等，進士第一人及第，並除大理評事、簽書兩使幕職官廳公事或知縣，代還陞通判，再任滿，與試館職。制科入四等，進士第二、第三人，並除兩使幕職官，代還改次等京官，送審官院。制科入四等次，進士第四、第五人，並除試銜知縣，任滿送流内銓，與兩使職官。鏁廳人比類取旨。」

四年二月二十五日，詔禮部貢院：「進士曾經御試五舉，諸科六舉，進士經省 37 試六舉，諸科七舉，年五十已上者，具名以聞。」

八年三月五日，詔：「進士七舉、諸科八舉、曾經御試、年四十以上，進士五舉、諸科六舉，曾經御試，及進士六舉、諸科七舉，曾經省試、年五十以上，河北、河東、陝西舉人，仍遞減一舉，令禮部貢院特以名聞。」（以上《永樂大典》卷一〇六四二）

【宋會要】

38 英宗治平二年正月二十七日，詔貢院：「如南省放榜故事，合格者以名聞。俟勑下仍放榜。」

二月七日，詔貢院：「經殿試進士五舉、諸科六舉，經省試進士六舉、諸科七舉，今不合格而年五十以上者，第其所試爲三等以聞。昨來免解進士趁省試不及者，將來與免解。」以進士孫京等七人試將作監主簿，餘三十八人爲諸州長史、司馬、文學。

三年十月六日，詔曰：「國家承祖宗之休，功成治定，而貢舉之法，煩而未安。永惟致治之方，蓋本得材之盛。先帝深詔執事，詢求其故，誠以士久不貢則學廢於閑肆，時曠難逢則人嗟於留滯，故易四載之舊，始爲間歲之舉。粤自更制，寖聞非便，乃以爲里選之牒仍故，而郡國之取減半，計偕之籍屢上，而道途之勞良苦，朕甚閔焉。載圖事制

〔一〕若：原作「告」，據《長編》卷一八八改。
〔二〕緩：原作「發」，據《長編》卷一八八改。
〔三〕嘉：原作「善」，據《長編》卷一八八改。

之中，俾從更定之令，今後宜每三年一開科場。應天下所解進士、諸科，並以本處舊額四分中解三分〔一〕。內開封府、國子監以皇祐四年所解進士、諸科數，各四分中以三分爲額。所有禮部奏名進士，以三百人爲額，明經、諸科不得過進士之數。（憑）限年取才，雖爲法之末；力學從仕，乃服儒之常。毋專文辭而忘操履之修，毋矜帖對而昧義理之當。服我明訓，務祗乃心，庶幾得賢，無愧於古。詔示中外，咸體朕懷。」恩典不增，其貢舉 39 期緩，士得休息，官以不煩矣。《文獻通考》：知諫院司馬光上言，請貢院逐路取人，其略曰：「朝廷每次科場所差試官，率皆兩制、三館之人，其所好尚，即成風俗。在京舉人，追趍時好，易知體面，淵源漸染，文采自工。使僻遠孤陋之人與之爲敵，混同封彌，考較長短，勢不侔矣。孔子曰：『十室之邑，必有忠信如丘者焉。』言雖微陋之處必有賢才，不可誣也。是以古之取士，以郡國户口多少爲率，或以德行，或以才能，隨其所長，各有所取。近自族姻，遠及夷狄，無小無大，不可遺也。今或數路中全無一人及第，則所遺多矣。國家用人之法，非進士及第者不得美官，非善爲詩、賦、論、策者不得及第，非遊學京師者不善爲詩、賦、論、策。以此之故，使四方學士皆棄背鄉里，違去二親，老於京師，不復更歸。其間亦有身負過惡，或隱憂匿服，不敢於鄉里取解者，往往私買監牒〔二〕，妄冒户貫，於京師取解。自間歲開場以來，遠方舉人憚於往還，只於京師寄應者比舊尤多。國家雖重爲科禁，至於不用蔭贖，然冒犯之人，歲歲滋甚。所以然者，蓋由每科場及第進士，大率皆是國子監、開封府解送之人，則人之常情，誰肯去此而就彼哉。夫設美官厚利、進取之塗以誘人於前，而以苛法空文禁之於後，是猶決洪河之尾而捧土以塞之，其勢必不行矣。」參知政事歐陽修上言：「竊以國家取士之制，比於前世，最號至公。蓋累聖留心，講求曲盡。以謂王者無外，天下一家，故不問東西南北之人，盡聚諸路貢士，混合爲一，而惟才是擇。又糊名、謄録而考之，使主司莫知爲何方之人，誰氏之子，不得有所憎愛厚薄於其間。故議者謂國家科場之制，雖未復古法，而便於今世。其無情如造化，至公如權衡，祖宗以來不可易之制也。《傳》曰：『無作聰明亂舊章。』又曰：『利不百者不變法。』今言事之臣〔三〕，偶見一端，即議更改，此臣所以區區欲爲陛下守祖宗之法也。臣所謂偶見一端者，蓋言事之人但見每次科場東南進士得多，而西北進士得少，故欲改法，使多取西北進士爾。殊不知天下至廣，四方風俗異宜，而人性各有利鈍。東南之俗好文，故進士多而經學少；西北之人尚質，故進士少而經學多。所以科場取士，東南多取進士，西北多取經學者，各因其材性所長，而各隨其多少取之。今以進士、經學合而較之，則其數均。若必論進士，則多少不等。此臣所謂偏見之一端〔四〕，其不可者一也。國家方以官濫爲患，取士數必難增。若欲多取西北之人，則却須多減東南之數。今東南州軍進士取解者，二三千人處只解二三十人，是百取一人，蓋已痛裁抑之矣。西北州軍取解，至多處不過百人，而所解至十餘人〔五〕，是十人取一人，比之東南，十倍假借之矣。若至南省，又減東南而增西北，則是已裁抑者又裁抑之，已假借者又假借 40 之，此其不可者二也。東南之士，於千人中解十人，其初選已精矣，故至南省，所試合格者多。西北之士，學業不及東南，發解時又十倍優假之，蓋其初選已濫矣，故至南省，所試不合格者多。（令）〔今〕若一例以十人取一人，則東南之人合格而落者多矣，西北之人不合格而得者多矣。至於他路，理不可齊，偶有一路合格人多，亦限以十一落之，偶有一路合格人少，亦須充足十一之數，使合落者得，合得者落，取捨顛倒，能否混淆，其不可者三也。且朝廷專以較藝取人，而使有藝者屈落，無藝者濫得，不問繆濫，只要諸路數停，此其不可者四也。且言事者本欲多取諸路

〔一〕中解：原脱，據本書選舉一五之一七補。
〔二〕私：原作「和」，據《文獻通考》卷三一改。
〔三〕事：原作「世」，據《文獻通考》卷三一改。
〔四〕謂：原作「以」，據歐陽修《文忠集》卷一一三改。
〔五〕而所：原作「所而」，據歐陽修《文忠集》卷一一三乙。

土著之人，若此法一行，則寄應者争趍而往，今開封府寄應之弊可驗矣。此所謂法出而姦生，其不可者五也。今廣南東、西路進士，例各絶無舉業，諸州但據數解發。其人亦自知無藝，只來一就省試而歸，冀作攝官爾。朝廷以嶺外煙瘴，北人不便，須藉攝官，亦許其如此。今若一例與諸路十人取一人，此爲繆濫，又非西北之比〔一〕。此其不可者六也。凡此六者，乃大槩爾。若舊法一壞，新議必行，則弊濫隨生，何可勝數。故臣謂且遵舊制，但務擇人。惟朝廷至公，待四方如一，惟能是選，人自無言，此乃當今可行之法爾。若謂士習浮華，當先考行，就如新議，亦須只考程試，安能必取行實之人？議者又謂西北近虜，士要牢籠，此甚不然之論也。使不逞之人不能爲患則已，苟可爲則何方無之？前世賊亂之臣，起於東南者甚衆，其大者如須羽、蕭銑之徒是已。至如黄巢、王仙芝之輩，又皆起亂中州者爾。不逞之人，豈專西北？矧貢舉所設，本待材賢，牢籠不逞，當别有術，不在科場也。惟事久不能無弊，有當留意者，然不須更改法制，止在振舉綱條爾。近年以來，舉人盛行懷挾，排門大譟，免冠突入，虧損士風，傷敗善類。此由舉人既多，而君子小人雜聚，所司力不能制。雖朝廷素有禁約，條制甚嚴，而上下因循，不復申舉。惟此一事爲科場大患，而言事者獨不及之。顧下有司議革其弊，此當今科場之患也。」馬端臨曰：按，分路取人之説，司馬、歐陽二公之論不同。司馬公之意主於均額以息奔競之風，歐陽公之意主於覈實以免繆濫之弊。要之，朝廷既以文藝取人，則歐陽之説爲是。蓋士既求以用世，則奔名逐利，所不能免，不必深訾。至於棄親匿服，身負過惡者，皆素無行檢之人。此曹雖使之長生都城，早游館學，超取名第，亦未必能爲君子。若以爲遠方舉人，文詞不能如遊學京師者之工，易以見遺，則如歐、曾、二蘇公以文章名世，詔今傳後，然亦出自窮鄉下國，未嘗漸染館閣，習爲時尚科舉之文也，而皆占高第。然則必須遊京師而後工文藝者，皆剽竊蹈襲之人，非穎異挺特之士也。

四年正月二十二日，禮部貢院[41]言：「看詳，欲將貢舉條制内解額，自後不得增添者，即用爲舊額，依今勅施行。若曾經增添者，將新添人數併在貢舉條制元額内，通計爲數，然後於四分中解三分，永爲定額。」又：「勘會逐州軍解額人數不等，其間有二人、三人、五人、六人、七人者，難折分數〔二〕，今欲乞應請舊額四分中解三分，不滿一人者，並解一人。假設舊額十人，今四分中解三分，合解七人外，更有餘分，即許解八人之類。每歲貢舉，於三月一日起請。今既指定三年一開，欲乞除合開科場之歲依舊三月一日起請外，其餘二年更不申請。」並從之。

神宗熙寧二年三月九日，詔貢院依例貢舉。上因問輔臣間歲與三年開貢舉利害，或對曰：「遠方應舉，往來甚勞，人以爲不便，故改間歲爲三年。」上曰：「彼自應舉，非有驅迫也，亦何不便之有？」又論科場之弊，以進士第一人例與館職爲非，及西北人材多廢，以爲貢舉法當議而改，迺下詔詳議。

四月，詔曰：「夫欲化民成俗者，必自庠序之教行；進賢興功者，抑繇貢舉之法用。前王致理，何以尚兹。朕博覽古今，詳求體要，思廣得人之路，莫先養士之原。然而三歲設科，四方興學，執經藝者或專於誦數，趍鄉舉者徒狃於文詞，與夫古所謂三物賓興之言，九年大成之業，亦已盭矣。朕念夫都邑之廣，豈無茂異之倫；黨遂之間，必有超絶之士。蓋上之所求者既拘於程式，則下之所貢者或詘於

〔一〕比：原作「北」，據《文獻通考》卷三一改。

〔二〕難：原作「雖」，據文意改。

闊疏。是則 42 雖有德行道藝之人，何繇自進於有司邪？今茲詔下郡國，招徠雋賢，惟其教育之方，課試之格，若曰但循舊制，則無以一道德而奬進於人材；若將別爲新規，則必當圖悠久而詳延於衆論。惟是臺閣之列，與夫禁近之聯，必有猷爲，固嘗講議，俾悉條於利病，思有助於搜揚。宜令兩制、兩省待制以上，御史臺、三司、三館臣僚，各限一月内，具議狀聞奏。仍令御史臺牒催。噫！取士擇人，茲聖王之先務；立法創制，亦賢者之存心。諒毋憚於討論，且將觀於趍捨。咨爾有位，宜體朕懷。」《文獻通考》：神宗熙寧二年，議更貢舉法，罷詩賦、明經諸科，以經義、論策試進士。初，王安石以爲，古之取士，俱本於學，請興建學校以復古。其明經諸科，欲行廢罷，取元解明經人數，增進士。詔兩制、兩省、御史臺、三司、三館議之。韓維請罷詩賦，各習大經，問大義十道，以文解釋，不必全記注疏，通七以上爲合格。諸科以大義爲先，黜其不通者。蘇頌欲先士行而後文藝，去封彌謄録之法。直史館蘇軾上議宜仍舊。上得軾疏，曰：「吾固疑此，今得軾議，釋然矣。」他日以問王安石，安石曰：「不然。今人材乏少，且其學術不一，一人一義，十人十義，朝廷欲有所爲，異論紛然，莫有承聽。此蓋朝廷不能一道德故也。故一道德則修學校，欲修學校，則貢舉法不可不變。」趙抃是軾言，安石曰：「若謂此科嘗多得人，自緣仕進別無他路，其間不容無賢。若謂科法已善，則未也。今以少壯時正當講求天下正理，乃閉門學作詩賦；及其入官，世事皆所不習。此乃科法敗壞人才，致不如古。」於是乃卒如安石議，罷明經及諸科，進士(羆)〔罷〕詩賦，各占治《詩》、《書》、《易》、《周禮》、《禮記》一經，兼以《論語》、《孟子》。每試四場，初大經，次兼經，大義凡十道，次論一首，次策三道。禮部試即增二道，中書撰大義式頒行。試義者須通經有文采乃爲中格，不但如明經墨義，粗解章句而已。取諸科解名十分之三增進士額。諸科如許用舊業，一試後非嘗應諸科人毋得創以諸科求試。其京東西、陝西、河北、河東五路，士之創試進士者，及府、監、他路之舍諸科而爲進士者，乃得用所增之額以試，皆別爲一號攷取〔一〕。蓋欲優其業，使不至外侵，則當向慕改業也〔二〕。馬端臨曰：按，科舉不足以盡取人之法，然自隋唐以來，入官者皆以是爲 43 進身之階。及其人之賢否，則初不緣此。柳子厚《送崔符序》言：「今世尚進士，故天下舉歸之而更其科〔三〕。以爲得異人乎？無也。惟其所尚，又舉而從之。尚之以孝弟，孝弟猶是人也；尚之以經術，經術猶是人也。」姚康撰《科第録序》言〔四〕：「以顔、孔爲心者〔五〕，雖日視淫靡，莫能迂其操；以桀、跖爲行者，雖日聞仁義，莫能治其性。若膺鄉舉里選，亦此流也。若搜茂材異行，亦此流也。則何必目秀才爲樸，名進士爲薄耶。」蓋唐人已有此論，即坡公之意也。但變聲律爲議論，變墨義爲大義，則於學者不爲無補。然介甫之所謂「一道德」者，乃是欲以其學，使天下比而同之，以取科第。夫其書縱盡善無可議，然使學者以干利之故〔六〕，皓首專門，雷同蹈襲，不得盡其博學詳説之工，而稍求深造自得之趣，則其拘牽淺陋，去墨義無幾矣，況所著未必盡善乎！至所謂「學術不一，十人十義，朝廷欲有所爲，異論紛然，莫肯承聽」，此則李斯所以建焚書之議也。是何言與！既罷明經、諸科，乃用其法立新科明法，以待諸科之不能改試進士者，試以律令、《刑統》、大義、斷案，中格即取。惟嘗應明經、諸科試在熙寧五年前者得試，非此類有司不受。既得官，又得預刑法官試，中者推恩有加。

三年二月十二日，詔貢院：「南省下第進士五舉、諸科六舉、曾經御試，進士六舉、諸科七舉、曾經省試下者，年五

〔一〕皆：原作「者」，據《文獻通考》卷三一改。
〔二〕當：《文獻通考》卷三一作「常」。
〔三〕故：原作「放」，據《文獻通考》卷三一改。
〔四〕第：原作「弟」，據《文獻通考》卷三一改。
〔五〕者：原無，據《文獻通考》卷三一補。
〔六〕故：原作「利」，據《文獻通考》卷三一改。

十以上，内三路者特各減一舉，具姓名聞奏。」

三月六日，詔貢院：「應景祐五年已前到省舉人，進士一舉，諸科前後兩舉，見年六十五歲已上，令本貫州縣當職官勘會聞奏，當議特與推恩。如開封府、國子監舉人，令止召見任京朝官二員結除名罪保明。其景祐五年已前到省進士前後兩舉，諸科合前後三舉，更不限年，并進士七舉、諸科八舉、年四十已上、曾經殿試者，並令赴今來御試。」

十一月五日，詔今後期喪已滿三月者，並聽應舉。

四年二月一日，中書門下言：「伏以古之取士，皆本於學校，故道德一於上而習俗成於下，其人材皆足以有爲於世。自先王之澤竭，教44養之法無所本，士雖有美材，而無學校師友以成就之，此議者之所患也。今欲追復古制，以革其弊，則患於無漸。宜先除去聲病偶對之文，使學者得以專意經義，以俟朝廷興建學校，然後講求三代所以教育選舉之法於天下，則庶幾可復古矣。所有明經科，欲行廢罷，并取諸科額内元解明經人數添解進士，仍更俟一次科場，不許新應諸科人投下文字，漸令改習進士。仍於京東、陝西、河東、河北、京西五路先置學官，使之教導。其南省新添進士奏名，仍具令别作一項，止取上件京東等五路應進士人，并府、監、諸路曾應諸科改應進士人充數。所貴合格者多，可以誘進諸科嚮習進士科業。」詔可，仍頒貢舉新制，進士罷詩賦、貼經墨義，令各占治《詩》、《書》、《易》、《周禮》、《禮記》一經，兼《論語》、《孟子》之學，試以大義。殿試策一道。諸科稍令改應進士科業。

六年二月二日，禮部貢院言：「乞依解發條，以前次科場解明經到省及明經奏名人數同比較，係若干人到省取一人奏名外，據所剩奏名人額並撥添進士奏名。雖到省人數多，合格人少，亦將不合格明經奏名人額添進士。」從之。

三月一日，詔：「秦鳳路効用進士竇長裕、竇解招納蕃部有勞，貢院考試不中格，宜依特奏名人例就試。」

七年十二月六日，熙河路經畧司言：「自置熙河路以來，惟舉人未推恩。今兩州學職掌士人該免解者，乞推恩。如禮部試下，45乞許就殿試。餘並免解。」從之。

八年五月十二日，中書門下言：「貢院申，許與不許諸科舉人叙本科免解後改應刑法，便就省試。檢會明經改應進士，已有指揮與叙已前明經得解後丁憂疾病，免解便赴省試，通理舉數。今來諸科改應刑法，亦合依明經改應進士例施行。」從之。

同日，中書禮房言：「欲令諸科舉人試斷案、大義者，以六場通考定去留高下，與其餘諸科比量分數，據合格人盡數解發。」從之。

八月二(日)〔十〕一日〔一〕，中書言國學、開封府諸科舉人孫義等訴所問題，並挑摘三兩字，至有重疊數十字者。試院亦奏義等嘗於簾前言朝廷欲廢諸科，乞預行曉示，免

〔一〕二十一日：原作「二日一日」，據《長編》卷二六七改。

使孤寒虛習勤苦。詔並駁放，内爲首者殿一舉。初，義等既就試，得所問義目，擲試卷於地，相率出外，遮宰相自訴。詔取義目進呈，而有是命。

九年正月十三日，編修貢院敕式所言：「欲乞京東、陝西、河北、河東、京西五路到省舉人，并府、監、諸路諸科改應進士人〔一〕，各作一項考校，將分數均取。」從之。

二月一日，中書門下言：「舉人自來於開封府冒貫户名應舉，計會用賄，或被告奸，則犯刑憲，終身廢棄。今欲乞遇科場，除國子監三舍生外，並令實通鄉貫，十人爲一保，召命官一員委保，納光監錢三貫，給牒應舉。其錢充試院及期集院支用。」從之。

十六日，詔：「天下進士、諸科舉人，慶曆六年已前到省進士兩舉，諸科三舉，不限年歲；進士一舉，諸科兩[46]舉，年六十以上；進士五舉、諸科六舉、曾經御試下，進士六舉、諸科七舉、省試下，年五十以上；進士七舉、諸科八舉、曾經御試下，進士九舉、諸科十舉、省試下，年四十已上。内係河北、河東、陝西進士、諸科，各減一舉外，並委本貫保明，當職官勘會詣實，依得貢舉條制。其開封府、國子監，即令各召京朝官二員委保以聞，當議特與推恩。」

十年四月十八日，詔南省進士依舊試策五道。

元豐元年七月二十五日，詔：「自今在京發解并南省考試，《詩》、《易》各取三分，《書》取二分，《周禮》、《禮記》通取二分。」先以御史黄廉言：「前歲科取逐經發解人數不均，如別試所，治《詩》者十取四五，治《書》者纔及其一。雖糊名考較，務取實藝，然學者均受經業，不容優劣相遠如此。乞自今於逐經内各定取人分數，所貴均收所長，以專士習。」故有是詔。

八月十二日，知諫院黄履言：「貢舉新敕以諸科口授舊條〔二〕，删爲進士傳義之法，立賞既重，證驗難明，施之禮闈，恐生誣罔，乞再删定。」從之。《文獻通考》：元豐元年，詔：「開封府、國子監舉人併試通取解額，其諸州不滿百人者，令漕司取便近州，各用本所額就一州考取。」御史黄廉言：「別試所解試，業《詩》者十人，而取至四五。《書》之一經，止取一人。等之業文，不應能否相絶如此。願分經立額，均收其長。」詔自今《詩》、《易》悉占三分，《書》二分，《周禮》、《禮記》通二分。又言：「朝廷多用講官考試，諸生在學，熟知其平時議論趍向，則試文易投其好，而遠士往往見黜。考官毋用監學講授人。」詔差官日取裁。知諫院黄履言：「諸科舊試記誦，故口授爲傳義，重其法禁。今大義須文，豈容口授，而重法如故，仍釀立告賞〔三〕，證左又皆其徒，慮有誣枉，請改立法。」從之。

二年正月十八日，御史何正臣言：「熙寧九年，禮部試上舍生，並於試卷印『特免』字，恐於考校未合公議。今上舍赴禮部試，乞更不印號。」從之。

二月十二日，詔：「禮部下第進士[47]七舉、諸科八舉、曾經殿試，進士九舉、諸科十舉、曾經禮部試，年四十以上；進士五舉、諸科六舉、曾經殿試，進士六舉、諸科七舉、曾經禮部試，年五十以上者，聽就殿試。三路人第減一舉。

〔一〕諸科：原脱，據《長編》卷二七二補。
〔二〕敕：原作「來」，據《長編》卷二九一改。
〔三〕釀：原作「醲」，據《文獻通考》卷三一改。

皇祐元年以前禮部進士兩舉，諸科三舉，準此，仍不限年。進士一舉，諸科二舉，年六十以上者，特推恩。」又詔開封府、國子監：「間歲科場以前到禮部，進士五舉，諸科六舉，年五十以上，許就殿試。」

八月二十六日，判國子監張瑑言：「治《禮》舉人，比《易》、《詩》、《書》人數絶少。乞自今在京發解禮部進士，《周禮》、《禮記》比他經分數倍取。」從之。

九月八日，詔五路禮部進士與新科明刑法人，通理人數均取。

四年正月十二日，中書禮房請令進士試本經、《論語》、《孟子》大義、論、策之外，加律義一道，省試二道。武舉止試孫吳大義及策。從之。

十二月二日，知諫院朱服言：「伏見在京發解禮部試進士，隨所通經，以十分爲率而均取之。乞自今考試，以義理文辭爲高下去留，罷分經均取之法。」朱墨本云無施行。

六年閏六月十四日，尚書禮部言：「舊制，貢院專掌貢舉，其印章曰『禮部貢院之印』。遇鏁試，則知舉官總領。昨廢貢院，毁舊印，以其事歸禮部，準格遇科場牒印并公事。伏緣本部分曹治事，凡十有五，貢舉乃其一事。若遇鏁試牒印，即他曹事實有闕。乞別（禱）〔鑄〕禮部貢舉之印。」從之。

七年八月二十二日，權國子司業朱服言：「天下郡縣之學皆隸本監，四方之士多出太學。將來禮部試，慮諸路舉人群集京師，自以不存學 48 籍，無糾禁稽察之法，循緣舊習，浮縱寡耻。兼本監學生交雜，相爲掩蔽，難以辨究。乞應舉人到京，或有顯過，虧損行義，若博弈鬭訟，使酒不檢，造爲飛語〔一〕，謗訕朝政，委本監檢校聞奏，比附學規殿舉。」從之。

八年二月二十三日，三省言禮部貢院火，試卷三分不收一，欲令禮部別鏁院。從之。

十九日〔二〕，尚書省言：「進士、諸科舉人，嘉祐二年以前到省，進士一舉，諸科前後兩舉，年六十以上人，令本州貫子細勘會詣實，及於貢舉條制別無違礙，結罪保明申部。内開封府、國子監，即各令召見任承務郎已上二員，亦依前項結罪委保，於本屬投下，關送禮部勘驗聞奏，當議特與推恩。」從之。

五月（四）〔三〕日〔三〕，哲宗已即位，未改元。禮部言貢院以合格進士鄭奕、江嶼、劉正夫、太史章犯高宄王諱駁放。四日，太皇太后曰：「此舉人未通知，特與收録。」蔡確曰：「法當黜，以事初過誤恕其罪，足彰盛德。例當附榜末。」從之。

哲宗元祐元年閏二月二日，尚書省言：「禮部以掌貢

〔一〕飛：原作「非」，據《長編》卷三四八改。
〔二〕十九日：疑是「二十九日」。
〔三〕三日：原作「四日」，據《長編》卷三五六改。四日在下文。

舉爲職，伏見朝廷用經術設科，蓋欲人知禮義，學探原本。近歲以來，承學之士聞見淺陋，辭格卑弱。其患在於治經者專守一家，而畧去諸儒傳記之説；爲文者唯務解釋，而不知聲律體要之學。深慮人材不繼，而適用之文從此遂熄。兼一經之内，凡可以爲義題者牢籠殆盡，當有司引試之際不免重複〔一〕，若不別議更張，（寖）〔寖〕久必成大弊。欲乞朝廷於取士之法，更加裁【49】定。」又，禮部言乞置《春秋》博士及進士專爲一經。又，侍御史劉摯言，乞貢舉進士添試賦，復置賢良茂才科，新科明法添兼經大義及減人數。詔禮部與兩省、學士、待制、御史臺、國子監司業集議聞奏，所有將來科場，且依舊法施行。《文獻通考》：侍御史劉摯奏：「國朝取士，試詩、賦、論、策〔二〕，更百餘年，號爲得人。熙寧初，以章句破碎大道，乃罷詩、賦，而改試以經，可謂知本。然今之治經，大與古異，專誦熙寧所頒《新經》、《字説》，佐以莊、列〔三〕、釋氏之書，試者累輩百千，槩用一律。其中雖有真知聖人本指，該通先儒舊説，與時尚不合，一切捐棄。且詩、賦、經義均之以言取人，賢否邪正未可遽判，第從有司去取較之。詩、賦有聲律法度，故工拙易見，所從命題者廣，故寡重複。經義命題，不出此書，既可夙（其）〔具〕，稍更數試，題多重出。既格律不嚴，難以一見判其高下，或時得竊他人之文以爲己作。此於取棄難易之間，科第當否，由之以分。願復詩、賦〔四〕，與經義兼行。其解經通用先儒傳注及自己之説，禁用《字解》、釋典，以救文弊，亦使學者兼通他書，稍至博洽。」尚書省又言：「近制，明法舉人試律令、大義及斷案，謂之新科明法。中其選者，吏部即注司法，叙名在進士及第人之上〔五〕。古者治本禮義，而刑法僅以助之。舊制，刑法最爲下科。然必責之兼經，則猶古者先德後刑之意也。今新科罷兼經，專試刑書，又所取比舊猥多，調擬之法，失其次序。欲加試《論語》、《孝經》大義，仍裁半額注官，並依科目次序。」詔近臣集議以聞。左僕射司馬光言：「取士之道，當先德行，後文學。就文學言之，經術又當先於詞采。神宗罷賦、詩及諸科，專用經義、論、策，此乃復先王令典，百世不易之法。但王安石不當以一家私學，欲蓋掩先儒，令天下學官講解及科場程試，同己者取，異己者黜，使聖人坦明之言轉陷於奇僻，先王中正之道流入于異端。若己論果是，先儒果非，何患學者不棄彼而從此，何必以利害誘脅如此其急也。至於律令勑式，皆當官者所須，何必置明法一科，使爲士者豫習之？夫禮之所去，刑之所取，爲士者果能知道義，自與法律冥合。若其不知，但日誦徒流絞斬之書，習鍛鍊文致之事，爲士已成刻薄，從政豈有循良？非所以長育人材，敦厚風俗也。」

四月十二日，詔進士經義並兼用注疏及諸家之説或己見，仍罷律義。

六月十二日，詔自今科場程試，毋得引用《字説》。從殿中侍御史林【50】旦言也。

八月二十一日，禮部言：「元豐貢舉，令諸進士於《易》、《詩》、《書》、《周禮》、《禮記》各專一經。今太學已置《春秋》博士，乞於上條内『禮記』字下添入『春秋』二字。」從之。

二年正月十五日，詔：「自今舉人程試，並許用古今諸儒之説或己見，勿引申、韓、釋氏之書。考試官於經義、論

〔一〕司：原作「同」，據《長編》卷三六六改。
〔二〕詩：原脱，據《長編》卷三六八補。
〔三〕列：原作「別」，據《文獻通考》卷三一改。
〔四〕賦：原作「復」，據《文獻通考》卷三一改。
〔五〕名：原作「明」，據《文獻通考》卷三一改。

策通定去留，毋於老、列、莊子出題。」

十一月十二日，詔禮部立詩賦格式以聞。既而禮部修立考校條令，《禮部韻》中備載，見遵用。

三年九月九日，禮部言：「勘會諸科舉人，自熙寧四年，將曾應本科人許依舊取應，新人許令改應進士及新科明法。至今已十六年，有年三十歲已下六十人。契勘當時即無年十五歲人取應諸科，顯有僞冒。緣本貫州縣即無勘驗關防之法，禮部亦無諸科專籍。今欲乞將舊曾應諸科舉人，每三人作一保，具鄉貫、年甲赴所屬自陳。仍檢元投下文字，照驗置籍，具結罪保明，送禮部類聚。置籍內不見元投下文字之人，即將干照文字勘會詣實，并召本鄉得解舉人二人委保入籍。如遇科場年分，將得解到省人照驗，有僞冒之人，并保人並依冒應法施行。合干官司，依貢舉非其人法，知情者不以赦原。後有推恩事故之人，仰州縣及禮部逐旋注籍開落〔一〕。」從之。

四年四月十八日，禮部言：「經義兼詩賦進士聽習一經，第一場試本經義二道，《論語》或《孟子》義一道〔二〕，第二場賦及律詩一首，第三場論一首，第四場子 51 史、時務策二道。經義進士並習兩經，以《詩》、《禮記》、《周禮》、《左氏春秋》爲大經，《書》、《周易》、《公羊》、《穀梁》、《儀禮》爲中經。願習二大經者聽，即不得偏占兩中經。其治《左氏春秋》者，不得以《公羊》、《穀梁》爲中經。第一場試本經義三道，《論語》義一道，第二場本經義三道，《孟子》義一道，餘如前。並以四場通定高下去留，不以人數多寡，各取五分，即零分及元額解一人者，聽取辭理優長之人。其省試奏名額準此。」並從之。

五月十九日，禮部言：「勘會經義已得旨，許兼用注疏及諸家之説或己見。緣《詩》、《書》、《周禮》三經，舊注疏與新義不同，其音釋亦有別處，慮考試官各隨好惡，取捨不一。今考校辭賦程文，乞只用舊來注疏及音義。」又言：「勘會試習《春秋》進士，緣只於正經內出題不多，今以《左氏春秋》爲大經，自合兼出題目。近添《公羊》、《穀梁》二中經，亦出題不多，合於經傳注文兼出題。又恐二傳難以稱經，乞以《公羊》、《穀梁》併爲一中經，止於經傳內出題。其先令治《左氏春秋》者不得以《公羊》、《穀梁》爲中經，乞勿行。」並從之。

〔三〕〔二〕十八日〔三〕，詔：「經義進士並習兩經，《左氏春秋》兼《公羊》、《穀梁》或《書》，《周禮》兼《儀禮》或《周易》，《禮記》兼《書》或《毛詩》。」

六月八日，詳定重修勅令所言：「兼詩、賦進士，若將《公羊》、《穀梁》、《儀禮》爲本經專治，緣卷數不多，即比其餘六經未至均當。所有兼詩、賦進士，自合依元條，於

〔一〕旋：原作「欵」。天頭原批：「『逐欵』，《大典》作『逐旋』。」今據改。
〔二〕《長編》卷四二五此句作「《論語》、《孟子》義各一道」。
〔三〕二十八日：原作「三十八日」。天頭原批：「『三十八日』，疑『三月八日』。」今不取。

《易》、《詩》、《書》、《周禮》、《禮記》、《春秋左氏傳》内各習一經。」從之。

同日，詳定重修[52]勑令所言：「近降勑，爲進士將來兼用詩賦，不專經義，遂更不分經去取。今經義進士又添治一中經，亦乞更不分經去取。」從之。《文獻通考》：元祐四年，知杭州蘇軾狀奏：「據本州進士汪溉等一百四十人詣臣陳狀稱，准元祐四年四月十九日勑，詩、賦、經義各五分取人。朝廷以謂學者久傳經義，一旦添改詩賦，習者尚少，遂以五分立法。是欲優待詩、賦，勉進詞學之人。然天下學者寅夜競習詩賦，舉業率皆成就。雖降平分取人之法，緣業已習熟，不願再有改更。兼學者亦以朝廷追復祖宗取士故事，以詞學爲優，故士人皆以不能詩、賦爲耻，比來專習經義者十無二三。見今本士及州學生員，數從詩、賦，他郡亦然。若平分解名，委是有虧詩賦進士，難使捐已習之詩〔一〕、賦，抑令就經義之科。或習經義多少，各以分數發解，乞據狀敷奏者。臣曩者備員侍從，實見朝廷更用詩、賦本末，蓋謂經義取人以來，學者争尚虚浮文字，止用一律，程試之日，工拙無辨，既去取高下不厭外論，而已得之後，所學文詞不施於用，以故更用祖宗故事，兼取詩、賦。而横議之人欲收姑息之譽，争言天下學者不樂詩、賦，朝廷重失士心，故爲改法，各取五分。然臣在都下，見太學生習詩、賦者十人而七。臣本蜀人，聞蜀中進士習詩、賦者十人而九。及出守東南，親歷十郡，及多見江、湖、福建士人皆争作詩、賦，其間工者已自追繼前人，專習經義，士以爲耻。以此知前言天下學者不樂詩、賦，皆妄也。惟河北、河東進士，初改聲律，恐未甚工。然其經義文詞，亦自比他路爲拙，非獨詩、賦也。朝廷於五路進士，自許禮部貢院分數取人，必無偏遺一路士人之理。今臣所據前件進士汪溉等狀，不敢不奏，亦料諸處似此申明者非一。欲乞朝廷參詳衆意〔二〕，特許將來一舉隨詩、賦、經義人數多少，各紐分數發解。如經義零分不及一人，許併入詩、賦額中，仍除將來一舉外，今後並只許應詩、賦進士舉。所貴學者不至疑惑，專一從學。謹録奏聞，伏候勑旨。」〔貼黄〕詩、賦亦自兼經，非廢經義也。又，詔舉經明行修科，分路立額，共六十一人，州縣保任，上之監司。監司考察以聞，各用其州解額〔三〕，無其人則缺之。王覿言：「人情，進取相妨則相擠〔四〕，若經明行修科侵用其州解額，雖名實乎應，衆必合意詆之。此科本以厚風俗，恐俗未及厚，而反敗之也。乞創額以消争進。」權知貢舉蘇軾言：「今名器爵禄出之太易，每一遇科場，進士、諸科及特奏名約八九百人。祖宗舊制，禮部奏名至御試而黜者甚多，至嘉祐末年，始盡賜出身。近歲雜犯亦免黜落，皆非祖宗本意。又進士升甲，本爲南省第一人唱名近下，方特升之，皆出一時聖斷。今禮部[53]十人以上别試，國子、開封解試，武舉第一人、經明行修進士及自該特奏而預正奏者，皆定著于令，遞升一甲。法在有司，恩不歸於人主，甚無謂也。」軾又言：「比得命案例，具今舉該特奏者，約已及四百五十人。今又許例外遞減一舉，則當復增數百人。此曹垂老，無他進望，布在州縣，惟務黷貨，以爲歸計。前後恩科命官幾千人矣，何有一人能自奮厲，有聞于時？而殘民敗官者不可勝數，以此知其無益有損。議者不過謂初政宜廣恩澤，不知吏部以有限之官待無窮之吏，户部以有限之財禄無用之人，而所至州縣舉罹其害。乃即位之初，有此過舉，謂之恩澤，非臣所識也。願斷自聖意，止用前命，仍詔考官量取一二十人，誠有學問，即許出官，其餘皆補文學、長史之類，不理選限，免使積弊之極，增重不已。」

五年七月八日，太學博士孫諤等言：「貢舉條詩、賦格式有所未盡，如韻有一字一義而兩音者，若『廷』字、『防』字、『壽』字之類，不敢輒指一聲；押用字有合用，而相私傳爲當避者，如分寸尺丈引之『引』、杼柚其空之『杼』之類；

〔一〕捐：原作「稍」，據《文獻通考》卷三一改。
〔二〕衆：原作「參」，據《文獻通考》卷三一改。
〔三〕解：原作「縣」，據《文獻通考》卷三一改。
〔四〕擠：原作「指」，據《文獻通考》卷三一改。

又有韻合押，而《禮部韻》或不收者，如傳説之『説』及『皡』字、『擴』字之類〔一〕，並自合收用。」從之。

十一月二日，右正言劉唐老言：「請治經舉人以大義定去留，詞賦而兼經義者以詩、賦定去留，並以論、策定高下，仍依舊分經考校。」從之。

十二月十八日，殿中侍御史岑象求言：「近歲南省考試，分卷取人，又五路別立額，奏名頗濫。」詔禮部詳定以聞。五路立額數目，檢會未見。

六年六月十四日，給事中范祖禹言：「左諫議大夫鄭雍奏貢舉條，程文經義每道不得過五百字，策不得過七百字，如過二分，雖合格並降一等。今辭理優長者，往往過數，欲用舊制，不以過數爲限，廣收閎博之儒。令禮部詳定聞奏。竊謂對策字數不當立限，衆所共知，其理不疑，不必更令禮部 54 詳定，乞並用舊制。」詔從之。

八年三月十三日，禮部言：「檢準元豐禮部令，諸開科場，每三年於季春月朔日取裁。本部勘會，昨元祐五年發解，至今已及三年。」詔所有今歲科場，依例施行。

五月二十七日，禮部尚書蘇軾言：「伏見《元祐貢舉勑》，諸詩、賦、論題，於子史書出，如於經書出，而不犯見試舉人所治之經者聽。臣今相度，欲乞詩、賦、論題，許於九經、《孝經》、《論語》、子史并九經、《論語》注中雜出，更不避見試舉人所治之經，但須於所給印紙題目下備録上下全文，并注疏不得漏落，則本經與非本經，與舉人所記均一，更無可避。兼足以示朝廷待士之意，本只爲工拙，爲去取，不以不全之文掩其所不知以爲進退，於忠厚之風，不爲無補。」詔從之。今來一次科場，未得出制度題目。

十二月二十四日，翰林學士范祖禹言：「竊見祖宗時，知貢舉官止以出題較藝爲職，專意掄選天下之士，間得奇偉絶異之才，由其用心精一也。承平日久，舉人寖多，比歲以來，法令益密，知舉官受接詞狀，兼治雜事，日力常苦不給，爲之者無不告勞，非復曩之優裕也。夫承平之世，政事所宜從容。況選賢取士，朝廷必重擇其人，付以文柄。今乃疲弊於吏事如此，恐非設貢舉之意也。臣愚欲乞每遇貢舉，別差禮部郎中一員專治雜事，凡詞狀之類，委知舉官判送檢法施行，庶使知舉官專意於考校，以副陛下求賢之意。」又奏：「考 55 試刑法舉人，準例差官十四人，員數過多，亦妨本寺治事〔二〕。臣等詢問，可以減半。據今舉就試人數，只合差官七人。乞今後減半差官。若就試人增減數多，即所差官亦隨數增減。其專治牒親戚官，止令考試刑法官一員兼領，並乞下禮部施行。」

紹聖元年五月四日，詔：「進士罷試詩賦，專治經術，各專大經一、中經一，願專二大經者聽。第一場試大經義三道、《論語》義一道，第二場試中經義三道、《孟子》義一

〔一〕擴：原作「濵」，據《附釋文互注禮部韻畧·貢舉條式》改。
〔二〕寺：原作「等」，據《范太史集》卷二六改。

道，第三場試論一首，第四場試子史時務策二道。」

六月十五日，太學博士詹文言：「《元祐貢舉勑令》，進士不得引用王安石《字説》，乞除其禁。」從之。《文獻通考》：紹聖元年，禮部已定御試三題條約，至三月詔仍試策，又詔進士罷詩賦，專習經義，仍除去《字説》之禁。

七月二十七日，禮部、國子監言：「議定到舉人將中經各隨大經分定，《春秋》兼《書》，《周禮》兼《易》，《禮記》兼《詩》。所有願治兩大經指揮乞不行。」詔：「將來科場，權且試一經，後次即依禮部所定。其所試《春秋》，許於三傳解經處出題。雖緣經生文，而不係解經旨處，不許出題。仍並試策三道。」

九月十一日，考試所言：「《元豐貢舉敕條》分經取人，昨元祐間兼用詩賦，即不得分經。今既專用經義，未知止取文理優長者爲合格，或分經通融分數去取。」詔依舊條，分經取人。

二年正月十三日，國子監司業龔原言：「續降勑節文，論題並於子史書出，唯不得於老、列、莊子出題。緣祖宗以來，科場出題，於諸子書並無簡擇，乞刪除[56]前條。」從之。

十二月二十三日，提點荆湖北路刑獄陳次升言：「按《貢舉敕》，舉人因子孫授封官，或進納得官，或攝授官後免解，或特奏名，而願納付身文書，赴省試、御試者聽。今欲添入『應奏授不理選限官準此』十字。」從之。

三年六月十二日，禮部言：「近準詔，今後應開封府、國子監及諸路進士、諸科，若曾經得解，叙理舉數，合該特奏名推恩及免解之人，並須於發解前具詣實，經所屬自陳，勘會詣實申部，以貢籍及證據文字審驗有無僞濫違礙。內免解者未發解前一月，特奏名者於省試開院後，立限保明聞奏。若踰限證據未明，或會問未畢，並俟圓備，次舉施行。」令禮部勘當立法。後禮部言：「得解舉人，許於發解開院限半月投納家保狀，委開封府、國子監類聚，限十日連申禮部。特奏名及免解舉人，於五月已前叙陳舉數，連家保狀兩本，經所屬自陳，勘驗詣實類聚，限八月已前結罪保明，亦連申禮部。並於開封府司録司繳申本府，國子監即於本監，即用今舉通理。合該特奏名者，於發解開院後，限半月自陳。禮部候申到，即將貢(藉)〔籍〕照據文字審驗。內免解者於發解年十二月已前，特奏名者於省試開院後七日，保明聞奏。內特奏名者用今次省試下一舉，並勘驗。」從之。

七月十七日，禮部言：「詳定重修勑令所看詳，舉人取應，群至有司，校一日之長以得科第，故其懷挾代筆，爲害最大。熙寧、元豐所立賞格，輕重適中，不爲過當。元祐一切裁減從寬，以禁則緩，以賞則薄，是使學人無復忌憚，公然懷挾代筆，以徼幸一時。除約束刑名見行刪修外〔一〕，所有賞格，願盡依熙寧、元豐舊制。」從之。

二十八日，國子司業龔原言：「將來科場，只令依舊專治一[57]經。」從之。

四年二月二十五日，詔罷《春秋》科。《文獻通考》：紹聖元年，詔禮部取凡內外試題，悉集以爲籍。遇試，頒付考官，以防複出。罷《春

〔一〕除：原作「際」，據文意改。

秋》科。凡試，優取二《禮》，兩經許占全額之半，而以其半及他經。既而復立《春秋》博士，崇寧又罷之。時(時)有建請於《詩》、《書》、《周禮》三經義中出題以試舉人者，朝廷下其議，有司承意，謂爲可行。既而右正言鄒浩言：「三經義者，所以訓經，而其書非經也。以經造士，而以非經之題試之，甚非先帝專用經術之義。」後出題訖依舊法。

十二月二十一日，監察御史蔡蹈言：「請下禮部，裒聚近年科場及國子監公試所出題目，編類成册，藏在禮部。每遇科場或國子監鏁試，牒送考官照用。」從之。

元符三年二月二十日，徽宗即位未改元。詔：「南省下第舉人，曾經御試進士七舉、諸科八舉，曾經省試進士九舉、諸科十舉，並年四十以上；曾經御試進士五舉、諸科六舉，曾經省試進士六舉、諸科七舉，並年五十以上。內河北、河東、陝西舉人更各減一舉。應曾經治平四年已前到省進士，前後實得兩解，諸科實得三解，并免解共及兩舉，諸科共及三舉，更不限年，並特與奏名。治平四年以前到省進士一舉、諸科前後兩舉，見年六十以上者，並令本貫州縣保明，送禮部貢院，次第聞奏，當議特與推恩。」

三月一日，尚書省言：「涇州新科明法范得仁狀：先名胥，請到文解，爲避親諱，改今名。自此續請到六舉。今貢院却依新條，只令以舊名就試，慮釐革請到舉數。本院檢準元符二年十月四日頒行條制，曾得解舉人，不許改名，亦不許通理後來舉數，其范得仁即難以許令依今來改名就試。本部勘會，得解 58 舉人，舊有法不許改名。緣有司失於申諭，改名者多。今若並依新法釐革，即於舉人叙年叙舉實有妨礙。」詔未降元符二年十月三日指揮已前改名舉人，並許召命官一員委保，依舊收使。以後改名者，依新條施行。

十一月二十七日，徐州州學教授范柔中言：「《春秋》之書，六經中，獨此經與《易》爲全書。自熙寧、元豐以來，廢經不講。元祐中曾置，不久復罷。遂使學者不見天地之全，聖人之妙，深可痛惜。臣欲乞依舊立博士講貫之，使孔子之志明於聖時，以慰學者之願。」從之。(以上《永樂大典》卷一〇六四三)

宋會要輯稿　選舉四

貢舉雜録 二(一)

1 徽宗建中靖國元年二月十二日，禮部言：「周杞陳乞男無逸於元符三年秋赴鄆州應進士舉，準試院牓示稱考中優等，於第三道策漏『謹對』二字駮放，詣本部披陳，乞依脱字例發解。本部看詳，舉人試卷既已立定式目，自合一體。若有不依式書寫，即恐暗作弊倖，最是緊切關防去處，與不干式樣處脱誤一二字事體不同。雖已引用前項朝旨告示施行外，竊慮向去諸路州軍等處，亦有似此疑惑，今欲乞申明行下。」從之。

三月十八日，禮部言：「(大)[太]學博士張大亨稱，近復置《春秋》科，契勘《春秋》正經内可爲題者不多，乞於正經内三傳解經處出題外，有緣經生文，即不係解經旨處，更不出題。禮部國子司業、太學博士同共議定，將中經各隨大經分定，《春秋》兼《書》，《周禮》兼《易》，《禮記》兼《詩》，《春秋》於三傳解經處出題，雖緣經生文，而不係 2 解經旨處，不許一例出題。」從之。

崇寧元年二月十日，禮部言：「河中府進士常遠猷狀，先三次請到河中府文解，兩次請到河南府文解，於今年六月内，召保官二員，經汝州自陳，乞併叙歸河中府一處，依條設後投納免解文字。看詳舉人曾於他處得解，欲併叙舉數歸一處者，久來别無立定自陳日限。昨紹聖三年創立自陳日限，在於人情，亦容有所不知。乞行下河中府、河南府，保明無妄冒，先次出給公據，許令通理，經所屬投下免解文字。如更有似此之人，在去年終以前陳乞者，令所屬候今來指揮到院，限十日内勘會，保明申部。」從之。

六月二十九日，奉議郎、太學博士慕容彦逢言：「神宗皇帝以經術造士，故科舉校所選之文，醇於義理，非深有得於經術者不能爲也。紹聖纂承，惓惓以取士爲先務，而元符之末，時事紛更，學校官稍非其選，或喜浮靡，或尚怪僻，或進縱横權變之學。其程文與上游者傳播四方，謂之新格，轉相襲蹈，以投時好。陛下監觀治體，灼見其原，追講先猷，以幸教多士，固鄉風承德矣，然餘習猶未殄也。臣願陛下因秋試進士，特詔有司，懲革其弊。其所取以義理爲先，文采爲後，凡浮辭僻論，踳駁不純者，咸沮黜之。庶幾學者唯義理之從，以副陛下繼述神考造士之意。」詔降付國學、開封發解所。

七月二十八日，臣寮言：「檢會元符三年十一月從請置《春秋》博士，仍著 3 令聽於三傳出題，此殆失神考以經術造士之意也。竊惟《春秋》之經，其文約，其義隱，非與魯

(一) 原批題爲「考試條制」，當是原整理者擬加之目。今詳其内容，與上卷相同且相接，《永樂大典》卷次亦相同或相連，故仍以「貢舉雜録」爲題。

史俱傳，則當時事實莫可稽考。今事不書於正經，而出於三傳所記述者多矣，其虛實是非，無自而知，將何以訓迪多士，發明天下義理之藴？此臣等所謂殆失神考以經術造士之意者也。乞詔進士勿治《春秋》，省博士增置員闕，正建議者罪，以定昭代繼述之休。」詔（遇）〔過〕今次科場罷。

八月十六日，臣寮言：「乞檢會元豐進士試論日兼試律義之文，參酌行之，此誠有助經術作人之道。」從之，仍後次科場施行。

二年六月八日，禮部言：「添修到《崇寧貢舉通用式》，犯不考條内添入『義論策卷輒作歌辭畫卦之類』一十二字，別不衝改前後條貫。」從之。

九月十日，臣寮言：「竊謂使士知經，咸欲如元豐之盛，莫若取諸經時文印板，一切焚毁。今後除府、監發解省試并太學補試、公私試第一名經義方許印行，其餘悉不得賈售雜亂。仍行下國子監，嚴立科條，開封府常切檢察。」從之。

三年正月二十六日，詔：「歲攷月書、鄉舉里選之法，以其間有未便事節，近委有司別行講究。慮修立法度（忽）〔忽〕遽，未易成就，猶須寬假歲月，精加考求，期於協順人情，選拔寒鄉俊秀而後已。所有後來科場，可更令參以科舉取士一次。」

十一月十七日。詔曰：「神考嘗議以三舍取士，而罷州郡科舉之令。其法始於畿甸，而未及行於郡國。肆朕纂圖，4 悉推行之，設辟雍於國郊，以待士之陞貢者，禮文咸舉，制度大備。然今州郡猶以科舉取士，而學校之法不得以顓行，故士心所嚮未一。其詔天下，將來科場，如故事外，並嚴州郡發解及省試法，其取士並繇學校陞貢。」

四年十二月十二日，大司成薛昂言：「今倣《周官》每歲考德行道義，三年大比之意，爲歲貢之制，俟滿三歲，則赴殿試。」從之。《文獻通考》：崇寧四年，詔：「將來大比，更參用科舉取士一次。辟雍、太學，其亟以此意諭遠士，使即聞之。」時州縣悉行三舍法，當官者子弟得免試入學，而士之在學者積歲月累試乃得應格。其不能輟身試補者，厪可從狹額應科舉〔一〕，不得如在籍者，三舍解試兼與而兩得，其貧且老者尤甚病之。時人議其法曰「利貴不利賤，利少不利老，利富不利貧」，故詔書及此而加以審訂，未遽廢科舉也。

五年十月一日，禮部尚書朱諤言：「奉詔令禮部將諸科六舉、四舉、兩舉已上貢舉人，具姓名人數聞奏，當議別行推恩。今契勘元祐年中置經律、通禮兩科，許於諸科額内解發。至紹聖元年廢罷，並係一舉之人，即與熙寧五年已前舊應諸科舉人不同，將來別無科額。又諸科並係熙寧元年累舉以來，自得解後，不曾到省，其間恐涉僞冒。」詔：「七舉與本科及第，六舉本科出身，五舉同本科出身，四舉與上州文學，三舉下州文學，兩舉、一舉并經律、通禮科人候將來科場更令取應一次。仍依限具合推恩諸科舉人所應科目、姓名、鄉貫、年甲、三代、户頭、舉數、年月，逐一開

〔一〕狹：原作「挾」，據《文獻通考》卷三一改。

析，勘驗委是正身，於貢舉條制別無違礙虛僞，結罪保明，聞奏施行。」

十一月十五日，禮部言：「昨開坐崇5寧五年省試下諸科，止爲係近曾到省人數，依十月一日詔，即未有合如何施行指揮。竊恐省試後內有事故之人，今來欲依已降指揮，本屬勘驗到逐旋聞奏。其未經併叙舉數者，今係理舉數推恩。若本屬保奏到內有未併舉數，亦乞通理，申明行下。」從之。

大觀二年四月二十九日，中書省言：「諸路州學限年應科舉之法，係未罷科舉已前條貫。今來士人並由學校歲貢，應緣科舉載在學令者，已依《大觀新書》衝改。所有權留三分科舉一次，其應舉人除太學已有專法外，其諸路不以曾係學籍不係學籍，自合取應，依貢舉元條施行。其國子隨行親及今年不曾附試貢士合鎖廳人，亦合令取解。」從之。

五月二十日，御筆：「自今學生願兼他經者聽。逐經分場引試，免試《論語》、《孟子》。依格取合格者，至拆號日類聚比較，以中二經爲上等，一經而在十名內者爲中等，餘爲下等，別榜曉示。諸內舍生兼經曾（人）〔入〕第二等以上者，聽與貢士兼經人同試。兼經雖試中，而本經不預貢士舉陞補，不在類聚比較之限。兼經每經十五號，取合格者一號。諸兼經人曾預貢士舉院試入上中下三等者，遇釋褐或殿試唱名日，別作一項具名聞奏。若御試唱名，上舍釋褐人曾預貢士舉院試兼經入上等者，與陞一甲，本甲上名不及十名者，仍通陞十名。中等陞十名，下等陞五名，已上如爲第一甲者，即更不陞。仍並預內外學官之選。」從之〔一〕。詳見「國子監」門。

十一6月五日，宣德郎、前利州州學教授何浩言：「朝廷一新學校，革去科舉之弊，而復興鄉舉里選之制，法令至具矣。每年一試，類差有出身人以充考試官，而應舉之士未嘗經歷學校，考以素行，徒用一日空言定爲去取。故諸州士人亦意有出身官必差充考試，而取其空言也，往往編集平昔所集經義、論策之類，猥以投贄文字爲名，交相請託於有出身官之門，以僥倖一得。且今合格之文，有司之公取也，尚不許印賣，使天下之士各深造而自得之，豈可容私自編集，以爲請託之資乎？欲乞諸路州縣應有出身之人，將來合差充考試官者，不得收接見任或他州縣士人投贄所業經義、論策文字，庶絕前日科舉僥倖之風，而上稱朝廷所以委任考求行實之意。」從之，仍先次施行。

三年正月二十日，詔：「國家承平日久，文物之盛，度越前古。今庠序之教興，科舉之制罷，試之貢院，逮七千人，有司較藝，額止百數，甚失兼收博訪之意。貢院取士，可於額外增一百人。」

二月九日，詔：「科舉已罷，士有年高德卲者，苟或棄遺，非貴老急材之道。其特奏名人，應限五舉、六舉、七舉

〔一〕從之：此二字似衍，蓋前引爲「御筆」也。

者，各特減一舉。內河北、河東、陝西又減一舉。限年六十以上者，可減五年。」

政和元年四月二十五日，吏部侍郎姚祐等奏乞《禮部貢舉令》內收入不得援引皇帝名。從之。

十一月十五日，臣寮言：「乞士大夫毋得體釋氏之説爲文，士子程[7]文有引用佛書，或爲虚無怪誕之言者，皆黜勿取。」從之。

同日，臣僚言：「伏覩神宗皇帝以聲律偶對之文，彫蟲篆刻，不足以發(輝)〔揮〕聖人之餘藴，遂罷詩賦，崇經術。元祐中，曲學陋儒自售其私，請以詩賦取士，仍争爲篇章，更相酬唱，欲鼓天下之衆而從之。哲宗皇帝深憫其弊，俄即廢革，盡復熙豐科舉之法。陛下興學養士，增光前烈，親灑宸翰，訓迪多方。元祐學術政事，悉禁毋(曾)〔習〕，然縉紳之徒，庠序之間，尚以詩賦私相傳習，或輒投進，仰瀆(聰)〔聖〕聰。蓋義理之學高明而難通，聲偶之文美麗而易入，喜易而惡難者，世俗之常情也。儻非重行禁約，爲之矯拂，恐復流而爲元祐之學矣。」詔榜朝堂，委御史臺彈劾。

二年正月九日，御筆：「契勘今次科舉，赴省試人數頗多，取數甚少，深慮遺逸人材。如增解額，即於學校非便。若依崇寧、大觀年例，增添省額，自與貢士兩不相妨。今次可特添省額一百人。以朝廷之大，增士百人食禄，亦不爲過舉，宜依此行下。」

二十四日，臣僚言：「輿論以謂，士人溺於元祐挾書之習者尚多有之，蠅頭細字，綴成小册，引試既畢，遺編蠹簡，幾至堆積。兼鬻書者以《三經新義》并莊、老、子説等作小册刊印，可置掌握，人競求買，以備場屋檢閲之用。雖其法甚嚴，而前此有司往往愛惜士風，未之舉行，遂致荒唐繆悠之人，公然抵冒，無復忌憚。竊謂義理本以待士，彼或冒法，則非士也，尚何恤乎！[8]伏望聖慈申嚴懷挾之禁，增重巡鋪縱容之責，印行小字《三經義》亦乞嚴降睿旨，禁止施行。」從之。

二月十日，詔：「契勘内外試院，自來曉示試人宗廟名諱，久例全書，兼張掛於牆壁，或鋪陳於塗路，與文牓雜處，畧無分別，使愚俗聚觀環讀，寧免指斥祖宗廟諱乎？聞之嗟惻，有瀆在天之靈。自今後仰離拆書寫，假令「瀆」字曰「水賣」之類。仍置木榜，張掛於屋下。仰立法，將上取旨。」

三月二十一日，翰林學士蔡薿等言〔一〕：「比歲學者妄相傳播，謂學校以史書爲禁，士子程文至於歷代世次先後、古人名氏顯著者，亦或差舛。乞今後時務策，並隨事參以漢唐歷代故實爲問。」從之。

四月七日，中書省内降林伯達策卷，内簽貼出「虞」當作「集」，「功」當作「竊」，及二項非所宜言八十七字，意涉詆訕等。奉御寶批：「貢院考校潮州貢士林伯達試策，用字舛訛，文辭紕繆，雖已黜落，緣論議不正，趣向傾邪，有害學

〔一〕蔡薿：原作「葵薿」，據《宋史》卷三五四《蔡薿傳》改。

術，所當懲誡。」詔：「林伯達屈出學〔一〕，送永州編管，仍永不得入學。點檢試卷官黄唐傳、參詳官魏憲送吏部，與合入差遣，知舉蔡薿降兩官〔二〕，同知貢舉慕容彦逢、宇文粹中、張漴各降兩官。」

二十六日，臣僚言：「唐開祖程試紕繆，主司校考不精，宜有薄罰，未見施行。臣竊謂程文經聖覽，親摘見其疵病，而有司失考之罪，隱忍不行，則陛下之所不見，上下誕謾以相庇覆者，豈可勝言哉！伏望睿慈詳酌，正主司差失之罰。」詔：「唐開祖經義稍齊 9 整，《孟子》義云『即水以觀性，離水以觀性』近佛語，又非是，策殊不工。知舉蔡薿、同知舉慕容彦逢、《易》義卷點檢試卷官江天一、同知舉宇文粹中、論卷點檢官江致平、同知舉張漴、策卷點檢試卷官段拂、參詳官胡伸各罰銅十斤。其唐開祖今後不得與學官、試官差遣。」

五年二月二日，翰林學士、兼侍讀王甫等言：「竊以貢院鎖宿前，朝廷專委用開封府官一員充諸司，與所差内侍預(辨)〔辦〕供帳什物等事，而於法未有前期差官點檢之文，排辦類不如法。乞每歲鎖院前十日，令諸司官及管勾貢院什物庫官具排辦足備文狀，申尚書禮部，差郎官一員專行點檢，保明申尚書省。内貢院見管什物與舉人就試書案，歲久數多，應辦不足，所存亦皆弊壞，乞特命有〔司〕措置添修。」從之，仍立法。

三月十六日，臣僚言：「伏見朝廷設法取士，最爲嚴密。陛下昨降睿旨，試院令皇城司差察事親事官二十人。唯貢士舉院别試所未有差親事官察視明文，别試所引試宗學、太學、辟雍、武舉并開封府學三舍生人數不少，與貢舉事體無異，若不預爲關防，深慮他日玩習，復容姦弊。」從之，差六人。

十八日，尚書省言：「今次就試特奏名進士一千五十七人，特奏名諸科二人。檢會崇寧五年、大觀三年、政和二年就試特奏名諸科人并第二、第三等以上所取人數。」詔：「今次特奏名進士第一、第二等所取通不得過六十人，第三 10 、第四等通不得過四百五十人。特奏名諸科隨所試合人等第推恩，餘人依條施行。」

六年十二月十日，祕書省正字孫覿言：「頃年科舉之法，三歲詔下，以廟諱御名大書之牓，揭於士人游集之地，腥穢混雜，途人蹂踐，徒致褻慢。望特詔貢士院及内外學校，如遇試，許令前期出榜告諭諸犯名諱爲不考試〔三〕，更不得揭示偏傍及板榜之類。」詔更不出榜揭示。

十四日，詔：「比來士失所守，假名代筆，挾書就試，干託請求，觀望權要，豈朕所望於士哉！已命有司重寘于法。其令監司互察，知而不舉，與同罪。提舉、教授仍加法。

〔一〕屈：似當作「屏」或「逐」。
〔二〕蔡薿：原作「蔡嶷」，據《宋史》卷三五四《蔡薿傳》改。
〔三〕試：似當作「式」。

二等。」

七年二月一日，臣僚言：「仰惟陛下緝熙先志，罷黜科舉，以學校歲貢多士，群試于有司。間者（轍）〔輒〕敢懷挾，招致人言，朝廷始以皇城司親從官察視其事。訪聞貢院所差人，不知專以察視爲職，其苛擾殆至詬詈侵辱，并及無辜，而編欄人等又或暗投文字，誣執士人，以幸賞典。欲望聖慈申命有司，禮闈之中，毋以凌蔑士人。訪聞去歲貢院引試，有於學生坐次或得文字一册者，巡鋪官争欲便牒送，賴知舉等定驗，其學生乃是治《書》，其日係試策，文字却是《易》義，事理辨明，僅逃刑憲。」詔從之，仍劄與皇城司。

三月二十六日，詔諸科三經應舉以上人，許赴來年學事司試一次。

四（年）〔月〕十四日，兵部尚書蔣猷言：「比蒙差考試，竊見試所差巡鋪官，例皆年幼，不甚諳練。乞自今後貢士貢院【11】巡鋪，並差三十以上者，庶幾皆熟條禁。」從之。

七月二十八日，禮部尚書許光凝言〔一〕：「三月二十六日詔，許諸科三經應舉以上人赴來年學事司試一次。契勘自來諸科人應舉，並經本縣自陳，勘驗申州收試。其應干取應文（藉）〔籍〕，並在所屬州縣。既未經解發，本部别無（薄）〔簿〕籍照證。欲乞行下諸路提舉學事司，預報所部州縣，委官取索自來諸科應舉公案勘驗，令三人以上結爲一保。如一州不及三人處，即召命官一員保識引問，别無違礙，本州保明申學事司收試，庶幾杜絶僞濫。」從之。既而蔡嶷等復奏：「京東東路提舉學事司申明〔二〕：『本路九州軍諸科舉人三百四十五人，未審如何紐計分數，取合格人。其考校取人分數，即未有明降指揮。兼附試新舊科明法、《尚書》、《毛詩》學究、五經、三傳人，未審合格逐科目取人〔三〕，爲復通衮取人。』本部契勘前次諸科一舉兩舉人〔四〕，許附學事司試一次。緣當時别無解額，止取就試逐色合格之人赴政和六年貢士舉院試，具得失取定。其不合格人，本部類聚聞奏。契勘今來京東路學事司申明前件事理，除前次一舉兩舉人已有逐件敕文指揮施行外，今來三經應舉終場人，止是各爲應舉，自來並不曾合格，比之一舉兩舉人事體至輕，即未審合如何施行。」詔政和七年三月二十六日并七月二十八日指揮並更不施行〔五〕。

宣和二年十二月二十二日，中書省言：「勘會自來赦文，進士曾經省試下人，許理年、理舉就大比試。昨降重和元年十一月一日并宣和元年十一月十三日赦内，除許理年就大比試外，未有理舉赴試之文。」詔諸路進士曾經省試下四舉，就許將來大比試，仍令禮部疾速施行。

三年二月二十日，詔：「太學以三舍考選，開封府及諸路以科舉取士，並依元豐法。内舍、國子上舍及未曾【12】赴上舍試貢士并國子生，並與免解，赴將來省試，以合就上舍試次數理免解次數。」《文獻通考》：宣和三年，詔罷天下三舍法，開封府及諸路並以科舉取士。惟太學仍存三舍，以甄序課試，遇科舉仍自發解。

三月十五日，尚書省言：「今次就試特奏名進士，檢會

〔一〕凝：原作「疑」，據《文獻通考》卷七四改。
〔二〕申明：原作「申命」，據下文改。
〔三〕格：似當作「以」、「按」之類。
〔四〕勘：原作「堪」，據文意改。
〔五〕二十六：原作「二十七」，據上文「三月二十六日」條改。

政和五年、八年就諸試人并第二、第四等以上取人分數，依條特奏名進士第一等已上，同科出身五經、學究、三禮〔一〕；第一等中下，登仕郎；第二等上中下，京府助教。已上所取，通不得過二十人，依舊注官。第三等上中下，上州文學；第四等上中下，下州文學。已上所取，通不得過一百四十五人。遇赦年六十以上，召保注權入官。第五等上中下，諸州助教〔式〕〔或〕攝助教。欲今次特奏名進士第一等、第二等所取通不得過三十七人，第三等、第四等通不得過二百八十人。」從之。

六月十五日，三省言：「已詔取士並依元豐法。應在京及諸路未行三舍以前，試院約束併叙舉數、違犯刑名殿舉之類，并元豐後續降申明條件，乞依舊遵守。」從之。

八月十二日，兩浙、江東、福建、淮南路德音：「勘會特奏〔明〕〔名〕進士推恩人內，有併舉未圓、合所屬保明詣省出給敕牒者，緣所屬州軍係被賊徒焚劫去處，別無案籍保明，可令禮部檢照貢籍，如委是詣實，並令給賜敕牒。又勘會東南諸路合免舉進士，昨因方賊作過，道路阻節，不曾赴省試之人，並理爲到省一舉。仍令所屬保明申禮部。」

五年二月二十九日，詔：「今來尚書禮部貢院下第舉人，進士六舉、曾經御試，八舉、曾經省試，並年五十以上；進[13]士四舉、曾經御試下，五舉、曾經省試下，並年六十以上。內河北、河東、陝西舉人，於逐項舉數內特與各減一舉。進士曾經紹聖四年已前到省，前後實得兩解，更不限年。進士曾經紹聖四年已前到省，并免解共及兩解，更不限年。令尚書禮部貢院勘會，並特與奏名，許就殿試。應進士舉人紹聖四年已前到省一舉，見年五十以上者，令本貫州縣勘會，結除名罪保明，申禮部貢院。內開封府、國子監即各召見任承務郎以上二員，亦依前項結除名罪保明，申禮部貢院勘會，逐旋聞奏，當議特與推恩。」

十月二十八日，禮部言：「江南東路轉運司管勾文字虞澈狀，先因父奏補，準告授迪功郎。緣澈元係河間府貢士，隨侍父任河北西路提點刑獄，於條移籍，入鄰路河間府學。宣和元年二月內，陞補上舍中等，貢至辟雍，撥入審是齋。至宣和二年二月內病在齋假，宣和三年正月內係長假，並不曾赴上舍試。伏覩近降指揮，未曾赴上舍試貢士，許赴將來省試。尋行下國子監勘會。指定去後，本監勘會，本人雖已授官，前係已該貢，未曾經上舍試，今來本人合依未曾赴上舍試貢士，與免解赴將來省試。如更有似此之人，亦乞依此施行。本部欲依國子監申到事理施行。」從之。

十一月一日，臣僚言：「竊見河北、河東路學事司昨奏，河間府考試官引試上舍，出《書》義題『無輕民事，惟難』，作『爲』字，合格學生張修[14]等已駁放。近據張修等經辟廱陳訴，詔元出題官〔持〕〔特〕衝替。辟廱看詳今來張

〔一〕此句疑有誤。

修等試程文，既以新義，所解無違背，惟引題處並寫作『爲』字，是依隨試官出題差錯，即非不知經旨。」詔張修、劉直忠、賀植並改作依舊陞貢。

十二月九日，中書省、尚書省言：「懷州貢士劉叔虎與劉昺係袒免無服親，伏望行下本州，令叔虎就試。」詔：「劉昺係造妖言，親屬不合連坐。今後並依常法，脚色内更不聲説。」

六年正月二十八日，詔：「天下士裒然來試禮部者踰萬五千人〔一〕，承平文物之盛，前未之有。深念省試有定額，不足以網羅俊彦，可特添省額百人，差知舉官五人。」《文獻通考》：是年賜第八百餘人，因上書獻頌，直令赴試者殆百人。有儲宏等隸大閹梁師成爲使臣或小史，皆賜之第。先是大觀三年，宦者梁師成中甲科，政和四年，以鄧洵武之子鴻臚寺丞雍進頌文可采，特令直赴庭試。自後此類頗多。八年，嘉王楷考在第一，不欲令魁多士，升次名王昂爲首。馬端臨曰：按太宗時，李昉、呂蒙正之子御試入等，上以勢家不當與孤寒争進，黜之。顔明遠等四人以見任官舉進士，上惜科第不與，特授近〔蕃〕〔藩〕掌書記，蓋惟恐權貴占科目以妨寒峻也。今親王得以爲狀元。又按端拱二年，有中書堂後官及第，上奪所授勅牒，勒歸本局，詔今後吏人無得應舉，蓋惟恐雜流取名第以玷選舉也。今閹宦與其隸皆得以登甲科，蓋至是祖宗之良法蕩然矣。王氏《揮麈録》曰：「國初每歲放牓，取士極少。如安得裕作魁日，九人而已，蓋天下未混一也。至太宗朝浸多，所得率江南之秀。其後又别立分數，考校五路舉子，以北人拙于詞令，故優取。熙寧三年，廷試罷三題，專以策取士，非雜犯不復黜，然五路舉人尤爲疎畧。黄道夫榜，傳臚至第四甲党鏄卷子，神宗笑曰：『此人何由過省？』知舉舒信道對以『五路人，用分數取末名過省』，上命降作第五甲末，自後人益以廣。宣和七年，沈元用榜，正奏名殿試至八百五人〔二〕，蓋燕雲免省者既衆，天下赴南宫試者萬人，前後無踰此歲之盛。」

七年十一月十九日，南郊制：「向罷諸路三舍法，内 15 有合三赴上舍試之人〔三〕，試數未盡，又該永免者，特許赴將來特 16 奏名試。應逐路進士，如將來省試下，除依例合減舉理年外，可特更與減一舉及遞價三年，許赴特奏名試。應舉人因事殿舉及不得入科場之人，除犯罪徒以上及真決并假名代筆、情理重人外，可並許應舉。」

欽宗靖康元年四月九日，少宰、兼中書侍郎吴敏言，願復立《春秋》學官，三歲貢舉，遂以取士。從之。

七月九日，詔：「已降指揮，復《春秋》一經。今秋試在近，可止於正經出題。」《文獻通考》：賜出身。凡士不繇科舉若三舍而賜進士第或出身者〔四〕，其所從得不一路，遺逸、文學、吏能、言事，或奏對稱旨，或試法而經律入優，或材武，或童幼而能文，或邊臣之子以功來奏，其得之雖有當否，總其大較，要有可考。熙寧四年，太子右贊善大夫吴安度試舍人院已入等，有司以安度所試《緑竹》詩背「王芻」古説而直以爲竹〔五〕，遂黜不取。富弼言《史記》叙載「淇園之竹」，正衛産也，安度語有據。遂賜進士出身。五年，祝康、李舉之試經書律令大義，而有司考之入優，遂以令賜明經出身。其後，梁子野、黄葆光賜出身，遂同進士。七年，王韶破木征，使其子淳來獻捷。帝喜甚，遂以賜之。其後，趙通在政和間擒蠻卜漏，編次用兵首末，授其子永

〔一〕裒：原作「褎」，據文意改。《漢書·董仲舒傳》：「今子大夫裒然爲舉首。」劉禹錫《哭龐京兆》：「俊骨英材氣裒然。」裒然，出衆之貌。
〔二〕名：原作「明」，據《文獻通考》卷三一改。
〔三〕原稿此句「内」字與「有」字之間空二十一行，然審文意並無闕文，今連排。
〔四〕舉：原脱，據《文獻通考》卷三一補。
〔五〕「試」原作「賦」，「王」原作「王王」，據《文獻通考》卷三一改删。

裔來奏，永裔亦得賜。八年，章惇薦大理寺丞歐陽發有史學，又得賜。九年，中丞鄧綰薦遂州布衣馮正符受賜，已而綰敗，正符亦坐附會追奪。元符元年，承務郎李景夏召對，三年，上舍生何太正應詔言事，皆特賜。崇寧二年，又賜右司郎官林攄、蘇州進士俞熹等。明年，蔡京子攸亦與焉。四年，宋喬年察訪熙河稱旨，大觀四年開封少尹張叔夜，皆以職事賜。政和中，小學生曹芬、駱庭芝以能文賜。自此達官貴胄既多得賜，又上書獻頌得之者多至百數，不勝紀矣。靖康新政，懲姦臣蔽塞，凡行義有聞，議論忠讜，悉加賜，以示好惡。張炳、雷觀、陳東、尹焞、鄧肅相望得賜，而天下知所鄉矣。（以上《永樂大典》卷一〇六四三）

【宋會要】

17 高宗建炎元年五月一日，赦：「應合特奏名人，並與理舉免試。內曾經六舉以上到省人，與登仕郎；五舉，補京府助教；四舉，上州文學；三舉，下州文學；兩舉，諸州助教。內兩舉合補助教人，願赴將來特奏名殿試者，亦聽。雖試在下等，不應出官者，亦取旨陞等。其已赴殿試，繳納敕牒，願次舉再試之人，亦依此推恩。應天府免省舉人、特奏名并就殿試，及再就殿試人，並與同進士出身。免解人與免省試。應宗室昨來預貢得解，未曾就試人，並與推恩。」

六月十三日，赦：「科舉之弊，至此極矣。苟無變通，則忠實異才之士何由而出？可自後舉，講元祐詩賦、經術兼收之制，庶學者近正。」

十二月一日，詔：「諸道進士赴京省試，今春兵革，已展一年。國家急於取士，已降指揮，來年正月鎖院。緣巡幸非久居，盜賊未息滅，道路梗阻，士人赴試非便，可將省試合取分數下諸路，令提刑司差官〔於〕轉運司所在州類試。三省措置省試合放人額，紐計正解、免解，轉運司正解並衮同，合以一十四人取一名，餘分不及一十四人亦取一名。不終場者不計。內河東路合赴試人，令附京西路轉運司所在試。國子監、開封府合就試人於開封府，諸路合就試人於轉運司置司州軍類試。內國子監合赴試人，如在外路州軍，願 18 就本路試者聽。其國子監、開封府人令留守司，諸路令提刑司，依貢舉法選差試官六員，兩路者各差三員。內開封府令留守司差御史臺官一員，諸路令提刑司臨時實封移牒轉運使副或判官一員監試，不得干預考校。如有合避親之人，專委官依公考校，所避之官不得干預。合避非本路提刑者，依本路監司法，前期牒鄰路。合避試官者，封彌官暗記送別位。應逐場試卷，不得止送一位考校。仍令監試官專切覺察。」《文獻通考》：高宗建炎元年，詔曰：「國家設科取人，制爵待士〔二〕，歲月等陰陽之信，法令如金石之堅。頃緣寇戎侵犯京邑，爰致四方之雋，已愆三歲之期。比申飭於攸司，涓上春而明試，深虞道阻，寬佇浹旬。而駐蹕行宮，時巡方嶽，非若中都當遠近之會，可使四方得道里之均。特從權宜，創立規制，分禮闈之奏額，就諸路之漕臺，俾謹擇於考官，用精蒐於實學。士省勞費，鄉蒸譽髦。悉預計偕，以俟親策。敷告多士，咸體至懷。諸道令提刑司選官即轉運置司州軍引試，使、副或判官一人董之。河東

〔二〕待：原作「侍」，據《文獻通考》卷三二改。

路附京西轉運司。國子監、開封府人於留守司，御史一人董之。國子監人願就本路者聽。」《朝野雜記》：「建炎二年，王唐公爲禮部侍郎，建言復以詞賦取士，自紹興二年科場始。曾侍御統請廢經義而專用詞賦，上意鄉之，呂元直不可而止。十三年，國學初建，高抑崇司業言：『士以經術爲本，請頭場試經義，次場試詩賦，末場試子史論、時務策各一首。』許之。十五年，詔經義、詩賦分爲兩科。於是學者競習詞賦〔一〕，經學寖微。二十六年冬，上諭沈守約曰：『恐數年之後，經學遂廢。』明年二月，詔舉人並兼習兩科，內大小經義共三道。三十一年，言者以爲老成經術之士强習辭章，不合音律，請復分科取士。仍詔：『經義合格人有餘，許以詩賦不足之數通取，不得過三分。自今年太學公補試行之。』迄今不改。先是，舉人既兼經義，詩、賦、論、策因號四科。然自更制以後，惟紹興十四年、二十九年兩行之而止。蓋舉人所習，已是爲二，不可復合矣。」 按，熙寧四年始罷詞賦，專用經義取士，凡十五年。至元祐元年，復詞賦，與經義並行。至紹聖元年，復罷詞賦，專用經義，凡三十五年。至建炎二年，又兼用經、賦。蓋熙寧、紹聖則專用經而廢賦，元祐、建炎則雖復賦而未嘗不兼經。然則自熙寧以來，士無不習經義之 19 日矣。然元祐初始復賦，欲經、賦中分取人，而東坡公上疏言：「自更法以來，士工習詩賦者十人而七。」欲朝廷隨經、賦人數多少，各自立額取人，則知當時士雖不習經、賦者十五年，而變法之餘，一習即工且多矣。至建炎、紹興之間，則朝廷以經義取士者且五六十年〔二〕，其間兼用詩賦纔十餘年耳。然共場而試，則經拙而賦工；分科而試，則經少而賦多。流傳既久，後來所至場屋，率是賦居其三之二，蓋有自來矣。

二年正月二十一日，國子監言：「近詔本監正解〔三〕、免解合赴試人於開封府類試，如在外路，願就本路試者聽。乞令所在召京朝官一員，結除名罪委保正身無僞冒，委逐路審驗收試。候開院，具收試到姓名、人數及家保狀、合格人姓名，申送禮部、本監。如有違礙，保官申取朝廷指揮，犯人并同保人先次改正駁放，仍依貢舉條法科罪。」從之。

二月二日，禮部侍郎王綯言：「諸路類省試舉人，除正解、免解人及前年秋運司得解人，所隨親見在本任者，就元得解路分類省試外，其有雖曾在運司牒試發解，而所隨親已替罷者，乞並許就見居本鄉或寄居處，召文官二員結除名罪委保就試。如涉僞冒，試人雖合格亦行駁放，保官各依法施行。」從之。

九（月）〔日〕〔四〕，禮部言：「《崇寧貢舉法》係以元豐條令及後來申明等修立，其元豐法與崇寧法不同者，自合遵依元豐法。若不該載者，即參照崇寧條令。」從之。

二十三日，詔：「諸路類試開拆試卷，並委提刑官。如提刑不在本州，委走馬承受。若走馬承受不在本州及不置路分，委類試所在州守臣。」

三月一日，起復添差京東轉運副使李祓監試舉人。20 時諸路類試以轉運使、副、判官一員監試，以京東西路闕官，故命之。

四月七日，詔：「今來下第舉人，進士六舉、曾經御試，八舉、曾經省試，並年四十以上；進士四舉、曾經御試，五

〔一〕競：原作「兢」，據《文獻通考》卷三二改。
〔二〕「以」下原有「議」字，據《文獻通考》卷三二刪。
〔三〕正：原作「生」，據文意並參下條改。
〔四〕九日：原作「九月」，據前後月日次序改。天頭原批云：「『九月』條、『二十三日』條，移『五月十四日』條後。」今不取。

舉、曾經省試，並年五十以上。内河北、河東、陝西舉人特與各減一舉。曾經元符三年以前到省，前後實得兩解并免解共及兩舉人，更不限年。令諸路轉運司、開封府保明申禮部，紹興五年以後，詔止令禮部勘會。特與奏名，許就殿試。元符三年以前到省一舉，見年五十五以上者，令本貫州縣當職官勘實無違礙，結除名罪保明，申禮部、開封府、國子監，令召見任承務郎以上二員結除名罪保明，委本屬關送禮部勘驗，逐旋聞奏，當議特與推恩。」紹興元年十一月二十二日詔，崇寧二年以前到省；五年七月十一日詔，崇寧五年以前到省；八年五月二日詔，大觀三年以前到省；十二年二月二十四日詔，政和二年以前到省；十五年二月五日詔，政和五年以前到省；十八年三月四日詔，政和八年以前到省；二十一年四月九日詔，宣和三年以前到省；二十四年二月十五日詔，宣和六年以前到省；二十七年二月十五日詔，建炎二年以前到省；三十年二月十九日詔，紹興二年以前到省。以上並同建炎二年之制。《文獻通考》：按，仁宗嘉祐二年，廷試始免黜落。然則自後凡經御試者，無不出官之人。今中熙、豐年間，亦嘗有曾經御試推恩之令，蓋爲嘉祐二年御試不中者設也。今中興之初，復有此令，則自建炎上距嘉祐以前蓋七十餘年，豈復有曾經御試之人乎！又恐是爲特科試入下等、不理選限、未出官者而設。蓋此曹亦謂之曾經御試，故令其再試而官之，以示優渥之恩。史志所載不明，當攷。

同日，詔：「進士請到解并免解，因事故不曾赴今次試人，與理爲到省一舉。進士兩處取解已及今次特奏名舉數人，雖已違限，未曾經所屬保明併舉之人，特許併舉推恩。進士 21 元符三年得解，因事故至崇寧二年到省試下人，理元得解年，爲省試下。進士門引不到，因事故赴試不及，若舉數已該奏名，依南省下第人例，令禮部勘實，疾速施行。如合該取會并下所屬保明之人，且令就試，不給唱名號。其勑牒等，並令禮部收掌。候到，如無違礙，召保官當官給付。若有違礙，即具因依并勑牒等繳申尚書省。」紹興元年十一月二十二日詔，崇寧五年得解，至崇寧二年得解，至崇寧五年到省；五年七月十二日詔，崇寧五年得解，至大觀三年到省；八年五月二日詔，大觀二年得解，至政和二年以前到省；十二年二月十四日詔，政和元年得解，至政和五年以前到省；十五年二月十四日詔，政和四年得解，至政和八年以前到省；十八年三月四日詔，政和七年得解，至宣和三年以前到省；二十一年四月九日詔，宣和二年得解，至宣和六年以前到省；二十四年二月十五日詔，宣和五年得解，至建炎二年以前到省；二十七年二月十五日詔，靖康元年得解，至紹興元年以前到省；三十年二月十九日詔，建炎四年得解，至紹興五年以前到省。以上並同建炎二年之制。

五月三日，詔：「舊試論日兼試律義并改試《孫子》義指揮，並更不施行。」先是，臣僚建請，乞以七書代律義。得旨：自後舉兼試《孫子》義一道，其律義更不施行。禮部侍郎王綯言：「昨兼律義舉人，全以功力治經之外，方及論策。以律義不繫去留陞降，不暇留心，但無雜犯，並鑿合格。若以《孫子》義代之，又爲文具。今已復元祐詩賦、經術兼收之制，元祐兩科試論日不兼律義。」故有是命。

同日，中書省言：「已詔後舉科場講元祐詩賦、經術兼收之制〔一〕。今參酌擬定：元祐法習詩賦兼試經義，今欲習詩賦人止試詩賦，不兼經，第一場詩、賦各一首，第二場論一首，第三場策三道。元祐法不習詩賦人令治兩經，今欲習經義人依見行止習一經，第一場本經義三道，《論語》、

〔一〕兼收：原作「兼將」，而塗抹「將」字，今據《建炎要録》卷一五改。

《孟子》義各一道，第二場論一首，第三場策三道。解額、[22]省額，舊法考校，依條以所治經十分爲率均取。若有餘不足，聽通融相補，各不得過三分。今欲計數各取，通定高下，除詩賦自無有餘不足外，將諸經聽通融相補，不得過三分。數内逐經各留一分，添取詩賦。如無合格人，聽闕。殿試並同試策。詩賦、經義兩科，欲注疏、《三經義》，許從使用〔一〕，取文理通者。音義如不同，聽通用。徐、尹、平，音義同。餘並依格。」從之。

十一日，曲赦：「河北、陝西、京東路逐路免解舉人，應今年就省試下，而舉數、年甲各應特奏名條格者，並與特奏名。謂如八舉、年及四十歲，五舉、年及五十歲之類。内又因守禦該賞者，與陞等推恩。應逐路舉人本因舉數或年限已該常免解，而又因守禦功賞得常免解者，亦與特奏名。」

十四日，禮部言：「欲將應該恩舉人家狀内以前爲病故，不曾赴省試，實有建炎元年五月十四日以前赦恩，依條召保官經所屬給到公憑之人，即與理舉數。其去年五月一日以後旋給到公據，並不許收使。」從之。

十月二十三日，大理少卿吳瓌言：「國家科舉，兼用詩賦，而《政和令》命官不得詩賦私相傳習之禁，尚未删去，望令刑部删削。」從之。

十一月二十三日，赦：「諸路省試到并合格特奏名試人，以道路艱阻，既到行在，已過試期，不願赴將來殿試人，親身經禮部陳狀，勘驗詣實，召京朝官二員結除名罪委保，申尚書省，正奏名賜同進士出身，特奏名與州助教，仍依下州文學恩例。」三年十一月三日德音，紹興二年閏四[23]月五日，詔「在外正奏名令逐路漕臣據元舉送奏狀鄉貢〔二〕、治經驗實，特奏名驗實年甲、舉數，並召保官保明，申尚書省」，九月四日赦，並同此制。

四年十一月十二日，尚書省言：「自來省試，正月鎖院。今來諸路進士解榜，道途梗澀，猶未盡到，欲改八月上旬，定日就行在鎖院。」從之。

紹興元年正月初一日，德音：「太學上舍已該再免省試，合赴紹興七年殿試人，特免赴殿試，並與賜同進士出身。下等上舍免解，合赴省試一次，至紹興四年再免，方合赴殿試人，特令赴今次殿試。内舍優等、平等校定人，依昨降指揮，各有免解次數，並與遞減省試一次。」

二月二十九日，詔曰：「朕宵衣圖治〔三〕，側席思賢。昨詔諭於綿區，俾賓興於髦俊。兹閲賢書之獻，將偕計吏之來。言念杪秋〔四〕，適當大饗。有司校藝，於祀事以或妨；多士在途，恐行期之靡逮。姑從近制，分試外臺。用比歲之彝章，臨大庭而親策。既克成於朕志，亦良便于爾思。可將省額合取分數，下諸路提刑司，差官於轉運司所在州類試。就今年八月上旬内擇日引試，於來年三月上旬

〔一〕「從」下疑脱「便」字，或「使」當作「便」。
〔二〕鄉貢：似當作「鄉貫」。
〔三〕宵：原作「霄」，據文意改。
〔四〕杪：原作「抄」，據文意改。

擇日殿試。」

六月九日，臣僚言：「竊見近詔諸路進士令提刑司差官於轉運司所在州類試。然改科之初，考試官未必盡曉詞賦。去秋榜出，遠方之士訴有司者已多。今若止令提刑司差官，不惟預有干請，亦恐未必皆係通習聲律之人，則所差可知矣。乞詔執政大臣，於諸路漕憲或帥守中擇詞學之臣總其事，使於所部精選考試官，務令公審，庶幾 24 上副設科更制之意。」從之。除分鎮路分令提舉茶鹽事司依諸路轉運司類試條例外，詔兩浙路差提刑施坰、福建路差帥臣程邁、江南東路差帥臣呂頤浩、江南西路差帥臣朱勝非、荆湖東西路差轉運判官孫綬、廣南東路差帥臣趙存誠、廣南西路差轉運判官王次翁，其川陝路並令張浚於逐路帥臣、轉運、提刑内選差有出身之人。

八月十九日，詔五路舉人依舊制別項考校，每一十四人取一名，如有零分，聽更取一名。已而滑州進士翟軫陳乞依建炎二年例，與諸路進士衮同考校。得旨依，自後每舉皆衮同考校。

九月四(月)〔日〕，赦：「川陝進士趁赴今年殿試不及之人，雖合令本路漕臣保明，並許赴宣撫司自陳，令本司保明，申尚書省給敕。」

十二月二十二日，宰執進呈侍御史曾統論進士設科，乞止用詞賦，未須依元祐兼經。上曰：「經術、詞賦取士各有説。神宗皇帝尊崇經術，方時承平，王安石之説得行，蓋以經明道，謂非堯舜之道不敢陳於王前。朕觀古今治亂，多在史書，以經義登科者，類不通史。」呂頤浩曰：「經術、詞賦均以言取人，今若且用詞賦，亦得顧所得人材如何耳。」

二年五月十八日，詔董憫特送五百里外州軍編管，永不得應舉，其保官除名勒停。憫召保陳乞年五十二、五舉合赴特奏名，禮部照元年家狀，年五十六，共兩舉，前後不同故也。

三年六月七日，詔：「四川得解進士，有願赴行在省試之人，給與進義副尉驛券，津遣前來。」

四年六月十四日，詔：「川陝合赴省試人，令宣撫司於置司州軍置試院，選差有出身、清强、見任轉運使副或提點刑獄官充監試，於逐路見任京朝官内選差有出身，曾任館職學官，或有文學官充考試 25 官，務依公精加考校，杜絶請託不公之弊。」

五年正月七日，詔將來省試，權展至今年六月十六日鏁院。時車駕幸平江府故也。

六月十五日，御史臺主簿閭丘昕言：「崇、觀、宣、政以來，士不以心明經，而以經明經，發爲文辭，類皆骫骳。今四方多士群試於大宗伯，詎可復取無用空言？伏望訓飭有司，商搉去取，毋以摛繪章句爲工，而以淵源學問爲尚。或事關教化，有益治體者，不以切直爲嫌；或言無根抵，肆爲蔓衍者，不在採録之數。庶幾網羅得人，可備他時器使。」詔令禮部行下貢院照會，仍出榜曉諭。

二十二日，詔：「應省試舉人程文，許通用古今諸儒之説，并出自己意，文理優長，並爲合格。行下省試院照應及出榜曉諭。」七年亦同此制。

七月十七日，詔：「今次省試舉人除合取人數外〔一〕，特更取十名。有官鎖應宗子零分，特更取一名。」

十一月十九日，詔令川陜宣撫司將今次合該特奏名進士〔二〕，置院差官試時務策一道，其取人分數并推恩等第，令禮部開具，申尚書省，行下本司照會。

七年八月十八日，宰執進呈禮部侍郎吳表臣論科舉當通取詩〔三〕、賦、策、論，上曰：「文學政事，自是兩科。詩、賦止是文詞，策、論則須通知古今，所貴於學者修身齊家治國以治天下。專取文詞，亦復何用！」

八年五月十二日，詔：「韓愈《昌黎集》中有佐佑六經、不抵捂於聖人之道者，並許出題。」從翰林學士知貢舉朱震請也。《文獻通考》：紹興 26 九年，詔：「陜西久陷僞境，理宜優異。若與四川類試，必不能中程式。其令禮部措置，別號取放。」川、陜分類試額自此始。御史中丞廖剛言：「國朝三歲一舉，每以今年大禮，明年科場，又明年省殿試爲準。故注授人先後到部，不至攙併。今科試、明堂，同在嗣歲，省司財計難以應辦，一不便也。近歲初官待闕，率四五年，若使進士、蔭人同時差注，二不便也。更展一年，則舊制合矣。」天子是其議。其來年，詔曰：「三歲賓興之制，肇自治平，爰暨累朝，遵爲彝典。頃緣多故，洊展試期，致取士之年，適當宗祀，而入仕之衆，併集銓曹〔四〕，攸司困供億之繁，多士興滯留之歎。宜從革正，用復故常，庶蔵事惟均，有便於國，調官無壅，亦便爾私。其紹興十年諸州依條發解，於紹興十二年正月省試，三月殿試。自後科場，視此爲準〔五〕。」

十年二月十七日〔六〕，詔曰：「永惟三歲興賢之制，肇自治平，爰暨累朝，遵爲彝典。頃緣多事，洊展試期〔七〕。致取士之年，屬當宗祀。宜從革正，用復故常。可除科場於紹興十年，仰諸州依條發解外，將省、殿試更展一年，於紹興十二年正月鎖院省試，三月擇日殿試。其向後科場，仍自紹興十二年省試爲準〔八〕，於紹興十四年，令諸州依條發解〔九〕。內將來紹興十二年特奏名合出官人，有年六十一歲者，許出官一次。」先是禮部言：「建炎元年省、殿試，因軍興展至建炎二年。次舉省、殿試，合儹至紹興元年。除省試分諸路轉運司類試外，其殿試又爲明堂相妨，再展至二年。續於五年、八年兩次省、殿試，合係十年秋舉，十一年省、殿試。今臣僚奏陳，若展一年科場，於今年大禮不至相妨，并特奏名人到部，與正奏名(又)〔人〕注授不至倒置。其向後科場，自十二年省試爲準，於十四年令諸州發解。如此則經久依得祖宗舊制，委不相妨。」故有是詔。

九月十日，詔：「應進士、貢士、特奏名， 27 將來科舉合補文學，可依赦前授命人法施行。」

二十五日，詔：「應得解得貢諸路舉人，自省試下至紹

〔一〕合：原作「名」，據本書職官一三之九改。
〔二〕陜：原作「峽」，徑改。
〔三〕通取：原作「道取」，據文意改。
〔四〕曹：原作「漕」，據《文獻通考》卷三二改。
〔五〕視：原作「示」，據文意改。
〔六〕二月十七日：《建炎要録》卷一三四繫於二月八日癸丑。
〔七〕洊：原作「游」，據《建炎要録》卷一三四改。
〔八〕十二年：原作「十三年」，據《建炎要録》卷一三四改。
〔九〕令：原作「州」，據《建炎要録》卷一三四改。

興十一年，已及一十二年之人，如有紹興十年秋試得解，候將來過省，殿試唱名，取旨別與陞名推恩。」

十二年二月四日，禮部貢院言：「別試避親有孤經人，欲依《崇寧貢舉令》却送貢院，與本院同經人一處收試，止合避所避之官，令過落司送別位考校。」從之。

三月十四日，詔：「進士、貢士已係四舉、年五十以上，七舉、年四十以上，各許將昨展過省，殿試三年理爲一舉，并自到省試至今已及二十七年，前後實得兩解貢并免解共及兩舉人，並特與奏名，許就殿試。」十五年三月初九日詔同。三十年二月十九日，詔：「諸進士若係四年得解，五年到省試下之人，與理作三年到省試下，作二十七年。」餘同。

十三年二月二十(三)〔二〕日〔一〕，國子司業高閌言：「復興太學，宜以經術爲本。今條具三場事件：第一場，元豐法，紹聖、元符、大觀同。本經義三道，《論語》、《孟子》義各一道，今太學之法正以經義爲主，欲依舊；第二場，元祐法，賦一首，今欲以詩、賦；第三場，紹聖法，論一首、策一道，今欲以子史論一首并時務策一道。如公試法，自今日始，永爲定式。」從之。

四月三十日，高閌又言：「《貢舉令》，諸《春秋》義題，聽於三傳解經處出，此法殊失尊經之意。今欲只於《春秋》正經出題，庶使學者專意經術。」從之。紹興十四年，吏部員外郎嚴抑言：「正經其辭至簡，爲題者歷歷可數，使士子私習滿百篇，則有司出題殆無逃者。罷去三傳，雖曰尊經，其於考校，實有未便。」詔依《崇寧貢舉法》，於三傳解經出題。

十一月八日，[28]南郊赦：「昨下第進士、貢士，應政和二年已前到省一舉，年五十五以上者，已詔令本貫州縣驗實，結罪保明推恩。有本貫阻隔，致未霑恩之人，許依開封府、國子監進士，於所在州縣召見任承務郎以上二員，結除名罪委保，當職官同罪保明，申禮部驗實以聞。」自後明堂、南郊赦皆同此制，惟到省年不同，已見於每舉許推恩詔。

十四年八月二十五日，宰執進呈殿中侍御史汪勃奏：「今日科場，當國學初建，萬方多士拭目以觀取捨。欲望戒勅攸司，一去一取，尤在所遴。苟專師孔孟而議論粹然，一出於正者〔二〕，在所必取；其或採摭專門曲說，流入迂怪者，在所必去。」上曰：「汪勃所論甚善。曲學臆說，誠害經旨，當抑之，使不得作，則人之心術自正矣。可依所奏。」

十五年正月十三日，詔：「詩賦、經義分爲兩科，各計終場人數爲率，依條紐取。試經義人，第一場本經義三道、《論語》、《孟子》義各一道，第二場論一首，第三場策三道。試詩賦人，第一場詩、賦各一首，第二場論一首，第三場策三道。」

十八年二月五日，禮部言：「省試係是遴選實才。訪聞就試舉人內，有勢力之家，多輸賄賂，計囑應試人換卷，代筆起草，并書真卷，或冒名就試，或假手程文，自外傳入，

〔一〕二十二日：原作「二十三日」，據本卷後文選舉四之三二紹興二十七年「二月一日」條及《禮部韻略·貢舉條式》改。

〔二〕於：原作「校」，據《道命録》卷四改。

就納卷處謄寫。宜嚴行禁止，依條許人并就試舉人告捉，委的實犯人，從貢院先送所司，申朝廷重作施行。告獲人優與推賞。」詔依，內士人該賞取旨補官，仍賜出身。《文獻通考》：紹興十九年，詔：「自今科〔詔〕〔試〕前一歲，諸軍州及屬縣長 29 吏籍定合應舉人，以次年春，縣上之州，州下之學，覈實引保，赴鄉飲酒畢，送試院。其臨期投狀射保者，皆勿受。」自熙、豐間程顥、程頤以道學倡于洛，海內皆師歸之。中興以來，始盛于東南。士子科舉之文，稍祖頤說。先是，陳公輔上疏詆頤學，乞行禁絕，而胡寅辨其非。禮部侍郎周葵言：「科舉足以取士，近年主司迎合大臣之意，多取經傳之言可爲諛佞者以爲問目。學者因之，專務苟合時好。如論伊尹、周公，則競爲歸美宰相之言；《春秋》譏貶失禮，則指爲褒稱之事。悖戾聖人之意，大率類此。至於前古治亂興亡之變，以時忌絕口不道。後生晚輩，往往不讀史書。望詔有司，選通經博古之士置之上游，其穿鑿迎合，議論乖僻，不合體式者，皆行黜落。若矯枉過正，不顧所問，務爲詆訐者，亦復勿取。」從之。

二十年九月十二日，侍御史曹筠言：「近年考試，多以私意取專門之學。至有一州而取數十人，士子忿怨，不無遺才之嘆。欲望戒飭試院，其有不公，令監察御史出院日彈劾。」從之。

二十一年二月二日，殿中侍御史湯允恭言：「前次省闈就試之士，或有憑藉多貲，密相賄結，傳義代筆，預爲宴會期約。凡六七人共撰一名程文，立爲高價，至數千緡。今年省試，望明賜戒敕，犯者必行。許同試舉人陳告，取旨免省。」

二十六年三月二十二日，詔：「今後省試、太學國子監公試、發解銓試并試刑法，令國子監印造《禮部韻略》、《刑統》、律文、《紹興敕令格式》，並從官給。」上先諭宰執曰：「自來舉人許帶《禮部韻略》入試院，多緣此夾帶別文字，難以檢察。」故有是詔。

同日，執政進呈類試院人吏兵士邀阻赴試人，乞取錢物事。上曰：「聞試院中整肅，士人極喜，自此有實學者進而寒俊之士伸矣，僞濫苟得者革而僥倖之風息矣。祖宗貢舉之法無不周備，顧有司奉行如何耳。可令類試所嚴行禁止，仍令禮部立法。」

六 30 月八日，宰執進呈祖宗典故：「乾德六年三月，王（祐）〔祜〕知貢舉，擢進士陶邴中第，邴乃翰林學士承旨穀之子〔一〕。翌日詣（閣）〔閤〕門謝，帝曰：『如聞穀不能訓子，安有登進士第者？』遽命中書覆試，詔：『自今應諸色舉人內有父兄食禄者，委禮部貢院於奏名之時，並別具開析，當議更與覆試，貴於公道無所屈焉。』」上曰：「秦塤中甲科，所對策敘事皆檜、熺語，灼然可見。朕抑之，置在第三，不使與寒士爭先。祖宗故事，今可舉行。」遂詔貢院遵依咸平三年三月詔旨，所試合格舉人內有權要親族者，具名以聞。

十五日，祕書省正字葉謙亨言：「向者朝論專尚程頤之學，士有立說稍異者，皆不在選。前日大臣則陰祐王安石，稍涉程學者，至一切擯棄。程、王之學，時有所長，皆有所短，取其合於孔孟者，去其不合於孔孟者，皆可以爲學矣，又何拘乎？願詔有司，精擇而博取，不拘以一家之說，

〔一〕穀：原作「榖」，據《宋史》卷一五五《選舉志》一改。下同。

而求至當之論。」上宣諭曰：「趙鼎主程頤，秦檜尚王安石，誠爲偏曲，卿所言極是。」於是可其奏。

八月九日，户部尚書韓仲通、右正言凌哲、御史中丞湯鵬舉言：「提舉淮東常平茶鹽朱冠卿奏：『故相當權，不遵祖宗故事，科舉雖存，公道廢絶。前舉一榜，如曹冠、秦塤、周寅、鄭時中、秦焞、鄭縝、沈興傑、秦焴凡有八人〔一〕，其間多是乳臭小兒。至於素不知書，全未識字者，濫竊儒科，侵占省額。欲乞於曹冠等階官，以右易左，俾正流品。却將向來侵取人數，復還[31]今舉省額。』詔令侍從臺諫看詳。臣等看詳冠卿所奏，甚當物議。但以有官人赴試者，合帶右字；如無官人赴試，合行駁放〔二〕。然後以前榜侵取之數，於後榜收使〔三〕。」從之。

十六日，宰執奏：「科舉引試，有數人傳受者，已依條施行。如宗子善積懷挾，亦令扶出，示天下至公。自此科舉之弊，當盡革去。」上曰：「朕於此事極留意。異時宰執、侍從皆由此途出，豈容冒濫〔四〕，所謂拔本塞源也。」

閏十月二十四日，宰執進呈權兵部侍郎、兼國子祭酒楊椿言：「今時經學者白首一經，如蠹書之魚，詞賦者駢四儷六，如兒女之戲，而皆不讀史。乞下明詔訓導，使學者博約兼通。」上曰：「士人不習史，何以知古今治亂興亡之迹？」沈該等曰：「誠如聖諭。今來臣僚所言，當劄下國子監，令長貳曉諭諸生。」上曰：「又舉人多習詩賦，習經義者絶少。更數年之後，恐經學遂廢。當議處此。」沈該等曰：「前此固嘗以經義兼習詩賦，若兩科兼習，庶不偏廢。欲乞來春省試畢施行。」上曰：「甚善。」

二十七年正月一日，詔遵依咸平典故，以見任兩省、臺諫、侍從以上有服親爲權要，候放榜日，令禮部將過省合格人姓名取索有無上件服屬人，開具聞奏。自後每舉申明舉行。

十日，詔：「經義、詩賦兩科合格人，如有餘不足，内詩賦不得侵取經義。若經義文理優長，合格人有餘，許將詩賦人材不足之數，聽通融優取。仍以十分爲率，不得過三分。」以臣僚言：「學者[32]競習詞賦〔五〕，治經甚少，又於六經之中，舍其所難，則經學寖微〔六〕。乞於二科所取分數，稍損詩賦而優經義。」故有是命。

二月一日，詔：「今後國子、太學公私試及將來科舉取士，並令兼習經義、詩賦。内第一場大小經義各與減一道，餘依紹興十三年二月二十二日指揮施行，永爲定制。」

五日，詔：「今後考校，如二《禮》文理優長，許侵用諸經分數，特與優取。」以尚書省言近年習二《禮》之人最少，

〔一〕凡：原作「辭」，據《建炎要録》卷一七四改。
〔二〕駁：原作「剥」，據《建炎要録》卷一七四改。
〔三〕收：原作「狀」，據《建炎要録》卷一七四改。
〔四〕豈：原作「若」，據《建炎要録》卷一七四改。
〔五〕競：原作「兢」，據文意改。
〔六〕寖：原作「寢」，據文意改。

理宜優異，故有是詔。

二十八年二月三日，宰執進呈太學録陳良祐奏：「比詔兼習經義、詩賦，然法行之初，學者不復加意聲律，而有司考校，又專以大義定去留。欲望申敕有司，自今考校，通取經義、詩賦之優者。」上曰：「今兼用兩科，已有定制，若更議改易，恐士無所適從。」宰臣沈該等奏曰：「良祐請令有司於經義、詩賦各取其優，使不相勝，欲依所奏。」從之。

四月二十六日，禮部言：「就試舉人懷挾，詔（令）〔令〕重別增立法禁。今欲應因懷挾殿舉，並令實殿舉數，不以赦恩原免。如再犯，永不得應舉。」從之。

十一月二十三日，南郊赦：「進士被州縣刑責，依條令所屬審定，保明聞奏。慮恐所屬多係元斷官司，嫌避遷延，不爲保奏，仰諸路監司遇有訴理之人，即取索元案看定，如委係枉斷，即令所屬疾速依條保奏施行。」

二十九年三月二十八日，宰執進呈監察御史、公試補試類試監察試官沈樞奏〔二〕，乞少寬傳義之禁，慮有不實。上曰：「33向來舉場縱弛太甚，此奏若行，又復前日之弊矣。朕所以必欲禁止者，以取士之原，實在於此。異時公卿大臣皆繇此塗出，利害至重。況挾書傳義，類非佳士。儻使有實學、知廉恥者，必不肯爲。樞此奏蓋欲沽士人之譽爾。」沈該奏曰：「乞更不施行。」從之。

七月四日，四川安撫制置使司言：「準詔四川類省試用九月十五日鏁院。緣去行在地理遥遠，若以九月十五日鏁院，依條限考校，至十一月放榜，竊恐舉人趁赴御試不前。欲望於八月内鏁院。」從之。

八日，四川安撫制置使司言：「合赴類省試得解、免解人，緣夔路州軍地里遥遠，臨試取會不及，欲内有小節不圓之人，先收試。如後來有違礙，雖試中即行駁放。」從之。

九月十四日，侍御史朱倬言：「近者國學發解，凡六經人數通一千一百七十六人，而治《書》者七百七十有八人。餘合五經之數，不及其半。至於二《禮》，若亡而僅有。欲望委大臣精加訂議，率以十分，痛損《書》之有餘，以補二《禮》之不足。其他三經，併行裁定。仍乞擇精於二《禮》者，俾爲博士。」從之。

十一月二十二日，禮部言：「將來省試依條正月九日鏁院，合於十二月二十五日以前引保納卷，其限外續到舉人，若（鍊）〔鏁〕院後、引試前，内有續到之人，欲許赴部引保，納卷收試。」從之。

三十年正月二十七日，禮部貢院言：「引試有官鎖應宗子三十四人，内一名公高治《春秋》，係孤經。欲乞將公高試卷依34公精加考校，如文理優長，即乞前期具合格真卷，繳申尚書省，取朝廷指揮。如不合格，乞從本部一面黜落。如已後更有無官取應孤經之人，亦乞依此。」從之。

四月二十五日，禮部言：「取應宗子趙師古，三經覆試

〔二〕監察試官：「察」字似衍。

(十)〔不〕中，年四十三歲，乞推恩。依已降赦文，應宗子三經覆試不中，令禮部具申尚書省，取旨推恩。兼依條宗室非袒免親服取應三經，覆試不中，年四十以上者，勘會申尚書省取旨，量材録用。」詔與補承信郎。

三十一年二月二十二日，詔：「經義、詩賦依舊分爲兩科，取士分數依紹興二十七年正月十日指揮，詩賦不得侵取經義。若經義文理優長，合格人有餘，許將詩賦人材不足之數聽通融優取。仍以十分爲率，不得過三分。自今年三月太學公補試爲始。」以臣僚言：「自經義、詩賦合爲一科，老成經術之士强習辭章，不合聲律；後生習詩賦者，不能究經旨淵源。場屋之内，病於偏枯。策問太寡，議論器識無以盡人，有司去取不以此爲重輕。士守傳注，史學浸廢。」故有是詔。

二十三日，國子録鄒樗言：「多士程試，拘於時忌之説，蓄縮畏避，務爲無用空言。至有發明胸臆，援證古今者，苟涉疑誤，輒以時忌目之，不得與選，使人抱遺材之恨。欲望布告中外，應場屋程文有涉疑誤被黜汚者，依理考校，不許以時忌繩之。庶使去取精確，文風丕變。」從之。

五月十六日，臣僚言：「比年科舉之士，益尚奇怪。科舉之文，風俗之所趨也，異説勝則詭激之行起。欲望嚴飭有司，凡務爲奇説，而不本於聖人之旨者，痛加掃除。庶幾35人知所嚮，習正言，聞正道，風俗可得而厚。」從之。以上《中興會要》。

孝宗紹興三十二年未改元〔一〕。六月十三日，登極赦文：「應舉人除犯徒罪以上及真決人外，其餘因事殿舉及不得入科場之人，雖有不以赦降原免指揮，可並許應舉。」

同日，赦書：「勘會太學、國子學、武學生係是久被太上皇帝教養之士，宜因慶霈，特加優異。應見在籍人，並與免文解一次。已係免解人，候登第日，與陞甲。如就特奏名試，亦與陞等推恩。上舍已係免省人，特與先次釋褐，賜進士出身。内願赴將來殿試者，與堂除差遣一次。」

隆興元年正月十四日，右諫議大夫劉度言：「竊聞貢院爲赴試人衆，分爲三場，而第三場專引外州覃恩免解人，臣未敢以爲然。何以言之？向年覃恩免赴試人，得者最少，以此懷疑，謂主司特别撰號，陰爲擯黜之計。雖實無此事，而語言籍籍，不可開曉，非清朝至公之體也。欲乞將赴試人不拘中外，得解免解，互相參雜，止據經義、詩賦人數，通融相補，分作三場，混同考校。將來得失多少，自繫程文工拙，初無彼此形迹。下以示主司之無心，唯才是取；上以彰聖恩之廣大，實惠具孚。法意人情，皆爲允愜。」從之。

十六日，詔禮部貢院，以前舉取過人數，共添取一百人。

二十七日，禮部貢院言：「去年覃恩免解進士，除鼎、劍州不曾申數外，國學一千三百四人，建寧府一千八十九人，洪州二百三十八人，宣州二百七人，計二36千八百三十八人。内八百六十五人未就試，欲乞於近所獲旨增添一

〔一〕未：原作「末」，據文意改。

百人額内，存留三十人，充未到人合取之數。」從之。

二月十日，禮部貢院言：「承前逐舉省試奏號，多不過三百。所差拆號官率以下晡到院，先即封彌所點號整足，然後入院。往往夜漏既上拆號，抵明方畢，放榜以示天明爲限。今年省試約七百餘號，人數增培，慮拆封逼促擁併，致有差互漏泄。今欲拆號前一日四更奏號，乞自朝廷燈時付拆號官赴院檢拆，次日不限早晚放榜。」從之。《文獻通考》：孝宗隆興元年詔：「應令人代名及爲人冒名赴省者，各計所受財依條外，並永不得應舉。」　省試舊以十四人取一名，隆興初建、劍、宣、鼎、洪五州進士，三舉實到場者，皆以覃恩免解。有旨增省額百人，遂以十七人取一人，而四川類省試則十六人取一名，後不復改。　容齋洪氏《隨筆》曰：黄魯直以元祐三年爲貢院參詳官，有書帖一紙云：「正月乙丑，鏁太學，試禮部進士四千七百三十二人。三月戊申，具奏進士五百人。」乃是在院四十四日，而九人半取一人，視今日爲不侔。　臣僚言：「科舉之制，州郡解額狹而舉子多，漕司數寬，士往往捨鄉貢而圖漕牒。乞申嚴詐冒之禁，立爲中制。」從之。　四年，乃裁定牒試法：文武臣添差官除親子孫外並罷，其行在職事官除監察御史已上，並不許牒試。

十一日，詔：「今省試諸科進士，務取學術深淳、文詞剴切、策畫優長。其阿媚闒茸者，可行黜落。」

十七日，翰林學士承旨、知制誥、知貢舉洪遵等言：「考校贏字號試卷，學問淵源，論議切直，爲前後場之冠，已考入魁選。偶策卷誤犯哲宗舊諱。」詔樓鑰特降末等頭名。其後乾道五年廷試進士，勾龍京復犯哲宗舊諱，特授下州文學。　京自陳舊諱凡有兩音，其一余封切，謂售役於人，即舊諱也。其一癡容切，謂均直於下，音義各殊。下祕書省看詳，與樓正同。已而詔（時）〔特〕附第五甲末。

二十一日，詔：「已降旨，今舉諸科進士 37 ，務取學術深淳、文詞剴切、策畫優長之人〔一〕。令禮部將省試上十名策卷編寫投進，以備親覽。如有可行，當下三省取旨施行。」上初即位，從諫如流，求直言如渴，故有是命。

三月十九日，祕書省正字張宋卿言官冗之弊，欲望立爲定法：「進士自紹興甲子以來，必二十年而後免舉，必一舉三十年、五舉年五十而後推恩，其有援近例以爲比者，並不得受其辭。」詔吏、禮部看詳，已而逐部看詳，遵依見行條指施行。

五月六日，敕賜進士及第袁樞，詔特與第五人恩例。樞，省試第五人。是歲上不臨軒策士，有司編排科甲，樞乃在別試所第一人之下，自言而有是命。

八日，權知萬州李剛中言：「本州每舉往夔州附試，原其始，蓋爲士人數少，官（借）〔惜〕費用。承平既久，士子益盛，昨仲秋釋奠，預其事者五百餘人。乞下本路轉運司，許本州自置試院解發舉人。」禮部勘當：「若就試士人委及百人以上，令本州依條設置試院；如不及數，且循逐舉例併試。」從之。

乾道元年二月七日，禮部言：「准詔書，應文學出官進士理年免舉，並依前郊赦例，先次施行。欲將紹興三十一年明堂赦書挨排遞遷。」從之。

〔一〕畫：原僅存殘筆，據前「十一日」條補。

十二月十七日，禮部言：「來年正月九日，省試鎖院，所有流寓舉人，除有貢籍人已有紹興三十二年四月詔旨免召保官外，其曾經請西北州軍紹興元年以前文解、陳請免解等無貢籍照據之人，即乞依前召保施行。如 38 保官非見任并正解保人，無得解文驗，並不收試外，其餘未圓事節，欲乞並依前舉例，先次收試。有違礙不實，雖已過省，並駁放。如願於行在別召保官之人，若所召保官依得條旨，即從本部取索印紙，批書施行。」從之。

二十六日，中書門下省言：「勘會近年士人公然受賂，冒名入試，致叨取解名，亦有登科者。今省試在近，理宜禁戢。」詔：「應令人代名及爲人冒名赴省試者，各計所受財依條坐罪外，並真決編配千里外州軍，同保知情人永不得應舉。如士人告獲，與免一次文解，諸色人賞錢三百千。仍令尚書省榜諭。」

二年正月二十四日，詔鄭縝、曹緯赴將來省試一次。先是，上語輔臣：「鄭縝、曹緯乞再赴殿試，此宜如何？」洪适等曰：「太上皇帝更化之初，詔求天下直言。淮東提舉朱冠卿奏秦檜當權，科舉悉由私意，如(漕)〔曹〕冠、秦塤等八人濫竊儒科，合于階官以右易左。既而臺章論列，有官赴試人帶右字，無官赴試人並(剝)〔駁〕放。鄭縝者乃(剝)〔駁〕放之數，至如曹緯，於祖母服制中赴試，兼係曹泳之姪，招致人言，所以一例駁放。」上曰：「赴殿試難從。」特有是命。

二月十二日，禮部貢院言：「第二場策卷誤犯廟諱嫌名，從口從休。」洪适等曰：「前舉樓鑰誤犯廟諱舊名，從人從庸，詔特降末等頭名。」上以嫌名比舊名爲輕，令依等第取放。

三年八月十五日，詔：「周寅、沈興傑、鄭縝、曹緯，並令赴乾道五年以後省試，省試下人願就 39 特奏名試者聽。」

十一月二日，南郊赦書：「應舉人因事殿舉及不得入科場之人，除犯徒罪以上及真決未曾改正、編管人未放逐便外，可並許應舉。及枉被刑責，或因罪押赴州軍聽讀，令所屬具元犯審定，保明聞奏，內聽讀人當議(此)〔比〕類命官編羈管人，理年放還。」六年十一月六日、九年十一月九日南郊赦書並同此制。

四年三月二十九日，臣僚言：「科舉元法，定用八月五日鎖院，十五日引試。緣考官於八月五日以前，雖至所差州軍，其監試官例託以日數未及，不即入院，遷延至初五日方入。考官入院，坐待之久，並無禁約，既涉嫌疑，亦生姦弊。欲乞明降指揮，鎖院不得過八月五日，考試官並限前期至所差州軍，有一先至監試官，登時鎖院。仍乞修入貢舉條勑。」從之。

五年正月十一日，臣僚言：「比年科場所取試文，遽不及前，論卑而氣弱，浮虛稍稍復出。甚者强掇禪語充入經義，又非止脱形器之累，極淵妙之際，如晉人之談老、莊也。

相習相同，泛濫莫之所屆，此豈爲士人罪哉！　薦紳先生則使然。伏願深詔輔弼，明勑有司，自今試士，必取實學切於世用者，苟涉浮虚及妄作禪語，雖甚華靡，並行黜落。庶幾學者洗滌其心，盡力斯文，以稱陛下總核之政。」從之。

二十九日，詔貢院并別試所依前舉例，每十五人四分紐取一名，零數各取一名。

三十日，禮部貢院言：「契勘『隋』字元係隋國名，隋文40帝初封隨公[一]，後去其辵以爲代號。其隋、隨兩字，如係國名，即音義並同。景祐元年所修《集韻》已曾收入，具注分明。《禮部韻略》合於隨字下注『亦作隋』，舊失收載。緣未有許行壓用之文，今所試舉人多以隋字壓韻，未敢去取。欲望詳酌，許令壓用。」從之。

二月十三日，禮部言：「在法，諸舉人因子孫授官若進納及攝官應免解，願納補授文書赴省試者聽。蓋謂未有官作舉人時請解，後因逐色補授官資，而欲用元得解年月免舉，願納補授文書，方許赴省。昨有司不詳法意，致赴省冒濫。今欲將未有官作舉人時請解，後因逐色補官，理年舉合該免解，方許納補授文書免解。如因進納逐色補官之後，赴運司試請解之人，不許納補授文書免解。」從之。

二十八日，禮部言：「將來省試，舉人投納試卷，並令更納草卷一幅，依式裝界，以備謄録。」從之。其後禮部言：「四方舉人，紙色參差，深恐未便。欲依舊下所屬增價買高厚連紙，務令如法。仍將紙樣從本部印押，封送主司并謄録所。如不及元樣及謄録非善書人，並重科罰。」從之。　《文獻通考》：淳熙六年[二]，詔特奏名自今三人取一[三]，寘在第四等以前，餘並入第五等。其末等納勑者，舊許再試，今止許一試。舊免解人有故不入試者，理爲一舉，今不理。潛藩及五路舊升甲者[四]，今但升名。其後又許納勑三次[五]，爲定制焉。　容齋洪氏《隨筆》曰：唐開元中，國子祭酒楊瑒言：「切見流外出身，每歲三千餘人，而明經、進士不能居其什一，則是服勤道業之士，不如胥吏之得仕也。若以出身人太多，則應諸色裁損，不應獨抑明經、進士。」當時以其言爲然。淳熙九年，大減任子員數。是時吏部四選，開具以三年爲率，文班進士大約三四百人，任子文武亦如之，而恩倖流外蓋過二千之數，甚與開元類也。

七年三月二日，試起居郎、兼權中書舍人留正言：「切惟太學時文，四方視以爲41法。而士風厚薄，人材盛衰，皆可蓋見於此[六]。國家取士，三場各有體制，故中選者謂之合格。數年以來，有司去取以意，士人志於得而已，程文多不中度。故議論膚淺，而以怪語相高；對策全無記問，而以浮辭求勝。大抵策尤卑弱，不足以傳示四方。今次太學見引公試，伏望明詔主司，精加考校，詩賦取合律，經義求得體，論策以記問該博、議論淵源者寘之上游。庶幾傳布四方，士子知所適從，於時政亦有所補。」從之。

[一] 隨：原作「隋」，據文意並參《佩觿》卷上改。

[二] 淳熙：原作「乾道」，據《文獻通考》卷三二改。按，以下既爲淳熙事，則不當編於此，此《大典》編者之誤也。

[三] 名：原脱，據《文獻通考》卷三二補。

[四] 句首原有「舊」字，據《文獻通考》卷三二刪。

[五] 「又」上原有「並」字，據《文獻通考》卷三二刪。

[六] 蓋見：似當作「概見」。

五月九日，禮部言：「淮南路今歲科舉，廬州、黄州就試士人如各及百人以上，及所差試官足備，別無違礙，依條令置試院。如不及百人以上，并所差試官不足，即合依逐舉例併試，各用本州解額，別立號考取施行。」從之。

八月七日，宗正少卿、兼權中書舍人林機乞復流寓試，虞允文等曰：「此乃西北士大夫隨（事）〔車〕駕南渡者，在法，煙爨滿七年，許用户貫。自建炎置流寓試，至紹興二十六年而罷，今又十五年矣。」上曰：「已四十餘年，難以更議。」允文因請將辛巳以來歸正之人，依倣祖宗陝西、河北赴南省試，別立號取人最優之制，措置收試。上曰：「西北人多强記，特不甚能文耳。」

九月十八日，禮部言，武功大夫、忠州團練使、知施州潘才卿應進士舉，夔州路轉運司第三名發解，乞赴將來省試。詔令解罷知州職事赴省。

十一月二十五日，權尚書禮部侍郎周必大言：「政有似緩而實急者，科舉是也。42本朝取人，雖曰數路，然大要以進士爲先。陛下篤意人才，士之求試於有司者日益衆。惟是三歲發解，凡州縣官，苟有出身，不問才否，例差考試。其間富於學識，固不乏人。亦有工聲律者，未必通經；習經術者，未必能賦。或學殖不豐，懵於文體；或久去場屋，忘其舊業。命題發策，往往顛倒事實，皆違義理。故當校藝之際，則平凡者收，優異者斥，至使真才實能抑鬱而不伸，庸人假儒僥倖而濫中，非所以崇雅黜浮，勸勤抑墮，羅英俊，育人材也。願下此章於學官，俾之博詢諸生，條上利害，然後命廷臣雜議而詳處其當，斷自後舉行之。庶幾名臣輩出，如祖宗盛時。」詔令周必大先次條具取旨。

八年正月十三日，詔：「應國學進士不曾（舉）〔請〕舉，該覃恩免解之人，後如實得解，并曾經外路請舉後入學該覃恩免解之人，近旨並理爲一免外，國學生該紹興三十二年覃恩，先曾陞補内舍生，或住學已及十五年，曾經公試或私試中選人，並特放行今來省試。」

十一月二十一日，權禮部尚書胡沂、祕書省祕書郎兼權禮部郎官蕭國梁造《貢籍》成，上之。沂等因條陳事宜：「士人訴乞收試，並以本州元得解舊籍，家狀參照年甲、舉數，的無差誤，方許保明，申發本部參照。如有不同，更不受辭。或他處請解，後歸本貫，須用當時得解的實年甲、舉數、發解年，遇開牓，將得解人於解狀姓名下，開具鄉貫，治經、三代、年甲、舉數及終場人數，同合格試卷解發赴部，憑將卷首家狀，參照修籍。科舉年，僻遠州軍候發解開（元）〔具〕，先將得解舉人解狀及終場人數，自守倅點驗保明，先附急置申部。候解發試卷，參照收試。免解進士訴乞赴省，具有條限。如實有緣故，並具出限事因，州縣結罪保明，以43憑勘實，即不得臨試期申發及止執公據。國學士人，本部自有貢籍。乞自今止憑貢籍、年甲、舉數，并國學進士赴解，令國子監以所供家狀參照入學舊籍一同，方許放行。」從之。

同日，禮部尚書胡沂、祕書省祕書郎兼權禮部郎官蕭國梁言：「勘合已編《貢籍》進呈，其間亦有丁憂、病疾事故，往往不曾到省赴試，及有死亡并後來改名取解過省之人，難以盡行編入。如將來有似此未曾到省赴試之人，欲乞別立一籍，再照舊籍編入，補足照用。」從之。以上《乾道會要》。《文獻通考》：淳熙十一年御試〔一〕，時進士試策，薄暮未納卷者三，奉旨賜燭。既而侍御史劉國瑞言：「宮庭之間，自有火禁；貢舉之條，不許見燭。雖聖恩寬厚，假以須臾，切恐玩習成風，寖隳法制。其納卷最後者，請下御試所降黜。」從之。淳熙十四年御試，得進士王容以下。上天姿英明，大廷策士，多自陞黜，不盡由有司。是舉王容蓋自第三親擢爲榜首。時儒生迭興，辭章雅正，號乾淳體。項安世《擬對學士院試策》曰：「科舉之法，此今日不可如何之法也。自太平興國以來，科名日重，實用日輕，以至於今二百餘年，舉天下之人才，一限於科目之內。入是科者，雖檮杌、饕餮必官之；出是科者，雖周公、孔子必棄之。習之既久，上不以爲疑，下不以爲怨。一出其外而有所取捨，則上蓄縮而不安，下睥睨而不服。共知其弊，而甘心守之，不敢復議矣。故曰：此今日不可如何之法也。不論伊、傅、周、召如何，但使諸葛亮、王猛處此，必當自出意度，別作爐鞴，以陶鎔天下之人物〔二〕，以收拾天下之才智，以共了當時之事，決不矻矻受此纏縛也。自王導、謝安以下，隨世就事之人，欲於妥帖平靜之中，密致分數劑量之效，則必不敢變今之說，取今之士矣。此固無以議爲也。然則用王、謝之術爲之調度，亦有道乎？曰：有時於尋常尺寸之中，畧出神明特達之舉，稍更闒茸已甚之習〔三〕，薄伸渾厚平直之氣，則猶愈於已也。蓋天下之事雖貴于守法，而亦不可以一付于法。法者所以抑僥倖，非所以抑豪傑也。夫所謂僥倖者，其才不應得而冒欲得之之謂也。一人得之，衆人攀之，其門一開，不可復禁。故上之人立法以拒之，使之欲進而無隙，欲求而無辭，是則法之效也。若夫豪傑之士〔四〕，其德宜爲人上，其才宜爲世用，非所謂僥倖者，此法之所求，非法之所拒也。人所共服，莫敢與比，以此爲例，誰敢攀之。有若是者，時出而用之，以示天下不專以操筆弄墨取人主之官爵，則亦足以補風化，隆實行，扶善人而愧惡子也。」44 又曰：「夫科目之盛，自李唐起，而唐之取士，猶未盡出于此也。有上書而得官，如和逢堯、員半千之類是也；有隱逸而召用，如陽城、李勃之類是也；有出於辟舉，如韓愈之出於張建封、董晉是也；有出於延譽者，如吳武陵之薦杜牧之是也。至於本朝，法令始密，科場條貫，如縛胥吏，而鄉舉里選之意，纖悉無遺矣。然祖宗之時，猶有度外之事，如張詠當爲舉首，而以遜其鄉人，則猶有朋友之義也。宋祁當爲第一，而令與兄，則猶有兄弟之恩也。延入客次，先通所爲文，則猶有禮意也。李畋、張及二人並解〔五〕，則猶未立額也。此外又有陳乞之恩，聘召之禮，元祐經行之舉，三舍行藝之規，則其意亦知徒文之不足以盡士矣。故孫復、蘇洵之用，猶出於常法之外，而雷簡夫、姚嗣宗之官，或由於特達之授。然意欲不安而法已一定，雖或少出常度，然亦千萬中之一二耳。須臾之才行，不足以勝二百年之科目也。」馬端臨曰：按，取士之弊，人人能言之，然晦菴、平甫二公之說，則不廢科目之法，而自足以救科目之弊，其說猶爲確實可行云。（以上《永樂大典》卷一〇六四四）

〔一〕淳熙：原作「乾道」，據《文獻通考》卷三二改。下同。按，既作淳熙，亦不當編於此。
〔二〕鎔：原作「容」，據《文獻通考》卷三二改。
〔三〕茸：原作「葺」，據《文獻通考》卷三二改。
〔四〕夫：原作「無」，據《文獻通考》卷三二改。
〔五〕二人：原作「三人」，據《文獻通考》卷三二改。

宋會要輯稿　選舉五

貢舉雜録　三

[1] 孝宗淳熙元年六月四日，臣僚言：「近歲科舉，士子習詩賦者比之經義每多數倍，至於二《禮》、《春秋》之學，習者絶少。加以有司攷校，或全經不取，遂令士子憚習。除二《禮》已有指揮許侵用諸經 [2] 分數優取外，如《春秋》文理優長，亦乞許侵用諸經分數取放。」從之。既而二年正月十八日，權吏部侍郎趙粹中言：「近來臣僚申請以二《禮》、《春秋》習者絶少，欲科舉考校，或三經士子稀少處，雖無優異卷子，其文理通者，每經各取一名。臣謂科舉取士，正欲得真才實能，若無優異卷子，其文理通者亦取，則他經優異者反被黜落。乞依紹興四年六月指揮，將五經終場人數，有餘不足，通融相補，各不得過三分。內一經人數雖少，亦取一名，如無合格者聽闕。」從之。

八月九日，禮部言：「昨福州進士黃啓宗上表，《禮部韻》內，有經典所載之字，舉人所常用，而《禮部韻》不收入者，各逐本韻，次爲條目，一一收附。紹興十三年六月二十八日指揮，許《禮部韻》後別項刊具，令士子通知。自後場屋士人指爲續降補韻，往往徑行壓用，有司以非正（員）〔韻〕，盡行黜落。乞將啓宗所類字，各隨聲韻添入，令士人通壓。自淳熙二年省試日爲始。」從之。

十一月十一日，禮部侍郎龔茂良言：「比歲舉人日經朝省披訴，其間或援久例乞陞甲，或旋添年乞就特奏名，或因一次免解恩乞理年永免，或謂住學歲久乞再赴省試，凡類此殆難縷數。乞申儆在位，杜絶倖門。」從之。

二年正月六日，詔：「應進納補官，曾請到文解，已年及合該免解之人，並依紹興二十九年十二月二十八日指揮，許納補授文字〔一〕，免解赴省試。其乾道五年二月十三日指揮更不施行。」既而以鄉貢進士馬儔等狀：「各係進納礙格將仕郎及助教，曾經得解赴省試下，已及十八年，合該免解。伏覩《貢舉條制》，諸舉人因子孫授官若進納人及攝官應免解，願納補授文書者聽。及紹興二十九年沈介申請指揮，乞將應元因進納或助教及別因事補授得解，依得祖宗條制，合該免解凡三舉，一依上件指揮。乞續因乾道五年白劄子申請，却將礙 [3] 格有官人不與理舉，衝改前項指揮。乞照祖宗條制及紹興二十九年體例，納補授文書，免解赴省。」又鄉貢進士蘇彦直、莫浹狀：「雖承乾道五年指揮，當來係是臣僚一時申請，有失祖宗法意。乞依祖宗立定舊法，理年免解，繳納補授文書赴省。」故有是詔。

十三日，禮部貢院言：「進士陳乞避親，若有別試所發回孤經人，欲依前舉已降指揮，止避所避之官，就貢院收試，互送別位考校。其續到應有陳乞合避親，若與別試所發回孤經之人同經，即依本院一面却行牒送別院收試。」從之。

二十八日，詔：「今來省試每一十六人取一名，零分更取一名。」

三月二日，詔：「進士貢士，應紹興十八年已前到省一

〔一〕授：原作「受」，據文意改。

舉，見年五十五以上者，令本貫州縣勘會詣實及別無違礙，結除名罪保明申禮部。內開封府、國子監即各令召見任承務郎以上二員，亦依前項結除名罪保明，禮部勘驗，逐旋聞奏，當議得與推恩。將來特奏名人，令禮部子細勘驗詣實，疾速施行。如合（刻）〔該〕取會并合下所屬保明之人，且令就殿試，不給唱名號。其敕牒等並令禮部收掌，候申到，如別無違礙，召保官當官給付。」

四年正月十一日，詔：「自今科舉策試，必以時務發爲問目。」從臣僚請也。

二月五日，詔：「階、成、西和、鳳四州今次科舉，令四川制置司取見舉人的實鄉貫，別無詐冒，方許收試。其發解自依逐州解額取放。將來省試別作一項考校，以十四人取一名。如合格人數少，聽闕。」

十一月二日，詔：「自今省試，簾外官同姓、異姓親若門客，亦令依簾內官條法迴避，牒送別 4 院試。」

五年正月十四日，應博學宏詞科張謂稱，同知貢舉蕭燧之子（孫）〔係〕謂親妹之夫，法當迴避。貢院契勘，淳熙二年亦有詞科陳乞避親之人，止就貢院差不應避親官出題考校。詔依前舉指揮。

十九日，詔敕令所將貢院簾外謄録、對讀、封彌、監門等官避親，修入省試條法。既而敕令所依淳熙四年十一月二日敕，并照應《崇寧通用貢舉敕》內餘官避親之文，參酌擬修下條：「諸試院官謂主司及應預考校之官。親戚謂本宗袒免以上，或同居無服親，或緦麻以上親及其夫、子，或母、妻緦麻以上親及大功以上親之夫、子或女婿、子婦期以上親。及試院餘官謂監門、巡鋪、封彌、謄録、對讀之類。親戚，謂本宗大功以上親，或母、妻期以上親，并親女及親姊妹之夫、子。並兩相避。若見在門客，每員止一名。亦避。右入《紹興重修省試令》。」從之。

二月二十一日，知貢舉范成大等言：「照對舉人程文賦內押『惚怳』字，或書作『怳』，或書作『恍』，除『怳』字《禮部韻》已收入外，其『恍』字按《老子》云『無物之象，是謂惚恍』〔一〕，係從心從光，《禮部韻》却不曾收載。近年雖曾增廣，亦失附入。按《集韻》怳、恍並虎晃切，皆以昏爲義，即『恍』、『怳』二字並通。恐礙後來舉人引用，乞下國子監詳定修入。」從之。

二十五日，知貢舉范成大等言：「比年試院多有計囑拆換卷子之弊，謂如甲知乙之程文優長，即拆離乙文，換綴甲家狀之後。其卷首雖有禮部壓縫墨印，緣其印狹長，往往可以裁去重粘。臣等今措置，於卷首背縫添造長條朱印，以『淳熙五年省試卷頭背縫印』爲文〔二〕，仍斜印之，5 使其印角橫亘家狀、程文兩紙，易於覺察。乞自後應干試院，依此施行。」從之。

六月十一日，禮部侍郎鄭丙言：「恭惟陛下恢崇儒術，

〔一〕謂：原脱，據《老子道德經》上篇補。
〔二〕背：原作「皆」，據上句改。

深燭文弊，延策多士[一]，率取直言，寘之前列。今歲秋舉，竊慮遠方之士未悉聖意，尚循舊習，或事諛佞。望申敕中外，場屋取士，務求實學純正之文，無取迎合諛佞之說。」從之。

八年正月二十六日，詔貢院別試所，引試避親舉人分數依淳熙五年取放施行，零分更取一名。以本所奏請，故有是命。

二月十一日，禮部貢院言：「逐舉省試開院後，合造上十人進册及副本。所有今舉，合從例修寫。」詔候開院日，將上二十人真卷[二]，先次進入。十一年同。

十年三月二十三日，禮部侍郎鄭丙言：「紹興以來，禮部貢院與四川類試並以十四人取一名。隆興元年，禮部免解人多，率一十七人取一名。自後遂爲定例，惟四川類試仍舊。以數校之，禮部爲窄，四川差優，二者要當均一。」詔四川類試自今以一十六人取一名。

十月十二日，祕書省著作佐郎、兼權禮部郎官范仲藝言：「近日科舉之弊，如假借戶貫，遷就服紀，增減年甲，詭冒姓名，懷挾文書，計屬題目，喧競場屋[三]，詆訶主司，拆換家狀，改易試卷，如此等弊，不可勝數。而代筆一事，其弊尤甚。間有敗露，而官司不復窮治，此奉行法令者之不力也。望申敕有司，自今有戾於《貢舉條制》者，並寘於法，務在必行，庶幾取士可得實才。」從之。

十二月十二日，著作⑥郎、兼權中書舍人李巘言：「國家設科舉之制，以文取士，而人才之進，多由其中。然場屋之文，爲經義者或取其駕説之支離，爲辭賦者或貴其下語之輕靡，爲論爲策者或尚其浮辭之勝，而實學有所不問，故渾厚典雅之文爲難得，而記問該博之士爲難致。此科舉之大弊也。望詔有司，將來取士之際，先採其體製渾厚，辭章典雅，答問詳盡之人。浮靡輕弱，空疎浮濫者，置而勿取。」從之。

二十一日，監察御史謝諤言：「近來諸州舉場所取，寖多浮冗。義與論策，易成泛濫；小經義一篇，或多於論。有司所出策題，如策之長，殊非體要。今來省試，合行戒飭，俾待取者科節浮冗，而考校者以體要爲先。」從之。

十一年正月十四日，臣僚言：「科舉成法，如懷挾、傳義、代筆之禁，不可不嚴者，所以來實學而抑姦弊也。每見科場士人之謹畏者，不以遵法爲難，但以疑似爲憂。蓋巡邏等人，未必究知事體，例多輕率，見士人適然相逢，便謂傳義代筆，或因傍近有他人所棄擲紙札之屬及於座側，便執座上之人，以爲懷挾。士人必蒼皇失措，莫能便説，致使場屋衆情不安，適所以撓其文思。又試官在於簾內，無由得知。及其收來，彼此猜忌，難於不從。臣備員太學，見有

[一] 延策：似當作「廷策」。
[二] 真：原作「員」，據《建炎雜記》卷一六改。
[三] 競：原作「兢」，據文意改。

前舉因疑似被收者，後來契勘並無實迹，乃得改正。且疑似之處在於一時，人人之罪爲甚易，而人之以疑似被收者，或至窮年累歲而不能以自明。待士 7 之本意，正不如此。今來省試，乞曉諭應懷挾、傳義、代筆，並合照法嚴行外，如有犯禁被收者，亦要據見的實，不許於疑似之間，泛有尤執〔一〕。如此則法嚴而信，有合待士之體。」從之。

三月十一日，臣僚言：「奉旨差貢院拆號，至進士章仲衡姓名，見朝士皆言章謙有子與選。蓋謙本貫處州，嘗官於朝，其子隨侍，人多識之。及觀仲衡家狀，則用鄂州户貫。三代則父名談，而云未仕。自祖以上，與謙之父祖名諱不殊，於是人始疑之。近者訪問得仲衡隨父謙爲江西參議官，於法合歸本貫應舉，乃宛轉經營牒試，故冒章談户籍，牒赴江西漕試，夤緣得發解。然不知鄂州果有章談户籍否。或云仲衡僞作過房爲談之子，却欲他日改正歸宗，又不知談果仲衡親叔否。既作過房，曾經官司陳乞除附否。臣恐未必盡然也。仲衡方應舉覓官，乃輒冒户貫，不有其父。他日移此心（亦）〔以〕事君，其可乎？乞將仲衡特與究實，依《貢舉條制》施行，是（以）〔亦〕厚風俗之一端也。」從之。

十二年十月二日，太學博士倪思言：「竊見近日學校科舉之弊，患在士子視史學爲輕。夫所謂史者，豈獨漢、唐而已哉。而今之論史，獨有取於漢、唐，至若三國、六朝、五代，則以爲非盛世事，鄙之而恥談。然其進取之得失，守禦之當否，籌策之疎密，計慮之工拙，與夫兵民區處之方，形勢成敗之迹，前事之失，後事之戒，不爲無補，皆學者所宜講究者也。近者有司 8 稍知其弊，命題之際，頗出史傳。然猶有所拘忌，而又場屋考校，專以經義、詩賦定得失，而以論策爲緩。乞申勑考官，課試命題，雜出諸史，無所拘忌，而於去取之際，稍以論策爲重。庶幾士子博古通今，皆爲有用之學。」從之。

十三年三月五日，禮部、國子監言：「照得在法，應舉者三人以上爲保。今欲從臣僚所請，依條許以三人以上結爲一保。竊詳上條，自二十人之下，皆爲三人以上，於内選曾發解人爲保頭。如無得解人，即將曾預秋試終場人、年齒稍高、才行爲衆所推之人，聽爲保頭。若保内有皷譟場屋、冗濫假僞之人，即將同保人依《貢舉條制》施行。」從之。

七月九日，臣僚言：「乞自今後應干試院，如有應避親人試卷，每避親一卷，將所避一經中，取他卷九卷湊作十卷，混雜封彌，從省試發解。及應干試院體例，於真卷上用紙貼説所避之官，送謄録所。其謄録所不得實打避親印子，止於謄録草卷上用紙虚貼，至分發處，即揭去所避官貼子，照應互送考校。」從之。

十六日，臣僚言：「國家設科舉以取士，異時公卿大夫皆由此塗出。然而諸郡間有浮薄舉子，違戾冒犯，朝廷欲

〔一〕尤：疑誤。

示小懲，遂免發解。且三年大比，利害非輕，闔郡罷試，事體亦重。事固有出於士子者，誠不足卹，然事之所起，亦或有以致之者，若止罪士子，豈不甚可憫哉！或措置乖方，或約束非理，或挾私泄漏，或出題差悞，或委保違礙，或鄉貫僞冒，起爭之[9]端，不一而足。議者以謂事或因於知、通，則當罪知、通；事或因於監試，則當罪監試；事或因於考官，則當罪考官；事或因於人吏，則當罪人吏；事若因於所獨，則當止罪所獨；事若因於所同，則當併罪所同。並行責罰，人亦無辭。今科舉在近，事當預防，望訓飭諸郡，如士子違犯喧鬧，自合罷試外，其事有因起，委監司依公體究詣實聞奏，重寘典憲。」從之。

十一月三日，臣僚言：「竊見四川科舉，於習詩賦之人，令先納買《韻略》錢二千，至有無貲而改習經義者，近於科歛。乞明詔有司，應諸路州郡及漕司科舉，不得以科買《韻略》爲名科歛錢物。四川類試所費，並以係省錢充。」從之。

十二月二十二日，臣僚言：「竊聞積雪之後，道路多阻，遠方士子，奔趨省試，極爲狼狽。兼以引試之日，春令尚淺，天寒晷短，筆硯膠凍，不能盡其所長。向來立定八月十五日引試發解，蓋以關防諸州舉人重疊冒試。至若省試，則因而立定正月十五日，非若解試有所關防。乞將今來鎖院引試日分，稍展旬日，以惠四方寒士，不勝大幸。」從之。

十四年正月十九日，禮部言：「今來省試，比之前舉人數增多，兼鎖院在即，見有數百人未有申發，并取會小節未圓之人，投納試卷未得。乞從前舉已降指揮，將執到公據申發未到之人，先次許令納卷收試。」從之。

二十二日，詔禮部將乾道八年至淳熙十一年已令赴省試人，並令再赴今[10]來省試一次。其慶典免解，候過省特作陛甲收使。

二十八日，臣僚言：「竊惟近年以來場屋之文，經義猶有可觀，而詩賦類多空疏不工。至於論策，徒有泛濫之辭，而不切於理。以文求士，失實已多；苟無其文，又將奚取？乞宣諭今來省試知舉官，將士人三場程試精加考校，取其語顯而意深，辭簡而理到，有淵源之學，而無空浮之病者，使居前列。」從之。

二月三十日，翰林學士知制誥洪邁、權刑部尚書葛邲、右諫議大夫陳賈言：「竊見近年舉子程文，流弊日甚，固嘗深軫宸慮，以臣僚建請下之禮闈，蓋將訓齊士類，革去舊習。然漸漬以久，未能遽然化成。仰惟祖宗事實，載在國史，稽諸法令，不許私自傳習。而舉子左掠右取，不過採諸傳記雜說，以爲場屋之備，牽彊引用，類多訛舛，不擇重輕。雖非所當言，亦無忌避。其所自稱者，又悉變『愚』爲『吾』。或於叙述時事，繼以『吾嘗聞之』、『吾以謂』等語。其間得占前列，皆塵睿覽，臣子之誼，尤非所宜。至其程文，則或失之支離，或墮於怪僻。考之今式，賦限三百六十字，論限五百字。今經義、策論一道，有至三千言〔一〕；賦，散句之長者至十五六字，一篇計五六百言。寸晷之下，唯務貪多，累牘連篇，無由精好。所謂怪僻者，如曰定見，曰力量，曰料想，曰分量，曰自某中來，曰定嚮，曰意見，曰形見，曰氣象，曰體統，曰錮心，及心心有主、喙喙争鳴、一蹴可到、盌手可致之類，皆異端鄙俗文11辭。止緣迂儒曲學，偶以中選，故遞相蹈襲，恬不知悟。臣等雖擇其甚者斥去不收，而滿場多然，拘於取人定數，不可勝黜。間有文理優長，寘在高選者，亦未免有此疵病。乞以此章下國子監并諸州學官，揭示士人，使之自今以往，一洗前弊，專讀經書史子，三場之文，各遵體格。其妄論祖宗與夫支離怪僻者，嚴加黜落。庶幾士氣一新，皆務實學，文理既正，（博）〔傳〕示四方，足以爲將來矜式，上副明時長育成就之意。」從之。

五月九日，右諫議大夫陳（價）〔賈〕言：「近者充員典舉，備閱諸路賦題。其間有一時發策，莫非邊防急切之務，流傳所至，爲害甚大。乞自今内外場屋，凡事涉邊防利害機密，不許發爲問目。嚴立法禁止，（遵令）〔令遵〕依舊式，泛問古今，誠非小補。伏見今來約束，除經義、詩賦許印行外，其餘策、論並令禁止。所有論卷，自來不涉時事，乞許賜頒行。」從之。

十五年七月十四日，權知廣德軍沈樞言：「乞自今後，令省試別試所照大院省解試體例，下封彌所，止取六經、詩賦終場各的確人數，據憑紐筭取放，不得取討姓名、鄉貫、治經細數。乞下諸路州軍遵守施行。」從之。

十一月十八日，國子祭酒何澹言：「去歲春闈，有司申請今後程文不許用祖宗故事。臣竊以爲未然。祖宗盛德大業，見於二百年之間，制度典章，上追三代，下陋漢唐，設使士子平日不能究講，則異時從政，沿革廢置有所不知，動必乖謬。乞今12後士子答策，許用祖宗故事。其餘或引證謬誤者，不許收使。」既而又臣僚奏：「去歲省試之後，臣僚奏請舉子程文引用祖宗事實，類多訛舛，不擇輕重，乞下國子監并諸州學官，揭示士人，一洗前弊。竊緣有司之所請，不過欲（今）〔令〕士子考究其實、無至訛舛而已，即非禁其程試之文悉不得用祖宗故事也。而中外士人轉相傳播，且謂自今場屋之文，凡用本朝典故者必加黜落，往往士氣爲之少沮，文體爲之少弱。若考官命題，問及時務，使士子不得用本朝故事，則將何辭以對乎？臣嘗記紹興二十七年廷試，御題專問遵守祖宗法度。若不用本朝故事者，若引證不當，剽竊不實，悉皆黜落。其有切當而精確者自應收取，庶幾士氣稍長，文體自振矣。」奉詔令禮部一就條具聞奏。本部據國子博士孫逢吉等申，今條具前項事理：「今後命題，雜以政治所關；士子對策，許用祖宗故事顯然而有據者。若引證訛舛，或輒用野史雜説，即行黜落。竊恐科舉在即，諸路士子未知上件因依，乞下諸路州軍遵守施行。」從之。以上《孝宗會要》。

紹熙五年七月七日，登極赦：「應舉人除犯徒罪以上（極）及真決外，其餘因事殿舉及不得入科場之人，雖有不以赦降原免指揮，可並許應舉。」

九月十四日，明堂赦：「應舉人因事殿舉及不得入科場，除犯徒罪以上及真決未曾改正、編管未放逐便人外，可

〔一〕三千：原作「三十」，據文意改。

並許應舉。」慶元三年南郊赦，六年明堂赦，嘉泰三年郊祀赦，開禧二年、嘉定貳年明堂赦，五年郊祀赦，八年、十一年、十四年明堂赦，並同。

十月二日八日〔一〕，詔令成都、潼川兩路轉運司解額各與存留二十名，餘額令四川制置司下成都、潼川轉運司，取會諸州解額及終場人數，參酌多寡，撥取均平。既而以成都運判王溉言：「諸路運司避親、門客、有官礙格人解額內，成都路八十三人，潼川路八十人，視所部州軍爲寬。以此舉人利於移牒，冒承户貫，詭託服屬，不勝其繁。乞各與存留十名，以待諸州守貳門客，及礙格有官[13]人，及東南游宦于蜀、實及二千里同姓緦麻親。所餘以補諸州不足，用革奔競之風〔二〕。」故有是命。

慶元元年五月四日，權禮部侍郎許及之言：「自鄉舉里選之法不復行於後世，糊名考校，雖未足以盡得天下之英才，其間老師宿儒，窮年皓首，見擯有司而不怨者，服場屋之公也。近年私心勝者，設爲得好文字不若得好士人之語。不知既糊名矣，好士人何從而知之？陰通默授，欺天罔人。臣竊以爲陰通默授者，固無從禁格；至於形格勢禁，可以大爲之防者，乃不能守已行之令，而反開弊倖之門，如試官得差待闕人是也。彼不過謂見任有出身員數不足，勢不免取待闕寄居官。又不過謂見任有出身員數雖多，而習經義、詞賦之不同，勢難偏差。審爾，則員數之足與不足，皆須取待闕人。不思立法本以防姦，乃至以人廢法。甚者謂見任未必皆佳士，待闕往往多名流。殊不知見任之員，即前日待闕之數，見任之員不足，惟當展日考校。今歲大比，乞檢照淳熙六年臣僚之請，勿開寄居考校之門。除知縣、縣令不差外，雖總所屬官，許本路運司同州縣見任人差。隨其多寡，量分諸郡，寬其考校之程，續其供給之數。仍將差不足員數，合破供需，亦行均給。如是，則有司奉令承命，精擇公選，場屋之士，得者不以爲私，而失者不以爲怨矣。」

六月十三日，臣僚言：「國家三歲大比，經義、詩賦分爲兩科，使各占其[14]藝，以便多士，德之至渥也。惟差試官，有失立法之意。或全差治經而不差習詩賦者，或全差習詩賦而不差治經者，是以考校去取，間有枉被黜落，或濫中科名。今試期已迫，乞下禮部符諸路漕司，凡差試官，必經義、詩賦相半，雖遠方小郡解額少處，亦不可使偏於一。收拾千人一律之腐語，識認同門共習之故文，怙勢憑愚，故黜正論，連交合黨，共取凶徒。甚者秋闈敢舉浮誕之説，發爲策問，誑誘後學，遂使真賢實能見棄有司者太半。乞宣諭大臣，今後試官，須精加選擇，委有文行，該通博洽可以服衆，方嚴公正可以厲俗，始許以名聞。否則科目前列，不在茲選。庶幾學校科舉自此少變，而朝廷收得人之實效矣。」從之。

〔一〕二日八日：疑爲「二十八日」之誤。
〔二〕競：原作「兢」，據文意改。

十月九日，禮部言：「依條，省試係用正月九日鎖院。淳熙十六年臣僚奏陳，省試乞用二月一日引試。紹熙元年、四年正月並小盡，用二十四日鎖院。來年正月係大盡，欲乞用二十五日鎖院。」從之。以後省試鎖院，準此。

十一月一日，臣僚言：「建康通判王萬樞以其二子王逢、王遂囑試官劉大臨，皆預薦書。雖未行根究，而衆論決知其（是）事。臣今攷遂家狀，則萬樞爲見任建康通判；攷王逢家狀，則萬樞爲前任建康通判。若以爲見任，則從來見任守倅子弟，例不敢於隸官處就試，蓋避計囑觀望之嫌。若以爲前任，則萬樞實以今年八月七日受代，必未離建康，則（叶）〔計〕囑觀望之嫌猶在焉。同官監試，何 15 所不可行其私？合駁放者一也。今逢、遂均爲萬樞之子，而户（實）〔貫〕異同，逢作江州，遂作真州，而萬樞家狀則江州。況遂方年十二，決未能文，代筆私取，其理甚明。合駁放者二也。乞下所屬追逢、遂到部，取旨覆試。若其能文，與真卷不異，亦合照臣所言二事而與駁放。如見得委是代筆及有私囑僞冒等事，乞送有司追人照勘，依法施行。」從之。

十五日，禮部言：「國子監檢舉四川類省試，乞依畫一事件施行：一、牒試得解人，依指揮除見任帥臣、監司子弟赴南省試外，餘牒試類試，並依類試舊法。所有在任差遣去本貫户籍二千里者，照紹熙二年五月指揮，止許牒隨行本宗緦麻以上親。一、陝西州軍舉人，許赴類試。昨紹興三十二年四月指揮，本路係是新復，合該免解人，若有干照，難得保官，令不拘路分，召文官二員結罪委保本人曾經應舉年甲詣實，經所屬陳乞驗實，批保官印紙，許行赴試。如有僞冒，申取指揮。一、紹興二十七年五月指揮，監司、帥臣、守倅親屬、門客依法牒試，及屬官幹官以上、去户籍二千里、隨行本宗異姓緦麻以上親赴漕司試得解人，並令赴南省試。其餘得解人，願赴南省者聽。仍給口券。并依紹興二十九年八月指揮，合該免解進士，如願赴南省，無州軍保明公據，不在收試之限。其人得免解進士，合赴省試，令制司置院，依累舉例類試，以十六人取一名，仍具合格等第 16 推恩。內願赴御試者，令給券，於三月以前到行在，祇備御試。若後到人，依本司已考等第推恩。一、該特奏名進士，依累舉例，係本司置院差官，試時務策一道，將中人分立五等推恩。一、將來類省試下，合該特奏名人，乞照紹熙四年行在定例指揮，遞攢施行。一、淳熙六年指揮，特奏名二人取一名，人數冗濫，欲三人取一名，寘在第四等以前，謂如三百人赴試，則取一百人出官。其餘並入第五等，聽納勑再試。後止納勑一次，淳熙十一年三月增而爲三，至今遵用。及每舉免解進士，丁憂疾病并門引不到、赴試不及人，並理爲一舉。今欲將實請到省終場人，方許理爲舉數，逐舉準此。」並從之。

二年正月五日，臣僚言：「天下之治亂，由於人材之盛衰；人（林）〔材〕之盛衰，由乎科舉之當否。明歲春闈，乞詔有司，所試之士，必經術醇深，文章典麗，問學該博，論議中正者，然後充選。其有詭怪迂僻，膚淺蕪陋，狂訕狡訐，阿諛側媚者，並行黜落。如所取不當，有(轍)〔徹〕聽聞，考官降罷，士人駮放。庶幾積弊一空，人才輩出，以副設科取人之意。」從之。

同日，臣僚言：「科舉之弊，無甚於今日。近者臣僚論列，可以槩見。來歲既無廷對，省試尤當關防。大抵試院，簾内簾外之弊略等。簾内知舉必差臺諫官，可以糾察；若簾外〔一〕，則自淳熙八年以來，差卿監、郎官一員封彌。雖比向前差局務及在部官事乃稍重，然而職非彈劾，其權尚輕。小人覬利，無所畏 17 憚，姦弊自若。檢照景祐五年貢舉，封彌官則殿中侍御史方偕；慶曆六年貢舉，封彌官則侍御史仲簡〔二〕。今欲簾外改差監察御史一員，專一監督封彌等事，如有姦弊，申舉彈劾。庶幾塗抹試卷，漏泄字號，拆換印縫等弊，可以頓革。」詔令於卿監、郎官内選差。

二月十二日，宰執進呈，内出御筆付知貢舉葉翥等：「朕既群天下之秀彦試于春官，期得器識偉厚、議論正平之士，副異時公卿大夫選。屬嬰哀疚，不能親策于廷，唯賴卿輩協意悉心，精加衡鑑，網羅實才，毋使浮夸輕躁者冒吾名器，朕則汝嘉。」余端禮奏乞宣付史館，上曰：「今年無殿試，省試事體不輕，欲得試官，留意攷校。他日大用人材，皆由此出。」

三月十一日，吏部尚書葉翥等言：「二十年來，士子狃於僞學，汩喪良心〔三〕，以六經子史爲不足觀，以刑名度數爲不足考，專習語録詭誕之説，以蓋其空疏不學之陋，雜以禪語，遂可欺人。三歲大比，上庠校定，爲其徒者專用怪語暗號，私相識認，輒寘前列，遂使真才實能，反擯不取。臣等孰識其弊，比知貢舉，試取經史之疑以質之，多不能對。觀其文理，亦有可採，而怪誕尤甚，深可憐憫。蓋由溺習之久，不自知其爲非。欲望因今之弊，特詔有司，風諭士子，專以孔孟爲師，以六經子史爲習，毋得復傳語録，以滋其盜名欺世之僞。更乞内自太學，外自州軍學，各以月試取到前三名程文，申御史臺考察。太學 18 以月，諸路以季。太學則學官徑申，諸路則提學司類申。如仍前不改，則坐學官、提學司之罪。如此，何憂文風之不變，士習之不革哉？」從之。《文獻通考》：寧宗慶元二年，以亮陰不親策。省試進士，得正奏名鄒應龍等。自韓侂胄襲秦檜故習，指道學爲僞，臺臣附之，上章論列，詔榜朝堂。而劉德秀在省闈奏疏，至云：「僞學之魁，以匹夫竊人主之柄，鼓動天下，故文風未能丕變。請將語録之類，並行除毁。」既而葉翥上言：「士狃於僞學，專習語録詭誕之説，《中庸》、《大學》之書，以文其非。有葉適《進卷》、陳傅良《待遇集》，士人傳誦其文，每用輒效。請内自太學，外自州軍學，各以月試合格前三名程文，上御史臺考察。太學以月，諸路以季。其有舊習不改，則坐學官、提學司之罪。」是舉也，語涉道學者，皆不預選。

同日，都省言：「正免解并國學該遇覃恩免解，臨安府府學職事及臨安、慶元、安慶、英德府曾該赦文免解，國學

〔一〕簾外：原作「内外」，據文意改。
〔二〕仲簡：原作「仲間」，據《長編》卷一五八改。
〔三〕汩：原作「泪」，據文意改。

諸州還赴慶壽恩覃恩等免解人，依紹興四年取放分數，十七人取一名，零分更取一名。其慶元、安慶、英德府連三舉不改名人，慶元府取四人，安慶府取二人，英德府取一人。内英德府如無應取合格卷子，即聽闕。」從之。

四月二十九日，禮部言：「檢會乾德、咸平典故，省試開院，合格舉人内有任兩省、臺諫、侍從以上有服親屬、權要親族者，從本部取索，具名奏聞覆試。」從之。以後準此。

三年五月六日，監察御史沈繼祖言：「昨備數省闈較藝，恭拜御札，有曰：『期得器識偉厚、議論正平之士，副異時公卿大夫選，毋使浮夸輕躁者冒吾名器。』臣竊謂教養有素，則所取皆有用之材；訓迪不先，則舊習無驟變之理。昨者宸翰雖端頒于禮闈，而綸音未播於郡國。況今去科舉，止有 19 年餘，訓迪磨勵，今正其時。乞詔郡國，俾四方士子精勤（隸）〔肄〕習，博通古今，種學績文，以應明時之需。主司出題，必指事寔，毋事虚泛，庶幾寔材輩出。」從之。

十二月十八日，臣僚言：「嘉定府係是潛藩，該遇登極赦，應鄉貢進士曾經連三次終場不改名之人，免文解一次。本府有赦前一舉終場四千五百八十九人，緣去失前兩舉號簿，無因見得連三舉終場不曾改名之人，難以取放。」禮部勘當：欲於慶元四年科舉除取本府解額外，於内就取五百名，以補上項人數，特與赴省試一次，令項攷校，乞量立省額。或有事故赴省不及之人，不許後舉還試。其試下人，亦不理爲到省舉數。」都司擬定以三人爲額，餘並從之。

四年正月十一日，右諫議大夫姚愈言：「乞詔天下，將來秋試春闈，司文柄者惟取文辭根本理義，鯁直明白，無所阿佞，擢寘高等。或文辭可采，而議論涉於柔佞諂曲，則黜之。庶幾皆有挺特剛方之操，以備器使。仍乞戒勅太學儒官、州郡教官，於訓誘攷校之際，嚴加激厲，俾之涵養氣質，習爲忠鯁。如此，則人材輩出，仰副教養作成之意。」從之。

四月二十九日，右正言劉三傑言：「曩者以科舉之文虚浮迂僻，典貢舉者摘其辭而顯黜之，一洗異時之弊矣。然而四方士子傳聞不審，但見主司命題，欲求寔學，率皆採取傳注，編摭故實，或搜求陳腐之類書，以備場屋之用。至於詞采議論，殊不留意。 20 今歲大比，竊恐外方出題發策搜及隱僻，致使耄士晚生專務記録，倖中程度，而敢言之氣、有用之學或抱遺才之歎。乞將來試闈校文，必取學問典寔，文采華（瞻）〔贍〕，氣識明達，議論淵源，兼是數長，乃可中選，仰副設科取士之意。」從之。

六月十六日，臣僚言：「科舉所以收天下之英俊，且爲孤寒之地。比年百計狗私，内而省闈廷試，則有暗記牢籠之弊，如黄度、羅點輩私取陳亮以魁多士是也。外而諸路，如福建考官黄廣被差之後，受金入院，尋即事發，爲言者論列是也。屬當大比，來歲春闈，萬一考官私相結約，陰取黨類，接受賄賂，欲與計偕者，並令監試留意舉覺，不得容令復蹈前轍。春闈委在院臺諫官覺察，否則事發，併坐其罪。」從之。

十九日，臣僚言：「近者臣僚有請，自今試場出六經合題，深中場屋之弊。但本意正恐題目有限，士子得以準擬，返使寔學不能見一日之長。臣謂若出合題，則合題亦自有限，士子仍舊準擬。乞下禮部，令遍牒諸路，自今出題，或盡出全題，或三篇中欲合一題，聽從有司，庶幾不致拘泥，不爲舉人所測。」從之。先是，禮部侍郎胡紘言：「國家三歲大比，以經義、詩賦籠天下之士，群試于有司者，必精通所習之業，可以中選。今之詩賦，雖未近古，然亦貫穿六藝，馳騁百家，有斟四儷六之巧。惟經義一科，全用套類，積日窮年，搜括殆盡，溢篋盈箱，無非本領。主司題目，鮮有出其揣擬之外。欲令有司，今歲秋試所出六經，各于本經内摘出兩段文意相類，不致牽强者，合爲一題，庶使舉子有寔學者得盡己見，足以收一日之長，而挾策讎僞者或可退聽矣。」從之。至是臣僚復有請焉。

七月二十一日，臣僚言：「仰惟陛 21 下臨御以來，開明公道，訓飭士類，天下皆知以孔孟爲師，一洗僞學之陋，甚大惠也。然今日僞習既除，天下雖知趨嚮之方；聖經未明，學者猶有疑似之惑。乞詔有司，自今於六經、《論語》、《孟子》中，有發明正心誠意、道德性命處，仍舊出題，以審觀程文引用趨嚮之邪正，庶使聖經復明於天下，學者無疑似之惑。仍令有司考校之際，惟不背經旨、議論正平者取之。如有竊假聖經，語涉虛浮，包藏奇僻矯誕之意，（或）〔惑〕亂衆聽者，痛行屏黜。」從之。

五年正月十七日，禮部郎官陳讜言：「祖宗以來，以三場取人，蓋有深意。今日以經義取士，觀其異時之經筵講席也；今日以詞賦取士，觀其異時之詞林翰苑也；今日以論策取士，觀其異時之崇論竑議也。夫他所期甚大〔一〕，則今日所取不可輕。臣早游庠序，猶及見先生長者，嘗言舉子詞賦，固不敢望如《三都》，得如《三元》、《元祐賦》足矣。策論不敢望如《（遇）〔過〕秦》，得如《紹興前後論粹》足矣。義不敢望如晁、董，得如頃時《擢犀》、《拔象策》足矣。義不敢望如張庭堅，得如周葵、陳宋霖《禮記義》、徐履《書義》足矣。此皆明儒正論，非臣臆説。乞今後士子須以前輩文字爲法，務爲質寔義理之文，不可復肆不根泛濫之説。仍令有司精加考校，期取寔學。其有浮靡邪説詭論，皆在黜落。庶幾文弊可革，所取人材亦得醇正，以備他日之用。」從之。既而禮部尚書黄由等言：「竊見向來臣僚奏請，凡書坊雕印時文，必須經監學官看詳。比年所刊，醇疵相半，未足盡爲楷則。策 22 復拘於近制，不許刊行。乞將今來省試前二十名三場程文，並送國子監校定，如詞采議論委皆純正，可爲矜式，即付板行。仍乞檢會陳讜所奏，將《三元》、《元祐衡鑑賦》、《紹興前後論粹》、《擢犀》、《拔象策》同加參訂，拔其尤者併付刊行，使四方學者知所適從，由是追還古風，咸資時用。」從之。

二十七日，詔賜黄由等曰：「朕永惟治要，作新人才，（今）〔令〕羅天下士試之禮闈，又將拔其尤異，親策于庭，待遇顧弗至歟？而習尚未淑，論議多渝，安固陋者莫追於古風，事浮靡者寧資于時用，豈朕求才之意？卿輩典司文衡，其既乃心，公乃聽，審于搜採，俾得爲文爾雅、持論從厚之士，極一時選，厥功茂矣。故茲札示，咸體至懷。」

〔一〕據文意，「他」下疑脱「時」字。

六月四日，詔：「四川類省試上三名，與依省試上十名例，並授教官差遣。」

八日，臣僚言：「國家設科以取士，士由科目以進身，一得一失，所係不輕。至若封彌撰號，例以三不全字湊成一號，蓋防漏泄也。殊不知點畫之間，便有同異。夫字號皆用《千字文》，且如『方』之與『文』，闕其一畫，不知其爲『方』耶？爲『文』耶？以至『目』之與『且』，『才』之與『寸』亦然。若不全成，何以分別？前後差誤，率皆由此。乞應封彌撰號，並用全字，以絶差誤之失。禮部勘當，除『母』、『頭』、『十』、『千』等仍用不成字外，餘依所乞。」從之。

七月十七日，知興化軍葉端衡言：「今日貢舉之制，最爲嚴密，獨于漕司牒試，未免有啓僞之端。夫守倅有門客，有本治所異姓親之牒試；一命而上，去鄉二千里，有隨侍同宗親之牒試；二弊不可槩舉。以守倅牒一門客，人情法意，無可言者；至於異姓親，如所謂女夫、兒婦之兄[23]弟，姊妹之親家，彊連牽合，皆平生素昧之人。苟有親黨多處，于注擬之際，自當迴避。今以舉人家狀與其父祖告命觀之，鄉貫異同，又有親兄弟各自異其鄉貫者。玩侮朝廷，一至於是！去鄉二千里，有隨侍牒試者，本爲子孫設，況皆監當兵將之類，職卑而俸薄，決無隨侍之多。使果有族類，瀕期涉遠，猶之可也。今皆以同姓冒牒，不過應親要囑託，甚則貨賂請求而已。乞除守倅合牒門客一人外，其異姓避親牒試，乞行罷免。如有異姓服屬親，爲倅者則不許監試，合差以次官。其隨侍之人，照指揮許牒子孫弟姪，仍召陞朝保官二員，并牒官重甘罪罰，批書印紙。苟有敗露，必寘憲典。」從之。

嘉泰元年二月十七日，右諫議大夫程松言：「科舉以文章取士，文章關時之盛衰，儻以浮靡之文，蓋其空疎之學，豈惟無補於寔用，殆將有累於盛時。乞飭有司，屬意命題，示之趨嚮。考校之際，審觀其文，委是器識宏遠，學問淹該，然後充選。雖或質實，固亦無害。或立說抵於注疏，措辭乖於理趣，而空疎浮靡者悉置勿取。若有司所取不當，他時上徹聽聞，則考官降黜，所取駁放。」從之。

四月二十二日，臣僚言：「近來朝廷懲科舉牒試冒濫之弊，因臣僚有請，立爲限節，增損舊法，稍加詳密，使士子各安分誼，而當官者遵守法禁，不爲欺罔，非不盡善。但試期漸逼，却有委寔隨侍在遠，未知新制，當有後時之嘆。乞且循前舉[24]體例放行一次，姑俟後舉遵用前來指揮。」從之。

十二月十八日，臣僚言：「日者士風趨僞，繆相傳習，於是場屋之文，始有肆爲迂僻者。臣淳熙間蒙孝宗賜對，乞將日來妄立名字，私著論説、策議、講解、雜文等，遵用舊法，非經國子監看詳，輒刊行者，並令毁板。得旨從之。而僞徒蓄怨，施行未竟，而禍已及。今幸衆正復開，文風知嚮。方多士計偕，近在來春，乞明詔四方，務爲純正之文，有襲前弊，必行黜落。仍飭有司公於去取，稍或狥私，當

(今)〔令〕臺諫預考校者機察以聞，重寘于罰。」從之。

二十四日，臣僚言：「陛下聖孝純篤，迄今未御正殿。來歲臨軒策士，亦應暫輟。則是進士科第，全赴南省，事體甚重，非常時比。故臣敢以省闈利害四事以聞：一曰近歲有司沮抑詞賦太甚，取人分數已暗侵削，其所取者，多置後陳。乞今後如經義、詩賦所取人數小有那融，不得過侵。如詞賦卷中可置前列，大體既正，雖有小疵，且與闊略，庶幾此學漸振。二曰近歲有司專尚《春秋》，蓋復《春秋》習者少，姑務誘進。歲月積久，假借太過，今歲諸處多以《春秋》首薦，而西蜀類試十名之前，輒占其三。《春秋》雖有三傳，士子臨時結社，相與分記。況其巨題絶少，易以牢籠。(迄)〔乞〕今後所考《春秋》，有經旨通明，文辭卓異，不妨魏占外，儻其所與諸經無大相過，不必置在前列。其取人分數，比之諸經，不得侵額。三曰治經以經旨爲主，文辭爲輔。近者25經學惟務遺文，不顧經旨，此非學者過也，有司寔啓之。蓋命題之際，或于上下磔裂，號爲斷章；他處牽合，號爲關題。斷章固無意義，而關題之顯然渾成者，多已經用，往往搜索新奇，或意不相屬，文不相類，漸成乖僻。士子雖欲據經爲文，勢有不可，是有司驅之穿鑿。乞今後經義命題，必本經旨，如所謂斷章、關題，一切禁約。庶幾學者得以推原經文，不致曲説。四曰國朝正史與凡實録、會要等書，崇護惟謹，人間私藏，具有法禁。惟公卿子弟或因父兄得以竊窺，而有力之家冒禁傳寫。至於寒遠士子，何緣得知？而近時乃取本朝故事，藏匿本末，發爲策問。是責寒遠之士以素所不見之書，欲其通習，無乃不近人情。乞今後策題如係本朝事寔，並須明白指問，不得藏匿本末，庶幾草茅寒士不至獨爲所困。」並從之。

二年正月二十四日，詔：「(大)〔太〕學生該遇淳熙十六年、紹(興)〔熙〕五年兩經覃免，及住學通前十五年，曾經公試或私試中選人，並權特令赴今來省試一次。其因事不赴人，將來不得陳乞收使。令國子監開具寔該恩人數，結罪保明，申尚書省。」

三月二十八日，御史臺言：「慶元四年十月指揮，今後諸路運司牒試數多之人，(今)〔令〕覺察聞奏。本臺今據兩浙運司開具今舉諸州府知、通申到避親赴試人數，比照數内牒試最多人，朝請郎、通判婺州汪德範牒一十四人，朝奉大夫、通判台州林謙牒一十三26人。今照指揮，合行舉覺。」詔汪德範、林謙各特降一官。

五月一日，國子監發解別試所言〔一〕：「已降指揮，武學量立國子員，依太學國子體例收補。比擬太學額，共立九人。今來武學國子生有額七人，就試終場二十人，取放人數，乞施行。」詔取放四人。

六月十四日，秘書省校書郎楊炳言：「近者再行太學混補，四方士子雲集京都，慶元二年之數二萬八千餘人，今

〔一〕「發解別」三字原缺，據本書選舉一六之一五補。

歲三萬九千餘人。前者四處試院合經義、詩賦爲一場，今則分爲兩場。鎖院之後，不許納卷，來者不已，有司臨時措置，隨宜訖事。臣觀紹興二十七年以來申嚴挾書、代筆之法，士子入場，凡包裹筆硯之屬，皆用青紙，其畏憚至此。比年以來，寬縱太甚，每試，内侍與八厢巡案往往袖手，不敢誰何。玩法者得志，畏法者不能，平素空疎者得恣其剽竊，燈窗記問者無以見其所長，筆端稍敏者又有檢閲，遂可兼人，而庸妄無能者率資假手。如此則文藝能否，又未易覈其真。乞申飭有司，自今貢院試無大小，挾書、代筆者斷在必行，庶幾人情畏戢，公法復伸。」從之。

九月六日，臣僚言：「宗正少卿、兼權禮部侍郎施康年同知貢舉，其子清臣合行迴避别院。既以孤經牒回，卷首字號，人皆知之。康年溺愛，終不迴避，果然中選。乞以康年補外，其子清臣自取聖裁。」詔施康年與監司差遣，施清臣駁放。

三年四月二十三日，左司諫宇文紹節言：「竊惟貢舉所以[27]公天下人材之選，利害至重，條制具嚴。比年以來，寖以隳壞，臣請舉一二言者。知舉、參詳，必以臺諫官參之，所以嚴其事也，而不能無弊者，知舉三人，雖是侍從、兩省官，然議論題目，去取高下，率惟臺諫意向，無所可否，其未能盡饜人心者多矣。揆以近制，宰執、臺諫子孫並授祠禄，蓋仕途妨嫌，而獨於科舉乃可就試。夫以勢要所在，人心共趨，縱其負學懷才，率是公選，不能無瓜李之嫌。臣以爲知舉參以臺諫，固不可廢，當專付糾察之任，不與議論去取，庶幾權尊勢一，無得而議。如公試、類試、監試，亦差察官，而未嘗與考校，何獨於省試不然乎？其參詳官，不必更差臺諫，庶幾考官人人得盡所見，而無畏縮之患。見任宰執、臺諫子孫，自今免令就試，更加涵養，以俟他日決科，亦未爲晚。在上者出於至公，則場屋之弊，如代筆、懷挾，皆可次第而革。乞先革二者之弊，其他俟引試日委之禮部國子監，條具利害，隨事而嚴其制。」從之。

二十八日，詔興州自置貢院。既而以利路轉運司言，興州每舉赴試士人，併就興元府試院收試。今興州係籍士人共三百六十三人，願于本州自置試場，委是利便。故有是詔。

四年二月七日，臣僚言：「今後漕試，若非用省闈分日之制，則宜倣太學私試分廊之法，將礙格與不礙格人合分别試，毋令雜處。不惟絶假手之弊，而無力圖試之人自安于鄉舉，冒濫之弊將不革而自革。」詔令有司看詳。既而禮部國子監言：「兩浙漕司引試，自今後科舉並[28]仰諸路運司將礙格及牒試門客并避親人，與不礙格人於比近去處分作兩院，同日引試，可革代筆之弊。乞下諸路運司遵守施行。」從之。既而兩浙運判陳景思言：「臣僚奏今後漕試，將礙格與不礙格人分别引試，以革假手之弊。臣竊謂礙格不礙格人群試于有司，其爲三場命題則同，其于立號取解則異。臣欲將漕司礙格與不礙格人，令主文三場各自命題。題目既殊，人心不能二用，各自運思爭奮，以競一日之長，決無餘力更及其他。其于嚴選舉，利孤寒，不爲無補。乞自今舉爲始，行下諸路運司，一體施行。」詔依，仍照二月七日已降指揮施行。

八日，都省言：「勘會太學混補，已是難行。所有諸州解試取放待補人數，自鎖院至開院日分有限，是致考取滅裂，多有紕繆疎脱卷子，甚失選擇待補之意。」詔自今年爲始，仰諸路運司以逐州累舉終場人數，斟酌多寡，量行添展日分支費，行下試院，精加考校。將來解到待補卷子，令國子監抽摘點檢，如見得有紕繆疎脱，定將元考校官鐫降施行。

十一月十三日，右正言林行可言：「詞科之設，先攷所業，有同制舉，其選至重。紹興以來，所取人物，班班可考。比年累試，曾不得一，稍從闊略，始有中選。間有公然挾書，略無愧恥，曰博學，曰宏詞，果何取於是名哉？胄子之試，取人稍寬，豈非念其父兄涖官中都而優之歟？比年嚴期功之令，應牒頗艱，明注於牓帖之下，防閑亦密矣。既而復寬釐務官所牒之員，待之甚厚，乃或非其本宗，矯揉冒濫，無復顧忌，果何取於胄子之名哉？省闈事體，一經籍奏，榮進可期。曩時案設一定，不敢越次，今不惟移案，且越廊而東西。29 曩時寸紙不容，不敢交語，今不惟往來，且夫交臂於廊廡。四方士子辛勤燈火，正欲角一日之長以取科級，而挾書、代筆，務爲姦巧，人人有僥倖之心，而實學反以黜遺。以至漕試之仍舊，正欲以優遠方隨侍子弟。今西北流寓，冒貫福建，類皆軍中將校。書鋪立價，僅出數千，便得一試，豈牒試之本意乎？武舉之弊，工文墨者或不習弓箭，試弓之日，多以善射者代名，是一試而兩人共之。蜀道科場以春，東南以秋，乃有見黜本寔〔一〕，冒試東南，是一舉而就兩試也。是數者，其法未嘗不嚴，積弊滋甚。嚴以濟寬，正在今日。乞詔攸司檢坐貢舉條令，鏤牓申嚴。兼照得省試大院臣僚奏乞差臺諫官，如監試體例。今乞別院亦差察官，以重省闈事體。」從之。

開禧元年正月十五日，禮、兵部言：「武舉發解王肅等狀，伏覩國家設貢舉科，立法嚴切，蓋欲選真材寔能，以副上用。每舉多被勢力用錢計囑封彌所，通同（所）〔作〕弊，或拆卷頭，或謄卷子，或第一場卷子已納，次日別作破題冒頭，密付封彌所人改抹。其弊不一，寔由別試所差封彌人，皆是市井游手充役，不懼條法，恣行作弊。乞將別試所依太貢院例，差六曹寺監等處重禄正身公人入院封彌，庶免弊倖。」從之。

二十三日，臣僚言：「側聞仁宗皇帝朝李淑奏，謂考官以所試分考，不能通較，故士之中否，係幸不幸。願酌舊制，以論、策、賦、經通較工拙，毋以一場得失爲去留。比 30 年以來，名爲三場通考，往往考校之時，或倦披覽之難遍，或局好惡之不同，經義、詩賦獨取於一破題，捨是弗考。乞下禮部，將來考試，悉以三場通考定爲去留。仍於未奏號前，令知舉參酌，於參詳、考試官內差四五員，總類三場試卷字號，混爲一處，以諸房已批等數次第編排，以三場分數

〔一〕寔：疑當作「貫」。蓋「貫」訛作「實」，又寫作「寔」。

俱優者爲上，二場分數優者次之，一場優者又次之，三場俱劣者爲下。毋以片言隻字，遽在中選。編排既定，然後更從知舉詳審，以定高下。庶幾均平，永爲通考之法。」從之。

二十五日，詔更差同知貢舉一員，餘依已降指揮。以都省檢會嘉泰三年四月二十三日臣僚奏請，故有是詔。

二十九日，臣僚言：「竊惟禮闈之所禁者，曰代筆，曰挾書，曰傳義，曰繼燭。法令（照）〔昭〕然，皆所當戢。比年翫習爲常，移易卷案，挾帶書册，往往有之。代筆之弊，最其甚者。顯行賄賂，略無忌憚，或替名入試，或就院假手，故有身躐儒科，而不能動筆，汙辱搢紳。至于孤寒之士，雖有真材寔學，反不預選者多矣。今引試在即，本院自有條約。然簾外之事，有簾裏不得盡察者。乞令内侍省曉諭八廂，除依條巡邏外，如有代筆之人，須管根緝押赴簾前，依條施行，不得故意生事。其八廂能捉獲者，具奏推賞。如或隱匿，以至臺諫風聞得實，即論列取旨，根究情弊，重寘典憲。所有巡鋪官，併從朝廷戒諭，依公巡按施行。」從之。

三月六日，權禮部尚書蕭逵、中書舍人陸峻、諫議大夫31李大異、權禮部侍郎李（璧）〔壁〕言：「竊惟國家三歲一開禮闈，羣天下貢士而試之，專務網羅俊乂，以備他時器使，事體至重。蓋被差擇而職選掄者，不下三四十人。使悉心殫慮，猶懼有闕。然常人之情，羣臣則喜追逐，檢局則思放肆，而考校程畧有限，稍或怠墮，立見廢事。兼禮闈嚴肅之地，尤防褻慢。臣等被命入院，除體例外，未嘗置酒，冀與屬僚一意考校。雖其間識見精力不齊，而頹墮不虔者亦鮮矣。乞申飭今後内外科試，凡在院官，各思罄竭，無得非時燕會，妨廢本職，立爲定制。庶幾用志不分，多得雋秀之士，以副明詔。」從之。

同日，權禮部尚書蕭逵等言：「竊觀比年場屋之文，氣體卑薾，詞藻浮虚。以經學言之，則未嘗精思熟究，安能探索微妙；以史學言之，則未嘗博覽彊記，安能貫通顛末。此外如諸子、前賢文集，則罕曾誦習，皆用時文套類。是以學多寡陋，文多凡下，其間學粹而文典者，百不一二。曩歲知貢舉者荐請于朝，令監學官選擇時文百篇以爲模楷，有旨從之，然竟寢不行。臣等究其源流，蓋緣疇昔以儒決科，而今顯官者甚衆，使監學官遽去取於其間，則未免愛惡之嫌，是以雖有詔旨而中格也。乞檢會指揮，委監學官公共選擇紹興以來累舉所取六經義、詩賦、論策，擷其文詞典雅，學問該贍，而膾炙衆口、可傳誦習者數十篇，特令刊行，使士子有所矜式。如是累舉時文委有可稱，其人32見仕于中外，並免預選擇之數，庶幾無愛惡之嫌，易以揀選。仍限三閱月了畢。如此則虚浮之文可歸於典寔，多士幸甚。」從之。

二十一日，臣僚言：「國家開設學校，胄子之試尤優，搢紳之士固宜自知愛重，詎容竄名易貫，僞冒服屬，以壞良法。屬者嘗有泛及緦麻，濫至同姓。求試者既不安於命義，而牒試者又不知有法禁，靡然趨之，寖失本意。乞令禮部申嚴牒試之法，如敢冒濫，併將保官照條重賜責罰。」從之。

閏八月十四日，詔謝采伯、棐伯並駮放。先是嘉泰二年，宰相謝深甫令其二子同赴省試，未鎖院之前，密招當差試官，預計會題目。又令朝士能文者代筆，付與試官，果寘高等。人已指言。其後諸子忿争，交相詆訐，於是傳播。是時深甫任相位，無敢言者。至是臣僚有言，故有是詔。《文獻通考》：開禧二年，詔諸道運司、州府軍監〔一〕，凡發解舉人合格試卷姓名，類申禮部，候省試中牒發御史臺，同禮部長貳參對字畫，關御藥院照應，廷試字畫不同者，别榜駮放。舊制，秋貢、春試皆置别頭場，以待舉人之避親者。自緦麻以上親及大功以上婚姻之家，皆牒送。惟臨軒親試，謂之天子門生，雖父兄爲考官，亦不避。是年始因議臣有請，詔自今在朝官有親屬赴廷對者，免差考校。開禧元年，檢詳毛憲爲考官，其子自知以迎合用兵冠多士。韓侂胄既敗，乃用言者奏奪憲次對，而降自知爲第五甲末。

三年六月二十九日，臣僚言科舉之弊，如漕司差考試官及州郡挾書、繼燭、代筆、傳義，二者不可不革。令禮部同國子監看詳。既而禮部、國子監言：「一、照得漕司差考官，懼其泄而容私也，乃不明示以某州，給付字號，俾于經由州郡對同字號，躬親書填，以防吏姦。而州郡例于前期差監門官，以漕司所給字號，俾之對同。彼監門率小官下吏，寡少廉耻，將所給字號，爲高貲者得之，前途伺候，以行私囑。臣謂欲革私託之弊，莫若以漕司所給字號付之監試。監試非通判則漕屬，官稍高則自愛稍切，對同字號，庶不泄漏，而其弊稍去矣。今看詳所買字號之弊，不獨在逐州監門，其原在于發號關防不密，致吏輩漏泄作弊。乞下諸路運 [33] 司，遇差試官發號之日，漕臣同屬官躬親差排分發，不得令吏人干預。仍立限疾速牒本州守臣收管，不入吏輩之手，庶革買解之弊。一、照得挾書、繼燭、代筆、傳義，禁防周密，務求寔才。今州郡不行挾書、繼燭之禁矣，此又有因繼燭而每試一場輒歇一日，次日既午，納卷未畢，視以爲常，曾不禁約。彼真才寔學，窮日之力，已爲有餘，既繼以燭，難免代筆，况盡一晝夜，繼以次日乎？於是人率備三五卷，或父代其子，兄挾其弟，而(太)〔大〕半以貨取。故有名預能書而口尚乳臭，行僧計吏而習則市鄽。士方困于解額之窄，病于糊名之無據，又苦于此。欲革代筆，莫若去州郡繼燭之弊，勿許以歇日。彼憚革弊者，則曰場屋幸帖息爾，禁戢太嚴，必至鼓譟，是則法令皆不可行。乞引試前期，條具法令，嚴示舉人納卷之限。其過限者，别立字號不考。彼優于應敵而切于自愛者，必無復犯，則庸瑣營求代筆者不足卹也。今看詳挾書、繼燭、代筆、傳義，自有貢舉條法，乞遵守施行。」從之。

十一月二十一日，國子博士朱著言：「竊惟場屋之禁尚矣，比年以來，陛下加惠士子至矣。士當斯時，疇不願輸所長。其或非才，志在倖得，恃其有貲，計所必取，場屋之弊猶故也。内而禮部貢舉之所掌，外而封彌、謄録、對讀之所分，苟有利焉，雖曰四所，如一家然。臣嘗備數簾外，有持一卷周章而過者，索而視之，卷中有片紙，識云某州某縣某秀才卷子。又得一卷，其識如初。詰之，則云胥所授也。有經義五篇，略無竄易者，因竊疑焉，默識其號。及得論與策而較之，三卷如一，非精書之吏不能。蓋昔聞有不終場，次日併納首卷者，有徑自外潛得而入者，有密伺考中之號，則以所售白卷謄之，輒廢取中之卷者，此其故也。今欲去弊，莫若戒令封彌所，逐場精見已納之數，載之專籍，以日上之董試，其一職之封彌，俾官吏無得出。又揭榜之後，委官以所取中經義，録一義頭，試録一二韻，[34] 逐舉更互。

〔一〕州：原作「判」，據《文獻通考》卷三二改。

惟所委官以意命之，羅姓名于禮部，以曉天下之士(乎)〔子〕。是説既行，昔弊自革矣。謄録善否，最關考校。嘗聞有司委官較字，不過書云某縣謄録人姓名數字，其能否未甚别也。一時急於集事，未免苟容，以紙封臂，往往文具。掌謄録者，率皆宣差局務，忽焉被命，莫得而稽。及課工程，善書者或規避，不善者多强勉，始焉靳靳成字，夜以繼日，鹵莽滅裂，十脱四五，顛倒句讀，反覆塗竄，有不可曉者。胥有利焉，則擇善者而授之書。其或文字本工，傳抄多失。對讀之官，目力不逮，而考校督迫，工而失者有之，不工而得者亦有之。欲去斯弊，莫若於選差局務數内，先期下臨安守臣，選委通判，責以揀擇，就臂印押。凡謄録之事，悉以委之。彼知此責實身任焉，烏合之輩亦自知警。是説果行，則昔弊自革矣。」詔令禮部勘當。既而本部言所陳關防場屋積弊，委爲切當，乞下逐處遵守施行。從之。以上《寧宗會要》。

（以上《永樂大典》卷一〇六四五）〔一〕

〔一〕一〇六四五：原稿前十九頁版心標作卷一〇六四五，後十五頁又標作卷一一六四五，據《永樂大典目録》，當以前者爲是。

宋會要輯稿　選舉六

貢舉雜録　四

【宋續會要】

1 嘉定元年正月九日，臣僚言：「仰惟國家數路取士，得人最盛，莫如進士設科。近年姦弊滋甚，據權勢者以請囑而必得，擁高貲者以賄賂而經營，實學寒士，每懷憤鬱。今有管見：一、考校差官，要當精擇。蓋考官精明，去取允當，否則是非易位，遺才必多。乞詔大臣精加選擇，無取昏謬，充數其間。一、省闈差官，有知舉、參詳、點檢之別，蓋欲參稽互考，必求其當。向爲知舉者不此之思，乃謂試卷去取，可得自專，至有參詳、點檢去取一同，知舉獨不以爲然，而得失遂定。往歲辛臣、臺諫有子登科，繼行駁放，多是參詳、點檢以爲可黜，而知舉自行取放。凡爲知舉，絶無私意，猶不可專用己見，儻或藉此行私，豈不爲考校大弊？臣謂參詳、點檢可否不同，正須知舉平心參酌，擇其是者從之。若參詳、點檢去取相同，而知舉或有異見，要當更與考訂至當，以定去留。如此不惟參詳、點檢各得與知舉詳議，盡其所見，爲知舉者亦可無自用之嫌。乞令禮部候鎖院日，詳此施行。一、試卷去取，雖賴考官精明，而謄録、對讀，尤當加意。謄録脱誤，對讀鹵莽，文義舛訛，必誤考校。每舉所差，對讀官員數特多，正欲訂正謄録脱誤，以便考校。惟是差官不加選擇，雖昏耄衰病，亦使備數。所以待遇者又皆簡薄，位 2 次狹隘疎漏，上雨旁風，不能自庇，而幕帟、器用、油燭、薪炭之屬亦多不備，何以責其盡心？遂致草卷雖經對讀，脱誤尚多，簾内考校，倍覺費力。乞加選擇，無以昏耄衰病者充數。凡所供備，如位次、幕帟、器用、油燭、薪炭之屬，無得苟簡。擇之精，待之厚，儻不敬謹其事，罰亦不貸。一、謄録試卷所差謄録人，率是雇代充應，只求雇直稍輕，雖疾病癃老，不慣書寫，俱不暇問。當其謄寫之初，老病與不善書者尚能（疆）〔彊〕勉。數日之後，精力疲茶，多不成字，再三詳訪，方見意義，若多脱誤，又不可讀，實爲深害。乞令禮部下所屬，須管選擇慣熟書寫、精力（疆）〔彊〕健之人充應，仍令長吏保明。長吏謂縣押録、州府之都吏。如更循襲充數，仰謄録所申試院，牒報元差官司，將承行長吏斷勒。一、代筆、傳義、挾書、移坐之禁，《貢舉條制》甚明。近歲姦弊滋多，甚至應博學宏詞，乃攜文字，公然檢閲，其他可知。至爲代筆、傳義之地者，率以賄賂計囑排坐，否則入試之時，交互改移，尤當禁止。乞令禮部申嚴成法，措置關防，庶使人知警懼，姦弊可絶。」從之。

十五日，禮部言：「已降指揮，將開禧三年發解舉人取中試卷并省試合格試卷，並行牒發御史臺，同本部長貳參考字畫，關御藥院，殿試字畫不同之人，照指揮駁放施行。

今來諸路州軍免解進士，合赴今年省試。若有過省，既無解試卷子比對，無由辨驗字畫。今欲告報書鋪，如有免解進士赴省投納 3 試卷，並親身題寫卷首、三代家狀，即不許令人代書。如不遵告報，致本部驗出，定將犯人、書鋪送所屬根究施行。如免解人過省，從本部再行告報簾試，親書三代家狀一紙印押，同過省試卷類聚，牒發御史臺，同本部長貳參考，將字畫比對，如有不同之人，遵依前項指揮施行。」從之。先是，太常博士張聲道言：「諸州科場，多有填委蹂踐之患，僕主混殽，莫可誰何。此蓋豪民上户不務實學，專以抄寫套類爲業，廣立名字，多納試卷，將帶筆吏，假儒衣冠，分俵書寫，僥倖萬一。至揭榜，或數卷兩得，全中待補，則父子兄弟分認名目。及赴省試，則以多貲换易試卷，或全身充代，竊取科第，止緣朝廷不曾比並字迹。最是補試，公然將待補文牒售賣。士風不美，莫此爲甚。臣謂每舉諸州科場，候開榜日，將所得解試及待補卷子，仰舉送監試、考試官等，並於真卷背上列銜封緘，發赴禮部、國子監，不許稽留，以啓吏姦。其省試奏名之後，禮部將省、解試兩項卷子申發御史臺，臺部長貳參考字畫，同者關御藥院，殿試字畫不同，别榜駁放。其補試之後，國子監依此施行。所有銓試，雖有簾引，不過關防文理不通之人。其换卷、代筆之弊，元不曾革。乞將試中卷子，更與比並筆迹。兼臣昨備員學省，曾條具奏，卷前草紙書寫文藁，並須存留，不許塗抹。」詔從其請。至是省試，禮部舉行。

二十四日，臣僚言：「比年省闈取士，弊倖百端，最是挾書、代筆，尤爲場屋之患。蓋曩由宰相門客懷挾敗獲，反將邏者施行，自後習以成風，絶無忌憚。又緣巡案例差局務小官，其曾應場屋者皆充對讀，選擇之餘，方及巡案。勢力既微，待遇又薄，全不加意。所差内侍，亦多官微位下，不能誰何，八廂目擊其弊，類皆容隱。紹興初，秦檜用事，專以子弟親故竊取科第，士子扼腕。其後高宗皇帝總攬權綱，嚴行禁戢，特命湯鵬舉典領文衡，一洗宿弊，場屋肅然。今遇更化之初，凡前日變亂舊 4 章，次第懲革，惟是省闈之禁，尤不可緩。乞詔三省，選差朝士有風力者充巡案官，假以事權，示以體貌，遇獲到懷挾、代筆之人，飛申簾内，仍申三省。所有内侍，乞詔内侍省選差近上可制八廂者，互相覺察。若相容庇，致他人覺察，乞重行鐫罷。庶幾士子知畏，無犯典憲。」從之。

四月五日，臣僚言：「國家三歲設科，以待天下之士，又立待補，收拾遺才，可謂良法。間或放混補，係出特恩，然必先降指揮，使四方士子遠近畢集，庶爲均一。臨安府學係駐驆之地，每從優厚，然在學多外處士人。昨開禧元年臨迫試期，放行在籍二千餘人，以致冒濫，幾成喧鬨。續有陳乞，自開禧元年爲始，每年將堂試中選分數高者，校二百人并職事，遇補試徑行收試。其選校不及一分以上人，遇補試前一月類試，取四百人，赴太學補試，見今施行。今來更化之初，四方士子喜觀上國之光，不期而集，若一切杜絶，又恐士子遠來，不得一試，亦有可念。乞將見在都下不應赴補試士人，倣漕司附試例，特於漕司收試。候見終場人數，量與取放一次。仍下國子監，曉諭士人，各體朝廷優厚之意，許赴今來補試外，其諸州取中待補及臨安府學校定類試條法指揮，日後遵守，永不衝改。」從之。

閏四月十三日，大理少卿費培言：「比者董視封彌，竊見五幕所置于中門外廊之上，列於謄録所請官受卷〔一〕，往往皆遠外到選之人。至於幕吏，則 5 漕司、天府之所差，無非囑託充役，志在姦利，無所顧藉。以遠外到選之官，御無藉之吏，既無事權，何能（鈐）〔鈴〕束？ 不過俛首聽其自爲。方士人納卷之初，幸而尚蚤，猶可書曆投櫃。昏黑之後，奔迸填塞，勢只向幕攛擲。吏輩須其小定，方行收拾代納。櫃眼至大，已入之卷，復可探取，櫃固不足恃也。所謂監董之官，只候中門下鎖，倏然揚去。簾内深遠，無從考察。封彌所相去尚在百步之外，亦無誰何。吏輩肆姦，了無顧忌，欲拆换卷頭，以甲爲乙，謄寫程文，以僞爲真，受他人之囑，毁壞有名試卷，亦可也。此而不革，爲害不細。臣有説於此，無大更革，不必差官，乞於封彌所前旋創幕屋，仍舊差謄録官受卷。其省試封彌院門官皆郎曹以上，稍可彈壓吏輩。自餘程試，本所亦有長官，遇晚出至幕所，同董其事。所納試卷，不必投櫃，只用布囊盛貯，遇滿即封。俟試人出絶，請在院封彌官出至幕所，與受卷官計數交授，不入吏手，姦計莫施。夫内而邏察有官，外而對號有簿，幕所關防，復加嚴密，場屋之弊雖未盡去，亦十革其七八矣。乞下吏、禮部、國子監，日後行在貢院，不拘是何程試，並令一體施行。」從之。

三年五月二十一日，侍御史劉棐言：「國家以經義、詩賦取人，習詩賦者或疎於經義，顓治經者多不閑聲律。士大夫往往不肯自謂非素（冒）〔習〕，（疆）〔彊〕加去取，被黜之士不無遺恨。乞今後省、解等試，分房考校之際，令監試擇 6 試官之元習詩賦者顓考詩賦，治經義者顓考經義。或詩賦卷多，經義卷少，則以論、策卷補之。論、策通考，固不拘也。詞賦雖若雕蟲末技，士之器質，於此乎見。先朝王曾、范仲淹爲舉子時，識者固因所作賦知有輔相之器。近年主司多謂詞賦疵病易於指摘，恐人得以議己，故試者雖多，其最優者僅置三五名之外，深失國家通尚詞賦之本意。乞今後省、解等試，擇詞賦優長者與經義間居前列，用革考校偏尚之弊。臣少游場屋，每遇科詔將下，士類相謂曰，某人饒財，某人有夤緣，將必獲薦。及牓揭，則向所擬議者十一二〔二〕，臣未敢深信。近年此風頗熾，有實不諳文墨，或居上游，蓋上則私記，下則假手，相與表裏而得之。如頃者泉州黄廣之獄，可信不誣。臣熟詢其弊，始由點差考官之時，漕臣或不經意，屬官案吏得以容私，陰定所差之處，考官多申親嫌合避，以取必其所往之州。及考校分卷，監試官或不精明。所謂封彌、謄録等人，陰相指授，以達所分之房。士夫知自愛者固不肯爲此，其或昧心黷賄十有一焉，凡前之私得行矣。乞下諸路州郡，凡漕臣差試官、監試官，分試卷必躬必審，務革欺弊。其有考官多引親嫌，則密加審究，擇其欺罔者按治之，用革計囑私記之弊。」從之。

〔一〕列：似當作「例」。
〔二〕十一二：按文意，似當作「十不失一二」。

六月七日，禮部、國子監看詳臣僚言：「乞太學解試將赴試士子之數撥出四分之一，與避親士子同試别院。仍於大院撥差7試官與取額人數，並以四分之一爲準。照得臣僚所陳别試利害，欲以大院人數分撥四分之一就别院引試，委是可行。比來省試治經人數，其最少者亦近二百人。隨所取之額分撥以四分之一，甚易區處。惟是太學解試係是十三人取三人，詩賦數多，儘可分撥。其間經義恐有數少者，難拘四分之一。欲得或全留，或全撥，或不一半，在監試臨時隨宜區處。其待補國子生，係是二十五人取三人。若太學生分撥别院者，合與待補國子生各出題目，仍分東西廊，嚴行隔截，庶幾不至混殽。其别院屋宇窄狹，合行增廣，欲下臨安府措置。所有别院省元，從來止陞本甲首，今取人既多，欲將上三名準大院省試上十名恩例，庶得公平。」從之。

七月六日，權禮部尚書章穎言：「竊惟科舉之法行之既久，苟無大弊，不可輕有變更。伏見慶元二年正月指揮，宗室並不許差充試官并監試。續準嘉泰元年爲常州申明差監試官，下國子監看詳：若通判雙員去處，或有宗室任通判，自不許差監試。其獨員通判或係宗室，若不許差監試，則以次職曹官權輕望淺，恐不能彈壓。遂從常州所申，差通判趙師岌監試。獨有常州雖蒙許差，而四方州軍尚拘指揮，不差宗室通判監試。伏緣諸路每三歲科舉，最爲重事，大郡至萬餘人，小郡亦不下數千人。試院之内，事務浩繁，監試職在彈壓，以至分撥士人試卷，支遣錢(量)〔糧〕，關8防漏泄，革絶欺弊，事不勝數，誠難委之於官卑望輕之人。嚮來權臣意在沮抑宗姓，臣僚觀望風指，遂有前請。當時州郡皆明知其不可，獨常州首先(四)〔申〕明，已從其請。夫科舉之法一也，既許行於常州，而獨不行於他郡，可乎？今科舉日逼，竊慮外路州郡尚以前降指揮爲疑，或差曹職官監試，四方士子皆不以爲便。乞速賜行下，以嘉泰元年七月常州所得指揮，差宗室通判監試，行之四方，以惠士子。」從之。

八月二十九日，太府寺丞唐吉先言：「省闈考官，雖盡出天下選，近年所出之題，詩賦如『太宗得至治之體』、『聖人之道猶日中』，義題如『上天之載，無聲無臭』、『儀刑文王，萬邦作孚』，與諸州解試同然一律。以至策目，大概不過捃摭時事，鄉舉與省闈所問，間有一二之殊，大體亦類。甚至省闈策題，不相照應，臨時參會，皆已撰定，不復更改，事意俱同者。夫以群賢會聚，肩摩袂接，六經百氏，堆案盈几，豈無可命之題，可問之目？緣諸路闊絶，無從稽考，遂致重複。恭聞祥符中嘗令禮部貢院録諸州發解試題進内，史臣以上將親試貢士，慮其重複也。自是用爲常例。然則類解試題，以防重複，蓋取士家法，獨不可舉行於今乎？乞詔諸路漕臣，於科舉後，將所屬諸州解試題類聚成集，上之禮部，〔禮部〕類聚諸司所上，申送省闈。使出題之際，必以三舉題目參考，發策命題，講論時事，品藻人物，質問疑難，各出己見，無致重[9]複。」從之。

十一月八日，臣僚言：「自昔省闈，獨嚴他試。八厢貌事，羅立四隅。士子提壺而入〔一〕，未嘗敢懷挾也；據案端坐，未嘗敢傳義也；覃思所學〔二〕，未嘗肯假手也。自侂胄竊權，内畏人言，縱弛試禁，邀譽士子，蠅頭册子，山積案上，往來交加，無異闤闠。持文衡者又復觀望容私，士懷不平，莫不憤惋。更化以來，首嚴其弊，搜出懷挾者四人，雖與免罪駁放，一時觀聽聳然。近年省場，頓覺弛慢。夫一事一目不守其常，則大經大法所從以壞，而況省闈中選，公卿將相由此塗出，可不嚴禁而曲防哉。今秋試已畢，南宫伊邇，乞亟下禮部，先期申嚴條令，敢有懷挾、傳義、假手者，必駁放殿舉。其間考官觀望容私者，例與坐罪。」〔貼黄〕「近者臣僚論年來省闈試題多與諸州解試題目相犯，間或預名，多有全寫古來者〔三〕，而真才實學多致無落〔四〕。乞依祥符舊制，預期下禮部類聚國子監及諸路諸州解試三舉題目，使省闈命題之際，精加參考，毋使重複，以防僥倖。」從之。

四年二月十七日，禮部貢院言：「今來省試，諸州軍、國學赴試經義、詩賦進士，貢院終場四千三百一十一號，内有國學該赦恩免解及還赴省試等人，其取人分數，乞指揮施行。」詔依嘉定元年收放分數，每一十七人取一名，零分更取一名。

四月十一日，臣僚言：「竊聞考試院謄録所，自來循襲體例，以士人試卷凡有犯科舉條制不考式者，並聽謄録人點對[10]舉覺，與免謄録。由此謄録人怠於書寫，輒爲改易正本，書〔人〕〔入〕諱字，以免書寫，甚則有焚匿遺棄之患。雖有合格之文，無由得達於考試官。士子三年勤苦，千里來試，乃爲謄録者毁棄試卷，暗遭黜落。試卷有第一場、第三場而無第二場者，有裂去一半不可謄録者，雖一時擁併所致，而封彌官亦有不親臨於其間，明知其弊，多不以聞。乞今後士子試卷，應有犯諱及不合考校格者，並令依本謄録，寫發入裏，聽試官考察，不許謄録所暗行黜退。其試卷首尾不全，亦須具數以告簾裏。又須簾裏試官中專差一員，以封彌所日納試卷之數及謄録所日受封彌之數，參考異同，至拆號五日之前，以諸位試官分房所受之數，總而計之，稍有不同，須加究見。如此則官吏知畏，封彌、謄録必無毁棄文卷、改易字畫之患。」從之。

十二月二十七日，禮部言：「國子祭酒、兼權刑部侍郎劉爚言：『國家以科舉取士，三日之試，雖兼策、論，而去留之際，必本經義、詩、賦。近年經學不明，命題斷章，學者以巧於遷就爲工，不以推本經意爲正，略傳注之説，侮聖人之言。詞賦抑又甚焉，體字全類歇後，用字不考理致，蓋檢閲

〔一〕壺：原作「壼」，據文意改。
〔二〕思：原作「恩」，據文意改。
〔三〕古來：疑有誤。
〔四〕無落：似當作「黜落」。

於類書，非根原於實學。文義無取，器局何觀？乞令學官選擇中興以來魁選義、賦，根本經旨、詞氣渾厚者數十篇刊降，以爲體式。今後命題，不許斷章，長短不拘。《春秋》一經，照嘉定四年省試例，以事實通貫者爲11題。令禮部下諸路，於差試官牒内備坐施行。』本部看詳，乞下國子監，令監學官精加選擇刊本頒降。所有經義命題，亦下國子監、諸路遵依施行。」從之。

六年正月二十三日，臣僚言：「試院有平安曆，不過以報平安。今則不然，其出也，所書項目，監門莫得而見；其入也，所傳件數，監門莫得而稽。囊複封識，不知所藏何物。名爲藥裹，安知無簡札往來？號爲家書，安知無消耗漏泄？其弊有未易言者。嘉泰間，議臣亦嘗推究關防矣，未聞許其發視而後通傳。乞下所屬，自今平安曆早暮出入，監門官逐一點檢，不許帕複纏裹，私自封緘，雖藥貼家書，亦先開拆，方得收傳，監試覆視，則考試者無得容其私，就試者無以售其私。」從之。

三月十七日，臣僚言：「自中興以來，取士幾三十科，積習既久，弊倖滋深。今歲科場，若不申嚴，竊慮愈甚。試舉數事以明之。鄉貢士（着）〔著〕，令甲非不嚴也。游手之士奔走遠郡，或買同姓爲宗族，或指丘壠爲墳墓，百計營求，以覬一試，於是妄冒誕謾之風成矣。假手傳義，罪名非輕也。饑貧之士貪於近利，竭其素蘊，芸人之田，有一人代二三名者，有二三人共爲一名者，儻則屢中，竟遂其私，於是銅臭假儒之志得矣。差官考試，逐州對號，此漕司之措置也。好賄之吏，不念燈窗之舊，作廋辭密授親僕，所至求售，滿意而歸，於是富室子弟相倣行賕矣。通判之牒館客，蓋避監試之嫌也。而別廳12亦復援例，士倖速化，不遠千里，假作士（着）〔著〕，以希漕舉，於是始進欺君之惡，不暇顧矣。封彌、謄録，就差本州縣吏，此定例也。俗士通同，密取同經卷子，增減字畫，妄謂雜犯，暗行黜落，或拆换卷首，於是實學之士無所赴愬矣。校藝既定，編排申號，此有司之事也。而長官入院，妄作聰明，舍合格之人，取備卷之繆，或私舊識，或示己恩，於是漕司所差之官不得行其志矣。因今之制，革今之弊：嚴冒貫之法，俾各歸鄉土；重代筆之罪，永不得入場屋；試官鬻舉，計贓除名；違法牒試，專坐主者。至於書吏爲姦，長官越職，並合科斷。仍誡諭考官，專取醇正博雅之文，痛掃輕浮剽竊之習。如是則鄉舉里選，真才實學，相繼而出，以副聖朝設科取士之意。」從之。既而兩浙轉運司言：「臣僚奏科舉，通判之牒館客，蓋避監試之嫌，而別廳亦復援例。因今之制，革今之弊，違法牒試，專坐主者，乞令省部施行。本司檢點每次科舉，諸州有雙員通判，雖有不差充監試者，依條示許牒門客一名赴本司收試。今來奏請，未審將來有不充監試通判牒到門客，合與不合收試？照得諸州軍府通判係同舉送官，其門客合牒運司收試。」詔令諸路轉運司照應舊來體例施行。

四月二十七日，殿中侍御史石宗萬言：「國家俾郡國興賢能之書，蓋求實才，非徒應故事而已。夫涵養作成，在朝廷選擇，去取在考官。至於董事試闈，關防弊倖，雖曰有司之事，關繫不輕。今州郡例差通判，漕司例差主管文字，惟從舊比，不問能否。其間才力不逮，不諳場屋事體，冒然爲之，鮮有不害事者。蓋終場諸經多寡不齊，而考官治經亦不同，是知去取全繫[13]分房。使俗吏爲監試，必不能以經賦斟量多寡。今考官各占所長分考，不過令胥輩照舊例耳。此利害最甚者。至於門禁不嚴，則有傳遞漏泄之弊；封彌不謹，則有（折）〔拆〕換家狀之弊；納卷有曆，結筭稍稽，則有增減之弊；字號有簿，緘識不密，則有揩改之弊。謄録之吏，錢米燈火不以時給，欲無差誤，得乎？至有就坐而不得題目，日已升而未啓棘門，欲無喧鬨，得乎？凡此皆監試之責，莫若令諸路轉運司於主管幹官内，諸郡於通判、幕職内，擇有才力，諳知場屋事體者，先期發實封文（撽）〔檄〕遞至各郡，候鎖院日開拆，請所差官入試院，不得容情妄差。庶幾監試得人，弊倖稍革。」從之。

五月一日，臣僚言：「竊見貢院中簾内弊倖，監試隨宜裁處，智慮可及；簾外之事，有耳目所不接者，誠難關防。今科舉在邇，敢不預陳。一、貢院牆壁，本自低矮，年來頹圮，如西邊一帶，抵靠別試所晨華館，而斷垣及肩，踐踏成路，傳泄之弊，多由此出。最後正通大理寺前，居民搭蓋浮屋於牆上，亦作弊處，莫可隄防。東畔牆雖稍高，却與封彌、謄録所相鄰，而縫穴最多，關防須密。乞將貢院周圍内外牆，並就舊（其）〔基〕增築高闊，裏邊掘成溝池，闊五六尺許，深濬亦如之。不惟得土築牆，可省般運，而四傍瀦水，亦可泄貢院卑濕。牆裏加以池，則人不得而踰矣。仍約束居民，不得因牆起造浮屋，庶革傳泄之弊。一、往時試院於中門外挾屋裝夾幕[14]帟，爲納卷之所，士子便之。後因建議，於封彌所門外，自中門迂轉百許步，方到納卷處。試人每至昏暮，不復認記轉路，遂只直行，間有攜卷出外，始覺錯誤，不容復入，誠爲可念。況所創席屋苟簡，風雨漂濕，甚難愛護。今欲仍就中門外兩挾屋下作納試卷所，誠爲兩便。一、謄録所自夜達旦，列燈燭於廊廡，止用蘆蓆夾截，別無打火之處；亦只就廊屋置竈釜，易惹風燭。乞自未鎖院前，令排辦官司於謄録、封彌所各置水桶運水。其中每遇封彌、謄録官入院，須先點檢，如有滅裂，徑申試廳施行，庶幾有備無患。一、諸處差到謄録人，多是游手，所得雇直，隨手已盡。空身入院，每日食錢五百十文，既無斗糴處，往往就院買飯，日夜謄寫不休，食不飽腹。乞今後每人日支米二升半，令錢糧官點檢，發赴謄録官，當官給散，以防吏輩減尅，却於食錢照價除尅。一、封彌試卷，必有簿籍抄記姓名，以備點對打號。尋常漏泄拆換，皆出於此。若對卷打號，監官親臨封記，不入吏手，則弊倖可革。兼真卷對畢，發歸封彌所，合置橱封鎖。或遇鈞卷，監開以防偷竊。今乃置之架上，並無關防，安得不有換易之事？乞自後鎖院，先令臨安府就封彌所夾截庫屋，可以封鎖置架，開庫監官親臨，庶革前弊。」〔貼黃〕「照得二廣科舉所差試官，正當秋暑瘴癘之時，常有十餘人斃於道路〔一〕，極可憫念。臣謂廣南士人貧無常産，能文之士亦自[15]可數。廣東則廣、潮二州，西南静江〔二〕，皆號多士，時有請囑。所差試官，必須遴選，以絶外議。至於他處，但須鄰郡，或隔一二州差往，庶幾道里稍近，可以齎辦行李，饑食渴飲，不致乏絶喪身之患。乞下兩路漕司照應施行。」從之。

二十六日，監察御史倪千里言：「朝廷取士，莫重於大比。士子求仕，莫重於始進。近歲士夫徇私而壞法，士子冒試而犯法，蓋不一試。且如漕試，棄鄉井而貫他郡，背父祖而冒同宗，貨鬻成風，廉耻掃地。近者俞廷臣之請，重保官之員，皆謂漕牒之弊雖未盡革，較之曩歲，已免泛濫。至於國子設科以〔侍〕〔待〕公卿大夫子弟，謂其承父兄之訓，識政事之體，故優其選，而僞冒尤爲可怪。前舉補試，有許其姓者，託本寺法官名爲族屬，兩冒就牒，攘奪同經之額，具見臺諫章疏。此其事之敗露者，其他蹤跡詭秘，漏網佚罰，使胄子之才不獲自見，即非類不檢之士並緣竊取，士心憤嫉。臣照貢舉條令，國子所牒已有定制，秋試在即，若不申敕，竊恐舊習未悛。或假托宗枝，或遷就服屬，旁招廣引，復成僞濫。乞下臣此章，戒敕朝士各守成法，無得妄陳服屬，多牒人數。揭榜審劾，如有僞冒，定與駮放，牒官、保官並行彈奏。庶幾法行自近，士心胥服。」〔貼黄〕「竊見諸路漕賦，若江東西、湖南北、福建、廣南等處，率多惟勢是視，惟巧是圖。臣嘗分教漢東，親聞湖北漕闈第一場經義及賦破題，次日傳録在外，有寫[16]出全篇者。若試官則預知某士係某官所牒，某官子弟係某經應舉，或憚其勢，或畏其吻〔三〕，或受其宛轉，或惑其虚譽，必與尋取，取媚上官，爲進身計，使寒畯白同殿舉，一黜三年，殊可憫恤。本臺體訪彈奏外，乞下諸路漕司備牒試院，須管從公考校，不得循習故態，私行選取。」從之。

七月二十三日，臣僚言：「國家設科舉以網羅天下士，比年姦弊滋甚，有司去取未如人意。夫差官考校，逐州對號，以防請囑。今富室子弟先期計會漕胥，密知考官姓字，要之於路，潛行賄賂，預買題目，暗爲記號，僥倖中選。銅臭得志，而真材老於巖穴矣。此考官鬻解之弊。舉人所試經、賦、論、策，各有所長，如三場停均，方在取數。今或頭場經、賦偶合主司之意，先入爲主，則論、策一切不問。亦有但取破題，而終篇不暇考究，論、策未嘗過目。此專取頭場之弊。逐州解額，經、賦多寡不同，而考官治經者或不工於賦，習聲律者多於經旨未能深究。今漕司差官，拘於員數，艱于通融，彼既各有所偏，誰肯自處於不能？求其通情從公商榷〔四〕，難矣！此考官執己見之弊。主文命題，去取當以古註、《正義》爲的。庶幾持論平正，人無異議。

〔一〕斃：原作「獘」，據文意改。
〔二〕西南：疑當作「西則」。
〔三〕畏：原作「謂」，據文意改。
〔四〕榷：原作「確」，據文意改。

今所見不同，各騁臆説，徒啓後進穿鑿之私，而老成博學，棄而不録。此舉子求異立説之弊。迺者換易試卷，猾吏與富室表裏，或拆換卷頭，或暗毀真卷，姦弊百出。此曹但知貨賄可貪，不知士子得失利害。凡此數 17 端，皆科舉深弊。今秋闈在目，乞下禮部，遍牒貢闈，密切體訪，革覊解之弊，嚴通考之法，考官則通融考校，勿執偏見，出題去取須以古注《正義》爲的。仍檢察吏胥換易卷子，嚴爲關防。如是，則真材碩能在選中矣。」從之。

八月七日，臣僚言：「竊見諸州考校，正額之外，待補多不留意，或於落卷中取以充數。經義但看冒頭，詩、賦僅閲一二韻，論、策全不過目。其尤無狀者，只點檢無雜犯，便寘選中，出院辭州，亟爲遁計。士子怨嗟，在在有之。今試期雖近，以待補爲重者，不過兩浙、江東西、福建等路，亟行申飭，尚可以及。乞（今）〔令〕禮部速牒諸州，嚴責考官，精擇正解之外，待補卷子亦加精考，並要分明批抹，與選者批文理何處優長，黜落者批文理何處紕繆，卷首具考官職位。一開院後，將所取草卷解發運司點檢，如有鹵莽，定加責罰。其卷子多、試官少去處，量展日子，毋惜小費，庶幾試官留意選擇，不敢循習忽略。」從之。

十二月十五日，臣僚言：「比年省試差官，有前期懇免不願就者。公道不明，人莫不親其親，子其子，趨寬畏狹，情所不免。自避親別試，取人至窄，朝士宜爲試官者，規避求免，臨期無官可差，或以干堂到部充數。外官視朝士，等級有差，惟務順承，不敢可否。臣嘗熟思，士不樂於別院者，就試人少也。使試者衆而取亦衆，何避之有？今莫若盡撥諸路漕司新舊發解礙格不礙格之士而別試之。蓋凡取解 18 之優，自太學及胄子外，則有諸路漕試爾。以天子之教養與公卿之子弟，於法宜優。而四方遊士非其親故，夤緣請託，僥倖於二十人之中者，所得已多。臣嘗略計，前與諸路運司取數幾四百人〔一〕，參以舊請漕舉還試該免解者亦不下百餘。以數百人之場屋，取放之榜，視昔大爲有間。然後以大院避親者歸別院，而別院避親者歸大院，將見就試與考試者兩得其便，無復求避矣。今既減大院人數，而增別院試，合於大院參詳及點檢試卷官内分撥二三員，添別院考校，仍展拓位次。所有試中前三名，乞依四川類省試例，與授教官，庶幾無偏重之患。竊見近制差臺諫一員同知貢舉，既不預考校，而貢院一行事，又使知舉裁處，恐心力不能兩用。乞自今貢院内外事務，皆決於同知舉臺諫，使得一意檢柅吏姦，關防弊倖；其三知舉專主去取，勿以他事爲累，庶幾各舉其職。」詔令禮部看詳申尚書省。

二十九日，臣僚言：「恭惟國家三歲大比，經義考講學之源流，詩賦觀詞章之潤色，論以見評議古今，策以試潦通

〔一〕前與：似當作「前舉」。

時務〔一〕。真材實能，雖非紙上語所能盡得，使其參求互考，詳觀精擇，則胸中抱負，大略可見矣。舊制，點檢試卷官批高下，參詳覆考，供納知舉，欲使三場互考，不以一人之見爲去取、一場所作定得失。除知舉出房卷子，餘發赴過落司類筭，分數同者以本經高下次第排比。累舉以來，雖差參詳[19]官一員掌過落司，然卷子未嘗經由，得失取決於一時。精力有限，卷數實繁，類聚之時，決擇不暇，得此遺彼，升沉隨異〔二〕，間有掣肘，不容致力。謂如知舉三房，甲批一場可取，而兩場在乙、丙房，鈞取不到，遂致平沉，或占吝不發，兩俱失之。至有一場可採，兩場批下，而叨預選掄者。有專主本經，而論策不稱，亦得備數。或兩場雖優，本經稍怯者，不在見取之列。此無他，視過落司爲文具，捨分數而不用也。夫三場取士，不獨取一日之長；分房互考，不欲局一人之見。立法之意，非不詳密，奈何循習而不察。乞下禮部，將來省試考校，除出房卷子，其餘盡付過落司，類聚三場，紐筭分數取放，更欲加詳，委官覆筭。」從之。

七年正月六日，監察御史倪千里言：「治道以人才爲急，人才以培養爲先。先朝蘇軾有言：仁宗皇帝蒐攬天下豪傑，不可勝數，既自以爲股肱心膂以致太平，又留以爲子孫百年之用。猗歟盛哉！列聖相承，世爲家法。中興以來，培養封殖又且百年。高宗以寬厚得士，然未嘗不量材授任；孝宗以精明得士，然未嘗不遠覽廣求。既能任用於翕受之餘，又復儲養於器使之後，猶作室之木，養之於拱把，取之於成材者也。且夫場屋，人才之所自出，而禮闈引試，嫉士如仇，主文舉子，互(謄)〔騰〕口舌。淵源正論，類加憎惡；迎合時文，必見收取。或一二字之不合，便謂道學者流，盡行黜落。奏號有日，額數不充，窘迫[20]無策，妄取塞數。此人才之壞於場屋者也。今省闈在近，宜加申敕，革假手懷挾之弊，擇實學多聞之士，識見取淵源，議論必醇正，毋循故事，視爲虛文。乞下臣此章，風示多士。如板行監學所選經義賦格，每經凡十數篇，賦餘百篇，不過士子從來所嘗觀覽，間有古義一二，亦非必欲模倣句法，蹈襲緒餘。而遠方之士不知有司姑借是以爲可法之文，初不以爲文之可法者專在是，乃區區誦習，惟務掇拾土苴，竊取形似，投有司之好尚，意見局而不廣，議論拘而不通，文義卑弱而不振，古作源流之益遠。他日或致見黜，又以爲主司之過。夫多文爲富，各隨所長，期通諸理，粹然一出於正。前輩之文可倣可師，何止一家，不必盡泥此十數之作也。培養人才之道，無越於師〔三〕。」從之。

二十四日，禮部言：「湖北轉運司據鄂州申學生鄭次僑等八十三名狀：照得禮部頒降《韻略》內指揮，凡詩賦落韻，係犯不考式。今來本州所申解額第四名宋倬賦壓官韻

〔一〕潦通：「潦」字似誤。
〔二〕沉：原作「況」，據文意改。
〔三〕師：似當作「斯」。

『有』字，係合於上聲四十四有内，照音釋文理壓韻。其宋倬第六韻内，『詔勸農桑，及乎令守』，其『守令』字係去聲，四十九宥韻内收載，釋云『諸侯爲天子守土曰守』，即與上聲『有』字韻内守『守義理』不同，委實落韻，合在不考之列。乞補申朝廷，依《貢舉條制》施行。州司已將宋倬解牒寄收軍資庫，及將次僑等録白到宋倬落韻賦粘連在前，備申轉運司，乞施行。一、據鄂州 21 鄉貢進士宋倬狀：伏覩本州揭榜，倬叨預名。續據江夏鄭次僑等妄狀，訴倬第六韻押『守』字爲落韻。蒙本州備申運司，仍將解帖拘收軍資庫，至今日久，蒙行下給付。竊緣倬當來所押『守』字，於《禮部韻》及攷質經史并古文時文皆有據。其鄭次僑等誣玷之意，止緣今歲科舉，蒲圻士人合狀經使臺陳訴江夏積年私號之弊，蒙行下禁戢，公意既伸，下邑士子遂獲聯名預薦，鄭次僑等抱此不平，所以妄詞。念倬燈窗勤苦，僅獲一舉。今去試期逼迫，若不哀鳴，必是趁赴省試不及。乞送鄂州日下（結）〔給〕解帖與倬，赴部投試。本司尋送鄂州教授契勘。據教授鍾興（伏）〔狀〕，乞備申禮部，下監學詳議『令守』字合與不合於上聲通押，仍乞備兩詞告示宋倬，徑自赴部陳乞施行。本司除已備詞告示宋倬外，禮部連送國子監聚議。」既而國子監言：「據太學博士陳與行等申，照得《禮部韻》『守』字於上去聲内皆有，其上聲『守』字無注，去聲『守』字在『狩』字下，注云『諸侯爲天子守土曰守』，即令守也。今宋倬賦押官韻『有』字，併押『令守』，即係去聲韻内，委是落韻不合格。」本部再送監更切契勘詣實，國子監再行契勘，依貢舉條式，宋倬詩賦委是落韻不合格，合行駁放，乞施行。詔依禮部所申駁放。

三月二十二日，刑部尚書曾從龍、禮部侍郎范之柔、刑部侍郎劉爚言：「竊惟國家以進士一科網羅天下之英雋，義以觀其通經，賦以觀其博古，論以觀其識，策以觀其才。異時謀王斷國，皆由此選。臣等濫司文衡，加意考覈，期得真才實能，爲明時用。而場屋循習，文氣不振，比來滋甚。其間學問深醇、文詞雅健者固不 22 乏人〔一〕，然晨星相望，稀疎寥落，蓋亦絶無而僅有也。大抵學不務根抵，辭不尚體要，有蹈襲古作至二三百言者，有終篇雷同僅易數字者，涉獵未精，論議疎陋，綴緝雖繁，氣象萎薾。若此之類，雖黜而不取，然恐四方士子習爲故常，未能丕變。乞下此章，風厲中外之士〔二〕，仍令禮部每遇大比，申飭漕司遴選考官，俾精去取。澄源正本，莫切於斯。」從之。

二十四日，國子監言：「太學補試數内，太學生闕二百四十七人。從嘉定四年七月三日指揮，撥十五名充蜀中待補入學之數。其餘二百三十二人係諸路赴補試士人合使（闕）〔闕〕額。」先是嘉定四年七月，國子正張方言：「蜀去天日，邈焉萬里，士非貢于類省，無路覲上國之光。而三歲大比，州郡漕司例放待補，徒爲虚設。挾才抱藝者豈不願奮於賢士之關，特以困於僻遠，不能自至，間有至者，不過一二，使作人之意不徧於海宇，臣甚（借）〔惜〕之。朝廷念蜀士之遠，取士有類省，選吏有外銓，獨於布韋始進，可不示其恩意哉？莫若每舉於太學闕

〔一〕健：原作「建」，據文意改。
〔二〕外：原作「等」，據《宋史》卷四一九《曾從龍傳》改。

額内分撥二三十人，於蜀中類省之後，合六十州待補之士，中選者令徑入太學。其於學額所占不多，使遠方之士常達於王都，作興士心，所補不細。乞付有司施行。」禮部言：「國子博士樓觀等看詳，待補之法，所以録貢舉之遺，作成于天子之學也。蜀中三歲大比，州郡漕司例取待補人數。蜀去行都萬里，士之一試，得失未可必，是以中待補者多不克試，幾成虛設。張方所陳允當，今議每舉撥太學闕額一十五名，充蜀中待補試中太學之數。」詔從其請。至是補試，本監申請舉行。

二十五日，詔榷貨務監官照左藏庫官，許依鼇務官牒試。既而以監行在榷貨務都茶場宋濟、唐仁傑言，各係陞朝官經作縣人，乞援左藏庫監官奚士遜等，照舊法依鼇務官放行牒試。從其請也。

四月七日，詔閤門祗候職任與職事官事體相類，與放行牒試。既而以鄉貢進士邢渤等言：「堂叔鏌見任閤門祗候，雜壓在太、武學博士、二令之上，與職事官一同。凡編入雜壓，係入職制之官。今太、武學博士、二令既以職 23 事官牒本宗試，而閤門祗候未得比類牒試。渤等粗習舉業，豈不覬援胄子之例，仰副作成教養之意。乞比職事官放行牒試。」從其請也。

五月二日，監察御史黄序言：「士莫難乎其始進。三歲大比，獻賢能之書而親策之，公卿大夫皆此焉出。然犇趨愈下，則大爲之防，當自今始。進士唱名之三日，期集於別試所，有旨賜之餐錢。進士前三人得自擇同升之彦而分職，由糾彈、牒表而下數，在紹興纔四十人，淳熙至八十人，紹（興）〔熙〕乃過百人，開禧逾二百人，前歲雖少損，猶百八十九人。夫進士通榜不過四五百人，職其間者幾半，期集所非有大利，而頭鑽競趨，何哉？意爲異日請托之地，下省小録口腹之須。比年臚唱甫徹，請囑交馳，於是略其當差，濫其不當差者。今廷對有日，乞下此章於進士期集所，合差職事，當先甲科省試上十名、太學上舍生、諸州路類試首選及名望之士，酌紹興、淳熙之數而取衷焉，亦涵養士風之一端也。」從之。

九月四日，通判臨安府孔元忠言：「準差監類試所門兼撰號。檢會試卷封彌打號，母頭既同，從來以《千字文》排去。其間相類，可以添改，如『乃』可爲『及』，『王』可爲『玉』，『白』可爲『百』，『止』可爲『正』，『心』可爲『必』，『比』可爲『此』，『旦』可爲『且』，『壁』可爲『璧』，『乂』可爲『又』，『中』可爲『甲』之類，共一百五十四字。萬一或出姦弊，甲能文，乙不能文，或有（清）〔請〕囑，將甲乙兩卷『及』字、『玉』字中選字號，却以『乃』字、『王』字試卷添一筆持出，有司倉猝，但見草卷、真卷一同，不假以文比對，便行開拆，何緣 24 辯白？豈不爲試者之不幸。乞下封彌所，不許重行施用。」併下禮部、國子監契勘。既而禮部言：「國子博士曾焕等看詳，孔元忠點檢得字畫相類，不合兼用，所乞委是允當。如遇試場，即合遵守施行。」從之。

八年九月二十八日，殿中侍御史黄序言：「竊惟國家設科目以取士，惟進士得人爲盛。故於三歲大比，每加詳焉。然世變愈下，姦弊愈滋，四蜀爲甚。蓋蜀號多士，邈在一方，爲主司者不勝其弊。嗜利者賣號於多貨之室，嗜進者納號於勢要之門。分卷不至本房，則宛轉旁搜於比鄰已黜之文；或出他房，則回護揩改其批鑿。或差在所事上官之鄉，或差在同官所居之郡，皆得以行其私，豈不負國〔家〕求賢之意。臣嘗採蜀中輿論，則四路漕試、諸州解試、四川類省試，皆有私取之弊，而廷對之士則有行役之弊。夫漕試之有別院，所以待舉子與試官之有妨嫌者也。今聞四路漕試於正試院內夾截數間爲別院，同門出入，三日試罷，往還無間。故父兄爲正院試官，而子弟別院預薦，每舉有之。而一路有出身合差人，亦自可數。前期於漕司計會暗號，轉相授受，期于必中。此漕試之弊也。諸州解試有監試一員，或通判、幕職官，在法不預考校，而寡廉鮮耻之徒先受計囑，以其所私轉懇考官，必爲歷諸房搜尋，委蛇曲折，無不遂意，而試官又有鬻號私取之風。此諸〔州〕解試之弊也。四川之類省試，朝家幸惠遐方之士，別院之設，所以待舉子之有妨嫌者也。凡有親嫌，宜試別院。25 今聞簾外官親戚則以有妨嫌而送入別院，簾內官親戚反爲無嫌而標作『避房』。前後以私中選者，非簾內官之親則其館客，皆以避房待之。雖雜以他卷，然卷數既少，尤易辨認。又如蜀士中類試前名及居廷試鼎甲，適當見任，度其必預考校，莫不先有所禱，累舉物論不平。此類省試之弊也。至若類試仲秋之末，揭榜季秋之杪，而夔、利路越半月始得見榜。故廷對之去，行役萬里，不易辦集。登舟率在窮冬，既爲舟人所邀，又苦津務之阻，所過至飛瓦石，挾弓矢，傷其舟楫，每舉必有數輩殞於非命。此又廷試在道之弊也。乞下四川運司，於正試院之側更置別院，令試官不得與大院相通。其所部選差監試，責其覺察考校，不得私檢謄卷，旁搜暗號。所有考中卷子，聚廳會考，定其去留，監試不得干預。乞下四川制置司，今後類省試，凡舉人有妨嫌者，不許分簾內外，皆於別院就試，不得避房。如〔下〕〔不〕願就別院，仰寄舉以俟後科。更下制司及諸路運司，搜訪場屋之弊，痛加更革，精選文學德行廉潔之士以充考校。有合廷試之人，委自制司下逐州津發催促，於歲前起離，約束沿江稅務，仰即時通放。待士之意詳盡，而孟夏之朔尚未入國門者，更不賜對。庶幾臨軒不在盛夏之時，亦可革遷延之弊。」〔貼黃〕「竊見行在每歲類試，大法止取一二人，以待評事之闕。而四川亦有此一科，凡應試者於法令皆非素 26 習，中選者率是私取，士矣類能言之〔一〕，名器之濫，誠可太息。乞下四川，大法試今後住罷，庶愜公論。」從之。以上《寧宗會要》。

嘉定九年三月二日，臣僚言：「賓興之禮非不重，州郡視爲具文；貢舉之制非不詳，有司未嘗加意。臣擇其甚者言之，一曰考官闕少，二曰謄録鹵莽。今若於逐州人數多處增差考官，省、解試、銓試、太學公舍等試，先期選擇楷書人撥入貢院。其謄録册紙，增價買辦，不至薄爛。官司所費，亦自不多，使士子積三年之勤，角一日之技，文藝優長，必可預選，無復枉黜幸中之弊。」從之。

〔一〕士矣：似當作「士夫」。

六月三日，監察御史李楠言：「邇者場屋之文，根本之學淺而務爲剽襲，純實之意少而類多浮靡。簧鼓譸張，自曰至計，初無謀國之忠；險躁詭激，胥動浮言，寧有愛君之誠！文弊極矣。攷之甚簡，用之太遽，秋賦春闈，一掛名其間，取青釋褐，易於探囊。視古人官於論定之後，爵於任官之餘，益又相遠〔一〕。上以虛文求實才，下以一日之長決去取，終身富貴，烏可以文章爲小技，不思所以作新之乎？轉移闔闢，顧上之人何如耳。先朝景德中，李迪、賈邊省試，迪以賦落韻、邊以論命意與注疏異，皆不中選。時王文正公旦爲相，謂落韻出不意，立異則務爲穿鑿，遂收迪黜邊。張方平知貢舉，建言比來文格各出新意，相勝爲奇，以怪誕詆訕爲高，以流蕩猥煩爲贍。且謂策試有置所問，妄肆胸臆，條陳他事。今日之弊，何以異此。乞下臣[27]此章，布宣中外，俾學者知所趨嚮，考官知所去取，一以王旦、張方平爲心。凡屬辭尚體要，論事不怪迂，名之必可言，言之必可行，有關治體，益風化者，擢寘選中。庶幾一洗陋習，少振頽俗。」從之。

九月二十七日，臣僚言：「竊惟國家設科取士，得人之盛，視古無愧。近年條制寖寬，士氣日卑。上之人務兼容爲寬德，不加檢覈之嚴；下之人以苟進爲得計，益萌僥倖之望。況由秋試，選之春官，苟不加精覈於其始，則何以考察於其終乎！夫挾書有禁，舊制也。今郡至棘闈，日未及中，殘編散帙，盈於階戺。甚者以經史纂輯成類，或賦、論全篇刊爲小本，以便場屋。巧於傳録者既以倖得，而真有問學者未免見遺。代名有禁，舊制也。今不在計偕者，或擅就省試，（切）〔竊〕貢籍久故之名爲假手之地。部胥書鋪，羣比爲姦，擡名納卷，入場代筆，趨利者多，冒法日衆。乞申明戒敕，嚴挾書之禁。凡免舉試人，於本貫勘會，召保官批書給據保明。有游學在京不能歸者，召朝士委保，庶幾一掃舊弊。」從之。既而禮部言：「臣僚奏，凡免舉就試人，各於本貫州軍召保官一員，批書給據保明。本部照得今去試期不遠，若遵申請，再下諸路州軍重別保明，切恐諸州軍申發後時，其士人起離在道，却使復回陳乞，必致迂回，赴省不及。今照臣僚所請，且與今舉收試，俟將來嘉定十二年免舉省試人，却照今次指揮遵守施行。」從之。

十年正月九日，臣僚言：「科場之弊不一，有司之見不同。國家三歲取士，蓋將網羅英俊，以資他日之用也。苟條約不明，弊倖百出，好惡各異，去取不精，關繫豈不大哉。夫巡鋪以[28]察懷挾，今八廂容情，略不之問，披卷閲帙而挾書無憚。排案以防傳義，今吏胥受賕，巧爲道地，同廊並坐而傳寫尤便。分差謄録，許令雇倩〔二〕，所書草卷至不可讀。有司拘限，率多鹵莽，給使厮役，不令整肅，乞覓紛譁，擾亂文思。士子迫於晷刻，寧不窘困疎虞。法令明禁，詎可不申飭之乎？初考以點檢爲名，蓋點檢程式，別白優劣，而上於覆考。覆考以參詳爲職，蓋參訂辭義，精詳工

〔一〕益：似當作「抑」。
〔二〕倩：原作「債」，據文意改。

拙，以上於知舉。至於知舉，則取舍方定。今初考批卷，人各不同。謹畏分守者雖遇傑作，未敢過予；率意任情者偶有所合，徑批優分。雖知舉參詳，或陞或駁，而過落欑分之際，合數而總計之，得失不能不差矣。其他如挾專門之學者自是所見，取舍不合於公論；喜穿鑿之論者不顧經意，權衡莫當於人心，使辛勤實學者有不遇之歎。乞下禮部，候將來鎖院者〔一〕，備送試闈，嚴切關防懷挾排案等弊。謄録書手必令官司先驗字畫，封臂押送貢院，門官覆試，然後押入；如不諳書寫，亟行退換。初考批分，必從知舉先集考官議其去取高下，所批字號分數，務適其當。過落司如遇初考分數方於參詳、知舉，許當職官繳申試廳，公共予奪。庶幾弊倖稍革，真才不遺。」從之。

二十八日，臣僚言：「臣聞一法立，一弊生，禁防已密而姦倖復出。防禁之外，苟不逆折其萌，則姦弊愈滋，法制不足恃矣。議者謂省闈之弊，視數舉之前爲特甚。懷挾之未[29]革，巡視之處文〔二〕排案之作弊，傳義之紛紛，此其弊曉然易見。日來多有冒名入場之人，頗駭人聽。如甲係正名赴省，乙乃冒名入場，方州士子紛揉錯雜，書鋪莫辨，安然入試，略無顧忌。十年之前，安得此弊？預榜之後，獨有參驗字蹤真僞，非不嚴也。曾不知姦弊之生，出人意外。場屋製備卷，以防正卷之闕失。今乃預買備卷，冒名出試，則以場中之文，令正身謄上。及至中榜，計賂吏胥，抽換場中之卷，雖一二千緡亦不憚費。吏輩爲地，何計不遂。則比字蹤之設，不足恃矣。備卷條印，通印卷首，以防拆換。此曹多是買下，或於簾前妄請，潛地袖與正身謄寫。簾前紛陳之備卷，何所稽考？此弊之尤者，非懷挾、傳義之比。乞下禮部，自今省試，只許監中印士人正卷。所有備卷，只許白卷納入省場，令監試專差官監印，計數封起。引試之日，有請備卷，必逐名監給，抄上姓名、鄉貫，以爲後日稽考。私買濫請之弊，仍令巡按等人巡緝。有正卷又請備卷，冒名入場人，必罰無恕，庶幾僞冒可革。」從之。

三月二十七日，禮部尚書黃疇若等言：「猥以庸虛，叨司貢舉。竊伏思念，恭惟祖宗隆平，垂意多士，選舉具嚴，嘗面命從臣，精求藝實，又賴有司澄清澆薄。至景德二年之詔則曰：『屬詞未成於師資，專經莫曉於章句，攘竊古人之作，懷藏所習之書，假手成文，遥口授義，士人之干祿〔三〕，豈其然乎！』於是著爲章程，不得移易坐次，懷[30]挾册書，掖出試闈，仍嚴殿舉之令。紹興二十六年之詔則曰：『近年以來，士風寖薄，逮至禮闈〔四〕，不遵規矩。挾書、代筆，傳義、繼燭，種種欺弊，靡所不爲。夫出禮則麗於法，按察糾劾，務在必行。』聖聖相承，重規疊矩，謹言如此，夫豈樂爲是禁防哉？蓋冒濫不去，則才藝莫伸。比年場屋日寬，

〔一〕者：似當作「日」。
〔二〕處文：似當作「具文」。
〔三〕祿：原作「録」，據《玉海》卷一一六改。
〔四〕逮：原作「違」，據《檆溪居士集》卷六改。

玩習成弊。有勤問學知畏者，入無所挾，則窘一時之偶遺；工剽襲慢令者，懷藏既多，則掩衆人之不及。臣等入院之初，檢舉條制申省，恭承給降黄榜，士子翕然知改。引試凡十有七日，一二未悛，不逃糾摘，其餘廊廡肅然，人自罄竭。舊來試畢，擲册滿前，今兹浹旬，庭下如掃。是知先庚後甲，已日乃孚，亦何効驗之速也。然申嚴之初，近者固已知，遠則未必知。人之常情，始知所畏，久未必畏。乞下此章，播告中外。今省試甫畢，令士子各務進修，崇尚實學，無懷舊習，以革誕謾。自今科舉，申敕有司，斷依《貢舉條制》，庶幾人知鄉方，皆務力學。」從之。

十二月二十七日，臣僚言：「竊見祖宗祧廟之諱，試闈多用命題，甚失陛下恭事祖宗之意。乞凡試官於出題之際，並不許犯。若舉子程文，只依舊法。」從之。

十二年六月二十六日，監察御史張次賢言：「立法貴於守法。夫三歲取士，國之成法，於法之中特優其選，國子是也，豈私於公卿大夫子弟哉！蓋以親父兄之訓，識政事之體，講聞素熟，選而舉之，惟恐不寬。爲公卿大夫士者，體朝廷之美31意，守一定之成法可也。苟或挾私徇情，旁枝别族，夤緣攀附，何以示公？竊攷紹興間，文武職事官本宗同居五服内、異居大功親〔一〕，釐務官文臣京官、武臣朝官本宗同居小功親，並許赴監取應。慶元間，職事官許牒子、孫，親兄弟、兄弟之子，釐務官牒本宗同居大功。前後因革，雖若小異，優是選者槩於此見也。然懼牒之不實，有牒官欺隱、保官不實僞冒殿舉駁放之罪。方牒之初，長官核實；入試之際，卷首書係某官某親；揭榜之日，名下書牒官服屬；既得之後，不許歸宗。防閑非不嚴密，申明戒敕，屢勤奏請，誠以法意既優，人情倖得，旁蹊曲徑，冒而求之，亦何足怪。獨惜夫廪稍上國，垂紳朝行，不顧廉恥，隳壞成法，豈非權勢相臨，貨賄相悦乎！職事官牒止小功，法也，或以緦麻爲小功；釐務官牒止大功，法也，或以小功爲大功。此猶冒法之微。至於服外爲服内，以姪爲弟，姪孫爲姪，彊就服屬，紊亂昭穆。甚而隔州隔路，平生蹤跡風馬不及，苟同其姓，一旦梯援，遂成嫡派〔二〕。成法雖存，略不顧恤，則倖門一開，上行下傚，冒濫相煽，以至漕牒姑姨滿里，同宗紛紛，售僞者勢所必致。今公道彰明，國維振飭，未必有前者之慮。私憂過計，切謂名以國子進士者，朝廷以爲公卿大夫士之裔，使寒素之士不得儕其列，其待之異矣。正宜廉耻相先，扶（槙）〔植〕公道，詎容狃於舊習，或肆僞冒，有負優厚之本意。乞下臣此章，戒敕朝32士，毋徇人情，紊國法，痛革假托宗枝、遷就服屬之弊，一正廉隅，各安命義。或麗于法，當照紹興指揮，必行無恕。」從之。

七月二十六日，詔步軍司中軍統制、時暫權照管侍衛

〔一〕異居：原倒，據文意乙。
〔二〕成：原作「或」，據文意改。

馬步軍司事務黃之穎，令禮部特與放行牒試。先是以都省言，黃之穎乞牒子姪監試。據禮部備國子監申，雖未有行過體例，緣之穎目今管幹馬步軍職事，即與其他小使臣任軍將官事體不同，合議施行，故有是命。

九月二十七日，國子司業王棐言：「科舉取士，自唐以來，蓋數百年。鴻儒名士，社稷之臣，由此塗出。方其應試也，雜來泛取，濫得幸中，不知其幾。故我藝祖常難其選，興學校，專師儒，欲教而後用，養而後取之。蓋鄉舉里選，其法既廢，兼採譽望，有司猶得以執其權。自糊名謄録之法密，則一於言語文字工拙而已。法行既久，未易驟變。來者愈多，有司考校，精神有限，去取苟且，則併其言語文字擇之不精，毋怪乎人才之愈下。南渡以來，嘉尚正學，中間諸老先生雖所得源委不能盡同，究析義理，昭若日星。士子手抄口誦，講疑問難，上者有深造自得之功，下者不失爲規矩準繩之士。權臣誤國，立爲標榜，痛禁絶之，以《中庸》、《大學》爲諱，所趨者惟時文，前後相襲，陳腐愈甚。夫積漸於數十年之久，其説方行〔一〕；大壞於數年之間，其論幾熄。更化以來，崇獎雖至，丕變未能。故體貼愈精，字面雖新而不貫於義理；華藻愈盛，浮言雖多而不本于義理。務爲纖巧而氣益卑，更相蹈襲而見益下。臣謂當此大比，戒諭 33 考官，悉心選取，必據經考古，渾厚典實，理致深純，辨析該通，出於胸臆，有氣槩者，理勝文簡爲上，文繁理寡爲下。秋闈既精，上之春官，進之天庭，爲異時天下之用，豈云小補。」從之。

二十八日，右諫議大夫李楠言：「自昔取士必由學校，後世變爲科舉〔二〕，尚謂學而後仕也。厥今之弊，曰傳義，曰挾書，曰見燭，未若代筆，最失本意。蓋科舉以其業儒能文，而後設棘闈之防，門關之禁，監試有官，巡邏有人，隄防伺察，慮其有弊。今賂賄公行，代筆中選，十常二三。秋試已畢，省闈在望，乞檢照科舉條法，申嚴行下，重立賞格，如有代筆，許人告首。仍下州縣，預令通知。」〔貼黃〕「臣竊見丙子舉，奏請州郡召保給據，前赴省試。續以試期迫近，權就禮部檢元解帖給據就試，而貪婪無藉之徒，乃用情解已死姓名投狀〔三〕，或用弟兄、親戚、同鄉姓名脱漏給據，專爲假手，試訖委而棄之。乞下所屬，照指揮就各州保明給據赴省。如違，定不收試。此革代筆之一端。至有門外假手，遞藁入院；或内外通同交卷，曆子先上姓名，旋將見成卷子傳入填納；或封彌之初，私置别本記其名號，計囑吏人塗改，以圖必取。乞立罪賞，嚴戒巡邏官吏，其令人代試及代人試者，從條科罪。如有行賕，計贓重作施行。」從之。

十二月九日，臣僚言：「考校差官，力有所限，居有不安，詎能運我精神，校人優劣？歲當大比，試于春官，知舉主文衡，參詳審當否，至於 34 考校去取之責，實繇點檢試

〔一〕「説」下原有「之」字，據文意、句式删。
〔二〕科：原作「可」，據文意改。
〔三〕情解：疑當作「請解」。

卷官，每舉例選二十員，莫非文藝器識。試越一日，分房考卷，自朝抵夜，一月甫能竣事。脱有病者，又難分考。莫若就點檢官内添一二員，俾我能勝文，文不我窘。所謂力有限者此也。貢院地勢卑下，春陽地氣上騰，非有板居，恐爲濕氣所襲。有司已鋪一半，莫若鋪足，俾四體展布，一意文字。所謂身有不安者，焉可誣也。乞下臣此章，詳加討論，亟賜施行。」都省照得：「近來宗子到省人數倍於常舉，其點檢試卷官若仍舊止差二十員，竊慮考校不精，合議施行。」詔更添置點檢試卷官二員，專一考校宗子試卷。

二十二日，臣僚言：「場屋弊極，法禁當嚴。請言秋試一二，復以省闈當謹者陳之。近甸今歲貢闈，詞賦過韻，寘之前列，小義錯繆，處之魁選，有以杜預《左氏》之序出爲傳題，鹵莽可知。甚者身不入場，榜出高中，詞訟未已。浙漕類試，其弊尤多，或名、貫、年代一同而納兩卷，或次場夾賦卷而同納，或二名貫雖異，祖父名諱、年甲則同。別試之所，蓋避親嫌，漕闈合避二百六十餘人，類以孤經牒還大院，別院所試僅二十人。安有孤經若是之衆？借曰避考校，寧保其無囑託？別院考畢，仍歸(太)〔大〕院同考，別院之設，特具文爾。試卷封彌所用塗注印記，而謄録所爲無後梢，發還封彌，不止一二，豈非吏貼，輒毁其卷？近者敗獲塗改，皆此類也。近郡若此，四方可知。精選詳擇，所藉甄別，特省 35 試爾。八厢伺察，以防挾書、代筆。比年玩習，鎖試之前，富室勢家結約入試，包藏所攜，首爲奇留〔一〕。試題一出，密令檢閲，蠅書滿庭，莫之憚也。(郡)〔群〕聚假手，八厢所合巡視；頂名入試，書鋪所當認識。囑託既行，皆不之問。傳義以線從地引入，飲食公然傳入，彈圓隨水注入，機巧百出。封彌、謄録，弊倖尤多。監官貼書，不許相見，正心傳泄〔二〕，公然往來。封彌既畢，撥過謄録，號簿付之吏手，姓名皆得而知，豈容不關防哉！夫群天下之士試之禮闈，彼抱實學正欲自見，而聖時望於得人，姦欺冒濫，材能湮鬱，豈選舉之意。乞諭大臣，嚴爲措置，巡視八厢，書鋪知情故縱，重寘于法。封彌、謄録，乞差朝士二員機察。引試之日，令臨安府多差厢官，四圍巡邏，簽廳官提督，如有捕獲，準條推賞，因事敗露，亦議責罰。注水之地，引試之日，厢官監視，卯時注入，入場之後，不許注水。照得貢舉制，舉人懷挾殿四舉，有官人衝替〔三〕，注『令人、爲人同』，非不至嚴。士子類多挾書，堆積盈滿，條制蕩然。今秋宗子解試，有懷文入場，所出之題，一人有十二篇，已用其一，餘以惠人，悉皆預榜。真才黜落，莫不惋憤。名器以計得〔四〕，固自不可，況清官要職皆由此選。今來省闈，深慮循習，乞以臣此章，嚴行禁止，專委監試措置，搜邏違犯之人，必罰無赦。巡鋪八厢不行覺察，取旨責罰。」從之。

〔一〕奇留：似當作「寄留」。
〔二〕正心：疑有脱誤。
〔三〕衝替：原作「衡替」，據文意改。
〔四〕名器：原作「多器」，據文意改。

二十六日，右諫議大夫李楠言：「恭聞高宗因輔臣進呈殿試升降格，嘗 36 曰：『初詔考官〔一〕，以鯁正居上，諛佞居下，此以示朕好惡。凡士人須自其初進，便當別其忠佞，庶可冀其有爲。』大哉聖謨，誠選舉之良法。近世科舉，亦古人明試以言之意，顧以乏才爲嘆，何耶？是非人才之罪也。欲正六律音，必委善知樂；欲得千里駿，責之善相馬。今欲得碩大英偉、忠諒鯁正之人以爲世用，則必選擇中正而不頗，識超而詳練，氣剛而肅恭，充以學問該通，付以較藝之責，庶乎其可矣。然更有千慮一得之見，甲戌省闈，臣備數點檢試卷，以撤棘日淺，考官焚膏繼晷，頃刻不暇，得無點檢稍緩乎？乞比常限略展三日，量增日用，使考官精詳，編次去取，不其美歟。」從之。

十三年正月二十二日，殿中侍御史胡衛言：「照得知貢舉一員，同知貢舉二員，皆擇禁從近臣，儒學時望，又以臺諫參之。嘉泰間，謂臺諫司考校不無迎合〔二〕，乞專糾察，而於議題去取高下勿預焉，即增置同知貢舉一員。但更制之後，所差臺諫，既無卷子可攷，至於貢闈弊倖，如懷挾、假手之類合措置關防者，玩愒其間，僅與三知舉通簽文書而已。蓋不司考校，不應謂同知舉；既專糾察，不應不正監試之名。今科舉之法，諸州解試，別院省試，皆有監試官，安得省試大院獨無監試？今宣鎖在即，乞將臺諫同知貢舉一員改作監試，其校文之官有勤惰不一者察之，執事之吏有內外容姦者糾之，凡貢闈事不屬考校去取者悉聽於 37 監試，然後名正言順，責有所歸。且使知舉免親瑣務，專意文衡，誠非小補。」從之。

四月二十七日，刑部員外郎徐瑄、監六部門張國均、大理評事郭正己言：「竊見貢舉莫重於省試，利害關係莫重於封彌。往歲常聞掇換卷首，深爲切齒，然未若今身履而目見。若以竣事不復條陳，則此弊無可革之時矣。謹條列於後。一、換易卷首〔三〕，皆是部監點吏與書鋪通同封彌所作弊〔四〕。中間務欲景弊〔五〕，臨時於百司抽差吏貼，雖是生踈，可免掇換。所謂書鋪與部監吏交通，此兩窠人常在簾裏，弊根無由可除。且如卷縫長條背印之設，正防此弊。而條印不印卷身，多印家狀，亦有不及縫者，亦有全不印至封彌處者，又有封彌後寫奉試及作文處全無正面縫印者，公然掇換。乞下部委郎官一二員監印背，須管印至封彌後第一第二縫背面齊全，仍要鎖院前一日印絶，不得於貢院用印。候引試日，榜示簾前，如無印縫，許即陳乞補印。仍逐卷用主行人印記。如仍前簡漏，重行斷降，有情弊，送獄根治。一、封彌所置號簿納卷，書姓名、三代注籍稽考。日前付之吏手，至拆榜全不用，及只將草卷對真卷拆取，號簿

〔一〕詔：原作「召」，據《宋史全文》卷一八上改。
〔二〕臺諫：原作「司諫」，據本書選舉五之二七嘉泰「三年四月二十三日」條改。
〔三〕卷：原作「眷」，據文意改。
〔四〕點吏：似當作「點吏」。
〔五〕景：疑誤，或當作「禁」。

遂爲虚設，掇换竄易，皆無所考。乞監封彌卷首院門官銜内，添專拘號簿，封鎖卧内，直候臺官拆榜，賫置知舉前，將真卷對簿，見姓名、三代同，然後書榜。仍於卷身第二幅紙角添寫字號，以備參對，可革掇换。一、掇 38 换之弊，亦有未試前先將（直）〔真〕本白卷寄封彌、謄録吏貼收藏，入試却請備卷。吏貼受囑，專俟約卷，全篇謄上，其元納備卷却行毁匿，遂無稽考。乞合備卷之時，先具姓名報封彌所，於簿内明注第幾場係請備卷，候拆榜如係真卷，不係備卷，即行根究。一、封彌所交到試卷，即時封印送謄録所，間有漏印，打回印押，亦有不印押而謄録作弊私拆，衮同已謄者發還封彌所，臨時兩處相推，無從稽考，或掇换，或漏泄。乞就封彌、謄録所官内，各以一員專點印押出入，如漏印押，限刻内發回補足，如遲留一時，已交入謄録所收管，不許以漏印爲詞打回，及已謄畢，發回封彌點檢。如擅拆封，限刻内申試廳追入根究。一、謄録書手動是三百餘人，例係縣科吏貼轉雇，游手混雜其間，亦有士人流落，衮同抄寫。書鋪等受囑爲地，比至謄録，揀作文合格者掇换卷首，倣傚字跡，書寫奉試某經之後不過一二行止，非精字畫決不能分真僞，掇换卷首，委難關防。乞科差之際，下逐縣結罪，每五人爲一保覺察，不許容流落士人混雜。解府，先委通判察視封臂，併委謄録官伺察，如有作弊，併將同甲一例送獄。一、書鋪納卷多不依式，或卷身行數奉試字外只寫第一道字，幅紙盡絶，其作文處已入第二幅，又粘縫占寸許，合掌連粘，亦爲揭起再粘之地。並合榜示士人，如有欺弊，簾前自陳改正，違者封彌出别項架閣。如 39 係取中，辨驗稍涉掇换，取旨駁放。一、書鋪無非熟於姦弊之人，凡富室經營，未有不由書鋪。設有官吏公心，弊亦難絶。乞于未納試卷之前，約束書鋪，三人結保，如一名造弊，併三名決配籍没。乞嚴賜施行，專爲省試約束，劄付禮部，候將來省試年分，預期檢舉。」既而禮部〔言〕：「今遵指揮條具：一、試卷用印漏落，致有换易卷首事。照得書鋪收接試卷，停積在家，亦有士人指留，不肯投納，直候鎖院，將白卷發入。但院内人力不敷，致有條縫印漏落。今次省試，增免解二三千人，委是繁冗，非唯换易，亦恐書鋪舉人通同夾帶，不該試人乘此爲姦，實難稽考。今欲立限，試卷仰鎖院前三日投納，限外並不收接。乞下部遍牒諸路州軍，曉諭士人知委。如書鋪收藏，不即投納，送獄根究。一、封彌所置號簿，乞差監封彌院門官，勑牒内添『拘號簿』字，從本部牒封彌所，照指揮施行。一、請備卷報封彌所事，乞下本部關貢舉窠，照指揮施行。一、封彌所發送卷子付謄録所漏印事，乞從本部牒封彌、謄録所，遵指揮施行。一、謄録所書手，不許着流落士人混雜事。照得嘉定十五年指揮，今後應鎖院收試謄録人，務要慣習書寫，曉文義正身充應，劄付禮部偏牒外〔一〕，合取指揮施行。一、約束書鋪，牓示士人，試卷依式界行，如不依式，簾前改正事，乞從本部嚴示士人，書鋪依式界行粘縫。如違，重作施行。一、約束書鋪，三人結保，如一名造弊，併三名同罪，乞從本部告報施行。」從之。

五月二十五日，臣僚言：「臣聞古者教胄子之意不存於後世，而僅存者國子諸試爾。皇家優國子之選，待士大夫厚矣。儻易宗而紊姓，委法以狥情，是上之待下者厚，下

〔一〕偏：原作「扁」，據文意改。

之自處者薄，其可乎？今歲監試終場八百四十餘人，方之前二舉，數逾一部〔一〕。夫濟濟周行，員不加益，所牒乃多寡遼絶，何也？比歲嘗有痛革假託還就之請，近者復有申明保官批書之令，但玩弛已久，寬嚴不常，奉行具文。拔本塞源，必有其道。照得牒試僞冒最甚者，一曰武臣，二曰外朝【40】士。武臣非必冒于貨賄，皆以利鬻，力量既輕，怵於權勢，有不容不從者。泉、福多士之鄉，每舉所牒，率占上游，或道里隔涉，實牒本宗，而轉以售人者甚衆。乞下臣此章，風厲中外，俾之存不欺之心，遵至公之憲。凡冒濫中選者，劄下牒官，照指揮許之自陳，雖已批書，並限五日申省，矜其循習，咸與惟新。自今不悛，却乞加嚴紹興頒降，凡牒官，保官重行鐫罷，受牒人殿舉。至於武臣，只牒武舉，試外宗丞簿、糧料、榷貨等官，牒子及孫。蓋武舉趨之者少，子孫難於還就。如是則事爲之制，曲爲之防，又以輔法令之所不及也。」從之。

九月二十八日，殿中侍御史胡衛言：「臣聞河洛由文興，六經由文起，雖天地之自然，而與時高下，則理亂興衰所關，不可不察也。典墳誥誓尚矣，漢唐之隆，皆足以自成一代之制。皇朝承五季陵夷之後，士氣卑弱，二三聖人作而新之，朝廷之上號大手筆，如楊億、王元之雖尚拘崑體，而場屋間王曾試《有物混成賦》，識者即以公輔期之。自後歐陽修、尹洙專以古文相尚，天下競爲模楷，於是〔文〕風一變，遂跨於唐矣。熙寧以來，凡典章號令，若王安石之造意平雅，蘇軾之發語純明，體律之至，弗可及已。譬猶蓺木，在扶質以立榦，不止於垂條而結葉也。程顥、程頤又以洙泗之源流興于伊洛間，士之所趨，一歸於正，於是文風再變，遂越於漢矣。南渡之後，視草代言之任，間有作者。大抵屬對精【41】密，加之温麗，而其弊至以頌上之辭爲諂下之語。近在淳熙，惟文祖嘉尚正學，粵有洪儒，所傳益粹，薰陶漸染，一時學者皆根抵乎義理，發明乎章句，文風三變，幾至於道。而權姦不學，疾視善類，明立標榜，痛禁絶之，以務學爲迂，以談道爲諱，紕畧短淺，未之能革。奈何聽其所趨逾下，不有以濯磨而作成之邪？乞明詔四方，一新文體，俾小大試闈，自今以往，精於取士。其有六經之背於章旨，詞賦之乏諷詠，議論之昧於趨向，答策之專於套類，芟夷蘊崇，望而屏去，則真才實學或得於詞語之間，而制誥王言亦必翦浮剔冗，論理垂訓，斯爲得體。將見斯文之盛，貫于上下，郁郁乎無愧成周之治矣。」從之。

十四年五月二十八日，詔令禮部行下諸路轉運司并諸州軍，遵依淳熙四年七月五日元降指揮，每解試終場人，以百人取三人，充待補人數。既而以都省言：「檢會淳熙四年指揮，科舉年分，諸州將解發不到試卷，每百人取三人赴補試。又淳熙十年指揮，解試終場人，以百人取六人充待補。其取放既優，反滋弊濫，以致臣僚有廢待補之請，欲從州縣校定。今若不依舊制，無以重待補之選。」故有是詔。

〔一〕一部：似當作「一倍」。

十五年二月十二日，禮部言：「祕書郎何淡奏，祖宗之制，諸科舉人問大義十道，能以本經注疏對，加以文辭潤色發明者爲上；或不指明義理，但引注疏備者次之；若引注疏及六分者爲粗；其不識本義，或連引他經，文意乖戾，章句斷絶者爲下。夫經本注疏則學有源流，文先義理則士有器識。世之所謂時文者，亦非不知注疏之 42 當考，義理之當精，然束於命題之短長，沮於立説之關鍵〔一〕，穿鑿爲奇，牽合爲工，反以經旨爲難拘，先儒爲難從。爲主司者，但見循習之文多，可命之題少，於是强裂句讀，出其所不擬，專務斷章，試其所難通。在我已先離絶旨意，破碎經文，何以責其盡合於大義？無怪乎舉所得類多新進，坐失老成之才也。乞及科詔之將頒，預下有司，命題不許斷章，許出關題，惟意所擇，不必盡拘每舉句之多寡，求其字之對類，惟務明綱領而識體要，則學有本原，文不浮靡。至於詩賦命題，不拘經傳子史，惟體要之當先，毋怪僻以求異同。論策參考理致兼通，以道義淑人心，器識取人才，則士習美而風俗厚矣。」後批送部看詳。既而禮部送國子監，據國子博士鍾震等聚議：「所陳考校命題事，其取士不爲無補。但經義關題一節，慶元四年指揮許於本經摘兩段合爲一題，又令盡出全題，或三篇之中欲合一題，聽從有司之便。後緣外州場屋命題，多是牽合字面求對，更不考究經旨。如以『在璿璣玉衡以齊七政』合『七旬有苗格』之類，但合七字，更無義理，豈不有礙經旨？所以關題自嘉泰元年後不曾再出。今來奏請以全題有限，自後場屋若間（題）〔出〕關題，理亦可行。」從之。《文獻通考》：新進士舊有期集，渡江後置局於貢院，特旨賜之餐錢，集英殿賜第之三日赴焉。上三人得自擇同升之彦，分職有差。朝謝後拜黄甲，其儀設褥於堂上，東西相向，皆再拜已，擇榜中年長者一人，狀元拜之，復擇最少者一人拜狀元，所以侈寵靈，重好會〔二〕，明長少也。又數日赴國子監，謁謝先聖先師，用釋奠禮，遂賜聞喜宴。侍從已上及知舉官、館職皆預焉〔三〕。《文獻通考》文武雜試：高宗建炎元年，追復祖宗故事，於科舉之外，有文武傑特者試而官之。時郡國薦士四人適至，命中書省各試策一道。何烈對策，依廷試禮稱臣，上以其寒遠，一體推恩。既而有言其疎者，於是降充末名，補下州文學，考官汪藻等皆坐黜。而軍中便宜借補者衆，詔内有武勇之人，委諸道提刑、安撫司依弓馬所格法比試，合格人赴御營使司審試，擬定名目上大省部，給進 43 武、進義校尉兩等文帖换授。既而上言者云，立功之人色目不一，或輸家財助國，或齎蠟彈、冒險阻，或以進言獻策〔四〕。今率試以弓馬，而舊補授至陞朝官大使臣者例得校尉，未爲允愜。宜令借補文臣試兵書戰策以爲殿最，餘並驗實，免試注官。東萊呂氏曰：取士科目，自夏商以前不見於經，其可見者至周始有。自周後數千載，凡其間廢置沿革輕重，就所偏者看，皆自可考。然而考論須見得所以廢置因革輕重之所以然，以大略觀之，大抵向前重，向後愈輕。且如《周禮》以鄉三物教民，謂之賓興。只看賓之一字，當時蓋甚尊事。詳考前一段，他時一個本度末數，精詳具備，固不必説，只看他賓興之三年大比，獻賢能之書于王，王拜受之，登于天府，内史貳之，如此其重。及至後世，如飲墨水，如奪席脱容刀〔五〕，如棘圍，如糊名，若防姦盜然，爲士者須深思其故。何故古如此重，後世如此輕？須當深究之。三代之時，士一个進修之至，惟上之人自求之，故如此重。又須看當時之於士，待之甚重，而攷之則甚詳；後世待之既輕，攷之又略。且如《王制》：鄉

〔一〕鍵：原作「健」，據《文獻通考》卷三二改。
〔二〕會：原脱，據《文獻通考》卷三二補。
〔三〕預：原作「願」，據《文獻通考》卷三二改。
〔四〕言：原作「以」，據《文獻通考》卷三二改。
〔五〕刀：原作「力」，據《文獻通考》卷三二改。

論秀士升於司徒曰選士〔一〕；司徒又論其士之秀者而升之學曰俊士，然後方免其徭役；大樂正又論造士之秀者升諸司馬曰進士，這裏方可受爵禄。司馬辨論官材，論其賢者，以告于王，而定其論。論定然後官之〔二〕，任官然後爵之，待其位定，始與之以禄。一人之身，未入仕之前，凡經四級，已入仕之後，凡經三級，經七級然後始得禄，其考之之詳如此。成周之時，見得官爵皆天位天禄，不敢輕授。至後世與之甚遽，全以文字高下爲進退，蓋有以一日之長而決取終身之富貴者〔三〕。當時攷之甚詳如此，然論其大略，漢、唐以來，大抵自重而漸輕，自緩而漸速。由漢以來，雖不能如三代拜受之禮，然猶州長身勸爲之駕，雖以當時號爲諂諛如公孫弘者〔四〕，猶是鄉人勸勉而來，未嘗自進。到得後來，唐始令投牒自進，而士始漸輕。此所謂自重而漸輕。自漢至唐，進士登第者尚未釋褐，或是爲人所論薦，或再應皆中，或藩方辟舉，然後始得釋褐。至本朝，始放進士及第即放釋褐。此所謂自緩而漸速。科目雖多，其間歷代常行自有數。自漢至隋以前，惟孝廉與秀才常行。自隋、唐至本朝，惟進士、明經常行。至熙寧後，王荆公用事，改取士之法，自是進士獨存，明經始廢，熙寧四年，明經科廢罷。此其大略可見。其次便是制科，制科却歷代常行不廢。漢則因事而舉，六朝亦間舉，至唐及本朝亦未常廢。到得熙寧間，王荆公得政，孔文仲對策議新法，制科始罷。至元祐初又再復，得兩三舉。至紹聖初章惇爲相，欲行荆公法，又再罷。景德四年，帝曰：「比設此科，欲求才識。若但考文義，苟有濟時之用，安得知？今 44 策問宜用經義，參之時務。」熙寧二年，賢良孔文仲考入第三等，詔毁薄時政，不足收録，告示發付本任。天聖八年，茂才富弼。景祐二年，體用吴育。景祐六年，賢良蘇轍、蘇軾。大抵三代之時，不專是語言文章，至漢以來，則有所謂射策對策，是時已成科舉之習。雖然，尚理會經義，又與時議。到隋煬帝之時，風俗浮華，始有進士之科，方有律賦。自唐以來，孝廉、秀才之科尚在〔五〕，但只是明經、進士二科盛，而秀、孝衰。是時有記問者則得明經〔六〕，有辭藻者則得進士。當時南北未分，兩邊各自設科。既分之後，後周進士未設，尚自理會秀、孝二科。是時南人高南師，北人高北師，各守家法，莫之能定。當時主司有欲優劣之者，反爲所難。隋煬帝時，風俗浮華，進士科始立。至唐初間，進士、明經都重，及至中葉以後，則進士重而明經輕。蓋當唐之時，文華之士多了，故如此。到得本朝，待遇不同。進士之科往往皆爲將相，皆極通顯；至明經之科，不過爲學究之類。當時之人爲之語曰：「焚香取進士，嗔目待明經。」才設進士試時，便設香案，有拜跪之禮；才到明經試時，則設棘監守，惟恐他傳義。當時進士却有帖經之制，他文士都不屑去記這傳義，於是有贖帖。才是進士科試帖經，不知是或作一篇文，或作一賦，便可贖帖經。及至熙寧間，荆公罷詞賦，帖經墨義併歸進士一科。齊魯河朔之士，往往守先儒訓詁，質厚不能爲文辭，所以自進士科一併之後，榜出多是南人預選，北人預者極少。自哲廟以後，立齊魯河朔五路之制，凡是北人皆别考，然後取人南北始均。慶曆中，范文正公、富公、韓魏公執政，欲先試論策，使工文辭者言古今治亂，簡其程式，使得以逞，問以大義，使不專記誦，自是古文漸復。一年而三公皆罷政，此制遂停。王文正公爲相，南省試進士《當仁不讓於師論》。時賈邊〔七〕、李迪皆有名場屋，及榜出，二人不與。試（公）〔官〕取其文觀之，李以落韻，賈以「師」爲「衆」〔八〕，與注疏異〔九〕，特奏令御試。王文公以爲落韻者不審爾，若舍注疏而立説，不可許，遂取李黜賈〔一〇〕。前輩之守注疏如此嚴。至王荆公始以注疏不可用，作《三經説》，令天下非從三經者不預選。罷詞賦，又以

〔一〕鄉論：原作「論鄉」，據《禮記・王制》乙。
〔二〕「定」下原有「而」字，據《文獻通考》卷三二删。
〔三〕終：原作「中」，據《文獻通考》卷三二改。
〔四〕「諛」原作「敢」，「弘」原作「洪」，據《文獻通考》卷三二改。
〔五〕才：原作「士」，據《文獻通考》卷三二改。
〔六〕「者則得」三字原重，據《文獻通考》卷三二删。
〔七〕賈邊：原作「邊讓」，據《長編》卷五改。
〔八〕賈：原作「邊」，按此當同取其姓，因改。下文「黜賈」同。
〔九〕異：原作「論」，據《文獻通考》卷三二改。
〔一〇〕黜：原作「出」，據《文獻通考》卷三二改。

《春秋》有三傳難通，罷之。至元祐間，始復詞賦，增《春秋》。又至紹聖，章惇執政，欲復介甫法，遂復罷詞賦，去《春秋》。後來至欽宗，又始復元祐制。大抵須是有鄉舉里選底風俗，然後方行得鄉舉里選之制。所以楊綰復鄉舉里選，未幾停罷，緣是未有這風俗。今已爲士，須思所以爲風俗者何由，又須深督三代之所以厚而後世之所以薄者何故〔一〕，則亦庶乎復古。

二十二日，禮部言，直祕閣、知潼川府魏了翁申：「據潼川府學教授費洸狀：『竊見學校課試士人程文，內有 45 犯祧廟諱字。先準嘉定十年指揮，祖宗祧廟之諱，試闈多用命題，甚失恭事祖宗之意〔二〕。乞降旨，凡試官出題，並不許犯。若舉子程文，只依舊法已行遵守外，照得祧廟諱字收入《韻略》，公私行用日久，朝廷用之制誥，臣僚用之章奏，士大夫用之名字，考官用之題目，舉人用之程文，相承已孰。今來上項指揮止是不得出題，若舉子程文只依舊法，舉人爲見不得出題，故亦私相避忌，亦有更不迴避。考官往往過於謹畏，以爲不可出題，故亦不敢取放，或捨長取短，不稱朝廷取士之意。（乞意）乞備坐舊法及新頒指揮，行下本學，曉諭士人，得以遵守。科舉在近，仍備牒試院，分明曉諭，庶免疑惑。』本府照得州縣間委有此弊，緣元降指揮，考官不得出題，舉人只依舊法。考官、舉人元是一體，今來避就之間，似有牴牾。兼『舊法』二字，舉人或有不能遍知。若止從本府舉行，終是未允衆論。乞下國子監看詳，明降指揮，於四川解試前行下，以憑曉諭。庶幾考官、舉人議論歸一，不致互有疑惑，枉被黜落。」送禮部看詳。既而禮部送國子監看詳：「據國子博士鍾震等聚議，檢照《禮部韻略》文書式內該載名諱，如順祖、翼祖祧諱，即不合迴避，各於《韻略》內收入訖。後因本監申審僖、宣二廟祧諱合與不合除去，禮部行下，照應昨來翼祖祧廟體例，尋即於上聲篠字韻并平聲登、欣字韻收入訖。後因臣僚奏祧廟之諱不許試官出題，若舉子程文只依舊法。其所謂『舊法』者，即文書式內該載不合迴避之文。且本監申審之後，已於韻內收入，則舉子臨文不須迴避分明。只緣外州試官惑於不許出題一句，是以舉人亦被黜落，致令潼川府有前項申請。今看詳合照元降指揮，其祧廟之諱，舉子不須迴避，却照新制試官不許出題行 46 下遵守。仍乞禮部符下諸路貢舉司一體遵照，庶幾今歲科舉有司不致疑惑，實爲利便。本部今欲從國子監看詳到事理施行。」從之。

三月十七日，臣僚言：「設科取士，務在得人。鄉舉、學校之外，有漕牒以網其遺；大比登名之餘，有免舉以振其滯。法久而弊，冒濫百出。比年以來，禁防益周，嘗論其故，互有得失。嘉定九年，奏請免舉赴省試，有游學在京，許就禮部陳乞，召朝士一員委保赴試。近者禮部乃以免舉冒名難於防檢，欲使今後必經本貫及元得解處給據前來收試，曲爲之防，誠未爲過。然事體有不同，人情有不通，而限以一切，不權可否，因噎廢餐，所失多矣。彼論秀于鄉，名著桑梓，其存亡可舉籍而知，是否可稽貌而定，使從本州請據，理順勢便，夫復何疑？惟諸路漕試與此不同，若隨侍子弟東西南北，蝟集一時，已難盡考，況至免舉，事久日深，乃復使就元得解處經理公憑，道里阻脩，歲月浸久，吏牘不無散落，聲迹豈復相聞？臣往年從宦外方，目擊其

〔一〕厚：原作「後」，據《文獻通考》卷三二改。
〔二〕失：原作「知」，據本卷選舉六之三〇改。

弊，類皆以貧乏孤寒，不能自致，甘心(東)〔束〕手於不得試者多矣。苟其力足以(輕)〔經〕營，勢足以請託，則是非存亡，安所從考，不過市吏以便文，賄賂以求必，是則將以捄弊，適以啓姦。夫使請于禮部，要當稽之至嚴，責之搢紳以保任之至重也。捨此不取，而取信于外方之吏文，此何爲哉？乞下禮部，除諸州鄉舉免解人就本貫保明給據外，其諸路轉運司免解人，須與稽考當來漕司所申省試卷子，辨驗委非僞冒，許 47 依元游學在京指揮，就部陳乞，召朝士委保給據赴省。」從之。

四月十五日，臣僚言：「閩、浙數郡，每一大比，終場之數加多於前，而元立解額甚少。士病進身之艱，故冒貫以求漕牒，僞親以規胄試，買帖以赴監補。躁進誠若可厭，然多士之鄉，每數百人纔預一薦，亦可念矣。臣聞救弊之法，有當寬者，有當嚴者。議臣嘗患待補買帖之欺，欲放鄉舉里選之遺意。繼以待補法久，未欲輕廢，姑使解試每百人取三人爲待補。竊聞買帖就試者多是解額窄少，數郡之士，向也百人取六猶爲不足，兹損其半，弊將愈甚。若江、湖、淮、襄，縱待補預名，其來試百不一二。至二廣，則闔郡無就補者。比者胄監請申嚴鄉郡保官，方許參學，所謂救弊有當寬者此也。國子解補，取人實優，圖牒僞濫，甚以貨取。前歲懷不自安者，既首陳駁放矣，頑然無耻者亦多倖免。照得國子牒試年分，本監移文牒官非不詳備，而監丞權輕，牒官保官例不批上印紙，及中選然後批，所謂救弊有當嚴者此也。孝皇在御，科目取士，開導之方，防閑之道，兩盡其至。解試每百人以六爲待補，淳熙十年之制也。國子試牒官、保官，必用批書印紙，淳熙累行申嚴之制也。乞仰酌祖道，下臣此章，令禮部遵用舊制。如其欺僞，犯者必罰。」詔令禮部看詳。既而禮部、國子監言：「據國子博士葛從龍等聚議，臣僚乞復待補六人之額，皆是見行條制，委實可行。今蒙再下看詳，未應已降指揮。契勘待補百人取三人，係淳熙四年初行之法〔二〕。方行兩舉，至十年，遂以百人 48 取六人，目今行之，四十餘年。近來僞冒者衆，乞更待補之法爲鄉舉里選之制，欲變其法，未損其數，亦百人取六人。拖照逐補常有二百四十人額，若百人取三人，所取未(常)〔嘗〕加損；若百人取六人，所取未(常)〔嘗〕加增。已降指揮取三人，今乞復六名，皆淳熙已行之法，本監難以指定〔三〕，乞從禮部契勘事理，申省候指揮施行。」都省照得：「國子監牒試，牒官批書印紙，係是淳熙累行申嚴之制。及(太)太學待補生每百人取三人，係是淳熙四年所行之法。兼有嘉定十四年五月指揮，今來科舉在目，自合遵守。」詔令禮部照應已降指揮施行。

十六年正月十一日，臣僚言：「比年場屋多弊，前舉增巡鋪官，以防懷挾、傳義。旋有敗露，姦蠹非一。春官設棘，近在逾月，倘不申嚴警飭，則僞冒滋長。摭取其尤凡十二事陳之，曰門關，曰納卷，曰內外通傳，曰全身代名，曰換卷首納白卷，曰吊卷，曰吏人陪《韻略》錢，曰簾內胥吏乞覓

〔二〕淳熙：原作「熙寧」。按下文云「目今行之，四十餘年」，熙寧四年至嘉定十五年已逾百五十年，顯誤。當作「淳熙」。本卷前文選舉六之四一引淳熙四年七月五日指揮：「每解試終場人，以百人取三人充待補人數」，是也。淳熙四年至此正爲四十六年。因改。

〔三〕以：原作「已」，據文意改。

簾外胥吏，曰試宏博人懷挾傳義，曰諸色人之弊，曰簾外諸司官避親，曰印卷子，謹條於後。臣紬繹諸弊爲日久，如門鑰當責胥吏收買牢固者，監門官點檢，不容滅裂。其引試日引放既畢，每日辰酉請門官監開，傳送飲食。如遇緊要文字取覆監試，旋請匙鑰。監視封閉，不至傳送不絶，庶革它弊。引試納卷，乞選職事官將本轄人吏，監封彌所貼司交納卷訖，點數書姓名，入號封押，具申簾前，不許私録。已封卷子，發赴謄録對讀訖，發回封彌，入櫃封鎖印押，嚴加關防。簾内吊卷，須經監試批出謄寫，庶弗紛雜，仍許辰午兩次。其所吊卷，請官開櫃，監謄封鎖，止許白日書寫，來早續謄，庶免夜深作弊。封彌交納卷子，監寫吊卷，職事繁碎，官止兩員，不足以（辨）〔辦〕。乞添兩 49 員充封彌官，庶乎換卷稍革。小册《韻畧》，本計百五十文，交收之際，書鋪有錢。若詩賦卷，每名就交卷吏人拘償，胄監數百千之費，不必拘收封彌吏人食錢。禮部提轄臨入貢院日，於主令内點差，仍用解試例於御史臺差近上吏人兼提轄，應干事務，不許乞覓諸色等人。仍令禮部遍關合屬，將前入院人不許再差。如違，將元差人決配。試卷限鎖院半月前委郎官監印，試前三日發入，其條齪印不許將入。如漏印，請監試帶到印用之。鎖院後納卷，依例令別院收試。如簾外諸司官與考官避親，更不用兩員條法，並牒別院收試。應宏博人，巡鋪八廂巡緝，如有懷挾，拘赴簾前，取旨鐫斥，仍支賞錢五百貫文。若傳題出外、文字入内、代名入場人，令垜賞錢二千貫文，許人告首，重作行遣，追賞償官。其内外收買食物，臨安府輪差職官，從便收買，不許科抑。將來試場，斟酌措置。」詔令禮部疾速嚴切施行，仍令封樁庫撥二千貫付臨安府，五百貫付禮部貢院監試所（推）〔堆〕垜充賞使用。

七月十日，國子博士楊璘言：「恭惟陛下光履帝位，今三十年，慕道益勤，求才益切。迨兹大比，登進多士，親策于廷，豈曰應故事而已。邇來士習卑陋，志在苟得，編寫套類，備懷挾，一入場屋，羣趨簾前，以上請爲名，移時方散。人數叢雜，私相檢閲，抄于卷首，旋即擲棄。巡案無從檢察，所作率多雷同，極難選取，僥倖者衆。今書坊自經 50 子史集事類，州縣所試程文，專刊小板，名曰夾袋册，士子高價競售，專爲懷挾之具，則書不必讀矣。竊見科舉條制，懷挾殿五舉，不以赦原。見有三數舉前犯人，並從實殿，不與放行，而書坊公然抵禁。若不約束，將見循襲，學不務實，文不該理，科目之設，愈難得人。乞申嚴（壞）〔懷〕挾之禁，仍下諸路運司，令州縣拘收書坊挾袋夾小板〔一〕，並行焚毁，嚴立罪賞，不許貨賣。自臨安府書坊爲始。」後批送禮部看詳。既而禮部、國子監據太學博士胡剛中等言：「懷挾之禁非不嚴切，近來場屋違戾，書坊規利，撰印小册，名曰夾袋，以便其用。若不痛革，此弊日

〔一〕挾袋夾小板：似當作「夾袋小板」。參後小字注。

滋。欲從禮部行下諸路運司，遍州縣〔一〕，應書坊夾袋小板懷挾，日下焚毀，不許貨賣。嚴立罪賞，務在必行。」本部欲從國子監看詳施行。從之。

十一月九日。臣僚言：「乞下禮部，明立取士之制。今後科舉，委諸路漕臣證逐郡應舉經義、詩賦人數，品擇試官。其有經多處則用習經人點檢試卷，賦多處則用習賦人點檢試卷，餘所差官，俾從元習，分考省監等試。凡差考官，經義、詩賦各隨所習，先自考校，與主試官酌定分數，以決取捨。郡學二補，除試中教官人外，習經賦不同者，仰守臣選官兼考。仍不得求異出題，有乖旨趣。辭章必求雅麗，經術必取醇明，毋穿鑿爲奇，毋怪僻爲異。趨嚮已定，考擇已精，自此彬彬文學之士，無愧祖宗之盛時矣。」從之。以上《寧宗會要》。（以上《永樂大典》卷一〇六四六）

貢舉印

【宋會要】

51 仁宗天聖七年十月，詔鑄封彌院印三面，謄録所印三面，發解印三面，送禮部收管，遇科場，給付逐處行用。又神宗元豐六年閏六月十四日，尚書禮部言：「舊制，貢院專掌貢舉，其印章曰『禮部貢舉之印』，遇鎖試則知舉官總領。昨廢貢院，毀舊印，以其事歸禮部，準格遇科場牒印并公事。伏緣本部分曹治事，凡十有五，貢舉乃其一事。若遇鎖試牒印〔二〕，即佗曹事實有闕。乞別鑄禮部貢舉之印。」從之。（以上《永樂大典》卷一五五一四）

〔一〕「遍」下疑脱「牒」字。
〔二〕試：原作「事」，據《長編》卷三三六改。

宋會要輯稿 選舉七

親試 一[一]

【宋會要】

[1]太祖開寶六年三月十九日，帝御講武殿，覆試新及第進士宋準并下第進士徐士廉、終場下第諸科等。內出《未明求衣賦》、《懸爵待士詩》題，召殿中侍御史李瑩、右司員外郎侯陟、國子監丞郝益爲考官。得進士宋準已下二十六人，諸科五經已下一百一人。乃詔曰：「國家懸科取士，校藝求人，有司雖務於搜羅，積歲不無其漏落。所以親臨考試，精辨否臧，或憫其年深，或允其才進，俾咸登於上第，諒克叶於至公。其進士宋準等百二十七人，並賜及第、出身。」先是禮部放準等十一人、五經郝鎔等二十一人及第，謝于講武殿。進士武濟川、三傳劉濬以人質蕞陋及占對失次，命黜去。又下第進士徐士廉等檛登聞鼓上言，以久困場屋，無由奮發，及訴知舉李昉取捨非當，即詔貢部籍入策進士并終場經學[二]，與準等並親覆於殿庭。御試舉人，自玆始也。仍賜準等錢二十萬，令宴會。濟川乃昉之鄉人，既黜，昉亦責太常少卿。《文獻通考》：開寶六年，李昉知貢舉，取宋準等十一人。上以進士武濟川、三傳劉濬材質最陋，詘去之。濟川，昉鄉人也，上頗不悦。會有訴昉用情取人者，上乃令籍終場下第人姓名，得三百六十人，皆召見，擇其一百九十五人并準以下，乃御講武殿，各賜紙札[三]，别試詩賦。命殿中侍御史李瑩等爲考官，得進士二十六人，五經四人，開元禮七人，三禮三十八人，三傳二十六人，三史三人，學究十八人，明法五人，皆賜及第。又賜錢二十萬，以張宴會。尋昉等皆坐責。自玆殿試遂爲常式。是歲新脩《開寶通禮》成，詔鄉貢《開元禮》宜改稱鄉貢《通禮》，本科並以新書試問。江南進士林松、雷説試不中格，以其間道來歸，並賜三傳出身。是歲，詔貢士之下第者特免將來請解，許直詣貢部。馬端臨曰：按，殿前試士始于唐武后，然唐制以考功郎中任取士之責，后不過下行其事，以取士譽，非考功已試之後再試之也。開元以後，始以禮部侍郎知貢舉，送中書門下詳覆。然惟元和間錢徽爲侍郎知貢舉，宰相段文昌言其取士不公，覆試多不中選，徽坐免官。長慶以後則禮部所取士，先詳覆而後放榜，則雖有詳覆之名，而寔未曾再試矣。五代以來，所謂詳覆者，間有升黜。入宋，太[2]祖乾德六年，命中書覆試，則以帝疑陶穀之子不能文而中選，故覆之，亦未嘗别爲之升黜。至開寶六年，李昉知舉，放進士後，下第人徐士廉等打鼓論榜，上遂于講武殿命題重試，御試自此試始。昉等所取十一人，重試共取二十六人，然昉等所取十一人內，只出武濟川一人，餘十人則高下一依元次，而續取到二十六人，不過附名在此十人之後，共爲一榜。然則是年雖别試而共爲一榜，亦未嘗有省試、殿試之分也。至八年，覆試禮部貢院合格舉人王式等於講武殿，內出試題，得進士三十六(十)〔人〕，而以王嗣宗爲首。王式者，禮部所定合格第一人，則居其四，蓋自是御試始别爲升降，始有省試、殿試之分，省元、狀元之别云。

八年二月二十五日，帝御講武殿試禮部奏名進士，內出《橋梁渡長江賦》、《龍舡習水戰詩》題，得王嗣宗已下三十一人，賜及第出身。

翌日，試諸科，得三禮紀自成已下三十四人，賜本科及

[一] 天頭原批：「一作殿試。」按，此門之節文又見於《大典》卷一三三一四五，題爲「殿試」，今在《補編》頁四三六至頁四四二（頁四四二至四四六淳熙至紹熙爲《輯稿》失收）。

[二] 入策：《長編》卷一四等均作「下第」，當是。

[三] 札：原作「扎」，據《文獻通考》卷三〇改。

第、出身。

太宗太平興國二年正月七日，帝御講武殿試禮部奏名進士，内出《訓兵練將賦》、《主聖臣賢詩》題，得呂蒙正已下一百九人，並賜及第。命翰林學士李昉、扈蒙閱所試，定其優劣爲三等。

九日，試諸科，得九經已下二百七人，並賜本科及第。九經、五經一人不合格〔一〕，帝憐其老，亦賜同三傳出身。自隋大業中始設進士科，至唐以來尤盛。當時每歲不過三十人，咸亨、上元中，增舊額爲七十人，尋亦復故。開成中，連數歲放四十人，旋復舊制。進士外，以經術登科者亦不及百人。自帝即位，以州縣闕官，故旬浹之中，貢士幾三百人，將以補缺員而振滯淹也。《文獻通考》：太宗太平興國二年，上初即位，思振淹滯，顧謂侍臣曰：「朕欲博求俊彦於科場中，非敢拔十得五，止得一二，亦可爲致治之具矣。」於是禮部上所試合格人姓名，上御講武殿覆試，内出詩賦題，賦韻平仄相間依次用，李昉、扈蒙定其優劣爲三等，得呂蒙正以下一百九人。越二日，覆試諸科，得諸科(三)〔二〕百餘人，並賜及第。又詔禮部閱貢籍，得十舉以上至十五舉進士、諸科一百八十餘人，並賜出身。九經七人不中格，上憐其老，特賜同三傳出身。凡五百餘人，皆先賜綠袍鞾笏〔二〕，賜宴開寶寺，上自爲詩二章賜之。第一、第二等進士及九經授將作監丞、大理評事、通判諸州，其餘皆優等注擬，寵章 3 殊異，歷代未有也。薛居正等言取人太多，用人太驟，不聽。唐朝有勑賜及第以表特恩，至是御試中第者皆稱之，其後文學之臣有不由科第者，或獻文別試，亦勑賜進士及第。馬端臨曰：按是年諸道所發貢士，得五千三百餘人，賜第者共五百餘人，爲十取其一。石林葉氏曰：國初取進士，循唐故事，每歲多不過三十人。太宗初即位，天下已定，有意于偹文，嘗語宰相薛文惠公治道長久之術，因曰莫若參用文武之士。是歲御試題，以《訓兵練將》爲賦，《主聖臣賢》爲詩，蓋示以參用之意。特取一百九人，自唐以來，未之有也。遂得呂文穆公爲狀頭，李參政至第二人，張僕射齊賢、王參政化基等數人皆在其間。自是連放五榜，通取八百一人，一時名臣悉自兹出矣。

三年九月二日，帝御講武殿試禮部奏名進士，内出《不陣而成功賦》、《二儀合德詩》、《登講武臺觀習戰論》，得胡旦已下七十四人，並賜及第。

翌日，試諸科，得九經已下八十二人，並賜本科及第。先是去年諸州已發解，遽詔罷貢舉，帝恐場屋間有留滯者〔三〕，復詔郡國除三禮〔四〕、三傳、學究外，悉以今年八月至闕下。及是，帝親試而特放焉。故事，禮部唯春放榜，至是秋試，非常例也。《文獻通考》：興國三年九月，上御講武殿試禮部貢試舉人，進士加論一首，自是以三題爲準。故事，禮部惟春放牓，至是秋試，非常例也。是冬諸州舉人並集，會將親征北漢，罷之。自是每間一年或二年，乃置貢舉。按《選舉志》言，是年試進士始加論一首，然考《登科記》所載，建隆以來，逐科試士皆是一賦一詩一論，凡三題，非始於是年也。

五年閏三月十一日，帝御講武殿試禮部奏名進士，内出《春雨如膏賦》、《明州進白鸚鵡詩》、《文武何先論》題，得蘇易簡已下一百一十九人，並賜及第、出身。

十四日，試諸科，得九經已下五百三十四人，並賜本科及第、出身。《文獻通考》：興國五年，覆試進士，得蘇易簡以下一百二十一人，並分甲乙之第，賜宴。時顔明遠、劉昌言、張觀、樂史等四人，皆以見任

〔一〕一人：《長編》卷一八、《宋史》卷一五五《選舉志》一等俱作「七人」，疑「一」字誤。
〔二〕綠：原作「祿」，據《文獻通考》卷三〇改。
〔三〕有：原重此字，據《長編》卷一九删。
〔四〕除：原作「徐」，據《長編》卷一九改。

官舉進士，上惜科第不與，特授近藩掌書記。是歲有趙昌國者〔一〕，求應百篇舉，謂一日作詩百篇，不設此科，求應者即試之。上出雜題二十字，曰「松風雪月天，花竹鶴雲煙，詩酒春池雨，山僧道柳泉」，各令賦五篇，篇八句。逮日旰，僅成數十首，率無可觀。上以此科久廢，特賜及第，以勸來[4]者。仍詔有司，今後應百篇舉，約此題爲式。

八年三月十五日，帝御講武殿試禮部奏名進士，內出《六合爲家賦》、《鸚囀上林詩》、《文武雙興論》題，得王世則已下二百二十九人〔二〕，並賜及第、出身。

翌日，試諸科，得九經已下七百六十四人，並賜本科及第、出身。

雍熙二年三月十五日，帝御崇政殿試禮部奏名進士，內出《（穎）〔潁〕川貢白雉賦》、《烹小鮮詩》、《玄女授兵符論》題，得梁顥已下一百七十九人，第爲三等。

翌日，帝臨軒唱名，面賜及第、出身。顥先以程試上進，帝嘉其敏速，以首科處焉。

十七日，試九經已下，得三百一十八人，第爲三等，並賜本科及第、出身。是日，召考官分出問目，舉人就坐既定，遣左右監視，非預考試者不得入殿門。

是日，（日）詔殿前不合格、南省已奏名進士內文采可取者，許令再試。

十八日，帝復御崇政殿親試，內出《庭燎賦》、《淡交如水詩》題，又得進士洪湛已下七十六人，並賜及第，以姓名附本等，湛以文采遒麗，特昇爲第三人。

翌日，又試御前下第三傳、《毛詩》、《尚書》學究三科，得三百二人，並賜本科出身。時有五經王從善能并注誦其書，帝取五經，舉其端，從善應聲念之，甚嗟賞，賜九經及第。《文獻通考》：雍熙二年，令考官親戚別試。是年親試舉人〔三〕。初唱名賜第，得梁顥以下一百七十餘人，諸科百餘人，李昉、呂蒙正之子皆入等。上以勢家不宜與孤寒競進，罷之。左右言尚有遺材，復試，又得洪湛等七十餘人，諸科三百餘人，並賜及第。

端拱元年閏五月十七日，帝御崇政殿試禮部不合格進士，內出《暑月頒冰詩》題，得馬國祥已下五十四人。

翌日，又出《冰壺詩》題，得張熙堯以下四十七人。

十九日，又試諸科，內出《夏雨翻萍詩》題，得王又言已[5]下六百二十一人，令樞密院給牒，以試中爲目。先是，南省下第舉人投登聞鼓乞再試，至是復親臨試。

六月十一日，帝御崇政殿試武成王廟合格進士，內出《一葉落知天下秋賦》、《堂上有奇兵詩》題，得葉齊已下三十一人，並賜及第。又試諸科舉人，得盧範已下八十九人，並賜本科出身。時郡縣缺官甚多，前詔禮部放榜，帝慮有司遺才，故復命王世則等於武成王廟重試諸道進士、諸科，得合格者數百人，復親試焉。

二年三月二十一日，帝御崇政殿試禮部奏名進士，內出《聖人不尚賢賦》、《五色一何鮮詩》、《禹拜昌言論》題，得陳堯叟已下百八十六人，並賜及第。

翌日，試諸科，得九經孫奭已下四百七十八人，並賜本

〔一〕昌國：原倒，據《文獻通考》卷三〇乙。

〔二〕二十九：《文獻通考》卷三二作「三十九」。又，以下及第數字，與《長編》、《通考》等所載多互有異同，不再一一出校。

〔三〕人：原脫，據《文獻通考》卷三〇補。

科及第、出身。時越州進士劉少逸年十三中禮部之選。及帝臨軒，親試少逸詩賦之外，召升殿別賜御題，賦詩數章〔一〕，皆有旨趣，特授校書郎，令于三館讀書。《文獻通考》：端拱三年，親試舉人，有中書吏人及第，上令奪所授勅牒，及詔禁吏人應舉。

淳化三年三月四日，帝御崇政殿試禮部奏名進士，內出《卮言日出賦》、《射不主皮詩》、《儒行論》題，得孫何已下三百五十三人，第爲五等，並賜及第、出身。時御出賦題，孫何等不知所出，相顧惶駭，閣筆不敢措詞。人教之上請，因相率叩殿檻乞指示。帝初不爲言，既所請再三，始爲陳其大義焉。命三司使、翰林學士、丞郎、兩省給舍已上、三館職事官等糊名考校，定優劣爲五等，第一至三賜及第，第四第五賜出身。

七日，試諸科，得九經王惟慶已下七百四十七人，並賜本科及第、出身。

真宗咸平三年三月十七日，帝御崇政殿試禮部奏名進士，內出《觀人文以化成天下賦》、《崇德報功詩》、《爲政寬猛先後論》題，得陳堯咨已下三百六十五人，第爲六等〔二〕，並賜及第、出身、同學究出身。時命（翰林）6 翰林學士承旨宋白、侍讀學士夏侯嶠、呂文仲、工部尚書張宏、給事中董儼〔三〕、右諫議大夫李若拙、知制誥梁周翰、師頏〔四〕、朱昂、知雜御史馮拯爲考官，列於殿之東閣。又命直昭文館安德裕、句中正，直史館姚鉉、孫何、曾致堯，祕閣校理舒雅，諸王府翊善張蔚、楊澈、郭成範，三司判官施護爲考官，列於殿之西閣。又命國子博士雷説，著作佐郎梅詢於殿後封印卷首。始命德裕等（老）〔考〕訖，次命白等覆之，然後取入等者帝親覽之，賜第一、二、三等及第，四等出身，五等同三傳學究出身。

翌日，試諸科，得九經馬龜符已下四百三十一人，第爲三等，並賜本科及第、出身、同出身。命翰林侍讀學士邢昺等十五人爲考官，賜第一等本科及第，第二等同本科出身，自餘第降同諸科出身。又試進士五舉、諸科八舉已上，及曾經先朝御試，洎年五十以上者，內出《禮樂刑政致理何先論》題。時帝謂左右曰：「此輩潦倒場屋，皆已遲暮。儻例試三題，則遺落多矣。」故止令試論一篇，粗觀其智識也。得進士張浩然已下二百三十六人，第爲四等，並賜同學究出身，授試銜官，第一、二（第）〔等〕賜同學究出身，第三等授試校書郎，第四等授試主簿。

十九日，試諸科，得三史劉昌已下六百九十七人，第爲二等，並賜本科出身。《文獻通考》：咸平三年，親試舉人，上臨軒三日無倦色，得進士陳堯咨以下四百九人，諸（色）〔科〕四百三十餘人。又試進士五舉、諸科八舉，及嘗經御試，或年踰五十者，得進士及諸科凡九百餘人，共千八百餘人，其中有晉天福隨計者〔五〕。較藝之 7 詳，推恩之廣，近代未有。詔曰：「孔門四科，德行爲貴。言念近歲，偷薄成風，務扇朋游，以圖進取，潛相詬病，指摘瑕玼，有玷士倫，頗傷俗化。自今兩京諸路所解舉人，宜先廉訪行

〔一〕賦：原脱，據《長編》卷三〇補。
〔二〕第：原作「等」，據《補編》頁四三七改。
〔三〕中：原脱，據《長編》卷四七補。
〔四〕頏：原作「頑」，據《宋史》卷二九六《師頏傳》改。
〔五〕晉：原作「普」，據《文獻通考》卷三〇改。

實，或藝文可採而操履有虧，投書匿名，飾詞訕上之類，並嚴加懲斷，勒歸鄉縣課役，永不得就舉。如輒敢解送，所由官吏，必當論罪。仍令御史臺覺察之。」又親試河北貢舉人，賜進士齊革等十三人、諸科三百四十五人及第、同出身。有下第求試武藝及量材録用者五百餘人，悉賜裝錢慰遣之，命禮部叙爲一舉。容齋洪氏《隨筆》曰〔一〕：國朝科舉取士，及太平興國以來，恩典始重，然各出一時制旨，未嘗輒同。士子隨所得而受之，初不以官之大小有所祈訴也。太平之二年，進士一百九人，呂蒙正以下四人得將作丞，餘皆大理評事，充諸州通判。三年七十四人，胡旦以下四人將作丞，餘並爲評事，充通判及監當。五年一百二十一人，蘇易簡以下二十三人皆將作丞、通判。八年二百三十九人，自王世則以下十八人，以評事知縣，餘授判司簿尉。未幾世則等移通判，簿、尉改知令、録，明年並遷守評事。雍熙二年二百五十八人，自梁顥以下二十一人〔二〕，才得節察推官。端拱元年二十八人，自程宿以下，但權知諸縣簿尉。二年一百八十六人，陳堯叟、曾會至得光禄丞、直史館，而第三人姚揆但防禦推官。淳化三年三百五十三人，孫何以下二人將作丞，二人評事，第五人以下皆吏部注擬。咸平元年，孫僅但得防推。二年，孫暨以下但免選注官。蓋此兩榜真宗在諒闇，禮部所放，故殺其禮。及三年，陳堯咨登第，然後六人將作丞，四十二人評事，第二甲一百三十四人節使推官、軍事判官，第三甲八十人防團軍事推官。

五月十八日，帝御崇政殿試禮部奏名河北進士，内出《以賢爲寶賦》、《膏澤多豐年詩》題，得齊革已下十三人，第爲三等，並賜及第、同出身、同三傳出身。召直集賢院梅詢於殿内糊名，命兩制、侍讀、樞密直學士等考較，取藝業優長者親覽之。

翌日，試諸科，得《通禮》已下三百四十五人〔三〕，第爲三等，並賜及第、同本科出身。是日召殿試下第舉人暨先試武藝及乞量材録用者五百六十八人，各賜裝錢三千，慰諭遣之。仍詔禮部並理爲一舉。且令歸募勇士扞寇，俟有勞効，賞以官秩。

五年三月二十三日，帝御崇政殿試禮部奏名進士，内出《有物混成 8 賦》、《高明柔克詩》、《君子黄中通理論》題，得王曾已下三十八人，並賜及第。

翌日，試諸科，得九經高丙已下一百八十二人〔四〕，並賜本科及第、出身。《文獻通考》：五年，親試舉人，得進士王曾以下三十八人，九經諸科百八十人。是歲，貢舉人集闕下萬四千五百餘人，陳恕知貢舉，所取士甚少，進士、諸科共取二百一十八人，約六十六人取一人，諸州舉送官被黜責者甚衆。

景德二年三月六日，帝御崇政殿，試禮部奏名進士，内出《天道猶張弓賦》、《德輶如毛詩》、《以八則治都鄙論》題，得李迪已下二百四十七人，第爲五等，並賜及第、出身。第一、二、三等賜及第，第四、五等同出身。又得特奏名五舉以上進士江白已下一百一十一人，第爲三等，並賜同進士、三傳學究出身。

翌日，試諸科，得九經已下五百七十人，第爲三等，並賜本科及第、出身、同出身。又得特奏名諸科三禮已下七十五人，第爲三等，賜同學究出身，授試銜官。時命翰林學士承旨宋白等糊名考校，帝取封彌試卷觀之，謂宰臣曰：「考官特無所私，不以取士爲急，一切考入末等，内郭贄尤甚。如此則例多擯斥，非所以助朝廷求才之

〔一〕「齋」原作「齊」，「氏」原作「武」，據《文獻通考》卷三〇改。
〔二〕顥：原作「灝」，據《文獻通考》卷三〇改。
〔三〕禮：原作「理」，據《補編》頁四三七改。
〔四〕丙：原作「内」，據本書選舉二之四改。

意也。」遂命知制誥李宗諤等十人宿于殿東，覆加考較，其中選者甚衆。《文獻通考》：景德二年，親試舉人，得進士李迪等二百四十餘人，特奏〔名〕一百餘人，諸科五百餘人，諸科特奏〔名〕七十餘人。先是，迪與賈邊皆有聲場屋，及禮部奏名，而兩人皆不與。考官取其文觀之，迪賦落韻，邊論「當仁不讓于師」，以「師」爲「衆」，與注疏異。特奏令就御試，參知政事王旦議：「落韻者失於不詳審耳，捨注疏而立異，不可輒許，恐士子從今放蕩，無所準的。」遂取迪而黜邊。當時朝論，大率如此。　虞部員外郎、知鄭州王矩上書自薦，求進士第。上以矩自燕薊歸化，居官清白而自强學業，特賜及第，驛召赴聞喜宴。上以去歲河朔用兵，民甚驚擾，其乘城捍寇，多出士人，故廣示甄採。　詔應賜進士、諸科同出身試將作監主簿者，並令守選。故事，登科皆有選限，近制及第即命以官。上初復廷試，賜出身者亦免選。至是策名之士尤衆，多設等級，以振淹滯，雖藝不及格，悉[9]賜同出身，試秩解褐，故令有司循用常調，以示甄別。　又詔〔一〕：「貢舉之門，因循爲弊，躁競斯甚，謬濫益彰。宜令權住二年，庶使服勤，更專學問，無失大成之術，式符虛佇之懷。仍委禮部貢院，自今科場，務精考試，無容濫進，用革澆風。比又有州郡全無解送，是謂曠官。其諸路府州將來秋賦〔二〕，當職官如依前顧避，全不解人，致有上言，必行朝典。」

禮部貢院上言，請諸色舉人各歸本貫取解，不得寄應，及權買田産立户。諸州取解發寄應舉人，長吏以下請依例科罪，犯者罪亦如之。有鄉里遐遠，久住（京）京師，許於國子監取解，仍須本鄉命官委保，判監引驗，乃得附學，發解日奏。

五月十三日，帝御崇政殿試禮部奏名河北舉人，内出《建用皇極賦》、《昭德塞違詩》、《漢文宣二帝政理（熟）〔孰〕優論》題。帝召王欽若等一十一人，於内閣糊名考校，分爲六等。别録本，去其姓名，召兩制、尚書丞郎、兩省給諫、館（閤）〔閣〕官凡三十人，分處殿東西（閤）〔閣〕覆考之。帝遣中使宣諭，令盡公平，無得壓降等第，令欽若總詳之。是夕内（閤）〔閣〕十人於殿後及試諸科舉人，糊名考定如例，得進士范昭已下一百四十六人，第爲三等，並賜及第、同出身、同學究出身。

翌日，試諸科，得九經已下六百九十八人，並賜及第、本科出身、同出身，授試監簿、諸州助教。

十六日，試特奏名進士，内出《射不主皮詩》、《文武之道何（光）〔先〕論》題，召樞密直學士邊（蕭）〔肅〕、李濬於殿東閣考校，得馬至已下二百五人，並賜及第、同出身、同學究出身，試監簿、助教，補三班奉職。

十七日，試特奏名諸科及瀛州防城舉人，得九百九十七人，並賜及第、同本科出身，授試監簿、州助教、攝州助教，補殿侍，隸三班。帝以河朔用兵之際，士民驚擾，或乘城（押）〔捍〕寇，率多勞苦，故廣示甄采，無所遺棄。復躬自覽閲，所問經義中有（爾）〔兩〕説者，貢士或具引爲對，考官將加擯落，帝[10]特爲發明焉。　有特奏名進士李正辭，所試論以爲「文者本乎静，武者本乎動，動止亂以至乎静，則先後可知矣」。帝賞其近理，將擢以上（帝）〔第〕，會言其嘗犯杖刑，遂補三班奉職。

大中祥符元年四月十二日，帝御崇政殿試禮部奏名進士，内出《清明象天賦》、《明徵定保詩》〔三〕、《盛德大業論》題。初於殿廊設幔，列坐席，標其姓名，又揭牓表其次序，令視訖就座。命翰林學士李宗諤等八人爲考官，直史館張

〔一〕又：原無，據《文獻通考》卷三〇補。
〔二〕賦：原作「風」，據《文獻通考》卷三〇改。
〔三〕徵：原作「證」，據《尚書·五子之歌》改。

復等八人爲覆考官，侍御史周師望、祕閣校理慎鏞糊名，給事中張秉、知制誥周起詳等第。帝徧至幄次，諭宗諤等各務精詳，勿遺賢俊。時南省下第舉人周叔良等百二十人訟知舉官晁迥等抑塞孤寒，列世家子（第）〔弟〕四十餘人，稱文學淺近，不合奏名。帝曰：「貢舉是非，前代不免。朕今召子弟令別座就試。」既而叔良所陳皆妄，命配隸許州。試奏名諸科，前命李宗諤等出義題，復令孫奭詳審以進，仍録題解刻板模本，命中使就座給之。先是有進士牛穎就試未訖，自言有疾，試諸科日，復召試詩、賦、論三篇，考官言詞理稍次。帝詰之，穎對以前日乍至殿庭，周章失次，是以不副明試。詔殿三舉。及宗諤等上考定進士文卷十有五名，詔宰臣王旦等同加詳定，具名次以進。帝乃臨軒拆封唱第，得姚曄已下三百七十人，第爲四等，並賜及第、同出身、同三禮學究出身。帝召曄等誡約曰：「須知名第難得，各修官業，無廢筆硯。」皆感恩再拜而出。是日，詔吏部尚書張齊賢等觀放舉人。

十六日，試諸科，得九經【11】已下三百二十人，並賜及第、同出身，試監簿、諸州助教。初，考官定諸科義卷通不差舛，帝召宗諤等詰之，宗諤等惶駭頓首以謝，即命王旦等與孫奭考正之。

二年六月二十七日，帝御崇政殿試服勤詞學、經明行修舉人，內出《大德曰生賦》、《神無方詩》、《升降者禮之末節論》題，得進士梁固等三十一人，並賜及第、同進士、三禮出身，得諸科九經、五經、三禮、學究、明法五十四人，並賜本科及第、同出身。前試一日，命職方員外郎判國子監孫奭、直史館劉鍇同定諸科義目〔一〕，又命翰林學士晁迥等十人爲考官，設次於崇政殿後廡。直史館查道等十一人爲覆考官，設（於）〔次〕於景福殿西廡。龍圖閣待制戚綸等二人編排試卷，直史館王希逸等二人封彌卷首，於《玉篇》中取字爲號，仍別録本考較〔二〕。始命以進士程試爲五等，曰上次，曰中上〔三〕，曰中次，曰下上，曰下次，帝取考官、覆考官所定試卷參校，等第有不同者，命再考之，又付右僕射張齊賢等詳審。仍以高等十卷付宰臣重定〔四〕，王旦請以瑕字號者爲第一。帝然之，因閱晁（迫）〔迥〕等所正，以瑕爲首卷，即梁固也。

四年十一月七日，帝御崇政殿試服勤詞學、經明行修舉人，內出《禮以承天道賦》、《神以知來詩》、《何以爲大道之序論》題，得進士張師德已下三十一人，並賜及第、同出身。得諸科五經已下五十人，並賜本科及第、同出身。是日，進士既得題，叩殿檻請喻所出，帝命録示之，令賦、論中不得用小臣儒有字。命翰林學士李宗諤等爲考官，直史館張復等爲覆考官，遣中使齎新定條制示之。帝徧至考官幕次，以景短，復不許繼燭，詰旦朝退，令中書、樞密院奏事于崇政殿，常務悉罷。又以考官所定等第多差互者，中旨問狀，李宗諤等奉表待罪，有詔釋之。馬端臨曰：按，自雍熙、端拱而後，取士之法，省試之後乃有殿試，已爲定例。獨此二年，《會要》所載乃停貢舉年分，禮部未嘗放進士。然則此六十餘人者，迺是封禪特恩所試，如後來免省到殿之類是也。

五年三月二十二日，帝御崇政殿試禮部奏名進士，內出《鑄鼎象物賦》、《天險不可升詩》、《以人占天論》題，得徐

〔一〕鍇：原作「鐠」，據《長編》卷六九改。
〔二〕仍別：原作「乃」，據《長編》卷七一改補。
〔三〕曰中上：原脱，據《長編》卷七一補。
〔四〕宰：原脱，據《長編》卷七一補。

奭 12 已下一百二十六人，並賜及第、出身。時以御題摹印賜之，官給起草紙，自是爲定制。命兩制、三司使、龍圖（閣）〔閣〕學士、待制、館（閤）〔閣〕官凡二十六人，分詣殿後幕次考校。先是，考卷入第四等者止九十人，又令取五舉已上者再考，始充此數。詔入第四等者，以賦、論爲先，詩次之。又以入高等者凡十卷，命輔臣重定之，始詔放焉。

翌日，試諸科，得九經賀有孚已下三百七十七人，並賜本科及第、同出身。

七年九月十五日，帝御景福殿試經明行修、服勤詞學舉人，内出《道無常名賦》、《沖氣爲和詩》、《天地何以猶橐籥論》題，得進士張觀已下二十一人，並賜及第，得諸科《毛詩》李規已下二十一人，並賜本科及第、出身。時諭旨中書，以短景，起居退未奏事，即御後殿，慮舉〔人〕得題稍遲也。張觀本名上一字音同仁宗廟諱，詔去之。林宥今名肖，詔改之。

八年三月二十三日，帝御崇政殿試禮部合格奏名、特奏名進士，内出《置天下如置器賦》、《君子以恐懼修省（試）〔詩〕》、《順時慎微其用何先論》題。初，有司請以六舉已上特奏名者各試之，帝曰：「且令同試。其中或有及格，便隨正奏名人入等，益彰至公也。」得蔡齊已下一百九十七人，並賜及第、出身，特賜不合格進士許大同已下六人同五經出身，六舉特奏名進士郭震已下七十八人進士、同進士、三禮三傳出身。

二十七日，試諸科，得九經李周武已下六十五人，並賜本科及第、出身，特賜不合格九舉三禮、三傳賈德潤等二人同本科及第、學究 13 出身，十舉特奏名不合格三禮張敦化已下四人同本科及學究出身，張之才已下六十六人試監簿。初，帝之試貢士也，前一日悉取三京、天下州郡發解題目及科目義題，一一閱視，慮於重出也。

天（喜）〔禧〕三年三月九日，帝御崇政殿試禮部奏名進士，内出《君子以厚德載物賦》、《君子居易以俟命詩》、《日宣三德論》題，得王整已下二百四十人，（等）〔第〕爲五等，並賜及第、同出身、同學究出身。

翌日，試諸科，得九經已下一百五十四人，並賜本科及第、同出身，試監簿。命翰林學士承旨晁迥、學士盛度、龍圖（閤）〔閣〕直學士陳堯咨、諫議大夫朱巽、張士遜、王隨、知制誥宋（授）〔綬〕、張師德、直史館張復、直集賢院祖士衡爲考官，直史館崔遵度、兵部員外郎李若谷、都官員外郎張谷、屯田員外郎上言秘鄭立〔一〕、直史館麻温舒、右正言劉燁、太常博士郭弁、太常丞富言、著作郎張暐爲覆考官，知制誥晏殊、起居舍人呂夷簡爲參詳官，太常博士閭丘夢松〔二〕、蕭賀爲封彌官，直史館陳堯佐、右正言陳執中爲編排官，設次於崇正殿之後。帝作七言詩賜考官等，又出別本以賜輔臣，乃皇太子書也。咸各次韻。十日，幸考較官幕次，撫問久之。殿試之制，舉人納卷，先付編排官，去卷首鄉貫狀，以字號第之，付封彌官謄本比較，始付考官定等訖，復封彌送覆考官再定等，仍送參詳官啓封，閱其同異，參詳著庭，始付編排官，取鄉貫狀，以字號合之，第其姓名差次試卷以聞，即放牓焉。編排之職，無

〔一〕「上言秘」三字疑是衍文。
〔二〕丘：原無。按閭夢松不見於史，而《宋史》卷二九八《司馬池傳》有閭丘夢松，天禧中曾爲郫縣令，當即此人，因補。

覆考驗，第據參詳所定而已。是歲堯佐、執中輒有所改易。翌日内定覆驗多不同，盡出卷子付中書，命魯宗道、馮元審驗，召堯佐等洎元考、覆考官對辨，具伏鹵莽之咎，各奪官釐務。其已落復收及第者，進士二人，諸科二人。免省試者，進士十四人，諸科二十三人。免解者，進士十四人。已及第、出身而復追奪者二十一人。

四年六月二十二日，帝御崇正殿試禮部下第特奏名舉人李宗孟已下一百五十五人，内出《澤及四海詩》、《禮樂何以合天地之化論》題，命翰林學士楊億已下充考試官。翌日，（已）〔以〕宗孟已下一百五人補三班奉職。内五科所試不合格者，特與 14 本州上佐及東西班殿侍、三班借差，餘以藝業全踈者補本州長史、司馬、文學。

仁宗天聖二年三月十八日，禮部上合格進士吳感已下二百人，詔翰林學士晏殊、龍圖閣直學士馮元編排等第。翌日，帝御崇政殿召對，賜宋郊已下一百五十四人及第，翟翕已下四十六人同出身，曹平已下七人同三禮出身，諸科李九言已下三百五十四人並賜及第、同本科出身。《文獻通考》：仁宗天聖二年，賜舉人宋郊、葉清臣、鄭戩以下及諸科凡四百八十餘人及第〔一〕、出身有差。先是，上封事者言經學未究經旨，乞於本科問策一道，對者紕繆。上以執經肄業，不善爲文，特命取其所長，用廣仕路〔二〕，並不黜落。國朝以策擢高第者，自清臣始。郊與弟祁俱以詞賦得名，時奏祁第一，太后不欲弟先兄，乃擢郊第一，祁第十。時天下登第者〔三〕，不數年輒赫然顯貴，取士之路，可謂盛矣。雖耄鈍之士，數詘於試，後多收入仕版，謂之特奏名。至或因循不學，欲積舉以應令。乃詔曰：「學猶殖也，不學將落。遜志〔四〕，務時敏，厥修乃來。朕慮天下之士或有遺也，既已臨軒較得失〔五〕，而憂其屢不中科，則衰邁而無所成，退不能返其里閭，而進不能預於禄位，故常數之外，特爲之甄采。而狃於寛恩，遂隳素業，頽弛苟簡，寖以成風，甚可耻也。自今宜篤進厥學，無習僥倖焉。」

四月二十三日，帝御崇政殿賜禮部特奏名六舉已上進士李宗道已下四十三人、八舉已上諸科王播已下七十七人諸州司馬、長史，試將作監主簿。

五年三月二十日，帝御崇政殿試禮部奏名進士，内出《聖有謨訓賦》、《南風之薰詩》、《執政如金石論》題。進士吳育等以聖題淵奥上請，帝宣諭久之，後録三題所出經疏以示之。命翰林學士宋綬已下二十六人於崇政殿各設幕次，封彌、謄録、考校，編排等第，得王堯臣已下三百七十七人，第爲六等，並賜及 15 第、同進士、學究出身、試銜。第一、第二、第三等及第〔六〕，第四等同進士出身，第五等同學究出身，第六等試銜。

翌日，得九經楊中和已下八百九十四人，並賜及第、本科出身，試銜、文學。

四月三日，帝御崇政殿，召禮部特奏名舉人進士，試《天地節而四時成論》，經科止試墨義五道，仍命翰林學士

〔一〕「及」上原有「賜」字，據《文獻通考》卷三一删。
〔二〕用：原作「周」，據《文獻通考》卷三一改。
〔三〕第：原脱，據《文獻通考》卷三一補。
〔四〕遜志：原作「恭孫」，據《文獻通考》卷三一改。「遜志，務時敏，厥修乃來」，僞《尚書·説命》語。
〔五〕軒：原脱，據《文獻通考》卷三一補。
〔六〕第：原脱，據文意補。

宋綬已下考覈優劣以聞。得進士孟楷已下（考覈優劣以聞得進士孟楷已下）一百九人，賜同學究出身及試監簿、四門助教、諸州文學、長史，諸科崔用化已下二百三十四人，授試監簿、國子四門助教、文學。

八年三月十一日，帝御崇政殿試禮部奏名進士，内出《藏珠於淵賦》、《溥愛無私詩》、《儒者可與守成論》題。進士歐陽修等以聖題淵奥上請，帝宣諭久之，仍録所出經疏示之。命翰林學士章得象等三十五人於崇政殿後各設幕次，封彌、謄録，考校，編排等第，得王拱辰已下二百四十九人，第爲四等，並賜及第、同出身。第一、二、三等及第，第四等同出身。拱辰本名拱壽，詔改今名。

十三日，試諸科，得九經徐摭已下五百七十三人，並賜及第、本科出身。

景祐元年三月十八日，帝御崇政殿試禮部奏名進士，内出《房心爲明堂賦》、《和氣致祥詩》、《積善成德論》題，命翰林學士承旨盛度已下三十六人鎖宿考試，如新制。得張唐卿已下七百一十五人，第爲五等，並賜及第、出身、同出身。第一、第二、第三等及第，第四等出 16 身，第五等同出身。

翌日，試諸科，得九經王元亨已下四百八十一人，並賜及第、本科出身。

二十一日，試禮部特奏名進士、諸科，内出《六律爲萬事本論》、《群玉山詩》題，得田諒已下八百五十七人，並賜及第、出身，授長史、别駕。

五年三月十七日，帝御崇政殿試禮部奏名進士，内出《富民之要在節儉賦》、《鯤化爲鵬詩》、《廉吏民之表論》題，得呂溱已下三百一十人，第爲四等，並賜及第、出身。第等同元年，後遂定爲例。

翌日，試諸科，得九經傅褒已下六百一十七人，並賜本科及第、出身，長史、文學。

十九日，試特奏名舉人，内出《修詞立誠詩》、《大德曰生論》題，得進士錢仲師已下二十六人，諸科李安上已下五百八十七人，並賜同出身，長史、文學、助教。

慶曆二年三月十五日，帝御崇政殿試禮部奏名進士〔一〕，内出《應天以實不以文賦》、《吹律聽鳳鳴詩》、《順德者昌論》題，得楊寘已下四百三十六人，第爲五等〔二〕，並賜及第、出身、同出身。

翌日，試特奏名進士，内出《親將征關外詩》、《五帝憲老不乞言論》題，得劉嘉正已下三百三十二人，並賜同五經、三禮〔三〕、三傳學究出身，授諸州長（吏）〔史〕、文學。

十七日，試諸科，得九經已下若干人。

六年三月十三日，帝御崇政殿試禮部奏名進士，内出

〔一〕禮：原脱，據《補編》頁四三九補。
〔二〕第：原作「等」，據《補編》頁四三九改。
〔三〕「同」原脱，「三禮」原作「同禮」，據文意並參下文六年三月「十六日」條補改。

《戎祀國之大事賦》、《形鹽象武詩》、《兩漢循吏孰優論》題，得賈黯已下五百三十八人，第爲五等，並賜及第、出身、同出身。

翌日，試諸科，得九經劉孝顯已下四【17】百十五人，並賜本科及第、出身。

十六日，試特奏名進士，内出《宜木名社詩》、《安危在出令論》題，得郭震已下二百二十三人，並賜同九經、五經、三禮學究出身，授長史、司馬、文學。

同日，試特奏名諸科，得一千六百五十五人，並賜同本科出身〔一〕，長史、司馬、文學。

皇祐元年三月十三日，帝御崇政殿試禮部奏名進士，内出《蓋軫象天地賦》、《日昃不暇食詩》、《天聽君人之言論》題，得馮京已下四百八十九人，第爲五等，並賜及第、出身、同出身。

翌日，試諸科，得九經于觀已下五百五十人，並賜本科及第、出身。

五年三月十三日，帝御崇政殿試禮部奏名進士，内出《圓丘象天賦》、《吹律聽軍聲詩》、《樂本人心論》題，得鄭獬已下五百二十人，第爲五等，並賜及第、出身、同出身。

翌日，試諸科，得九經夏侯圭已下五百二十六人，並賜本科及第、出身。

十六日，試特奏名并廣南進士，内出《致美黼冕詩》、《彊兵務富民論》題，得吳驤已下百六十六人，並賜出身，試銜、文學、長史。

同日，試特奏名諸科，得王德潤已下四百三十人，並賜出身，試銜、文學、長史。

嘉祐二年三月五日，帝御崇政殿試禮部奏名進士，内出《民監賦》、《鸞刀詩》、《重巽命論》題，得張衡已下三百八十八人，第爲五等，並賜及第、出身、同出身。

翌日，試諸科，得九經單至誠已下三百八十九人，並賜本科及第、出身。

七日，試特奏名進士，内出《齋居決事詩》、《乾坤示人易【18】簡論》題，得張應已下一百二十二人，並賜同五經、三禮學究出身，授文學、長史。

同日，試特奏名諸科，得一百二人，並賜同本科出身，授文學、長史。

四年二月二十八日，帝御崇政殿試禮部奏名進士，内出《堯舜性仁賦》、《求遺書於天下詩》、《易簡得天下之理論》題，得劉煇已下一百六十三人〔二〕，第爲五等，並賜及第、出身、同出身。

翌日，試諸科，得明經一百八十四人，並賜本科及第、出身。

〔一〕同：原無，據下頁嘉祐二年三月七日條後「同日」條之例補。按「試特奏名諸科」爲當時科舉録取等第中最低一類，只可能賜同出身。

〔二〕劉煇：原作「劉渾」，據《文獻通考》卷三二改。

三月一日，試特奏名進士，内出《雲覆叢著詩》、《中者天下之大本論》題，得康師服已下二十九人，並賜同五經學究出身，授試監簿、長史。

同日，試特奏名諸科，得五經張亨已下一十六人，授試監簿、助教、長史。

六年二月十七日，帝御崇政殿試禮部奏名進士，内出《王者通天地人賦》、《天德清明詩》、《水幾於道論》題，得王俊民已下一百八十三人，第爲五等，並賜及第、出身、同出身。

翌日，試諸科，得明經呂房已下一百二人，並賜本科及第、出身。

十九日，試特奏名進士，内出《作樂薦上帝詩》、《謹用五事明天道論》題，得翟詔已下四十四人〔一〕，並賜同五經、三禮學究出身，授長史、文學。

同日，試特奏名諸科，得四十一人，並賜同本科出身，授長史、文學。

八年三月九日，崇政殿試禮部奏名進士，帝不御殿，内出《寅畏以饗福賦》、《樂通神明詩》、《成敗之機在察言論》題。

翌日，試諸科奏名進士，内出《温洛呈圖詩》、《治天下自五事始論》題。

19 同日，試特奏名諸科。

二十二日，帝御延和殿，賜進士許將已下一百九十四人及第、出身、同出身。諸科一百四十七人本科及第、同出身。特奏名進士劉景陽已下七十二人，諸科程銘已下二十八人，並賜同五經、三禮學究出身，授長史、文學。以上《國朝會要》。

神宗熙寧三年三月八日，上御集英殿試禮部奏名進士，内出制策曰：「朕德不類，託于士民之上，所與待天下之治者，惟萬方黎獻之求。詳延于庭，諏以世務，豈特考子大夫之所學，且以博朕之所聞。蓋聖人之王天下也，百官得其職，萬事得其序。有所不爲，爲之而無不成；有所不革，革之而無不服。田疇闢，溝洫治，草木鬯茂，鳥獸魚鼈無所不得其性者，其富足以備禮，其和足以廣樂〔二〕，其治足以致刑。子大夫以謂何施而可以臻此？方今之弊，可謂衆矣。捄之之道，必有本末，所施之宜，必有先後，此子大夫所宜知也。生民以來，所謂至治，必曰唐虞成周之時，《詩》《書》所稱〔三〕，其迹可見。以至後世賢明之君，忠智之臣，相與憂勤〔四〕，以營一代之業，雖未盡善，要其所以成就，亦必有可言者。其詳著之，朕將親覽焉。」舊制，殿試進士以詩、賦、論，特奏名進士一論。至是進士就席，有司猶給《禮部韻》。及試題出，乃策問也。上顧執政曰：「對策

〔一〕翟詔：《補編》頁四四〇作「翟紹」，未詳孰是。
〔二〕和：原作「知」，據《東坡全集》卷四五、《陶山集》卷九改。
〔三〕所：原脱，據《東坡全集》卷四五、《陶山集》卷九補。
〔四〕憂：原作「優」，據《東坡全集》卷四五、《陶山集》卷九改。

亦何足以實盡人材，然愈於以詩賦取人爾。」得葉祖洽以下三百五十五人〔一〕，第爲五等，賜及第、出身、同出身。

翌日，試特奏名進士，内出制【20】策曰：「子大夫問學日久，閱義理多矣。唐虞三代所以治中國、兼夷狄，與夫秦漢以來天下所以存亡興壞，其要可得而聞歟？堯舜聖而不可知也，而以能哲而惠爲難。乃至憂驩兜，畏巧言令色孔壬，而不能使有苗化其道，安在乎其爲神也？伯夷、柳下惠，皆古聖人也，而孔子曰：『我則異於是。』楊朱、墨翟，雖不合大中之道，然其一以爲爲我，其一以爲兼愛，於義未甚悖也，而孟子絀之，以比禽獸，此其故何也？各以所聞，詳著于篇。」

同日，試特奏名明經諸科大義十道，得許銓以下四百七十四人，賜本科及第、同出身，授試監簿、諸州文學、長史、助教。《文獻通考》：熙寧三年，親試舉人，初用策。舊制，進士一日而兼試詩〔二〕、賦、論，謂之三題，特奏名人止試論一道。至是進士就席，有司猶循故事給《禮部韻》。及題出，乃策問也。葉祖洽對策，言祖宗多因循苟簡之政，陛下即革而新之。初考爲三等，覆考爲五等。上令宰相陳升之面讀，以祖洽爲第一。考官蘇軾嫉其阿諛，因擬進士策一篇以進。是年南郊赦書，訪求節行才識學術之士。諸路監司以劉蒙等二十一人應詔，送舍人院試，而命以官。熙寧初，詔進士、諸科經仁宗朝殿試，或進士明經三舉、殿試五舉省試下，諸科五舉、殿試七舉省試下，並免解。因應舉授諸州司士、長史、文學、助教、參軍，不理選限，年未六十，注權入官。三年，又詔景祐五年以前禮部試下進士一舉、諸科二舉，年六十五〔三〕，若遞加一舉，則不限年。州縣以名聞，特與推恩。府監舉人，以京朝官二人保識。進士七舉、諸科八舉，年四十，禮部嘗奏名者，並特赴殿試。惟河北、河東、陝西三路，各減一舉以優之。舊止試論，至是如進士試時務策一道，自同五經出身而降爲九等。上等注官，次守選，次遇郊注官及不理選限各有差。詔諸州舉送發解考試監試官，凡親戚若門客，毋得試於其州，類其名上之轉運司，使與鎖應同試，率七人特立一額以解，不用其所避州解額。

六年三月六日，上御集英殿試禮部奏名進士，内出制策曰：「古之明王，求賢而聽之，擇善而使之。法【21】不足以有行也，改之而已；人不足與有明也，作之而已。以守位則安，以理財則富，以禁過則聽，以討罪則服，以交鬼神則饗，以來蠻夷則格，以上治則日月星辰得其序，以下治則鳥獸草木得其性。朕夙興夜寐，心庶幾焉，而未知所以爲此之方。子大夫其各以所聞，爲朕言之。朕即位于兹七年，行義政事之失，加於天下多矣。往者或不可救，來者尚可圖也。以所見言之毋隱。」余中已下三百四十八人，並賜及第、出身、同出身、同學究出身。

七日，試特奏名進士，内出制策曰：「唐虞三代聖人之迹熄久矣，然其所以治心，其所以修身，其所以知人，其所以養民，其所以事天地，其所以交萬物，見於載籍，蓋有道矣。子大夫其各推原所學，明以告朕。《論語》曰：『謹權量，審法度，修廢官，四方之政行焉。』四者之政行，恃此而已乎？又曰：『興滅國，繼絶世，舉逸民，天下之民歸心

〔一〕三百五十五：《補編》頁四四〇作「三百五十八」。
〔二〕試：原作「賦」，據《文獻通考》卷三一改。
〔三〕年：原脱，據《文獻通考》卷三一補。

焉。』天下之民歸心，恃此而已乎？且如何斯可以謂之逸民也？」得進士李仲熊已下四百七十五人，諸科廖舜元已下二百一十七人，並賜同出身、本科出身，試監簿、諸州文學、長史、助教。

九年三月六日，上御集英殿試禮部奏名進士，內出制策曰：「朕欲士之知德也，故造之以經術；欲吏之知政也，故迪之以刑名。欲民食足也，故本業而振貸之，爲之除其徭賦而脩地之利；欲兵之彊也，故選將蒐卒，什伍丁壯，而教之旗鼓坐作進退之法。士亦知所學[22]矣，而忠信可用者尚寡；吏亦知所守矣，而慢令犯法者尚多。一方水旱，民輒流亡莩踣，而蠻夷之驕悖未艾也。意朕設施之方有未善歟？不然，其故安在？朕聞先王之爲民也，有禮以道之中，有樂以道之和，致天地位焉，萬物育焉，其本數末度，宜有可考而復用者，其詳爲朕言之無隱。」得徐鐸已下四百二十六人，並賜及第、出身、同出身、同學究出身。

翌日，試特奏名恩澤舉人，內出制策曰：「先王之于民也，知所以教之；及其不服也，又知所以刑之。故皆安富順善，莫爲邪慝，聚之詢事則輸其誠，率以犯難則致其死。及道之衰，非不欲生之也，而適所以害之；非不欲教之也，而適所以壞之；非無刑也，而或不在於有罪。民始窮困失職，鄙詐以誣其上，而莫爲之用。蓋先王之治也，爲之必有數；後世之亂也，失之必有本。子大夫所宜知也，其爲朕詳著于篇。」得進士楊熚已下四百四十七人，諸科李均已下一百九十四人，並賜同出身、本科出身，試監簿、諸州文學、長史、助教。

元豐二年三月十一日，上御集英殿試禮部奏名進士，內出制策曰：「上古人材之盛，莫如唐虞之際。以爲司空則水土平，以爲稷則百穀殖，以敷五典則從，以明五刑則服，至於器用利，動植和，禮樂成，出納允，與夫內岳外牧，相爲倡應，以成天功者，凡以材也，茲非其盛歟！其次莫若周，然有婦人焉，九人而已。則夏商之間，與夫文武之後，材[23]之不足爲可知也。夫天下之事常有餘，而人材每不足。以不足之材，治有餘之事，則彼聖賢之君作而成功者，孰與濟也？抑其材雖不及唐虞成周之全，而得其傑然者足以興之歟？將其君自爲之，而無待乎材之富也？不然，其所就安得與之班乎？自嬴秦至于五代，或君擅天下，或霸據一方，其所興所爲及乎所成之功，於傳故可見也。子大夫其各以所聞言之。」得進士、明經諸科時彥以下總六百二人，第爲五等，賜及第、出身、同出身、同學究出身。

十三日，試特奏名進士，內出制策曰：「朕惟前代聖帝賢王，稽道度時，制法御事，雖隆汙不同〔一〕，然收功顯名，卒皆有成可觀焉。朕以不德，繆承先烈，自初嗣服，蓋竊已有志乎天下之政矣。故登延師臣，作成治法，行之四方，逮

〔一〕汙：原作「於」，據文意改。

兹累年，而效不著見，俗未丕革，何也？豈設施後先失其序，而朕之寡陋不足以倡之歟？抑好惡未宣，姦邪尚得以震蕩摇惑奉令者之心歟？不然，己日乃孚歟？子大夫學先(生)〔王〕之經久矣，當世之務，宜有以證之也，其各爲朕詳言之無隱。」得進士、明經諸科總七百七十八人，賜同學究出身，授試將作監主簿、國子四門助教、長史、文學、助教。

五年三月十一日，上御集英殿試禮部奏名進士，内出制策曰：「朕聞禮以辨上下，法以定民志。三王之時，制度大備，朝聘鄉射，燕享祭祀，冠昏之義，隆殺文質，高下廣狹，多少之數，尺寸銖黍，一有宜稱。貴不[24]以偪，賤不敢踰，所以别嫌明微，釋回增美，制治於未亂，止邪於未形。上自朝廷，下迨閭里，恭欽撙節，懽忻交通，人用不偷，國以無事。降及後世，陵夷衰微，秦漢以來，無足稱者。庶人處侯宅，諸侯乘牛車，貧以不給而廢禮，富以有餘而僭上。宫室之度，器服之用，冠昏之義，祭饗之節，率皆紛亂苟簡，無復防範，先王之迹因以熄焉。傳曰：『禮雖未之有，可以義起也。』後之學者，多以爲非聖人莫能制作。嗚呼！道之不行也久矣，斯文不作也亦久矣。抑恣其廢而莫之救歟，將因今之材而起之也？」得進士、明經諸科黄裳以下五百九十二人，賜及第、出身、同出身。

翌日，試特奏名進士，内出制策曰：「古之學校廢興，未嘗不關世之治亂也。鄭之子衿，魯之泮宫，載於詩人頌刺。周衰，秦以夷狄擅天下，於是先王教養之遺跡絶滅，不復有聞於後世。故歷世有爲之君，雖慨然思有以髣髴治古之盛，追考其所成終始，則亦爲一時美觀而已，非有先王之故也。朕以不敏，荷祖宗積累久大之業，思與有德有造之士共承之，故尊延師儒，發釋經訓，庶幾學者迪德矣。若夫以事示之，以象教之，則寤寐以思，弗獲于懷。今欲使爲士者外備其文，内美其質，用修文事而無不宜，用作六師而無不及。子大夫以謂何施而可趣於此乎？其爲朕詳著設施後先之叙，稽於古而宜於今者，條著於篇。」得進士、明經諸科八百三十六人，授假承[25]務郎、文學、助教、攝助教。

哲宗元祐三年三月十日，上御集英殿試禮部奏名進士，内出制策曰：「朕肇膺駿命，涉道寡昧，懼無以奉承太母之慈訓而彰先帝休德，夙夜以思，樂得天下之忠言嘉謀，庶以濟兹。今子大夫群至在庭，朕甚嘉之。蓋聞天之災祥以類而至，古之善言天者能推斯變以應斯事，若合符節。自去冬大雨雪，至于春二月不止，人大失職，廣罹凍饑，莩踣者衆。夫常寒之罰，久陰之異，必有以召之，其故安在？朕爲政于兹四年，於是蠲天下逋負，輕征而散利，苟可益下，無不爲者，而民力猶未裕也。捐金幣之賜〔一〕，廓信義之度，以安邊柔遠，而戎心猶未革也。豈所謂至恩者未可謂本務歟？特施設之序或失其當歟？官之流至多門也，

〔一〕金：原作「今」，據《忠肅集》卷一改。

舉天下之職不足以居其人；財之費至無藝也，量天下之入不足以爲之出。將革之乎，或疑於傷恩；將因之乎，懼無以善後。必有至數，未燭厥中。先王之時，上之陰陽和、風雨節，下之稼穡茂、衣食充，官簡而士貴，財通而禮行，四夷款附，邊場按堵，又何修而至斯歟？夫切而不迫，緩而不迂，朕非求于空言也，蓋將有考而行焉，其悉心茂明之。」得李常寧已下五百二十三人，並賜及第、出身、同出身。

翌日，試特奏名諸科進士，內出制策曰：「古之聖王，〔取〕士必有原，故廣設學校；任人必以職，故分建六官；使民必有法，故均定力役；胥徒必有養，故祿農夫。先帝知是爲政之端 26 也，興太學，修教養之法，將以隆經行，而學者或泥於誕迂一曲之說。建省臺寺監，使人專其官，官任其事，而文移期會有迂滯之譏。等差庶民之產，以多寡出金，所以寬力役，而編户多病於歲輸。第群吏而賦之祿，所以養廉恥，而有司每患於冗費。論者及此多矣。輸金而免役，既罷從舊法矣，然或者猶不以爲便。伊欲學校盛而士向方，六官修而政務敏，力役均而民不勞，群吏養而冗費節，何施而可以臻此？子大夫固嘗講聞其要矣，其明著于篇。」得王鄰臣已下五百三十三人，賜同出身，假承務郎、京府助教、諸州文學助教。

六年三月十日，上御集英殿試禮部奏名進士，內出制策曰：「朕以眇躬，嗣承大統，思所以仰奉太母之慈訓，無忝祖宗之盛烈，若涉淵冰，罔知攸濟。是用詳延天下之士，咸造於庭，冀有所聞，以輔不逮，故虛懷而問焉，其悉心以對。嘗聞漢興四十餘年，孝文專用德化，遂能移風易俗，興於禮義，斷獄數百，幾至刑措。章帝繼建武、永平之政〔一〕，事從寬厚，人賴其慶，郡國所上符瑞合於圖書者數百千所。嗚呼盛哉！朕屬當六聖之次，席造邦百年之休，寅畏以事上帝，哀矜以臨兆民，而歲報重辟，至以千數；或既貸之，又相隨以就死也。乃至寒燠僭差，水旱爲沴，况敢望美祥之遝至哉。彼何修而臻兹，今何由而反是？朕甚恧焉。夫捨樂成之業而事紛紛者，朕所不取也。端拱無爲，遊於巖廊 27 者，朕所欣慕也。天何言哉，四時行焉，百物生焉，此朕之所恭聞也。然而賢鄙之未明，徭賦之未平，法令之屢更，（戒）〔戎〕羌之不誠，蠻徼之未清，頗欲革而正之，安得無擾而定也？農，先王之首務也，何道可以盡其力？禮，治世之盛典也，何時可以制其宜？何以使人不趍利而矜節？何以勸士不憚勞而奏功？古之典刑必有切於今者，其用孰先？今之施設固有戾於古者，其失孰大？抑又聞患生於宴安，而事藏〔於〕所忽，地大物夥，孽芽其間，以天下之廣，黎元之衆，無乃有未萌而當豫防者乎？其消之弭之之術，又如何也？子大夫其具條之，勿猥勿并，務求其當，不激不諂，以適厥中。惟存之久者事詳，得之深則理暢，其勉之哉，朕將親覽。」得馬涓已下六百二人，並賜及

〔一〕永平：原作「永年」，逕改。永平者，東漢明帝年號也。

第、出身、同出身。

翌日，試特奏名諸科進士，内出制策曰：「朕嘗觀漢世以經術舉士，而《春秋》之學尤見施用。凡朝廷有大議，天地有大變，賞刑有未中，風俗有未乂，必詢于外廷，繼以經義。故董仲舒之陰陽〔一〕，公孫弘之典法〔二〕，劉向父子之洪範，並推原天意，附益時政，前史稱述，朕甚嘉之。昨詔有司復經傳之舉，譽髦造士，稍稍在選。今將循往漢之制，遵一王之法，以之明是非，定猶豫，推天意，合人事。又慮未見至隱，徒起異端，以之讞獄，辭辨枉直，善善而惡惡，一以義斷，得無與今律令之文有不合乎？或曰古今異宜，將置而不講，則夫素王立教，豈特空言，學者潛心，[28]乃爲無用。子大夫修先王之道，達當世之宜，試爲條陳，以釋滯論。」得劉必已下三百二十三人，並賜同出身，假承務郎、京府助教、文學、州助教。

哲宗紹聖元年三月十四日，上御集英殿試禮部奏名進士，内出制策曰：「朕惟神宗皇帝躬神明之德，有舜禹之學，憑几聽斷，十九年之間，凡禮樂法度所以惠遺天下者甚備。朕思述先志，拳拳業業，夙夜不敢忘。今博延豪英，徠于廣殿，策以當世之務，冀獲至言，以有爲也。夫是非得失之迹，設施於政，而効見於時。朕之臨御幾十載矣，復詞賦之選而(而)士不知勸，罷常平之官而農不加富。可差可募之説雜而役法病，或東或北之論異而河患滋。賜土以柔遠也，而羌夷之侵未弭；弛利以便民也，而商賈之路不通。至于吏員猥多，兵備刓缺，飢饉荐至，寇盗尚蕃，此其故何也？夫可則因，否則革，惟當之爲貴，聖人亦何有必焉。子大夫其悉意陳之毋隱。」得畢漸已下五百一十三人，並賜及第、出身、同出身。

翌日，試特奏名諸科進士，内出制策曰：「古者極治之時，法度修，教化明，學術正，論議一，士之習于學者皆原於道德之意，天地萬物之理。及人材得其位也，輔佐人主治天下國家，與夫修身正心，一以六藝爲法。以保民則惠，以發政則平，以制用則上下足，以更化則刑罰措，何其盛哉！朕甚慕焉。方今承六聖之烈，太平百有餘年，兵革不試，澤流無窮，功化之盛，度[29]軼漢唐遠矣。然而議者猶以謂典章文物，禮樂度數，倣之先王未備也。學校之制，舉選之法，人材之盛，較之治古未及也。至於習俗，則廉耻仁厚之節薄，侈靡夸詡之風成。所制之産，不足於用，或遇水旱，則散之四方，抵法者衆。雖詔書數下，勞徠安輯，而吏或不能奉承，此何謂歟？夫欲因今之勢，協用群策，以一二追先王之治，則損益因革，當繇何道？矯薄從忠，當自何始？傳曰：『先王之道，必有偏而不起之處，故政有眊而不行。』又曰：『三王之教，所祖不同，夏尚忠，商尚質，周尚

〔一〕董仲舒：原脱「仲」字，徑補。
〔二〕弘：原作「洪」，據《漢書》卷五八《公孫弘傳》改。

文。漢宜少損周之文致，用夏之忠〔一〕。』繇今言之，則舉偏補弊者何先？允治天下者何尚？若夫欽五事以明天道，介景福以成太平，用九驗以觀君子，謹三聽以同國人，尚賢能以立功名，息邪説以明法度，此皆先王以試之効也。子大夫道問學，通世務，宜條其是非得失與可施於今者著焉，無牽於文，切磋究之，朕將親覽焉。」得陳希伋以下三百四十六人，賜假承務郎、助教、文學有差。

四年閏(四)〔二〕月二十四日〔二〕，上御集英殿試禮部奏名進士，内出制策曰：「古之明王，以道揆事，以賢任官。人得以盡其才，法足以行其意，小大之分得，遠邇之俗同。因之以輔志而上無疑謀，(勞之以輔志而上無疑謀)勞之以勸相而下無拂心。以修在地之政，則省山而木兑，猶河而水翕；以協在天之紀，則日星順其行，歲月得其序，至於禮備樂作而告其成功。(於)[30]嗚呼，何施而可以臻此歟？朕獲奉宗廟，懼不敏明，無以章先帝之休德，故自親政以來，嘉與卿士大夫修明厥緒，申喻朕志，累年于兹。而推原本旨，或未盡察，人自爲義，澤不下究。此其故何歟？《書》不云乎：『勑天之命，惟時惟幾。』方今之務，所當損益，應時而造者，必有其序，爲之于未有，謀之於未兆，必有其幾，子大夫之所宜知也。蓋自唐虞至于周，更六七聖人，而後其法大備。今其書具在，可考而言也。然則孰盭而不合，孰可推而行之？其詳著于篇，朕將親覽焉。」得何昌言已下五百六十九人，並賜及第、出身、同出身。

翌日，試特奏名諸科進士，内出制策曰：「朕聞先王之時，因任原省，而繼之以賞罰之政，善惡別(曰)〔白〕，賢才衆多，人羞其行而百志用熙。爲之君者，垂拱無爲而天下治矣。此『黎獻共惟帝臣』所以稱於虞，而『濟濟多士』之詩所以作於周也。朕紹休聖緒，以眇眇之身，託于王公之上，永惟萬事之本，要在乎得人。是故修學校之政，建師儒之官，所以養之至詳；開薦進之路，略資格之拘，所以求之至廣也。是宜俊乂並出，至於不可勝用矣。今則不然，庶工多曠而分職不治，因事求才，患莫之得。豈朕作人之道未至歟？不然，其弊安在？以至助耕歛而民不富，旌功實而吏不勸，養士卒而兵不足，嚴刑罰而姦不止，其故又何歟？子大夫講聞於此舊矣，其悉爲朕言之毋隱。」賜同出身、諸州文學、助教有差。[31]内謝師古、陳漢奇以遠人各賜絹二十匹，又李惟岳以高年賜十匹。

徽宗崇寧二年三月八日，上御集英殿試禮部奏名進士，内出制策曰：「昔者聖人之用天下也，任之以道，立之以政，又之以人〔三〕，故敷五典則遜，修九功則叙，迪百工則釐，綏四夷則服。朕甚慕焉，而未知所以爲此之方。永惟先帝盛德大烈，施及後世博矣。追而復之，罔敢墜失。蓋

〔一〕用：原作「周」，據《漢書》卷五六《董仲舒傳》改。
〔二〕閏二月：原作「閏四月」，據《宋史》卷一八《哲宗紀》二改。
〔三〕又：疑當作「乂」，或「又」下脱一字。

以恩睦族，故爲之品制禄秩而辨〔親〕疏之等；以經造士，故爲之衆建師儒而興庠序之教。平其市價，通其有無，以修理財之政；明其功賞，復其境土，以宣禦戎之威。彰善癉惡，以明君臣父子兄弟之義。凡此於朕志，謂庶乎其可矣。然而道德之難明，風俗之不一，何也？儀刑緝熙，欲其効見有加而澤被生民，賴及萬世，則必有道以致於斯也。子大夫其悉意爲朕言之無隱。」得霍端友已下五百三十八人，並賜及第、出身、同出身。特奏第一名賜及第，餘闕。

五年三月八日，上御集英殿試禮部奏名進士，内出制策曰：「朕稽成周之隆，以善養人而士由里選，以武禁亂而兵本於農，以八法八柄建邦詔王，以九職九賦九式豐財裕民，格于上則七政以齊，達于下則萬物以遂。去古既遠，人之不明久矣。惟我神考，追法先王。作新其材，造之以學校；聯比其民，教之以兵法。治官府，馭羣臣，任萬民，歛財賄而均節之，與周匹休。中更詆誣，改革殆盡。肆朕纘承，永悼先烈，夙興夜寐，舉而措之天[32]下。累年於兹，好惡明而民未丕變，國是定而士未退聽，法度彰而政未大成者，獨何歟？豈緝而熙之者未究，遵而揚之者未至歟？子大夫其考周驗今，推原先志，明以告朕。若夫古聖人輔相裁成而和同天人之際，都俞疇咨而坐視天民之阜，何施而可以臻此？其著于篇，朕虚心以聽焉。」得蔡薿已下六百七十一人，賜及第、出身、同出身。特奏名闕。

大觀三年三月六日，上御集英殿試禮部奏名進士，内出制策曰：「昔者先王治定而制禮，功成而作樂，以合天地之化。禮之數五，施之七教，形之八政，有典有職，定親疏，決嫌疑，别同異，明是非，然後小大貴〔錢〕〔賤〕之分定。樂之數六，文之五聲，播之八音，有序有政，和邦國，諧萬民，悦遠人，作動物〔一〕，然後神示人物以和。朕嗣承祖宗休烈，述而作之，以追先王之緒而繼神考之志。子大夫以謂如之何而可以臻此？禮廢樂壞久矣，去古悠遠，矯拂其俗，非常之元，黎民懼焉。或曰三王不相沿襲，今樂猶古之樂，無事於改，則先王事神治人，移風易俗，終不可幾歟？今樂成而人未化，禮議而制未頒，其考古驗今，爲朕詳言之毋隱。」得賈安宅已下七百三十一人，賜及第出身、同出身。特奏名闕。

政和二年三月十二日，上御集英殿試禮部奏名進士，内出制策曰：「昔者明王以道御世，而〔已〕〔以〕德化之，教以三物，糾以八刑。其民恭而不苟，遜而不争，親而不怨，和而不乖，故道德一而民志定，分守明[33]而禮俗成，是非取舍皆當於義，而無有私智犯上。餘風遺烈，雖衰世之公子，干城之武夫，伐條之婦人，漢上之游女，莫不好德，無思犯禮，勉其夫以正。朕嘉與萬〔民〕共由斯道，夙夜以思，未知所以爲之之方。朕若稽古，以善天下。去古綿邈，世流於末習，卑踰尊，下僭上，貴賤失分，彊弱相陵，小大先後，

〔一〕作：原脱，據《周禮・大司樂》補。

無復防範，忘義昧利，交相爲瘉。習以成俗，士無操術，偷薄浮僞，朋邪罔上，無有忌憚，朕甚不取。夫易其俗，革其弊，以趨先王之盛，何修而可以跂及乎？傳曰：『子帥以正，孰敢不正。』如漢之文帝，躬行節儉，身衣弋綈，而庶人屋被文繡。豈其習俗之久，有不能化歟？豈其施爲舛戾，不足帥歟？子大夫其攷古驗今，爲朕詳言之。」得莫儔已下七百一十三人，賜及第、出身、同出身。

翌日，試特奏名諸科進士，內出制策曰：「孝莫大於嚴父，嚴父莫大於配天。先王宗祀文王於明堂，以配上帝，仁之至、義之盡也。永惟神考，天德地業，施之萬世，可謂博矣。朕嗣有令緒，夙興夜寐，靡敢遑寧，期於報稱，而尊嚴之典有所未至。頃嘗詔有司，度地鳩工，將以作之。而議者或取四時五行之象，五室九室之儀，或謂在寢在郊，在國之南。欲稽於古，有所不合；欲循於近，恐或固陋。將以義起，恐不師古。然其義其位，其數其制，必有稽焉。子大夫當茂明之，昭事昊天，崇報烈考，不其韙歟。」《文獻通考》：政和二年，親試舉人，始罷賜詩，改賜箴。先時御史李章言作詩害經術〔一〕，自陶潛至李、杜，皆遭譏詆。詔送勅局立法。34 宰臣何執中遂請禁人習詩賦。又詔士毋得習史學。吳氏《能改齋漫録》曰：先是崇寧以來，專意王氏之學，士非《三經》、《字説》不用。至政和之初〔二〕，公議不以爲是，蔡嶷爲翰林學士，慕容彥逢爲吏部侍郎，宇文粹中爲給事中，張琮爲起居舍人，列奏欲望今後時務策並隨事參以漢唐歷代事實爲問。奉御筆：「經以載道，史以紀事，本末該貫，迺稱通儒，可依所奏。今後時務策問並參以歷代事實〔三〕，庶得博習之士，不負賓興之選。」未幾監察御史兼權殿中侍御史李彥章言：「夫《詩》、《書》、《周禮》〔四〕，三代之故，而史載秦漢隋唐之事。學乎《詩》、《書》、《禮》者，先王之學也。習秦漢隋唐之史者，流俗之學也。今近臣進思之論，不陳堯舜之道，而建漢唐之陋，不使士專經，而使習流俗之學，可乎？伏望罷前日之詔，使士一意于先王之學，而不流于世俗之習，天下幸甚。」奉御筆：「經以載道，史以紀事，本末該貫，迺爲通儒。今再思之，紀事之史，士所當學，非上之所以教也。況詩賦之家，皆在乎史。今罷黜詩賦，而使士兼習，則士不得專心先王之學，流于俗好，恐非先帝以經術造士之志。可依前奏，前降指揮更不施行。」時政和元年三月戊戌也。馬端臨曰：按，尊經書，抑史學，廢詩賦，此崇、觀以後立科造士之大指。其論似正矣，然經之所以獲尊者，以有荆舒之《三經》也；史與詩之所以遭斥者〔五〕，以有涑水之《通鑑》，蘇、黄之酬唱也。群憸借正論以成其姦，其意豈真以爲六籍優於遷、固、李、杜也哉〔六〕！

五年三月九日，上御集英殿試禮部奏名進士，內出制策曰：「古之聖人以道蒞天下，處無爲之事，行不言之教，用之不窮而物自化。朕昧是道，君臨萬方，夙興夜寐，欲推而行之，神而明之。然物或行或隨，或噓或吹，或彊或羸，或載或隳，相生相成，相形相傾，莫之能一。此道之所以難行，姦軌亂常所以難化，如之何而解其紛，合其異乎？昔之言道者，曰天法道，又曰道之大原出於天。道非陰陽，又

〔一〕李章：《九朝編年備要》卷二八、《太平治迹統類》卷二七亦同。然《九朝編年備要》下文及《能改齋漫録》卷一二、《石林燕語》卷九、《齊東野語》卷一六等俱作「李彥章」，未知孰是。

〔二〕政：原作「致」，據《文獻通考》卷三一改。

〔三〕歷：原作「實」，據《文獻通考》卷三一改。

〔四〕周：原作「之」，據《文獻通考》卷三一改。

〔五〕所：原脱，據《文獻通考》卷三一補。

〔六〕豈：原無，據《文獻通考》卷三一補。

曰一陰一陽之謂道。道無爲，而曰生之長之，成之養之。道無名，而曰可名以大，可名以小。道一而已，其言之不同，何也？堯舜三代以是而帝，以是而王。由漢以來，時君世主，莫或知此。朕方近述[35]於千載之後，齊萬殊之見，明同異之論，以解蔽蒙之習，未知其方。子大夫無流於浮僞，爲朕詳言之。」得何㮚已下六百七十人，賜及第、出身、同出身。特奏名闕。

七年二月九日，上御集英殿試高麗學生金端等策曰：「朕惟道之在政事，以上治而觀於天，則七政可得而齊，五辰可得而撫；以下治而察於地，則萬物各得其宜，山川裕如，鳥獸魚鼈咸若；通於神明，則裁成輔相，贊天地之化育，和同天人，而使之無間。顧何施而可以臻此？昔武王垂意而問，箕子盡道而陳，始之以五行，次之以五事，終之以五福。子大夫所常學而知者，悉著于篇，朕將施之於政，無俾前人專美有周，不其韙歟。」賜學生權適等上舍及第釋褐，以適爲承事郎，趙奭、金端並文林郎，甄惟氐從事郎，令隨進奉使李資諒歸本國。

八年三月十六日，上御集英殿試禮部奏名進士，內出制策曰：「朕惟昔之聖人提挈天地，把握陰陽，以前民用。故黃帝始正天綱，臨觀八極，考建五常，原陰陽之化，類萬物之情，窮性命之理，以迪後世。堯舜乃命羲和，曆象日月星辰在璇璣玉衡，以齊七政。箕子叙《洪範》協水火木金土，推而見之於貌言視聽思之五事。左丘明有取於六氣之説，則曰陰陽風雨晦明而已。前聖後聖，其揆一也，而其言其用之不同，何也？今歲戊戌，赫曦之紀，太陽主之，太過之年。過與不及，相爲終始，過者抑之，不及者舉之。然五者相生[36]相克，相沿相繼，高下之相召，升降之相因，其變不窮，如之何可以財成其道，輔相其宜，使之適平，無有餘不足之患，而和同無間乎？朕將仰觀俯察，運於一堂之上，兼明天下後世。子大夫其詳著于篇，毋略。」得嘉王已下七百八十三人，賜及第、出身、同出身。特奏名闕。

宣和三年三月十二日，上御集英殿試禮部奏名進士，內出制策曰：「朕稽法前王，遹求先志，顧德弗類。永惟神器之大，不可爲，不可執，故以道蒞之，夙興夜寐，惟道之從，祖無爲之益，以馳騁乎天下萬世無弊者也。然爲道在於日損，物或損之而益，益之而損，損之又損，至於無爲，則是無弊之道，損益隨之。子大夫以爲如之何而無損無益乎？朕粤自初載，念承百王之緒，作於百世之下，繼志述事，罔敢怠忽，立政造法，細大不遺，庶幾克篤前人之烈。推而行之，間非其人，挾姦罔上，營私背公。故庠序之教雖廣，而士風凋喪；理財之術益多，而國用匱乏；務農重穀，而饑饉荐臻；禁姦戢暴，而盜賊多有。比詔有司，稍抑浮僞，事有弗利於時，弗便於民者，一切更張之，悉遵熙、豐之舊矣。蓋可則因，否則革，權時之宜也，揆之於道，固無損益。然當務之爲急，則因革損益，其在今日乎。子大夫詳延於廷，爲朕言之毋隱。」得何渙已下六百三十人，賜及第出身。特奏名闕。

六年閏三月二十三日，上御集英殿試禮部奏名進士，內出制策曰：「在昔聖人以道御氣，以氣御化，37以化御物，而彌綸天地，經緯陰陽，曲成萬物，因其盛衰、奇偶、多寡、盈虧之數，左右之紀，上下之位，而範圍裁成之道著焉。後世弊於末俗，淺聞單見，不足與明。朕承天休，憲法上古，思所以和同無間，以惠元元。然物生而後有象，象而後有數，數之不可齊也久矣。夫天數五，地數五，而有曰天以六六爲節，地以九九制會；又曰二而成天，三而成地〔二〕，三而成人。此天地之數，錯綜之不同，何也？《易》曰當期之日凡三百有六十，《書》曰朞三百有六旬有六日，《内經》曰七百二十氣爲一紀。歲紀之數，可坐而致，乃不一，何也？夫道生一，一生二，二生三，三生萬物，而傳曰萬有一千五百二十，當萬物之數。數之不可勝窮，不可齊，不可一也如此，將何以原始要終，合其同異，一其旨歸，通其變，極其數，以盡天下之道？朕將有所施設焉，子大夫詳言之毋忽。」得沈晦已下八百五人，賜及第、出身、同出身。特奏名闕。以上《續國朝會要》。（以上《永樂大典》卷一〇六四七）

〔二〕「二而」二句：疑當作「一而成天，二而成地」。

宋會要輯稿　選舉八

親試二

【宋會要】

1 高宗建炎二年八月二十三日，上御集英殿試禮部奏名進士，內出制策曰：「蓋聞治道本天，天道本民，故視聽從違不急於筭數占候，而惟民是察，持以至誠，無遠弗屆。古先哲王罔不由斯道也。朕承宗廟社稷之託於俶擾阽危之後，懷父母兄弟之憂於攜貳單微之時，念必撫民以格天，庶幾悔禍以靖難。踰年于兹，寢興在是。故府庫殫匱，軍費倍滋，而賦歛加薄；外患未弭，寇盜尚多，而追胥有程。擇守令以厚牧養，責按廉以戢貪暴，命令爲民而下者十常六七。凡曰聚所欲、去所惡者，朕有弗聞，未有聞而不卹，卹而不行也。然而迎親之使接武在道，而敵情未孚；保國之謀刻意在兵，而軍勢未張。躬純儉以厚本，而驕侈之習未悛；擴大公以示訓，而私枉之俗尚勝。刑賞不足以振偷惰之氣，播告不足以革狂迷之心。田畝未安，旱蝗害歲。豈朕不德，無以動天，抑政令失宜，而民以爲病乎？何精誠之弗効，而禍患之難戢也。伊欲復親族，奠(彊)〔疆〕埸，清寇壤，善風俗，使百姓安業而亹亹迓衡，何修而可以臻此？子大夫涉艱險以副詳延，誠亦勤矣。其必有至言，欲爲朕陳者，其悉言之毋隱。若乃矜空文而無補於實，咎既往而無益於今者，非朕之所 2 欲聞也。其以朕所未聞而宜於時者言之，朕將親覽焉。」得正奏名李易以下四百五十一人，第爲五等，賜進士及第、出身、同出身。內何元仲等五名同學究出身。是歲以兵興道梗，諸路進士赴殿試不及者，河北路李彙等二人，京東路祝師龍等二人，四川類試正奏名進士八十三人，陝西類試正奏名周忠厚等十六人，並賜同進士出身。特奏名進士張鴻舉以下，賜進士及第、同進士出身、同學究出身，登仕郎、京府助教、上下州文學、諸州助教。(諸州助教)特(奉)〔奏〕名自來常格，第一等第一名賜同進士出身，第二名、第三名並賜學究出身。時上初即位，御殿試舉人，特恩也。

紹興二年三月二十三日，上御集英殿試禮部奏名進士，內出制策曰：「朕承中否之運，獲奉大統，六年于兹。顧九廟未還，兩宮猶遠，夙興夕惕，靡敢康寧。閔國步之久艱，悼已事之失策，虛心求治，不憚改圖，故詳延子大夫于廷，咨當世之急務，冀聞長計，以興大業。將覈其言，收其用，非特循故事，設科舉，塞人情而已。古先辟王，繼中微之世，承思治之民〔一〕，芟夷大亂，事半而功倍。少康一旅而復有夏，宣王興衰以隆成周，光武三年而興漢祚，肅宗再歲而復兩京，皆蒙前人之緒業，撥亂反正，若此其易也。今

〔一〕承：原作「乘」，據張九成《橫浦集》卷一二改。

賴四方黎獻翊戴眇躬〔一〕，列聖之澤未遠也。朕焦心勞思，不敢愛身以勤民。然屈己以和戎，而戎狄內侵；招携以弭盜，而盜賊猶熾。以食爲[3]急，漕運不繼而廩乏羨儲；以軍爲重，選練未精而軍多冗籍。吏員猥并，而失職之士尚衆；田萊多荒〔二〕，而復業之農尚寡。嚴贓吏之誅，而不能革貪污之俗；優軍功之賞，而無以銷冒濫之風。方今非外攘夷狄則不足以靖民，取於民有制則不足以給車徒之衆，爲人父而摧其子，則又何以保民而王哉？朕弗明治道，仍闇事機，凡此數者，常交戰于胸中，徒寢而不寐，當食而嘆也。子大夫與國同患難久矣，宜考前世中興之主，其施爲次序有切於今者；祖宗傳序累世，其法度有可舉而行者；平時種學待問，奇謀碩畫，本於自得，可以持危扶顛者。其悉意以陳，朕將親覽。」是日，上批賜御試考校官曰：「今次殿試對策，直言之人擢在高等，諂佞者置之下等，辭語尤諂佞人與諸州文學。仍限十日考校。」得正奏名張九成以下二百五十九人，第爲五等，並賜進士及第、出身、同出身。是歲，四川類試正奏名楊希仲等一百二十人，第一人依殿試第五人恩例，餘並賜同進士出身。特奏名石公轍以下一百五十八人〔三〕，賜進士出身、同進士出身、同學究出身，登仕郎、京府助教、上下州文學、諸州助教。《文獻通考》：紹興二年，親策進士張九成等。時凌景夏爲第二，呂頤浩言景夏詞寔勝九成，請更寘第一〔四〕。上曰：「士人初進，便須別其忠佞。九成上自朕躬，下至百執事，言之無所畏避。」乃擢寘首選。九成以類試及親策俱第一，特進一官。四川類試正奏名第一人，依殿試第五人恩例。

五年八月二十二日，上御集英殿試禮部奏名進士，內出制策曰：「朕德菲陋〔五〕，紹承[4]大統，遭家多難，求濟未獲。是以博延豪俊，咸造在廷，覬聞治道之要。子大夫其必盡精極慮，樂爲朕言之。蓋聞在昔聖王之治天下，正心誠意，躬行乎上者，固自有道；而措諸事業之間，則或寬或猛，或質或文，變通隨時，不膠於迹，故其成効布在方册，昭昭乎其可觀也，朕甚慕之。越自即位，九年於此矣，思欲雪父兄之耻而復祖宗之烈，夙夜祗懼，罔敢荒寧。而施爲繆盭，治效缺然，深惟其故，不憚改作。間者乃下銓量之令以擇吏，而真才猶未顯也；嚴科斂之禁以䘏民，而寔惠猶未孚也；謹簡練之法以治兵，而冗食猶未革也。夫吏道未肅，民力未蘇，兵勢未(疆)〔彊〕，朕之治所以未効也，顧何以輯事功，弭禍亂哉？而建議之臣并欲考課以核殿最，省官以抑奉稍。力役不足以供餉饋也，爲之屯戍營田以寬之；賦入不足給調度也，爲之平準均輸以佐之。爵賞未艾也，爲之定武功之等；紀律未明也，爲之參府衛之制。凡若此者，其合於古，便於今乎？其或有不然者耶？雖然，此治

〔一〕戴：原作「載」，據《横浦集》卷一二改。
〔二〕萊：原作「菜」，據《横浦集》卷一二改。
〔三〕石公轍：原作「石公輒」，據《會稽續志》卷六、《姑蘇志》卷四一改。
〔四〕寘：原作「賞」，據《文獻通考》卷三二改。下同。
〔五〕菲：原作「匪」，據沈與求《龜谿集》卷一一改。

之迹也。上之欲三辰明，四時序，災沴不生而動植遂性；下之欲風化行，習俗厚，姦（究）〔宄〕不作而中外協心。茲可以占天人之助矣，夫何敵不克，何難不濟，興復大業，其庶幾乎。子大夫以爲何修何營而可以臻此，其條列而茂明之，務適於用，朕將有稽焉。」得正奏名汪洋賜名應辰。以下二百二十人，第爲五等，賜進士及第、出身、同出身。內王日 5 休爲雜犯，賜同學究出身。特奏名汪喬年以下二百七十二人，賜同進士出身、同學究出身、京府助教、上下州文學、諸州助教。

八年六月十八日，上特御射殿引見禮部正奏名、特奏名進士。正奏名同四川類試合格人參定，第爲五等，得黃公度以下二百九十五人，賜及第、出身、同出身。特奏名林恪以下賜進士出身、同出身、同學究出身、登仕郎、京府助教、上下州文學、諸州助教。

十二年三月二十二日，上御集英殿試禮部奏名進士，内出制策曰：「朕以涼薄之資，撫艱難之運，宵衣旰食，未知攸濟。今朕祗承上帝，而寵綏之効未著；述追先烈〔一〕，而紹開之勳未集。至德要道，聖治之本也，而欲未得；散利薄征，王政之所先也，而勢未行。設科以取士，而或以爲虛文；休兵以息民，而或以爲不武〔二〕。至若宗社遷寄，扈衛單寡，士狃見聞而專用私智，民習偷惰而莫知返本。子大夫所宜共憂也，其何以助朕拯幾墜之緒，振中興之業，詳著于篇，朕將親覽焉。」得正奏名陳誠之以下二百五十三人〔三〕，第爲五等，賜進士及第、出身、同出身。葉佺雜犯，與同學究出身。林觀國犯諱，與下州文學。特奏名胡鼎才以下五百一十四人，賜同進士出身、同學究出身，登仕郎、京府助教、上下州文學、諸州助教。

十五年三月二十四日，上御集英殿試禮部奏名進士，內出制策曰：「蓋聞古先哲王博求賢能而任使之，故治功昭著，6 名聲流聞，邈乎不可以跂及，朕甚慕焉。今朕託士民之上，不敏不明，鬱于大道，所賴以濟者，惟真賢寔能是望。然扶世導民，須德行也，迺或同於鄉原；排難解紛，須智略也，迺或專於謀身。爲政苟趣（辨）〔辦〕，則不修廉隅；摛文徒華藻，則不本忠信。平居下輕上爵，肆貪得之心；臨事避劇就易，蔑首公之節。豈古之所謂德行智略，政事文章，心術節槩，與今舉異歟？將教化不明，狃於末習而然歟？子大夫學優而仕，於斯數者，其自處固已審，使風俗曠然大變必有術。悉之復之，詳著于篇，朕將親覽焉。」得正奏名劉章以下三百人，賜進士（出身）及第、出身、同出身。內汪安仁雜（記）〔犯〕，特賜學究出身。徐涓、李理犯廟諱嫌名，特與下州文學。特奏名林洵美以下二百四十七人，賜同進士出身，同學究出身，登仕郎、京府助教、上下州文學、諸州

〔一〕先：原作「光」，據《建炎要録》卷一四五改。
〔二〕爲：原脱，據《建炎要録》卷一四五補。
〔三〕誠：原作「成」，據《建炎要録》卷一四五改。

助教。

十八年四月三日，上御集英殿試禮部奏名進士，內出制策曰：「朕觀自古中興之主，莫如（先）〔光〕武之盛。蓋既取諸新室，又恢一代宏模，巍乎與高祖相望，垂統皆二百祀，朕甚慕之。今子大夫通達國體〔一〕，咸造于廷，願聞今日治道，何興補可以起晉唐之陵夷，何馳驟可以接東漢之軌迹？夫既抑臧宮之鋭，謝西域之質，則柔道所理，必有品章條貫，要兼創業守文之懿，視夏康、周宣猶有光焉，固子大夫之所蓄積也〔二〕。其著于篇，朕將親覽。」得正奏名王佐以下三百三十一人，第爲五等，賜進 7 士及第、出身、同出身。特奏名俞舜凱以下四百五十七人〔三〕，賜同進士出身、同學究出身，登仕郎、將仕郎、是年京府助教改將仕郎。上下州文學、諸州助教。

二十一年閏四月十七日，上御集英殿試禮部奏名進士，內出制策曰：「朕惟祖宗創守之宏規，舉可掩迹三五，然而中遭厄會，變起弗圖，蓋許國之臣無幾，而自爲謀者總總也。今朕乘中興之運，任撥亂之責，所賴于有官君子爲至切矣。顧狃於聞見，小慧相先，謂了官事爲癡，謂履忠信爲拙，以括囊爲深計，以首鼠爲圓機，如此則國家何望焉？子大夫讀先聖之書，通當世之務，其爲究復，何洒濯可以革舊習〔四〕，何陶冶可以成美化，明著于篇，副朕虛佇，且以見子大夫入官之志，毋忽。」得正奏名趙逵以下四百四人，第爲五等，賜進士及第、出身、同出身。內杜時可爲四犯，犯廟諱嫌名，特與下州文學。特奏名昌永以下五百三十一人，賜同進士出身、同學究出身，登仕郎、將仕郎、上下州文學、諸州助教。

二十四年三月八日，上御集英殿試禮部奏名進士，內出制策曰：「朕承列聖之休〔五〕，偶中否之運，遺大投艱，罔知攸濟。賴天悔禍，中外寧一。及間暇之時，延見儒生，博詢當務。子大夫裒然咸造，其精思經術，詳究史傳，具陳師友之淵源，志念所欣慕，行何修而無僞，心何治而克誠。不徒觀子大夫之立志，抑國家收取士之寔效，夫豈小補？其詳著于篇，靡有所 8 隱。」得正奏名張孝祥以下三百五十六人，第爲五等，賜進士及第、出身、同出身。特奏名呂克成以下四百三十四人，賜同進士出身、同學究出身，登仕郎、將仕郎、上下州文學、諸州助教。

二十七年三月八日，上御集英殿試禮部奏名進士，內出制策曰：「蓋聞監于先王成憲，其永無愆。遵先王之法而過者，未之有也。仰惟祖宗以來，立經陳紀，百度著明，細大畢舉，皆列聖相授之謨，爲萬世不刊之典。朕纘紹丕圖，恪守洪業，凡一號令，一施爲，靡不稽諸故寔，惟祖宗成

〔一〕通達：原倒，據《紹興十八年同年小録》乙。
〔二〕所：原作「則」，據《紹興十八年同年小録》改。
〔三〕凱：原作「覬」，據《建炎要録》卷一五七改。
〔四〕革：原作「華」，據《宋史全文》卷二一上改。
〔五〕列：原作「烈」，據文意改。

法是憲是若。然畫一之禁、賞刑之具猶昔也，而奸弊未盡革；賦斂之制、經常之度猶昔也，而財用未甚裕；取士之科、作成之法猶昔也，而人材尚未盛；黜陟之典、訓迪之方猶昔也，而官師或未勵。其咎安在？豈道雖久而不渝，法有時而或弊，損益之宜，有不可已耶？抑推而行之者非其人耶？朕欲參稽典册之訓，講明推行之要，俾祖宗致治之効復見於今，其必有道。子大夫學古入官，明於治道，蘊蓄以待問久矣，詳著于篇，朕將親覽。」得正奏名王十朋以下四百二十六人，第爲五等，賜進士及第、出身、同出身。上宣諭宰臣沈該等曰：「殿試卷子，其間極有直言者，論理財有言欲省修造，如崇臺榭，起樓閣，以爲虚費之事。朕雖無此事，然喜其直言。至説銷金鋪翠，朕累年禁止，尚未盡革，當焚之通衢，並可立法，必於禁止。前後廷對，未見有此。朕謂[9]祖宗設科，非特網羅人材，蓋將以求直言之士。朕前日諭考試官，令取直言，置之上列，非爲虚文。可將任賢輝字號卷居第一。」特奏名李三英以下三百九十二人，賜同進士出身、同學究出身，登仕郎、將仕郎、上下州文學、諸州助教。《文獻通考》：紹興二十七年，先時蜀士赴殿試不及者，皆賜同進士出身。上念其中有俊秀能高第者，不宜皆置下列，至是先期諭都省，寬展試日以待。宰相沈該奏：「天時向暑，臨軒非便。請後至者，臣等策之中書，定高下。」上曰：「三年策士，朕豈憚一日之勞邪？」及唱第，王十朋爲首，第二人閻安中，第三人梁介。安中、梁介皆蜀士也，上大悦。

三十年三月九日，上御集英殿試禮部奏名進士，内出制策曰：「朕承祖宗之休德，臨御丕圖，于兹三紀，宵衣旰食〔一〕，以求治功，志勤道遠，未知攸濟。今詳延子大夫於廷，冀聞古昔之宜，以裁當世之務。其悉意致思，朕垂聽而問焉。蓋聞善爲國者仁以得民，義以制事，寬猛相濟，政是以和，無異道也。而《記》稱商周尊而不親、親而不尊之異，議者乃有尚嚴者尊、尚恩者親之説焉。史述齊魯有舉賢上功、尊尊親親之異，議者乃有齊政近商、周公治周乃所以治魯之説焉。聖賢之爲國，若是其不同歟？抑道初無二，而因時制宜，有不可得而同者歟？施之當今，亦將有所取舍歟？漢七制皆賢君也，太宗躬行恭儉，以德化民，寬足尚矣，而議者謂不若孝宣之[10]嚴明；顯宗法令分明，幽枉必達，嚴足尚矣，而議者〔謂〕不若章帝之長者。然則治道所尚，又將孰從而可歟？今世之當務多矣，吏道之未勤也，士風之未醇也，民力之未裕也。將寬以御之，則無以革媮惰之習；將嚴以督之，則懼其有苛察之失。伊欲風流而令行，寔修而名立，比迹兩漢而庶幾三代，其何道以臻此？子大夫茂明之，朕將親覽焉。」得正奏名梁克家以下四百一十二人，第爲五等，賜進士及第、出身、同出身。特奏名黄鵬舉以下五百一十三人，賜同進士出身、同學究出身，登仕郎、將仕郎、上下州文學、諸州助教。以上《中興會要》。

孝宗隆興元年四月十二日，上御射殿引見禮部奏名進士正奏名木待問以下五百三十七人，第爲五等，賜進士及

〔一〕食：原作「日」，據文意改。

第、出身、同出身。

翌日，引見特奏名梅瑛以下二百七十七人，賜同進士出身、同學究出身，登仕郎、將仕郎、上下州文學、諸州助教。

同日，引見武舉進士正奏名孫顯祖以下三十七人，顯祖補保義郎，餘悉補承節郎，減磨勘年有差。材武汪國材降二等，補進義校尉。

乾道二年三月九日，上御集英殿試禮部奏名、特奏名進士，内出制策曰：「朕以不敏，嗣承大寶，循堯之道，于茲五載，寤寐俊秀，始得親策于庭。子大夫裒然待問，必有崇論遠慮，副朕詳延。蓋聞唐虞之世，法度彰，禮樂著，不賞而民勸，畫像而刑措，都俞賡歌，不下堂而天下治，朕甚慕之。今朕夙【11】興昃食，兢兢業業，懼無以協帝華而繩祖武，若涉淵冰，未知攸濟。間者設舉薦之科，下聘召之命，而寔材猶未出也；塞徼幸之門，申奔競之禁〔一〕，而公道猶未行也。廣言路，恢治具，而紀綱未立；擇守令，務寬卹，而民俗未裕。贓墨之刑非不嚴，而未能使人皆君子之行；錢穀之問非不勤，而未能使國有積年之儲。屯田以實塞下，或謂兵不如農；改幣以贍邦用〔二〕，或謂鐵不如楮。豈爲之不得其要歟？抑文勝而弊難革歟？何視古之弗及也。夫内修政事，宣王所以興周；綜核名寔，中宗所以隆漢。考之方策，其施行之迹何如？子大夫通達古今，明於當世之務，凡可以移風易俗，富國（疆）〔彊〕兵者，悉陳無隱，朕將覽焉。」得正奏名蕭國梁以下四百九十四人，第爲五等，賜進士及第出身、同出身。特奏名黄碩以下二百九十五人，賜進士出身、同進士出身、同學究出身，登仕郎、京府助教、上下州文學、諸州助教。

同日，試武舉進士，内出制策曰：「有陣必有名，有名必有數。吳之常山，鄭之魚麗，太公之五行，李靖之六花，即其名可以知其義，即其數可以知其法，固有不待考而明者。至於握機之陣，其制出於黄帝，因丘井之法而開九方，因方隅之位而分奇正，雖後世有天智神略，莫能出其閫閾。今考其問對之辭，所謂數起於五，何以不起於四？數終於八，何以不終於九？四爲正，不知何者爲正？四爲奇，不知何者爲奇？陣間容陣，【12】隊間容隊，所容者何地？散而成八，復而爲一，所別者何形？其後又有論風后八陣者，謂衡抗於外，軸布于内，風雲附其四維，所以備物，虎張翼以進，蛇向敵而蟠，飛龍翔鳥，上下其勢，所以致用，不知又何以分乎？子大夫講此熟矣，其詳（者）〔著〕于篇，朕將親覽焉。」得正奏名蔡必勝以下二十人。必勝補成忠郎，餘悉補承節郎，減磨勘年有差。第二名李可久、第三名林桂與第一人恩例。可久先有官，復進官二等，用龍飛榜恩例也。

〔一〕競：原作「兢」，據《盤洲文集》卷六四改。
〔二〕幣：原作「獘」，據《盤洲文集》卷六四改。

五年三月八日，上御集英殿試禮部奏名、特奏名進士，内出制策曰：「蓋聞虞舜無爲而天下治，周文王則日昃不遑暇食；漢文帝寬厚長者，務以德化民；而宣帝則嚴綜核之政，以法繩下。此四君者，爲道不同，同歸于治，然則勞逸寬猛之宜，亦各因其世耶？朕以菲薄，獲承丕緒，循堯之道，兢業萬機，罔敢逸豫，亦惟治古帝王是訓是式，八年於此矣。而德有所未至，信有所未孚，闕政尚多，虚文尚勝。敦朴以示化，而踰制者尚繁；欽恤以祥刑，而（祇）〔抵〕法者尚衆。嚴入仕之塗，而銓曹猶未清；察長民之官，而循吏猶未著。至於士風之未厚，民俗之未淳，廣儲蓄而食未豐，蠲賦租而人未裕。有勸農之官而田不加闢，任觀風之使而民或告冤。側席幽人而賢才尚遺，伏軾勇士而猛將猶闕。屯田積穀，或以爲兵不如農；擇帥安邊，或以爲文不如武。救弊之術，時措之宜，子大夫之所講聞也〔一〕，其悉心以對，13毋枉執事，朕將親覽焉。」得正奏名鄭僑以下三百九十一人，第爲五等，賜進士及第、出身、同出身。特奏名劉鼎以下二百九十一人，賜同進士出身、同學究出身，登仕郎、將仕郎、上下州文學、諸州助教。

同日，試武舉進士，内出制策曰：「昔唐太宗與其臣李靖講論兵法，至終篇，發最深之問，靖則等而三之：一曰道，謂神武不殺也；二曰天地，謂天時地利也；三曰將法，謂任人利器也。太宗亦以不戰而屈人兵爲上，百戰百勝爲中，深池高壘爲下，要使學者繇下以及中，繇中以及上。其言是矣，然任人利器，深池高壘，此在我者固可以自善其術，至若不殺之武，不戰之功，雖我之本心，然有不可得而自必者。我欲待之以誠信，彼且復我以詐謀；我欲懷之以德義，彼且應我以（疆）〔彊〕暴。若之何其使學者習而進於上乎？太宗身百戰以平禍亂，李靖窮兵沙磧，每出於中下之舉，終莫能踐其上者，豈亦言之易（行）而〔行〕之難乎？抑自治之策，伐謀之兵，精神之折衝，道德之安（疆）〔彊〕，亦有説乎？子大夫儒而談兵者也，其悉以法之最深者，爲朕條陳之，毋略。」得正奏名趙鼐以下二十九人。鼐補保義郎，餘悉補承節郎。特奏名鄭礪進武校尉，吳嘉賓進義校尉，減磨勘年有差。

八年三月十七日，上御集英殿試禮部奏名進士，内出制策曰：「朕丕承大命，司牧兆人，寅畏嚴恭，懼德弗類，是以順考帝王之憲，鋪尋載籍之傳，求其可師，14以濟于治。惟七制之明后〔二〕，若三宗之顯王。固本培基，則有務德之君；振旅治兵，則有雄材之主。習聞其號，亦觀厥成，咸有所偏，未臻於極。若孝文之德，則罪不孥、宮不女，惜露臺之費，除租税之征，可謂仁矣。然而恬芒刃之施，釋斤斧之用，唯尚寬厚，其威不伸。朕以孝文之文也，而能厲之以武，不亦善乎。若孝武之功，則選明將，討不服，匈奴遠遁，

〔一〕所：原作「謂」，據《歷代名臣奏議》卷四九「劉光祖對策」改。
〔二〕后：原作「後」，據《止齋集》卷二九改。

百蠻嚮風，可謂盛矣。然而積屍暴骨，快心胡越，財賄耗而不贍〔一〕，干戈因以日滋。朕以孝武之武也，而能本之以仁，不亦善乎？嗚呼！文者帝王之利器〔二〕，武者文德之輔助也。文之所加者深，則武之所服者大。唐之太宗，實惟兼之。觀其內平禍亂，外除戎狄，安靖黎元〔三〕，各有生業。史氏所以稱其功德兼隆，由漢以來未之有者也。瞻言清風，切所嚮慕。伊欲規其能事，跂其成績〔四〕，何脩何飾而外户不閉，行旅不齎？何取何營而斷獄幾刑措，米斗直三錢歟？家給人足，厥道曷由？仁義功利四者之宜，當安所施？子大夫習先聖之術，通當世之務，合志度義，其知之矣。其明以啓告朕，悉意正論，毋枉執事，朕將親覽焉。」得正奏名黃定以下三百八十九人，第爲五等，賜進士及第、出身、同出身。特奏名陳瑀以下四百八十一人，賜同進士出身、同學究出身，登仕郎、將仕郎、上下州文學、諸州助教。

同日，試武舉進士，內出制策曰：「朕惟在昔修攻戰之具，設守禦之備，常出於國家無事之 15 時。而富國（雖）〔强〕兵之道，率皆取於人事。鋤櫌以當矛戟，簦笠以當甲楯，春鎩夏耨乃其步騎也，田里相伍乃其符信也。凡所以取於民者何其順且便，而教其民者何其簡且易歟！今江淮襄漢榛莽千里，故號沃壤，抑欲推古人已行之事而時措之。留屯萬人，如趙充國之在金城歟，則兵不安於爲農，而或妨於閱習；將兵民雜耕，如諸葛亮之在渭南歟，則兵農不能以相安，而或至於兩廢。何古人行之，功效如此之可必，而今日爲之，如此其難也？豈規畫之未盡，抑奉行之不得其人耶？子大夫爲朕推原其所以然，無略。」得正奏名林宗臣以下三十三人。宗臣賜武舉及第，補保義郎，餘悉賜武舉出身，補承節郎。特奏名呂庭彥補進武校尉，李元老補進義校尉，減磨勘年有差〔五〕。以上《乾道會要》。（以上《永樂大典》卷一〇六四八）

16 寧宗慶元元年五月二十三日，宰執進呈來年臨軒策士，依祖宗典故合權免。上曰：「今以國恤，當俟後舉施行。」余端禮等奏曰：「後舉方爲龍飛牓，却行臨軒之禮。」

同日，詔：「慶元二年禮部奏名進士，可依祖宗故事，更不臨軒策試。」

二年三月二十八日，（閣）〔閤〕門言：「已降指揮，慶元二年禮部奏名進士更不臨軒策試，依故例，（閣）〔閤〕門引見，退赴幕次，祇授勑牒袍笏訖，引門謝，分作兩日引見。先是，一、引見舉人日，依儀於後殿引，係七拜大起居。班

〔一〕「賄」原作「署」，「贍」原作「瞻」，據《止齋集》卷二九改。
〔二〕帝王：原作「王帝」，據《止齋集》卷二九乙。
〔三〕靖：原作「堵」，據《止齋集》卷二九改。
〔四〕跂：原作「跛」，據《止齋集》卷二九改。
〔五〕天頭原批：「『林宗臣』一作『林管』，下同。『三十三人』一作『四十一人』，『保義郎』一作『秉義郎』。『減』字上一本有『各展』二字。」按，此批語所云今見《補編》頁四四四，乃紹熙四年之事，批語顯誤。

首出班致詞，歸位，五拜訖退。一、檢會紹興八年六月引見舉人，係在徽宗皇帝、顯肅皇后服制內，未純吉服。其[17]舉人止令四拜起居，致詞訖再兩拜。一、今來引見舉人，係在孝宗皇帝服制內，未純吉服。依例止令四拜起居，致詞訖再兩拜。一、檢會紹興八年、隆興元年引見舉人，並係射殿坐，不引見、謝、辭。上殿班止三省、密院，奏事畢，移椅子。皇帝臨軒坐見舉人。若係假故日分，令(閣)〔閤〕門官已下祗應諸司官、承旨、修注、管軍、御帶、環衛官行門起居，次三省、密院起居奏事，餘官並免赴。一、舊例引見舉人訖，出殿候有司給散勑牒并袍笏畢，逐甲赴殿門外，謝訖退。一、舊例引見舉人前一日，閤門差舍人一員、承受二人，就浄慈寺習儀，令禮部告報。一、舊例引見舉人，候禮部牒編排到黃甲姓名，閤門取旨引見。」詔爲在孝宗皇帝服制內，權於後殿引見。依例分作兩日，止令上三甲入殿立班，餘門見。並令入出和寧門，經由門户並早一刻開。餘從之。

五月十二日，上御後殿引見禮部奏名進士，正奏名鄒應龍已下五百六人，第爲五等，賜進士及第、出身、同出身。特奏名程維顯已下五百七十八人，賜同進士出身、同學究出身，登仕郎、將仕郎、上下州文學、諸州助教。

同日，引見武舉進士正奏名周虎已下五十九人，虎補秉義郎，林仲虎、游叔昌補保義郎，並賜武舉及第。餘悉武舉出身，補承節郎。特奏名補進武校尉、進義校尉，減磨勘有差。

五年四月十八日，上御集英殿引見禮部奏名進士，得正奏名曾從[18]龍已下四百一十二人，第爲五等，賜進士及第、出身、同出身。特奏名謝藻已下七百八十九人，賜同進士出身、同學究出身，登仕郎、將仕郎、上下州文學、(文)諸〔州〕助教。

同日，試武舉進士，得正奏名陳良彪已下四十五人。良彪、胡應時並補從義郎，李亮補成忠郎，並賜武舉及第。餘悉武舉出身，補承節郎。特奏名補進武校尉，減磨勘有差。

十九日，上御幄殿，引呈武舉人射射。

二十六日，上御幄殿，引呈文士正奏名射射。

二十七日，上御幄殿，引呈文士特奏名射射。

五月七日，上御集英殿，臨軒唱名，賜進士及第。至第一、第二甲畢，進膳。御藥院欲用近例，自三甲已後，只逐甲撥。京鏜等同入劄子，乞遵祖宗故事，逐一宣名。上欣然從之。至再臨軒，鏜等奏曰：「臣等適來僭越陳情，此乃祖宗舊制。孝宗皇帝晚年艱于久坐，只一兩舉權宜如此，自後遂以爲例。陛下一旦復舉舊制，多士在廷，皆得一仰望清光，實爲盛事，臣等與多士不勝榮幸。」上曰：「既是祖宗舊制，豈可輕廢？」同日，詔曾一龍可改名從龍。

十三日，宰執進呈次，京鏜奏曰：「凡是祖宗法度，皆不可輕改。如臣等前日冒昧奏陳第二甲以後進士逐一宣名，蓋自來舊制。陛下從善如流，即賜施行。」上曰：「當日雖覺得汗浹體，亦不以爲勞。」鏜奏曰：「三歲一策士，他日多有爲國家用者。逐一宣名之制，誠不可廢。非特龍飛之初爲然，後舉亦合如此。」謝[19]深甫奏曰：「唐憲宗與宰相論治道，日旰暑甚，汗透御服，宰相求退，憲宗留之曰：『與卿等論治道，殊不知勸。』青史書之，以爲美談。」上曰：「嘗見史册載憲宗此事，深切嘆慕。」

十四日，詔：「正奏名射射，將中垜帖箭依格推恩。特奏名免射射。」從禮部言照紹熙四年例故也。

嘉泰元年五月二十六日，詔：「嘉泰二年禮部奏名進士，可依祖宗故事，更不臨軒策試。」

二年五月十八日，閤門言：「已降指揮，今次省試舉人，更不臨軒策試。」所有正、特奏名進士引見日分，詔用今月二十六日、二十七日引見。

二十六日，上御後殿引見禮部奏名進士，正奏名傅行簡已下四百三十九人，第爲五等，賜進士及第、出身、同出身。特奏名何嶧已下四百九十七人，賜同進士出身、同學究出身，登仕郎、將仕郎、上下州文學、諸州助教。

同日，引見武舉進士，正奏名葉濚已下四十二人，濚補秉義郎，林貫道、繆震補保義郎，並賜武舉及第。餘悉武舉出身，補承節郎，各減磨勘有差。特奏名補進武校尉、進義校尉，減磨勘有差。

開禧元年四月二十六日，上御(青)〔集〕英殿引見禮部奏名進士，得正奏名毛自知已下四百三十三人，第爲五等，賜進士及第、出身。特奏名陳思已下六百一十一人，賜同進士出身、同學究出身，登仕郎、將仕郎、上下州文學、諸州助教。

同日，試武舉進士，得正奏名鄭公侃已下四十六人。公侃補秉義郎，方震、孫應[20]龍補保義郎，並賜武舉及第。餘悉武舉出身，補承節郎。特奏名補進武校尉、進義校尉，各減磨勘有差。

二十七日，上御幄殿，引呈武舉人射射。

六月六日，上御射殿，引呈文士正奏名射射。

七日，上御射殿，引呈文士特奏名射射。

三年八月七日，詔：「大行太皇太后上僊，已降指揮，宮中自服三年之喪。來年係殿試年分，合與不合臨軒，令兩省禮官討論。」既而吏部尚書陸峻等討論國朝典故，哲宗皇帝元祐八年九月三日，宣仁聖烈皇后上僊，以嫡孫承重，嘗有詔實行三年之喪於宮中。次年紹聖元年三月十四日，御集英殿策進士。詔從典故施行。

嘉定元年三月四日，詔毛憲落職放罷，毛自知降第五甲，追還第一名恩例。既而以臣僚言：「恭聞紹興更化之初，首革大廷策士之弊。高宗皇帝嘗曰：『秦塤中甲科，對策皆檜、熺語。朕却之，置在第三，不使與寒士爭先。』既而淮東提舉朱冠卿奏對言：『故相當權，前舉曹冠、秦塤等八人濫竊儒科。』英斷赫然，並行駮放。比者姦臣盜權，破壞祖宗法度，貢舉公選，亦復徇私。前後臣僚奏陳，止及省闈欺弊，未聞廷對可以計取。往歲陛下親策多士，毛自知唱名第一，公論籍籍，皆謂自知本名自得，冒其弟之解，叨預奏名。其父憲時爲都司，與蘇師旦素厚，經營傳出策題，前期策成全篇，憲之筆居多。差爲編排，文字可認，優批分數，遂膺首選。自知無以報師旦[21]私己之恩，親造其門，拜而謝之。都人至爲歌詞譏誚，喧傳衆口。師旦復與爲地，除憲察官，而懷不平者始不敢言矣。方乙丑之春，邊陲清晏，兩淮、荆襄、全蜀之民熙熙如也。自知獻策，以爲天亡此胡，決在此一二年，今不乘其機以定中原，竊恐必有豪傑之士仗大義，據關中，以令天下者。又慮議不堅決，復于終篇言廟堂之勢未尊，臺諫之權未重，意欲鉗天下之口而決用兵之策。不知自知何所見而然耶？自知趨媚時好，以取世資，謀身則善矣，如社稷生靈何！況臨軒策士，今復其時，若不大正紀綱，痛革前弊，則忠言讜論，何自而前？欲望睿斷，先將毛憲(將)〔特〕賜罷出，以爲阿附匪人，欲私其子，忍于欺君之戒。所有自知一名，取自聖裁施行。」故有是命。

六日，禮部太常寺言：「討論御試臨軒皇帝服著等，檢照宣仁聖烈皇后上僊，哲宗皇帝以嫡孫承重，於紹聖元年三月御集英殿策試進士。今來御試，即應得紹聖已行故事。所有御服，緣未純吉，欲乞就見服黃袍、黑鞓、犀帶。」詔依討論施行。

四月三日，臣僚言：「竊觀《貢舉條制》，應牒赴國子監就試者有差，而所牒止于同姓，至於被差考校，凡就試之士法所應避者，同姓則不以服屬爲限。若母妻姊妹之緦麻已上親，皆牒赴別頭所，以防閑人情，杜絶私意。迨省試奏名之後，見任兩省、臺諫、侍從親族，必具名來上，俾于後省覆試，以開寒畯之塗〔一〕，以防權要之[22]弊。奏名之士，陛下親策于廷，訪以治道。去取之意雖盡出於陛下，而有初考、覆考、編排、詳定等官。其子弟親屬預試者，元無避親之法，間或名在前列，往往人得而議之，而彼亦安于無法，不自以爲私。乞自今廷對，當倣後省覆試之制，行下禮部，開具應在朝之官有服親族過省，見今趁赴廷對者，並與免差。庶幾杜絶倖門，昭示公道。」從之。

嘉定元年五月六日，上御集英殿引見禮部奏名、特奏名進士，得正奏名鄭自誠已下四百二十五人，第爲五等，賜進士及第、出身、同出身。特奏名劉巖已下六百四十一人，賜同進士出身、同學究出身，登仕郎、將仕郎，上下州文學、諸州助教。

同日，試武舉進士，得正奏名周師鋭已下四十四人。師鋭補秉義郎，楊熤、周軾補保義郎，並賜武舉及第。餘悉武舉出身，補承節郎。特奏名補進武校尉，減磨勘有差。

七日，上御幄殿，引呈武舉人射射。

六月二十三日，上御射殿，引呈文士正奏名射射。

〔一〕寒：原作「塞」，據文意改。

二十四日，上御射殿，引呈文士特奏名射射。

七月十二日，詔保義郎、勑授全州文學趙汝易特與附五甲末出身。汝易殿試中第二甲第七名，緣犯廟諱嫌名，勑授文學。汝易乞依昨來進士林一鳴、宗子希旦犯廟諱例，比附降甲改正出身，特從其請。

四年五月八日，上御集英殿引見禮部奏名進士，得正奏名趙建大已下四百六十一人，第爲五等，賜進士及第、出身、同 23 出身。特奏名石繼喻已下六百七十九人，賜同進士出身、同學究出〔身〕，登仕郎、將仕郎、上下州文學、諸州助教。

同日，試武舉進士，得正奏名林汝浹已下四十人。汝浹補秉義郎，黄宋祥、王國定補保義郎，並賜武舉及第。餘悉武舉出身，補承節郎。特奏名補進武校尉、進義校尉，減磨勘有差。

九日，上御幄殿，引呈武舉人射射。

六月十三日，上御射殿，引呈文士正奏名射射。

十四日，上御射殿，引呈文士特奏名射射。

七年五月四日，上御集英殿引見禮部奏名、特奏名進士，得正奏名袁甫已下五百四人，第爲五等，賜進士及第、出身、同出〔身〕。特奏名張徹已下六百六十九人，賜同進士出身、同學究出身，登仕郎、將仕郎、上下州文學、諸州助教。

同日，試武舉進士，得正奏名劉必萬已下四十八人。必萬補秉義郎，林景衡、林武子補保義郎，並賜武舉及第。餘悉武舉出身，補承節郎。特奏名補(武)進〔武〕校尉、進義校尉，減磨勘有差。

七日，上御射殿，引呈文士特奏名射射。

二十七日，左諫議大夫鄭昭先言：「仰惟陛下踐祚以來，宵衣旰食，求士如渴，豈不以草茅之論，足以仰(俾)〔裨〕闕失。故歲當大比，涣發明詔，羣四方之士，以八月各試于其鄉。明年，舉鄉貢之士，以二月試之于春官，其中程度者，奏名于朝。陛下欲諮以當世之務，於三月内親策于廷，又于四月唱名于集英殿。朝有定法，士有定志，率皆如期而至。四 24 川之士去闕廷遠，慮其犇趨不逮，其試于鄉則以二月，其試于春官則以八月，先期半年畢此二試，庶可趨赴廷對，此定法也。今蜀士多遲其行，若賈胡之留滯，未免于四月末旬選日以待之。期而不至，又未免于五月上旬選日。進退遲速，惟彼之聽。雖陛下急於求言，不憚爲之遷就，而士子稽滯不進，豈不有幸延待之意乎？若以地遠言之，則嶺表落南之地，有踰三四千里者，窮冬登途，皆能趨赴省試，則蜀士奚獨濡滯如是哉？矧當仲夏，暑氣漸祥，陛下躬御盛服，早晚臨軒，豈臣子之心所安？而四方待試之士雲集京師，行囊有限，又未免有滯留之歎。是可不立爲一定之説乎？乞下禮部，繼自今定就三月或四月擇日，斷不改易，預行告諭，令四川州軍牓示通衢，庶俾士知有定日，不至遲遲，仰副陛下虚己延待之意。」從之。

八年九月二十八日，臣僚言：「國家取士，惟進士得人爲盛。故于三歲大比，每加詳而致意焉。蜀邈在一方，而赴廷對之士則有行役之弊。至于類試仲秋之末，揭牓季秋之杪，夔、利二路，越半月而見牓，故廷對之士，萬里行役，登舟率在窮冬，爲舟人所邀，津務所阻。乞自制置司行下逐州津發，于歲前盡要起離，約束沿江税務即時通放。如此詳盡，而孟夏之朔，舉人尚未入國門者，更不賜對。庶幾臨軒之日，不在盛夏之時，亦革廷對遷延之弊。」從之。

十年四月二十二日，上御集25英殿引見禮部奏名、特奏名進士，得正奏名吳潛已下五百二十三人，第爲五等，賜進士及第、出身、同出身。特奏名陳珏已下六百六十三人，賜同進士出身、同學究出身，登仕郎、將仕郎、上下州文學、諸州助教。

同日，試武舉進士，得正奏名朱嗣宗已下四十五人。嗣宗補秉義郎，華岳、朱同宗補保義郎，並賜武舉及第。餘悉武舉出身，補承節郎。特奏名補進武校尉、進義校尉，減磨勘有差。

二十七日，上御幄殿，引呈武舉人射射。

五月二十二日，上御射殿，引呈文士正奏名射射。

二十三(日)，上御射殿，引呈文士特奏名射射。

十三年五月二日，監察御史徐龜年言：「國家以策取士，蓋古人敷奏言揚之遺意。然知人固難，知人以言尤難。昔唐陸贄有云：『人胡可以一酬一詰而謂盡其能哉。』今羣天下之士而親策之天子之庭，蓋將因其所言以覘其所存，即其胸中之抱負，以觀其異日之施設，豈特應故事而已。臣伏覩高宗皇帝策士大廷，嘗謂宰臣曰：『朕此舉將以求人材爲異時之用〔一〕。若其言鯁亮切直，他日必端方不回之士；其言諛佞委靡，他日必無可用之實也。故朕因此舉崇奬切直，冀士知所尚，習成風俗。』猗歟休哉！此真我朝取士之家法也。比年應對之士，率蹈襲紙上之空言，言之直者不矯則訐，言之泛者非誇則誕，往往揣摩事情，追逐時好，競一日之長，以竊取科第而已，他不暇計也。國家列26聖相承，愛護相材，蓋將以養其心，厲其行，而爲豐芑數世之用。況巖穴窮困之士，庠序淹滯之材，固有抱負所學，久不得徹而上聞者。一旦使之咫尺天顔，鋪陳得失，此誠韋布平昔之素願，是必有以崇奬激昂，使之得以展盡底藴而後可也。乞下臣此章，風厲多士，開不諱之門以來直言，示激勸之意以收實才。其於治道，誠非小補。」從之。

二十七日，上御集英殿引見禮部奏名進士，得正奏名劉渭已下四百七十五人，第爲五等，賜進士及第、出身、同出身。特奏名温若春已下六百四十七人，賜同進士出身、同學究出身，登仕郎、將仕郎、上下州文學、諸州助教。

同日，試武舉進士，得正奏名陳正大已下四十四人。正大補秉義郎，曹燾、戴鷹揚補保義郎，並賜武舉及第。餘武舉出身，補承節郎。特奏名補進武校尉、進義校尉，減磨

〔一〕異：原脱，據後文選舉八之四一補。

勘有差。

六月一日，上御幄殿，引呈武舉人射射。

七月二日，上御射殿，引呈文士正奏名射射。

三日，上御射殿，引呈文士特奏名射射。

嘉（熙）〔定〕十五年八月十六日〔一〕，臣僚言：「竊見國家取士，自太祖開寶六年以三月覆試於講武殿，累聖相承，廷試率以三月。南渡以來，篤念蜀士道理阻修，分類省於成都預試，以便其入對。自紹興至淳熙，廷試皆不出三月。類省得者速裝治行，不敢濡滯，悉于冬至前就道。開禧丁卯，偶類省過期，行色稍緩，廷試展用五月，蓋出異恩。嗣後即習 27 爲故常，至次年正月方啓行。向者士子必四五人共爲一舟，舟檝易辦。數舉以來，或一二人爲一舟，舟人寖成稽緩，水陸萬里，風波險阻，涉歷州縣，關津滯留，勢必至夏，始達行都。數蒙睿旨展期，以俟其集。盛夏炎赫，皇上〔臨〕軒，汗透御服，臣子殊不遑安。嘉定七年、十三年，臣僚屢次申明，而玩弛既久，終未能革，至勤朝廷爲之進類試（試）之期，以圖其速至。今類省將（軍）〔至〕，乞下四川制司，嚴行戒諭，期以冬至前逐路並行起發。舟檝所至，州縣隨即通放，不得苛留。所有廷試日分，遵照祖宗舊制，於三月内選擇，更不展期。庶使四方之士雲集，奉對皆適其時，以副朝家作成之意。」從之。

九月十九日，臣僚言：「恭惟國家重士，三歲大比，解試以八月，省試以二月，皆有一定不易之日。獨是廷對唱名，臨期取旨，每舉不同。臣向叨甲辰末第，省試猶是正月十五日引頭場，三月二十三日殿試，四月十一日唱名。淳熙己酉，臣僚奏請省闈引試展就二月一日。若以廷試常在省榜已揭一月之後，則四月間擇日殿試，自不相妨。累舉以來，殿試最遲亦不過五月初旬末旬〔二〕，而唱名至六月十五日，特庚辰年爲然，前此未之見也。陛下樂于待士，當暑臨軒〔三〕，初無倦色，而羣臣侍立，踧踖不安。況在廷之士，露立終日，炎赫所迫，間有委頓者，甚非所以肅堂陛之分也。臣契勘庚辰年殿試，緣蜀道多梗，恐赴廷對者來未齊足，所以 28 屢至展日。續據劍南節推任一鳴申請，以潼川、夔、利路至成都頗遥，欲進十日，用八月十五日類試，特俞其請。則來赴大對，比之常年，又可先期十日治行，豈不甚便。臣採之輿論，以蜀士遲遲而來，蓋自有説。在法凡赴廷對，許量帶税物隨行，以助旅費。向也一舟五六人共之，行計易辦。後來人各一舟，貨物未足，卒難起離，遂成濡滯。夫不汲汲於功名，而孳孳於財利，則是未入仕已喪所守矣〔四〕。欲望聖慈令四川制司行下諸路州軍，今歲類試既進十日，來年士人並要三月初到闕，如循習滯留，止將

〔一〕天頭原批：「嘉熙止四年，疑『嘉定』。」本卷前條亦爲嘉定，因改。
〔二〕初旬末旬：按前云「最遲」，則時間不應兩見。另據本卷前載嘉定十三年殿試爲五月二十七日，正爲末旬，則「初旬」二字當屬衍文。
〔三〕暑：原作「署」，據文意改。
〔四〕未：原無，據文意補。

已到蜀士收試，更不再展。庶幾臚唱之日，未至劇暑，朝儀整肅，以副臨軒策士之意。」從之。

十六年四月十九日，上御集英殿引見禮部奏名、特奏名進士，得正奏名蔣重珍已下五百四十九人，第爲五等，賜進士及第出身、同出身。特奏名李大同已下六百七十九人，賜同進士出身、同學究出身，登仕郎、將仕郎、上下州文學、諸州助教。

同日，試武舉進士，得正奏名杜幼節已下五十八人。幼節補秉義郎，陳夢靁、程一飛補保義郎，並賜武〔舉〕及第。餘悉賜武舉出身，補承節郎。特奏名補進武校尉、進義校尉，減磨勘有差。

二十三日，上御幄殿，引呈武舉人射射。

五月二十六日〔一〕，上御射殿，引呈文士正奏名射射。

二十七日，上御射殿，引呈文士特奏名射射。

十六年四月二十七日，臣僚言：「至和間，富弼奏請一 29 舉三十年推恩之法，欲使久困場屋者差足自慰〔二〕，景迫桑榆者聊以自娛。至今行之，恩至渥矣。爲士者要當上體聖恩，安于命義可也。比年以來特科，富室之士，不顧三尺，行險僥倖，百計經營，預爲道地，厚賂御藥院人，於廷試之後，密寫卷頭一二百字，令其收執，俟考試畢，比對真卷，或在五等，攙入四等，此冒易姓名之弊。臨軒試射，又將程其中否，以示陞出。天威咫尺，敢肆欺罔。前期厚賂唱箭撒箭人，以不中帖之矢入于中帖之數〔三〕，于是五等濫陞四等，此冒易帖箭之弊。遂使多資庸繆之徒得側仕版，而學古老成之士終厄窮途。乞下臣此章，明諭詳定編排官，自第一等至第五等，並大字朱書于奉試御策之下。唱第之後，將前四等真卷發下禮部，委自長貳，就御史臺公共點對，或有僞冒，重作施行，庶革冒易姓名之弊。仍差清（彊）〔彊〕官監視中否之箭，重立賞罰，禁戢喝箭撒箭受賂之人。苟有犯者，士人押歸本貫聽讀。其過財受財之〔人〕，並送所司根究，重作施行，可絶帖箭之弊。」從之。

四月二十七日，臣僚言：「竊惟國家取士之制，臨軒親策，禮遇優渥。至於場屋困躓之人，又有特科，以示兼收不遺之意，上恩大矣。臣聞之衆言，以爲間有多貲夤緣請託，名在五等，易寘于前，僥倖一官。前舉有嚴州特科進士進狀，訴印榜名在第四等，乞改正，紛紜不已。雖其說不足信，而物論藉藉，謂每舉有此。臣伏思事關 30 御藥院，主持有官，恐未必然。第將以釋寒士之疑，則莫若加之申嚴區處。至於特科射射，亦有代名而進。前舉第五等射射多補官者，人愈議之。惟至尊天臨之地，事體至重，豈容果爾。寧信之而無，萬一有之，關繫不細。乞令詳定編排所同御藥院長官相度，將特奏名真草卷嚴密措置，毋致胥吏

〔一〕天頭原批：「『五月二十六日』、『二十七日』兩條，移後『幸從』下。」
〔二〕者：原無，據文意補。參下句。
〔三〕以不：原倒，據文意乙。

移易，併下禮部，明示以闌入之令，將特奏名射射人，每士人三姓結保，有犯則保内同罪。其正奏、特奏名對御射弓人，並令書鋪認識給號，于宮殿皇城門各置簿出入，親書鄉貫。將來射射，比對省殿試卷子，字跡稍異，與行根究。庶革僞濫，以厚士習，實有文藝者之幸。」從〔之〕〔一〕。（以上《永樂大典》卷一三二四五）

親試雜録

31 真宗景德二年三月九日，賜輔臣酒果，翰林學士等宴於本院，館閣官宴於祕閣，以御試考較之勞也。自是遂爲定制。

天禧四年六月十八日，詔：「今後御試舉人，前殿不視事，放起居。」

仁宗天聖五年三月十八日，詔：「崇政殿引試舉人，不得將帶文字書册入殿門。《韻略》官中至日給散。」

二十四日，閤門言：「今日放舉人，緣並在内門外，欲告報貢院點檢姓名，放入謻門外祗候〔二〕。」詔令只引進士崇政殿門外祗候。

八年三月十三日，詔試舉人，應文武臣僚、三班使臣、幕職州縣官等見、謝、辭并正衙，宜令閤門、32 御史臺並權放，候至十九日即却依舊。

七月二十三日，詔：「今月二十五日御試應制科人，當日是大忌前一日假，後殿公事更不引。」

九年五月六日，詔：「今月九日，崇政殿御試應書判拔萃科并武舉人等七人，仰(閣)〔閤〕門告示兩制并三館、祕(閤)〔閣〕直館、校理等，至日於崇政殿門外祗候。」

景祐元年二月四日，中書門下言：「今後殿試舉人，差初、覆考、詳定官，並委中書選擇有文學官充，仍與限十日，精審考校。」詔依。

十一日，詔：「後殿試舉人畢，皇帝還内，考校舉人試卷未了，崇政殿後門令入内内(使)〔侍〕省差使臣嚴切監守，仍令近上内臣提舉。其崇政殿、延和殿例依呈引公事，乘輿歸内，並依常式。」

三月十四日，詔：「御試進士、諸科舉人，宜令閤門告示兩制并三館、祕閣校理，並仰至日於崇政殿門外祗候。」

二十三日，天章閣待制張宗象、殿中侍御史龐籍言：「御前續試特奏名進士、諸科人等送到卷子，依例封彌，送逐處考校。伏緣上件舉人並是南省考落人數，聖慈念其老於科場，特推恩澤。其藝業多無所取，不消覆加考校。欲乞分作等第，委自中書，據其等第及年幾、舉數取旨。」詔令宗象、籍編排。

二十五日，詔爲放舉人，令宗室允寧以下并駙馬都尉

〔一〕天頭原批：「『幸從』下接五月二十六、七兩條。」

〔二〕謻：原作「栘」，不成字，按字形當作「謻」。《石林燕語》卷一：「東華門直北有東向門，西與内東門相直，俗謂之謻門，而無牓。」據改。

赴崇政殿祇應。

三月十六日〔一〕，詔：「御試進士三題，據出處義理，令御藥院隨題目雕印，至日各賜一紙，更不令解元上請。」

六月二十六日，臣僚言，乞33今後御試舉人就集英殿，及乞條貫封彌、謄録、編排卷子，并減覆考諸科舉人。詔減覆考不行，餘從之。

四年三月七日，御藥院言：「内降丁度奏《貢舉條制》，御試舉人就集英殿考校。位次、關防事件，並須改易。」詔仍舊崇政殿試。

五年四月十六日，知制誥李淑言：「昨充崇政殿試詳定官，竊見考試條貫，元是貢院編次，頗有未備之處。又緣旋差到官不悉前後體例，以至元有拘執，頻煩聖聽。又初、覆考定等之際，多不照會，相去頗遠。詳定官既不别定等，只是斟量就一，或未適中。朝廷擇士授官，所繫至重，欲望下御藥院取索應該條貫，於昨來祇奉御試官内，委經歷編次之人參詳，添修條制，或併考官一處考定。别置點檢官三五人，令先點檢，然後考校，亦恐却得精審。所冀立制經久，上副求人之意。」詔可。

慶曆六年三月二十四日，詔：「爲放舉人畢，依宴後一日例放歇泊假一日，前後殿不座，永爲定式。」

皇祐元年三月九日，翰林學士趙槩等言：「差權知貢舉，今已考校畢，乞依前次科場例，免正衙。」從之。應昨充貢院考試官等，仍令御試及放榜日殿門祇候。

十九日，閤門言：「放舉人日，曾宣皇親并管軍臣僚、使相、節度使已下至刺史。」詔特宣正任刺史已上。

嘉祐四年三月五日，天章閣待制錢象先等言：「昨赴資(喜)〔善〕堂，出明經諸科義題，義由已畢，見祇候崇政殿放榜。竊聞南省小試官並許入殿門34祇候，伏乞依例。」從之。

十三日，光禄卿、直祕閣趙良規等言〔二〕，伏聞崇政殿放榜，竊知舊例，並預召觀。詔令宣入。

二十五日，翰林學士胡宿等言〔三〕：「自來南省點檢進士試卷、諸科出義考試官等，御試日赴殿前起居，并放榜日殿前立班。近年却只在殿門外祇候，欲乞依舊例。」取到《(閣)〔閤〕門儀制》，知舉官等御試日並於崇政殿門外祇候，如奉宣即入。候放榜畢，承受於殿門外報知舉官，入赴告謝。勘會近例，内知舉官候放榜日宣入殿起居，祇候告謝，貢院考試官等於御試及放榜日殿門祇候。詔宣令閤門每遇宣知舉官，其南省點檢試卷、諸科出義考試官等，並令同入。

六年四月十二日，權御史中丞王疇言：「伏以殿庭親試，所切者漏露之禁。切見放榜日，聖駕未座，而殿後考

〔一〕按，此條月日已查不誤，但當移前。
〔二〕閤：原作「書」，據《長編》卷一八九改。
〔三〕胡：原作「明」，據《長編》卷一八九改。

校、詳定官乃有輒至殿門者。蓋因祇候起居立班之際，遂得出與外人相見，誦念舉人程試，豈不漏洩？雖近去唱第數刻之間，尤當慎密。緣素無條制，理合關防。欲乞今後放牓日，殿後臣僚不得輒至殿屏外，俟駕座方得下殿立班起居。如違，許（閣）〔閤〕門彈奏。」從之。以上《國朝會要》。

神宗熙寧三年正月二十八日，詔：「將來於崇政殿御試舉人，考校臣僚并諸司幕次，依今來御藥院圖子貼定去處。應合行事件，令本院檢舉施行。」

三月五日，詔中書門下，令別定御試舉人封彌式樣，送御藥院。仍本院謄録兩本，分送初、覆考官。

七日，（閣）〔閤〕門言：「自 35 來假日，崇政殿視事，帶御器械先延和殿起居。今來集英殿御試舉人，起居祇應次第，依假日例，其帶御器械欲令於需雲殿先起居。其軍頭司祇應軍員，緣別無公事引呈，欲令更不入。」從之。

十八日，詔御試詳定所：如今來初、覆考官考到試卷內等第相遠者，更酌中別立等第。

十二月十四日，編修（閣）〔閤〕門儀制例册所奏：「諸發解、考試、對讀官等並門辭入見，殿試官更不見，只隨班起居。今參詳除知舉官門辭入見外，其封彌、發解、考試、對讀等官，只門賜敕，不門辭，只門見，殿試官更不見，只隨班起居，欲乞修入儀制。」從之。

六年三月十一日，中書言：「御藥院誤以義由散《通禮》張箕等五人作義題〔一〕，欲別試箕等於中書。」從之，令御藥院具析以聞〔二〕。

九年三月二十四日，詔：「自今南省第一甲十人以上，放牓日第四甲唱名未到者〔三〕，取旨。」

二十六日，詔：「殿試進士初考官翰林學士陳繹、集賢校理孫洙、王存、崇文院校書練亨甫、范鏜、審官東院主簿陸佃各罰銅二十斤，覆考官翰林學士楊繪、龍圖閣直學士宋敏求、同修起居（汪）〔注〕錢藻、祕閣校理陳睦、崇政殿説書沈季長、檢正中書刑房公事王震各罰銅十斤。」並坐考校第一甲進士不精也。

元豐五年三月二十七日，詔御試所考官蘇頌等六人，覆考官安燾等六人，詳定官蒲宗孟等三人，各罰銅三十斤。頌等考黄裳（等）〔第〕下等，上親擢爲第一，故罰之。 36 《文獻通考》：元豐五年，先是帝見黄裳所爲文，愛之，至是禮部奏進士有裳名，及進士讀試策，在前列者皆不稱旨，命求裳名，至末甲始見，乃擢爲第一。考官以高下失寔贖金。

八年四月六日，詔：「再試進士及諸科武舉人，罷今年御試。內應直赴殿試者，以前舉者等第名次編排在今來正奏名之下；不曾赴省試者，即與正奏名進士同塲別號試策一道。」先以貢院大試卷三分收不及一，故再試。以上在亮陰，罷御試。

哲宗元祐三年二月十六日，詔殿試經義、辭賦舉人並

〔一〕「由」原作「田」，又「通禮」下原有「義」字，據《長編》卷二四三改刪。
〔二〕析：原作「指」，據《長編》卷二四三改。
〔三〕「日」下，《長編》卷二七三有「至」字，當是。

試策一道。從監察御史趙挺之請也。

三月二日，三省言：「奉旨，集英殿御試舉人，欲依天聖故事，皇帝御崇政殿試舉人。」

二十二日，太皇太后、皇帝御延和殿垂簾，宰臣以下進呈文卷，皇帝御崇政殿，唱名放牓，賜公服靴笏訖，次班於延和殿，謝太皇太后。詔：「舊例，崇政殿試舉人，景福殿考覆，自熙寧後移於集英殿。可依已降指揮，就集英殿試。其殿試進呈文卷，唱名放榜，並皇帝御殿，候賜公服靴笏謝恩訖，移班赴内東門，謝太皇太后。」

四年八月二十二日，詔：「自今考校特奏名舉人，進士入第四等中以上，諸科入第三等以上，各不得過就試人數之半。」

六年三月二十六日，太皇太后宣諭曰：「今歲御試，考校定後兩日方唱名，於内中火禁非便。其令自今候見考試次第，旋定唱名日。」

八年三月二十三日，中書省言：「進士御試答策，多係在外準備之文，工拙不甚相遠，難于考校。祖宗舊制，御試進士詩、賦、論三題，施行久遠，前後得人不少。況今朝【37】廷見行文字，多係聲律對偶，非學問該洽不能成章。若不復行祖宗三題舊法[一]，則學者未知朝廷所尚[二]。檢會已降指揮，將來一次科場，如有未習詩賦舉人，許依舊法取應，解發合格人不得過解額三分之一，以後並兼試詩賦。取到國子監狀，太學見管生員二千一百七十五人，内二千九十三人習詩賦，八十二人經義[三]，不兼詩賦。以此可見，中外學者習試詩賦人數極多。」詔來年御試，將詩賦舉人復試三題，經義舉人且令試策，此後全試三題。其雜犯舉人，未得黜落，别作一項聞奏。

紹聖元年二月二十三日，禮部言立御試三題條并約束。從之。

二十六日，三省言：「今來南省下第舉人，進士七舉、諸科八舉，曾經御試，〔進士〕九舉、諸科十舉，曾經省試，並年四十以上；進士六舉、諸科七舉，曾經省試，並年五十以上；内河北、河東、陝西舉人，於逐項舉數内特與各減一舉。曾經嘉祐八年以前到省進士，前後實得兩解，諸科實得三解；及嘉祐八年以前到省進士，并免解共及兩舉，（諸科共及兩舉）諸科共及三舉，勿限年。欲令禮部貢院審會，並特與奏名，許就殿試，及關御藥院依例施行。」

三月六日，詔今次御試舉人依舊試策。

十四日，詔：「南省下第舉人，已曾經嘉祐八年以前到省，進士前後實得兩解，諸科實得三解，更不限年，並特與就殿試。仍進士第四等以上，諸科第一等以上，各不得過就試人數十分之【38】三。曾經嘉祐八年以前到省進士，并

[一] 題：原脱，據《長編》卷四八二補。
[二] 尚：原作「向」，據《長編》卷四八二改。
[三] 八十二：原作「八十三」，據《長編》卷四八二改。

免解共及兩舉，諸科共及三舉，更不限年，亦許就殿試。仍進士只以第四等以下，諸科只以第三（第）等以下爲等第，關御藥院依例施行。」

十七日，中書省言：「諸科初考所奏，元祐八年四月敕復置通禮科，御試墨義五道、本經義三道。又五路通禮科經義委初考所，《刑統》義、《通禮》墨義委諸科初考所兼管，其書鑿等第、行遣約束，並依進士試卷法。今欲申明，將五路通禮科墨義只依舊諸科墨義，以通粗考校〔一〕。」從之。

三年八月十一日，禮部言：「舉人御試而懷挾、代筆、傳義者，並取旨送所屬，其罪賞並依省試貢舉法。」從之。

徽宗大觀三年三月七日，御筆：「貢士興於鄉，而科舉較一日之藝，則貢士當冠科舉。比覽貢士已試程文，未足以魁多士。可令詳定所以貢院所奏中選試卷，與（庭）〔廷〕試人參較，取最優者一名爲殿試之首。若所取非貢士，則貢士次之。」

四年八月十三日，詔：「策士于庭，諏以世務，深惟神考盛德美意，所宜遵承，以詔萬世。比閱學制，貢士入上等者，引見釋褐，止以有司參校而不復策試于庭，豈神考之志哉？自今入上等者，與中等並留太學，以俟殿試。其上等人，遇唱名取旨。於已降學制内增入。」

十九日，詔：「宗子陞補上舍，係比舊日宗室應舉之人得解。其赴貢士舉試，係比省試。今不經殿試，便分三等命官。緣熙寧未有此法，可依貢士已降指揮 39 ，並留候殿試。其上、中等人，遇唱名日取旨。」

政和五年三月二十三日，詔：「集英殿唱名人内，褚永爲不對所問，其言狂妄，押出，令開封府押歸本貫。仍下學事司〔二〕，具師儒官職位、姓名聞奏，取旨責降，并所試乖謬程文送國子監曉示行下。」

八年三月十一日，詔十六日嘉王楷令赴集英殿試，仍給食，就東廊排設幕次什物。

二十五日，詔（王）嘉〔王〕楷依貢士唱名、賜敕、謝恩。

二十六日，上御集英殿唱名，詔嘉王楷有司考在第一，不欲令魁多士，以第二人王昂爲牓首。

宣和六年四月十一日，手詔獎諭周武仲：「朕承祖宗之宏規，招賢能於數路，取士以制，親策于庭，蓋將酌士論，來讜言，以廣九重之聽。倚在選掄，副兹虚竚。爾實主文衡，差次精密，凡預鼎科之目，悉皆魁選之英。臚唱初傳，輿情共契。舉善以善，固宜從類之求；惟賢知賢，斯有不遠之則。惟予以懌，時乃之休。」以上《續國朝會要》。

高宗建炎二年九月十日，宰臣黄潛善奏曰：「昨日唱名至申時，聖體良勞。」上曰：「昨日歸内，觀書良久方憩。朕以艱難中，四方之士來會行在，策以時務，高等多得遠方之士，朕意甚喜，不覺勞也。」

〔一〕通粗：原作「通祖」，據文意改。

〔二〕學事司：原作「學士司」，據文意改。

同日，上宣諭宰執曰：「御藥院嘗奏，殿試上十名，例先納卷子，御前定高下。朕謂取士當務至公，既有初、覆考、詳定官，自足憑信，豈宜以朕一人之意，更有陞降？已處分，今次勿先進卷子。」

紹興二年三月十六日，御藥院言：40「自來御試進士，引試、唱名並作兩日，第一日正奏名并應舉宗子等，第二日特奏名并武舉取應宗子。昨揚州御試，緣特奏名并舉人數不多，共作一日引試唱名。今來未審合作幾日？」詔並依揚州例。

二十六日，權禮部侍郎趙子畫言〔一〕：「御試正奏名其取會不圓之人，先次就試，不給唱名號。內有試在上三人或高甲，合殿前祇授恩命，別有曲謝。欲乞權給號唱名，其敕牒候取索圓備給付。」從之。紹興五年九月九日，詔試在第一甲人，先給敕。二十七年三月八日、三十年三月九日，詔第一甲上三人先給敕。

二十九日，詔：「特奏名進士如試在第五等人，特依揚州例補下州文學。」

四月一日，進呈殿試陞降冊，因奏有犯御名及文理紕繆者，上曰：「犯御名格當扶出，然使文理可采，亦可惜。至於紕繆，乃不當復收。」宰臣呂頤浩等曰：「聖度如此，真得取士之體，後當守以爲法。」

五日，唱名，殿試進士有犯廟諱者，上曰：「犯宗廟諱當依格降等。」至犯御名者，上曰：「此雖格法，朕豈以己名妨士人進取耶？」特命收寘本等。

十七日，進呈新第正奏名助教，乞依特奏名例推恩。上曰：「初降旨令考官以鯁正爲上〔二〕，諛佞居下〔三〕，此以示朕好惡。凡士人當自初進便須別其忠佞，庶可冀其有立。如張九成對策，上自朕躬，下逮百執，言之無所迴避，擢在首選，其誰曰不然。然而舉子遠來，朕悉務優容，命助教九人者，並依特奏名41例推恩。」

閏四月一日，上宣諭宰輔曰：「廷試舉人，以（綆）〔鯁〕直者爲上，諛佞者降之，朕此舉將以作成人材，爲異時之用。若其言鯁亮切直，他日必端方不回之士；其言諛佞委靡，他日必無可用之實。故朕因此舉崇獎直言，冀士知朝廷所尚，習成風俗。崇寧已來，宰相惡人敢言，當時士氣不作，流弊至今，不可不革也。」

五年六月九日，中書舍人劉大中言：「前舉登第注官之人，有紕繆尤甚之日〔四〕，四方傳笑。願詔有司，精加考校，勿尚浮虛，勿諱切直。其文不乖於理，其言有補於治亂，則以充選，庶幾所得皆可用之實材。乞前期牓諭。」從之。

八月九日，翰林學士、知制誥孫近言：「祖宗廷試進士，差官初考、覆考、詳定，蓋欲參用衆見，以求寔材。初考

〔一〕畫：原作「書」，據《建炎要録》卷五〇改。
〔二〕鯁：原作「綆」，據《宋史全文》卷一八上改。
〔三〕諛：原作「謏」，據《宋史全文》卷一八上改。
〔四〕日：似當作「目」。

既定等第，乃加封印，以送覆考，復定等第。而詳定所或從初考，或從覆考，不許別自立等。至嘉祐間，因王安石充詳定官，始乞不用初、覆考兩處等第，別自立等，至今循襲爲法。如此則高下升黜，盡出於詳定官，而初考、覆考殆爲虛設。欲望復用祖宗舊制，如初、覆考皆未當，即具失當因依奏稟，方許別立等第。」從之。右諫議大夫趙霈言：「《崇寧御試貢舉令》，自有『隔二等累及五人，許奏』之文。臣近充詳定官，以試卷與初、覆考等第不同者聞奏，奉御寶令編排所定奪。是使編排官得以兼詳定之職，非特廢法，恐自此遂爲定例。乞（令）〔今〕後隔二等累及五人，各開具集號，某説可取合 42 陞某等，某説非是合降某等，許依令奏聞，免令復加定奪。」從之。

二十四日，御藥院言，進士祝公達妄稱該免解，赴試過省。詔特免駁放，候唱名降等推恩。

九月四日，詔唱名應不給敕人，依例並賜袍笏。

同日，特奏名進士呂衍等狀：「祖宗優卹五路人，唱名乞特賜陞等。」從之。七年二月九日，詔王巖叟等三十四人，八年五月二十九日，詔李斐彝等各並陞一等。

六年十二月十五日，詔：「川、陝進士合預殿試人，發赴行在，仍破五人衙官驛券，經由州縣，依條施行。」

七年八月二十五日，詔：「來年禮部奏名進士，可依祖宗故事，更不臨軒策試。」時上居諒闇，有司檢照典故，預行申請，故有是命。

十二年三月十四日，御藥院言：「在京御試舉人，引試、唱名並作兩日，建炎二年以後三舉，赴試人數不多，各作一日。將來御試，欲作一日引試，兩日唱名。」從之。

四月十三日，詔：「唱正奏名進士進卷内『陞一甲』字下可添入『末』字，其『降一甲』字下亦合添入『首』字，餘舉人陞降依此以爲定法。」

十八日，詔：「張弼於唱名唐突，又進狀告論有司。爲係舉子，不欲付於理，令臨安府差人押歸本貫收管，日後更不得奏名。」

十一月二十五日，詔：「特奏名不該出官人，與免納敕牒，許赴十五年再試。」

十五年三月二十三日，上宣諭宰輔曰：「廷試策題，亦欲使士人初入仕途，皆知趍向之正。」秦檜曰：「士人趍向不正久矣，亦風俗使然，正在陛下力與變革。」上曰：「朕觀五十年前人材，皆是仁宗時涵養所 43 致，以此知人材正在作成也〔一〕。」

四月三日，詔：「太學博士楊邦弼，御試進士對讀試卷有所脱漏，罰銅十斤。」

二十六年十一月五日，詔：「今後内外臣僚不得輒以子弟親戚陳乞特赴殿試。」

二十七年二月二十八日，宰執奏事，上曰：「蜀中舉人，前此有赴殿試不及者，皆賜同進士出身。恐其間有俊秀能取高第之人，例皆置之下列，甚可惜也。今次若來者尚少，宜相度展日少待。」

〔一〕此知人材：原無，據《建炎要録》卷一五三補。

三月十四日，御筆宣示殿試官曰：「對策(有中)〔中有〕指陳時事鯁亮切直者，並寘上列，無失忠讜，無尚諂諛，用稱朕取士之意。」

十六日，上宣諭宰臣曰：「今次策士，考校官編排處極詳密。內有犯諱、雜犯之人，亦令且與考校。并戒勵有司，抑諂諛，進忠亮，蓋以臨軒策士，正欲聞切直之言也。」

十八日，上宣諭宰臣曰：「今次殿試，舉人程文議論純正，仍多切直，自此人才極有可用。」

二十四日，宰執奏事，宰臣沈該等曰：「兩日唱名，上勞聖躬。」上曰：「今次魁選，文武皆得人。朕樂於得士，雖臨軒終日，不覺倦也。」

三十二年五月九日，詔：「來年禮部奏名進士，可依祖宗故事，更不臨軒策試。」時以欽宗喪，故有是命。以上《中興會要》。

紹興三十二年孝宗即位未改元。六月二十三日，詔：「紹興三十三年禮部奏名進士，依祖宗故事，更不臨軒策試。」

乾道二年三月九日，有司言唱名日取會未圓人，三名前權與給敕。上問輔臣三名以後人，洪适等奏：「以後人圓備[44]方給。」從之。

十日，上御幄殿，引呈武舉人射。

十六日，御藥院言正奏名「寧遠嘉」字號試卷犯不考式，洪适等奏，寫御題外僅及二百字。上曰：「此必假筆。朕欲先拆見姓名，取省試卷比較，使見情跡。卿等一面取開。」适等奉詔進〔一〕，翌日呈拆見姓名，乃宗子忠訓郎伯山，爲鎖試兩獲文解，昨遇覃恩，特免省。适等乞與換授文(質)〔資〕，帶右字，以文不合格，法當不考，罷之。

四年七月十四日，禮部言：「太學(士)〔上〕舍生楊應紹興三十一年陞補下等上舍，至紹興三十二年用上舍恩例免解，隆興元年到省試下，乾道二年合該免省赴殿試，以(下)〔丁〕憂不赴。今合還赴乾道五年殿試。乞比類赦文，計理龍飛恩例。」詔候將來殿試，許收使。

五年三月七日，詔：「四川正奏名進士李延上、馮直臣、文伯振權赴殿試。候畢日，各令陳乞改正户貫施行。」延上等各用西北户貫，有司引紹興二十六年併東南户貫指揮，謂不應法。試日既迫，以其狀聞，而有是命。仍(不)〔下〕逐路漕司，將似此西北之人改正。

十一日，上御幄殿，引呈武舉人射。

二十九日，御試主管文字使臣劉伯适言：「今月二十日、二十一日兩日，不赴唱名舉人正奏名第二甲第二十人楊子方等計六人，並爲患不赴。」詔令尚書省將子方等六人敕降付禮部，候逐人痊安，各召保官二員，當官給付。

八年三月十三日，詔四川正奏名進士雍大榮令殿試。大榮遺失赴殿試公[45]據，以券曆爲驗，及召保識四人。禮部以聞，許之。

十八日，上御幄殿，引呈武舉人射。

〔一〕進：似當移於下句「呈」字上。

四月一日，詔蜀州正奏名進士趙甲等六人，並與依格例陞名。以甲等援太上皇帝潛藩例自言也。

二(月)〔日〕，御藥院言：「契勘御試舉人内有應舉宗子漏寫限一千字以上，雜犯不考，自紹興二年以後，未有此例。檢爲紹興二十四年趙不同係應舉宗子[一]，合陞一甲，爲犯懷挾合降一甲，得旨(此)〔比〕折，更不陞降。今欲依趙不同例比折，更不陞降。」從之。

十月八日，詔：「自今御試唱名，第一日唱文舉正奏名、應舉鎖應宗子、武舉正奏名，第二日唱文舉特奏名、取應宗子、武舉特奏名。」以上《乾道會要》。（以上《永樂大典》卷一〇六四八）

[一] 檢爲：似當作「檢會」。

宋會要輯稿　選舉九

賜及第〔一〕

■1 太宗雍熙二年正月，詔：「著作佐郎樂史先賜進士及第，宜附太平興國五年第一甲進士之下。」

淳化三年三月，賜太常寺奉禮郎楊億進士及第。億時年十一，讀書祕閣，因擬《文選·兩京賦》作東、西京賦二道以進。太宗覽而嘉之，詔學士院試《舒州進甘露頌》，即時而就，帝益賞其俊才，故有是命。

至道元年四月十四日，詔布衣潘閬對，賜進士及第，試國子四門助教。閬賣藥京師，好交結貴近。有言其能詩者，因召見，而有是命。未幾追還詔書。

真宗咸平二年正月十二日，賜隰州進士楊尹本科及第，仍附春榜。尹上疏言邊防事，召試舍人院，中等〔二〕，命之。

四年九月五日，賜太子中舍張宗誨進士及第。宗誨，兵部尚書齊賢之子，獻《屯田論》三篇，命試舍人院，有是命。

景德■2二年三月九日，虞部員外郎、知鄭州王矩上書自薦，求賜科名。帝以其自燕薊歸化，歷官清白，勤於詞學，特賜進士及第〔三〕，仍附新榜。

大中祥符三年八月十八日，賜大理評事蘇耆進士及第，仍附新榜〔四〕。耆，禮部侍郎易簡之子，獻文，召試，而有是命。

五年正月十三日，賜太理評事舒昭遠進士及第。昭遠因對自陳，命試于中書，帝以辭旨爲優，賜第，仍還寺丞。

五月四日，賜進士范木及第。祀汾陰歲，獻文，召試而命之。

八月十六日，賜虞部員外郎賈守正進士及第。守正，禮部侍郎黄中之子，獻文，召試，命之。

六年十一月一日，賜大理評事李昭迥進士及第。昭迥，故相昉之孫，獻文求賜，故命之。

天禧元年四月十四日，賜進士楊偉及第。是歲大禮，獻賦頌者甚衆。詔近臣詳考，偉等詞藝可采，故召試學士院而命之。

二年九月十四日，賜太常寺奉禮郎錢曖進士及第。曖，翰林學士惟演之子，獻《醴泉賦》，召試命之。

三年九月十二日，賜大理寺丞王質進士及第。質，故相旦之姪，獻文，召試命之。

仁宗天聖五年八月十四日，賜衛尉寺丞趙良規進士及第。以上乾元節祝聖壽古賦，召試學士院，中等〔五〕，命之。

九月十二日，賜大理寺丞公孫覺、王舉善進士及第。覺等召試學士院，覺策稍優，頌〔六〕，舉善策優，論稍優〔七〕。

六年五月二十五日，賜光禄寺丞、集賢校理李淑進士及第。時淑預修國史，同修史官劉筠等列奏淑夙■3負詞學，時稱雋敏，召試學士院，頌甚優，而有是命。

〔一〕此題之前，原整理者開列本卷子目，與全書體例不協，今不取。
〔二〕等：原作「第」，據《補編》頁四五六改。
〔三〕士：原作「人」，據《補編》頁四五六改。
〔四〕仍附新榜：原脱，據《補編》頁四五六補。
〔五〕等：原作「第」，據《補編》頁四五七改。
〔六〕「頌」下疑脱「優」之類字。
〔七〕稍優：原脱，據《補編》頁四五七補。

八年五月二日，賜將作監主簿唐詢進士及第、王田同進士及第。詢、田召試學士院，中等〔一〕，命之。

十年三月二十六日，賜太常寺奉禮郎、館閣對讀書籍盛申甫進士及第〔二〕。申甫，翰林學士度之子，表求試，命舍人院考較，賦稍優，詩稍堪，特獎之。　以上《國朝會要》。

神宗熙寧元年八月七日，賜茂材異等科王安國進士及第。先是，上旨以安國翰林學士安石之弟〔三〕，安國素有行義學術，爲士推尚。近閱所著序言，文辭優贍，理道該明，可令舍人院召試策論。以所試中優等，命之。

三年七月五日，賜大理寺丞王欽臣進士及第。先是，參知政事趙槩薦欽臣文藝，有旨候任滿與試。至是學士院召試，中優等，命之。

五年十二月十一日，賜太廟齋郎王震、試將作監主簿陳彥弼進士及第。以試經書、律令大義，詞理稍優也。　以上《續國朝會要》。《中興》、《乾道會要》無此門。

賜出身　賜同出身

太祖開寶三年十二月，賜進策人樊若水進士出身。若水江南舉進士不第，遂謀北歸，因詣闕上書，言江南可取之狀，以求進用。召試學士院，有是命。

四年十二月十三日，召九經李符，問經義於内殿，賜本科出身。

五年十一月四日，賜進策人鄭伸同進士出身，仍授開封府酸棗縣主簿，賜襲衣、銀帶、器幣。伸即樞密使李崇矩之門人，依崇矩以圖仕宦。經十餘年無所成，伸不勝其忿，乃捃摭崇矩 4 陰事，詣闕上言，故崇矩有華州之行，而伸有是命。

六年三月二十九日，賜故右贊善大夫陸光珮子坦同進士出身〔四〕，監察御史王楷子衮同三傳出身。先詔朝臣有將命遠方死事，録其子孫，有司以坦等來上，命學士院試所業而命之。

八年八月，賜草澤王德方同學究出身。以上書言河堤利害也。

太宗太平興國五年六月，賜江州陳裕三傳出身。裕以講學爲業，帝聞而有是命。

雍熙四年九月二日，賜殿前承旨徐半千同進士出身，仍賜緑袍及錢十萬。以上章言時政也。俄又賜名嚴叟，授陳州司户參軍。

淳化四年十一月一日，賜襄州旌表門閭劉方同進士出身。方五世同居，長幼凡百口。雍熙初，本道以聞，特賜旌表。至是以壽寧節來貢，召對而有是命。

五年五月十日，賜鄉貢學究楊允升同本科出身，授漢州綿竹縣令。允升即綿竹縣人，王小波之亂，糾合子弟，募鄉黨敢死者，併力攻賊，屢挫其鋒。仍爲王師鄉導，所向成功。昭宣使王繼恩以聞，有是命。

至道三年四月十二日，賜進士張庶凝、楊嵎同進士出身。嵎即諭德礪之子，與庶凝同勘書于春坊。帝即位，遂有是命。尋並除光

〔一〕等：原作「第」，據《補編》頁四五七改。
〔二〕籍：原脱，據《補編》頁四五七補。
〔三〕旨：原作「書」，據《補編》頁四五七改。
〔四〕坦：原作「垣」，據《長編》卷一四、《宋史》卷三改。注文同。

禄丞、直史館。

真宗咸平二年閏三月二十八日，賜草澤丘續同進士出身。上書言事，召試舍人院而有是命。

五月五日，賜進士高輿本科出身。輿言自太祖朝應舉，歷場屋三十年，召試舍人院而命5之。

三年四月十一日，賜御書院祇候夏温其同進士出身，授保信軍節度推官。温其自陳本進士，求試所業，令舍人院召試而有是命。

八月十一日，賜草澤張嵩同進士出身。嵩上書言事，召試舍人院而有是命。

九月十七日，賜太子左贊善大夫宋貽序進士出身。貽序，故相琪之子，幼嗜學，好言邊事，召試學士院而有是命。

六年六月二十日，賜淄州諸科舉人孫璧等五人學究出身〔一〕。璧等皆（常）〔嘗〕經蕃寇侵掠，本州以聞，帝憫之而有是命。

十月十六日〔二〕，賜進士羅白本科出身。白上高祖隱文集，召試學士院，命之。

景德元年二月六日，賜進士柳察同出身，爲楚州團練推官。察少志學，嘗詣闕獻文，召試，賜出身。至是又擬白居易作策問七十五篇，目爲《贊聖策林》。又續李德裕《丹扆箴》五篇以獻，復召試而命之。

七月十四日，賜翰林天文周克明進士出身。克明表陳頗習詞業，願從明試，故命舍人院試賦而命之。

十月九日，賜進士張起同出身，爲壽春縣主簿。起詣登聞上書論邊事，帝覽而嘉之，始賜出身，復有是命。

二年四月九日，賜進士董經同進士出身。以父潯爲安定郡王府翊善致仕〔三〕，推恩也。

五月十五日，召撫州進士晏殊試詩、賦各一首，大名府進士姜蓋試詩六篇，賜殊進士出身，蓋同學究出身。後二日，召殊試詩、賦、論三題於殿内，移晷而就，擢爲祕書省正字，賜袍笏，令讀書6於祕閣，就直館陳彭年習諸科。時殊年十四，蓋年十二，咸以雋秀聞。是日帝親試禮部舉人，特召殊等面試，而有是命。

七月初五日，前隴州汧源縣主簿劉質賜同進士出身，授試祕書郎、知陳州項城縣事。質上書獻《邊防兵要論》，召試中書而命之。

十一月初二日，賜進士姚孝友同進士出身。孝友上書自言，昨應詔舉賢良，著《政通》十卷，有司考校聞罷，不能預試。且孤貧無依，願霑一命之秩以自效。令中書召試而命之。

三年十二月十三日，賜進士李仲翊本科出身。仲翊，煜之後〔四〕，獻文，召試，而有是命。

四年二月二十三日，賜河南府進士李籍本科出身。初，帝幸西都，籍邀車駕獻所業，特令召試中書，而有是命。

十月十四日，詔：「祠部員外郎何炳三子，習進士知道，習學究知古、知常，並賜本科出身。」炳知象州，陳進之亂，守圉有勞，既優令遷秩，而并其子有是命焉。

〔一〕淄：原作「滔」，據《補編》頁七四改。
〔二〕按，《補編》頁七四記於咸平二年十月十六日，疑誤。
〔三〕「父」下原有「爲」字，據《補編》頁六八删。
〔四〕煜：原作「燈」，據《補編》頁七四改。

大中祥符〔三〕〔二〕年正月十四日〔一〕，賜進士孫籍同出身。籍獻書言封禪告成，皇帝盛美，然願以持盈守成爲念。帝嘉之，召試中書，而有是命焉。

六月九日，賜草澤許申、進士祖高進士及第，洪矩同進士出身。先是東封，邀車駕獻文者數百人，帝閲申等文有可采，召試賜科名。既而以高即監察御史吉之子〔二〕，坐姦贓死，高不合齒於科第，命補三班借職。

四年七月十三日，賜進士晏穎出身。穎，殊之弟，幼能文，東封歲嘗獻文業。至是殊病，帝遣中 7 使張懷德挾醫視之，因索穎文藁，穎獻十卷。帝甚嘉獎，以示輔臣，尤賞其《宫沼瑞龜賦》。俄召至便殿，試三題而命焉。

十七日，賜進士史昊出身。樞密直學士李士衡等薦昊文行〔三〕，召試學士院，而有是命。

五年五月四日，賜進士陳矩同出身〔四〕。祀汾陰歲，矩獻文，召試中書而命之。

天禧元年四月十四日，賜進士賈昌朝同出身。大禮之初，貢舉人獻賦頌者甚衆。詔近臣詳考，惟昌朝與楊偉可采，故召試學士院而命之。

六月二日，賜祕書省校書郎夏有章同進士出身。

二年九月十四日，賜衛尉寺丞錢延年同進士出身。延年，故鄧州觀察使若水之子，以父文集爲獻，召試而命焉。

十二月十六日，賜宣州學究陳畫出身。畫上宣州涇縣茶場利便〔五〕，歲增課十萬故也。

三年五月二日，賜梁山軍山人馮兑同學究出身。以本路提點刑獄庾孝基薦其人文行也〔六〕。

四年二月十六日，賜光禄寺丞沈惟温進士出身。惟温，故相倫之孫，獻太祖與倫御書，求賜科名也。

仁宗天聖四年閏五月十六日，賜奉禮郎楊紘同進士出身。紘，翰林學士億之子，召試舍人院，策頌並稍優。帝諭輔臣曰：「紘頗聞好學，詞業如何？」王旦等曰：「觀此程試，詞語雖未精當，頗似敏贍，勤苦不已，亦未可量。」

五年二月二日，賜將作監主簿范宗傑同進士出身。宗傑，權三司使雍之子，以雍陳乞，召試學士院，策稍堪，論平，命之。又從雍請，附王堯臣 8 榜第四甲科名。

五月二日，賜進士顧洵美、高輔元同學究出身。洵美久歷場屋，常預開封府首薦。輔元即故荆南節度使從誨之孫。

十二月九日，賜奉禮郎張子思同進士出身。子思，宰臣知白姪。知白陳乞，召試學士院，中格，命之。

六年二月六日，賜鄉貢進士馬房同出身。房召試學士院，策優，論稍堪，故命之。

八年五月二日，賜將作監丞夏安期、太祝李徽之、前越州新昌縣主簿蘇舜元並同進士出身。召試學士院，中等，命之。

九年八月二十一日，賜殿中丞范亢同進士出身。亢，樞

〔一〕二年：原作「三年」，據《長編》卷七一改。下條亦二年事，見《長編》卷七一。
〔二〕吉：原脱，據《補編》頁六八補。
〔三〕衡：原作「衛」，據《補編》頁七六改。
〔四〕矩：原作「榘」，據本條注文、《補編》頁七五、《長編》卷七六改。
〔五〕縣：原作「賜」，據《補編》頁七六改。
〔六〕孝基：《補編》頁七四作「孝其」。

密副使雍之兄，嘗舉進士，賜學究出身，雍請回磨勘賜科名故也。

十年二月十九日，賜前京兆府長安縣尉盧咸同進士出身。咸鎖廳華州就試合格，丁母憂，其父閤門使、知秦州盧鑑陳請，召試學士院，中等，命之。

明道元年十一月二十一日，賜將作監丞、祕閣校理張友直同進士出身。友直言父士遜遇覃恩，乞不轉官，援樞密副使范雍奏兄例，換一出身，故也。

二年五月九日，賜大理寺丞呂公弼進士出身。召試學士院，中等，命之。

六月八日，賜大理寺丞陳宗古進士出身。

八月十三日，賜國子博士李定同進士出身。以定七次獻文，召試舍人院，中等，命之。

十二月十六日，賜國子博士呂居簡同進士出身。召試學士院，中等，命之。

景祐元年四月三日，賜高麗賓貢進士康撫民同進士出身。召試舍[9]人院，詩論稍堪，故命之，仍附今年榜第五甲。

四日，賜進士李處中同進士出身〔一〕。處中御前賜同出身，以疾不到。及是召見，以前名次命之。

十二日，賜光禄寺丞劉玘同進士出身。玘，樞密副使李諮婿。諮以恩陳乞，召試學士院，中等，命之。

二年八月五日，賜大理寺丞王舉元同進士出身。召試學士院，中等，命之。

九月二十七日，賜太子中舍陸東同進士出身，仍換太子中允。以獻所業，召試學士院，中格，命之。

四〔月〕〔年〕八月二十五日〔二〕，賜祥符縣丞王端同進士出身。兄集賢校理質以磨勘恩陳乞，召試舍人院，中格，命之。

五年五月二日，賜右班殿直李正卿同進士出身，仍換將作監主簿。正卿，真定總管高化壻，以恩陳乞〔三〕，召試學士院，中等〔四〕，命之。

四日，賜國子博士向約同進士出身、殿中丞張子奇進士出身。約、子奇召試學士院，中等，命之。

八日，賜説書進士張宗雅同進士出身。宗雅，國子監説書，經義通，命之。

寶元二年四月二日，賜太常寺太祝宋敏求進士出身。敏求，參知政事綬之子，以恩陳乞，召試學士院，中等，命之。

康定二年正月二十四日，賜太常寺太祝李壽朋、將作監主簿李復圭同進士出身〔五〕。壽朋、復圭以祖若谷罷政府及納任子恩陳乞，召試學士院，命之。

五月十一日，賜贊善大夫周延雋同進士出身。上父起家集，召試學士院，命之。

六月十一日，賜太子中允王顧、大理寺丞呂公孺、將[10]作監李仙卿同進士出身。顧等召試學士院皆入等，公孺等優，以賦內少字，特命之。

〔一〕進士李處中同：原脱，據《補編》頁六九補。
〔二〕年：原作「月」，據《補編》頁六九改。
〔三〕以：原重此字，據《補編》頁六九刪。
〔四〕中等：原倒，據《補編》頁六九乙。
〔五〕作：原脱，據《補編》頁六九補。

八月七日，賜殿中丞王縝、太常寺太祝晏承裕、韓繹、齋郎李孝孫並進士出身。縝等皆執政子，以恩陳乞，召試學士院，中格，命之。

慶曆二年二月六日，賜右贊善大夫趙承裕同進士出身。承裕，故參知政事安仁之子，以恩陳乞，召試學士院中等而命之。

六月二十八日，賜國子監直講王純臣同進士出身。以端明殿學士李淑薦，召試學士院，入等，命之。

閏九月二日，賜延州通判、國子博士馬端同進士出身。樞密直學士韓琦、范仲淹薦端材，免試命之。

三年二月二十三日，賜殿中丞任顓同進士出身。

五月六日，賜太常寺太祝宋敏修進士出身。敏修，故參知政事綬之子，以遺恩陳乞，召試學士院，中格，命之。

四年六月二十六日，賜歸明人大理評事蒙守中進士出身。

八月五日，賜將作監主簿楊紘同進士出身。

九月十九日，賜蔡州汝陽縣主簿裴明允進士出身。以宣徽使夏竦薦，召試學士院，中格，命之。

十月十九日，賜大理寺丞晁仲綽、大理評事劉宗憲、太祝孫珪，並同進士出身。召試學士院，入等，命之。

五年五月六日，賜光禄寺丞謝曄同進士出身。端明殿學士李(俶)〔淑〕上曄所編《集鑒》，召試學士院，中等，命之。

十二月四(月)〔日〕，賜進士朱亶同進士出身。亶居澧陽，持父母喪，負土成墳，天聖中嘗 11 詔州縣存撫之。至是應祔廟詔書，而本州復以其孝行聞，故特旌録之。

六年三月十九日，賜前延州司户參軍雷憲同進士出身。召試學士院，入等，命之。

六月五日，賜大理評事呂希道、太常寺奉禮郎王拱己進士出身，大理寺丞楊士彦同進士出身。希道，太尉致仕夷簡之孫，以遺恩陳乞，拱己以資政殿學士王舉正薦，士彦，參知政事宋綬遺恩，並召試學士院，入等，命之。

八年九月二十一日，賜將作監主簿楊公度同進士出身。

皇祐元年十月十三日，賜新歙州歙縣尉張唐民同進士出身。以資政殿學士任仲舒薦，召試學士院，命之。

十一月二十四日，賜泉州晉江縣主簿陳世昌同進士出身。召試學士院，入等，命之。

二年五月九日，賜將作監丞程嗣隆同進士出身。嗣隆，使相琳之子，以恩陳乞，召試命之。

十一月一日，賜將作監丞杜訢、太常寺太祝任逸同進士出身。

十日，賜(准)〔淮〕南江浙荆湖制置發運使、金部員外郎許元進士出身。

閏十一月八日，賜貴妃張氏從弟衛尉寺丞希甫、太常寺太祝及甫並進士出身。

三年四月二十二日，賜國子博士馮潔己、大理評事張德淳同進士出身。潔己，故司徒、兼侍中拯之子。德淳，故(大)〔太〕傅遜孫。以恩陳乞，召試學士院，中等，命之。

九月十三日，賜國子博士梅堯臣同進士出身。以宰相宋庠薦，召試學士院，中等，命之。

四年四月二十四日，賜大12理評事李上卿進士出身、大理評事張子瑾同進士出身。

五年四月九日，賜大理寺丞宋充國〔一〕、太常寺太祝鄭民彝進士出身。充國，宰相庠之子，以恩陳乞，民彝獻父戩家集，並召試學士院，命之。

至和二年三月十八日，賜光禄寺丞梁彥昌同進士出身。彥昌，宰相適之子，以恩陳乞，召試學士院，命之。

九月二日，賜光禄寺丞龐元英、太常寺奉禮郎郭源中並同進士出身。元英，宰相籍之子。籍出鄆州，以恩陳乞，源中上家集，並召試學士院，命之。

嘉祐二年五月二日，賜衛尉寺丞葉均同進士出身。均，故翰林學士清臣之子，上家集，召試學士院，中等，命之。

六月二十二日，賜虞部員外郎張仲松、大理評事盛南仲同進士出身。仲松獻家集，南仲，樞密使賈昌朝薦，召試，命之。

三年五月十五日，賜大理寺丞楊南仲同進士出身。以翰林學士王洙薦石經有勞，召試學士院，命之。

四年五月十六日，賜太子中舍張宗益同進士出身。以樞密副使張昪薦召試學士院，命之。

治平三年七月，賜大理寺丞姚復同進士出身。以樞密副使文彥博薦召試學士院，命之。以上《國朝會要》。

【宋會要】

神宗熙寧三年七月，賜祕書省正字唐坰進士出身。坰以屢言事召對，特試而命之。

十二月十一日，賜布衣陳知彥進士出身、太原府進士王輔同出身。知彥以樞13密副使吳充等薦，輔以太原府薦，並召試舍人院，中等，命之。

四年四月二十三日，賜太子右贊善大夫吳安度進士出身〔二〕。先是宰臣富弼言：「安度召試舍人院，聞考試入三等，論四等，止以《緑竹青青》詩不依法解作王芻、篇竹，遂定入五等，因此改一官報罷。切詳安度命意，謂王芻、篇竹以柔脆常草，不足以詠衛武公有德之人，以注説迂曲，非詩人本意也。又按《史記·河渠書》下淇園之竹，則知『淇澳之竹』祇是竹箭之竹也。又據陸德明《釋文》青止音菁，茂盛之貌，故安(定)度直以緑竹茂盛立爲題意，於理甚通，未爲不識題義。乞賜再取安度所試三題詳定，如俱入等，隨其文藝，特與一科名。」下學士院看詳，所試並爲合格，惟《詩》不合自出(自)〔己〕見，亦非紕繆，故有是命，復追還先授一官。

五年十二月十一日，賜祝康、李舉之明經出身。以試經書、律令大義詞理稍優也。

七年六月二十二日，以端明殿學士王韶男淳爲大理評事，賜進士出身。韶遣淳持木征賀表至京而賞之。

八年四月二十二日，詔大理評事梁子野賜同進士出身。以試經書、律令大義、斷案上等故也。

閏四月十五日，賜大理寺丞歐陽發進士出身。以三司使章惇薦其有史學，乞特加獎擢，寘之文館，故有是命。

五月七日，賜太學進士楊伋進士出身。伋初獻撰《李靖兵法》并圖，令擢武學傳授，後復召試中等故也。

〔一〕充：原作「克」，據《補編》頁七〇改。注同。

〔二〕大夫：原倒，據《補編》頁七一乙。

十月二十九日，賜故龍圖閣直學 14 士、知渭州王廣淵子得君同進士出身。

九年六月九日，賜遂州布衣馮正符同進士出身。以御史中丞鄧綰薦召試舍人院，既而綰坐姦邪黜，正符亦以附會追奪，遞歸本貫。

元豐二年七月三日，賜右千牛衛將軍叔盎進士出身。以祕閣考試中等也。

哲宗紹聖二年十月九日，太常少卿王子韶言：「奉禮郎陳覺民於熙寧七年選中國子監上舍生登科，是時第五甲，賜同學究出身，欲望用丁執古等免省試陞甲恩例，改賜出身。」詔陳覺民特依陞甲例，與當年第四甲同進士出身。

元符元年七月十九日，詔特賜承務郎李景夏進士出身，爲祕書省正字。

十月十八日，賜士暕進士出身。以三省言考試所試宗室藝業合格者八人，詔各遷秩，內士暕進士出身。

三年四月十八日，徽宗即位未改元。賜太學上舍生何大正同進士出身。以應詔上書可採，故賞之。

徽宗崇寧二年六月四日，賜尚書右司員外郎林攄進士出身。

三年正月十九日，賜通直郎、鴻臚寺丞蔡攸進士出身，仍除祕書省祕書郎。以上殿應對詳明，該博儒雅，詔特賜也。

九月三十日，賜宣義郎陳彥文進士出身，爲尚書屯田員外郎。

四年八月二十五日，詔：「宋喬年可特賜進士出身，仍除集賢殿修撰，充京畿轉運使。」以委察訪熙河一路利害，條析來上，精微該博，文理優(瞻)〔贍〕也。

同日，詔：「宣德郎、議禮武選編修官王相可 15 特賜進士出身，祕書省校書郎。」以上殿奏對詳審，學問該博，故有是命。

大觀元年閏十月二十九日，賜皇叔祖、右監門衛大將軍、秦州刺史克家進士出身。

四年八月八日，賜承議郎、開封少尹張叔夜進士出身。

政和元年二月二十九日，假將仕郎黃葆光特賜進士出身。以貢院別試所言，勘會春試出官，檢准敕條推恩合格優等人，取旨推恩賜出身。

三年五月六日，賜承議郎徐禋同上舍出身。臣寮言：「舍法革千載科舉之弊，進士之科因以罷去。禋之所賜，尚仍舊制，於名實有所未正。」故有是命。

四年五月二十二日，詔曹芬、駱庭芝同上舍出身。以大司成馮熙載奏國子監小學生合格優等曹芬、駱庭芝，尋於太學私試日，復令二人在敦化堂出本經義題，當面試驗，文理可採故也。

(丑)〔五〕年二月十五日，賜盛章上舍出身〔一〕。

九月二十二日，禮部言：「荆湖北路靖州新學上舍生田汶爲試中合格，係文理優長，依條補充上舍，乞依楊晟等體例推恩。取會辟廱稱，雖與楊晟等事體一同，緣楊晟係特賜同上舍出身〔二〕。」詔：「田汶許依例特賜同上舍出身。」

〔一〕盛章：原作「盛草」，據《補編》頁七五改。
〔二〕賜：原作「舍」，據《補編》頁七五改。

如今後更有似此新民子弟陞補上舍人，止依貢士法，津貢前來辟廱〔一〕，依條選試施行。」

六年閏正月十一日，賜王鼎上舍出身。

八年七月二十九日，賜趙遹上舍出身，除祕書省校書郎。以生擒卜漏，拓地千里，一方底定，蕃夷震疊，奏請編次事迹，以[16]傳永久，子永裔奏書來上故也。

宣和元年九月二十九日，賜中散大夫、知襲慶府錢伯言進士出身，直秘閣。

二年十二月十四日，賜故吳王(弟)〔第〕二女夫承事郎李源上舍出身。詔依故益王女夫郭璋例特賜也。

二十四日，賜程俱上舍出身。

三年十月三日，賜王羲叔同進士出身。

十二月十三日，詔通議大夫、充徽猷閣待制、知河陽王序特賜進士出身。

二十五日，賜保和殿學士、中奉大夫、禮制局詳議官、校正《内經》同詳定官蔡絛進士出身。

四年八月十四日，賜王棣進士出身〔二〕。以安石親孫，故特賜也。

六年五月二十日，詔通議大夫、守殿中監、兼校正御殿前文籍蔡行特賜進士出身〔三〕。

七月三日，賜朝散郎郭毅進士出身，爲尚書考功員外郎。

十一月七日，賜開封尹燕瑛進士出身，兼侍讀。

七年二月十二日，特賜奉議郎、開封少尹蔡紹進士出身〔四〕。

三月二十九日，賜蔡絛進士出身。

四月三十日，特賜新除京東東路常平楊逴進士出身。以奏對有理，人物疎秀及曾國學與薦也〔五〕。

八月二十九日，特賜新知虢州安泳進士出身。以進《周易解義》也。

欽宗靖康元年二月六日，詔：「太學生雷觀、進士張炳上書論事可嘉，並與同進士出身。」

三月二十八日，詔陳東補迪功郎，賜同進士出身，除太學正録。少宰兼中書侍郎吳敏言：「太學生陳東遭遇聖朝，忠義憤發，首陳去奸之議，繼上[17]用賢之請。陛下虚己，即聽其言。伏望録其忠誠，加以官使。」東力辭不拜。

四月八日，賜秘書少監顔岐進士出身。

九日，詔布衣江端友爲承務郎，賜同進士出身。以上《續國朝會要》。

光堯皇帝建炎四年九月十五日，賜御史臺主簿韓璜同進士出身。璜以召試中書，故有是命。

〔一〕津：原作「依」。天頭原批：「『依貢』，《大典》作『津貢』。」按《補編》頁七五亦作「津」，據改。

〔二〕棣：原缺，據《補編》頁七二補。

〔三〕御殿前文籍：「殿」字似衍。

〔四〕少：原脱，據《補編》頁七二補。

〔五〕疎：《補編》頁七二作「竦」，似勝。

紹興元年四月三日，賜太學上舍生高閌〔一〕、元盥同進士出身。以依德音免赴殿試故也。

二年二月三日，賜朝散郎李彙同進士出身。彙措置招收王企中一行蕃賊前來歸朝，自陳嘗發解於河北轉運司，類省考試合格，以道阻赴殿試不及，乞依例賜出身，故有是命。

十月十三日，賜徐俯進士出身。御批：「志氣剛方，早聞於世，其於文學直餘事。」故命之。

十〔一〕月十八日〔二〕，賜右朝請郎、尚書左司員外郎曾統進士出身。以統言新除殿中侍御史，國朝故事，無出身人不任臺職，乞行寢罷。詔統係元祐石刻名臣之子，特有是命。

三年八月十二日，賜右通直郎唐恕進士出身，除太常少卿。制以恕經術深醇，議論堅正，奉身引退，韜隱累年，故有是命。

四年九月六日，賜史館校勘鄧名世進士出身。見「舉遺逸」門。

十二月九日，賜右迪功郎王蘋進士出身，除秘書省正字。蘋以權發遣平江府孫祐薦授右迪功郎，繼賜出身。蘋辭免，上謂輔臣曰：「蘋起草茅，而論議進止若素宦于朝。大抵儒者能通世務，乃爲有用。」卒賜之。

五年五月一日，賜右承務郎、尚書禮部員外郎任申先進士出身。是月九日〔三〕，除秘書少監。制 18 曰：「朕念黨籍之人，若子若孫，無不甄録，所以來忠節也。然賢者之後，未必皆賢。向者匪人迎意掠美，乃援浮薄不肖〔四〕，與爾同升。爾於是時，守正不阿，爲不肖所惎，奉身而去。其後顛蹶，悉如爾言。先見特立，有如此者。朕方招延英俊，養之書省，道義相率，尤資老成。往司省事，其克欽哉！」

十月二十八日，賜蘇符同進士出身，除司勳郎官。

十一月四日，賜右迪功郎周孚先同進士出身，添差充臨安府學教授。

六年二月八日，賜右朝議大夫、試兵部尚書、諸路軍事都督府參議軍事折彦質進士出身。是月十六日，簽書樞密院事。

七月七日，賜右朝奉郎、主管台州崇道觀呂本中進士出身，除起居舍人。制以本中「學術淵源本於前哲，文采聲譽絶於縉紳，更歷險夷，遂爲耆舊」，故有是命。

九月二十三日，賜布衣胡憲進士出身，添差建州教授。憲先召赴行在，以母老辭召，故命之。

十月九日，賜張解同進士出身，與陞擢差遣。以上殿奏對可采，故命之。

十一月十六日，賜趙衛同進士出身，與差諸州教授。以上殿奏對稱旨〔五〕，故命之。

八年八月三日，賜右承事郎陳淵進士出身〔六〕，除祕書丞。淵，争臣陳瓘從孫，學有師承，通達國體，故有是命。

十月三日，賜右朝奉大夫邵博進士出身〔七〕，行祕書省校書郎。制以博「祖、父道德學術爲萬世師，而父經明行潔，博趣操文詞，不

〔一〕「太學」下原有「免」字，據《建炎要録》卷四三删。
〔二〕一：原脱，據《建炎要録》卷六〇補。
〔三〕月：原作「日」，據《補編》頁七三三改。
〔四〕浮：原作「孚」，據《補編》頁七三三改。
〔五〕旨：原作「之」，據《補編》頁七三三改。
〔六〕承：原作「丞」，據《補編》頁七三三改。
〔七〕邵：原作「郡」，據《補編》頁七三三改。

忝父祖」，故命之。

十二月二十五日，賜右朝奉19郎莫將同進士出身，除起居郎。九年正月二日，除司農卿。制以將縣疎遠上封事，議論慷慨，故命之。

九年正月五日，詔右朝奉大夫王倫除端明殿學士，簽書樞密院事，仍賜同進士出身。是月十七日，除東京留守。制以倫將命殊鄰，修兩國之好，且以境土復歸輿圖，故命之。

六月十七日，賜史愿同進士出身。

十一年九月二十四日，賜直秘閣、荆湖南路提刑何麒同進士出身。以引對可采，故命之。

十二年六月四日，賜張本同進士出身。以上《中興會要》。

三十二年十一月四日，壽皇即位，未改元。賜樞密院編修陸游、尹穡並進士出身。樞臣薦游等力學有聞，故有是命。

壽皇聖帝隆興二年十一月二十日，賜兵部尚書、兼户部尚書錢端禮同進士出身。尋拜端明殿學士、簽書樞密院事、兼權參知政事，兼提舉德壽宮。

閏十一月十四日，賜少保、尚書左僕射陳康伯男安節同進士出身。依慶曆宰相龐籍子元英例，故有是命。

乾道四年二月十二日，賜兵部侍郎王炎同進士出身。尋拜端明殿學士(一)、簽書樞密院事。

七月七日，賜遂寧府布衣雍山進士出身，添差遂寧府府學教授。

九月二十七日，賜興化軍仙遊縣布衣林彖進士出身，添差興化軍軍學教授。

十二月十八日，賜建寧府布衣魏掞之同進士出身，除太學録。以知福州王之望等言掞之節行孤高，才識超邁，不求聞達，召對20稱旨，故有是命。

八年二月十四日，賜吏部侍郎王之奇同進士出身。尋拜端明殿學士、簽書樞密院事。

二十七日，賜户部尚書曾懷同進士出身。尋拜參知政事。

三月十七日，賜吏部員外郎蘇嶠同進士出身。尋擢起居郎。

八月十六日，賜工部侍郎姚憲同進士出身。尋擢左諫議大夫。

九年十一月四日，賜幹辦行在諸軍審計司陳昇卿同進士出身。以上《乾道會要》。（以上《永樂大典》卷一〇六五三、一〇六五四）

童子出身

【宋會要】

21太宗淳化二年十月十日，賜秦州念書童子譚孺卿出身。

至道三年七月二十三日，賜念書童子段祐之出身。祐之，崇班重會之子，年十一歲，念得四經書。詔送國學考試，命之。

真宗咸平二年正月二十五日，以睦州童子邵焕爲祕書

(一)拜：原作「報」，據文意改。

省正字。煥嘗召對，賜帛遣歸。至是復至京師，始十二歲。帝聞之，令閤門引對，面賦《春雨》詩一篇，援筆而就，賞其敏速，遂命以官。

[22] 四年五月二十日，賜南康軍童子童軻出身〔一〕。軻六歲善誦書，江南巡撫使夏侯嶠等以名聞。帝召入，使誦《周易》數卦，頗精通。又賦詩一章，亦援筆而就，遂獎録焉。

十月，賜撫州童子陳炫出身。炫年十二歲，能誦書。本州以名聞而命之。

五年四月三日，賜童子張待用出身。待用始七歲，詣闕自陳能誦《周易》、《論語》及獻書詩一軸。召對便殿，誦《易》二卦，試詩二首，賜綵而命之。

大中祥符元年四月一日，賜饒州童子夏有章出身。有章年九歲，能爲詩。本州送至闕下，帝親試之，而有是命。

四年五月十三日，賜吉州童子黄敖出身。時召敖於内殿賦詩，又送中書再試，而有是命焉。

五年正月十三日，賜建州童子劉濟出身。濟年十三，父爲建州監軍，上言其能文，召試中書而命之。

六年七月十日，賜童子李仲芳、仲安出身。仲芳年十一，仲安九歲，皆閤門祗候惟正之子。以念書聞，召對親問〔二〕，而有是命。

七年正月二十五日，賜童子李淑進士出身。淑即通判亳州若谷之子。乘輿朝謁太清宫，制置使丁謂言淑年十二歲，穎悟勤篤，獻頌以述盛禮。召對行在，面命賦《朝謁太清宫》詩，援筆立成。帝嘉賞之，詔中使引送中書，即有是命。

二月，賜楚州念書童子徐世長、世昌出身。世長年十二，念五經；世昌年八歲，念三經。本州以聞，召見而命之。

五月二十六日，賜代州念書童子姚育材出身。育材年十一歲，通三經。本州以聞，引對試之，故有是命。

八年閏六月二日，詔以念書童子蔡伯俙爲秘書省校書郎。伯俙始四歲，善誦書。帝賞其俊異，特有是命，仍以御書賜之。王氏《揮麈録》曰：《真宗實録》，召試神童蔡伯俙，授官之後，寂無所傳。明清因於故書中得其奏狀一紙云：「伏念臣先於大中祥符八年，真宗皇帝遣内臣毛昌達宣召，賜對，試誦真宗皇帝御製歌詩，即日蒙恩釋褐，授守秘書省正字。臣遭遇之年，方始三歲。及賜臣御詩云：『七閩山水多才俊，三歲奇童出盛時。』續蒙宣赴東宫，侍仁宗皇帝讀書，朝夕親近，頗歷歲年。其後臣年一十七歲，以家貧陳乞差遣。仁宗皇帝聖念矜憐，特依所乞，仍有旨餘人不得援例。自兹累歷任使。今來本任至來年二月當滿，重念臣生事蕭條，累族重大，又無 [23] 得力兒男可以供侍。一日捨禄，無以爲生。幸遇皇帝陛下至仁至治，無一物失所，其於老者，惠卹尤深。臣以祥符八年三歲，甲子庚申，即未至衰老。欲望聖慈特賜許臣再任管勾江州太平觀一任，覬仍廩稍，得養單貧。」蓋元豐初，計其年尚未七十。司農少卿，今之朝議大夫也。碌碌無所聞，豈非聰明不及於前時耶〔三〕？朱興仲《續歸田録》云：「伯俙字景蕃，與晏元獻俱五六歲，以神童侍仁宗於東宫。元獻自幼梗介〔四〕，蔡最柔媚，每太子過門閫高者，蔡伏地令太子履其背而登。既踐祚，元獻被知遇，至宰相。蔡竟不大用，以舊恩常領郡，頗不循法令。或被劾取旨，上識其姓名，必曰藩邸舊臣，且令轉官。凡更四朝，元符初致仕，已八十歲矣。監司薦之，乞落致仕，與宫祠。其辭略云：『蔡伯俙年八十歲，食禄七十五年。』余謂人生名位固可得，罕得綿長如此者。」馬端臨曰：按，史言晏殊以景德二年召試，年十四。仁宗以大中祥符三年生，則仁宗有生之年，殊年已十九。今謂殊與蔡伯俙俱以五六歲爲神童，

〔一〕童：原作「重」，據《補編》頁七六改。
〔二〕親：原作「視」，據《補編》頁七六改。
〔三〕聰：原作「總」，據《文獻通考》卷三五改。
〔四〕幼：原作「初」，據《文獻通考》卷三五改。

侍仁宗於東宮，誤矣。

仁宗天聖元年九月六日，南康軍都昌縣進士王用舟言，男國祥年八歲，念得五經書及詩賦，望賜呈試。詔候年長令應舉。《文獻通考》：仁宗即位，以童子賜出身者凡十人，寶元元年，以爲無補而罷之。

三年四月二十九日，賜江寧府童子夏錫出身。錫幼能爲文，本州以聞，召試而命之。

七年二月三日，賜童子樂九臯出身。九臯以誦書召見，試而命之。

三月十日，賜階州讀書童子劉應祥出身，令於國學聽讀。

十月二十日，賜楚州童子周應期出身。

景祐元年十月二十一日，和州童子朱思黯、朱公誼、楚州童子周應辰年八歲，念《孝經》、《論語》、《周易》、《毛詩》、雜詩，召見，各賜絹二十匹。

五年六月十三日，婺州童子廖之才七歲，念誦經書，召見，賜絹二十匹。詔今後不得奏念書童子。

康定二年正月二十六日，賜童子譚仲衍出身。仲衍年七歲，召對便座，念書精通，有是命。

慶曆四年二月十四日，賜念九經童子郭永孚出身。

六年[24]五月十一日，賜念書童子鄒漢卿出身。

七年五月十三日，賜念書童子鄭佐堯出身，仍許國子監聽讀。

皇祐二年十二月二十四日，賜念書童子曾天麟出身。

三年九月十五日，詔：「今後諸處更不得申奏及發遣念書童子赴闕。」以上《國朝會要》。《韶州府曲江志》：宋譚必字子思，伍汪市人，六歲通九經。天聖間殿中丞王益出守韶州，時嶺表自五季兵革之後，文風凋喪，人未有知童子舉。王荆公喜其(總)〔聰〕慧，日誦萬言，遂狀其事以聞。必至京師，引試稱旨，特免文解，厚賜銀帛以賙路費。

神宗元豐七年四月八日，賜饒州童子朱天錫五經出身。天錫年九歲，禮部試誦七經通。上召入禁中，取諸經試之，隨問即誦，歎曰：「此童誦書〔一〕，不遺一字，無所畏懼，乃天稟也。」又賜錢五萬，使買書以歸，戒以後無廢學。《文昌雜録》：四月初五日，禮部試饒州童子朱天錫，年十一，念《周易》、《尚書》、《毛詩》、《周禮》、《禮記》、《論語》、《孟子》凡七經，各五道，皆全通，無一字少誤者。是日，禮部侍郎召本曹郎官赴坐，左右觀者數百人，此童諷誦自若，畧無懾懼。後數日，召至睿思殿，賜五經出身。昔晏元獻公貫撫州，近年何正臣名占臨江，皆童子舉。江南多奇偉，亦山川之秀使然邪？

十月十四日，賜童子朱天申五經出身。禮部言天申對於睿思殿，誦十經通也。《文昌雜録》：十月四日，禮部試饒州進士朱天申，年十二，念《周易》、《尚書》、《毛詩》、《周禮》、《禮記》、《孝經》、《論語》、《孟子》、《(楊)〔揚〕子》、《老子》凡十經，合一百通。前日所試童子天錫之再從兄也，亦召至睿思殿，賜五經出身。

十一月六日，詔賜撫州童子黄居仁五經出身。禮部言居仁年十一，試五經通也。《文昌雜録》：二十七日，禮部試撫州進士黄居仁，年十二，誦《尚書》、《毛詩》并正義、《禮記》、《周禮》、《孝經》、《孟子》、《老子》及《太(元)〔玄〕經》凡九經，合七十五通，又試《論語》大義三道，文理稍通，勅賜五經出身，閤門送袍笏至禮部給賜焉。

〔一〕此：原作「其」，據《補編》頁七七改。

哲宗元祐元年三月十六日，賜秦伯祥童子出身，仍賜服。先是路州進士秦鵬言〔一〕，男伯祥年十二歲，通誦《孝經》、《論語》、《孟子》、《周易》、《尚書》、《周禮》、《禮記》、《揚子》、《荀子》、《莊子》，乞依例召試。詔禮部試驗以聞，繼而禮部言試驗通也。

二十一日，詔棣州童子張師古特賜童子出身〔二〕，仍賜服。以禮部試驗所誦並通也。

五月十[25]二日，詔禮部：「自今乞試童子誦書，所屬毋得令收接。」

六月二十二日，詔朱君陟賜童子出身，仍賜服；朱君陞賜絹三十匹。以禮部言：「試到朱君陟誦《易》、《詩》、《書》、《論語》、《孟子》、《老子》並通，爲第一等；朱君陞誦《易》、《詩》、《書》、《論語》、《孟子》各十通，粗者爲第二等。」

徽宗大觀四年五月二十八日，詔：「童子李天寵支賜絹一十匹。林天與等令尚書省試驗，如委精熟，亦各支絹一十匹。今後更有似此之人，不許陳乞試驗。」

政和二年二月十一日，知成都府吳拭奏：「蜀州小學生張道安年七歲，通誦《詩》、《書》、《易》、《禮記》、《周禮》、《春秋》、《論語》、《孝經》、《孟子》等書，無一字脱誤。願依近比〔三〕，寵以一命。」詔從之。

九月七日，詔：「童子陳乞誦書，今又九人，愈見滋多。所有近令辟廱長貳等通試人數，并今來並不試驗。」時饒州進士范天佐等上書，並爲有弟姪孫能誦書，乞召試，故有是命。

十二月，詔：「童子陳乞誦書，兩月又復八人，可依已降指揮，速行告示止絶。」以饒州進士朱天端等上書，並爲有子能誦書，乞召試故也。

四年五月二十二日，詔金時澤、李徽賜童子出身，並赴將來廷試。以大司成馮熙載奏：「國子監小學生合格優等李徽、金時澤，尋於太學私試日，對衆學官，在敦化堂出本經義題，當面試驗，文理可採。」故也。《文獻通考》：政和四年，小學生近一千人，尚有繼至者，分十齋以處之，增教諭俸，不許受束修。自八歲至十二歲，率以誦經書字多少差次補内舍、上舍。若能文，從博士試本經、小經義各一道，稍通補内舍，優補上舍。後曹芬以文優賜同上舍出身。崇寧五年，參在京小學規約，頒之州縣。小學，州隸教授，縣隸學長，其小學生皆自備餐錢附食，至宣和罷其法。童子科，元豐以後賜出身者五人。元祐時，詔禮部自今請試童子誦書，毋收接。大觀後復其科，賜補官者五人。

六年五月二十四日，詔念書童子十歲以下許試。

宣和二年十二月十二日，[26]詔童子十歲以下許試指揮更不施行。

六年五月二十二日，詔饒州童子包茂實、程淵誦書貫通，並補將仕郎。以上《續國朝會要》。

高宗建炎二年，初試童子，祖宗朝皆天子親試，其命官、免舉皆臨期取旨，無常格也。

紹興二年三月二十二日，詔以饒州童子朱虎臣爲承信郎。虎臣十歲，誦《七書》，排衡方陣，兼習步射。

八月二十三日，詔以汀州童子萬頃爲文林郎，仍改賜

〔一〕路州：似當作「潞州」。
〔二〕棣：原缺，據《長編》卷三七三補。
〔三〕比：原作「此」，據《補編》頁七七改。

名嚴。頊十歲，誦經子書十一種，内殿引見，詔頊既通文武，誦聲如流，略無差誤，故有是命。

三年三月十一日，輔臣進呈誦書、習射童子求試於有司者凡九人，上曰：「上有所好，下必有甚焉。蓋繇昨嘗推恩一二童子，故求試者雲集。此雖善事，然可以知人主好惡，不可不審也。」有旨各賜束帛〔一〕，歸本貫。

四月二十一日，詔以童子彭興祖爲迪功郎，劉轂爲進武校尉。興祖，神武右軍將官彭勝之子，轂，小校劉武之子，各年五歲。本軍都統制張俊以聞，内殿引試，興祖能誦《孝經》、《語》、《孟》，轂善騎射，皆中格，既賜袍笏，而有是命。

五月八日，詔以饒州童子張揉爲迪功郎。揉九歲，誦經子書九種，習爲古風詩、《孫子論》，皆應題答問，上親試之，故有是命。

六月一日，詔徽州童子林佐國與免文解一次〔二〕，賜絹十匹。佐國九歲，誦經子書十六種。

二十二日，詔童子鄒庭聞、林次融與免文解一次〔三〕。

七月二十日，榮州文學郭滋自陳政和五年準敕賜童子出身，歷任成三考，用收捕建州軍賊功賞轉從事郎。今來吏部將滋作崇觀以來不繇科舉補官，審量追改榮州文學，乞賜改正。」詔與給還迪功郎。

八月五日，詔饒州童子卓璵與免文27解一次〔四〕，賜束帛。璵十歲，誦經子書十七種，及能挽弓二斗，親引試，並通。

九年五月二十六日，詔饒州童子王文明與免文解一次〔五〕，賜絹二十匹。文明十歲，誦經子書十三種，兼習步射。

十年五月十三日〔六〕，賜處州孝童周智童子出身。智六歲喪父，哀毁過制，不茹葷，廬墓，芝産于側。父老列狀于州，守臣以聞故也。

九月十七日，詔饒州童子晏章永免文解〔七〕。晏十歲，誦經子書十二種，兼習步射，排變陣勢〔八〕。

十一年五月二十五日，詔饒州童子江安國、江定國與免文解一次。安國九歲，誦經子書九種。定國七歲，誦經子書六種。

十二年三月二十五日，詔饒州童子程宏遠與永免文解〔九〕，程宏父免文解一次。宏遠十一歲，誦經子書十種，兼習詩、賦、論、策。宏父九歲，誦經子書七種。

四月五日，詔饒州童子章林與免文解一次，仍賜束帛。林九歲，誦經子書九種，兼習步射，排諸葛八陣形勢。

十二月三日，詔童子張巖叟、張巖卿各與免文解一次，巖叟仍支絹十匹。巖叟九歲，誦經子書十四種。巖卿九歲，誦經子書十二種。

十三年五月十九日，詔福州童子陳丕績與免解一次。

〔一〕帛：原作「泉」，據《補編》頁七八改。
〔二〕林佐國：《建炎要録》卷六六作「林國佐」。
〔三〕林次融：《建炎要録》卷六六作「林次勘」。
〔四〕卓璵：《建炎要録》卷六六作「卓興」。
〔五〕文解：原倒，據《補編》頁七八乙。
〔六〕天頭原批：「『十三日』，一作『三十日』。」按，《補編》頁七八作「三十日」。
〔七〕晏章：原作「安晏」，《補編》頁七八作「章晏」，並誤，據《建炎要録》卷六六、《建炎雜記》甲集卷一三、《文獻通考》卷三五改。又「永」原作「求」，據《補編》頁七八改。
〔八〕勢：原作「章」，據《補編》頁七八改。
〔九〕程宏遠：《建炎要録》卷六六作「鍾遠」。

丕績十歲，誦經子書九種及書大字。

十二月五日，詔饒州童子朱綬與免文解一次。綬九歲，誦御製《勸學》、《漁父詞》及經子書十四種。

十五年正月二十一日，詔饒州童子甯伯拱與免文解一次。伯拱七歲，誦御製《建炎古詩》、《漁父詞》及經子書十六種。

四月四日，詔童子潘汝功與免文解一次。汝功十歲，誦經子書十一種。

十一月一日，詔饒州童子戴松、戴槐與免文解一次。松十歲，誦御製《漁父詞》及經子書九種，講《禹貢》、《説命》、《無逸》、《周官》。槐八歲，誦御製《漁父詞》及經子書九種。

二十八年三月四日，詔福州童子莊大成與免文解一次。大成七歲，誦御製《宣聖七十二賢贊》及經子書十種。上謂輔臣曰：「朕自即位以28來，童子以誦書推恩多矣，未聞有登科顯名者。向有萬頃，自言能詩，嘗指金唾壺命題試之，筆閣不下，蓋出其不備耳。」沈該等奏曰：「此等但能讀誦，未必能通義理作文。」

六月五日，禮部言：「討論童子引試典故，大中祥符四年，吉州童子黄敖以能賦詩，送中書再試推恩，合遵依祖宗故事。今後遇有奏乞，及諸州保明到童子，即合先送國子監驗訖，如合格，取旨送中書覆試。宰執聚廳，各人批試。如入格，取旨推恩。若記誦外更能賦詩作文，别具取旨。」從之。

八月八日，詔饒州童子孫材與免文解一次，仍賜束帛。材八歲，誦御製《爲君難説》及諸子書十種。

三十年三月十三日，詔童子姚億年與免文解一次〔一〕，仍賜束帛。億年誦御製《損（齊）〔齋〕記》及九經，兼習步射弓矢，引試並通故也〔二〕。《文獻通考》：高宗一朝，童子求試者三十有六人，授官者五人，萬頃、彭興宗、張揉、朱虎臣、劉轂。永免文解者一人，晏章。免文解者一人，紹興三年林佐國。始賜帛罷遣者九人，紹興三年四月。兄弟童子三人，饒州江安國、定國、戴松、戴滋，又張嵒叟、嵒卿，未知何許人。惟朱虎臣者能排陣步射及誦《七書》，故補承信郎。劉轂，小校子，五歲善騎射，故補校尉。虎臣，浮梁人，既召見，特又賜金帶以寵異之，此亦前所未有。

壽皇聖帝隆興元年四月十五日，詔福州念書童子陳繹永免文解〔三〕。繹八歲，誦經子等書十通，送中書再試，而有是命。

二年八月十二日，詔念書童子柯仲博免文解一次〔四〕。仲博誦《詩》、《書》、《易》、二《禮》、《語》、《孟》、御製贊記十三通，送中書覆試，而有是命。

乾道元年四月七日，詔福建路念書童子何邁永免文解。邁八歲，誦經子等書十六通，送中書再試，而有是命。

二年二月三日，詔右承事郎韓格免文解一次。格十四歲，誦《易》、《詩》、《書》、《周禮》、《春秋》、《道德經》、御製贊記、《文選賦》十一通，送中書再試，而有是命。

（二）〔三〕年二月四日〔五〕，詔平江府念書童子呂伯奮免文解一次。伯奮年八歲，誦《易》、《書》、《詩》、二《禮》、《論》、《孟》、御製贊記十三通，送中書再試，而有是命。

閏七月29十日，詔福州念書童子高應免文解一次。應

〔一〕姚億年：《建炎要録》卷六六作「茹億年」。

〔二〕此處當脱「以上《中興會要》」六字。

〔三〕念書童子：原作「童子念書」，據《補編》頁七九乙。

〔四〕文：原無，據《補編》頁七九補。

〔五〕三年：原作「二年」。按下條書「閏七月」，乃三年事，據改。

八歲，誦《易》、《書》、《詩》、二《禮》、《春秋》、《論語》、《孟子》、《孝經》、《老子》、御製贊記十八通，送中書再試，而有是命。

十月七日，詔福州念書童子張光祖免文解一次。光祖誦五經、《論》、《孟》、《孝經》、《(楊)〔揚〕子》、御製贊記二十一通，送中書再試，而有是命。

五年二月三日，詔平江府念書童子呂仲堪、呂叔獻並免文解一次。仲堪九歲，誦《易》、《詩》、《書》、二《禮》、《論》、《孟》、御製贊記賦論二十一通。叔獻八歲，誦《易》、《詩》、《書》、二《禮》、《論》、《孟》、《孝經》、《老子》、御製贊記、《春賦》二十通。送中書再試，而有是命。

四月十二日，詔念書童子陳驥免文解一次。驥八歲，誦《易》、《詩》、《書》、二《禮》、《論》、《孟》、《孝經》、御製贊記等十八通，送中書再試，而有是命。

十二月三十日，詔福州念書童子陳師孔免文解一次。師孔八歲，誦《詩》、《書》、《易》、《禮》、《春秋》、《論》、《孟》十通，送中書再試，而有是命。

六年二月十一日，詔泉州念書童子陳應之免文解一次。應之八歲，誦六經、《論》、《孟》、《孝經》、御製《春賦》，送中書再試，而有是命。

七年二月二十七日，詔福州念書童子詹倫免文解一次。倫六歲，誦《詩》、《書》、《易》、《周禮》並他書十通，送中書再試，而有是命。

三月二十日，詔隆州念書童子張壽免文解一次。壽五歲，誦《易》、《詩》、《書》、《論》、《孟》、御製贊記等十九通，送中書再試，而有是命。

七月十九日，詔隆州念書童子張維永免文解。維七歲，誦六經子書等二十三通，初免文解一次。維援陳繹等例自言，再降是命。

八年二月十一日，詔賜衢州呂嗣興童子出身，補右從事郎。嗣興四歲，誦《易》、《詩》、《論》、《孟》、《孝經》并《天官》、《中庸》、《儒行》、《左傳序》及他雜文。虞允文等奏：「近應此科者多，然皆六七歲以上，如四歲者絶少。」上曰：「已賜束帛，俟其試罷，優與推恩。」送中書再試，而有是命。

十一月十四日，詔饒州念書童子方宋英永免文解。宋英十歲，全誦《易》、《書》、《詩》、《周禮》、《論》、《孟》、《孝經》、《(楊)〔揚〕子》、《老子》及摘誦《春秋左氏傳》、《禮記》、《荀子》、御製詩賦、諸家故事，及排比陣法，開射弓矢，全篇爲詩賦，送中書再試，而有是命。

九年三月二日，賜吉州李如圭童子出身，補迪功郎。如圭[30]六歲，誦《詩》、《書》、《易》、《論語》、《孝經》、《老子》全，摘誦二《禮》、《春秋》、《孟子》及御製詩賦三百篇，各禮記篇名、《周禮》三百六十官名，《詩》、《書》、《易》、《禮記》、《論》、《孟》、《老子》重句，羣書大義皆通，及畫《易》六十四卦，故有是命。

六月二十七日，詔福州念書童子邵應祥永免文解。應祥八歲，誦《詩》、《書》、《易》、《禮》、御製詩贊，又能講《書·堯典》、《禮·學記》、《論語·學而篇》及《孝經》、《(楊)〔揚〕子》諸章篇，呼吸切字，送中書再試，而有是命。　以上《乾道會要》。　《文獻通考》：孝宗淳熙八年，始詔分爲三等：凡全誦六經、《孝經》、《語》、《孟》及能文，如大經義三道，《語》、《孟》義各一道，或賦及詩各一首，爲上等，與推恩。誦書外，能誦一經，爲中等，免文解兩次。止能誦六經、《語》、《孟》爲下等，免文解一次。覆試不合格，與賜帛。　孝宗一朝，童子求試者七十四人，而命官者七人。有呂嗣興者，衢州人也，四歲能誦《書》、《切韻》，變四聲，畫八卦，上召見，面俾吟詩，遂授右從政郎，賜錢三百緡，令伴皇孫榮國公讀誦，乾道八年春也。又有臨川王克勤，尤爲警敏，初命右從事郎。廬陵李如圭、三山林公洽、何擢並右迪功郎，三山何致遠將仕郎，廬陵郭洵直下州文學。　寧宗嘉定十四年，詔自今歲取三人，期以季春集闕下，先試于國子監，而中書覆試，爲定制焉。　光宗一朝，童子求試者十七人，無補官者。惟從事郎吳剛年九歲，能誦六經、《語》、《孟》，以壽聖親姪孫，特改承務郎，仍依初補法，壬子四月也。　晏元獻初以童子召試，遂賜出身，令秘閣讀書，久之即以爲正字。乾道末，上踵故事，以臨川王克勤敏叔爲秘書省讀書，制禄視正字之半。淳熙初，上幸秘閣，館職皆遷官，選人改京秩。有司言克勤于上，詔以爲文林郎。久之，臺官有言其過者，遂除初等職官。後復以鎖廳中第，爲太學博士。自後未有繼者。　自置童子科以來，未有女童應試者。自淳熙元年夏，女童林幼玉求試，中書後省挑試所誦經書四十三件，並通，詔特封孺人〔一〕。（以上《永樂大典》卷一〇六七四）

〔一〕卷末原書「念書童子」四字，似是標目而無正文，今删。

宋會要輯稿　選舉一〇

書判拔萃科〔一〕

【宋會要】

1 太祖建隆三年八月二十三日，詔曰：「書判拔萃，歷代設科，頃屬亂離，遂從停罷。將期得士，特舉舊章，宜令尚書吏〔部〕條奏以聞。」

九月十六日，有司上言：「准《選舉志》及《通典》，選人有格未至而能試判三條者，謂之『拔萃』。應者各取本州府本司文解，如常選舉人例，十月三十日以前隨解赴集。有出身已授京官、使府賓佐、州縣官、新及第進士，並許赴集。如未有官，不得稱試設撮頭銜取解〔二〕。准格差官考試，當日對訖，送知録銓尚書侍郎同考覈聞奏。考判之制有五等：上二等超絶輩流，可非次拔擢，前代罕有其人。第三上等取理優文贍者，超資擬授；次等或理優文省，緊慢授擬。第四〔上〕等取文理切當者，依資擬授；次等不甚切當者，量緊慢擬授。第五上等放選授官，次等放選赴冬集。不及格者皆落。」從之。

乾德元年閏十〔二〕月八日〔三〕，召翰林學士、中書舍人内殿覆試吏部試中應拔萃田可封〔四〕、孫邁〔五〕、宋白、譚利用。帝臨軒觀之，試畢稱旨，以利用爲左拾遺，白爲著作佐郎，各賜襲衣犀帶。可封、邁並授赤縣尉〔六〕。

真宗景德四年閏五月二十七日，龍圖閣待制陳彭年言，請許流内選人應宏詞拔萃科，詔可。

大中祥符六年二月十三日，流内銓引對前泉州觀察推官公孫簡，帝閲所試判辭荒繆，止命加階。簡不謝，自陳有勞，乞改京秩。帝令示所試判辭，簡堅乞不已，聲甚厲。詔付御史劾之。翊日，責授房州文學。

天禧三年十一月十九日，南郊赦書：「應在銓曹未注擬幕職、令、録及初入令、録人，兩任五考無公私過犯，三任八考無贓罪者，令銓司檢會以聞。當命近臣與判銓官同試身言書判，考校歷任，並以所試進呈取旨。」乾興元年二月一日御樓，天聖二年十一月十三日、五年十一月十七日、八年十一月十九日南郊赦，並降此制〔七〕。

十二月，詔翰林學士盛度、樞密直學士王（曉）〔曙〕、右諫議大夫王隨與判銓陳堯咨、宋綬同試，度等以所試聞，令

〔一〕原題作「試判」，題下原批：「一作書判拔萃科。」按，《補編》頁二六八録《大典》卷五六九九複文題作「書判拔萃科」，更爲確切，且與後「制科」等相應，因改。
〔二〕撮：《補編》頁二六八、頁三三〇録此條並作「攝」。
〔三〕閏十二月：原脱「二」字，據《長編》卷四補。
〔四〕覆試：原脱「試」字，據《長編》卷四補。
〔五〕孫：原作「豫」，據《補編》頁二六八改。
〔六〕赤：原作「勑」，據《補編》頁二六八改。
〔七〕此注原作正文大字，據《補編》頁三三一改爲小字。

送中書，其判優者與京官，次則幕職循資〔一〕，令、録與幕職，又次者補近便大郡官。

乾興元年四月〔二〕十三日〔二〕，翰林學士李諮等以準勑試幕職、令、録六十五人身言書判，等第來上，引對便殿。前懷安軍判官宗文禮等六人，並除京官、知縣；前武安軍節度推官王瑜等二人各循一資，與家便官；前連州桂陽縣令劉希孟等十六人，並除節度推官；前知鄆州觀察支使王信臣等四人，加階、勳、檢校官、試（御）〔銜〕。自希孟而下，入遠者與近地，入近者與家便。前密州録事參軍孫士衡等三十二人，入遠者與近，仍循一資，入近者與家便，循兩資。前泉州觀察支使蒲傳慶等五人與近地。詔曰：「國家思皇政經，詳覆吏治。念兹常調，慮或淹才，爰因渥霈❷之路〔三〕。其有宿官具久，慎行寡尤，載軫服勞，庶從振滯。惟三銓之著式，本四事以程能，特命從臣，同加精試，覽其第奏，申以對敭，表録善之無遺，溥推恩而有次。或序遷賓職，或擢寘幕庭，至於優以常資，處之便地，階勳假秩，並示甄陞。體予責實之方，勉乃自公之節。宜令李諮等與流内銓同注擬，仍並用成資闕。」

仁宗天聖三年二月七日，翰林學士晏殊等以準勑試到身言書判選人五十四人引見。第一等前惠州軍事推官林冀等七人，與京官、知縣；第二等胡以與循一資〔四〕，前湖州司法參軍郭鳳等二十二人並與節察推官〔五〕，前知和州含山縣雍銓與右班殿直；第三等荆仲舉等一十六名合入遠者與近地，入近者與家便官，仍加階、試、檢校官、勳有差，並注成資闕。内令、録入遠者循一資，入近者循兩資。

六年三月二十二日，翰林學士章得象等以準勑試到身言書判選人共八十二人引見。第一等掌禹錫等八人〔六〕，並與京官、知縣；第二等吳利用等，並與職官、知縣；第三等注擬有差。

七年閏二月二十三日，詔置書判拔萃。應選人非流外者，如實負材業，不曾犯贓及私罪情輕者，並許投狀乞應上件科目。仍先録所業判詞三十，並上流内銓。委判銓官看詳，如詞理優長者，具名聞奏，當降朝旨召赴闕，差官試判十道，以二千字以上爲合格，即御試。

十月六日，流内銓言：「準勑置書判拔萃條例聞奏。竊以國家精求理道，博採俊髦，既設禮闈，搜訪多士，復張科目，拔擢異才，斯誠善建之永圖，守文之長策也。其書判

〔一〕則：原作「到」，據《補編》頁二六八改。
〔二〕二十三日：原作「十三日」，按《長編》卷九八、《太平治迹統類》卷二九俱繫於壬戌日，即四月二十三日，此當是脱「二」字，因補（《玉海》卷一一六作「四月十三日壬戌」，按當月庚子朔，十三日乃壬子，是《玉海》亦脱「二」字）。
〔三〕「渥霈」下當有脱文，原文應是一聯。
〔四〕以：原作「比」，據《補編》頁二六九改。
〔五〕「司」原作「同」，「等」原作「第」，據《補編》頁二六九改。
〔六〕掌禹錫：原作「常禹錫」，據《宋史》卷二九四本傳改。

拔萃科，先録所業判詞，於流内銓投下〔一〕，委判銓官看詳，如詞理優長，明言堪應得上件科〔目〕，具名聞奏。今詳詔旨，蓋欲擢彼沉英，致之異等，不獨取於刀筆，(盡)〔蓋〕將觀彼才能。今較納到判詞，或纔出文場，未更事任，或方登官路，殊昧政經，或潛恐移官，志防遠適，或見隸邊郡，意望早還，各設詭謀，全乖實効。儻不申於約束〔二〕，必難副于詳求。今具畫一條，若蒙俞允，非惟塞奔競之塗，抑亦助澄清之化。又詳投納所業，雖於文彩粗有規程，慮假手以自媒，恐責寔而無狀。若令判銓官明言堪應，非敢輒逃於公累，切虞未盡於事宜。欲將判詞編排作三等，具名申奏，乞兩制別差官考定。應初任官未得求試〔三〕，須任四考以上，方得投狀。其見任沿邊、川、廣、福建及見係銓司起請移官人，並須迴日投狀，庶無濫進，稍合中規。」事下兩制，翰林學士章得象等言：「伏詳判銓官並是朝廷選任臺閣臣僚，看詳判詞優劣，必盡允當，望止依元勑，令判銓官看詳。如詞理優長，明言堪應上件科目，具名聞奏，更不別差官考定。仍依舊制，不限任數奏第。若見任沿邊、川、廣、福建不搬家地分，及見係銓司起請移官人〔四〕，如合係移入沿邊、川、廣、福建不3搬家地分，即依銓司起請，未得求試。」詔應歷官三考以上，方許投狀，仍令判銓官看詳，分三等聞奏，如兩制之議。

八年正月二十六日，流内銓言看詳到書判拔萃分三甲余靖等二十四人，詔兩制重詳定等第以聞。

二月七日，中書門下言：「銓司選到職官、知縣，多是人材書判平常，歷任無勞績，公過情重。欲令銓司一依元勑，子細看詳，須是歷任實有勞績，公過情輕，人材書判堪須掄選，方得具歷任并書判卷子進呈引見。」從之。

五月二十五日，命龍圖閣待制唐肅〔五〕、梅詢、直集賢院胥偃考試拔萃余靖等二十五人于祕閣，殿中侍御史王嘉言、直集賢院柳植封彌、謄録〔六〕。

六月(六月)二十三日〔七〕，帝御崇政殿試應書判拔萃選人。宣州司理參軍余靖考入第四等，爲將作監丞、知縣；安德軍節度推官、知邵武軍光澤縣尹洙考入第五等，循一資，近地知縣。

九年二月十二日，翰林學士盛度等准勑試到身言書判選人三十人引見〔八〕，詔信州判官蕭禋、均州判官周湛、邕州推官黄中、真州判官郭維、黄州判官周渭、明州推官顧祥並爲著作佐郎，知縣于房等二人循資，知縣王永等七人循資注家便官，劉範等十人注近地知縣，趙定基等五人應入

〔一〕流：原脱，據《補編》頁二七〇補。
〔二〕申：原作「伸」，據《補編》頁二七〇改。
〔三〕未得：原作「考定」，據《補編》頁二七〇改。
〔四〕司：原作「係」，據《補編》頁二七〇改。
〔五〕唐肅：原重此二字，據《補編》頁二七〇刪。
〔六〕録：原脱，據《補編》頁二七〇補。
〔七〕六月：原重此二字，據《補編》頁二七〇刪。
〔八〕盛：原作「段」，據《補編》頁二三二改。

遠者與近地，入近者與家便，並許注成資闕。其替罷者，許不時赴集。自今應書判及奏舉人，曾經引對，已受恩澤者，無得再預選試。

四月二十五日，命翰林學士盛度、知制誥鄭向、直集賢院胥偃同試應書判拔萃科于祕閣。

五月九日，帝御崇政殿試應書判拔萃科及武舉人，設幄南廡，命座。內出科題十道策問〔一〕。詔資政殿學士晏殊〔二〕、翰林學士宋綬爲考校官，翰林學士章得象、知制誥石中立爲編排官，侍御史王鬷爲封彌官，集賢校理王湜、錢延年爲對讀官。申後上所試卷，召宰臣徧閱，賜茶久之。

十三日，詔：「應書判拔萃科入第四等前潁州司理參軍李惇裕爲大理寺丞、知秀州華亭縣，洪州新建縣主簿毛詢爲鎮東軍節度推官、家便知縣，(穎)〔潁〕州汝陰縣主簿張孝孫爲忠武軍節度推官、近地知縣〔三〕；第五等湖州歸安縣主簿吳感爲江州軍事推官；不入等魏京、李宗罷之。」

景祐元年二月四日，詔書判拔萃科今後更不置。

六月四日，詔應書判拔萃人更不御試。

十七日，翰林侍讀學士李仲容等言，試到書判拔萃科潞州司法參軍江休復七人。詔休復所試稍優，爲大理寺丞、知長葛縣，閻詢等三人授官有差，魏申以下並落。

十二月十三日，知制誥李淑言：「幕職、州縣官舉充京朝官者，別差官與判銓同試。望自今更不逐次奏請差官，只委自判銓官考定優劣。如辭翰稍優，或刑名全否者，即令貼黃進呈。」詔吏部銓詳定聞奏。後請如所奏，從之。以上《國朝會要》〔四〕。

神宗熙寧元年十一 4 月十八日，南郊赦書：「見在銓選人注擬官，內職官、令、録并初入職官、令、録人，歷(南)〔兩〕任六考無公私過犯，并三任八考無贓私罪，曾有舉主兩人以上者，仰銓司勘會，具名聞奏，當議選差官與判銓同共試驗身言書判，考定等第及磨勘歷任〔五〕，隨卷子引見取旨。」

三年三月八日，以翰林學士呂公著、知制誥蘇頌與判流內銓官試驗選人身言書判。初議差公著等，上問試判故事，因曰：「此何足以見人材〔六〕。」輔臣或對先朝有與京官者，或以爲京官可惜，上以爲然。

五月十六日，翰林學士呂公著等言：「準手詔舉到淹廢之人，內選人不該磨勘者，依身言書判人例施行。續準勑考試到三十七人，分五等，令流內銓連逐人卷子依赦引見。具指定引見日，先申中書。欲今月二十一日上殿引見。」詔(閣)〔閤〕門依所定日數引見。

〔一〕策：原作「勑」，據《補編》頁二七〇改。
〔二〕詔：原作「召」，據《補編》頁二七一改。
〔三〕近：原作「家」，據《補編》頁二七一改。
〔四〕原無此注，據《補編》頁二三三補。
〔五〕及：原作「凡」，據《補編》頁二七一改。
〔六〕何：原作「人」，據《補編》頁二七一改。

二十一日，詔：「舉到淹廢之人，第一等，京兆府法曹參軍汪輔之、劍南西川節度推官趙炎、前龍州江油縣令許醇。輔之一犯私罪杖，宜只與陞一資；炎、醇並與陞兩資。第二等，前恩州司理參軍李逢、前同州司法參軍蓋士安、前信州司理參軍黄敏用、前雅州録事參軍齊詔、前深州司理參軍崔闢、前江寧府左司理參軍劉嵩、前威武軍節度推官宋瑜。逢不經考，宜只與先次指射家便差遣；士安等六人與陞一資。第三等，前吉州司户參軍潘魏、前海州東海縣令張師尹、前權鄭州觀察支使劉忠舉、前黎州軍事推官李伸、劍南西川節度推官王采〔一〕、前權知集州軍事判官明注、前江陰軍司理參軍董淑〔二〕、前信陽軍信陽縣令劉琮、山南東道節度推官顧希甫、前權知融州軍事推官李驤、前權知和州防禦推官李世康〔三〕、前真定府司録參軍劉舜理〔四〕、前饒州録事參軍陳延範〔五〕、鄧州司理參軍宋環。魏一犯公罪徒勒停，一犯私罪徒勒停，師尹一犯私罪杖衝替，一犯私罪徒勒停，宜並只與家便差遣；忠舉等十二人，並與先次指射家便差遣。第四等，前知興州順政縣事王穀、前京兆府觀察推官何廣淵、前權知鄂州觀察推官馬照、前權知漳州軍事判官周彭孺、前權知歙州軍事推官喬震、前辰州司理參軍王保民、前郢州長壽縣令于敷言、前鳳州司法參軍周純錫，第五等，前戎州僰道縣主簿兼知縣事仲淡成，彰德軍節度推官前知相州林慮縣事崔宗望〔六〕、前權知施州軍事推官李彭、前權知眉州防禦判官趙庭堅、前興國軍司理參軍陶稷等十三人〔七〕，宜並與家便或先次指射差遣〔八〕。」

四年十(一月)〔月一〕日〔九〕，中書門下省言：「自來幕職、州縣官及未出官選人，每因恩赦，例與放選，最爲未均。緣選人有寔守選三年，或罷任便會赦放選，以至奏補初出官之人，二十五已上試詩一首方得注官，尤無取。其間有材能者，須候年及〔一〇〕，頗爲 5 淹滯。中常之材，亦未嘗試其能，使之釐務，往往廢職。及銓曹合注官人〔一一〕，例須試判三道，因循積弊，遂成虚文。今欲應得替合守選人，許於流内銓投狀，試斷案或律文大義或議，差官同銓曹主判官法官考試〔一二〕，列三等申中書。其上等並免選注官，入優等者依判超例陞資，無出身者與賜出身。如經試不中，或不

〔一〕「南」字原脱，「度」字原重，據《補編》頁二七一補删。
〔二〕淑：原作「叙」，據《補編》頁二七一、三三三改。
〔三〕李：《補編》頁二七二作「掌」，頁三三四作「党」。按，疑作「掌」是，掌世康，掌禹錫之子，見呂陶《浄德集》卷九。
〔四〕真：原作「曾」，據《補編》頁二七二改。
〔五〕延：《補編》頁二七二作「廷」。
〔六〕知相州林慮縣：原作「與國軍司」，據《補編》頁二七二、三三四改。
〔七〕興國軍司：原作「權知施州」，據《補編》頁二七二、三三四改。
〔八〕並：原脱，據《補編》頁二七二補。
〔九〕月一：原倒，據《長編》卷二二七乙。
〔一〇〕及：原作「久」，據《補編》頁二七一改。
〔一一〕合：原作「令」，據《補編》頁二七一改。
〔一二〕銓：原缺，據《補編》頁三三四補。

能就試者，須實及三年，方與注官，即不得入縣令、司理、司法。其録事參軍、司理、司法，仍自今更不試判，亦不免選，即歷任有舉京官〔一〕、職官、縣令五人者，與免試注官。內得替合叙官人〔二〕，亦許依得替人例收試。」以上《續國朝會要》。《中興》、《乾道會要》無此門〔三〕。（以上《永樂大典》卷一六三〇一）〔四〕

制科 一〔五〕

【宋會要】

6 國初制舉，有賢良方正能直言極諫、經學優深可爲師法、詳閑吏理達於教化，凡三科。應內外職官、前資見任、黄衣草澤人，並許諸州及本司解送上吏部，對御試策一道，以三千字已上成，取文理俱優者爲入等。

太祖乾德二年正月十五日，詔曰：「炎劉得人，自賢良之選；有唐稱治，由制策之科。朕聳慕前王，精求理本，焦勞罔怠，寤寐思賢，期得拔俗之才，訪以經國之務。其舊置制舉三科，一曰賢良方正能直言極諫，二曰經學優深可爲師法，三曰詳閑吏理達於教化，並州府解送吏部，試論三道，共三千字已上，當日內成，取文理優長、人物爽秀者中選。自設科以來，無人應制，得非抱倜儻者恥局於常調〔六〕，效峭直者難罄於有司，必欲直對朕躬，以伸至業？士有所鬱，予能發焉。今後不限內外職官、前資見任、黄衣布衣，並許直詣閤門，進奏請應。朕當親試，以進時賢。所在明揚，無隱朕意。」

乾德二年四月一日，以前博州軍事判官潁贄爲祕書省著作佐郎〔七〕。時制科久廢，詔許詣闕自薦，臨軒召試。贄應賢良方正直言極諫科，召試稱旨，故有是命。

乾德四年五月二十七日，帝於紫雲樓下，召翰林承旨陶穀、學士竇儀、知制誥王著、盧多遜、王（祐）〔祜〕、祕書監尹拙、刑部郎中姚恕、國子監丞馮英等，同試應賢良方正直言極諫、經學優深堪爲師法科。郝益、姜涉等 7 所試文理疎畧〔八〕，不應策問，並賜酒食以遣之。《宋史·選舉志》：制舉無常科，所以待天下之才傑，天子每親策之。然宋之得才，多由進士，而以是科應詔者少。惟召試館職及後來博學宏詞，而得忠鯁文學之士，或起之山林，或取之朝著，召之州縣，多至大用焉。

真宗咸平三年四月十五日，賜應制舉人林陶同進士出身。陶既試學士院不及格，帝方欲招來俊茂，故特奬之。

咸平四年二月二十五日，詔曰：「漢命諸侯舉賢良方

〔一〕京：原脱，據《長編》卷二二七補。
〔二〕得：原作「停」，據《長編》卷二二七改。
〔三〕原無此注，據《補編》頁三三四補。
〔四〕一六三〇一：原標作「一萬六千三百」，查《永樂大典目録》，「試判」目在《大典》卷一六三〇一，據改。
〔五〕原稿此下又題「舉賢良方正能直言極諫等科三」。按「制科」二字即可概括此諸科，無需煩舉，今删。
〔六〕者：原作「恥」，據《補編》頁二五三改。
〔七〕前：原作「請」，據《長編》卷五改。
〔八〕姜：原脱，據《玉海》卷一一六補。

正之士，唐詔吏部設直言極諫之科，所冀寤寐英翹，詳延遺逸。朕嗣守寶曆，于今五年，曷嘗不日昃忘飡，宵分輟寐，憂勤庶政，景行前王。教化是脩，咨詢罔倦。其或有德者尚沉下位，懷才者不顯公朝，則何以慰我旁求，輔予不逮。宜命多士，明(剔)〔敭〕所知。其令學士、兩省、御史臺五品以上，尚書省、諸司四品以上，於内外京朝官、幕職、州縣官及草澤中，舉賢良方正、能直言極諫之士各一人〔一〕，當策以時務，朕親覽焉。」

(三)三月十九日，詔所舉賢良方正，應已貼館職及任轉運使者，不在舉限。

咸平四年四月(十三)〔三十〕日〔二〕，帝御崇政殿試賢良方正祕書丞查道、著作佐郎李邈、前定國軍節度推官王(曉)〔曙〕、前奉國軍節度推官魯驤、進士陳越。制策曰：「漢詔賢良，垂三百餘載；唐策俊造，懸四十餘科。得士者昌，於斯爲盛。用能佐佑帝業，焜燿儒風。歷代已來，其道中廢。皇朝開國，復舉而行。朕奉祖宗，不敢失墜，思得天下方聞之士，習先王之法，明當世之務者，以輔朕之不逮。傳曰：『三皇步，五帝驟，三王馳，五霸騖。』斯則皇帝王霸 8 之異世，其號奚分？步驟馳騖之殊途，其義安在？稱詔之旨，臨御之方，必有始終，存諸典故。加以姬周始之三十六王，劉氏承之二十五帝，受授之端，治理之要，咸當銓次，務究本原。而又周有亂臣，孰爲等級？秦非正統，奚所發明？勒燕然之石者，屬於何官？剪陰山之虜者，指於何帥？十代之興亡足數，九州之風俗宜陳。辨六相之後先，論三傑之優劣。淵、騫事業，何以首於四科？衛、霍功名，何以顯于諸將？究元凱之本係，叙周召之世家，述九流之指歸，議五禮之沿革。六經爲教，何者急於時？百氏爲書，何者合於道？漢朝丞相，孰爲社稷之臣？晉室公卿，孰是廊廟之器？天策府之學士，升輔弼者謂誰？凌雲閣之功臣，保富貴者有幾？須自李唐既往，朱梁已還，經五代之亂離，見歷朝之陵替。豈以時運之所繫，教化之未孚耶？或者爲皇家之驅除，開我朝之基祚耶？是宜考載籍之舊説，稽前史之遺文，務釋羣疑，咸以書對。」命翰林學士承旨宋白等考所對。道、越入第四等，(曉)〔曙〕入第四次等。以道爲左正言、直史館，越爲將作監丞，(曉)〔曙〕爲著作佐郎。邈、驤皆不入等。

咸平四年八月十日，帝御崇政殿試賢良方正秘書丞何亮、懷州防禦推官孫暨、舒州團練推官孫僅〔三〕、大名府成安縣主簿丁遜。制策曰：「朕祗若元符，爲人司牧，昧旦丕顯，虔恭寅畏，懼德之弗類，慮政之未孚。昔者周命百官，皆箴王闕；漢設三道，用求直言。誕舉舊章，9 思聞讜議。茲子大夫逢時奮庸，有犯無隱之秋也。夫五材並陳，

〔一〕能直言極諫：原無，據《長編》卷四八補。
〔二〕三十：原作「十三」。按《長編》卷四八、《太平治迹統類》卷二六、《宋史》卷六《真宗紀》等並記於四月三十日辛未，是「十三」乃誤倒，因改。
〔三〕推官：原脱，據《長編》卷四九補。

去兵未可；八政具舉，足食是先。今國家北扞强胡，西禦党項，歲遣介士，以防盛秋。弛邊備則越軌之是虞，窮兵鋒又徵發之爲擾〔一〕。堅壁翫寇，固役車之未休；繼好息民，復文治之靡及。故蒸庶不得安堵，弓矢無由載櫜。至于人獲四鬴之餘，始免艱食；國有九年之蓄，乃爲太平。今壤土尚多，游手未復。勸課之道非不至，賦斂之數無所加，萬鍾之藏蔑聞於都鄙，一穀不熟遂抵於流亡。今欲倍算舟車，且驅之未盡歸而貿遷斯壅〔二〕；給復租税，又惠之未及富而經費不充。復常平之倉，則市井之價或有二；修平土之法〔三〕，則經界之制未可行。自非時和而年豐，不免困窮而轉徙。又如總領衆職，莫急于求賢審官；申嚴百刑，莫先於明罰飭法。今疆宇遼邈，吏員衆多，必得其材，然付以任〔四〕。故文王之德在於能官人，東漢之隆本於責吏事〔五〕。今但委有司之考課，亦第閥閲以未精〔六〕；只遣使者之察廉，又飭厨傳而爲患。漢武之欲除吏，田蚡非可擅權〔七〕；德宗之擇縣令，柳渾譏其失體。遵荀勗省官之議〔八〕，則員難減者寔多；體薛宣换縣之規，則才適用者殊少。雖循名責實之斯切〔九〕，而政平訟息之未臻。至若金科玉條，竹書丹筆，以禁多辟，所期無刑。其屬三千，蓋防於踰矩；斷獄四百，用冀於勝殘。雖然，慕陶唐之畫冠〔一〇〕，且免而無耻；體漢初之疎網，又姦乃益生〔一一〕。必待皋陶作 10 士師，法寧可廢；豈須定國爲廷尉，民乃不冤。俟論報則久繫是虞，但責成則舞文斯衆。苟四目之罔及，乃一人之向隅。或罹非幸，足傷和氣。子大夫策慮悃愊，智畧輻湊。兵者凶器，必使歸馬放牛；食爲民天，必致家給人足。考建官之意，當俾百工之允釐；稽立辟之由，期措五刑而不用。並陳歷代之畧，兼揣方今之宜。揚搉而言，朕將親覽。」命翰林學士宋白、梁周翰、師頏、知制誥李宗諤、趙安仁、薛映、楊億考定所對。遜、僅入第四等，亮、曁入第四次等，以遜、僅並爲光禄寺丞、直集賢院，亮爲太常博士，曁爲光禄寺丞。唐（真）〔貞〕元中，魏弘簡以狀元舉賢良，自是無繼之者。至是曁、僅同以賢良登科，近古所未有也。

景德二年七月十八日，詔曰：「朕纂紹丕圖，憲章前古，並建衆職，允釐百工，用廣詳延，庶臻茂異。至於懸科

〔一〕徵：原作「饋」，據《武夷新集》卷一二改。
〔二〕且：原作「五」，據《武夷新集》卷一二改。
〔三〕修：原作「條」，據《武夷新集》卷一二改。
〔四〕然：天頭原批「『然』疑作『爰』」。按《武夷新集》卷一二亦作「然」，不誤。「然」猶言「然後」。
〔五〕責：原作「貴」，據《武夷新集》卷一二改。
〔六〕未：原作「求」，據《武夷新集》卷一二改。
〔七〕可：原作「其」，據《武夷新集》卷一二改。按《漢書·田蚡傳》，田蚡爲相，多以己意用人，權移主上，武帝不滿，曰：「君除吏盡未，吾亦欲除吏。」是乃武帝責蚡擅權，若作「其」字，則文意正相反。
〔八〕勗：原作「寔」，據《武夷新集》卷一二改。
〔九〕「循名責實」原作「名循貴實」，「斯」原作「期」，並據《武夷新集》卷一二改。
〔一〇〕畫：原作「盡」，據《武夷新集》卷一二改。
〔一一〕又：原無，據《武夷新集》卷一二補。

而較材等，前席而待敷陳。舉爾所知，屢博詢於卿士；無悼後害，當再策於賢良。莫不登於公朝，縻之好爵。尚慮耿介之秀遺逸於丘園，高尚之姿隱淪於屠釣。抱文武之術，莫効於當年；懷經濟之謀，頗沈於下位。十室豈無于忠信，大國固多於賢才，儻進善之未周，或俟時而興歎。今復置賢良方正能直言極諫、博通墳典達於教化、才識兼茂明於體用、武足安邊、洞明韜略運籌決勝、軍謀宏遠材任邊寄等科，宜令尚書吏部徧下諸路，許文武群臣、草澤隱逸之士應此科目。程品之制，方策具存。考其否臧，必先於公府；刈其翹楚，乃揚于王庭。蓋所以**11**慎重選掄〔一〕，遵行典故。委中書門下先加程試，如器業可觀，具名聞奏，朕將臨軒親試，旰食疇咨，較藝寔於至公，推寵榮於不次。宣布中外，咸使聞之。」帝謂寇準曰：「方今文武多士，豈無才識優異未升達者？至於將帥之任，尤難得人。前代試以制策，觀其能否，用求才寔，亦爲國之遠圖也。」因出唐朝制科之目，采其六用之。

(二)〔三〕年二月二十三日〔二〕，詔開封府：應制舉人投牒者，並待以客禮。

七月二十九日，以應制舉人所納文卷付中書詳較。初命翰林學士晁迥等考定，又命侍讀學士呂文仲、呂祐之、龍圖閣待制戚綸、陳彭年重考。帝猶慮遺才，故命輔臣裁定。

八月二十二日，詔曰：「朝廷所設制科，蓋期得士。比申推擇，頗慮遺才，朕聽政之餘，遂加親覽。其間綴述，亦有可觀。特廣示於搜羅，宜並從於較試。其趙宗古、陳高、陳絳、令狐頌〔三〕、陳貫令依例赴中書試。」初，學士院考宗古等所業文，皆不中式，特命就試(馬)〔焉〕。時浚儀尉祁房表應賢良〔四〕，當試，未召而卒，特賜錢五萬。

景德(二)〔三〕年九月十七日〔五〕，帝御崇政殿試賢良方正光祿寺丞錢易、廣德軍判官石待問。制策曰：「朕踐修聖訓，慎守丕圖。深虞政經未協，彝範是用，詳延豪雋，博訪謀猷。賁然來思，副此虛佇。所宜詢適時之要務，舉救弊之宏綱。夫高以下爲基，國以民爲本。聖人設教，勤卹居先，皆欲臻富庶之期，躋仁壽之域。然而蕃衍盛大之謂庶，利用阜(材)〔財〕之謂富，勝殘去殺之謂仁，永錫難老之謂壽。兆民所賴，四者難并，何施何爲，得以臻此？農處四人之急，食標八政之端。將圖足食之方，式重務農**12**之道。而游手逐末，甫田多荒，懲而勸之，其術安在？先王制辟，君子盡心。舜有惟恤之言，禹有泣辜之事，人罹于法，良用畫然〔六〕。姑務好生，常思慎罰。若唐虞畫像而耻格，成康刑措而不用，各用何道，使之然乎？天災流行，國家代有。故水旱之作沴，雖堯、湯而病諸。《書》云『燮治陰

〔一〕以：原脱，據《玉海》卷一〇六補。
〔二〕三年：原作「二年」。按作二年則失次，當作「三年」。以下數條《長編》均在三年，可證。
〔三〕頌：原抄作「楚」，復改作「訟」，今據《長編》卷六三改。
〔四〕祁房：《長編》卷六三作「初房」，《萬姓統譜》卷八「初」姓下亦作「初房」。
〔五〕三年：原亦作「二年」，據《長編》卷六四改。
〔六〕畫：原作「盡」。天頭原批云：「『盡』疑『畫』」。據改。

陽』，《易》曰『財成天地』，唯茲二道，可以行之。逖聽多言，不能無惑。阻之則忠讜道閉，誘之則（纔）〔讒〕諛路開。（填）〔慎〕于聽焉，必辨邪正；邪正之説，欲辨何從？推賢讓能，貫經訓而不朽；難進易退，列儒行而相高。近世以來，此風不競，馳騖旁午，安潛下衰。亦思塞奔競之源流，建風教之根本，激勸之要，其將曷先？祀之與戎，緩急不類，俱曰大事，其何故哉？古聖指歸，布在方策，《周禮》八柄馭下之洪規，《伊訓》三風守邦之深戒，令王之制，可舉而行。爲予指陳，成爾敷納。齊委仲父，下令如流水之原；湯任保衡，致君有格天之業。何術比於流水，何故言其格天？苟（辦）〔辨〕其由，可資成務。用民必順，無昆蟲之災；饗帝於郊，得寒暑之序。出何經據，當述厥由。大《易》彖辭，老聃經旨，化成天下，何者謂之人文？而不可示人，何者謂之利器？賢良文學，固所周知。俟聞讜言，以稱朕意。」命翰林學士晁迥、知制誥楊億、周起、朱巽爲考官。初詔兩制並撰策問，帝擇晁迥所撰用之。待問、易策並入第四次等，以待問爲殿中丞，易爲祕書丞。

十一月十五日，進士李孜上書言〔一〕：「昨應詔舉賢良，著《政通》十卷。有司考 13 校聞罷，不得預試。且孤貧無依，願霑一命之秩以自效。」帝憐之，令中書召試。詔授越州餘姚縣主簿。

四年閏五月四日，中書門下言：「考試應制科陳絳等十人文論，内絳與夏竦、史良三人詞理稍優。」帝曰：「比設此科，欲求才識。若但考文義，則積學者方能中選。苟有濟時之用，安得而知？朕以爲六經之旨，聖人用心，固與子史異矣。今策問宜用經義，參之時務。」王旦曰：「臣等每奉清問，語及儒教，未嘗不以六經爲首。邇來文風丕變，蓋由陛下以茲道化之故也。」因命兩制各上策問而擇之。

初七日，帝御崇政殿試賢良方正著作佐郎陳絳、昇州溧水縣令史良、（閏）〔潤〕州丹陽縣主簿夏竦。制策曰：「朕克謹先訓，惟懷永圖，期化成於人文，爰順考於古道。猶慮視聽不廣，心志未明，寤寐增勤〔二〕，忠規是佇，所以博延髦士，渴聽嘉謀。昔姬德之隆，《周官》爰作，建中立極，經世惠民，乃致頌聲，以措刑辟。王風不競，戰國交興，理貴從宜，俗多變古。炎漢政令，十志粗存；有唐憲章，《六典》備載。既沿革而不一，諒損益而可知。曲禮三千，經禮三百，誠難悉數，試爲敷陳。施之于今，往古之事何允〔三〕？揆之於古，方今之法孰非？勉商搉其大猷，無自執於小道。仲尼之志，在乎《春秋》。考舊史之文，明將來之法，善惡各顯，懲勸在茲，由是後王，遵爲彝訓。至若朝聘祭祀之禮，刑賞兵農之政，君臣勵翼之績，官師寅亮之辭，或可舉而行，當直書其事，精 14 英是取，糟粕勿陳。六籍之存，日星

〔一〕李孜：《補編》頁二五四作「李敬」。又，本書選舉九之六及《補編》頁六八載景德二年十一月初二日，進士姚孝友上書，其言與此條全同，當有一誤。

〔二〕寤：原作「鑒」，據夏竦《文莊集》卷一二改。

〔三〕允：原作「久」，據《文莊集》卷一二改。

爲喻，百氏之説，爝火攸同。惡寔尚華，寔繁厥類，斲雕爲朴，豈無其時。欲使薦紳之民並宗經術，青衿之士專習聖言，能黜異端，俟聞讜論。貢舉之設，茂異斯求，爰自唐朝，獨考辭賦。雖云小道，壯夫耻爲，然而定妍否於有司，觀工拙於作者，苟爲捨兹衡石，誠慮失之毫釐。將俾俊乂用章，文風丕變，其用何術，以副虛懷？《禮》有四民，農居其一；《書》有八政，食在其先。務勸力耕，亮由薄斂。或輕其賦調，則邦家之用不充；或重彼課役，則編甿之力彌困。至於搉酤之法，關市之征，將以惠人，亦思省去。復慮經費不給，游惰寖多，蓋蠲復民租，不禁山澤，而使野無曠土，府有羨財，下靡趍於末利，上益豐於儲蓄，必有説也，宜無隱焉。宰字之任，斯民所託，在乎銓擇，尤所注懷。亦嘗閱考績於明庭，聽保任於端士，暨于涖職，繼以敗官。或邊幅罔修，簠簋靡潔〔一〕，或佩韋罕誡，冠虎是侔，雖國有常刑，然民已受弊。今若峻其督責，必興嘆於凝脂；緩彼簡書，將漏罪於疎網。水火相濟，琴瑟改張，爾其謂何，予實翹想。緬惟致治，誠在得賢。常恐下僚，寔沉英彦，或以類舉，或自薦陞。清白著名，每從加等；幹蠱伸效，亦俾峻遷。然而鮮覩狥公，頗聞濫進，始由朋比，終陷刑章。言念于兹，夙夜無已。欲使懷才者必達〔二〕，薦士者絶私。奏牘上陳，美惡可復；爵賞下降，名寔罔違。極言澄汰之方，用資宵旰之慮。矧子大夫藴蓄15業，洞明政經，副我詳延，森然就列，靡蹈後患，各施讜言。」令兩制考定其策，絳、疎入第四次等，良不中式。以絳爲左正言，疎爲光禄寺丞。

十月二十三日，以前京兆府鄠縣主簿高志寧爲大理評事。志寧明經中第，請應識洞韜鈐科，日試三千字〔三〕，既而不能成。帝念其歷官無過，故特遷秩。

大中祥符元年四月〔二〕十四日〔四〕，詔曰：「乃者六科之建，三道疇咨，務求茂異之材，尤重詳延之意。爰有縉紳之列，洎兹逢掖之流，自薦公車，召試宰府。賢良方正能直言極諫草澤劉若沖、周啓明等，雖敏贍可賞，而理道未周。方當責寔之辰，難副揚廷之選，聊伸甄奬，用廣搜羅。若沖等並許應舉，仍免取解。知南康軍都昌等縣江任，草澤徐陟、高問、徐奕，進士陳高、陳宏文理無取，聽其從便。」《文獻通考》：大中祥(苻)〔符〕元年，時上封者言：「兩漢舉賢良，多因兵荒災變，所以詢訪闕政。今國家受瑞建封，不當復設此科。」於是悉罷。凡特旨試藝者，有於中書、學士、舍人院，或特遣官專試。所試詩、賦、論、策、頌、制詔，或三篇，或一篇。景德後，惟將命爲知制誥者方試制誥。東封及祀汾陰時，獻文者多試業得官。

仁宗天聖七年閏二月二十三日壬子〔五〕，上御延和殿，謂宰臣曰：「近夏竦奏，自古得賢則治，失賢則亂。漢、唐之間，多選賢良文學之士，以條時政得失。朕亦欲天下英

〔一〕靡：原作「縻」，據《文莊集》卷一二改。
〔二〕「欲使」句：原作「欲必懷才者使達」，據《文莊集》卷一二改。
〔三〕日：原作「目」，據《長編》卷六七改。
〔四〕二：原脱，據《長編》卷六八補。
〔五〕「壬子」二字當是《大典》據《玉海》卷一一六添，非《會要》原有。

豪皆登于朝，宜廣科目以收賢才。」乃下詔曰：「王者撫有多方，務恢至治，博求髦士，以助政綱，冀臻出類之賢，用叶思皇之美。朕嗣纘崇構，于今累稔，何嘗不緬稽古道，慎擇庶官。顧荐闢於貢闈，亦親程於明試。間下舉知之詔，申嚴覈課之文。尚慮魁磊之英或沉於下位，卓異之秀[16]久蔽於中林〔一〕，式廣搜揚，畢諧登進〔二〕。惟漢、唐之盛際，有科目之舊規。矧在先朝，已恢前烈。其有著名朝序，引籍京司，浹洽典彝，練明治體，則必詢之策慮，式竚條陳。又若常調三銓，夙懷四事，俾敷揚於辭制，將銓品於吏能。至如養素丘樊，採微銓畧，並咨大對，庶極所長。而皆考士論之無瑕，采鄉評之共許，咸抒文而來上，乃較寔於攸司。仍命試官，先從辨等。朕當躬臨軒陛，訪以才謀，思獲方聞之人，副我至公之舉。刈薪分爵，奚吝於推恩；懷寶逢時，無宜於自晦。」令復置賢良方正能直言極諫、博通墳典明於教化、才識兼茂明於體用、詳明吏理可使從政、識洞韜畧運籌決勝、軍謀宏遠材任邊寄六科。應内外京朝官不帶臺、省、館閣職事，不曾犯贓及私罪輕者，並許少卿、監已上上表奏舉，或自進狀乞應上件科目。仍先進所業策、論五十首，詣(閣)〔閤〕門或附遞投進，委兩制看詳。如詞理優長，具名聞奏，當降朝旨召赴闕，差官試論六首，以三千字已上爲合格，即御試。又置高蹈丘園、沉淪草澤、茂才異等三科。應草澤及貢舉人非工商雜類者，並許本路轉運、逐處長吏奏舉，或自於本貫投狀乞應上件科目。州縣體量實有行止、別無玷犯者，即令納所業策、論五十首，本州看詳，委寔詞理優長，即上轉運使覆寔，審訪鄉里名譽，選有文學再行看詳。其開封府委自知府審訪行止，選有文學佐官看詳，委寔文行[17]可稱者，即以文卷送尚書禮部，委判官看詳，選擇詞理優長者具名奏聞，當降朝旨赴闕，差官試論六首，以三千字以上爲合格，即御試。又置書判拔萃科、武舉，條目各見本篇。其逐處看詳官，不得以詞理平常者一例取旨。如違，必行朝典。仍限至十月終已前，具姓名申奏到闕。更有合行事件，委逐司條例以聞。帝謂宰臣曰：「文武少人，慮下位草萊沉淪材彥，令復置制科，中書門下逐具條件行之。」《文獻通考》〔三〕：仁宗天聖七年，詔曰：「朕開數路以詳延天下之士，而制舉獨久置不設，意吾豪傑或以故見遺也。其復置此科。」於是增其名，曰賢良方正能直言極諫科、博通墳典明於教化科、才識兼茂明於體用科、（詳明於體用科）詳明吏理可使從政科、識洞韜畧運籌帷幄科、軍謀宏遠才任邊寄科，凡六，以待京朝官之被舉及起應選者。又置書判拔萃科，以待選人之應書者。又置高蹈丘園科〔四〕、沉淪草澤科〔五〕、茂材異等科，以待布衣之被舉及應書者。又置武舉以待方畧勇力之士〔六〕。其法先上藝業于有司，有司較之，然後試祕閣，中格，然後天子親策之。

〔一〕中林：原作「中材」，據《玉海》卷一一六改。
〔二〕畢諧：《玉海》卷一一六作「俾皆」，當是。
〔三〕文獻通考：原作「宋史選舉志」。按《宋史・選舉志》雖亦有下文，但稍略，且無「後數歲」以下一大段，《文獻通考》卷三三則全有之，今改。
〔四〕置：原脱，據《文獻通考》卷三三補。
〔五〕科：原脱，據《文獻通考》卷三三補。
〔六〕置：原脱，據《文獻通考》卷三三補。

後數歲，李淑上書言：「吏部故事〔一〕，選人以格限未至者，能試判三節，謂之拔萃。此特有司之事耳，而陛下乃親策之，非其稱矣。又所謂茂材異等，本求出類之俊也，而士之不利鄉薦者，始出而應焉。臣以爲此二者皆非國家求材之本意也，宜有以易之。」於是罷書判拔萃科，令幕職、州縣官皆得應賢良方正能直言極諫等科。諸常試鄉舉被黜者，毋復應茂材異等科。其後十餘年，又詔自今制科須近臣論薦，毋得自舉。初，御史唐詢與參知政事吳育有隙，帝數稱近歲制科得人，以育爲賢。而詢奏言：「自古災異，乃策賢良。今者六科率不用公卿推引，而特視進士之期。凡應此科者，至自稱曰賢良方正，曰茂材異等，曰博通墳典。臣以爲習扇（僥）〔澆〕浮，莫甚於此，可悉罷之。」而育復奏曰：「策賢良自晁錯始，錯非以災異舉也。」帝以育言爲然。由是制科得不廢，而特禁其自薦而已。《文獻通考》〔二〕：公是劉氏《雜著》曰：夫自舉之與人舉之，所以厲世矯俗，豈可同日而語哉。今不惟進士自舉而已，至於賢良方正亦自舉也，豈不過乎！夫賢良美稱也，方正善行也，古之當此名者，方將高卧潛處，不知羔雁珪璧之聘三四至而遂能起乎？今皆循循然窺顔色、求便利而進矣，爭門齰指不足以諭其情〔三〕，側肩攫金不足以況其態，鼓腹自鬻不足以比其羞，無乃其寔與名不相符哉？今世皆知高賢良【18】于進士矣，不知賢良之害于俗甚于進士也〔四〕。何以言之邪？人有言曰：「南城之澤有兔焉，可逐而取也。」彼聞之者必争先致力焉，然其至者必游手惰農耳。又有言曰：「有鹿焉。」則不獨游手惰農而後争之，必將有舍業而往者矣，則兔小而鹿大故也。夫進士兔也，賢良鹿也，二者皆足以動貪利之心，而賢良之所動者多，可不慎哉！

六月二十三日，翰林學士宋綬等言：「屯田員外郎劉夔請應制科，詳前詔臺省官不預此舉。今夔任尚書省六品官，未有此例。」詔罷之。

十月二十二日，中書門下言：「昨降勑許幕職、州縣官應茂才拔萃科，頗聞不詳詔意。其有授官未赴任所者，望曉諭各歸任所聽旨。」奏可。

十二月四日，工部郎中、判尚書禮部康孝基上考覆茂材異等科富弼等一十人詞理並優，帝以孝基品藻非當，命禮部郎中、知制誥李仲容判禮部，覆令看詳以聞。故事，茂材異等三科，委禮部考定，至是孝基改同判焉。

八年三月十六日，詔：「應制科人，今後遇有科場，許依七年勑命投下文字。」

六月十六日，命翰林學士盛度、龍圖閣待制韓億就秘閣考試制科。度等上何詠、富弼論各六首。《兩儀生四象》、《刑罰何以任治世》、《軍禮同邦國》、《育材之道如何》、《九儀之命正邦國》、《拱（壁）〔璧〕駟馬何以不如進此道》論。

七月二十五日，帝御崇政殿試賢良方正太常博士何詠、茂才異等進士富弼。詠制策曰：「朕獲纘基緒，撫臨方域，咨詢治體，庶保治平。是用詳延儁髦，分設科選，嘉聞讜論，以輔遠猷。子大夫（褎）〔褎〕然舉首，揚于軒陛，必有宏畧，建明永圖。國家思皇政本，精求官效，並置職局，俾申練覈。若其授任中【19】外，釐務大小，陞降之序，鈎考之期，卒有定規，著之甲令。逮其從政，多致瘝官，或選愞以自安，或苛暴而刻下，或縱肆而侮法，或貪墨以成私，乖於

〔一〕故：原作「政」，據《文獻通考》卷三三改。
〔二〕按，此四字宜删，下文仍引自《通考》。
〔三〕指：原作「措」，據《文獻通考》卷三三改。
〔四〕甚：原脱，據《文獻通考》卷三三補。

任良，頗用興歎。蓋辨論之者，止視其閥閱而已。若夫行己之枉直，居位之善否，察以何道，乃克周知？昔京房考功之法，劉邵都官之制，三元之用捨，九品之是非，崔鴻之勿拘階級，既濟之專行辟命，前編可復，當爲具陳，稽之於今，必存折衷。又曰食曰貨，王政所先。今富有中區，牢籠至廣，田畝之賦卒著經常，山澤之産且無湀利，而量之之數，用度弗充，亦嘗撙節，未臻饒衍。關市所以抑末流也，而浮征尚多；榷酤所以防麋穀也，而資業罕殖。何以致民財豐阜，咸保於厚生；邦儲充羡，乃得以寬禁？至於復租庸而罷兩税，均貨幣而適重輕，使户靡雜（傜）〔徭〕，市無翔價，農賈兼遂，豐乏用齊。參考歷代之文，合於當世之務，聿（國）〔圖〕改作，式竚昌言。又如邊鄙雖安，戍守之兵未能減；吏員有限，占闕之官日以增。貢舉之設也，干名益多，藝成益鮮，徒滋於僥倖；刑章之具也，重辟雖少，而配隸彌衆，不忘哀矜。詳究其端，著乎條對。乃至俗化之尚鬱，政綱之未舉，悉當揚搉，務叶便宜，副朕虚懷，無有所隱。」弼制策曰：「昔者周室尚文，興賢能道藝之士；漢庭稽古，舉方正茂異之人。皆所以登用俊髦，俞咨讜直，以裨治道，用致和平。故卜世踰三十之期，饗年盈四百之數，垂之竹素，焕若日星。我[20]國家奄有多方，撫寧四海，仰祖宗之治範，顧沖眇之守成，秩歷代之舊文，興前王之墜典。尚慮朝廷之政經或闕，民俗之壽域未躋，申明舊章，周詢嘉話，此誠子大夫强學待問、發策決科之辰也。然則將御於今，必求諸古，苟方策之博達，在取捨以咸宜。若夫百代殊風，總其道曰皇帝王霸；六經異説，立其教曰禮樂詩書。思適用於兹時，當槩陳其大畧。且堯之爲君也，八元不舉，四凶未流，洪水懷山，庶民艱食，其慮患大矣，而夫子稱聰明光宅，何也？舜之爲君也，省巡方嶽，類祀神祇，敷教恤刑，耄期無怠，懃勞至矣，而夫子稱其無爲恭己，何也？夏禹之有天下也，奠山川，平水土，底慎財賦，致孝鬼神，上帝錫以龜書，箕子述爲《洪範》，其理要何也？文武之有天下也，綏兆民，恭天命，體國經野，涖事惟能，成王作乎《周官》，公旦著于經理，其會歸何也？又若嬴、劉而下，隋、唐之間，務立便宜，以濟邦國。其理財也，晁錯議乎貴粟，趙過稱乎代田，桑羊置均輸之官，壽昌興常平之制。其選士也，則仲舒言其擇吏，左雄取其限年，杜預陳黜陟之規，楊綰述貢舉之弊。此皆見用當世，垂法後人，盡爲發明，以資折衷。子大夫辭章雅麗，學術兼該，究文史之精微，洞聖賢之指趣，所宜辨論，用副詳延。」詠策考入第四等，弼入第四次等。詔以詠爲祠部員外郎、通判永興軍，弼爲將作監丞、知河南府長水縣。

明道二年六月五日，中書門[21]下言：「制科舉人自今須緣貢舉，許準詔投文就試。」詔可。

景祐元年二月四日，詔：「賢良方正能直言極諫等六科，自今後應京朝官、幕職、州縣官不曾犯贓罪及私罪情輕者，並許應。内京朝官須是太常博士已下，不帶省府推判官、館閣職事并發運、轉運、提點刑獄差任者，其幕職、州縣官須經三考已上。其見任及合該移入沿邊不般家地分及川、廣、福建等處者，候迴日許應高蹈丘園、沉淪草澤、茂材異等三科及武舉。應進士諸科取解不獲者不得應。」

六月十六日，以翰林侍讀學士李仲容、知制誥宋郊、天章閣待制孫祖德、直集賢院王舉正就秘閣考試制科。仲容等上吳育、蘇紳、張方平論各六首。《治民事天莫如嗇》、《九德咸事》、《天保采薇治内外》、《道何以萬世無弊》、《六經之道禮樂爲急》、《周秦之士貴賤》論。

二十一日，帝御崇政殿試賢良方正能直言極諫太常博士蘇紳、才識兼茂明於體用大理寺丞吳育、茂材異等張方平。制策曰：「朕膺淳耀之烈，守神明之器。兢兢業業，罔敢暇佚，思底于道，浩如涉川。内雖有股肱之良，外則憑藩屏之衛，而化或靡洎，政有未昭，思聞讜言，以輔不逮。子大夫負卓爾之才，當（褒）〔裒〕然之舉，必有究天人之學，明道德之淵。效爾所長，副朕虚佇，期得良畫，式康兆民。夫治天下，必上參五帝，下法三王，至於霸者之規，聖門之所恥説。詳思致治之要，必任惟賢之臣。朕未明求 22 衣，側身思道。雖達聰明目，祗服於聖謨；而易俗移風，尚牽於俗吏。豈求之不至，將教之未孚？極陳其方，以開未悟。禮義廉耻，有國之所弛張；陽德陰刑，求端之所取舍。求其所用，詎無所先？居土階之尊，唐堯之稽古也，安事舟浦之征？游嵓廊之上，虞舜之無爲也，奚有三苗之舞？若曰天道云遠，宋景何以退三舍之星？如曰人心不同，武王何以有十亂之佐？又夏后之德休明，何以鑄鼎？周家之俗忠厚，專以尚文。高臺深池，不能害霸，而十家之産，何以不爲？畿服不征，所以救歲，〔而〕六關之廢，何以興刺？皆前修之所未究，有國之所宜明。子大夫極思其精，發凡舉例，規其所不至，彰厥所未來，勿事猥并，悉其言諫。帝王之大，願舉其詳；古今之宜，請言其狀。朕將親覽，爾無面從，勿遺遠圖，以蹈後害。」育策考入第三次等，紳入第四次等，方平所對不及三千言。詔以育爲著作佐郎、直集賢院、通判湖州，紳爲祠部員外郎、通判洪州，方平特擢爲祕書省校書郎、知蘇州崑山縣。

閏六月二十七日，詔：「今後殿試制科、武舉人，各日就試，制科設次賜食。」

五年六月十六日，命御史中丞晏殊、翰林學士宋郊、知制誥鄭戩、直史館高若訥赴祕閣考試制科，殊等上田況、張方平、邵亢論各六首。《樂者天地之命》、《三公爲鄉老》、《治地莫善於助》、《禘嘗治國之本》、《聖王處民於瘠土》、《治亂刑重輕》論。

二十四日，詳定科場條貫所言：「賢良方正、博達墳典、才識兼茂、茂材異等四科，今後親 23 試，同出策目，須援引古義，以質今宜。其詳明吏理，或涉於武經之舉者，並別出策題。」從之。

七月二十七日，帝御崇政殿試賢良方正能直言極諫太子中允田況、祕書省校書郎張方平、茂材異等進士邵亢。

制策曰：「朕莅幅員之廣，寅畏天命，以康元元，思欲恢祖宗之遠圖，追皇王之極治〔一〕，躋俗於仁壽之域，陶民於禮義之化。兢兢業業，不敢怠遑，焦心勞思，十有七年于兹矣。而明不燭遠，智不通幽，奉承謨訓，惟恐失墜。故詔有司，詳延天下特起之士，冀聞忠讜寔至之言，以輔朕之不逮。子大夫卓出羣萃，（褏）〔褎〕然造庭，必有宏讜〔二〕，以塞虛佇。國家誕膺寶命，奄甸中區，三聖繼明，萬邦作乂，除殘而革暴，蠲苛而薄賦，稼政修，禮文縟，愛人甚於赤子，繄賢同夫白駒〔三〕，奇傑魁壘之士列位于朝，循良慈惠之長分政于外。求治若此，可謂勤且至矣。然而格之前載，猶或異論。法制寖講而未協厥中，經費寖繁而未得其節，樂未諧於韶濩，刑未措於成康，官師或昧於廉平，風俗頗虧於素樸，夷貊雖率化而時有陵犯，邊鄙雖嘉靖而時有儆戒災異者。朕之不德使之然耶，抑物之數適當然耶？子大夫其精心極慮，無有所隱。古之制度可用於今，今之章程有質於古，並宜條例，勿事猥并。立樂之方，何以格神祇而來瑞物？詳刑之要，何以空囹圄而致和氣？至於遴選多士，懋建庶官，咸有前規，可爲來範。唐氏考功之格，善最悉 24 陳；漢家刺部之儀，科條具舉。士民之類，愚衆賢寡，奢僭相尚，習以成風，不嚴而化，其術安在？蠢爾微寇，何以革其非心？漠然大鈞，何以致其順序？且道者萬世無弊，而前代有忠文相救之説；法者百王不易，而舊典著輕重異用之宜。《戴記》爲國有九經，所宜銓次；《周官》辨地以五物，咸爲敷陳。式副咨詢，且觀殫洽。固將施之於行事，匪獨取之於虛文。悉意以陳，無撓執事。」況策考入第四等，方平入第四次等，亢不入等。詔況爲太常丞、通判宣州，方平爲著作佐郎、通判睦州。

慶曆二年七月十一日，命翰林學士吳育、權御史中丞賈昌朝、直集賢院張方平就祕閣考試制科。育等上錢明逸、齊唐論六首。《左氏崇君父》、《孝何以在德上下》、《王吉貢禹得失孰優》、《經正則庶民興》、《有常德以立武事》、《序卦雜卦何以始終不同》論。

八月六日，帝御崇政殿試才識兼茂明於體用殿中丞錢明逸、賢良方正直言極諫處州軍事推官齊唐〔四〕。制策曰：「朕茂纘先搆，遹遵聖烈，咨詢周訪，期底靖嘉。四詔郡國，科舉賢俊，庶聞讜論，助輯政綱。子大夫懷術逢辰，造庭待問，必有淵藴，用副詳延。夫治亂之理，有經有權，有隱有顯，上監百世，敻然可求，非博學遠照，未之前識。予欲聞姜姓三正之典，《周官》五禮之別，以辨章上下以定治；（冷）〔泠〕州律間之義指，開皇尺度之名數，以立均考器以作樂，汝言。予欲聞呂訓疑罰之條，司寇止糾之禁，以邦國〔五〕；制臣之二柄，治民之七法，以一憲令，汝明。予欲

〔一〕治：原作「摯」，據張方平《樂全集》卷一八改。
〔二〕讜：《樂全集》卷一八作「謀」。
〔三〕繄：《樂全集》卷一八作「縻」。
〔四〕事：原脱，據《補編》頁二五四補。
〔五〕「以」下當脱一字。

辨貢賦功25式之會，參山海田數之書，以制財用；修九法四教，七正四守，以起軍旅，汝陳。予欲稽虞氏之黜陟，魏晉之考課，以釐庶官；本二《雅》之謹征伐，《春秋》之正夷狄，以靖外臣，汝記。今夫禮，温叟、崇義之所刊也，器服之數，朝祀之容，寧有所未善邪？今夫樂，王朴、和峴之所考也〔一〕，均聲知量，察風候氣，何以得至術邪？語刑者謂折杖之令爲仁，盗贓之格爲縱。仁固未有罰清民服之效，縱蓋多已隸更亡之害。語令者謂開塞之易知，創（華）〔革〕之繁互，然事屢興則不得習故常，俗已弊則不得專督責。若仍與變，安適其宜？何以使不匱上損下、奪人違時而貨益充，不暴師宿戍、轉餉屈力而邊益斥？厖職左右，宣力四方者，何以使盡得其人？畏威服德，摯寔世見者，何以使弗猾于境？並資至署，以濟遠猷。子大夫所當條述前言，通究時事，省括正臬，務協厥中。如其悠繆之辭，不周於用，記槩而舉，又非純學，策才之意，豈所望焉。其悉心明敭，無侵執事。」明逸策考入第四次等，唐不入等。詔以明逸爲太常博士、通判廬州，唐特授許州節度推官。唐初命權處州軍事推官，用左正言田況請，復升兩使推官。

九月初二日，詔：「自今幕職、州縣官應制科，不及三考者亦許取應。」

六年六月十八日，詔禮部貢院：「自今制科並用隨貢舉爲定制，亦須近臣論薦，毋得自舉。」初，監察御史唐詢言：「漢制，丞相、御史、列侯、中二千碩、二千碩、諸侯相舉賢良方正直言極諫之士。由漢涉唐，雖用其科，而不常置。若天見災異，政有闕失，則詔有位，使薦之於朝，冀聞讜言，亡有所諱。又有茂26才異等科，本朝稽用舊文，訖真宗之世，三建此科。自陛下即位，增修六科，以來多士，令兩省若少卿、監以上各得奏舉。後又只用賢良〔二〕、茂才二科，隨進士科設之。近年率不用保任之官，皆自名科目，且賢良方正〔三〕、茂才異等，皆名號之美者，使舉而爲之，猶曰近古，即自顯其美，顧所未聞。未經親試，前集有司，而所出論目悉用經史名數，其於治亂之體固無所補。及對詔策，大率不過條對義例，稽合注解，又復牽於文字之數，縱使魁壘之士，胸中雖有奇言，不得騁。況又人之所習，主于强記博聞，多辭泛説而已。至其捄輔國體，開陳治策，則何賴哉。故初應詔才數人，後乃至十餘人，今殆至三十餘人。既升本科，曾未累歲，悉至顯官，雖非其人，例不可抑。況直言極諫非當無事而求〔四〕，茂材異等豈謂循常之選？其弊若此，顧宜圖之。今具兩漢始置賢良方正、茂材異等，並因災異，詔舉賢良方正。前漢武帝建元元年，詔丞相、御史、列侯、中二千石、二千石、諸侯相舉賢良方正直言極諫之士；元封元年，以名臣文武欲盡，詔州郡察吏民有茂材異等可爲將相等。凡五十四年間，一舉賢良，一舉茂材。孝昭始元元年，詔三輔、太常舉賢良各二人；孝宣地節三年〔五〕，令内郡國舉賢良方正可親民者；元康四年，遣太中大夫彊等十二人循行天下，察吏治得失，舉賢材異倫之士。凡二十五年間，二舉賢良，一舉茂材。孝元初元二年〔六〕，詔以地震，令丞相、御史、中二千石舉茂材異等、直言極諫之士。永光二年日蝕，令内郡國舉茂材異等、賢良直言之士。凡十六年間，一舉直言，一舉茂材。成帝建始二年，以元年災

〔一〕和峴：原作「如峴」，據《宋史》卷四三九《和峴傳》改。
〔二〕後：原無，據《長編》卷一五八補。
〔三〕且：原作「作」，據《長編》卷一五八改。
〔四〕無：原作「世」，據《長編》卷一五八改。
〔五〕孝宣：原脱，據《長編》卷一五八補。
〔六〕二：原脱。天頭原批：「『孝元初』疑有脱誤。」今檢《漢書》卷九，事繫初元二年，據補。

異屢見，詔三輔、内郡舉賢良方正各一人；河平四年，日蝕水災，遣光禄大夫嘉等行瀕河郡，舉惇厚有材能、直言之士；鴻嘉二年，詔以數遭水旱，舉敦厚有行、能直言者；元延元年，詔以日蝕星隕，令内郡舉方正能直言極諫者各一人。凡二十六年間，四舉方正能直言〔一〕。後漢光武建武六年日蝕，勅公卿舉賢良方正各一人；七年日蝕，詔公卿、司隸、州牧舉賢良方正各一人。凡三十二年，兩舉賢良。章帝建初元年地震，詔令太傅、三公、中二千石、二千石、郡國守相舉賢良方正能直言極諫之士各一人；五年日食，詔公卿以下舉直言極諫者各一人。凡十三年，兩舉直言。和帝永元六年，詔以凶饉，令三公、中二千石、二千石、内郡守相舉賢良方正能直言極諫之士各一人。凡十年間，一舉賢良方正。安帝永初元年日蝕〔二〕，詔公卿、内外衆官、郡國守相舉賢良方正直言極諫各一人；五年，日蝕地震，詔公侯、中二千石、二千石、郡守、諸侯相舉賢良方正極諫之士各一人。凡十年間，兩舉賢良。順帝延光四年，京師大疫，詔公卿、郡守、國相舉賢良方正能直言極諫之士〔三〕；永和六年日蝕，詔大將軍、公卿舉賢良方正者各一人。凡十七年間，兩舉賢良。27 本朝但用兩漢之名，而不用兩漢之制，請自今更不與進士同時設科。若因國家災異屢見，非時舉擢賢雋〔四〕，臨時詔近臣審舉之。其所舉之人，宜如漢故事，親策當世要務，罷祕閣所試六論。」參知政事吴育言：「自三代以來，取士之盛，莫若漢、唐〔五〕。惟漢之興，高、惠所未遑暇。至文帝十五年九月，詔舉賢良文學之士，上親策之，則有若晁錯者出焉，是時即無災異而舉也。至武帝建元元年冬十月，詔舉賢良方正直言極諫之士，及元光元年詔賢良對策，則有若董仲舒、公孫弘者出焉，所舉亦不因災異，但策中語或及者，亦陳事之端耳。唐開元二年六月甲子制，其有茂材異等，或令自舉〔六〕。是年設直言極諫科。至憲宗元和間，制科之盛，有若元稹、白居易皆特出之材。觀當時策目所訪者，皇王之要道，邦家之大務，可以覆視，固不專於災異也。此漢、唐故事有足據者。其或因天變，又非時親策者，則亦有之。厥後時君或居常自逸〔七〕，謂毋闕政，及天災已著，時釁已形，然後下詔舉之，欲救於臨事。此則取士之弊風，而後王之末造也，豈足以爲師矩哉。陛下自復制科，于兹累年，隨貢舉而開，疎數適中，忽以一人之言，欲議變常之制。若必候災譴而後詔舉，非惟失建科之本意，且尤有不可者三：一則使天下賢雋之士滯淹，待災異而進身，非所以養廉耻也〔八〕；二則平居不詢，造形乃問，非所以懼災異也；三則輕改信令，示天下毋渴士之心，非所以廣賢路也。且漢、唐所立孝廉及進士等科，皆每歲常選，故制舉不隨而開。今禮闈凡數年一啓，因以制舉隨之，則事適其宜，何害于時，須此紛易？況災異之出，不常厥期，或彌年所毋，則此舉奚設？或比歲而有，則於事大煩。既不因乎天災，又不隨乎貢舉，而曰非時詔舉，浩無端倪〔九〕，乃是遂廢此科。芻蕘稍詢則言路有寄〔一〇〕，餼羊一去則禮意都忘〔一一〕。今無故而更張，使遺材絶望，其傷國體，不亦大乎！乞并下臣奏，令兩制詳定。若漢唐故事非專爲災異而設，則但當執守，毋令輕變，以惑羣心。臣曾應制舉，毋容不知，知而不言，於罪爲大。」及中書進呈，帝以育議爲是，不下兩制詳定，而降是詔。

《涑水記聞》：魯平曰：宋初以來，至真宗方設制科，陳越、王曙爲之首。其後夏竦等數人皆以制科登第。既而中廢，仁宗即位，天聖六年始復置。其後每開科場則置之，有官者舉賢良方正，無官者舉茂材異等。餘四科多不應。皆自投牒，獻所著文論，差官考校，中者召試閣下，試論六首。

〔一〕「能」字原在「方正」上，據文意乙。
〔二〕安帝：原脱，據《後漢書·安帝紀》補。
〔三〕國相：原作「相國」，據《後漢書·順帝紀》乙。
〔四〕時：原作「特」，據《長編》卷一五八改。
〔五〕若：原脱，據《長編》卷一五八補。
〔六〕或：原作「咸」，據《長編》卷一五八改。
〔七〕君：原作「唐」，據《長編》卷一五八改。
〔八〕以養：原作「愛」，據《長編》卷一五八補改。
〔九〕浩：原作「語」，據《長編》卷一五八改。
〔一〇〕詢：原作「論」，據《長編》卷一五八改。
〔一一〕忘：原作「志」，據《長編》卷一五八改。

又中選，則于殿廷試策一道，五千字已上。其中選者不過一二人〔一〕，然數年之後，即爲美官。慶曆六年，賈昌朝爲政，議欲廢之。吳育參知政事，與昌朝争論于上前，由是賈、吳有隙。乃詔自今舉制科者，不聽自投牒，皆兩制舉，乃得考校。

七月二十八日，命權御史中丞張方平、知制誥[28]彭乘、楊偉、集賢校理胡宿就祕閣考試制科。方平等上錢彦遠、齊唐論六首。《大有上吉》、《三王之郊用夏正》、《史記不記少皞》、《道非明民》、《大史掌叙事之法》、《樂循理爲君子》論。唐以言者（爲）〔謂〕無履行，罷之。

八月十六日，帝御崇政殿試賢良方正能直言極諫太學博士錢彦遠。制策曰：「朕奉承廟社，惟御海寓〔二〕。永惟致理之大，浩若涉川之廣，夙夜寅畏，弗遑底寧。是以博延雋良，射策殿陛，冀獲嘉話，以毗庶績。子大夫精藴識慮，該明體要，必有以繹敷古道，開助予意。且二帝三王之遺則，淳仁厚義之餘澤，丕隆至治，總集大和者，是必舉之有綱而導之有源爾。若夫王者政教上通於陰陽，何以使黎民厚生，無饑饉（扎）〔札〕瘥之困？賢人履行下繫於風俗，何以使衆士修正，無矜沽險僞之巧？語官者謂郡縣之任權小而勢輕，憸人得以肆欲；論法者謂律令之書議繁而科密，暴吏得以舞文。吾欲一富貴，均强弱，俾家亡兼并，平貴賤，通有無，俾貨不壅積，何術可以馴致？吾欲憲皐陶九德之法以任人，參《周官》六計之旨以弊吏，何施可以詳究？今夫兵戎非不練，而戰攻守禦之志未盡固；農業非不恤，而汙萊原隰之田未盡墾。比綏遠服，敷示恩信，而蠻區夷落尚據險而繹騷；間念編户，復除徭賦，而寇盗斂攘猶承間以竊發。兹惟寢弊，安所釐制？至若九官命於舜，其職任之重輕；十亂稱於周，其勳謨之高下；賈讓治河之三策，刁雍築城之五利；《管子》言莅政之大在明四順，《淮南》述爲[29]君之要當用六律：皆見載籍，並資條釋。所宜講大體，鋪善經，參往古之安危，酌方今之利病，事稽于寔，理適厥中。無隱言，無高論，朕當詳覽焉。」彦遠策考入第四等，詔以爲祠部員外郎、知潤州。（以上《永樂大典》卷一〇六六九）

〔一〕一二：原脱「一」字，據《涑水紀聞》卷三補。
〔二〕寓：原作「寓」，據文意改。

制科　二〔一〕

【1】皇祐元年七月二十八日，命觀文殿學士丁度、知制誥稽穎、李絢、直龍圖閣王洙就秘閣考試制科。度等上吳奎論六首。《損益弗違之吉孰先》、《教詩以六德爲本》、《三有俊克即俊》、《因神以明道》、《韓延壽楊阜人不忍欺優劣》、《聖人文質》論。

八月二(十)日〔二〕，上封者言：「伏見國家每設制科，以收賢材。中選之後，多至大用，以此知不獨取於刀筆，蓋將觀其器能也。舊制祕閣先試六論，合格者然後御試策一道。先論者蓋欲探其博學，後策者又欲觀其才用。近來御前所試策題，其中多問典籍名數及細碎經義，乃是又重欲探其博學，竟不能觀其才用〔三〕，豈朝廷求賢之意耶？欲乞將來御試策題中，止令問事關治亂，體繫安危，用之則明昌，捨之則微弱，往古之已試，當今之可行者十餘條，限三千字已上成。所對人若文理優長，識慮深遠，其言真可行於世，其論果有補于時者，即爲優等；若是文意平常，別無可采者〔四〕，即爲末等。量與恩澤。所有名數及細碎經義，更不詳問。如此則不爲空言，可得實效。」詔撰策題官先問治亂安危大體，其餘所問經史名數自依舊制。

〔二〕十四日〔五〕，帝御崇政殿試賢良方正能直言極諫殿中丞吳奎。制策曰：「朕祗畏天明，以臨萬寓。陟降在上，日監在茲。至【2】於禮樂政教，刑辟威獄，罔弗是憲，以起大治。故親策俊良，及此而六，宜謂得人之盛，無媿古先。且欲詢變化之道而知神之所爲，求述作之原而察聖明之所本，燭理於昧，圖危於安。子大夫窮天人之端，識治亂之兆，其恭聽朕命，著之敷言。《書》曰：『在知人，在安民，能哲而惠，惟帝其難。』朕惟取群材以班庶職，而才有未叙，職有未修，何也？愛育兆民，若視赤子，賦不加重而人已匱，役不奪時而衆已困，哀薄益厚，貧富不均，何也？《記》曰：『禮樂刑政四達而不悖，則王道備矣。』朕勅天之秩，寅庸五禮，因民之和，考正大樂，未有露泉象物之感，何也？慎令詳刑，允於出納，無有師保，如承祭祀，尚乖有耻且格之應，何也？向若大河決溢，水不順道，較財僝力，將議堙補，而年穀不登，人用流轉。軍師屯防無事而厚費不給，姦宄盜寇有時而竊發弗禁，求之彝倫，其咎安在？彼劉毅損難之議，唐官善最之目，周人荒政之數，管氏版法之經，禮樂所損益者孰知，刑罰世輕重於何代？東漢而上，塞河之術安從？西魏以先，爲兵之制奚見？酌古之利，屬今之

〔一〕原題作「舉賢良方正能直言極諫等科」，今承上卷改題，《大典》本不分卷。
〔二〕二日：原作「二十日」，據《長編》卷一六七刪「十」字。
〔三〕「能」下原有「不」字，據《長編》卷一六七刪。
〔四〕別：原作「例」，據《長編》卷一六七改。
〔五〕二十四：原脱「二」字，據《長編》卷一六七補。

宜，別白以言，無悼患害。」奎策考入第四等，詔以爲太常博士、通判陳州。

五年八月初三日，命觀文殿學士高若訥、王舉正、端明殿學士楊察、直史館專詢就祕閣考試制科〔一〕。若訥等上趙彥若論六首。《哲人惟刑》、《貸以國服息》、《五官爲上公》、《舜明庶物》、《治天下審所尚》、《施孟梁丘易學如何》論〔二〕。

〔二〕十五日〔三〕，帝御崇政殿策試賢良方正 3 能直言極諫太常寺太祝趙彥若。制策曰：「蓋聞治古之隆，民風淳，王道易，心通誠孚而天下之理得，是以六氣順，三光明，祲厲屏，釐祥臻，羣靈豫安，諸產茂嘉，朕甚慕焉。後世寖薄，智僞日滋，爲君者難，習俗多弊，故善氣罕應而陰陽尠和。朕承祖宗之休，執天地之政，深惟大器至重，大麓至繁，寅威兢業，罔敢暇豫。所懼明有未燭，道有未昭，天時舛宜，民業重困，故間歲下詔，舉達學絶才之士，以直言補闕。子大夫懷業優博，盛年爲舉首，期有以荅揚精微，闡論朕志。夫王者之道，有統有運，有文有質，歷世之序，或悠或促，豈所遭之時不同，抑所尚之術有異者邪？五帝敻遠，弗可得詳；三代緜永，其規足術。二漢以降，七制爲美。暨鼎列南北，光靈不競。陵夷至于唐室，貞觀、開元之主，接軫於二百年間，大盜三發，不絶如綫。五季之末，極窮而復。皇天眷我烈祖之丕命，二聖繼武，重光協華。肆朕繼承，彌越三紀，未嘗一喜怒以賤刑賞，一奢欲而耗財用，一偏聽以咈諫諍，一力役以奪民務，虛心至懷，率蹈公路，蓋欲大先猷而恢帝步也。何則比年以來星躔爽行〔四〕，蠻夷驟聳，烈風迅雷，間成驚暴，河流坤載，頃常震溢，蟊旱作沴，風俗寖漓？居位者或拱嘿以養名，懷道者或隱身而遜志，人力尚屈，王澤未流，夙宵浩然，若涉淵（水）〔冰〕。今欲遠鑒列古興壞之本，近迹當世得失之宜，上求天端，消復變眚，下革時弊，化行忠厚，使 4 大臣亮而小臣力，仁惠浹而泯細紓。嗚呼，何道而臻此邪？子大夫其詳之著之，茂之明之，副朕觀覽。又，王政之急在知人，在齊俗，在務本，在阜財，經之以文物，輔之以武事，而治具備矣。然而碔砆類玉，蕭稂亂穡〔五〕，能哲而惠，惟帝攸嘆。侈縱犯上，貧富正等，流弊日久，於變甚難。四人之生，常屈於倚末之士；九歲之蓄，未逮於三登之年。伊欲任忠而判邪，敦風而軌俗。因財理以辨人物，則九偏七似，或盧於大熉〔六〕；尚法制以正上下，則六柄四位，未知其安執。稽任地授田之職

〔一〕專詢：「專」字疑誤。王德毅《宋會要輯稿校勘記》改爲「唐詢」，似是；唐詢皇祐、至和間爲直史館，見《長編》卷一六八、一七七。

〔二〕丘：原作「年」。按《漢書·儒林傳》：「《易》有施、孟、梁丘之學。」是「年」當作「丘」，形近而誤。

〔三〕二十五日：原作「十五日」。按《長編》卷一七五、《宋史》卷一二《仁宗紀》四均繫此事於此月二十五日辛酉，則此處脱「二」字，因補。

〔四〕何則：似當作「何以」。

〔五〕稂：原作「糧」，據文意改。郭璞《爾雅注序》：「搴其蕭稂。」「蕭稂」謂雜草也。

〔六〕盧：似當作「慮」。

以限農畝，可適于今乎？設平準均輸之令以御物貨，果便于世乎？仲舒之明情性，賈誼之言國體，於道孰粹？管氏之陳七法，荀卿之條六術，論兵誰至？商因夏禮，所因者何文？漢雜霸道，所雜者何迹？至於今世之務最切者何事，前朝之政可循者何規，既往之失孰者宜懲，將然之虞奚者宜備，子大夫其悉意極慮，正辭以陳。興自朕懷，毋憫有司。」彦若策考不入等而罷。

嘉祐二年六月十九日，詔曰：「國家之所以爲國者以有士也，豈有（挾）〔狹〕其所取之路，而輕其所付與哉！士之所以爲士者，以有道藝行誼也，豈可不自重愛而顯於進取哉。古先帝王之於士，審於所求而裕於所用。《詩》云『翹翹錯薪，言刈其楚』，審於其所求也；『濟濟多士，文王以寧』，裕於其所用也。朕承祖宗之休，思與天下之士偕之至治，故設賢良而下凡九科，其取之豈一路哉。每 5 一詔下，而應書者不過數十人，中選者才一二，豈有司課試之未精而或有遺逸邪？抑士不自勵以自取棄邪？此皆非朕之所以待天下士之意也。自今太常博士而下充臺、省、閣職及提點刑獄以上差使，選人不限有無考第，并草澤人，並聽待制以上奏舉，即不得自陳。内草澤人並許本路轉運使採察文行，保明奏舉。如程文荒淺，中選才行不如所舉，並坐舉者。有司務精考校，以廣搜羅，毋致遺逸。其初中選所推恩命別加裁定，厥後須視才行能否差次進用，不得更援舊比，無名超擢。餘從舊制。布告中外，明諭朕指。」先是以制科得人數少，詔兩制詳議。及孫暨等上議，乃降是詔。

八月七日，命三司使張方平、龍圖閣直學士陳升之、知制誥吳奎、直祕閣王疇就祕閣考試制舉科。方平等上王彰、夏噩論各六首。《設卦以盡情僞》、《德者性之端》、《作稽中德》、《君子知微知顯》、《周寔助法》、《兩漢儒林治經孰深》論。

十九日，帝御崇政殿試賢良方正能直言極諫祕書丞王彰、材識兼茂明於體用明州觀察推官夏噩。制策曰：「朕纘祖宗之洪業，撫區夏之重器。臨政思治，于兹三紀，何嘗不中夕惕厲，昧旦丕顯，延訪茂士，詢求讜言，冀臻治平，以垂久大。子大夫（褎）〔褒〕然充賦，咸造在庭，得不欲攄發智蘊，開沃朕心邪？方今庶務小康，至化猶鬱；兵戎雖戢，餽餉頗勞；學校雖興，禮讓殊鮮；官冗而浮食者衆，民疲而失職者多；陰陽爽和，眚沴間作；經瀆弛於常道，淫雨溢於舊防；賦調尚繁，昏墊靡息。豈朕明 6 有未燭，德有未孚？致咎之來，在予爲懼。自昔繼體守文之君，承前聖之烈，（籍）〔藉〕累世之資，致囹空之隆，騰頌聲之美。惟建武中興，極修文德；（正）〔貞〕觀特起，驟致太平。豈天時之協符，將人事之胥濟？功業遲疾，奚其不同？側席永懷〔一〕，望古盈愧。夫聖王之制世也，必本仁義之統，師道德之説〔二〕，飾以儒雅，頒其教令。尋孝宣之治，尚於刑名；迹顯宗之政，本於理法。當二后之際，信賞必罰，刑清

〔一〕永：原作「求」，據《文恭集》卷二九改。
〔二〕師：原作「帥」，據《文恭集》卷二九改。

國富，鳳凰屢下於郡國，神雀比集於京師，致兹美祥，緊何然哉？今公卿大夫與朕總方畧〔一〕，美風俗，而吏治未甚淳，民德未甚厚，豪右踰制，姦猾冒禁。以至守宰之任，循良罕聞，厨傳侈於使客，繇役迫於下貧，殆有愁嘆之聲〔二〕，未弭鬱堙之氣。豈躬行之弗類〔三〕，而圖治之匪章歟？昔晁錯舉於賢良，公孫對以文學，深陳政道，並先術數。仲父治國之器，内史詔王之柄，咸垂格訓，當安設施？至于《春秋》之稱一元，《洪範》之推九類，何行而正其本，何施而建其極？子大夫習先聖之術，熟當世之務，識古今王事之體，究天人精祲之原，思所以蕩饑致祥，革弊興利。受策應問〔四〕，咸以正對，毋諱有司，稱朕詳延之指焉。」亹策考入第四等，彰不入等。詔亹爲光禄寺丞。亹既磨勘，自當改著作佐郎，又對策第四等，宰相富弼以親嫌而裁之。

三年閏十〔二〕月十二日〔五〕，詔：「自今制科入三等、進士第一人及第，並除大理（事）評事、簽書兩使幕職官廳公事或知縣，代還陞7通判，再任滿與試館職。制科入第四等、進士第二（等）第三（等）人，並除兩使幕職官，代還改次等京官，送審官院。制科入四等次、進士第四第五人，並除試（御）〔銜〕知縣，任滿送流内銓，與兩使職官。鏁廳人比類取旨。」

四年七月二十六日，命翰林學士吳奎、權御史中丞韓絳、知制誥范鎮、起居舍人知諫院范師道，就秘閣考試制科。奎等上陳舜俞、錢藻、汪輔之論各六首。《萃致孝饗》〔六〕、《魚麗廢則法度缺》、《漢制因時之宜》、《臯陶叙九德》、《君子所養》、《徐有功比于張》論〔七〕。

八月十三日，帝御崇政殿試材識兼茂明於體用明州觀察推官陳舜俞、賢良方正直言極諫宣州旌德縣尉錢藻、汪輔之。制策曰：「朕承先聖大業，守天下重器，兢兢萬務，旰而後食。進見公卿師尹，與圖試事，復延方正、茂異之材，以咨治道，思欲躋時於仁壽，昭前之光明。三紀于兹，策問者八矣。子大夫（褒）〔裦〕然來思，造庭待對，必有奇論，進當虛佇〔八〕。夫天地之道，帝王之功，豈非久而成哉。今朕志治而未洽，躬化而未孚，飾禮而教未馴，制樂而功未章，法用中典而刑辟未措，賦從薄斂而頌聲未作，山澤畢入而倉府未充，邊塞既寧而轉餉未息，災害或作，盜賊間興，必世而後仁，將非妄歟？重以承五代之交喪，歷百年之全盛，官制殊駮，吏員大溢，文昌之職不還於中臺，京師之官猶莅於外任，必也正名，重於改作。伊欲用夏之忠，營救時

〔一〕方：原作「萬」，據《文恭集》卷二九改。
〔二〕殆：原作「始」，據《文恭集》卷二九改。
〔三〕行：原作「化」，據《文恭集》卷二九改。
〔四〕策：原作「册」，據《文恭集》卷二九改。
〔五〕十二月：原作「十月」，據《長編》卷一八八補。
〔六〕孝：原作「考」，據《周易·萃卦》象詞改。
〔七〕于：原作「干」。按《舊唐書》卷八五《徐有功傳》：有功爲司刑少卿，「時人比漢之于、張焉」。據改。「于張」謂于定國、張湯。
〔八〕佇：原作「侍」。天頭原批：「『侍』疑『佇』。」據改。

弊，可條其施設；參漢之制，（斤）〔斥〕去霸道，試陳其用舍。省方之禮廢，將受8郡國之計，以勸其風俗，何以使人知恥格而俗識廉讓？底績之法弛，將書內外之考，以課文武，何以使吏稱其職而官宿其業？北方厚戍，欲收三品之更以贍屯衛，得無有加賦之譏乎？南徼屢警，欲按五管之略以經蠻夷，得無有留兵之費乎？書法不隱，《春秋》所諱有四；議事以制，甫刑其罰且千。申、韓之原道家，理將安在？遷、固之贊循吏，義有不同。災害消復之原，水旱變正之術，《洪範》之禦六沴，《皇極》之斂五福，馴致之宜，必有其要。子大夫講於上古之學，通於經世之務，蘊蓄有素，詳定在茲。悉心以陳，輔朕不逮。」舜俞等制策並考入第四等。詔舜俞爲秘書省著作佐郎，藻爲祕書省校書郎，無爲軍判官。輔之雖同入等，而言者以無士行而罷之。

六年八月十七日，命翰林學士吳奎、龍圖閣直學士楊畋、（權）〔御〕史中丞王疇、知制誥王安石，就秘閣考試制科。奎等上王介、蘇軾、蘇轍論各六首。《王者不治夷狄》、《禮義信足以成德》、《劉愷丁鴻孰賢》、《禮以養人爲本》〔一〕、《既醉備五福》〔二〕、《形勢不如德》論。

二十五日，帝御崇政殿試賢良方正能直言極諫（者）著作佐郎王介、河南府福昌縣主簿蘇軾、河南府澠池縣主簿蘇轍。制策曰：「朕承祖宗之大統，先帝之休烈，深惟寡昧，未燭於理，志勤道遠，治不加進，夙興夜寐，于茲三紀。朕德有所未至，教有所未孚，闕政尚多，和氣或盭〔三〕。田野雖闢，民多亡聊；邊境雖安，兵不得徹；利入已浚，浮費彌廣；軍冗而未練，官冗而未澄；庠序比興，禮樂9未具；户罕可封之俗，士忽廉讓之節。此所以訟未息於虞芮，刑未措於成康。意在位者不以教化爲心，治民者多以文法爲拘。禁防繁多，民不知避，叙法寬濫，吏不知懼，纍繫者衆〔四〕，愁嘆者多。仍歲以來，災異數見，乃六月壬子日食于朔，淫雨過節，煗氣不效〔五〕，江河潰決，百川騰溢。永思厥咎，深切在予。變不虛生，緣政而起。五事之失，六沴之作，劉向所傳，呂氏所紀。五行何修而得其性，四時何行而順其令。非正陽之月，伐鼓救變〔六〕，其合于經乎？方盛夏之時，論囚報重，其考於古乎？京師諸夏之根本，王教之淵源，百工淫巧無禁，豪右僭差不度。治當先內，或曰何以爲京師；政在摘姦，或曰不可撓獄市。推尋前世，探觀治迹，孝文尚老子而天下富殖，孝武用儒術而海內虛耗。道非有弊，治奚不同？王政所由，形於詩道。周公《豳》詩，王業也，而係之《國風》；宣王北伐，大事也，而載之《小雅》。周以冢宰制國用，唐以宰相兼度支。錢穀大計

〔一〕本：原脱，據《東坡全集》卷四〇補。
〔二〕五：原作「萬」，據《東坡全集》卷四〇改。
〔三〕或盭：原作「成盭」，據《東坡全集》卷四五改。
〔四〕纍：原作「繁」，據《東坡全集》卷四五改。
〔五〕煗：原作「愞」，據《東坡全集》卷四五改。
〔六〕伐：原作「代」，據《東坡全集》卷四五改。

也，兵師大衆也，何陳平之對，謂當責之内史？韋賢之言，不宜兼於宰相？錢貨之制，輕重之相權；命秩之差，虚實之相養。水旱畜積之備，邊陲守禦之方，圜法有九府之名，樂語有五均之義。富人强國，尊君重朝，弭災致祥，改薄從厚。此皆前世之急政，而當今之要務。子大夫其悉意以陳，毋悼後害。」軾策入第三等，介入第四等，轍入第四次等。詔軾爲大理評事、僉書鳳翔府判官公事，介爲祕書 10 丞、知通州静海縣，轍爲商州軍事推官。《文獻通考》：石林葉氏曰：故事，制科分五等，上二等皆虚，惟以下三等取人，然中選者亦皆第四等。獨吳正肅公嘗入第三等，後未有繼者。至嘉祐中，蘇子瞻、子由乃始皆入第三等。已而子由以言太直爲考官胡武平所駮，欲黜落，復降爲第四等。設科以來，止吳正肅與子瞻入第三等。故子瞻啓云：「誤占久虚之等。」

八年六月十七日，英宗即位未改元。詔：「今歲應制科舉人趙禼等十七人權罷，將來科場，便赴祕閣就試。」

英宗治平元年八月二十一日，命天章閣待制司馬光、直史館邵亢、直集賢院韓維、祕閣校理錢藻，就祕閣考試制科。光等上范百禄、李清臣論各六首。《一爲君德》、《禮以本民性》、《五經簡易》、《道體君德盡變》、《五占從其多》〔一〕、《羊陸非純臣》論。

九月十二日，帝御崇政殿試賢良方正能直言極諫祕書省著作佐郎范百禄、晉州和川縣令李清臣〔二〕。制策曰：「自昔欲治之主，曷嘗不進圖賢材，以共論天下之務哉！終之名發事施，以傳休于無窮，朕甚慕之。近代設策士之科，而失取人之實，所問或非要，而所言未必有合〔三〕。至使遷忠憤之極論，角靡曼之虚文，情鬱事遼，上下相失，曾何大道之補焉。朕享國之日淺，永惟任大而守重，欲聞讜直之言，以鑒不逮，而未始云獲。子大夫(褎)〔裦〕然應書，其考於往古而不迂，質諸當今而易行，爲朕竭思而茂明之〔四〕。夫天人之際，災祥各緣類而至也。故至治之時，必有休符，發爲星辰雨露、草木鳥蟲之祥。皇極之不建，乃六沴並作，害于爾民〔五〕，而君人者儻不思復天變，則遂至誖繆而不可扶持，此皆前世已然之效也。朕即位以來，非有歌鍾 11 狗馬之虞〔六〕，與夫外家女寵爵位賞賜之過也〔七〕。迺二月乙巳大風晝冥〔八〕，四月丁未白氣起西方，七月丁丑太白晝見經天〔九〕，八月庚寅大雨霔京師。半年之間，鉅異四發，豈朕不恭不忱、不決不達之致與？是以夙夜顧省厥愆之靡寧也。矧今吏治之未醇，民風之未厚。官溢而濫入之原未塞，兵衆而選用之法未精。工作淫巧於都中，豪右僭侈於公上。田野雖加闢，而農有飢寒之患；關市雖弛禁，

〔一〕占：原作「古」，據《史記·龜策列傳》改。
〔二〕和川：原作「和州」，據《長編》卷二〇六改。
〔三〕有：原作「所」，據《華陽集》四〇改。
〔四〕竭：原作「端」，據《華陽集》卷四〇改。
〔五〕爾：原脱，據《華陽集》卷四〇補。
〔六〕有：原作「不」，據《華陽集》卷四〇改。
〔七〕外、位：原脱，據《華陽集》卷四〇補。
〔八〕冥：原作「見」，據《華陽集》卷四〇改。
〔九〕七月：原脱，據《華陽集》卷四〇補。又《華陽集》無「見」字。

而商無貲貨之通〔一〕。豈不欲人蹈名節，而廉耻常不立；豈不欲人遠刑罰，而抵冒常不止。將以六政八疵察迹夫忠邪之端，則悼不能以情見；以七教三法化陶乎善惡之類，則患不能以家撫。來遠、臨人、節禮，曷爲異同之論；生利、事神、保民，豈無後先之旨。設飲于鄉，以歲行之，使知有恭老悌長之節，古獨以爲宜乎？歛穀于社，以時發之，使知捄貧恤荒之政，今獨以爲難乎？宋景一言而勝妖眚，朕下罪己之詔甚祗懼也，而未有轉禍之感〔二〕；漢宣終世以核名實，朕發責吏之書甚丁寧也，而未有飭職之應。昔仲舒之推災異，專治《春秋》之學；劉蕡之對闕失，深陳社稷之計。遠鑒百王興壞之所繇，近慕四聖功業之所就，何道而適世變？何修而當天心？子大夫其思銷異致祥、捄弊起治之術，孰之復之，毋枉執事〔三〕，以稱朕詳延之意焉。」百禄等策並考入第四等。詔百禄爲祕書丞，清臣爲祕書郎。以上《國朝會要》。《宋史·選〔擇〕〔舉〕志》：治平三年，命宰執舉館職各五人。先是英宗謂中書曰：「水潦爲 12 災，言事者云咎在不能進賢，何也？」歐陽修曰：「近年進賢路狹，往時入館有三路，今塞其二矣。進士高科，一路也；大臣薦舉，一路也；因差遣例除，一路也。往年進士五人以上皆得試〔四〕，第一人及第不十年有至輔相者。今第一人兩任方得試，而第二人以下不復試，是高科路塞矣。往時大臣薦舉即召試，今只令上簿候缺人乃試，是薦舉路塞矣。惟有因差遣例除者，半是年勞老病之人。此臣所謂薦舉路狹也。」帝納之，故有是命。韓琦、曾公亮、趙槩等舉蔡延慶以下凡二十人，皆令召試。宰臣以人多難之，帝曰：「既委公〔公〕等舉之，苟賢豈患多也。先召試蔡〔延〕慶等十人，餘須後時。」

神宗熙寧二年十二月九日，詔：「〔令〕〔今〕後科場，制科入第三等、進士第一人及第者，第一任回更不與陞通判差遣，及不試充館職，並令審官院依例與差遣。餘依嘉祐二年詔書。」

三年八月二十三日，命翰林學士司馬光、直舍人院呂大防、集賢校理孫洙〔五〕、李清臣，就祕閣考試制科。光等上呂陶、錢勰、孔文仲、張繪論各六首。《先王上禮》、《禘郊祖宗不報如何》、《天剛不失時》、《治道在知邪正》、《九家皆股肱之材》、《王肅不好鄭學》論。

九月二十四日，上御崇政殿試賢良方正直言極諫太常博士呂陶、殿中丞錢勰、台州司户參軍孔文仲、太廟齋郎張繪。制策曰：「在昔明王之治天下，仁風翔洽，德澤汪濊。四序調於上，萬物和於下。兵革不試，刑辟弗用。內則俊賢居位以熙于王職，外則夷狄向風以修於歲貢。建皇極以承天心，歛時福以錫民庶。然後日星雨露，鳥獸草木，効祥薦祉，書之不絕。朕甚慕之，其何術以臻此歟？朕承祖宗之業，託士民之上，明有所未燭，化有所未孚，而任大守重，

〔一〕貲：原作「貰」，據《華陽集》卷四〇改。
〔二〕感：《華陽集》卷四〇作「占」。
〔三〕枉：《華陽集》卷四〇作「懼」。
〔四〕五人：原作「五年」，據《宋史》卷一五六《選舉志》二改。
〔五〕孫洙：原作「孫沐」，據《長編》卷二一五改。

艱于負荷，故詳延魁礨之士，思聞讜直之言〔一〕，以輔不逮，庶幾乎治。蓋人君即位，必求端于天而正諸己。惟五 13 事得其常，則庶徵協其應〔二〕。朕享國以來，靡敢自肆，而和氣猶鬱，災異數見。迺元年日蝕三朝，洎仲秋地震數路，而冀方之廣，爲災最甚。豈朕弗德之致歟〔三〕？夙寐晨興，思其所以。是故圖講政務，則日(致)〔至〕中昃，而猶多苟簡之習；蒸進人材〔四〕，則官無虚假，而頗乏績用之美。種羌非不懷徠也，而邊候或時繹騷，以至臨遣輔臣，憺明神武；蒸民非不愛養也，而生業或未完富〔五〕，以至外馳使者，宣布惠教。國用雖節，而尚煩於調度；兵籍雖衆，而未精於簡稽。寬關梁之禁而商靡通，損器玩之巧而工弗戒。夫風俗浮薄，根於取士之無本，道教之不明。而博詢臺閣之論〔六〕，所執者不一，豈無救弊之道焉？刑罰煩重，出於設法之多門，沿襲之不革，而將加恩仁之政，使死者少緩，必有可行之術焉。予欲興乎七教，兼乎三至，以底聖人之道，則宜條其先後之次；予欲明乎六親，盡乎五法，以極天下之治〔七〕，則宜叙其本末之要。乃至仲舒之言，班固謂切於當世，其可施於今者何策？崔寔之論，范曄謂明於政體，其有益於時者何事？無以謂古人陳迹既久而不可舉，無以謂本朝成法已定而不可改，惟其改之而適中，舉之而得宜，不迫不迂，歸於至當。《書》曰：『言之非艱，行之惟艱。』子大夫其悉心以陳，朕亦不憚於有爲焉。」文仲所對策考入第三等，手詔：「殿試所初覆考詳定到調字號卷子，定爲第三等。詳觀其條對，大抵尚流俗而後是非，又 14 毁薄時政，援正先王之經而輒失義理。朝廷比設直言極諫之科，以開廣聰明，來天下賢智之士者，豈非謂能以天下之情告上者謂之直言；人君有污德惡政，而能忘其卑高之勢，以道争之，謂之極諫者乎！此人學識，恐不足收録，以惑天下之觀聽，可別具進呈。」既而詔流内銓告示文仲，發赴本任。陶升一任，堂除差遣；繪堂除判司簿尉，緫不入等。《文獻通考》：玉山汪氏曰：范子功亦入制科第三等。後熙寧間，孔文仲考中第三等，以忤王安石，特旨絀之。

六年八月二十一日，命權御史中丞鄧綰、直舍人院許將、集賢校理劉攽、館閣校勘黄履(爲)考試制科。

七年五月十四日，中書門下言：「勘會策試制舉并以經術時務。今進士已能辭賦，所試事業即與制科無異，於時政闕失，即諸色人自合許上封論。其賢良方正等科，自今欲乞並行停罷。」從之。先是，中書條制所乞罷制舉，馮京曰：「漢、

〔一〕直：原闕。天頭原批云：「『讜』下疑有脱誤。」今據《國朝二百家名賢文粹》卷四九載呂陶對策補。
〔二〕徵：原作「政」，據《清江三孔集》卷一改。
〔三〕致：原作「至」，據《皇朝文鑑》卷一一〇改。
〔四〕句首原有「然」字，據《清江三孔集》卷一删。
〔五〕完：原作「孚」，據《清江三孔集》卷一改。
〔六〕博：原無，據《國朝二百家名賢文粹》卷四九呂陶對策補。
〔七〕治：原作「法」，據《清江三孔集》卷一改。

唐以來，豪傑多自此出。行之已久，不須停廢。」上曰：「天下事可罷而未及〔一〕，如此者甚衆，此恐未遑改革。」呂惠卿曰：「制科止於記誦，非義理之學。一應此科，或爲終身爲學之累。朝廷事有可更者更之〔二〕，則積小治可致大治，不須更有所待。」繼而秘閣考試所言應制科陳彦古所試六論不識題及字數皆不足〔三〕，準式不考。蓋自秘閣試制科以來，空踈未有如彦古者。是歲制科遂無中格者，而制科亦自此罷。《文獻通考》：石林葉氏曰：富公以茂材異等登科，後召試館職，以不習詩賦求免。仁宗特命試以策論，後遂爲故事。制科不試詩賦，自富公始。至蘇子瞻又去策，止試論三篇。熙寧初罷制科，其事遂廢。

哲宗元祐元年閏二月二日，侍御史劉摯言：「乞貢舉進士添詩賦，復置賢良茂材科、新科明法，添兼經大義及減人數。」詔禮部與兩省、學士、待制、御史臺、國子監司業集議聞奏，所有將來科場且依舊15法施行。

二年四月二十六日，詔：「制科之設舊矣，祖宗以神聖文武繼繼承承，設六科之選，策三道之要，以網羅天下賢儁，百餘年間，號稱得人。先皇帝興學校，崇經術，以作新人材，變天下之俗，故科目之設，有所未遑。今天下之士，多通於經術而知所學矣，宜復制策之科，以徠拔俗之才，裨於治道。蓋帝王之道，損益趍時，不必盡同，同歸于治而已。今復置賢良方正能直言極諫科〔四〕，自今年爲始。（令）〔令〕尚書侍郎、兩省諫議大夫以上、御史中丞、學士、待制各舉一人，不拘已仕未仕，以學行俱優、堪備策問者充。仍署具辭業繳進，餘依舊制。」

七月四日，詔：「自今制科入第三等〔五〕，并進士第一人及第，並除承事郎、僉書節度或觀察判官廳公事，或知縣，代還升通判，任滿與試館職。制科入第四等，除兩使推官，代還改次等合入官。第四等次，除初等職官，任滿除兩使推官。有官人比類取旨。」

十二月二十三日，禮部言：「今來初復制科，其舉官遇科舉，許收接投試人文字，限省試前十月先奏姓名到闕。及前一年十月奏舉，並須於狀内明言，以學行俱優，堪備策問。仍具辭業策論五十首繳進。今欲依舊制試論六首、御試策一道。」從之。

三年正月十二日，詔幕職、州縣官雖未經考，聽舉賢良方正能直言極諫科。

九月八日，御史中丞孫覺、户部侍郎蘇轍、中書舍人彭汝礪、祕書省正字張績考試應賢良方正能直言16極諫科。覺等上謝悰論六首。論題闕。

二十四日，上御集英殿試賢良方正能直言極諫謝悰。制策曰：「朕以冲眇，奉承先帝遺緒，託于士民之上，燭理不明，涉道猶淺。嘗下不諱之詔，詢于蒭蕘，親臨便殿，策訪多士，而未有魁壘拔出之材，殊無俶儻之論，以開朕之耳

〔一〕《太平治迹統類》卷二六此句作「天下事可罷而不可急」。
〔二〕事有可更者：原作「事事」，據《長編》卷二五三改補。
〔三〕題：原脱，據《長編》卷二五三補。
〔四〕科：原無，據《長編》卷三九九補。
〔五〕三：原作「二」，據《長編》卷四〇二改。

目也。深惟賢良方正之士，曠歲不舉，明詔執事，薦其所知。拂巾衽褐，進者十輩，待問于庭，子大夫一人而已，朕甚嘉之。其精乃心，以聽朕命。蓋聞正己所以治人，得人所以立政。自朕即位，于兹四年，夙夜兢兢，罔敢逸豫。臨朝恭默，非禮不動，歌鍾狗馬、子女玉帛之玩未嘗邇也。朕之自治，亦庶幾寡過矣，而風俗不加厚，何也？登延老成，搜訪幽隱。其未得之，側席以待；其既得之，委己以聽。人望所在，收拾無遺，朝廷之官，殆無虚位。朕之求人，亦庶幾有得矣，而政事不加飭，何也？輕徭簡役，責己施惠，欲以裕民，而百姓之力未寬。罷不急之務，損無名之費，欲以豐財，而公私之用益屈。吏不勝其冗，選部補授，至三人共一官；刑不勝其煩，歲報大辟，至五十餘數。二者祖宗以來所未嘗有，甚可駭也。以至四方水旱之災，連歲代有。冬春嘗寒之異，京師爲甚。河失故道，迨今未復。陰陽之沴既如彼，氐羌擾邊，士不得息，交趾邀地，溪徭弄兵，震以威則易玩，懷以利則無厭，夷狄之患又如此。豈朕施設悖繆，失其統歟？抑任賢使能未得其理歟？不然，俗固不易變，弊 17 固不可革歟？何其爲日久而見效遲也？孔子曰『百年可以勝殘去殺』，又曰『必世而後仁』，又曰『三年有成』，今言其時則過之矣，豈聖人之言有不必然者歟？以堯之爲言，内則有丹朱，外則有共兜，其下則有瞽、象。洪水泛濫，百姓艱食，禽獸逼人，苗民爲虐。然則聖人之德亦有不可爲者歟？子大夫明天人分際，通帝王制作，凡今之不逮于古，必知其原，所以救之，必有其術，其爲朕詳言之。至於九德九驗以知人材，九賦九式以制邦用，清心省事果省官之本乎？參辟刑書果救世之要乎？自國朝至今，河流遷徙，幾歲而一決，視漢孰爲疎數？以天下之大，歲斷死罪率幾口而一人，視漢孰爲多寡？生齒之數，郡縣之地，以今視古，孰爲盛衰？以至紀明之破羌戎〔一〕，諸葛之服夷衆，威懷禽縱，其術如何？條次其名數，指陳其得失，使朕聞所未聞，見所未見，直諒多聞之益，非子大夫而誰哉。悉意以陳，毋悼後害，朕將親覽焉。」所對策考入次等，賜進士出身，除初等職官。

五年十月四日，詔：「今次奏應舉制科日限，且依舊制限十月終。」

六(月)〔年〕八月〔二〕，祕書省考試應賢良方正能直言極諫，上王普、司馬槱、王當論各六首。《因民常而施教》、《以蒙養正》、《漢行先王之政》、《大教在通人情》、《人主權斷》、《二劉學通南北》。試日及差官闕。

九月八日，上御集英殿試應賢良方正能直言極諫左宣德郎、新知瀘州合江縣事王普，河中府司理參軍司馬槱，眉

〔一〕紀明：原作「孔明」，按孔明未嘗破羌，且下句又云「諸葛」，古人稱引典故，恐不致以同一人之事爲對。按《後漢書·段熲傳》，段熲字紀明，嘗爲護羌校尉。《册府元龜》卷三七五則直書「段紀明」，且云「拜紀明破羌將軍」，與本文稱引甚合，因改。

〔二〕年：原作「月」，據《玉海》卷一一六改。

州眉山縣布衣王當。制策曰：「皇帝若曰：18蓋聞昔堯舜誠身明德以化天下，故族姓百官惇勵於內，庶邦黎民和應於外，爰及海荒無知之俗，罔不祇率。是以天地應之，四時和平，生物茂遂，民無凶（扎）〔札〕，刑措兵寢，用不犯于有司。嗚呼，曷其盛歟！朕甚慕之。朕以寡昧，獲承祖宗之休緒，永惟天下之重，治安之久，不可以忽，思所以事天保民之道。潔齋玉帛，以奉郊廟，尊有德，詘凶佞，飭躬勵行，敬修而力行之，庶幾前王之効，以圖稱太母慈訓〔一〕。于今七年矣，而未克有獲。乃五月朔，日有食之，陰陽不調，水旱並作，吾民飢墊，父子流散，朕甚懼焉。往數敕州縣，崇施惠，平力役，務以厚農。今田甚闢而民食不足，役甚省而民力不給；寬刑罰，多赦宥，而歲斷獄不衰于前；捐金帛〔二〕，棄土地，厚之以德信，而蠻羌猶侮邊不寧；百吏簡惰，考績無實；風俗媮靡，士節不勵；朋黨蘊伏，衆正猶豫。嗚呼，何志勤而功盭若兹乎！以視前王，朕甚惡焉〔三〕。意修己之未誠歟？將施之不得其要歟？抑亦遇時今非古歟？其猶可以庶幾乎？昧旦而興，輟食以思，若涉大水，未知攸濟。故深詔中外，博舉方正直言之士，親訪于朝。子大夫通於天人之要，明乎事物之變。皇帝王霸之異尚，道德刑政之殊用，既熟於胸中矣，其爲朕究言其所以失得者，具以經對。周之極之，明諭其方，無得高言以爲夸誕，無諱有司以悼後害。若夫人道先五而不及民，九經不同而行以豫，至治之道，極於賞罰，天下19之將，至於權術，爲國家者不可不先知，必有精理，可得聞乎？漢、魏而下，其議考課、中正之法衆矣，與夫《政論》寬嚴之辨〔四〕，《昌言》損益之要，有於今而可以捄失者，各條陳之，朕將親覽焉。」王普所對策，初考第四等次，覆考第四等，詳定從覆考。司馬槱初考第五等，覆考第四等次，詳定從初考。王當初考第五等，覆考不入，詳定從初考。詔王普遷一官，除僉判差遣；司馬槱特賜同進士出身，堂除初等職官；王當特堂除簿尉。

七年五月十一日，詔：「祕閣試制科，論於九經、兼經、正史、《孟子》、《（楊）〔揚〕子》、《荀子》、《國語》并注内出題，其正義内毋出。」

紹聖元年五月二十三日，翰林學士承旨曾布等奏：「看詳到應科人辭業，三人並優長，五人並次優，七人並平常。」詔次優已上人召試。

八月十五日，以御史中丞黄履、中書舍人朱服、左司郎中劉定、祕書丞李昭玘，並赴祕閣考試應賢良方正能直言極諫。履等上張咸等論各六首。《舜得萬國之歡心》、《慎事成六

〔一〕慈訓：原作「玆訓」，據文意改。
〔二〕捐：原作「損」，據文意改。
〔三〕惡：似當作「恧」。
〔四〕政論：原作「正論」。按，此當是指東漢崔寔之《政論》，與下句仲長統之《昌言》相對，因改。

德》〔一〕，餘闕。

二十三日，三省進呈祕書省考試到賢良方正直言極諫科陳暘等四人，內第二名趙天啓考中第四等。上曰：「天啓累上書，言事狂妄，豈可令就試。」初，諫官翟思嘗言天啓無行。又嘗經尚書省訴元祐三年閣試考中第五等，合直赴殿試，爲大臣沮抑，極詆當日考官出題非是。又屢投匭獻書，書奏不出，有旨令鼓檢院不得收接文字。翌日，上謂章惇曰：「趙天啓嘗上書，極狂妄，朕始欲[20]令羈管。又思之不欲如此，恐阻塞言路，所以只令不收文字。」至是，祕書省奏號名在選中，特旨黜之。會御史井亮采亦言其凶險，上曰：「此衆論不與爾。」

九月八日，上御集英殿試賢良方正能直言極諫劍南西川節度推官華州州學教授張咸、右通直郎吳儔、布衣陳暘。制策闕。命權吏部尚書王震、吏部侍郎楊畏、中書舍人林希、國子司業龔原、右正言張商英、祕書正字葉濤考定所對。咸、儔、暘中第三等〔二〕，以咸爲宣德郎，與僉判差遣，儔升一任，暘除初等職官，並與堂除。

十二日，三省言試制科張咸、吳儔、陳暘三人第三等推恩，上曰：「前日觀所試策，亦與進士策何異？先朝嘗罷此科，何時復置？」章惇等對曰：「先朝初御試進士策，即罷制科。元祐二年復置，誠無所補。初舉得謝悰，次舉得王當、司馬槱等，聞極疎謬。」上曰：「極不成文理。」李清臣對曰：「在漢亦不設科，遇選獲異材，或因材〔三〕，或因災異策問大事，即臨時特召。」上曰：「今已復進士殿試策，此科既無異進士策，況進士策其文理有過於此者。」鄭雍對曰：「顧其人何如爾。然自來多言時政闕失。」上曰：「今進士策亦可言時政闕失。」因詔罷制科。以上《續國朝會要》。

光堯皇帝紹興元年正月一日，德音：「祖宗設賢良方正能直言極諫科，不惟朝廷闕失得以上聞，蓋亦養成士氣。近屢詔內外士庶等直言朝政闕失，雖有不當，[21]並不加罪。尚慮所聞未廣，仰有司講求賢良方正直言極諫科舊制，條具取旨。」禮部講求到典故：「一、舊制，科場年春降詔，九月赴試。命尚書、兩省諫議大夫以上、御史中丞、學士、待制各舉一人，不拘已仕未仕，命官不拘有無出身，仍以不曾犯贓私罪人充〔四〕。各具詞業繳進。詞業謂策論五十篇，分爲十卷，隨舉狀繳進，入舉詞。送兩省侍從參考，分爲三等，文理優長爲上等，文理次優爲中等，文理平常爲下等。考試繳進，次優以上召赴（閤）〔閣〕試。看詳天聖七年復置賢良方正能直言極諫等六科，詔書首云『皆考士節之無瑕〔五〕，采鄉評之共許』。嘉祐二年詔舉賢良方正而下九科，亦令采察文行，若

〔一〕慎：原作「謹」，據《詩・小雅・皇皇者華》鄭箋改。此是南宋人避孝宗諱改字。
〔二〕暘：原作「賜」，據上文改。
〔三〕或因材：此三字似涉上下文而衍，《太平治迹統類》卷二六即無此三字。
〔四〕此注原作大字，據《建炎雜記》甲集卷一三、《文獻通考》卷三三改爲小字。
〔五〕詔書：原作「召試」，據《愧郯録》卷一一改。

不如所舉，並坐舉者。四年，旌德縣尉汪輔之已試六論，過(閤)〔閣〕及殿試亦考入第四等，而言者以無士行罷之。故蘇軾有云：『凡預中書之召命，已爲天下之選人。然猶使御史得以求其疵，諫官得以攷其素，一陷清議，輒爲廢人。』蓋國家自昔制科取人，中選之後，多至大用，其攷察之嚴，不得不爾。今朝廷設科之所取，固不在於文記問而已。欲乞今後遇有應賢良方正能直言極諫科，並須尚書、兩省諫議大夫以上、御史中丞、學士、待制三人奏舉，先攷其素行，無愧於清議，然後召試。舉非其人者坐之。欲將今來條具指揮，並依舊制施行。一、閣試一場，論六首，每篇限五百字以上成，差(措)〔楷〕書祗應。題目於九經、十七史、七書、《國語》、《荀子》、《(楊)〔揚〕子》、《管子》、《文(仲)〔中〕子》正文及注疏内出。内一篇暗數，一篇明數。如紹聖元年 22 (閤)〔閣〕試〔一〕，《舜得萬國之驩心論》，出《史記·樂書》「舜彈五弦之琴，歌《南風》之詩，而天下治」云云。夫《南風》之詩者，生長之音也。舜樂好之，樂與天地同意，得萬國之懽心，故天下治也。此謂暗數。所引不盡爲粗〔二〕。《慎事成六德論》〔三〕。出《毛詩》「皇皇者華」箋注。此謂明數。論引上下文不全，上下文有度數及事類，謂之暗數〔四〕，所引不盡謂之粗。四通以上爲合格。仍分五等，入四等以上召赴殿試。差翰林學士、兩省官考試于祕(閤)〔閣〕，御史臺官監試，及差彌封謄録官。考訖，以合格試卷繳奏，御前拆號。看詳舊制，兼注疏内出題。今來復科之初，切恐疏義繁多，士大夫鮮能通習，欲乞除權罷疏義出題外，餘並依舊制。一、殿試，皇帝臨軒，制策一道，限三千字以上成。試卷用表紙五十張，草紙五十張。舊制，宰相撰題。紹聖元年特命翰林學士林希撰題。依進士殿試，有初考、覆考、詳定官。赴試人引見，賜坐殿廊兩廂，設重簾幃幕、青褥紫案，差(措)〔楷〕書祗應。舊制，差内侍賜茶菓，仍謝恩。對策先引出處，然後言事。第三等爲上等，四等爲中等，第五等爲下。第四(第)〔等〕以上係制科人，第五等進士出身，不入等與簿尉差遣。天聖七年故事，入第三等，比進士第一人，授大理評事、僉判或知縣，一任滿與通判；第四等，比進士第二(等)第三人，授兩使職官，二任回磨勘改合入官；第五等比進士第四第五人，授令、録，一任回，兩使職官。以上並爲白身人。有官人應中取旨，比類推恩。天聖八年、景祐元年故事，有官人入第四等以上，並轉一官，各陞擢内外差遣。看詳嘉祐二年詔書，其初中選所推恩，命別加裁定。厥後須視才能否差次進用，不得更援舊比，無名超擢。」詔：「疏義出題及撰題官臨時取旨。其將來考校中選推恩，依天聖、景祐年故事，餘並依舊制，并禮部看詳到事理施 23 行。」《宋史·選舉志》：初復館職試，凡預名者〔五〕，學士院試時務一道，天子親覽焉。然是時校書多不試，而正字或試或否。

二年正月二日，詔曰：「朕纘承基緒，若涉淵(水)〔冰〕，

〔一〕紹聖：原作「紹興」，據《愧郯録》卷一一改。
〔二〕《愧郯録》卷一一引此文無此六字，疑涉下而衍。
〔三〕慎：原無。《愧郯録》卷一一作「謹」。按當作「慎」，見上頁校記，因補。
〔四〕數：原作「類」，據《愧郯録》卷一一改。又《愧郯録》無「謂之」二字。
〔五〕名：原作「詔」，據《宋史》卷一五六《選舉志》二改。

夕惕晨興，焦勞願治。永惟萬事之統，慮失厥中，納諫求言，思補闕失。尚懼圖回康功，未之獲也，乃復考西漢元光之詔，憲本朝制舉之文。爰命攸司，講明其舊，益廣求賢之道，庶幾方正博洽之士，英偉拔俗之才，進繇此塗，敷陳讜言，有補當世之務，以輔予治，豈特修故事，崇虛文而已也！祖宗以來百餘年間，嘗以此科獲致豪俊，有顯聞於天下矣。朕方求才以濟艱難之運，尚期得人，遠追前烈，庶亦無愧於斯焉。今後科場，復置賢良方正能直言極諫科，自尚書、兩省諫議大夫以上，御史中丞、學士、待制各舉一人，不拘已仕未仕，以學問俱優、堪備策問者充。仍具本人詞業繳進以(問)〔聞〕。《宋史・選舉志》：紹興二年，詔舉賢良方正能直言極諫科，一遵舊制。自尚書、兩省諫議大夫以上、御史中丞、學士、待制各舉一人。凡應詔者，先具所著策、論五十篇繳進。兩省、侍從參考之，分爲三等。次優以上召赴秘閣，試論六首，於九經、十七史、七書、《國語》、《荀》、《(楊)〔揚〕》、《管子》、《文中子》內出題，學士、兩省官考校，御史監之，四通以上爲合格。仍分五等，入四等以上者，天子親策之。第三等爲上，恩數視廷試第一人，第四等爲中，視廷試第三人，皆賜制科出身。第五等爲下，視廷試第四人，賜進士出身。不入等者與簿尉差遣。已仕者則進官與陞擢。

四年三月十一日，詔曰：「漢策賢良，博究天人之學；唐分科目，廣收卿相之才。爰及本朝，亦循前軌。咸平立制，繼傳而至仁宗；天聖臨軒，一舉而得富弼。肆英髦之輩出，考名迹以相望。迨今論世之隆，最號取人之盛。顧予纂紹，履此艱難。思貽則之永圖，悼設 24 科之久廢。間嘗下詔，俾復舊章。迄茲三歲之期，靡覿一人之舉。豈眇躬涼薄，無能徠天下之賢；將俗學湮淪，未克振斯文之敝？屬當秋試，申命春官。偏咨侍從之臣，別進多聞之士。采鄉評而無玷，必先行誼之修；訪時務而可稽，斯取藝文之富。觀其素業，待以規程，庶因選擇之公，獲覩治安之策。惟爾羣雋，體予至懷。」

七年二月九日，詔曰：「朕以寡昧，御艱難之統，明不能燭，德不能綏，思聞讜言，以輔不逮。迺稽舊章，設賢良方正之科，而歷載臻茲，未有應令。豈朕菲德，不足以來四方之賢歟？抑搜揚之道有未至也？朕既遭家不造，煢煢在疚，而天戒朕躬，太陽有異〔一〕，氛氣四合，朕甚懼焉。中外侍從之臣，其遵前後詔旨，各舉直言極諫之士一人。朕將詳延于廷，諏以過失，次第施行，用承天意。」呂祉舉選人胡銓〔二〕，汪藻舉布衣劉度，上即日除銓樞密院編修官，而度不果召。

十年三月二十三日，詔曰：「朕遭世艱難，臨朝願治。思得一時俊傑，博古通今、質直忠讜之士，講求治道，以成當世之務。乃遠稽漢、唐之遺文，近循祖宗之舊制，屢下詔書，開賢良方正之科，將加詳延，冀聞至言，以輔不逮。十年于茲，未有稱薦以名來上者，豈訪求之道有未至邪？何爲久之而未有聞也。侍從之臣，其思爲朕益廣搜擇，以副

〔一〕太：原作「大」，據《宋史》卷一五六《選舉志》二改。
〔二〕銓：原作「詮」，據《宋史》卷一五六《選舉志》二改。

側席之求。庶幾得人，追配前古，以共濟於斯時。宜體至懷，欽承毋忽。」

十四年三月二十八日，詔曰：「朕以[25]寡昧，奉承聖業，夙興夜寐，罔敢自暇自逸，思得海内方聞之士，咸造于庭，冀獲嘉言，以助不逮。歷載于兹，而賢書缺焉。夫古之人不借才於異代，而十室之邑豈無忠信之士乎？公卿、侍從，其爲朕博選賢良，遣詣公車。朕將虚心以聽，待以不次。庶幾異才輩出，如我祖宗之時，顧不美歟。」

十七年四月二日，詔曰：「國家踵漢、唐舊制，賢良之科，蓋以待天下非常之士也。暨朕纂承，亟議斯舉。屢詔中外，博加搜訪，而歷年于兹，曾未有卓然爲舉首者。夫何世無材，豈今宇宙不復見古之人虖？抑招延未備，鬱而不得通也？公卿、侍從，其爲朕各舉所知，俾咸造于朝。朕將臨軒親試，諏以治道，亦庶蒙得賢之福，顧不休哉。」

二十年五月四日，詔曰：「朕以寡昧，承奉宗廟〔一〕，戰戰兢兢，若涉淵(水)〔冰〕。永惟四方之賢良，明於古今王事之體，冀獲讜言，以輔不逮。詔書數下，越二十年于兹，未有應者。豈朕所以求之之道未至，而方正博洽之君子蘊於上聞與？抑教之不明，弗能振起之與？朕甚惡焉。侍從之臣，朕所親禮也。天聖、嘉祐詔書具在，其參酌成憲，博問旁招，使獲天下方聞之士，以薦于朝。朕將發策察問，極優崇之遇，以厲賢才焉。」

二十三年五月一日，詔曰：「昔漢命公卿，薦延特起之士；唐設科目，待遇非常之才。言備究於天人，道或侔於伊呂。暨皇朝之稽古，建制舉以興賢，萃人物於一時，軼治功於二代。朕紹休謨烈，[26]注意方聞，頒詔札以屢求，閱公車而未集。兹當大比，申飭邇臣。舉爾所知，擇四方之豪儁；輔朕不逮，應三道之諮詢。庶敷納於讜言，以章明於洪業。其承敦諭，來副虚懷。」

二十六年四月三日，詔曰：「朕以菲躬，託于士民之上，宵旰圖治，罔敢康寧。仰惟祖宗設科目以待非常之材，所得名臣，前後相望。肆朕纂承，遵用成憲，冀聞讜議，登濟丕平。然詔書屢下，而未有應者，豈國家招延之禮有所未盡歟？夫十室之邑必有忠信，何海内多士而無其人也？抑奉吾詔者不虔，不能悉心詢訪，而賢良方正之士或蘊於上聞歟？方今恢張庶政，廣開言路，適兹大比之歲，公卿、侍從宜體朕意，各舉所知，俾造于庭。朕將虚懷，訪以治道，庶幾得人之效，無愧于古，顧不休哉。」

二十九年三月十九日，詔曰：「昔漢設賢科，欲聞大道之要；唐開制舉，以待非常之才。迨及本朝，參用前憲，故所得多天下豪傑之士，而所言皆國家治亂之端。其在當時，豈云小補。朕自紹履休運，旁招儁能。圖治功者逾三十年，猶懼有闕；下郡國者也八九詔〔二〕，未見其人。屬當

〔一〕「承」下原有「聖」字，天頭原批：「『聖』字疑衍。」據删。
〔二〕天頭原批：「『也』疑『已』字。」

大比之期，敢廢詳延之舉？凡兹邇列，各爲明揚，俾（褒）〔褎〕然而造庭，將諏爾以當務。必有崇論竑議，可行於今，庶幾博問遐觀，無愧於古。」

三十二年三月，詔曰：「朕屈羣策以康濟，闢數路以詳延，參稽歷代賢良之科，冀得天下方聞之士。顧歲月之（寢）〔寖〕久，亦詔旨之屢頒，曾無卓爾之才，27來副（褒）〔褎〕然之舉。豈器業之茂，有慚於古；抑招徠之道，未備於今？惟予侍從之臣，宜廣搜揚之術。使異人輩出，無愧漢、唐之時；庶治具畢張，盡復祖宗之盛。其體予意，毋怠欽承。」以上《中興會要》。

壽皇聖帝乾道元年三月二十六日，詔曰：「朕祗迪先猷，參稽古制。設賢科而取士，自漢已然；繇制舉而得人，我宋爲盛。豪英輩出，名迹相望，竑議著乎當時，豐功顯於來世。凡信史之所載，視歷代而有光。肆纂紹於丕基，期奉遵於成憲。思得天下方聞之彦，咸使在庭；極陳國家治亂之原，以輔不逮。屬當大比，中飭邇聯〔一〕。選于衆以明揚，舉所知而程奏。庶聞論〔二〕，有補治功。咨爾攸司，體予至意。今歲科場，其令尚書、兩省諫議大夫以上、御史中丞、學士、待制各舉賢良方正能直言極諫一人，仍具詞業繳進以聞。」《文獻通考》：苗昌言奏：「國初嘗立三科，景德增而爲六。仁宗皇帝時，李景請依景德故事，親策賢良。祕閣六論，專取六經及問時務，其史傳注疏，乞不條問。帝亦以爲問隱奥觀其博，不若取其能明世之治亂，有補闕政。又詔以景德六科定爲制科之目，俾少卿、監以上奏舉内外京朝官，增置書判拔萃科、高蹈丘園科、沉淪草澤科、茂材異等科，總爲十科，並許布衣應詔。於是何詠、富弼、余靖、尹洙、蘇紳、張方平、江休復、張伯玉輩出焉，其立法寬，故得士廣也。自紹興復科，三歲下一詔，垂四十年，未聞有一介魁礨豪傑之士出應制書，豈盛治之世無其人耶？蓋責之至備而應之者難，求之不廣而來者有隔爾。臣請參稽前制，間歲下詔，權於正文出題，其僻書注疏不得以爲問目。追復天聖十科，開廣薦揚之路，振起多士積年委靡之氣，太平之治，不難立也。」上詔禮部集館職、學官議之，皆曰：「注疏誠可罷，科目不必廣。天下之士屏處山林，滯迹遐遠，侍從之臣豈能盡知？伏見國初制科止令監司、守臣解送，乾德中以無人應制，許直詣閤門請應。若依乾德故事，恐起僥倖，請如國初之制。」詔可。

二年六月七日，臣僚言：「自建28炎南渡以來，每三歲大比，聖詔丁寧，命以制科薦士，如承平之舊。陛下纂承鴻烈，遵而勿失，歷載亦已久矣，猶未聞有一人應書者。竊意責之至備而應之者難，求之不廣而來者有隔故爾。欲望參稽前制，間歲下詔，權於經史諸子正文出題，其僻書注疏不得以爲問目。追復天聖十科，開廣薦揚之路。」詔禮部集館職、學官同議以聞。禮部侍郎周執羔等參議：「切見國初制科止令諸州及監司解送，乾德二年又以無人應制，下詔許直詣閤門請應。今若舉乾德自請之詔，則將啓狂妄僥倖之心，或恐浸成煩瀆。不若倣國初之制，少加斟酌，許用侍從薦舉，或守臣、監司解送。及權罷注疏出題，其餘悉依舊制。庶幾真才寔學不致遐遺，而有以副今日搜揚之意。」從之。

四年三月二十三日，詔曰：「蓋聞自漢以來，衆建科目，網羅天下之士，而賢良文學寔爲之首。本朝襲其制，增

〔一〕中飭：似當作「申飭」。

〔二〕「論」上似脱一字，或當作「讜」。

重〔其〕選。元臣碩輔繇此塗進，十五六焉。太上皇思得其人，屢下明詔於四方。朕率而行之，曾未聞(褒)〔褎〕然爲時而出者。嘗與議臣深求其故，以謂學有原本，則不貴太泛，故畧注疏之命題；身在幽隱，則無繇自達，故許監司、守臣之勸駕。抱負器業者，庶幾不壅於上聞矣。適茲大比，肆命執事，博問旁招，有能應〔者〕，朕(所)將延納而尊顯之。今歲科場，其令尚書、兩省諫議大夫以上、御史中丞、學士、待制各舉賢良方正能直言極諫一人，仍許監司、守臣解送，具詞業繳進以聞。布告中外，體朕意焉。」

五年三月六日，詔應賢良方正能直言極諫科眉州布衣李垕，詞業(令)〔令〕繳進。用翰林學士汪應辰之薦也。

十二月二十五日，禮部言：29 李垕詞業已經御覽，詔特令來年三月依格召試中書。臣僚言李垕詞業未曾參考，而又止一名，召試恐非典故。詔兩省、侍從官參考聞奏。其後户部尚書曾懷等參考，援證既詳，遣詞亦贍，欲爲次優。詔中書召試。

七年四月四日，詔曰：「蓋聞制科取人，盛於兩漢，然或陰陽靡調，或以方内靡安，乃勅郡國舉而行之。本朝則不然，無事而勤求，有爲而獲用，上下交應，爲後世法。肆朕紹服，于今十年，詔書數下，懃懃懇懇，間復畧傳註，寬舉薦，幾以招徠脩潔博習之士，輔朕不逮。屬者有司嘗以一二應書，既命待詔公車矣。歲當大比，其博求之。夫寤寐忠言，寧厭虖多士；抱負器業，或患虖無時。朕之誠意，子大夫其著聞矣。『來游來歌，以矢其音』，不在此時？今歲科場，其令尚書侍郎、兩省諫議大夫以上、御史中丞、學士、待制各舉賢良方正能直言極諫一人，守臣、監司亦許解送，仍具詞繳進以聞。」初，宰臣奏降詔，上曰：「數十年未有此選者。」虞允文等曰：「昨李垕已得旨召試，或有與其父燾不相樂，聲言欲沮之。垕以此乞隨侍之任，得旨已許其請。」上曰：「今可以召試矣。」允文又言：「昨紹興指揮，春降詔，九月召試。」上因令其九月試中。

九月二十七日，命翰林學士王曮、起居舍人李彦穎就中書後省考試參詳制科。曮等上李垕論六首。《明主有必治之道》、《湯法三聖》〔一〕、《人者天地之心》、《律曆更相治》、《三家言經得失》、《揚雄張衡孰優》論。

十月二十七日，禮部言：「檢照祖宗故事，策試賢良方正，即無唱名之例。今欲候初、覆考，詳所考定等第繳奏，再付朝廷取旨推恩。」從之。

二十八日，御藥院言：「已降旨，應賢良方正直言極諫科李垕令赴殿試。契勘御試舉人，唱名畢，其正 30 奏名進士第一甲策文，並寫作册進御并進德壽宮，及焚進諸陵。今李垕策文，伏乞指揮。」詔依例修寫。

二十九日，權禮部侍郎周必大言：「初復制舉，事體至重。欲斟酌是日駕坐，文臣常參官以上、考試六論官、貼職、祕書省官並常起居訖，依舊就殿門外祇候，宣召即入。」從之。

十一月四日，上御集英殿試賢良方正能直言極諫李

〔一〕湯：原作「場」，據《建炎雜記》甲集卷一三改。

扆。制策曰：「朕承太上之詒謀，紹祖宗之丕緒，宵衣旰食，十年于兹矣。日與一二大臣圖回治道，興起治功，庶幾無負付託之重。然躬節儉以先天下，而侈靡之俗尚衆；持公正以杜羣枉，而阿私之習未革。富國在所先也，（也）理財或未盡其術；强兵亦所急也，軍政或尚多宿弊。非不遴選守令，而未聞撫民有方，盡如古循吏；非不廣求將帥，而未見智勇兼備，盡如古名將。田野雖闢，倉廩尚虚；法令雖明，犯法多有。夏秋以來，雨不時若，江湖數郡，民多乏食，救荒之政何施而可使無流離失業之患？國家經費，多資煮海之利，比緣江湖歲事不登，而搉貨所入，頓減常歲，懋遷之術何爲而可使商賈通行，以足軍士之須？論役法之未善者非一日，其法孰爲最善？言楮幣之爲弊者非一端，其弊何以拯救？是數者皆今日之急務，朕所樂聞也。今子大夫褎然而起，副朕久虚之選，朕甚嘉之。其盡心悉意以陳，毋忽。」扆策考入第四等，賜制科出身。

五日，禮部言：「策試賢良方正，即無唱名[31]之例。若照倣逐舉進士，皇帝御殿推恩，足以彰崇儒求言之盛。」從之。先一日，上謂輔臣：「策試制科，既已臨軒推恩，事體尤重。雖不唱，亦須引見受賜。」至是遂從其請。

七日，詔：「今月八日御殿，賢良方正推恩，依逐次舉人唱名例，殿内賜應奉官等茶酒。」以上《乾道會要》。（以上《永樂大典》卷一〇六六九）

制科 三[一]

【續宋會要】

[32]淳熙元年四月十日，詔曰：「朕惟制科之設，所以待非常之才也。昔我仁祖臨御，親選天下士十有五人，崇論竑議，載在方策。慶曆、嘉祐之治，上參唐虞，下轢商周。嗚呼，何其盛也！肆朕纂紹洪業，側席茂異，深詔執事，搜聘來上，冀聞切直，輔朕之不逮。十有三年于今，應書者蓋鮮，豈朕詳延之禮未至歟？抑人材之多寡自有時歟？不然，何望吾仁祖之盛而莫及也。夫士之韜藏器能，考槃巖穴者固耻於自獻，非吾公卿明揚而歷選之，則奚繇進？詔下，其各以所知對，朕將親策于庭，收得人之效焉。今歲科場，其令尚書侍郎、兩省諫議大夫以上、御史中丞、學士、待制各舉賢良方正能直言極諫一人，守臣、監司亦許解送，仍具詞業繳進以聞。」

二年閏九月十八日，翰林學士王淮、兵部侍郎兼直學士院周必大，舉眉山布衣李塾堪應賢良方正直言極諫科。

三年五月六日，台州守臣趙汝愚舉宣教郎姜凱、信州守臣唐仲友舉迪功郎鄭建德堪應賢良方正能直言極諫科，詔以其詞業令兩省、侍從官參考聞奏。周必大、李燾爲有

[一]原無序號，徑添。

妨嫌，與免參考。

九月二十五日，吏部侍郎趙粹中舉亳州布衣馬萬頃堪應賢良方正能直言極諫科〔一〕。詔粹中繳進詞業。

四年三月八日，吏部尚書韓元吉等言：「舊制，賢良詞業繳進，送兩省、侍從參考，分爲三等。文理優長爲 33 上等，次優爲中等，平凡爲下等。考訖繳奏，次優以上召赴閣試〔二〕。臣等衆參考得李塾、姜凱、鄭建德、馬萬頃詞業爲次優。」詔並令中書召試。

七月八日，中書後省言：「昨來召試，止係李垕一名，宣差制舉考試官一員、參詳官一員。今召試四人稍多，欲於參詳官内增差一員，比附省試差知〈等〉舉官例，臨期特降御筆點差。仍差封彌、謄録、對讀、監門官各一員。其巡鋪官於入内内侍省差，引試前一日宣押入院。」詔試所止就後省，餘並依。

二十四日，中書後省言：「本院官吏將來引試賢良方正，緣就試員數增多，欲乞以十日開院，於引試前二日鏁院。」詔鏁院、引試、開院通限六日。

八月十九日，詔以二十五日引試應賢良方正能直言極諫科李塾、姜凱、鄭建德、馬萬頃，命中書舍人錢良臣爲制舉考試官，太常少卿兼崇政殿説書齊慶胄〔三〕、左司諫蕭燧並爲參詳官，宗正寺主簿胡南逢爲監封彌官，大理寺主簿陳資深爲監謄録官，武學諭王藺爲對讀官。論六首，一曰《因者君之綱》，二曰《易數家之傳孰優》，三曰《前世曆法多差》，四曰《十二節備如何》，五曰《王學本賈氏》，六曰《動静繁寡如何》。

二十六日，詔制舉六論已權罷注疏出題，可以五題通爲合格。先是，監察御史潘緯言：「制舉以待非常之才，漢、唐素重兹選，聖朝尤號得人。如富弼、張方平、蘇軾與其弟轍皆由此科進。既號大科，欲乎衆望，必鄉評共許，士行無瑕，無 34 愧斯名，始可應此舉。陛下崇尚科目，奬〈援〉〔拔〕人才。舊制命尚書、兩省諫議大夫以上、御史中丞、學士、待制各舉一人；今許用侍從薦舉，或守臣、監司解送。舊制試論於經史諸子正文及注疏内出題，今已權罷注疏。皆所以誘其來也。竊謂應是選者，一繳進詞業，二試六論，三對制策。所謂繳進策、論共五十篇，類多燈窗著述之文。策限三千字以上，雖曰無所不問，以攷博通之識，亦豈無平日備對之語？唯是六論於注疏命題，人以爲難。況此一場謂之過閣，乞尤當加意。今引試有日，若據令再於注疏出題，亦已何及。如依舊制以四通以上爲合格，則與應進士舉一場試經義五篇者何異？臣愚欲六題皆通方爲合格，選之遴則其得之也榮。」故有是命。

四年三月十日〔四〕，詔曰：「朕爲乾德興邦，咸平熙載，

〔一〕布衣：原作「布人」，據《建炎雜記》甲集卷一三改。
〔二〕試：原作「職」，據《建炎雜記》甲集卷一三改。
〔三〕崇政殿：原作「崇正殿」，徑改。
〔四〕按，此詔爲周必大所草，據《文忠集》卷一〇四，年月日皆不誤，則應移前。

天聖御圖之始，紹興復古之初，皆設制科，博詢讜論。粤予涼德〔一〕，欣慕前規。茲當貢舉之秋，仍下方聞之詔。翹翹其楚，冀賢雋之無遺；諤諤而昌，抑家邦之有賴。咨爾閭臺之彦，暨夫嶽牧之官，或薦進於中朝，或搜揚於外服。俾攄所藴，陳古今致治之原；將策于廷，振臣庶敢言之氣。毋借才于異代，庶復德於我家。布告多方，明知朕意。今歲科場，其令尚書侍郎、兩省諫議大夫以上、御史中丞、學士、待制各舉賢良方正能直言極諫一人，守臣、監司亦許解送，仍具詞業繳進以聞。」

八月二十七日，中書舍人、兼侍講錢[35]良臣等言：「準敕考試制舉試卷四號。臣等依準近降指揮，以五題通爲合格。今考到試卷内，多有不知題目出處，又引用上下文不盡，止有僅及二通者。」詔並賜束帛。

五年八月三日，臣僚言：「國家設制舉，必先試以六論，雖注疏悉皆命題，以觀其博洽。今乃去注疏命題，謂宜復其舊。」有詔令禮部監學官看詳。既而條具，欲從所請，并檢照祖宗朝自天聖八年試富弼等，至元祐六年試王普等，閣試六論並出經題一篇或兩篇，方雜以子史注疏。今六論欲依故事，出經題作第一篇，然後雜出九經、《語》、《孟》内注疏或子史正文題目。從之。

七年三月十日，詔曰：「蓋聞求賢能，尚忠直，此二帝三王所由昌也。朕承太上慈訓，託於王公之上，常懼不逮，亡以紹休聖緒，夙夜興念，宜招四方之士而官使之。永惟通儒，明於古今王事之體，朕所嘉尚。乃即位以來，詔書三歲一下，而應是選者未能盡當朕意。豈詢求之路未廣，而考擇之法或嚴耶？將朕誠意未孚，而真賢實能莫爲時出也？且望之重則責之宜備，待之異則取之宜精。中外侍臣若部使者、郡守，皆國家所賴以廣聰明、美治化，將何以助朕闢四門、來衆善哉？其各悉心搜選俊異，以名來上。名儒茂才有能稱吾詔者，當崇顯焉。今歲科場，其令尚書侍郎、兩省諫議大夫以上、御史中丞、學士、待制各舉賢良方正能直言極諫一人，守臣、監司亦許解送，仍具詞業繳進以[36]聞。」

十年三月十日，詔曰：「朕惟招尊方正賢良文學之士，帥舉直言，漢、唐之君所以稽參政事，咨訪闕遺，達民心而通治道也。洪惟祖宗，率繇斯義。朕祗若前憲，詔書比下，充賦蓋闕。昔漢策晁錯、董仲舒，對者以百數；唐舉姜公輔等，所取至二十五人。國朝異人輩出，視古爲盛。今朕思政求賢，歷載彌長，效未云獲，其故安在？豈德薄道寡，化不下究，賢人君子鬱於上聞？旰昃銷志，思以廣宣厥道。宜遵近制，特俾詳延，庶收茂才，以鑒不逮，成朕虚己勤求之意焉。今歲科場，其令尚書侍郎、兩省諫議大夫以上、御史中丞、學士、待制各舉賢良方正能直言極諫一人，守臣、監司亦許解送，仍具詞業繳進以聞。」

〔一〕予：原作「于」，據周必大《文忠集》卷一〇四改。

十一年六月五日，詔曰：「朕紹履尊明，宣招畯茂，思得方聞之益，講求治理之原。越暨累年，尤屢虛己。雖賢書大比之歲，每務於詳延；然制舉非常之才，難循於定次。肆敷明旨，申命通臣。蓋急聞切直之言，將令受策而察問；宜廣選修潔之士，庶幾崇化而厲賢。俾悉究於昌辭，曾靡拘於前制。咨時群彦，體我至懷。今後遇有應詔之人，令尚書侍郎、兩省諫議大夫以上，御史中丞、學士、待制，不拘科舉年分，各舉賢良方正能直言極諫一人，各守臣、監司亦許解送，仍具詞業繳進以聞。」以宰執進呈祕書省校書郎奚商衡奏制科取士勿拘三年之制，上曰：「賢良得人，國家盛事。」故有是詔。

十二年二月二十六日，起居37舍人、兼國史院編修官、兼權直學士院李巘言：「漢自文帝以來，始有賢良之舉，不過求其讜言，以裨闕政，未聞責以記誦之學也。後世崇其科目，遴其選取，乃始窮以所未知，彊以所不能。要之舉才之意，惟端正修潔是務，而區區記誦之末，則非所先也。近年以來，固嘗舉試數人，止用經子諸史正文爲題，皆以記問不精，旋即罷遣，誠爲疎矣。後乃兼用注疏，試者愈難。夫前者未用注疏，而不能試；今復增之，而欲其應詔，宜乎累年于此而未有其人。仰惟陛下收攬英才，朝咨夕訪，惟恐有闕。去歲嘗下明詔，特舉賢良，不以三歲爲限，甚大惠也。然士猶未有以薦舉聞者，良以注疏默記之難而已。然臣以爲國家取人之實，要不盡在於此。使其才行學識如晁、董之倫，雖注疏未能盡記，於治道何損哉？乞特加參酌，令依舊降指揮免用注疏出題，則士之應詔者不無其人，而可得端慤有用之才，庶幾上副陛下側席求賢、虛懷求諫之意。」從之。

十月八日，宰執進呈池州守臣陳良祐奏，福州布衣莊冶堪應賢良方正能直言極諫科〔一〕。上曰：「向來李垕文字頗冗雜，鄭建德却善作文，今安在？」王淮等奏曰：「嘗爲删定官，不禄。」上曰：「卿等看莊冶文字如何？」淮等奏：「文字亦有源流，但不知記問如何。兼一人，恐不可試。」上曰：「不必拘此。可令後省看詳聞奏。」既而給事中葛邲看詳冶議論文詞詳而有據，堪應召試。詔令中書召試。

38十三年三月二十二日，中書後省言：「今來召試賢良方正能直言極諫科莊冶、滕宬，係是二人，即與昨李垕一名事體不同。乞依淳熙四年引試過李塾等前後申請已得指揮。」從之。

五月二十五日，詔以六月八日引試應賢良方正能直言極諫科莊冶、滕宬，命禮部侍郎、兼國子祭酒顔師魯爲制科考試官，祕書監、兼國史院編修官、兼太子左諭德沈揆、侍

〔一〕莊冶：《建炎雜記》甲集卷一三、《文獻通考》卷三三、《宋史全文》卷二七俱作「莊治」，但本書下文五處並作「冶」字，又《愧郯録》卷一一亦作「莊治」，未知孰是，今且仍舊。

御史陳賈並爲參詳官，司農寺丞陳杞爲監門官，太常博士黄黼爲封彌官，宗正寺丞宋之瑞爲監謄録官，軍器監主簿王厚之爲對讀官。論六首，一曰《身者治之本》，二曰《聖人通天地之心》，三曰《五星爲經緯》，四曰《曆術本於易》，五曰《六德以民爲紀》，六曰《岑彭馮異之功孰大》。

六月十三日，朝散大夫、權尚書吏部侍郎、兼國子祭酒、充制舉考試官顔師魯等言：「今考校到莊治、滕宬試卷二號，各有二題不通，係不知出處外，雖有四通，而文理亦多平常，不應元降指揮五題通爲合格之數。」詔既不合格，可並賜束帛。

十五年二月十八日，提舉浙西常平茶鹽公事羅點言：「竊見平江府布衣滕宬學問淹該，行義修潔，詞章博贍，明習世務。昨因守臣丘崈薦舉，蒙朝廷召試六論，内四題全通。雖(似)〔以〕不逮近制報罷，然較之近時應此科者，記誦頗爲精詳。宬自報罷之後，杜門力學，益務修飭。臣輒再行保舉堪應賢良方正能直言極諫科，乞賜召試。其詞業昨守臣丘崈繳進，已經降付侍從，考中次優。」詔令後舉召試。

[39]紹熙三年四月十五日，詔曰：「蓋聞制科之設，肇自漢世，所以延特起之士，致非常之功也。皇朝稽古上文，蒐擧茂異，視前代尤盛。一時鴻儒輩出，翼成隆平之業，朕甚慕之。粤自踐祚以來，率循彝憲，祗奉慈訓，所宜旁求博舉，訪以大道，而歷歲于兹，薦進猶缺。豈詔令未申，莫宣指意，招徠弗廑，難於自獻之故歟？載惟萬務之統，兢業持守，未知攸濟，講議剴切，繄賢是賴。儻使懷才抱道，鬱而弗伸，將何以興飭政化，紹休前躅乎？兹當大比，爰示明旨，俾造于庭，咸攄讜言，以正朕之不逮。庶幾保邦厲俗，同符帝王之治，不其偉歟！今歲科場，其令尚書侍郎、兩省諫議大夫以上、御史中丞、學士、待制各舉賢良方正能直言極諫一人，守臣、監司亦許解送，仍具詞業繳進以聞。」

開禧元年五月十日，端明殿學士、簽書樞密院事劉德秀、權禮部侍郎李壁言：「臣等於今年正月内，舉永康軍布衣何致堪應賢良方正能直言極諫科，許令繳進詞業。今何致繕寫詞業一十册，乞令有司公共看詳取旨。」詔令兩省、侍從官參考聞奏。既而臣僚〔言〕：「竊以名者實之賓，名至而實不副，是殆盗名以欺世者。臣嘗歷攷自古取士，惟賢良方正一科，世俗之所歆艷，而士心之所深重。蓋非德義醇粹，操行無玷，不足以當賢良之名；非(綱)〔剛〕毅不撓，直大無私，不足以當方正之名。繇漢已來，凡應是科，鮮不爲汗青所識者。以本朝蘇文忠公[40]兄弟，文章標準一世，議論横放四海，終其身無一瑕可指。其初猶曰應材識兼茂明於體用科，初不敢以賢良方正自居。今有人焉，持心浮薄而輕於立論，媒身淺躁而急於干進，冒焉居之，略無媿色。清明之朝，詎宜有此欺世之佞哉！謹按，應賢良方正能直言極諫科何致，初不知其爲何如人，但繳進詞業，詳觀所撰二十五篇，其間歷詆伊尹而併及於湯，凡五六百言。謂湯有心自王，而摯説之以伐夏救民；謂太甲不明，既放又復之，使一切惟己之聽。其始負堯舜之道，而終爲天下開陵犯之端。夫伊尹有商名臣，孔子定書，孟氏垂訓，紀述稱贊，照映今古。致本何人，敢於詆誣，庸非持心浮薄而輕於立論者乎？繳進詞業，令兩省、侍從參考，其意蓋曰是非付之公論，咸以爲可，是以國人皆曰賢之義。致乃干懇權貴封狀，遍求簽名。有爲臣言，初不暇讀其文之爲如何，繼而三人被薦，己欲先試，竟爲給舍申省，有浮競之語〔一〕。致不勝憤懣，廟堂呈劄，輒肆怨言，謂言辭多取憎疾，必觸報罷，乞寢已降召試指揮。若是而曰不要君，臣不信也。庸非媒身淺躁，急於干進者乎？臣嘗恭覩高宗朝鄭厚作《藝圃折衷》詆孟子，有『賣仁義』等語。臣僚論列，特降指揮不得與學官、試官差遣，仍下所屬劈版，所以杜訕上之萌也。致之文學遠不逮厚，而詆毀伊尹，殆與詆毀孟子同科。又嘗恭覩真宗〔朝〕張師德兩及王旦之門，旦曰：『師德狀元及第，榮進 41 素定，不應兩及吾門。』所以抑奔競之士也。致將奮身大科，富貴特其分内事，何用汲汲挾貴有請？師德謁時宰於已仕之後，且猶以爲貪進，今而視致，其將謂何？夫持心浮薄而輕於立論，媒身淺躁而急於干進，有斯二者，顧〔故〕曰賢良方正，非愚則誣矣。謂之盜名以欺世，誰曰不然。況夫議論厚薄，出處静躁，關繫風俗，誠爲非輕。乞將致罷歸，使之退自循省，進德修業，習尚醇厚而涵養恬静，他日録用未晚也。」從之。以上《續宋會要》。（以上《永樂大典》卷五六九七）

經明行修科

42 哲宗元祐元年四月二十四日，詔：「每遇科舉詔下，令文官陞朝以上無贓罪及無私罪重者，於應進士舉人不拘路分，但不係有服親，各奏舉經明行修一名。候將來發解及南省奏名，合格者内有不係所舉人數〔二〕，於牓示及奏名内每人名下注『經明行修』字，至殿試唱名陞一甲姓名。如歷官後犯正入己贓及違犯名教〔三〕，斷訖收坐，舉主並依舉選人轉京官法減一等。」

六月十六日，御史中丞劉摯言，經明行修人宜使知州以上舉之爲便。詔京朝官、通判資序以上人許舉。

二年正月十五日，詔舉經明行修，京東西、河北、陝西路各五人，淮南、江南東西、福建、河東、兩浙、成都府路各四人，荆湖南路、廣南東西、梓州路各二人，荆湖北、夔州、利州路各一人。委知縣、當職官同保任申監司，監司再加考察以聞，仍充本州解額，無其人則闕之。

三年正月六 43 日，禮部言：「河南、福建路轉運司奏考到經明行修進士，並不經提刑司考察同奏舉。今來省試

〔一〕競：原作「兢」，據文意改。
〔二〕「不」字似爲衍文。
〔三〕教：原脱，據《長編》卷三七六補。

日逼，恐誤取應。今欲乞且依轉運司已奏，許(合)〔令〕逐人先次就試。將來省試，如提刑司考察得内有違礙及與轉運司奏舉不同，即行駮放。」從之。

三月六日，詔：「經明行修人如省試不應格，聽依特奏名進士例就殿試。」

四年五月二十五日，詔：「今後遇降詔方許奏舉經明行修人，先降每遇科場奏舉指揮不行。」

八年二月二十四日，監察御史黄慶基言：「向者薦經明行修之士，既與免解赴省試，及省試不合格，又例與特奏名〔一〕。是凡被薦舉者，皆可以入官也。臣聞元祐二年諸所薦者，甚有不協士論。乞朝廷申諭諸路監司、郡守，凡薦經明行修之士，必須精加考察，委有術業，行義爲鄉黨所尊、士論所服者，方許奏薦。或不如所舉，則以貢舉非其人之法坐之。」從之。以上《續國朝會要》。《國朝》、《中興》、《乾道會要》無此門。（以上《永樂大典》卷一〇六五二）

〔一〕名：原作「明」，據《補編》頁二五七改。

宋會要輯稿　選舉一二

宏詞科〔一〕

1 真宗景德三年〔二〕，龍圖閣待制陳彭年奏請條制貢部復宏詞科〔三〕，采擇經術士〔四〕，許流内選應宏詞拔萃科明經人投狀自薦，策試經義，以勸學者。哲宗紹聖元年罷制舉〔五〕，懼無以收文學博異之士，於是置宏詞以繼賢良之選。所試以章、表、露布、文書，用四六也；頌、銘、戒、論〔六〕、序、記，雜用古今體，不拘四六也。許進士登科者就試，試以奏試上舍日附試，不立院也。四題分二日，試者雖多，取毋過五人。惟詔、誥、赦、勑不以爲題。又制詔〔七〕，四題内二題以歷代史故事〔八〕。

2 哲宗紹聖元年五月四日〔九〕，中書省言：「有唐隨事設科，其名不一，故有詞藻宏麗、文章秀異之屬，皆以衆之所難勸率學者。今來既復舊法，純用經術取士，其應用文詞，如詔誥、章表、箴銘、賦頌、赦勑、檄書、露布、誡諭之類，凡諸文體，施之于時，不可闕者。在先朝亦嘗留意，未及設科。」詔別立宏詞一科，每科場後許進士登科人經禮部投狀乞試，依試進士法，差官考校。試詔誥或表章、雜文共三篇。應者雖多，所取不過十人。中程者申三省看詳，仍分爲兩等，上等循兩資，中等循一資，承務郎以上比類推恩。詞格超異者臨時取旨。《文獻通考》：紹聖元年罷制科。自朝廷罷詩賦，廢明經，詞章記誦之學俱絶。至是而制科又罷，無以兼收文學博異之士，乃置宏詞以繼賢良之科。三省言：「唐世取人，隨事設科，其名有詞藻宏麗、文章秀異之屬。究其所試，皆異乎進士、明經。今既復舊科，純用經術，諸如詔誥、表章、箴銘、賦頌、赦勑、檄書、露布、誡諭，其文皆朝廷官守日用而不可闕，先朝已嘗留意，特科目未及試。」二年，詔立宏辭科，歲許進士登科者詣禮部請試。若見守官，須受代乃得試。率以春試上舍日附試，不自立院也。差官鎖引，悉依進士。惟詔誥、赦勑不以爲題，所試者章表、露布、檄書用四六，頌、箴、銘、誡、諭、序、記用古今體，亦不拘四六。考官 3 取四題，分二日試。試者雖多，取毋過五人。中程者上之三省，三省覆視，分上、中二等，推恩有差。辭格超異者，恩命臨時取旨。

七月二十四日，詔：「宏詞今後每年許經禮部投狀，仍附春試。雖多，所取不得過五人。」

九月三十日，禮部狀：「鼎州桃源知縣姚孳、汾州靈石縣令樓异乞就試宏詞科。緣逐人係在見任，今欲乞依試學官法，在外見任人候得替，許於禮部投狀就試。」從之。

二年正月九日，禮部言：「宏詞除詔誥赦勑不試外，今擬立程試考校格。一、試格十條：章表，依見行體式；賦

〔一〕「宏詞科」上原又有「制科」二字，今不取。
〔二〕按，以下一段正文及注單作一頁，乃抄自《群書考索》後集卷三二，非《會要》文。
〔三〕復：原脱，《群書考索》亦脱，據《長編》卷六五補。
〔四〕士：原脱，《群書考索》亦脱，據《長編》卷六五補。
〔五〕按，以下一段，《群書考索》作正文，不爲注。
〔六〕論：《群書考索》後集卷三二作「諭」。
〔七〕「又」原作「入」，「詔」原作「誥」，據《群書考索》後集卷三二改。
〔八〕此下原批：「徐輯《大典》無卷數。」
〔九〕此條之前原又有「宏詞」二字標目，今删。

如唐人《斬白蛇》、《幽蘭》、《渥洼馬賦》之類；頌如韓愈《元和聖德詩》、柳宗元《平淮夷雅》之類；箴如（楊）〔揚〕雄《官箴》、《九州箴》之類；銘如柳宗元《塗山銘》、張孟楊《劍閣銘》之類；誡諭如近體誡諭風俗或百官之類；露布如唐人《破蕃賊露布》之類；檄書如司馬相如《喻蜀檄》之類；序如顏延之《王融曲水詩序》之類；記亦用四六。以上考試官臨時取三題作一場試，其章表、頌、檄書、露布、誡諭、序、記，並限二百字以上成；箴、銘並限一百字以上成；賦八韻，限三百字以上。一、考格三條〔一〕：詞理俱優者爲上等，詞理次優者爲次等，詞理超異者取旨。上等循一資，承務郎以下比類推恩。」

二十八日，再立到考試格：「其近降試格更不施行，今修立九條：章表、露布、檄書，以上用四六；頌、箴、誡諭、序、記，以上依古今體，亦許用四六。考試官 4 臨時取四題，分作兩場引試，並限二百字以上，箴、銘限一百字以上成。」從之。

二月六日，詔宏詞科別差考試官二員，候類省試畢日，就試院引試。

三月一日，臣寮言：「本朝自景祐初至今，凡六十餘年，惟熙寧六年、九年兩牓共百六十餘人係同學究出身。乞比前後牓同甲人，改爲左列。先朝雖以此兩牓末甲名爲學究，然其官名不分左右，所以不礙諸般差遣。今既分爲左右，雖欲應近日宏詞，不可得也。六十年間，獨此兩牓，偶然一時，名爲學究，遂爾終身不爲清列，何相遠耶！當元豐間不礙差遣，猶之可也，今既動有拘礙，誠爲未安。」詔熙寧六年、九（月）〔年〕第五甲人許應宏詞科。

二十四日，三省言：試宏詞衡州司法參軍黃符，滁州司法參軍羅畸，開封縣主簿高茂華，真定府户曹參軍趙鼎臣，瀛州防禦推官、知鄂州崇陽縣事慕容彦逢〔二〕。題曰《欹器銘》、《誡諭三省樞密院修舉先朝政事》、《邇英閣無逸孝經圖後序》、《代嗣高麗國進貢表》。考入次等，各循一資。

三年三月，三省言：試宏詞開封府開封縣主簿、詳定軍馬司勑例删定官林虙，宣德郎、知嘉州峨眉縣劉弇，昭慶軍節度推官、知舒州望江縣滕及。題曰《太史箴》、《代宰相以下謝賜重修都城記表》、《紹聖元會頌》、《誡諭士大夫敦尚名節》。考入次等，各循一資。

四年閏二月二十一日，貢院言：試宏詞新授陳州項城縣令吳兹，宣義郎周燾，新授杭州餘杭縣 5 尉王孝迪，瀛州防禦推官、知潭州湘潭縣丞方叔震。題曰《導洛通汴頌》、《誡諭學者詞尚體要》、《代宰臣謝實録成賜宴表》、《籍田記》。考入次等，各循一資。

同日，別試所言：試宏詞澶州司理參軍吳玕。題曰《北郊大禮慶成頌》、《元豐新修尚書省記》、《喻安西西城沿邊番部檄》、《誡諭轉對

〔一〕三：原作「五」，據《補編》頁二六二改。
〔二〕鄂州：原脱「州」字，據《補編》頁二六二補。又「逢」原作「達」，據《摛文堂集》附録《慕容彦逢墓誌銘》改。

臣僚言事要切》。考入次等，循一資〔一〕。

元符元年四月，貢院言：試宏詞宣州涇縣主簿丘鄘、江寧府右司理參軍吉觀國、辰州司理參軍王天倪。題曰《大河復東流頌》、《三朝寶訓序》、《代親王謝賜外第表》、《司文殿記》。詔觀國爲河中府教授，天倪爲華州教授。丘鄘差遣闕。

二年三月，三省言：試宏詞睦州司理參軍謝黼〔二〕。題曰《代宰臣以下賀老人星見表》、《御書孝經及千字文勒祕閣贊碑陰後序》、《詔賜宗室坐右銘記》、《分賜鏤文紅管御筆銘》。考入次等。循一資。

三年徽宗即位未改元。三月，三省言：試宏詞知河中府録事參軍、充兖州州學教授葛勝仲〔三〕，題曰《瑞成殿芝草頌》、《代高麗王謝賜太平御覽表》、《重摹太宗皇帝御飛白玉堂記》、《諭（清）〔青〕唐種落檄》。考入次等。循一資。

徽宗建中靖國元年三月，三省言：試宏詞新信陽軍司理參軍晁詠之、勑賜進士出身程量、新（穎）〔潁〕昌府户曹參軍孫宗鑑，題曰《皇帝展事于郊丘頌》、《代皇子謝賜生日禮表》、《誡諭守令勸課農桑》、《宗子學記》。考入次等。各循一資。

崇寧元年三月，三省言：試宏詞定州司法參6軍王雲、勑同進士出身石忝〔四〕、前衢州司理參軍謝潛，題曰《代宰臣重修神宗皇帝御集表》、《玉磬銘》、《誡百官修舉職事》、《重修祕閣記》。考入次等。各循一資。

二年三月，貢院言：試宏詞儒林郎、新耀州州學教授祝天輔，登州防禦推官、知會州新會縣杜林，題曰《崇寧聖德頌》、《重修都亭驛記》、《代宰臣賀慶雲見表》、《占天萬年曆序》。考入次等。各循一資。

五年三月，貢院言：試宏詞前衢州司理參軍孫近，通仕郎、新虔州贛縣令王劭，題曰《崇寧繼述聖政頌》、《代貢士辟廱謝賜宴并御製詩表》、《新建殿中省記》、《誡諭諸路監司奉行詔令》。考入次等。各循一資。

大觀三年三月，貢院言：試宏詞將仕郎、保安軍司理參軍樊察，通仕郎、越州餘姚縣尉李朓，登仕郎李子奇，題曰《誡諭學事司推行教法詢考行能》〔五〕、《開封府賀獄空表》、《大慶殿受八寶頌》、《新建書學記》。考入次等。各循一資。

四年五月十六日，詔：「紹聖之初，嘗患士之學者不復留意文詞，故設宏詞科，歲一試之。然立格法未至詳盡，不足以致實學有文之士。可改立詞學兼茂科，每歲附貢士院引試。聽有出身人，不以京朝官、選人，經禮部投狀就試。歲中所取不得過三人〔六〕，如無合格則闕之。仍於舊試格内除去檄書，增入制詔，臨時取四題，分作兩場。内二篇以歷代史故事借擬爲題，餘以本朝故事或時事。其合格人分

〔一〕「循一資」上原有「各」字，據後「二年三月」條文例删。入等僅一人，不得言「各」。
〔二〕謝黼：《玉海》卷二〇四作「謝黻」。
〔三〕葛勝仲：原作「葛勝中」，據《宋史》卷四四五《葛勝仲傳》改。
〔四〕忝：原作「忩」，據《玉海》卷二〇四改。按石忝，蕪湖人，見《宋詩紀事》卷三五。
〔五〕推：原作「理」，據《玉海》卷二〇二改。
〔六〕所：原作「有」，據《補編》頁二六三改。

兩等考定，申三省看詳，上等循兩資，中等循一[7]資，京朝官比類推恩，仍並隨資任。內外差遣已係堂除人，優與陞擢〔一〕。內文理超異者，取旨除館職。所有試格，令禮部比擬立定，申尚書省取旨頒降。仍自大觀五年春試爲首。宰臣、執政官親屬不許與試。」擬立到程試考校格式，如紹聖二年正月宏詞之制。

政和元年二月二十三日，三省言：試詞學兼茂前郴州教授譚世勣、儒林郎蔡經國、通仕郎俞授能，題曰《雄武軍節度使開府儀同三司授侍中制》、《夏禹九鼎銘》、《代宰臣以下謝賜御製冬祀慶成詩表》、《唐集賢殿書院記》。考世勣、經國入上等。詔：「詞學兼茂科尤宜加意獎進教育，以資潤色王猷之英材。今後可歲中所取不得過五人，餘依舊制。今來考校中格人，屬辭清勁，文理典贍，宜與陞等收録，以爲詞學該博者之勸。可特依下項：世勣與改合入官，仍除館職；經國與改合入官，仍堂除差遣；授能與循兩資，仍堂除差遣。」

二年四月十二日，貢院言：試詞學兼茂文林郎滕康、盧益、李熙靖、奉議郎薛倉舒、通仕郎曹輔，題曰《保大軍節度使授檢校司徒保平軍節度使制》、《漢六輔渠記》、《代宰臣以下賀野蠶生璽表》、《漢宣德殿馬式銘》。考康等五人合格。奉御寶批：「試卷已經省覽，文詞優裕，考按合格，可依格推恩，仍更量加甄擢，以勸來者。」康爲祕書省正字，益試辟廱博士，熙靖試太學正，蒼舒爲(大)〔太〕僕寺丞，輔充詳定勑令所删定官。

三年三月，貢士舉院[8]言：試詞學兼茂文林郎、隆德府司兵曹事孫傳。題曰《資政殿學士授奉寧軍節度使制》、《堯大章頌》、《新修六典序》、《唐修文館記》。考入合格，循一資。

四年三月二十四日，貢士舉院言：試詞學兼茂將仕郎孫覿、通仕郎王志古、滕庚。題曰《鎮洮軍節度使除太尉制》、《黃帝封泰山頌》、《代高麗王謝宴樂表》、《唐學士院記》。考入次等，各循一資。詔依格推恩外，覿除祕書省正字，志古充國朝會要所檢閱文字，庚充詳定九域圖志所編修官。

五年三月，貢院言：試詞學兼茂科儒林郎胡交修、將仕郎李木、張悆。題曰《鎮海軍節度使檢校少保開府儀同三司授檢校少傅加食邑食實封制》、《漢祀雍獲一角獸頌》、《代公相以下謝賜御筆書夏祭神應記表》、《唐洛陽宮記》。考入次等，各循一資。

六年二月二十九日，貢士舉院言：試詞學兼茂科宣義郎曹中、宣教郎艾晟、王諶。題曰《平川軍節度使授開府儀同三司制》、《漢函德殿金芝頌》、《代公相以下謝宣詔赴穆清殿賜宴表》、《唐太微宮記》〔二〕。考中入上等，晟、諶入次等。詔(餘)〔除〕依格推恩外，中除祕書省正字，晟除寺監丞，諶與書局差遣。

七年三月十六日，貢士舉院言：試詞學兼茂科迪功郎李正民、薛嘉言、文林郎宋惠直。題曰《觀文殿學士中太一宮使授右弼制》、《漢騏驎閣名臣圖記》、《圓象徽調閣奉安隆鼐頌》〔三〕、《唐西海道行軍大總管破吐谷渾露布》。考正民入上等，嘉言、惠直入中等[9]。

〔一〕擢：原作「搉」，據《補編》頁二六三改。
〔二〕太：原作「大」，據《補編》頁二六四改。
〔三〕圓象徽調：原作「圖象徽猷」，據《大隱集》卷六改。

詔正民與改合入官，除祕書省正字；嘉言、惠直合依格循一資，與書局差遣。

八年三月二十八日，貢士舉院言：試詞學兼茂科迪功郎、新河中府河東縣主簿崔嗣道，奉議郎、前高郵軍軍學教授宇文彬，從事郎、前越州會稽縣丞張守。題曰《觀文殿學士中太一宮使兼侍讀授應道軍節度使上清寶籙宮使制》、《漢神魚舞河頌》、《代雲南節度使大理國王謝賜曆日表》、《唐史館記》。考嗣道入上等，彬、守入次等，依格循資推恩。

宣和元年三月，貢士舉院言：試詞學兼茂科朝奉郎、海州州學教授陸韶之，從事郎、新冀州州學教授王俊，迪功郎、新泗州司士曹事李長民。題曰《彰化軍節度使熙州路經畧安撫使授檢校少保雄武軍節度使制》、《漢三雍頌》、《新修龍德太一宮記》、《唐大衍曆序》。考入次等。詔依格與循兩資減年外，(詔)〔韶〕之除書局官，王俊除博士，李長民除宗學博士。

(三)〔二〕年三月〔一〕，貢士舉院言：試詞學兼茂科從事郎、前鄂州州學教授范同，通仕郎劉才邵，從政郎歐陽璟。題曰《資政殿大學士提舉上清寶籙宮兼神霄玉清萬壽宮副使兼侍讀授寶寧軍節度使兼河東路經畧安撫使制》〔二〕、《漢宣室箴》、《代公相以下謝賜御製宣德樓上樑文表》、《唐開元禮序》。考入次等，各依格循資推恩。

三年四月二十一日，貢士舉院言：試詞學兼茂科承議郎、新詳定一司勑令所删定官李公彥。題曰《保和殿大學士提舉上 10 清寶籙宮兼侍讀授威德軍節度使加食邑實封制》、《漢開耕藉田頌》、《代夏國謝賜御(制)〔製〕聖濟經表》、《唐花萼相輝樓記》。考入次等。詔依格推恩外，特除祕書省正字，候有闕差。

四年三月，三省言：試詞學兼茂科文林郎、建州州學教授曾益柔。題曰《誡諭百官遵守熙豐法度》、《漢甘露降未央宮頌》、《代宰臣謝賜御製賦同大成殿詩表》、《唐群書四録序》。考入次等，依格循資。

五年三月，三省言：試詞學兼茂科迪功郎、前密州州學教授秦檜。題曰《代宰臣以下賀日有五色雲表》、《唐擒頡利露布》、《新修東都志序》、《漢楚龍淵記》。考入次等，依格循資。

七月二十七日，守尚書職方員外郎陳磷奏：「紹聖初，哲宗皇帝嘗患學者專經，不復留意文詞，故設宏詞科，來天下異能之士。大觀中，以其所立格法未至詳盡，改爲詞學兼茂科。然設科既久，來者寖少，歲一試之，有司取必以備數，則不無幸中，而朝廷所以待遇亦輕矣。今來既罷每歲春試上舍，欲乞應詞學兼茂科許於省試院附試。」從之。

六年三月，貢院言：試詞學兼茂科迪功郎何掄、奉議郎袁植〔三〕。題曰《資政殿學士特進授檢(教)〔校〕少傅鎮潼軍節度使河北雲中府路經畧安撫使加食邑實封制》、《漢單于朝甘泉宮頌》、《代燕山府路進士謝賜及第表》、《大唐雅樂記》。考掄入上等，植入次等，依格推恩。以上《續國朝會要》。《國朝會要》無此門。

光堯皇帝建炎二年七月，禮部言：11 試詞學兼茂科朝奉郎袁正功。題曰《誡諭將士協心戰守》、《唐八坊記》、《代宰臣以下謝

〔一〕二年：原作「三年」，據《補編》頁二六五及《宋史》卷四二二《劉才邵傳》改。
〔二〕節度使：原脱「使」字，據《補編》頁二六五補。
〔三〕議：原作「試」，據《補編》頁二六五改。

宣召赴經筵聽講表》、《漢定著三十五家兵法序》。考入次等，循一資，比類施行。

紹興三年七月六日，都司言：「工部侍郎李擢奏乞取紹聖宏詞與大觀詞學兼茂兩科別立一科等事〔一〕，看詳紹聖法以宏詞爲名，大觀後以詞學兼茂爲名，今欲以博學宏詞科爲名，以制、誥、詔書、表、露布、檄、箴、銘、記、贊、頌〔二〕、序一十二件爲題。古今雜出六題，分爲三場，每場一古一今。願試人先投所業三卷，朝廷降付學士院，考其能者召試。依宣和六年指揮，以三年一次，附省試院試，不用從臣薦舉。應命官不以有無出身，除歸明、流外、進納人及犯贓罪人外，並許應詔。命官非見任外官，許徑赴禮部自陳；若見在任，經所屬投所業，應格召試，然後（雜）〔離〕任。每次所取不得過五人。若人材有餘，臨時取旨，具合格等第字號，同真卷繳納中書省看詳〔三〕。內制、詔書依例宰執進呈。推恩則例比舊制更加優異。以三等取人：試入上等，有出身人轉一官，選人與改京官〔四〕，無出身人賜進士及第，並免召試除館職。中等，有出身人減三年磨勘，與堂除差遣，無出身人賜進士出身，擇其尤召試館職。下等，有出身人減二年磨勘，與堂除差遣一次，無出身人賜同進士出身，遇館職有闕，亦許審察召試。」從之。

五年七月，禮部貢院言〔五〕：試博學宏詞科左修職郎、新詳定一司 12 勑令所刪定官王璧，左迪功郎、明州州學教授石延慶。題曰《觀文殿學士江南西路安撫大使授永興軍節度使開府儀同三司都督川陝荊襄路軍馬事制》、《漢宣室箴》、《御書無逸圖讚》、《唐折衝府記》〔六〕、《統元曆序》、《唐天下兵馬大元帥克復京師露布》。考入下等，各減二年磨勘。

八年六月一日，禮部貢院言：試博學宏詞科左迪功郎、新鄂州武昌縣尉詹叔義，右迪功郎、新平江府司法參軍陳巖肖，左迪功郎、新饒州鄱陽縣東尉王大方。題曰《觀文殿學士提舉醴泉觀兼侍讀授護國軍節度使開府儀同三司江淮荊襄路宣撫大使制》、《漢輔渠銘》、《慰諭川陝詔》、《漢城長安記》、《代宰臣以下賀收復京西路表》、《唐會要序》。叔義考入中等，減三年磨勘，與堂除差遣；巖肖、大方下等，巖肖賜同進士出身，大方減二年磨勘。

十二年二月二十七日，禮部貢院言：試博學宏詞科右承務郎、新提轄行在雜買務雜賣場洪遵，勑賜同進士出身沈介，右從政郎、新浙西提舉茶鹽司幹辦公事洪适。題曰《皇叔慶遠軍承宣使授昭化軍節度使封安定郡王同知大宗正事制》、《周成王蒐岐陽頌》、《代樞密使謝賜玉帶表》、《漢五家要說章句序》、《克敵弓銘》、《唐勸政務本樓記》。遵考入中等，賜進士出身；介、适下等，介減二年磨勘，适賜同進士出身。

〔一〕「取」原作「今」，「等」字原缺，據《補編》頁二六五改補。
〔二〕頌：原爲空格。天頭原批云：「渭清按，空白是『頌』字，見《宋史・選舉志》。」今據補。
〔三〕真：原作「直」，據《補編》頁二六六改。
〔四〕京：原脫，據《建炎雜記》卷一三補。
〔五〕部：原脫，據《補編》頁二六六補。
〔六〕衝：原作「衡」，據《補編》頁二六六改。

十五年三月，禮部貢院言：試博學宏詞科右從政郎、新建州政和縣令湯思退，右朝奉郎、太13府寺主簿王曮，右承務郎、新兩浙路轉運司幹辦公事洪邁〔一〕。題曰《少保鎮南軍節度使充兩浙東路安撫大使兼知紹興軍府事授少傅鎮南静江軍節度使充江南東路安撫大使兼知建康府事兼營田大使行宫留守加食邑食寔封制》、《唐凝暉閣渾天儀記》、《代守臣謝賜御書周易尚書表》、《漢麟趾褭蹏贊》、《明道籍田頌》、《漢中和樂職宣布詩序》。考入中、下等，賜進士出身、同進士出身。

十八年三月，禮部貢院言：試博學宏詞科左迪功郎、新常州武進縣尉周麟之，左從政郎、新婺州州學教授季南壽〔二〕。題曰《保信軍承宣使提舉萬壽觀授寧遠軍節度使充萬壽觀使進封加食邑食寔封制》、《黄帝景鍾銘》、《兵部侍郎除寶文閣直學士樞密都承旨誥》、《漢上林清臺箴》、《紹興新修(大)〔太〕學記》、《唐通典序》。並考入下等，各減二年磨勘。

二十一年四月九日，禮部貢院言：試博學宏詞科左迪功郎、監潭州南嶽廟莫冲，左迪功郎、臨安府錢塘縣主簿葉謙亨。題曰《安遠軍節度使龍神衛四廂都指揮使御前諸軍都統制授太尉殿前副都指揮使制》、《漢石渠議奏序》、《代守臣進瑞麥芝草五色雀圖表》、《漢瑄玉銘》、《皇祐紫宸殿大安樂頌》、《唐慶善宫記》。並考入下等，各減二年磨勘。

二十四年二月十二日，禮部貢院言：試博學宏詞科左從事郎、平江府録事參軍莫濟，左迪功郎、監潭州南嶽廟王端朝〔三〕。題曰《端明殿學士知洪州軍州事14江南西路安撫使授保寧軍節度使知福州軍州事福建路安撫使加食邑寔封制》、《漢靈臺十二門詩序》、《代守臣賀慶雲瑞粟野蠶成璽表》、《漢寶鼎神策頌》、《咸平龍圖閣五經圖記》、《漢芝草銘》。並考入下等，各減二年磨勘，與堂除差遣一次。

二十七年二月九日，禮部貢院言：試博學宏詞科左迪功郎周必大。題曰《檢校少保寧國軍節度使提舉祐神觀某授檢校少傅武昌軍節度使知荆南府荆湖北路安撫使馬步軍都總管進封加食邑制》〔四〕、《漢白虎議奏序》、《代交趾進馴象表》、《漢紫壇頌》、《繡衣鹵簿記》、《漢廟鼎銘》。考入下等，減二年磨勘。

三十年二月七日，禮部貢院言：試博學宏詞科左迪功郎、衢州西安縣主簿唐仲友。題曰《捧日天武四廂都指揮使華容軍承宣使充階成西和鳳州安撫使兼知成州授武泰軍節度使侍衛親軍步軍都虞(侯)〔候〕充京西路安撫使馬步軍都總管兼營田使兼知襄陽府制》、《少皞氏官名記》、《代提舉國史進哲宗皇帝徽宗皇帝寶訓表》、《漢考工令箴》、《寶奎殿太宗皇帝御書贊》、《唐文思博要序》。考入下等，減二年磨勘。以上《中興會要》。

壽皇聖帝隆興元年四月十五日，翰林學士承旨、知制誥洪遵，兵部侍郎周葵，中書舍人張震言：「昨知貢舉，切見宏詞卷仁義張字號所撰《講武頌》及露布等文字，冠絶一場，偶表制中有疵，因不敢開拆。係左迪功郎、前舒州懷寧縣尉陳自修，學問15文詞委皆贍拔，望稍進以職。」詔吏部注近闕教官。

〔一〕辦：原脱，據《補編》頁二六六改。
〔二〕季南壽：原作「李南壽」，據《補編》頁二六六、《玉海》卷二〇四改。
〔三〕朝：原脱，據《建炎要録》卷一六六、《玉海》卷二〇四補。
〔四〕某：原作「使」，據《文忠集》卷九三改。

五月一日，禮部貢院言：試博學宏詞科右迪功郎、新嚴州桐廬縣尉、主管學事呂祖謙，考入下等，上所試文六篇。《皇兄保大軍節度使檢校少保河陽三城節度使權主奉吳王祭祀進封加食邑寔封制》、《周師氏箴》、《代提舉編類聖政所進建炎紹興詔旨表》、《漢興地圖序》、《太祖皇帝開便殿頌》、《晉征虜將軍征討大都督破（符）〔苻〕堅露布》。詔減二年磨勘，堂除差遣。祖謙既中選，賜同進士出身，相繼放進士榜，又登上第，故有是命。

乾道二年二月十三日，禮部貢院言：試博學宏詞科右迪功郎、新紹興府新昌縣尉魯可宗，考入下等，上所試文六篇。《定江軍節度使提舉祐神觀特授檢校少保崇信軍節度使知廬州軍州事淮南西路安撫使馬步軍都總管兼營田使加食邑寔封制》、《舜韶箾頌》、《代常德府謝賜府額表》、《漢武功爵記》、《邇英延義二閣記注序》、《漢玉巵銘》。詔減二年磨勘，堂除差遣。

五年二月六日，詔：「考校博學宏詞，如更有文理優長，許通取二名。」八年同此制。

四月九日，禮部貢院言：試博學宏詞科左迪功郎、新筠州州學教授姜凱〔一〕，左從政郎、新廣德軍軍學教授許蒼舒，考入下等，上所試文各六篇。題曰《龍神衛四廂都指揮使武信軍承宣使利州西路駐劄御前諸軍統制特授武當軍節度使捧日天武四廂都指揮使主管殿前司公事進封加食邑寔封[16]制》、《漢陸賈新語序》、《代講讀官謝賜尚書正義表》、《蜀諸葛亮八陣圖贊》、《武學箴》、《唐義倉記》。詔各減二年磨勘，堂除差遣。

八年二月十日，禮部貢院言：試博學宏詞科左迪功郎、新建昌軍軍學教授傅伯壽，右迪功郎、前臨安府富陽縣主簿湯邦彦，考入下等，上所試文各六篇。題曰《觀文殿學士特進授少保醴泉觀使兼侍讀制》、《唐涇陽受回紇獻功頌》、《代文武百官爲光堯壽聖憲天體道太上皇帝壽聖明慈太上皇后加上尊號册寶禮成賀皇帝表》、《周太常銘》、《天禧御製元良述贊》、《南北軍屯記》。詔伯壽減二年磨勘，堂除差遣；邦彦賜同進士出身。以上《乾道會要》。

《文獻通考》：博學宏詞科　紹興三年立此科，凡十二題，制、誥、詔、表、露布、檄、箴、銘、記、贊、頌、序，於内雜出六題，分爲三場，每場一古一今。試人先投所業三卷，朝廷降付學士院，考其能者召試。遇科場年，應命官除歸明、流外、入貲及嘗犯贓人外，公卿大夫子弟之俊秀者皆得試。每次所取不得過五人，若人材有餘，臨時取旨。具合格字號，同真卷繳納中書看詳，推恩則例比舊制更加優異。以三等取人：上等轉一官，選人改秩，無出身人賜進士及第，並免召試除館職。中等減三年磨勘，與堂除，無出身人賜進士出身；下等減二年磨勘，無出身人賜進士出身，並許召試館職。大觀中有詞學兼茂科，建炎初猶有應者，至是始更立焉。自復科以來，所得鴻筆[17]麗藻之士多有至卿相翰苑者，紹興中得十有七人，隆興至淳熙得十有三人，紹熙一人，開禧至嘉定三人。初，洪遵入中等，洪适入下等，高宗覽其文，歎曰：「此洪皓子耶？父在遠，能自立，忠義報也。」即以遵爲祕書省正字，适爲樞密院編修官。詞科即入館，自遵始。後三歲，洪邁繼之。真德秀、留元剛應選，有司書德秀卷曰「宏而不博」，書元剛卷曰「博而不宏」，寧宗喜其文，命俱寘異等。其後有司值郡試，必摘其微疵，僅從申省或降旨陞擢而已。　容齋洪氏《隨筆》曰：本朝宏詞雖用唐時科目，而所試文則非也。自乙卯至于紹熙癸丑二十榜，或三人，或二人，或一人，并之三十三人，而紹熙庚戌闕不取。其以任子進者，湯岐公至宰相，王日嚴至翰林承旨，李獻之學士，陳子象兵部侍〔郎〕，湯朝美右史，陳峴方進用。而予兄弟居其間，文惠公至宰相，文安公至執政，予冒處翰苑。

〔一〕凱：原作「覬」，據《玉海》卷二〇四改。

此外皆係已登科人，然擢用者唯周益公至宰相，周茂振執政，沈德和、莫子齊、倪正父、莫仲謙、趙大本、傅景仁至侍從，葉伯益、季元衡至左右史。餘多碌碌，而見存未顯者陳宗召也。然則吾家所蒙，亦云過矣。　葉適論宏詞曰：法或生于相激。宏詞之廢久矣，紹聖初既盡罷詞賦，而患天下應用之文由此遂絶，始立博學宏詞科。其後又爲詞學兼茂，其爲法尤不切事寔。何者？朝廷詔誥典册之文，當使簡直宏大，敷暢義理，以風曉天下，典謨訓誥諸[18]書是也。孔子録爲經常之詞，以教後世，而百王不能易，可謂重矣。至兩漢詔制，詞意短陋，不復髣髴其萬一。蓋當時之人所貴者武功，所重者經術，而文詞者，雖其士人譁然自相矜尚，而朝廷忽略之，大要去刀筆吏之所能無幾也。然其深厚温雅，猶稱雄于後世，而自漢以來莫有能及者。若乃四六對偶，銘檄讚頌，循沿漢末，以及宋齊，此真兩漢刀筆吏能之而不作者，而今世謂之奇文絶技，以此取天下士而用之于朝廷，何哉？自詞科之興，其最貴者四六之文，然其文最爲陋而無用。士大夫以對偶親切、用事精的相誇，至有以一聯之工而遂擅終身之官爵者。此風熾而不可遏，七八十年矣。前後居卿相顯人，祖父子孫相望于要地者，率詞科之人也。其人未嘗知義，其學未嘗知方也，其才未嘗中器也。操紙援筆，以爲比偶之詞，又未嘗取成于心而本其源流于古人也。是何所取，而以卿相顯人待之，相承而不能革哉？且又有甚悖戾者，自熙寧之以經術造士也，固患天下習爲詞賦之浮華而不適于寔用，凡王安石之與神宗往反極論，至於盡擯斥一時之文人，其意曉然矣。紹聖、崇寧號爲追述熙寧，既禁其求仕者不爲詞賦，而反以美官誘其已任者使爲宏詞，是始以經義開迪之，而終以文詞蔽淫之也，士何所折衷？故既以爲宏詞，則其人已自絶于道德性命之本統，而以爲天下之所能者[19]盡于區區之曲藝，則其患又不特舉朝廷之高爵厚禄輕以與之而已也，反使人才陷入于不肖而不可救。且昔以罷詞賦而置詞科，今詞賦經義並行久矣，而詞科迄未嘗有所更易，是何創法于始而不能考其終，使不自爲背馳也！　蓋進士、制科，其法猶有可議而損益之者，至宏詞則直罷之而已矣。

《四朝聞見録》：嘉定間，未嘗詔罷詞學，有司望風承意太過，每遇郡試，必摘其微疵，僅從申省，予載之詳矣。　水心先生著爲《進卷外稾》，其論宏詞曰：「宏詞之興，其最貴者四六之文，然其文最爲陋而無用。士大夫以對偶親切、用事精的相夸，至有一聯之工而遂擅終身之官爵者。此風熾而不可遏，七八十年矣。前後居卿相顯人，祖父子孫相望於要地者，率詞科之人也。既已爲詞科，則其人已自絶於道德性命之本統，以爲天下之所能者盡於區區之曲藝，則其患又不止於舉朝廷高爵厚禄輒以予之而已。蓋進士等科，其法猶有可議而損益之，至宏詞則直罷之而已矣。」先生《外稾》蓋草於淳熙自姑蘇入都之時，是書流傳則盛於嘉定間。雖先生本無意於嫉視詞科，亦異於望風承意者，然適值其時，若有所爲。文忠真公亦素不喜先生之文，蓋得於里人張彦清之説，以爲先生之文失之支離。文忠得先生《習學記言》觀之，謂此非記言，乃放言也，豈有激歟？水心先生之文，精詣處有韓、柳所不及，可謂[20]集本朝文之大成者矣。文忠四六，近世所未見，如史相服闋加官制詞云：「素冠欒欒，方畢三年之制；赤舄几几，爰新百揆之瞻〔一〕。」又謂史相云：「陳平之智有餘，蕭相之功第一。」戒詞云：「天難諶斯，當無忘惟幾惟康之戒；民亦勞止，其共圖既富既庶之功。」撫諭江西寇曲赦詔，其中一二聯云：「自有乾坤至於今日，未聞盜賊可以全軀。」又曰：「弄潢池之兵，諒非爾志；焚崑岡之玉，亦豈予心。」又行永陽郡王制詞云：「若時懿屬，可限彝章。其登公朝位棘之尊，仍疏王社苴茅之貴。」蓋文忠公既入劄廟堂〔二〕，謂二恩恐不可得而兼，故致微詞云。

《宋史·選舉志》：理宗嘉熙三年，臣僚奏：「詞科實代王言，久不取人，日就廢弛。蓋試之太嚴，故習之者少。今欲除博學宏詞科從舊三歲一試外，更降等立科，止試文辭，不貴記問。命題止分兩場，引試須有出身人就禮部投狀，獻所業，如試教官例。每一歲附銓闈引試，惟取合格，不必拘額。中選者與堂除教授，已係教官資序及京官不願就教授者，京官減磨勘，選人循一資。

〔一〕瞻：原作「詹」，據《四朝聞見録》卷一改。
〔二〕廟：原作「廣」，據《四朝聞見録》卷一改。

他時北門、西掖、南宮舍人之任，則擇文墨超卓者用之。其科目，則去『宏博』二字，止稱詞學科。」從之。淳祐初，罷。景定二年，復嘉熙之制。初，内外學官多朝廷特注，後稍令國子監取其舊試藝等格優者用之。熙寧八年，始立教授試法，即舍人院召試大義五道。元豐七年，令諸州無教官，則長吏選在任官上其名，而監 21 學審其可者使兼之。元祐中罷試法，已而論薦益衆，乃詔須命舉乃得奏。紹聖初，三省立格，中制科及進士甲第、禮部奏名在上三人、府監廣文館第一人、從太學上舍得第，皆不待試，餘召試兩經大義各一道，合格則授教官。元符中，增試三經。政和二年，臣僚言：「元豐召試學官六十人，而所取四人皆知名之士，故學者厭服。近試率三人取一，今欲十人始取一人，以重其選。」從之。自是或如舊法，中書選注。又嘗員外添置八行應格人爲大藩教官，不以莅職，隨廢。或用元豐試法，更革無常。高宗初年，復教官試。紹興中，議者謂欲爲人師而自獻以求進，非禮也，乃罷試而自朝廷選差。已而又復之，凡有出身者許應，先具經義、詩、賦各三首赴禮部，乃下省闈，分兩場試之。初任爲諸州教官，由是爲兩學之選。十五年，從國子監丞文浩所言，於六經中取二經，各出兩題，毋拘義式，以貫穿該贍爲合格。其後，四川制置司遇類省試年，亦倣禮部附試，自嘉泰元年始。（以上《永樂大典》卷一一三五）〔一〕

【宋續會要】

22 淳熙二年二月十八日，禮部貢院言：試博學宏詞科承務郎、監行（至）〔在〕左藏庫中門李巘，修職郎、荆門軍録事參軍趙彦中，合格，所試六篇。題曰《檢校少傅昭慶軍節度使四川安撫制置使兼知成都軍府事特授奉國軍節度使開府儀同三司判建康軍府事充江南東路安撫使兼行宫留守加食邑實封制》、《唐帝範序》、《代宰臣修進四朝國史列傳表》、《唐黄道游儀銘》、《淳化大射圖讚》、《漢漕渠記》。詔巘賜同進士出身，彦中減二年磨勘，比類施行，與堂除差遣一次。又詔彦中係宗室試中宏詞，特循文林郎。

五年二月十日，禮部貢院言：試博學宏詞科從政郎、監建康府户部贍軍東酒庫周洎，從事郎、筠州軍事判官倪思，合格，所試六篇。〔題曰〕《武康軍節度使左金吾衛上將軍特授少保寧武軍節度使侍衛親軍馬軍都指揮使鎮江府駐劄御前諸〔軍〕都統制兼知（楊）〔揚〕州軍州事充淮南東路安撫使加食邑實封制》、《唐獻獲大安宫頌》〔二〕、《代文武百僚謝宣赴光堯御書閣觀石經表》、《周乘馬法記》、《御製敬天圖贊》、《漢十八家曆譜序》。詔洎、思各減二年磨勘，比類施行，與堂除差遣一次。

八年二月十日，禮部貢院言：試博學宏詞科從政郎、滁州州學教授莫叔光合格，所試六篇。題曰《寧江軍承宣使侍衛步軍副都指揮使授安德軍節度使侍衛步軍都指揮使加食邑實封制》、《漢元功侯籍序》〔三〕、《代宰臣進修仁宗皇帝英宗皇帝神宗皇帝玉牒表》、《禹待賢虡銘》〔四〕、《天禧太清樓觀書贊》、《漢洛陽十二門記》。詔叔光減二年磨勘，與堂除差遣。先取到二名，内一名第六篇漏寫「限三百字以上」，雜犯不考，今止考校到一名。

十一年二月八日，禮部貢院言：試博學宏詞科從政郎、臨安府臨安縣丞李拱合格，所試六篇。題曰《保寧軍節度使提舉萬壽觀授武安軍節度使右金吾衛上將 23 軍制》、《漢太初官名記》、《代史

〔一〕《大典》卷次原缺，按本卷自第二頁起原稿標目爲「宏詞」，查《永樂大典目録》，「宏詞」目在《大典》卷一一三五「詞」字韻，則以上文字當抄自此卷。
〔二〕宫頌：原作「官項」，據《玉海》卷二〇四改。
〔三〕功侯：原作「公候」，據《玉海》卷二〇四改。
〔四〕虡：原作「虞」，據《群書考索》卷五〇引莫叔光此銘之序改。虡，鍾架，謂禹設虡待賢。

官進資治通鑑長編并舉要表》、《漢漏刻四十八箭銘》、《皇祐明堂樂舞頌》、《唐車輿衣服令序》。詔拱減二年磨勘，添差堂除差遣一次。二月三日，詔令次考校博學宏詞，令取二名。既而禮部貢院言：「本院今次考校博學宏〔詞〕，令取二名，今考校止有一名合格，更合取自朝廷指揮。」詔止取一名。

十四年二月二十日，禮部（言）〔貢〕院言：試博學宏詞科從事郎陳峴合格，所試六篇。題曰《中大夫知樞密院事特授太中大夫樞密使加食邑實封制》、《漢步壽宮記》、《代宰臣以下賀奉安仁宗皇帝英宗皇帝玉牒四朝史列傳今上皇帝會要禮成表》、《周司會箴》、《新製鐵簾銘》、《唐武德（正）〔貞〕觀兩史序》。詔峴賜同進士出身。二十二日，宰臣王淮等奏：「今春試宏詞者二人，餘人取到陳峴，昨已繳奏。」上曰：「何故只取一名？」淮等奏：「貢院申明合格者只此一卷。」上曰：「峴文字古，可謂合格。《鐵簾銘》題目甚新，峴爲銘亦好[一]。」以上《孝宗會要》。

紹熙四年二月二十一日，詔令次考校博學宏詞，令取一名。

二十三日，禮部貢院言：試博學宏詞科宣教郎、新知池州貴池縣陳宗召合格，所試六篇。題曰《觀文殿學士提舉臨安府洞霄宮授保信軍節度使開府儀同三司判紹興軍府充兩浙東路安撫使加食邑實封制》、《漢建武封功臣記》、《代提舉實録院進高宗皇帝御集表》、《漢緑車銘》、《景德龍圖閣中庸圖贊》、《唐羣書治要序》。詔宗召減二年磨勘，比類施行，與堂除差遣一次。以上《光宗會要》。

慶元四年三月十一日，兵部尚書劉德秀、權工部尚書錢象祖、吏部侍郎謝源明、吏部侍郎黄由、中書舍人高文虎、權刑部侍郎張孝伯、宗正少卿兼權中書舍人范仲藝言：「伏覩承直郎、主管户部架閣文字陳晦學問該通，議論平正，性資温醇而不事表禩，文辭典雅而不爲奇怪。紹熙庚戌試博學宏詞科，記問文采，迥出流輩。主司考校入等，即以合格試卷繳申尚書省進呈。不謂時相狃於私意，摘晦所試 24 《周五射記》周襄尺字，以爲犯濮安懿王諱[二]，遂尼其事，未與推恩，元亦不曾報罷。臣等竊攷令甲，濮王之諱與廟諱及御名不同，止避正字[三]，從言從襄，不諱嫌名。今既單用襄字，初不從言。雖曰同音，即是嫌名，自不應避。正如哲宗舊諱從人從庸，秀安僖王諱從人從爯，若止單用庸字、用爯字，蓋亦未嘗避也。況近來兩舉詞科皆不曾取人，今既取中入等合格（式）〔試〕卷，又指其微（類）〔纇〕而終棄也，實爲闕典。伏望賜之甄擢，或寘之文字之職，必有可觀。」又言：「陳晦宏詞試卷，昨來貢院已係考中合格。所有試卷内引用襄尺事，攷官批鑿甚明，亦已奏明。緣同試之人私意忌嫉，妄有陳訴，以濮邸諱爲御諱，是致久未予決。今來照得濮邸諱不當作御諱，亦不避嫌名。指揮内只合書不成字，見得妄訴分曉。」於是詔陳晦與下等推恩，賜同進士出身。先是，晦於紹（興）〔熙〕元年試博學宏詞科[四]，試文六篇：《皇叔祖太尉定江軍節度使提舉萬壽觀特授武昌軍節度使開府儀同三司充醴泉觀使制》、《周五射記》、《代安南國王謝加恩并賜對衣金帶鞍轡表》、《魯皷

[一] 銘：原作「名」，據《玉海》卷二〇四改。
[二] 安：原作「王」，據《宋史》卷二四五《濮安懿王允讓傳》改。
[三] 止：原作「上」，據文意改。辟：原作「避」，徑改。下文亦作「避」。
[四] 紹熙：原作「紹興」，據本條前文及《玉海》卷二〇四改。

銘》、《紹熙孟春皇帝朝獻景靈宮禮成頌》〔一〕、《晉摯虞文章流別集序》。禮部貢院已申合格，未曾推恩。至是德秀等言，故有是命。

開禧元年正月二十九日，詔：「從事郎、南劍州軍事判官真德秀(咸)〔減〕二年磨勘，與堂除差遣一次。承事郎、監福州海口鎮税鹽倉兼烟火公事留元剛特賜 25 同進士出身〔二〕。」以試中博學宏詞，故有是命。

嘉定七年三月十五日，刑部尚書曾從龍、禮部侍郎范之柔、左諫議大夫鄭昭先、刑部侍郎劉爚言：「竊見宏博一科，所以爲異日詞臣之儲，其選蓋甚遴也〔三〕。累舉以來，所取僅一二人而止，至或闕焉，人材之難如此。今歲以是科進者二十有四人，而其間詞采精純、記問該貫者一人焉，偶以援引差訛，不中程度。臣等深惜其才，及啓卷而視之，則從事郎、新國子監書庫官徐鳳其人也。歲在辛未，有司嘗以鳳程文可採，擬爲詞科之次。今茲所撰六篇，視前作尤勝，可見其修學之功月異而歲不同也。臣等竊謂取人以格法者有司之事，至於朝廷擢用，則不以常格拘。伏乞特與鳳陞擢差遣，或令中書省籍記姓名，以備他日翰墨之選，是亦激勵人才之一端也〔四〕。又聞鳳登科之日，有祖母在，鳳兩任嶽祠，以便侍養。及祖母服闋之後，方始出仕，鄉評莫不稱其孝。以鳳之詞學優長而行義又足以副之，儻蒙擢用，誠愜士論。」從之。先是，禮部貢院言：「今來省試內有宏博附試二十四人〔五〕，已行考校，內有一號，制、表文詞温純，體制典雅，頌、記、贊、序尤爲工緻，本末該貫，考究精詳，可謂詞學兼全，傑出衆作。但序中引《周禮》簭人巫咸事，按本處注『巫』字當爲『筮』，即非殷之所謂巫咸。然是旁證，即非本處有差。大體純粹，一誤可畧，未敢擅行取放。」不報，故開院日知舉有此請。以上《寧宗會要》。（以上《永樂大典》卷五六九九）

明經科

26 太祖建隆四年八月十三日，詔曰：「一經皓首，十上干名，乃前史之明文，見昔賢之苦節。自今禮部貢院所試九經舉人落第者，宜依諸科舉人例，許令再應。」《文獻通考》馬端臨曰：案，自唐以來，所謂明經者，不過帖書墨義而已。愚嘗見東陽麗澤呂氏家塾有刊本呂許公夷簡應本州鄉舉試卷，因知墨義之式蓋十餘條。有云「『作者七人矣』，請以七人之名對」，則對云「七人某某也，謹對」；有云「『見有禮於其君者，如孝子之養父母也』，請以下文對」，則對云「下文曰『見無禮於其君者，如鷹鸇之(遂)〔逐〕鳥雀也』，謹對」；有云「請以註疏對」者，則對云「註疏曰云云，謹對」。有不能記憶者，則只云「對未審」。蓋既禁其挾書，則思索不獲者，不容臆説故也。其上則具考官批鑿，如所對善則批一「通」字，所

〔一〕成：原作「泉」，據《玉海》卷二〇四改。
〔二〕監：原作「兼」，據宋代官制改。
〔三〕甚：原作「其」，據文意改。
〔四〕亦：原作「以」，據文意改。
〔五〕宏博：原倒，據文意乙。

對誤及未審者則批一「不」字，大槩如兒童挑誦之狀。故自唐以來賤其科，所以不通者殿舉之罰特重，而一舉不第者不可再應。蓋以其區區記問猶不能通悉，則無所取材故也。藝祖許令再應，待士之意亦厚矣。

27 開寶六年四月二十四日，詔禮部貢院：「先有《開元禮》科，自今宜改作鄉貢《通禮》〔一〕，逐年考試之時〔二〕，用新本出墨義〔三〕。」

七年二月十四日，詔曰：「學古入官，歷代垂訓。將期進用，必藉該通。其《毛詩》、《尚書》、《周易》三經學究，自今宜併爲一科。及第後，依三《禮》、三《傳》選數資序入官。」

太宗太平興國三年三月十七日，詔禮部貢院：「自去年十月已前諸科貢舉人，除三《禮》學究等三科外，餘並聽於貢院投牒次，以八月朔俱至都下，俟引試。」

四年十一月十日，詔曰：「禁民爲非者莫大於法，陳力就列者當習其書。苟金科玉律之不明，雖食蘗飲冰而何益？宜申沿革，式著典彝。自今禮部應進士九經、五經、三史、《通禮》、三《禮》、三《傳》，引試日宜於律及律疏中問義三五條，或執卷發其端，令面對一兩事。」先是，學究通習三經之業，恐難精至。今分爲三科，令各習一經，仍通習明法。所習律令等書，并準格以考試。

雍熙三年四月二日，詔曰：「夫經術者，王化之本也。故設科取士，要在得宜；明經入用，期於專業。向者以《毛詩》、《周易》、《尚書》三經各爲一科，顧其大小不相倫等，況復序選之一致〔四〕，豈容學藝之不侔。今後以《周易》、《尚書》各爲一科，而附以《論語》、《爾雅》、《孝經》三小經；《毛詩》卷帙差大，可令專習。法家之書，最切於時，廢之已久，甚無謂也。可復置明法一科，亦附三小經。進士九經已下更不習法書，庶使爲學之精專，用功之均一。」

淳化四年十二 28 月十四日，詔曰：「國家設取士之科，廣得人之路，各懋專門之業，用爲筮仕之資。至若三史之書，尤爲奧博，括九流而兼備，與六籍以並行。《通禮》諸科，近再刪定〔五〕，酌百王之損益，别五禮之等差，如其執卷之流，罕著絶編之効，宜更條制，以勸精專。舊條三史、《通禮》各試三十場，今特減其半。餘一十五場，每場令知貢舉官抽取三卷，發其端，俾之習讀，能曉大義及識奇字者，並爲合格。」

真宗景德二年十二月五日，詔禮部貢院：「自今《周易》、《尚書》學究試本經日，各問經注四道、疏義六道，以爲定式。明法比來六場，自今依學究例七場，第一、第二場試律，第三場試令，第四、第五場試小經，第六場試令，第七場試律，仍雜問疏義五道、律文五道。三《禮》、三《傳》，自今

〔一〕禮：原作「理」，據《玉海》卷一一六改。
〔二〕年：原作「平」，據《補編》頁二五八改。
〔三〕本出：原倒，據《玉海》卷六九乙。
〔四〕一：原脱，據《太宗實録》卷三三補。
〔五〕再：原作「在」，據《補編》頁二五九改。

每遇十道義中，問經注六道、疏義四道，爲合格〔一〕。」先是貢院有請，下其奏，令翰林侍讀學士邢昺等定議。詔昺更與學官等同議可否。初，昺請令《尚書》、《周易》學究并明法各雜問疏義五道，緣此二科經舊籍不多〔二〕，宜問疏義二道、經注四道，通六爲合格。餘乞依昺奏。故有是詔。

大中祥符四年十二月初三日，詔曰：「眷彼設科，存乎舊制。惟《禮》經之義奧，暨《傳》學之文繁，念其研習之勤，特蠲條對之數，冀申奬勸，式廣搜羅。自今試三《禮》、三《傳》，宜各特與減一場，仍以五道爲格。」

八年正月十七日，詔禮部貢院：「所試諸科舉人有六道已上，而卷中點污粘綴若涉記驗者，未[29]得駁放〔三〕。次場令主司當廳考試，以辨真僞。」時貢院言有雜犯者並已駁放故也。

二月五日，詔曰：「經術之人，科舉定試，每俟復其等第，方將校其藝能。俯念專勤，特從簡便。貢院諸科舊人，宜至復場後引試，即行考較。其舊經御試者，送終場引試考較。」

仁宗天聖三年三月一日，詔貢院：「所試諸科，例只於經義内考較。如對策紕繆及對答不得者，並特免退落。」先是，上封者言經學不究經旨，乞於本科問策一道。至是對者多無所取，帝以執經肄業，不善爲文，特令取其所長，以廣仕路。

九月十六日，詔貢院：「將來考試諸科舉人，有明習經義，長於講説及三經以上者，許經主司自陳，量加試問。委是可取，即具名聞，當議別遣官試驗，特與甄擢。」

〔四年〕十一月〔四〕，國子監言：「諸科舉人唯明法一科律文及疏未有印本，是致難得真本習讀。欲望差官校定，雕版施行。」從之。

八年六月二十六日，上封者言：「禮部考試《尚書》、《周易》學究，緣此本是兩科，先朝以其習書少，遂併一科。然後舉人至今猶多偏習一經，蓋以每場各於兩經内問經注五道，每對只記得一經以答五道，頗爲僥倖。欲望自今依《禮》、《傳》例，每經分場各試，貴令後學之人並精二經書疏。又明法一科，文字亦少，易爲習讀，昨登第人數至多。欲望添習一經，或添至七經通爲合格。」詔兩制詳定，既而請令《尚書》、《周易》二經分場各試，其明法所習文字，比兩科[30]學究卷數稍多〔五〕，請更不別添經書，止添義，七通爲合格。奏可。

八月十二日，資政殿學士晏殊言：「唐有明經舉人，並試策問，蓋欲驗其所業本經大義以參度性識，然後入官政。今諸科舉人既無策問，但能記誦，不經師授，非所以求人任官之意。乞自今經終場試後，量問策一道，以合舊規。」詔内外制官詳定以聞。後不果上議。

景祐元年二月十一日，詔：「諸科舉人實應七舉者，不

〔一〕爲合格：此詔僅云測試，未言成績如何爲及格，可參閲《長編》卷六一。
〔二〕籍：原作「藉」，據《長編》卷六一改。
〔三〕駁：原作「駮」，據《補編》頁二五九改。
〔四〕四年：原無，據《玉海》卷六六補。《玉海》同卷又有注云「天聖四年十一月辛亥」，即九日。
〔五〕究：原無，據《補編》頁二六〇補。

限幾年〔一〕，別作一項奏名，未得退落。」

慶曆四年六月二十六日，詳定貢舉條貫所言：「舊制應諸科舉人對義，如使字不合元出經義，及將同音三兩字連寫，對所問于一字，如問裕字，連寫譽、裕、豫三字之類。每一道内但犯二字已上，並通降爲粗，粗降爲否。今據考所考到諸科人第一場卷子，每道多有誤寫同音及聲韻相近字，並依前條遞降通、粗，似此退落至多。今乞將所問義每二字内，如用一字不合元出經義，並依前條降通、粗。參詳舊條，若每對義一道内犯二字已上遞降通、粗，於理太峻。續降條貫，每問二字内用一字不合元出經義，始依前條，即是百字之内誤用五十字，方始遞降粗、否，於理大寬，無以懲汰繆濫。欲應經學對義使〔字〕不合元出經義，將同音字對者，每義一道以百字爲率，内犯十字者並通降爲粗，粗降爲否，仍隨義多少，準此以定分數。」從之。

皇祐五年閏七月二十日，詔：「諸科舉人自今後終場問大義十[31]道，每道舉科首一兩句爲問，能以本經注疏對而加以文辭潤色發明之者爲上〔二〕；或不指明義理，但引注疏備者次之，並爲通〔三〕；若引注疏及六分者爲粗；其不識本義，或連引他經，而文意乖戾、章句斷絶者爲否。並以四通爲合格。九經、五經止問大義，而不須注文全備。其九經場數並減二場，仍不問兼經。」

嘉祐三年七月二十九日，詔：「應明經舉者，内三《禮》、三《傳》科兼經中小二經〔四〕。」以上《國朝會要》。

神宗熙寧四年二月一日，中書門下言：「明經科欲行廢罷，并諸科額内元解明經人數添解進士，及更俟一次科場，不許新應人投下文字，漸令改習進士。仍於京東、陝西〔五〕、河東、河北、京西五路先置學官，使之教導。其南省所添進士奏名，仍且令別作一項，止取京東等五路應進士并府監、諸路曾應諸科改應進士人充〔六〕，所貴合格者多，可以誘進諸科嚮習進士科業。」從之。

八月八日，知德州閻充國言：「乞許舊讀《春秋》舉人且於三《傳》中治一經爲業。看詳諸路舊應三《傳》明經人，如不願改科應進士舉者，欲令依舊應本科。仍依明經舊條考校，如合格，即於諸科額内解送。將來科場，非曾應三《傳》明經人，不得輒應此科。」從之。《文獻通考》：熙寧八年頒王安石《詩》、《書》、《周禮義》于學官，謂之《三經新義》。先是，王安石奏學官試文，且言黎侁、張諤文勝而違經旨。帝曰：「今談經者人人殊，何以一道德。卿有所著，其以頒行，使[32]學者歸一。」安石曰：「已令陸佃、沈季長訓釋《詩》義矣。」帝曰：「佃輩信能發明奥旨乎？」安石曰：「雖命之訓，而臣實商度也。」舊制開封府發解三百餘額，國子監額不及其半，至是合試而通取之。

哲宗元祐六年四月六日，詔復置《通禮》科，其解額分

〔一〕幾年：文意不明，疑當作「年幾」，意同年紀、年齡。
〔二〕天頭原批：「『之』字疑衍。」按，《長編》卷一七五亦有「之」字，非衍。
〔三〕「通」下原有「明」字，據《長編》卷一七五删。
〔四〕上「經」字疑當作「習」。
〔五〕「陝」字原與上「東」字互倒，據《臨川文集》卷四二乙。
〔六〕人：原脱，據《臨川文集》卷四二補。

數及考格式等，令禮部立法以聞。仍令太常寺將《開寶通禮》重行校定，送國子監頒行。其後紹聖元年四月二十五日，詔罷五路經律、《通禮》科，其額撥入進士正額。以上《續國朝會要》。《中興》、《乾道會要》無此門。（以上《永樂大典》卷一〇六五二）

八行科

33 徽宗大觀元年三月十八日，詔曰：「學以善風俗〔一〕，明人倫，今有教養之法，而未有善俗明倫之制。蓋設學校，置師儒，所以敦孝悌。朕考成周之隆，教萬民而賓興以六德六行，否則威之以不孝不悌之刑。比已立法，保任孝悌婣睦，任恤忠和之士。去古綿邈，士非里選，習尚科舉，不孝不悌，有時而容。故仕官臨政，趨利犯義，詆訕貪污，無不爲者。此官非其人、士不素養故也。近因餘暇，稽《周官》之書，制爲法度，34 頒之學校，明倫善俗，庶幾於古。諸士有善父母爲孝，善兄弟爲悌，善内親爲睦，善外親爲婣，信於朋友爲任，仁於州里爲恤，知君臣之義爲忠，達義利之分爲和。士有孝悌睦婣任恤忠和八行，見於事狀，著於鄉里，耆鄰保伍以行實申縣，縣令佐審察，延入縣學，考驗不虛，保明申州。孝悌忠和爲上，睦婣爲中，任恤爲下。保明如令，不以時隨奏，貢入太學，免試爲太學上舍。司成以下引問考驗，較定不誣，申尚書省取旨，釋褐命官，優加拔用。士有全備上四行，或不全一行而兼中等二行者〔二〕，爲州學上舍上等之選；不全上二行而兼中等一行，或不全上三行而兼中二行者，爲上舍中等之選；不全上三行而兼中一行，或兼下一行者，爲上舍下等之選；全有中二行，或中等一行而兼下一行者，爲内舍之選；餘爲外舍之選。中三舍之選者，上舍貢入；内舍在州學半年，不犯第二等罰，陞爲上舍；外舍一年，不犯第三等罰，陞内舍。被貢入太學者，上等在學半年，不犯第三等罰，司成以下考驗行實聞奏，依太學貢士釋褐法，取旨推恩；中等依太學上等法，待殿試推恩；下等依太學中等法。上舍上等，其家依官户法，中、下等免户下支移、折變、借倩〔三〕、身丁，内舍免支移身丁。」

八月十七日，資政殿學士、中太一宮使、兼侍讀鄭居中劄子奏〔四〕：「近蒙聖慈賜臣御筆八行八刑書，欲望以所賜模寫于石，立之學宮次及太學辟廱 35 、天下郡邑，如石經比。」從之。

十二月一日，提舉福建路學事陳汝錫奏，乞今後諸路不限在外在學，惟其人則舉之。上批：「凡八行、八刑之士，所在皆得以名聞，法無在學不在學之限。可令學制局申明行下。」《文獻通考》：自元祐倣古，創立經明行修科，主德行而畧藝

〔一〕善：原脱，據《長編紀事本末》卷一二六補。
〔二〕二行：下原有「一」字，據《補編》頁二八七刪。
〔三〕倩：原脱，據《長編紀事本末》卷一二六補。
〔四〕鄭居中：原作「鄭居申」，據《長編紀事本末》卷一二六改。

文。間取禮部試黜之士，附寘恩科，其時御史既已咎其無所甄別矣。及八行科立，專以八行全偏爲三舍高下〔一〕，不問内外，皆不試而補，則往往設爲形迹，以求入于八行，固已可厭。至於請託徇私，尤難防禁。大抵兩科相望，幾數十年，迺無一人卓然能自著見，與名格相應者。而八行又有甚弊，士子跅弛，公私交患苦之，不能誰何，乃借八行名稱納之學校，使其冀望無罰應貢，則稍且自戢；而長吏實恐繆舉從坐〔二〕，故寧使之占額不貢。以是知略實藝而追古制，其難蓋如此也。

三年二月十六日，提舉黔南路學事戴安仁狀：「契勘所管多是新創州郡新民，其間亦有孝悌睦姻任恤忠和之性，蓋爲生於僻陋之邦，習俗鄙夷，不知禮儀。方今朝廷廣設學校，雖遐方僻邑，皆置師儒，教導必有其人。今欲曉諭鄉村團落，間有孝悌睦姻任恤忠和者，次第保舉一二人，量與推賞，以激勸風俗。」從之。

四年正月一日，臣寮言：「陛下躬御翰墨，裁成典訓，俾得以八行保任，非特考其藝能而已，所以優待行己修潔、學術已成之人，可謂至矣。待之既已如此之至，[36]則責之不可以不嚴。切聞邇來諸路以八行貢者，多或違詔旨，失法意，而有司不以爲非，臣恐由此浸以成弊。今畧取其一二事狀著明者論之。如親病割股，或對佛燃頂，或刺臂出血寫青詞以禱，或不茹葷，常誦佛書，以此謂之孝；或嘗救其兄之溺，或與其弟同居十餘年，以此謂之悌；其女適人，貧不能自給，取而養之於家，爲善内親；又以壻窮窶，收而教之，爲善外親。此則人之常情，仍以一事分爲睦、姻二行。嘗一遇歉歲，率豪民以粥食饑者，而謂之恤。夫粥食饑者乃豪民共爲之而已，獨謂之恤可乎？又有嘗收養一遺棄小兒者，嘗救一跛者之溺，皆以爲恤。如此之類，不可遽陳。今所保任多不言學術，意皆其鄉曲尋常之人，非所謂士者。願下之太學，俾長貳、博士考以道義，別白是非，澄去冒濫，勿使妄進，務在不失法意而已。」詔太學、辟廱長貳等并諸路學事司考以道藝〔三〕，別白是非，澄去冒濫。

政和三年十一月二十日，江南西路提舉學事司言：「吉州助教孫德臣有孝、悌、睦三行〔四〕，吉水縣筠州上高縣主簿曾緘孝行顯著〔五〕，及本人有睦、姻、任、恤四行事迹。朝廷敦勸八行，以厚風俗，而未許舉八行明文，恐未盡搜賢士之意。」詔許令奏舉。

四年九月二十三日，臣寮上言：「陛下制爲八行之法，待豪傑異能之士，自崇、觀迄今，海内蒙化。比雖民庶田野之間，有節義顯白如《詩》、《書》之所稱者，朝廷旌賞，四方萬[37]里之民有不獲知，宜令有司裒聚，頒降中外。」從之。

五年六月十八日，臣寮言：「昨者江南東路提舉學事司言，前饒州知〔六〕、通、教授、縣令佐審察八行貢士萬宗

〔一〕偏：原作「編」，據《文獻通考》卷三一改。
〔二〕吏：原作「史」，據文意改。
〔三〕司：原作「同」，據《補編》頁二八八改。
〔四〕吉：原作「士」，據《補編》頁二八八改。
〔五〕「吉水縣」三字疑衍，或其下有脱文。
〔六〕饒州：原作「繞州」，據《補編》頁二八九改。

孟，補充上舍，陞入太學。本學考驗，別無顯跡，已行退黜。宗孟近因赴試到闕，復肆論訟。朝廷灼見狂妄，謂宗孟全無士行，尋被旨先次駁放，依屏斥法；而本路當職官謬舉之罪，迄今尚稽典憲。」詔提舉學事官降一官，教授衝替，係公罪事稍重，知、通、令、佐罰銅十斤〔一〕。

六年二月七日，權發遣陝州吳羽奏：「乞今後每歲終，令有司類聚八行已推恩人，各著事實雕印，頒之郡縣。庶薄海内外咸知陛下德意之美。」從之。以上《續國〔朝〕會要》。《國朝》、《中興》、《乾道會要》無此門。（以上《永樂大典》卷一〇六五二）

童子科〔二〕

【宋會要】

38 嘉定五年正月二十三日，臣僚言：「竊見進士一科，試以三場，限以三載。間有舉子多而員額窄者，每數百人取一人，爲選如此其艱。童子一科，近年應舉者源源不絕，此皆明作人『小子有造』之效，然有恩數太濫之弊。照得童子能背念九經者免一解〔三〕，兼講說書免兩解。今之所講說者，不過父兄以講義與之誦念，實未嘗通曉義理。以背念九經方免一解，背念一經講義亦免一解，是以講說免者不其（大）〔太〕僥幸乎！乞今後通念《九經》及講說者，只於免一解之外，特賜束帛，以示優異。」從之。

四月十一日，臣僚言：「女童子吳志端令中書覆試。竊謂童子設科，所以旌穎異、儲器業也。本朝名公鉅儒，如楊億、晏殊之倫，載在史册，後世歆慕。今志端乃以女子應此科，縱使盡合程度，不知他日將安所用？況艷粧怪服，遍見朝士，所至聚觀，無不駭愕。嘗考《禮記》，女子之職，惟麻枲絲繭、織紝組紃是務，又曰：『女子出門，必擁蔽其面。』志端既號習 39 讀，而昧此理，奔走納謁，略無愧怍。其執以爲詞者，不過淳熙間有林幼玉一人，以九歲中選。今志端但知選就，傍附八歲申乞，不思身已長大，十目所視，其可欺乎？儻或放行覆試，必須引至都堂，觀聽非便。乞收還指揮，庶幾崇禮化，厚風俗。若以其經國子監挑試，則量賜束帛，以示優異。」從之。

十四年十一月四日，臣僚言：「童子設科，齒幼而業精，或中是選，人以爲榮，已亦無怍。咸平中有童軻六歲〔四〕，召入，誦《易》精通，復使賦詩〔五〕，援筆而就，遂奬録之。元祐中，有朱天錫九歲，亦召入，取諸經試之，隨問即誦，不遺一字，嘉其天稟，賜書以歸。是二人者，始可以言神童。邇來應是科者，或年至十二三，甚而十四五，俱冒稱

〔一〕銅：原抄作「迄」，又經塗改，不成字，據《補編》頁二八九補。
〔二〕題下原批：「案：童子考試，原分童子科、童子試、賜童子出身，各自爲類，今亦仍之。」今按，「童子試」在本書選舉一八，「童子出身」在選舉九。
〔三〕背念：原無，據下文補。
〔四〕童：原作「重」，據《補編》頁七六改。
〔五〕復：原作「覆」，徑改。

十歲以下。方居髫齔，而已示之以誑，異時見諸事業，欲其著誠去僞亦難矣。矧自己卯訖辛巳，僅踰二載，而取中者已四十有六，冒濫若此，顧足以爲貴乎？政和二年，童子陳乞誦書，有詔並不試驗，時以其數滋多故也。紹興三年，輔臣進呈誦書習射童子，求試於有司者凡九人。高宗皇帝嘗有聖語：『上有所好，下必有甚焉。蓋繇昨嘗推恩一二童子，故求試者雲集。此雖善事，然可以知人主好惡，不可不審。各賜束帛，令歸本貫。』大哉言乎！今之童子固未欲遽尼其來，當思有以嚴其選，每歲取放人數，毋俾太濫，合行斟酌，立爲定額。自本縣試驗，保明申州，或其人能誦而齒似長，亦必黜而不陞，以至[40]胄監、後省試亦如之。考察既詳，僞冒斯革。欲望亟賜施行，庶於此科作成有用。」都省照得：「童子設科，從來未曾立定試期并取放名額。比年以來，多有暗減歲數，州縣復不審覈，寖成冒濫。臣僚有此奏請，合詣指揮〔一〕。」詔自今後童子舉，每歲以三人爲額，仍令禮部行下諸路州軍，須管精加覈實年甲挑試，結罪保明，申禮部、國子監。定以三月初七日類聚挑試，將試中合格人具申朝廷，用三月十七日赴中書後省覆試。（以上《永樂大典》卷五六九五）

〔一〕詣：似當作「請」。

宋會要輯稿　選舉一三

唱名

【宋會要】 **1** 雍熙二年三月十五日，太宗御崇政殿試進士，梁顥首以程試上進。帝嘉其敏速，以首科處焉。十六日，帝按名一一呼之，面賜及第。唱名賜第，蓋自是爲始。（以上《永樂大典》卷八二四八）

恩科　即特奏名〔一〕

【宋會要】 **2** 紹興三十（一）〔二〕年壽皇聖帝已即位，未改元。六月十三日〔二〕，登極赦書：「應合該特奏名人，並與免試。内曾經六舉以上到省人，與補將仕郎；五舉，上州文學；四舉，下州文學；三舉，諸州助教。合補助教人，願赴將來特奏名殿試者亦聽。」

壽皇聖帝隆興元年正月十一日，詔：「將來特奏名人，進士請解並免解、因事故不曾赴今次試人〔三〕，與理爲到省一舉。兩處取解已及今來特奏名舉數人，雖已違限，未曾經所屬保明併舉之人，特許併舉推恩。紹興四年得解貢，合赴五年省試，因事故至八年以前到省試下，理元得解貢年〔四〕。及前舉已降旨，諸路進士許將展過省、殿試理爲一舉，赴特奏名殿試；今如有四舉年五十、七舉年四十以上〔五〕，應曾展過省、殿試之人，並許理爲一舉。若在七年得解，八年到省試下之人，與理作六年到省，並許赴特奏名試。進士門引不到，因事故赴試不及，若舉數已該特奏名，依南省下第人例施行。如合該取會并合下所屬保明之人，且令就試。其將來合推恩敕牒等，並令禮部收掌，候勘會召保官給付〔六〕。若有違礙，即具因依并勑牒繳申尚書省。今年既不臨軒策試，應該特奏名人，於省試院接日試策一篇〔七〕。」

同日，詔禮部貢院：「今舉省試，進士、貢士年四十以上，六舉曾經御試，八舉曾經省試；年五十以上，四舉曾經御試，五舉曾經省試；内河北、河東、**3** 陝西舉人，特與各

〔一〕按此門以下文字，其中孝宗部分又見於《補編》頁三二一七至三二一九，又頁三四五至三四八。《補編》所録者題爲「特奏名」，出自《大典》卷八二四八。查《永樂大典目録》，《大典》卷八二四八爲「名」字韻，故標目作「特奏名」；而《輯稿》選舉一三所録者出自《大典》卷五七〇〇「科」字韻，故標目爲「恩科」，是一文而兩用。

〔二〕三十二年：原作「三十一年」，據《補編》頁三四五改。

〔三〕赴：原作「試」，據《補編》頁三四六改。

〔四〕元：原作「先」，據《補編》頁三四六改。

〔五〕舉：原脱，據《補編》頁三四六補。

〔六〕付：原作「赴」，據《補編》頁三四六改。

〔七〕日：原作「目」，據《補編》頁三四六改。

減一舉；及曾經紹興五年已前到省，前後實得兩解貢，或免解共及兩舉，各不限年，令禮部勘會，許赴特奏名試〔一〕。其五年以前到省一舉，見年五十五以上者，令本貫州縣當職官勘實，别無違礙，結除名罪保明申禮部。内開封府、國子監即各令召見任承務郎以上貳員〔二〕，亦依前結罪保明，本屬關送禮部勘驗聞奏，當議特與推恩。」

三月二十五日，詔今年特奏名進士試在第五等人，並與特依下州文學例施行〔三〕。

四月三日，詔建寧府特奏名進士翁德輿特賜同進士出身。德輿試入第二等，以皇帝潛邸，援紹興八年袁焕章例自言，故有是命〔四〕。

九月七日，吏部言：「將仕郎蘇驤、蔡雍、馮藎臣、張光庭言係四川六舉奏名，詣闕補官，今以銓試雜制，未獲參部。伏見川蜀正奏名進士第五甲人，於格亦合銓試，已蒙自朝廷特免試參注，伏望許依第五甲人例。」從之。

十月五日，詔吉陽軍免解進士符昌言特補下州文學。昌言貫南海，嘗請四舉，遇登極覃恩自言。有司以昌言荒遠士人，且實獲四舉，在海外爲罕，理宜優恤，以其事聞，而有是命。

十一月八日，資州特奏名進士陳齊年言：「於紹興七年請解，當年試下，赦前實四舉，年五十以上。准赦文，應該特奏名人並免試推恩，合該下州文學。禮部誤稱紹興七年無展年例，未放行。欲望委官參詳〔五〕，放行推恩。」詔陳齊年補諸州助教，特依下州文學 4 恩例。

二年二月十二日，詔雷州進士王掄與補諸州助教，特與下州文學恩例。以掄自陳，紹興四年請解，因事不曾赴省，依指揮理到省一舉，計應舉二十七年推恩也。

二十日，中書門下省言：「進士張士謙、費廙、孫庭光、任天林〔六〕、朱躬厚並於紹興七年得解，當年試下，檢排至赦前及二十七年，並合赴隆興元年四川特奏名試〔七〕。緣各州保明作免試推恩，以故不曾赴試，即與其他緣事不曾赴試事體不同，合比附第五等人推恩。」詔並補諸州助教，特依下州文學恩例施行。

九月十四日，守右正言龔茂良言〔八〕：「特奏名進士自得解、免解以至該恩赴殿試，大約皆嘗五試於禮部，每次必有繳到本貫公據，與夫家、保狀可照也。今有初未嘗預薦到省，止憑保官狀，作開封府及西北隔絶州軍得解人，直乞赴特奏名試，及乞用覃恩，徑行補授。無片紙可以考驗，一切用賄得之，此不可以不痛革者也。欲望明詔有司，立賞

〔一〕赴：原脱，據《補編》頁三四六補。
〔二〕以上：原倒，據《補編》頁三四六乙。
〔三〕文：原脱，據《補編》頁三四六補。
〔四〕是：原作「事」，據《補編》頁三四六改。
〔五〕詳：原作「行」，據《補編》頁三四六改。
〔六〕林：《補編》頁三一八、頁三四六並作「休」。
〔七〕赴：原作「符」，據《補編》頁三四七改。
〔八〕良：原作「言」，據《補編》頁三四七改。

許告，重賞之法〔一〕，仍乞先立寬限，聽其首原。應今後特奏名人，本部若無元得解及逐次到省可照文據〔二〕，並不得召保放行。」從之。

乾道元年三月二十五日，尚書吏部侍郎葉顒言：「臣仰惟陛下自即大位，首霈異恩，至於累到省試人，自四舉以上即授以官，或試入下等與陞等恩例，德至渥也。但比來到部毋慮數百人，無闕可以處之。彼該恩者無非迫於晚景，欲丐寸禄。欲乞將特奏名見 5 在部人，依西北流寓人例〔三〕，權與嶽廟差遣一任，願就者聽。庶人被實惠，而無淹滯之歎。」詔後省看詳〔四〕。其後看詳〔五〕：「特奏名進士難倣西北流寓注應格嶽廟〔六〕，緣該大霈，欲特注破格一任文學、助教，仍理爲權官。已注官者，不許更援以爲比。」從之。

二年八月九日，詔：「今舉係龍飛，特奏名第三等、四等人令吏部特與依建炎二年赦放行參選〔七〕。其第五等人元係諸州助教，已降指揮特與依下州文學恩例，自合待郊出官〔八〕。」

十二月十六日，禮部言：「國子監看詳臣僚所請，將諸路進士八舉、年四十以上，五舉、年五十以上，并初舉甲子紹興十四年得解、十五年到省試下之人，即不曾經展過省、殿試年，自合依舊制，自得解到省試下實及三十年〔九〕，並許赴特奏名殿試。伏乞詳酌施行。」從之。臣僚言：「隆興元年，言者乞立定法，進士自紹興甲子以來，必一舉三十年而後推恩。而國子監看詳，不曾推原乃後舉，而爲三十年之數，是致今舉猶守舊比，纔及二十七年人〔一〇〕，年未及五十，不及五舉，赴特奏名試者有四倍之多，乞行釐正。」再下看詳，而有是命。

十八日，詔：「今舉四川特奏名進士第一等第一名爲該龍飛恩例〔一一〕，特賜同進士出身；第二人至本等末〔一二〕，並賜將仕郎；第二等至第四等並賜下州文學，依建炎二年赦放行參選；第五等並賜諸州助教，特與依下州文學恩例施行，仍待郊赦出官。」

（十三）〔三〕年十一月二日〔一三〕，南郊赦 6 書：「勘會昨於乾道二年内〔一四〕，有合赴特奏名進士試〔一五〕，係該龍飛

〔一〕賞：似當作「實」。
〔二〕若：原作「差」，據《補編》頁三四七改。
〔三〕流寓：原作「留京」，據《補編》頁三四七改。
〔四〕後：原作「三」，據《補編》頁三四七改。
〔五〕「其後」下原有「省」字，據《補編》頁三一八、三四七删。
〔六〕應：原作「格」，據《補編》頁三四七改。
〔七〕人：原脱，據《補編》頁三四七補。
〔八〕合：原作「舍」，據《補編》頁三四七改。
〔九〕得：原脱，據《補編》頁三四七補。
〔一〇〕纔及：原作「來」，據《補編》頁三四七改補。
〔一一〕四川：原作「四州」，據《補編》頁三四七改。
〔一二〕人：原作「等」，據《補編》頁三四七改。
〔一三〕三：原作「十三」，據《補編》頁三四七删。
〔一四〕勘會：原倒，據《補編》頁三四七乙。
〔一五〕「有合」原作「均命」，「試」原作「例」，據《補編》頁三四七改。

恩例，緣事赴試不及之人，將來殿試唱名，特與依前舉龍飛恩例陞等施行。」六年十一月六日南郊赦書同。

五年十一月二十七日，禮部言：「四川安撫制置使司試院考校合格特奏名進士王獻明等九十一人，乞推恩。依故例及已獲旨，合依乾道五年行在殿試未陞降以前，比附行在特奏名進士人數〔一〕，紐計分數〔二〕，開具五等推恩〔三〕。前所具逐等内有剩取之人，亦從本部依例遞儹，於次等内從上名次安排。謂如第一等剩取一名，遞儹作第二等首之類。數内該赴乾道二年特奏名試，緣事赴試不及，欲將似此之人，照所降旨特與依下州文學恩例，待郊出官。」從之。

六年十一月六日，南郊赦書：「昨禮部貢院下第進士貢士，應紹興十二年以前到省一舉、年五十以上者〔四〕，已降旨揮令本貫州縣驗實，結罪保明，申乞推恩。竊慮其間有本貫阻隔，致未霑恩。如有似此之人，許依開封府、國子監進士已降指揮，於所在州縣召見任承務郎以上二員〔五〕，結除名罪委保〔六〕，當職官同罪保明，申禮部驗實以聞。」九年十一月九日赦書，遞遷一舉及該述貢士外，悉同此制。

八年三月六日，禮部言：「昨臣僚申請特奏名自合依舊制，自得解到省試下實及三十年許殿試定例，並無實及三十年之人。當時臣僚一時申請，大率以十舉爲三十年。今將宣 7 和六年舊制定例參照〔七〕，自紹聖四年至宣和六年係十舉二十九年。即與今紹興十四年省試下到乾道八年〔八〕，恰及十舉二十九年，比較舊制一同。今欲依舊制定例，將紹興十四年得解，十五年省試下之人，許赴今舉特奏名試〔九〕。内有因事至十八年到省試下人，許理元得解年爲省試下，逐舉帶行，後舉亦依此遞遷。」從之。

十四日，禮部言：「國學進士該覃恩，已許理爲舉數。其藩邸州軍進士有實請解、免解舉數尚少一舉之人〔一〇〕，乞許將到省該覃恩一舉湊舉，赴特奏名試。」從之。

紹(興)〔熙〕五年九月十五日，明堂赦：「應進士年五十以上〔一一〕，五舉到省，合赴紹(興)〔熙〕四年特奏名殿試人，緣事赴試不及〔一二〕，若將來殿試唱名入第四等以上，合補授文學之人，雖係年六十以上，與理紹熙四年年甲〔一三〕。用今年

〔一〕附：原作「赴」，據《補編》頁三四八改。
〔二〕計：原作「及」，據《補編》頁三四八改。
〔三〕具：原作「其」，據《補編》頁三四八改。
〔四〕以：原作「一」，據《補編》頁三四八改。
〔五〕召：原作「詔」，據《補編》頁三四八改。
〔六〕除：原作「降」，據《補編》頁三四八改。
〔七〕宣：原作「定」，據《補編》頁三四八改。
〔八〕「與」原作「於」，「十」字原脱，據《補編》頁三四八改補。
〔九〕試：原作「事」，據《補編》頁三四八改。
〔一〇〕舉：原作「年」，據《補編》頁三四八改。
〔一一〕五：原抄作「千」，又被圈抹，今據本書職官五四之四一改。該處所載爲紹熙二年南郊赦文，然此類條令往往沿例施行，文字多同，故可資參校。
〔一二〕緣：原作「係」，據本書職官五四之四一改。
〔一三〕年：原無，據本書選舉二之二六淳熙「十二年十一月二十二日同日」條文例補。

赦恩召保參選〔一〕，特差嶽廟一次〔二〕。」自後（廊）〔郊〕祀、明堂大禮（數）〔赦〕亦如之。

同日，赦：「勘會該遇登極赦恩，用舉數推恩補授文學并特奏名文學之人，依法遇赦日年已六十者，許二年內參選〔三〕，注權入官。其年六十三歲以上有舉主二員，特奏名補授有舉主三員，可權差破格嶽廟一次〔四〕。」自後郊祀、明堂大禮赦亦如之。

慶元二年二月二十五日，詔：「今舉特奏名試在第五等人，候遇郊（舍）〔赦〕日，許注嶽廟一次〔五〕。願繳納敕牒再試者聽。」

五年四月二十九日，詔：「今來龍飛恩例，特奏名進士如試在第五等不應出官者，依紹熙元年四月十八日指揮，陞等推恩。」

五月十四日，三省言：「今歲龍飛策士，特奏名第三等、第四等補授文學之人，已降指揮與免次第保明，止令遞相委保，仍減陞朝官舉主一員，及舉官權行添舉一人，仍不拘次序，許舉一次。竊慮出官人數頗多，舉官人窄，更與減舉主一員。其舉官每員更權增舉二人。餘依已降指揮。」

二十一日，三省言：「今舉特奏名試在第三等至第五等內，有年及不應出官之人，緣該遇龍飛恩數，合行優異。」詔特與免舉主放行參選，注授嶽廟一次。今吏部日下出榜曉諭，自指揮下日，限三日赴部陳乞，仰本部即時擬注，具鈔上省，不管阻滯。今係特權差一次，仍令州軍每月特與支俸錢一十貫、米一石，須管按月支給。

二十七日，詔：「今次特奏名進士射射，爲係龍飛，及值（兩）〔雨〕，所有兩箭中垛以上人，權比附下等推恩一次。」

六月五日，詔：「將慶元五年龍飛二廣特奏名試在第五等人，候將來郊祀後參選日，與（陞）〔減〕陞朝官舉主二員，及舉官亦許權行增舉二人。向後科舉却合照應條格施行。餘依已降指揮。內該登極，補授如之。」

嘉泰四年五月二十六日，詔：「特奏名試在第五等人願再試者，諸特勅三次，自今舉爲始。」

嘉定二年二月二十一日，禮部侍郎吳奕言：「四川特奏名試不入等人邵拱辰等六人，今來逆曦誅殛之後，垂白之士，喜見天日，萬里遠來，狼狽可念。乞依紹興二年指揮，特與推恩一次。」詔禮部勘當。既而本部言：「國子 8 監聚議，竊見《高宗聖政》紹興二年詔：『四川特奏名進士於道路艱阻之際，遠來赴試，理宜優恤。其試在第五甲人，特依揚州例，並與依下州文學恩例施行。』今乞照紹興二年

〔一〕用：原脱，據本書職官五四之四一補。
〔二〕次：原作「資」，據本書職官五四之四一改。
〔三〕內：原作「次」，據本書職官五四之四〇、又選舉二之二六改。
〔四〕「有舉主二員」以下至慶元二年「六月五日」條，原錯簡在本卷選舉一三之八嘉定「十年五月四日」條「各寫所」後，今據文意、年代並參本書職官五四之四〇、選舉二之二六移併。
〔五〕注：原作「部」，不可通。按本書文例，「嶽廟一次」前之動詞，或作「差」，或作「注」，今權改爲「注」。

從之。

指揮，特與推恩一次。如日後再有陳乞之人，不得援例。」

七年五月二日，監察御史倪千里(之)〔言〕：「竊惟國家網羅人才，特奏有科，以處場屋淹滯之士，德至渥也。然自第一名得同進士出身之外，餘自第一等至四等，雖補攝官職有差，較之通榜，止三分之一。餘不過諸州助教，實同黜落。彼得姓名占第四等以上者，厥惟艱哉。竊聞考次雖係考校，既發姓拆號外則不與。其拆號吏容姦受囑，不知寒士利害，將第五等人姓名易置四等以上，考官勢難致詰，陞黜(例)〔倒〕置，寒士扼腕。況若人等日暮途遠，苟有倖門，何憚不乘。今日既已重費得官，他日筮仕，必將取償於民，何所不至！竊見策士在即，所以革弊，乞申敕攸司，於唱名日，將考校官已排定特奏名進士試卷，預同編排官對號公共開拆，連銜聞奏，庶免私易名次之弊。」從之。

十年五月四日，臣僚言：「比年以來，赴特奏名試者，其間有富室大家，他日未嘗學問，臨時專事經營，與書鋪人等議定價值，計囑御藥院等處通同作弊。試後各寫所 9 命[一]，固不容於曠官，又不欲使之失職，則差注斟酌，尤不可不當。如蒙采納，及賜施行。」從之。

十五年正月十日，玉寶赦文：「應特 10 奏名文學見年七十以上，依法不應出官，許召保官三員，委保正身，於所在州軍陳乞，保明申吏部，與差嶽廟一次。其第五等有恩例曾應嶽廟一次者，更與嶽廟一次。」

同日，赦文：「應嘉定十三年特奏名進士試在第五等之人，並特與補下州文學。」（以上《永樂大典》卷五七〇〇）

試法

11 太宗雍熙三年九月十八日，詔曰：「夫刑法者理國之準繩，御世之銜勒。重輕無失，則四時之風雨弗迷；出入有差，則兆人之手足何措。念食禄居官之士，皆親民決獄之人。苟金科有昧於詳明，則丹筆若爲於裁處。用表哀矜之意，宜行激勸之文。應朝臣、京官及幕職、州縣官等，今後並須習讀法書[二]，庶資從政之方，以副卹刑之意。其知州、通判及幕職、州縣官等秩滿至京，當令於法書内試問，如全不知者，量加殿罰。」

端拱二年九月二十九日，詔：「應朝臣、京官如有明於格法者，即許於閤門上表，當議明試。如或試中，即送刑部大理寺(衹)〔祗〕應三年，明無遺闕，即與轉官。」

仁宗天聖十年二月，流内銓言：「前澶州濮陽尉張嘉言初任丁憂免喪，請試律斷案。檢會編勑[三]，試中律義人，並注大州俸多處司法、録事。斷案固難合格，止以試律

[一]「各寫所」下原有大段錯簡，已移前。但「各寫所」以下當仍有脱文。
[二]書：原脱，據《宋大詔令集》卷二〇〇補。
[三]編：原作「偏」，據《補編》頁八一七改。

升降，如才一考，太爲僥倖。請自今選人求試律斷案者，須任三考以上。」奏可。

景祐三年六月七日，流内銓言：「乞自今應試律斷案選人，律義通外，更須斷案一道通或二道粗通，方與注優便官。如第 12 二度乞試律，除合入法寺，餘只依常注官。」詔再試不行，餘並從。

四年六月十二日，審刑院、御史臺言：「今後應試法選人，明法出身即試律義六道，以通疏議兩道者爲合格；别科出身即依舊考試外，仍並試斷大案二道、中小案一道，如中小案通，考大案内得一道粗者，即爲中格。」從之。

康定元年十二月四日，流内銓言：「前全州清湘縣令温宗賢先試律斷案合格，銓司依勑免選注近便官或料錢多處録事參軍。其人願注清湘縣令，今來得替，未該參選，復乞就試。看詳選人乞試律斷案，多是苟避選限〔一〕，欲今後只許一次試。」從之。

慶曆二年八月二十六日，詔御史臺：「考試選人試律斷案并舉選到刑部、大理寺法官等，令與審刑院擘畫關防，精加考試，無令徼倖。餘依前後條勑施行。」

八年十月二十八日，侍御史李兑言：「今後應奏舉乞試刑法之人，不得懷挾文字入試。如敢故違，重行朝典。」詔御史臺嚴行禁約。

嘉祐四年七月二日，御史臺言：「選人乞試斷案，逐時令與審刑院、大理寺同共考試。近據前鄜州司法韓嘉言等八人乞試，尋會問並各鄉待闕〔二〕，或已赴任。欲乞自今後逐年立定時限，令如期赴試，候考較得中，依條送逐司上簿〔三〕，免成限滯。」詔今後選人乞試律斷案，如三月後投狀，即八月引試；九月後投狀，即來年二月引試。

六年三月一日，權御史中丞王疇言：「前齊州司户參軍趙宏 13 等乞試律斷案，緣差同知貢舉，引試相妨，審刑院詳議及大理寺斷詳官並差（人）〔入〕貢院。乞候過御試舉人，權於三月内考試。」從之。以上《國朝會要》。

神宗熙寧元年十二月十二日，詔：「自今被舉試刑部法寺官者，流内銓收闕便注正官〔四〕。如就試人不中，别與差遣，並以後來到銓名資序注擬。」先是，赴試刑法官往還未有日限，往往因事規避，州縣多闕正官，至是始立法。

三年三月二十五日，詔：「京朝官、選人歷官二年以上，無贓罪，許試刑名。委兩制、刑法寺主判官、諸路監司奏舉，歷任有舉主二人，亦聽就試。日試斷獄一道、刑名十事至十五事爲一場，五場止。又問《刑統》大義五道，斷獄通八分已上，不失重罪，合格。分三等，第一等選人改京朝官，〔京朝官〕進一官，並補審刑、大理、刑部官；第二等選人免循一資，京朝官減二年磨勘；第三等選人免選，京朝

〔一〕選：原脱，據《補編》頁八一八補。
〔二〕「鄉」上疑脱「歸」字。
〔三〕條：原作「修」，據《補編》頁八一八改。
〔四〕注：原作「住」，據《補編》頁八一八改。

官減一年磨勘。法官闕，亦聽補。考試關防，如試諸科法。」

同日，詔：「試用法官條貫，候法官皆是新法試到人，即依此施行。立定《試案鋪刑名及考試等第式樣》一卷，頒付刑法寺及開封府、諸路州，仍許私印出賣。

六月二十八日，判刑部劉瑾奏舉權柳州軍事判官宋諤試刑名〔一〕，中書門下以諤經試律，賂吏人，竊斷案，欲不許試。御批：「緣試法雖實通律〔二〕，亦恐不免如此。其宋諤令就試不妨，苟不中格，自當退黜。」

九月十二日，以司勳員外郎權判大理寺崔台符〔三〕、殿中丞權發遣大【14】理少卿公事朱温其、太子中允崇政殿說書曾布並赴錫慶院考試法官，國子博士楊淵、殿中丞吳安度巡鋪，屯田員外郎董倚監門，祕書丞章楶封彌。自後試官皆如例。

十三日，詔：「考試法官所分爲三等考定所試之人，如無合入上等之人，即止從本寺〔四〕。仍逐場未得駁放，各具等第通數聞奏。」

四年十月二日，中書門下言：「檢會自來幕職、州縣官并未出官選人，每因恩赦例與放選，最爲未均。緣選人到任月日不同，有得替守選實及三年，或纔罷任，遽已免選者。其間實有官業之人，守選歲久，候及恩赦，方得注官，無以旌勸能吏。以至奏補初出官之人，自來並須年二十五以上，試詩一首，方得注官，尤爲無取。緣其間有才能者，須候年及格勅，實爲淹滯。兼中常之才，亦未嘗試其所能〔五〕，使之釐務，往往廢職。及銓曹合注官選人，自來例須試判三道，因循積弊，遂成虚文，皆未爲允。今欲改更下項：應得替合守選幕職、州縣官，並許逐年春秋於流内銓投狀乞試，或斷公案二道，或律令大義，各聽取便乞試。限二月、八月以前投狀〔六〕，至次月差官同銓曹主判官員同試。應約束事件並依試法官條約指揮。其試公案，即令所差試官旋撰文案，每道不得過七件刑名，須明具理斷歸著及所引用條貫斷遣刑名，逐一開說。其律文大義，即須具引律令，分明條對。如不能文詞，直引律令文義對答者，亦聽其試義，即須援引經【15】典法令，質正是非，明述理趣。以上並許齎所習文字入試。考校編排，作上中下三等，申中書看詳。如得允當，即取上等之人，依名次與免選注官。内考人優等者，別作一項開說，當議看詳，與依判超例升資，内無出身者與賜出身。如經試不中，或不能就試，得替實及三年者，亦許經南曹投狀，並特與放選，即不得入縣

〔一〕瑾：原作「謹」，據《長編》卷二一二改。
〔二〕通：原脱，據《長編》卷二一二補。
〔三〕司：原作「同」，據《補編》頁八一八改。
〔四〕本寺：似當作「本等」。
〔五〕亦未：原脱，據本書選舉一〇之五補。
〔六〕八月：原作「八日」。葉渭清眉批：「清按，『八日』、『八月』之誤，見《宋史・選舉志》四。」據改。

令及司理、司法差遣。其録事參軍、司理、司法，今後更不免選。應條貫内理爲勞績事件，亦令編勅所取索類聚，相度事理可與免選者，先次詳定。今後遇赦恩更不放選，合注官人更不試判。即歷任有京官、職官、縣令舉主共及五人者，亦與免試放選注官。其差替、衝替、放離任等人，亦許依得替人例。投狀注官者亦準此。所有試公事及大義，并依法官例差官撰立式樣，頒降施行。應奏補京朝官及選人年二十以上，並許逐年經審官東院、流内銓投狀，依進士例試所習經書大義十道者亦聽。如所試及得合放選人等第，便與差遣，人優等者亦與賜出身。仍並與上條合試選人一處差官考試，通定等。如試不中或不能就試，候年及三十，方與差遣。内元奏授時已年三十以上，即候奏授及三周年，方得出官。以上京朝官仍展三年監當，如歷任於合用舉主外更有舉主二人，即與免展年。以上自來合試詩者，更不試詩。如係熙寧四年以前奏授者，見年十五以上不能就者，且依舊條16施行。京朝官仍依上條展年。」詔並從之。

六年二月二十七日，檢正刑房公事李承之言：「自今試刑法人，如經再試當推恩者，唯上等依例陞擢外，餘並比較前得恩例，併計施行。或昔重今輕者，更不推恩。」從之。

三月二十六日，詔：「試中刑法人，莫君陳遷一官，爲刑法官〔一〕；次四人送法寺試斷案，或充提刑檢法官；次五人各循二資；次十一人各循一資；餘各不依名次路分射差遣一次，及止免試注官，京朝官比類酬獎。仍自今試法官斷案刑名約七件以上，十件以下。」《文獻通考》：熙寧六年，詔進士、諸科及選人、任子並令試斷案、律令大義或時議，始出官。其後又詔進士第一人以下並試。初詔自三人以下始令試法，中書習學練亨甫言：「高科任簽判及職官，預一州之事，其於習法，豈所宜緩。前此試刑法者，世皆指爲俗吏。今朝廷推恩雖厚，而應者尚少。若高科不試，則(入)〔人〕不以爲榮矣。」乃詔悉試。帝因言：「近士大夫多不習法令。」吳充曰：「漢儒陳寵以法律講(受)〔授〕，徒衆常數百人。有律學，在六學之一，後來縉紳多恥此學。明法一科，又徒能誦其文，罕通其意。近歲將補官者必聚而試之，此有以見恤刑之意。」舊制〔二〕，進士、諸科以甲次高下率錢期集，貧者或稱貸。是年始賜錢三千緡，爲期集費。舊制，新進士入謝，進謝恩銀百兩，至是罷之。

(十)〔七〕年四月十九日〔三〕，中書省言：「京朝官、選人、小使臣試中經書律令大義及議并斷案，上等欲與遷官、循資、堂除差遣，中等堂除，下等注官。」

五月二十六日，中書省言：「京朝官、選人未滿兩考及非見任者，雖無舉主，並許試刑法。試中，京朝官減磨勘一年，選人得堂除，並候成兩考及舉主應格日推恩。」從之。

二十七日，中書省〔言〕：「刑房覆考試中刑法第一等，除詳斷之官；第二等循兩資；第三等，京朝官減二年磨17勘，選人循一資；第四等，京朝官減一年磨勘，選人堂除一次；第五等，京朝官先次指射優便差遣，選人免試注官。」

〔一〕官：原脱，據《補編》頁八二〇補。
〔二〕按《文獻通考》以下二條與「試法」無關，《大典》照引，非也。
〔三〕七年：原作「十年」，據《長編》卷二五二改。

從之。

八月十八日，知諫院鄧潤甫言：「近制試刑法者並許離任〔一〕。緣知縣、縣令所總事繁多，及推行新法，不可闕人。自今知縣、縣令不許赴試。」從之。

八年四月二十五日，詔：「自今試刑法官，不及兩考者並許就試。如試中刑法，在寺供職及兩考，與推恩。」

三十日〔二〕，詔：「試刑法人，上七人差充法官，餘循資、堂除差遣，免試。其京朝官即比類推恩。」

八年五月十五日，詔：「諸發、轉運、提舉司及州縣人吏〔三〕，衙前同〔四〕。不曾犯徒刑及贓罪，如通曉法律，許三年一次試判案，於當年三月一〔日〕已前經州陳狀，要本州體量行止，召職員五人委保。五月一日已前申轉運司類聚，於八月內差官。鏁院前三日，投納所習律令格式、《刑統》、《編勅》附令勅書、德音、《五服年月勅》、大禮御札約束、《九域圖》、曆頭、祠部休假名、廟諱等，赴試院點檢。如到，夾帶可以準備斷案答義文字者，先次駁放。其位委試官於逐場試前一日排定，仍逐日移易。通試五場，每場試案一道，約七件已上、十件已下刑名。委考試官撰案，依試舉人例封彌、謄録、考較。已就試，不得上請。如的有差誤，引斷不行，許白巡鋪官引赴簾前，白試官改正。仍五道通考，所斷及八分已上，重罪不失爲合格。如合格人多，即別引一場。比試《刑統》大義五道，不取文采，止以通義理爲[18]上。如不合格，具所引刑名差錯曉示。內有不當，聽次日經試院分析，與改正，重定去留。雖所説不通，亦不坐罪。若不爲改正，許經監司次第陳述，當與不當，各依條施行。本司具合格姓名并試卷聞奏，中書詳覆。每路不得過三人，仍一面出給公據付逐人，限次年二月一日已前到京，於刑部投狀。其在京諸司人吏，許經中書投狀，依此召保，并兩巡院前行依條試驗。到臺者並一處差官比試，取十人爲額，以曾經制勘獄、推勘公事人充御史臺主推書吏。餘充審刑院、糾察司書令史。內未係正名并職級者，且充守闕(祗)〔祇〕應，給與請受，候通理入仕及五年，即與補正。如未有闕，即補守闕。願歸本貫及本司守者亦聽。其試不中者，內係巡院人與三司大將。諸路人(更)〔吏〕委試官取轉運司試卷并見試卷看詳，如各有可采，亦許具名聞奏，當議特與轉資。」

七月二十三日，中書門下言：「據專切編修《熙寧政録》練亨甫狀，檢會熙寧六年七月二十五日詔，今後科場，除三人及第依舊外，餘並令試律令、大義、斷案，據等第高下注官。看詳立法之意，蓋爲先時官吏多不曉習刑法，決獄治訟唯胥吏爲聽，所以令於入仕之初，試律令、大義、斷案，入等然後注官。此誠良法，然其間獨不令三人就試，於

〔一〕並：原作「闕」，據《長編》卷二五五改。

〔二〕按，《長編》卷二六三此條繫於閏四月六日丁酉。

〔三〕縣：原作「學」，據《長編》卷二六四改。

〔四〕衙：原作「倚」，據《補編》頁八二〇改。

義未安。切緣進士第一名及第便入上州簽判，第二、第三名便入兩使職官，通與[19]一州之事，比之判司簿尉事任不侔，於曉習刑法，豈所宜緩？兼前日官吏有講習刑名，衆皆指爲俗吏。雖昨來試中法官恩例甚厚，而初應者少。今若獨優高科之人，不令就試，則人以不試法爲榮，以試法爲辱，滋失勸誘士人學法之意。欲乞今後進士及第，自第一名已下並令試律令、大義并斷案。所貴編入《聖政》，使後世無以復議。」從之。

九年正月十七日，中書門下言：「中書主事已下，三年一次，許與試刑法官同試刑法，第一等陞一資，第二等陞四名，第三等陞兩名。內無名可陞者，候有正官，比附減年磨勘。餘並比附試刑法官條例施行〔一〕。」從之。

三月一日，中書門下言：「貢院考試中刑法人，欲依熙寧八年例，第一等充法官，第二等循兩資，第三等循一資，第四等與堂除，第五等與免試〔二〕，京朝官依例比附推恩。內第一名王柏案數通粗合在親戚所第一名之上〔三〕，以貢院言柏大義優長，乞與旌擢。今欲陞作上名。」從之。

四月八日，中書門下言：「貢院考試到京朝官、選人、班行經書大義、斷案、律令、議等，內中等稍優者與堂除，其中等京官與先次差遣，選人與不依名次注官，下等與注官差遣，換官者準此。」從之。

十年三月十六日，權判尚書刑部胡援言：「乞立定每年合舉到試法官人數，其擢用恩例，亦乞申明，將得改轉京朝官人擢用。今看詳舉到刑法官每員合立定人數，其試中人，如京朝官合[20]得減年磨勘，選人合得堂除，已上并監司不得過七人。若歷任有監司一員或他官二人奏舉，亦聽於銓院及所在外官司投狀乞試。」從之。

四月四日，中書門下言：「勘會去年新科明法及第、出身人，多就當年秋試刑法。其間有試第二等循兩資，第三等循一資，第四等堂除差遣，第五等免試。緣新科明法人既係試中斷案、律、議登科，若更以本業再試刑法，等第推恩，頗爲（大）〔太〕優。況進士及第人既不許試經義出官，武臣武藝出身人亦不許試武藝弓馬，豈新科明法人獨許以舊學再試？今欲應新科明法及第人就試刑法，如試中，除入第一等合差充刑法官人與依例推恩外，其合入免試以上等第，並與免試，更不推恩。若就銓試中，即許投下文字，其合得堂除以上恩澤亦更不施行。如願試經義入等，自依等第推恩。」從之。

元豐元年閏正月十八日，詔：「任緣邊及黃河地分官試刑法者，並須任滿，待闕在一季內者亦如之。」

五月二日，詔：「試中刑法官第一等充法官，第二等循兩資，第三等循一資，第四等堂除，第五等免試，京朝官比

〔一〕比：原作「此」，據《補編》頁八二一改。
〔二〕天頭原批：「五等，《大典》作『五名』。」
〔三〕柏：《補編》頁八二一作「桓」。

類推恩。」

八月十一日，詔自今科場考試刑法，並中書差官。

三年五月十一日，詔自今見任外官不許試刑法。

十五日，詔：「京朝官、選人、班行試經義、律令、大義，上等一人減磨勘二年，試法官；（人）第二人差充法官；第三、（等）〔第〕四人充習學公事；第五至第七人循兩資；21第下三人循一資；餘以次推恩。」

四年五月二十三日，中書言：「刑房覆考試刑法官，第一等，欲充法官；第二等下三人，欲循一資；第三等上十人，與堂除；第三等中八人，與免試，仍陞一季名次；第三等下十二人，與免試。」從之。

五年九月二十二日，尚書吏部上重編排考試刑法所等第。詔第一等孫輔道令大理寺試斷案三十道，如堪充職，委長〔二〕〔貳〕保明；第二等、第三等與占射差遣、免試、陞名次有差。

十二月三十日，詔：「諸承務郎以上及幕職、州縣官并未入官人，歷任無私罪徒及入己贓、失入罪，併勒停衝替後已經一任者，許試刑法。無人奏舉，聽於尚書吏部及所在官司投狀乞試。見在外任官及授黃河地分見闕者，不許就試。諸舉官試刑法者，尚書刑部官、大理寺長貳歲各十人，侍從、三省六曹、御史、開封府推判官及監司各七人。」

八年九月二十九日，刑部言：「修立到考試刑法官等斷案，通粗分三等條約〔一〕。一、罪名當，而剩引上下文及他條，於所斷罪名無害者，皆爲通。罪名謂公私之類。上粗，視通七分半：漏條貫内要切字；謂如藏匿條規「令得隱避」之類。漏要切情節、節案，或引條入生語，漏聲說〔二〕；謂不聲說除某事係輕〔三〕，及除免在下項聲說之類〔四〕。即受贓項内不聲說，除免重罪又不聲說者，受贓與重罪合罪，自爲否〔五〕。不依體式；謂將私罪諸私自犯在定斷之後〔六〕，及不應追奪而追奪，或22引條全而不追奪。即誤以重罪爲輕罪，致却於輕罪追奪者，其輕罪聽爲通。條貫引文差互。謂如合引巡檢注「令別兼幹當者亦同差出，不得差出」，却引「不得差出」在「別兼幹〔當〕」上之類。中粗，視通五分：引用皆當，差刑名；刑名謂徒年、杖數、除免之類。差誤；謂應用「從減外」而不言用「官蔭減外」之類〔七〕，但於刑名無害者。即一事引兩法斷者，若以斷違制又斷違失之類〔八〕，自爲否。漏條貫罪名不當。謂應公言私及不言公私之類不礙官當者。即刑名不當，或刑名偶同而所引條意義全非者，若「詐爲官文書杖一百」却引「請求杖一百」之類〔九〕，自爲否。下粗，視通二分半：漏本犯條；漏餘貫五分

〔一〕通：原脱，據文意補。本書選舉一四之五云「所試斷案刑名通粗以十分爲率」，《長編》卷七〇云「彭愈等刑名通粗多有差互」，皆以「通粗」連言。

〔二〕說：原作「绝」，據《補編》頁八二二改。

〔三〕某：原作「其」，據《補編》頁八二二改。

〔四〕類：原作「弊」，據下文改。

〔五〕自：原作「合」，據下文改。

〔六〕諸：原作「謂」，據下文改。

〔七〕按，據下文，「不言」二字疑衍。

〔八〕二「違」字原皆作「遣」，據下文改。

〔九〕「若詐」二字原脱，據下文補。

已上〔一〕；直斷受贓或請求。謂如斷請求枉法，不斷出入罪，及斷不枉法，不引罪人本犯條貫。」其後刑部更以爲格式内有差互未明〔二〕，奏重行修立到考校通粗格式。以引用皆當，若刑名、罪名當而剩引上下文及他條，於所斷刑名無害，刑名謂徒年、杖數、除免，罪名謂公私之類。爲通。漏條内要切字，謂如藏匿條漏「令得隱避」之類。漏要切情節、節案，或引條入生語，漏聲説，謂不聲説除某事係輕，及除免在下項聲説之類。即受贓項内不聲説，除免重罪又不聲説者，受贓與重罪合罪〔三〕，自爲否。不依體式，謂將私罪諸私自犯在定斷之後，及不應追奪而追奪，或引條法全而不追奪。即誤以重罪爲輕 23 罪，致却於輕罪追奪者，其輕罪聽爲通。條貫引文差互〔四〕，謂如合引巡檢注「令別兼幹當者亦同差出，不得差出」，却引「不得差出」在「別兼幹當」上之類。爲上粗。差誤，謂應引從輕入重條，而引從笞入杖條，及應言「從減外」而言「官蔭減外」之類，各於刑名無害者。即應引「從減」條而引「官蔭減」條，并一事引兩法，若已斷違制又斷違（制）失之類，自爲否。漏條貫罪名不當〔五〕，謂應公言私及不言公私之類不礙官當者。即刑名不當，或刑名偶同而所引條意義全非者，若「詐爲官文書杖一百」却引「請求杖一百」之類，自爲否。爲中粗。漏本犯條，漏餘條五分以上，直斷受贓或請求，謂如斷請求枉法，不斷出入罪，及斷不枉法，不引罪人本犯罪〔六〕。爲下粗。從之。時元祐三年正月也。

哲宗元祐元年五月十一日，詔大理評事以上無得更試刑法。

三年三月十八日，吏部言：「試刑法人久來每年春秋兩試，昨準勅罷秋試，即今每年只是一次春試。依條每年旋立到闕日限〔七〕，今欲乞將試刑法人限當年二月十五日以前到闕，遇科場於前一年十二月十五日到闕。」從之。

紹聖元年七月九日，御史中丞黄履言：「大理判斷刑之官，神宗初立選試之法，第一等取數常艱，惟中等得入大理，爲斷刑官。元祐中以其恩典常重，故責考任、舉主〔八〕，而增以嘗歷刑法官與縣令優課爲奏舉法，其試入優等者不得預焉。欲自 24 今專用先朝選試之法，删去嘗歷刑法官、縣令優課等條，自非試預上選者不得爲斷刑官。」監察御史郭知章亦乞用熙豐試法。詔令刑部、大理寺依元豐選試推恩法立條。

二年二月十六日，大理寺言：「承務郎已上及幕職、州縣官試刑法，須歷任有舉官，不犯贓私罪并失入死罪，方許試。」及立到程試格目、取人分數、推賞等，詔行之。

元符二年十二月十六日，刑部言：「選試法未得允當，今重別修立。承務郎已上及幕職、州縣官歷任兩考，非見任

〔一〕貫：下文作「條」，當是。
〔二〕差互：原作「差玄」，據天頭原批改。下同。
〔三〕合罪：原脱，據上文補。
〔四〕貫：原脱，據上文補。
〔五〕貫：原脱，據上文補。
〔六〕下「罪」字，據上文似當作「條」。
〔七〕「到」下原有「限」字，據《長編》卷四〇九删。
〔八〕故：原無，據本書職官二四之一一補。

外官，投黃河地分見闕〔一〕，於交替月分有妨者〔二〕，與見任同。有舉試刑法或監司舉主一員，無即餘官舉主一員。每歲聽於尚書吏部或所在官司投狀，申本部乞試刑法。其舉主未足或歷任未兩考，亦許試，未入官人、將來應注官特奏名人、應舉（人）〔入〕官人準此。如得減年磨勘、占射差遣以上，候舉主、考第足推恩。免試以下候到部。即歷任曾犯私罪徒或入己贓及失入死罪并停替未經任者，並不許乞試及推恩。一、願試法官者，不得更赴吏部試。其試法官等，第一等上斷案三場，到刑名不失重罪，通《刑統》大義及八分，以斷案、《刑統》義通考，下文準此也。第一等下六分，第二等上五分半，第二等下五分，第三等上四分半，第（二）〔三〕等下四分，第四等上二分，第四等下二分半。一、承務郎以上推恩：第一等上轉一官，免試斷案及公事，充大理寺評事或司直；未及兩考、無舉主者，先供職，候考第、舉主應條，與轉官。第一等下減磨勘準此。第一等下減三年磨勘，免試斷公事，差充評事或司直；25第二等上減三年磨勘；第二等下減二年磨勘；第三等上減一年磨勘；第三等下陞一季名次，注近地官；第四等上注近地；第四等下陞半年名次。選人推恩：第一等上免試斷案及公事，〔改〕合入官，（羌）〔差〕充大理評事、司直；未及兩考、無舉主者，先供職，（俟）〔候〕考第、舉主（候）應條，與改官。第一等下準此。第一等下大理寺試斷案三十道，如堪充職官，二正保明聞奏，改合入官，差充評事或試公事三月，依上文保奏改官，差充司直；第二等上循兩資；第二等下循一資；第三等上不依名次路分占射差遣；第三等下免試一季名次；第四等上免試；第四等下陞半年名次。」從之。

徽宗崇寧元年八月十六日，臣僚言：「乞檢會元豐進士試論日兼試律義之文，參酌行之。」詔依，仍俟後次科場施行。

三年四月二十一日，刑部奏：「神宗皇帝立春秋二時吏部試出官法，復許就試刑法官，皆使習法以從政，所以作成人材，見於實用。後來有司申請試出官人不許兼試法官，其意不過以一人就試，不容兩被推恩。不知試出官與（異）〔試〕法官，藝業難易不同，賞典厚薄各異。欲乞今後試出官人，依熙寧舊法許兼試刑法官。其試斷案者亦依熙寧定式。」從之。

九月二十七日，通仕郎、陳州西華縣丞李龜長狀：「伏覩崇寧三年四月二十三日敕，今後試出官人，依熙寧舊法許兼試刑法官。欲乞追復熙寧在任就試之法〔三〕，畿三百或五百里內，雖不許差出之官如令、丞、司理、司26法之類，亦許就試，試畢限五日還任。如涉詐冒，重行刑典。」詔依熙寧法。

宣和三年五月二十五日，詔：「近年以來，試中刑法人

〔一〕闕：原作「聞」，據《補編》頁八二三改。
〔二〕者：原作「旨」，據文意改。
〔三〕復：原脱，據《補編》頁八二四補。

數絶少，選任官多是避免。法寺掌斷天下獄案，刑名稍有差失，所繫非輕。可專委大理卿宋伯友遵依元豐制令，條具措置以聞。」

八月二十八日，大理卿宋伯友言：「奉詔令遵依元豐試刑法條制措置。檢照前後條格均減六場，内元豐時試刑名及三十九件，至十七件皆爲合格，考試分數稍優，所以就試合格者多。見行試法，每試刑名須四十四件，至二十七件方爲合格。元豐時試及二分半便入第三等下，今試及五分方預第三等下。雖見行賞格差優，而考試之格分數增倍，是至就〔試〕合格者少。今參酌元豐、崇寧舊制，修成格法，以八分以上爲第一等上，六分爲下，五分半以上爲第二等上，五分以上爲下，五分爲第三等上，四分以上爲中，二分半已上爲下。乞賜頒行。」從之。

七年五月十九日，尚書省言：「臣僚言：『比來法官之選(寢)〔寖〕輕，試法雖存，而試者日益鮮少。不經試入等人，宜毋使預法官之選。』奉詔令尚書省措置取旨。勘會堂除大理評事，昨降指揮許比附試斷案第一等已上人例改官。雖續降指揮，(當)〔堂〕除比於試中得恩例人内選差。緣試中等第恩例高下不一，若但霑恩例便得堂除，候及一年改官，顯屬太優。兼試中第三等上人，承務郎以上減一年磨勘，承直郎以 27 下占射差遣。内承務郎已上既得預選法官，則同等試中人承直郎已下理合亦聽預選。從來未經申明，補完法意。今措置，欲今後承直郎以下試斷案第三等上人，亦許預選法官，止得用常法改官〔一〕，其堂除人仍須於試中第〔二〕等上及第三等上人内選差〔二〕。除係試中第二等上人自依本法改官外，餘許依元豐七年及崇寧三年法改官，仍增一考。所有政和七年二月十六日堂除人改官指揮更不施行。」從之。已上《續國朝會要》。

光堯皇帝紹興二年二月六日，詔權住引試刑法官。自來係附選人銓試，以選人免銓試故也。

四年五月十八日，大理(路)〔寺〕正路彬言：「考校試刑法官分數格，係以五十五通分作十分爲率，第二等下五分以上，第三等上五分，第三等中四分以上〔三〕。即是二十七通七釐半爲第二等下，二十七通五釐爲第三等上，二十二通二釐半爲第三等中。切詳第三等中至第三等上係隔五通二釐半，第三等上至第二等下止隔二釐半〔四〕，分數不倫，人情法意未得周盡。欲取四分半以上爲第三等上，庶適中。」從之。

五年閏二月二十六日，中書舍人劉大中言：「李洪等稱曾試刑法人第一等〔五〕，乞改官。吏部既稱無干照，又稱無似此體例，自合告示，乃於法外令召本寺官一員委保，啓

〔一〕止：原作「人」，據《補編》頁八二五改。
〔二〕上人：原作「二人」，據《補編》頁八二五改。
〔三〕中：原脱，據下文補。
〔四〕第二等下：原作「第三等下」，據上文所述改。
〔五〕第一等：《建炎要録》卷八六作「第三等上」。

僥倖之路。乞將已降李洪、李志行改官指揮追寢不行。」是日，宰執進呈，趙鼎曰：「古者以刑弼教，宜崇奬之。」上曰：「刑名之學，其廢久矣。不有以崇 28 奬之，使人競習，則其學將絶，誰復繼之？」沈與求曰：「漢詔以獄爲重事，蓋刑罰失中則民無所措手足。雖法家者流别是一科，然所繫非輕，不可不重此選。」於是有旨令吏部重别取索有無的實干照，開具供申尚書省。

十三年八月二十四日，右司諫詹大方言：「春秋銓試官係朝廷選差，至於附試刑法，則許銓試官入院。後臨時辟差二員，其所辟官本爲撰刑法問題，號爲假案，非深於律者不能也。比年以來，棘寺之官利於試院請給，（玄）〔互〕相計囑，故所辟之人未必皆通於法律。乞並從朝廷選差曾經試法中程之人。」從之。

二十五年四月九日，四川安撫制置使司言：「乞依四川安撫司申降到指揮，校試檢法官，每三年就類省試院别差應格考試刑法官二員，專一校試。」從之。已上《中興會要》。

壽皇聖帝乾道六年十二月十七日，四川宣撫司言：「校試刑法官係差四路提刑司檢法官，累舉依紹興二年五月四日指揮，遇科舉歲，預取會就類省試院校試。其監試、封彌、謄録及簾外諸司等官，就用類省試院官外，止依舊制，别差應格考試刑法官二員〔一〕，專一考校。乞行下遵守施行。」從之。已上《乾道會要》。

《文獻通考》：試刑法者，亦自熙、豐間始。舊附銓試院，兵火後權停。紹興三年始復。後又降勅别差試官二員，專撰刑法問題，號爲假案。其合格分數，例以五十五通作十分爲率：五分以上入第二等下，係二十七通七釐半；四分半以上入第三等上，係二十四通七厘半；四分以上入第三等中，係二十二通以上。凡試入二等者，選人改京秩。蓋趙忠簡爲相，以刑名之學其廢日久，故白請優之。今遂爲大理評、丞之選。四年，制置司請每 29 三年就類省試院别差刑法官二員校試，從之。（以上《永樂大典》卷一〇六四九）

〔一〕官：原脱，據《補編》頁八二六補。

宋會要輯稿　選舉一四

新科明法

【宋會要】

1 神宗熙寧四年二月，罷明經諸科。其後有詔，許曾於熙寧五年以前應明經及諸科舉人，依法官例試法，爲新科明法科。

六年四月二十六日，詔：「比許應明法舉人止願依法官條試斷案大義者聽。如合格，仍編排在本等人之上，令定所試場第及考格式樣行之[一]。」

十年十月四日，中書門下言：「勘會去年新科明法及第、出身人，多就當年秋試刑法，其間有試中第二等循兩資、第三等循一資、第四等堂除差遣、第五等免試。緣新科明法人既係試中斷案、律、議登科，若更以本業再試刑法，等第推恩，頗爲太優。況進士及第人既不許經義出官，武臣武藝出身人亦不許試武藝弓馬，豈新科明法人獨許以舊學再試？今欲應新科明法及第人就試刑法，如試中，除入第一等合差充刑法官人與依例推恩外，其入免試已上等第，並與免試，更不推恩。若就銓試試中，即便投下文字。其合得堂除已上恩澤，亦更不施行。如願試經義入等，自依等第推恩。」從之。

元豐二年三月十三日，詔：「今歲特奏名明法改應新科明法人，試大義三道。」

二十二日，御試編排官李承之等言：「熙寧九年御試，新科明法正奏名三十九號，止以通粗、資次編排[二]。今一百四十六號，比前數倍。欲以二通爲合格，分兩等。」從之。

七月十八日，詔：「應新科明法舉人試斷案，許以 2 律、令、勅自隨。」

九月八日，詔五路禮部進士與新科明法人通理人數均取。

哲宗元祐元年閏二月二日，侍御史劉摯言：「乞貢舉進士添詩賦，復置賢良茂才科，新科明法添兼經大義及減人數。」詔禮部與兩省、學士、待詔、御史臺、國子司業集議聞奏，所有將來科場且依舊法施行。

三年閏十二月二十三日，詔：「五路不習進士新人，今後令應新科明法，許習《刑統》。仍於《易》、《詩》、《書》、《春秋》、《周禮》、《禮記》内各專一經，兼《論語》、《孝經》。發解及省試分爲三場，第一場試《刑統》義五道，第二場試本經義五道，第三場《論語》、《孝經》義各二道，以三場通定高下。及以諸科額十分爲率，留一分解本科舊人，一分解新科明法新人。不及十人處亦準此。如無人赴試及無合格

[一] 令定：原作「今」，據《長編》卷二四四改補。
[二] 止：原作「上」，據《長編》卷二九七改。

人，即存留，更不許添解進士第。若向去銷盡諸科舉人，即當留二分解新科明法新人。」

四年四月十九日，詔：「元祐二年以前諸科舉人改應新科明法，聽取應外，自今更不許改。其獲冒應人，仍增舊賞。」從禮部、刑部請也。

七月二十九日，禮部言：「立到五路不習進士新科明法新人，欲與諸科改應進士及五路進士新科明法舊人衮同均取分數，并考校等第。應諸科奏名每十一人取一人，剩額以舊應諸科改應新科明法及新科明法新人并改應進士五路進士每路作一項。到省人衮同通紐分數均取〔一〕。謂如剩額三百人，到省通計一千九百人，即每 3 九人五分取一人之類。餘分奏新科明法舊人。今後御試本經義二道，《刑統》義三道，考校分爲五等。其經義、《刑統》義兩處考校，初、覆考訖，即詳定官合以兩處等第參定。所有發解及省試刑法考試官，止是考定得《刑統》義通、粗、否，其去留自合是考試經義官以三場通定去留高下。」從之。

六年正月九日，詔五路進士及新科明法人就試終場，零分不滿十人許解一人，仍取文理優長者。

八年四月二十二日，禮部言：「大名府新科明法侯弼等狀：『先朝廢罷明經及諸科舉人，許改應新科明法，自不許新人取應，欲銷盡明經及諸科舊人。當日務從朝廷之意，而改應新科者十有七八。昨於元祐三年，又准朝旨置籍拘定人數，更不許新人取應。今來五路都將新科舉人與進士一例，須要就試終場人十人已上方許解發一名，顯是立法不均。欲乞依諸科例，十分中留一分解額，解發新舉人。』看詳存留一分解額，有礙條制。如朝廷早要銷盡，各人許留一分解額，乞自朝廷指揮。」詔五路新科明法舉人，今後取應人係就試終場〔二〕，每實及七人許解發一人，如取應終場人止有六人已下，亦許解一人。

紹聖元年七月二十五日，詔經律科曾得解人，許改應新科明法，願試進士者聽。仍並通理舉數。

四年二月四日，詔貢院考校五路進士，據合得分數人，二分五路通取，三分與府、監、諸路通取。新科明法 4 依諸科例，每十一人取一名。以上《續國朝會要》。《國朝會要》無此門。

光堯皇帝建炎二年正月八日，大理少卿吳瓌言：「神宗熙豐間，將舊科明法念誦無用之科，改爲新科明法。今來此學浸廢，法官闕人。乞復立明法之科，許進士曾得解貢人就試〔三〕，多取人數，增立恩賞，誘進後人，以備採擇。」從之。

紹興十一年七月四日，禮部言：「將來御試新科明法，合賜出身。御藥院擬定第一等本科及第，第二等本科出身。」從之。

〔一〕紐：原作「細」，據文意改。
〔二〕後：原作「從」，據《補編》頁八二七改。
〔三〕許：原作「諸」，據《文獻通考》卷三二改。

十四年七月十八日，臣僚言：「新科明法得解人亦許取應，更不兼經。白身得官，其科反易於有官試法。禮部看詳前舉立定取解格，發〔解〕五人取一名，省試七人取一名，零分亦取一名。比之進士，取解太寬，欲發解及省試各遞增二人。其發解内本路若就試人不及七人，止有五人已上，亦許收試取一名。其省試零分不及，不在收試之限。所試斷案、刑名粗通，以十分爲率，斷及五分，所試《刑統》義文理全通爲合格。若不合格，雖有人數，亦不許收取。雖《刑統》義全通，斷案不及分數，許行駁放。仍自後舉兼經。」從之。

十六年二月三十日，禮部言：「熙寧以來，詔罷諸科，許令曾應明經及諸科舉人，依法官例試斷案、《刑統》義。至崇寧元年，上件解省額盡歸爲進士解省額訖。兼見今自有官人許試刑法，其新科明法欲自後舉廢罷。」從之。已上《中興會要》。《國朝》、《乾道會要》無此門。《文獻通考》：新科明法 5 者，熙寧間改舊明法科爲之。崇寧初廢，取其解省額歸禮部。建炎二年正月，大理少卿吴瓌言法官闕人，請復此科，許進士嘗得解貢人就試。從之。紹興十一年，始就諸路秋試，每五人解一名，省試七人取一名，皆不兼經。明年御試，御藥院請分爲（第）二等，第一等本科及第，第二等本科出身。十四年七月，言者以爲濫，請解省試各遞增二人，解試七人取一，省試九人取一（一）。所試斷案、刑名通粗，以十分爲率，斷案及五分，《刑統》義文理俱通者爲合格，無則闕之。仍自後舉兼經。十六年二月遂罷之，迄今不復置矣。新科明法始就諸道秋試，每各五人解一，省試十取其一。御藥院又擬恩例，第一等賜本科及第，第二等本科出身。後三歲，議者謂得解人取應更不兼經，白身得官，反易於有官試法。乃詔自今斷案、刑名通粗，以十分爲率，斷及五分，《刑統》義文理全通爲合格，及雖全通而斷案不及分數者勿取。仍自後舉兼經。淳熙七年，秘書郎李巘言：「漢世儀律令同藏于理官，而決疑獄者必傅以古義。祖宗朝詔學究兼習律令，而廢明法科，後復明法，而以三小經附，蓋欲使經生明法，法吏通經。今所試止於斷案、律義，斷案稍通，律義雖不成文亦得中選，故法官罕能知書。謂宜使習大法者兼習經義，參攷優劣，以定去留。」上曰：「古之儒者以經術決獄，若用俗吏，必流於刻。宜如所奏。」乃詔自今第 6 一、第二、第三場試斷案，每場各三道，第四場試大經義一道、小經義二道，第五場試《刑統》律義五道。明年，詔斷案三場，每場止試一道，每道刑名十件〔一〕，與經義通取。四十分已上爲合格，經義定去留，律義定高下。嘉定二年，臣僚上言：「棘寺官屬頗難其人，獄案來上，致多差舛。其原在於習法之不精，試法之不詳也。自昔設科，本以六場引試。内斷案五場，各以刑名八件計四十通，律義一場計十通。斷案以試其法令，律義以試其文理。自後有欲便其所習，始增經義一場，而止試五場，律義各居其一，斷案止三場而已，殊失設科之初意。金科玉條，瑣密繁碎〔二〕，自非終日研究未易精熟，乃牽於程文以移其功。考試主文類多文士，輕視法家，惟以經義定去留，其弊一也。法科之設，正欲深明憲章，習熟法令，察舉明比附之精微，識比折出入之錯綜，酌情法於數字之内，決是非於片言之間。政和、紹興案題，字不過五七百，多不滿千。比年不求題意之精密，專務繁冗以困人，敷衍支離，動輒二千字〔三〕。自朝至于日中昃，僅能謄寫題目，豈暇深究法意，其弊二也。進士考官，凡有出身，皆可充選；刑法考官，不過在朝曾中法科丞、評數人。由是請託之風盛，換易之弊興，其弊三也。臣以爲宜罷去經義，仍分六場，以五場斷案，一場律義爲定；所問法題，稍簡其字數，而求精於法；試官各供五六題納監試或主文，臨期點 7 定。如是，則讞議得人矣。」從之。六年，議者云：「今止試《刑統》，是盡廢

〔一〕刑：原作「别」，據《文獻通考》卷三二改。
〔二〕瑣：原作「鎖」，據《文獻通考》卷三二改。
〔三〕輒：原作「止」，據《文獻通考》卷三二改。

義理，而專以法律爲事，雜流、進納之人皆得就，又可徑除職事官，非所以重科目、清班綴也。請復試經義一場，以《尚書》、《語》、《孟》題各一篇，與《刑統》大義通爲五場。所出經題，不必拘刑名倫類，以防預造。雜流、入貲人，毋得收試。」（以上《永樂大典》卷一〇六五〇）〔一〕

鏁廳

8 太宗太平興國五年閏三月十一日，京兆府户曹參軍顔明遠、徐州節度推官劉昌言、洺州鷄澤縣主簿張觀、德州將陵縣主簿樂史並應進士舉，殿試合格。帝惜科第不與，乃除明遠中正軍，昌言歸德軍，觀忠武軍，史武成軍，並爲節度掌書記。

雍熙二年六月七日，中書門下言：「近日諸道州府解到官吏去官赴舉者，禮部貢院考試，多是所業未精。欲望今後鏁廳應舉者，須是文學優贍，才器出羣，歷官無負犯之尤，檢身有可觀之譽，即委本處先考程試。如文藝合格，以聞待報，解送禮部考試。如所業紕繆，發解官與舉送長官必寘重罪〔二〕，本人免所居官。」從之。

淳化三年四月五日，滁州軍事判官鮑淵、鄧州録事參軍楊令問、滁州清流 9 縣尉胡咸秩並鏁廳舉，各賜及第。以淵爲忠正軍節度掌書記，令問爲本州觀察支使，咸秩爲楚州山陽縣令。是後，合格者皆賜及第、出身。命官升差遣有差。

真宗天禧二年七月十二日，詔：「自今鏁廳應舉人，仰逐處長吏先依發解例考試，藝業合格者即令取解。如薦發到省不及格，前後考試官、舉送長官並重行朝典，本人勒停。」

九月二十三日，左正言劉燁言：「今歲秋賦，食禄之家鏁廳應舉者頗衆。望詔諭中外，自今食禄之家弟姪子孫，如文藝必可程試者，即不得就資廕；如有官者，即不得與孤寒競進。」詔自今諸州精加考試。

仁宗天聖元年閏九月十三日，開封府言：「準詔衛尉寺丞王舉善等並許應舉，見選差官考試次。所有將作監主簿劉戢，緣是權發遣開封府公事劉燁男，乞别差官考試。」詔戢差判國子監官考試。

四年閏五月二十六日，翰林學士宋綬等言：「准詔與禮部貢院詳定貢舉，具合條約以聞。檢會天禧二年七月詔書：『應命官乞鏁廳應舉，須先行考試藝業合格，即許取解。如薦發到省，却有紕繆不及格，其前後考試官、舉送官並重行朝典，本人勒停。』又雍熙二年六月詔書：『鏁廳應舉者須是文學優贍，才器出羣，歷官無負犯之尤，檢身有可觀之譽，先試藝文合格以聞，待報解送。或禮部考試紕繆，發解官與舉送長官必寘重罪，本人免所居官。』參詳鏁廳舉人既歷仕塗，復勤詞業，非加奬激，10 恐怠進修。而命官

〔一〕《大典》卷次原缺，按本門題下原稿批有《大典》原目作「舉士十六」，據《永樂大典目録》，此目在《大典》卷一〇六五〇，因補。
〔二〕舉：原脱，據下天聖「四年閏五月二十六日」條補。

之内，少有全無遺闕者，須至分别輕重。欲乞今後除歷任有贓私罪并見勒停、殿〔罰〕、責降、衝替、未經叙用人等不許取應外，餘並許奏候朝旨，依舉人例薦解。即更不先行考試，將來省試實顯紕繆，即乞以雍熙二年詔書從事。仍檢會天禧三年、天聖二年禮部貢院奏，考試鎖院不及格人，奉勑令御史臺各罰銅一十斤，放，仍今後不得鎖廳應舉。看詳若不及格便加責罰，不得取應，恐非誘勸之道。今後欲乞與免責罰，並許取應。」奏可。

二十七日，詔：「應見任中書、樞密院至知制誥、待制已上臣僚之家，今年秋賦如有弟姪兒孫乞鎖廳應舉者，並從之。」

七年六月二十八日，詔：「應鎖廳應舉人在京及見釐務并開封府界任官者，(今)〔令〕於國子監、開封府取解；見在外任者，委轉運司無干礙州府取解。如已罷未赴任并隨親在外，並令於國子監、開封府投狀，仍所在奏待報。餘依舊制。」時諸道奏，爲指定鎖廳人多自啓請州府取解，慮囑，乃下兩制議定，故有是詔。

七月六日，詔今後鎖廳舉人，許文臣兩次、武臣一次取應。

景祐元年四月三日，開封府扶溝縣主簿蘇舜元言，天聖初鎖應不合格，罰銅十斤。先是，王欽若爲相，姤善抑進，不合格者罰金，爲私罪。乃詔流内(詮)〔銓〕鎖廳應舉不合格經責罰者，並與除落罪名。

四年七月十九日，河北轉運司言：「懷州河内縣主簿賈程爲先赴官稽遲，罰銅二斤，爲私罪。看詳私罪至輕，本官[11]有文，乞特許應舉。」從之。自後鎖廳人如私罪輕，並許應舉。

五年八月十四日，命屯田員外郎、集賢校理曾公亮，右正言、直史館、同修起居注梁適，考試鎖廳舉人。舊制，每秋賦别差官考試親戚，謂之别頭。至是以鎖廳人多，頗侵寒士解額，乃令府監互送親戚，而專差官試鎖廳人。

九月，詔鎖廳舉人自今舉文臣應三舉，武臣兩舉。

寶元二年閏十二月四日，禮部貢院言：「鎖廳舉人見任者，自來止於鄰近州軍取解〔一〕，不曾立定解額。昨來並於本州舉人額外解發，朝廷例皆收試。遂降勑旨，不得於額外解發。本院看詳，逐州試官多以親戚舉人送鄰州取解，妨占本土孤寒舉人解額，遂送轉運司，别差〔官〕考試，每十人解三人爲額。今來却將鎖廳人於州額内解(内)發，妨占本土孤寒舉人，深未便允，乞送鎖廳人於轉運司考試，别立一項解發。」詔兩制詳定。翰林學士丁度等言：「鎖廳人今後在京於别試所，在外於轉運司，差官與親戚舉人同試，十人解三人，不及十人與二人，五人以下與一名。餘並依親戚發解例施行。」從之。

皇祐四年六月二十五日，詔：「應鎖廳武臣係與宗室

〔一〕於：原作「與」，據《長編》卷一二五改。

女爲親補轉班〔行〕者，不得收試。」

嘉祐三年二月二十四日，禮部貢院言：「近制不許臣僚門客受恩澤出官，而又鏁廳取應限以一次，倘不中第，遂廢終身，甚非勸學之意。請自今更不限舉數，其長史、司馬、助教、文學及曾應武舉人【12】，非因事安置、羈管，並令鏁應人、進納人亦聽應舉，中第者不理前資，仍與除去進納之名。」從之。

八月六日，詔禮部貢院〔一〕，宗室壻不許鏁廳應舉。

六年六月十五日，詔禮部貢院：「內外鏁廳并親戚舉人並同引試，解十分之一，如不及十人亦許解一名，四人以下送鄰路聚試。」《涑水記聞》：先朝時鎖廳舉進士者，時有一人以爲奇異〔二〕，試不中者皆有責罰，爲私罪。其後詔文官聽兩舉，武官一舉，不中者不復責罰。景祐四年，鏁廳人最盛。開封府投牒者至數百，國子監及諸州者不在焉。是時陳堯佐爲宰相，韓億爲樞密副使。既而解榜出，堯佐子博古爲解元，億子孫四人皆無落者，衆議諠然，作《河滿子》詞以嘲之，流聞達於禁中。殿中侍御史蕭定基時掌謄録，因奏事，上問《河滿子》之詞，定基因誦之。先是，天章閣待制范仲淹坐言事左遷饒州。王宮待制王宗道因奏事自陳爲王府官，二十年不遷，詔改章服。龍圖閣學士、權三司使王博文言於上曰：「臣老且死，不復得望兩府之門。」因涕下，上憐之，數日遂爲樞密副使。當時輕薄者取張祜詩益其文以嘲之曰〔三〕：「天章故國三千里，學士深宮二十年。殿院一聲《河滿子》，龍圖雙淚落君前。」於是詔今後鏁廳應舉者與白衣別試〔四〕，各十人中解三人，在外者衆試於轉運司，恐其妨白衣解額故也。慶曆中，又詔文武鏁廳者不復限以舉數。故事鏁廳及第注官者皆升一甲，今不復升云。

英宗治平元年六月九日，禮部貢院言：「準皇祐四年詔，娶宗室女補官者不得應舉。按《貢舉條制》，進納人及工商雜類有奇才異行者亦聽取解。今宗室婿皆三世食禄，有人保任，乃得充選，比工商雜類納財受官流品爲勝〔五〕，豈可以連姻皇族，遂同贓私罪戾之人？乞許其應舉，以廣求賢之路。」從之。以上《國朝會要》。

哲宗紹聖二年正月十七日，詔：「今來科場，承務郎已上鏁廳賜及第、出身、同出身人，依元祐三年臨軒第一牓例，並與堂除合入差遣一次。」其後四月十七日，詔【13】進士出身、承議郎韓純彦權判登聞鼓院。以上《續國朝會要》。《中興》、《乾道會要》無〔北〕〔此〕門。（以上《永樂大典》卷一〇六四九）

發解 一〔六〕

太祖乾德二年九月十日，權知貢舉盧多遜言：「伏以禮部設科，貢闈校藝，杜其濫進，是曰宏規。所以發解之時，必責程試〔七〕，取其合格，方可送名。豈有經試本州，列薦貢籍〔八〕，考其藝能，動非及格，殊乖激勸之道，漸成虛薄

〔一〕「院」下原有「言」字，據《長編》卷一八七删。
〔二〕以：原脱，據《涑水記聞》卷三補。
〔三〕祜：原作「祐」，據《涑水記聞》卷三改。
〔四〕天頭原批：「『舉者』，《大典》作『舉人』。」按，《涑水記聞》卷三亦作「舉人」。
〔五〕財：原作「才」，據《長編》卷二〇二改。
〔六〕原無序號，因下二卷仍爲「發解」，因添。
〔七〕責：原作「積」，據《補編》頁四六〇改。
〔八〕薦貢：原作「其貫」，據《補編》頁四六〇改。

之風。請準周顯德二年敕，諸州解發進士，差本判官考試，如本判官不曉文章〔一〕，即于諸從事内選差。所試並得合格，方可解送。諸科差録事參軍考試，如録事參軍不通經義，即於州縣官内掄選。本判官監試，如有遥口相授、傳本與人者〔二〕，即時遣出，不在試限。紙先令長官印書〔三〕，至時給付。凡貼經對義，並須監官對面，同定通否，逐場去留，合格者即得解送。仍解狀内開説當州府元若干人請解，若干人不及格落下【14】訖，若干人合格見解。其合申送所試文字，並須逐件朱書通否，下試官、監官仍親書名。若合解不解、不合解而解者，監試官爲首罪，並停見任，舉送長官聞奏取裁。諸科舉人，第一場十否者，殿五舉；第二場、第三場十否者，殿三舉；其三場内有九否者，殿一舉。其所殿舉數，於試卷上朱書，封送中書門下，請行指揮。及罪發解試官等，令重舉舊章，庶絶僥濫。」從之。

開寶五年十一月十四日，詔曰：「鄉舉里選，先王之制也。朕之取士，率由舊章。宜用申明，俾從遵守。應天下貢舉人自今並於本貫州府取解，不得更稱寄應。如化外人即述歸依因依，預於開封府投狀，長吏具事取裁。其國子監舉人，須是元在監習業，方許校藝解送，不得妄稱監生。仍並令禮部貢院分明勘會，違者具名以聞。餘有條制，委所司詳酌行下。」《文獻通考》：開寶九年，詔翰林學士李昉等閲諸道所解孝弟力田等人〔四〕，試問所業，毋可採，乃悉退去。詔劾本部官濫舉之罪。見「孝廉」門。

太宗太平興國三年九月二日，詔：「自今進士及諸科貢舉人被廢疾者，諸州不得解送，禮部不得授牒〔五〕。」

雍熙四年九月一日，詔：「河南、西川、兩浙、荆湖、淮南三舉曾御試、四舉曾薦名舉人、年五十已下者，東西京各三十人，節鎮各一十五人，防禦、刺史、餘州軍各一十人，委長吏揀選人材心力，召官吏委保别無行止踰濫者，具姓名解送赴闕。如不及數，即據揀到人解送，當議【15】量材録用。如有違犯，官吏、保人並當連坐。」

十二月十日，翰林學士、知貢舉宋白等言：「今進士、諸科八千餘人，其間終場落者四百九十餘人，御前落者六百八十餘人。伏請應已曾解送舉人在千里内，委本處重加考試；發解在千里外及兩京發解者，仍乞誡勵試官，務令精覈。」從之。

五年正月六日，開封府發解官、直史館王世則等言：「千里外舉人并今年赴試人數不少，欲展限至二月二十日，兼乞下開封府曉示，須正月十五日已前到京投狀，納文卷試紙。」從之。仍令登聞院，出限進狀者不得收接。《文獻通考》：興國八年，詔曰：「歲當秋賦，是曰彝章。爰自近年，遂隳前制。止一偕於計吏，許常赴於貢闈。豈足程功，頗容徼倖。復歸舊貫，允叶至公。宜令諸道下第舉人依舊重請文解。」是年試進士始分三甲，第一甲並知縣。

〔一〕本：原作「未」，據《補編》頁四六〇改。
〔二〕本：原脱，據《補編》頁四六〇補。
〔三〕官：原脱，據《補編》頁四六〇補。
〔四〕弟：原作「第」，據《文獻通考》卷三〇改。
〔五〕得：原脱，據《補編》頁四六〇補。

淳化三年三月二十一日，詔曰：「國家開貢舉之門，廣搜羅之路，採其鄉（典）〔曲〕之譽，登於俊造之科。近年舉人，頗隳前制，不於本貫取解，多是隨處薦名，行止莫知，真虚罔辨。乃至工商之子，亦登仕進之途。令式明文〔一〕，固合遵守，宜特行於條貫，庶永絶於混淆。應舉人今後並須取本貫文解，不得僞書鄉貫。發解州府，子細辨認，如不是本貫及工商雜類，身有風疾、患眼目，曾遭刑責之人，並不在解送之限。如違，發解官當行朝典，本犯人連保人並當駁放。如工商雜類人内有奇才異行、卓然不 16 群者，亦許解送。或舉人内有鄉里是聲教未通之地，許於開封府、河南府寄應。其歸本貫取解人，許通理自前舉數。」

至道三年五月九日，詔曰：「朝廷爲官擇人，設科待士，當懲濫進，方盡至公。應兩京〔二〕、諸道州府進士、諸科舉人發解及貢院考試條貫，宜令翰林學士、中書舍人參議，先具發解條貫以聞。」翰林學士承旨宋白等議曰〔三〕：「國家封域至廣，州郡甚多，每歲舉人動以萬數。將懲濫進，理在精求。欲乞不限兩京、國學及諸道州府，應新舊進士、諸科舉人每秋賦各依前後勑命，委本處逐色差官考試，須是文章、經義最精者。每進士一百人只解二十人，九經已下諸科共及一百人，只解二十人赴闕。如將來考試或有繆濫，其逐處發解官並依先勑殿罰。内州府不及一百人處，亦令約此數目解送，但十分中只解送二分。」詔依所奏，仍令：「今年秋賦舉人並於本貫州府取解，不得寄應。逐處各選清廉通本業官，與本判官、録事參軍同考試。如本判官、録事有文藝通經，即不更差試官。仰知州、通判躬親監試，但取合格有藝之人，不必依所定分數。雖有曾經終場及到御前者，如不合格，亦不得解送。若合格人少，據見考試到人解送，不得將不合格人充數〔四〕。如於分數外輒受情妄薦，將來考試，有諸科十否、進士紕繆者，仰貢院舉奏，發解官並當勘罪勒停，干繫官吏各重行朝典，舉人勒出科場，更不得應舉。17 仍仰逐路轉運使副、提舉盡公，稍違敕條，亦加深罪。如落下舉人實無藝業，敢妄披陳，並仰勘罪，依法區分，不得赴舉。仍令都官郎中黄夷簡權收接省卷、家狀，候畢日具奏取旨。」

真宗咸平元年五月二十三日，禮部貢院言：「竊見諸州府及貢院考試諸科舉人，於義卷上多書『粗』字，蓋試官庇容舉人，免作十否殿舉。今後並須實書通否，不得依前以『粗』字庇容。如有固違，乞行朝典。又，舉人中有工商雜類，曾犯刑責及素無行止之人，輒玷士流，冒取文解，並許諸色人陳告。犯人勘罪決放〔五〕，永不得入科場。官司輒有容隱，人吏並決停，發解、監試官追一任。又，舉人中

〔一〕明文：原倒，據《補編》頁四六一乙。
〔二〕京：原作「詔」，據《補編》頁四六一改。
〔三〕學士：原作「院」，據《補編》頁四六一改。
〔四〕人：原作「中」，據《補編》頁四六一改。
〔五〕放：原作「故」，據《補編》頁四六一改。

或曾經御試或稱是舊人，有司須校藝能，逐舉但增場數。自今後不問新舊人，並須文章典雅，經學精通。當考試之時，有紕繆不合格者，並逐場去留。如有容庇，發解、監試官並乞準前條勒停。自來兩京及諸道州府解送舉人將近二萬，春闈校藝，及格非多。去歲朝廷特許十分内量解二分，自立規程，已成倫貫。今欲乞更不定分數，只嚴示誡懲，專委知州、通判、判官選差清強官程試，精選德行詞學之士到南省考校，不及格人數多，並乞依前項紕繆、十否條例停放。將來知舉官不得庇容，如失舉行，並當連坐。」從之。

十月二十二日〔一〕，命修《太祖實録》官錢若水等覆考開封府得解進士試卷。故事，府解十人已上謂之等甲，非文學優（瞻）〔贍〕者不 18 取〔二〕。時以高輔堯首薦，錢易次之。易頗爲流輩所許，遂上書指陳詩、賦、論、策題言涉譏諷。輔堯亦遜避，投牒開封府，請以易爲首。進士數百輩，日詣府訴薦名不當。本府以聞，乃有是命，仍令兩制議其所訟題。既而帝以爲士流争（兢）〔競〕，不可啓其端，且欲厭伏浮俗，於是中輟，止令若水等擢文行兼著者一人爲首。乃以孫暨爲第一，輔堯第二，易第三，餘並如舊。

二年五月五日，詔：「天下貢舉人應三舉已上者，今歲特免取解外，自餘依例舉送。務得俊賢，必求藝實，勿以孤貧遺至業，勿以豪勢取非材。其有文行著稱，安潛自守，宜加薦拔，無致沉淪。當俟奏名，朕當親試。若發解者顯不公之狀，主文者彰濫進之蹤，必振科條，定行黜責。」

三年四月十一日，詔：「兩京、諸路所解人，宜先察訪行寔，或藝文可採而操履有虧，投書匿名，飾詞訕上之類，嚴加懲斷，勒歸鄉縣，俾從課役，同保人永不得入科場。如輒敢解送，其長吏、發解官並當論罪，仍令御史臺覺察。」

五月一日，詔：「河北諸州軍并青、淄、齊三州曾經蕃賊蹂踐處貢舉人，特免解赴舉。」四年七月復下此詔。

七日，詔：「去歲天下舉人數踰萬計〔三〕，考覈之際，謬濫居多。蓋其薦送〔四〕，輒容僥倖，合申典憲〔五〕，以儆官司。適會曠恩，恕其弛職。又自前貢院舉奏諸州不合格舉人，朝廷每慮停殿人多，或與寬宥。將懲前弊，再示明文，當議必行，固無苟免。自今濫有解薦及遺落 19 孤寒藝寔之士，並從覆試，務盡至公。有不當者，悉論如律。」

景德二年七月二十日，龍圖閣待制戚綸與禮部貢院言：「今歲諸道取解、免解進士僅三千人，諸科萬餘人，其中文理紕繆、經義十否九否者甚衆。苟非特行約束，必恐益長因循。又慮官吏坐此殿罰，因而避事，全不薦人。載惟取士之方，合垂經遠之制。今請諸色舉人各歸本貫取

〔一〕二十二日：《長編》卷四三繫於二十八日癸丑。
〔二〕取：原作「處」，據《長編》卷四三改。
〔三〕踰：原作「餘」，據《長編》卷四七改。
〔四〕「送」下，《長編》有「之時」二字。
〔五〕申：原作「伸」，據《補編》頁四六二改。

解，不得寄應及權買田産立户。諸州敢解發寄應舉人，長吏已下請依解十否人例科罪，典吏嚴加斷責〔一〕。開封府委官吏覺察，犯者罪亦如之。內有鄉里遐遠，久住京師者，許於國子監取解，仍須本鄉命官委保，判監引驗，乃得附學〔二〕，發解日奏請差官考試。自今開封府、國子監、諸路州府並請據秋賦投狀舉人解十之四，如藝業優長，或荒謬至甚，則不拘多少。今歲秋賦，請止解舊人，新人且令習業。西川、廣南舊取解舉人，並許免解。」帝曰：「所定分數至少，約束過嚴，恐沮仕進之路〔三〕，當酌中立制。」乃詔兩制與知貢舉官同詳定以聞。《文獻通考》：文武升朝官嫡親許附國學，此胄試之始。貢院言：「昨詳進士所納公卷〔四〕，多假借他人文字，或用舊卷，或爲傭書人易换元本，是致考校無準。請自今並令舉人親自投納，於試紙前親書家狀。如將來程試與公卷全異，及所試文字與家狀書體不同，並駁放之。或假用他人文字，辨認彰露，即依例扶出，永不得赴舉。其知舉官亦望先 20 一月差入貢院，考較公卷，分爲等第。如事業殊異者，至日更精加試驗。所冀抱藝者不失搜羅，躁進者難施僞濫。」

四年正月（十八）〔二十九〕日〔五〕，朝陵赦書：「河南府、孟、鄭二州舊舉人特免將來文解；其新舉人秋賦依例考試，未得解發，先定等第奏聞；已免解者至省試，亦先定所試，奏聽朝旨。」

大中祥符元年十月二十五日，東封赦書：「車駕所經州府及開封府，有服勤詞學、經明行修者，如發解例考試，開封府、兖州各五十人，鄆州四十八人，澶、濮州各三十人。進士、諸科相半，來春薦送闕下。」

七月二十八日〔六〕，內出新定州郡考試舉人格式，付宰臣等參定，令與禮部格式同方可施行。

二年四月六日，令國子監舉服勤詞學、經明行修進士、諸科各十人。前詔止下開封府及所過州郡，至是本監上言，故及之。

五月二十四日，詔曰：「朕恢崇儒術，博訪賢能，因有司之上言，限歲貢之常數。永言俊茂，宜廣搜羅。其令禮部於五年最多數中特解及五分。」初，禮部言：「準詔議定國子監、兩京及諸道州府軍監於五次解發舉人內，取一年最多者爲數。今後解十之三，永爲定式。」帝意欲廣掄材之路，故有是命。

四年二月十八日，祀汾陰赦書〔七〕：「開封府、國子監及車駕所歷州郡，舊舉人並免解。又令考試服勤詞學、經明行修者，開封府五十人，國子監二十人，河中府五十人，西京四十人，陝、鄭州各三十人。河陽汜水縣、虢州虢略 21 縣〔八〕、同州朝邑縣、華州華陰縣各七人。進士、諸科相半。今年七月送闕下。」

〔一〕加：原重此字，據《補編》頁四六二删。
〔二〕乃：原作「仍」，據《補編》頁四六二改。
〔三〕恐沮：原作「忘阻」，據《長編》卷六〇改。
〔四〕士：原脱，據《文獻通考》卷三〇補。
〔五〕二十九日：原作「十八日」。按，據《長編》卷六五、《宋大詔令集》卷一四三，朝陵及朝陵赦皆在二十九日丁卯，因改。
〔六〕天頭原批：「『七月』條移『十月』條上。」按，月分失次，疑有誤。
〔七〕汾：原作「分」，據《補編》頁四六三改。
〔八〕虢州：原作「號州」，據《補編》頁四六三改。

五月十八日，詔曰：「國家選衆擇才〔一〕，設科取士，蓋詳求於器業，期適用於官常。仍歲以來，諸道所薦，造秀之目或辭藻之未工，經術之流乃對義而全否。以至懲解送之失寔，革考試之非精，舉職有虧，因難寬貸，停官者衆，復用軫懷。今將啓貢闈，方從秋賦，特申前詔，免陷常刑。今後所解舉人，必求材寔，無容謬濫，自取悔尤。如其專抑孤平〔二〕，靡求俊彦，潛圖避事，或致遺材，當別設攸司，精加覆視，稍違平允，必示殿懲，務盡至公，用符虚竚。其應解而不解，不應解而解者，並行朝典。」

二十七日，翰林學士晁迥等言：「竊見今歲諸處解到并免解進士僅三千人，諸科萬餘人，貢院試多不合格。其中文理低次，經義荒謬，十否九否者甚衆。蓋逐處發解，多不精考。又慮自今州府官吏以紕繆十否累及發解官，殿罰者多，因兹避事，全不解發，取士之方，益爲未便。望令國子監、兩京、諸路取咸平三年至景德四年凡五次解數内，以一年最多者定解十之五，或臨時體量，與定人數。自來三兩人已下者亦許全解。中有才業不羣者別具名聞。」從之。

七月十八日，開封府言：「進士郭顔與孫碩等五人共爲一保，應服勤辭學科。考官以碩詞學獨優，薦爲第三人。顔等退落，即詣府自首，有慘恤不當赴舉，碩亦合駮落。府司按問議罪，皆坐違制。」帝謂宰臣王22旦曰：「郭顔但欲孫碩落解，不寤不得首原。且爲儒干進，用心如是，顔可罰銅，永停取應，配蔡州衙前。碩等罰銅，各殿三舉。」《文獻通考》：詔曰：「如聞河朔諸州解送舉人，艱於考覈，頗多黜落。宜令轉運使於落解舉人最多處，内有顯負苦辛者，遣官別加考試，及格人送禮部。」五年，上聞貢院監門官以諸科舉人挾書爲私，悉解衣閲視，失取士之體，亟令止之。又令貢院録諸州解試題以聞，以將廷試，慮或重複。自是用以爲例。又詔令自今貢舉人曾預南省試者〔三〕，犯公罪，特聽罰贖。先是，挾書赴試者并同保人殿一舉。是歲試諸科，以挾書扶出者十八人，計同保九十三人，而十二人當奏名。有司以聞，上特令赴殿試。乃詔禮部裁定殿舉之制。禮部言：「諸科懷挾書策，比對義十否、詞理紕繆者情理稍輕。其進士所挾，未必全是所試文字。請自今挾書，犯者依條殿舉，其同保殿舉指揮更不施行。」奏可。

八月二日，翰林學士晁迥等上準詔詳定《諸州發解進士條制》〔四〕。詔曰：「比者有司著式以定計偕，冀考覈之惟精，庶賢才之並進。朕以春官辨等，即寘於設科；列郡薦能，始諧於觀國。倘循定制，慮或遺材，用廣搜羅，俾加裁損。其令禮部頒下諸州。」初，龍圖閣直學士陳彭年言：「所下諸路發解條式與禮部新式不同〔五〕，慮官吏惑於行用，望申明之。」故有是命。

十一月初一日，詔：「如聞河朔諸州解送舉人，艱于考覈〔六〕，頗多黜落。諒23由避事，靡副求才。言念孤平，重加搜采。宜令轉運使於落解舉人至多處，内有顯負苦辛者，遣官別加考試，及格人送禮部貢院。」

〔一〕衆：原作「中」，據《補編》頁四六三改。
〔二〕抑：原作「仰」，據文意改。
〔三〕又：原無，據《文獻通考》卷三〇補。
〔四〕學士：原脱「士」字，據《補編》頁四六四補。
〔五〕新式：原作「新試」，據《補編》頁四六四改。
〔六〕艱：原作「難」，據《補編》頁四六四改。

五年六月十五日，翰林學士李宗諤言：「準詔分定監試、發解官薦送紕繆、十否、九否舉人刑名。今請諸科第一至第三場所對全不涉本經，或倒寫義題，進士曳白紕繆，但有一人，監試、考試官勒停。諸科第一第二場内十否、進士紕繆，一人已上，監試〔一〕、考試官從違制失定斷，幕職、州縣官替日常選外寔殿一選，如遇赦放選，從放選日理所殿選；京朝官與監當差遣，如已監當，即與遠地。三人已上，亦從違制失定斷，幕職、州縣官衝替，京朝官遠地監當，如已監當，即與遠地小處。五人已上，並停見任。如元解諸科五十已上有一人十否，百人已上有三人十否者，並依前法罰銅外，與免殿選及監當差遣；進士紕繆，亦依此例。諸科第一第二場九否，第三場十否，並二人當一人十否之罪；進士即不得定次紕繆。其通判官亦同舉送長官例，如曾充監試、考試官，即從重法。」從之。

八月二十八日，詔：「自今諸衛將軍、諸司使副、三班使臣知州府軍監處舉貢人〔二〕，委通判、幕職、録事參軍及所試官依格式解發。其武臣更不管勾，止同書解狀；所解不當，亦不同罪。如敢狥託，當重行朝典。」先是，禮部貢院言：「解試舉人皆是考校文藝，有武臣知州府軍監處，或遇解發舉人不當，亦作舉送 24 長官一例取勘，似未允當。」故條約之。

七年正月二十二日，親祀太清宮赦書：「應車駕經由州府，有服勤詞學及經明行修者，如發解例考試所業。開封府、亳州各五十人，國子監二十人，進士、諸科相半，限八月一日薦送闕下。應經歷州府舊人，並特與免解。」

二月十六日，恭謝赦書：「舉人因事殿舉及永不得入科場，不經刑責者，許將來依例取解。」八年正月一日、天聖元年正月十一日、三年十一月十八日、天聖五年十一月十七日、八年十二月十九日、景祐二年十一月十五日、寶元元年十一月十八日、慶曆元年十一月二十四日、四年十一月二十五日、七年十一月二十五日、七年十一月二十八日、皇祐二年九月二十七日、五年十一月四日、嘉祐元年九月十二日、四年十一月十二日、七年九月七日、治平二年十一月十六日、熙寧元年十一月十八日、四年九月十日南郊、明堂、恭謝赦書，並下此制〔三〕。

五月二日，禮部貢院言：「諸道舉人取解，準格並於十月二十三日已前以解文、試卷到省。近年多違日限，欲預先移牒天下州郡。」從之。

七月四日，知開封府王晦叔言：「本府解送舉人，承前每場以過落姓名及奏報文字送用印，頗涉漏泄，自今望給奉使印行使。」從之。

七日，武成王廟考試官楊侃言：「所試服勤詞學舉人未敢只依舊令小試官更互封彌卷首〔四〕，乞別差人。」從之。

十六日，詔益州舉人 25 自今薦送定名外，別解三人。以其遠方多學者故也。

〔一〕試：原作「式」，據《補編》頁四六四改。
〔二〕使臣：原作「吏臣」，據《補編》頁四六四改。
〔三〕下：原作「不」，據《補編》頁四六五改。
〔四〕互：原作「元」，據《補編》頁四六五改。

九月二十四日〔一〕，詔：「進士劉溉未階片善，來干有司，失士行以躁求，挾狀詞而恐動。具招顯過，合寘嚴刑。尚屈法以申恩，使遷善而遠罪，止從配隸，蓋亦矜寬。顧詢美等以告戒不明，過悞有犯，欲其恥格，亦令罪歸。況朝廷取人，條(日)〔目〕甚備，宜再從於誕告，俾共守於成規。應進士并諸科舉人等，今後除取本鄉文解赴舉外，如是顯無户籍及雖有籍已離本貫，難更往彼者，即許召曾經省試舉人三人，或御試舉人二人，或命官一員，保明行止。仍只許保明一人。但不是負犯殿責及勒出科場之人，即明(其)〔具〕元本鄉貫〔二〕、家狀，許於開封府投納引驗，便與收接，依例考試發解，並於卷頭分明開坐元本鄉貫并寄應去處。餘並依舊敕。如違，必行前制。」先是，進士劉溉、韓斅等訟顧詢美等寄籍求薦。開封府得溉等狀，即捕詢美等，皆奔竄逃匿，非復科舉之制。宰相因對言：「貢舉之設，本待賢俊，今反爲囚繫。望鞫溉等，以懲薄俗。」故釋詢美等罪，而溉、斅等免杖配隸外州。御史臺巡使高弁言：「溉訟詢美得寔，而詢美無過，溉等配隸，似未允。」適王旦等奏：「詢美等取解日，本府不以敕文告示。溉之所訟，本非公心，蓋得解則止，落解則訟。如此操履而赴經明行修科試，兹縉紳之蟊賊也。朝廷責之，以勵薄俗，諫官、御史所宜樂聞。」帝然之。仍慮前後條約人未盡知，令再申明之，故有是詔。

26〔十月〕二十二日〔三〕，詔：「諸州解送舉人内黜落多處，仰轉運司選差官覆試，取藝業優長者送禮部，以二月一日爲限。諸科曾至御試，内河北、陝西曾至南省終場，并別路州軍兩曾南省終場下第者，亦與免解。」帝以諸州府發解官懼以累己，去人稍多，未副搜羅之意，故有是詔。《文獻通考》：容齋洪氏《隨筆》曰〔四〕：天禧三年，京西轉運使胡則言：「滑州進士王世質等訴本州黜落，即取元試卷付許州通判崔立看詳。立以爲世質等所試不至紕繆，已牒滑州依例解發。」詔轉運司具析不先奏裁、直令解發緣由以聞，其試卷仰本州繳進。世質等仍未得解發。及取到試卷，詔貢院定奪，乃言詞理低次，不合充薦，復黜之，而劾胡則、崔立之罪。蓋是時貢舉條制猶未堅定，故有被黜而來訴其枉者〔五〕。至於省試亦然，如葉齊之類由此登第〔六〕。後來無此風矣。

八年四月六日，詔：「自今諸路發解官，本處闕進士出身者，令轉運司於部内選鄰州官充，不得以舉人併就他郡試。」先是，懷、衛、濱等州以部内官少進士登科者，乃聚數州進士併試之，因降條約。

閏六月一日，詔：「應諸道州府準大中祥符七年十月二十二日敕命載，考試進士、諸科續解發到京赴省試不及者，將來特免取解。先因事殿舉及永不得入科場，銜前編管不曾被刑者，並特許將來依例取解。」從之。(以上《永樂大典》卷一〇六四八)

〔一〕按，《長編》卷八三繫於二十二日乙巳。若爲二十四日，則當移後。
〔二〕鄉貫：原倒，據《補編》頁四六五乙。
〔三〕十月：原脱，據《長編》卷八三補。
〔四〕按此下所述之事，下卷正文已有，大可不引，且不當引於此處。
〔五〕被：原作「彼」，據《容齋三筆》卷二改。
〔六〕葉齊：原作「蔡齊」，據《容齋三筆》卷二改。按葉齊事見《石林燕語》卷八。

宋會要輯稿　選舉一五

發解 二

[1]真宗天禧元年正月十一日，南郊赦書：「開封府、國子監曾經省試陪位舉[2]人，將來科場，特與免取文解。」

六月五日，詔以西京奉安祖宗聖容〔一〕，河南府舊舉人特免將來文解。

二年十月三日，開封府發解官任布等上言，望依南省例謄録進士試卷，及前一日先進詩、賦、論題目，御筆點定。詔題目依奏進入，餘不許。

十一月二十九日，命翰林學士錢惟演、盛度、樞密直學士王(曉)〔曙〕、龍圖閣待制李虚己、李行簡於祕閣再考定開封府得解舉人試卷，令祕閣校理王準封彌，定爲三等，具名以聞。

十二月二日，惟演等再考定試卷以聞。詔從上依次定百五十人與解〔二〕。

五日，命翰林學士承旨晁迥、知制誥陳堯咨於祕閣再考校國子監解過及落進士文卷。八日，迥等再考定試卷以聞。詔國子監從上解二十人，太常寺六人。

三年正月六日，京西轉運使胡則言：「得滑州進士楊世質、圭質狀，訴本州黜落。當司取元試卷付許州通判崔立看詳，得逐人所試不至紕繆，已牒滑州依例發解。」詔轉運司具析不先奏裁〔三〕、直令發解縁由以聞，其逐人試卷，仰本州繳進，世質等未得發解上京。及滑州取到試卷，詔貢院定奪，且言詞理低次，不合充薦。詔落世質等，而劾京西轉運使胡則、韓庶洎崔立之罪。

四年正月十八日，詔曰：「諸州進士、諸科舉人，久在科場，未階禄仕，頗多淹滯，特示搜揚。宜令三京、諸州取三舉已上，曾經御試，委是土著，無愆犯者，量試藝業，簡其人材筆劄，保明解送，當議考[3]試所業，量材於班行録用。開封府進士八人、諸科十二人，河南府、國子監並進士四人、諸科六人，應天府進士三人、諸科四人，節鎮進士三人、諸科三人，防團軍事州進士一人〔四〕、諸科二人，軍監進士或諸科一人。如諸科中經御試者數多，許於五舉已上南省終場下第人内揀充，即不得以寄貫〔五〕、犯刑人預數。其川、廣、福建、江、浙、荆湖自來諸科全少，止取進士〔六〕，節鎮二人，防團軍事州、軍監一人。仍限七月終到闕。」初，工部郎中滕涉言：「天下舉人老於場屋者，望委逐州長吏察其有履行者，送京師量

〔一〕祖宗聖容：原作「祖容聖」，據《補編》頁四六六補乙。
〔二〕次：原脱，據《補編》頁四六六補。
〔三〕析：原作「柝」，據《補編》頁四六六改。
〔四〕團：原作「國」，據《補編》頁四六六改。
〔五〕以：原作「已」，據《補編》頁四六六改。
〔六〕取：原作「進」，據《補編》頁四六六改。

材録用。」帝因命宰相具條目以聞，而有是命。

三月十八日，詔諸州軍所取曾經御試進士如不滿數，以五舉者充。

二十八日，翰林學士承旨晁迥等言：「準詔以開封府舉人稍多〔一〕，屢致詞訟，令議定條制。竊詳諸州舉人多以身有服制，本貫難於取解，遂奔湊京轂，寓籍充賦。有司但考材藝解送，本府土著登名甚少，交構喧競，亦由於此。欲請自今舉人有期周尊長服者，依舊制不得取解，餘服悉聽寄應。舉人寔無户籍者，許召命官保任，於本府户籍人數外，別定分數薦送。」詔從之，仍令於大中祥符七年寄貫人數中定額，許召有出身京朝官充保，所保不過三人。考試合格，別立項申解。保舉後本人有僞冒、曾犯刑憲，保官當行朝典。開封府具到大中祥符七年寄應請解額進士四百四十四人、諸科三十二人，續詔解[4]進士十之三、諸科十之五。

二十九日，詔曰：「朕詳延俊造，匪間遐邇。頃因歲貢之差，粗立計偕之限。如聞番禺之域，巴庸之鄉，肄學益增，舉送爲局。務求藝寔，庶廣搜揚。自今川峽、廣南諸州，依前定條制解合格舉人外，更有藝業可取者，並許解發。」後天聖七年六月，又詔川峽四路於解發額外，各添人數，益州添四人，梓州添二人，餘不及三人者並添爲三人。

四月九日，詔諸州嘗經御試下第進士，不限舉數，並令轉運使司檢勘解發。

仁宗天聖元年閏九月二十二日，詔開封府：「應未有保官舉人，特與展限十日，詔京朝官不以有無出身人充保〔二〕。應舊舉人等除該免解外，特許將見取解人依元額分數解發。」

二十五日，侍御史高弁等言：「奉敕差考試秋賦舉人，欲乞特許依舊額解發五分人數，及將無户籍、召到保官進士各解分數，(兖)〔衮〕同考試。」從之。

十月十二日，國子監言：「欲乞今來取解進士，除元額外，量添數十人，以爲定額。諸科免解人外，依舊數解發。」詔進士特添二十人〔三〕，餘依舊。

十一月十一日，中書門下言開封府、國子監得解進士二十八人。所試到策論卷子，詔送祕閣，仰張永和等封彌卷首，送翰林學士晏殊等覆考，具有無失粘落韻及重疊用韻，不合格式，開坐人數，并卷子進呈。翌日，殊言：「竊聞差中使勾書吏寫進狀舉人文卷施行，其中小輩素無士行，遞相鼓扇，僥求覆考。欲望[5]令中書只差官取進狀人卷子看驗，特與戒勵。」從之。

三年八月二十日，知益州薛田言：「本州解舉人，依例支給驛券。三司牒於干繫人吏處均攤入官。當州雖元無

〔一〕封：原脱，據《補編》頁四六六補。
〔二〕詔：似當作「召」。
〔三〕特：原作「將」，據《補編》頁四六七改。

宣勅支給，蓋自張詠知州已來，每解發人，支與一去驛券。如依三司行下，又緣相承久例。」帝曰：「遠方貢士，給券發遣，亦非過外支用官物，何必塡納。」特令蠲放。

十一月十六日，應天府言：「本府自建都以來，學徒益多，望於合解發舉人額外，量添人數。」詔特添三人。

四年五月二十四日，詔曰：「命鄉論秀，舉孝興廉，雖沿革之異宜，寔行能之兼取。如聞舉送之士操履罕修，黜於有司，則紛然起謗，升于科選，又多以敗官。由習尚于浮虛，宜特行於敦戒。自今諸州解發舉人，並須考訪履行，或有乖僻彰暴，雖所試可取，不得一例解送，使瑕瑜不掩，善慝自分。有玷精求，必加常憲。」

二十二日〔一〕，詔：「應諸道州府軍監貢舉人等，內進士曾寔應三舉、諸科寔應五舉已上者〔二〕，特免取解外，餘依條勑考試舉送。將來貢舉，〔禮〕部必愼柬求〔三〕。俟較藝以奏名，當臨軒而親試。苟程材之失實，固明罰以期行。誕告多方，咸知朕意。」帝自纂御以來，方居諒闇。禮闈取士，止命有司。將復臨軒之試，故頒是詔。（人）〔又〕以其累舉不第，困于場屋者，特免秋賦。詔下之日，寒素之士無不忻戴〔四〕。

閏五月二十六日，翰林學士宋綬等言〔五〕：「準詔詳定貢舉未便事件。切詳條制，科場之時，本州府更有 6 特恩免解應舉人，即除免解人外，其取解舉人並於元勑五分只解三分，次舉即依元勑分數。參詳今來只是進士三舉、諸科五舉已上方得免解，如只解三分，恐有虧抑。欲乞合該解人外，其取解舉人並許于元勑五分內解發四分。其四川、廣南有免解人處，即以今來參定薛田等起請分數爲額。」詔禮部貢院依奏施行。

八月十九日，詔：「解發舉人，竊慮妄有保委寄貫戶名，宜令開封府下司録司及諸縣，並依前後條貫施行，更不得妄保寄貫戶名〔六〕。如有違犯，重行斷遣。將來秋賦，限至九月終試畢。」

九月二日，國子監言：「天聖元年新舊進士百九十八人，除免解外，添二十人。今年人數稍多，乞依例特與添人。」從之。

十月十二日，中書門下言：「應三京、諸道州府軍監進士、諸科舉人，除已發解、免解外，有諸科曾經終場，進士曾經御試，今來不該解薦者，並乞特許將來赴省試。餘不得妄有陳述，收接文狀，如違，必行嚴斷。」從之。

七年八月八日，詔：「國子監發解舉人，今後進士以五十人爲定式，餘如舊。」

〔一〕二十二日：本書選舉三之一五載此詔作「二十三日」。天頭原批：「此條移『二十五日』前。」
〔二〕上：原作「下」，據本書選舉三之一五改。
〔三〕天頭原批：「『柬』，疑『旁』。」按，「柬」字不誤。
〔四〕不：原脱，據《補編》頁四六七補。
〔五〕學：原作「院」，據《補編》頁四六七改。
〔六〕貫：原脱，據《補編》頁四六七改。

九日，中書門下言：「舉人告論主司不公事件，雖有條貫，略無畏避。欲請自今如知舉、發解官有不公事，並須單名告論。」詔開封府揭榜曉諭，仍只須詣鼓院投進，不得詣檢院。

十日，上封者言：「京府秋試進士不下一二千人，舊制先引諸科三場，方試進士。緣五科三場以前人數尚多，每場分爲五甲，計已 7 半月。即進士卷子尚未考校，及諸科四場以後，方併考進士試卷。緣五科甲次已少，不十數日便是終場，恐乖精詳，有誤去留，興起爭訟。今請進士才引保訖，如千人已上，分爲二甲，每甲先試詩賦，次引諸科兩場。若詩賦犯不考試，便先次駁落，更不引試。其試論策，亦逐場駁落。緣南省進士直至入策，方理一舉。今既逐場駁落，望勘會如不是紕繆，並許理舉。」詔分甲先試，委自主司相度，餘如所請。

十月六日，知許州錢惟演言：「本州准條解進士三十一人，諸科百六人。今試到進士三十一人、諸科八人外，進士王寅等十五人辭理可采，欲減諸科額三十人〔一〕，添進士額十五人，自今爲定。」詔於寅等數中選八人委合格者解發〔二〕，餘不行。

十一月十九日，上封者言：「《貢舉條制》：『進士、諸科如顯無户籍，及雖有户籍久離本貫者，許召官委保就試，仍於卷首具標本貫、寄應二處。若雖無田業，見存墳域，久居舊貫，顯有行止，亦許召保取應。』伏見近年每開科場，外州舉人競湊京府，寄貫召保，多違此條。昨廬州進士王濟因兄修己於祥符縣買田十八畝，投狀之際，遂以修己爲父。又有王宇，亦貫濟户，遂以濟之三代爲己名諱。不顧憲章，換易親諱，虧損孝行，無甚于兹。欲請自今開封府進士，除舊有户版十年以上、見居本貫者許投狀，未及十年或雖已十年，不居本貫者，無得接狀。其在京無户之人，許先經縣 8 投狀，責鄉耆保驗委是久居，別州亦無户籍者，結罪書狀，委縣官訪驗行止，無有虚矯，保明上司録司告示，召保取解。其外州先有户籍之人，各勒就本貫請解，與理舊舉數場第。如鄉里别無親戚，但有墳墓，亦許召保取解。如旋置田土，妄召保官，寄立户名，罔冒鄉縣，一事非寔，許人糾告。應干犯人皆以違制一等科罪，舉人有廕，亦勿聽贖。」詔兩制集官議定，翰林學士章得象等言：「按貢院條制，臣僚在任所有親屬者，無得旋置田土貫户取解。今緣京師四方所聚，即與外州不同。請令舉人如有户籍及七年以上，見居本處，即許投狀；未及七年，不居本貫者，不在收接之限。其委無户貫者，舊制許召有出身京朝官保明行止，仍不得過二人。無出身京朝官曾勾當事者，亦許保一人。如有違犯，保官以違制失論〔三〕，舉人勒出科場〔四〕，永

〔一〕減：原作「試」，據《補編》頁四六八改。
〔二〕於：原作「與」，據《補編》頁四六八改。
〔三〕制：原作「犯」，據《補編》頁四六九改。
〔四〕勒：原作「勤」，據《補編》頁四六九改。

不得取應，同保者殿五舉。如涉請囑，自從重論。今上封者請先經所隸縣投狀，及責村耆察訪行止，望如所請，仍聽諸色人糾告。其外州舉人與理舊舉數場第，及止有墳墓，亦許召保取解，若一事違條貫，用違制一等科罪，望並依所請。」奏可。其舉人妄認鄉貫、三代，如用賂者，雖有廕，不以贖論；如不用賂，亦奏裁。

八年十一月十九日，南郊赦書：「應三京及諸州軍進士、諸科舉人，曾經先朝御試者，並與免將來文解。南省未得退落，具考試到合格與不合格聞奏。」

十年八月二[9]十八日，赦書：「應諸道進士、諸科舉人，曾經先朝御試者，與免將來文解。及目前因事殿舉并永不得入科場，不曾犯刑憲者，並許將來依例應舉。」

明道元年十一月六日，赦書：「應進士、諸科舉人曾經御試，及進士五舉、諸科七舉至南省者，並與免將來文解。」

二年五月十二日，詔禮部貢院許天下解發進士、明經。

七月十二日，詔：「自今諸州府軍監考試解發舉人，一依先降條制，應在試解發人處，兼令依省試例，封彌卷首後考較過落。仍令轉運司於本州及轄下州軍等處，選差京朝、幕職、州縣官。」

景祐元年正月十三日，知青州夏竦言：「考試舉人內合格係額進士劉槩等二十二人外，更有合格進士王子厚等一十四人，乞充填諸科闕額人數。」知永興軍范雍奏：「本府發解舉人，除額定九人外，有實琸等八人文理可采，欲乞收試。」詔貢院並依例收(計)〔試〕。

二年十一月十五日，南郊赦書：「應進士、諸科舉人曾經景德年以前南省下第者，並與免將來文解。」

三年六月一日，翰林學士承旨章得象等上詳定到科場發解條制，詔付有司。

四年二月十一日，詳定科場條貫所言：「直集賢院賈昌朝奏：『諸州舉人親戚守任在本貫、遠地官僚子孫在任處，發解官親戚三等舉人，乞今後並申轉運司類聚，別差官考試，每十人解三人。見守任處去本貫二千里內者，並歸本貫取應。』看詳牒送舉人，須是五[10]服內的親，自餘不在移送之限，違者科違制之罪。今來二千里內舉人，各勒歸本貫，深慮奔赴後期。及令貢院於三月一日起請轉運司差官試到舉人，與限十一月二十五日到省。餘依昌朝所奏施行。」從之。

六月二十四日，詔令開封府、國子監發解舉人并鏁廳人，並依南省例封彌謄録。

八月十日，翰林學士丁度等上準詔修定開封府、國子監發解條制，乞付貢院。從之。

十一月十五日，詔：「三京、諸州進士、諸科，除已發解、免解外，有曾經御試、今來不該解者，并先曾取到景祐四年文解，祥符元年南省下第曾應三舉、今來不該解者，特許就南省試。」

十六日，詳定科場條貫所上發解、考試、巡鋪及巡捉傳義支賞條數，詔付貢院施行。

五年三月八日，詔：「應該景祐四年十一月十五日特勑免解舉人，住遠趁試不及者，免將來文解。」

寶元元年十一月十八日，南郊赦書：「應三京、諸道州軍進士、諸科舉人曾經先朝御試，及今日已前得解及三十年，進士寔應五舉、諸科寔應七舉，並與免將來文解。」

康定元年十二月一日，詔：「考試邊事不中人，已令各支錢十貫。宜更勘會，內進士寔應三舉、諸科五舉及曾經殿試者，並補諸州文學。不願就者，特免將來文解。」

慶曆元年四月二十八日，詔：「進士寔應兩舉、諸科三舉及曾御試，並特免將來文解。今秋解發進士、諸科元額不及十人之處，權添解 11 五人，十人以上添三人。」

五月二十七日，國子監言：「近制，本監舉人無户籍者，聽召京朝官有出身者保三人，無出身者保二人。今秋賦在近，而遠方寒士難於求保。欲請應見任并在銓幕職、州縣官，非伎術流外及歷任有贓人，並聽保。」從之。

八月十一日，權知開封府賈昌朝言：「故事，舉人秋賦納公卷。今既糊名謄録，則公卷但録題目，以防重複，不復觀其素業，請罷去。」從之。

十七日，詔國子監今歲解發進士、諸科，各增二十人。

十一月二十日，南郊赦書：「應三京及諸州軍進士、諸科曾經殿試，及進士寔應四舉、諸科寔曾經六舉南省下第者，并昨來開封府本土進士，多聞因郡外舉人虛冒户名、妄稱鄉貢就試，致解送本土舉人全少，重其鄉選，特示推恩。昨經本府就試，不預解送舉人，進士曾經兩舉者，令召命官三人并本縣官吏委保，寔是本府土人，明有户貫，方得投狀，特許更赴南省就試。如將來考試合格，別作一項奏名。今後科場，不得爲例。其保官并本縣官吏如虛妄，並科違制之罪。其外郡舉人，仍仰有司勘會舊額，特與增添人數。此後須得就本貫請解。開封府將來發解，仰別定條約，嚴設關防，勿容詐妄。」

二年五月十六日，升大名府爲北京，德音：「應大名府及河北諸軍舉人，內進士寔應三舉，及曾到御前者不以舉數，並與免將來文解。」

九月二十四日，詔國子監生自今須聽 12 讀五百日滿，乃許應舉。

四年五月二十二日，詔：「近制，舊舉人聽讀一百日，新人三百日，方許取解。今天下建學，而未盡有講說教授之人，其舊舉人且與免聽讀，新人於聽讀限內，以故給假而逼秋賦補日不足者，與除之。其州軍學校未成，聽至後次科場爲始。」

六月二十八日，詳定貢舉條貫所言：「準詔删定新貢舉條制，取解進士、諸科國子監、開封府爲保人數。欲令諸處取解進士、諸科舉人，每三人已上爲一保。國子監、開封府五人已上爲一保，內須有書到省舉人。」從之。

七月五日，詔：「近令逐州軍學校未成及講説日近處，即將來一次秋賦，未拘聽讀日限。所有外縣新舉人，合依條貫內日限聽讀。如內有不願赴國子監及郡學者，即許就縣學。其縣學教授更不差官〔一〕，仰學徒經本州軍衆舉有德行藝業之人充，只委本縣令佐專切提舉管勾。其本州縣未有學校，或雖有學校而未有教授處，並許就鄰州或鄰縣有學校處聽讀。仍仰逐處召保。或執到本鄉無違礙過犯公憑，即令入學。至取解時，令本學據聽讀日數給與公據，歸本貫投納秋賦。」

八月十一日，禮部貢院言：「準詔詳定試官與長吏解試舉人分等定罪。今請解送舉人有保明行寔不如式者，知州以下坐罪，仍以州縣長吏爲首。解試日，有試院諸般情弊，止坐監試官考校不精，妄有充薦。至省試日，拖白紕繆，十否，止坐考試官。若[13]所差試官非其人，考校不公，坐所差官司。若試官因緣受賄，有發覺者，其所差官司於不按察罪名之上，更加嚴譴。其考試官坐罪，即不分首從。」奏可。

十一月二十五日，南郊赦書：「諸州舉人舊係南省下第者，並特與免將來文解。其新人取應者，特許舊額上添二人。其陝西諸州軍舉人解額少處，令貢院別定分數聞奏〔二〕。」

五年三月二十五日，詔禮部貢院增天下解額。既而上言：「請以景祐四年、慶曆元年科場取解進士人數內，擇一年多者，令解及二分爲率。就試人雖多，所添人數各不過元額之半。其陝西路惟永興軍、鳳翔府兩處就試人多，解額尚少，用慶曆四年赦恩，已增及分數。自餘州軍所增未寬，今欲于定額上每州軍增一名。保安、鎮戎、德順三軍〔三〕，自來未有解額，今各許解一名。其河北、河東沿邊州軍，自來少人修學，解額已寬，難更增益。今總諸州軍凡增三百五十九人，乞永爲定額。」從之。

二十七日，陝西德音：「應陝西舉人，進士一舉、諸科兩舉，並特與免今年文解。」

十月九日，升祔赦書：「天下舉人，進士寔應三舉、諸科五舉並（增）〔曾〕經省試，并進士兩舉、諸科三舉、曾經御試者，並與免今來文解。」

七年七月十一日，南京德音：「應本府舉人，進士三舉、諸科五舉，曾經省試及經殿試者，特與免將來文解。」

十一月二十八日，南郊赦書：「應舉人曾經先朝取解，南省下第，內進士前後寔應五[14]舉以上、諸科七舉以上，並與免將來文解。」

〔一〕學：原脱，據《補編》頁四七一補。

〔二〕貢：原作「責」，據《補編》頁四七一改。

〔三〕保安、鎮戎：原作「保定、鎮戎」，《長編》卷一五五作「保安、靜戎」。按下文別言「河北、河東沿邊州軍解額已寬」，則知此句之三軍不在河北、河東之境。而保定軍在今河北霸縣西南，靜戎軍在今河北徐水，皆屬河北路，且靜戎軍景德初已改爲安肅軍。據此，「保定」當從《長編》作「保安」（保安軍在今陝北志丹），因改。「鎮戎」則不誤（鎮戎軍即今寧夏固原）。

皇祐二年九月二十七日，明堂赦書：「應貢舉人曾經先朝省試下，及進士三舉、諸科五舉、殿試下者，并進士五舉、諸科七舉、省試下者，並特免將來文解。內先朝舉人如省試不合格者，別具名聞奏。」

四年七月二日，詔：「廣南東西路曾經蠻賊焚劫去處舉人，令轉運司勘會，如委寔曾經南省下第，并得解後丁憂、疾病不曾到省，並與免本州文解。其未曾得解者，西路舉人仰湖南路轉運司於全州，東路舉人令江南西路轉運司於虔州考試。如合格，更不拘人數，解發赴省。」

五年二月十三日，廣南曲赦書：「應新舊貢舉人，已令免解及優加收薦，并不係南省奏名，別具姓名聞奏外，其有高蹈林藪，不求名達，服膺墳典，可爲人師者，委安撫、轉運使歷加搜訪，具寔以聞。」

七月二十七日，詔國子監：「如聞監生多以補牒貿鬻於人，使流寓無行之士冒試于有司，其加察驗之。」

閏七月二十日，詔：「開封府、國子監進士，自今每一百人解十五人。其試官親嫌，令府、監互相關送。若兩處俱有親嫌，即送別頭。」

十一月四日，南郊赦書：「應貢舉人曾經先朝省試者，昨雖盡與搜揚，尚慮或有遺落，仰逐處更切檢會。及進士兩舉、諸科四舉、殿試下，并進士四舉、諸科六舉、省試下者，並特免將來文解。內先朝舉人如省試不合格者，別具名聞奏。應川峽四路昨來曾經免解 15 、南省下第舉人，言念寒儒，奔馳遠道，累經擯落，良用憫嗟，將來科場，並特與更免文解。」

嘉祐元年九月十二日，恭謝赦書：「應貢舉人，進士兩舉、諸科四舉、殿試下，并進士四舉、諸科六舉、省試下者，並特與免將來文解。」

三年五月三日，國子監言：「舊制，每遇科場，即補試廣文、太學館監生。近詔間歲貢舉，須前一年補試，比至科場〔一〕，多就京師私買監牒〔二〕，易名就試，及旋冒畿内户貫，以圖進取，非所以待遠方孤寒之意。請自今遇科場，復補試監生如故，仍以四百五十人爲額。」從之。

四年十月十二日，祫饗赦書：「進士三舉、諸科五舉、殿試下，進士五舉、諸科七舉、省試下，與免將來文解。士人有節行，學術爲鄉里所推者，委轉運司、提點刑獄同加搜訪，每路各三兩人，仍與本處長吏具其事寔，連書結罪以聞。委中書門下再行詢察，特加試用。諸路解發有就試人多、解額少處，令禮部量添解額。」

五年二月七日，禮部貢院言：「準祫饗赦書，增諸路州軍進士解額絶少處。今請蘇、明、常、衢、睦州共十一人，歙、饒州共四人，洪州、建昌軍共八人，福、建、泉、南劍、漳、汀州、邵武、興化軍共四十五人，廣、韶、新、端、康州共八

〔一〕至：原作「屋」，據《補編》頁四七二改。
〔二〕買：原作「賣」，據《補編》頁四七二改。

人，桂、賓州共八人，益、眉、陵、綿、漢、嘉、邛州、永康軍共三十二人，遂、資、果、普、合、昌州、廣安軍共二十人，渝州、雲安軍共三人。」從之。

五月六日，詔：「西川、廣南罷任官，有侍行子孫歸本貫取解不及，鏁聽又在川、廣、16福建人，見罷任及元係川、廣、福建人見任在本鄉守選待闕者，並許就本路轉運司取解。應明經、諸科省試三場以前九否、十否者，（今）〔令〕貢院再考校本處解送試卷。若其間以否爲粗，以粗爲通，出義不依條制，致有妄薦者，以舊條坐之，不在末減。若考校通粗及出義，依條別無差謬，省試三場以前有九否、十否，即考試官與於元條下減一等定罪，舊條合殿選者與免殿選〔一〕。選人該衝替者實殿一選〔二〕，京朝官勒停者與衝替，衝替者與監當，監當者與遠處差遣。」先是，祕閣校理陳襄等言：「諸科之弊，在于傳義難禁，而考試官止校其文，豈能檢察。及到省所對十否，而考試官多坐罪勒停。原情定罪，宜在末減〔三〕。」乃下兩制與貢院議而裁定之。

七年九月（十）〔七〕日〔四〕，明堂赦書：「應貢舉人，進士三舉、諸科五舉、殿試下，進士五舉、諸科七舉、省試下者，並特與免今來文解。開封府本土進士，訪聞因外州舉人寄貫，致預解者少。應昨來本府落解進士內，曾經三舉、省試下者，許召有出身命官三人并本縣官吏委保，的是父祖已來寔有户貫，經府投狀，具録申奏，當議與免今來文解。如將來考試合格，別作一項奏名。其保官并本縣官吏如委保不寔，許人陳告，並科違制私罪。」

英宗治平二年十一月十六日，南郊赦書：「進士、諸科慶曆二年以前殿試下，并進士三舉、諸科五舉、殿試下，進士五舉、諸科七舉、省試下，並與免解。舉人殿舉及永不得入科場人，已經17三赦者，許取解。」熙寧四年九月十日、七年十一月二十五日、十年十一月二十七日赦書，殿舉人並用此制，永不得入科場人仍限赦到半年内，于所在投狀，繳（中）〔申〕貢院，定奪情理取旨。以上《國朝會要》。

四年神宗已即位，未改元。正月（一）〔九〕日〔五〕，西京德音：「將來南省所試進士，除元定額外，更添五十人奏名。明經、諸科不得過進士所添之數。今後不爲常例。應先朝舉人，嘉祐二年以前進士一舉、諸科兩舉、殿試下，進士三舉、諸科四舉、省試下，並特與免今來文解。其趁試不及者，即與免將來文解。」

二十三日，禮部貢院言：「欲將《貢舉條制》內解額，自至和二年後不曾增添者，即用爲舊額，依今敕施行。三年十

〔一〕免殿選：原脱「殿」字，據《補編》頁四七三補。
〔二〕實：原作「十」，據《補編》頁四七三改。
〔三〕末：原作「未」，據《補編》頁四七三改。
〔四〕七日：原作「十日」。據《長編》卷一九七改。
〔五〕九日：原作「一日」，按《長編》卷二〇九、《宋史》卷一四《神宗紀》一等均載英宗於此月八日丁巳崩，神宗即位，次日戊午大赦天下。是「一日」乃「九日」之誤，因改。

月六日〔一〕，詔：「今後宜每三年一開科場。應天下所解進士、諸科，並以本處舊額四分中解三分〔二〕。内開封府、國子監以皇祐四年所解進士、諸科數，各于四分中以三分爲額。所有禮部奏名進士，以三百人爲額，明經、諸科不得過進士之數。」見《寔録》。若曾經增添者，更將新添人數併在《貢舉條制》元額内，通計爲數，然後于四分中解三分，永爲定額。又勘會逐州軍解額人數不等，其間有二人、三人〔三〕、五人、六人、七人者，雖析分數〔四〕，今欲乞應將舊額四分中解三分，不滿一人，並許解一人。假設舊額十人，今四分中解三分合解七人外，更有餘分，即解八人之類。」從之。

四月十三日，禮部貢院言：「檢會《貢舉條制》，諸舉 18 人雖是外處人（事）〔士〕，曾預府解者，本土雖有産業，亦許只依舊取解。如願歸鄉者，經本院陳狀，與通理舉數。其外處雖有解數，不係本府户籍，即不得理入在京舉數。嘉祐二年四月二十八日敕：『今後並須在本貫取應。其日前已在他處寄應取到解者，許經逐處官司陳首，勘會詣寔，即與移牒并給付身公據〔五〕，令還本貫，及具前來得解并陳首因依申省，許通理舉數。』又三年正月二十四日詔：『先無户（令）〔今〕有户，先有户今無户，并鄉貫移徙者，許經貢院投狀，召京朝官委保詣寔，與叙舉數場第』者。近日舉人多以典賣田産爲名，不無僞濫。欲乞或有典賣田産，移往別州者，並令隨契經本屬州軍開（柝）〔析〕典買某處因依，保明申禮部，改正貢籍施行，更不用京朝官充保。無本屬州軍保明，即不在叙舉之限。又六年五月十九日，本院奏：『欲乞自嘉祐二年降勅以前，應開封府及別州軍寄貫人，方許陳首通理舉數。仍限至今年終，不經逐處陳首，更不在收接。其係嘉祐二年以後寄貫人，並不在陳首之限。』詔可。看詳上項條貫，蓋欲舉人盡歸土著取應，則官司可以詢察履行，稍近鄉舉里選之法。雖嘉祐六年本院奏乞限至年終〔六〕，許令陳首，通叙舉數，還本貫取應，其舉人多是不曾依應陳叙。欲乞應開封府并外州軍舉人，自來於三兩州户貫并一州三兩縣户貫請到文解者，與限至今年終，許經本貫州軍陳述因 19 依，合併歸一處户籍。仍令本貫州軍結罪保明申貢院，勘會三代、年幾並同，與通叙舉數。如出限及無本貫州軍保明，更不在叙舉之限，即不得將外州軍文解移徙入開封府、國學。」從之。（以上《永樂大典》卷一〇六四八）

【宋會要】

20 治平四年十月四日，三司言：「國子監等處解發舉人，並占寺院，穢汙未便。欲乞自今後鏁廳以嘉慶院、國學以高翰宅充考試院。翰宅倒塌，見在一千八百間，相度只修一百二十五間。」從之。

〔一〕十月：原作「六月」，據本書選舉三之三八、《長編》卷二〇八改。
〔二〕三分：原作「二分」，據本書選舉三之三八改。
〔三〕人：原脱，據《補編》頁四七三補。
〔四〕析：原作「柝」，據《補編》頁四七三改。
〔五〕身：原作「自」，據《補編》頁四七三改。
〔六〕年終：原脱「年」字，據《補編》頁四七三補。

神宗熙寧元年十一月十八日，南郊赦書：「應貢舉人，進士、諸科曾經仁宗朝皇祐元年以前殿試下，并進士、明經、前進士、諸科曾經嘉祐二年以前省試下，嘉祐四年以前御試下，并進士、明經御試下兩舉、省試下三舉，諸科御試下四舉，省試下五舉，並與免取將來文解。應舉人從前因事殿舉者，(時)〔特〕許候有科場依例取解。其今日以前永不得入科場人，候經三赦，亦特許依例取解。」自是至元符赦書，殿舉人並用此制，永不得入科場人限赦到半年内，於所在投〔狀〕，繳申貢院、尚書禮部，定奪情理，逐旋聞奏。

二年六月二十二日，詔：「諸州軍監舉送發解考試、監試官親戚門客，類聚送轉運司，與鎖廳明經一處考試，各十分取一分半爲額。即餘分或應舉不滿十人，並五人以上聽解一名。其四人以下，如灼然有文藝可稱者，準此。以上並不係諸州軍解額。」從禮部請也。

十二月十一日，詔：「禮部下第進士五舉、諸科六舉、嘗經殿試，進士六舉、諸科七舉、經禮部試者，年五十以上〔以〕名聞。內三路人第減一舉。其慶曆二年以前禮部試下進士兩舉、諸科三舉，並具姓名、年21甲、鄉貫以聞。」

三年三月六日，詔：「景祐五年以前禮部試下進士一舉、諸科兩舉、年六十五以上，令本貫州縣以名聞，當特推恩。如開封府、國子監舉人，令止召見任京朝官二人結罪保明。其進士兩舉、諸科三舉，更不限年。若進士七舉、諸科八舉，曾經殿試、年四十以上，並令赴今殿試。內慶曆三年禮部試下進士兩舉、諸科三舉，亦不限年，與免解。」

四年(八)〔三〕月十八日〔一〕，德音：「進士禮部下三舉、御試兩舉，諸科禮部下四舉、御試三舉，並免解，嘗殿舉者許應舉。」

七年十一月二十五日，南郊赦書：「應諸路進士、諸科，曾經皇祐元年以前省(院)〔試〕下，皇祐五年以前御試下〔二〕，嘉祐二年經御試下三舉、省試下五舉，諸科御試下五舉、省試下七舉，及開封府、國子監進士、諸科曾經嘉祐六年以前省試下〔三〕、嘉祐八年以前御試下，并進士、明經御試下兩舉、省試下三舉，諸科御試下四舉、省試下五舉，並與免取將來文解。」

八年七月二十三日，詔：「開封府、國子監舉人併就一處考試，仍以兩處解額通計取人。」

十月十六日，詔：「國子監上舍生顧襄、安惇、丁執古、虞蕡、葉唐稷如不得解與免解，已得解免禮部試。」

九年正月二十四日，詔：「熙州舉人自今解二人，河州一人，須户貫實及七年。」

十年二月二十五日，廣南西路德音：「應本路進士南

〔一〕三月：原作「八月」，據《補編》頁四七五改。三月十八日癸卯德音又見《長編》卷二一二，八月十八日則無德音。

〔二〕皇祐五年：原作「嘉祐三年」。按嘉祐三年並非貢舉年，當爲「皇祐五年」之誤，蓋自皇祐元年之後，嘉祐二年之前，僅此一舉也，因改。

〔三〕諸：原脱，據《補編》頁四七五補。

省下三舉，並特免將來文解。南省雖不合格，別作一項奏名。其因事殿舉者，並許[22]將來取應。」

十一月二十七日，南郊赦書：「應諸路進士、諸科曾經皇祐五年以前省試下，嘉祐四年以前御試下，并進士、明經御試下三舉、省試下五舉，諸科御試下七舉，及開封府、國子監進士、諸科曾經嘉祐八年以前省試下，治平二年以前御試下，并進士、明經御試下兩舉、省試下三舉，諸科御試下四舉、省試下五舉，並與免取將來文解。」

元豐元年六月十一日，詔：「武學上舍生在學一年，不犯第二等過，委主判同學官保明免解。從上無過二人內，於貢舉法自應免解，及已該免解後，又在學二年以上，無殿罰，免閣試。」

七月五日，詔：「開封府、國子監舉人並通取解額併試。其諸州不滿百人者，委轉運司取近便州，各用本處解額，就一州考試。」

八月十三日，詔：「在京發解進士，據入試人數解額，隨所治經，以十分爲率均取之。禮部準此。」

二年九月十九日，(穎)〔潁〕州德音：「本州到省進士一舉、諸科二舉及曾到御前，不以舉數，並免將來文解。內曾到御前者，如將來南省考校不合格，奏取指揮。」

十二月四日，詔：「自今解發進士，太學以五百人，開封府以百人爲額。」舊制，開封府三百三十五人，國子監百六十人，熙寧八年合爲一，以解額通取。至是復分，而爲太學生數多，故損開封府解額以益之。

三年正月十三日，(穎)〔潁〕昌府德音：「本府到省進士一舉、諸科二舉及曾到御前，不以舉數，並免將來文解。內[23]曾到御前者，如將來南省考試不合格，奏取指揮。」

五月三日，編修學制所言：「奉旨立勢要及國子監生、太學官親屬，許不以鄉貫〔一〕，就開封府應舉之法。臣等看詳，監以國子爲名，而無國子教養之實，恐未稱朝廷建學育士之意。乞應清要官親戚，並令入監聽讀，以二百人爲額，解發毋過四十人。」從之。

九月二十二日，明堂赦書：「諸路進士、諸科，嘉祐二年以前禮部試下，六年以前殿試下，并進士、明經殿試下三舉、禮部試〔下〕五舉，諸科殿試下五舉、禮部試下七舉，開封府、國子監進士、諸科治平二年以前禮部試下、四年以前殿試下，並進士、明經殿試下兩舉、禮部試下三舉，諸科殿試下四舉、禮部試下五舉，並免解。」

十二月十二日，詔：「開封府解額並撥屬太學，其國子生解額，以太學分數取人。」

五年二月二十一日，梓州路赦文：「本路進士禮部下四舉、殿試下兩舉，諸科禮部下五舉、殿試下四舉，並免解。禮部不合格特奏名今來到禮部人，亦準此。」

六年十一月五日，南郊赦書：「諸路進士、諸科，經嘉

〔一〕貫：原作「貢」，據《長編》卷三〇四改。

祐四年以前省試下，嘉祐八年以前御試下，并進士、明經御試下三舉、省試下五舉，諸科御試下五舉、省試下七舉，及開封府、國子監進士、諸科經治平四年以前省試下，熙寧三年以前御試下，并進士、明經御試下兩舉、省試下三舉，諸科御試下四舉、省試下五舉，將來並與免解。」

七年十月八日，御史翟思言：「乞自今在京發解禮部試進士，據入試人數，以解額隨所治經 24 約十分數均取。有餘不足相補，各毋過三分。」從之。

八年二月十八日，禮部言：「濟、博、棣州舉人狀：『本州用熙寧四年勑，取諸科解發添解進士及本科解額，盡解新科明法，致考諸科合格人無額解發。』看詳今後進士及新科明法人，各合於諸科額内發解者，以諸科額十分爲率，留一分解本科舊人外，以解進士及改應刑法人通紐分數均取，謂如諸科元額十人，留一人外，剩額九人。假令增多進士并改應刑法人共一百三十五人〔一〕，即每十五人取一名之類。餘分更解改應人一名。如無諸科取應及無合格人，方許盡數亦依此解發。若諸科解額不及三人者，依舊。」詔：「將來一舉，據今來逐人合格諸科人從上，博州三人，濟州七人，棣州四人，並與免解外，仍在今來諸科留一分解諸科人外，候第二次科場，即止依舊科一分指揮。餘從之。」《文獻通考》：元豐八年，濟、博、棣三州諸科舉人訴于禮部，言諸科舊額多歸進士，僅有存者又是以盡解新科明法。今試而中，無額可解。於是常留諸科舊額十分之一，以待不能改業者。知徐州蘇軾上言，乞爲京東西、河北、陝西五路之士，別開仕進之門。事見「胥吏」門。

十一月十四日，詔還開封府解額百人。熙寧中，罷開封府解額，併歸(大)〔太〕學，至是復之。

哲宗元祐元年九月六日，明堂赦文：「諸路進士、諸科，經嘉祐六年以前省試下，治平二年以前御試下，并進士、明經御試下三舉、省試下五舉，諸科御試下五舉、省試下七舉，及開封府、國子監進士、諸科，經熙寧三年以前省試下，熙寧六年以前御試下，并進士、明經御試下兩舉、省試下三舉，諸科御試下四舉、省試下五舉，將 25 來並與免解。」

二年十一月十二日，詔：「進士以經義、詩賦、論策通定去取，明法增《論語》、《孝經》義。將來一次科場〔二〕，未習詩賦人依舊法取應，解發不得過元額三分之一。令禮部立詩賦格式以聞。」

四年四月八日，詔：「進士不兼詩賦人，於本經外增治一經，增試一場，與兼試詩賦人各解五分〔三〕。令禮部立法以聞。」

十八日，禮部言：「經義兼詩賦進士，聽習一經義，進士並習兩經。並以四場通定高下去留，不以人數多少，各取五分，即零分及元額解一人者，聽取辭理優長之人。」

〔一〕刑法人：原作「留法人」，據正文改。
〔二〕將來：原無，據《長編》卷四一二補。
〔三〕詩：原脱，據《長編》卷四二五補。

從之。

九月十四日，明堂赦文：「諸路進士、諸科，經嘉祐八年以前省試下〔一〕，治平四年以前御試下，并進士、明經御試下三舉、省試下五舉，諸科御試下五舉、省試下七舉，及開封府、國子監進士、諸科，經熙寧六年以前省試下，熙寧九年以前御試下，并進士、明經御試下兩舉、省試下三舉，諸科御試下四舉、省試下五舉，將來並與免解。」

十二月二十四日，禮部言：「諸路申請〔二〕：『《貢舉勑》經義兼詩賦進士及經義進士，解額各取五分。竊慮兩科應者不齊，拘定五分，則似未盡，乞行均取〔三〕。』看詳進士兩科試法不一，舉人互有輕重難易之論，兼就試人數不定，則解額難以均當，終非通法，不可久行。」詔：「來年科場，以試畢舉人分數均取。後一次科場，其不兼詩賦人解額，依元祐三年六月五日所降朝旨，如有未習詩賦舉人，許依舊法取應，解發合格人〔四〕，26不得過解額三分之一。以後並依元祐二年十一月十二日勑，分爲四場，以四場通定去留高下。內仍減時務策一道。」

五年十月二十二日，詔：「近制，府、監發解省試舉人，經義每道不得過五百字，策不得過七百字。如過二分，雖合格並降一等。諸州發解舉人依此。」

六年正月九日，詔：「五路進士及諸科明法人，就試終場零分不滿十人，許解一人，仍取文理優長者。」

七年十一月十四日，南郊〔赦〕文：「諸路進士、諸科，經治平二年以前省試下，熙寧三年以前御試下，并進士、明經御試下三舉、省試下五舉，諸科御試下五舉、省試下七舉，及開封府、國子監進士、諸科，經熙寧九年以前省試下，元豐二年以前御試下，并進士、明經御試下兩舉、省試下三舉，諸科御試下四舉、省試下五舉，將來並與免解。」

八年七月五日，禮部言：「五路進士及新科明法等，欲將舊諸科并經律〔五〕、《通禮》三科舉人，許於諸科額內各與一分解額。」詔以諸科解額分爲十分，內以一分解舊諸科，一分解經律科，一分解《通禮》科。其餘七分人數，通入進士額，以進士及新科明法人共紐分數均取。仍須就試終場，進士每十人、新科明法每七人各許解一人，零分亦各許解一名。

紹聖二年六月二十三日，詔：「將來科場，除本貫開封府人外，其外路舊人自參假上簿後，新人自補中後，計理月日實及一年，並聽權附國子監取應，別行考校。以27見闕上舍人、內舍國子生及外舍一時請假闕額解名，據數發解，每十人解一人。就試人雖多，不得過剩合取人數。仍今後毋爲例。」

〔一〕「經」下原有「義」字，據《補編》頁四七七删。
〔二〕請：原作「諸」，據《長編》卷四三六改。
〔三〕均：原作「下」，據《長編》卷四三六改。
〔四〕發：原作「法」，據《長編》卷四三六改。
〔五〕律：原脱，據下文補。

九月十九日，明堂赦文：「諸路進士、諸科，經治平四年以前省試下，熙寧六年以前御試下，并進士、明經御試下三舉，省試下五舉，諸科御試下五舉、省試下七舉，及開封府、國子監進士、諸科，經元豐二年以前省試下，元豐五年以前御試下，并進士、明經御試下兩舉、省試下三舉，諸科御試下四舉、省試〔下〕五舉，將來並與免解。」

三年八月十九日，詔：「開封府解額，今後依元豐三年十二月十二日指揮〔一〕，並撥屬太學。」

四年四月二十四日，德音赦文：「陝西、河東路沿邊州軍進士南省下三舉、御試下兩舉，諸科南省下四舉、御試下三舉，並特與免將來文解。」

元符元年四月二十七日，詔：「今後科場及太學公私試，將所存留三分解額均作十分，先取二《禮》合格人，不得過五分，次取他經〔二〕。」從國子監請也。

十一月二十日，南郊赦文：「諸路進士、諸科，經熙寧三年以前省試下，熙寧九年以前御試下，并進士、明經御試下三舉、省試下五舉，諸科御試下五舉、省試下七舉，及開封府、國子監進士、諸科，經元豐五年以前省試下，元豐八年以前御試下，并進士、明經御試下兩舉、省試下三舉，諸科御試下四舉、省試下五舉，將來並與免解。」

三年六月二十八日，詔開封府進士許依 28 舊發解，以一百人爲額。紹聖中，罷開封府解額，併歸太學，至是復之。

徽宗建中靖國元年十一月二十三日，冬祀赦文：「應諸路進士、諸科，曾經熙寧六年以前省試下，元豐二年以前御試下，并進士、明經御試下三舉、省試下五舉，諸科御試下五舉、省試下七舉，及開封府、國子監進士、諸科，曾經元豐八年以前省試下，元祐三年以前御試下，并進士、明經御試下兩舉、省試下三舉，諸科御試下四舉、省試下五舉，並與免將來文解。」

崇寧元年八月八日，禮部言：「臣僚奏，五路諸科舊人見在應書者，今已無幾，願以所存進士解額悉解進士，使熙寧誘進諸科鄉習進士之意，至是始得純一。欲遍行指揮，應有諸科解額，今來無人取應者，並許併入進士解額。」從之。

二年正月二十五日，曲赦荆湖南北路：「應本路進士省試下四舉、御試下兩舉，諸科省試下五舉、御試下四舉，並特免將來文解。」

四月二十一日，赦書：「除興慶軍進士、諸科元符三年十一月五日已降指揮外，興仁、隆德軍到省進士兩舉、諸科三舉，並與免將來文解一次。」

三年十〔一〕月二十六日〔三〕，冬祀赦書：「應諸路進士、諸科，經元豐二年以前省試下，元豐八年以前御試下，

〔一〕今：原重此字，據《補編》頁四七八删。
〔二〕次取：原倒，據《長編》卷四九七乙。
〔三〕十一月：原作「十月」。按，據《宋史》卷一九《徽宗紀》一，此年冬祀在十一月二十六日丙申，此脱「一」字，因補。

并進士、明經御試下兩舉、省試下四舉，諸科御試下四舉、省試下六舉，及開封府、國子監進士、諸科，經元祐六年以前省試下，元祐九年以前御試下，并進士、明經御試下一舉、省試下兩舉，諸[29]科御試下三舉、省試下四舉，將來並與免解。應舉人因事殿舉，並特候有科場依例取解。其今日以前永不得入科場人，如經今三赦，亦限到半年内於所屬投狀，立便繳申禮部，令本部定奪情理不至深重，特逐旋聞奏，許令取應。」

五年九月三十日，禮部尚書朱諤奏：「今將諸路元符二年、崇寧元年、四年三舉就試終場人數，以國子監、諸州解額及已撥開封府額充諸州貢額，并五路諸科剩額發解人數，除出一分充貢武士額外，共二千三百三十四人，紐計約三十四人取一名。均撥諸州，共計一千六百四人。其畸零撥不盡數，亦以逐州人數多者，零十二人以上更添一人，共計八十二人。其逐州解額元多於今來所約人數者，更不增減。」詔：「東南占用五路解額，其五路多勇士，宜增一分爲二分，以貢武士。餘可就整立額，不及百人者，留以待天下孝悌特起之士，再可分撥聞奏。」

十月十三日，禮部尚書朱諤言：「五路剩額并諸科正解人數，共六百五十四人。内除二分計一百三十人充貢武士外，有五百二十四人。依御批指揮就整，將五百人分撥諸州，餘二十四人留以待天下孝悌特起之士。尋以應舉人及諸州解額紐計人數分撥，内有不該添撥州軍，亦各添撥一名充貢。今將上項五路額并國子監解額再分撥諸州貢額，元約三十四人添一名。」詔福、建州所增太多，福州可撥四十人，建[30]州三十人，高州十人，眉州二十人。餘依所奏，其所減人數，留待天下孝悌特起之士。

二十二日，德音赦書〔一〕：「到省進士一舉、諸科二舉，及曾到御前，不以舉數，並免將來文解。内曾到御前者，如將來南省考試不合格，奏取指揮。」

十一月九日，禮部尚書朱諤言：「國子監解額四百七十六人，已奉朝旨同五路剩額一處添撥諸州了當。所乞留三分發解，計一百四十三人，今於已添撥諸州貢額内措置均減，留充本監將來一次科場發解人額。其權留外并不該權留處已添撥人額，並合與本處七分解額，充今來三年分貢之數。」從之。

大觀元年正月一日，改元赦文：「應諸路進士、諸科，曾經元豐五年以前省試下，元祐三年以前御試下，并進士、明經御試下兩舉、省試下四舉，諸科御試下四舉、省試下六舉，及開封府、國子監進士、諸科，曾經紹聖元年以前省試下，紹聖四年以前御試下，并進士、明經御試下一舉、省試下兩舉，諸科御試下三舉、省試下四舉，並與免將來文解。」

二年八月二十二日，詔：「有官雜出身人殿侍、攝官、醫學、（衹）〔祗〕候、博士、助教取解，每就試終場，十人解一

〔一〕按，此是降開德府（澶州）德音，見《宋史》卷二〇《徽宗紀》二。

人。若零數及四人，或請解不及七人者，亦解一人。」

宣和三年二月二十一日，詔：「太學内舍、國子上舍及未曾赴上舍試貢士并國子生，並與免解赴將來省試。以合就上舍試次數理免解次數。」

十一月二十二日，詔：「太學解額 31 依《元豐貢舉勅》，以五百人爲額。内除撥二十四人歸滑、鄭州外，合解四百七十六人。國子監依《元豐貢舉勅》以四十人爲額，開封府依《元豐貢舉勅》以一百人爲額。崇寧分撥五路解額，係以剩額并諸科正解人數均撥，合依崇寧五年指揮，撥六百五十四人與諸路，令禮部均撥。」

四年七月三十日，三省言：「已降指揮，五路剩解額，依崇寧五年指揮，令禮部撥六百五十四人與諸路。續取到禮部狀，崇寧五年分撥五路剩額并諸科正解等人數與東南等路，係將諸路已應與就試終場人數紐計分撥。緣當時係有九百二十二人，每三十五人九分二釐一毫三絲八忽均一人。今來除撥還太學額外，止有六百五十四人，合以五十人七分四釐均一名。均撥過六百五十二人外，有均撥不盡零數二人。」詔一名與杭州，一名與湖州，餘並依。

六年七月一日，禮部言：「轉運司發解就試避親門客，依元豐法，合行就試終場，每七人解一名；依崇寧貢舉法，避親門客合行就試終場人，每十人解一名。」詔依元豐法。

七年十一月十九日，南郊制：「應諸路進士曾經大觀三年以前省試下，及貢士大觀三年以前退歸本貫合理舉人，并政和五年以前御試下；開封府、國子監進士政和五年以前曾經省試下，及貢士昨因政和五年以前退歸本貫合理舉人，并曾經政和五年以前御試下；及諸路進士曾經省試 32 下，并貢士退歸本貫合理舉人及四舉；并學生昨貢至辟廱，曾經升補太學内舍，宣〔和〕三年以前退歸本貫，合理國學一舉人，并特與免將來文解。」以上《續國朝會要》。（以上《永樂大典》卷一〇六四九）

發解　三

[1] 光堯皇帝建炎元年五月一日，赦：「靖康元年得解及州學職事人，並與免將來文解一次。」

二年十一月二十二日，南郊赦：「應諸路進士曾經政和二年以前紹興元年明堂赦「政和五年」，四年明堂赦「政和八年」〔一〕，七年明堂赦「宣和三年」，十年明堂赦「宣和六年」，十三年郊赦「建炎二年」，十六年郊赦「紹興二年」〔二〕，二十二年郊赦「紹興五年」，二十五年郊赦「紹(熙)〔興〕八年」，二十八年郊赦「紹興二十一年」。省試下，貢士退歸本貫合理舉人，并政和八年以前御試下；開封府、國子監進士、貢士政和八年以前省試下、退歸本貫合理舉人，并曾經政和八年以前御試下；以上三項，紹興元年赦「宣和三年」，四年赦「宣和六年」，六年、七年赦「建炎二年」，十年赦「紹興二年」，十三年赦「紹興五年」，十六年赦「紹興八年」，二十二年赦「紹興十二年」，二十五年赦「紹興十五年」，二十八年赦「紹興二十一年」，御試下開封府、國子監「紹興十八年」，三十一年赦「紹興二十四年」。及諸路進士曾經省試下、貢士退歸本貫合理舉人各及四舉〔三〕，并開封府、國子監進士、貢士兩舉到省者：並特與免將來文解。」紹興四年赦免七年文解，七年赦免十年文解，十年赦免十四年文解，十五年赦免十七年文解，十六年赦免二十年文解，紹興八年御試下人特免十七年文解，十九年、二十二年、二十五年、二十八年赦並免將來文解。

同日，赦：「應諸路舉人合於元得解路轉運司類試，昨緣道途艱阻，却就別路類試下，特許理爲一舉。」紹興元年九月十日明堂赦同。

四年三月九日，禮部言：「建炎三年十一月三日赦：昨因用兵，展後舉殿試一年。所有建炎四年合下詔月日，令禮部檢舉。」詔許發 [2] 解。

四月二十四日，詔：「淮南西路殘破州軍建置科場未得者，令轉運司分就別州附試。」

(二)〔三〕十日〔四〕，禮部言：「諸路解額，除不經殘破去處乞依靖康元年額發解外，宣和五年，諸路解試並用均添人數爲額。靖康元年七月七日，詔用爲例。內經殘破州軍，就試人數稀少，乞以終場人數權取前舉例分數解發，謂如某州元額二十人，靖康元年終場二千人，即以百人解一人。有零分者聽更解一名。」從之。

五月二十一日，權禮部員外郎侯延慶言：「行在職事及鳌務官隨行有服親若門客之類，欲乞立應舉法，以國子監進士爲名。其解發人數，依舊制以就試終場人爲率，七人取一名，餘分亦聽取一名。」詔門客請解取人，合依《崇寧

〔一〕「四年」及下二句中「七年」、「十年」，原作「四月」、「七月」、「十月」，據文意改。

〔二〕二年：原作「元年」，按紹興元年非貢舉年，當作「二年」，因改。

〔三〕人：原脱，據《補編》頁四八〇補。

〔四〕三十日：原作「二十日」，據《建炎要録》卷三二改。天頭原批：「『二十日』條移『二十四日』前。」今不取。

貢舉令》外，餘依所乞，仍就轉運司附試。

二十二日，詔：「京畿、京東、京西、河北、陝西、淮南路士人，許於流寓所在州軍，各召本貫或本路及鄰路文官兩員，結除名罪保識，每員所保不得過二人。仍批書印紙，聽附本州軍進士試，别爲號，以終場二十人解一名，餘分或不及二十人處亦解一名。不及五人，附鄰州試。」從都官員外郎侯延慶請也。

二十七日，祠部員外郎章傑言：「諸路舉人貢籍，兵火燒毁不存。乞下諸路轉運司取索諸州軍，令舉人各召保官二員，結除名罪，委保元符二年以後節次得解、升貢等因依及户貫、三代、治經狀，作册。」從之。

六月四日，禮部言：「宣和五年立定解額指揮并案牘，自渡江並皆散失。將來諸路解發到合格人數，難以檢察。欲 3 下轉運司，令遍下所部州軍，候發解開院畢，具合格人數、姓名并試卷，及繳連本部元立定解額指揮真符赴部。如曾經兵火州軍，令當職官及考試官結除名罪，人吏結編配罪保明。若稍涉虚冒，不依元立解額，致大放舉人，雖已出官，令行改正，仍乞不以去官、赦降原減。」從之。

七月四日，詔：「京畿、京東西、淮南、荆湖北路既已分鎮，監司並罷，其本路科舉令提舉茶鹽司差官，於逐路可置科場州軍分赴就試。」

紹興元年正月一日，德音：「應該恩賞免解舉人，昨因兵火毁失公據，有去失處陳乞因依干照文據者，召京朝官二員各結除名罪委保，經所在州軍勘驗，出給公據訖，仍具元連干照、保狀，繳申禮部注籍。」

四月二十日，禮部言：「昨詔免解人令召保官二員，并五人結爲一保，申國子監注籍給據。今來若委實無同路及一般赴試進士結保，欲比附貢舉令，更增召承務郎以上二員，一員添充保明，一員充職官，並結除名罪保識詣實，即與給據赴試。」從之。

六月十日，禮部言：「宣州申到建炎四年發解併試建康府、太平州、廣德軍舉人，稱各依元額解發。建康府應舉二十四人，合格一十人；太平州應舉一十九人，合格一十人；廣德軍應舉二十一人，合格五人。」詔各取一名，其餘多解人數，並行駁放。

八月二十日，國子監丞袁正功言：「昨詔國學兩次得解進士并罷貢法貢士及太學内舍試數未 4 盡及太學守禦免解之人，並令召京朝官兩員委保，五人結爲一保，本州保明申轉運司勘會，申國子監注籍給據。今試期甚逼，若更經國子監陳乞給據，委是遲滯。欲乞有當時所屬給到公憑照驗，本州已勘實給據之人，令轉運司一面（實審）〔審實〕收試，仍類聚繳申國子監注籍〔一〕。如將來本監勘驗，見得却有違礙，即行駮放。」從之。

九月十八日，明堂赦：「朕駐蹕會稽，行將三載。應越

〔一〕國：原作「公」，據《補編》頁四八二改。

州舉人曾得解者，並特與免將來文解一次。」

三年二月一日，尚書省言：「昨建炎四年八月依條發解，合至紹興元年省試、殿試。緣當年行明堂大禮，展至紹興二年三月殿試。所有發解自合理紹興二年殿試年分。」詔於紹興四年發解。

四年六月五日，禮部言：「荊湖北路州軍累經殘破，士人全少。除德安府已令解二人外，其餘州軍發解，並依建炎四年四月三十日指揮。如無合格卷，聽闕。」從之。

十四日，國子監丞王普言：「科舉取士〔一〕，元豐法與崇寧法不同者，已詔並依元豐法。《元豐貢舉令》轉運司發解每七人解一人〔二〕，《崇寧貢舉令》每十人解一人。前舉諸路運司所解人額，奉行不一，乞下諸路遵依建炎二年二月九日已降指揮。」從之。

七月二十五日，詔：「應流寓舉人應合召保官，不拘本貫及本路、鄰路官，並許充保。」

五年二月二十一日，詔：「臨安府曾得解舉人，依紹興府駐蹕恩例，與免文解一次。」

六月二十日，詔：「惠、賀州、南安 5 軍合駮放舉人內已到行在人，憫其遠來，特許收試。如試下，不理爲舉。」三州皆殘破處，合依建炎四年四月指揮解發，乃以舊額多取人。禮部言合駮放不該，故有是命。

六年六月二十八日，四川制置大使言：「科舉冒濫之弊，無甚於牒試。欲乞今後帥臣、監司并諸司屬官子弟、親戚、門客等合避試者，並令本司長官保委，州縣官令知、通、縣令保委，責結罪狀，審驗無妄冒，方許就試。如有不實，許人陳告，除依條施行外，仍將保官先與降一官，然後取勘。」從之。

同日，詔：「流寓舉人每十五人解一名，餘分或不及十五人，亦許解一名。不及五人處，預牒本路轉運司類聚附試。仍召文臣二員委保，不得過三人。」

七年五月二十一日，詔：「行在職事、釐務官并宗子應舉，取應及有官人，並於行在赴國子監試。」

八年二月六日，詔：「建康府本貫曾得解舉人，並依臨安府駐蹕例，特與免文解一次。」

三月九日，詔：「平江府本貫曾得解舉人，依建康府駐蹕例，特與免文解一次。」

九年正月五日，赦：「應進士、諸科曾經劉豫僞命後得解者，將來並與理爲舉數。」

十年九月十日，明堂赦：「河南新復州軍，已詔於逐路類試發解。近緣賊虜侵犯，不曾引試去處，與展至紹興十一年秋試。」

十月十六日，禮部言：「轉運司就試舉人，與試官合行迴避者，欲比附國子監發解體例，於試院内別行擗截一位，

〔一〕取：原脱，據《補編》頁四八二補。

〔二〕七人：原作「七十」，據《補編》頁四八二改。

視就試人多寡，於所差試官内分差一二員專引考校。於外試避親位前，安6排避親舉人坐次，別出題目。其試卷令封彌所用避親字印別號，關送謄録所，專置曆送避親官考校。候考校申號訖，先次出號狀，委轉運司官專行收掌草卷，實封送彌封官。候差拆號官對號開拆，立項放榜。」從之。從太常少卿陳鼎請也。

十三年二月二十一日，國子司業高閌言：「諸路舉人以住本貫學半年，或雖不住學而兩預釋奠及齒于鄉飲酒禮者，縣學同，仍籍記姓名。本學次第委保，教授審實申州，聽取應。仍自紹（熙）〔興〕十四年爲始。」從之。

八月十五日，詔：「祖宗舊法，諸路州軍科場，並限八月五日鎖院。緣福建去京師地遠，遂先期用七月。川、廣尤遠，又用六月。今福建、二廣趨行朝不遠，可並限八月五日鎖院。内川峽州軍特以六月〔一〕，若依近例類省試，即亦以八月五日鏁院〔二〕。」以臣寮言：「試下舉人生事冒貫〔三〕，而再試於他州，或作親嫌而冒試於他路，失於彼者未必不得於此。」故有是命。

九月二十一日，詔：「今秋試補不合格終場人，趁赴釋奠不及，令國子監報本貫，並許趁將來取應。」

十八日〔四〕，詔：「科舉在近，諸路舉人有不曾預釋奠、鄉飲酒之禮，或因期喪丁憂，至來年科舉，有住學月日不足之人，並許赴來年科舉取應一次。」

十月十五日，詔川（陜）〔峽〕發解，科詔到日，便行鏁院。逐路運司並令六月前鏁院，當月中開院。以知成都府張燾乞就春月鏁院，得解士人可赴行在引試。禮部言係三月降科詔，月分相妨故也。《文獻通考》：紹興十三年，初立同文館試。凡在行朝去本貫及千里以上者，許附試國子監。舊諸州皆以八月選日試士，舉人有就數州取解者。至是詔諸道發解並以中秋日引試，四川則用季春，而仲秋類省焉。太學博7士王之望言：「舉人程文，或純用本朝人文集數百言，或歌頌及用佛書全句，舊式皆不攷。建炎初悉從删去，故犯者多。」詔申嚴行下。

十四年二月三日，詔：「秦州見在舉人權附成州引試，依流寓舉人例，每十五人終場解一名，不及十五人亦解一名。」

四月二十七日，禮部言：「（盱）〔盱〕眙軍係創置州軍，未有立定解額，欲依《崇寧貢舉條令》滿二十人解一人，不滿三十人解二人，三十人以上解三人。候至後舉，別行參酌，立定解額。」從之。

八月二十八日，禮部言：「國子司業宋之才陳請，欲立同文館，收試士人見在行朝、去本貫及一千里以上無處取應之士。令實通鄉貫，五人爲一保，召文官二員結罪委保鄉貫、士行等詣實，仍齎保官付身赴監官呈驗訖，許納試卷應舉。令附本監發解試，別立號考校，每三十人取一名，通取不得過三十人。看詳欲依所乞，保官每員所保不得過十

〔一〕川峽：原作「川陜」，據上文，此條只涉四川，與陜西無關，「陜」應爲「峽」之誤，因改。下「十月十五日」條同。
〔二〕亦：原作「示」，據《補編》頁四八三改。
〔三〕事：原作「弊」，據《補編》頁四八三改。
〔四〕十八日：《補編》頁四八三亦同，然依日序，疑當是「二十八日」。

人。如不實，其保官依委保轉運司就試人不得實例，先降一官，取責罪犯，申取朝廷指揮。仍令本監續行取會就試舉人本貫州軍審察勘會，於貢舉條制如有違礙，不該赴試，或兩處應舉，雖已得解過省，即行駁放。犯人并保官、保人，依法施行。」從之。

十五年十一月三日，臣寮言：「行在宗室並赴國子監試，如在外任并宮觀嶽廟並赴轉運司試。其赴國子監試者，有官鎖應，每七人取三人；無官應舉，每七人取四人；無官祖免親取應，文理通者爲合格，不限人數。唯赴轉運司，所取之數，即與進士【8】一同，非所以奬進宗子之意。欲諸路宗室不以有官無官，願赴行在應舉、鎖應者，依熙寧舊制，並許赴國子監請解赴省。如不願，即依崇寧通用貢舉條施行。」從之。

十一日，詔通判眉州李彥輔覈實避親舉人失當，致有僥濫，展二年磨勘。彥輔雖會赦，特有是命。

十六年五月八日，詔：「諸路解試，若經義、詩賦人數相等，即依終場人數紐取。或有餘不足，即以文理優長聽通融相補，不得過三分。」從禮部請也。

十八年二月四日，上宣諭宰執曰：「兩浙運司舉人發解，間有勢力之家，行賂假手，濫占解名，甚喧士論。今貢舉鎖院在邇，可令禮部重立賞格，明出文榜，許人告捕，務在必行，庶使士人心服。」

五月六日，詔郭印前任永康軍通判，牒試避親舉人不當，特降一官。印雖會赦，特有是命。

十九年十一月二十四日，南郊赦：「紹興五年省試下人，本合紹興二年取解，紹興三年赴省試。昨緣展退省試至五年，可特與理作三年省試下，及紹興十二年以前御試下人，並與免將來文解。」二十二年郊赦，紹興八年省試下人理作六年，及紹興十五年以前殿試下人；二十五年郊赦，紹興十一年省試下人理作九年，及紹興十八年以前殿試下人；二十八年郊赦，紹興十五年省試下人，三十一年明堂赦，紹興十八年省試下人：並同此制。

二十六日，禮部言：「臣僚奏：『乞今後於未下科詔以前，令諸州軍及屬縣長吏籍定來歲合應舉人數、姓名，關縣學職事。限來年二月[一]，令縣官將家、保狀繳申本州，行下州學。遇行鄉飲酒之禮，令州學職事前期覈實申教授，【9】預先引保一次。或有事故出在外州，或隨侍他處，並具因依申本州關送試院外，若有臨時投狀射保者，並不收試。』欲並依所請。其在諸路流寓舉人，亦乞依此。」從之。

二十四年正月二十日，詔：「今後國子監、臨安府、兩浙轉運司與諸路州軍并轉運司，依條並以八月五日鎖院，十五日引試。」

二月二十四日，詔：「今後請到解或理年舉依條免解舉人，合該赴省試。內有不及之人，與比附定例，免經所屬陳乞召保，理爲到省一舉得解舉人。若後舉還試下，與理

[一] 年：原脱，據《補編》頁四八四補。

作今舉年分試下舉數。如不願還試，亦理爲到省試下一舉〔一〕。」以肇慶府進士王朋赴試不及，乞接續引試，事下禮部看詳，故有是命。

二十五年十一月十九日，郊赦：「免解進士昨緣散失案籍，增召保官二員。今來禮部自有文籍，除流寓無本貫士人外，與免增召保官。」

二十六年二月七日，詔：「諸路州軍將紹興二十三年各州土著進士就試終場人，計若干人取一人，將當年發解就試。流寓終場人數每及土著人分數，即添解一人，或零分及流寓人少去處，依土著所解人十分爲率，及三分亦解一人。若已後發解就試人多，不得過紹興二十六年所取之數。仍立爲定制。若已用流寓户貫得解之人，許自陳，併入東南户貫。其已得舉數，即合通理。如有違犯，並依貢舉條法。若州軍輒行大解，當職官吏并發解官依法徒二年科罪，舉人即從下駁放。」以荆湖北路轉運判官程敦臨言，乞流寓進士并避親、門客移 10 試之人，與土著人通立爲額混試故也。

四月十七日，執政進呈禮部狀，參酌均定諸州解額。温州添解額五人，台州、婺州各添解額之人〔二〕，融州、福州、静江府、明州、衢州、湖州、嚴州、賓州、徽州、秀州、叙州、汀州各添解額二人。上可其請，因宣諭曰：「解額窄處自當量與增添，寬處却不可減，皆欲優之也。」又曰：「今次科舉措置詳密，如挾書、代筆及冒牒試之類，悉已革去，庶得實有才學之人。尋常之見，往往以此爲末事，不復留意。朕以此最爲大事，人才所自出，士風之所係，皆本於此，豈可不留意耶？」

二十七日，臣寮言：「欲乞科舉保任並依舊制，雖不預鄉飲酒者皆許（試）赴〔試〕。」從之。

七月三日，詔：「諸州試院於常限之外，如三千人以上，與展開院五日，五千人以上倍之。」以臣寮言每州以三千人就試，則程文幾萬卷，而使六七人考之，限以三四十日之期，不能徧覽研究，故有是命。

二十九日，詔：「今舉行在職事、釐務官隨行親屬，如依得服屬，不以已未有官〔三〕，並令赴國子監請解。其有官人即不得依前循例陳乞赴兩浙運司試。」從禮部請也。

二十七年五月十一日，詔：「四川監司、帥臣、守倅親屬、門客牒試，及屬官幹辦官以上，本貫別路隨行緦麻以上親，去户籍二千里外，應合赴運司試得解人，並令前來行在省試。其餘四川依舊類試。如願赴行在省試人，並沿路給券。」以臣寮言，議者乞將四川解發舉人盡赴省試，道遠狼狽，欲望且仍舊貫。若監司、帥臣子弟力足，以致僥濫，可令前來。下禮部看詳，故有是詔。

二十八年八月八日，詔瀘州添解額三人，遂寧 11 府、西和州、眉、漢、嘉、邛、簡、雅、忠、涪、資、叙、昌、石泉、永康、長寧軍、仙井監各添解額二人。

〔一〕下一：原倒，據《補編》頁四八四乙。

〔二〕之人：疑爲「三人」之誤。

〔三〕以：原脱，據《建炎要録》卷一七三補。

二十九年八月九日，詔：「四川等處見在進士，爲路遠，歸鄉赴試不及，可特令就兩浙轉運司附試一次。仍別行考校，取旨立額。」先是二十六年終場四百二十八人，詔令發解八名。至是歸附免解，復請文解三次，各自陳，故有是詔。

十二月，赦：「應今來新復州軍進士，將來科舉年分，所屬檢舉條法，許令應舉。見年五十以上，特與免將來文解一次。其諸科曾經金國得解者，並與理爲舉數。」

三十二年閏二月十九日，禮部言：「唐、鄧二州乞依本路諸州例，於襄陽府併試，以一路諸州軍人數通衮，二十人終場取一名，餘分亦取一名。」從之。

六月十日，詔：「應福建路願取應宗子，依二廣體例，比附國子監條法，初試許於所在州軍召保，結保勘驗，於貢舉條制別無違礙，連宗枝圖保明，申送轉運司勘驗，別場引試，將合格人數繳申禮部，行下大宗正司勘會。如有僞冒違礙，雖已赴試合格，先次改正駁放。其犯人并保官，申朝廷取旨。其覆試合赴行在，所有取人分數，依例初試附國子監發解。南外宗正司言，宗子趙榮之等乞只就本路轉運司取應故也。

以上《中興會要》。

紹興三十二年六月二十九日，壽皇聖帝即位未改元。殿中侍御史張震言：「太學免解已非舊典，今當免者千二百餘人，其間固有已得解者。今此一免，數舉之後，不失一官，已爲優幸。而此外或以駐蹕，或以藩邸，或以節鎮，皆得曲爲之辭，轉相攀引，則[12]是當免解者幾二萬人。竊慮來春取人，數倍常舉。乞下禮部預行條約，庶幾上不失推恩之旨，下不啓僥倖之路。」詔禮部看詳。其後禮部言：「建、洪、宣州進士，各以今上皇帝藩邸，乞依故例推恩。太上皇帝登寶位，舊領州鎮進士並各等〔第〕推恩。今雖有建炎故例，緣今降條約之旨，欲將三州比擬舊例，特奏名候殿試唱名取旨，免解進士並減一舉；特奏名如該正奏名，候唱名取旨；鄉貢進士及應鄉貢進士曾三應舉終場，並免將來文解一次。」從之。

十一月十七日，禮部言：「宣、洪、建、鼎、劍州係今上皇帝藩邸，得旨，進士應舉三經終場并曾得解之人，免解一次。竊慮逐州不明諭舉人，依式召應作保之官結罪委保〔一〕，知、通驗實保明，鹵莽申發，致悞赴試。及以不應免解人與合免解人混雜保明，作不圓申發。既逼試期，遂欲許先次收試，致多端冒濫。今欲前期立式行下，須逐人責令確實召保，知、通審察驗實，結罪保明。至期稍有不圓，並不許依放舊弊訴乞，先次收當職官，從本部按劾。」從之。

壽皇聖帝隆興元年三月二十一日，禮部言：「太學生邵南一等引登極赦書，訴乞在籍學生免解恩例。其南一等各請長假，除程限已滿一年之人，依條各除籍，緣降赦日並在籍。」詔南一等準條除籍，與免文解一次。

乾道元年正月一日，南郊赦書：「勘會諸路進士，各有立定額解。比年間有緣事在路，不能趁赴本處解試。雖昨權令附兩浙轉運司，緣人數太多，解額至少，日後難以更行附試，慮悞舉人進取。令禮部遇科舉年分，預期行下諸路

〔一〕式：原作「試」，據《補編》頁四八六改。

轉運司并諸州軍，分明散榜，曉諭 13 舉人通知，各就本處解試。庶免奔馳道路，趁試不及，却成殿舉。」

四月五日，禮部言：「前舉行在職事官自監察御史已上，許牒門客一名赴兩浙轉運司請解。今舉乞依前例施行。其門客依條須秋試前客見任官實及半年，即許牒試。若輒請託，妄稱門客牒送者，自有立定貢舉條法論罪。」從之。

六月二十九日，臣寮言：「科舉之制，州郡解額狹而舉子多，漕司所解，其數頗寬。士取應者，往往捨鄉貫而圖漕牒，至於冒親戚、詐户籍而不之恤。且牒試之法，川、廣之士用此可也，而福建則密邇王都，亦復牒試；見任官用此可也，而待闕得替官一年内亦許牒試；本宗有服親用此可也，而中表緦麻之親，亦許牒試。或宛轉請求，或通同託囑，至有待闕得替官一人而牒十餘名者。倘不稍加禁約，竊恐冒濫太甚。欲乞明頒睿旨，申嚴詐冒之禁於見行條法後〔一〕。今舉既畢，付之有司，重詳損益，立爲中制。」從之。

八月十二日，册皇太子赦書：「應國學進士先曾請到文解，又該遇昨來登極覃恩免解，係一請一免之人，特許理爲兩舉到省試下，與免文解。」

二年五月十六日，禮部言：「參酌舊制，除隨行本宗大功以上親許牒試，及諸州守倅本宗大功以上親、有户貫在所任州軍許牒本路運司，帥臣等官本宗大功以上親在所置司有户貫者許牒鄰路運司就試外，餘並令本貫州軍取解。武臣任準備差遣、巡轄馬 14 遞鋪之類，除親子孫許牒試外，餘並不許。權攝官雖親子孫亦不許。仍令轉運司自今以二十人解一人，零數亦解一人外，有發解年稱緣事到行在，赴鄉試不及，訴乞赴兩浙轉運司附試之人，亦皆泛濫，欲自今並不許，亦不有陳。」詔並從之，省額仍依舊制。

三年十月四日，禮部尚書、兼吏部尚書周執羔言：「檢照乾道二年十二月敕書，特奏名進士紹興十四年得解、十五年到省試下，緣不經展試，須實理三十年，方許試特奏名。進士免解，即與特奏名事體齊同。欲望將進士免解年限自紹興十四年甲子歲以後，並依舊制，得解到省試下，方州理十八年，府、監理十二年，方許免解。即諸州軍得解、紹興二十四年省試下，國學進士得解、紹興三十年省試下人，候年限及祖宗舊制，方許免解。」從之。

四年正月十九日，詔臣寮集議牒試冒濫等事〔二〕，將舊法删修，立爲成法：「應本貫川、廣而任别路差遣，或本貫别路而任川、廣差遣者，隨行本宗及異姓緦麻以上親願應舉，而無户籍，二千里外，許所在州投狀勘實，申送轉運司試。其武臣大小使臣以上，本貫川、廣任别路，及或别路任川、廣，倣此外，止許牒親子孫。知州、通判親戚，本貫在所試州，即牒本路。若經畧官、安撫、總管、鈐轄、監司或發

〔一〕於：原作「其」，據《補編》頁四八七改。
〔二〕試：原作「式」，據《補編》頁四八七改。

運、提舉主管茶事買馬、提點坑冶鑄錢、制置解鹽、提舉市舶官親戚，有本貫在所轄路應避者，即牒鄰路。謂進納之類礙吏部 15 注授格法者。請解者每四十人解一人外，有零數或請解不及四十人者，亦解一人。在京職事官、文臣監察御史以上，武臣任在京職事而職事雜壓在監察御史以上者，各牒門客一人，並須鎖院前在逐門下及半年者，聽牒本路運司試。在京職事官監察御史以上及武臣任職事官班序在監察御史以上者，並召京朝〔官〕二員委保。大功以上親，牒待補國子解。」其後兩浙轉運司申明條制，於是禮部言：「昨乾道四年立牒試條法，緣臣僚屢陳舊法泛濫，是以措置之時，多方削去。其間有户貫絶遠之人，都慮邂逅，或至殿舉。今以兩浙運使申參酌未立法之意〔一〕，欲將在京職事官親戚門客若及諸州知州〔二〕、通判、監司親戚門客，若該依新法已牒，而所牒官在鎖院前一月替任者，亦聽牒試。武臣大小使臣合牒子孫，若替任在鎖院前一季者，其所牒人亦聽收試。諸路運司依此施行。諸路監司、守倅牒試門客，所牒官到任雖未及半年，其門客實貫本州，及爲門客實及半年者，依條亦聽牒試。」並從之。

六月十二日，國子監發解別試所言：「收試庶姓有官應舉者〔三〕，右修職郎汪策治《書》、忠翊郎沈嘉猷治《春秋》，並孤經。若止有二人，委難以取放。欲乞依逐舉例，將汪策等牒試兩浙轉運司，取人分數即與本所庶姓有官不礙格人分數皆同，所貴兩不（有）〔相〕妨（相）。」從之。

二十二日，國子監發解所言：「發解數内不滿年太學生，終場止五人，無額取放；兼滿年國子生以終場人數紐取外，餘一人三分有奇，無額取放；及待補國子生紐取人外，有零數三人九分九釐九毫以上，無額取放。伏乞詳酌施行。」詔零數更取一名。

六年八月五日，隆州言：「本州元隸四縣，後廢兩縣。今蒙仍復貴平、籍 16 兩縣，歸隸本州，解額自合增添，乞詳酌比類增添施行。」禮部勘會：「宣和間罷三舍法，分立諸州解額。時貴平、籍縣士人，已累舉在成都府簡州取解。今既將貴平、籍縣撥歸州，欲將成都府解額撥一名還籍縣，及將簡州解額撥一名還貴平縣，並入隆州，立爲解額。」從之。

十一月六日，南郊赦書：「諸路紹興二十四年省試下進士，昨承指揮，自到省試下實理十八年，方許免解。前舉科場不曾免解，可將二十四年省試下人與免將來文解，及國學進士先請後免，或先免後請，已得解人可並與免將來文解一次施行。」九年十一月九日赦書，除遞遭一舉及不該述前舉科場不曾免解外，餘同此制。

同日，南郊赦書：「應諸路進士貢士四舉，開封府進士貢士實請到本府文解，并國子監進士貢士兩舉人，並依舊制與免將來文解。」九年十一月九日南郊赦書同。

同日，南郊赦書：「應諸路進士曾經紹（熙）〔興〕三十年以前御試下，及開封府、國子監進士，昨承旨揮，自到省試

〔一〕未：此字似爲衍文。
〔二〕若：此字似爲衍文。
〔三〕天頭原批：「『應舉者』，《大典》作『舉人』。」

下實理十二年，方許免解。前舉科場不曾免解，可將紹興三十年省試下，或紹興三十年以前御試下，並與免將來文解。」

七年二月八日，册皇太子赦書：「勘會建寧、隆興、寧國、常德府、劍州進士貢士，如内有實請到三舉文解到省試下之人，許將紹興三十二年覃恩一舉挨成四舉，免將來文解。」

十四日，四川宣撫司言：「來年科舉，被受陣亡恩澤補官之人親子孫合收試外，餘本宗異姓有服【17】親願欲應舉，未嘗從違。緣法無該載明文，欲望詳酌。如許收試，乞下所屬，各令召文臣二員結罪委保，州縣次第勘驗，審實保明，仍依礙格人分數取放，庶幾有以激勸。」從之。

五月二十四日，詔寧國府特增解額一名。以皇子判寧國府、魏王愷言，寧國解額并流寓舊十一名，自併試止解十名，乞增依舊也。

六月二日，尚書省〔言〕：「勘會命官本貫川、廣、福建任別路差遣，并試院官及所試州知、通牒試條令，緣新法未得適中，今删潤舊法，將命官川、廣、福建任別路差遣〔一〕，或本貫別路而任川、廣、福建，得替一年内未起離，許牒試緦麻以上親之文，改作得替在鎖院前一季〔二〕。及諸司應避，舊不載避之目，今增入『親戚有本貫在所轄路』九字。」從之。

十八日，皇太子、領臨安府尹惇言：「臨安府學生董元鼎等陳乞附兩浙轉運司取解。契勘往歲科舉，朝廷矜恤四方孤寒士人無力歸鄉，取旨附兩浙轉運司試，已於乾道四年住罷不行〔三〕。今董元鼎亦係四方孤寒見住學人。」詔許收試。

七月五日，臣僚言：「命官牒試，貢舉條法亦既詳備，循習舊弊，尚或結託改移鄉貫以就遠，或遷服屬以爲近，宛轉干求，至預作保官文書，交通書鋪，公立價出賣族墳姓名，冒濫百出，欲乞嚴行禁止。」詔禮部行下諸路轉運司，檢坐見條，嚴行核實。如或違戾，告者賞錢五百千，取受者以贓論。仍並依《貢舉條制》，書鋪知情受賂，重加配流施行。

十四日，成都府言：「進士杜庭珍等披訴，【18】本府係西南大藩，舉人率常增添。又西北流寓多在本府混試，侵占解額。今以廣都縣籍鎮割隸隆州，仍割本府解額一名，展轉侵損，乞量添解額取放。」禮部勘會，欲給還一名，從之。

十七日，中書門下省勘會：「諸路運司解額，其避親、門客及有官礙格人〔四〕，已有定數。舊法每十人解一人，乾道新法乃以四十人解一人，誠爲(大)〔太〕狹。今以酌中之數，依乾道二年之制，令二十人解一人。試人雖多，亦不許踰元立解額之數取放。」從之。

〔一〕差：原抄作「遣」而又圈去，然未補字，今據《補編》頁四八九補。
〔二〕得：原脱，據《補編》頁四八九補。
〔三〕乾：原作「前」，據《補編》頁四八九改。
〔四〕官：原作「關」，據《補編》頁四八九改。

八年正月三日，詔：「應國學進士不曾請舉該覃恩免解之人，後如實得解，并曾經外路請舉後入學該覃恩免解之人，並理爲一免。」以上《乾道會要》。（以上《永樂大典》卷一〇六四九）

19 淳熙元年八月二十四日，兩浙轉運司言：「臨安府學生陳大有等見在學一百七十一人，並係川、廣等處士子，無力歸鄉，已逼試期，(試)特令就兩浙轉運司附試別考，取旨立額。自今不得(授)〔援〕例。」終場八十七人，詔令解發一名。自今各赴鄉舉，不許陳乞附試。

三年六月二十四日，禮部言：「四川州軍依紹興二十八年九月八日指揮，並用四月五日鎖院，十五日引試。聞四川諸州赴試舉人最多去處，至有四五(年)〔千〕人，最少處亦不下千餘人，舉人皆有暑途奔走之患。乞遇科場解試年分，許並進用三月五日鎖院，十五日引試。」從之。

四年正月二十二日，禮部言：「逐舉科場，依條于三月一日降旨許發解，仍令學士院降詔。續承淳熙三年六(六)〔月〕二十四日指揮，四川州軍發解改用三月五日鎖院，即與降詔書日分相逼。」詔後科場于二月一日奏裁，仍令敕令所立法。

20 三月三日，詔：「淮南、京西人户有産業，如煙爨實及七年以上應舉，即許依貢舉法收試。」兼詳定一司敕令單夔言：「乾道敕：非本土舉人往緣邊久居或置産業爲鄉貫者杖一百，押歸本貫。今據廬州條具到乾道敕與貢舉法文意相妨，乞詳酌行下，遵守施行。竊詳國家立法，務在便民。若民户有願徙居寛鄉者，即合聽從其便。況緣邊州郡，惟要招集四方人户，置産久居，以壯邊勢，豈有(返)〔反〕行禁止，斷罪押歸之理？」故有是詔。

七月十六日，詔：「自今兩學、諸州、漕司解試及將來省試、公試所差試官，並令先考脚色，將習詩賦、經義之人相半差充。候到院，許監試各以所治經與詩賦分撥考校。21 其有年高昏眊、視聽(以)〔已〕衰之人，不在玆選〔一〕。若見任官不足，在内許差到部人，在外許通融于比近州縣官選充。其封彌所换易家狀，謄録所隱匿試卷，不與盡行謄録，及對讀所不躬親對讀點檢，並請監試官督責，嚴行關防〔二〕。稍有違戾，按劾以聞。諸州軍士人赴試，襴幞入院，或有衩袒，並令扶出。或有鼓譟場屋，令所屬官司依已立定條法停試殿舉，仍連坐同保。」從殿中侍御史謝廓然請也。

二十九日，詔以少保、觀文殿大學士史浩前知福州規畫編類科舉事件，下臨安府雕版印造成册，遍牒諸州參照施行。以浩言：「昨守福州，適當科場，嘗爲規畫數十事。是歲試者二萬人，濟濟有序。臣當時措置曉示，編類成書，今以上進。若有可采，乞降付禮部、國子監行其一二。」禮

〔一〕不在：原倒，據文意乙。
〔二〕防：原作「妨」，據文意改。

部，國子監看詳浩措置條項，委可頒行爲式，故有是詔。

八月十四日，詔：「游學人黄鑑大等四百餘人，特令就〔兩〕浙轉運司附試一次，仍別行考校，依例取旨立額。後舉令禮部先一年行下約束，不許附試。」王（准）〔淮〕奏曰：「鑑大等陳乞同文館試。」上曰：「何不歸本貫應舉？」」李彦穎等奏：「臨安府學、錢塘縣學，多是外處士人就食。前舉曾行一次，只解一名。今共有四百餘人陳狀，令赴漕司附試，量取二三名足矣。」故有是詔。

五年五月十一日，右諫議大夫蕭燧言：「（此）〔比〕言諸路士人並有寡廉（解）〔鮮〕恥，貪他郡解額之寬，詐冒以僥倖于一得，土著士人争訟紛紜〔一〕，場屋鼓[22]譟，無所不至。乞下諸州嚴爲之禁，自今士人赴鄉舉者，必須實係土著，方許赴試。仍從本縣保明煙爨申州，以憑結保。若揭榜有非煙爨冒貫得解人，並行駁放。其借以户名與之妄認者，同底于罰。」從之。

六月二十四日，權禮部侍郎齊慶（冐）〔胄〕言：「流寓解額，併歸本州，凡煙爨及七年以上，許與本貫士子混試。國子監昨來申請，又令流寓户貫得解人併入東南户貫。後生晚輩但見生長于是，慷慨仗義，誰與共之。乞自今科舉流寓士人，煙爨七年，與土著混試，自依新法外，其貫籍聽依舊用西北舊貫。」從之。

七月十一日，禮部言：「已降指揮，待國子生併已補滿年，不滿年國子生盡赴別院收試。比之逐舉人數增倍，其別試所差試官，依例止差考試官一員，點檢試卷官二員，委是考校不逮。」詔添差點檢試卷官一員。

六年正月二十三日，詔簡州解額仍舊作七名取放。禮部、國子監言：「簡州元應舉七百九十八人，立額取放七名。乾道六年，緣本州（貫）貴平鎮改縣撥隸隆州，將解額七名内撥一名入隆州。時貴平縣止有四十七人赴試，却侵取簡州解額一名。今據四川安撫制置使司申，淳熙四年，簡州解發就試終場一千二百二人，止取六（百）〔名〕，委是虧額。」故也。

七年五月一日，臣寮言：「川、廣、福建牒試冒濫，止緣所牒緦麻姑姨之子等皆異姓，可以爲欺。乞將舊法命官本貫川、廣、福建而任別路差遣，或本貫別路[23]而〔任〕川、廣、福建者，『隨行緦麻以上親』改爲『隨行本宗緦麻以上親』，仍令召保官二員，結罪保明批書。如有委保不實，從貢舉申明，保官先降一官，然後勘罪。」上曰：「若改作本宗親方許牒試，則冒濫自革矣。」

四（川）〔日〕〔二〕，臣寮言：「科舉條例，自八月十五日爲始，連日引試三場，此天下通法，獨饒（川）〔州〕試院迺是隔日入試，凡五日方始終場。乞下漕司嚴飭饒州，今歲科舉

〔一〕土著：原作「士著」，據文意改。下同。

〔二〕四日：原作「四川」。按以下事與四川無關，且此條無時間，亦不合體例，「四川」必是「四日」之誤。因改。

須接連三日引試。如敢唱競，將鼓倡之人寘于法。」從之。

八月八日，詔：「臨安府見有遠方游學士人，試期在近，歸赴舉不及，特令就兩浙轉運司附試一次，別項考校。候見終場人數，取旨量立解額。」

九月四日，禮部言：「淳熙六年指揮，宗室有官鎖應取解諸路運司，每七人取一名。續有旨，宗室解試有官鎖應每七人取三人，與昨降指揮不同，兼不曾該載運司取解明文。今〔兩〕浙轉運司試院，有宗室終場止有五人。」詔取一名。

九年十二月十六日，右諫議大夫黄洽言：「諸命官本貫川、廣、福建而任別路差遣，或本（本）貫別路而任川、廣、福建者，隨行緦麻以上親願應舉而無户籍，或去户籍二千里外，許于所在州投狀，申送轉運司。此見于祖宗舊制然也。但以官司奉行不謹，故勘會止于文具。兼不取應牒官及保官印紙批書，是以僞冒生焉。夫有服親牒試而至于僞冒，固在所禁，議者因而改緦麻親應牒之法，無乃非祖宗立法本意乎？其有服親牒試，乞只依祖 24 宗舊制，唯嚴批書之法。」從之。

十二年十二月十七日，禮部言：「國子監指定歸正、歸明、歸朝（捕）〔補〕官之人親子孫願應舉者，委的見隨侍在任所，別無赴試去處，欲令召陞朝官二員委保，經見任州軍陳乞。本州勘驗得別無詐冒，取索印紙，分明批書，從本州知、通（給）〔結〕罪保明，送本路漕司，與礙格有官及門客等人混試施行。」從之。以從義郎、（閣）〔閤〕門（祇）〔祗〕候、添差兩浙西路兵馬鈐轄滕忠信乞歸正等人赴試故也。

十三年七月二十五日，臣僚言：「三年大比，士子進身之始，國家所甚重。而前歲科舉，所謂冒貫代筆之弊，猶或有之，輕犯有司，深爲可惜。今秋試在近，乞下有司申嚴條制，防于未然之前。」從之。

閏七月四日，臣寮言：「士人詐冒户貫，妄引宗枝，以規圖就試者，乞行下，應諸以伯叔兄等爲户者，雖有條制施行外，仍各于家狀前畫宗枝圖，須要與家狀内同曾祖，結罪詣實，方許就試。如後來契勘得委是僞冒，將應人駁放，其同姓知情容縱，一例坐罪。」從之。

淳熙十六年二月四日，登極赦：「應（大）〔太〕學、國子學、武學生見在籍人，並與免文解一次。」詳見「進士」門。

閏五月十七日，臣寮言：「伏覩貢舉舊法，有所謂隨行緦麻以上親牒試者，行之既久，異姓親屬誠有冒濫〔一〕，故淳熙七年指揮改作本宗緦麻以上親之法。及（熙）淳〔熙〕九年指揮，又改新法，將隨行有服親牒試，只依祖宗舊制，惟嚴保官批書之法。行之兩舉，今有司復請 25 從淳熙七年指揮。竊謂川、廣、福建去朝廷遠者，或二三千里，或四五千里，或七八千里。今去秋試無三月，指揮到日，已迫試期。竊見淳熙七年五月一日已降指揮，當時士人不得已而

〔一〕異：原作「與」，據文意改。參上文淳熙「七年五月一日」條。

奔歸，隆暑修程，或絶糧于道途，或暍死于舍館，其有歸至本貫者，秋試已無及矣。今來指揮又復差後，深慮士人奔迸狼狽，甚于昔日。欲乞收還今降指揮，特依舊法牒試此一舉，仍申嚴保官批書之法，亦可以革冒濫。却俟後舉，早降指揮施行。」詔特與行今舉，已後依淳熙七年五月一日指揮施行。先是，禮部言：「舊法，命官本貫川、廣、福建而任別路差遣，或本貫別路而任川、廣、福建(福)，隨行緦麻以上親願應舉而無户籍〔一〕，或去户籍二千里外，許于所在州投狀，勘會無違礙，申送轉運司。并淳熙七年五月一日指揮，欲將舊法『隨行緦麻以上親』改作『隨行本(崇)〔宗〕緦麻以上親』。淳熙九年十二月十六日指揮，將川、廣、福建任別路差遣或別路任川、廣、福建者，隨行緦麻以上親牒試，只當依祖宗舊制。本部竊詳前項條法，行之太寬，每舉牒試既是異姓冒濫爲甚，雖有保官，並皆請託。今乞依淳熙七年五月指揮施行。」故也。

九月一日，兩浙轉運司言，臨安府見有遠方游學士人，試期在近，歸赴鄉舉不及。奉旨特令就兩浙轉運司附試別考，取旨立額。終場一千三百一十一人，詔令解發十名。三年八月二日降旨，亦令附試。

紹熙元 26 年二月十五日，詔：「進納補官理選限人，元係漕司七人取一人者，不許陳乞理免，及不許依恩科人推恩。」從禮部侍郎李巘請也。

十一月二十四日，詔龍州置科場收試舉人。從本州申請，以就試者三百人以上故也。

二年十一月十八日，知廉州沈杞言：「曩者廉州并試雷州，每遇科舉，涉海而往，屢有風濤之患。本州乞自置科舉，所有合用錢物，不敢于漕司支撥。乞下轉運司，許令本州自置科舉。」送禮部、國子監勘當，從之。

二(月)〔十〕七日〔二〕，南郊赦：「應諸路進士淳熙二年省試下，實理十八年，國學進士淳熙八年省試下，實理十二年，並與免將來文解。應諸路進士實請四解，并國學進士兩舉人，並依舊制，與免將來文解。其國學先請後免，或先免後請人，並依此。」

三年五月二日，淮南轉運司言：「廬州仍舊併試濠州、安豐軍，士人各別立號考取。所有本司合收試有官避親、門客等，併附江東轉運司收試。」從之。

二十四日，侍御史林大中言：「乞申嚴行下，令諸路轉運司徧牒諸州，如委保親戚，則牒官及保官照牒寔批印紙。如有僞冒，亦合照條科罪，仍令内外臺嚴行覺察。既嚴僞冒之門，稍寬進取之路。乞照前舉例，取旨量立解額，但比本州取解無異。彼非甚不得已者，亦各歸赴鄉舉。」從之。

二十七日，禮部言：「已降指揮，文(職)武〔職〕事官本宗同居五服内并異居大功以上親，釐務官文臣京官、武臣

〔一〕無：原脱，據前「九年十二月十六日」黄治奏補。
〔二〕二十七日：原作「二月七日」。按《宋史》卷三六《光宗紀》，此年南郊在十一月二十七日壬申，因改。

朝官以上本宗同[27]居小功以上親，並許赴監取應，合召京朝官二員委保。國子監照得武臣任職事、釐務官所牒親赴監取應逐舉體例，係通召文武京朝官混同作保，致有冒濫。本部乞自今舉爲始，將行在文武臣任職事、釐務官及諸軍將領朝官，以合該牒應試文舉之人，所召保官並用文臣京朝官結罪，聽保批書，赴監收試。如所保不寔，即照應淳熙二年六月六日指揮，舉人殿舉，雖試中亦行駮放，元牒官及保官各降一官，仍取勘，不許自首改正，及照應見行貢舉條法斷罪。所有其餘事節〔一〕，仍照應紹熙二年五月二十五日已降指揮施行。」從之。

五年五月二十八日，詔：「成都、潼川兩路轉運司解額，各與存留二十名，餘額令四川制置司、成都、潼(州)〔川〕轉運司取會諸州解額及終場人數，參酌多寡分撥，取令均平。」從成都漕臣王溉所請也。

紹熙五年七月七日，登極赦：「應太學、國子學、武學生見在籍人，並與免文解一次。」

九月十四日，明堂赦：「應諸路進士寔請四解，并國學進士兩舉人〔二〕，並依舊制與免將來文解。其國學先請後免，或先免後請人，並依此。」自後郊祀、明堂大禮赦亦如之。

同日，赦：「應諸路進士淳熙五年省試下，寔理十八年，國學進士淳熙十一年省試下，寔理十二年，並與免將來文解。」自後郊祀、明堂大禮赦亦如之。

十月二十八日，四川制置司言：「諸路所部牒試，不勝其繁，乞各與存留十名，以待諸州[28]守貳門客及礙格有官人，及東南游宦于蜀寔及二千里同姓緦麻親。得旨各存留二十名，餘額令本司取會諸州解額及終場人，參酌多寡，撥令均平。本司契勘，昨緣兩漕司解額太寬，故士子僥求移試〔三〕。今來所當移試者，不過諸州守貳門客并內地官任川蜀差遣及二千里之人隨行本宗緦麻親。其考試官親戚，漕司自當先期取會無親戚合迴避處，方得宣差外，其知通寔合迴避親人，每員多亦三二人而已〔四〕。約一路合移試者，多不過三數百人。今若將兩路漕司解額各與存留二十名，比之諸州尚爲寬優，竊慮士子仍前奔競。今相度各存留十二名外〔五〕，餘均與諸州。兼照得見行條法，每二十人解一人，如將來就試人少，所取不及十二人，即據二十人解一人之數取放，不必拘十二人之數。」從之。

慶元元年八月三日，省言〔六〕：「勘會臨安府見有遠方游學士人，試期在近，歸赴鄉舉不及，理宜措置。」詔特令就兩浙轉運司附試一次，令項考校，候見終場人數，取旨量立解額。既而本司言附試終場一千五百六十二人，詔依淳熙

〔一〕有其：原倒，據文意乙。
〔二〕舉：原作「學」，據前紹熙二年十一月「二十七日南郊赦」改。
〔三〕僥：原作「橈」，據文意改。
〔四〕已：原作「矣」，據文意改。
〔五〕十二：原倒，參前後文乙。
〔六〕「省」上當有脱字，疑爲「三」字。

十六年指揮，特與取放十人。四年終場一千六百六十七人〔一〕，嘉泰元年終場一千四百四十九人，四年終場一千三百八十九人，開禧三年終場一千三百八十四人，逐舉詔令取放五人。嘉定三年終場一千六十九人，詔令取放四人。六年終場一千九百二十四人，詔令取放 29 七人。九年終場一千六百七十一人，詔令取放六人。十二年終場一千九百九十三人，詔令取放七人。十五年終場二千四百九十三人，詔(令)〔今〕舉特與取放十人，以都省照得兩浙運司附試士人，緣今舉該遇進寶大赦，係是非常特恩，所有取放人數，即與逐舉事體不同故也。

十二日，詔：「武學生繆夢辰等，與依(大)〔太〕學生王㓨等例，放行免解。」以夢辰等各以丁憂持服，該遇紹熙五年七月登極赦恩〔二〕，今來參學，乞依例免解，國子監保明來上，故有是命。

十七日，詔國子監發解待補國子生取放外，零〔分〕依逐舉例更取一名。

二十五日，詔：「(大)〔太〕學生余游，與依不滿年(大)〔太〕學生收試，令項精加考校，如文理優長，申取朝廷指揮取放。」以游自陳于紹熙四年補中，緣當年四月丁憂，至今年七月一日服闋，已行參學。竊緣應在籍人並已免解，獨游一名係合赴試之人，情願折分，與待補國子生一處收試。國子監看當，照得淳熙七年内發解，有不滿年(大)〔太〕學生汪豹、陳鴻止作本色收試，各是孤經，將試卷考校，如文理優長，申朝廷取放了當。今來考校到草卷一副，文理稍優。禮部竊詳，稍優比之優長，輕重不遠，欲行取放，故有是命。

二十六日，臣寮言：「兩浙州郡知、通避親牒試，紹熙三年諸州所牒止五十人，今歲乃三百三十七人。夫以親戚多寡寧不同，至于遽增六倍，則事理可見。乞付三省，令都司取兩浙轉運司兩舉人 30 數，公共比照多寡，以今次所牒最多三數人職位姓名將上取旨，或與罷黜，或與降官，或展磨勘，等第行遣。庶幾稍肅官箴，稍嚴士則。」從之。

十月二十六日，權禮部侍郎楊輔言：「近者以成都、潼川漕司解額太優，除存留外，令均平撥與諸州。去冬制置司申到，未能盡當。緣試期已逼，權從已撥發解一次。臣以元申到考之，如隆州合添四名，今但添三名；普州合添三名，今頓添十一名。隆、普同爲多士之鄉，多寡頓異，以類推而可以槩見。照得昨來制置司先以漕司終場人數，一例分配與諸州，却于向上均撥解額，不計寔赴漕試之多寡，緣此大致不均。又兼諸州終場人數或有虚申不寔，今來合乘解試之後，下兩路漕司，日下盡行抽索封彌所號簿并考校號簿，委官專一點對，取見終場的確人數。如尚有差互，更索元謄録卷考覈，然後參以本州元額之廣狹，逐處文物盛衰，舉登第之多寡，從公分撥。其餘荒陋邊郡解額素優去處〔三〕，不必更增。」從之。

嘉泰三年十一月十一日，南郊赦文：「臨安府係駐蹕

〔一〕自此句以下至「取放十人」，原作大字，因係連帶叙述以後事，今改爲小字。
〔二〕紹熙：原作「紹興」，據下「登極」語改，寧宗於紹熙五年七月即位也。
〔三〕其餘：原作「其除」，據文意改。

之地，進士寔請到本府文解兩次者，可依開封府例，與免將來文解一次。」自後郊祀、〔明〕堂大禮赦亦如之。

十一月二十八日，册皇太子赦文：「嘉定、慶元、安慶、英德府進士，如内有實請到三舉文解，到省試下之人，許將紹熙五年覃恩一舉湊成四舉，與免將來文解。」

嘉定三年七月六日，權禮部尚書章穎言：「竊惟[31]科舉之法，行之既久，苟無大弊，不可輕有變更。慶元二年，詔宗室並不許差試官并監試。至嘉泰元年，常州申明，國子監看詳，若通判雙員去處，或有宗室任通判，自不許差監試。其獨員通判或係宗室，若不許差監試，則以次職曹官，權輕恐不能彈壓。況監試不與考校，雖宗室通判亦無妨礙。已從所請，而四方州軍尚拘前降指揮，並不差宗室通判監試，獨有常州許差。伏緣諸路科舉，大郡至萬餘人，小郡亦不下數千人。試院事務浩繁，監試職在彈壓，誠難委之于官卑望輕之人。所有〔路〕諸〔路〕州軍，乞依常州申請，令宗室通判監試。」從之。

十一月十四日，福建路轉運司言：「今年科舉，本路漳州試院中有破落不逞者，皷扇率衆，各持竹段木截喝噉行兇，將棘圍門户撞踏打開，奔入考試、監試諸位内，將教授楊宏中毆打傷損，其餘試官盡遭毒手，踏開試院後門，趕逐出院。恃其黨熾，莫敢誰何。乞將〔潼〕〔漳〕州士人例行殿舉。」詔知州錢蓍特降一官，仍將本州舉人並停一舉解發。

九年二月九日，禮部言：「廣西轉運司據化州申特奏名進士黎時舉等狀：『竊惟設科必由本貫，蓋法古命鄉之意。自舍法初罷，創置科場，多將諸州比附就試，如欽附横州，廉附雷州，潯附藤州，鬱林附容州，賓附邕州。後來士人陳乞，各得拆試，獨本州猶附高州。本州取高州阻隔大江，并小溪無數，一值秋雨暴漲，若滄海然。況石城一[32]縣，取州凡六七日，前舉下兩旬，疏虞甚衆。向來終場不下五百餘人，其年石城雨濘，阻水感疾，終場止二百四十餘人，坐受殿舉一半，爲害至重。乞備申禮部，許别置貢院，免附高州。』本部行下國子監勘當，既而國子監言：『準令科場發解，一州舉人不滿百人者，指定近〔年〕便州軍，申轉運司行下併試，各用本州解額。化州試士人已及四百餘人，合令自置科場，所有解額，並照久例施行。』」從之。

十一月十四日，詔知榮州楊叔蘭放罷，朝奉郎劉光特降一官。以潼川提刑、權運判魏了翁言「榮州解試拆號後，士人趙甲等訴試院欺弊事。叔蘭係舉送官，關防不謹，以致官吏作弊。朝奉郎劉光不能訓其子，使抵冒法禁」故也。

十一年十一月十一日，詔：「榮州發解監試官、承直郎、簽判何周才特貸命，追毁出身以來文字，除名勒停，免真決，不刺面，配忠州牢城，免籍没家財。考試官石伯酉、扈自中、馮貪仲各特降一資，並放罷。劉頤並徒二年私罪〔一〕，贖銅二十斤，仍照舉人犯私罪不得應舉。楊元老徒二年私罪，蔭減外杖一百，贖銅十斤。劉濟特送五百里外州軍，劉頤、楊元老特分送三百里外州軍，並編管。」以周才充發解監試，受劉光賕賂，用楊元老之謀，約以策卷中三「有」字爲暗號，取放光之子頤改名宜孫。及其孫濟二名。既爲趙甲經漕司告試院孔竅之弊，下遂寧府鞫得其寔，具（按）〔案〕來上，從大理擬斷。于是臣[33]僚言周才、光等罪犯皆得允當，伯西、自中、夤仲不合擅令周才干預考校，又聽從取放，乞併鐫罷。故有是命。

十二月二十六日，禮部言：「準令，諸開科場，每三年，于二月一日降指揮許發解，令降詔。照得四川解試，逐舉用三月五日鎖院，十五日引試。近降指揮，四川解試改用二月二十一日鎖院，三月一日引試。所有嘉定十二年開設科場，竊恐降詔日分相逼。」詔用正月十五日。

十五年二月十九日，左司諫張次賢言：「竊謂考藝興能，視遠若近，此聖朝公天下之心。至於俗有不同，法有未便，時解而更張之，亦聖朝之所不免也。二廣之俗，揆之中州不同，人才多寡，文物盛衰，何啻十百千萬。而科舉之法，乃與中州無異，則其間不便之尤者，可不爲之釐正乎？國家駐蹕吳會，且將百年，中州近地，士類日繁。引試不分州，則無以息冒貫之弊；考試不分官，則無以責校藝之精。若夫二廣風俗，烏可以此例視之哉？一氣常燠，四時如夏，草木寔于窮冬，虵虺遊于既蟄。人之冒瘴得疾者，鮮克自全，其風氣之異如此。茅葦彌漫，居民鮮少，業儒之家既疏，能文之士益寡，闔郡應舉，多者三四百人，少者不滿百人，其士子之稀如此。風氣之異，則遠官之人勿令深入；士子既（既）稀，考試之官不必分州。今科舉分遣考官，一用中州之例。當暑蘊隆，驅之深入瘴鄉，動千餘（千）〔里〕。呼吸炎風，濡染毒霧，其間固不能無斃于往[34]來之途。故仕于廣者，每以考試爲懼，一遇賓興之歲，百計營免，如逃寇攘。爲漕臣者亦慮之畏避，而倉卒無以充數，故自正月以後行下郡縣，應有出身僚屬，並不（詳）〔許〕給假。側聞往歲廷臣以京西士子稀少，乞將本路六州軍士子並就襄陽一處收試，各用本州解額取放，行之已久，咸以爲便。今二廣士風與京西一同，獨其間州郡數多，地里遼絶，難以一處收試。若取其地之相比近者，合三數州而併試之，亦廣中之一便。乞下二廣漕司，令倣京西類試體例，隨宜措置，取相近州郡合三數州就一州併試，所有解額仍各自依逐州之數。如此則天地隆恩，無往不被，不獨爲考官者免于畏避，而漕司與州郡亦得以省事。」詔從之。令禮部、國子監看詳。

同日，右正言襲蓋卿言〔二〕：「臣竊惟自鄉舉里選之制

〔一〕劉頤並：「並」上似脱「劉濟」二字，否則僅劉頤一人，「並」字即爲衍文。另據後文「光之子頤及其孫濟」語，則劉濟實爲同犯，應與劉頤共罪。
〔二〕襲：原作「龔」，據《南宋館閣續録》卷七、《經義考》卷二八三改。

(壤)〔壞〕，而朝廷取士舍科舉之外無他法，士子進身舍科舉之外無他塗。本朝科舉之法最爲嚴密，將試而委官，已試而鎖院。慮考官之容私也，(胡)〔故〕立糊名謄録之法；慮士子之飾欺也，故立代筆傳義之法。三百年間，名卿才士皆此塗出。近年以來，弊端而滋，往往溢于禁防之外，甚者則有冒貫之弊焉。夫諸路牒試，有門客，有避親，其爲冒貫，豈法禁所能盡防？至于方州土著，則不容有一毫之僞。臣未暇他舉，姑以見一路之事槩言之。歲在丙午，有冒潭州之貫者，場屋喧(闐)〔閙〕，蹂踐幾死者數人。帥守私意不肯寘冒貫 35 者于罰，反將土著人坐罪。事至省部，人皆知之。歲在丁卯，有冒衡州之貫者，場屋喧閙如潭州，監司憑冒者之言，追逮凡六十三家。既至庚午，冒僞滋甚，當時監司主臣與冒貫人同鄉，堅主其說。有林大亨者冒試〔一〕，寫試案『奉兩臺牒試林大亨』之語，假臺府之威以鉗衆人之口，壞朝廷之法以濟旅士濫得之私。爲彼之説，不過以法有煙爨七年許就試之文爲辭爾，抑不知祖宗立法之初意，以當時北虜、西夏之人或流寓于中國，元無土著，故創此法以待之。南渡之後，遵行益謹，其東南士人有鄉貫可歸者非此(北)〔比〕也。今生長東南，既有本貫可以收試，乃欲舍塗之遥而就邇，舍解額之隘而就寬，妄引此法以自利，不惟失國家立法之意，且使士人喪其所守。每及科舉之期，爭競紛然，攪亂場屋，爲害冞深。一路之弊若此，他路可以類推。今大比伊邇，乞下諸郡，應東南有本貫可歸之人，不得妄引煙火七年之説陳請冒試，戒約諸縣不得受私，縱容結保。仍專委漕臣覺察，如得其寔，參考《貢舉條制》，重寘于罰。仍許本貫士人赴禮部越訴，行下別司追究。如守令(詢)〔徇〕私意，漕臣失覺察，並行降黜。所有已中牓人與行駁放〔二〕，其或有日前冒試得解人，並行勒回本貫收試，以塞爭端，以革弊源，以善士風，庶幾人安所守，爭自淬勵，以俟上之選擇。國家所以養多士之心術而厚風俗，其機寔在此，所宜亟作施 36 行。」詔令禮部、國子監看詳。

三月一日，監察御史方猷言：「竊惟本朝科舉，一務至公。全蜀人才，素號爲盛，然地遠而私容易，法玩而弊獨稔。賓興在邇，苟不申嚴其禁，竊恐僞冒愈滋，才否無別，甚非聖朝選士之初意。且蜀之類省試〔三〕，例自朝廷遴選試官，多擇東南士夫于彼者爲試文主點檢試卷等官，故其弊稍減。若夫諸州解試官，雖自漕司選差，然其弊有可駭者。試官不校文，以賣解爲常例；士子不修業，以買解爲捷徑。歲及大比，置局立價，上下交通，公私爲市。題目得于未試之前，姓名定于未考之始。因循習熟，恬不爲怪。如曩歲榮州解試，寄居劉光與監試何周才合謀鬻解，光之

〔一〕林大亨：原作「林大享」，據下文改。
〔二〕與：原作「興」，據字形、文意改。
〔三〕類省：原倒，據文意乙。

子直入棘圍，就試官位置酒納賂。洎揭牓，劉氏一門親戚、館客殆居其半。由是士子不平，訴之有司，推鞫按奏之牘今可覆也。夫天下之士，公私不能並行，利害不可兩立，此豈幸而失思〔一〕。厥遐方寠士，終歲矻矻，得以姓名達于天府，獨有三年一試耳，顧爲徇私者奪之，則其憤者必多矣。西蜀之地，祖宗視爲殿之西角，攷藝興能，弊一至此，詎可縱而不問乎？乞下四川，每遇解試三場，仍自三房互考。取放之際，須令應在院試官公共參詳，見得合格，即於所取卷子内同列名銜〔二〕，異時或有疏失，一例坐罪。有曾考試徇私被按之人，並不許監司、守臣薦舉，則貪冒者知懼，抑鬱者獲伸，遐陬知里選之公，寒士無陸沈之患，其 37 於科舉誠爲至便。」從之。

十七年四月二十五日，詔令刑部行下淮西轉運司，將秦萬全、夏蜚英、柯介然、林洙、林涇各特從徒二年，聽贖，仍分送千里外州軍編管。以刑部言：「淮西轉運司申，光州進士秦萬全妄訴林應辰冒貫就試，群衆打林應辰瀕死，士人驚散，幾壞科舉。若以中州律之，合盡法科以徒罪編管。」故有是命。（以上《永樂大典》卷一五〇八九）

〔一〕此句似有脱誤。
〔二〕銜：原作「御」，據文意改。

宋會要輯稿　選舉一七

教授

【宋會要】

1 紹興三十二年孝宗即位未改元。七月八日，詔宗室及第人今後不許陳乞注授教授。乾道八年五月六日，權尚書吏部侍郎韓元吉言：「今歲黄定榜内應舉宗子趙師烜係第一甲第十六名進士及第。竊詳殿試第一甲依格合注授教官，即與其他宗室有出身事體合稍優異。欲乞將宗室及第殿試第一甲應格之人，許集注教官差遣外，餘並不許陳乞及注授。」詔從之。前降紹興三十二年七月指揮更不施行。

八月二十四日，有旨，信陽軍教授可罷，見任人許令終滿，願罷者聽；已差下人，依省罷法。以荆湖北路諸司奏其極邊，教官無職事故也。

十月四日，詔復置泰州教授。先是，淮南並罷教授。至是知泰州劉祖禮狀：「竊見揚州教授已存留，本州係次邊，比揚州事體一同，乞特賜存留。」故詔從之。

孝宗隆興元年十月二十日，武岡軍綏寧縣申：「從義郎、權綏寧縣管界都巡檢、充七洞都首領楊成等狀叙陳，乞依徐時邁體例，差建寧府進士李大年充本軍綏寧等縣新學教授，候徐時邁年滿日，便行供職，訓誘溪洞生員。」下詔特依所乞。

十二月十二日，有旨，武岡軍綏寧縣新學教授徐時邁依詹木、李申例補上州文學〔一〕。既而兼中書舍人馬騏奏：「據武岡軍徐時邁以進士教夷人，援崇寧、政和指揮補上州文學。武岡軍狀内稱崇寧、政和間補詹木、李申係教導及三年，今徐時邁於紹興三十一年十一日方承指揮差充教導，至保明日未及二年。又自政和三年以後不曾補官，其紹興三十一年指揮亦無許補官之文。崇寧、政和指揮，本部法令之所不載。若與放行，無以杜絶僥倖之門。」有旨，前降指揮更不施行。

乾道二年三月二十四日，詔：「有出身選人曾任縣令，終滿無遺闕，初改官方許授教官。如不曾任縣令，并令依薦舉人先注知縣差遣。」

六月四日，詔：「今後諸州教授不得理作實歷親民資序。其餘堂除差遣，並依選任法，許理當實歷親民資序。」臣僚上言：「伏覩五月二十六日詔，今後諸州教授不得理作實歷親民資序，修入關陞條。當日又承都省劄子，考功供到：契勘知縣資序人關陞通判，除堂除宫觀嶽廟不許理當實歷親民外，其餘堂除差遣，並依選任法許理當實歷親民關陞通判資序。契勘國家立法，當要昭如日月，信若四時，使一定而不易。今來聖旨指揮教授不得理作實歷親民

〔一〕例：原字不全，似「訓」字，據文意改。

資序，而考功供到選任法，堂除差遣許理作實歷親民。萬一將來有堂除教授備陳乞關陞，猾吏欲不令關陞，則引用五月二十六日指揮；欲使之關陞，則引用選任法(除)〔許〕理作實歷。如此則國家立法，適所以爲猾吏舞文乞取之資用。欲望[2]睿旨裁定施行。」故有旨於元降指揮内添入「其餘堂除差遣，並依選任法，許理當實歷親民資序」。

五年五月七日，詔復置真州教授。從前知真州張郯請也。

八月十二日，通州、無爲軍各復置教官一員。

九月十七日，詔劍州教授今後堂除。以利州路轉運判官梁蓋言劍州藩邸舊領，已陞普安軍，乞依節鎮例堂差也。

六年六月二十六日，詔德慶府教授堂除差人。以本府言舊係康州，建炎元年陞爲府，乞依節鎮例堂差，故有是命。

七年七月十二日，詔復置和州教授一員。以本州州學正何滳等乞依通州、真州、無爲軍已得指揮復置也。

二十一日，詔復置房州教授一員。從轉運司請也。

八年五月十七日，詔復置廬州教授一員。從淮西安撫司請也。先是，宰執進呈虞允文等奏曰：「州縣因闕官以致廢事，亦多有之。近日有數郡守臣乞復置判官、司户之類。」上曰：「諸州教授稍已復置，今未復者亦當復之。」虞允文等奏曰：「容具上員闕，取旨施行。」故悉復之。

六月三日，詔復置隨州教授。以本州乞依真州、房州已得指揮復置也。

十一月十一日，詔諸州軍將歸正士人許與本貫士人混同補試，入學聽讀，不得非理邀阻。京西運判張揀奏：「歸正士人，乞照已降指揮申嚴行下，許於所居州縣赴學破食聽讀。」禮部勘會，依條，諸路進士入學聽讀，係赴補試考中合格，方行入學聽讀。今來若徑令入學破食，即恐士民混雜，敗壞規矩。故有是命。

十六日，詔威、茂、金、鳳、西和、文、龍州、大安軍並復置教授。先是，左通直郎、前階州州學教授毌丘惇劄子，乞將四川昨來所罷教授去處，依兩淮例，並與依舊復置，其差注依見行條法施行。送四川宣撫使司相度，申尚書省。本司契勘：「除潼川府、夔州兩路元無廢罷教授員闕外，有成都府路威、茂二州并利州路金、鳳、綏和、文、龍州、大安軍六處，自乾道之初，廢罷教授共止八員，所省廩俸不多。雖差有出身官兼權，各緣職守相妨，或因事罷去，或州軍見任職官並係無出身之人，不免逐旋差官權攝，曠廢學校，有失朝廷崇用儒術、敦尚教化之意。」故有是命。

九年十一月二十四日，吏部言：「近承指揮，堂除教授五十闕，並令吏部使闕。本部宜從尚書左選教授格法，選注曾試中詞(舉)〔學〕兼茂科、曾試中内外學官，先學官，次教官。殿試第一甲，及曾試上舍上十名，轉運司類試第一名。舊法，(大)〔太〕學上舍或公試上三名，國子監、開封府取解上三名，曾任太學、辟廱、宗學官爲等次，並不限資序、名次、考任、年甲、過犯，並先注應格數均之人，即以應格高下差注。若限内無應格之人，依舊再榜半月。又無應格人，雖磨勘改官唯注□縣亦許，資次依（大）〔太〕學舊法，曾陞補内舍人，次曾任 3 教授經任人，次進士上舍出身，并三十以上曾歷任人。所准撥下堂除教授等員闕，今欲將格内自曾任太學、辟廱、宗學官以高下等應格之人兩選同日通注外，其不應格法人，即先令尚書左選差注，候滿一月，方許通差選人施行。若同日有官指射，即先差承務郎以上官。」有旨依。

淳熙元年四月十六日，詔：「桂陽軍三縣應有蠻峒去處，令差人入峒，説諭首領，擇其可教子弟前來軍學聽讀，依在學生員例，每月支破錢米養贍。」知桂陽軍徐涓言：「本軍管下三縣，各有溪峒蠻傜，緣素不知書，縱畧識字，亦莫曉義理，由是好暴喜亂。臣親訪傜人，見其言峒中亦有子弟讀書，但無訓導之人。乞令擇可教子弟，發遣前來州軍學聽讀，選有學行士人專一教導，使稍知理義即遣歸，轉相教訓，化頑爲良。」故有是命。

二年二月二十七日，詔滁、楚二州復置教授。

六月二十日，詔：「武岡軍溪峒子弟能向學人，許入軍學聽讀，將來願應舉人，令與本軍士人通用本軍解額取放。」

三年四月三日，詔：「臨安府府學（學）正、録三名，該遇太上皇帝慶壽，並特與免文解一次。餘大小職事、學生等，各賜束帛有差。」十年十二月，太上皇后慶壽同。

四年正月十一日，詔自今學校策試必以時務發爲問目。詳見「貢舉」。

七年三月二十六日，詔省威、茂兩州教授。

六月四日，詔郴州宜章縣、桂陽軍臨武縣並置學。從知桂陽軍徐大觀及帥臣辛棄疾請也。

八年二月五日，詔高郵軍依真、（陽）〔揚〕、通、泰、滁、楚例復置教官。

閏三月二十七日，詔：「臨安府學學生實補試中在籍之人，從教授保明指實，委無僞冒，申州勘會給據，比類諸州待補太學生，許赴太學補試一次，即不得用府學遺籍等人。」

四月十三日，詔武岡軍許復置教授。

十一月二十九日，詔南康軍復白鹿洞書院，所有陳乞經書，具數行下，令國子監印給。以知南康軍朱熹言：「太宗皇帝嘗因江州守臣周述之奏，詔以國子監九經賜廬山白鹿洞書院。既又以其洞主明起爲蔡州褒信縣主簿，以旌儒學。書院故基正在本軍星子縣界，而陳舜俞《廬山記》又載真宗皇帝咸平五年，嘗敕有司重加修繕。今即故基爲小屋二十餘間，教養生徒一二十人。但其敕額、官書皆燒燬散失，望降勑命，仍舊以白鹿洞書院爲額，仍詔國子監印造太上皇帝御書石經及板本九經注疏、《論語》、《孟子》等書給賜。」詔養士一二十人，令本軍隨宜措置，所有經書，具數行下。

九年八月四日，詔省減靖州教授一員，見任人許終滿，已差下人依省罷法。從荆湖北路提點刑獄公事周嗣武請也。

十年十一月十八日，詔自今教授依州縣官例，任滿方許赴部改官。從臣僚請也。

紹熙元年六月二十四日，臣僚言：「今者臣僚有 **4** 請，乞罷待補，甚當物論。但其引用紹興間高閌申請，尚費商榷。臣竊有愚見，州學每歲自有春秋兩補，但於太學放試年分，先期收補，隨其士人多寡，令監司之主學事者於鄰郡添差考官若干員，不唯考校差精，而出題、考卷互相檢束，亦莫得行其私意。若其所取名數，只依逐州待補元額，以其中選者申州，保明給據，赴太學補試。其它一無所更張，豈不簡且便哉。欲望行下禮部、國子監，與近日臣僚所請一就看詳，從長措置，庶爲永久之利，實天下士子之幸。」從之。

五年正月十一日，慶壽赦：「臨安府府學正、録，並依淳熙十年十二月三十日已得指揮推恩，仰所屬保明委實合推恩人姓名，開具應得恩數聞奏。學生并有官學生各倍賜束帛，小學、府學生各賜束帛。」

淳熙八年〔一〕，輔臣進呈湖南安撫轉運司申：「郴州宜章縣、桂陽軍臨武縣雖與溪峒接境，實國家省民，欲重恢鄉校，招誘溪峒子弟入學訓導。」上曰：「開設學校，使强暴子弟知有禮義，庶幾移風易俗。」詔從之。（以上《永樂大典》卷二一九五八）

武舉 一

【宋會要】

5 真宗咸平三年五月十三日，詔兩制、館職詳定武舉、武選入官資序故事。

五年十月四日，以應武舉進士王淵爲海州懷仁縣主簿。

仁宗天聖七年閏二月二十三日，詔置武舉：「應三班使臣、諸色選人及雖未食禄、實有行止、不曾犯贓及私罪情輕者，文武官子弟別無負犯者，如實有軍謀武藝，並許於尚書兵部投狀乞應上件科。先録所業軍機策論伍首上本部。其未食禄人，召命官三人委保行止。委主判官看詳所業，閲視人材，審驗行止。試一石力弓平射，或七斗力弓馬射。委實精 **6** 熟者，在外即本州長吏看詳所業〔二〕，閲視人材、行止，弓馬，如可與試，即附遞文卷上兵部，委主判官看詳。如委實堪召試，即具名聞奏，當降朝旨召赴闕，差官考試武藝并問策一道，合格即從試。其逐處看詳官，不得以詞理平常者一例取旨。如違，必行朝典。仍限至十月終已前，

〔一〕天頭原批：「此條移前九年八月四日前。」按，此條乃《大典》抄自《群書考索》後集卷三〇而補於此門之末，非《宋會要》文。

〔二〕吏：原作「史」，據《補編》頁二七三改。

先具姓名申奏到闕。」

十月二十三日，判兵部馮元言：「應武舉人除策論外，當部無弓馬試射之處，欲俟考定，詞理稍堪，人材有行止者，牌送馬軍司引試。如弓馬精熟，堪與召試，即具聞奏。如詞理平常，人材小弱，曾有贓犯，弓馬不精，先次落下。」從之。

八年五月二十五日，命龍圖閣待制唐肅、直集賢院胥偃試武舉人于秘閣。自後與制科同命官試于秘閣。

六月四日，詔：「應武舉人，令內園使、內侍右班都知楊珍等於軍器庫試弓馬。」自後命人試弓馬皆如例。

二十三日，帝御崇政殿親試武舉人，以張建、侯楚宏並補三班奉職，劉翊、胡遠、崔道並補三班借職，李固、孟淵、丁問並補三班差使。陳異等六人策不入等，射不中格，並落下。《文獻通考》：宋有武舉、武選，咸平時，令兩制、館閣詳定入官資序故事，而未嘗行。仁宗天聖八年，親試武舉十二人，先閱其騎射而後試之。

九年五月九日，帝御崇政殿試武舉人，以李瞻等補三班借職。

明道二年十一月十六日，尚書兵部言：「准中書批送應武舉進士史詢、張存狀，昨天聖八年六月中御試下第，乞比類貢院舉人免取文解，令收接文狀。未審合投下文字，爲復與免考試？」詔與免馬 7 軍司試武藝。

景祐元年二月四日，詔應進士、諸科取解不獲者，不得應武舉。

六月二十三日，帝御崇政殿試武舉人，以許思純、鄭賓、借職李良臣並策不入等，武藝中格，並補三班奉職；王安仁、李宗良、成傑、張睿策第五等，馬射不中格，並補三班借職；鄭旦、劉稷臣、勾宗諤策不入等，馬射生疎，並補殿侍、三班差使；史詢、張存與下班殿侍；樊純、段儀、劉恕不中選。

三年五月十六日，帝御崇政殿，召輔臣觀新知廣信軍、洛苑使、端州刺史趙振所上陣圖。振男右班殿直珣、奉職瑜呈試武藝，左右馳射，括雙箭，蹶彊弩，擊劍、盤矟〔一〕，凡二十七技，中選八九。帝悅稱善，詔振升殿，策問方略，珣補閤門祗候，瑜右班殿直。

六月一日，樞密院言：「閤門祗候本（侍）〔待〕邊要任使，比來所舉，未允衆望。欲令近臣各舉一員，擇官試驗，須弓箭步射九斗、馬射七斗爲合格。仍送三班，量策邊事，具上能否，而臨軒復試焉。」從之。《文獻通考》：景祐四年，韓億言，武臣宜知兵書，而禁不得傳，請纂其要以授之。於是出《神武祕略》以授邊臣。

寶元三年二月十八日，詔：「自今武舉人程試，並以策問定去留，弓馬定高下，餘依兵部舊制考校。其合格舉人，除官後並免監臨，只差沿邊任使。如三班差使、殿侍以下，即與指使及捉賊差遣。其馬軍司軍器庫所試射弓，並用實

〔一〕擊劍盤矟：原作「繫劍槃矟」，據《長編》卷一一八改。

石斗爲定，不得用加數石斗。」

康定元年三月四日，詔自今文臣換武職及試中武藝之人，並遣赴陝西任使，觀其才用。

九 8 月二十七日，命翰林學士丁度、西上閤門使李端愿、内侍省押班藍元用同共試驗武藝〔一〕，仍仰三班院、殿前馬步軍司曉示使臣及諸軍班將校兵士，如實有武藝精彊，膽勇敢戰，謀慮出衆者，許經試驗官自陳，當與揀擇。初，范仲淹請令管軍武臣選諸軍班材武人〔二〕，故有此制〔三〕。及度等校試，差爲五等，中選者百八十一人。

慶曆二年八月九日，帝御崇政殿試武舉人，以金景先等三十八人武藝次第授官。

十一日，諫院張方平言〔四〕，武舉中選人請除京東捉賊，從之。

六年八月十八日，帝御崇政殿試武舉人，以王梁等三人補奉職，俞獻臣十七人茶酒班殿侍、三班差使，顔處約七人下班殿侍，又以三班借職張問爲奉職。《文獻通考》：慶曆六年，策武舉。馮維師奏武舉以策爲去留，弓馬爲高下。

七年十二月二十七日，詔自今策試武舉人，毋得問陰陽諸禁書。

皇祐元年八月二十五日，帝御崇政殿試武舉人，以何景略補三班奉職，李勳之等四人補借職，王梁等十七人補三班差使、殿侍，戴挺等十六人補茶酒班殿侍，曹基等九人補下班殿侍，並邊上差使。

九月五日〔五〕，詔曰：「國家採唐室之舊，建立武科，每隨方聞之詔，並舉勇略之士。條格之設，歲序已深，然而時各有宜，今異於古。尺籍之衆既以其技力自奮於行伍之間〔六〕，武弁之流又用其韜（鈴）〔鈐〕自進於軍旅之任，來應兹選，殆稀其人。如聞所（隸）〔肄〕習者率逢掖諸生、編户年少，以至捨學業而 9 事籌策，矯温淳而務麤猛，紛然相効，爲之愈多。朕方恢隆文風，敦厚俗尚，一失其本，恐陷末流，宜罷試於兵謀，俾專繇於儒術。尚慮積習且久〔七〕，頓更爲難，就其等倫，（栽）〔裁〕爲規制。其將來科場，武舉人曾經祕（閤）〔閣〕考試者，即許投下文字外，更不許新人取應。以後科場，令罷武舉一科。」

五年八月二十五日，帝御崇政殿試武舉人，以董君平補三班奉職，韓琳、侯奭補借職，戴挺等五十一人補三班差使、殿侍，臧昌齡等七人補下班殿侍，並邊上指使。前詔罷武舉，今所擢者皆秘閣經試舊人。

〔一〕藍：原作「籃」，據《補編》頁二七四改。
〔二〕管：原作「官」，據文意改。
〔三〕此：原作「北」，據《補編》頁二七四改。
〔四〕諫：原作「陳」，據《補編》頁二七四改。
〔五〕按《群書考索》後集卷二九録此詔繫於九月己未即二十八日，《長編》卷一六七、《宋史》卷一一《仁宗紀》三亦云九月己未罷武舉，與此不同。
〔六〕尺：原作「今」，「其技」原作「拔」，「自」原作「日」，據《群書考索》後集卷二九改。
〔七〕且：原作「具」，據《群書考索》後集卷二九改。

嘉祐八年十月八日，樞密院言：「文武二選，所關治亂〔一〕，不可闕一。與其任用不學無術之人，臨時不知應變，以撓師律，不若素習韜略，頗閑義訓之士，緩急驅策，可以折衝圖勳。況今朝廷所用武人，稍有聲稱者由武舉而得，則此舉不可廢罷甚明。」詔尚書兵部與兩制詳議所習舉業及較試舉人推恩之數，條件以聞。

英宗治平元年三月二日，翰林學士王珪等言：「參詳復置武舉，除依舊制，欲乞較試以策略定去留，以弓馬定高下。其間以策略、武藝俱優者爲優等，策優藝平者爲次優，藝優策平者爲次等，策、藝俱平者爲末等。如策下藝平，或策平藝下者，並爲不合格。朝廷既設此科，必欲招來豪俊，推恩命官，直稍優厚。欲望中優等者與殿直，次優者與奉職，次等者與借職，末等者與殿侍、三班差使。如有策略雖下而武藝絶倫者，未得落下，別取旨。10 其已有官人，並於舊官上比類推恩。仍並與三路沿邊差遣，試其効用。」詔可，仍(令)〔今〕後武(藝)〔舉〕，差直學士已上，或正任或橫行使各一員，與軍頭司共試驗。

二十一日，翰林學士賈黯言：「近詔復試武舉。臣愚以爲如果欲得智勇武幹之人，則於《韜》、《略》、《孫》、《吳》、《司馬》兵法，或經史事涉兵機者取爲問目，以能用己意，或引前人注説解釋，義理明暢者爲通。」從之。

四月九日，詔令諸路都總管、安撫、(鈴)〔鈐〕轄司：「凡以武藝求薦，依三等格考試以聞。候到闕覆驗，及上等者，弓步射二石，弩踏四石五斗力以上，更兼別事藝三般以上者，如並中，補借職；中等，弓步射一石七斗，弩踏四石力以上，更兼別事藝三般以上者，如並中，補差使、殿侍；下等，弓步射一石五斗，弩踏三石五斗力以上，更兼別事藝三般以上者，如並中，補披帶班殿侍。如只有弓或弩，中書取旨安排。不中者，放逐便〔二〕。已仕比類陞擢。」

六月十五日，樞密院言：「近復武舉，除已定條約外，有未備事節。其武舉並隨科場開設，應武舉人不拘食禄子孫并已仕未仕人等，内已仕人不曾犯贓及私罪情輕者，未仕人別無負犯，並許奏舉。在京委管軍臣僚及正任橫行使、副使、知雜及三院御史、諫官、省府推判官、府界提點、朝臣、使臣，在外委安撫、轉運判官、提點刑獄、知州軍及路分總管、(鈴)〔鈐〕轄、都監，具所業、人材行止堪應上項科舉，於十一月三十日以前，各具保明聞 11 奏。人得奏舉一名，於十二月終，令兵部類聚申奏。次年二月初，差館職二人試策，考定等〔第〕，關送馬軍司試弓馬訖，却送兵部參校名聞。」從之。

八月十九日，樞密院言：「近復置武舉，以策略定去留，弓馬定高下。弓步射一石一斗力，馬射八斗力，各滿，不破體，及使馬精熟，策略、武藝俱優者爲優等，與右班殿

〔一〕關：原作「聞」，據《補編》頁二七四改。
〔二〕放：原作「於」，據《補編》頁二七五改。

直。弓步射一石一斗力，馬射八斗力，各滿，但一事破體，及使馬生疎，策優藝平者爲次等，與奉職。弓步射一石〔力〕，馬射七斗力，各滿，不破體，及使馬精熟，藝優策平者爲次等，與借職；弓步射一石力，馬射七斗力，各滿，但一事破體，及使馬生疎，策藝俱平者爲末等，與茶酒班殿侍、三班差使。弓射二石力，弩踏五石力，射得，策略雖下而武藝絕倫者，未得黜落，別候取旨。凡頭偃爲破體。」詔可。

二年九月十四日，帝御崇政殿試武舉人，以康修等七人遷左侍禁，餘(邊)〔遷〕補三班借、奉職、下班殿侍、三班差使。以上《國朝會要》。《通鑑續編》：宋英宗治平元年九月，復武舉。

治平四年十二月十一日，知諫院吳申言：「延州應武舉李巖夫試策中第一等，弓馬不中，再試，中第二等弓馬，不係奏名。巖夫對策，理有可採，伏乞特授一官，與沿邊差遣。」詔與茶酒班殿侍、鄜延路指揮使。

熙寧元年十一月十八日，南郊赦：「昨復武科，特新選法。如聞三路頗有遺材，應河北、河東、陝西臣僚，今後當舉奏武舉人者，路分都總管、副都總管各委舉三人，轉運使副、提點 12 刑獄、路分(鈴)〔鈐〕轄、勾管路分軍馬各三人〔一〕，餘依舊制。仍須是本路土著，不得以游士寄貫人罔冒充數。」

二年七月二十八日，詔今後三路知州軍舉到武舉本路土著人〔二〕。

三年八月二十三日，翰林學士司馬光言：「奉敕考試武舉人，而法當先試弓馬，若合格即試策略。緣弓馬者選士卒之法，非所以求將帥者也。不幸而不能挽彊馳突，則雖有策略將帥之材，不得預試，恐非朝廷建試武舉人之意。況試弓之法，挽與杷齊，猶不應格。自今欲乞試策優并挽弓及杷者〔三〕，皆聽就試。」中書請如舊制，上批相度，卒如中書所奏。

九月一日，詔秘(閤)〔閣〕考試所：「應就試舉人，所取合格不得過五分。」

十八日，上御崇政殿策武舉進士，以右侍禁康大同爲左侍禁，借職王袞爲右班殿直，殿侍孟永吉爲借職，奉職高興宗減二年磨勘，餘二十二人各隨試等補奉職、借職、茶酒班殿侍、三班差使，仍並與三路沿邊差遣。

十二月十二日，三班院言：「據殿直雷珣狀，乞試《六韜》、《孫》、《吳》三家兵書義理十道，仍乞射弓。尋試義理十道，內二粗二否六通〔四〕，及考試到弓馬并條貫脚色以聞。」詔免短使，權邊寨監押、巡檢，理監當資序，支驛料。一任回，依武舉人例差注。三班使臣乞試兵書，自珣始。

五年六月二十七日，樞密院請復置武學。詔選文武官知兵者充教授，凡使臣未參班并門蔭、草澤人，並許召京官

〔一〕三人：似爲「二人」之誤，否則與前無別，毋須另項申說。
〔二〕此下疑有脱文。
〔三〕策優：原倒，據《長編》卷二一四乙。
〔四〕通：原作「道」，據《補編》頁二七六改。

兩員保任，先試驗人材弓馬，應武舉格者方[13]許入學。願試陣隊者，量給兵伍(隸)〔肄〕習。在學及三年，則具藝業保明考試，與等第班行安排。未及格者，逾年再試。凡試中〔一〕，三班使臣與三路巡檢、監押、寨主。白身試中，與經略司教押軍隊准備差使，三年無遺闕，與親民巡檢。如至大使臣，歷任中無贓罪杖以上及私罪情理輕者，令兩省或本路(鈴)〔鈐〕轄以上三人同罪保舉，堪將領者並與兼諸衛將軍。外任迴，歸環衛班闕。以尚書兵部郎中韓縝判學，內藏庫副使郭固同判，賜食本錢萬緡。

七月五日，詔：「武學生員以百人爲額。遇科場前一年，委樞密院選武臣路分都監及文臣轉運判官以上，各降宣命，令奏堪應武舉人，具所業、人材行止保明聞奏。其被舉人遇生員闕，願入學者聽，仍免試。生員及奏舉白身人應舉，共不得過二百人〔二〕。其今年武舉，並依舊法保舉。後次武舉，即從今來新法。」《文獻通考》：神宗熙寧五年，樞密請建武學於武成王廟，選文武官知兵者爲教授。使臣未參班，與門蔭、草澤人，召京官保任，人材弓馬(聽)〔應〕格，聽入學給食，習諸家兵法。教授纂次歷代用兵成敗、前世忠義之節足以訓者講釋之。願試陣隊者量給兵伍。在學三年，具藝業考試，等第推恩。未及格者，逾年再試。凡試中，三班使臣與三路巡檢、寨主，未有官人與經略司教隊差使，三年無過，則陞親民。至大使臣，有兩省待制或本路(鈴)〔鈐〕轄以上三人保舉堪將領者，並兼諸衛將軍。外任回，歸環衛班闕。以尚書兵部郎中韓縝判學，內藏庫副使郭固同判，賜食本錢萬緡。生員以百人爲額。科場前一年，武臣路分都監、文官轉運判官以上各奏舉一人，聽免試入學。生員及應舉者不過二百人。春秋各一試。步射以一石三斗，馬射以八斗，矢五發中的，或習武伎〔三〕，副之策略，雖弓力不及，學業卓然，並爲優等，補上舍，以三十人爲額。

八月十七日，樞密都承旨曾孝寬言：「詳定武臣試格：應大小使臣[14]恩澤奏授得官，年及格合出官者，並於三等試條，各隨所習事藝呈試。上等內七事，下等內八事，有試中一事以上，皆爲合格，等第擢用。每年二月八日以前，具所應事藝，供家狀開坐，於審官西院、(二)〔三〕班院投狀，候次月具乞試人數申奏，差官同主判臣僚引試。內武藝即送武學試外，所試兵書大義、策略筭計，並依春秋試文臣條貫〔四〕。訖，其等第及封試卷，申樞密院看詳。如得允當，即奏晝，依條施行。如累試不中，或不能就試者，於出官合格歲數外更增五年。若授官日年已過合格，須授官及五年，方得依舊條，寫家狀讀律訖，與出身。初任仍且與雙員處監當〔五〕。如有舉主，方得陞入親民；無舉主，即更展一任監當。如諸般勞績陞入親民者，即依舊條。熙寧五年以前授官，見年十五以上，不能就試者，候年合格日，且依舊條施行。」從之。

六年四月二十四日，侍御史劉孝孫言：「武科之設，以

〔一〕凡試：原脱，據《長編》卷二三四補。
〔二〕共：原作「其」，據《補編》頁二七六改。
〔三〕武：原作「或」，據《文獻通考》卷三四改。
〔四〕條：原作「僚」，據《補編》頁二七七改。
〔五〕雙：原缺，據《補編》頁二七七補。

大義爲本，參之策問，與明經、進士不甚相遠。欲依補試入學生員例，問大義十道，與策問分作三場。」詔送中書取旨。

八月二十一日，命權御史中丞鄧綰、直舍人院許將、集賢校理劉攽、館（閤）〔閣〕校勘黄履爲考試制科武舉官，龍圖閣直學士張燾、權樞密副都承旨張誠一同軍器監官考試武舉，武藝武舉合格，所取無過三十人。

九月十一日，上御崇政殿策試武舉進士。

同日，詔：「應御試武舉人，御藥院初考官撰策題。策 15 入優等，武藝優等，與右班殿直。弓步射一石一斗，馬射八斗，各滿，不破體，及使馬精熟，武藝次優，與奉職。弓步射一石一斗，馬射八斗，各滿，但一事破體，及使馬生疎，武藝次等，與借職。弓步射一石，馬射七斗，各滿，不破體，使馬精熟，武藝末等，與三班差使，減三年磨勘。弓步射一石，馬射七斗，各滿，但一事破體，及使馬生疎〔一〕。策入平等，武藝優等，與奉職；武藝次優，與借職；武藝次等，與三班差使，減二年磨勘；武藝末等，與三班差使。」

十六日，賜武舉進士文焕及第，注兩使職官、熙河路准備差使；侯抱真而下二十三人，授以三班奉職、借職、差使，與沿邊差使，復賜進士及第，爲梓夔路察訪司准備差使。

十月九日，以三班奉職申詡爲右班殿直〔二〕、閤門祇候、武學教授。初，三班使臣入仕，年已及格，當調官者，雖有試法，尤草略。至是命立新格，程其能否而進退之。詡弓馬、策問皆入高等，故特擢之。

七年九月二十八日，詔三班院告示使臣：「如有能射親弓力及八斗以上，并熟於使馬及輪弄器械者，在班人並許經本班投狀乞試，（侯）〔候〕及十人，即關赴軍頭引見司考驗，如所陳不妄，當議引見。在外使臣，仰經本州軍投狀，委知州、通判兵官同共試驗。如中格，未得發遣，先以聞。」

十月二十三日，樞密院言：「檢會熙寧五年八月曾孝寬詳定大小使臣出官三等試格，內一項，應已歷任及諸色出身不該就試人願試 16 者，候得替亦許投狀，除不許筭錢穀并元係軍班及武藝出職人更不試武藝弓馬外，餘並許乞試。」詔今後武舉，使臣更不試策，其乞試弓馬人，仍於元試中上添斗力，方許依條收試。

八年三月九日，中書門下言：「據武學進士王致堯狀：『伏覩條制，武學比科場開設，自來進士唱名後四五月間，方始差官兵部鏁試發解。以此致進士兩處投下文字，失解後旋看兵法，權習弓兵馬，意務苟進。就試日多懷匿文字，飾以虛辭，弓馬不甚精習。不唯有悞朝廷緩急使用，兼使學者不專其業。欲乞將來武舉與進士同時差官鏁試。』欲依所請。」從之。十七日，詔自今武舉與進士同時差官鏁試。

〔一〕此下似脱「與三班差使」一句。
〔二〕申詡：《長編》卷二四七作「申翊」。

五月，詔兵部：「應丁憂不曾就試武舉人，許就試。」

七月二十七日，詔：「武舉人先試《孫》、《吴》、《六韜》大義共十道，爲兩場；次問時務邊防策一道，限七百字以上成。仍與鎖廳人一處考試。馬軍司試弓馬，差官監試。」以試格前後參錯，至是裁定。

八月七日，兵部言：「三路臣寮奏舉武舉人，並須土著人，不得以游士寄貫充數。今來所舉非本路人，即有礙條貫。欲乞雖係別路別州，有户貫者並許收試。内有因礙非本路土著，本部已牒所舉官更不發遣赴（關）〔闕〕者，亦乞候後次科場召保官一員，不用舉主，許令就試。」從之。

同日，別試所言：「武舉人試《孫》、《吴》、《六韜》大義，《六韜》本非完書，辭理訛舛，無所考據。欲止於《孫》、《吴》書出義題。」從之。

九月七日，別[17]試所言：「近據武舉進士宋昇等六人乞射絶倫科弓弩，尋牒馬軍司試到石力。緣策義並在下等，不合格，未敢黜落。」取所試策義赴中書、密院看詳，詔候殿試武舉人弓馬日引呈。

十月十三日，武學言〔一〕：「上舍生員曹安國，昨來不預薦名。契勘本人未建學已應武舉，兩試祕（閤）〔閣〕中選，兼元充職掌，委實材畧可用。欲乞將來依得解人例，赴祕（閤）〔閣〕再試。」從之。

十二月九日，詔武舉人罷祕（閤）〔閣〕試，令止就貢院別試所考試。

十三日，中書門下言：「據編修貢舉勑式練亨甫狀，檢會祕（閤）〔閣〕考試武舉人所差官吏，供具煩費。昨來應武舉近二百人，只就別試所收試。今祕閣所試人數至少，欲乞只就貢院別試親戚所收試，極爲利便。」從之。

九年三月七日，上御集英殿策試武舉進士。

十一日，上御崇政殿試武舉人弓馬，以郭璪以下三十一人補殿直、三班奉職、借職、差使有差。

元豐元年三月九日，詔：「文臣在京監察御史裏行，在外路諸提點刑獄、府界提點以上；武臣在京閤門副使，在外路分（鈴）〔鈐〕轄以上，各舉堪應武舉一人。」

十月四日，詔兵部以貢舉敕式内武舉敕條，再於諸處索文字，删類成武舉敕式以聞。

（三）〔二〕年三月十三日〔二〕，上御集英殿策武舉進士。

五月二十八日，詔：「引試武學生〔三〕，用促張弓、減指箭，射兩石以上者減一斗。」

三年六月九日，尚書兵部言：「武舉故事隨制科鎖院試，昨兩試武舉，並隨進士。今用新制，進[18]士舉罷，方試武舉，重復差官，於事無補，但有浮費。與進士同時鎖試爲

〔一〕學：原作「舉」，據《長編》卷二六九改。
〔二〕二年：原作「三年」，據《長編》卷二九七改。下條亦是二年。
〔三〕學：原作「舉」，據《長編》卷二九八改。

便。」從之。

八月八日，詔兩制、臺諫至總管、監司各舉堪應武舉進士一人，以名聞奏。

四年正月十二日，中書禮房請令進士試本經、《論語》、《孟子》大義、論、策之外，加律義一道，省試二道；武舉止試《孫》、《吳》大義及策。從之。

五年三月十一日，詔武舉人御試日馬射。

十二日，上御集英殿策武舉進士。

六年閏六月十二日，詔尚書兵部：「自今後文臣待制、三省郎官、正言、監察御史、提點刑獄以上，武臣橫行及路分都監以上，各舉應武舉一人。」

七年十一月十一日，詔：「武舉依進士試大義一場，第一等取四通，第二等取三通，第三等取二通，並爲中格。」從司業翟思、朱服所定也[一]。

八年五月二十五日，武舉進士趙圖徽等三十九人，並賜袍笏銀帶。

十一月十六日，詔：「武舉人犯學規或貢舉法被罪，聽依進士量罪等級叙理。」從蹇序辰請也。

哲宗元祐三年三月十一日，上御集英殿策武舉進士。

十六日，試武舉進士射藝于崇政殿，推恩補官者十有五人。

六年三月十一日，上御集英殿策試武舉進士。

十四日，三省言：「武舉絶倫人辛育等十六人，弓應法，弩射得，與三班借差，減五年磨勘，邊上指使差遣，依令支賜。弓不應法，弩射不得，欲且令温習事藝。內借職郭彦卿弓應法，欲減二年磨勘[二]，特賜袍帶靴笏。」從之。

五月十一日，詔：「府監貢舉敕 19 考校武舉內『武藝絶倫，策義不入等，而文理稍可採者奏裁』一節勿用。」

紹聖(九)〔元〕年正月十八日[三]，詔改差禮部侍郎孔武仲試得解武舉人武藝。

三月十五日，上御集英殿策試武舉進士。

十八日，三省言：「呈試武藝人楊達等三十人，聽(侯)〔候〕指揮。絶倫人王士言等五人，欲與三班借差，減磨勘五年。射不得人，且令温習。」從之。

二十四日，兵部請增修武舉得解、免解舉人等條。從之。

同日，三省言：「擬到武舉人推恩，策入優等上三人，與右班殿直，四人以下與三班差使[四]，減磨勘年外，并武藝絶倫及上舍人各減磨勘年有差。」從之。

二十五日，尚書省言：「三班差使顏充狀，係省試正奏

〔一〕「翟思」原作「翟忠」，「朱服」原作「生服」，「所」原作「新」，並據《長編》卷三五〇改。
〔二〕二年：《長編》卷四五六作「三年」。
〔三〕元：原作「九」。天頭原批：「紹聖止四年，『九』疑『元』之誤。」按《補編》頁二七九此條正作「元」，據改。
〔四〕以：原作「不」，據《補編》頁二七九改。

名，據熙寧法，武學已有官人，於舊官上比類推恩。按充元擬定於合得名目外，爲係差使，更減磨勘二年，已賜詔可，欲更增減一年推恩。其入優等上三人，策入優等第四人以下，及策入平等人推恩外，係差使者，更賜減三年磨勘有差。」從之。

三年四月十二日，詔依熙寧貢舉式，諸武藝絶倫〔一〕、策義不入等，並奏裁。

四年閏二月二十五日，上御集英殿策試武舉進士。

二十七日，上御崇政殿，軍頭司引見武舉人張閎等五十六人試武藝。張閎等三十三人（侯）〔候〕指揮，劉師中以下二十三人與三班借差，減五年磨勘，邊上指揮，仍依令支賜。

四月十三日，翰林學士、同知貢舉林希等言：「應武舉人止試策一道，（大）〔太〕畧，欲乞[20]依進士試三道。」詔自今發解省試添試策一道。

十一月二十三日，兵部言：「武舉騎步射中程遞陞等，策義入平等者不陞。若騎步射絶倫而策義不應選者，不得以名聞。」從之。

元符元年二月二十九日，兵部言：「呈試武藝人，依敕限十二月以前到部。有疾故趁限不及期者，許令次年就試。緣其間不無違限冒稱疾病之人，若便與收試，即到部條限徒爲空文。乞召保官經所屬自陳，給據保明，申兵部驗實，許次舉就試。」從之。

徽宗大觀元年十月十日，詔：「材武之士騎射應格爲上等，然絶倫之藝世不乏人，法未該載，深恐失士。若文入優等而武藝超越，可令隨文士歲貢，依上舍上等法。」

二年七月二十七日，詔：「諸州武士試補，與文士別場引試，馬射九斗三上垜爲五分，八斗三上垜爲四分，七斗三上垜爲三分，七斗二上垜爲二分，七斗一上垜爲一分。令學制局立法改正，馬射八斗九斗、一上垜二上垜並與理作分數。」從前宿州教授胡伋請也〔二〕。

四年八月十三日，詔：「學校之法，天下奉行之初，設官屬，厚餼廪，所以勸勵趍向。及今累年，頗見就緒。武舉舊來奏名三十人，武學三人，許免省試一人，量材録用，每舉以官者三十四人。近以四海之大，人材之衆，令以貢士每三人取一名爲上舍，增至百人爲額。比舊命官之數，計增兩倍。積之累年，入流頗冗。兼近者所貢人數不多，若寬立額，所取既廣，不無僥濫。況三[21]人取一名，比之文士，所取分數大段隔遠。可自今後，諸路所貢武士試上舍，以合格者取十人爲上等，四十人爲中等，五十人爲下等，補武學内舍。逐等合格人不足者聽闕。餘不入等並充武學外舍。一、諸州昨因教養武士，專以都監稟闕選注武舉呈試事藝及諸軍教頭出身人充，委以兼充教導。今詳學制，

〔一〕藝：原作「舉」，據上文「五月十一日」條改。
〔二〕伋：原作「及」，據《群書考索》後集卷二九改。

教諭聽與武士就學，質問《七書》兵法，即不令指教武士弓馬事藝。除武學出身人可以通曉《七書》兵法外，其呈試事藝及諸軍教頭豈能通曉？不唯於學制違背，兼於差注實有妨礙。可今後諸州都監許先注武舉及武士上舍出身人兼教諭外，餘依近降指揮，遵依元豐法差注。其教諭闕，止委知、通於本州見任使臣内，選諳曉《七書》兵法人保明，提舉學事司差兼；又闕，即依大觀三年正月二十五日朝旨，對移武舉及上舍出身人。」

九月十四日，兵部言：「禮部檢准大觀四年八月十二日朝旨，自今取貢額三分解發，立爲永法。其進士免解事務合行依舊外，即未審武舉有無指揮作進士例發解。本部契勘，今來即未審武舉今後合與不合依進士例爲永法？若亦合依文士爲永法，其牒官奏舉條令，合與不合行使？本部契勘，今來若三分發解爲永法，額比舊額少，有依舊令内舉官職任人，慮難依舊，合行改修。緣元豐法後來有增添舉官職任人，欲乞只依元豐法施行。」詔依進士例，其保舉官 22 依元豐法。

十月十四日，兵部言：「開封府武舉人崔奕等狀：『伏覩今年八月十三日指揮，多士悉由鄉校，必月書季考歲升，積久而後至。然士無常産久矣，事親治家，單丁自營，艱於從學者有遺逸之嘆。可自今取貢額三分，爲大比前一年發解，許不入學之人及雖入學而係退黜者取應。奕等元係武學生，止以侍親治家，貧窶不贍，難以守學，遂致除籍。今乞明降指揮，許奕等依前項指揮，許將來於大比前，赴部投納家狀收試。』看詳，欲乞將今日已前應元係在武學，因請假落籍不在學，及退黜之人，非因犯罪屏斥，別無違礙者，(今)〔令〕經國子監自陳，勘會詣實申部，依已降指揮，許令來年取應。」從之。

政和元年正月二十六日，大司成張邦昌等言：「奉御批學制局劄子，將分撥到五路諸科解額二分一百三十人，并州學解額八十人，充京畿等諸路武士貢額，令諸路以指揮到日，在學人數每十五人、五路每十四人貢一名。尋取會修立到諸路武士貢額共一百六十九人，兵部具到已得朝旨，武學依文士存留科舉三分，許在學三舍生并曾經在學已除籍人取應，并於貢額内除豁三分，永充解額。看詳大觀二年武舉，依進士三分科場，係於武舉舊解額八十人内取二十四人。今來若依兵部符，令本監於見立到一百六十九人數内除豁三分，即是合取五十一人，比之前三分發解，計增一培以上，23 顯屬太優，兼虧損天下貢額，亦慮未便。今來欲於舊解額八十人數内除豁三分，以充武貢發解額。武舉既已降指揮依進士例，在學武士不合取應。緣今次未有奏舉人，欲依文士許入學而不因罪犯見係退黜之人取應，仍紐分數，每一十人解一名，無人可解則闕之。武士貢額，仍依所立一百六十九人之數下諸路。武舉省試，舊來正奏名止三十人。自大觀元年已後，所增多二十人，本爲貢士。今來科舉，於舊省試奏名額内除豁三分，充科舉奏名。」詔可依國子監契勘到事理施行。

八月二十八日，大司成張邦昌等奏：「檢會大觀四年八月十三日聖旨，貢士入等者，自今與中等並留太學以俟殿試，其上等人遇唱名日取旨。又准《大觀重修武學令》，諸貢士應補上等者，取旨釋褐，中等俟殿試。欲望武士上等依文士上等已降指揮，留武學以俟殿試。」詔並依大觀四年八月十三日貢士等已降指揮。

五年七月一日，詔：「武士曾經崇寧五年以前省試下，依開封府、國子監進士例，許趁將來大比試。」

六年八月六日，禮部奏：「昌化等軍州學生陳善長、黃理、祥璨、覃德輿、吳拱狀，爲整會本路學事司，檢坐政和元年正月二十七日敕，修立到本路武士貢額五人。照會武士既用本路元立武士額發貢，即是諸州解額內元樁留一分文士貢額充武士，自不相妨。本司指揮出給公據，貢發前來。今來本【24】路諸州並不曾將一分武士額樁留，例各充貢人數〔一〕，合行駁退施行。本路今勘當逐人所乞，難議施行。尚書省勘會，陳善長等並係逐州不合用武士樁留一分人額陞貢前來，雖當駁退，緣係官司差悮，自廣南遠地已貢到都，理可矜恤。」詔陳善長、黃理、祥璨、覃德輿、吳拱五人並特許陞貢，參入辟廱，仍令學事司各理充逐州大比前一年貢額。

七年五月十九日，兵部言：「免貢武士張暉狀〔二〕，乞依政和六年十一月冬祀赦文，赴將來大比試〔三〕。本部勘會，赦文止爲進士，別無該載武士之文。」詔武士與文士同，令兵部申明施行。

宣和五年十一月十一日，殿中侍御史惠柔民、祕書省著作佐郎柳約言：「准勅差充府監發解別試所考官，九月二日，具武士合格字號奏聞。數內字號係內舍試上舍試卷，其當行人爲是同場引試，却悮同外舍試內舍印子，致有差誤。除已改正，將當行人施行，并元封對號官已舉覺外，所有臣等罪犯，伏望重行黜責。」詔惠柔民可罷殿中侍御史，柳約罷著作佐郎。

欽宗靖康元年五月二十七日，詔：「諸路州府軍監有習武藝、知兵書人，仰知、通不限數保明解發赴闕，朕將親策於廷，量材拔用。其籌策深遠，藝能絕倫，當不次陞擢。在京武學士，仰禮部擇日考試，具等第以聞。不係在學人，亦許自陳收試，策義弓馬優異者與推恩。其太中大夫及侍從官至路分都監以上奏舉武舉人【25】，自依條法施行。」

六月十九日，太常寺主簿劉定言：「伏覩近有旨，令府州軍監有習武藝、知兵書人，並解發赴闕，親策于廷。竊惟武藝之人，間有知書者，州縣慮其不文，無以應大廷之問，則不敢解發。願詔州縣，有武藝精强而不知兵書者，令赴

〔一〕充：《補編》頁二八二作「大」。
〔二〕免：原作「充」，據《補編》頁二八二改。
〔三〕來：原脱，據《補編》頁二八二補。

所在投狀，州縣閲試，別作一項解赴殿前司按試藝能，使之前詣邊陲，收大功效，以稱彊邊却敵之用。」從之。令殿前司(侯)〔候〕解發到按試武藝精熟人，於崇政殿引呈。以上《續國朝會要》。

光堯皇帝建炎元年五月一日，赦：「應去年錫慶院試中武士未經推恩人，仰本部限一月開具等第姓名，申尚書省。」

六月十三日，赦：「應諸路解發到材武人并錫慶院材武人，昨有緣事故趁赴不及之人，仰經禮、兵部投狀勘實，特與別行收試，具合格人姓名，申尚書省，取旨推恩。」

二年二月二十六日，兵部言：「武舉人自來州軍即無解發額，止是赴兵部取解，依條以七十人赴省試，係軍頭引見司於內弓箭庫試驗弓馬，及省試別試所附試程文。今行在(楊)〔揚〕州即無省試院，軍頭引見司亦無處試驗，欲乞應就試得解及免解武舉人，並依文士例，各召京朝官二員結除名罪委保，齎所屬給到公據，赴兵部呈驗引保，於行在殿前司試弓馬訖，就淮南轉運司所在別場附試程文。」從之。

三月四日，詔：「諸路已解發到材武人，令兵部將元給公據勘驗，如不曾指改姓名月日，及所給公據在 26 建炎元年六月十三日赦前，投試文狀在今年三月初三日已前，並許收試。其靖康元年五月二十七日指揮更不施行。」

三年八月五日，詔武舉發解依文舉人，展至來年春取旨。

紹興四年十一月十一日，以武舉正奏名進士楊蓬補承信郎。蓬乞依文舉進士楊希仲等例〔一〕，引用二年九月四日赦書免殿試補官例，故有是命。

五年八月二十二日，上御集英殿策試武舉進士。

二十三日，上御集英殿策試武舉弓馬。

九月五日，尚書省言：「擬到武舉進士正奏名張深以下六人推恩：策入優等二人，與保義、承節郎；平等四人，第一、第四人與承節郎，第二、第三人武藝不合格，與進武校尉。各展減磨勘年有差。」從之。

十二年三月二十二日，上御集英殿策試武舉進士。

二十三日，上御幄殿閲試武舉弓馬。

四月八日，尚書省言：「擬到武舉進士正奏名陳鶚以下五人推恩：策入優等一名，與承節郎；平等二人，與承信郎、進武校尉；特奏名潘璋以下二人〔二〕，平等，並與進義校尉。各展減磨勘年有差。」從之。

十五年三月二十四日，上御集英殿策試武舉進士。

二十五日，上御幄殿閲試武舉弓馬。

四月九日，尚書省言：「擬到武舉進士正奏名應褎然

〔一〕蓬：原作「逢」，據正文及《補編》頁二八三改。
〔二〕二人：原作「一人」。按上文總數言「五人」，若此作「一人」，則只四人；又此句云「以下」、云「並與」，明不止一人，故「一」當爲「二」之誤，因改。

以下五人推恩〔一〕：並策入平等，正奏名二人，與承節郎；特奏名三人，並與進義校尉。各展減磨勘年有差。」從之。

《文獻通考》：紹興十六年，始建武學。兵部上武士弓馬及選試去留格：凡初補入學，步射弓一石。若公私試，步騎射不中，即不許試程文。其射格自一石五斗以下〔至〕九斗，凡 27 五等。上可其奏，因謂輔臣：「國家武選，政欲得人。今諸將子弟皆耻習弓馬，求换文資。數年之後，將無人習武矣，宜勸誘之。」凡武學生習《七書》兵法、步騎射，分上、内、外三舍，學生以百人爲額，置博士一員，以文臣有出身或武舉高選人爲之。學諭一員，以武舉補官人爲之。

十八年四月三日，上御集英殿策試武舉進士。

四日，上御幄殿閲試武舉弓馬〔二〕。

十八日，尚書言：「擬到武舉進士柯熙以下八人推恩。正奏名七人：策入優等第一名與保義郎；平等六人，第一名與承節郎，第二、第三人武藝不合格，與承信郎，第四至第六人與承節郎。特奏名一名，策入平等，與進義校尉。各展減磨勘年有差。」從之。

二十一年閏四月七日，上御集英殿策試武舉進士。

八日，上御幄殿閲試武舉弓馬。

十八日，尚書省言：「擬到武舉進士正奏名湯鷺以下六人推恩：第一名策入優等，與承節郎；平等五人，並與承信郎。各展一年磨勘。」從之。

二十四年三月八日，上御集英殿策試武舉進士。

九日，上御幄殿閲試武舉弓馬。

二十二日，尚書省言：「擬到武舉進士正奏名鄭砿以下一十六人：策入優等四人，第一人保義郎，第二至第四人與承節郎；平等一十人，内八人與承信郎，張彦述、岳建壽各轉一官；特奏名二人，第一人與進義校尉，第二人雜犯，與下班（秖）〔祗〕應。各展減磨勘年有差。」從之。

二十六年九月十五日，太學博士兼武學博士周操言：「武舉登科者，第一人與巡檢差遣外，其餘例處以監當，使其捨平日所習，一旦從事於管庫之間，似 28 非選練武舉之本意。乞自今武舉登科（人）〔入〕高等者，樞密院籍記姓名，（侯）〔候〕一任滿日，無過犯，有勞績，即加擢用。其次者亦免充財穀管庫之任。」從之。

二十七年三月八日，上御集英殿策試武舉進士。

九日，上御幄殿閲試武舉弓馬。

二十二日，尚書省言：「擬到武舉進士趙應熊以下一十六人推恩。正奏名一十五人，策入優等。第一名武藝絶倫，又省試第一名，特與保義郎、閤門祇候；餘人並與承節郎。特奏名一名，與進義校尉。各展減磨勘年有差。」從之。

二十七日，宰執進呈趙應熊擬江南東路安撫司準備將，上曰：「應熊所試弓馬甚精，文字亦可採。徽宗時，如馬擴與馬識遠者〔三〕，皆以武舉擢用，或銜命出（彊）〔疆〕。

〔一〕褎：原作「褏」，據《補編》頁二八三、《宋史全文》卷二一中改（《建炎要録》卷一五三亦誤作「褏」）。
〔二〕試：原作「説」，據《補編》頁二八三改。
〔三〕與：原作「構」，據《補編》頁二八四改。

今來所得，亦不可謂無人。」

二十九年二月二十五日，左正言何溥言：「乞將武舉一科，參照祖宗典故，修立入官資格，歷從戎事，免使監當。其有才畧出倫，許令帥司保舉，試之陣隊，以觀其能，禦侮扞城，量加擢用。」吏、兵部看詳：「武舉舊法，未入親民，注三路鎮寨都監、監押、初任注雙員。巡檢、駐泊、捉賊，無遺闕，注監當。次任餘路。進武校尉注經使監當。昨來指揮，武舉正奏名保義郎以上，注沿江巡檢，承信郎、承節郎注兩淛、江南、福建未榜監當闕一次。又臣寮乞武舉第一人與堂除差遣，餘保義郎以上注巡檢、駐泊、捉賊、押隊，承節郎、承信郎、校尉注准備差使，緝捕盜賊。欲自今武舉承節郎、承信郎與通[29]注沿邊親民巡檢、縣尉或監當窠闕，其校尉止依已降指揮差注。」從之。

五月十七日，詔武舉人依府監年數與免解。

三十年三月九日，上御集英殿策試武舉進士。

十日，上御幄殿閱試武舉弓馬。

二十二日，尚書省言：「擬到武舉進士樊仁遠以下二十人推恩。正奏名一十九人：策入優等七人，第一名與保義郎，六人並承節郎；平等一十二人，並承信郎。特奏名一名，與進義校尉。各展減磨勘年有差。」從之。以上《中興會要》。

壽皇聖帝隆興元年正月八日，兵部言：「武舉省試，例附禮部貢院別試所。今降旨更不臨軒。其免省還試特奏名武舉人，合試兵機策一道，欲乞就差本院考試官出題考校。」從之。

三月二十三日，殿中侍御史胡沂言：「國家艱難以來，屢頒詔旨，數路搜揚將臣，然臣竊以謂猶未盡也。夫設武舉，立武學，蓋將有所用也。及臨軒唱第，名在一二者，固蒙褒擢，餘皆吏部授以搉酤征商之事，所養非所用，所用非所養，殆非上之求材、下之應舉之本意。欲望與大臣審度計議[一]，取近歲應中武舉之人，量其高下，與其考任之淺深，定爲品格，分差沿邊屯駐將下準備差使。舊沿邊各有巡檢，其下士卒亦有部伍，今之資歷深者亦可爲之乎？淮甸荆襄之間，邑各有尉，其下弓級亦習武藝，今之資歷淺者亦可爲之乎？如是，則武藝之士，豈猶已中選者人人思奮，而遐方遠邑方習舉業者，亦皆欣[30]然相率而應上之所求矣[二]。」從之。《文獻通考》：孝宗隆興元年御試，得正奏名三十七人。殿中侍御史胡沂言：「臣觀唐之郭子儀，以武舉異等初補右衛長史，歷振遠、横塞[三]、天德軍使。祖宗時試中武藝人，並赴陝西任使。又武舉中選者，或除京東捉賊，或三路沿邊，試其效用，或經畧司教押軍隊，準備差使。今率授以搉酤之事，是所取非所用，所用非所學也。臣請取近歲中選人數，量其材品之高下，考任之深淺，授以軍職，使之習練邊事，諳曉軍旅，實選用之初意也。」

二年正月十四日，詔：「應武舉第三名已上人，一任

[一] 議：原作「義」，據《補編》頁二八四改。
[二] 應：原脱，據《補編》頁二八四補。
[三] 塞：原作「寨」，據《文獻通考》卷三四改。

回，仍赴樞密院陳狀銓量，與合入差遣。其才識卓越者，具名以聞。」

乾道元年五月十一日，詔：「成忠郎、新荆湖南路安撫司準備將領孫顯祖，昨應武舉，程文第一，武藝絶倫，補保義郎，可依趙應熊例，加閤門祗候，仍改殿司軍中差遣。」應熊例在紹興二十七年。

二年三月七日，絶倫人須晉，詔與免省，（侯）〔候〕唱名日降等推恩。先是晉乞依趙應熊例奏裁，洪适等曰：「絶倫人在法不以策義優平，或一場稍可採者，並奏裁。昨試院推行，已失法意。」上問程文如何，适等言文理亦粗可採，上以有專法，遂命之。

十七日，兵部言：「舊例，皇帝登寶位，臨軒策試，係推龍飛恩例。今舉已降旨依典故施行。武舉進士合推恩數，緣崇寧、建炎年該龍飛典例，自渡江案牘散逸，無憑契勘，伏乞詳酌。」詔比附進士正奏名例，第一名特更與轉一官，第二、第三名依第一名恩例。

十八日，中書舍人蔣芾言：「國家開設武學，教養智勇之士。然既第之後，問其所職，則莞庫而已。夫孫子、吳起之術，非可用於勾稽；由基、飛衛之技，非可施於錢穀也。願詔本兵大臣議定其制，繼自今以武舉登第者，悉授以軍中之職，安知異時無郭子儀者出於其[31]間哉？」詔應武舉出身人〔一〕，候關陞親民，實歷一任，如有材能，許監司、帥守薦舉，取旨與將副差遣。上復問宰臣巡檢比將副高下，洪适等曰：「在巡檢則爲親民，武舉初任人亦可入，止帶權字，所以欲關陞後始命以將副。」上曰：「恐太驟，須議之。」

六月八日，詔武舉正奏名承節郎吳琯差充侍衛步軍司準備將職事。以主管步軍司陳敏言琯素蘊韜畧，願從軍効力，故有是命。

七月二十七日，中書門下省言：「《紹興重修貢舉令》，諸應武舉被舉人，限六月到闕。承前多以七月中引試，自紹興二十四年指揮定用八月十五日。今若令舉人六月終到闕，恐在旅日久。」詔自今應舉人並限七月到闕，限内不到，並不收試，餘依見條。

五年二月二十五日，樞密院檢詳諸房文字林栗言：「竊見省試舉人，考定字號聞奏，準勑差臺官拆號放榜。武舉絶倫，止委封彌官，輕重不等。欲乞自今武舉省試，並依避親舉人考校字號，先具聞奏，併付拆號官下考試院考校。承前並以舉人三場分送三房，各隨一場最優處攢類編排，蓋欲參取所長，兼防姦弊。近者被命考校，獨武舉程文前後兩場試卷併入一房，深慮非宜，遂令互考，理或可行。欲乞詳酌。」從之。

三月二十七日，詔監司、帥臣、管軍、侍從於見任、待闕、寄居武舉人内薦，歲具有無文狀以聞。諸州軍監守臣倣之。《文獻通考》：乾道五年廷試，始依文舉給黄牒，同正奏名三十三人，榜首賜武舉及第，餘並賜武舉出身。上垂意武科，以授官與文士不類，詔自今第一人補秉義郎，堂除諸司計議官，序位在機宜之上；第二、第三人保義郎，諸路帥司準備將領，代還，轉忠翊郎；第四、第五人承節郎，諸路兵馬監押，代

〔一〕舉：原脱，據《補編》頁二八五補。

還，轉保義郎。皆倣進32士甲科恩例。四年，又以文舉狀元代還例除館職，亦召武舉榜首爲閤門舍人〔一〕。五年御試，得正奏名四十四名，始立武學國子額，收補武臣親屬，其文臣親屬願赴武補者亦聽。七年，初立武舉絶倫并從軍法，凡願從軍者，殿試第一人與同正將，第二、第三名同副將，第五名以上、省試第六名以下並同準備將。從軍以後立軍功及人材出衆，特旨擢用。上曰：「武舉本求將帥之才，今前名皆從軍，以七年爲限，則久在軍中，諳練軍政，他日可備擢用。」武臣試换文資，祖宗朝許從官三人薦舉。《紹興令》敦武郎以下，聽召保官二人，以經義詩賦求試。其後太學諸生久不第者，多去從武舉，已乃鎖廳應進士第，凡以秉義或忠翊皆换京秩，恩數與第一人等。後以林穎秀言：「武士舍棄弓矢，更習程文，褒衣大袖，專效舉子。夫科以武名，不得雄健喜功之士，徒啓其僥倖名爵之心。」於是詔自今毋得鎖换。

六年正月十九日，敷文閣待制、提舉佑神觀劉章乞復武舉制科，不必如漢唐科目之繁，召試天下士，以備將帥之用。上曰：「此一事甚善，當令詳酌立科。」

三月二十六日，詔：「武學生李國勳，將來省試，令還省試絶倫弓弩一次，如合格，許赴殿試絶倫。即有不中，依舊赴三等弓馬。」國勳該免省，乞赴廷試絶倫，下兵部勘會，而有是命。

七年六月二十二日，試秘書少監、兼權兵部侍郎周必大乞將應試武舉人，雖發奏在三月以後，權許收試。虞允文奏曰：「文士應舉，初不用保奏，臨期投卷，便可就試。武舉須保奏，又限以當年三月以前，拘矣。」上復問：「舊法限以三月，何故？」允文曰：「蓋慮試人太冗耳。」上皆然之。

七月十七日，國子監司業劉焞等言：「紹興二十六年復興武學之後，就舉人數浸多，非復向日之比。而逐舉將免解人數筭除〔二〕，解額日就仄狹。今欲將免解人赴省試外該赴解試人，立定若干人爲額，庶得允愜。」詔正解以五十人爲額。

八33月三日，中書門下省勘會：在法奏舉武舉人，内外各許奏舉一名，人數太狹。詔自今内外各許奏舉二名。

十二月十七日，中書門下省〔言〕：「應武舉絶倫進士李岳、顧諒狀，已於比試弓弩合格，程文取中，又於解試弓弩皆合格，試程文被黜。在法，武藝絶倫，不以策義優平，或一場稍可採者奏裁。其李岳、顧諒弓弩並應法外，試卷文義稍有可採。」詔李岳、顧諒並特免解一次。

二十八日，武舉解進士游夢協等言〔三〕：「武舉每當大比，到省率以七十人爲限，合格不許過三十人。緣今絶倫人到省已十餘，上舍免省又加三四，皆在三十名省額筭除之數，比之常舉，虧數已甚。乞以絶倫人别作一科，及免省人勿復筭除省額。」勘會今舉正解五十人，免解二十九人，絶倫十一人。省試三十人爲額，免省三人。詔（令）〔今〕舉武舉省試，除免省三人外，以上十人爲額取放。

八年正月十八日，詔：「武學生該遇紹興三十二年覃恩，先曾升補内舍生，或在學已及五年，曾經公試或私試中

〔一〕爲：原脱，據《文獻通考》卷三四補。又「召」似當作「詔」。
〔二〕筭：原作「等」，參後「二十八日」條改。
〔三〕「解」上似脱一字，如「發」、「免」之類。

選人，並特與放行今來省試。」

三月二十三日，兵、吏部言：「已降旨，武舉正、特奏名進士，並依文舉例，唱名日給黃牒告命。緣文舉正奏名黃牒，稱賜進士及第、進士出身、同進士出身。承前武舉唱名，止給付身，稱保義、承節、承信郎、校尉之類〔一〕，并及展減磨勘。今欲於武舉勑牒前銜作『武舉正奏名某』，絕倫人於正奏名上添『絕倫』二字，其後擬第一名賜武舉及第，餘並賜武舉出身并所補官。特奏名前銜作『武舉特奏名某』，後擬所補官資、展減磨[34]勘一節。候黃甲指揮下，令吏部出給公據。」從之。

四月一日，集英殿武舉唱名。其間有策係優等，絕倫、武藝並應格者，反具在平等之後，如第一名亦止補保義郎。上顧虞允文等曰：「此恐未當，宜別措置。」

同日，詔唱名武舉進士，本貫係潛藩人，令兵部比附文舉陞名。其後唱名，第十六人吳克孝貫建寧府，係皇帝潛藩，令陞名。有司言：「武舉比之文士，即無五甲。欲令吳克孝用陞名恩例，將已展一年磨勘更不展年。」從之。

十二月二十一日，臣僚言：「祖宗採李唐之法，置武舉以（侍）〔待〕四方英俊，此將才淵藪也。自渡江以來，西北之士流落蜀漢者，往往無力以進。而又限以保奏之官，寒微何由可得？故每舉就試，不過數十人，其取人不廣如此。欲望頒武舉之法於四川，令四路帥臣〔二〕、憲漕、知州軍監、鈐轄〔三〕、路分及寄居侍從以上，每舉各保一員，而興元府、利、閬、金、洋、階、成、西和、鳳州各保三員，較其藝能，命之以官而任使之。他日諸將中，未必無郭子儀輩出也。」兵部勘會：「四川文士解額七百二十五人，紐筭武舉合取二十一人，省額六人，比試額四十二人。欲乞令四川宣撫司酌度均撥下逐路轉運司，照本部條旨收試。其已得解人，並赴宣撫司類試。仍令本司將合格省試人發赴行在，與本部武舉人混雜殿試。今四川武舉既初創行，恐試者尚寡，欲乞令本路轉運司據數比試，以二人解發一名。如四川得解人通未及二十一人之數，即三人五分，與放省額一名。他有未盡，令宣撫司[35]續具申明。」從之。其後四川宣撫司言：「昨臣僚奏請，蓋爲西北流寓素習武藝之人，多寄居利州路，所以許興元府等處所保人數比他路（所以）獨多。今先以省部所立四川武舉解試，比試額通四十二人參酌，以十分爲率，分撥利州路四分，計十六人。餘六分，依省部勘當，以三路文解多寡酌度均撥，成都府路十二人，潼川府路十人，夔州路四人，並爲額。」從之。

九年九月八日，御前弓馬子弟所言：「幹辦公事黃飛乞以新差京畿第二正將比換殿前司額外正將差遣。」上曰：「武舉之人，能自陳從軍，尤可激勸。」從之。以上《乾道會要》。（以上《永樂大典》卷一〇六七三）

〔一〕尉：原脱，據《補編》頁二八六補。
〔二〕帥：原作「師」，據《補編》頁二八七改。
〔三〕鈐：原作「鈴」，據《補編》頁二八七改。